JN330047

【新装版】

ビキニ水爆被災資料集

Collected Data from the Bikini Hydrogen Bomb Disaster

三宅泰雄・檜山義夫・草野信男✦監修
第五福竜丸平和協会✦編集

東京大学出版会

表見返し：水爆ブラボー（米軍撮影）
裏見返し：東京・夢の島に陸上固定された第五福龍丸（森下一徹撮影）

[Revised Edition]
Collected Data from the Bikini Hydrogen Bomb Disaster
Editorial Supervision: Yasuo MIYAKE, Yoshio HIYAMA, Nobuo KUSANO
Edited by Daigo Fukuryu Maru Foundation, Inc.

University of Tokyo Press, 2014
ISBN978-4-13-050183-5

水爆ブラボー（米軍撮影）

（森下一徹 撮影）

放射能検査のための第五福龍丸からの採取物（静岡大学）

建設中の展示館に移動中の第五福龍丸（東京・夢の島）

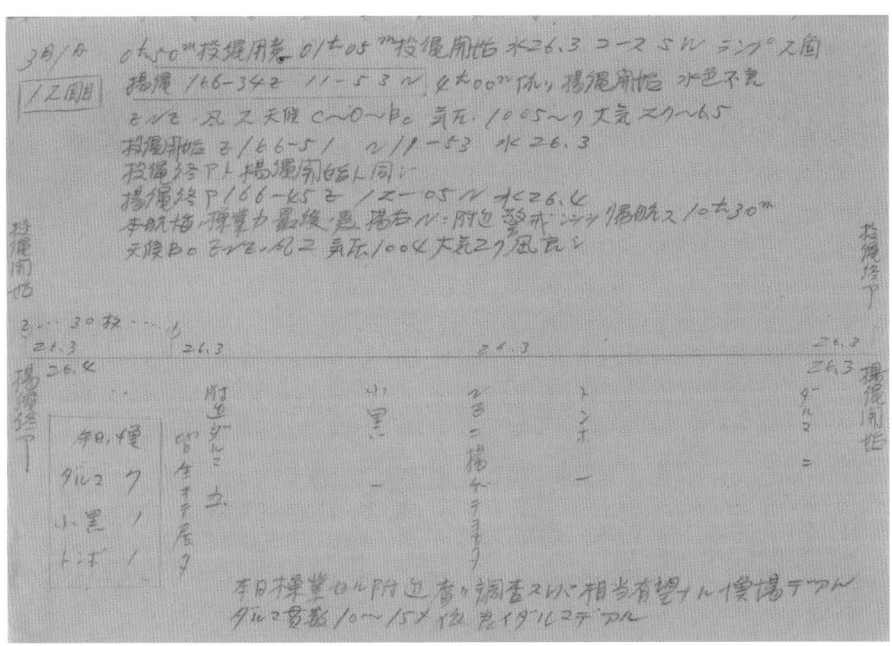

第五福龍丸被災当日の漁撈日誌

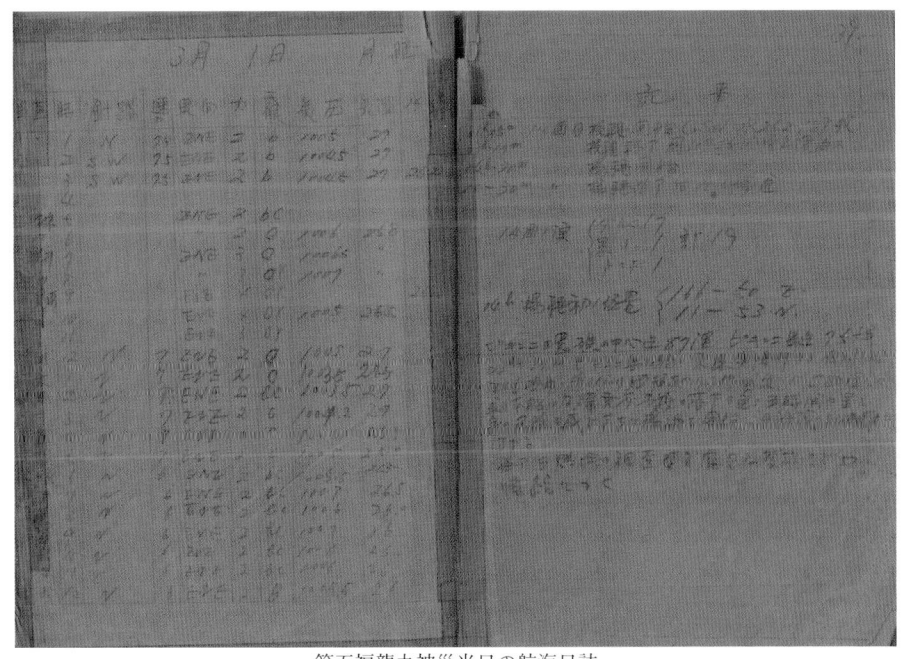

第五福龍丸被災当日の航海日誌

被災直後の第五福龍丸，焼津港（機関紙連合通信社提供）

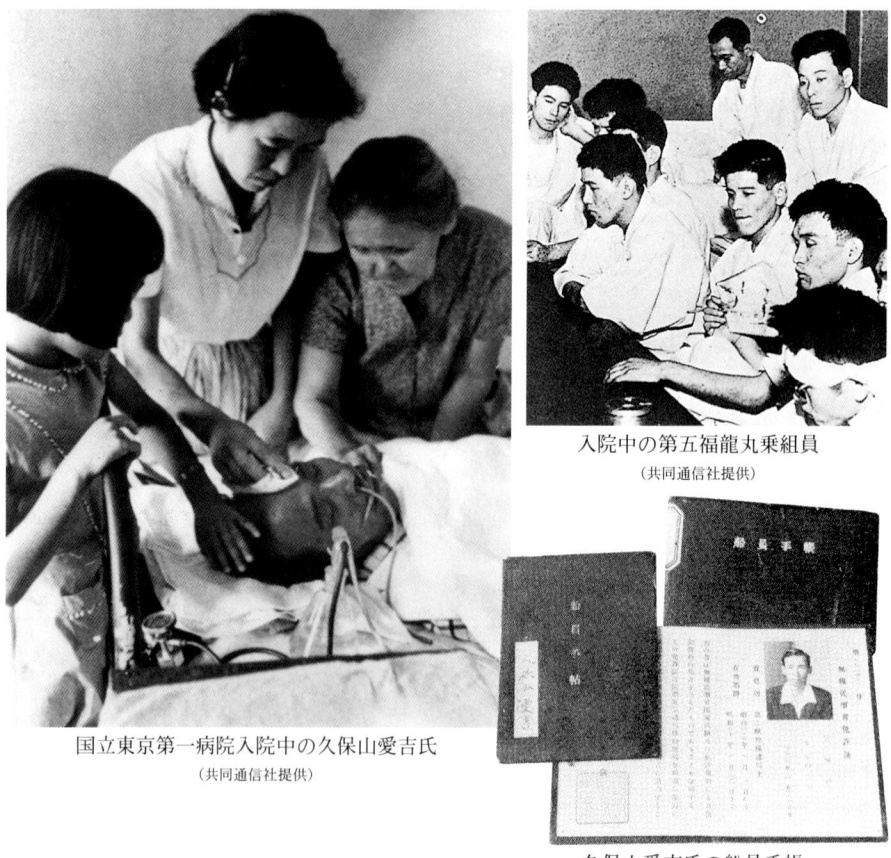

入院中の第五福龍丸乗組員
（共同通信社提供）

国立東京第一病院入院中の久保山愛吉氏
（共同通信社提供）

久保山愛吉氏の船員手帳

邦人漁夫、ビキニ原爆実験に遭遇

23名が原子病
一名は東大で重症と診断

水爆か

"死の灰"つけ遊び回る

焼けたゞれた顔

グローブのような手

『讀賣新聞』1954年3月16日

被災当時の焼津・魚市場 (機関紙連合通信社提供)

魚市場での放射能検査，1954年3月16日
(共同通信社提供)

「放射能マグロ」の廃棄，1954年3月16日
(共同通信社提供)

東京・夢の島で発見された当時の第五福龍丸，1968年1月17日 (森下一徹 撮影)

新装版刊行にあたって

川﨑　昭一郎

　この度,『ビキニ水爆被災資料集』が新装版として東京大学出版会からあらためて刊行されることを大変嬉しく思います．

　本書は，60年前のビキニ水爆実験被災当時のデータのうち基本的で重要なものを非常によく集め整理，編集しており，被災当時の被害状況を調べる上で今日に至るまで非常に貴重で，他に替えがたい，有用な資料でありつづけました．編集実務に携われたスタッフ各位の熱意と献身に頭が下がる思いです．

　ビキニ事件当時，私は物理学科の学部3年生から大学院生にかけての時期でしたが，当時のガリ版刷りの公式文書や科学雑誌に載った論文・報告を読みあさったことを今でも覚えております．本書に紹介されている文献で，原本を今なお大切に保存しているものも少なからずあります．

　本書の収集資料からもビキニ事件が，自然科学，医学，社会科学諸分野に影響を及ぼしたものであったことがわかります．マーシャルの核被害に関する資料を収録していることも重要です．当時，米国が公表した諸資料，とくに放射性降下物や汚染の広がりに関しては，その後新たな資料が発掘されて，今日でも核開発とその影響の問題は重要な研究課題となっています．

　本書は，現在でも，新たにビキニ被災の拡がりや種々の新しい側面を研究しようとしている若手研究者が，つねに立ち返り，学び，活用したいと考える，欠かせない文献となっております．

　新装版は，引続き貴重文献として大学の図書館や公立の図書館など，本当にそれを必要とする学者・研究者の手に届く場所に置かれることを望みます．

なおこの機会に資料集の監修者各位にひとこと感謝の言葉を捧げたいと思います．

三宅泰雄氏は第五福竜丸平和協会の初代会長を18年間務められました．すぐれた科学者であると同時に，深いヒューマニズムにうらうちされた人間的魅力にあふれた方でした．科学者の社会的責任と人間愛，平和主義に徹し，ビキニ水爆被災事件直後から，原水爆禁止を求める科学者の運動で，指導的役割を果たしてこられました．「第五福竜丸は人類の未来を啓示する」と，つねづねおっしゃられ，その保存運動において当初から中心的存在でした．

展示館の前の記念碑には，三宅先生の筆で「原水爆の被害者はわたしを最後にしてほしい」との久保山愛吉さんの言葉が刻まれています．先生には，展示館をいつまでも見守っていただきたいと思います．

檜山義夫氏は，ビキニ事件で大量の魚が放射能で汚染され廃棄され，水産界が大打撃をこうむった当時，東京大学農学部水産学科の教授として水産界の危急を救うため，放射能魚の研究と取り組まれました．やがて，魚ばかりか日本全土が放射能に覆われる事態となり，三宅，檜山両氏は協力し，環境放射能の実態を明らかにするため，檜山氏を委員長として，文部省に「放射能影響研究班」を組織し，全国の関連科学者を総動員して，十数年間にわたり研究を続けました．1955年に，国連に「原子力放射線の影響に関する科学委員会」（UNSCEAR）が設立され，檜山氏は，日本代表として毎回出席し，日本の研究業績の紹介に努めました．第五福竜丸平和協会では設立当初から三宅氏に協力され副会長を務められました．

草野信男氏は被爆直後に広島への調査団に加わり，原爆の惨禍を目の当たりにしました．1953年ウィーンでの国際医師会議において世界で初めて原爆被害の実態を発表されました．病理学者として久保山愛吉さんの解剖に立ち会われ，原水爆禁止運動の誕生，発展に尽力されました．また，私たちが，科学者の平和イニシアティブを立ち上げるとき，東京大学伝染病研究所の草野研究室を連絡事務所としてしばしば御提供下さいました．第五福竜丸との関係では，草野氏は保存委員会の当初からのメンバーであり，長く評議員，顧問を務められました．

現在，核をめぐり憂慮すべき事態が存在する一方で，核兵器の非人道的側面を取

り上げる新たな胎動も生まれつつある状況に，核兵器廃絶への希望をつなぎたいと考えます．

2014 年 5 月

　　　　　　　　　　　（公益財団法人　第五福竜丸平和協会　代表理事）

＊第五福龍丸の「龍」の字は第五福竜丸展示館開館の 1976 年 6 月より常用漢字の「竜」を用いています．新装版にあたり，補充した部分・箇所については，常用漢字の「竜」を用いました．なお船体は本来の「龍」のままにしてあります．

序にかえて

美 濃 部 亮 吉

　1954年（昭和29）3月1日，アメリカは太平洋のビキニ環礁で第1回の水爆実験を行ないました．

　おそろしいきのこ雲から飛びちった"死の灰"は，アメリカの設定した危険水域からはるかに遠い公海上にいた日本漁船第五福龍丸の頭上にふりそそぎ，乗組員23名が全員原爆症におかされ，無線長久保山愛吉さんが死亡するという痛ましい悲劇を生みました．日本人は，広島・長崎につづいて3たび核兵器の犠牲となったのです．

　そればかりではありません．第五福龍丸のほかにも多くの漁船が放射能の影響を受け，折角とってきた無数の魚が危険物として捨てられました．魚の売れ行きはとまり，魚市場も魚屋さんも一斉休業に追いこまれました．降る雨までが，放射能の"黒い雨"として恐れられ，国民は言いようのない不安につき落とされました．

　それから15年近くたったある日，悲劇の主人公第五福龍丸が，変りはてた姿で東京湾の埋立地「夢の島」に捨てられているのが発見されました．あの非人道をふたたび許してはならない，一切の原水爆をこの世からなくそう，そのためにも，悪夢のようなビキニ事件の記憶を消し去ってはならない——そう願う有志の人たちの手によって第五福龍丸保存運動が始まったのは，その時です．

　こうして7年前にスタートしたこの運動は，権力にも財力にも依存せず，純粋な人間の善意と勇気によって進められてきました．また，感情的な言動や人目をおどろかす街頭宣伝などでなく，おだやかな，知的な訴えをおもな武器としてきました．そういう静かな，潔癖な形にもかかわらず，この運動は，ひとりからひとりへと伝

えられて，一歩一歩前進をつづけ，1973年11月には，新たに財団法人第五福龍丸保存平和協会を発足させ，地道な，貴重な成果をあげつつあります．

その成果のひとつは，ビキニ水爆被災・第五福龍丸関係資料の収集であり，また，その資料をもとにしたこのたびの「ビキニ水爆被災資料集」の刊行です．

すでに20年間も放置されてきた当時の資料を収集することは，それだけでも容易ではありません．その上，権力ができるだけ人目から遠ざけようとしてきた真相を究明しようとすれば，政治的な障害にぶつかることも想像にかたくありません．私は，骨身を惜しまずその作業に当られ，さらに資料の適確な評価と分類によって，価値の高い文献をつくりあげられた編集委員の方々の御努力に，心から脱帽いたします．

言うまでもなく，核戦争の危険と地球的(グローバル)な環境の汚染は，人類の受けている最も深刻な挑戦です．心ある科学者たちの指摘をまつまでもなく，今こそ人類が毅然たる理性の立場にたってその根源をたち切らないならば，文明の衰弱と人類の絶滅は，ますます避けがたい私たちの運命となるでしょう．

ビキニ以後もくり返されている米・ソ・仏・英・中など既成核保有国の核実験強行に加え，新たなインドの核開発など，核軍拡競争の悪循環はとどまるところを知りません．日本の核保有さえ公然と口にされるような状況もあらわれています．私は，言いようもない核兵器のおそろしさ，むごたらしさをありのままに知ることこそ，核兵器絶滅の運動の出発点であり，終着点であると信じます．

広島と長崎とビキニで，人間の身の上に，特に私たち日本人の上に何が起ったか．その認識をはなれて，今日と今後の私たちの世界観は成りたつことができません．私は，この資料集があらゆる図書館に備えつけられ，とりわけ，直接この事件を知らない若い人々によってひもとかれることを期待いたします．また，この得がたい資料を教材として，あらゆる人々の間に，核兵器のもたらすもの，意味するものについての学習が一段と進められることを願っております．

（東京都知事）

第五福龍丸のおしえ

三 宅 泰 雄

　欧米人は船を「彼女」とよぶ．たしかに，船の運命は，人間のそれに似ているようだ．人間に年齢があるように，船にも船齢がある．人間に履歴があるように，船にも船歴がある．人間がそうであるように，船もまた，その一生のあいだに，悲喜こもごもの体験をしなければならない．

　私たちは世界の数多くの船の運命について学んでいる．しかし，第五福龍丸ほど，数奇な運命をたどってきた船はまれである．その小さい木造の船体で，遠く赤道海域の遠洋漁業に従事している最中，「彼女」はまったく思いもかけない，最大の悲運にみまわれた．1954年3月1日（月）未明，ビキニ海域でのことである．この日にはじまったアメリカの水爆実験，キャスル・テストの第1弾，ブラボー水爆は地上爆発であったため，多量の石灰岩の粉末を上空にまで吹きあげた．白い粉末はビキニ環礁から，百数十キロもはなれていた第五福龍丸の甲板上に音もなく降ってきた．石灰岩の粉末は，強放射性の「死の灰」であった．

　事態のただならぬことをさとった「彼女」は，故郷にむかって直行した．「彼女」が母港の焼津にかえりついたのは，3月14日（日）のことであった．その日，乗組員に健康診断をたのまれた大井俊亮医師は，直感的に，全員が「放射能症」にかかっている，と判断した．大井医師の診断は正しかった．第五福龍丸は，人も，魚も，船体も，そのすべてが，放射能でつよく汚染されていたのである．

　「死の灰」の化学分析は，東京大学，静岡大学およびいくつかの大学の研究室で，文字どおり，昼夜兼行ですすめられた．化学者たちは，短時日のうちに，「死の灰」の主成分が核分裂生成物であることをつきとめた．世界注視の下に，京都市で開か

れた分析化学討論会で，その分析結果が発表されたのは，5月30日（日）のことであった．

その間，第五福龍丸だけではなく，放射能で汚染された漁船が，次々に発見された．放射能をおびた多量のマグロ類が土中に埋められた．放射能汚染をこうむった船の総数は856隻，廃棄されたマグロ類の総量は約500トンにおよんだ．1人の人が，1度に100グラムのマグロ肉を食べるとすれば，これは実に230万人前のマグロ量にあたる．

世にいう，この「ビキニ事件」「放射能マグロ事件」のため，マグロ漁業は壊滅状態におちいった．水産業者はいうまでもなく，国民全体が甚大な衝撃をうけたのである．

この緊急事態の本質をあきらかにするため，農林省水産庁は，農林省水産講習所（現在，水産大学校，下関市）の練習船・俊鶻丸に22人の科学者をのせて，ビキニ海域に派遣する計画を立てた．計画樹立の責任者，藤永元作博士（水産生物学者，当時，水産庁調査研究部長，故人）の言によれば，博士はいく度か米大使館水産担当官によばれ，計画を中止するよう威嚇された．しかし，計画は中止されなかった．俊鶻丸は5月15日（土）に出港し，まもなく，ビキニ，エニウェトク環礁をめぐる広大な海域で，予想をはるかに上まわる放射能汚染を発見するのである．海水にも，魚にもつよい放射能が検出された．それまで，外洋の水と魚の放射能汚染を否定しつづけてきたアメリカ原子力委員会は，その翌年の春，タニー号をビキニ海域におくり，俊鶻丸調査のあとを追試した．彼らは俊鶻丸調査の正しさを全面的にみとめ，ついに，かぶとを脱いだのであった．

俊鶻丸が東京港を出発したその翌日から，日本の国土の太平洋側につよい放射能雨がふりはじめた．各地の大学の研究者が，こぞって立ち上り，期せずして，全国的な観測網がしかれた．科学者の自主性と，社会にたいする責任への自覚が，これほどまで，みごとに発揮されたことは，かつてないことであった．

核兵器による第五福龍丸の被災，海洋と水産物の放射能汚染，放射能雨など，人類がかつて経験したことのなかった大事件の続発は，世界中の人々を怒りと恐怖におとしいれた．わが国では，はやくもその8月から，原水爆禁止署名運動全国協議会が結成され，その年の末までに，2,000万名以上の署名が集められた．日本学術

会議は春の総会で，原水爆の禁止，原子力の国際管理の実現を，全世界の科学者によびかけた．その翌年7月には，ラッセル・アインシュタイン声明が出され，戦争の廃絶と核兵器の全面禁止をつよく世界に訴えた．ついで1957年には，核分裂の発見者，オットー・ハーン博士をはじめ西独の著名な科学者18人により，ゲッチンゲン宣言が発表された．その中で彼らは，核兵器の研究には，いっさい手を貸さないことを固く誓ったのである．

　第五福龍丸の乗組員23名は，全員，東京にうつされ，東京大学医学部附属病院と，国立東京第1病院にわかれて，手あつい治療と看護をうけていた．しかし，当時の病院は予算も少なく，医療設備も貧弱で，中泉正徳教授（東京大学）が，10万円の借金をして，当座の医療費にあてていたほどの貧困ぶりであった．都築正男博士を指導者とする医師団の苦心と献身の甲斐もなく，9月23日（木）に，久保山愛吉氏が死亡するという最悪の事態をむかえた．

　一方，文部省が2,100万円という，当時としては破格の値段で，第五福龍丸の買上げにふみきり，焼津から東京の越中島に「彼女」を回航したのは，8月のことである．そのあと，10月に「彼女」は東京水産大学の所属船となり，放射能の減衰をまって，2年後に練習船に改装，船名も「はやぶさ丸」と改められた．

　アメリカ政府は，はやくから，第五福龍丸の乗組員への補償を約束していた．しかし，わが国の水産業界のこうむった損害をふくめ，200万ドル（7億2000万円）の賠償金が支払われたのは，翌年の1月になってからのことである．船の買上げ，賠償金の支払いという，前代未聞の処置がとられたいきさつは，もっと明らかにされなければならない．

　ビキニ事件のおきた直後（4月），中谷宇吉郎博士（物理学者，当時，北海道大学教授，滞米中，故人）は「ちえのない人々——ビキニ被災をアメリカでみて」と題する文章を『毎日新聞』に掲載した．その趣旨は「アメリカ政府が，たくさんの見舞金を出し，船も買い上げてしまえば，日米たがいによいのではないか」というのであった．日米両政府は，まさに，中谷博士の示唆に，符節をあわせるような処置をとった．

　結果は中谷博士のいったとおり「日米（政府）たがいによい」状況がうまれた．

それが，いつしか，水爆による第五福龍丸の被災という世界史的な大事件を，忘却のかなたにおいやることになったのである．

　しかし，さいわいにも，「彼女」は生きのこっていた．1966年4月，船齢19年ではやくも廃船とされた「彼女」は，東京の「夢の島」に捨て去られたまま，崩壊寸前の姿で発見された．1968年から，第五福龍丸保存運動がおこり，1970年に「はやぶさ丸」は，「第五福龍丸」に復名したのである．

　第五福龍丸保存の意義についての私の考えは，すでに「第五福龍丸は人類の未来を啓示する」（第五福龍丸保存委員会発行，1973）の中にのべられている．私は，ここでそれをくりかえすことはしない．ただ，この小冊子ではのべなかった，その他の保存の意義について，いくつか追加しておきたい．

　まず第1に，第五福龍丸は，わが国の放射線影響研究の原点であったことを明らかにしたい．ビキニ事件を契機として，放射線の影響に関する広汎な分野の研究が飛躍的な発展をとげた．その成果をふまえて，1959年に日本放射線影響学会が結成された．1974年10月に，徳島市で開催された同学会第17回大会では，ビキニ事件20周年を記念して，「ビキニ20年と放射線影響研究」と題するシンポジウムが開かれた．私がその座長に指名されたことは，私にとっては最高の名誉である．

　第2に，第五福龍丸は，また，わが国の科学者に，その社会的責任の重大性を自覚させる要因でもあった．「放射能症」の治療，「死の灰」の分析，海洋放射能，放射能雨の研究などに，全国から多数の科学者が，率先して参加した．当時の研究環境は貧困をきわめていたが，科学者たちは，その障害を創意によって克服した．この尊い経験は，わが国の科学史上，特筆すべきできごとといわねばならない．

　第3に，第五福龍丸は，わが国科学界の潜在的な力をひろく世界にしめす動機にもなった．ブラボー爆弾の秘密はことごとく，わが国の科学陣が得た研究データの中にひそんでいた．環境の放射能汚染が，まもなく地球的規模に拡大することを予見したのも，日本の科学者であった．第五福龍丸を，わが国の科学史上のモニュメントとして保存することは，多くの科学者のねがいでもある．

　第五福龍丸は木造の100トンにもみたない小さい漁船である．この小さい船が荒波をのりこえて，数千，数万キロにおよぶ航路を踏破し，幾多の困難と戦って漁撈

に従事していたのであった．わずか20年前のことではあるが，あの敗戦後の困窮の時代のことを思えば，まさに壮挙というほかはない．

　ノルウェーのオスロ市には，海岸の砂の中から発掘されたバイキングの船が博物館におさめられている．この小さい木船が，かつてヨーロッパの北の海を制覇した勇敢なバイキングの生涯を，私たちにもの語ってくれる．第五福龍丸も，それにおとらぬ，人間の尊い，いとなみの歴史的遺品として，大切に保存されなければならない．敗戦直後に建造された粗末な，遠洋漁業用の木船は，いまは他にはどこにも残っていない．これらの小さい船が，敗戦後のわが国の食糧危機を救うために大きいはたらきをした．日本の漁業者は，果敢にして細心，漁撈にかけては世界最高の技術者である．敗戦後の苛酷な時代に生き，遠洋漁業に活躍した彼らの勇壮で，真摯で，感動的な姿を，「彼女」は末永く後世につたえてくれるだろう．それはバイキングの船とひとしく，みる人々に多くのことを語りかけるにちがいない．

　財団法人・第五福龍丸平和協会は，創立以来，東京都および第五福龍丸保存委員会をはじめ，多くの支持者からの並々ならぬご協力を得て，第五福龍丸の永久保存のために微力をつくしてきた．当協会の設立を記念する事業の一つとして，この資料集の刊行が計画され，ここに上梓のはこびにいたったことを，私は心からうれしく思う．散逸した資料の集収，編集に努力された方たちに感謝したい．

　この書をひもとく読者のみなさんは，それぞれの感慨をいだかれるであろう．しかし，そこに共通する感慨は，核兵器のない，平和と幸福の世界への待望ではあるまいか．

　これこそ，第五福龍丸が，「彼女」の数奇な生涯を通じ，私たちに語りつづけてきた，もっともたいせつな「おしえ」である．

（財団法人・第五福龍丸平和協会会長）

ビキニ水爆被災資料集　目　次

新装版刊行にあたって　　　　　　　川﨑昭一郎
序にかえて　　　　　　　　　　　　美濃部亮吉
第五福龍丸のおしえ　　　　　　　　三宅泰雄

第1編　1954年3月1日ビキニ
　　　　水爆実験 ……………………1

　第1章　ビキニ水爆実験と
　　　　　その背景 ……………………3
　　概　要 ……………………………3
　　第1節　オペレーション・キャスル
　　　　　　とビキニ水爆実験 ………3
　　　1-1　米原子力委員会発表（実験
　　　　　　開始と終了）………………3
　　　1-2　オペレーション・キャスル
　　　　　　の日時と実験内容 ………4
　　　1-3　ビキニ水爆は超ウラン爆弾 …9
　　　1-4　ビキニ灰の分析 ……………11
　　第2節　実験の背景とニュールック
　　　　　　戦略 ……………………11
　　　2-1　新外交・防衛政策示すダレ
　　　　　　ス演説（ニューヨーク外交
　　　　　　問題協議会，54.1.12）……11
　　　2-2　核爆発年表（1945〜63）……13
　　　2-3　破壊力比較表（鳳泰信「水
　　　　　　爆の恐怖」『世界』54.6）…19

　第2章　水爆実験の影響（その1）…20
　　概　要 ……………………………20
　　第1節　米政府・原子力委員会報告 …21
　　　1-1　ストローズ米原子力委員会
　　　　　　委員長声明（54.3.31）……21
　　　1-2　米原子力委員会「高威力核
　　　　　　爆発の影響」（55.2.15）……24
　　　1-3　放射能降灰について（米原
　　　　　　子力委員ウィラード・F・
　　　　　　リビー，米物理学会春季大
　　　　　　会特別講演，57.4.26，ワ
　　　　　　シントン）……………………36
　　第2節　米科学者の報告 ……………50
　　　2-1　米科学アカデミー「原子力
　　　　　　放射線の生物学的影響」
　　　　　　（56.6.12）……………………50

　第3章　水爆実験の影響（その2）…59
　　概　要 ……………………………59
　　第1節　ミクロネシア議会報告 ………60
　　　1-1　ロンゴラップ，ウートロッ
　　　　　　ク両島民に関する報告――
　　　　　　1954年3月1日の事故の医
　　　　　　学的諸側面，すなわち傷害，
　　　　　　診察，治療に関連して――
　　　　　　（ロンゴラップ，ウートロ
　　　　　　ック両環礁に関する特別合
　　　　　　同委員会，73.2）……………60
　　第2節　米原子力委員会などの調査
　　　　　　報告 ……………………86
　　　2-1　電離照射が人間におよぼす
　　　　　　影響の若干について――放
　　　　　　射性降下物の放射線に，事
　　　　　　故により被曝したマーシャ
　　　　　　ル群島島民とアメリカ人に
　　　　　　関する報告，ならびに人間
　　　　　　における放射能症に関する
　　　　　　討議――（米原子力委員会，
　　　　　　56.7）（報告書作成機関－海
　　　　　　軍医学研究所，合衆国海軍
　　　　　　放射線防御実験所，ブルッ
　　　　　　クヘブン国立実験所医学部，
　　　　　　編集者――E・P・クロン
　　　　　　カイト，V・P・ボンド，
　　　　　　C・L・ダンハム）…………86
　　　2-2　ロンゴラップ，ウートロッ
　　　　　　ク両島民に関する被爆後11
　　　　　　年目，12年目の医学調査報
　　　　　　告（1965年3月，1966年3

第4章 水爆実験の影響（その3）……100

概要 ……100

第1節 日本政府・原子力委員会などの報告 ……100

1―1 ビキニ環礁における原水爆実験の影響調査（原子力委員会編『放射能調査の展望』59.5）……100

1―2 水産庁調査研究部「ビキニ海域における放射能影響調査報告」（第1輯）（55.3）……112

1―3 水産庁調査研究部「昭和29年におけるビキニ海域の放射能影響調査報告」（第2輯）（55.11）……120

1―4 参議院水産委員会「調査団および顧問団の国会報告」（54.7.7）……127

1―5 俊鶻丸乗船者名簿（科学者22名を除く）……137

1―6 厚生省「放射能汚染魚類に関する資料」（54.11.14）……138

1―7 厚生省原爆症調査研究協議会「環境衛生小委員会報告」（54.10.15）……148

1―8 厚生省原爆症調査研究協議会「食品衛生小委員会報告」（54.10.15）……153

1―9 長沢佳熊「食品の放射能による汚染」……154

1―10 宮城県衛生部「放射能対策に関する報告」（55.3）……156

1―11 東京都衛生局公衆衛生部獣医衛生課「魚類の人工放射能検査報告」（昭和29年度獣医衛生課事業報告別刷）……158

1―12 大阪市衛生局「放射能対策の経過報告」（55.1）……158

第2節 日本の科学者の報告 ……165

2―1 放射能による農作物の汚染に就いての調査と研究抜粋（東京大学農学部農芸化学科肥料学教室編，54.11.15）……165

2―2 放射能影響の水産学的研究（中間報告Ⅳ）（日本学術会議放射能影響調査特別委員会水産班資料，54.11.10）（東京大学農学部水産学科：森，松江，末広，檜山各研究室協同研究）……177

2―3 三宅泰雄「日本に降った人工放射性雨(54.5～7)」（日本学術会議放射線影響調査特別委員会地理物理班報告 No. 1，54.8）……178

2―4 1954年水爆実験被災調査報告（大阪市立医科大学生物物理学研究室：西脇安，河合広，表野篤，合志長生，田中源一，近藤正治，村田滋子，古久保俊子，大井糸子，三宮卜半，白木嗣彦）……190

2―5 田島英三「漁船はどうして放射能に汚染されたか」……193

2―6 道家忠義「過小評価は許されない――リビーらの見解によせて」……203

第5章 水爆実験の影響（その4）……210

概要 ……210

第1節 第五福龍丸以外の被災船リスト ……210

1―1 東京都衛生局公衆衛生部獣医衛生課「魚類の人工放射能検査報告」（昭和29年獣医衛生課事業報告別刷）……210

1―2 宮城県衛生部「放射能対策に関する報告」（55.3）……213

1―3 大阪市衛生局「放射能対策の経過報告」（55.1）……222

1―4 新聞報道による一覧表 ……224

第2節 被災がひきおこした深刻な波紋 ……227

目　次

2—1　水爆灰被害の疑いのある人人についての医学的調査（第1報）（全日本民主医療機関連合会，新日本医師協会）……………………227
2—2　比留雅夫「ルポ——死んだ港・三崎」……………230
2—3　第十三光栄丸船員の訴え …234
2—4　浅井繁春「"原爆マグロ"葬送航海」……………236

第2編　第五福龍丸と乗組員の被災をめぐって……………239

第1章　被災状況……………241
概　要……………241
第1節　被災時の位置と航跡 ………242
1—1　3月1日の当直日誌・航海日誌および漁撈日誌……242
1—2　第五福龍丸の航跡 ………244
1—3　政府確認の被災地点（参院予算委，54.3.19）……244
1—4　危険区域通知の海上保安庁告示……………………245
1—5　水爆爆発時の乗組員の船内位置……………………246
1—6　ビキニ中心の汚染範囲と第五福龍丸被災地点………246
第2節　船体各部，積荷の汚染状況…249
2—1　第五福龍丸の残留放射能（原爆症調査研究協議会環境衛生小委員会報告）（科学研究所：山崎文男，東京大学医学部放射線科：筧弘毅）…………………………249
2—2　第五福龍丸関係汚染調査記録（原爆症調査研究協議会環境衛生小委員会報告）（静岡大学教育・文理学部：塩川孝信他化学教室員一同）…252

第2章　乗組員の症状経過と久保山氏の死亡 ……………257
概　要……………………………257

第1節　乗組員の症状経過 …………257
1—1　原爆症調査研究協議会臨床小委員会（臨床部会）の発表文……………………………257
1—2　ビキニ放射能症の臨床並に血液学的観察（第14回日本医学会総会血液学会総会特別講演，55.4.2）……………261
1—3　乗組員の汚染状況に関する資料……………………297
第2節　久保山氏の死亡をめぐって…301
2—1　放射能症による死亡例の病理学的研究（原爆被害対策に関する調査研究連絡協議会原水爆被害調査研究報告〈医学関係〉）（国立東京第一病院研究検査科病理：大橋成一）……………301
2—2　都築正男「水爆傷害死問題の真相」………………313
2—3　熊取敏之「水爆患者の死——主治医の訴え——」…320
2—4　草野信男「久保山さんの解剖に立会って」………324

第3章　乗組員および国内外の人びとの手記・手紙………326
概　要……………………………326
第1節　乗組員と家族の手記・手紙…326
1—1　病状と病院生活 …………326
1—2　家族からのたより ………328
1—3　被災者の立場 ……………329
1—4　「死の灰」の証言 …………330
1—5　水爆患者第1号の手記 ……334
1　6　病床から ……………………338
1—7　久保山氏の病状悪化 ……339
1—8　久保山愛吉氏の死 ………340
1—9　世界に訴える ……………342
第2節　国内外から寄せられた手紙…349
2—1　全国の児童・生徒から …350
2—2　回復を祈って——社会人からの便り………………352
2—3　久保山氏が亡くなって ……356
2—4　海外からの反響 …………362

目次

第4章　焼津市の状況 …………363
　概　要 ……………………………363
　第1節　焼津市の対策 …………364
　　1-1　静岡県藤枝保健所食品衛生係「第五福龍丸被爆事件日誌」……………………………364
　　1-2　市衛生課通達号外 ………369
　　1-3　静岡県焼津市「第五福龍丸被爆の状況について」……369
　第2節　焼津市民の反響 ………371
　　2-1　水爆被害対策市民大会(54.9.22) ………………………371
　　2-2　静岡県漁民葬 (54.10.9) …372
　　2-3　焼津の小中学生の作文から…374
　　2-4　法月昭三「福龍丸事件に寄せて」………………………378
　第3節　焼津ルポ・調査記録 …380
　　3-1　焼津における水爆被災の状況 …………………………380
　　3-2　ルポ・死の灰にゆらぐ焼津の表情 ……………………384

第5章　被災問題に対するアメリカの態度 ……………………390
　概　要 ……………………………390
　第1節　被災と放射能汚染について…390
　　1-1　ストローズ米原子力委員長の1954年3月31日付声明（第1編第2章第1節1-1参照）……………………390
　　1-2　"日本は大げさだ"（米両院原子力委パストア委員が正式声明）……………………390
　　1-3　被爆漁民スパイとも思える（コール委員長が重大発言）…391
　　1-4　実験場接近理由を調査せよ（米合同原子力委員会の両議員）……………………391
　　1-5　反米的動きを警告（ビキニ被災問題に在日米高官）…391
　　1-6　米大使、初めて遺憾の意（ビキニ被災事件で）………392
　第2節　「死の灰」と船体の処理について ……………………393

　　2-1　灰の正体、近く米で発表（モートン博士の談）………393
　　2-2　米側、回答取止め（放射性物質の質や量）……………393
　　2-3　横須賀回航に反対（福龍丸処分、東京大学調査団申入れ）……………………………393
　　2-4　外相、微妙な回答（福龍丸引渡し反対に）……………394
　第3節　被災者の診断について …394
　　3-1　日本医師の抗議心外（井口・スミス会談）………………394
　　3-2　ビキニ患者と日米医学陣（清水健太郎）………………395
　　3-3　日米の誤解は解消（日本側治療は正しかった）（都築博士談）……………………………397
　第4節　久保山氏の死因について …398
　　4-1　日本側治療に手落ち？（ビューガー米原子力委生物学医学部長）………………398
　　4-2　米医師の診断なら助かった（米原子力委員会分科委員長談）……………………………399
　　4-3　幼稚な医術にたよったから（米の原子力研究の権威ベーテ教授談）…………………399
　　4-4　死因は放射能ではない（米原子力委医薬部長が声明）…399
　　4-5　死因に米側発表（日本側の放射能説否定）（ペリー米国防次官補）………………400
　第5節　補償について ……………400
　　5-1　アリソン大使声明 …………400
　　5-2　"賠償は調査の後で"（コール米両院原子力委委員長）…400
　　5-3　補償の法的責任なし（米国務省）……………………………401
　　5-4　補償交換公文〔第6章第2節参照〕………………………403
　　5-5　中谷宇吉郎「ちえのない人人――"ビキニ被災"をアメリカでみて」………………403
　第6節　放射性物質の影響と利用に

目　次　　　　　　　　　　　　　　17

　　　　関する日米会議 …………405
　6−1 「放射性物質の影響と利用
　　　　に関する日米会議」につい
　　　　て（日本学術会議，54.11.
　　　　9) ………………………405
　6−2 議事日程 …………………406
　6−3 会議の日米共同発表文（第
　　　　1日−第5日) ……………406
第6章　日本政府の被災対策………413
　概　要 …………………………………413
　第1節　政府の対米姿勢と措置 ……413
　1−1 福龍丸問題に関する日米連
　　　　絡協議会 (54.3.24) ………413
　1−2 日米調査予備会議にたいす
　　　　る外務省調整案 …………414
　1−3 第五福龍丸の被災状況に関
　　　　する覚書（外務省情報文化
　　　　局) …………………………415
　1−4 ビキニ周辺の安全保障を要
　　　　請する政府口上書 ………416
　1−5 水爆実験に協力 …………417
　1−6 核の機密保持に努力 ……418
　1−7 調査結果公表は慎重に ……418
　1−8 福龍丸乗組員を思想調査
　　　　（治安当局米側へ報告？) …418
　第2節　国内被災対策 ……………419
　2−1 閣議決定による処理方針 …419
　2−2 関係通牒 …………………421
　2−3 関係機構 …………………435
　2−4 事件対策日誌 ……………440
　2−5 原爆被害対策調査研究項目
　　　　と費用（昭和29年度) ……445
　2−6 ビキニ事件関係処理費 …449
　第3節　補償対策と措置 ……………455
　3−1 慰謝料受諾の政府発表と交
　　　　換公文 ……………………455
　3−2 ビキニ被災事件に伴う慰謝
　　　　金配分（昭和30年4月28日，
　　　　閣議決定) …………………456
　3−3 配分額細目内訳 …………457
　3−4 船主慰謝料の使途（全国鰹
　　　　鮪漁業経営主に対するアン
　　　　ケート調査) ………………459

　第4節　政府の核政策 ……………463
　4−1 原水爆基地化しうる（参議
　　　　院法務委員会，54.5.12) …463
　4−2 自衛隊の研究 ……………467

第3編　ビキニ水爆実験に対す
　　　　る内外の反響 ……………475
第1章　国民世論 …………………477
　概　要 …………………………………477
　第1節　国民世論の動向 ……………478
　1−1 新　聞 ……………………478
　1−2 ラジオおよびテレビ ……488
　1−3 世論調査 …………………489
　第2節　国会・地方自治体の決議・
　　　　意見書 ……………………489
　2−1 国　会 ……………………489
　2−2 広島県議会ほか …………490
　2−3 焼津市議会ほか …………491
　第3節　政党，諸団体の決議・声明
　　　　・訴え ……………………492
　3−1 政党の見解と方針（『平和
　　　　連絡報』No. 9, 54.5.31) …492
　3−2 買出人水爆対策市場大会，
　　　　浅草魚商連合会 …………499
　3−3 主婦連合会，地域婦人団体
　　　　連合会，生活協同組合婦人
　　　　部 (54.4.6) ………………501
　3−4 総評第14回幹事会(54.3.22) 501
　3−5 日本学術会議第17回総会声
　　　　明 (54.4.23) ………………502
　3−6 日本医師会代議員会(54.5.
　　　　25) …………………………503
　3−7 日本基督教団 (54.5.10) …503
　3−8 日本文学協会第9回大会
　　　　(54.5) ………………………503
　3−9 その他（リスト) …………504
　第4節　ジャーナリズムの動き ……505
　4−1 特集記事のリスト ………505
　4−2 新聞社説 …………………513
第2章　原水爆禁止運動のもりあ
　　　　がり ………………………519
　概　要 …………………………………519

第1節	決議から署名運動へ	520
1-1	署名運動の全国的開始状況	520
1-2	原水爆禁止・原子戦争反対署名数全国集計(55.8.4現在)	521
第2節	地域から国民運動へ	536
2-1	水爆禁止署名運動杉並協議会	536
2-2	原水爆禁止運動広島協議会	538
2-3	原水爆禁止署名運動豊島区協議会	540
2-4	横須賀市での運動	542
2-5	原爆禁止を要望する日本の医師の会	544
2-6	原水爆禁止署名運動全国協議会	546
2-7	原水爆禁止運動の歌	549
第3節	世界への働きかけ	549
3-1	放射能影響国際学術懇談会(55.5.30～6.11)	549
3-2	第1回原水爆禁止世界大会(55.8.6～8)	560

第3章　文学・芸術・評論 …570
概　要 …570

第1節	文　学	571
第2節	詩　歌	575
2-1	詩	575
2-2	短歌	579
2-3	俳句	582
2-4	「かたえくぼ」(『朝日新聞』)などにみる"ビキニ世相"	586
第3節	美　術	587
第4節	映画・演劇	592
4-1	映　画	592
4-2	演　劇	595
第5節	評　論	599
5-1	渡辺一夫「立ちどころに太陽は消えるであろう」	599
5-2	野上弥生子「水爆とパエトン」	603
5-3	浦松佐美太郎「第五福龍丸の存在」	606
5-4	宮本顕治「原爆犠牲民族の知性」	609

第4章　海外の反響 …617
概　要 …617

第1節	著名人の意見・訴え	618
1-1	ネール「水爆実験禁止協定を締結せよ」	618
1-2	アトリー(英労働党党首)(54.4.5, 英下院)	619
1-3	ピオ12世(54.4.18, キリスト復活祭)	621
1-4	イレーヌ・キュリー博士	621
1-5	バートランド・ラッセル他10名の学者の署名をもって発表された声明(いわゆるラッセル・アインシュタイン声明)	622
1-6	ゲッチンゲン宣言	625
第2節	国際連合, 国際団体の決議・声明	626
2-1	国際連合第9回総会(54.9.12)	626
2-2	世界平和評議会	626
2-3	世界平和者会議	628
2-4	国際緊張緩和のための集り(54.6.19～23, ストックホルム)	629
2-5	その他(リスト)	629
第3節	海外論調	630
3-1	水爆実験をめぐって	630
3-2	久保山さんの死をめぐって	632
第4節	諸国民の影響	635
4-1	英『タイムズ』紙上論争(内山敏「水爆実験の世界的反響」抜粋)	635
4-2	内山敏「久保山さんの死をめぐって——ニッポン・タイムズ紙上の論争風景」(『図書新聞』54.10.16)	641
4-3	京都大学エスペラント会編「はるかなる友の訴え——水爆問題について海外からの反響」	643
4-4	ニューヨークのど真中でさ

目　　次   19

　　　さやかな原爆反対デモ ……647　　　文献目録 ………………………686
　　　　　　　　　　　　　　　　　　　1　自然科学 ………………686
付　　録 ……………………649　　　　2　人文・社会科学 ………694
　　　　　　　　　　　　　　　　　　　3　単行本 …………………701
　　　第五福龍丸保存運動 ……………651　　　4　英語文献 ………………703
　　　第五福龍丸関係保存物品目録 ………665　　資料収集にあたって
　　　年　表 ………………………666　　編集後記
　　　　　　　　　　　　　　　　　　主要文献リスト (新装版にあたり増補)

　　　　　　　　　　　装幀：高麗隆彦

凡　例

1. すべての資料は，原文のまま収録することを原則とした．ただし，明らかな誤字，脱字については，訂正した．誤字，脱字と思われても，訂正しなかったばあいには，〔ママ〕ないし〔原文のまま〕と注記した．

2. 資料の抄録は避け，省略するばあいは，その箇所に〔略〕，〔中略〕などと明記した．

3. 横組とした関係で，数量および年号については，原資料中の漢字による表記を，アラビア数字に改めた．ただし，原資料が横書きで，数量および年号の表記に漢字を使っているばあいには，そのままとした．

4. 字体は，固有名詞を除いて，新字体に統一した．送りがなについては，明らかに誤っているばあい，文部省案を参考にして訂正した．

5. 各資料の出典は，それぞれの末尾に記入した．このばあい，発行年月日の表記は，たとえば1954年3月1日ならば，54.3.1のようにした．また，ページの表記は，たとえば120ページならば，P.120のようにした．本資料集のため，新しく翻訳した文献や書下した解説については，それぞれの末尾に，翻訳者名，執筆者名を記入した．

6. 資料中の〔　〕は，〔ママ〕，〔略〕など以外も，すべて編集者による注記である．原資料の注記は，(　　)で示した．

7. 本資料集のため，新しく翻訳した文献や，書下した解説などで使う太平洋諸島の名称は，海上保安庁水路部の用語に統一した．
〔例〕
```
    従来の慣用        水路部の用語
    ロンゲラップ ─→ ロンゴラップ
    ユティリク    ─→ ウートロック
    ロンゲリク    ─→ ロンギリック
    クワジャレイン ─→ クエジェリン
```

第1編　1954年3月1日ビキニ水爆実験

第1章　ビキニ水爆実験とその背景

〔概　要〕

　1954年3月から5月にかけて，アメリカはマーシャル群島のビキニ・エニウェトク環礁で，一連の水爆実験を行なった．

　この実験全体はオペレーション・キャスルまたはキャスル・テストとよばれているが，本章はその実態を明らかにするとともに，こうした実験がなぜ行なわれたかを理解できるような資料を収録した．

　第1節〈オペレーション・キャスルとビキニ水爆実験〉では，そのテストの日時，内容などの記録を収録した．ただし，キャスル・テストの一連の実験の日時は，米原子力委員会（AEC）の公表したものと，日本において微気圧振動計で観測したものとでは，回数において違いがあるが，資料としては併列に採用してある．

　3月1日の実験で使われた爆弾は，ブラボー爆弾と名づけられたが，それが3F水爆であった事実は，"死の灰"の分析から，日本の科学者が世界に先駆けて明らかにした．ここには分析結果の一覧表だけを収録した．

　第2節には，この水爆実験の背景となったアメリカのニュールック戦略に関する資料を収録してある．しかし，ニュールック戦略をはじめ，アメリカの核戦略について詳細に追求するとしたら，膨大な資料を必要とするが，それはこの資料集の主目的から逸脱することとなるので，最小限にとどめた．

第1節　オペレーション・キャスルとビキニ水爆実験

1—1　米原子力委員会発表
　　　（実験開始と終了）

　【ワシントン3月1日発AFP特約】米原子力委員会は1日つぎのように発表した．「米原子力委員会のストラウス委員長は，第7回合同機動部隊がマーシャル群島にある原子力委員会の太平洋実験場で原子力装置を爆発させた．この爆発は引続いて行なわれる一連の実験の最初のものである．」

　　　　　　　（『読売新聞』54.3.2，夕刊）

　【ワシントン5月13日発AP特約】米国防総省及び原子力委員会は13日太平洋における今年の水爆実験は成功裏に完了したと発表した．この発表はストラウス原子力委員長とウィルソン国防長官の共同声明をもって行なわれた．声明内容つぎの通り．

　原子力委員会の太平洋実験場における1954年の一連の熱核分裂実験は完了した．実験は熱核分裂兵器の発展に成功した．これらの実験はわれわれの国家的利益にとって重要であるとともに，米国および自由社会の安全保障にいちじるしく寄与した．実験が終了したの

で実験開始当時安全目的のために設定された "警戒区域"内の海空航路は数日中に安全に再開されよう.
　　　　　　(『中部日本新聞』54.5.14, 夕刊)

【ワシントン5月21日発ロイター】米政府は21日, 最近太平洋で行われた一連の水爆実験中禁止していたマーシャル群島の原子力実験場周辺水域への海空からの立入を解除した.
　　　　　　(『朝日新聞』54.5.22)

1—2 オペレーション・キャスルの日時と実験内容

合衆国第85議会原子力合同委員会
　放射線特別小委員会公聴会議事録
　(57.5.27～29, 6.3)

3・1	ビキニ	15メガトン, 落下物は(キャスル作戦) 7,000平方マイルに及ぶ
3・26		未発表
4・6	エニウェトク	第3回実験水爆とみられる

防衛庁技研技官・防衛研修所教官
　新妻清一著「誘導弾と核兵器」(58.2)

3・1	ビキニ	500フィート塔上爆発, 1,200～1,800万トン, 火の玉の直径4～5キロ
3・26	ビキニ	前回より小型でノミナル原爆より数百倍の威力
4・6	ビキニ	今回は熱原子核兵器の実験と始めて発表された
5・1～15	ビキニ	日本気象台の徴震計により推定威力は2,000万トン

東大理学部物理学教室
　小沼通二「核爆発の探知と査察」(『科学朝日』58.10)

爆発日時(分)	場　所	爆発内容	発表機関	日本での観測
3・1　6・45(現地時間)	ビキニ(キャスル作戦)	地上, 15MTの3F水爆 17,000平方キロメートル以上に放射能がひろがり, 福龍丸, ロンゲラップ島住民が被災(地震学者用に58年4月15日に発表)	AEC	◎
3・27　6・30	〃	水面	〃	◎
4・7　6・20	〃	地上	〃	◎
4・26　6・10	〃	水面	〃	◎
5・5　6・10	〃	〃	〃	◎
5・14　6・20	〃	〃	〃	◎

京都大学化学研究所報告別冊 (54.11)
Ryozaburo Yamamoto: Paper XIV, The Microbarographic Oscillations Produced by the Explosions of Hydrogen-Bombs.

Table 1

Station number	Station	Distance from Bikini (km)	1st Nov. 1952	1st Mar. 1954	27th Mar. 1954	26th Apr. 1954	5th May 1954
1	Shionomisaki	3910	07h30.9m	07h17.1m 07 17.2 07 17.3	07h01.5m 07 01.2 07 01.4	06h39.6m 06 39.6 06 40.0	06h40.9m 06 41.3 06 40.6
2	Niihama	4140	07 43	07 30	....	06 48	06 54
3	Nara	3960	....	07 18	06 59	06 43	06 47
4	Osaka	4000	....	....	....	06 47	06 48
5	Kanazawa	4030	07 42	07 29	07 14	....	06 53
6	Shirahama	3960	....	07 18	07 00	06 42	06 42
7	Uragami	3910	....	07 16	06 59	06 40	06 41
8	Shingu	3910	....	07 19	06 57	06 42	06 42
9	Kashiwa	3740	....	....	....	06 32	
10	Gotenba	3780	....	....	....	06 34	06 35
11	Tarobo	3790	....	....	....	06 32	
12	Yokohama	3740		07 10	06 56	06 33	06 33
13	Mishima	3770		07 10	06 59	06 37	
14	Omaezaki	3790		07 11	06 54	06 34	
15	Kameyama	3940		07 18	07 02	06 40	
16	Kobe	4030	07 37	07 26	07 09	06 48	06 50
17	Fukuoka	4360		07 42	07 25	06 51	
18	Marcus Is.	1900		05 16	05 03	04 52	04 51
19	Torishima Is.	3370	07 01	06 47	06 31	06 08	
20	Hachijo Is.	3590		06 58	06 45	06 19	
21	Sapporo	4210		07 34	07 23	06 58	
22	Nemuro	4020	07 47	07 26	07 16	06 52	06 51
23	Yamagata	3890		07 18	07 03	06 41	
24	Shirakawa	3820		07 17	06 59	06 39	
25	Choshi	3670		07 07	06 48	06 31	
26	Tomisaki	3690		07 06	06 51	06 27	
27	Tokyo	3750					06 34
28	Nagoya	3920		07 17	07 04	06 39	06 41
29	Yonago	4210	07 50	07 27	07 21	06 53	07 00
30	Ashizurimisaki	4100		07 24	07 15	06 54	
31	Kagoshima	4250	08 05	07 40	07 22	06 57	07 04

Table 2

Date	Velocity of propagation computed from the records at Shionomisaki, Marcus Is. and Torishima Is. (m/sec)	Probable time of explosion	
		(J.S.T.)	(G.M.T.) on the previous day.
1st Nov. 1952	298	03h52m	18h52m
1st Mar. 1954	284	03 28	18 28
27th Mar. 1954	287	03 14	18 14
26th Apr. 1954	304	03 06	18 06
5th May 1954	310	03 10	18 10

Ryōzaburo YAMAMOTO

Table 3

Date	Initiation time of the disturbance on the mareogram (J.S.T.)	Duration time of the disturbance on the mareogram (min.)	Maximum amplitude (cm)	Mean period (min.)	Probable time of explosion (J.S.T.)	Velocity of propagation (m/sec)	H (km)
1st Nov. 1952	09h37m	135	18	11.8	03h52m	189	3.63
1st Mar. 1954	08 52	129	19	17.2	03 28	201	4.12
27th Mar. 1954	08 40	113	14	12.0	03 14	201	4.12
26th Apr. 1954	08 50	95	10	12.4	03 06	190	3.69
5th May 1954	08 53	122	16	12.3	03 10	190	3.69

Table 4

Date	1st Nov. 1952	1st Mar. 1954	27th Mar. 1954	26th Apr. 1954	5th May 1954	Great Siberian meteor fall
Computed energy of the atmospheric oscillation in ergs.	5.0×10^{20}	13.8×10^{20}	5.6×10^{20}	3.5×10^{20}	14.2×10^{20}	3.2×10^{20}

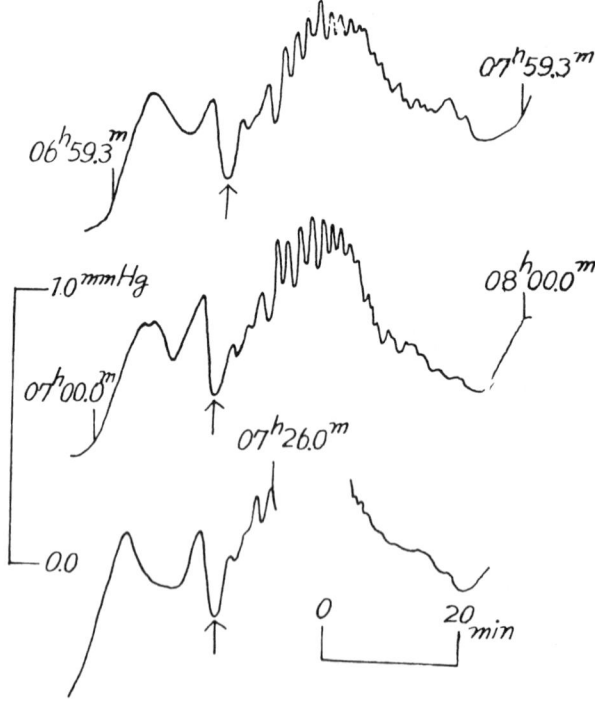

Fig. 3a Shida's microbarograms at Shionomisaki on 1st Mar. 1954 (original size)

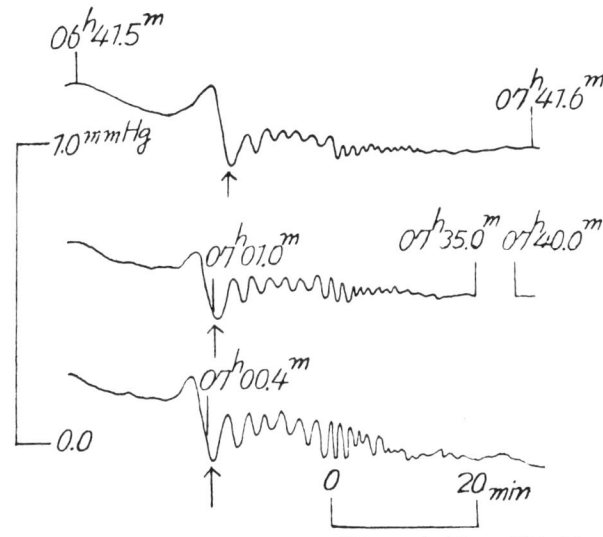

第1章 ビキニ水爆実験とその背景

Fig. 4a Shida's microbarograms at Shionomisaki on 27th Mar. 1954 (original size)

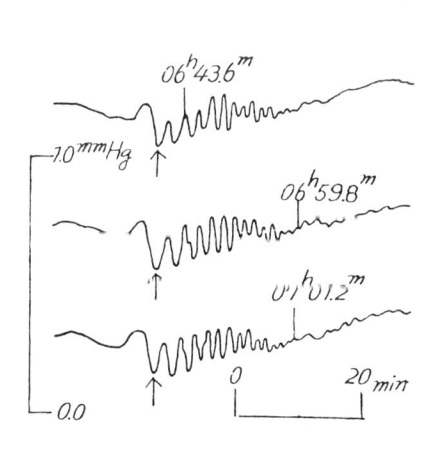

Fig. 5a Shida's microbarograms at Shionomisaki on 26th Apr. 1954 (original size)

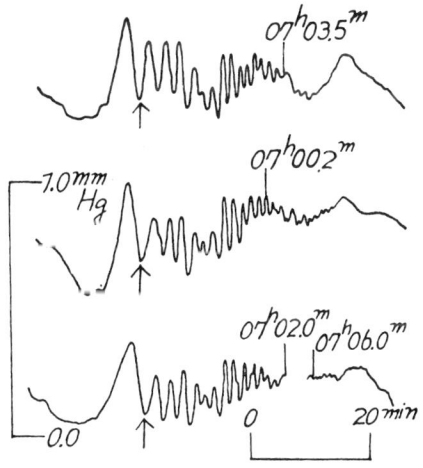

Fig. 6a Shida's microbarograms at Shionomisaki on 5th May 1954 (original size)

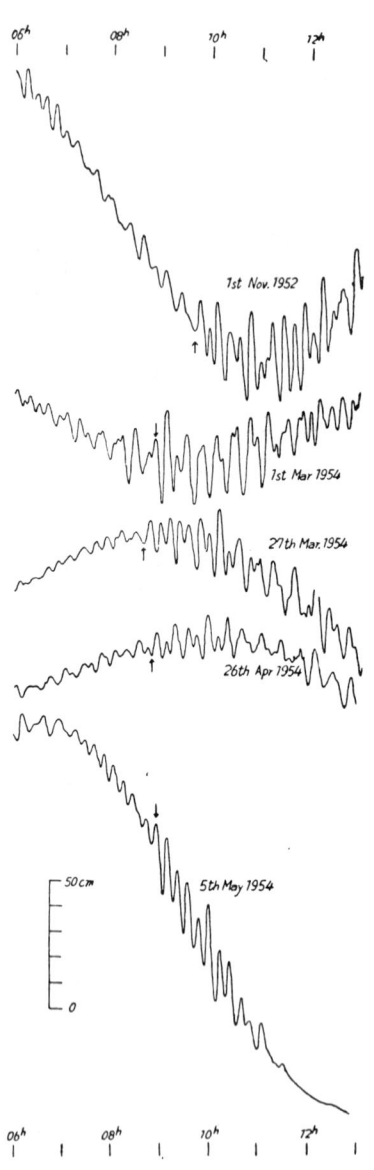

Fig. 8 Mareograms at Kushimoto (1/3 of original size)

1—3　ビキニ水爆は超ウラン爆弾

【シカゴ特電（INS）5日発】（エドウィン・ダイアモンド記）

昨年3月1日太平洋上ビキニ環礁で爆発されたいわゆる「熱核装置」は，単なる水爆以上のもので，これまで想像もつかなかったほど大きな死と破壊をもたらし得る，信じられないほど強力な「超爆弾」であった．この「装置」はこれまで恐れられていたコバルト爆弾ではなかったが，その爆発範囲の大きさと致命的な放射能を帯びた降下物の威力は，コバルト爆弾の概念をも一瞬にして時代遅れのものとしてしまったほどのものである．米原子力委員会は久しく極秘に付していた先月15日ビキニで実験された型の爆弾被害範囲にかんする報告を発表したが，これだけでもこの新兵器の真の姿を明らかにするに足りるものである．

コバルト弾を上回る

権威ある筋から知り得たところによるとビキニで爆発された「爆弾」は中心部の水爆を天然の状態のウラニウム（ウラニウム238）で覆ったものだったということである．中心部の水爆は恐るべき爆発の火の玉と猛烈な熱を引起すためのものだったが，同時に中性子を解き放して天然のウラニウム（精製されないもので，価格もやすい）を，致命的な放射能を持つ放射性物質に変えるのに十分な働きをした．その結果この爆弾は理論上の存在であるコバルト爆弾の殺りょくをはるかに上回るいわば新しい超爆弾となった．以上のような結論は有力な原子物理学者たちによっても確かめられている．

天然のウラニウム

この新しい超爆弾は，天然ウラニウム爆弾，あるいはもっと簡単にU爆弾（ウラニウム爆弾）と呼ぶことができよう．ビキニ実験の以前にもU爆弾の可能性は理論的には実証されていたのだが，天然のウラニウム（238）にはたして放射能を持たせることができるかどうかについては疑問とされていた．当の設計者たちさえ，U爆弾の真の威力を予測することができず，3月1日の爆発は彼らの推測をはるかにしのいだものであった．ウラニウム238原子の分裂は強力な放射性物質をつくりだすだけでなく，爆発力を一層大きくする原因となった．

ストローズ原子力委員長は昨年3月31日ホワイト・ハウスでの特別会議で「爆発からもたらされたものは計算の約2倍に達した」ことを明らかにした．同委員長はそのさいこの"装置"は「全くの新兵器」であるといって，1952年12月エニウェトクで実験された水爆とはまるでちがうものであることを明らかにした．

日本側の研究成果

核兵器の研究者にとっては「核兵器のこの新しい発展は果して設計の違いによるものか，それとも何か別の成分が加えられたためか」ということが重大な問題であったが，その解答は3月1日のビキニ実験による放射性降下物を調査した日本人科学者の手によって与えられた．彼らはいわゆる"ビキニの灰"の犠牲となった福龍丸の23名の病状を診断した．そして京都大学の科学者たちは"核爆発からもたらされる放射能をおびたチリ"と題する報告を発表し，その中で福龍丸の甲板上に発見されたチリの中に特別の元素が存在することを認めた．これらの研究が発表された結果，高度に訓練された科学者には，特に秘密にされた資料を読まなくとも爆弾の構成を判断することができた．この時確認された元素の一つに，安くてしかも比較的生産が容易なウラニウム238の爆発から生じたチリがあった．このチリは，たしかに原爆の中心部で使用される精製されたウラニウム235から出たものではなかった．このことはビキニの実験による降下物が果して起爆用に使われた原爆からもたらされたものかどうかを化学的に決定するカギを与えるものとなった．日本側の研究によって，爆弾に"何か新しいものが加えられた"結果，広大な地域が放射能による死の地域となることが結論づけられたわけである．この日本側の研究成果を秘密にしておこうとする努力が払われたが失敗に帰し，京都大学化学研究所報〔告〕別冊という当りさわりの

ないタイトルで発表された.

放射能, 半減期に反比例

今年の2月15日に米原子力委員会はビキニ水爆実験の放射性降下物による"死の地域"が葉巻型状で7,000平方マイルにおよぶことを明らかにした. では, ビキニで実際何が起ったか, また爆弾を使った場合, 果して何が起るかを簡単に説明すると次の通りである.

中心部をなす水爆の爆発によって発生する膨大なエネルギーによって火の玉がふき上げられ, 大気中に猛烈な震動がひき起される. 同時にこのエネルギーは, ウラニウム238を分裂させてこれを強度の放射性物質に変えるに十分な量の中性子を解き放す. この放射性物質は風によって運ばれ, 広大な地域を死の地域にかえる. コバルト爆弾の理論もこれと全く同じ原理で, 爆弾の中心部の外側をコバルトでおおい爆発すると人命を奪う放射能のチリを広い地域に落下させるわけである. しかしU爆弾とコバルト爆弾の間には次のようなちがいがある. つまりエネルギー上の条件が全く同じとすればウラニウムの半減期は短いが, コバルトの半減期は非常に長い. 放出される放射能は半減期の長さに反比例するものであり, したがってこのことは, コバルトが短時間に人命を奪うということについては比較的効果が少ないということを意味する. これに反してウラニウムは最初の数時間のうちに非常な量の放射能を放出する. そこでコバルトは長期間にわたってその地域を汚染出来るが, 放射能が弱いので, 住民が汚染地域から脱出する機会をあたえることになる. ウラニウムの場合にはすぐにも人命を奪ってしまうのに十分な放射能が降るわけだ. この新しいウラニウム爆弾で最後にいっておくべきことは, 生産費が安くて, 威力が大きいということだ. ウラニウムを高価なウラニウム235に精製する必要はない. 新爆弾について科学者たちがなやみつづけているただ一つの問題は, 人命を奪うような放射能を全地球上にばらまけるような大きい爆弾が出来はしないかということだ. アインシュタイン博士をふくむ著名な科学者たちはそれが可能だと信じている. しかし, それにブレーキをかけるものが一つある. それはそんな大きな爆弾が爆発すれば, 攻撃されるもののみならず, 攻撃するものものこらず死んでしまうということだ.

(『読売新聞』55.3.6, 夕刊)

3 F式水素爆弾の構造

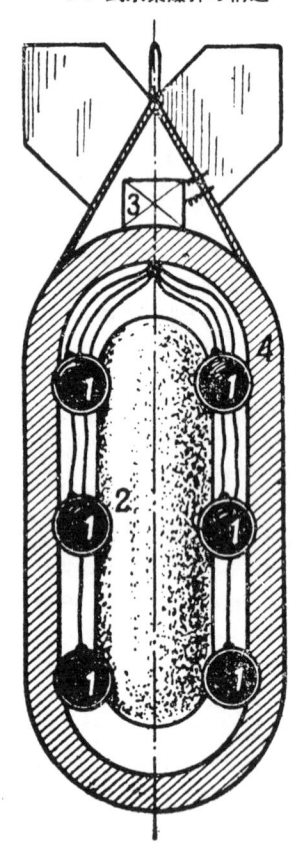

① 原子核起爆装置(プルトニウム, もしくはウラン・235からなり, ふつうの爆薬でつつんである)
② 熱核装置(重水素化リチウムがはいっている)
③ 電気式点火装置
④ 重水素化リチウムが融合反応(爆発)をおこすと, それからでる高中性子で爆発する天然ウラン, ウラン・238の外殻

ゲ・イ・ポクロフスキー著・林克也・太田多耕訳
『現代戦と科学技術』(新日本出版社) 76ページ.

1—4 ビキニ灰の分析（静岡大学化学教室）

核　　種		静岡大	東京大	大阪市大	広島(1945)	長崎(1945)	長崎(1952)
ストロンチウム	89	○	○	○	○	○	
〃	90	○	○	○			○
イットリウム	90	○	○	○			○
〃	91	○			○		
ジルコニウム	95	○	○	○	○		
ニオブ	95m	○	○	○	○		
〃	95	○	○	○			
ルテニウム	103	○	○	○			
〃	106	○	○				
銀	111	○					
ロジウム	106	○	○	○			
アンチモン	127	○					
テルル	127	○					
〃	129	○	○	○			
〃	129m	○	○	○			
〃	132	○	○	○			
沃素	131	○	○	○			
〃	132	○	○	○			
セシウム	137						○
バリウム	137						○
〃	140	○	○	○	○	○	
ランタン	140	○					
セリウム	141	○					
〃	144	○				○	○
プラセオジム	143	○					
〃	144	○	○	○		○	○
ネオジム	147	○	○				
プロメシウム	147	○	○				
サマリウム	151	○					
硫黄	35		○				
カルシウム	45	○	○				
ウラン	237		○				
ネプツニウム	239		○				

第2節　実験の背景とニュールック戦略

2—1 新外交・防衛政策示すダレス演説（ニューヨーク外交問題協議会，54.1.12）

【ニューヨーク12日発ロイター】

12日の外交問題協議会におけるダレス長官の演説はつぎの通り．

アイゼンハウアー政府は侵略を阻止するため強力な報復的軍事力を増強することに決定した．これは国際的共産主義の脅威に対する軍事政策の基本的決定である．米国の長期防衛政策のため必要とされる政策の変更点はつぎの通りである．

一．米国の戦略予備軍が残らない程度にまでアジアに米軍を恒久的におくことは健全な

戦略ではない．
一．諸外国を恒久的に援助しつづけることは健全な経済ではなく適当な外交政策でもない．
一．実際上破産状態に導くような巨額な軍事支出を長期間約束することは不健全である．政策の変更は恒久的な安全保障に必要な"精力"を確保するために是非とも必要である．われわれは連合諸国と集団的安全保障を必要とする．われわれの目的は以上の諸関係を経費を少くして効果をあげることである．そしてこれは局地的防衛力にできるだけ頼らず，侵略防止力により多くの信頼をおくことによって可能となる．

局地的防衛は常に重要ではあるが，それだけで共産主義の兵力に対抗できない．局地防衛はさらに強力な報復的阻止力によって強化されなければならない．そして敵が時と場所を選び戦争をしかける場合，われわれがその侵略を直接に局地で受けとめようとするためには，アジアと近東，欧州で陸海空軍により従来の武器と同時に新兵器を用い，北極でも熱帯でも戦闘する用意がなければならない．

米国の国内および国外における安全保障勢力の総経費は年間500億ドルを上回り，予算の赤字は1953年には90億ドル，1954年には110億ドルである．このため戦時中の税に比較すべき高率の税が課されている．

ドルの実質価値は低下しつつある．軍事計画が変更される前に，大統領および国家安全保障会議の構成員らはいくつかの基本政策を決定しなければならなかった．そしてそれが実行された．その基本的な決定はわれわれの選ぶ手段と場所で直ちに報復できる偉大な力に主として頼ることであった．

今や国防省と統合参謀本部は敵の多くの選択に応ずる準備に努めるよりも，わが政策の必要に従ってわが軍事編成を組織している．これにより軍事施策は増加せず，単に特定の施策を選択すればよい．その結果，今や従来より多くの基本的安全保障をより少い経費で確保し，分担することが可能である．

アイゼンハウアー政府は朝鮮休戦の「重要な変化」をもたらすことによって右の概念を極東における外交政策に適用した．それが可能になったのは，すでに自己の戦闘地帯ないし，その後方に追いやられた侵略者が，戦闘が自己の選んだ限度と手段を越えて自らの大きな危険にまで拡大するかもしれない可能性に直面したからである．朝鮮休戦はまた，米軍をもはや大規模にアジア大陸保護の任に割かないこと，および米国がその防衛態勢を大いに改善し戦略予備軍をつくりはじめることができることを意味したのである．

右の変化は，もし共産軍があらためて侵略を行うならば国連の応戦は必ずしも朝鮮に限定されないだろう，という国連諸国の警告に権威を与えるものである．沖縄に米軍を駐留させることは集団安全保障の概念を満たす適当な決定力を確保するため必要である．

西欧防衛問題に関する加盟諸国間の意見の調整は北大西洋同盟の集団安全保障を達成することによって実現されるものであり，これがため結成第1年度にとられた北大西洋条約の緊急措置は平和の目的に役立った．しかし，本来，最初の歩度が無期限に持続されるものではない．米国は北大西洋条約の役割は自国と同盟諸国の経済力を保持しこれを使い果さない程度に，確固たる防衛力を発展させることにあると考えている．これは国際間で一致した位置に基地をおく戦略空軍力によって強化されることになろう．

西欧諸国は西独の防衛なしに自国を効果的に防衛することはできない．また西独政府はドイツ人からの援助がなければその防衛を全うすることは不可能である．しかし，ドイツは休戦にともなう諸種の制約がいまなお効力をもっているためドイツの西欧防衛加盟は除外されている．

今月開かれる予定のベルリン4国外相会議で私はソ連が誠意をもって会議に臨むことを期待する．

(『朝日新聞』54.1.13, 夕刊)

2—2 核爆発年表 (1945~63) (小沼通二「核爆発の探知と査察」『科学朝日』58.10)

爆発の日時			爆発の場所	国 名	爆発の内容	発表機関
1945	7 16	時分 5.30	米・ニューメキシコ州 アラモゴード (トリニティ作戦)	アメリカ	最初の原爆実験・塔上爆発	アメリカ陸軍省
	8 6	8.15	広　　島	〃	空中爆発 (高度570m) TNT 20 kT 相当のウラン爆弾	トルーマン
	8 9	11.02	長　　崎	〃	空中爆発 (高度500m (TNT 20 kT 相当のプルトニウム爆弾	〃
1946	7 1	9.00	ビ キ ニ (クロス・ロード作戦)	アメリカ	空中爆発 (高度数百フィート) 長 崎型爆弾　船舶に対する実験	A　E　C
	7 25	8.35	〃	〃	水中爆発　船舶に対する実験	〃
1948	春	—	エニウェトク (サンド・ストン作戦)	アメリカ	5月17日に発表　詳細は不明	A　E　C
		—	〃	〃	〃	〃
		—	〃	〃	〃	〃
1949	8		ソビエト領土内	ソビエト	9月23日トルーマンがソビエト最 初の原子爆発と発表 (少なくとも 3回？)	トルーマン
1951	1 27	5.30~ 6.00	ネ バ ダ (レインジャー作戦) 空中爆発・最初の戦術 用実験	アメリカ		A　E　C
	1 28	6.00	〃	〃		
	2 1		〃	〃		
	2 2		〃	〃		
	2 6	5.48	〃	〃	800 k mの距離で閃光を目撃	〃
	4~ 5月		エニウェトク (グリーン・ハウス作戦)			
		—	熱核兵器研究に役立つ 実験	〃		〃
		—	〃	〃		
		—	〃	〃		
	10 3		ソビエト領土内	ソビエト		アメリカ ソビエトが確認
	10 22		〃	〃	トルーマンがソビエトの第3の核 実験と発表	トルーマン ソビエト
	10 22	6.00	ネバダ (バスター・ジ ャングル作戦) 空中・塔上・地上または 地下・小型・戦術用実験	アメリカ	塔上 (高さ30m)	A　E　C
	10 28		〃	〃	B29から投下 (少なくとも高度300 mで爆発)	〃
	10 30		〃	〃		〃
	11 1	7.00	〃	〃	地上部隊が参加	〃
	11 5	8.31	〃	〃	B29から投下	〃
	11 19	9.00	〃	〃	兵器装備に破壊を与える実験	〃
	11 29		〃	〃	地　　下	〃
1952	4 1	9.00	ネバダ (タンブラー・ スナッパー作戦) 空中と塔上爆発　原子 砲実験を含む　一部実 験には軍隊が参加	アメリカ	空　　中	A　E　C

第1編　1954年3月1日ビキニ水爆実験

年	月	日	時刻	場所	国	備考			
1952	4	15		ネバダ（タンブラー・スナッパー作戦）空中と塔上爆発　原子砲実験を含む　一部実験には軍隊が参加	アメリカ	B50（高度10,000mから投下　高度1,100mで爆発）	高A	E	C
	4	22	9.30	〃	〃				〃
	5	1		〃	〃				〃
	5	7	5.15	〃	〃				〃
	5	25		〃	〃				〃
	6	1		〃	〃	タンブラー・スナッパー作戦はU.S.News and World Report,1956-5-11,によれば8回ではなくて11回			〃
	6	5	早朝	〃	〃				〃
	10	3	8.00	オーストラリア　モンテ・ベロ島	イギリス	おそらく広島型　フリゲート艦内で爆発	イギリス海軍省		
	11	1	7.15△	エニウェトク（アイビー作戦）	アメリカ	最初の水爆装置（重さ65トンといわれている）の爆発　TNT3MT（メガトン）相当　超ウラン元素アインシュタイニウム($_{99}$Es)とフェルミウム($_{100}$Fm)の発生を確認	A	E	C
	11	—		〃	〃	おそらく広島型			〃
1953	3	17		ネバダ（アブショット・ノットホール作戦）空中・塔上爆発　1回は280mm砲から発射	アメリカ	塔　上(100m)　軍隊が参加	A	E	C
	3	24		〃	〃	塔　上(100m)			〃
	3	31	6.00	〃	〃	塔　上(100m)			〃
	4	6	7.30	〃	〃	60匹のネズミと2匹のサルをのせたロボット機2機が原子雲中を通過			〃
	4	11	4.45	〃	〃	塔　　　上			〃
	4	18	4.35	〃	〃	最大の爆発でTNT30〜40kT相当			〃
	4	25	4.30	〃	〃				〃
	5	8		〃	〃				〃
	5	19	未明	〃	〃	科学的調査が目的　無人機ほか46機の飛行機が使用された			〃
	5	29		〃	〃				〃
	6	4	未明	〃	〃	ジェット爆撃機から投下			〃
	8	12		ソビエト領土内	ソビエト	ソビエト最初の水爆リチウム爆弾といわれている	AEC,ソビエト		
	8	31		〃	〃	ネバダ級の核分裂爆弾　一連の実験の一つ			〃
1954	3	1	6.45	ビキニ（キャッスル作戦）	アメリカ	地上15MTの3F水爆（分裂・融合・分裂）　17,000平方km以上に放射能が拡がり，福龍丸，ロンゲラップ島住民が被災（地震学者用に1958年4月15日発表）	◎A	E	C
	3	27	6.30	〃	〃	水　　面　　〃	◎		
	4	7	6.20	〃	〃	地　　上　　〃	◎		
	4	26	6.10	〃	〃	水　　面　　〃	◎		
	5	5	6.10	〃	〃	〃　　〃　　〃	◎		
	5	14	6.20	〃	〃	〃　　〃　　〃			
	9	15〜18?		日本の北西方	——	日本に降った雨の放射能だけからの推定	日本気象研		
	10	26		ソビエト領土内	ソビエト	AECが，ソビエトは9月から一連の実験を開始と発表	A	E	C
	10	29〜31?		日本の北西方	——	日本の浮遊塵と雨の放射能だけからの推定	日本気象研		

第1章 ビキニ水爆実験とその背景　　　　　　　　　　　　　15

1955	2 18	12.00	ネバダ（ティーポット作戦）	アメリカ	B36から投下	A　E　C
	2 22	5.45	空中・地上・地下実験	〃	塔上 (100m)	〃
	3 1	5.30		〃	塔上 (100m)	〃
	3 7	5.30	水爆の引き金と ）を含	〃	塔上 (150m)	〃
	3 12	5.20	しての原爆実験｜ む	〃	塔上 (100m)	〃
	3 22	5.05		〃	塔上 (150m)	〃
	3 23	12.30	民間防衛用実験	〃	地下	〃
	3 29	4.55	"死の灰"実験	〃	塔上 (150m)	〃
	3 29	前実験の約5時間後	〃	〃	空中 (1,400m)	〃
	4 6		〃	〃		〃
	4 9	4.30	〃	〃	塔上 (100m)	〃
	4 15	11.15	〃	〃		〃
	5 5	5.10	〃	〃	30〜35kT	〃
	5 15	5.00	〃	〃	塔上 (150m) 25kT	〃
	5 17		アメリカ西海岸沖（ウィグワム作戦）	アメリカ	小型原爆の水中爆発おそらくTNT 1〜5kT相当	〃
	8 4		ソビエト領土内	ソビエト		〃
	9 24		〃	〃		〃
	10 15	早朝	オーストラリアウーメラロケット射撃場	イギリス	TNT 20kT相当	イギリス供給省
	10 26		〃	〃		〃
	11 10		ソビエト領土内	ソビエト		A　E　C
	11 22		バイカル湖の近く（日本の北西2,800km)	〃	メガトン級水爆　フルシチョフは◎フルシチョフ高空の飛行機から投下と発表	
1956	1.23〜2.7の間 (?)		シベリア	ソビエト		ノルウェー国防省付属原子核研究所
	3 12〜17		ソビエト領土内	〃	放射能からの推定（日本）	気象研, 立教大
	3 21		ソビエト領土内中央アジア	〃		A　E　C
	4 2		〃	〃		〃
	5 5		エニウェトク（レドウィング作戦）	アメリカ	10kT程度の比較的小型の原爆	
	5 16	11.51	モンテ・ベロ島	イギリス	水爆の引き金として原爆実験 塔上	イギリス供給省
	5 21	5.51	エニウェトク（レドウィング作戦）	アメリカ	アメリカ最初の空軍投下水爆　少◎A　E　Cなくとも15MT高度4,500mで爆発	
	5 28	5.56	〃	〃	地震学者のために1958年 4月15日◎発表	〃
	6 13					
	6 19		モンテ・ベロ島	イギリス	5月16日の続き	イギリス供給省
	6 26	6.05*	エニウェトク（レドウィング作戦）	アメリカ		◎A　E　C
	7 3	6.06*	〃	〃		◎
	7 9	6. 6（ママ）	〃	〃	地上　地震学者のために1958年 4◎月15日発表	
	7 11	5.56	〃	〃	水面	◎　〃
	7 21	5.46	〃	〃		◎　〃
	7 22	5.57*	〃	〃		◎　〃
	8 24		南西シベリア	ソビエト	IMT以下 AECは13回目と発表 AEC,タス通信	
	8 30		〃	〃	IMT程度の小型・高空爆発 ◎タ ス 通 信	
	9 2		〃	〃	高 高 度	AEC,モスクワ放送
	9 10		〃	〃		〃

	9 27		オーストラリア・マラリンガ 新型・安価の原爆実験	イギリス	塔　　上	イギリス供給省
	10 4		〃	〃	地　　上	〃
	10 11		〃	〃	空中・爆撃機から投下	〃
	10 21		〃	〃	塔　　上	〃
	11 17		南西シベリア	ソビエト	小型　高空爆発	◎タ　ス　通　信
1957	1 19		南西シベリア	ソビエト		A　　E　　C
	3 8		〃	〃		〃
	4 3		〃	〃		◎イギリス国防省 A　　E　　C
	4 6		〃	〃	ソビエトは戦術用核弾頭完成のための実験と発表	〃
	4 10		〃	〃		◎A　　E　　C
	4 12		〃	〃	4月16日に次ぐ大きさの爆発	〃
	4 16		〃	〃	1956年8月以来最大の爆発	◎
	5 15		クリスマス島	イギリス	イギリス最初の水爆(2MT)　高度9,000mの爆撃機から投下 3,000mで爆発	イギリス供給省
	5 28	4.55	ネ　バ　ダ（プラム・ボブ作戦）	アメリカ	塔上　小型ミサイル弾頭用実験　10kT程度	A　　E　　C
	5 31	19.36	クリスマス島	イギリス	イギリス第2の水爆実験 5MT	イギリス供給省
	6 2		ネ　バ　ダ（プラム・ボブ作戦）	アメリカ	塔上　動物の放射線障害を調査　2～5kT	A　　E　　C
	6 5		〃	〃	気球上(高度160m)　気球上実験はこれが最初　1kT程度	〃
	───		〃	〃		〃
	6 19		クリスマス島	イギリス	水爆実験	イギリス供給省
	7 1		ネ　バ　ダ（プラム・ボブ作戦）	アメリカ	安全性実験	A　　E　　C
	7 5	4.40	〃	〃	450mの気球上　ネバダ最大(60～80kT)　数10kmはなれた山林に山火事がおこった　（地震学者用に1958年4月15日発表）	〃
	7 15	4.30	〃	〃	10kT	〃
	7 19	7.00	ネ　バ　ダ（プラム・ボブ作戦）	アメリカ	5,000m上空で空対空ミサイルの実験　プラム・ボブ作戦の8回目	〃
	7 24	4.50	〃	〃	150mの塔上　10kT	〃
	7 25	6.30	〃	〃	150mの気球上？　20kT	〃
	8 7	5.25	〃	〃	500mの気球上　20kT	〃
	8 18	5.00	〃	〃	150mの塔上　20kT 地震学者用に発表	〃
	8 22		シ　ベ　リ　ア	ソビエト		〃
	8 23	5.30	ネ　バ　ダ（プラム・ボブ作戦）	アメリカ		〃
	8 30	5.40	〃	〃	220mの空中　科学実験用爆発	〃
	8 31	5.30	〃	〃	220mの塔上　20kT以上　地震学者用に発表	〃
	9 2		〃	〃	神経テスト 10kT	〃
	9 6	5.45	〃	〃	地上 150m 10kT以下	〃
	9 8	6.00	〃	〃		〃
	9 8		シ　ベ　リ　ア	ソビエト		〃
	9 14	15.05	オーストラリア　マラリンガ	イギリス	キロトン級原爆	イギリス供給省

第1章 ビキニ水爆実験とその背景

9 14		ネバダ (プラム・ボブ作戦)	アメリカ			A E C
9 16	5.50	〃	〃	40kT		〃
9 19	10.00	〃	〃	地下240m（最大の地下爆発）1.7 kT 地震学者用に発表		〃
9 24		北極圏	ソビエト	陸海軍の演習に参加		◎AEC，タス通信
9 25	朝	オーストラリア マラリンガ	イギリス	塔上爆発		イギリス供給省
9 —		ネバダ (プラム・ボブ作戦)	アメリカ			A E C
9 28	6.00	〃	〃	450mの気球上 20kT以上		〃
10 6		北極圏 バレンツ海・ウラル北方	ソビエト	新型の強力水爆装置の高空爆発（ミサイル弾頭か）北氷洋艦隊の演習に参加		◎タス通信
10 7	早朝	ネバダ (プラム・ボブ作戦終了)	アメリカ	150mの気球上 20kT以上 プラム・ボブ作戦は24回実験をした		A E C
10 9		オーストラリア マラリンガ	イギリス	気球上 長距離ロケット用原爆弾頭か		イギリス供給省
10 10		北極圏	ソビエト	小型爆発		A E C
11 8		クリスマス島	イギリス	水爆実験 危険区域が小さかったので比較的きれいな水爆と考えられる		イギリス供給省
12 28		シベリア	ソビエト			A E C
1958 2 23		北極圏	ソビエト	メガトン級		◎A E C
2 27	16.27*	ノバヤゼムリヤ島付近	〃	水爆ミサイルか		◎
2 27	19頃*	北極圏	〃			◎日本気象庁
2 28		〃	〃	水爆ミサイルか		◎A E C
3 4(?)		ネバダ	アメリカ	AECの発表はない		ニューヨークタイムズ紙
3 14		北極圏	ソビエト	メガトン級以下		◎A E C
3 14		シベリア	〃			◎ 〃
3 15						
3 20						
3 21		北極圏				◎
3 22		シベリア				
3 25(?)			〃	地下爆発があったと発表 核爆発ではないかもしれない		アメリカ・ハンフリー上院軍縮小委員長
4 28		クリスマス島	イギリス	イギリス5回目のメガトン級水爆実験		イギリス供給省
4 28	14.40	エニウェトク (ハード・タック作戦)	アメリカ			AEC,1958 7 28 タス通信
4 30	0.25↓	〃	〃			タス通信
5 6	6.15+	〃	〃			
5 12	5.00	〃	〃			AEC,タス通信
5 12	6.15+	〃	〃			タス通信
5 13	6.30+	〃	〃			◎ 〃
5 16	13.30+	〃	〃			
5 21	6.30+	〃	〃			
5 22	9.20+	〃	〃			
5 25		〃	〃	水中爆発		A E C
5 26	14.00+	〃	〃			◎タス通信
5 27	6.00+	エニウェトク (ハード・タック作戦)	アメリカ	水中爆発		タス通信

第1編　1954年3月1日ビキニ水爆実験

月	日	時刻	場所	国	種類	備考
5	29	朝?	エニウェトク（ハード・タック作戦）	アメリカ	水中爆発	ホノルル情報
5	30	14.15+	〃	〃		タ ス 通 信
5	31	15.00+	〃	〃		〃
6	3	6.45+	〃	〃		〃
6	9	11.15+	〃	〃		〃
6	11	5.30	〃	〃		◎AEC（5～7回目），タス通信
6	15	5.30	ビキニ	〃		◎　〃
6	15	6.30	エニウェトク（ハード・タック作戦）	〃		◎　〃
6	18	15.00+	〃	〃		タ ス 通 信
6	28	5.30	〃	〃		◎タス通信，AEC（8～10回目）
6	28	6.30	〃	〃		◎　〃
6	29	7.30	〃	〃		◎　〃
6	29	12.00+	〃	〃		タ ス 通 信
7	2	6.30+	〃	〃		〃
7	3	5.30	〃	〃		◎タス通信，AEC（11～13回目）
7	6	6.30	〃	〃		◎　〃
7	12	15.30	〃	〃		◎　〃
7	14	16.00+	〃	〃		タ ス 通 信
7	18	11.00+	〃	〃		〃
7	22	16.20+	〃	〃		〃
7	23	8.30+	〃	〃		〃
7	27	8.30	〃	〃		◎タス通信，AEC（14回目）
8	1	1.00	ジョンストン島（ハード・タック作戦）	〃	核弾頭ミサイルレッドストンを使用した実験	160km上空で爆発 前回より高いところで爆発 1,120kmはなれたハワイで火がみえた ハード・タック作戦終了　A E C
8	12	0.30	〃	〃		◎
8	22		クリスマス島	イギリス	気球につりさげた小さい装置 1kT小型ロケット弾頭用	イギリス供給省

注1　アメリカは10月末までにネバダで約10回の地下，塔上，気球上の実験を計画．その最大は20kT（キロトン）半分以上は1kT以下ということである．
　イギリスも10月末までにクリスマス島で最大級実験を計画．水爆3発で，その1つは新型ミサイル弾頭といわれる．マラリンガでも核弾頭の実験準備を進めているとの報道がある．
　フランスは，最初のプルトニウム原爆のサハラ砂漠での実験を急いでいる．
注2　AECはアメリカ原子力委員会
時刻は原則として現地時間（夏時間になっている場合もある）
△時間は目撃者談による
＊日本の観測からの爆発推定時刻（日本時間）
＋タス通信の爆発推定時刻（エニウェトク現地時間）
◎（爆発の内容欄の末尾に記入）は日本で地震計と気圧計によって観測されたもの
〔編集者注〕　気象研究所三宅研究室の発表では，1954年9月15日，10月24日，10月30日にソ連領土内で，核爆発実験があったとしている．フランス原子力委員会によれば，フランスはこのほか8月19日，10月11日のソ連核実験を探知していた．また，1955年3月29日の米核実験について，三宅研究室ではこの実験に起因する放射性物質が，4月12日に北海道旭川地方に黄砂とともに降下したことを認めた．

第1章 ビキニ水爆実験とその背景

2-3 破壊力比較表（鳳泰信「水爆の恐怖」『世界』54.6）

爆弾	種類	水爆	原子核		核分裂		熱原型 核融合	リチウム爆弾 1954年3月	反応 リチウム爆弾
	形式	TNT	広島型	長崎型	最新型	戦術空軍用	原子砲使用	水爆原型 1952年11月	
	年次	第2次大戦中	1945	1945		1950年以後			
破壊力	エネルギーの量をTNTで換算	0.3～4トン	2万トン	2万トン	15万トン	1000トン以上	?	300～500万トン	1000万トン	2000万トン以上
	広島型との倍率	0.0002以下	1	1	7.5倍	0.05以上	?	150～250倍	500倍	1000倍以下
	1発の重量	0.5～5トン	7～10トン	4～8トン	3～7トン	1～2トン	2～2.5トン	60～100トン	10～15トン	1トン以下
	1発の価格	数十～数百ドル	2万ドル	2万ドル	25万ドル	10～20万ドル	数十万ドル	2000万ドル?	数百万ドル	数百万ドル
	1発の殺傷力 1人を殺すコスト	数十～数百人 10ドル	5～15万人 1.7～5ドル	5～15万人 1.7～5ドル	10～30万人 0.85～2.5ドル	密集隊形により数万人 10～20ドル	左に同じ 10～20ドル	100万人以上	200万人以上 数ドル	300万人以上 1～数ドル
運搬手段	種類	プロペラ機 B-17	プロペラ機 B-29	左に同じ	ジェット機 B-47	ジェット機 F-100	自走砲車		ジェット機 B-52	ジェット機、誘導弾
	型式	300杆	380杆	"	1050杆	1400杆以上	50～60杆以上		1050杆以上	超音速、誘導弾
	速度杆/時 1機の費用	25万ドル	75万ドル	"	300万ドル	100万ドル			500万ドル	500万ドル以上
運搬手段1日に運べる破壊力		0.16トン以下	267トン	"	500トン	100～200トン			2000トン	4000トン
投資1万ドルに対し殺傷する人数		2～20人	670～2030人		330～1000人	100人以上			4000人以上	6000人以上
戦略的に及ぼす影響		○戦略爆撃に対する線や民衆の地下施設など放射能に加えしい新しい放射能の影響をもたらす被害が加わった。	○海上艦船の密集を不可能にし、防禦的効果よび水上艦船の密集を不可能にし、防禦的効果	左と同じ	○潜水艦及び水上艦船の種類の価値を高めた。 ○浅い地下施設も危険になった。	○地上軍は個人散兵の価値を高めた。 ○甲軍車輌の高速機動の程度を増加させた。	○地上軍による要地の攻防方式に重大改変を加え制圧を増した。 ○海上がらの上陸作戦は困難になった。 ○敵側の原爆攻撃に対する防禦手段がなくなった。		○共有の大都市は一発の水爆で数百万の死者を招く。 ○数時間にして城郭、数百都市を破壊しうる。 ○危険区域が広く、避難が困難となった。 ○公算爆撃可能となり、精度を必要としない。 ○軍事目標と非軍事目標を区別しない。 ○大量殺戮が可能となった。 ○放射能行使も行使大きな威力となった。 ○双方が使用した場合は巨大な費用を投ずる戦争となった。	○絶対兵器となり熱核兵器を同時に使用すれば、大小を問わず米ソを二分した諸国を全滅する。 ○小さな核兵器をもって原子誘導弾をもって、防禦の誘爆弾の登場の防禦は困難

第2章　水爆実験の影響(その1)

〔概　要〕

　ビキニ水爆実験については，いろいろの立場から追求されることになったが，この章には，まずアメリカ側から公表された資料を収録してある．当時いちはやく発表された邦訳には，現在の時点からみて不適切な訳語なども目立つが，明らかな誤植の訂正を除いて，そのまま復原することをたてまえとした．
　アメリカ側の資料は，ストローズ米原子力委員会委員長の声明をみても，放射能についてはほとんどふれられていない．しかし，その一方では，放射能の被害の過小評価にたいして，R・E・ラップやライナス・ポーリングらの発言，"死の灰"分析に成功した日本の科学者らの批判が現われた．
　第1節に収められている〈降灰についてのリビー演説〉は，テーラーの見解などとともに，放射能の生物への影響を低く評価したものとして，アメリカの学者からも反論をうけたが，それら反論の資料は，紙幅の関係で割愛せざるを得なかった．
　第2節には，米科学アカデミーの〈原子力放射線の生物学的影響〉という報告の抜粋をのせてある．水爆の秘密を明らかにした日本の科学者の努力の影響もあって，これは発表されたのであるが，それまで放射能害のデータは，すべて米原子力委員会からの情報だけにかぎられていた．したがって，この米科学アカデミー報告は，それからの多くのアメリカ科学者の報告や論文の先駆となった意味で貴重である．なお，放射能調査研究にかんする「日米協力」については，文部省科学研究費にもとづく〈放射線の影響〉研究班が，『放射線影響研究の十年』(1965年3月刊)のなかで，次のように述べている．
　〈昭和29年11月5日から学術会議で日米放射能会議が開かれ，ビキニ水爆実験の影響について日米学者の合同会議が開催されたが，原爆障害にかんする後影響についてはすでにその前年の昭和28年からABCC〔原爆傷害調査委員会〕と我が国研究者（文部省科学研究費による原爆災害調査研究班員）との間に合同研究シンポジウムが開催されて来たのであって，その第2回は奇しくもビキニ事件直前の2月5～6日に東大で開催され，第3回は広島で昭和30年2月に開催され，昭和33年まで継続された．〉

第1節　米政府・原子力委員会報告

1—1　ストローズ米原子力委員会委員長声明(54.3.31)

　大統領は私に，私が昨日大統領にたいして行なった報告の一部——それは発表しても国家安全保障を危くはしないであろうところの情報であるが——を利用してもよいとの権限を与えた．

　私は太平洋にある原子力委員会の実験場から戻ってきたばかりのところである．私はそこで一連の水爆兵器実験の第2の部分に立ち会ってきた．私はできるかぎりこの実験についてのべようと思う．が，その前にその歴史的背景についての手短かな要約から始めた方が多分よかろう．

　我々は1949年8月にソ連が原爆実験を行なったことを探知した．我々のリーダーシップは挑戦をうけ，侵略にたいする主要な抑止力であった兵器の占有の時代は去ったことにより，我々の優位性は単に相対的なものにすぎなくなり，また，量的にリードすることにのみ依存すること——即ち，原子兵器の数をより多く所有する状態を維持しつづけること——が明らかとなった．しかしながら，そこにはもし我々がより威力ある兵器——それは通常兵器と原子兵器との間にある差にひけをとらぬだけの差を原子兵器との間にもつ兵器——をつくることが出来るならば，我々には質的にリードするという選択の道があった．こうした兵器を完成する方法は理論的にだけ我国の科学者によって知られていた．

　〈作業は1950年に着手された〉

　1950年1月，大統領は原子力委員会にたいし，もしこの兵器——水素爆弾，核融合爆弾，熱核爆弾などと呼ばれている兵器を——実際につくることができるならば，そのために必要な措置を講じるよう指示を下した．ご承知の通り，このプロジェクトに献身した科学者，技術者の創意によって，核融合反応の可能性が実証され，1952年11月にはエニウェトクでこの原型が実験された．

　この実験はかつて経験したことのなかった最大の人工爆発をうみ出した．この点から我我は計画の改善と新たな開発にのり出した．昨年8月，ソ連もまた軽い元素の融合からその爆発力の一部を導き出して，通常の核分裂爆弾（原爆）よりもはるかに被曝範囲の広い兵器の実験を行なった．これは，我々がこの兵器をつくる以前にソ連がつくりはじめたことを示している．

　現在行なっている一連の実験は，計画によればまだ相当かかる．これは原子力委員会と国防総省とによって共同ですすめられている．三軍と，原子力委員会代表の科学スタッフから成る独立混成部隊が米大陸の外でのこれまでの実験でとられてきた手続きによって，昨年編成された．陸軍と空軍はこの独立混成部隊にたいして継続的に部隊を供給した．

　〈3月の爆発は成功〉

　今年1月の初め，人員と物資がこの一連のための実験場に移送を開始した．最初の爆発は予定された3月1日に行なわれ，第2回目は3月26日に行なわれた．これらはともに成功した．我々の軍事力と即応力を増強するという確固とした目的と，慎重な決定ぬきの実験などというものはありえない．ロスアラモスとリバモアの科学者達がこの2回の実験から得ようとした結果は，完全に実現した．そして，我々が教訓を得たことにより我々の軍事的体制に巨大な潜在力が加えられた．

　また次のことを銘記しなければならない．すなわち兵器の実験が重要なのはまた敵の潜在的な将来の侵略的能力について，完全な認識を得るということのためにである．というのは我々は恐るべきこの分野において独占的な能力を保持していないからである．

　さて今回の実験についてだが，第1回の爆発は「破壊的なものだった」とか「制御できなかった」とか，あるいはまた誇張され，あやまった特徴づけをされて様々にいわれている．私はそれをあえて過小評価しようとは思わない．それは確かに巨大な爆発ではあったが，この実験が制御できないものであったということはない．誤解は次の2つの事実から

生まれたようである．第1は，爆発から生み出された力が計算予想値の約2倍であったこと——この誤差の開きは全体として新兵器にふさわしからぬものでない．（最初の原爆の威力については，比較的に広い範囲の意見があった）．第2は"フォール・アウト（放射性降下物）"の結果がもたらしたものである．

〈放射性降下物は海に降った〉

地上からある一定の距離をおいて大爆発がおこった時，大地であれ海水であれ爆発の中心部の直下のものすべては大気の中に吸い上げられた．重い物質はただちに降下してきた．軽いものはそれが降下するまで風の方向に運ばれていった．もし爆発が核爆発であれば，これらの物質の多くは兵器それ自身の蒸発した部分と同様に放射性を帯びるであろう．

こうした理由から原子力委員会はこれまでこの大規模な兵器の実験を本土から遠く離れたところで行なってきた．そうすれば放射性降下物は海中に落ち，そこで短寿命の放射能の大部分が急速に自然壊変あるいは希薄化して散失することとなるからである．マーシャル諸島がこの最初の大規模な実験——クロスロード作戦——の場所として，私がお見せする地図でみれば明らかな理由から選択された．故W・H・P・ブランディ海軍大将——彼のもとで私は従軍する特権を得たのだが——はビキニを選んだ．

2月から4月にかけてマーシャル群島は通常，人の住んでいる環礁から吹き払うように風が吹くために好都合であった．ビキニとエニウェトクの2つの環礁が作戦のための基地として選定された．各環礁は 200～300 平方マイルの礁湖をもつ大きなネックレス状のサンゴ礁島で，一連の礁弧の首かざりのあちこちには多数の小島があらわれている．そのあるものは面積2～3エーカーのサンゴで，あるものは砂洲でしかない．これが実験に使われている小さな，人の住んでいない，木のない砂洲なのである．実際のところ，独立混成部隊は第1回目の爆発にとって最適な"島"の1つをつくるため砂とサンゴのしゅんせつを行なった．これらの実験で環礁全体あるいは大きい島でさえも破壊されてしまったという印象をもつことは誤りである．より正確にいえば大きい砂洲あるいは礁弧が破壊されたということである．

〈風は慎重に研究された〉

爆発が行なわれる以前に，何千フィートにわたって各高度ごとに慎重な風の調査がなされた．この調査は島に設置した観測所と広くはなれた各所の艦隊の観測所で行なわれた．通念に反して，風はある与えられた時と所で同一方向に吹くことはない．地球上の様々な高度で，風はしばしば逆方向に吹き，また，速度を大きく変化させるものである．原子雲も，それ故，風の中を通って上昇していく時に，この風によって切られる．気象学者は最適な条件にある風の方向を予測しようとし，独立混成部隊の司令官はさらにそのうえで気象報告にもとづいて実験をいつ行なうべきかを決定する．気象予報は長期にわたるものが必要である．というのは警戒区域は航行船舶を捜索せねばならぬし，P2V海軍哨戒機によって肉眼及びレーダーで行なわれるこの捜索のために1日あるいはより完全に行なうためにはそれ以上かかるからである．

"警戒区域"はその中での船舶の航行あるいは航空機の飛行が危険であるとされた実験場の周囲の区域である．我々はこうした区域を他の政府がそうしているように，多数設けた．この地図はこうした区域——太平洋岸沖のポイント・マグーやハワイ諸島沖——を示している．ここにはフロリダからバハマ諸島を横切っている1つの大きな誘導弾区域がある．オーストラリア沖のここは英国が確保している区域である．我国の大陸警戒区域をふくめて，我々はこうした警戒区域あるいは危険区域を合計447ヵ所設けている．この特定の警戒区域は1947年にはじめて設けられた．この時，国連に通告し，そして適切な注意が海上，航空の航行便覧にのせられた．それはその後もつづいてのせられている．

〈それでも事故はおきた〉

こうした注意にも拘らず，多くの例があった．この警戒区域への不注意にもとづく侵入の結果おこった事故あるいは事故に近いものがそれである．まさに区域の広さそのものが

第2章 水爆実験の影響(その1)

事故を防ぎ,とりしまることを不可能とした.第1回爆発の日には,気象学者はビキニ東方の小環礁群の北方に放射性降下物が運ばれるという風の条件が生まれると予報していた.捜索機は慎重に区域を捜索し,航行中の船舶はないと報告した.爆発が行なわれた.風は予報どおりには吹かなかったが,この線の南の方向に吹き,そして,ロンゴラップ,ロンギリック,ウートロック島が放射性降下物の道にあたった.日本のトロール漁船・福龍丸は捜索ではみのがされたようである.しかし,核爆発の閃光を見てから6分後に震動を聞いたという船長の言明にもとづけば,船は危険区域内にいたにちがいない.この船の23人の乗組員,小島の気象観測所にいた28人の要員そして,小島にいた236人の住民が,それ故,放射性降下物の降る区域にいた.爆弾の爆風がこの広大な区域にもろに拡がったと推定することは,もちろん完全に正しくない.

独立混成部隊司令官はただちにこれらの全員を小島から移動させた.彼らは海軍施設が残されており,十分な医療設備のあるクエジェリンに運ばれた.私は先週そこへ行って彼らを見舞ってきた.その時以来,気象観測要員は任務に戻ることができる状態ではあったが,より詳しい診察を行なうためにいまなおクエジェリンに留っている.28人の気象観測要員のだれ1人として熱のある者はない.原住民236人もまた私には丈夫で幸福そうに思えた.例外は彼らのなかの2人の病人の場合で,1人は糖尿病のすすんだ段階にある老人,他の1人は関節炎でいざりになった老婦人である.この2つのケースはいずれも今回の実験と全く関係はない.爆発後1ヵ月たった今日,クエジェリンの医療スタッフは我々にたいして,今後かかるかも知れない病気はもちろん除外すれば病気の心配はないと助言した.

〈日本人は診察できない〉

23人の日本人漁民に関する状況は,我々が適当な医学的調査を行なうことがまだ日本政府当局によって承認されていないという事実のために,ほとんど分っていない.しかしながら,彼らの血沈は気象観測要員のそれとそうちがわないという最近我々の手元にとどいた報告に留意することは興味あることである.皮膚障害はすでに治ったといわれている.彼らは日本人医師によってひきつづき診察されており,我々は日本に代表としてABCC(原爆傷害調査委員会)のモートン博士,原子力委員会のアイゼンバッド氏を派遣している.

実験の結果,マグロ,その他の魚類が広範囲に汚染されたという報告に関しては,その事実は確認されていない.発見された汚染した魚類は日本のトロール船がつんでいたものだけであった.米国食糧医薬庁のクロウフォード委員は我々に次のように報告した.「太平洋からとれた魚を積んだいかなる船からも放射能は我々の検査によって検出されなかった.検査は極めて念入りな方法によって行なわれた.……このタイプの汚染のおそれは,全くなかった.」私は,ビキニ及びエニウェトク近海で1年のうちある期間にとれたほとんどすべての魚は,季節的に発生する海中の小さい生物を食糧としているため,だいたいにおいて有害であり,また原住民と独立混成部隊の要員はこの期間,これらの魚を食べないよう注意すべきだろうと思う.

〈補償問題〉

日本人にたいする補償に関しては,米政府は日本政府にたいし次のように通告した.米政府は日本政府と在日米大使館が共同で必要と認める場合は,現在,医療や賃金などを含めて家族救済を受けている者に対して当面の必要な措置を講ずるための財政援助を弁償することに合意する用意がある,と.

放射性降下物が日本海流にのって日本にむかって移動するというおそれに関しては,私は次のように言明することができる.実験区域に降下したいかなる放射能も,毎時1マイル以下でゆっくりと流れているこの海流にのったのち,数マイル以内に無害となるであろうし,また,500マイルたらず以内には完全に検出できなくなるであろう.

アメリカに放射性降下物が降下するという危険があるといううわさが先週流布されたが,次のことに注意しなければならない.ソ連の実験でも同様であるが,我々の行なったすべての実験のあとで,米大陸のいくらかの地方

では自然的な"バック・グラウンド"の放射線が少々増加するものなのである．しかし，今日では，さきの米大陸及び海外での実験後に観測されたものよりも微量であり，また人体，動物あるいは作物に害を及ぼしうるレベルよりはるかに低い．それは実験ののち急速に減少し，その放射能のレベルはほぼ平常のバック・グラウンド値にまでもどるだろう．

〈軍事力の向上〉

私に示された最近の見解によると，居住区域に放射能が降下したことをふくむ出来事は実際にこの作戦の計画の一部であったことを示唆していた．私はこれについてコメントする気はない．ただひとこと言うならば，この見解は全く誤っており，無責任であり，この愛国的な軍務に従事した人々にたいして極めて不当なものである．

最後に，私はこれらの水爆開発の1つの重要な結果は，今後我々がわが国内外における原子力の平和利用にいっそうの重点をおきうるようになったほど，米国の軍事力を強化したことであると，あえて言いたい．実験がこの日を早めたことは，このプログラムに参加した人々にとって大いなる喜びとなるであろう．

〔松尾隆・訳〕

1—2　米原子力委員会「高威力核爆発の影響」(55. 2. 15)

委員長声明

昨年12月17日の記者会見で私は原子力委員会がいわゆる「降灰」(フォールアウト)の問題を研究中であり，後刻これに関する情報が公表されようとのべた．「降灰」とは核兵器の爆発につづく一現象につけられている語である．このような爆発は，火の玉が地表に接触した場合，多量の物質を吹上げて原子雲と化する．そしてこれらの物質は放射能を帯びた微分子となって地球の広範な地域に降下する．この地域は主として風下の比較的爆発点に近いところだがずっと軽い微分子は遙かに遠い所まで運ばれる．降灰に含まれる主要な放射能は時の経過とともに多くは爆発後数時間以内に急速に減少する．しかし空中で爆発が行われ，火の玉が地球表面に接触しない場合には，放射能を帯びた降灰の重大な危険は起らない．

ソ連は核兵器を所有しているので，当委員会はアメリカ国民が核爆発の危険および万一原子攻撃が起った場合，それぞれ個人が身を守る手段について情報をうけることを望んでいると信ずる．したがって委員会は高性能核兵器の爆発の影響について現在公表できる情報を付属の報告の中に要約した．

報告〔公表全文〕

1　原子力兵器の爆発の影響については，1945年における最初の核(原爆)爆発以来，政府によってかなりの情報が公表されている．1950年に刊行されたハンドブック「原子力兵器の影響」は，その内容を新しくするため，目下改訂されており，これには，最近太平洋の実験場で行われた実験の結果判明した熱核兵器(水爆)の性能も収録されることになっている．熱核爆発の結果については1954年3月31日にストラウス委員長がホワイト・ハウスの記者会見で「降灰」の現象について説明したのをはじめとして，これまで数次にわたって公式の発表のなかで言及されている．以下にのべるものは，すでに一部が発表されているものや，現在まで発表禁止となっていたものなど，諸種の情報を要約してまとめるとを目的としたものである．

2　核実験の結果は軍事および技術的目的はもちろん，民間防衛計画の目的からも，検討されている．核兵器が非友好国に保有されているかぎり，本委員会としては核攻撃による危険の性質と程度，および万一攻撃をうけたばあい，この危険を避け，あるいはこれを最少限度にとどめるために，個人および集団がとり得る防護措置の性質および程度について，アメリカの国民ができるだけ多くの情報をもつことを希望しているものと信ずる．

3　実験の諸状況は，核爆発の結果を評価するにあたって，当然その主要な根拠とならなければならないものではあるが，これは，戦時に核兵器(原，水爆)がわが国民にたい

して使用されたばあいに予想される種々の状況とは、いちじるしく相違することもあり得よう。戦争のさい敵がわが国にたいしてどのような大きさの爆弾、どのような種類の爆弾を使用するか、果してどのような手段によって爆弾を投下するか、どの程度の高度で爆弾を爆発させるか、あるいは、一定の目標にたいしてどのくらいの数の爆弾が到達するか、などという点について予想することは困難である。しかし、以下にのべる諸事実は、現在のところでは基本的な事実となっているものである。

爆発による4つの結果

4　核爆発は4つの大きな特徴を生ずる—すなわち、爆風、爆発熱、直接の核放射能、および残存放射能である。このうち、爆風、爆発熱および直接の放射能の3つは、本質的には瞬間的なものであるが、第4の残存放射能は、その影響が以上の3つのものよりも長期にわたるものである。熱核爆弾（水爆）の爆発についても、その爆風、爆発熱および核放射能の現象は、初期のより小型の原子爆弾によるものと同性質のものである。これらの現象は、一般的にいって爆弾が2万トン（TNT火薬相当量）のものであるばあいにも、また、これに数倍する力をもった熱核爆弾のばあいでも、きまった性質のものである。爆風、爆発熱および放射能の強度と範囲は、爆発によるエネルギーの量が大きくなるのに比例して増大する。これらの点については、すでに広く発表されているところであって、したがって、以下この報告では、爆発熱および爆風以外の点を主に取り上げることとする。

5　残存放射能はけっして高出力熱核爆発だけに限られたものではないが、1954年に太平洋で行われた実験のさいに使用された型の大規模な熱核装置（水爆）の爆発にあたっては、この残存放射能が大きな問題となっている。このような爆発による放射能の降灰は、ある種の状況のもとでは、広大な地域におよぶこともある。したがって、この放射能降灰の範囲とその強度とは、1952年11月1日に最初の本格的な熱核（水爆）実験が太平洋の実験場で行われて以来、引続き研究の課題となってきたものである。これらの研究の結果および1954年3月に太平洋で行われたもっとも新しい実験で得られた資料についての調査の結果は、以下この報告にのべられている。

6　もし、われわれが上にのべたような本格的な熱核実験を行っていなかったならば、放射能降灰による影響の程度を知ることもできなかったであろうし、したがって、また、万一敵がわが国にたいして放射能戦を行ったばあい、放射能降灰から生ずる危険に、より多くさらされることになるわけでこの点は注意してしかるべきであろう。

爆風と爆発熱の影響

7　核爆発によって生ずる爆風と爆発熱の影響は、比較的に局限されている。TNT火薬2万トン（20キロトン）に相当するきわめて初期の原爆1個によって生ずる爆風は、爆発点から半径1マイル以上にわたる地域内の家屋を破壊もしくは大破するであろう。半径約1マイル半の地域内では、破損された家屋は修繕しなくては使用にたえないであろう。このばあい、人体にたいする危険は、主として、飛散、落下する破片、およびガス、電力線などの破壊や、ストーヴの転倒などの原因によって生ずる火災からくることとなろう。したがって、爆風によって人体に危害を受ける範囲は、建造物に損害を生ずる範囲とほぼ同じものであろう。

8　さきに発表されたとおり、合衆国は最初の原爆よりも数倍強力な核分裂爆弾（原爆）と、TNT火薬相当量数百万トン（メガトン）におよぶ水素兵器とをつくっている。これらの大型兵器については、その爆風の力は比例測定の法則、すなわち、ある一定の爆風の強度が生ずる距離は、爆発による出力の立方根に比例して変化する、との法則によってほぼ算出することができる。

9　同様に、核爆発による爆発熱および焼夷の程度はこれまでに集積された資料によって推定することができる。これは、もちろん、そのときの大気の状況に影響されるものである。時間的要素も、また大きな要因となっている。きわめて大型の兵器は、小型の兵器に比べ、いちじるしく長時間にわたって爆発熱

を発生する．高出力兵器によって生ずるある一定量の爆発熱はこれがより長時間にわたって発生されれば単なる爆発から生じる同じ量の熱よりも焼夷の程度はやや**少なくなる**．

爆風・爆発熱への防護

10　爆撃をうけた**外側地域**における焼夷および爆風による危険は遮蔽物によっていちじるしく減少されよう．衣類もしくはその他ほとんどいかなる種類の遮蔽物でも，直接火傷をうける危険を減少させるであろう．もっとも，このばあい衣類および遮蔽物が**引火**する危険は若干あろう．また，遮蔽物は，飛散，落下する破片にたいする保護ともなり，爆風によって危害をうける危険をこれによっていちじるしく減少させることとなろう．連邦民間防衛庁は，これらの遮蔽物について広汎な調査を行い，家屋の所有者が利用できる簡単で安価な数種の遮蔽物について計画を発表している．周知のとおり，普通の市内の建物による遮蔽だけでは，大型核兵器の爆発点をめぐる中心地域内では十分ではないであろう．このために，連邦民間防衛庁は，敵襲の初期の警報によって，目標地帯の中心地区から退去することを勧告している．

放射能の影響

11　直接の核放射能，すなわち，地上もしくは地上近くで大型兵器が爆発したばあいに，即時放射されるニュートロンおよびガンマ線は，爆発熱および爆風による危険の大きい地域外では，重大な危険とはならない．

降灰放射能

12　しかし，爆発によって生じた残存放射能をもつ粒子（直接の核放射能とは異る）は，爆風および爆発熱の影響をうける地域よりもはるかに広範囲に，また，より長時間にわたって降下するであろう．核爆発はすべて放射能物質を生ずるが，放射能降灰の性質と範囲とは，爆弾を爆発させる状況によって異る．爆弾の爆発から生じる主な放射能は，時間の経過とともに急速に減少する――大部分は爆発後最初の数時間内に減少してしまう．

空中爆発による降灰

13　爆弾が空中で爆発して，火焔体が地表に接触しないばあいには，爆弾内で発生した放射能は爆弾の外被自体から生じた固形粒子およびたまたま空中にあった塵だけに凝集する．地表から吸いあげられる物質がないばあいには，これらのものは爆弾から発生する水蒸気および空中の塵に凝集してもっとも小さな粒子だけを形成する．これらの微小な物体は，数日間，あるいは数ヵ月にわたって，きわめて広汎な地域――おそらく全世界に及ぶであろう――にひろがって地表に落下するであろう．しかし，これらの物体はきわめて緩慢に落下するものであって，その結果，地表に到達するまでにはその放射能は大部分のものが大気中に消散して無害なものとなり，残存する汚染は広く分散される．

地表爆発による降灰

14　しかし，爆弾が地表もしくは地表近くで爆発し，火焔体が地表に接触したばあいには，多量の物質が爆弾雲のなかに吸い込まれるであろう．このようにしてできた粒子の多くのものは，重いために，まだ強烈な放射能をもっているうちに急速に降下する．その結果，比較的局限された地域が放射能によってきわめて強く汚染され，これよりもはるかに広い地域でも，ある程度の危険が生じることになる．これら大型の重い粒子は緩慢に広汎な地域にわたって浮動するのではなく，急速に降下するために，大気のうちで消散して無害になる時間もなく，また風によって分散される時間もない．

15　熱核兵器（水爆）が地表もしくは地表近くで爆発したばあいに発生する放射能降灰による危険地域は，爆発熱および爆風をひどくうける地域よりもはるかに広範囲にわたっている．熱核爆発によって生ずる大型の放射能雲は，急速度で大気最高層部に上昇し，爆発後数時間に数百平方マイルにひろがる．このときに風が強度の放射能粒子を吹き動かし，放射能降灰の範囲は，粒子の大きさと，地上8万フィート以上の高層での風など，風の方向と速度とによってきまるのである．また，爆弾を爆発させた地点における地表の性質も考慮に入れなければならない．このようにいろいろと条件が変るために，あらゆる熱核爆発について，放射能降灰の単一方式を適

用することは不可能であって,ある一定の状況のもとで行われた爆発実験についてさえ,単一の方式を適用することはできない.しかし,上空での風の方向と速度や気象通報など,大気の状況が十分にわかっておれば,爆発による放射能降灰地域は,かなり正確に予測することができるものである.一般的にいって,地表もしくは地表近くで爆発した熱核兵器(水爆)によって生じる強度の降灰汚染地域は,爆発地点から風下に向って,長くのびた葉巻形の地域ということができよう.

1954年に太平洋で行われた実験での降灰の型

16 1954年3月1日にビキニ環礁で実験したきわめて大型の熱核装置(水爆)は,珊瑚島で爆発させたものである.珊瑚は炭酸カルシウムでできているので,爆発によって生じた放射能は,主として非消石灰〔生石灰〕からなる粒子によって拡がったが,これらの粒子は数時間にわたる落下のさいに,大気のなかの水分により沸化〔消石灰化〕した.これらの粒子は直径1000分の1インチから50分の1インチにおよび概してやや粘着性をもっていた.このときの風は西風で,爆弾雲はだいたい東に動き,楕円形もしくは葉巻形の地域にわたって,放射能粒子を降らせたが,その量は一定していなかった.爆発点の風下約160マイルのところで,雪のようなこまかい粒子の形をした初期の降灰が認められた.この地点では,爆発の約8時間後に降灰がはじまり,数時間続いた.

17 放射量を測定する単位として,一般に用いられているのはレントゲンである.1人の人間が1回に約25レントゲンの放射能を短時間うけたばあいには,血液に一時的変化が生じる.1回に約100レントゲンの放射能を短時間うけたばあいには,嘔気およびその他の放射病の症状を示すことがある.約450レントゲンの放射能を1日程うけたばあいには,これをうけたものの約半数が死亡することもあろう.しかし,人体には回復作用があるため,数分のあいだにうけたばあいには重症となるような放射能の総量も,これを数ヵ年にわたる期間のあいだにうけたばあいには,その影響ははるかに少くてすむであろう.これらの点は,以下にのべる資料を理解するうえに役立つであろう.

18 地表での爆発実験によって,**風下約220マイルにわたり40マイルを限度として種種の幅をもった葉巻形の地域が**,放射能の汚染をうけた.さらに,爆発地点から風上および風横でおそらく20マイルにおよぶ地域も汚染された.調査資料は,ビキニ環礁から風下(だいたい東方)10マイルから330マイルのところにある5つの環礁上の25地点から蒐集された.この実験のときに吹いていた風が,上空で予想外の方向に転じたため,爆発実験に先立ってさらに北方に設けておいた観測用筏には降灰がなかった.したがって,降灰の型としてここに推定した輪郭は,その一部が実際の測定によって得た資料と,また,ひとつには外插法,すなわち,以前に行われた小型装置の実験のさいに得た事実資料など,これまでに判明している資料によって算出したものとにもとづいて得たものである.

19 今回の実験によって得た資料によれば,この汚染された地域に人間が住んでいたばあい,どの程度の死傷者が生じたかを**推定**することができる.この推定にあたっては,つぎのことを想定している.

(1) この地域の住民がもっとも基本的な予防措置をとることさえも怠り,

(2) 避難もしないで,約36時間にわたり戸外にあって完全に露出しており,

(3) その結果,放射能を最大限度にうけたばあい.

したがって,以下に推定されたものは,**最悪の条件を考えたものであるから,極端な推定ともいえるものであること**を知っておく必要があろう.

20 今回の実験および他の実験から得た資料をもととして,こういうことが推定される.すなわち,1954年3月1日の爆発実験の結果として,風下で長さ約140マイルにわたり,20マイルを限度として種々の幅をもった地域の放射能は,その地域にあって**予防措置をとらなかった**人たちのほとんどすべてのものにとって,重大な生命の危険をもたらすこ

ととなる．もちろん，実際の実験にさいしては，この地域には1人も人間はいなかった．爆発地点から風下10マイルにあたるビキニ環礁の内部では，降灰がはじまってから，最初の36時間は，約5000レントゲンの放射能があったものと推定される．ビキニ環礁外で測定された最高の放射能は，右と同じ時間内に2300レントゲンであった．これは，爆発地点から約100マイルのロンゲラップ環礁の西北部で記録されたものである．このほかロンゲラップ環礁で最初の36時間のあいだに測定された放射能は，110マイルの地点で2000レントゲン，125マイルで1000レントゲン，さらに南は下ってビキニから150マイルのところでは僅かに150レントゲンとなっていた．

21　爆発地点からさらに離れて，風下約160マイル，楕円形の軸に沿ったところでは，放射能の量は，この地域で**予防措置を怠った**人々の約半数のものに，重大な生命の危険をもたらしたであろう．この地点での放射量は，最初の36時間に約500レントゲンだったと推定される．

22　葉巻形地域の外辺近く，すなわち，風下約190マイルのところでは，放射能の量は最初の36時間に戸外に出ていた人たちの5パーセントから10パーセントのものにたいして，重大な生命の危険を与えるに足るものだったと推定される．

23　こういうわけで，爆発地点の風下約7000平方マイルの地域は放射能の汚染をうけて，この地域から急速に避難するか，あるいは遮蔽物のかげにかくれ，その他の防護措置をとるか，どうかによって，生死がきまることに**もなるであろう**．

24　風下220マイルのところでは，たとえその地域にある人たちが46時間も露出していて，なんらの安全措置をとらなかったとしても，放射能によって死亡することはおそらくないであろう．

25　ひどい降灰をうけた地域内での放射能の強度は，気流，雨，雪その他の気象条件などの要因のために，地点によって異なるところから，上にのべた種々の推定が，汚染地域全体を通じて一様にあてはまるわけではない．

こうしたこともあり，また，大部分の人たちはあらかじめ十分に警告をうけていれば，おそらくその地域から退去するとか，遮蔽物のかげにかくれるとか，その他の予防措置をとるであろうから，実際の死亡率は上にあげたような極端な推定よりも，はるかに**小さい**ものとなると考えて差支えないであろう．

降灰にたいする防護措置

26　降灰のひどい地域では，放射能によるもっとも大きな危険は，**外部**からの放射をうけることにある．簡単な予防措置をとれば生命にたいする危険をいちじるしく減少することができる．遮蔽物のかげにかくれ，また，汚染地域から退去するまで簡単な汚染除去措置をとることなどによって，放射能をうける度合いを少くすることができる．実験によって得た資料の示すところによれば，降灰地域でも普通の木造家屋の1階屋内での放射度，すなわち，放射をうける度合いは，戸外の約2分の1となっている．煉瓦または石造家屋では，安全度はいっそう高くなるであろう．一般の家屋で地下室に避難すれば，放射度は，戸外に比べて約10分の1に減少するであろう．旧式の旋風避難壕で，3フィートの厚さの土に蔽われたものに避難するばあいには，放射度はもっとも強度に汚染をうけた地域でも，約5000分の1に減少して，まったく心配のないものとなるであろう．民間防衛庁では，簡単で効果的な構造をもった避難所の設計を考案して，一般に提供している．

27　降灰のさいに付着した放射能物質は，目に見えるものも，見えないものもあるが，ガイガー計数器のような放射能探知器によって検出されよう．核爆発後数時間以内に風下でみられる降塵もしくは降灰は，放射能探知器にかけて，無害と判明するまでは，放射能をもつものとみなければならない．

28　降下粒子が含まれているおそれのある固形食料もしくは液体は，用いないように注意しなければならない．

29　降下粒子が皮膚，毛髪または衣類に接触したばあいには連邦民間防衛庁の発表したような汚染除去措置をすみやかにとることによって，いちじるしく危険を少くすることが

できよう．汚染除去の方法には，たとえば人体の露出した部分をよく洗うとか，衣服をかえるとかいったような簡単なものもある．

30　降灰をひどくうけた地域の人たちでも，敵襲の警告または通報によく注意していて，その地域から退去するとか，予防措置を十分に活用すれば，降灰のもっともひどい区域でも死亡率をいちじるしく減少することができよう．

ネヴァダ実験での降灰

31　ネヴァダ実験では，太平洋実験場での高出力熱核装置の実験に比べ，比較的小規模の核爆発実験だけが行われている．太平洋でも，ネヴァダでもここで行われる実験はすべて，天気予報によって，降灰による危険の可能性がもっとも少ない気象条件のときを選んで，実施されるように計画されている．これらの地域における気象状況の予報は，しだいによくなっている．ネヴァダ実験地で行われた上空での爆発実験では，さしたる降灰は起っていないし，また地表近くでの爆発によってはげしい降灰をみたばあいにも，その降灰地域は爆発点からわずか数マイルにおよんだにすぎない．実験による危険は，実験地の管理地域だけにとどまっている．実験地外のところで放射能がみられたばあいにも，その実際の最高量は，**原子力委員会の大事をとった安全基準のもとで，原子力従業員が毎年うけても安全とされている最大放射能量の３分の１以下**にすぎないものと推定されている．

内部放射の影響

32　降灰放射の危険を検討するにあたっては，いくつかの基本的事実を念頭におく必要がある．まず第一に，放射は，核分裂武器（原爆）および熱核武器（水爆）の爆発によって生じた新しい現象ではない．生物は，そもそもその生のはじめから，自然の原因からくる放射をいつもうけているものである．空間からくる宇宙線は，絶えずわれわれの人体を通過している．われわれは土壌，水および空気中にあるラジウムおよびラドンによる「背景」放射〔バックグラウンド放射線〕をうけているのである．われわれの人体には自然に放射能をもったポタシウム〔カリウム〕と炭素とがつねに含まれているわけである．

33　さきに指摘したように，あらゆる原子力兵器の爆発は放射能を生じ，その一部は，こまかい粒子となって上空に達し，遠距離に到達する．爆発地点に比較的近い地域以外にとどくこの放射能の割合は，主として，爆弾を爆発させる条件によって異り，火焔体が地表に接触しない空中爆発のばあいには，この比率は高くなっている．放射能がもっとも広くひろがるのは，生命の長い核分裂物体〔物質〕によってのみ生ずるのであって，これは，生命の短い核分裂物体の放射能は，粒子が数日，数週間，数ヵ月，ときには数年かかって地上に降下するまでに，衰えて消滅するからである．生命の長い放射能物質は，地球全面にわたって撒布されることがある．しかし，この粒子は遠方にゆくにつれ，大きな量の降灰が起る可能性は減少するのである．

放射〔性〕ストロンチウムの降灰

34　降灰にさいして発見される放射能物質で，生物学的に，もっとも重要なものの一つとして，ストロンチウム90がある．放射ストロンチウムは，化学的にはカルシウムに近いものであり，したがって，人体の内部に入ると，骨の内部に結集する傾向をもっている．放射ストロンチウムが人体に入るのは，２つの経路——吸入と嚥下——による．通常，吸い込んで入る量は，飲み込んで入るばあいに比べて少量である．植物の食べられる部分に直接付着した降下物質は，植物とともに食べてしまうことがあるが，たべる前にその植物を洗うことによって，この放射能物質の大部分を取り除くことができよう．しかし，降雨のさいに，放射ストロンチウムが地面に達するばあいには，これが土壌のなかに入り，その一部が土壌から植物に吸収されて，植物の繊維に入り，やがて人間がこれを食べたり，あるいは，草食動物がこれを食べて，この動物が人間の食料を提供することもある．

35　核実験の開始以来，地表，土壌内，植物および動物繊維，海洋，雨中，大気中，その他の予想されるあらゆる形態のものに含まれる放射ストロンチウムの分布については，綿密な測定が行われている．この研究は十分

な成果をあげている．今日までに行われたあらゆる核爆発の結果として，現在土壌のなかに含まれている放射ストロンチウムの量は，現在の数千倍にならなければ，人間にたいする影響が認められることにはならない程度のものである．

放射アイオディーン〔放射性ヨウ素〕の降灰

36 内部放射の研究で取り上げられた生命の短い核分裂物質のなかで，生物学的にもっとも重要なのは，ラジオアイオディーン（放射沃素）131であって，これは平均わずかに11.5日の生命をもっているにすぎない．核分裂のあとで，この物質が広く撒布されることがあっても，この物質の生命が比較的に短いため，これによって大きな危険の生ずる可能性は局限されている．この物質は，非放射能型の元素のように，甲状腺のなかに結集し，この量が過度になると甲状腺細胞に害を与えることとなろう．

37 原子力委員会の科学者の推定によると，1954年春に行われたすべての実験を通じての降灰の放射沃素について，合衆国内の人たちがこれをうけた平均量は年々これをうけても，なおなんらいちじるしい影響のない年間量の数パーセントに過ぎないものだった．

38 核分裂および熱核による原子力兵器の爆発によって生ずる放射能が与える主な内部的危険は，これら2つのアイソトープ――すなわち，放射ストロンチウムおよび放射沃素とによるものである．原子力委員会は，これら放射能型のアイソトープについて，過去3年間にわたり広汎な研究を行い，1年を通じ多くの地域でこれらの放射能について検査を行っている．これらの物質が少しでも蓄積すれば，きわめて敏感に発見されるので，爆発実験によって実際に危険の生じないうちに，こうした危険についてあらかじめ十分に警告することができる．これまでに行われたあらゆる原子力兵器実験の結果，実験地付近の地域外に落下した放射ストロンチウムおよび放射沃素の量は，健康に有害と考えられる集積量に比較すれば，とるに足らないほどのものである．

放射の発生学的影響〔放射線の遺伝的影響〕

39 核爆発によって生ずる危険の可能性を長期にわたって検討するには，放射によるもう一つの影響を考えなければならない．すなわち，遺伝する特質〔遺伝形質〕を代々伝えてゆく生殖細胞〔胚細胞〕に与える〔遺伝的影響である．〕発生学〔遺伝学〕上の知識の現段階では，この問題についてはかなり広範囲にわたって種々の意見が出ている．

40 **ソ連およびイギリスでの実験**や合衆国内および太平洋で行われたわが国のすべての実験をも含め，今日までに行われたあらゆる核爆発から合衆国の住民がうけた放射総量は，だいたいにおいて約10分の1レントゲンとなっている．これは1人の人間がその生殖機能をもつ生涯のうちに，自然の原因によってどうしてもうけることを避けられない，平均放射量の約100分の1に過ぎないものである．これは，また，胸部にエッキス光線を1回うける放射量にほぼ等しいものである．

41 原子力委員会の医学および生物学関係者は，合衆国の一般国民がわが国の核武器実験によって，こんごさらにこのような少量の放射能をうけても，人体〔人類〕の発生的〔遺伝的〕構造には重大な影響はないものと信じている．しかし，委員会はなおこの問題について徹底的に研究をしており，こんごこの研究の結果をアメリカの国民に報告することになろう．

むすび

42 原子力委員会は，核武器の影響について以上のべたことがらが，戦争の結果人類の経験するところとならないように希望するものである．しかし全般的軍備縮小にかんする実行可能な国際的計画によって，原子力攻撃の可能性が除かれるまではわが政府は当然の義務として，これらの武器による影響およびこれにたいする民間防衛上の防護措置について，研究と検討を加えなければならない．

43 核武器の実験にあたってある程度の危険があるのは避けられないところであって，これは従来の爆発物を製造するばあいにもまた，石油やガソリンなど可燃性のものを道路で運搬するばあいにも，ある程度の危険があるのと同じことである．こうした危険の度合

いについては，わが国および自由世界の安全保障にとって，これらの実験計画が大きな重要性をもっていることと照らし合わせて考えなければならない．しかし，危険の程度はかなり正確に測ることができるものであって，また，実験の諸条件も最少限に抑えることができるのである．これまでに行われたあらゆる実験から得た数多くの資料についてみても，残存放射能が全世界を通じて実験地域外のところで危険量に達していることを示すものは，なに一つとしてない．

44　原子力武器の使用される戦争が起ったばあいには，地表もしくは地表近くで爆発した大型核爆弾によって生ずる降灰は，攻撃目標地帯外の広範な地域にわたって一般国民に重大な危険をおよぼすことになるであろう．しかし，以上の報告でのべたとおり，爆風および爆発熱によって完全もしくは完全に近い破壊をうける直撃地域外では，死傷を最少限にとどめるために各人がとるべき予防措置として，簡単できわめて効果的なものが多々ある．たとえば，遮蔽物とか汚染除去方法など，これらの防護措置については，連邦民間防衛庁によっていろいろと詳細に発表されているところである．

(『世界週報』 55.3.11)

〔編集者注〕この章の概要にも述べたとおり，翻訳は当時のものを復原する方針をとったが，文中の〔　　〕内は，編集者による最少限の修正ないし説明である．

32　第1編　1954年3月1日ビキニ水爆実験

〔参考〕

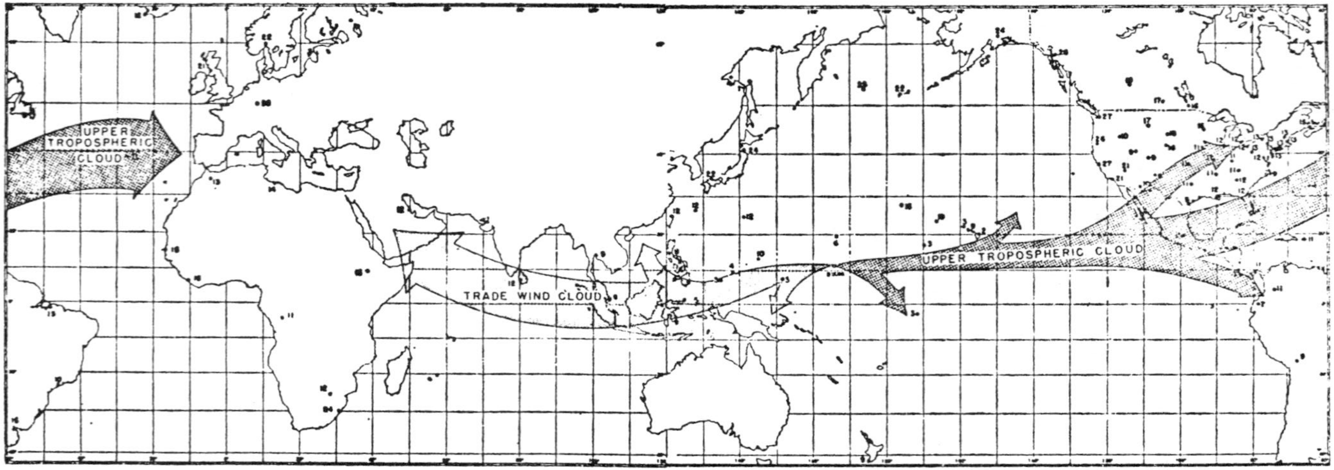

Early history of the Bravo cloud. The figures indicate the number of days between detonation and the first ground observation of fission products.

出所：合衆国第58議会原子力合同委員会放射線特別小委員会公聴会議事録　(57.5.27〜29, 6.3)

第2章 水爆実験の影響（その1）

[参考]

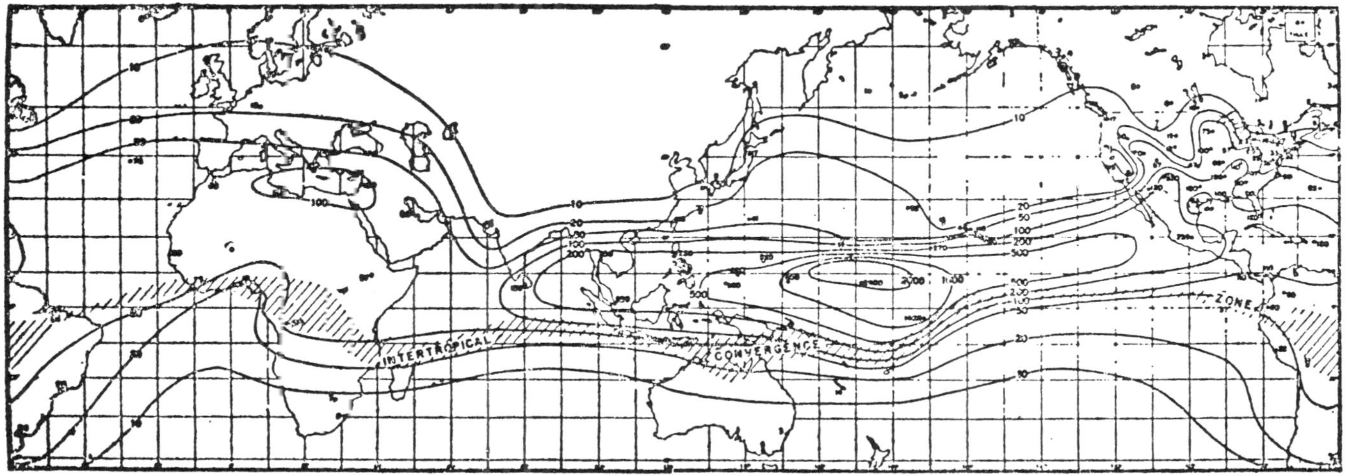

Total radioactive fallout from the Bravo cloud in the period from 2 to 35 days after detonation, in millicuries per 100 square miles. Hatching indicates approximate March position of the Intertropical Convergence Zone, the belt of low pressure that tends to separate Northern and Southern Hemisphere air near the surface of the earth.

出所：合衆国第85議会原子力合同委員会放射線特別小委員会公聴会議事録 (57. 5. 27～29, 6. 3)

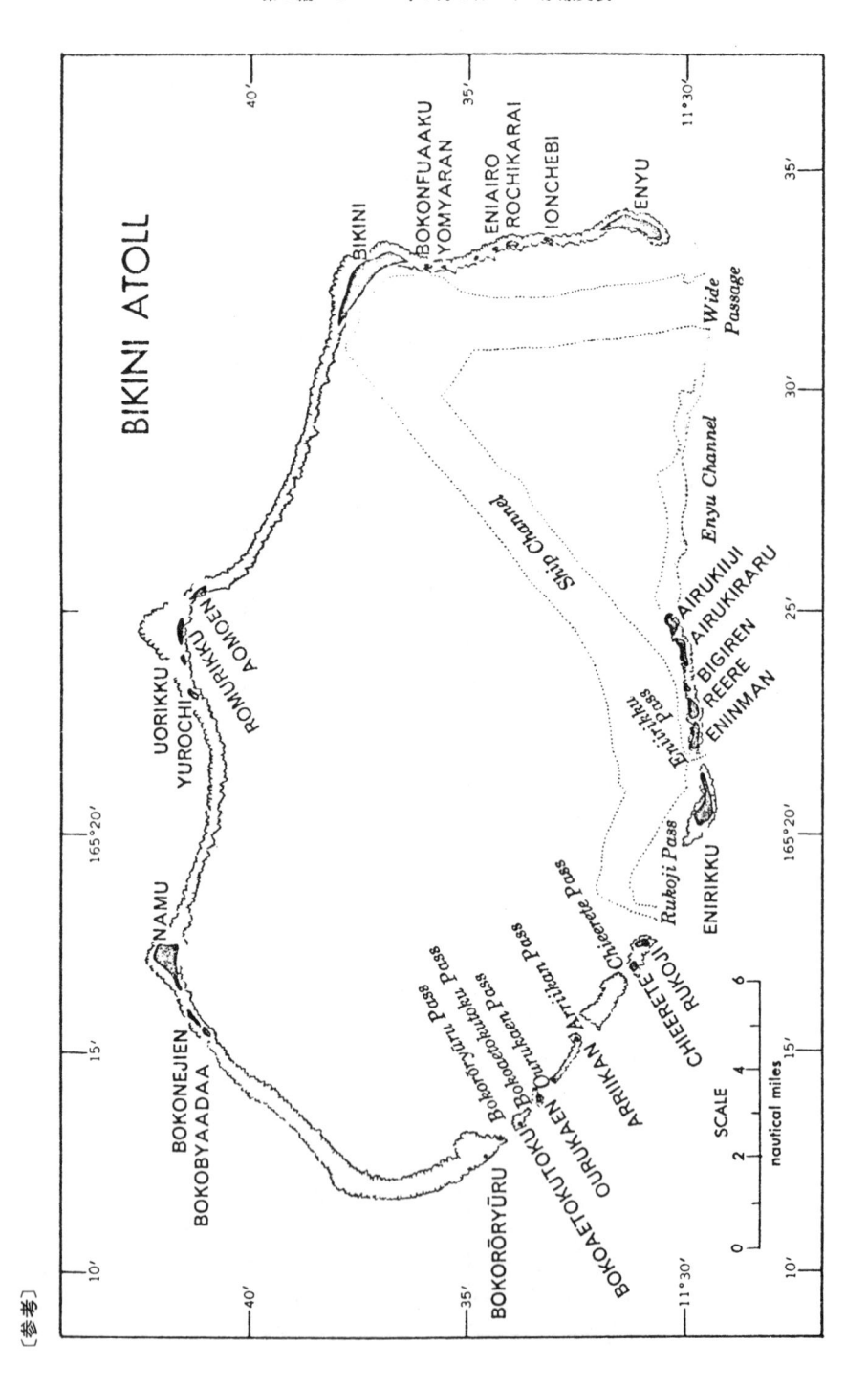

第1編　1954年3月1日ビキニ水爆実験

[参考]

BIKINI ATOLL

Wide Passage
Enyu Channel
Ship Channel
Eniirikku Pass
Rukoji Pass
Chieerete Pass
Arriikan Pass
Ourukaen Pass
Bokoetokutoku Pass
Bokororyūru Pass

BIKINI
BOKONFUAAKU
YOMYARAN
ENIAIRO
ROCHIKARAI
IONCHEBI
ENYU
AIRUKIIJI
AIRUKIRARU
BIGIREN
REERE
ENINMAN
ENIRIKKU
CHIEERETE
RUKYOJI
ARRIIKAN
OURUKAEN
BOKOAETOKUTOKU
BOKORŌRYŪRU
BOKONEJIEN
BOKOBYAADAA
NAMU
UORIKKU
YUROCHI
ROMURIKKU
AOMOEN

SCALE
0　2　4　6
nautical miles

第2章 水爆実験の影響（その1）

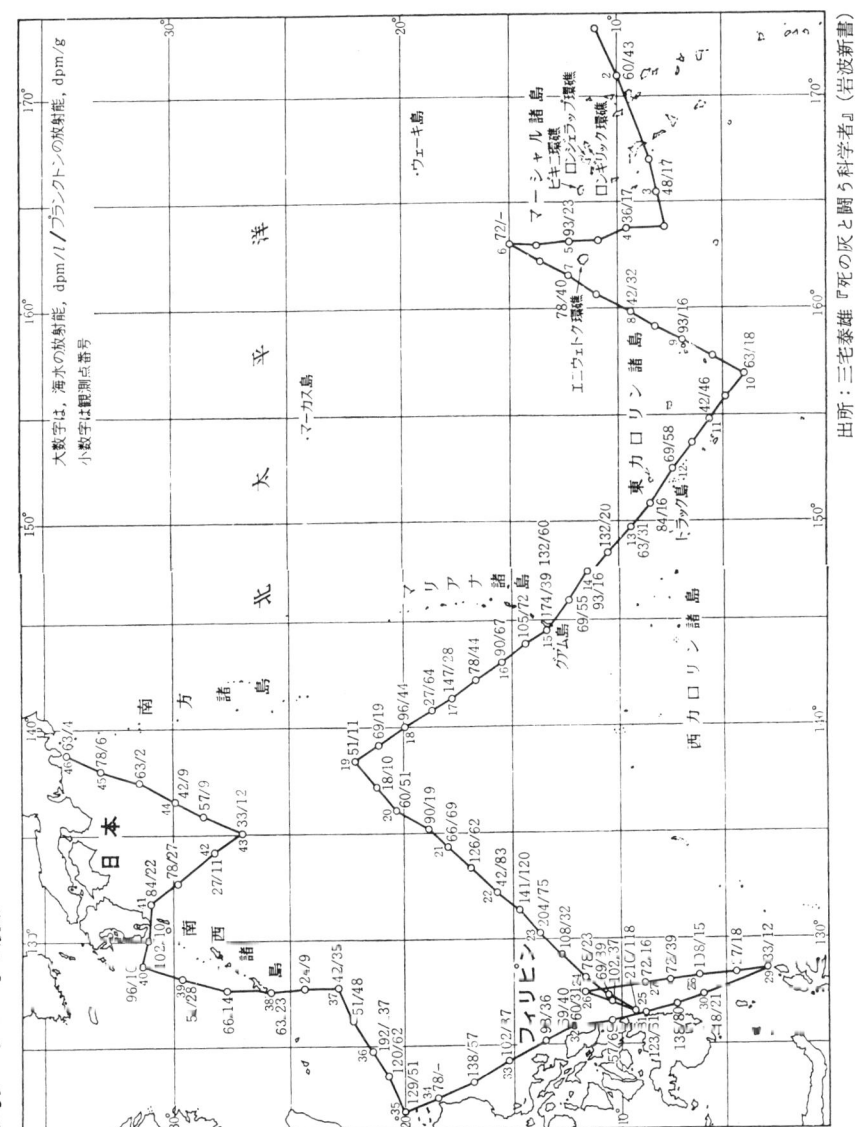

[参考] タニー号の航跡

1—3 放射能降灰について
(米原子力委員ウィラード・F・リビー, 米物理学会春季大会特別講演, 57.4.26, ワシントン)

⟨Ⅰ⟩ 序論

原子兵器の爆発のあと,核分裂反応によって生じた放射能の特性は,絶え間なく急速に変るものであり,起爆条件等はこの放射能が地上に下降する率を究明する際に至大の重要性を有している.従って概していえば,放射性降灰には3種類があり,その相対的な重要性は,その兵器の性質,わけてもそれの放射能発生量と,起爆条件等とによって決定される.すなわち,第1種,**局地的降灰**,これは火の玉が地面にぶつかるか,またはその至近に達するかしない限りは大したものでないが,もし火の玉が地面にぶつかれば,塵灰総量の大きな部分,場合によってはその80％をも占めることになる.この種降灰は,やや大粒の粒子を帯びて降ってくる放射能から成る.つまりその成分は,主として,地面から火の玉中に巻上げられた物質で,全部または部分的に蒸発してしまっている.このような条件下では火の玉の地面直撃によって,きわめて多量の物質が蒸発するので,この蒸発物が冷却早々に生ずる粒子の形状は大粒である.

第2種および第3種の放射性降灰は地球全域に及ぶもので,微細な物質から成り,両者の区別は,その物質が大気の下層,すなわち雨などの気象現象が起る対流圏中に浮遊しているか,または大気の上層すなわちそのような〔降水〕現象の起らない成層圏中に浮遊しているかによって分けられる.**対流圏降灰**が起るのは2,3週間から1ヵ月前後〔のあいだ〕のことで,雨や雪など一般に〔降水〕に伴って起るのが主で,爆発試験場とほぼ同緯度にそって落下する.これに反して**成層圏降灰**は多年を経るもので,十分確実には判っていないが,平均期間としては10年前後,ことによるとやや短い期間が妥当な数と思われるのだが,この期間中にその分布はほとんど地球全域に及んで行く.成層圏降灰が遂に対流圏に没するに至ると,たちまちそれは地球全域の対流圏降灰を落下せしめるのと同様の作用,すなわち雨などの湿分によって,さらいとられる.

沈降作用はおおむね,これら微粒子が雲中の湿分と衝突すること,雨のしずくで灰粒子がかすめとられることなどによって現われる.前者の作用は近時グリンフィルド博士がサンシャイン問題に関連して説いた(地球全域にわたる降灰の調査はサンシャイン調査計画と名づけられている).雨霧の清掃作用のほかに,〔降灰を含んだ〕空気が直接に草木の葉などの表面に接触する際にこれに吸収されることがかなり多いという確たる証拠がある.しばしば草は,その生えている土壌に相当する量以上の Sr(ストロンチウム)90 を含有していることがあるが,これは疑いもなく,直接吸収によるものである.

Sr 90 をはじめ,すべての降灰の散布は,起爆条件等によって大いに左右される.その重要な因子としては,火の玉の〔地表〕との接触だけではなく,地表の性質,例えば陸面であるか水面であるかということや,土壌の種類や,水の成分,例えば淡水であるか海水であるかということなどが挙げられる.なお火の玉の上昇高度,特に対流圏と成層圏との境目にある圏界面と〔の相対的な〕高度が重要である.この場合,〔爆発力〕が主問題となるが,大まかな定則としては,メガトン級核兵器は圏界面を突抜けて成層圏に達し,キロトン級は圏界面の下の対流圏に止まる.

従って直ぐわかるのは,キロトン級の核兵器の分裂生成物は,メガトン級のものより遙かに速かに沈下してしまうということである.もちろんこの事実は,半減期の〔長い核〕分裂生成物,例えば Sr 90 や Cs(セシウム)137 などに関する限り,大し〔て重要では〕ないが,半減期の短い分裂生成物については大いに〔重要で〕ある.定則としては,空中で起爆したキロトン級核兵器の放射性降灰は,爆発後平均2週間乃至1ヵ月の期間を経て降下してしまうがこれに対し空中で起爆したメガトン級核兵器の放射性降灰は多年を経て,平

均約10年がかりで降下する.言い換えれば半減期の短い分裂生成物の影響は,一定の分裂エネルギー放出量に〔たいしてはキロトン級兵器〕の方が,メガトン級の空中起爆の場合よりも甚大だということになる.例えばキロトン級の分裂生成物の平均寿命が1ヵ月だとすると,1個20キロトンの核爆弾50発を起爆して合計1メガトンから生ずる体外ガンマ線照射量は,1発で1メガトンの分裂エネルギーを生ずる爆弾1個から生ずる照射量の30倍に当るだろう.これは両者とも空中高く起爆した場合である.ネバダ州で起爆した小型核兵器の分裂生成物は約1ヵ月後に北緯10ないし60度に降下するのに対し,大型核爆弾の降灰は,約10年を経て,地球のほとんど全土に降ることとなろう.ただし Sr 90 の影響については,単位〔核分裂収量〕当りほとんど差はないが,これは成層圏中滞留時間〔が〕放射性 Sr の半減期28年や,放射性 Cs 27年〔注.いまは30年〕に比べればやはり短いからである.なお Cs は Sr〔より僅かに大きい収率で生成し〕,Sr とだいたい同様に散布されると思われる.

放射性 Sr と放射性 Cs との成層圏中含有度〔量〕は,直接測定によれば大体同じ位で,ただ Cs の方がやや多いのは,〔Sr より収率が僅かに大きいため〕と思われる.雨水中の放射性 Cs 含有度は Sr 90 含有度に匹敵するし,アルゴンヌ研究所のマリネリ氏およびロスアラモス試験所のアンダーソン,ランガム両氏等の測定した人体中の放射性 Cs 含有度は,Cs が人体中に滞留する平均期間が約5ヵ月で,Sr はこれに対し多年の間滞留するという事実にぴったり合致している.放射性 Cs のデータが重要なのは,これが降灰散布〔機構〕を推知せしめることと,これによって放射性 Sr の大体の将来のふるまいを確実につきとめ得るからである.このデータは散布過程に関する前述の説を裏づけている.すなわち局地降灰以外の放射性 Cs 降灰は大部分水滴の形で降下し,そのほかに若干草木の葉による直接吸収が起ることである.Cs 降灰は大ていの土壌の表層2インチのところで捕えられ,動けなくなるから,降ってから流れ出して河

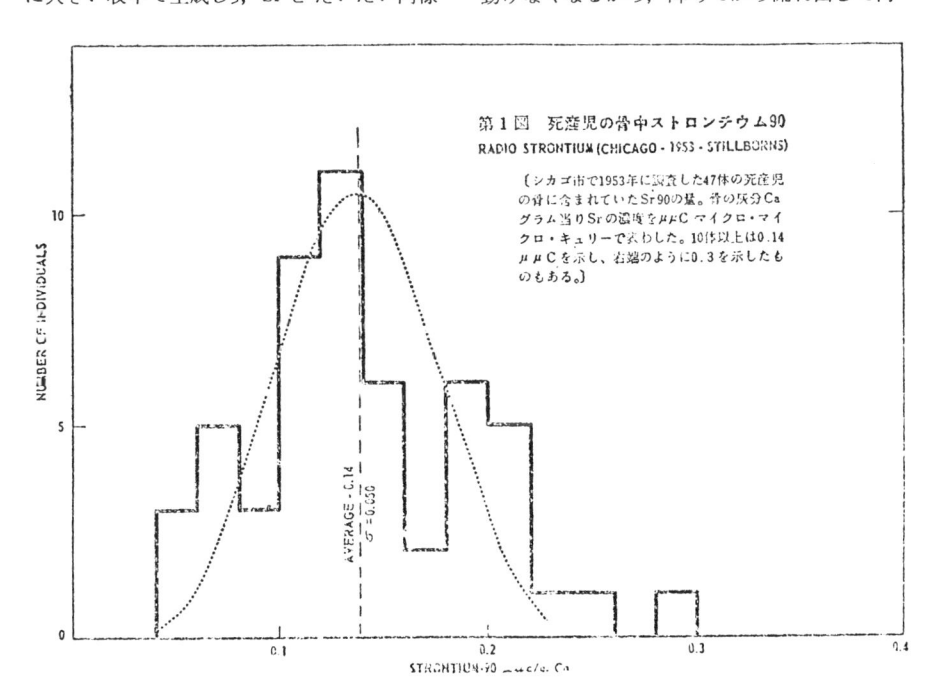

第1図 死産児の骨中ストロンチウム90
RADIO STRONTIUM (CHICAGO - 1953 - STILLBORNS)

〔シカゴ市で1953年に調査した47体の死産児の骨に含まれていた Sr 90 の量.骨の灰分 Ca グラム当り Sr の濃度を μμC マイクロ・マイクロ・キュリーで示した.10体以上は0.14 μμC を示し,右端のように0.3を示したものもある.〕

となる水は，少し〔の間〕土壌に浸込んだあとは清浄になる．この過程は全く放射性 Sr のふるまいと相似している．

一方植物は Sr 90 およびそれより少量の放射性 Cs を，土壌および空中から葉を通じて吸収するが，大概の植物には差別〔選別〕作用があるらしく植物の Sr 90 含有度は，そのカルシウム含有度に〔比べ〕て，土壌の場合より著しく少い．平均すると，表土と植物との間でカルシウムに対〔する〕Sr の差別率〔選別係数〕は 1.4 前後と考えられる．さらに乳牛が草を食う場合には，乳が出るまでに 7 の率で差別するから表土から，乳までの合計差別率は 1.4×7，すなわち 10 となる．なお人体中にもカルシウムに対して Sr を差別する因子が働いており，これは未だよく判っていないが，最小 2 はあることは確実であって，多分 8 くらいあるものと考えられる．これを究明するため目下種々研究が行われている．従って生乳から伝わる放射性 Sr のカルシウムに対〔する〕人骨中濃度を，表土含有量の 20 分の 1 あるいはうまくすれば 80 分の 1 以下に食止める〔一連の〕防御因子がある．もちろん植物の葉〔に〕直接に吸収される分も相当あり，前記の差別率 1.4 は〔これには適用されないから〕，この種降灰に対する防御率は 14 に下ると見られることを，断っておかねばならぬ．人間のカルシウム給源の大宗は生乳であるから，表土の Sr 含有分に対比して人体の生骨中に放射性 Sr が沈積する実際の率は以上の数字に近いものと見るべきであろう．

なお野菜や肉からは極く微量のカルシウムしか摂られないが，これらの分についても同様の計算を行って初めて全部の平均率がわかることに留意すべきである．肉および野菜についての合計差別率は 10 前後とみられるから，これら給源から摂取されるカルシウムは平均 20 % とすれば，全平均〔係数〕は 13 分の 1 ないし 30 分の 1 くらいとなろう．小児の生骨に関する実際データは後述のように，これよりやや小さい数字で 60 分の 1 を示しているようである．

核兵器爆発の結果として人骨中に沈積すると当然予期される Sr 90 の量に関連する重要

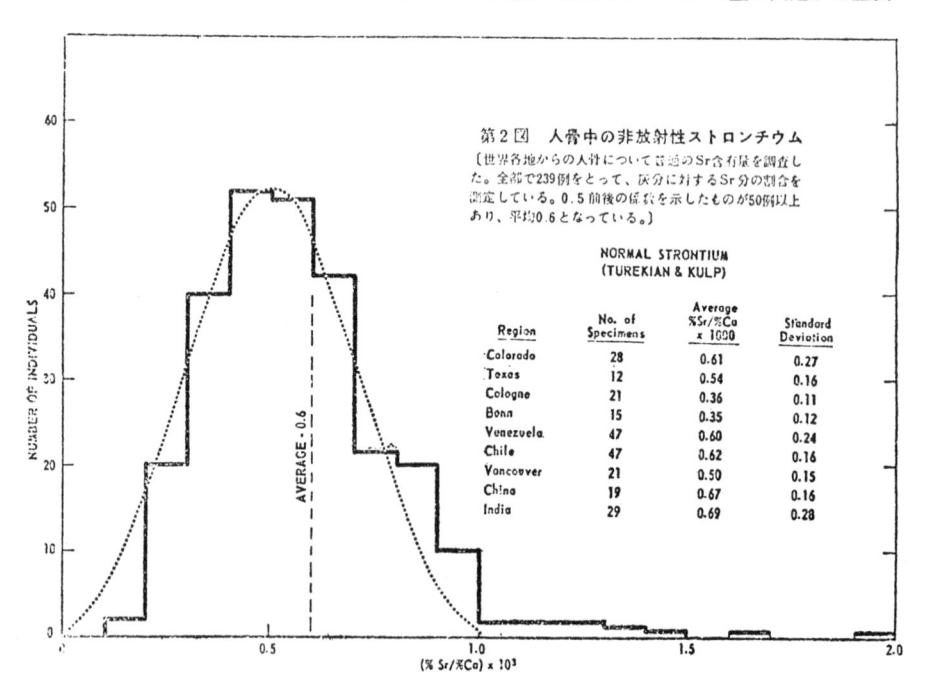

第 2 図 人骨中の非放射性ストロンチウム
〔世界各地からの人骨について前述の Sr 含有量を調査した．全部で 239 例をとって，区分における Sr 分の割合を測定している．0.5 前後の値を示したものが 50 例以上あり，平均 0.6 となっている．〕

NORMAL STRONTIUM
(TUREKIAN & KULP)

Region	No. of Specimens	Average %Sr/%Ca x 1000	Standard Deviation
Colorado	28	0.61	0.27
Texas	12	0.54	0.16
Cologne	21	0.36	0.11
Bonn	15	0.35	0.12
Venezuela	47	0.60	0.24
Chile	47	0.62	0.16
Vancouver	21	0.50	0.15
China	19	0.67	0.16
India	29	0.69	0.28

事項は，カルシウムの表土中〔の濃度〕である．カルシウムは極めて Sr に相似しているから，土壌中にカルシウム分が現存すれば，これが Sr 90 を植物が吸収することを減殺するものと推定されるが，それを裏書きする証拠も実際ある．もちろんこれは Sr を葉が直接吸収する量ほどの〔大きい〕量ではない．だからカルシウム分の特に低い土壌の上に生育している草類では Sr 90 含有分が高くなると考えてよかろう．これは実際その通りで，この種の牧場で育っている家畜類は比較的高い Sr 90 の骨中含有分を示している．

かかるカルシウム欠乏土壌が人間の Sr 90 吸収率にいかに影響を及ぼすかは最重要問題である．ここですぐ判ることは，現状のような食料配給組織によると食料の供給は遠大な地域から行われ，この結果，地元の土壌のカルシウム欠乏に対して住民は極めて鈍感になっていることだ．このことをよく示しているのは，人骨中のラジウム分に関するデータ，またこれによって明白にわかるようにそのラジウム分については地元飲用水に高い依存高をもたないという事情である．しかし前述のような土壌の中で飼われている乳牛から産出した牛乳を常に飲用している人口については，当然，放射性 Sr の吸収量に明確な影響が出るはずであり，しかもこの影響は，牛乳の放射性 Sr 含有分に正比例するはずである．

そこで問題は「この種地域の住民が実際に消費する食料の Sr 90 含有分は，はたしてどの位か」ということに主として帰着する．

われわれは食料摂取傾向の実地調査とカルシウムに対〔する〕Sr 90 吸収量の算出から，特定土壌の低カルシウム分による食料中 Sr 90 濃度平均は，土壌のカルシウム欠乏度が50分の1に減っても，精々5倍に増える程度であることを知った．すなわち正常土壌が表層 2.5 インチ中に〔利用〕可能なカルシウム約20グラムを含むに対し1平方フィート当り僅僅 0.4 グラムを含むにすぎない土壌の地域では，正常土壌からもたらさるべき人体中平衡蓄積量にくらべ，約5倍の蓄積量をもたらすごとになる．

一般に寿命の永い分裂生産物のうち最悪質

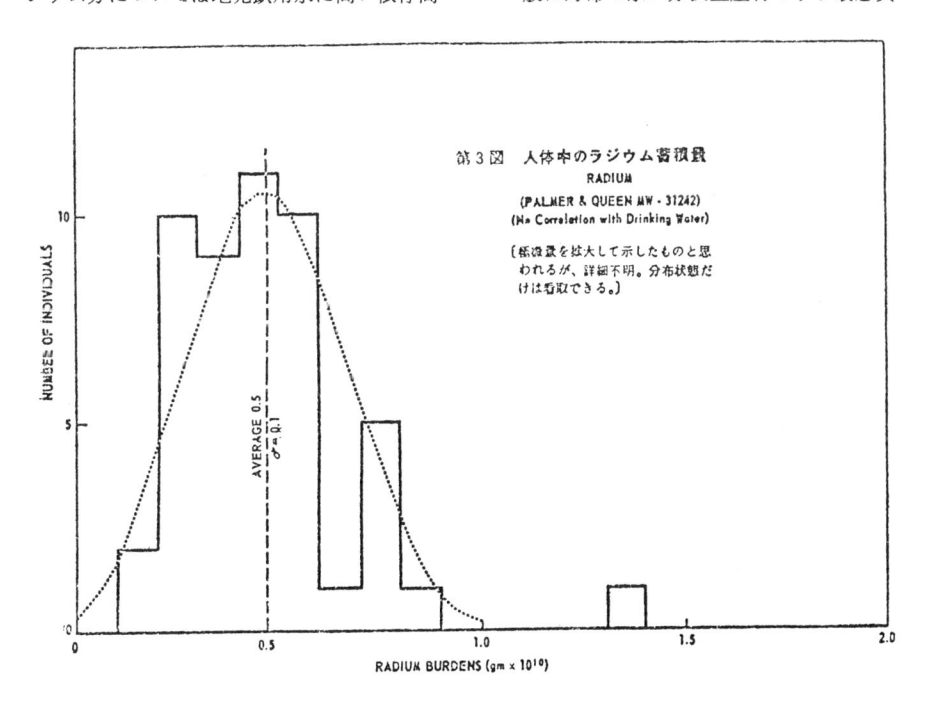

第3図　人体中のラジウム蓄積量
RADIUM
(PALMER & QUEEN MW - 31242)
(No Correlation with Drinking Water)

〔低濃度を拡大して示したものと思われるが，詳細不明．分布状態だけは看取できる．〕

と認められている放射性 Sr の障害を調べるために，われわれは専門従業員ならびに一般住民についての最大許容濃度を制定しようとする．すなわち標準人につき各1マイクロキュリーおよび0.1マイクロキュリーとされており，専門従業員は Sr 90 を1マイクロキュリー体内に蓄積してもよいが，一般人は平均標準成人の場合1〔0.1〕マイクロキュリー以上を吸込んでいてはいけないとされている．最後の数字は体内カルシウム分1グラム当り100マイクロマイクロキュリーまたは100サンシャイン単位に相当する．つまり体内カルシウム分1グラム当り Sr 90 1マイクロマイクロキュリーは1サンシャイン単位と定義されている．

つぎにわれわれは少し別の方法でわれわれの正常な経験が「核兵器実験は放射能降灰の点からみてどのくらい危険なのか」の問題に関係するかを考えなければならない．

現在われわれは体中に約0.1ないし0.2サンシャイン単位を有し，小児は約0.5サンシャイン単位を有っている．まもなく私はこれら平均値とのズレの問題を述べるが，さし当りこれらが当の数値であると仮定すれば，これら数量から生ずる脅威障害はどんなものであるのか．明かにこれらは前掲の100サンシャイン単位の許容量よりはるかに小さい．日常経験と比較を試みるために，われわれは既に周知の事実，すなわちわれわれが日常，宇宙線や体内のカリウムや地中および環境中にあるウラン，トリウム，カリウムなどからこうむっている放射線水準の大きさを考慮しよう．既知の通り，これらの量は米国の緯度において平均人1年につき約150ミリレントゲンに達するが，条件に応じ相当の差異があることも周知のことである．

たとえば，石造家屋中に住む人は木造家屋に住んでいる人よりも年間優に25ないし50ミリレントゲン余計に線量を受ける．また米国の緯度で海面高度においては宇宙線線量は年間37ミリレントゲンだが，デンバー市（コロラド州）のごとく海抜5000フィートの高度では，この線量が60ミリレントゲンであり，年間23ミリレントゲンの差があることもわ

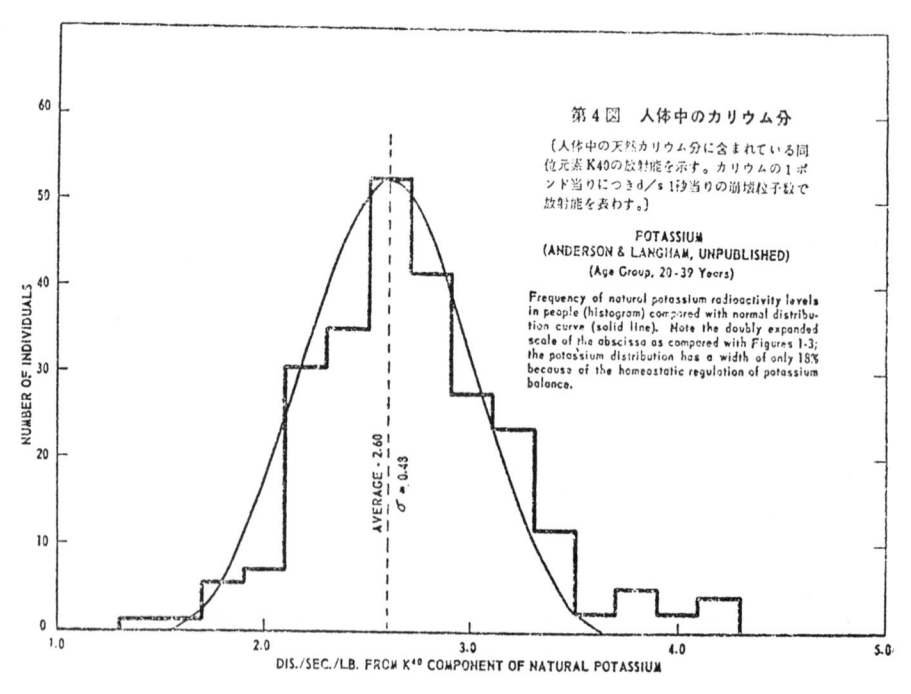

第4図　人体中のカリウム分

〔人体中の天然カリウム分に含まれている同位元素 K40 の放射能を示す．カリウムの1ポンド当りにつき d/s 1秒当りの崩壊粒子数で放射能を表わす．〕

POTASSIUM
(ANDERSON & LANGHAM, UNPUBLISHED)
(Age Group, 20-39 Years)

Frequency of natural potassium radioactivity levels in people (histogram) compared with normal distribution curve (solid line). Note the doubly expanded scale of the abscissa as compared with Figures 1-3; the potassium distribution has a width of only 18% because of the homeostatic regulation of potassium balance.

AVERAGE = 2.60
σ = 0.43

DIS./SEC./LB. FROM K⁴⁰ COMPONENT OF NATURAL POTASSIUM

かっている．この事実はSr 90の人体蓄積量に直せばどうなるだろうか．

第1にわれわれは，天然放射線のうち果して生物学的効果の点でSr 90の放射線に類似した部分があるかを確かめ，放射線の本体は何であっても，生理的効果としてはエネルギー吸収量が等しければ効果は同等であると明快に断言しうるようにしなければならない．幸いに宇宙線はこの注文にはまるようである．すなわち，われわれは宇宙線の線量とわれわれの身体組織中の放射性Srから生ずる線量とを自由に比較できる．これが行える理由は，海面位および海抜5000フィートにおける宇宙線の主成分であるミュー中間子の飛跡に沿って起る電離密度はイットリウム90のベータ線，すなわち放射性Srの放射する主要放射線の電離密度とほとんど同様だからである．つまり放射性Srは放射性の〔娘〕元素としてイットリウム90を持ち，これが極めて強力なベータ線を放出し，この放射線の飛跡に沿って起る電離密度は，宇宙線のミュー中間子およびその崩壊電子のものによく相似しており，保健物理学者や放射線〔医〕学者の間では，同等の電離密度を持つ放射線等は同等のエネルギー吸収量については，同一とはいえないまでも，極めて相似した生物学的効果を生ずることが広く認められている．イットリウム90の高エネルギーは生体組織中に平均2ミリメートルの透過度を持ち，従って骨中のSr 90の沈積の局所的不整一性の影響はすべて消去されている．宇宙線の照射はもちろん骨組織全部について整一である．だからわれわれは宇宙線線量とSr 90の線量とを等置し得，これによりわれわれはある高度と他の高度との差は，もし他の影響が同等ならば，骨中のサンシャイン単位の一定数と結果において同等と断言することができる．この考えを推し及ぼすならば，1サンシャイン単位は年間3ミリレントゲンに等しいから，従って首都ワシントンもしくは米国の緯度において海面位にある任意の地と，デンバー市（コロラド州）との年間宇宙線線量の差異は8サンシャイン単位に等しい．つまり平衡を保つ人骨または発育中の小児におけるような平衡に近づきつつある人骨の現在体内蓄積量の16倍に当るわけである．

故にわれわれは，このような差異が，放射性Srから起るべき重要な影響，すなわち白血病および骨ガンの誘発に関して，物を言うかどうかをわれわれの経験に照して検討する必要がある．この場合この種の医事統計を探しても，とうてい入手できないのはもちろんである．ただし国立衛生研究所および保健厚生省はニューオーリンズ，サンフランシスコ，デンバーの3都市につき1947年度の白血病および骨ガン発生統計を作ったことがある．これは第1表に掲げる．

第1表　骨ガンおよび白血病発生率
（人口10万人につき年間新患数）

	骨ガン	白血病
デンバー	2.4	6.4
ニューオーリンズ	2.8	6.9
サンフランシスコ	2.9	10.3

前表により明かなのは高度の目立った影響がないこと，宇宙線線量以外にさらに重要な別の因子があることなどである．もちろん別の因子によって生じた大幅な変異の陰には高度の相当の影響が潜在しているかもしれないし，これら色々な因子は大部分未知だから，われわれとしてはこの統計がなんらかを**立証**しているとはいいがたい．しかしこの統計は，8サンシャイン単位の影響は正常な経験からすれば骨ガン，白血病の著しい増加を引起すことはないという保証を示している．

このことは，ラジウムで行った動物についての実験室データおよび少数の人体研究とよく合致している．すなわち1マイクロキュリーは1000サンシャイン単位であるが，これは実験室データによればなおかなり安全と考えられる．これは専門従業員の許容量として定められているから，8サンシャイン単位は検出至難なほど微小な効果しか及ぼさないのは当然である．ただし現在の生骨中のSr 90の蓄積量，すなわち従来行われた核兵器実験から生じたものが，高度約400フィートを増すときに生ずる宇宙線強度の増加に等しいこと，つまりデンバー市と海面位との宇宙線強

度との差のほんの一部にしか当っていないいことを認識することは重要だと考える．故にこの程度の濃度の Sr 90 の及ぼすべき効果を考察すると同時に，われわれは日常経験からそこに起るべき効果の程度を割りだすことができよう．高度の函数としての骨ガンないし白血病発生数に関する調査結果は，現在の許容線量が少しでも間違っていると考える理由を示していない．生骨中の放射能蓄積量は今のところこの許容限度に比べればなお低い．

Sr 90 の影響とは別に，一般ガンマ線の影響があるが，この放射線は主として人体外からこうむるものであり，局地降灰区域における新生分裂生成物から生ずるが，ときには成層圏降灰の場合に地表に積った放射性 Cs から，さらに多くは対流圏降灰によって蓄積された比較的短寿命の分裂生成物から生ずることもある．もちろん核兵器実験は局地降灰に照射されることを避けるように実施されるから，核兵器の影響を今論ずる際は，現場以外の対流圏降灰および成層圏降灰から生ずる少量のガンマ線に問題を限定できよう．ただし戦時に直接問題になるのは，爆風および熱の効果に次いでは局地降灰であろうし，民防本部が主として呼びかけているのは降灰のこの側面である．核爆発実験に関して調査すべきは，人類遺伝への影響およびこの種放射線量の保健上及ぼすべき効果などもある．これについても常識の基準を適用することとしよう．諸測定の結果判明しているのは，核爆発による降灰ガンマ線の全般的平均強度は，年間1ないし5ミリレントゲンだということである．次にこれから予期される効果の全般的大きさは，天然放射線の強度と比較できるが，前述のように，この強度は石造家屋に住んでいる場合は木造家屋に住む場合に比し，年間25ないし50ミリレントゲンの余分な線量に達すること，世界の若干地域では米国における平均線量である年間150ミリレントゲンを10倍も越えるところがあること，〔堆積〕岩上に住む人間に比べ，花こう岩上に住む人間は，この岩石中に多く含まれるウラン，およびトリウムのために年間70ミリレントゲン前後余分の線量をこうむること，高処に住む人間ほど，多くの天然宇宙線線量を被ることなどもわかっている．なおX線の医術施用が，これらの降灰線量のどれに比べても相当多量であることは言うまでもない．

骨ガンおよび白血病以外の身体的影響，すなわち通常の健康状態に対する放射線の影響には，これらより甚大な線量の25ないし50レントゲン程度をもってして初めて血中の変化が見取れるようになり，100ないし200レントゲンをもってようやく傷害徴候が現われるが，これに比すれば核爆発実験降灰による当の線量は約10万分の1の大きさにすぎないことも，すでに実証ずみの事がらである．

遺伝的影響となると評価は至難であるが，それは人類遺伝について未知のことが非常に多いからだ．しかし植物，昆虫，鳥獣，下等生物などに関する実証から判断すると，放射線のある程度の遺伝的影響を推断すべき理由は多々ある．また人類の世代更新の度ごとに若干の突然変異が現われるが，果してこれらは天然放射線により誘発されたものなりや，または化学的ないし正確にいえば生化学的原因によるものなりや，あるいはそれら双方に由来するものであろうか．化学的見地からすれば，人類またはその他いずれの種の場合の突然変異の全部が，全部放射線の影響によって生じたものではないらしい．その理由は，放射線というものは，人の細胞中に分子を発生せしめ，主としてこれを通じて突然変異誘発の作用を行い，変異はこれら化学分子によって起されるから，ある意味で化学的性質のものであるというのが確からしい．もしその通りなら，そして放射線によって誘発された変異が殆んど常に放射線によって〔最初の瞬間〕に発生された化学成分〔物質〕によって起るものとすれば，反面において放射線によらず他の原因から生じた化学成分も同様に変異を引起すことがあるから，どの種の生物の場合も天然ないし〔自発的〕突然変異の大部分は放射線の誘発によらないというのが確からしい．これは決着を要する重要な点で，その理由は降灰放射線の影響を，通常われわれがこうむっている放射線に基因する自然な突然変異の一部と比較する必要があるからであ

る．いいかえれば，もし通常の変異がすべて放射線に基因するなら，その場合は一般的な核爆発降灰，原子力発電などの放射線源，アイソトープおよびX線などの医療施用等の新規放射線の影響の方が大であるべきだ．人類の突然変異の大部分はしかし放射線ではなく他の原因によるらしい．多くの遺伝学の大家は遺伝学上の根拠に基づいてこの結論に同意している．従って人類における突然変異の極く一部が照射に基因すると思われている．つぎにこの部分がどのくらいであるかは判断し難いが H・J・〔マラー〕教授はこれが10％であろうと推定している．従って推定によれば天然放射線からの年間150ミリレントゲンが突然変異の約10％をひき起すなら，核爆実験を年間1ないし5ミリレントゲンくらいの現在の率で無期限に続けるならその降灰は突然変異の10％の約50分の1，すなわち0.2％の率で突然変異を増大せしめることになる．極端な場合，化学的論拠をしばらく無視して〔自発的〕突然変異発生数はすべて放射線により誘発されたものと決められたと仮定すると，その影響は10倍，すなわち2％になるであろう．米の AEC の生物学医学部のダンニング博士はこれと同様の仮定に基づいて1955年にその率を 1.4％ と推定した（サイエンティフィック・マンスリー，81号，1955年12月，265ページ）．この程度の影響は少しく地方を異にした場合にみられる変異程度のもので，家を移すことよりもはるかにやっかいでない程度の茶飯事であろう．唯一の重要な点は，遺伝的影響というものは，多数の人間がこれをこうむったときにのみ出現するものだということである．故にもし降灰が遺伝的影響をもつならば，多数の人口がその環境を変えて，例えば高度の高い地方に移住するとか，天然放射線の高い地方に移住するなどの影響として遺伝的影響を受けるものと予想すべきであろう．この種影響を検証するためには医事統計を調べるべきであり，実際米原子力委員会は，及ぶ限りこれを実行している．また国連の〔原子放射線の影響に関する科学〕委員会の天然基礎線量に関するデータを比較検討中であり，この調査がなお続行され，天然〔バックグラウンド〕線量の差異による観察可能な影響が探求されることが期待される．何故なら降灰から生ずるガンマ線による影響位のものは，確かに既に天然放射線量により更に多大に存在しているからである．

＜Ⅱ＞　Sr 90 蓄積量〔負荷量〕の個人差

Sr 90 の平均蓄積量が最大許容量以下の場合でも少数個体が許容量を越えている場合があるのはいかなる事情によるのか．第1に考察したいのは〔終局的に成立する場合，すなわち Sr 90 の負荷量に関するかぎり環境と完全な平衡状態にある〕場合である．濃度の中央値〔平均値〕を外れる個人差の可能性について判断を下す唯一の方法は，人体成分につき Sr 90 のみならずその他類似成分に関して直接実験を行うことである．ところが Sr 90 の体内蓄積量に関する最近のデータはほとんど外科手術の際切断した骨の偶然的な破片によったものであるが，幸いに1953年シカゴ市で現われた死産児10体について Sr 90 の全身成分に関する完全なデータが得られた（W・F・リビー「放射性 Sr 降灰」米国学士院紀要42巻第63号365—390頁，1956年発行およびシカゴ大学編サンシャイン計画略報第12号1956年8月1日発行など参照）．目下サンシャイン計画につき一連の調査が鋭意続行されており，また完全人骨の分析により，人骨データを検証しようとしているが，このうち死産児に関する Sr 90分布のデータは，第1図に示しておいた．また人骨中の通常の非放射性 Sr の分布に関するデータもすでに公表されている（K・K・トレキアンおよび J・L・カルプ，サイエンス誌第124号 405頁 1956年参照）．これらデータが明かに示すものは完全安定〔定常〕の状態であり，少くとも降灰放射性 Sr 〔がいつかはそうなるように〕殆ど環境と平衡を保った状態である．それは第2図に掲げた．人体中のラジウム分布もこれが化学的にカルシウムならびに Sr に類似し，従って骨に付着し易いし，同様に安定平衡状態にあるという理由から援用したが，第3図に掲げたパーマー，クイン両氏の手によるものはこれを用いたデータである（ハンフォード・レポ

ート, HW—31242).最後に第4図に掲げたごとくロスアラモス科学研究所のアンダーソン，ランガム両氏により調査された通常カリウムの人体中分布に関する最近のデータを援用する．これらデータはすべて理論曲線の示す正規度数分布をなしている．曲線のそれぞれの幅（すなわち標準偏差）は，放射性 Sr については36％，普通 Sr については40％，ラジウムについては40％，天然放射性カリウムについては18％である．これらデータから全く明かなのはそれらが分布型において相互に一致し，シカゴ死産児の Sr 90 成分分布の大きさが少しも異常でないことだ．従って放射性 Sr の分布曲線は普通の Sr 分布と同一であるとみてよい．非放射性の普通の Sr の人骨中分布は明確に放射性 Sr の場合の平衡分布がどうなるかを示しており，またこれにより放射性 Sr についてまだ詳しく判っていない分布上の諸問題を知ることができる．トレキアン，カルプ両氏は人骨中の普通 Sr の調査に際して一定地域では平均との偏差が平均値の34％に達することを注意したが，これはコロラド，テキサス，ケルン，ボン，ベネズエラ，チリ，バンクーバー，中国，インドなどの人骨に関するものである．これらいずれの場合でも，中央値からの標準偏差率を算出し，その平均を計算したところ34％であった．よってわれわれは**一定地域については**〔暫定的な〕人骨中 Sr 90 平衡蓄積量の中央値に対する想定標準偏差は34％とみなす．

以上の結果から確率論の正規誤差分布曲線型を想定しつつ，当面の問題「中央値が許容量以下であるのに，ある個体がこれを越える確率はどのくらいあるか」に答えることができる．以上の分析によって判るのは，〔定常状態で平衡にあるとき〕は中央値からの偏差は標準偏差に相当する誤差曲線型をなし，中央値の3分の1をなすことである．故に安定状態では一定地方に住む人口の中の 700 人中わずか1人が Sr 90 平均蓄積量の2倍強を有し，正常蓄積量の3倍を持つ個人の頻度は 200 万人中1人くらいということになる．

つぎに非平衡分布，すなわち Sr 90 が生物〔系中に移行したとき〕はどうなるか，明かにこの場合蓄積量は一段と低いが，しかし中央値からの偏差は率からいえば恐らくもっと高くなり，特に Sr 90 が発生する以前に骨が大体沈着している成人の場合はそうなろう．成人における Sr 90 の現在成分は，たまたま標本となる個体の体内の種々の骨の成長率，および新陳代謝活動に大きく依存する．

しかし沈積 Sr 90 の〔比〕濃度はまったく現在の生物学的環境中でのみ発達した生骨中の蓄積濃度を越えないだろう．すなわち成人の骨中の局所濃度は小児の全骨部の濃度を越えないだろうが，小児の場合その全身体は現在食物中に存する Sr 90 およびカルシウムなどの混合したものからなっている．Sr 90 成分の平均全量について小児対成人の現在の比率は4対1だから，成人の活性骨部における濃度係数は，全身平均に比し4倍大であることもあろう．よって成人からとった任意の骨標本についての見かけの分布は，この理由から真の平衡分布に比し非常に大きくなるはずだ．しかし平衡に達したときは，この分布は必ず非常に著しく減少するに相違ない．

人骨に関するデータは極めてまばらな散乱を呈しているが，明白と思われるのはその偏差は成人の太い骨部が現在の栄養補給と平衡していないという事実の反映であること，またこの偏差が個体の骨の部位によって一般生物学的環境の中で，栄養補給と平衡状態に入って行く率に差異があることを反映していることである．目下サンシャイン計画の一部として行われている一定地方からの完全人骨の調査はこのような一般生物学的環境との平衡達成速度における個人差の問題を解明するはずであるがこの調査はカルプ博士の実験室で進行中である．これら調査で恐らく，成人に関する中央値との偏差が，前述の平衡分布型の場合では正規とみられる3分の1の係数よりも大であることが判明するであろう．もちろんこの予言の正当性を明確にすることが大切である．しかし全身体中の普通カリウム，人骨片中のラジウムや普通の Sr, 死産児の全身体中の明確に降灰による放射性 Sr などのごとき極めて微々たる物質についての分布曲線型が全般的に一致することは，人骨中の放

射性 Sr 分布についてもなんら特異点はないと信ぜしめるに足りよう．

<Ⅲ> Sr 90 体内蓄積量〔負荷量〕の地域差

個体中の Sr 90 分の地域差の主要原因はもちろん各地域における降灰量である．降灰の強度に関する通則は前述の通りである．空中起爆のメガトン級核兵器については現在の調査結果は降灰が殆ど地球全域に及ぶことであり，簡単のためと現在詳しい資料を欠くことから，われわれはこれが地球全域にわたり成層圏から降下する物質の一様分布をなすというモデルに立って論旨を進めよう．この点に関する詳しい実証およびデータは現在急速に集まっており，これらは明らかに成層圏〔内の水平混合の〕問題を解決するであろう．

今のところ北半球の北緯10度から60度にいたる地域が最高の Sr 90 分を有している．米

第 2 表 米国の表面土壌が含む Sr 90

〔米国衛生試験所は昨56年10月8～13日の間に国内17ヵ所の土壌を採取し，室内温度で 6 N HCl を加えて Sr 90 を抽出した．採取に当っては2インチまでの深さの土壌とその下方6インチから10インチ前後の土壌と双方を検べ，土壌グラム当りの放射能を測定した．放射能は d/m すなわち1分当り壊変粒子数で表わされている．測定は採取後乾燥させた土壌定量を2個ずつとって繰返し行った．これに伴う標準測定誤差の幅も算出された土の符号つき数字〕．これから1マイル平方のSr90の堆積量が算出され，その平均値が導かれる〔平方マイル当り mc＝ミリキュリーで放射能が表わされている．ここではリビー博士の掲げている17ヵ所の標本調査の結果のうち，代表的な地点の数値だけをあげる．〕

標本採取地	深度（単位インチ）	土壌グラム当り放射能 dpm	平方マイル当り放射能	平方マイル当り放射能 平均 合計
デスモインズ（アイオワ州）	0～2	0.31 ±0.007	23 ±0.5	23
		0.31 ±0.007	23 ±0.5	
	2～6	0.028±0.002	7.6±0.7	7.1
		0.024±0.003	6.6±0.7	30
デトロイト（ミシガン州）	0～2	0.26 ±0.006	20 ±0.5	20
		0.27 ±0.006	20 ±0.5	
	2～6	0.038±0.003	7.3±0.5	7.8
		0.044±0.003	8.4±0.6	28
グランドジャンクション（コロラド州）	0～2	0.10 ±0.001	7.8±0.1	7.0
		0.09 ±0.001	7.1±0.1	
		0.11 ±0.019	8.2±1.4	
		0.07 ±0.013	5.1±1.0	
	2～10.5	<0.002	<0.45	<0.48
		<0.002	<0.31	
ロスアンゼルス（カリフォルニア州）	0～2	0.12 ±0.008	0.9±0.5	7.5
		0.14 ±0.008	8.0±0.5	
	2～7	0.009±0.002	3.3±0.9	2.8
		0.006±0.002	2.2±0.7	10
ニューヨーク（ニューヨーク州）	0～2	0.21 ±0.006	10 ±0.3	12
		0.29 ±0.007	14 ±0.3	
	2～6	0.07 ±0.004	14 ±0.8	14
		0.06 ±0.004	14 ±0.8	26
シアトル（ワシントン州）	0～2	0.46 ±0.011	17 ±0.4	17
		0.44 ±0.01	16 ±0.4	
	2～6	0.05 ±0.007	9.4±1.2	9.5
		0.05 ±0.004	9.6±0.7	27

国はネバダ試験場を控えていることから通例多量の降灰をみているが，ここでは現在平方マイル当り25ミリキューリーのSr 90が存在する．土壌の平均をみると表土中に約50サンシャイン単位の濃度を示している．前述した差別係数を加味すると体内平衡蓄積量としては1.7ないし3.9サンシャイン単位が想定される．事実小児の現在体内蓄積量はこれよりやや低い数値が実際に近いらしいことを示している．すなわち小児の現在体内蓄積量約0.5サンシャイン単位という数字は，表土中のSr 90分平方マイル当り平均15ミリキューリー，すなわちSr 90が摂取の当時約25ないし30サンシャイン単位〔であったことに由来する〕ものであろう．従って小児の体内蓄積量と表土中の平均濃度との比に関する実験値はほぼ50対1であり実験室結果の最下域よりもむしろ上域の方に近いことが解る．

第2表は米国の土壌で測定したSr 90降灰合計量に関する最新のデータであり，図表第5はこのデータをグラフで表示したものである．

米国北部では平方マイル当りSr 90 20ないし30ミリキューリー，南部諸州ではこれよりやや低くなっている．グランドジャンクション（コロラド州）の平方マイル当り7ミリキューリーという低い数字は，多分同地の気候と標本〔採集〕地の条件によるものだろう．

降灰が〔おきている時期別の降下率は，おそらく〕いわゆる「ポット収集法」によって一番うまく測定される．これはかなりの高さの垂直な腹をもったバケツを露天に据付け一定期間中雨雪，ほこりなどといっしょに，全降灰を収集できるようにしてある．バケツは雨が降ろうと降るまいとそのまま放置しておくから，一定期間中の降灰全部を取込むわけである．第6図および第7図はこの方法でニューヨークおよびピッツバーグ両地区で集めたものの曲線を，測定〔の推定〕誤差を加えて示したものである．ここで注目されるのは傾斜に変化があり，この変化が核爆実験の実施および相対的短命な対流圏降灰と相関関係があることである．どこでも核爆実験をやっていない静止期に現われる最もゆるい傾斜は，

第5図 米国土壌におけるストロンチウム堆積量 〔第2表の平均値を図表化したもの．〕

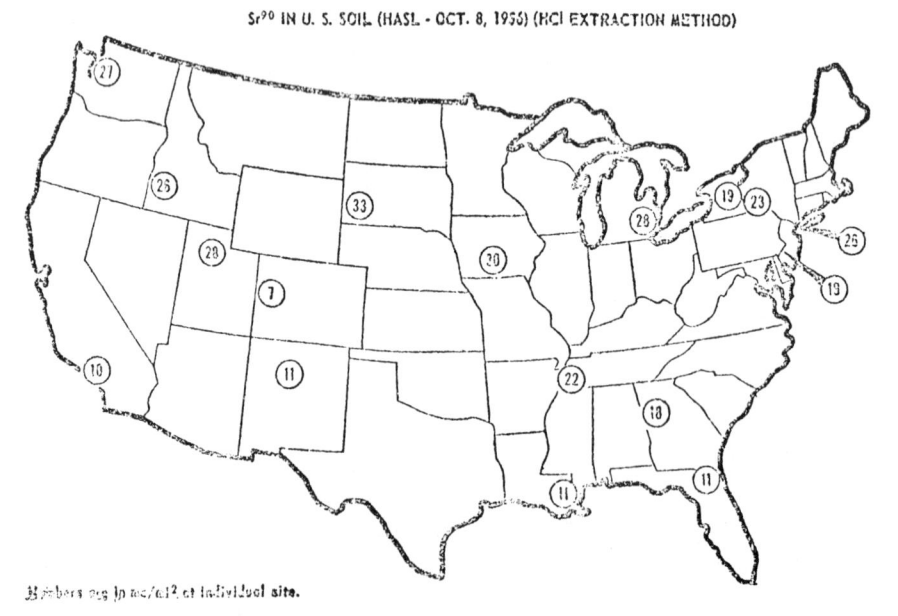

Sr⁹⁰ IN U. S. SOIL (HASL - OCT. 8, 1956) (HCl EXTRACTION METHOD)

Numbers are in mc/mi² at individual site.

先に述べた成層圏降灰であり，もし全世界に十分な数のポットを据付け，これで調べた曲線と成層圏中の放射性 Sr および放射性 Cs の量の測定結果とかみ合わせれば，これから成層圏滞留期間の正確な数値が得られ成層圏〔内の水平混合の〕問題を解決するだろう．

降灰の強度のほかに放射性 Sr 含有率の問題，対流圏降灰については半減期 8 日間の放射性沃素〔のうち同化されやすいもの〕の含有率の問題などは重要である．今までのところ大部分の降灰 Sr は完全水溶性で従って極めて同化性であるようにみられるが，この点については引続き試験を重ねるべきである．草木の葉による直接吸収はもちろん Sr の同化を促進するが，〔ここでは〕植物が Sr を土壌から同化する際の Sr に対する分化は〔なされない〕．もう一つの因子としてはもちろん土壌中の吸収可能〔利用可能〕カルシウムの濃度があるが，吸収可能カルシウムというのは植物が利用しうるカルシウムを指し，土壌中のカルシウム全量を指すのではない．周知のように吸収可能カルシウム分の高い土壌は放射性 Sr 分の低い植物を生育せしめる．すなわちその植物中の放射性 Sr 対カルシウムの比率は吸収可能な土壌カルシウム〔中の〕放射性 Sr の濃度が低いことの直接の結果として低くなっている．そのほか前述のとおり植物は約 1.4 の差別係数〔選別係数〕で Sr よりもカルシウムをえり好みする傾向がある．英ウェルス州の若干地域に生育している羊は殆ど 150 サンシャイン単位の骨中濃度を示しているが，米国産の羊や牛馬はこの数字の 5 分の 1 弱である．ウェルスの若干地域の土壌はカルシウム分が極めて低く，このための放射性 Sr 分の高い牧草を生ぜしめる．もちろんカルシウム施肥を行えば，この欠点をすぐに除きうるが，この施肥を行わない場合には「カルシウム欠乏が食物連鎖関係を通じて Sr 90 吸収を増大せしめる影響はどのくらい深刻であろうか」が問題になる．

先に述べたように食料配給機構平均化傾向があり，カルシウム欠乏土壌は本来低生産地であり，ひいてはここから生産される食料の比重は，肥沃な均衡のとれた土壌のものより

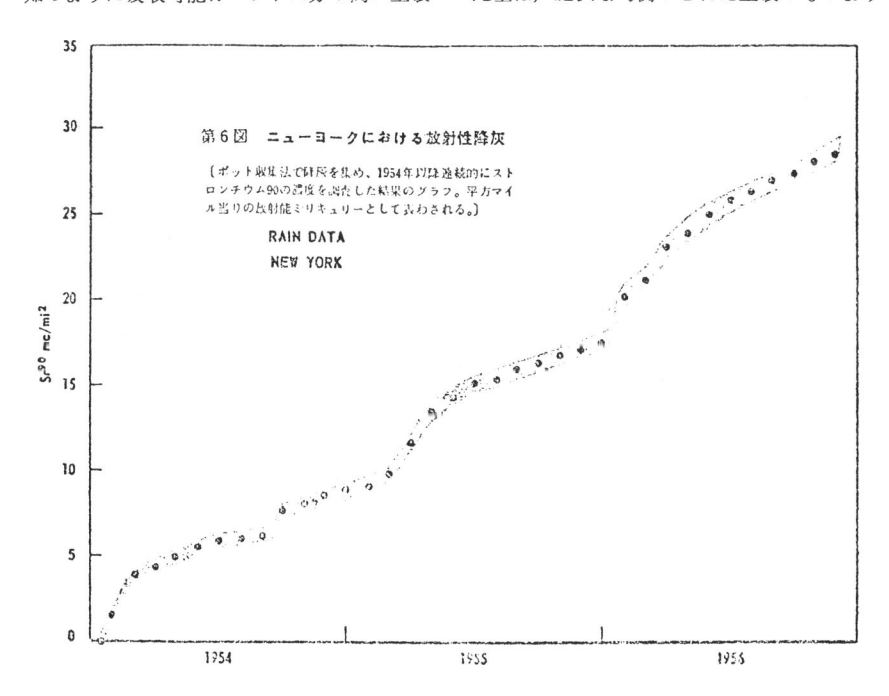

第 6 図　ニューヨークにおける放射性降灰

〔ポット収集法で降灰を集め，1954 年以降連続的にストロンチウム 90 の濃度を測定した結果のグラフ．平方マイル当りの放射能ミリキュリーとして表わされる．〕

RAIN DATA
NEW YORK

も小さいから、この事情がSr 90分の異常に高い品物の、一般食料配給機構に流込む量を少なくしている。従って、一定地域における食料の放射性 Sr 分検査には、カルシウム分主要給源である生乳の放射性分を調べるだけで十分となろう。直接測定によれば、酸性土壌のカルシウム欠乏を始めとして、あらゆる因子による偏差の係数は5程度である。

全般的な〔摂取〕量は食料配給の仕組みに基づくに相違ないし、生乳成分中の比較的微小な偏差がこれを反映することは間違いない。実際カルシウム分の極く低い土壌の地場食料だけに依存する人間の数は知れたものではあるが、もしこの種の人々が辺びな百姓家に住んでいる場合には、そのSr 90含有分が正常平均の10倍から50倍にも達するのは事実であるに相違ない。米国の土壌中の正常なカルシウム濃度は表層 2.5インチにつき平方フィート当り20グラム前後、また既知の最もやせた土壌では表層 2.5インチにつき平方フィート当り吸収可能カルシウム 0.4グラムと欠乏度50を示している。正常な食料配給機構をもったカルシウム欠乏地域に住む人間について著者の行った詳しい調査により明かになったのは、土壌中カルシウム分が50分の1ほども欠乏しているところから当然推定さるべき影響はせいぜい係数5にとどまることであった。すなわちカルシウム分欠乏地域以外からの食料が、そこの住民が20ヵ年前後の発育期を通じて、地場食料のみで生活した場合、その土壌のカルシウム分欠乏度から当然予期さるべき Sr 90吸収率の増大を〔約10分の1に減少しているの〕である。

Sr 90分の最も低い食料は魚肉であるが、これは降灰が〔温度飛躍〕層の上方100メートルに及ぶ海水によって極度に稀釈され、数時間ないし数日間内に降灰と急速に混合してしまうからだ。つまり放射性 Sr なりその他降灰成分なりの海水中の〔比〕濃度は陸上よりはるかに低い。例えば海水100メートルは平方フィート当り溶解カルシウム分 370グラムを含むが、これに比し降灰放射性 Sr を吸収〔保持〕する土壌の表層 2.5インチにつき平方フィート当りの平均は20グラムである。

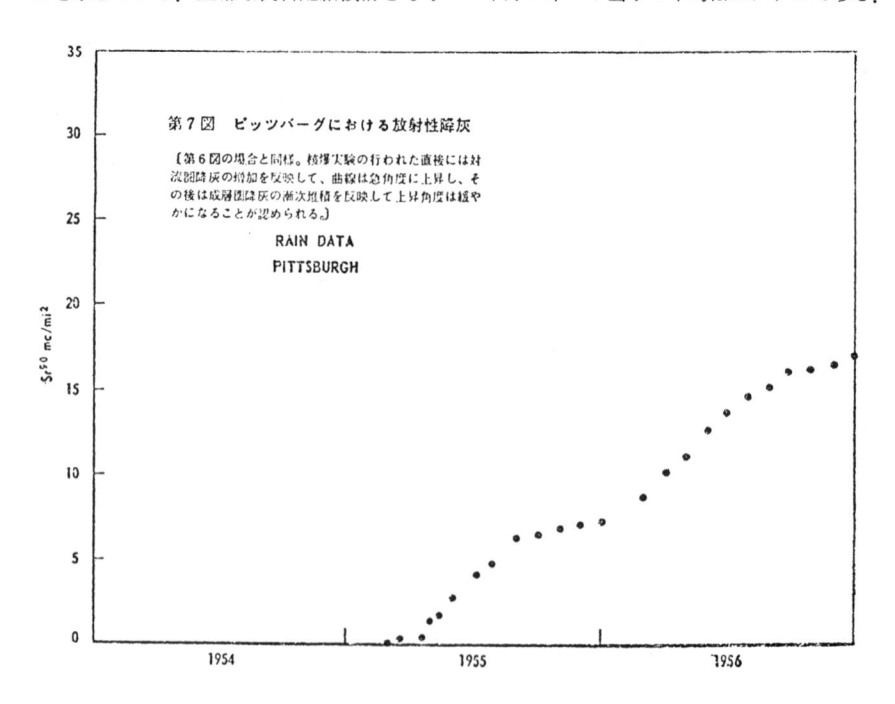

第7図 ピッツバーグにおける放射性降灰

〔第6図の場合と同様。爆発実験の行われた直後には対流圏降灰の増加を反映して、曲線は急角度に上昇し、その後は成層圏降灰の漸次増積を反映して上昇角度は緩やかになることが認められる。〕

RAIN DATA
PITTSBURGH

従って原則として海産物や魚類は食料中で降灰放射性分が最低のものである．

＜Ⅳ＞ 核爆実験連続の影響および一般結論

要約すれば米国における核兵器実験による現在の Sr 90 体内蓄積量は，海抜数百フィートの高所にいた場合，人骨に受ける放射線量に見合うものであり，現在の医事統計では高度がもっと大幅に昇っても，骨ガンまたは白血病の発生については目立った影響がないことが解っている．普通人に対する 100 サンシャイン単位，すなわち 0.1 マイクロキュリー，もしくは体内カルシウム分グラム当り 100 マイクロマイクロキューリーの許容線量は現在勧告されているところであるが，これは米国における生骨についての現在の水準の約 200 倍であり，予想できる事情のもとでは核兵器実験からの降灰によりこの許容量を越えることはあるまい．

一定地方についての個人における Sr 90 蓄積量の分布度は，正規誤差曲線に平均濃度の約 3 分の 1 の標準偏差を加味したものとなろう．つまり 300 人中約 1 人が一定地方についての正規平均値の 2 倍の蓄積量をもち，数百万人中約 1 人が平均値の 3 倍をもつこととなろう．

しかし地域差の影響はさらに重要であり，特に土壌のカルシウム分欠乏の影響の点がある．この問題の精察によれば，居住地域土壌の吸収可能カルシウム濃度に全く逆比例する Sr 90 〔含有量をもつ個人は殆どいないであろうことを示してい〕る．これは食料配給機構が自動的に広大な地域を平均化し，住民はそのカルシウムを徐々に増加するという事実によるものである．大抵の住民はかなり広い地域から産する生乳，チーズその他のカルシウム含有食料を摂取し，この効果が地場の土壌のカルシウム欠乏の潜在的影響力を推定係数 10 割方引くわけである．

実験室試験によれば平衡状態における Sr90 の人体〔中濃度〕は表土中〔濃度〕に比し 13 分の 1 ないし 30 分の 1 くらいになるはずである．現在のデータによればこれよりやや高い数字が当っていると思われ，従って控え目にすれば，この比率として 20 をとればよかろう．すなわち米国の表土中の現在蓄積量〔負荷量〕である 50 サンシャイン単位は，やがて人骨中の蓄積量を 2.5 サンシャイン単位，もしくはさらには恐らくは 1.7 前後に達せしめるであろう．

もちろん核爆実験が続行され，さらに多量の降灰が起れば，この水準は上るだろう．目下なお成層圏に滞留中の Sr 90 は，すでに沈下したものの減衰を埋合せるくらいの速度で予期のとおり降下し，かくしてこの源泉からのこれ以上の増加は，従来爆発した核兵器から予想されない．もし今後核爆実験が過去 5 ヵ年平均と同率で続行されるならば，無限の時間の後に平衡状態において現在の率の 8 倍の水準に達するはずであるが，これは Sr 90 の平均寿命が 40 年だからである．これは今後の実験が 5 年間ごとをとってみれば，過去 5 ヵ年に行われたと同様のものを出すように行われることを仮定してのことである．故に米国ではその頃に表土中濃度と人骨中濃度との比例係数を控え目に 20 と踏んだ場合は，Sr90 の人体中平均濃度 20 サンシャイン単位，もしもこの係数を 80 と押さえた場合は 5 サンシャイン単位を示すものと予想できよう．換言すれば実験が過去 5 ヵ年の平均率で無期限に続行された場合，米国では人骨中の平衡濃度が 5 ないし 20 サンシャイン単位となるであろう．この水準は数十年を経た後に到来するもので，仮に 1952 年から起算すれば，28 年後の水準はこの平衡数値の半数，さらに 28 年後，すなわち計 56 年後の 2008 年には平衡数値の 4 分の 3 に達すると見込まれる．したがって現在の様式の実験が今後 50 年間続行されるなら，米国における人骨中 Sr 90 の濃度は 4 ないし 15 サンシャイン単位程度になるだろう．

世界の低カルシウム分土壌地域などではこの水準は 5 倍の高さになるだろう．現在の〔実験〕の率をもってすれば 100 サンシャイン単位，すなわち一般住民に対する最大許容量の線が世界の若干の限られた地域では，21 世紀の初頭に到来するかも知れない．ただしこれら地域について指摘した条件は，事情に応じて硝酸〔カルシウム〕または石灰などに

よるカルシウム施肥によって緩和できよう．

サンシャイン計画は地球全域にわたる降灰の問題——例えば放射性 Sr および放射性 Cs などの成層圏中〔の収支〕，これら同位元素の地球全域の土壌，水中および生物界における分布，Sr 90 や，下っては Cs 137 などによる特定汚染水準の生物学的影響，低ガンマ線量の遺伝的影響の恐れなど，核爆発実験から生ずる全世界にわたる降灰に関連した諸問題を今後も引続き調査する．すべてこれらの問題の研究は単に原子力戦争に対する防御法考案のみを主眼とせず，原子力の諸種の平和利用，特に原子力発電に関連して遠い将来に工場事故が起った場合に備えうることも念頭においている．実に全世界降灰の基本原理の究明は同位元素の制御および安全取扱法にも応用できる．すべてこのことは国連の〔原子放射線の影響に関する科学〕委員会と協同して行われており，データが現われるに伴って世界の全部の国がこの世における偉大な新事実すなわち原子核の効果を一層よく理解すべきかかる国際的努力について提携すべきことが望まれる．

（『世界週報』57.6.1）

〔編集者注〕　文中の〔　〕内は，編集者による最少限の修正ないし説明である．修正したばあい，あとでくりかえしでてくる単語以外，誤訳の部分は削除した．

第2節　米科学者の報告

2—1　米科学アカデミー「原子力放射線の生物学的影響」(56.6.12)

第Ⅰ篇　緒　言

原子エネルギーがとりだされるときにはいつも，それと一緒に相当量の眼には見えないが強力な放射線が放出される．このような放射線が生物にあたると，しばしば有害な働きをする重要な変化をひきおこすことは以前から知られていた．またこの変化は放射線をうけた当の植物や動物に限られず，後代に受継がれるものであることも知られている．しかしながら，この作用の詳細，すなわち或るきまった結果を生ずる放射線の量，有害な作用をふせぐための手段などは大部分未解決の問題である．

われわれの環境には常に多少の放射線が存在している．地中にあるラジウムその他の放射性元素および地球の外からやってくる宇宙線は地球上すべての部分にわたって天然の"バックグラウンド（基礎線量）"をつくっている．しかしながら，世界中で原子力関係の活動が促進されるにつれ，われわれの周囲における放射線の量は非常に増大するかもしれない．こうなればすべての種類の生物に深刻な影響をあたえる可能性がある．しかし正にどのような影響が起るかについて心細い程少ししか知識が得られていないのである．

1955年に米国科学アカデミー総裁デトレフ・W・ブロンクは科学者のグループを委員にえらんで高エネルギー放射線の生物におよぼす影響の研究を委嘱した．基金はロックフェラー財団により提供された．

研究は6つの部門に分けられ，各部門は個個の委員会に付託された．考慮された分野は次のものである．(1)遺伝学，(2)病理学，(3)農業及び食糧，(4)気象学，(5)海洋学及び漁業，(6)放射性廃棄物処理，各委員会成員のリストはこの報告書の末尾に載せられている．

この報告書は現在までの検討を要約したもので，これ以外にも多くの問題が継続研究に委ねられている．これは一般読者向きにつくられており，これと同時に刊行されたより詳細な報告書の中から最も一般の関心の深い方面を抜萃したものである．この目的はつぎのようである．(1)市民の1人1人に，放射線が彼自身およびその子孫ならびに人類全体におよぼす潜在的影響について，今日までに科学的に判った事柄を知らせること．(2)市民の1人1人が原子エネルギーに関する必要な決定に一層賢明に参加するのを助けるため，科学者が現在提供できるかぎりの知識を与えること．

放射線の議論の背後にはいつも全面的な原子戦争の恐怖という妖怪が姿をあらわす．た

った1個の熱核兵器が直接の惨禍をうける地域から数百マイルの遠方でも重大な放射線損傷をひきおこしうることはすべてあまりによく知られている．全面戦争においては爆発される充分多量のこの種兵器が地球全体を，或はその大部分を，住むことのできないものにしてしまうことは，少くとも想像できることである．

実際の結果は本当に登場する爆発の数，型および分布によってきまるであろう．今までのところ，この研究においては原子戦争の起りうるいろいろの事態を評価し，或はその生物学的結果を算定する試みは，比較的少ししか行われていない．ここでは平和時の発展に主眼がおかれている．

しかしながら，放射線に関する限りでは，この2つの局面が全く無関係ではないことが指摘されてよい．第1に全世界的な原子力工業が充分に発達するときには，その累積された廃棄物は原子戦争において放出される以上の放射線に相当するものになろう．勿論，この放射線はばらまかれるのでなくとじこめられるものではある．しかしこの論点は将来の問題の重要さを裏書きしているのである．

第2に，この報告書において非常に低い水準の放射線でさえ重要な生物学的影響をもたらしうることが明かにされているが，いくつかの例においては，影響の大きさは放射線の量に正比例している．そこで原子戦争の悲惨な結果の多くは，この平和時の問題の研究に明瞭な形で包含されているのである．

第II篇　知識と勧告の大要

平和時における原子エネルギーの開発においてわれわれは巨大な新しい力を，その潜在的影響を漠然としか理解せぬまま取扱ってきた．これまでのところ，少数の人々に被害をあたえた幾度かの悲劇的事故を除いては，その活動（原子兵器の実験を含めて）による生物学的障害は大体において無視できる程のものであった．今後も，若し賢明に且つ注意深く対処されるならば，放射線の問題が，原子エネルギーの大規模な開発をさまたげるようなことはないように思われる．しかしながら，今後も賢明に注意深くという条件の必要はいくら強調されてもされ過ぎることはないだろう．放射線の問題は，主として2つに分類される．(1)人間に対する影響，(2)環境を通して放射線が人間に達しうる種々のしかた．

人間に対する影響

1. 遺伝的機構はあらゆる生物学的体系のうちで最も放射線に対して敏感である．

2. 生殖細胞にあたった放射線はすべて突然変異（遺伝を支配する物質における変化）をひきおこす．これは後代に受継がれるものである．

3. 観察しうるような影響を生ずる人間の遺伝子の突然変異はすべて有害であると信じられている．

4. あらゆる人は，避けられない量のいわゆる自然突然変異をひきおこす，天然のバックグラウンド（基礎線量）をうけている．この天然のバックグラウンドのうえに新しく放射線を付け加えるものはすべて，付加的な突然変異の原因となり，これは一般に有害である．

5. 突然変異をおこすためにそれを越えねばならない最少の放射線量というものは存在しない．いかに少量でも生殖細胞に達する放射線はすべて，それに相当する少数の突然変異をひきおこすことができる．放射線が増せば突然変異も増える．

6. 障害は累積的である．放射線による遺伝的障害は，放射線を受けるたびに蓄積され，人々が自分自身の受胎から彼らの最後の子供の受胎までの間にうけた生殖腺線量の総和によってきまる．

7. 個体に関する限りでは，突然変異遺伝子または突然変異遺伝子の組のすべてにとって同等に有害なのではない．二，三のものは非常に重大な不利益をひきおこすだろうが，他の多くのものははるかに小さな害しかひきおこさないか，または表面上の障害を何らあらわさないだろう．

8. しかし全集団に対するおこり得べき障害の総和という点からみれば，すべての突然変異は大体同じ量の害の原因となる．これは突然変異遺伝子が彼等の属する遺伝系列が死

減するときにのみなくなりうるものであるからである.重いかつ明白な障害の場合には第1の世代で現われるだろうが,他の場合にはこれが現われるのに数百世代を要するであろう.

9. それゆえ,集団全体に対しては,そして長期間について考えれば,多数の人々にとっての少量の放射線は少数の人々にとっての多量の放射線と同様に有害である.なぜなら,この2つの場合において突然変異遺伝子の総数は同じでありうるからである.

10. 放射線がどれだけの遺伝的障害をおこしうるかを示す数字をきめることは難しい.一つの標準は天然のバックグラウンドに付加されて自然に起っていると同じだけの突然変異を生ずる放射線の量である.この量は30から80レントゲンと見積られている.

11. (レントゲンは放射線の単位である.その価の概念を与えるために,次のことをひきあいに出そう.歯科医の使う平均のX線は患者の顎に5レントゲンを与えている.一方これは生殖腺のような身体の遠い部分には1000分の5レントゲンの散乱放射線を与えているにすぎない.)

12. また,合衆国のすべての人に対する10レントゲンの線量は集団の遺伝のプールに新たに入る約500万の突然変異遺伝子を生ぜしめることが概算されている.しかしこの数字はかなりの不確かさである.

13. 今日,合衆国の住民は次の3つのものから放射線の曝射をうけている.(A)天然のバックグラウンド,(B)医者及び歯科医者のX線,(C)原子兵器実験による放射性降灰,これらの線源から通常の人が生殖腺にうけている30歳までの線量は次のように概算されている.

(A)バックグラウンド——約4.3レントゲン
(B)X線治療及びX線診断——約3レントゲン
(C)原子兵器実験——過去5年間の率で続けられるなら,約0.1レントゲンの30年線量を与えるであろう.この数字は5倍あるいは5分の1倍外れているかもしれぬ.すなわち,起りうる範囲は0.02から0.5レントゲンとなる.若し実験が最も活発に行なわれた2つの年(1953及び1955)の率で実施

されるなら,30年線量は今述べたもののおよそ2倍になるであろう.

14. もし放射線に対する集団全体の曝射が,遺伝学委員会が合理的と信じた水準に制限されるならば,放射線をうける各個人には実際上病理的な影響は起らないであろう.

15. 影響の一つは寿命の短縮である.ここでは何か総合的な作用が役割を演じていると思われる.曝射された個体は,彼らが白血病のような放射線に起因する特殊な病気にかかることのないときでも普通より早く寿命を終ることがある.遺伝学的に許容されうる程の少量の曝射がこのような影響をもつことは今までに示されたことがない.さらに,放射線を用いて仕事をする人々のために定められた許容曝射水準は安全の限界内にあると思われる.しかしながら,非常に多数の人々を考えたとき統計的に目につく程の寿命の短縮を生ずるに必要な最少の線量がどれだけであるかはまだ知られていない.

環境及び食糧

1. 一般的環境中にある放射線は,まだ重大な問題にはなっていない.しかしながら,2,30年の間に原子力工場からでる放射性廃棄物は莫大な汚染の源泉になるであろう.この放射能のうちのどれだけが実際に住民のところまでやってくるかは人間をその環境に結びつけている網の目——海流及び気流,食料と水の供給——からどれだけうまくそれを閉め出すことができるかによってきまる.

2. 現在では原子兵器の爆発実験が,天然のバックグラウンドに付け加わる一般的環境内での唯一の放射線源である.

3. 気象学者は原子爆発が天候または気象を変化させたという証拠を見出していない.また彼らは今までと同じ率で同じ地域で兵器実験が続けられても,このような影響を及ぼすだろうとは信じていない.

4. 爆発からでる放射線は大気中に入り,その大部分は結局は"放射性降灰"として地上にかえってくる.

5. 放射性降灰は3つの組に分けられる.(1)直後の降灰——爆発点から数百マイル以内に10ないし20時間以内に降る物質,(2)中間的

降灰——爆発後数週間で降る物質，(3)遅延降灰——数ヵ月または数年間空中に止まる物質．

6. 爆発実験から出る直後の降灰は局限された無人の地域にだけ影響をあたえる．

7. 中間的降灰は重力だけによって落ちてくるのなら非常にゆっくり降ってくるはずである．それは多くは空気中から雨と雪によって洗いおとされる．それは地球上の大部分に拡がるのであるが，もし放射性雲が頭上にある間に激しい降雨があると或るせまい地域に対するその影響が強められることがある．

8. 遅延降灰は長期間成層圏中に貯えられる．気象学者は成層圏とそれより下の層との間の空気のいれかわりについてほとんど知っていない．そのため彼らはその物質が空中に止まる期間やそれが降って来そうな場所を正確に予報することはできない．

9. 現在，海はそれほどの量の放射性物質を受けていない．しかし将来は原子力工場の放射性廃棄物の貯蔵所として利用されることになろう．

10. これが大きな規模で安全に始められるためには，海洋の種々の部分と混りあう率を決定するために多くの研究が必要である．海洋の深い部分に沈められた物質は100年またはそれ以上そこにとどまるかも知れぬ．そのためその放射能の大部分は，それが表面の水に達する以前になくなるであろう．これに反し，沿海その他表面の海水に投げ込まれた物質は直接海の生物に影響をあたえるだろうし，表面層の比較的迅速な循環のために2,3年のうちに世界の大部分を汚染するであろう．

11. 放射性トレーサーは海流及び気流の図を作るためと海の動物の相互関係を研究するために使用されることができる．これらの分野における沢山の重要な研究は今後10ないし20年以内にしか可能でないだろう．海と大気の放射性汚染が増すためその後では，トレーサーの放射線は高くなったバックグラウンドにかくされて検知することが不可能となるであろう．

12. 放射性降灰からでる放射線は不可避的に人間の食糧を汚染する．土壌中に入った放射性元素は植物により摂取され集中される．

その植物は人間に食べられるか，または動物に食べられて次には人間の食物になるのである．

13. 現在のところ汚染は無視できる．しかし最大許容水準は知られていない．放射線汚染をうけた食物を食べたことによる人間と動物に対する長期間の生物学的影響についてほとんど十分な知識がない．この分野における研究は緊急に必要とされる．

14. おそらく最も重要な食物汚染物はストロンチウム90——骨組織に集中する放射性元素——である．すでに，生物にとっては重大でないが，検知できるくらいのストロンチウムの微量が，原子爆発の場所から数千マイルはなれたところの牛乳の中にあらわれている．

15. 海からとれる食物も放射線の汚染をうけやすい．海の植物及び動物は水中に入った種々の放射性元素を抽出し，集中する．この集中は微細なプランクトンから食用の魚にいたる連鎖の進むにつれて増してゆく累積的なものである．

16. 適当に用いられるなら放射線は人間の食糧をそこなうよりむしろ増産させることができる．放射線技術はすでに農業研究において重要な新分野を開いてきた．これからもますます重要になるだろう．しかしながら農業生産における画期的な変化がいますぐおこるとは思われない．

17. トレーサーによる研究はわれわれが植物と動物における基礎的な代謝過程を理解する助けになるだろう．それらはまた肥料の使用のような実際的問題にも応用されるだろう．

18. 植物の突然変異率が，新しい，より優れた品種を作る目的で放射線を用いて人工的に速められている．今までのところでは，唯二，三の新しい経済的変種が見出されたのみであるが，この方法は有望である．包装された食物を殺菌するための放射線の利用は，冷凍の必要を減らし，沢山の製品の貯蔵寿命を引伸ばしたことにより食品工学に劇的な衝撃をあたえるであろう．

19. 放射線を許容される国際水準に保つためには，動力炉からでる放射性廃棄物を処分する，あるいは，むしろそれを容器にいれて

おくための適当な方法が要求される．

20. これらの廃棄物のうちのいくらかは数世紀もの間危険な放射性のままとどまるだろう．

21. 研究の結果は統制された廃棄物処理法に対していくつかの実行可能と思われるシステムを指示している．しかしまだ経済的な操作上の実現性をもったものは一つもない．

22. 日常の処理における主な問題は，原子炉燃料の化学処理によりでてくる廃棄物を如何に取扱うかということである．原子炉自身の通常の運転からでる廃棄物は，比較的容易に取扱いうるものである．

23. 二番目に主要な問題は不可避的に起る事故を予見し，それらが破局に至ることが絶対にないようにする安全の標準を設けることである．

24. この見地から考慮すると，原子炉は集中的動力工場及び軍艦内で使用するのが適当であると思われる．

勧　告

以上の知識に徴して研究委員会は数個条の勧告を作成した．遺伝学委員会の勧告はわれわれのすべてに最も直接あてはまるものである．それは以下のとおりである．

(Ⅰ)すべての個人に対し，彼の一生における放射線曝射の総量を示す記録がとられるべきである．

(Ⅱ)Ｘ線の医学的使用は，医学的必要と両立するかぎり減らされるべきである．

(Ⅲ)天然のバックグラウンドのうえに，集団の生殖細胞がうける平均の放射線の曝射は，受胎から30歳までの期間10レントゲンに制限されるべきである．

(Ⅳ)この10レントゲンという制限は生殖細胞の曝射を実行可能な最低の水準に保つという観点から定期的に再考されるべきである．

(Ⅴ)各個人は生殖細胞に対し，30歳までに50レントゲン以上40歳までにさらに50レントゲン以上の総累積線量を受けてはならない（合衆国のすべての子供の半数は，30歳以下の両親から生れ，10分の9が40歳以下の両親から生れる）．

一般の関心があるその他の勧告は次のようなものである．

(Ⅵ)世界的規模の放射性降灰検出技術がさらに改良されるべきである．

(Ⅶ)成層圏の放射線の貯蔵の測定が継続され拡大されるべきである．

(Ⅷ)国立機関が放射性物質の海中への投下をすべて統制し記録すべきである．

(Ⅸ)国際機関が，海流・気流の知識に基いて，できるだけすみやかに，放射性物質の海中及び大気中処置の安全標準を制定すべきである．

(Ⅹ)海中処理の研究が国際協力的な基礎のうえに実施されるべきである．

(Ⅺ)原子炉工学の進歩により潜在的危険が減らされるまで，人口の多い地域の近くの原子炉を収容する建物は，事故の際の放射性物質の逸出を防ぐため密閉的な構造にされるべきである．

第Ⅲ篇〔略〕

第Ⅳ篇　研究委員会の報告書要約

＜1＞　遺伝学

われわれの報告を遺伝学から始めるについては，少くとも2つの立派な理由がある．われわれは皆その子供達に対してより深い関心をもっている．そして，後でわかるように遺伝の機構はすべての生物学的体系の中で放射線に対して最も感受性が高いのである．

個人対集団

放射線が遺伝的障害をおこすということは容易にいえるが，その障害を定義し，測定することは非常に困難である．

第1に，遺伝学者でも個人的な見地を強調する人は平均の放射線線量よりもずっと多くをうけた個人の子孫への危険について特別に関心をもつ．集団の立場からは，しかし，重要なのは一般に集団の形質に対する平均線量の影響である．

もしもアメリカ合衆国の市民全体が少量の余分な放射線――例えば，1レントゲン――をうけたとすれば，次に生れるべき1億の子供の中の数千人は，放射線による突然変異した遺伝子のために，明かに不利をこうむるであろうと考える立派な理由が存在する．これ

らの数千の子供は、いわば、群衆の中に見失われるべきであろう．他の原因（例えば自然突然変異）から不利をこうむった子供がより多くいるであろうから、彼等の特殊な不利益と放射線線量との間の直接の関連を跡づけることは誰にもできない．

他方、もし1万人の人々がより大きな放射線線量（200レントゲン程度の）で曝射されたならば、他の原因から導かれた数に加えて曝射された人々の子供の中の100人が多分不利をこうむるであろう．この場合放射線の危険性との関係は、統計的な研究によってより容易にたてられ、社会は数千のよりかくれた場合にうけるよりも一層強い印象を100の場合からうけるであろう．

事件の数におけるこの対照に加えて、障害の質においてもまた対照がある．個人的な見地からは必然的に、ふつう以下の知能、大きな生理的欠陥あるいは障害（それらは外見上正常な子供に次第に素質低下および長期間後におこる致死作用をもたらす）などの比較的稀におこる例について大いに強調されなくてはならない．これらの悲劇は、おかされた個人およびその家族にはなはだしい苦悩を起すもので、明かに最も現実的な個人的な遺伝的障害である．集団の見地からは、しかし、この障害ははるかに多数の人々に対するもっと多くの小さい不利益として見られるか、あるいはより軽くさえ見られるであろう．

その上になお考慮すべき第3の見地がある．代々、増大する放射線線量によって曝射される集団は有害な突然変異のために、死亡率の増加と出生率の減少を経験して結局突然変異と増大した排除の率の間に平衡がもたらされるであろう．もしこの過程で死亡率が出生率を越えるようになれば、集団は衰微して絶滅するであろう．われわれは現在のところ、人類の集団に対するこの致命的な最低の線量水準についてきわめて不確かである．集団全体が曝射される放射線の総線量の増大について、われわれが用心深くなければならない理由の一つはこれである．

どれ位の障害か？

その見地が何であっても、それを数値的にあらわす方法があれば遺伝的障害の考えはずっとはっきりするであろう．多くの遺伝学者達は、研究委員会のある人々も含めて、これをあえてしようとする試みは、人類の遺伝に関する現在の知識の状態では、あまり有意義とはなり得ないと感じている．しかし他の人々は、何かの意味をもつ大ざっぱな数値をうることができると思っている．

この問題への2つの手引がこの報告書にあらわれている．まず、天然のバックグラウンドの他に、現在自然に発生しているのと同じ数の付加的な突然変異を曝射された個人にもたらすような放射線線量の見積りがなされる．このいわゆる"2倍化線量"はおそらく、30ないし80レントゲンの間にある．第2に合衆国のすべての人が生殖腺に10レントゲンの総量をうけたとすれば、次の世代で集団に入ると思われる突然変異遺伝子の総数に対してある数値が与えられる．その数は、かなり不確ではあるが、約500万と見積られる．

人間については自然突然変異率も、また放射線がもたらした突然変異の率も判っていない．見積りは、ショウジョウバエのような下等動物の既知の値から理論的に得られたものである．若干の遺伝学者達は、このやり方に対して信頼をおいていない．

それらの数量値が真実の値の近くのどこかにあると仮定すれば、何を意味するであろうか？ 現在では合衆国のすべての子供の2パーセントほどが、ある目につくほどの遺伝的欠陥をもって生れる．もしわれわれが、代々、30ないし80レントゲンの付加的な線量に遭遇するとすれば、この数値はたんだんと4パーセントにまで上るであろう．

若干の遺伝学者達は、これが放射線の影響を説明する最も意味深い方法であると感じている．他の人々は、単におこされる突然変異の総数にいっそう興味をもっている．彼らは非常に長い経過中に突然変異遺伝子は悲劇によってのみ排除されると、指摘している．こうして、500万の数値は彼らに対して、10レントゲンの曝射が社会にもたらすと思われる負担の最適の標準を示している．

いずれにせよ、われわれは単に危険を正確

に測定できないからといって危険を無視してはならないし，また単にその状況がいろいろな人々に対しいろいろな程度に訴えるからといって危険を低く評価してはならない．2つの結論が明かであり重要であると思われる．

われわれは，危険のあらゆる状況を判断するいっそう正確な方法を速かに示してくれるような研究を活発に遂行すべきである．

<2> 病理学

将来の世代に対する放射線の影響から，直接曝射された人々に対するその影響にうつると，集団全体に関するかぎり，その状況はずっと簡単である．すでに述べたように，遺伝の機構は他の如何なる生物学的体系よりも，群をぬいて放射線に対する感受性が高い．それ故，一般の曝射水準が遺伝的に受入れられる水準までひき下げられれば，曝射された人人の身体には何も注目すべき影響はあらわれないであろう．実際2つの可能な例外はあるが，遺伝学委員会によって勧告された限界の数倍の線量でも，何らかの明かな障害をもたらすのに不十分である．

寿命の短縮

第1の例外は寿命の短縮に関することである．動物実験からも，人間の死亡率の統計からも，放射線のさほど高くない水準での曝射が，平均寿命を短くするという証拠が相当にある（放射線科医は，放射線に接していないと思われる医者よりも，平均して5年早く死ぬ）．これは，放射線によっておこされるガンや白血病のような特殊な病気からばかりでなく，より一般的な分散的な影響からももたらされる．放射線は免疫性を低め結合組織を障害し，一般に早すぎる老化をもたらすようにみえる．約100レントゲンまでの線量は数年にわたって与えられる場合は人間の寿命を短くすることを示したことはない．他方，われわれはまだ，それ以下ならば影響がおこらないという意味の極少量があるということはできない．もし非常に多くの人々が漸次蓄積される100レントゲンあるいはそれ以下の線量でさえも曝射されるとすれば，彼等の平均生命は，少量ながら統計的に観察される程度に短命であるかもしれないであろう．

内部放射線

第2の可能な例外は，内部放射線と関係している．今までわれわれは，ほとんど全く外部から身体にあたる放射線について語ってきた．しかしもし放射性物質が飲み込まれたり吸入されたりすれば，その潜在的な有害性は幾倍も増加する．

現在このやり方で一般の人々に何かの脅威を与えるような物質は唯一つだけあるように思われる．これは放射性核分裂生成物の一つ——原子量90のストロンチウムである．いろいろな性質が組合されてこの物質は特に危険なものになっている．(1)それは量の多い方の核分裂生成物の一つである，(2)その半減期は多年にわたってそれを活動させるのに充分なほど長く（25年），しかしそれを強い線源にするのには充分なほど短い，(3)それは化学的にカルシウムに非常によく似ているので，カルシウムを好む骨の組織に取り入れられ集中される，(4)動物実験で骨の腫瘍をおこすことが知られている，(5)それの多くは，原子爆発の後短時間に近距離の土地に落ちず，成層圏に運ばれ，そこで地上全体にひろがって，その後数年の間に漸次沈着する．

すでに幾人かの子供で，彼等の身体に測定しうるほどの量の放射性ストロンチウムが蓄積されている．その量は，しかし，全く少量——許容線量と考えられるものの1000分の1である．その多くは汚染した牧草を食べた牛のミルクからきたのであろう．それ故，ストロンチウム90は現在のところ脅威ではないが，もし空気の汚染率が相当に増大するとすれば，それはおそるべきものとなろう．

放射線病

病理学委員会のほとんどすべての注意は，例えば100レントゲンあるいはそれ以上の大きい放射線線量による医学的影響にむけられている．原子戦争を除けば，一般の人々がこのような線量をうける見込はない．しかし原子エネルギーの装置で働いている人々は，事故によって大量の線量で曝射されることがおこるかもしれない．

われわれはここで詳細な医学上の調査結果に立入ろうとは思わない．一般に，病理学的

の影響の型および烈しさは，一時にうけた放射線線量および曝射された部位の全身中の百分率に関係するということができよう．身体の一部を——どの部分でも——おおうことによって，防禦した身体の部位のパーセントから予期されるよりもずっと大きな割合で障害が軽減されるということが知られている．この理由はまだわかっていない．

全身あるいはほとんど全身を曝射する非常に大きな単一線量（例えば，800レントゲン以上）は必然的に死をもたらす．致死量以下の線量は種々の影響をもたらす．最も顕著な直接の影響は，血液および腸の障害である．白血病およびガンは，主な遅れてあらわれる影響である．皮膚は放射線に対して非常に感受性が高い．偶発的に，兵器の実験からの直後の降灰に曝射された人々は，潰瘍および脱毛を含むいちじるしい外面的な症状を発生した．もっとも，彼等のうけた放射線の総量はひどい内部的障害をもたらすほどではなかった．線量が大量でなければ，皮膚への影響は一時的である．

委員会は，放射線の障害は治療が困難であると結論する．"若干の成功"が抗生物質（二次的感染を妨げるために）および輸血によってなしとげられた．放射線をうける前に直接用いれば，その影響に対してある程度防禦をもたらすような物質が発見されているが，このような療法はまだ"どんな意味でも実際的"でない．

放射線の病理学的影響についてもっと多くの研究が必要であると委員会は信じている．もし，例えば，部分的遮蔽が正比例以上の防禦をもたらす理由とか，あるいはいろいろな防禦物質の作用が見出されたとすれば，これはより効果的な療法あるいはより実際的な防禦への道を示すであろう．

＜3＞ 放射線と環境

いままでわれわれは，放射線が"最後の消費者"——人間に達した時何が起るかについて問題にしてきた．その問題はきわめて複雑であるとはいえ，ある意味では比較的一本調子な問題である．たとえば，X人の人々がYレントゲンの放射線をうけると仮定して，何が起るかを予言することを問題にする．

これからわれわれは，どのようにして放射線が人々に達するかという非常にこみいった問題に立入らなくてはならない．エニウェトクからシカゴあるいはボンベイへの道は遠い．オスロあるいはモスクワの原子力発電所はヨハネスブルグからはずっとはなれている．しかしこれらのすべての場所は同じ空気の大海の中にある．すべては相互に続いている水の大洋によってとりかこまれている．人間が作り出した放射線線源の貯えと世界の人々との間には，広大な複雑な連結した網目がある．それは，空気，河および海，そしてわれわれの食物を供給する連鎖の環をなす植物および動物を含んでいる．どのように放射線が分布しているか——あるいはどのようにその分布を制御することができるかという問題が，気象学者，海洋学者，農学者および放射性廃棄物を処分する専門家達の結合された努力を求めている．

＜4＞ 気象学〔略〕
＜5＞ 海洋学および漁業〔略〕
＜6＞ 農業および食品供給〔略〕
＜7＞ 廃棄物の処理

1. 原子エネルギー計画は貯蔵の問題で比類のない問題を近く提出するであろう．われわれの一般的環境を住めるように保っておくためには，原子核分裂によって生み出されたぼう大な量の廃棄物が極めて長期間にわたって堅固な容器に包蔵されねばならない．

2. 過去の経験からは，ただ単に何が起るかについてのおぼろげな暗示が得られるに過ぎない．現在までに，そのほとんどが隔離された地域にある原子力委員会の各種施設から比較的少量の廃棄物が集められて来ている．実質的には如何なる強力放射性物質もわれわれの環境に放出されたことは無く，当分はタンクの中に貯えられているのである．

廃棄物の量

1. 委員会の概算によれば，1965年までには，合衆国のあちこちの原子炉は，1日当り20ポンド以上の核分裂生成物を作り出すようになるだろう（その放射能はラジウム数十トンに相当する）．このほとんどすべては原子

力発電所及び軍艦の原子力発電装置からもたらされるだろう．1980年までに集積される廃棄物溶液は2億ガロン，1990年までには6億ガロン，2000年までには24億ガロンの量になるであろう．

2. 問題のもう一つの側面が指摘された．それは，法律と保険の問題である．核分裂生成物を所有する会社に対しては如何なる種類の法律，そして如何なる型の保険政策が適用されるべきであろうか．なぜならその物質はその所有者が存在しなくなってしまった後もなお，多分数世紀にわたって放射能を保持していると考えられるからである．

技術的諸問題

1. 原子炉の運転は，毎日何らかの放射性廃棄物を出している．しかしそれを安全に処理するための方法はすでに手許にある．大きな問題は燃料片が原子炉から移されそして"再処理"される時に起る．これは核分裂生成物が取出される時なのである．その中の幾らか，例えばコバルト60のようなものはそれ自身有用であるが，それを経済的に分離する方法が発達させられねばならない．結局問題は残る．それは残った物をどう処理するかということである．

2. 核分裂生成物の好ましからぬ性質のひとつは，それらが比喩的な意味ばかりでなく，文字通り熱いということである．それは濃縮すればする程その放射能のために熱せられてくる．貯蔵をより容易にするには，廃棄物を大いに濃縮すべきである．しかし或る限界を越えると非常に熱くなるので，その容器を人工的に冷すことが必要となる．

3. いままでの研究が示すところによれば，廃棄物の究極的処理のためにいくつかのシステムが実行し得るかも知れないと委員会は述べている．しかしながら，そのどれが経済的操業の現実にかなうかをきめるまでに，かなり多くの研究が要求されている．

4. 他の面でも又より進んだ研究が要求されている．何処に，原子炉特に燃料処理工場は設置されるべきか．多量の強力放射性物質を輸送するための最上で且つ最も安全な方法は何であるか．地球上の色々の地域が放射性物質を受け入れる実際の限度は，地球物理学的又地球化学的にみた如何なる条件が決定するか．

突発事故

1. 他の全ての分野での人間活動と同じく，突発事故は原子力計画に於ても起ることを免れない．ここで問題なのは発生する突発事故が破局的にならないように，安全性のゆとりが，十分に大きくとられねばならないということである．

2. 考えられる最も重大な事故は大型原子炉の中心部が極端に過熱されて，その結果その物質が完全に蒸発してしまう場合である．もしその蒸気が大気中に拡がってゆけば，全く危険な量の放射能が数千平方マイルにわたって分布してしまうことになる．このような突発事故は，適切に設計された原子炉によりほとんど完全に防ぐことができる．

3. しかしながら，それの起る可能性が最も少ない場合でも，人口が密集した地域においては許し難い．原子炉技術が進歩して潜在的な危険性が減少するような時代になるまでは，こうした地域に設置される原子炉は膨脹しようとする蒸気によって生ずる圧力をおさえるに十分なだけ強力な，密閉されたビルディングの中に包蔵されているようにしなくてはならない．

『世界週報』 編集部より——本研究報告は，つぎの編別によっていた．

　第1篇　緒言
　第2篇　知識と勧告の大要
　第3篇　放射線の本性
　第4篇　研究委員会報告の要約

このうち，第3篇を省略したほか第4篇の遺伝学の項からは，遺伝の法則を説明した1章を除いてある．なお，アカデミー報告にはここに訳出した"公衆のために"の原本となっている報告全文があるが，これとイギリスの医学研究審議会の「原子放射線等の人体に与える影響」は，本社発行の"原子力情報特集"「放射線の生物学的影響」を参照されたい．

(『世界週報』56.7.21)

第3章　水爆実験の影響(その2)

〔概　要〕

　第2次世界大戦の終結，日本の敗北によって，ミクロネシアは，アメリカによる信託統治のもとにおかれることになった．そして，アメリカはこの地域で，1952年から55年にかけて，延べ100回以上の核実験をおこなった．

　これらの実験によって，ビキニ環礁はもとよりロンゴラップ，ウートロックなどの環礁および島民が被害をうけた．本章には，その事実をできるだけ正確に記述した資料を収めてある．

　アメリカはビキニ水爆実験についても，当時，死亡者は皆無だったと主張し，島民の被害も大したものではないと発表している．たとえば，アメリカは今日にいたるまで久保山愛吉氏の死を水爆実験による被災とは認めず，日本人の医師の不手際によるものとしている．アメリカは，1972年11月にメリーランド州ベセズダにある国立衛生研究所の付属病院で死亡したロンゴラップ島民のレコジ・アンジャインという青年を「最初で，これまでのところ唯一の水爆による白血病の犠牲者」と公表した．

　ビキニ島民をはじめミクロネシア住民は，アメリカの核実験の中止と，追われた島民の帰島その他の賠償を要求して国連に提訴したことがあるが，ミクロネシアがアメリカの信託統治領であり，それ故にミクロネシアの問題はアメリカの内政問題であるという理由で却下された．ただ，米政府も，実験のために島を立ち退かせた住民の帰島を約束したが，それはいまだに実現されず，島民の生活は悲惨をきわめている．1974年の春，朝日新聞社の土井全二郎記者が，ビキニ環礁に入り，苦心の取材をしたが，その記事(『朝日新聞』1974. 7. 10〜24，夕刊)には，〈呪われた島ビキニを見る〉〈好物のヤシガニも毒，空にらむ名ごりの鉄管〉〈飢えそして望郷〉〈飢えぬことこそ仕事〉というような見出しが使われている．記事の内容も，ビキニ水爆実験による被害の傷跡がいかに深いかを示すものであった．

第1節　ミクロネシア議会報告

1—1 ロンゴラップ，ウートロック両島民に関する報告——1954年3月1日の事故の医学的諸側面，すなわち傷害，診察，治療に関連して——（ロンゴラップ，ウートロック両環礁に関する特別合同委員会，73.2）

訳者はしがき

1. これは，1973年2月，ミクロネシア議会のロンゴラップ，ウートロック両環礁に関する特別合同委員会が議会に提出した首題の報告書の部分訳である．

2. 上記の特別合同委員会は，公法第4C—33，同第4C—95によって設置され，下記のメンバーから成っている．なお太平洋諸島信託統治領高等弁務官ジョンストンは，特別合同委員会の根拠法となった上記公法に署名せず，高等弁務官代理が72年10月20日公法第4C—95だけに署名している．

委員長　オリンピオ・T・ボルジャ上院議員
委　員　ハンス・ウィリアンダー　下院議員
委　員　ティモシー・オルケリール下院議員
通訳官兼報道官　アタジ・バロス　　下院議員

3. 報告書は，原文（英文）266ページから成り，全訳すれば優に25万語に及ぶであろ

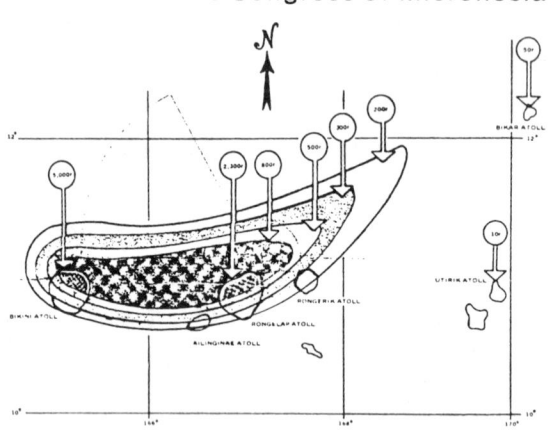

「ロンゴラップ，ウートロック両島民に関する報告」の表紙

第3章 水爆実験の影響（その2） 61

う．紙幅の関係で余儀なく部分訳にとどめた．

 4. 訳出部分と省略部分との選択については，(1)報告書の全容をできる限り伝え，(2)主観的判断を避けて，報告書の特徴をそのまま再現するよう努めることを基本方針とした．したがって，各章各節のうち訳出するものはその章（または節）を全訳し，省略するものにはできる限り要約を付した．

 5. 上記の特別合同委員会は，1972年3月に成立し，同年5月に中間報告，73年2月に最終報告を提出し，一応その任務を終ったことになるが，報告書末尾の勧告にあるように，1975年1月まで存続して勧告事項の実施を追求できるよう提案されている．

（長尾正良）

移牒通告状〔略〕

　〔訳注〕これは特別合同委員会から1973年2月，ミクロネシア議会上下両院議長宛に提出した報告書の前文である．原文2ページ．

目　次

移牒通告状
目次
公法第4C—33
公法第4C—95
はしがき
献辞〔略〕
I　序説〔略〕
　放射線一般
　核兵器と人間
　放射線と人間
II　直線型か閾（しきい）値か〔略〕
III　広島と長崎〔略〕
　1945年8月6日，9日
　委員会の所見
IV　1954年3月1日――事件の物語り
V　年次診察〔略〕
　第五福龍丸
　ロンゴラップとウートロック
VI　「モルモット」か環境の犠牲か
VII　傷害と治療に関する討議，その他の考察
VIII　勧告
IX　謝辞〔略〕

X　参考資料〔略〕
XI　付録〔略〕
　第1　諒解覚書と顧問の報告
　第2　1972年の診察に関する予備報告，R・A・コナード博士
　第3　委員会への一次報告，W・S・コール博士
　第4　クロンカイト博士の陳述
　第5　「マイク」爆発時と「ブラボー」爆発時の風向図
　第6　米原子力委員会のPR政策，ネバダ実験場の場合
　第7　写真集

公法第4C—33（「ロンゴラップ，ウートロック両環礁に関する特別合同委員会を設置し，そのために，ならびに他の目的のために資金を支出することに関する法律」）〔略〕

　〔訳注〕第1条趣旨，第2条特別委員会の設置，第3条特別委員会の任務，第4条特別委員会の権限，第5条特別委員会の報告，第6条資金支出，第7条発効期日，から成る．太平洋諸島信託統治領高等弁務官ジョンストンは，これに署名していない．原文2ページ．

公法第4C—95（「ロンゴラップ，ウートロック両環礁に関する特別合同委員会の経費および緊急費用をまかなうため，ならびに他の目的のために，1万ドルを支出することに関する法律」）〔略〕

　〔訳注〕2条から成り，金額と発効期日を定めている．高等弁務官代理が1972年10月20日付で署名している．原文2ページ．

はしがき〔全文〕

　移牒通告状に述べたように，本委員会が与えられた課題のすべての側面を網羅したとすれば，報告書はこれよりもかなり長文のものとなったにちがいない．放射線を扱った書籍その他の資料は，何千となく出版されている．放射線とその今日における影響を研究している科学者，技術者，研究者は，何千名もいる．こうした人びとの中で，人間により，かつ人間にたいして使用される放射線の功罪に関し

ては、今日でさえ、さまざまの意見がある．科学的な研究と討議がさんざんおこなわれているにもかかわらず，放射線とその多くの側面は，比較的新しい分野である．とりわけ，放射線が人間にどのように悪影響を及ぼすかについては，そう言えるし，人間が同胞を実験材料にすることは倫理と道義の許さないところである以上は，今後も引続いてそのとおりであろう．こうした要因があるから，この報告書は，決して最終的なものとも，包括的なものとも考えるべきではない．この問題に「最後の言葉」など決してないであろう．にもかかわらず本委員会は，これがこの問題領域を扱ったものの中で，恐らくもっとも大がかりなものであると信じている．なぜならこの報告書は，問題の厳格に技術的医学的な側面を検討しているだけでなく，関連する他の論点，たとえば核兵器，外国の経験，被曝した人びと自身の個人的感情，心理学的文化的側面，人間の判断や時間や環境が，そして言うならば運命がもたらす効果と影響をも含めているからである．本委員会は，この問題を追及するとき，このような全体論的アプローチこそ，原子論的アプローチとはちがって，正しいものだと信じる．それは，病気や病的状態を全体的に機能する有機体の複雑な相互関係とは無関係な，単一の，孤立した出来事として扱うのでなく，人間を全体として扱う医学観に似たアプローチである．

　上述のとおりこの報告書は，網羅という点で限度に達しているわけではない．同様に，内容上完全無欠というわけでもない．誤り，不注意，間違った想定がふくまれているかも知れない．もしそれがあれば，報告書の問題領域でいっそう経験に富んだ人びとや，本委員会にはなかった情報や事実を手にしている人びとから注意していただきたい．ただし，そうした誤りや不注意があっても，本委員会は弁解するのでなく，むしろ読者にたいし，この領域の技術的性質と情報収集の困難性とに内在するものとして，こうした誤りや不注意を受け取って下さるようお願いしたい．18年まえに起った事件，しかしいまもなお関係者の日常生活を傷つけており，その子孫のそれをも傷つけるかも知れない事件について，本委員会は，利用し得る限りの財源と人力をもって，時間とスペースの非常な制約を考慮しつつ，最善の仕事をしたと信じている．

　「ブラボー」の爆発とこれにつづいた事件を扱った章が物語形式になっていることに，異議をはさむ読者があるかも知れぬ．しかし本委員会は，このような扱い方がこの章では正当化されると考える．なぜなら，知られた事実と人びとの回想とを組み合せることによって，事件そのものが再現され，これによって，事件に関係ある図表や数表をながめたとき読者がさり気なく見逃すかも知れない一定の事実，環境，それら相互の関連性が浮き彫りになるからである．本委員会はまた，極度に専門的な題目を扱い無味乾燥なものになることがあらかじめわかっているこの報告書の中で，退屈で面白くない章になったはずのこの章を物語形式にすることによって，読者にいくらかでも興味あるものにできたと信じている．たとえば，「ブラボー」を人格化して「眠れる巨人」にし，それが吐き出す放射能の雲が「詐欺師の幽霊」に操られるかのようにふるまうという記述にたいし，反感をもち，あるいはこれを不適と考える科学者があるかも知れない．それはそれとして，この事件の遺産が放射能を帯びたまま，純粋に物理学的生物学的意味でも，心理学的意味でも，今日にいたるまでなお「生き」つづけていることは，何びとも，もっともすぐれた科学者といえども否定し得ないであろう．

　この報告書作成に当って本委員会は，放射線とその影響の問題を通俗化し単純化することにつとめた．

　放射線の問題そのものが，きわめて複雑で大きな問題である．ある科学者が核実験の結果としてある入江が放射能汚染をおこしたことを語ったとき，彼が述べた言葉がある．これを要約すれば，われわれはいま，きわめて大きな問題のちっぽけな一端を扱っているのだという趣旨であった．

　すべての場合に，すべてを余すところなく説明することは不可能だったし，またそれを望むこともできなかった．にもかかわらず本

第3章 水爆実験の影響（その2）

委員会は，この報告書とそこに盛られた勧告を意味あるものとするために，読者に十分な知識を与えるに足るだけの基礎的な情報が，平易な言葉と平易な考え方でそこに提供されていると信じている．放射線一般を扱った序説の章の正確さと妥当性は，主として本委員会の顧問，とりわけウィリアム・S・コール博士，E・エリック・ポーチン博士，熊取敏之博士の努力に負うものである．この章の編集にたいする顧問各位の援助は，きわめて貴重なものであった．

これに関連して強調しておきたいのは，顧問各位がこの報告書やその想定，結論，意見，勧告の正当性とはまったく無関係だということである．顧問各位の本委員会への報告をのぞき，この報告書のいかなる部分も，顧問各位や，各位が所属し，あるいは関係する組織や，あるいは各位の政府の意見をあらわすものではない．

本委員会は，このはしがきの中で報告書に注釈をつけるに当って，報告書自体に関係があるかも知れず，あるいはないかも知れないが，いくつかの興味ある環境と思われるものに読者の注意を喚起しておきたい．

そのひとつは，あとで言及するが，原子力委員会および国防総省からの情報の欠落に関係している．ほぼ1年前に情報を要請したが，その後本委員会からの督促にもかかわらず，なんの反応もない．本委員会は，これは自明の事実を示しているものと信じている．法律による本委員会の受命事項は，基本的に高等弁務官府の利益に反するのである．しかし，本委員会が必要とする基本的な情報は，なんとしてもそのおなじソースから取るほかない．これと関連しているのは，マーシャル群島島民とアメリカ人との利害の相反する性質である．これは信託統治協定の中に具体化され，信託統治領庁の毎日の運営の中にあらわれている．要するに本委員会は，ミクロネシアの選挙によって成立した立法府の希望を実現するにあたって，アメリカが引き起した事故を取扱わねばならなかった．物事を調べようとすれば，アメリカの各省庁に情報をお願いせねばならなかった．こうした状態は，1971年12月，72年1月，同3月に暴露した事件によっていっそうひどくなった．ロンゴラップ，ウートロック両島民の医療の問題は政治的に「白熱した争点」になっていた（報告書の中で論じてある）．その結果，本委員会の作業と調査には，初めからいくぶんボルテージの高い情緒的雰囲気が支配していた．この点は，本委員会を設置する法律に施行のための署名がないという痛烈な事実によって，明らかに実証されている．この法律と本委員会は，高等弁務官府の公式の承認によってではなく，法の機構によって成立することを消極的に許されたのである．本委員会とその作業にたいするこのような心配は，一部の人びとのあいだでは，本委員会が作業をつづけるうちに少なくなっている．本委員会は，その研究が真剣で，考慮し抜かれ，慎重で，そのやり方が成熟した，専門的なものになるようにつねにとり組んで来た．その結果，信託統治領庁の執行部門とのあいだにはすばらしい協調と協力の関係を発展させることになっているが，他の一定のレベルでは同様であるとは言い難い．後述のいくつかの出来事によって，さまざまの機会にこの点は実証された．

第1に，原爆傷害調査委員会（ABCC）のダーリング博士とアメリカ公共保健局のスタインフェルド〔Steinfeld〕博士がサイパン滞在中に突然立ち寄ったことに，本委員会は驚くとともに喜んだ．両博士は，古代ギリシア演劇の機械仕掛けの神様のお出ましのような風にあらわれた．ダーリング博士はABCCからの援助を申出で，スタインフェルド博士は公共保健局からの資金援助を申出た．本委員会は，両博士の申出の背後の意図と動機を疑うなんの理由もなかったが，この来訪には単なる偶然の一致以上のなにかがあると確信している．

第2に，本委員会にたいし日本政府と駐日アメリカ大使館が東京で示した接待ぶりがある．それはいんぎんであったが，いくらか不熱心に見え，広島と長崎で示された接待ぶりとはかけはなれて対照的であった．本委員会は，ミクロネシア議会の他の委員会がどのような接待を受けたかを比較してみた．地位の

問題や資源開発をとり扱う委員会にたいし、日米両国政府代表が与えた接待の方が、ミクロネシア市民の放射能照射問題を扱う、選り抜きの本委員会にたいするよりも、けたはずれに熱心であったことがわかった。

第3に、本委員会は1972年9月の調査を終るにあたって、いくらか驚くに足る事実を知った。早くも1972年3月、つまり公法第4Ｃ—33が法律になることが許されるよりも前、本委員会の中間報告ができるよりも前だというのに、本委員会顧問の1人に原子力委員会の1代表が接近し、ロンゲラップ島の調査の正確さに信用をつけるため、年次診察に参加していただくよう、後日お願いするかも知れないと告げた。このようなことが起きたのも、やはり単なる偶然の一致以上のなにかである。

第4に、原子力委員会と国防総省からの協力の欠落に言及しておく。本委員会は、これをきわめて興味あるものと考える。少くとも原子力委員会は、正当なソースから要請されれば、こうした情報や援助を提供できないはずもないし、その用意がないはずもないことを本委員会は知っているから、なおさらである。とりわけ本委員会は、下院議員バロス〔本委員会の通訳官兼報道官〕がアメリカ上院議員ヘンリ・M・ジャクソンに宛てた手紙のことにふれておきたい。この手紙は、1972年ミクロネシア議会のパラオで開かれた会期中に、バロスがロンゲラップ、ウートロック両島民の窮状について書き送ったものである。ところがジャクソンはこの手紙を原子力委員会にまわした。原子力委員会は、総務局長の名で12ページの報告書をジャクソンに送った。この報告書には、本委員会が要請した情報がいくらか含まれてはいる。しかし、本委員会がこれを手に入れたのは間接的にそうしたのであって、本委員会の要請にたいする回答としてではなかった。

本委員会がこうした事件に言及することによって、なにを証拠立てようとしているかと言えば、それは、情報が本委員会にたいし意識的意図的にかくされているなどと信じる、病理学上いわゆる偏執狂様症状を本委員会が呈していることを実証したいのではない。そうではなく、恐らくずっと大きい未知の勢力が作用していること、それの大部分を本委員会は全然知らないが、しかもなおそれの存在を本委員会が信じて疑わないこと、それが何に由来するかと言えば、本委員会の受命事項が抗争的な性質をもっており、これが恐らくは高等弁務官府のある種の利害と衝突するのが原因であることを、本委員会は実証したいのである。

この報告書に関し、最後に一言述べておきたい。それは報告書の読み方である。読者がやがて発見されるように、報告書は帰納法で書かれている。すなわち、証拠が提示され、研究され、評価され、それがあとから出て来る結論の基礎となる。また同時に報告書は、一般から特殊へと進む。一例を挙げれば、放射線一般をとり扱った初めの大きな章は、あとでの特殊的な放射線の影響に関する討議の説明に役立つ。本委員会は、あらかじめなんの想定もなしに研究をはじめたが、情報の展開につれて意見と結論をつくって行ったのである。報告書は、これを反映するように書かれている。

最後に、報告書が長すぎるので勧告の部分だけを読みたいという読者に一言忠告したい。この報告書は、証拠と情報が結論としての勧告へつづいて行くような構成になっている。したがって、報告書全文を読まないでは、勧告は容易に理解し得ないものである。本委員会の各員は、勧告だけを読もうとする人びとに、それでは報告書を読むことは、ここで中止なさるようおすすめしておく。

Ⅳ　1954年3月1日——事件の物語り

〔要約〕

　西太平洋、北緯11度09分、東経166度54分の西方10余カイリ、やや北寄りに、日本のまぐろ漁船第五福龍丸がいた。1954年3月1日の朝である。

　北緯11度09分、東経166度54分8秒の地点にロンゲラップ環礁がある。ネックレース状の外縁にそう61の島、面積はあわせて647平方マイル、入江の部分が387平方マイル。こ

第3章 水爆実験の影響（その2）

の朝，島にいたのは首長ジョン・アンジャイン（32歳），その息子レコジ（1歳）を含めて64名，ほかに西南20マイルのアイリギンアエに出漁している18名の帰島が待たれていた．

ロンゴラップ島の東方約30マイル，ロンギリック島には，この朝アメリカの兵隊が28名（白人23名，黒人5名）いた．第7合同機動部隊〔JIF-7〕の放射線安全班であった．

北緯11度33分，東経165度32分にビキニ環礁がある．面積229.42平方マイル，36の島から成る．その島の1つに水爆がおかれていた．

そこから東方約30マイル，ロンゴラップ島の西方70マイルのところに，第7合同機動部隊の艦船がいた．部隊は5つの基本群にわかれていた．7.1群は科学技術，7.2は陸軍，7.3は海軍，7.4は空軍，7.5はホルメス，ナーバー両会社を主とする業者と国防総省要員．

艦船と要員の状況，危険区域5万平方マイル（北緯10度15分から12度45分，東経160度35分から166度16分）の周辺の保安，風と気象条件について情報があつめられ評価された上で「キャッスル」シリーズの第1回実験をおこなう決定が下された．符号名称は「ブラボー」であった．現地時間06時45分である．

ビキニ上空の風に関する情報は，不完全であり，いくぶん警戒的な報告もあった．すなわち，海面から5万5000フィートの対流圏の端までの風は，概して東または東北へ，つまりロンゴラップ島，ロンギリック島，ウートロック島の方向へ吹き，5万5000～9万0000フィートでは一般に西へ，そして9万0000フィートを超える上空の風については，なんの情報もなかった．それにもかかわらず決定が下されたのである．

06時55分，すなわち点火後10分で原子雲は高さ21.6マイルに達した．数分のうちに風のために原子雲は分散しはじめた．すべての人びとが恐れていた最悪の事態が来た．第7合同機動部隊の艦船ではガイガー計数管は放射能がぐんぐん上昇するのを記録した．命令が出て，全員甲板下にもぐり，ハッチを閉め切った．

ロンギリック島の放射線安全班は，13時33分放射能の上昇を記録しはじめ，14時03分には針は1時間当り100ミリラドの限界を超えた．屋内の放射能バッジは総量38ラド，屋外ではほぼ100ラドとなった．翌3月2日，第7合同機動部隊の艦船が来て，11時15分8名が撤収し，16時45分残りの20名が撤収した．

〔以下，全訳〕

　ロンゴラップ島，アイリギンアエ島，ウートロック島

　3月1日午前5時53分〔原文のまま〕，ロンゴラップ島やシフォ〔Sifo〕島（アイリギンアエ環礁）で数名の人びとが，西の水平線上に赤味を帯びた黄色い異常な光を見た．数分後太陽が東の空に輝いたとき，爆発の鈍いうなりが聞えた．東の方へ約180マイル，「ラタック」すなわち日の出連環と名付けられるところで，約15分後だが，ウートロック環礁の中のウートロック島の人びとが，押し殺したような爆発の轟音を聞き，また戦争が始まったのでなかろうかとうわさする人びともいた．

　ロンゴラップ島では，話は自然に2週間まえこの島に来た海軍大佐のことになった．そのとき大佐は，実験や爆弾についてなにかを島民に説明しようとしたが，通訳の奮闘にもかかわらず，島民はなんの話かさっぱりわからなかった．いまにして思えば，この轟音や閃光は，あのときの話と関係があるのではなかろうか．このときになって島の首長ジョン・アンジャインは，例の現地視察将校の話〔訳注参照〕をちらと思い出したに違いない．とは言っても，人びとは異常な閃光を見ただけのことだし，爆発音を聞いたと言っても，ずいぶん遠方だ．すぐさま心配なことが起りそうにもない．多分例のハワイから来た将校が間違っていたのだろう．アンジャインはそう考えていた．

〔訳注〕要約で省略した部分に述べられているが，首長アンジャインは，ごく最近の現地視察船でハワイから来た現地視察将校が，親指で小指の先を押え「お前たちの生命線はこれくらいのもんだ」と言ったのを苦にしていた．そのときアンジャインは，島民になにか危険がせまっているのを知っているなら，なぜ立退きさせないのかと質問した．答は「命令を受けておらんのでね」であった．

爆発から4時間ないし6時間たち，ちょうど第五福龍丸の乗組員が頭上に降って来る奇妙な灰はなんだろうといぶかっていたころ，ロンゲラップとアイリギンアエの島民は，3つ目の異常な現象を目撃した．ふわふわした白い粒子が，空中に舞う火の粉のように降って来て，入江にも環礁にも落ちた．そのころパパイヤの実をとりに木登りしていた2人の少年は，空を見上げたとたん，灰が眼の中へ入った．入江のほとりをぶらぶらしていた老人は，最近眼をわずらっていたので，この奇妙なものが目薬がわりになればと思って，わざと眼に粉を受け，まぶたを閉じてこすった．

島では「雪」はどんどん降りつづけ，やがて地上にも木の葉にも屋根の上にも，白い粉が積もり，太平洋のまん中，赤道の北わずか600マイルのロンゲラップ島は，気まぐれな雪におおわれたように，一面の雪景色となった．

村人たちが歩くと粉は履物にくっついた．髪や身体から粉を払いのけようとした人もいた．子供たちは，思い掛けない出来事に喜び勇んで雪遊びした．日本人漁夫がしたようにこの粉が何か確かめてみようとして舌でなめてみた人もなん人かいた．

ロンゲラップ島民は，この日早朝，1機か数機の飛行機が島のそばを爆音を立てて飛んだのを知っていた．雪は飛行機がまいたもので，その目的は恐らく蚊退治だとだれかが推量した．

東の方ウートロック島では，雪は爆発から22時間あとに降りはじめた．雪はもっと軽く「霧のような」と表現された．

その夜，太陽が沈み，ロンゲラップ島が闇に包まれたとき，降下物は止んだ．雪は約1インチ半の厚さに積もり，夜に入ると島はまことに不気味な光景を呈した．すこしまえ午後に雨が降った．雨は白い粉をはねとばし，雨量が増すにつれて，流水は放射能灰を木の葉から地上へ，屋根から集水タンクへとこんだ．

ビキニの粉末となり放射能を帯びたさんご礁が降ることは，もう止んでいた．しかし，その長くつづく作用は，いま働きはじめたばかりであった．

爆発後34時間から78時間まで

爆発後34時間，アメリカ人28名はすでに安全に乗船していた．島民の報告によれば，それよりもまえに，と言ってもおなじ日のことだが，放射線安全要員が水陸両用機でロンゲラップ島をおとずれ，放射能レベルが異常に高く危険なことを発見し，この所見を報告するため島を立ち去った．立ち去るとき彼らは島民に「水を飲むな」と一言忠告を与えたという．ところでアメリカ人が全部引揚げてから，ほとんど丸一日して，第7合同機動部隊の船がロンゲラップ島に集り，そのあとロンゲラップ島民18名が臨時滞在していた西南のアイリギンアエ環礁に集った．ロンゲラップ島でも，他の島でも，島民はただちに島を立ち去れ，さもなければ「死ぬぞ」と言われたという．島民は，自分が携行できる身廻品だけしか持って行くことを許されなかった．島民が自分たちを運ぶ船へ急いでいるあいだに，放射線安全要員は，放射線発見装置をもって村や島民を点検した．

この時点で，島民各人の読み数値は，1時間当り10ミリラドから240ミリラドまでまちまちであった．(付録第4参照)

爆発後50時間の段階で，島民のうち読み数値がとくに高かった16名が飛行機でクエジェリン島に運ばれ，爆発後51時間の段階で残りのロンゲラップ島民が乗船して，おなじくクエジェリン島に向った．その7時間あと，つまり爆発後58時間目に，アイリギンアエ環礁のシフォ島にいたロンゲラップ島民18名が放射能地帯から撤収された．おなじ時期に，船はウートロック環礁に達し，島の調査を終ったあと，引揚げは爆発後55時間目に開始され，ビキニ時間の午前10時53分，つまり爆発後78時間の段階で，いいかえれば「ブラボー」爆発後3日と6時間たって，最後の被曝した人がその島から連れ去られた．

クエジェリン島

爆発後78時間目からさらに24時間あと，第五福龍丸が日本へ向けて北進しているころには，アイリギンアエ島から18名，ロンゲラップ島から64名，アメリカ人28名，ウートロック島から157名は，すべてクエジェリン島に

すでに到着していた．そのころには，日本人の漁夫とおなじように急性放射線被曝の症状を呈しはじめたものが多数いた．皮膚，眼，口のかゆみと火傷，はきけ，嘔吐，下痢である．このとき，島民は，1日数回石鹸で身体を洗って汚染をなくし，身体から放射性降下物をとりのけるよう指示された．これはとりわけ女性にはむつかしいことだった．女性は伝統的にココナッツ油を髪に用いるので，放射性降下物の粒子が彼女たちの長い髪にへばりついて，なかなかとれなかったからである．

約2週間後に，第2次段階の急性影響があらわれた．多くの島民の頭髪が全部または一部脱落し，主としてベータ放射能による皮膚「火傷」が首，肩，腕，足など被曝が強かった部分にあらわれはじめたのである．この2週間とその後しばらく，医師が毎日，血液と尿の標本をとった．血液は，骨髄にたいする放射線の影響と新しい細胞の造出能力を示すので，注意深く観察された．血液中のある種の細胞の数が標準をいちじるしく下まわると，死に導く内出血がおこっている恐れがある．血液標本を観察し，細胞数を数えると，水準が低下していた．すなわち顆粒球が1000cm^{2}へ（1例は700個であった），白血球数が4000または以下へ，好中球数が2500または未満へ低下した〔数値は原文のまま〕．この期間に上部気道感染にかかった数名の症候は，慎重に追及された．熱が恐しく上昇したとき，それ以上の併発症をふせぐため，抗生物質を投与し，これは有利に反応した．全体で12名が薬剤で治療された．幸に直接の重い病状はあらわれず，死者もなかった．体内に摂取された放射性物質の最初の量を計算し，まだ残っている量を突き止めるために，尿の標本が採取された．爆発後52日目に，ロンゴラップ島民の群から7名が選ばれ，これにEDTAが投与された．この薬剤は，身体の正常な機能を通じて一部の放射性核種を除去する経過を促進する能力がある．しかし5日後にこの試みは中止された．体内の放射性負荷量を減らすことの一般的効果は，事実上無用と言ってもよいほど軽微だということがわかったからである．それは排出がほとんどないからで

あるが，さらにその原因はと言えば，放射性物質が摂取されてからほぼ2カ月も経ってしまい，身体の組織にしっかり定着していたからである．

被曝後2カ月たつと，直接の危険としてあり得るものは，すべて去ってしまったように見える．被曝したアメリカ軍人は，慎重な研究の末，別段プラスの所見を示さなかったので，解放されて任地にもどった．ウートロック島民は，放射線量をもっとも少なくしか受けなかったと言われたが，3カ月たって元の島にもどされた．しかしロンゴラップ島民は，それほど幸運ではなかった．というのは，彼らの島と環礁は放射性降下物によってひどく汚染されていたので，8年前のビキニ島民とおなじように，すぐには自分の島にもどれなかったのである．1954年4月に原子力委員会は太平洋原子実験場に関連する建設の大部分を実施した会社ホルムス社とナーバー社に接触した．両社はロンゴラップ島民の家をクェジェリン環礁のエイジット〔Eijit〕島に建設するよう指図された．1954年6月に家屋は完成し，島民はいままでの臨時の宿舎があったエビジェ島からこの島に移された．そしてその島に3年以上もそのままいた．

Ⅵ 「モルモット」か環境の犠牲か〔全文〕

事　件

ロンゴラップ島民や近隣の島民は，実験室のモルモットのように利用されたのか？　アメリカは人間にたいする影響を研究するために，239名のマーシャル群島島民を意識的に放射性降下物にさらしたのか？　それとも1954年3月1日の実験にともなう事故は，しばしば言われるように「思いがけない風向の変化」だけに起因するものか？　特別合同委員会は，回答があまりにも複雑で一片の声明には盛り切れないと考える．こうした問題点を検討することは，公法第4C—33による本委員会の受命事項には具体的に含められていないが，この問題が提起され，かつ広く宣伝されているし，またこの問題は本委員会の作業と分ち難く結びついているので，本委員会はこれを洗いざらいにし論議する値打ちがある

と考える．また本委員会が入手した大量の情報とデータは，大部分がこの問題に関係があり，しかも一部はあまり広く知られていない．したがって本委員会は，こうした問題をこの報告書に含めることによって情況の改善を図ろうと思う．

位 置

ビキニ（そして後にはエニウェトク）は，核兵器の理想的な実験場であり，すべての必要条件を満たしていた．すなわち，B29を操作できる飛行場から1000マイル以内にあり，きびしい気象条件が継続せず，極端な寒さもなく，実験船や支援船を入れる十分な碇泊地があり，人口密集地や漁場や沿岸の水域や船舶の航路から離れていた．ビキニを選ぶことによって，ほかに2つの要件も満たされた．ひとつは，住民はいるが「多数の住民」を困難なしに立ち退かせ得ることであり，もうひとつ恐らくもっとも重要なこととして，この島がアメリカの支配下にあったこと（初めは海軍のもとで，後には戦略的な信託統治のもとで）があげられる．

もともとビキニは，原子爆弾の海軍艦艇にたいする影響や，海洋上空，海洋上，水面下の影響を実験するために用いられていた．情報がふえるにつれて，実験はネバダで行われるようになり，太平洋実験場の名で知られたビキニは，やがてより重要な役割，つまり最初の水爆実験場としてとっておかれることになった．1957年の議会聴聞会で原子力委員会生物学科学部〔生物学・医学部？〕のゴルドン・M・ダンニング博士が述べたように「実験場外に出る放射性降下物を少なくするため，いくつかの措置が講ぜられた．最初はもちろん，ネバダでは小規模な核装置しか実験しなかった．」メガトン級の兵器は，いまだかつてアメリカ大陸やその付近で実験されたことはなかった．すべての熱核兵器は，太平洋，大西洋，その上空で実験された．

PRと安全性

ネバダでの実験は，原子力委員会による大掛りなPR事業や気象学的調査をともなっていた．アメリカ議会の聴聞会でダンニング博士は，PR事業実施の一部をつぎのように証言している．

「プランボブ作戦（1957年春）のときの実験場外モニタリング計画は，大掛りな制度であった．数多くの放射線医学的測定をおこなうだけでなく，付近の地域社会の市民と密接な接触を保つために組織された制度である．原子力委員会とアメリカ公共保健局が合同で編成した計画では，実験場の周辺地域を17区域に分割し，各区域に有資格技術者を配置した．その任務は，普通のモニタリング活動のほかに，一連の実験前と実験中に，担当区域内の地域社会，家庭，住民を知り，また住民に自分を知らせることである．この人びとは区域指揮者と名付けられたが，この17人のほかに8つの移動訪問モニタリング班があって，17区域外の地域へ必要があれば直ちに出張して援助することになっていた．」

地域社会におけるこうしたPR事業は，公衆を相手とした討議と，フィルム上映とから成っていた（より詳細な情報については付録第6号参照）．1957年の聴聞会における原子力委員会の情報は，「実験場外の地域を通じて実際上どの人も少なくとも1本のフィルムを見，少なくとも1回はモニターによる討論を聞いた．これは市民クラブ，学校，PTAその他のグループを通じて行われた」と述べている．原子力委員会によれば，60人が出席した会合で原子力委員会の映画「原子力」を見せられた町のある人は，「実験場には何名かのすばらしい人間がいるに違いない．というのは彼らはゴルドフィールドのような小さな場所でさえこれほどの予防措置を講じてくれるのだから」と述べた．

ネバダ州ゴルドフィールドの西方，数千マイルはなれて太平洋実験場があった．本委員会が今までに入手したどのような情報も，マーシャル群島島民に対するPR政策があったことを示すものはない．村むらにはモニターなどいなかったし，PTAの会合や教会の集りに出席したこともなく，人びとに原子力にかんする映画を見せたこともない．ただし，島々を汚染する放射性降下物が降った場合に従うべき緊急指令はあった．これは比較的短いものであるからここに再録しておく．

「放射性降下物とその人間にたいする影響
475 住民のいる島の放射能対策のための緊急指令
 1. 第7合同機動部隊司令官は，太平洋実験場外の各区域に対し司令官代理を任命した．太平洋実験場の近くの住民のいる島については，この代理は地域の住民と機動部隊隊員との放射線医学上の安全について責任を負う．
 2. 上記代理にたいしては次のとおり指針を与える．
 a. マーシャル群島の行政首長や各環礁や島の保健局や評議会は，放射性降下物に基づく放射能の危険に住民がさらされることを防止するためにあらゆる予防措置を確実に講じなければならない．
 b. 代理は，地方の首長と相談して放射性降下物による緊急状態が生じた場合，飛行機または水上輸送によって環礁の全住民を1ヵ所に集め立退きさせることができる方法を講じておかねばならない．放射性降下物による緊急状態の有無は第7合同機動部隊司令官が決定する．ただし，各地域にいる代理は，地上3フィートの位置に置かれた放射線医学調査計器が1時間当り1レントゲンを示せば，緊急状態が存在するものと想定すること．
 c. 飛行機による立退きが必要となった場合には，手荷物は各人が運搬できるもの，あるいはほぼ50ポンドに制限される．立退きが飛行機によると船によるとを問わず，動物は立退きさせない．後に残した動物の一覧表はできるだけ早く作成し，政府に対する損害賠償の正確さを保証する必要がある．
 d. 地方の首長に対しては，予期されない緊急事態が生じた場合には，アメリカから特別の飛行機によって医師を送り地域住民の医療を行い，これをクエジェリン環礁に立退きさせるむねを知らせておくこと．機動部隊がどのような緊急事態にも対処できるように，あらかじめ立退き計画がつくってあるむねを知らせておくこと．
 e. 食塩状の堆積物があったり，予想されない霧がかかった場合には危険な性質の降下物があると疑ってよい．このような事件が発生した場合には，これをモニタリングによって確認せねばならない．
 3. 代理は，地方首長および現地保健局を通じて，マーシャル群島民に対し，放射性降下物の恐れがあり，あるいはこれが確認された場合に危険から身を守るために取るべき基礎的な保健上の措置を知らせておくこと．これらの措置は次のとおりである．
 a. 放射性物質の降下または沈着から身を守るために屋内におり，あるいは遮蔽を用いること．
 b. 放射性物質が衣類に沈着した場合には，これを払いのけること．
 c. 沐浴し，身体をきれいにしておくこと．腋の下，股間，顔，毛髪にとくに注意すること．
 d. 放射性降下物による汚染を防ぐために食物は，おおっておくこと．
 e. 読み数値が1時間当り5レントゲンを越える場合には，現住民にたいしては，水中（大洋）に立ち，できる限りしばしば水に浸り，あるいは水中に体を沈めているようにすることが勧告される．この勧告は，水が放射能の減衰に極めて好都合であるという事実に基づく．」

この指令書には，日付がないから，それが事件の前にあったものか事件後作られたものかは確かめようがない．もし事件前だとすれば，何らかの理由があって影響を受けた島にはモニターがおらず島民はどうしたらよいか知らなかったわけであるし，もし事件後だとすればマーシャル群島民に対してはPR計画もなければ安全計画もなかったことを示す．

危険区域

事件に関連してもうひとつ興味ある問題は，実験場の大きさと，そのロンゴラップ・ロンゲリック環礁群やウートロック環礁にたいする関係である．ビキニが実験場に加えられたとき，危険区域は5万平方マイルまで拡大され，北緯10度15分から12度45分まで，東経160度35分から166度16分までに及んだ．ロンゴラップ環礁の位置は，北緯11度8分から11度28分まで，東経166度37分から166度と167度4分までである．その南方にはアイリギンアエ環礁があり，その最西端は東経166度

17分に及んでいる．これは，最北の境界がロンゴラップ環礁よりもほとんど90マイル（1度27分）北方にあるのに，最東端はアイリギンアエ環礁よりも1分（約1マイル）だけ内側にあり，ロンゴラップ環礁よりも21分（21マイルをわずかに上まわる）だけ内側にあることを意味する．これは，明らかに，環礁の住民達が実験に先立って立退きする必要がないようにしたものであり，放射性降下物がロンゴラップ島の北へ90マイル行くとしても同島の経度位置には達しないという想定を示している．ただし本委員会は，このような想定だとすれば，放射線安全班がなぜ，住民が住んでいるロンゴラップ島よりもさらに東方30マイルの位置にあるロンギリック島に駐留していたのかに注目する．

当時の想定がどのようなものであったにせよ，危険区域がそのつぎおこなわれた1954年3月27日の実験のときまでに8倍〔注〕拡大されたことを注意することは興味がある．この拡大は原子力委員会の当時の委員長ストローズ将軍が証言したとおりである．

〔注〕実験場の緯度，経度は，示されていないが，前の実験場の緯度，経度の境界の比に基づく大ざっぱな補外計算を行なえば，新しい危険区域がロンゴラップ，ウジラン，ウートロック，リキエップを含むことがわかるであろう．この推定が正しいとし，区域は実験が終るまでおなじ大きさであったとすれば，それは，帰還したロンゴラップ，ウートロック両島民がその他住民のいる島の人びとと同様，その後の実験の期間を通じて，実際に危険区域内で生活していたことを意味することになる．

爆発の核出力と種類

前章でふれたその他の注目すべき要因は，「ブラボー」爆弾の大きさと位置に関連する．大きさについて言えば，ブラボーのエネルギー出力は，約15メガトンであったと推定された．だとすればそれは，1946年のエイブル爆弾やベイカー爆弾よりも750倍も強力であったことになる．ニール・O・ハインズは，その著書「実験場」の中で実験は，計算よりも大きい核出力のものであったかも知れないと述べた．この爆発による危険に寄与するその他の要因については，アメリカ議会の聴聞会でグレイブス博士が概要を述べている．

グレイブス博士――「兵器の実験の時，われわれは，この装置が地上で爆発する状況を避けるために努力する．なぜならわれわれは，このような大きな局地的な降下物を持ちたくはないから．われわれは，できる限りこの状況を避けたい．したがってわれわれは，塔を建て，できるだけ高くするか，あるいは，この地図にあるように空中爆発の方法を用い，あるいは装置を空中に保持するために軽気球を用いる．これらすべての工夫は，この汚染物の混合物を雲自体に入らないようにするためである．」

グレイブス博士は，主としてネバダの実験場のことを語っているのであるが，彼の意見の含みは，「核兵器の効果」にある次の引用文の中に極めて明白にされている．

「1954年3月1日の実験は，かつて記録されたことのない大規模な局地的降下物を生んだが，指摘すべきことはこの現象が，必ずしも熱核爆発の特徴でもなければまたそれに限定されるわけでもないことである．同じ装置を珊瑚礁の島の上空，かなりの距離を置いて爆発させたとすれば，したがって大きな火の玉が地表面に触れることがなかったとすれば，初期の降下物は，言うに足りない大きさのも・の・で・あ・っ・た・に・違・い・な・い・．」（傍点は筆者）

気象

気象に関する話は，普通，人間は気象が次にどうなるか正確に言うことはできないという話と結びついている．普通の人にとっては，どのような気候になるかが気休めともなり，心配の種ともなる．ネバダ実験場の責任を負う人々にとっては，気象や風の条件の気まぐれは，単なる当惑以上のものを引き起こすことになる．これらのものは，それが原子兵器の実験による放射性降下物に影響を及ぼすとすれば，病気を生み，死を生む恐れがある．したがって気象のモニタリングと風向や風速のチェックは，ネバダでは第一義的な重要性のあるものであった．その点は，ネバダ実験場の実験指揮者であったロスアラモス研究所アルヴィン・P・グレイブス博士による議会聴聞会の次の証言に示されているとおりだ．

グレイブス博士――「最後にわれわれは，

放射性降下物の総量を最少限度にする計画に取り組んだとき，発生する放射性降下物が何びとをも傷つけないように実験を行なうという問題にどうしても直面せざるを得なかった．そうするためにわれわれは，ネバダにいやしくも見つかる限りの有能な気象学者グループを集めた．この気象学者グループは，はるか前に気象がどんなものになるかをわれわれに教え，放射性降下物が落ちる場所を制御することができるようにした……．」

「結局，私は，ネバダ実験場にいる気象学者のこのグループに対して感謝の手を差しのべたいと思う．この人々は，われわれに実験を延期させることによってわれわれを気違いのようにするかも知れないが，しかし彼らはわれわれに事故を起こさせないのである．彼らは，われわれに極めて正確に気象を告げ，したがってわれわれが欲しないような放射性降下物の情況が気象によって生み出されないようにするのである．」

ブラボーの実験によって影響を受けた人々にとっては不幸なことであるが，太平洋実験場の気象学者達は，彼らが「放射性降下物が落ちる場所を制御する」ことができる程度まで物事を予測するほど有能ではなかった．こうした言い方は，前に述べたようにマイク実験とブラボー実験に関する気象学者の証言を前にしてみると，とりわけ皮肉である．マイク爆発にとってはエニウェトク上空の風向は，ほとんどすべて知られていたし，ギャップは，5万5000フィートと9万5000フィートないし10万5000フィートだけであった．風向が知られた風に含まれていた大部分は，9万フィートまでであり，これはほとんどすべて西向きであった．5万フィートの気まぐれな層と10万5000フィート以上の風だけが東向きであった．ところがブラボー爆発については，ビキニ上空における風は，東北ないし東方向に吹いていた．ビキニ上空の空間の35パーセントについては，風は西向きであり，ロンゲラップからはずれていた．この上空の空間の残り30パーセント，すなわち12万フィートまでの上部は，雲の予想される上限であるが，これにはデータはなかった．こうした気象報告は，必然的に数分ないし数時間古くなるものであることを許容するとしても，方向の分らない風が（エニウェトクでそうであったように）東方向に吹いていたものと仮定し，あるいは，それが西方向に吹いていたとしても爆発が行なわれるまでには，方向を変えるであろうと仮定し，こうした仮定に基づいて実験を行なう決定が下され得たとは，どうも信じ難いと思われる．この決定が信じ難い上に，さらに信じ難いのは，つぎのことである．すなわち，第7合同機動部隊がビキニ東方30マイルに展開していたとすれば，最初の5万5000フィートの風がその方向に吹いているのに装置の爆発を行なうのは，誠に愚かな行為と判断するか，さもなければ判断における重大な誤りと断定する外はなかろう．第7合同機動部隊の船隊の機動性によってのみ，この判断の誤りが災禍となるのを免れたことになる．

こうした事件が，組み合わされて「核兵器の効果」という国防総省の出版物に記された事情を生み出すことになった．この出版物は次のように述べている．

「11.149 ベータ線火傷の推移と治癒に関する貴重な情報が，1954年3月に放射性降下物にさらされたマーシャル群島島民の観察から得られた……この放射性降下物は，白い粉で，主として石灰（酸化カルシウム）の粒子から成り，これは，珊瑚（炭化カルシウム）の熱による分解から起きたものであるが，島民達は，事柄の重大さを理解しなかった．」
（傍点は筆者）

立退きの時間

もうひとつ興味ある要因は，報告によれば放射性降下物の範囲と方向がすぐ分ったにもかかわらず，ロンギリック島にいた20名のアメリカ人だけが放射性降下物の降った1日後に飛行機にすくいあげられたことである．爆発後2日目にロンゲラップ島民が立退きさせられた．爆発後3日目にウートロック島民が乗船した．爆発直後にこの3つの島全部の住民を一時に乗船させようとすれば，それによって船の乗組員たちが危険な放射能にさらされたに違いないという議論があるかも知れないが，同様に，激しい放射性降下物の地域は

知られていたのであり，これを避けることはできたはずだという議論もあり得る．船上での汚染防止は重大な被曝を防ぎ得たに違いない．

自覚の水準と障害の程度

上記にもかかわらず，今日に到るまで理解するのが困難なのは，ロンゴラップ島民とアメリカ人とが放射性降下物が止んでいた爆発後1日目に，なぜ同時に立退きさせられなかったかの理由である．アメリカ人は，いくつかの理由があってマーシャル島民よりもましな生活をしていたのであろうから，この疑問はとりわけ正当である．1956年の原子力委員会報告には次のことが記されている．

「放射性降下物の危険をよりよく知っていたアメリカ人の大部分は，アルミニウム製の建物に退避し，入浴し，衣類を変え，その結果極めて温和なベータ病変を起しただけである．」(35ページ)

ダンニング博士は，アメリカ議会の小委員会でロンゴラップ島民やウートロック島民の状態を次のように述べている．

「マーシャル群島島民は半裸であり，濡れた皮膚を持ち，大部分は放射性降下物の降下時間中，戸外にいた．立退きまでの2日間の被曝の期間中に入浴したのは一部で，他の者は入浴しなかった．したがって全体としてベータ障害を起こし得る最適の条件が存在したのである．」

原子力委員会の信頼度

こうした後からの推移（急性影響）は，原子力委員会が事件後10日目，第五福龍丸がその母港に帰る前に行なった新聞発表と著しい対照を示している．ある著作家が述べたように，原子力委員会はあきらかに「安心させる」ことを心がけていた．

「マーシャル群島における通常の原子実験の過程に，28名のアメリカ人と236名の住民が隣りの環礁からクエジェリン島に輸送された．これは，警戒措置としての計画に基づくものである．これらの人々は思いがけなく若干の放射能にさらされた．火傷はなかった．すべての者は経過良好であると報ぜられている．原子実験の完了後，住民たちはその家庭に戻されるであろう．」

しかし日本人たちは，第五福龍丸の乗組員が致死量に近いまたは致死量の放射能を浴びたことを知ってあまり安心ではなかった．とりわけ不安の種となったのは，太平洋の広範な区域がこの悪魔の爆弾によって放射能を帯びるようになる可能性であり，この可能性が日本人一般にも，日本の漁業にも大きな憂慮を生んだ．ふたたび原子力委員会は「安心させる」ことを試みた．これは1954年3月24日に発表された声明が証拠となるが，そこには部分的に次のように述べられている．

「……マーシャル群島区域から流れる暖流はゆっくりと動く（1時間当り1マイル以下である）．実験地域に集積した放射能があっても，これは，数マイル以内で無害となるであろう……そして500マイルないしそれ以下で完全に探知できないものとなるであろう．」

こうした声明にもかかわらず日本人は，科学調査班を編成し，俊鶻丸に乗船して実験場の中および周囲を巡航することになった．アメリカの科学者は，参加するように招待されたが，彼らが東京に到着した時には，不可解にも船は計画よりも9日早く出発した後で，彼らは，積み残された．日本の科学者の所見は，原子力委員会の安心させるような声明とは幾分違っており，アメリカの委員会で証言したスクリップス海洋学研究所長ロジャー・レベル博士によれば次のとおりであった．

「ビキニの周辺1000マイルのこの地域は，日本の海洋学者と生物学者によってキャスル実験後4ヵ月目に慎重に調査された．彼らは水中で次のような数字を得た．すなわち，海水1リットル当り1分につき壊変(dpm) 2万3000，9万，7万9000，2万6000……これは約300マイルの距離においてである．」(自然放射能，ガンマー・プラス・ベータは海水については500dpmである)

事件後——医学的側面

この論点の医学的側面を討議するに当って，本委員会は，診察と診察報告との二重の性格について観察を述べておきたい．本委員会にとっては，明白なことだと思われるが，診察

は，一方では影響を受けたマーシャル群島島民にとって，一般的保健の意味でも，また放射能に起因する病気の治療の意味でも，有利なものではあるが，しかし一方，こうした診察は人間に対する放射性降下物の影響について大量の科学的知識をもたらすものであり，これは影響を受けた人間の直接の利益とは結びつかないものである．本委員会が「直接の利益とは結びつかない」と言う時，普通の病人の病歴を記す時に行なわれる記録がもつ周知の利益を排除してはいない．われわれが意味するのは，報告の作成や提出は，1954年に起こったような事件が将来ふたたび起こった場合，科学者と医師にとって第一義的に興味あるものだということである．簡単に言えば，報告自体は原子力委員会やその他類似の官庁にとっては貴重なものではあるが，マーシャル群島島民には別に価値あるものではないということである．

過小評価する傾向

マーシャル群島島民の立退きや海洋中の放射能に関する原子力委員会の報告と同様に，報告書は一貫して被曝の影響を過小評価し，あるいは被曝の他の側面を過小評価する傾向を持っている．たとえば，被曝量は「何らかの結果を持つにはあまりにも小さすぎた」とか，集団の規模は，統計的に意味を持つには「あまりにも小さすぎる」とか，結果は長期間にわたって見れば「最少限度」と期待されるとか，被曝を致死量に近いと表現する代りに，むしろ「サブリーサル」（致死量に次ぐ）と表現するとかである．少なくとも後のデータが，こうした過小評価する言明の大部分を実証しなかったことは，報告書の長所である．もっとも用語は所見に対する保守的な小さくみせかけようとするアプローチを示す傾向があるけれども．ある人々はこれを単なる言葉の遊びと見るかも知れない．しかし，本委員会は，言葉の選択自体や言葉の含みにとりわけ関心を持つものではなく，むしろそれらが含んでいる心理学的ないし科学的な心の「組合せ」に関心を持つものであることをあえて言っておきたい．本委員会は，こうした傾向には考えられる理由がふたつあるとの印象を持っている．これについては後段で述べる．

原子力委員会報告，原子力委員会とブルックヘブン実験所との関係

前に述べたように原子力委員会は，安心させるために事件や事実を過小評価する傾向がある．疑いもなくこれは，ひとつには事件のきわだった側面や興味ある側面にとびつこうとするニュース・メディアの習慣に基づく．大部分の「ニュース価値」ある事件は，通常は，性格上，否定的である．と言うのは，大部分の人々はうまくいっていることには関心を持たず，間違った動き方をしているものに関心を持つからである．ブラボーの実験は，公衆一般が第2次大戦後の冷戦時代における核兵器の発達やその心理的ならびに現実的利点について憂慮している時に起こった．1954年3月1日の事件とこの事件がその後日本で起こした大騒動とは，確実にアメリカに反響をもたらした．それが正当かどうかは別として，原子力委員会が安心させようとした理由は容易に分る．また，マーシャル群島島民の状況に関する初期の報告が放射性降下物の結果を過小評価する傾向を持っていた理由も見やすいところである．この事件を扱った最初の主要な報告が，原子力委員会によって公表されたことを注意するだけでよい．この報告がその後の諸報告の先例を示したのである．

これらの文献の大部分は，原子力委員会とは独立と思われる組織によって公表されたものではあるが，年次調査や報告自体は，原子力委員会との契約上の取り決めを通じて資金をまかなわれたものであることは事実である．したがって，原子力委員会または原子力委員会から有力な代表を送っている国立科学アカデミーによって設定された放射能取扱指針の価値を疑わせるような報告を見いだすことは元気を取り戻すことにはなるけれども，既定の指針そのものに対するこのような態度やこのような議論は見いだすべくもない．すなわち，報告書のどこを読んでも既定の指針の合理性に関する疑問を見いだすことはできず，あるいはまた，ロンゴラップ島民をその地域の実験が終わる前にその島に帰すことが適当かどうかについての疑問も見いだすことはな

い．契約条項を遂行する人々は，契約を管理しそれに資金を供する人びとと同じ気持だと考える方が現実的であろう．これは，原子力委員会がブルックヘブンにたいして影響力を行使して，原子力委員会の見解や立場をくずすような側面を検討しないよう強制するという意味ではない．しかし，万一原子力委員会の立場をなくすようなことが起きた場合は，契約はほかの研究所に切換えられるだけである．類推というものは，きわめて結構なものではないが，たとえばダットサンの販売総代理店の権利を持っているものは，ダットサンを好み，それがよい車だと信じるからそうするのだと言えよう．ところが彼がフォルクスワーゲンを乗り廻しておれば，顧客は彼が販売する製品に疑惑を持ち，ダットサン会社は，彼に総代理店権を与えたことに疑惑を持つかも知れない．

特殊な側面

前述のように，診察には二重の性格または目的があると思われる．本委員会は，この二重の性格がマーシャル群島民の被曝の性質と重要さから自然に出て来たものと信じる．大ていの人間は，その挙動を支配する積極的な衝動と消極的な衝動を合せ持つ．これを表現するひとつの仕方は，初等心理学の単純化された「接近・回避」概念を通じてである．われわれは，対象物を見，あるいは状況に直面したとき，この対象物を手に取ろうとし，その状況に対処しようとするが，同時にこの対象物を放置し，あるいは拒否し，その状況を避けようとする強い感情をもつ．通常はいくつもの複雑な理由から，こうした衝動のひとつが他の衝動より強くなり，その結果われわれが行動のあれこれのコースをとることになる．これから類推すれば，診察と治療には明らかに2つの動機または影響力が働いているように思われる．こうした影響力は，つぎの言い方で特徴づけることができるかも知れない．すなわちすべての開業医とおなじように，医師はどのような病気に対してもまたその病気に表われた何らかの機能障害に対しても，できる限り敏速にその患者を治療することに関心を持つが，また治療を行なうに先立って，患者の経過のうち，病的過程に到らない限度とも言うべきものを記録に留めておくために，治療の効果を合理性の範囲内で研究したいと言う当然の科学的関心もある．医学的任務と科学的関心というこの2つの衝動を恐らく最も良く表現したものは，原子力委員会1956年報告にある血球数に関して直接行われた治療の叙述であり，また数年間の期間に渡る成長と発達の研究に関する叙述であろう．

原子力委員会の1956年報告は，血球数に関して次のように述べている．

「2.31 臨床観察と白血球数　被曝後33日から43日までの間に，群1（ロンゴラップ）の人間の10パーセントが，1立方ミリメートル当たり1000以下の絶対顆粒球レベルを持った．この期間に観察された最低数は，1立方ミリメートル当たり顆粒球700であった．この期間に顆粒球減少症の患者に対し予防的に抗生物質を投与する療法を行なうことが良いかどうかの検討が慎重に行なわれた．しかし，予防抗生物質療法は次の理由によって実施されなかった．

(1) すべての患者は，継続的な医学的観察のもとにあり，したがって伝染はその最も初期の段階で発見されるに違いないから．

(2) 抗生物質をあまりに早く投与すると，治療のための示唆をあいまいにする恐れがあり，また伝染への抵抗力の弱まっている患者に対し薬剤抵抗菌を発育させることになる恐れがあるから．

(3) この種の顆粒球減少症の場合，伝染を防ぐには人間はどれだけの顆粒球を必要とするかについての正確な知識がなかったから．」
（傍点は筆者）

本委員会は，この引用文に関連してコナード博士に質問を提出したが，この報告書執筆の時までには返事はなかった．

本委員会の次の報告にはこの点の回答が含められるようにありたいものである．

素人にとっては，上記の3つの言明は，それが不要でありしたがって，いくらか言訳的であると思われる点は別としても，いくらか相互に矛盾しているように思われる．人間が伝染を防ぐために必要とする顆粒球の数に関

する正確な知識がなければ，抗生物質療法が回復に導くであろうとどうして想定できるのか？　患者が連続的な医学的観察のもとにあるというのに．抗生物質の投与が患者に薬剤への抵抗を増大させるかも知れないという議論は，どのような予防抗生物質についても言えることである．最後に「治療のための示唆をあいまいにする」という言葉はあいまいである．それは，あの特定の結果に対する治療を意味するのか，あるいは他の結果に対する治療を意味するのか？　一定の結果にたいする治療が，その結果にたいする治療をあいまいにするだろうか？　そうとは思われない．この文章が意味しようとしたのは，その時点での治療が他の結果の現われるのを防ぐことになる，という意味ではないか．言い換えれば，伝染を防ぐ助けとして，あるいはその時点で血球数レベルを高める助けとして，抗生物質を投与すれば，それ以上の，それ以後の推移が起らなくなるに違いない，そういう意味である．こうした決定は，患者が多数の医師によって充分に看護されていたという満足すべき事実によって明らかに補強された．しかし，ここでは，科学的好奇心の方が，患者がすぐさま必要とするものに対応する医学的義務という衝動よりもいくらか強かったことが表面に現われてくる．

本委員会は同じ好奇心がチロキシンまたはホルモン薬剤を比較的早期に投与させなかったように感じる．この投与を行えば，被曝したロンゴラップの何人もの小児が経験した発育の遅滞を定止することができたに違いない．特に症例3および5の場合，初期の報告は，発育の遅滞と思えるものをあげているが，放射性降下物を浴びて後，11年以上たった間に，この遅滞に対して何らの薬剤も与えられなかったという事実は残る．各報告書が，一貫して生年月日が信用できないという事実に触れているにもかかわらず，今挙げた2つの症例は記録がちゃんと整っているものであった．更にこうした生年月日の信用できない事情にもかかわらず，各報告書は一貫して一見明白な発育遅滞に言及している．ホルモン薬剤の投与がたとえ何の効果もないとしても，子供

に無害だと仮定すれば，医師たちが発育のおくれた青年にチロキシンを投与する価値を理解するには，なぜ甲状腺異常があらわれるまで待たねばならなかったのか．その理由は理解しがたい．

本委員会が関心をもつもう一つの事項は，3年目報告に出ている次の情報である．

「放射能を浴びた8名と浴びなかった9名が破傷風トキソイドにたいする免疫学的反応の研究に利用された．破傷風トキソイドの一次刺激は，2.5カ月前に与えられた．トキソイド2次注射の直前とその6日後に血清が採取された．その後，二十日鼠の2つの群の血清の破傷風毒素・抗毒素力価測定が，前に述べた方法によって得られた．」

言い換えれば，これら放射能を浴びた8名は，恐らく破傷風トキソイドの適量を注射され，後2回目の注射の直前に血液標本を採取された．1回目と2回目の注射にたいする血液の反応の比較は，伝染（たとえば破傷風）にたいする血液の抗力が示されるかどうかの指標であった．本委員会がとくに関心を持つのは，これらの人びとが，この実験について理解していたかどうか，実験を受けるものの誰かに何らかの危険があるとすれば，彼らは，この実験を諒解したかどうかである．それ以上の危険がなかったと仮定して，本委員会は，この研究がこれに巻き込まれた人びとにたいしどのような利益をもたらしたかを質問したい．このような研究が人びとのいっそうの看護の必要を示すと仮定しても，彼らの反応が脆弱であったことが実証された場合は，普通なら単純な伝染ですむはずのものが重大な病気に到る可能性のまえに，彼らが将来にわたっておかれることになるであろう．ところで，他の影響については，対象者数が統計的分析にはあまりに少なすぎるとしばしば言われているのであるから，実験が放射能を受けた人にひとり残らず行われたことも，そもそも実験が行われたこともどういう理由によるのか，はなはだ奇妙である．（ひとり残らず実験したのは，統計的意味が大きいからそうしたはずだし，またそもそも実験したのは，統計的意味もないのを承知でしたことになるから．）

実際上、この事件は、「放射能を受けた8人が……この研究に利用された」という表現にぴったり当てはまるもののようである．

甲状腺研究

被曝した人びとの甲状腺小結節の推移にかんし（20の症例、うち4症例は悪性病変あるもの）、本委員会は3つの特定の分野または側面に関心を持っている．

第1に本委員会は、この腺にかかわりのある初めの計算が小児の腺は小さいことを念頭に入れなかったとは信じ難い．とりわけストロンチウム90のような放射性核種の沈着については、小児の場合の貯留は自然の成長要因のために成人の場合の推定値とは異なるであろうとしばしば言われている．そうすると、この分野で多年にわたって働いてきた多くの専門家が、1963年と64年に小結節が現われてその点がはっきりするまで、なぜこの要因を考慮に入れなかったのか．事実、本委員会は、医師や科学者がその高い使命に基づく熱心さにもかかわらず、人間であり、したがって誤りをおかし得ることを知っている．しかし本委員会は、このような単純な事実が長年にわたって見逃され、医師たちは、以前の推定に照らせば予期しないものであった推移に直面したとき、初めてこれを再検討したに過ぎないのを極めて奇怪と考える．

同じように本委員会は、蛋白質結合沃素に関する矛盾した所見が十分に検討されなかったことも信じ難いと考えている．ガラス受皿が非衛生的であったという可能性に言及されたり、あるいはこうした所見がいくつかの未知の影響に帰せられたりした．少なくともあとから考えると、沃素の量が許容量に近かったことを考え、あとでマイナスの所見が出たことを考えると、こうしたプラスの所見がなぜ出たかの理由を誰かがもっと詳細に検討すべきであった．このプラスの所見は、前の量の要因と矛盾していると思われたに違いないのである．被曝した多くの人びとにおいては甲状腺機能が正常ではなかったことを示したはずの所見が、異常に高いレベルによっておおい隠されたのかも知れないと、あとになって言われている．ここでも基準情報が欠けていたことを認めるとしても、しかしこの研究が科学の分野にとってもまた被曝した人びと自体にとっても重大であることを考えると、慎重さと好奇心とが支配する代りに、将来にわたってマイナスの結果を見いだすはずだという過重な自信がある程度支配していたように思われる．

最後に、甲状腺にかんする所見と情報の中で、本委員会が極めて大きい関心を持つのは、上皮小体が「肉茎」の所でたまたま切断された人にたいして、この事実を教えたかどうかである．第2に本委員会がぜひとも知りたいのは、この事故が、グアムの海軍病院ではなくアメリカ本土で行われる将来の甲状腺手術と関係があったかどうかである．本委員会の質問にたいし、コナード博士から回答を寄せられることを願ってやまない．

流産，死産，受精率

本委員会は、流産や一定の死産児の出現率に変化があるかどうかの決定が重大であるにかかわらず、こうした出産が放射線と関係していたかどうかを見いだすために有能な医学者を使うよう大きな努力が行われなかったことに注目する．ここでもまた統計的意味の問題が前面に出てくるに違いないが、本委員会の意見では、人数が少数であったとしても、この状態は、いっそう大きな注意をそそぐべき問題であった．本委員会は、放射線のある種の影響流産をひきおこすことにみられると理解している．このような検査は、それが放射線に関係があるのを確認することにならないかも知れないが、だとすればそれは、記録に価することである．この記録は、放射線に起因する影響がないことを示すのに利用できたはずである．

受精率に関しては、日本の医師が統計的意味から言えば、はるかに小さいグループを対象としつつ、第五福龍丸の乗組員の被曝後における精子の生産についてあのように詳細な分析をしたのに、原子力委員会・ブルックヘブン実験所チームが被曝したマーシャル群島島民やアメリカ人についてこの分野での追及を明らかに不必要と考えていたのは、いくらか矛盾したように思われる．本委員会は、こ

の研究に関連した実験や診察が私的な個人的な性格を持っているのを考慮せねばならないとう点は承認するとしても，この問題が一般的に遺伝学の問題として，あとではここでも統計学の問題として論ぜられる以外に討議もされなかったのを異常なことだと考える．

結　語

1954年3月のある晴れた朝の「ブラボー」爆発前後の環境は，一つの歴史的な事件，ここでは悲劇的な事件が生み出されるには，環境・時間，錯誤，運命のすべてがどんな風に組み合されるものであるかを鮮かに示している．

実験場自体の位置が大きな要因である．というのは，その位置によって，大きな核出力を持つ兵器の爆発に必要な柔軟性と，何か事故を生じたときに必要な安全性とが提供されるからである．これは，ある意味ではネバダの実験場と等しかった．ネバダは，より小さい核出力を持つ兵器のために同じような柔軟性と安全性を提供していたのである．不幸にしてネバダとは違って，ここではPR計画もなければ情報計画もなく，島民と共に住むモニターもなかった．ネバダでは実験は局地的な少量の放射性降下物を降らすように行われた．ところがマーシャルではこの時まででは世界最大の水爆が地上で爆発したのである．ネバダでは，放射性降下物の降る場所を事実上制御できたと自慢された．ビキニでは，誰かが風の不完全な情況図を用いる決定を行った．風向の変化は「予期しないこと」ではなかった なぜなら上層の風については何も知られていなかったのだから さらに太平洋の実験に伴う危険区域はその東の境界で切断されていた．これはその地点を通る人びとに便宜を供するためであった．人間の誤りあるいは誤った判断も「ブラボー」の潜在核出力を過小評価する原因となった．そして貧弱な判断の結果ロンゴラップ島民は爆発後1日だけではなく2日間，ウートロック島民は同じく3日間そこに留まっていることになった．こうした行為や出来事が人間の誤り，貧弱な判断，計算の誤り，間違った想定の結果であるのか，それとも実際は意識的な知られた計画の中のひとコマであったのか，その決定はこの報告書の読者にまかせたいと思う．

医学的側面にかんしては，本委員会はまた，人間の誤りと誤った想定と計算の間違いが，年次診察に満ちあふれており，保守的な過小評価する態度が，本来の被曝の重大さもそのあとの照射に関連ある所見の意味をもあいまいにする傾向があったと考えている．本委員会は，一般に理解されるところでは医者の看護のもとにある患者を取り扱う指針と思われているヒポクラテスの誓いの一般原則が，乱暴に著しく侵犯されたとは考えないが，対象となった人びととの実験と研究には，この人びとに直接利益をもたらすことが必ずしも実証されていないものがあったと考える．これは，3年目報告の中に次のように示されている（22ページ）．

「被曝したマーシャル群島島民のグループは，ありとあらゆる被曝の仕方による持続的な障害を持つ人間に関するデータのきわめて貴重なソースを提供する．……ロンゴラップ島の放射能汚染は，人間の居住には完全に安全だと考えたとしても，それでさえ，放射能の水準は，地球上の他の住民のいる地域のそれよりも高い．こうした人びとが，島に住んでいることは，人間にたいする放射線に関する生態学上のデータとしてきわめて貴重なものを提供するであろう．」

また4年目報告では（32ページ），

「これらの人びとがロンゴラップ島に住んでいることは，人間にたいする放射線の研究として生態学上もっとも貴重なものを得る機会を提供している．トレーサ研究には，少量の放射性同位元素しか必要でないから，この島に存在する各種の放射性核種が土壌から食物を通じて人間の体に入る状態を追跡することができる．人間の体では組織と機関への配分，生物学的半減期，排泄率を研究することができる．」

被曝したマーシャル群島島民の経験が特異なものであるから，ときとして科学的好奇心を直接の行為よりも優先させる傾向，恐らくは意識的というよりも無意識的なものであろうが，それにもかかわらずはっきりした傾向

があったというのが本委員会の感触である．公平にするために本委員会は，こうした実験や研究が常にロンゴラップ島民だけを対象としたとは限らないことも記録しておきたい．過去の診察では，アメリカの軍人や診察班の班員自身もその血液や尿を比較のために試験された．コナード博士自身さえ11年目，12年目報告からの引用によって明らかなように「モルモット」として利用されることをみずから許した（159ページ）．

「代謝平衡研究の施設がロンゴラップ島にはなかったので，われわれのひとりが，いくつかの現地の食物（パンダヌスの果実，ココナツの果肉，ミルク）をブルックヘブンに持ち帰り，制御された条件のもとでこれを消費した．尿糞の試料を集め，全身計算測定が180日間にわたって行われた．7日間のストロンチウム90の摂取は，通常の20倍であり，セシウム 137の摂取は通常の60倍であった．」

結論として本委員会は，ロンゴラップ，ウートロック両島民の経験とおかれた条件そのものの性質から，またこの2つのグループの日常生活を取りまく環境の特異な組み合わせの性質そのものから，島民たちは次の意味で「モルモット」であるという示唆を提供したい．すなわち，世界中のほかのどのグループも，彼らと同じ量の，また同じくさまざまの種類の放射能を浴びはしなかったこと，世界中のどのグループも，このような結果にたいしてこれほど慎重に研究されたことはなかったという意味で．ここでもまた，こうした人びとが放射性降下物の人間に及ぼす影響に関する大掛りな研究の中でモルモットとして利用されつつあり，彼らにたいする医療は，二次的な意味しか持たないのか，それとも彼らは彼らの経験の貴重さのゆえに人道主義的目的の最善をつくして診察され研究されている一群の人びとであるのか，その決定は，読者にまかせたいと思う．結論として本委員会は，ロンゴラップ，ウートロック両島民は，彼らの経験によって，特別なグループの人間となっており，したがって通常の治療や看護や注意以上のものを受けるに価するという意見を述べておきたい．

Ⅶ 傷害と治療に関する討議，その他の考察〔全文〕

障害と治療

事件後ほぼ19年経た今日，被曝した人びと，とりわけ当時ロンゴラップ島にいたものには，外から見える障害の徴候はほとんどない．本委員会がロンゴラップ島を訪問したとき，コール博士が診察した年寄りの男性の耳にわずかに見えるいくつかの瘢痕があったが，これだけが放射性降下物の証拠であった．これは，広島，長崎の人びとが受けた急性の直接の障害と著しい対照をなす．というのは今日でも原爆病院に行けば，熱照射によるケロイド（皮膚病変，または肉眼的瘢痕）の見える年寄りの患者に会える．もちろんマーシャル群島でも，放射性降下物の影響が最少限のものでなかったことは今日でも明らかである．何十人の人びとが甲状腺手術を受け，全部摘出または一部摘出をした．除去された甲状腺小結節には悪性または癌病変のものがあり，一方，手術を受けた人びとはその後，他の小結節や癌で手術を受けてはいないが，こうした病変が起こるかどうかは依然将来の問題である．成長と発育については，チロキシンが後からになってではあるが投与されたため被曝した人びとが正常にもどったようである．流産や死産率については，判断し得る限り現在は正常と思われるが，しばしば述べたように人口統計もなく，生成物の適切な検査もなかったために，照射に起因する影響が見失われたこともあり得る．本委員会は，直後の治療とその後の診療のある側面にかんしては当惑と留保を表明したが，本委員会顧問の報告に見るように（付録参照），診察は徹底的であり，専門的人道的に行われたと感じている．

本委員会にとってとりわけ衝撃であったのは，ブルックヘブン調査にとっても同様だったに違いないが，昨年急性骨髄性白血病の死亡症例が現われたことである．本委員会は，この診察に責任を負う人びとが，関係者の利益のためにこうした新しい推移にたいし然るべき注意を払うよう希望する．本委員会は，ニューヨーク・タイムズの1972年11月21日付

に，科学記者ウォルター・サリバンがレコジの死を論じた物語にとくに注目する．一部を引用すれば，

「9月の出張を準備するために日本人医師2名ともうひとりイギリス人医師が一行に加わった．これは，明らかに懐疑家たちを安心させた．ただし，この訪問がもっと早く行われていたら，白血病の症例が，もっと進まない段階でそれと見分けられたこともあり得る．」

引用文の「もっと早く」という言葉は，年次調査が前述の理由で6カ月間遅延したことに関連している．通常の調査時に「発見」が行われることはあり得るが，本委員会の理解としては，すべての形態の白血病は，結局は死にいたり，急性は，慢性よりも経過が短いだけである．なお，本委員会は記録に止めておきたいが，白血病や他の疾病の発見や軽快に6カ月という期間が絶対必要だとすれば，一定の検査を年間1回でなく，もっとしばしば行うよう考慮すべきではないか．

心理学的側面

この報告の主題である事件のひとつの側面で，あまり広く討議されず，公けにされていないのは，核兵器による放射線の心理学的影響である．現在は信託統治領保健部のメデックス計画の責任者であるウィリアム・ペック博士は，この領域を本委員会の注意にのぼせた人である．彼が心理学的側面について語る本来の意図は，補償に関連するものであった．しかし，本委員会にとってこの問題は，日本やマーシャル群島地区への視察の間に調査の真の価値あり興味ある方針にまで発展した．

いくつかの点で，1945年に広島，長崎で被爆した日本人と，1954年に放射性降下物を浴びたロンゴラップ，ウートロック両島民とを比較できる．数字はまちまちであるが，一般に承認されているところでは，2つの原爆によって日本では10万以上の人びとが死んだ．そのうち，爆心地近くの衝撃的な熱によって文字どおり蒸発したものも多く，熱と照射の火傷により，頭上に倒れてきた家屋により，飛散した破片によって死んだもの，水に溺れ，窒息し，その後町中に広がった火災のために焼け死んだものもある．適切な医療や食糧や水や身を寄せる場所のないために死んだものもある．マーシャル群島の人びとは，このような外傷を受けなかった代りに，雪か霧のようなおだやかな放射性粒子の降下物にさらされた．ただし，このような相違にもかかわらずすべての症例に共通のひとつの側面がある．爆弾によって生じた放射能と被曝した人にたいするその影響とである．今日，日本では人びとは，ほぼ28年前に投下された爆弾の結果，依然として死につつあり，マーシャル群島では人びとはほぼ19年前の水爆の放射性降下物に起因する病気に依然として明らかに悩んでいる．

本委員会は，広島で重藤文夫博士と面会できた．博士は前述のようにみずから被爆者であり，かつ広島原爆病院長である．博士は，博士自身と同様に被爆者が将来にかんして感じる不安感について述べ，これは「すべての被爆者」が共有するものと言った．

その後本委員会は，ロンゴラップ，ウートロック両島の人びとと会うため初めて出張したとき，被曝した人が自分たちの被曝について不安を感じるかどうか質問してみた．両島での会合で得た答は一様に「風邪をひくかその他の病気にかかると，かならず爆弾のことを思う」であった．

本委員会がとくに強い印象を受けたのは，東京で熊取博士との会合で第五福龍丸の生存者大石又七氏が自分の経験について心配の有無を質問されたときの答である．彼は最初，熊取博士が勤めている研究所に毎年提出する調査表についてどのように感じているか質問された．安心しているか？　不安を感じないか？　答は，翻訳すれば「心理的に熊取博士を信頼し満足しております」であった．その次，普通の病気をしたときどう感じるか質問された．核爆弾や放射性降下物のことを考えるか？　答は「ただちに考える」であった．

したがって本委員会は，ロンゴラップ，ウートロック両島民の場合，被曝の事後または長期影響のひとつが将来に関して共通に抱く心配であると信じている．彼らにとっては，将来の健康状態がどうなるか分らず，不確定であることが，被曝したこと，立退きしたこ

と，帰還したことと同様，現実的なのである．3年目報告には被曝の「精神的結果」について若干の議論があった．そこでは，広島や長崎の外傷と，マーシャル群島島民が新しい状況への適応で示した「比較的静かで急速な調整」との相違が論じられている．この議論は「被曝について現実的な関心はほとんど表明されなかった．したがって，被曝したマーシャル群島島民の場合，この著しい事件の精神的影響は明らかにほとんどないか，まったくない」と結論している．

本委員会は，マーシャル群島島民の経験は，日本人のそれと比較すべくもないことに合意する．日本人は，原爆による死と破壊を目撃しただけでなく，友人，親戚，全家族をさえ失った．しかし，これらの人びとが一様に持っている「不安感」については，ロンゴラップ，ウートロック両島民も，日本人のそれを上まわるものではないとしても，同じ程度の心配をしていると本委員会は感じる．それは将来についての不安によるだけではなく，あとで論じるその他の要因にもよるのである．

情報，コミュニケーション，文化

大石氏は，熊取博士によって行われる年次診察に満足していると述べた．ブルックヘブン実験所の3年目報告は，ロンゴラップ，ウートロック両島民が，被曝についてほとんど関心を示さなかったと書いている．これら2つの言い方は，一致しているようにみえるが事実は，2つとも困難で困惑させる問題を避けているのである．現在日本では，原爆犠牲者の特別の治療のための数多くの施設があり，人びとは容易にいつでも好きなときに訪れることができる．また日本では，原爆傷害調査委員会（ABCC）が日本語と英語で年次報告を出しており，これら施設のスタッフはほとんど全部日本人である．ロンゴラップ島では被曝した人は，年1回大規模な診察を受けるが，これはミクロネシアの医療スタッフに援助されたアメリカ人によって行われ，翌年まで診察についてもはや何ひとつ聞かされないのである．

本来被曝した人は一般に，自分たちにたいし何が行われているか，またなぜ行われているかを理解していた．島民たちは，みずから皮膚の潰瘍形成と脱毛を見，あるいは衰弱，吐気を感じ，下痢を経験したのであるから，核爆弾が彼らに影響したことを説明する必要はなかった．しかし診察が引き続いて行われたとき彼らは，困惑した．毎年診察班が来る．医者は，お前たちは健康だが，万事うまくいっているかどうか見るために来ただけだと告げる．それから去って行く．翌年おなじことがくり返される．島民たちは推論した——われわれが健康なら，なぜ診察班は毎年やって来るのか？こうした態度こそ，自分たちに何が起こったかについて，また被曝の結果として起り得ることについて，島民たちが理解をまったく欠いていることを示すひとつの証拠である．

本委員会は，放射線の領域が肉体の健康に適用されるとき，それが極めて複雑，精密な課題であって，被曝したマーシャル群島島民に意味のある言葉にこれを翻訳するには，いくらかの努力と費用を必要とすることを理解している．しかし，被曝した人びとの心の不安と心配のいくつかを解決し，さらには診察や診察班自体にたいする憤激と不信のいくつかを解消するには，このような方法を取るほかないと思われる．

本委員会がしばしば見出したことだが，島民たちは，自分たちの被曝について何事をも理解しておらず，被曝の量も，自分と子供と環境に与えられた影響についても何も理解していない．ある人の話では，コナード博士は，こうしたことがらを診察班は島民になぜ説明しないのかと質問された．博士の答は，同僚であり大学卒業生である質問者自身さえ，何が一体問題であるかを理解するのは困難ではないか，であったという．診察班が訪問期間中に被曝とその結果についてひとつ残らず説明することを期待されたとすれば，コナード博士が言うとおりかも知れない．しかし本委員会が痛感するのは，説明は可能であること，簡単な教科書，絵画，たとえ話，その他なんであれ，島民に彼らの状態の基本的な理解を伝えるのに必要な手段を通じて説明せねばならないということである．患者の心に安らぎ

第3章 水爆実験の影響（その2）

を与えるために，何が起こりつつあるかを患者に説明するため，医者がよく用いているやり方ではないか．不幸にもロンゴラップ島民には，このようなやり方は行われたことはなかった．その結果，10代の青年に両親が性の問題について語るのを避け，息子や娘が必要な情報をうわさと聞き取りと暗示から得るほかないようにしておくのにも似た状態を作り出した．いずれの場合も，このような情報は健康な心的状態を作り出すものではない．マーシャル群島島民の被曝について言えば，これは2つのグループにとくにあてはまる．すなわちウートロック島民と，もうひとつは対照群として利用されたロンゴラップ，ウートロック両島民である．

この点を浮きぼりにしたのは，ウートロック島の公衆集会で提起された質問である．質問は「われわれは，ロンゴラップ島民とどう違うのか？」であった．人は，ほとんど20年も経った後に島民たちは被曝について若干の理解を持ち，隣の島とどれだけ違うか理解していると想像するであろう．ところが明らかにそうではないのである．診察班が，島民たちは（甲状腺小結節のため手術を受けた人とをのぞき）良好な健康状態にあると毎年保証を与えているのに，このような不安定さが島民たちの中に混乱した感情を生み出している．こうした一般的な不安定感は大きくわけて次の3つである．

　1．ロンゴラップ島の被曝した人びと．恐らく被曝の結果を目で見ることができるために，この人びとは，自分たちの状態の一定の分野について一番良い理解を持っていると思われる．「クヌドセン博士を島に駐在させてほしい」から「もっとしばしば診察してほしい」まで，医療の増強にたいする希望を表明しているのはこの人びとである．しかし，この人びとにも，理解の水準に合せて島民の言葉で被曝状況とその過去とこれから起こり得る結果についてさらに説明する必要が依然としてある．このことは，7年目報告の一節で保健員が「一部の人びとは，やしがにを食べないように言われているのに，ときどき食べたのを認めた」（14ページ）と書いていることによって明らかに示されている．さらに，報告書やコナード博士自身が，一部の島民は終生チロキシンを服用せねばならないのに，しばしば断続があると述べていることによって実証される．本委員会は，こうした所見を知って驚き，島民が将来の健康と福祉にとって不可欠な処方に関して明らかに理解を欠いていることにはなはだしく当惑した．要するにこれは，ずっと前に是正されるべき問題，将来あってはならない問題である．

　2．ウートロック島の被曝した人びと．この人びとには2つの考え方があるようである．コナード博士が彼らに健康だ，ロンゴラップ島民ほど大量の放射能を浴びなかったのだといつも言うのだから，年次診療はもう止めるべきだと考えている人がある．一方，診察班が引き続いてやって来るほど大事らしいからには，自分たちもロンゴラップ島民と同じ治療を受けるべきだと考える人びともある．こうした感じは，いくつかの影響によって補強されている．ひとつは，ロンゴラップ島民が米政府から補償を受けたがウートロック島民は受けていない事実である．これは次の報告で検討する課題である．もうひとつは，自分たちが照射を受けたこと，ロンゴラップ島民と同じく島から立退きさせられたことを知っているという事実である．彼らは，ロンゴラップ島民には甲状腺手術のためにアメリカに行ったものが多数いることをたえず聞いており，したがって自分たちも将来同じ運命に会うのではないかと恐れている．このことは，ウートロック島出身の1女性が甲状腺手術のためにアメリカに連れて行かれた事実によっていっそう強められている．この手術で除去した甲状腺は悪性腫瘍を含んでいることが分り，したがってすべての報告された証拠は，このウートロック島の1症例こそ甲状腺癌の「正常な」症例にすぎないのを示唆するようであるのに，一般の島民としては，ロンゴラップ島で何が起ったかを知っているだけに，そうは信じ難い．ここでもコミュニケーションと説明の不足からくる誤解が，島民の心にわだかまり，被曝による自分たちの将来についての一般的な不安とまざりあっている．

3. 被曝しなかったロンゴラップ，ウートロック両島民．診察班が実施する診察や研究で必要なことのひとつは，1954年の放射性降下物の照射を浴びなかった人でほぼ同じ経歴，年齢，性別のグループを持つことである．これは，医学用語で「対照群」または「比較群」と呼ばれるものである．研究室の実験では鼠，二十日鼠，モルモット，蠅を用い，通常2つのグループがある．ひとつは，化学的その他の影響物質に曝露し，一方の対照群は曝露しない．両グループを研究することによって科学者は，影響物質が実験対象であるグループにどのような特定の影響を与えたかを語ることができる．同じように，対照群として診察され血液と尿の標本を採取されたロンゴラップ，ウートロック両島民を医師たちは被曝した人との比較に利用する．診察にたいし不満をとくに声高く表明するのは，この人びとである．彼らは，診察されることに憤慨していることを現わし，多くの場合，こうした診察を将来も継続するのであれば補償を与えるべきだと主張している．本委員会は，こうした要求を理解するが，われわれの主要な関心は，この人びとが自分たちの対照群としての役割が被曝した兄弟たちに援助になるのを理解していないことである．ここでもまた情報の欠如があり，これこそ是正されねばならぬ．

文化的側面

思い起されることであるが，コナード博士は恐らく診察班が島民にその特殊な状況と島民が一定の手続や制限を受けねばならないととを伝えるのに失敗したと述べた．本委員会は，これがいくつもの理由によって起ったと考える．

第1に，3月1日の事件に多数の軍人がかかわっていたことを思い起さねばならない．これは，コナード博士が医療部隊の海軍大佐として（後には部隊長として）参加したその後の診察をも含む．ロンゴラップ，ウートロック両島民の心には，日本軍の記憶が疑いもなく強く，診察班の力点はだんだん軍部代表から民間代表へ移ったとは言え，診察は初めは当然のことと受け取られ，後には習慣となった．したがってコナード博士が親切で温和な人物と見えた反面，本委員会が観察した診察は，軍人風に始められ（彼らは島の持主ででもあるかのように振舞った），ほとんど軍事的な正確さと能率をもって実行された．

第2に，訪問は毎年行われ，しかも期間が短く，島民との相談の時間はほとんどなかった．また，診察の結果は，診察後数カ月間は配付する用意ができなかったことも注目せねばならない．

最後に，本委員会は，このような誤ったコミュニケーションに大きな影響を及ぼしたものは文化的な違いであることに注意を喚起したい．

ミクロネシア群島島民の読者には余分なことと思われるかも知れないが，この報告書に記述された活動に関連ある非ミクロネシア群島島民で事情に通じない人びとや，単にこの報告書を読む人びとのために，言及しておきたいことがある．1人の人物やひとつの状況に直面したとき，相手を怒らさないのがミクロネシアでも，一般にアジアでも普通に行われている習慣である．その結果ミクロネシア群島島民は，質問者を怒らさないよう肯定的な答を与えるという状況になる．あるいは抗争が起るのを避けるため，また個人を巻き込むことなく問題がおのずから解決するよう希望して，問題にたいする即座の決定を直接行うのを避けることになる．非ミクロネシア群島島民，とりわけアメリカ人は，ミクロネシア群島島民にたいし，どのような答を期待するかをあらかじめ示すような質問をし勝ちである．「今日はよい日じゃないですか」とか「これはよい考えだとは思いませんか」とかいう質問は，質問を受けた人の実際の感情にはかかわりなく，一様に肯定的な「イエス」で答えられる．したがって，他人の意見に反対して相手を怒らさないようにするのが習慣である半面，人なり活動なりについて，質問者がいなくなり，あるいは活動が止んだあと自分の意見を間接にか直接にか表現するのも習慣である．したがって非ミクロネシア群島島民は，ミクロネシア群島島民を扱うとき，してやったりと思い，自分が好まれたとか自分の考えが受入れられたとかいう印象をもっ

て去るかも知れないが，のちになって彼らが実際には自分の考えに反対であること，自分を好いていたわけでもなく，自分のやり方を好いていたわけでもないと知って驚くかも知れない．アメリカ人にとっては，島民は二面的で人の背後で陰口をきき，あるいは背後から一撃をくわせたように見えるかも知れない．このように考えるのは，言うまでもなく無意味である．これは，他人の文化的態度にたいする理解や感受性の欠如に基づく．アメリカ人は，直接的であり直接の回答を好む．ミクロネシア群島島民は，もっと丁重であり，微妙であり，望ましい品性に応じた挙動を尊重する．しかし，しばしばこうした差異は認められず，コミュニケーションにおける深刻な問題に導く．本委員会は，診察班がロンゴラップ，ウートロック両島への毎年の来訪を扱う場合もこの通りであり，これがコミュニケーションと情報において他の問題を引き起こす上でも重要な要因であると考えている．本委員会は，これが問題の重要な側面であると信じるので，この点を次章の勧告に含めておく．

VIII 勧　告

〔訳注〕勧告は，「総記」のあと「国連」，「原子力委員会」，「ブルックヘブン国立実験所」，「信託統治領庁」，「ミクロネシア議会」，「ロンゴラップ・ウートロック島民」にわけてそれぞれ具体的な項を設けている．総記は，問題の所在を全面的に明らかにしていると思われる．ここでは「総記」を全訳し，他は要約にとどめた．

総　記〔全文〕

初めに本委員会は，この報告書へのわれわれのアプローチに関し，一つの点を力説しておきたい．それが後述の勧告に影響を及ぼしているからである．1954年3月1日の「ブラボー」爆発により放射性降下物にさらされたマーシャル群島島民は，現実に傷害と困苦，疾病とあり得る死亡を経験したが，これに直接に責任を負うものは，国防総省とその機関を通じてであれ，原子力委員会や内務省とその機関を通じてであれ，太平洋諸島信託統治領庁を通じてであれ，アメリカ合衆国だということである．さらに，当時なんらかの信託関係があったにせよ，なかったにせよ，そのとき以後，島民の福祉に関連する全部かつ一切の経費を負担する責任は，その必要がなくなったことが明確に立証できるときにいたるまで，アメリカ合衆国が直接に負うべきだということである．

本委員会の成立後しばしば，文書による通信や口頭の意見交換を通じて，氏名はふせるが年次調査に関係ある一部の人びとから，診察を受けるマーシャル群島島民は感謝すべきだ，なぜならアメリカで同様の仕事をすれば1診察あたり200ドル以上かかるはずだから，という意見がよせられた．また，ある関係者で，恐らく誤った情報を得たと思われる個人から，似たような議論として，ミクロネシア議会は年次調査の費用を負担すべきだ，それは1回あたり10万〜12万5000ドルと見積られる，という話があった．本委員会は，このようなまことしやかな理由づけを猛然と拒否し，これに反対するものであることを言明しておきたい．

ロンゴラップ島民やウートロック島民は，自分たちの島で核実験をして下さいとアメリカを招いたのか？　島民は，核爆弾を爆発させて下さい，放射線で照射して下さいとたのんだのか？　島民は，アメリカからのお土産に皮膚の火傷，甲状腺小結節，癌，白血病をお願いしますと言ったのか？　島民は，なんらかの補償を受けとるまで10余年，だまって苦しむことをみずから求めたのか？　島民は，祖先伝来の家をとり上げて下さい，それにも放射能を浴せて下さいとたのんだのか？　島民は，自分たちと子孫のために，不安で心配な未来を受けつぐことを望んだのか？　断じてそうではない．

さらに本委員会は，こうした情況にたいする第一義的な責任はアメリカにあるが，アメリカと太平洋諸島信託統治領庁とを分離できるのであれば，上記の負担は，信託統治領庁が道義上平等に分担すべきだという感じをもっていることを明らかにしておきたい．

要するに本委員会の意見は，島民の治療と福祉のために，マーシャル群島議会が収納した歳入の中からはびた一文支出してはならず，

同様に，アメリカ政府の他の官庁や機関が生じさせた債務をまかなうために交付されている連邦交付基金からも，びた一文流用してはならぬ，ということである．

本委員会はまた，勧告の性質と意図について簡単に注釈を加えておきたい．本委員会は，その研究と調査を通じて，ロンゴラップ島民やウートロック島民が経験したような被曝が長期的な意味をもっていることを発見した．島民の情況については，彼らが不確かな未来に面しているということのほかには，なに一つ確実なことを言えない，というのが悲しい事実ではあるが，真実である．被曝後30年，40年たってあらわれるかも知れない影響もある．ダーリング博士が日本研究について述べたように「これはまことに50年ゲームである．」2世代，3世代になるまであらわれないかも知れない影響もある．だから本委員会がおこなった勧告は，無限の期間にわたって看護と治療をおこなわせることを意図するものなのである．

第2に本委員会は，議会が過去に発表した多くの報告があるが，その報告がしばしば実行されず，あるいは無視されたことを知っている．この点で，執行部門と議会の側に失敗があった．本委員会は，これを心に留めて，現実的で実際的と考える勧告をおこなう．こ・れ・は・当・事・者・の・いずれからも異論がないはずであるし，かつ比較的短期間に関係者の利益のために実施できるものである．また本委員会は，勧告事項のすべてができる限り最大限に実行されるのを確実にするため，勧告にたいして講ぜられる措置を点検できるように，委員会の存続期間を正式に1975年1月まで延長することを勧告する．この延長が実現すれば本委員会は，補償の問題に関する報告を議会に提出するに先立ち，この問題領域をもっと徹底的に研究できることになる．

最後に本委員会は，アメリカ人とミクロネシア群島島民と双方をふくめて，一定の人びとがいままでにその責任を果していたとすれば，このような委員会もその報告も必要ではなかったはずだということを記しておきたい．本委員会は，ほぼ20年のあいだ関係者を実際上なにも知らないままに放置した罪が原子力委員会とブルックヘブン国立実験所にあると考える．本委員会はまた，政府業務にたずさわる多数のマーシャル群島島民がほぼ18年間これらの診察に関与したこと，彼らが島民の苦情も，島民が情報を必要としていることも知っていたに違いないのに，こうした状態を是正するため，なにひとつイニシャチブを発揮しなかったことに注目する．本委員会はまた，マーシャル群島地区立法部が，本質的にマーシャル群島地区独特の事情であるこうした事項に関し，明らかになんら積極的な措置を講じなかったことにたいし，関心を表明する．ただしこの言明を，地区の問題はもっぱら地区レベルで取り扱うべきだという意味に解してはならぬ．本委員会は，あまりにも無事太平であって，地方的な是正措置が地方的な問題の解決に失敗したとき，本委員会の受命事項にもとづく要件を満たすことができないのである．本委員会はまた，司令部管理レベルにいる一部の非ミクロネシア人の措置にたいする不愉快さを記録しておきたい．とりわけ本委員会は，1971年12月に信託統治領庁が日本人調査班を追放したが，それが結局は3カ月後に予定されていた年次調査を延期させる結果になったのかも知れない点に注目する．一行の中の一部の日本人が，この視察を宣伝目的に利用するかも知れないという偏執狂的な解釈が，考慮にのぼったのかも知れないが，追放は，ロンゴラップ，ウートロック島民への侮辱であるばかりか，江崎治夫博士にとっては恥をかき当惑するほかない経験であった．同博士は，放射線の甲状腺への影響の分野で非難の余地のない信用をもつ，もっともすぐれた日本の外科医の一人である．本委員会はまた，1972年3月に中止された調査に関連して信託統治領庁がおこなった一定の措置と不当な主張に不愉快ながら注目する．3月の調査班に加わるため，間に合うように到着した日本人医師は「名を知られない人物」であった．ダーリング博士，熊取博士，江崎博士を含めて，日本にいたものはだれ一人この人物のことを聞いたことがない．本人が本委員会に語ったところによると，この人物は

第3章 水爆実験の影響（その2）

甲状腺や放射線にほとんど素養がなく、また島民の問題にとくに関心があるわけでもないとのことで、彼はむしろ、事件についてなにか書きたいとのことであった。執行部門は江崎博士を非難して「外部勢力」から3月の調査に加わらないよう説得されたのだと述べた。本委員会がこの「外部勢力」のことを質問したところ、江崎博士は、その医師に会ったとき彼は自分に出張するよう激励こそすれ、やめておくようになどとは言わなかったと述べた。これらの点に注目はするが、本委員会としてはやはり、ジョンストン高等弁務官、ピーター・T・コールマン高等弁務官代理、ウィリアム・ペック氏、熊崎正夫博士を含む執行部門が、本委員会の創設以来与えられたすばらしい協力、援助、助力を推賞しておきたい。

本委員会は、勧告にはいるまえに最後の一点を明らかにしておきたい。それは、ロンゲラップ、ウートロック島民に関連ある問題をしばしばあいまいにして来た点で、政府の人びとや年次調査に関係した人びとからしばしば聞かされることだが、純粋に医学的科学的事項であるはずのものの中へ、政治的争点がもち込まれているという苦情ないし非難である。本委員会は、このような言い方には同意しない。そして本委員会は、このような言い方をする人びとに「政治的」という言葉の語源と含意を思い起させたい。「政治的」という言葉は、語源としてのギリシア語の語幹と接尾語から成り、今日の含意は、政府のある国家の市民とこの市民のための法令の執行とに関連している。ギリシア語のポリスすなわち都市の公けの分野でおこなわれるどのような行為も、政治的行為である。したがって、どんな行為も事実上政治的行為であって、これが他の人びとに影響を及ぼす。そうすると、より一般的な意味では、厳密な定義から言っても、その他の考察からしても、年次調査は政治的行為である。それがわが特別合同委員会やロンゴラップ、ウートロック島民から選挙された議員にかかわる場合には、その行為が有権者の健康と福祉を改善する意図で、有権者の利益のために、公約になっているだけ

の話である。ところが政府のある種の行為は、過去においては、性質上より防衛的で報復的であり、関係者の福祉にたいする関心よりも信託統治領庁のイメージにたいする関心の方が強かったように思われる。本委員会は、ロンゴラップ島の問題のときがそうだが、一定の問題点が提起され、あるいは現在の課題について批判があると、政府は、問題提起者や批判者と膝をまじえて、どこが間違っているか、どうすれば事態を是正できるかを見出そうとするのでなく、防衛的な反応を示すことが過去にはしばしばあった点に注目する。これに関連して本委員会は、執行部門が議会の一委員会である本委員会にすばらしい協力を与えられたことを記録するのを喜びとする。この協力は、一つには執行部門の側でロンゴラップ、ウートロック島民をまき込んでいる複雑な課題や困難な問題にたいする理解を深めたことによるものであろう。本委員会は、この明らかな変化を見て喜ぶとともに、この報告書の主題にかんしても、ミクロネシアの住民の利益と福祉にかかわる他の検討事項にかんしても、将来信託統治領庁の執行部門と立法部門との協力が増大することを、この変化が予想させるものであるように願っている。

　国連にたいする勧告〔要約〕

国連放射線科学委員会が、ビキニ被曝のマーシャル群島民、アメリカ人、日本人に関する年次報告を出し、この問題にかんする科学者会議を開くこと。

　原子力委員会にたいする勧告〔要約〕

心理学的問題があるし、甲状腺小結節のあたらしい所見があるし、前代未聞の白血病の症例があるから、クメドセン博士のような医師を1～2年契約で、年次診察と年次診察とのあいだにロンゴラップ、ウートロック両島に派遣すること。

適任者が見つからないと言うが、アメリカの公共保健局の従業員は約4万、うち1万2000が専門職だから、そんなはずはない。資金がないと言うかも知れないが、原子力委員会の年間予算は、太平洋諸島信託統治領の予算の数倍である。

上記の提案が不可能だとは思われないが、

どうしても不可能だというなら，代案として病院船の定期派遣を勧告する．経費は原子力委員会の負担とする．

さらに，通常の交付基金のほかに，メジュロとエビジェにあたらしい病院施設建設のため資金を提供すること．ブルックヘブン国立実験所への資金を増額し，コナード博士がこの報告書にもられた勧告を実施できるようにすること．

　　　ブルックヘブン国立実験所にたいする勧告〔要約〕

実験所が島民の健康に関心をもつだけでなく，島の習慣を尊重し，島民の忠告をきくものであることをあらわすために，つぎの勧告をおこなう．

(1) 調査前に島民に診察実施の許可を受けること．

(2) 首長や評議会の許可を得て会合を開き，まえの診察の結果を説明し，質問に答えること．

(3) 島民にパーティを開く希望の有無をきき，希望があれば島民，実験所の双方から食物を提供すること．

(4) 顧問の江崎，熊取，コール，ポーチン各氏がおこなった勧告を真剣に検討し，これにたいして講じた処置を本委員会に報告すること．

(5) 1973年3月の調査のとき，受診した各島民にマーシャル語で72～73年の一般所見を書いたものをわたすこと．できる限り1974年3月の調査までに被曝者，その児童，対照者のためのパンフレットを作成し，これに前記の所見をのせること．

　　　信託統治領庁にたいする勧告〔要約〕

島民と相談の上，公有地に診療所を建設すること．費用は原子力委員会に負担させること．

まえの観察塔がこわれかけているので，地主と相談の上取り壊すこと．

保健局で島民に被曝状況と病気について十分に説明する教育計画書をつくること．その中に，ダーリング博士や日本の専門家各氏やアメリカ議会聴聞会の証言によって明らかにされた，診察は25年以上もつづくという事実をのせること．

本委員会の発意による法律に定められている通り，健康診断を受けにメジュロに行きたい被曝した人，その子孫，対象者には，無料で輸送，居住の便をはかり，日当を支払うこと．これらの人びとの所在を確実にしておき，ブルックヘブン実験所の診察班が来島したとき所在地にいるよう準備しておくこと．

ロンゴラップ，ウートロック両島にいる保健助手に，記録と一定の診察方法(たとえば甲状腺の触診)との訓練をさらにほどこすこと．

両島の農業，漁業，手工業生産地区では，自助計画を建てさせるよう奨励すること．

　　　ミクロネシア議会にたいする勧告〔要約〕

本委員会が提起した法律（健康診断のための無料輸送など）を可決すること．

公法所定のマーシャル語，英語両文のパンフレットを保健局と協力して作成すること．

この報告書をマーシャル語で出版し，両島民に配布すること．

年次診察には本委員会を同行させ，本委員会の勧告が実施されるのを保証するとともに，ニチジェラ（マーシャル群島地区立法部）のメンバー2名を同行させること．

本委員会の受命事項を拡大し，存続期間を1975年1月まで延長すること．

　　　ロンゴラップ，ウートロック島民にたいする勧告〔要約〕

日本で普通におこなわれているように，島の正規の自治評議会と被曝した人びとから成る Fallout Survivors Council をつくり，関係者の意志表示と問題解決のための運動を促進すること．

第2節　米原子力委員会などの調査報告

2－1　電離照射が人間におよぼす影響の若干について ——放射性降下物の放射線に，事故により被曝したマーシャル群島島民とアメリカ人に関する報告，ならびに人間における放射能症に関する討議 ——（米原子力委員会，56.7）

第3章 水爆実験の影響（その2）

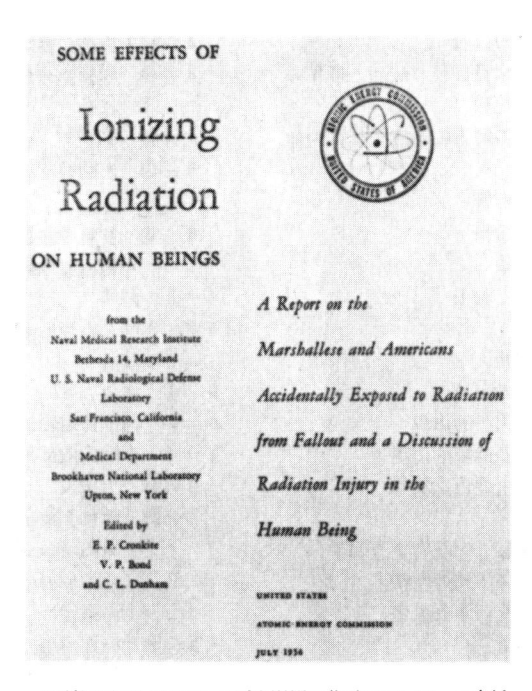

「電離照射が人間におよぼす影響の若干について」の表紙

（報告書作成機関―海軍医学研究所，合衆国海軍放射線防御実験所，ブルックヘブン国立実験所医学部 編集者―E・P・クロンカイト，V・P・ボンド，C・L・ダンハム）

訳者はしがき

　これは，米原子力委員会が1956年7月に公表した報告書の抄訳である．抄訳にあたっては，報告書の全容を伝え得るように，(1)標題，(2)目次，(3)序言は全訳し，(4)各章（一部は節）の末尾にある要約も，全文を訳出した．

（長尾正良）

目　次

序言

はしがきと謝辞〔略〕

第1章　放射性降下物の放射線特性と放射線量の決定
　1―1　事件の性質と被曝した群の説明
　1―2　全身ガンマ線量
　　1―21　放射線の特性
　　1―22　被曝持続時間
　　1―23　被曝の幾何学
　1―3　ベータ放射線およびガンマ軟放射線の線量の推定
　1―4　要約

第2章　臨床的観察と治療
　2―1　序言
　2―2　放射能症に関連ある症状と徴候
　2―3　臨床的観察と血液学的所見にかんする療法
　　2―31　臨床的観察と白血球計算値
　　2―32　臨床的観察と血小板計算値

- 2—33　ヘマトクリット変化
- 2—4　被曝後4〜5週間に発生する上部呼吸感染の流行
- 2—5　群Ⅰ，Ⅱに見られる疾病と群Ⅳのそれとの比較
- 2—6　一般代謝の障害の示度としての体重変化
- 2—7　妊娠への影響
- 2—8　眼の特殊診察
- 2—9　要約と結語

第3章　皮膚の病変と脱毛
- 3—1　序言
- 3—2　徴候と症状
- 3—3　皮膚病変の記述
  - 3—31　病変の肉眼的出現
  - 3—32　病変の顕微鏡的出現
  - 3—33　脱毛と爪の色素沈着
- 3—4　療法
- 3—5　病変の激しさを左右する因子
  - 3—51　放射性降下物の性格
  - 3—52　皮膚にたいする線量
  - 3—53　保護因子
  - 3—54　病変の発展に有利に働く因子
- 3—6　血液学的所見との相関関係の欠如
- 3—7　討議
- 3—8　要約

第4章　血液学的観察
- 4—0　序言
- 4—1　方法
- 4—2　処理方法のデータ，対照群
- 4—3　血液学的所見，一般
  - 4—31　血液学的所見，群Ⅰ，ロンゴラップ
  - 4—32　血液学的所見，群Ⅱ，アイリギンアエ
  - 4—33　血液学的所見，群Ⅳ，ウートロック
  - 4—34　血液学的所見，群Ⅲ，ロンギリック（アメリカ人）
  - 4—35　単球と好酸球，全群
  - 4—36　ヘマトクリット，全群
  - 4—37　末梢血液の形態学
  - 4—38　小児と成人の血液学的所見比較，群Ⅰ，ロンゴラップ
- 4—4　討議
  - 4—41　一般
  - 4—42　広島，長崎のデータとの比較
  - 4—43　実験室の事故によるデータとの比較
  - 4—44　動物データとの比較
  - 4—45　人間の致死最少線量の近似値決定
  - 4—46　被曝の激しさの指数としての末梢血血球数
- 4—5　結語

第5章　人間と動物における放射性核種の内部沈着
- 5—1　序言
- 5—2　内部放射線毒性の一般的性質
- 5—3　人間の内部汚染
  - 5—31　方法
  - 5—32　所見と解釈
    尿のベータ放射能
    尿の放射化学分析，体内負荷量の推定
  - 5—33　内部汚染の源泉
  - 5—34　内部放射能汚染除去療法
  - 5—35　要約
- 5—4　動物の内部汚染
  - 5—41　方法
  - 5—42　所見と解釈
    肉眼による観察
    組織と排出物との放射能
  - 5—43　放射能写真
  - 5—44　病理
  - 5—45　鶏の産卵
  - 5—46　鶏の受精率と孵化促進性
  - 5—47　鶏の内部放射能除去研究
  - 5—48　要約

第6章　核装置使用による人間の放射能症
- 6—1　序言
  - 6—11　3月1日爆発の意義
  - 6—12　現在の所見のより一般的な状況への補外〔extrapolation〕
- 6—2　キロトン兵器の影響
  - 6—21　爆風と熱効果
  - 6—22　直接のガンマおよび中性子放射線

第3章 水爆実験の影響（その2）

6-23　兵器爆発状況への影響の依存度
6-3　メガトン兵器の加重効果
6-31　直接の爆風，熱，放射線の影響
6-32　放射性降下物の現象学
6-33　放射性降下物によるガンマ放射線の影響
6-34　放射性降下物によるベータ放射線の影響
6-35　放射性降下物による内部放射体の影響
6-36　回避行動，放射性降下物からの保護
6-4　ガンマ放射線への曝露の激しさ推定
6-41　線量の物理学的推定値からの予告
6-42　幾何学的有効線量の被曝におよぼす影響，人間の場合の半致死量
6-5　被曝のタイプ，線量，被曝後時間，この三者の関数としての放射線症候群
6-51　表面放射線，透過放射線，内部放射線の影響
6-52　全身透過放射線による症候群
6-53　症候群に関連する生存確率
6-6　放射性降下物によるベータ放射線及びガンマ放射線の相対的危険度
6-7　急性放射能症の療法
6-8　潜在性長期影響
6-9　要約と結語

序　言

　1954年3月1日にマーシャル群島にある米原子力委員会エニウェトク実験場で実験用熱核兵器の爆発がおこなわれ爆発に続いて思いがけなく風構造に変化があり，これが住民のいる環礁とこの実験を行っていた第7合同機動部隊の艦船に放射性物質を沈積させた．この地域の放射線調査は，放射線レベルが傷害を起す程度であることを明らかにした．そこで立退きが発令された．立退きは，第7合同機動部隊が利用できる便宜を用いてできる限り敏速に実施された．

　被曝した人間への計算集積線量は，著しい障害を生じ，あるいは死を招くレベルをはるかに下廻ると信ぜられたが，機動部隊司令官は，国防総省と米原子力委員会にたいし，医学班を組織して被曝した人びとに能う限りの看護を提供し，被曝の医学的研究を行うよう要請した．

　医学班編成の責任は，国防総省軍特殊兵器計画部と原子力委員会生物学医学部が分担した．経験ある専門家と技術者がただちに海軍医学研究所や合衆国海軍放射線防御実験所から得られた．医学班の編成と中部太平洋地域への輸送にはスピードが不可欠であったから，海軍医療部の援助が要請され，これは海軍軍医総監からすみやかに与えられた．

　ふたつの海軍研究所所員，原子力委員会生物学・医学部代表，軍特別兵器計画部代表からひとつの医学班が編成された．医学班はマーシャル群島に空輸され，爆発後8日目に到着した．すでに中間的な看護と研究が，クエジェリン米海軍基地の小規模な医療部によって有能に行われていた．海軍基地司令官は，被曝したマーシャル群島島民のためにすでに生活施設を準備しており，医学班の到着直後，要請に応じて実験室と治療施設を設備した．

　現地のすべての官庁からの全面的な協力と支援によって，医学班は，放射線障害の程度を早急に評価し，傷害者の適当な看護と研究を遅滞なく行えるよう，最大の効率をもって働くことができた．すべての被曝した人びとは，重大な結果を残すことなく直接の影響から回復している．にもかかわらず，このグループの医学的遺伝学的状態を適当な間隔をおいて評価することが計画されているのは，放射線被曝の事後影響として知られたもののうちいずれかが観察されるとすれば，それは何であるかを学ぶためである．75レントゲン以上の線量を受けた人の数は，明らかに，またまことに幸運にもあまりにも少なく，寿命にたいするその影響を多少とも正確に決定することはできない．

　これらの人びとに医学的看護を提供するほか，医学班は，人間における放射線障害にかんする大量の科学的観察を集積した．最初の

データは，最初の調査後6カ月目と24カ月目に行われた現地再調査によって補足された．

こうした作業の結果がこの報告書に要約されている．得られたデータは，放射線障害にかんする基本的な知識を著しくふやし，大量の放射線を浴びた人びとの看護の医学上の可能性を大きくしている．

　アメリカ原子力委員会
　　生物学医学部
　　　部長　医学博士チャールス・L・ダンハム

1—4　要　約

1954年春，太平洋実験場の核爆発のあと，事故により放射線降下物にさらされた267名について，外部に起因するガンマ線による放射線量を計算した．(1)環礁での放射線医学安全調査，(2)分光計データ，(3)放射化学データによる情報を用いて，線量推定が行われた．放射性降下物の実際の降下持続時間は知られておらず，被曝の長さにかんする数値は放射性降下物が降り始めた時間の不確かさに影響された．全身ガンマ線量として可能な範囲が計算され，きわめてありそうなものと考えられた数値が提示されている．半無限平面線源からの拡散幾何学図形は，普通のX線被曝の幾何学図形に比べ，空中線量として表現される全身線量の生物学的影響を大きくするものと信じられた．地上での放射性降下物による穏やかなガンマ線とベータ線，とりわけ皮膚自体におけるそれは，病変を引き起すに足るほど高い表面線量を導いた．ベータ線の強度にかんする数量的データは，皮膚汚染によるものも，地上からのものもなかったが，後者による表面線量の大ざっぱな推定値が出された．

2—9　要約と結語

核兵器の放射性降下物に事故により照射された住民の臨床所見が提示されている．照射を比較的強く受けた人びとには食欲欠乏，嘔吐，下痢の初期徴候があったが，これは2日のうちに治療なしに鎮静した．同じ人びとが2次症候群を伴わない顆粒球減少症と血小板減少症を緩慢に起した．放射線被曝のその他の表現として唯一のものは，皮膚の病変と脱毛で，これは第3章に詳細に記述したとおりである．比較的激しく被曝した群の伝染性および非伝染性疾病の発生率は，最も少なく被曝した群のそれよりも大きくはなかった．照射ののち血小板と白血球がここで観察されたのに似た様相で，似た程度に低下した場合は，出血もなく，この研究で観察されたものに似た疾病への罹病率が高まるわけでもないこと，従って特別の予防措置が講じられないことが予想される．しかし，予防措置の可否は，現在の情況から判定すべきものである．観察される造血機能抑圧の程度によっては，この報告書にある発生率で存在するよりももっと発病性の強い病原体への罹病率が増す可能性がある．

3—8　要　約

熱核兵器の爆発に続いて，大量の目に見える放射性物質が住民のいる環礁に沈積し，皮膚病変，全身放射能症，放射性核種の若干の体内沈着を起した．比較的激しく汚染された諸群の皮膚病変は，24～48時間の皮膚の搔痒と火傷によって特徴づけられた．被曝後約2～3週間で始る脱毛と皮膚病変が，皮膚の放射性降下物で汚染された部分に観察された．指の爪の青味がかった褐色の色素沈着も共通の所見であった．1次紅斑も2次紅斑も観察されず，皮膚破損の最初の証拠は，一貫して黒褐色ないし黒色のマキュール斑，丘疹，隆起斑点の形での色素沈着であった．病変は，体のうち衣服で保護されず露出した部分に主として発展し，通常は次の順序で起った．すなわち，頭皮（脱毛を伴う），頸，腋，前肘窩，足，四肢，軀幹，頭皮，頸，足（背表面）の脱毛と病変がとりわけ共通であった．病変の大部分は表面的で，小疱疹の形成なく，単純な乾性剥落後に治癒し，色素再沈着を示した．最も強く被曝した群の人びとの約20％が，もっと深い病変を起し，これは通常足か頸に起り，潰瘍形成を伴う湿性剥落を特徴とした．穏かな火傷，搔痒，痛みが病変に伴った．大部分は，非特異療法で急速に治癒した．残留色素異常は，過大色素沈着と色素再沈着の欠如と穏かな萎縮性変化とから成るが，これ

は6カ月と1年目に若干の治癒したより深い病変に見られた．毛髪が色も組織も正常に再生するのは，被曝後約9週間目からであり，6カ月目に完了した．3～6週間目に行った典型的な病変の生検は，著しい表面傷害と激しさが遙かに少ない皮膚傷害を伴う放射線傷害に一致する変化を示した．6カ月目の生検は，ほんのわずかな残留変化を示しただけである．爪の脱色は，6カ月目には少数の人びとを除きすべて完全に「はえ変って」いた．

4—5 結　語

1. 末梢蜂窩要素の低下度の考察は，群Ⅰの被曝がかなり激しく，恐らく若干の死者を生んだかも知れぬ 50～100レントゲンのレベルにあったことを示している．

2. 群Ⅰの人びとに見られる影響度は，被曝の幾何学図形その他の要因を考慮すると，受けたガンマ線量の物理学的推定値と矛盾しない．皮膚のベータ病変と低レベルの体内放射能汚染とが観察されるが，これは現れた血液学的変化には著しくは寄与しなかったと思われる．

3. 大掛りな連続した血液学的データが得られ，以前のデータと関連して考察されたが，これによって，高い亜致死領域で浸透性放射線の単一の線量に被曝した人間の血液学的反応について，合理的な程度に正確な特徴づけができる．若干の要素の変化のパターンは，より高い線量レベルでは違ったものになるかも知れない（以前の討議を参照）．

出来事の時間的経過は，大きい動物で観察されたそれと違っており，次のように記述することができよう．

　a. 白血球総数は，初め2日間またはそれ以上の日数の間増加し，それから正常レベル以下に減少する．総数は，そのあと5～6週間を通じて変動し，はっきりした最低数はなく一部の数値は正常を上廻わる（こうした変動の一部の原因は，この期間に熱による病変またはベータ病変，その他の急性プロセスが存在することかも知れない）．白血球数は，7～8週間で低レベルに安定し，最低数は恐らくこの時期に出てくる．はっきりした上向き傾向は9～10週間目に現われる．ただし完全な回復には数カ月またはそれ以上が必要なようである．

　b. 好中球数は，白血球総数と平行する．正常な数値への完全な回復は，数カ月またはそれ以上の間は起らない．白血球総数の最初の上昇は，好中球性白血球増加による．

　c. リンパ球の低下は，早期に現われ深刻である．回復の徴候は，被曝後数カ月間はほとんどまたは全然現われず，正常なレベルへの回復は数カ月ないし数年間は起らないようである．

　d. 血小板数は，白血球総数の変動とは違って不規則的に低下し，30日目に低点に達する．若干の回復は早期に見られるが，他の要素と同じく，被曝後数カ月間は回復は完了しないようである．

4. 被曝の激しさの指数としては，とりわけ亜致死領域では，白血球総数や好中球数の有用性は限定されている．というのは，変動の幅が広く，最大限低下が明らかになるまでに数週間を必要とするからである．リンパ球数はこの点では価値が大きく，とくに線量の低い領域でそうである．というのは低下が被曝数時間以内に起るから．しかし，リンパ球数の著しい低下は，低い線量とともに起り，線量がさらに増大してもそれ以上の低下はほとんど起きないから，この指数は線量が比較的高い場合はほとんど価値がない．

5. 血小板数は，現在の研究では規則的な変化パターンを示し，すべての被曝群において最大限低下には同じ時間がかかり，低下の程度は計算線量にほぼ比例した．したがって血小板数は，亜致死領域では被曝の程度を決める便利な比較的容易な直接法としてかなりの未来が約束されている．

5—48 要　約

動物の研究は，組織と排出物における放射性同位元素の性質と分布にかんするデータを提供した．動物の体内放射能の90%以上が骨格に局在した．放射能写真に見られる核分裂生成物沈積のパターンは，アルカリ土類のそれに似ている．一部の骨で観察された形態学

的変化は，動物が外部放射線に被曝した結果であるかも知れない．もっとも食餌の激しい変化その他の病気の影響もないとは断定できない．

アルカリ土類，ストロンチウム89，バリウム140，希土類があわせて，爆発後82日目の豚の全ベータ放射能の75％を成していた．魚や蛤では，アルカリ土類や希土類の濃縮ははるかに低く，体負荷は陸上動物のそれよりもはるかに高かった．

核分裂生成物の豚における体内分布は，恐らく人間における分布を表わすものである．人間の体負荷の推定値は，豚にかんするデータから得られた．汚染された雌鶏の産卵にかんする研究は，放射線の影響についてなんらの証拠を示さなかった．産卵率も産卵もともに正常であった．禽類にはカルシウムを殻形成に動員する異常な能力があるため，最初の少数の卵は殻にきわめて高い放射能が存在することになった．放射能は，アルカリ土類の核分裂生成物と結びついていた．卵黄にはかなり大量の放射能が見出され，卵白の放射能は少なかった．産卵により雛の体から放射能が除去されることは，有効な自然の除毒プロセスを示している．

雌鶏の受精率と，汚染した牡鶏を雌鶏にかけあわせて得た卵の孵化促進性とは，放射線の影響をなんら示さなかった．こうした卵から孵化した雛は，正常に成長しつつあり，その組織中の放射能の量はほとんど発見できない程度である．

クエン酸ジルコニウムとエチレンジアミン四酢酸ナトリウムの化合物を雛へ投与すると，核分裂生成物の排出率は倍加したが，被曝後このように長い時間を経た時点では率はあまりに低く，体負荷はほとんど影響を受けなかった．

爆発後6カ月の期間には，決定的に放射線に帰せられる著しい肉眼的変化も病理学的変化も，どの動物にも発見できなかった．尿と組織見本の全ベータ放射能は，すべての動物が著しい体内汚染を持っていることを示した．ロンゴラップ島から来た豚の体内に沈積した放射性同位元素のレベルは，この地域から来た人間のそれの10倍であった．動物と人間の体内汚染の量の差異は，動物がこの汚染地域に長い間滞在した結果であった．雛は体重1単位当り豚と同じ放射性同位元素の濃度を持っていることがわかった．

残っている動物はすべて，外部放射線と内部放射線への曝露による何らかの長期的な生物学的影響が現われるかどうかについて，生きている限り観察される予定である．

6—9 要約と結語

1954年の春，太平洋の実験で放射性降下物を浴びた人間における所見は，異なった条件のもとで爆発した核兵器に正確に移し変えることはできないが，こうした所見から放射性降下物に起因する主要な問題点を合理的な確かさをもって予言することはできる．こうした問題点は次のとおりである．

1. キロトン級原子爆弾のすぐ近くとメガトン級爆弾のすぐ近くとでは，医学上の問題は本質的にはほぼ同じであろう．もちろん兵器が大きくなるにつれて破壊区域もはるかに大きくなり，したがって機械的傷害，熱による傷害，放射線障害を伴う死傷者の数もはるかに大きくなる．

2. また大きい兵器の場合には，降下物の区域が熱や衝撃による障害の範囲を越えて数千平方マイルに及び，その結果衝撃や熱による障害がなくても皮膚のガンマ照射やベータ照射や体内汚染の可能性が生まれる．重大な放射性降下物の降下は，爆発後数時間してから，またかなりの遠距離で起り得る．このような遅い時点では，線量率の初期のきわめて急激な低下がすでに起きており，線量率ははるかにゆるやかな速度で低下する．対策には恐らく十分の時間があり，早期の立退きその他効果的な逃避措置によって照射総線量を大きく減らすことができよう．

3. ガンマ放射線は放射性降下物区域では最も深刻な危険である．これは浸透し，被曝は広島，長崎で日本人について観察されたのと同じ急性の放射能症を引き起す可能性がある．線量と影響の数量的関連性は，2種の被曝の間の線量率の相違その他の相違のために

変わるかも知れない.

4. 放射性降下物による皮膚のベータ照射は,致死量のガンマ照射がこれと結びついていなくても,決定的に問題となり得る. 遅くなって現われるにしても,皮膚病変は「死傷者」を起すに足るほど重大である. しかし同じように重大なのは,病変を防ぐためのむしろ単純な対策の効果性を検討することである. 病変は明らかに,主として直接皮膚に沈着した物質からくる. もっとも地上,建物,あるいは衣服からくるベータ放射線も多少は原因となるが,したがって建物内の遮蔽,皮膚の露出部分を衣服で覆うこと,早期に皮膚や頭髪の除毒を行うことは,この危険を大きく防ぐことになる.

5. ある程度の体内汚染は放射性降下物を浴びた人間に起る. かしし体内に沈積する量は比較的少ない. 急性の医学的症状として現れるものでこの原因によるものがないのは確かだと思われる. またデータは不完全であるが,この原因によるらしい長期的危険は,ほとんどないかまったくないようである. とりわけこの物質の過大な吸入や摂取を避けるため合理的な予防措置が講ぜられておれば,放射性降下物区域における急性の医学上の問題点は,主として全身ガンマ被膚にかかわり,一部は皮膚のベータ照射にかかわっている.

2−2 ロンゴラップ,ウートロック両島民に関する 被曝後11年目, 12年目の医学調査報告
(1965年3月,1966年3月)

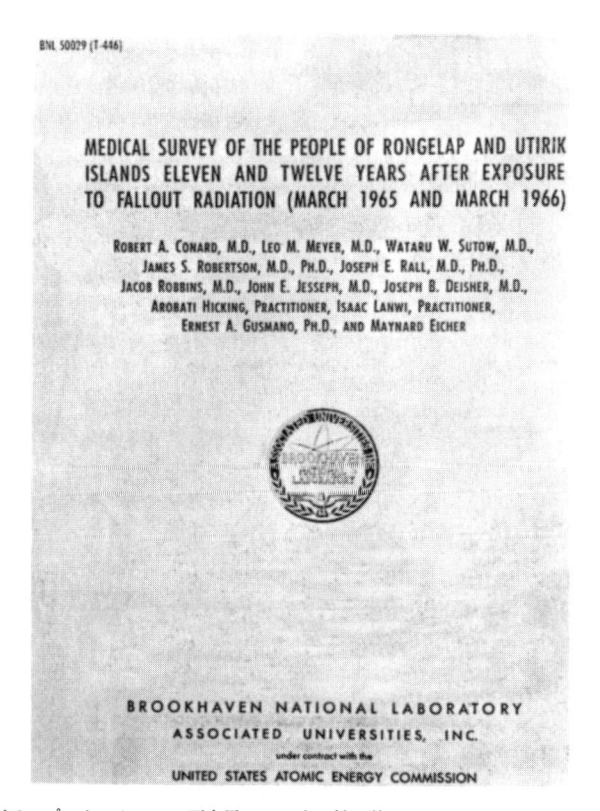

「ロンゴラップ,ウートロック両島民にかんする被曝後11年目,12年目の医学調査報告」の表紙

（ブルックヘブン国立実験所, 67.4）

訳者はしがき

1. これは，ロンゴラップ，ウートロック両島民にかんするブルックヘブン国立実験所の年次報告のうち，11年目，12年目報告の部分訳である．

2. 年次報告は，これのあとに13年目～15年目報告（1967～69年）が出ており，さらに16年目～18年目報告（1970～72年）は1973年中に出たはずである．

3. 部分訳については，目次，序説と末尾の要約だけを全訳した．原著の全容を明らかにする目的は，いちおう達すると思う．

（長尾正良）

目　次

序説
過去の所見要約
　透過する放射線
　皮膚のベータ照射
　体内照射
　その他研究
　その他のバックグラウンド情報
　比較母集団
組織
　1965年調査
　1966年調査
所見
　中間期の病歴
　　病的状況
　　死
　　出産
　　　先天性奇形
　　　男女比
　　　流産，死産
　　ウートロック島民の人口統計
　身体検査
　　成人診察
　　小児科診察
　甲状腺所見
　　甲状腺への放射線量
　　以前の甲状腺研究
　　蛋白質結合沃素
　　食餌による沃素と沃素の尿排出
　　放射性沃素の甲状腺摂取
　　血清コレステロール
　　以前の甲状腺研究にかんする討議
　　甲状腺異常の発展
　　外科症例
　　　肉眼所見
　　　顕微鏡所見
　　甲状腺異常と成長遅滞に関連する甲状腺機能検査
　　甲状腺ホルモン療法の結果
　　甲状腺所見にかんする討議
　老化研究
　　方法
　　　外皮
　　　特殊感覚
　　　心臓血管の変化
　　　神経機能と筋神経機能
　　　各種検査
　　　データの是正
　　老化研究の結果
　　老化研究にかんする討議
　血液学的研究
　　ロンゴラップ住民
　　アイリギンアエ住民
　　ウートロック住民
　　被曝した人の子供
　　白血病調査
　　ロンゴラップの血液データの統計分析
　染色体研究
　その他の実験室研究
　　血液総容量と赤体容量
　　オーストラリア抗原
　放射性核種の体内負荷推定
　　全身計算
　　尿の放射化学分析
　　体負荷推定値の結果と討議
　　マーシャル群島民とアラスカ・エスキモーのセシウム137レベル比較
　　やしがにの放射化学分析
要約
　中間期の病歴
　身体的所見
　甲状腺所見

その他研究
放射性核種の体内負荷推定
謝辞
参考
付録 1. 文献
付録 2. UCRL 12273—ブラボー事件後のロンゴラップの子供の甲状腺への放射線量推定値と放射性核種の尿排出の計算
付録 3. 研究対象であるマーシャル群島住民の個人別血清沃素の決定
付録 4. 尿の沃素排出
付録 5. コレステロール・レベル
付録 6. 甲状腺外科症例の病院による要約
付録 7. 1952年5月〜1962年10月にマーシャル群島で記録された悪性疾患と1962〜65年に病院から出された悪性新生物をもつ患者の数
付録 8. 被曝後さまざまの時点におけるロンゴラップ群と対照群の平均血球数
付録 9. 被曝後さまざまの時点におけるアイリギンアエ群と対照群の平均血球数
付録 10. 被曝後さまざまの時点におけるウートロック群の平均血球数
付録 11. 個人別血液学的所見, 1965年
付録 12. 個人別血液学的所見, 1966年
付録 13. 個人別好塩基球決定, 1965年
付録 14. 被曝したマーシャル群島島民にかんする染色体研究
付録 15. 血液総容量と赤血球容量のデータ
付録 16. ミクロネシア住民におけるオーストラリア抗原にかんする研究
付録 17. ガンマ分光写真データ, ロンゴラップ島民, 1965年
付録 18. ロンゴラップ島の食物の急性摂取のあとのセシウム137, ストロンチウム90貯留

序説

　この報告書には, 1965年3月と1966年3月, すなわち事件後11年目と12年目に行われたマーシャル群島のロンゴラップ島民にかんする医学調査の結果が述べてある. 同島民は,

1954年3月, 太平洋実験場内ビキニでの実験中に, 事故により高出力熱核兵器の爆発に続く降下物の放射線にさらされた. 予想されなかった風向変化のため, 大量の放射性降下物がビキニの東方, マーシャル群島の人の住む4つの島（図1参照〔略〕）と漁船第五福龍丸に乗っていた23名の日本人漁夫の上に降った. 爆発地点から105カイリ離れたロンゴラップ島の住民のうち, 64名が最大の死の灰を浴びた. 全身ガンマ照射推定線量175ラドであり, ベータ火傷を起すに足る皮膚汚染と, 吸入や摂取による放射性物質のわずかな体内吸収をともなった. ほかに18名のロンゴラップ島民が近くの島（アイリギンアエ）に出ていたが, そこでは放射性降下物の降下が少なく, 約69ラドの外部ガンマ線量しか受けなかった. さらに東方, ロンギリック島にはアメリカ軍人28名がおり, アイリギンアエ島にいたロンゴラップ島民とほぼ同量の放射線を受けた. 最後に, さらに東方約200カイリのウートロック島にいたマーシャル群島島民157名が推定14ラドの全身照射を受けた. この島では放射性降下物は見えず, 皮膚にたいする影響も現われなかった.

　被曝した人びとは, 事件後約2日して飛行機や船でこれらの島から立退きさせられ, 南方約150カイリのクエジェリン海軍基地にうつされ, その後その地で3カ月間, 大がかりな診察を受けた. この期間に, 皮膚の完全な除毒のため, ものすごい努力が必要であった（図2参照〔略〕）.

　アメリカ軍人は, 総じてマイナスの所見であったので, その後それぞれの勤務地へ戻された. ウートロック島民も元の島に帰るのを許された. 島では放射能汚染がわずかで, 安全に居住できたからである. ロンゴラップ環礁は, 汚染がひどいと考えられたので, （アイリギンアエ島から来た18名を含む）島民のために, 南方数百カイリのメジュロ環礁に臨時の村が建設され, 彼らはそこにその後3カ年半住み, 毎年特別医療班の診察を受けた. 1957年7月, 放射能汚染の慎重な評価を経てロンゴラップ島は, 安全に居住できると考えられた. 新しい村が建設され, ロンゴラップ

島民は海軍の艦艇でそこへ移された．それ以来ロンゲラップ島で年次医学調査が行われている．

被曝した人びとの親戚ではあるが，事故のとき島から離れていた100名を越えるロンゲラップ島民の一群が，上記のロンゲラップ島民とともに島に戻され，研究用の理想的な比較母集団として役立ってきた．その数はそれ以後200名弱にふえている．ウートロック島民については1954年にクエジェリン島で初めて調査が行われたあと，12年目調査を含めてほぼ3年ごとに反復調査が行われてきた．そのほかに，以前の調査のとき同様今度の調査中にも，クエジェリン環礁とメジュロ環礁への訪問が行われた．現在はそこにロンゲラップ島民が何名も住んでいるので，その診察と数群の子供の診察が目的であった．後者は被曝した子供のその後の成長と発育の研究のための対照群として利用されているものの一部である．

これら調査によるデータの集積はますます大量になっている．データの大掛りな統計的分析を実施するためにも，データを貯蔵し操作する電子計算手続を利用するためにも，条件が良くないので，本実験所が公表する年次調査報告は，できる限り完全なものにしてある．したがってこの報告書は，かなり大量の生のデータを（大部分は付録に）ふくんでいるが，これは他の人びとが希望すれば，より以上の計算をみずから行えるようにするためである．

表1〔略〕は，放射性降下物にかかわりのあるさまざまの母集団にかんする被曝データのリストである．次節の要約では，データをいっそう詳細に分類してある場合を除き，被曝群は，ロンゲラップ，アイリギンアエ両島で被曝した人びと（主題番号1～86）を含む．

要 約

1965年3月と1966年3月にロンゲラップ島の被曝した人びとにたいし医学調査が行われた．1965年には比較母集団も診察され，1966年にはウートロック島の被曝した住民も診察された．

中間期の病歴

過去2年間ロンゲラップ島民は，総じて健康状態が良好で栄養も満足すべきものであった．病気の異常な流行はなかった．2年間を通じて，アイリギンアエ群（本来69ラドを浴びたもの）で2名の死者が出た．死体解剖は行われなかったが，死亡は比較的年寄りの群でおき，被曝と明白な関連はなかった．比較母集団の中年女性が1名死んだ．死亡率は，被曝しない住民よりも被曝した住民の方が高かったが，これはひとつにはもともと被曝群の方が高年層の比率が高かったことと関係があるかも知れない．出生率は被曝群と非被曝群とでほぼ等しかった．過去2年間被曝女性には流産や死産はなかったが，非被曝女性には流産が5件あった．被曝群では奇形児は生まれなかったが，被曝しなかった2名の女性に異常が2件あった（水頭症と蒙古症）．

ウートロック島民は，健康状態が良いように見え，過去3年間に重大な医学的事件はほとんど報告されなかった．この群の出生，死亡率は，ロンゲラップ群のそれとほぼ同じと思われた．

身体的所見

以前の調査で記録されたとおり，被曝した人びとの中での身体的異常は（甲状腺病理を例外として），種類でも分布でも，非被曝母集団に比べて意味があるほど違っているとはみえなかった．以前の調査で記録された被曝した子供における成長の遅滞への傾向は，続いている．白血病や癌は（甲状腺癌の1例を除き）発見されなかった．

甲状腺所見

放射性降下物による放射性沃素の体内吸収にもとづく甲状腺への放射線量について，線量法計算が検討された．蛋白質結合沃素決定法，沃度蛋白質レベル，食餌による沃素と沃素の尿排出，放射性沃素の甲状腺への摂取，血清コレステロール・レベルを含む初期の甲状腺研究が，検討された．

過去3年間に甲状腺異常は，18症例にふえ，うち16症例は小結節を伴い，2症例は甲状腺機能減退を伴うものであった．注目に値するのは，被曝の程度が強かった群で，甲状腺異

常が10歳未満で被曝した子供の79パーセントに起り，アイリギンアエ島やウートロック島や被曝しなかった群の子供には症例がないとことである．アイリギンアエ群では成人ひとりだけに甲状腺小結節が見られた．ウートロック島の年のいった人びととロンゴラップ島の被曝しなかった成人の甲状腺に 2,3の小結節が見られた．11症例にたいし外科手術が行われた．子供9名と成人1名が腺腫症性甲状腺腫であることが分り，成人1名が甲状腺の乳頭状，胞状混合癌で局部的転移を伴うことが分った．これら病変の肉眼的および顕微鏡的所見は，記述され図示されている．被曝した子供の成長の遅滞と甲状腺病理との相関関係は，とくに成長が遅れたふたりの男児が，はっきりした甲状腺機能減退を示していたが，甲状腺ホルモン療法によってその後成長した最近の所見によって示された．他の数名の子供の場合，甲状腺異常を伴う症例の甲状腺機能検査もまた，甲状腺機能の減退を示した．予備的な示唆としては，1965年9月に被曝した人にたいして行われた甲状腺ホルモン療法が，甲状腺小結節を減らし，子供の成長を促進する上で有利な効果を持ちつつあることがあげられる．マーシャル群島島民におけるこうした甲状腺の推移の重要性が論ぜられている．

その他の研究

血液学的研究は，被曝したロンゴラップ島民の末梢血液の白血球および血小板レベルが，被曝しなかった母集団のそれに等しいところまで回復したらしいことを示している．ウートロック島民の血液レベルは，明白な異常を示さず，以前に記録されたものとほぼ同じであった．

末梢血液培養51件の白血球にかんする染色体研究は，被曝した人の2ヒット異常の低い発生率を示したが，これは対照母集団にはこのような異常がまったくないことから見て，きわめて有意義である．

血液容量と血液赤体容量の研究は，ロンゴラップ島民がアメリカ人に比べて著しく低いレベルであることを示した．マーシャル群島に住むコーカシア系人種は，一般にこのような現象を示さなかった．

老化研究は，2,3の新しいパラメーター（振動感覚，光識別テスト，体内カリウムレベル，血液血清コレステロール）を加え，かついっそう詳細な統計分析を行うこととしてくりかえされている．それぞれの老化パラメーターにたいする反応曲線と，全体としての生物学的年齢得点曲線が提示されてある．被曝しない住民に比べ被曝した人びとにおいて，老化影響の著しい増強は発見されなかった．生物学的年齢得点と年代記的年齢との全面的な相関関係は良好であった．適用されたテストは，この程度の被曝レベルでは老化の微妙な影響を発見するに足るほど敏感ではなかったのかも知れないと結論された．

放射性核種の体内負荷推定

1965年の調査で，179名にたいし直径11.5インチのNaI（タリウム）結晶を用い携帯用陰影遮蔽形の計数器で全身計算が行われた．1954年に被曝したロンゴラップ島民と被曝しなかった居住者は，この方法では区別がなく，両群とも体重1キログラム当り10〜20nCiという上昇したセシウム137の体負荷を示し，あるいは1μCiよりもわずかに少ない全身負荷と，コバルト60の体負荷についてはこれの約1000分の1とを示した．こうしたレベルは，1961年の調査について以前に報告されたものと同じかわずかに低いかである．尿の標本も，ストロンチウム90とセシウム137について放射化学分析された．ストロンチウム90のレベルは，1961年に見出されたものとほぼ同じままである．セシウム137の排出率の体負荷との比較においては，1日当り 0.00553という平均分別排出率が見出された．

死亡例

ブルックヘブン7年目報告（1961年）

1) 1960年中には被曝群にも対照群にも死亡者は，幼児2名のほかなし．

2) 被曝後7年間に被曝群の死亡例は4件（死亡率 1,000人につき7.1）（マーシャル群島全体は 6.8）．

3) ロンゴラップ島の非被曝群人口は，1957年に初めて調査され，以後変動あるも全体として増加，死亡率は同島被曝群の死亡率とほ

ぼおなじと思われる.

ブルックヘブン8年目報告（1962年）

1) 1962.3.5. 被曝女性（78歳）死亡．死体解剖．死因：外傷と出血．

2) 過去8年間の死亡率：7.65（8年間で5名）．

マーシャル群島全体：8.3（1960）．

3) ロンゲラップの非被曝群の方がわずかながら低いようだ．

ただし，上記62年の死亡例は，11〜12年目報告になし．

ブルックヘブン11〜12年目報告(p.14)

死亡率について

過去12年間に被曝群の死亡13件で，これは死亡年率人口1,000につき13.0（被曝がひどかった群については11.7，アイリギンアエの小さい群では18.3）となる．1960年のマーシャル群島全体の死亡率は，1,000につき8.3である．

死因が被曝に直接結びつくものはない．

被曝群の死亡率がわずかに高いのは，年齢構成が少くとも一部の理由．

白血病なし．

被曝との因果関係はあるかも知れぬ（被曝女性の死因が癌であるもの2件と最近の悪性甲状腺小結節の発生）．

ブルックヘブン，11〜12年目報告（p.13）

表—6　死亡者一覧

	年度	対象者番号	年齢	性別	死因推定
被曝した人	1956	25	46	男	高血圧性心臓疾患
	57	38	78	男	冠状動脈性心臓病，糖尿病
	※58	31	35	男	急性水痘
	59	62	60	女	卵巣癌
	62	30	60	女	頸管の癌（剖検または生検により確認せず）
	62	46	84	男	動脈硬化性心臓病
	62	26	21	男	樹木から落ちて脳損傷
	62	56	75	男	脊椎骨折
	63	52	55	女	延髄灰白髄炎
	63	57	107	女	老齢（？）
	※64	43	77	女	肺炎，心臓病
	※65	28	79	女	心臓病
	※66	29	77	男	喘息，心臓麻痺
被曝しなかった人	1958	857	65	男	脳血栓症（？）
	59	854	55	女	泌尿管系伝染，糖尿病
	60	933	56	男	インフルエンザ続発肺炎
	60	927	65	男	インフルエンザ続発肺炎
	60	861	68	女	糖尿病，頸管癌（？）
	62	953	48	男	喘息持続状態
	62	848	41	女	神経梅毒（？）
	63	886	54	男	喘息（？）
	64	893	61	女	糖尿病
	64	862	91	男	心臓病
	64	894	68	女	肺炎

※　アイリギンアエ群

ブルックヘブン11～12年目報告 (p.8)

表—2　1954年以降マーシャル群島島民受診者集計

	群の本来の人数	1966年現在生存者数	診察の頻度	対象者番号
被曝した人				
ロンゴラップ	(注1)　67	58	毎年	1～86
アイリギンアエ	(注2)　19	15	毎年	1～86
ウートロック	157	133	3～4年ごと	2101～2257
被曝しなかった人				
ロンゴラップ	99	(注3)　168	1957年以降毎年	801～1073
リタ (Rita)	57		1955～56年	1000～1082
メジュロ	115		1954年だけ	700～800
被曝後懐胎した子供				
両親または片親が被曝	(注4)　63	60	毎年	87～151
両親とも非被曝		104	毎年	801～1073

注1：胎児3名をふくむ．注2：胎児1名をふくむ．注3：この群が新設された1957年以後人員を加えた．
注4：生産（死産を除く）．

原子力委員会報告 (56.7, p.3)

表—1.1　被曝群と対照非被曝群

群　別	群Ⅰ ロンゴラップ	群Ⅱ アイリギンアエ	群Ⅲ ロンギリック	群Ⅳ ウートロック	対照群A マーシャル 群島島民	対照群 クエジェリンア メリカ人
人数	64	18	28	157	117	105
放射性降下物降下開始時刻	爆発後 4～6時間目	〃 4～6時間目	〃 6.8時間目	〃 22時間目		
立退き時点	爆発後 50時間目(16人) 51時間目(48人)	〃 58時間目	〃 28.5時間目(8人) 34時間目(20人)	〃 55時間目に開始 78時間目に完了		
線量計算に用いられた計器読み数値	1時間当り 375ミリレントゲン, 爆発後7日目	〃 100ミリレントゲン, 爆発後9日目	〃 280ミリレントゲン, 爆発後9日目	〃 40ミリレントゲン, 爆発後8日目		
空中ガンマ線総量最良推定値	175 レントゲン (訳注)	69 レントゲン (訳注)	78 レントゲン (訳注)	14 レントゲン (訳注)		
合計人数	267名（アメリカ人　28名／マーシャル群島島民　139名）					222名

〔訳注：単位はレントゲンとなっているが，ラドの誤りであろう．〕

第4章　水爆実験の影響(その3)

〔概　要〕

　この章には，ビキニ水爆実験による被災の実態を，わが国の科学者が明らかにした資料を収録してある．

　日本の科学者は，第五福龍丸乗組員の発病とその治療のために，"死の灰"の分析に役立つ科学的データの提供を米政府に求めたが，それは非公開であるという返事しか得られなかった．そこで，かれらは，自力でデータを集め，"死の灰"の分析をおこない，政府や地方自治体を動かして〈影響調査〉に当った．

　第1節には，日本政府，原子力委員会および地方自治体の報告を，第2節には，日本学術会議および各大学などの調査研究報告を収めてある．こうしてビキニ水爆実験による被災の全体像が把握できるように編集した．

　俊鶻丸調査については，ビキニ被災直後の1954年5月と1956年の2回に行なわれているが，ここに収録されたものは，1954年の報告のみである．

　第2節に収録した論文には，第2章第1節に前掲のリビー演説にたいする反論がふくまれている．

第1節　日本政府・原子力委員会などの報告

1―1　ビキニ環礁における原水爆実験の影響調査（原子力委員会編『放射能調査の展望』59.5）

目　次

I　基礎編〔略〕
II　調査編
　1．ビキニ環礁における原水爆実験の影響調査
　　1・1　概要
　　1・2　1954年度の水揚港での汚染魚検査
　　1・3　第1次調査と第2次調査の条件の比較
　　1・4　海洋と空気中の放射能調査
　　　1・4・1　ビキニ海域と海流
　　　1・4・2　第1次俊鶻丸調査
　　　1・4・3　第2次俊鶻丸調査
　　　1・4・4　第1次と第2次調査（海洋および空気）の相違点
　　1・5　海洋生物の放射能調査
　　　1・5・1　第1次俊鶻丸の調査の結果
　　　1・5・2　第2次俊鶻丸の調査の結果
　　1・6　1956年度における核爆発実験影響の広域調査〔略〕
　　　1・6・1　調査の目的
　　　1・6・2　調査の実施
　　　1・6・3　陸上における分析と結果のとりまとめ

1・7 汚染魚体中に含まれる放射性物質
2. 1957年（昭和32年）度以降の放射能調査〔本文略，目次のみ〕
  2・1 概要
  2・2 大気中の放射能
    2・2・1 放射性落下物(Fall-out)の撒布
    2・2・2 大気中の放射能
    2・2・3 雨水中の放射能
  2・3 地表の放射能
    2・3・1 土壌の放射能
    2・3・2 陸水の放射能
    2・3・3 農作物の放射能
  2・4 畜産物・人体等の放射能
    2・4・1 畜産物の放射能
    2・4・2 淡水生物の放射能
    2・4・3 日本人が体内にもっている放射能
  2・5 海洋の放射能
    2・5・1 海水の放射能
    2・5・2 海洋生物および海底沈澱物の放射能
Ⅲ 資料編〔略〕

1. ビキニ環礁における原水爆実験の影響調査

1・1 概要

1954年（昭和29年）3月1日，マーシャル群島ビキニ環礁において，原爆実験が米国によって行われ，同日同環礁の東方約91浬の地点，当時の航行禁止海面境界の約19浬東方で，まぐろはえなわ漁操業中の第五福龍丸（木船99トン，ディーゼル250馬力，乗員23名）は，その降灰を浴び，乗員の被災と船体および漁獲物の汚染をもたらした．同船は3月14日，母港の静岡県焼津へ入港乗組員は身体に異常を感じたので直ちに市立病院で手当を受け，又翌早朝，同地漁市場に水揚げされたまぐろはすでに出荷された一部を除き，直ちに販売停止が行われた（当時，漁獲物にまで放射能があろうとは，一般に予想されなかったところである）．降灰は東京大学において分析された結果，プルトニウム，ストロンチウム，プロメチウムなどを含み，放射能を帯びた珊瑚礁の破片等から成ることがわかった．また，操舵室机上に放置してあった潜水マスクおよび潜水眼鏡のガラス面には，10cm^{2}の面積に7,000,000cpmの放射能を持つ灰が堆積していたことが調査された．第五福龍丸事件により，今後，同方面を主漁場とするまぐろ漁業が，経済上，直接甚大な打撃を受けることは明らかであったし，また，保健および食品衛生の見地からも緊要の問題であったので，農林省水産庁は厚生省と連絡し，さしあたり，3月1日以降，マーシャル群島附近海域で操業，または，航行中の漁船について，操業海域および入港地5港を指定して漁船からの報告を受け，一方厚生省は，入港漁船に対し，乗員，船体，漁獲物の放射能を検査し，基準を設けて漁獲物廃棄の処置をとり，危害の拡大を予防することとし，都府県の協力も得て，3月18日から実施に移した．

以後，指定海域からの入港漁船の衛生検査の結果，汚染された漁獲物の廃棄処分が行われ，まぐろ類の消費が減り，魚価が急落した結果，まぐろ漁業経営は，きわめて困難な事態に陥り，損失の補償問題とならんで，現地に対する科学的な調査がつよく要望されるようになった．

このため，3月下旬，水産庁はビキニ海域の総合調査を企画し，同4月関係者による総合協議会において，調査要綱をほぼ決定し，大学研究機関および厚生，運輸両省関係の試験研究機関等の協力を得て生物班，海水大気班，気象班，海洋班，環境および食品衛生班の5班よりなる調査顧問団を組織し，調査実施への具体的な準備を進めた．

調査船には農林省水産講習所の練習船，俊鶻丸（588トン）が決定し，乗船の科学者22名を含め，総員72名が5月15日東京港を出発した．

調査の目的は，ビキニ周辺の海域における魚類その他の生物および海水，大気，雨水に含まれる放射能の調査，乗船者保護の見地から船体が浴びる放射能と船上や船室の汚染状況を明らかにする環境衛生の調査，放射性物質を運搬する気象海流の調査などで，7月4日帰港まで現地調査が行われた．

この報告は，翌年3月，水産庁から「ビキ

ニ海域における放射能影響調査報告（第1集）」として，同じく同年11月その第2集が刊行されている．

ついで1956年（昭和31年）1月12日，米国政府は同春マーシャル群島エニウェトックおよびビキニ環礁附近を実験場として，核爆発〔実〕験を実施するについて危険区域を設定する旨を発表した．（なおこの実験は，同年7月23日を最後として終了し，危険区域は8月11日に解除されたことが，その後米国原子力委員会から発表された．）

これに対し，水産庁は，1954年の経験から同方面で操業する漁船に対し同区域の設定について周知の手配を行うと同時に，1954年にとられたような市場検査の必要の有無につき，まず，判断の基礎を得るため，実験の初期に調査船を派遣し，漁獲物汚染の早期状況を調査し，ひきつづき陸上の実験室内での研究に移して，これら一連の研究経過に基き，逐次必要な対策を決めていく方針を用意していた．さらに実験終了後の汚染について万全を期するため，実験終了の3～4カ月後を機として第2回目調査を行う案をとり，厚生省側と緊密に共同する用意を整えつつあったが，なお2月初旬には，衆議院および参議院が，原水爆実験禁止要請決議を行っている．

またこの時にはすでに原子力委員会が設置されていたが，ここにおいても核爆発影響の調査研究は，今後の原子力平和利用に伴なう放射線障害防止に資するところが少なくないとして，この機会に国家的規模において，その影響について調査研究を行うことが適当であるとの見地から，日本学術会議および，運輸，厚生，文部，外務，水産（農林）などの関係各省庁が参加して，3月26日，全体会議を開き調査の企画を総合推進することとなった．ここで同年の米，英，ソ，各国の核爆発実験に対応する陸上調査部門の強化の問題と，特に調査船を派遣する海上調査の問題などが検討された結果，後者の実施計画の準備のため生物，気象，計測，海洋，衛生の班よりなる技術顧問団が結成された．

顧問団会議は定例的に開かれ，調査の部門と項目，調査員など，調査の実施に関する方針を逐次審議決定した．ここで水産庁の前述の方針を，国民の不安に応じ，あくまで科学的立場から正確かつ冷静に問題に対処し，判断を行うため，この調査の全体を貫く根本方針とすることが採択され，海上調査の回数も2回と決められた．

調査船には，再度俊鶻丸がえらばれ，5月18日，この調査の実施は閣議で決定され，数日を経ずして予算成立をみ，同月26日俊鶻丸は，顧問団によりえらばれた21名の調査員を乗せ第2次の調査のため東京港を出発した．

調査船の目的は，核爆発実験の初期に，危険区域の西方外側海域の大気，雨水，海水および魚類その他の生物等につき第1次とほぼ同様の調査を行い，実験により生じた放射能の性状と線量および初期汚染の経路とその度合などを把握することを主要な調査目的とした．

なお，陸上においても，5名の医学者が担当し調査船乗員の身体検査を行い，健康管理にあたった．

第2次調査団の帰国は6月30日であった．

この調査の報告は，同年9月，水産庁から「1956年核爆発実験影響調査報告，第1集（俊鶻丸による調査，第1部）」として公表された．

以上で，ビキニ環礁における原水爆実験と，その調査経緯の概要について述べたが，以下1954年度の水揚港での汚染魚の検査状況および第1次，第2次俊鶻丸の調査結果等につき概説する．

なお，調査結果の中，特に放射性元素の種類を記してないものは全放射能（注）の値である．

注：全放射能（Gross activity）核爆発実験によって生成された放射性物質中には，種々の放射性同位元素が含まれている．その各々の元素の性質（人体にとり入れられる割合，半減期等）によって，人間に与える影響も異なるので，元素ごとにわけてその量を測るのが正確な影響を知るためには必要であるが，一応の目安としては，元素ごとに分けず全体の放射能を測ることがあり，これを全放射能とい

う．

1・2 1954年度の水揚港での汚染魚検査

第五福龍丸の被災事件は23名の乗組員の被災に止まらず，船体および漁獲物からも強い放射能が検出されたので，厚生，農林両省では南太平洋の危険水域附近で操業または，帰航中の漁船に帰港予定日時の報告を求め，また帰港地を塩釜，三崎，東京，清水，焼津の5港に指定し，港に国の衛生係官を派遣し，県衛生当局と協力して放射能の検知を行った．

これが，いわゆる指定5港における放射能検査であるが，5月1日より都県に業務が移管された．ところが5月中旬頃になると近海でとれたマグロからも放射能が検出されるようになり，上記指定5港以外の大阪，和歌山，高知，徳島，長崎，鹿児島の各府県でもそれぞれの港で水揚されるマグロ類について自発的に検査が行われるようになった．

なお当時は汚染魚の検査方法もその汚染の本態が明らかでなかったので確立されておらず，魚体の表面から10cmの距離でGM計数管のついたサーベーメーターで検査を行い，毎分300cpm以上放射能を示したものを廃棄処分にした．

指定5港内およびその他の13港での検査状況をとりまとめたものが第Ⅱ・1表〔略〕である．（厚生省「放射能汚染魚類に関する資料」参照）

また放射能汚染魚について，その汚染程度と月別による変化をとりまとめたのが第Ⅱ・2表〔略〕である．（厚生省「放射能汚染魚類に関する資料」）

指定5港で放射能検査の行われるようになった事件当初の3月～4月上旬に発見された汚染魚の放射能は体表のみに強い放射能が認められたので，第五福龍丸の漁獲物のように直接降灰が魚の取扱い中に体表に付着したことによる汚染と考えられる．何分初めての経験であり検査方法も不備であったので始めのうちは廃棄処分も1船単位または1船艙単位としたため莫大な量にのぼった．

4月中旬になるとむしろ体表の汚染は減り，主として内臓に著しく高い放射能が検知された．これは遠洋および近海マグロに共通して

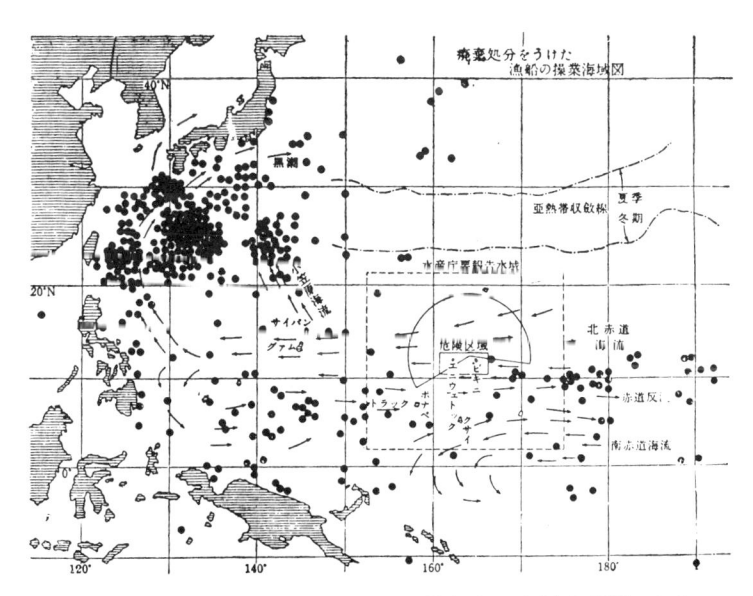

第Ⅱ・1図　廃棄処分をうけた漁船の操業海域図（厚生省資料による，1954年3月16日より8月31日まで）

見られた傾向で，マグロ類が汚染した生物を食餌としてとることによる汚染がおこったことを示した．しかしこの頃より汚染マグロは散発的となり，1船艙当り少ないときには数尾，多くて数十尾という程度であった．ところがカウント数は逆に次第に高いものが現われるようになり，厚生省の検査規定（魚体より10cmの距離でＧＭ計数管をあてる）で500～1,500cpmの放射能が検出された．台湾沖でとれたシイラ等に特に強い放射能がみられたのもその頃であった．

6月から7月にかけて遠洋マグロ漁船の操業はへり，近海マグロ漁船の操業が比較的多くなった．したがって指定5港における廃棄数量は減少し，これと反対に指定5港以外の漁港における廃棄件数は第Ⅱ・1表に見られるように増加の一途をたどった．台湾周辺の汚染魚群は北上する傾向が見られ，九州附近にまでおよんだが，それ以降第Ⅱ・1図に現われていないのは操業船数の減少とみることができよう．

7日以降はトラック島，グアム島周辺の漁場で操業した漁船の入港がふえ，再び1船当りの廃棄数量が増加すると共に，従来にない高いカウントの汚染マグロが発見された．例えば8月17日東京港における 5,020cpm（ひめ丸），8月18日三崎港での 7,360cpm（第12黒潮丸）のようなもので，1船艙当りの廃棄数量も3～14トンにもおよび，そのため当時行っていた埋却処分ができないので毎回わざわざ船を出しての海洋投棄を余儀なくされた．

さらに8月23日横須賀の城ヶ島沖で1尾，8月31日，茨城県大津および横須賀佐島沖で各1尾，9月4日，茨城県那珂港に水揚された1尾および小名浜，原釜〔塩釜？〕の各1尾の汚染魚が発見され，9月5日には静岡県三保沖でとれ清水に水揚された3隻各750kgのバショウカジキに強い放射能が検知され，全部廃棄された．これらはいずれも沖合10～15浬の地点でとれたもので，ビキニ周辺で汚染されたマグロが黒潮にのつて日本近海にまで泳いで来たことを示す点で注目された．

その後汚染マグロも次第に各地に分散し，漁獲高もへっていったが，9月過ぎには南赤道海流を越えて南半球に移り，ソロモン群島附近でとれた漁獲物中よりも放射能が検出されている．

指定5港その他での放射能検査は，その後汚染魚の食用とする部分に含まれる放射性物質の種類と量が明らかにされ，国際放射線防護委員会の許容濃度（1953年制定）を基準とした厚生省の基準に照し，廃棄の必要が認められなくなったので12月31日をもって打切られた．

水揚港での放射能検査は担当した各都府県の衛生当局者にとって非常な苦労であったけれど，恐らく水産物の検査としては未曾有の規模であり，国民に与えた安心感は計り知れないものがあった．これと共に汚染魚に関する研究は，今迄よく判らなかったマグロ類の汚染経路等についても重要な知識を与え，今後の対策上大いに寄与する所があったと信じられている．

次に俊鶻丸による調査結果を述べるがまず始めに第1次と第2次の調査の間の条件のちがいについてふれ，ついで，海洋及び大気の調査結果と生物の調査結果とに分けて説明しよう．

1・3 第1次調査と第2次調査の条件の比較

i) 核爆発後からの調査時期のちがい

第1次調査は，1954年3月1日から，ビキニ環礁で行われた一連の核爆発実験に対し，同年の実験終了の5月15日から7月4日にわたって行われたものである．

これに対し第2次は1956年5月26日から6月30日にわたって行われた．この年の米国の核爆発実験は，米当局の発表では5月21日から7月までに行われ，実験回数は正式に発表がないので不明であるが，気象庁および俊鶻丸によって確認されたものだけでも10回に及んだ．すなわち第2次俊鶻丸調査は，5月28日，6月13日および26日の3回の実験に遭遇しているわけであり，いわば実験の最中の調査であった．

ii) 調査海域の相違

前述のように第1次調査は同年の実験が終了し危険水域が解除された後で 実験地のビ

キニ環礁にかなり近づいた海域まで行くことができた．これに対し第2次調査は実験中のこととて危険水域外および赤道以北に限られていた．

iii) その他

1954年および1956年の核爆発実験のやり方，爆弾の構造や規模等には種々の差があったようで，したがって降下物の大きさや放射性物質の種類にも差があり，それによって空気，海洋，生物などの汚染に差があったと予想される．いずれにせよ第1次，第2次調査とも，ある時期，場所を限った一つの断面を知るにすぎず，この調査結果だけからすべてが判るというものではなく，これと平行して行われた汚染魚の化学分析や生物学的実験等もこの調査を大いに助けた．

1・4 海洋と空気中の放射能調査

1・4・1 ビキニ海域と海流

調査結果を述べるに先立ってビキニ環礁近海の海流を簡単に説明しておこう．

ビキニ環礁は北緯11度35分東経165度23分に位置し，北赤道海流域にあり，ほぼ琵琶湖ほどの大きさの環礁である．第Ⅱ・2図では明確な線で北赤道海流や赤道反流あるいは南赤道海流の境界を示したが，実際には時期でその境界面は変化する．北赤道海流は北緯12度附近を中心として西に向って流れ，その南側には赤道反流とよば〔れ〕る比較的狭い幅の東に向う流れがある．その北側にはかなり複雑な海流があり，北太平洋海流と総称されている．西に向う流れの北赤道海流域は風が東あるいは北東から吹く貿易風帯に属し，この風が北赤道海流を西に向わせる主因となっている．流速はビキニ環礁の近くではおよそ0.5～1ノット（日本近海の黒潮流域では大体2ノット以上）でかなりゆっくりした流れである．

次にビキニ海域が含まれる熱帯の海洋の鉛直断面はどうなっているであろうか．大洋の断面は大気層と同じく「対流圏」と「成層圏」の2つに分けられる（第Ⅱ・3図）．対流圏は海の表層に近く循環が行われる部分をいう．この対流圏では循環による海水の動きと混合がかなりはげしい．対流圏の下限までの深さは赤道附近では約300m程度で，緯度が高くなると次第に深くなり，南北緯とも20～30度付近で約600～800mとなる．

対流圏の下に成層圏がある．成層圏では海

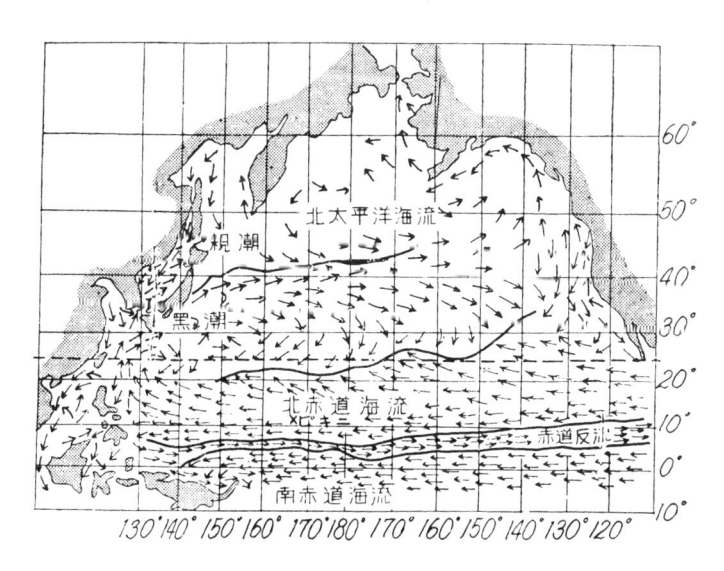

第Ⅱ・2図 北太平洋海流図

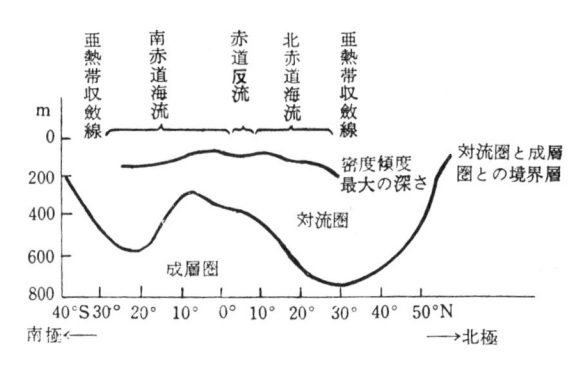

第Ⅱ・3図　大洋の鉛直断面図

水の循環が少なく，海水は徐々に運動している．成層圏はさらに中層水，深層水，底層水に大別できる．

以上を要約しビキニ附近の海洋学的な状態は次のごとくなる．

a) ビキニ環礁は北赤道海流域にあり，海流は西に流れている．
b) 北赤道海流の南側には赤道反流という幅の狭い東向の海流があり，北赤道海流の北側は北太平洋海流で複雑な状態を示す．
c) 北赤道海流域は北あるいは北東の貿易風帯に属する．
d) このあたりは約300mの深さまでが対流圏で，それより深いところは成層圏となる．

これらのことは，ビキニ環礁における核爆発実験が海洋をどのように汚染したかを知るのに重要な手がかりになる．

1・4・2　第1次俊鶻丸調査

第Ⅱ・4図は第1次俊鶻丸調査の航跡図と，実測した海流の状態を示す．この図でCにあたる部分が赤道反流（東流）で，さらにその南のDは南赤道海流（西流），A，B_1，B_2，が北赤道海流（西流）である．この第Ⅱ・4図と第Ⅱ・2図とをくらべるとかなり大きいちがいがある．特にビキニの北方わずか数度のところに第Ⅱ・2図と全く逆の東向の流れが示されている．これは今まで予想されなかったことで，ビキニ汚染のひろがり方を調べる上に重要な意味を持つ．

第Ⅱ・5図は第1次俊鶻丸調査による海水中の放射能の水平の汚染状況である．実線は同じ強さの放射能を示す点を結んだ等値線，点線で示したのは測定点が少ないので充分な根拠はないが，かなりの信頼性のある等値線である．この図でビキニを囲んだ長方形は米国が最初に定めた危険区域で，この危険区域の近くで第五福龍丸が，"死の灰"をかぶった．そののち米国は危険区域を拡大したが，それがほぼ半円で囲まれた海域である．

この図で注意すべきことは，ビキニの左（西側）に強い放射能があること，および，北から北東（右上）にもかなりの汚染海域が

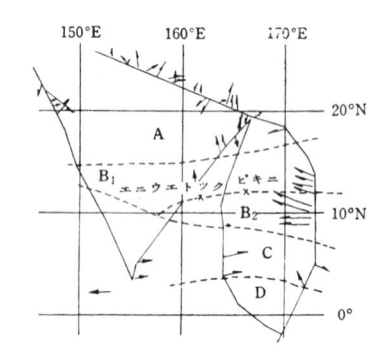

第Ⅱ・4図　第1次俊鶻丸航跡図（矢印は海流の方向を示し，長さは速度に比例する）

第4章 水爆実験の影響（その3）

あることである．
 i) 核爆発が行われ，核分裂生成物が飛散する．それらの一部は珊瑚礁のかけらに付着してかなり大きな粒子になる．粒子の大きいものは早く海中に落ち，細い粒子は高くふき上げられて上層の気流にのって拡がる．日本で放射能塵や放射能雨が検出されたのは，この気流によって運ばれたものである．さて，ビキニ付近に落ちた放射能塵は付近の海水を汚染し，海流によって運ばれた．
 第2次の調査は核爆発後数十日たってから行ったから，附近の海上の落ちるべき放射能塵はすでに落ち，上空に舞い上ったものは，大気の流れで遠く運ばれてしまっている．このことは空気中からほとんど放射能が検出されなかったことでも明らかである．にもかかわらず，広い海域にわたり海水が汚染されていたのは，落ちた塵が海水中で拡がったためである．特にビキニの西方に高い汚染がみられたのは，ビキニの近くの汚染水が西向きの北赤道海流でゆっくり運ばれたからである．
 ii) しかし放射性物質が西向きの北赤道海流で運ばれるだけなら，ビキニより東に汚染水があるのは説明できない．この事実について検討を行った結果，西向きの北赤道海流域の中に東向きの流れ又は時計廻りの流れが存在するために起るのだと推論された．この推定は海流を実際に測った第Ⅱ・4図によっても裏付けられた．
 1・4・3 第2次俊鶻丸調査〔略〕
 1・4・4 第1次と第2次調査（海洋および空気）の相違点
 前2項でビキニ海域の第1次および第2次調査結果の概略を述べたがこれを要約する．

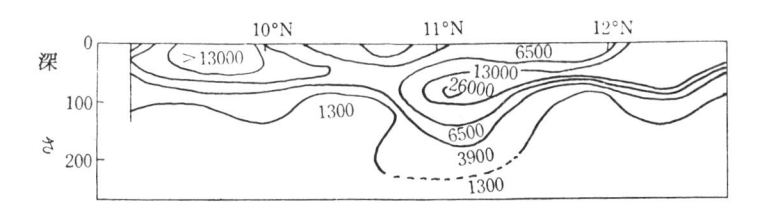

第Ⅱ・7図 ビキニ環礁の西方 570kmにおける南北方向の海水放射能の鉛直分布図（1954年）（図中の数字は dpm/l）

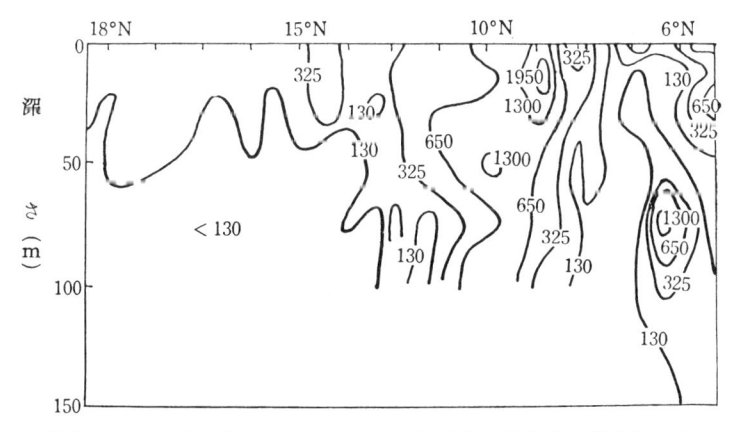

第Ⅱ・8図 東経157° 30′ の南北方向における海水放射能の鉛直分布図（1956年）（図中の数字は dpm/l）

i) 第1次調査では海水の放射能汚染が強く，第2次調査では空気の放射能汚染が強かった。
　　海水の放射能最高値
　　　　（第1次）91,233 dpm/l
　　　　（第2次）4,311 dpm/l
　　大気の放射能最高値
　　　　（第1次）　450 dpm/100m^3
　　　　（第2次）99,231 dpm/100m^3
　ii) 第Ⅱ・5図と第Ⅱ・6図〔略〕を較べると，第2次調査の時は北緯10度以南にもかなりの汚染海水が検出されたが第1次調査の際にはほぼ10°Nあたりまでである．第1次調査では北赤道海流域だけが汚染されていたが第2次調査の際には赤道反流域まで汚染されていた。いいかえると危険区域よりはるか南まで大気と海水が汚染されていた。その原因は次のように思える。すなわち，核爆発の実験は気象資料によればいつも偏東風が充分に発達したときに行われている。これは危険区域の南に小さな島がたくさんあるからと思われる。ところが第2次調査の時には6月13日の実験にかぎり，風がかなり南にかたよっていたので降灰範囲が赤道近くまではみ出してしまったのである。
　iii) また，鉛直方向つまり深さに対する放射能の影響は，対流圏内でいちじるしいが，必ずしも表面が最も強い汚染をうけているとはかぎらないことを示している．（第Ⅱ・7図，第Ⅱ・8図）
　第Ⅱ・2図の海流図を見れば明らかなように，日本の沿岸を洗う黒潮はその源を遠く北赤道海流に発している。汚染海水がこの海流に乗って日本近海にまで流れて来たことは，その後の調査で判明した。ビキニ海域は，わが国のマグロ漁場として重要なところであるが，この海域の魚類も放射能汚染をうけた。つぎに海洋生物の汚染状況についてのべよう。

1・5　海洋生物の放射能調査

1・5・1　第1次俊鶻丸の調査の結果

　i) プランクトンの汚染状態
　プランクトンは，放射性物質の付着や吸収が著しいから海水の汚染の程度を示すよい尺度になる。また魚類の餌にもなるので，魚類の汚染をしらべるにも役立つ。その調査結果の特長は次のようである。
　a) 大型プランクトンでは種類によって放射能の強さにちがいがみられた。
　翼足類が最も強く汚染され，橈脚類がこれにつぎ，サルパ，矢虫の順に弱くなり，クラゲは最も低い。サルパは内臓の部分に強く，寒天質様の透明部は弱かった。（第Ⅱ・4表）
　b) どの種類についても，海水の汚染状態とよく平行している。
　c) プランクトンの種類によって放射能の強さに差のあることはその表面積，水分含量，体成分の相違，運動性，餌の種類或は摂取量によってもちがってくるのであるが，同じ目方の海水にくらべると，およそ1,000倍から10,000倍くらいの放射能を示した。
　ii) 魚類の汚染状態
　a) 汚染魚の出現状態
　汚染魚の漁獲位置をとりまとめたのが第Ⅱ・9図である。
　魚の放射能の強さ（肝臓の放射能で表わした）と漁獲位置の関係をみると，一部の例外を除いて大体海水やプランクトンの汚染状態に一致する。

第Ⅱ・4表　大型プランクトンの種類とその生試料 1gの乾燥物の全放射能（cpm）

種類＼定点月日	5 5—30	8 6—2	16 6—11	17 6—12	21 6—20	26 6—27	27 6—26
放散虫類（ラジオラリヤ）	210	400	180				
クラゲ類	93	0	0	2,700	280	0	50
橈脚類（コペポーダ）	1,830	46	34	6,400	4,080	78	270
翼足類（テロポーダ）					76,000 以下		8,600
矢虫類（有尾類を含む）	190	4	0	3,800	510	46	170
サルパ類	650			3,650	720	160	

第4章 水爆実験の影響（その3）

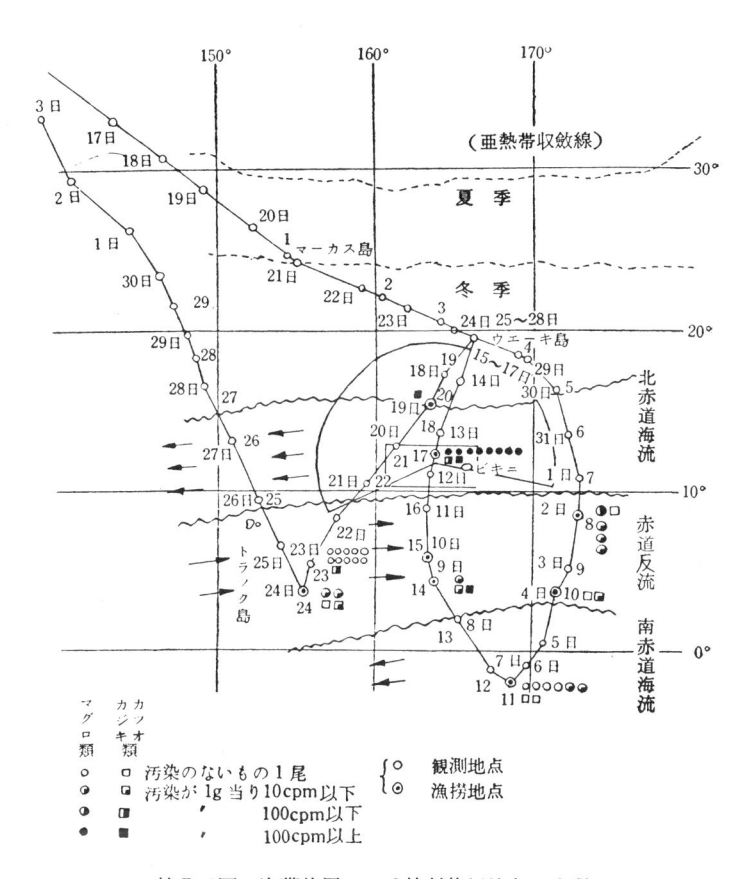

第Ⅱ・9図 漁獲位置による放射能汚染魚の出現

　第Ⅱ・9図で判るようにビキニを狭んで流れる北赤道海流でとれた魚は全部汚染されていたが、赤道反流に行くと汚染の程度はへり、南赤道海流では全然汚染されていないか、汚染されていてもその程度は極めて低かった．
　b) 魚体内部の汚染状態
　同一魚体内でも放射能の強さは器官の種類によって著しくちがっている．これをヒストグラムで表わしたものが第Ⅱ・10図である．図から判るように胃腸の内容物および幽門垂，肝臓，脾臓，腎臓は一般に強く，エラおよび血液がこれにつぎ，皮膚（ウロコを含む），骨，筋肉の汚染は僅少であった．しかし血合肉は普通筋肉にくらべ常に高い放射能を示し

た．
　c) 大型魚の胃の中に発見された小魚が強い放射能をもっていたことや，また魚体内部の汚染分布から考えると，マグロの放射能汚染は海水からの直接の吸収のほかに，その食物にも深い関係があるようである．
　1・5・2 第2次俊鶻丸の調査の結果
　i) プランクトンの汚染状態
　大型プランクトンの放射能汚染の状態をみると，橈脚類（コペポーダ）や裂脚類（シゾポーダ）が強く，これについて翼足類，サルパ，矢虫類の順になっていてクラゲが一番低かったこと，どの種類もそこの海水の放射能の強さと関係が深いことは第1次の調査の結

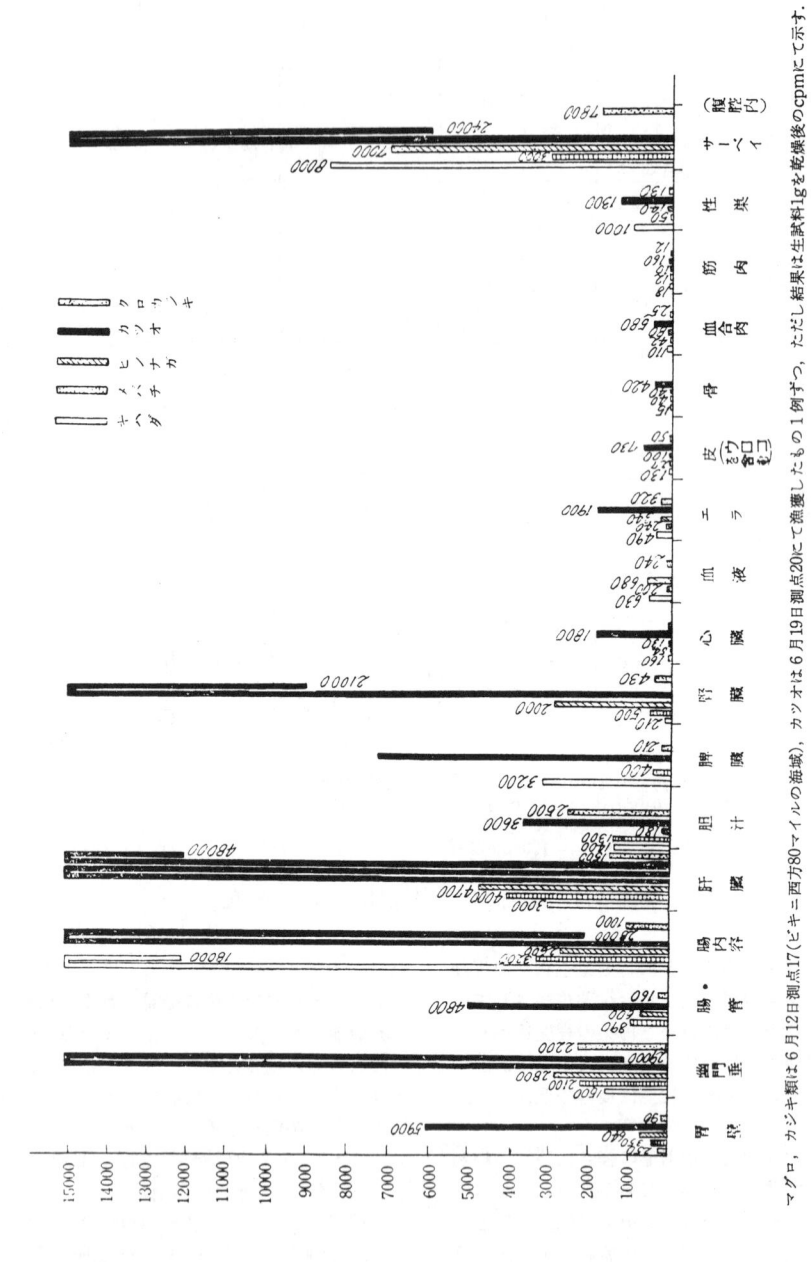

110　第1編　1954年3月1日ビキニ水爆実験

第Ⅱ・10図　魚体各部の放射能の強さ

マグロ，カジキ類は6月12日測点17（ビキニ西方80マイルの海域），カツオは6月19日測点20にて漁獲したものの1例ずつ，ただし結果は生試料1gを乾燥後のcpmにて示す．

ii) 魚類の汚染状態
a) 汚染魚の出現状態
初め8回漁撈する予定が都合で5回しか行えず，しかも，漁撈地点は危険水域西域の南下コースに限られ，また，第2次は第1次調査より，爆発後の時間の経過がマグロの汚染のためには十分でなかったので，この調査結果のみから汚染魚の分布状態を推定することはできにくい．
b) 魚体内部の汚染状態
汚染魚の各器官について汚染状態を調べてみると腸内容，幽門垂，肝臓，脾臓，肝汁等の放射能が強く筋肉などに弱いことは第1次の調査や，陸上調査の結果と同じであった．また第1次調査と比べると，放射能は一般に弱かった．血液に放射能が見られたが殆んど血球に限られていた．
c) イカの放射能
イカは調査した生物中最も放射能が強かった．殊に南下コースの北赤道海流でとれたイカの肝臓は乾燥したもの1gにつき定点17で3,015cpm，定点18で4,995cpm，定点19で1,811cpm，という高い価を示した．

イカの放射能は海水やプランクトンと密接な関係があるようだが，プランクトンよりもその値が高いところから海水汚染を最も鋭敏に示す目安となるであろう．イカの放射能は殆んど肝臓に限られているのも注目される．
イカは南方海域でマグロの主要な餌となるのでマグロの汚染の経路に重要な役割をもつことが考えられる．
d) 古い汚染の名残りを示すマグロ
核爆発直後に発見される核分裂生成物や誘導放射能は寿命の短いものが多い．生物体中に蓄積された放射能の減衰は調査船内では大部分が9日から15～6日の見掛け上の半減期であったが，その後次第に長い半減期の成分に変ってきた．イカの肝臓やプランクトンでは，さらに短い半減期の成分を示したが，このことは同一の場所でとれた魚にはみられなかった．これは生物により集める元素が違うことを物語る一つの証拠でもある．
魚の臓器の減衰曲線で特に注目をひいたのは，1尾のメバチの脾臓で，船内で約2週間測定しても殆んど減衰がみられなかった．これは脾臓中に含まれる核種の半減期が長いことを示すものであって，いい換えれば1956年の核爆発実験の生成物で汚れたものではなく，1954年の汚染の名残を示すものと考えられる．（なおこの事実は帰国後放射化学分析の結果よりも裏付けられた．）
1・6 1956年度における核爆発実験影響の広域調査〔略〕
1・7 汚染魚体中に含まれる放射性物質
一口に放射能汚染マグロ（いわゆる原爆マグロ）といっても，その食用のために供することの可否をきめるのは外部から測ったcpmだけでは正確にはきめられない．そのためには魚体中に含まれる放射能物質の種類（核種）とその量をきめ，一般人が摂取する量を考慮して決定されるべきものである．
第1次調査団は帰国後「ビキニ海域調査連絡会」を作り，相互に研究連絡を行い，汚染魚の化学分析は，国立予防衛生研究所，東海区水産研究所，東京大学，科学研究所等で行った．その研究の結果，魚体各部には，放射性亜鉛（^{65}Zn）が検出され，次いで放射性鉄（^{59}Fe・^{55}Fe）の存在が確認された．これら核種は核分裂生成物ではなく，爆弾の外部等に用いられた鉄，真鍮，銅等が核爆発時夥しく生成される中性子によって放射性を帯びるに到ったと考えられる．
次いで，第2次俊鶻丸調査による汚染魚および水産庁所属昭洋丸採取の汚染魚についても前記研究機関その他による分析が進められ，魚体の各部から放射性鉄，亜鉛の他にさらに放射性カドミウム，コバルト，バリウム，微量のジルコニウムが見出された．また東京大学で分析したメバチの肝臓，血合肉，皮膚からは^{90}Srが検出された．また，この核種は国立衛生試験所の分析でも確認された．
これらの核種のうち最も量的に多かったのは^{55}Feであって，特に腎臓，肝臓等の内臓が強く汚染されていた．ただし，食用に供する部分の筋肉には少なかった．
半減期の比較的長い^{55}Feが存在していることは（特に1956年の場合には半減期の短い

^{59}Fe は極く微量か痕跡程度)恐らくその時の核爆発の影響とみるより,以前の汚染の名残りというべきであろう.また ^{55}Fe は放射線としてγ線やβ線を出さないで,K-X 線と呼ばれるX線だけしか出さない.これは普通のGM計数管では余り感度がよくないし,とくに体表 10cm で測ったのでは全く測定されない.しかも前記例のようにかなり魚体中に含まれるとあっては将来はこの検査方法も十分検討されねばならない.

1954年度では ^{65}Zn が最も量の多い核種であったのだが,1956年度ではむしろ低い値であった.これは核爆発の形式,種類の相違によるものかもしれない.

なお,第2次俊鶻丸で採取した魚類の脊椎骨および「ひれ」に含まれる ^{90}Sr については東京大学で研究が行われた.

しかし,^{90}Sr のような人体に持続的に影響を与えることの大きい核種の量は,その後年月のたつにつれ地表に蓄積したものによる一般の食品の汚染の程度と比較すると,この当時は極めて軽微であり,散発的,かつ局部的であったといえよう.

1—2 水産庁調査研究部「ビキニ海域における放射能影響調査報告」
(第1輯) (55. 3)

目 次

調査着手までの経過概要
調査の一般
1. 調査の目的
2. 調査団の構成
3. 調査の項目
4. 調査の共同と分担
5. 装備の概要
6. 調査の船内配置
7. 調査の定点と附表の時刻
8. 計数装置の操作一般
9. ポケット線量計

部門別調査結果
Ⅰ. 海水の放射能
 1. 調査の回数
 2. 試料の作り方
 3. 放射能の計測の仕方
Ⅱ. プランクトンの放射能
 1. プランクトンの組成と放射能
 2. 稚魚網による採集物の放射能
Ⅲ. 漁獲物の放射能
 1. マグロ延縄による漁獲物の生物学的調査
 2. 漁獲物の放射能汚染調査
 3. 魚の汚染状態の説明
 4. 調査結果の要約
Ⅳ. 環境衛生
 1. バックグラウンド(自然計数)の放射線
 2. 空気の放射能
 3. 雨水の放射能
 4. 甲板の放射能
 5. 船内の放射能と空気検査
Ⅴ. 海洋観測
 1. 観測事項および観測方法
 2. 表および図の説明
 3. 海水中の化学成分
Ⅵ. 気象観測
 1. 海上気象観測表
 2. 測風気球観測表

調査着手までの経過概要

昭和29年3月1日マーシャル群島ビキニ環礁において原爆実験が米国によって行われた.3月14日焼津入港のマグロ漁船第五福龍丸は爆発当日,その降灰を浴び,乗員の被災と船体及び漁獲物の汚染をもたらした.

この結果,爆発実験が気象に及ぼす影響,マグロ類漁獲物を汚染することによって食生活に与える影響,実験地を囲む航行禁止海面周辺海域の船舶の航行及び漁船の操業上への影響等日常生活と生存を脅威する不安が相重なって発生し,この後引き続き同地で行われたらしい数回の実験による影響と被害の予想を含めて,今後いかに対策すべきかを真剣に考慮せざるを得ぬ立場に当面するに至った.

第五福龍丸事件により,今後同方面を主漁場とするマグロ漁業が経済上直接甚大な打撃を受けることは明かであったしまた保健及び

第4章　水爆実験の影響（その3）　　113

食品衛生の見地からも緊要の問題であるので，水産庁は厚生省と連絡し，さしあたり3月1日以降マーシャル群島附近海域に操業又は航行中の漁船について，操業海域及び入港地5港を指定して漁船からの報告を受け，厚生省は入港漁船に対し乗員，船体，漁獲物の放射能を検査し，基準を設けて漁獲物廃棄の措置をとり，危害の拡大を予防することとし，都府県の協力を求め3月18日から実施に移した．

以後，指定海域からの入港漁船の衛生検査の結果汚染された漁獲物の廃棄処分が行われ，マグロ類の消費が減り，魚価が急落した結果，マグロ漁業経営は極めて困難な事態に陥り，損失の補償問題とならんで，現地に対する科学的な調査が強く要望されるに至った．

このため3月下旬水産庁はビキニ海域の綜合調査を企画し，4月初めより調査の準備に着手し，学会及び関係官庁と連絡し協力を求め，関係者による第1回綜合協議（4月14日）に於て調査要綱の作成に入り，第2回（4月24日）に於て原爆実験の漁業等に及ぼす影響の調査要綱をほぼ決定し，協力を求めた学術教育機関及び厚生運輸省関係研究機関その他の研究関係者により調査の顧問団を組織し乗船調査する研究者の選出，調査観測の実施細目，測器，薬品等の携行計画など調査実施への具体的な準備が進められた．

顧問団には次の方々を委嘱した．

1. 生物班
   - 檜山　義夫　東京大学教授
   - 末広　恭雄　〃
   - 天野　慶之　東海区水産研究所
   - 佐々木忠義　東京水産大学教授
   - 中村　広司　南海区水産研究所長
2. 海水大気班
   - 三宅　泰雄　気象研究所研究室長
   - 田島　英三　立教大学教授
   - 山崎　文男　科学研究所主任研究員
3. 気象班
   - 三宅　泰雄　気象研究所
4. 海洋班
   - 宇田　道隆　東京水産大学教授
   - 佐々木忠義　〃
   - 須田　皖次　海上保安部水路部長
   - 三宅　泰雄　気象研究所
   - 松江　吉行　東京大学教授
5. 環境及び食品衛生
   - 長沢　佳熊　国立衛生試験所研究部長
   - 遠山　祐三　国立予防衛生研究所食品衛生部長

調査船には農林省水産講習所の練習船俊鶻丸が決定し乗船の科学者22名，報道班9名，漁夫5名，船長ほか船員36名，総員72名は5月15日各方面の激励と見送りを受けて東京を出発した．

調査の一般

1. 調査の目的

ビキニ周辺の海域における魚類その他の生物及び海水・大気・雨水に含まれる放射能の調査，乗船者保護の見地から船体が浴びる放射能と船上或は船室の汚染状況を明かにする環境衛生の調査，放射能物質を運搬媒介する気流海流の状況を明かにするための気象・海象の調査等，漁業・生物・気象・海洋・環境衛生等それぞれ専門の立場から綜合調査することが主な目的であった．

2. 調査団の構成

調査団の科学者22名の氏名と所属機関を調査の種類別に示すと次のとおりである．

1. 魚類及び生物関係の調査
   調査団長
   - 矢部　博　（魚　類）水産庁南海区水産研究所
   - 上村　忠夫　（魚　類）同上
   - 本間　操　（魚　類）同上
   - 戸沢　晴巳　（生物化学）水産庁東海区水産研究所
   - 河端　俊治　（生物化学食品衛生）国立予防衛生研究所
   - 前田　弘　（生　物）水産庁水産講習所
   - 今村　健光　（魚類生理）東京大学水産学科
   - 磯貝　肥男　（魚　類）同上
   - 吉井　義一　（生　物）国立三重

　　　　　　　　　　大学
　　　長屋　　裕　（プランクトン）東京
　　　　　　　　　　大学水産学科
　　　芹沢　　淳　（食品衛生）国立衛生
　　　　　　　　　　試験所
 2. 環境衛生関係の調査
　　　岡野　真治　（放射能物理）科学研
　　　　　　　　　　究所山崎研究室
　　　浦久保五郎　（環境衛生）国立衛生
　　　　　　　　　　試験所
　　　溝田　　成　（保　　健）国立第1
　　　　　　　　　　病院
 3. 気象関係の調査
　　　杉浦　吉雄　（地球化学）中央気象
　　　　　　　　　　台気象研究所
　　　亀田　和久　（化　　学）同上
　　　藤井　久雄　（気　　象）中央気象
　　　　　　　　　　台
　　　広瀬　元雄　（気　　象）同上
　　　矢崎　好雄　（気　　象）羽田航空
　　　　　　　　　　地方気象台
 4. 海洋関係の調査
　　　三好　　寿　（海洋物理）東京水産
　　　　　　　　　　大学
　　　堀　　定清　（海洋物理）海上保安
　　　　　　　　　　庁水路部
　　　吉田　昭三　（海洋物理）同上
 3. 調査の項目
　顧問団が計画し調査団が実施した調査の項目は次のとおりである．このほかにWake島の天水及雑草，航行中船内飛来のトビウオ及びWake島碇泊中に捕獲したトビウオなど，予定し得ないものについても機会あるたびに調査が行われた．
 1. 生物の調査
 (1) マグロ延縄による漁獲物の調査
　　(イ) 生物調査：魚の種類，性別，魚体各部分の長さと体重，漁獲水深，生殖巣の重量と発達程度，胃内容物の種類と消化程度などの調査を行うこと．
　　(ロ) 放射能調査：魚体表面，鰓，内臓などの一般的調査（サーベイによる調査）と解剖を施し皮，筋肉，臓器，骨，腸内容物，血液その他について生の場合，乾燥の場合，灰化の場合の放射能測定（精密測定）を行うこと．
 (2) 他の漁具による漁獲物の調査
　　小型棒受網，トビウオ刺網などによる漁獲物を前項同様に調査する．
 (3) 稚魚網により採集した稚魚その他プランクトンの調査
　　種類分けして，生の場合，乾燥の場合などの放射能の精密測定を行うこと．
 (4) プランクトンの調査
　　(イ) 生物調査：北原式プランクトン・ネットで垂直採集し種類分けして個数組成と体積組成を調査すること．
　　(ロ) 放射能調査：ポンプ汲み上げ海水を篩い絹で2段に濾過して採集のプランクトンについて生の場合，乾燥の場合などの放射能の精密測定を行うこと．
 2. 大気，雨水，海水の調査
 (1) 湿潤濾紙に空気を吸引濾過して船体高所で空気が含む放射能を調査すること．
 (2) 水中集塵（インピンヂャー集塵器を用いる）による集塵水にFe-Ba（鉄—バリウム）法を施して空気が含む放射能を調査すること．
 (3) 自然降下する塵埃の放射能を調査すること．
 (4) 雨水を蒸発乾固してその放射能を調査すること．
 (5) Fe-Ba（鉄—バリウム）法を施し海水に含む放射能を調査すること．
 (6) 一般海洋観測に含まれない海水の下記化学成分を分析調査すること．
　　(イ) 水素イオン濃度
　　(ロ) 塩素量
　　(ハ) 溶存酸素量
　　(ニ) 栄養塩類（燐酸態塩，硝酸態窒素，珪酸態珪素）
 3. 環境衛生の調査
 (1) 航行中船体を照射する放射線のバックグラウンドを下記の測器で調査すること．
　　(イ) シンチレーション・カウンター（放射線に敏感な螢光体結晶を使用する測定装置，この調査では専らガンマ線用の螢光体—沃化ナトリウム—が使用さ

第4章 水爆実験の影響（その3）

(ロ) ガイガー・ミューラー計数装置（ベータ線用計数管を装置した）

(ハ) ローリッツェン検電器（ガンマ線量用）

(2) ポケット線量計により船室内の放射線積算量を調査すること．

(3) 船首部前甲板上で空気中の塵埃を下記装置で採集し塵埃の組成と放射能を調査すること．

(イ) 乾いた濾紙上に空気を吸引濾過して集塵する電気掃除器改造の濾過装置

(ロ) 電気集塵器（内部に装備のセルロイド製の筒面に金属粒子などまでよく吸着する）

(4) 甲板面及び日覆いを汚染する放射能を調査すること．

(5) 実験的に各種塗料を施した木片，瓦，畠の土，各種の布地などを置いて汚染の状況を調査すること．

(6) 調査団員居室の細菌，気動，炭酸ガス量など一般的な環境衛生調査を行うこと．

(7) 乗船者の放射能性障害の診断調査及び白血球数算定を行うこと．

4. 海洋の観測調査

(1) 海流調査のためエクマン・メルツ流速計2器により流向流速を観測するほか，走航中に電磁海流計を用い表面海流を調査すること．

(2) 水深別に水温，透明度，塩分量などの一般的海洋観測調査を行うこと．

5. 気象の観測調査

(1) 測風のため気球観測を行い風向風速を調査すること．

(2) 気圧，気温，露点，湿度，風向，風速，雲量，波浪など一般海上気象の観測調査を行うこと．

4. 調査の共同と分担

調査の科学者団は作業の実際面での便否を考慮し団長矢部を除く21名により，放射能測定に従事する計測班を設けるなどして次の6班に分かれ，共同調査をした．

1. 計　測　班：3名　　吉井・三好・矢崎
2. 生　物　班：8名　　上村・本間・戸沢・河端・前田・今村・磯貝・芹沢
3. 海水・大気班：2名　　杉浦・亀田
4. 環境衛生班：3名　　岡野・浦久保・溝田
5. 海　洋　班：3名　　長屋・堀・吉田
6. 気　象　班：2名　　広瀬・藤井

この際班別の担当事項と前述の調査事項の分け方との間には二つの異動がある．

1. 生物の調査のうちプランクトンの調査は海洋観測の一部門として海洋班で担当したこと（稚魚網による採集物の調査は生物班で担当）．
2. 大気・雨水・海水の調査のうち，インピンチャー集塵器による空気の調査は環境衛生班で担当したこと．

この分担の上に立って各班は互に援けあい臨時乗り組みの漁夫5名及船員も積極的に協力して共同調査は遂行された．

その共同と分担の状況は次表のとおりである．

第1表　調査担当状況の概要

担当			受けた援助		説　明
班名	担当の作業内容	担当者	援助の内容	援助者	
計測班	○生物班からの諸材料のサーベイによる計数と精密測定の計数（漁獲物及び稚魚網採集物の計測用材料）	吉井　三好	計測時に於ける材料の調整と操作の手伝い	生物班の各種測定材料調製者又は提出者が計測を助け主として魚体の解剖担当者が援助にあたった	サーベイによる計数も精密測定も同じ1台のガイガーミューラー・カウンターが用いられた．（操作一般の項を参照）
	○生物班以外の各班からの諸材料の精密測定の計数	矢崎	計測時に於ける材料の調整と操作の手伝い	各班の測定材料調製者が計測を助けた	ガイガー・ミューラーカウンターの使用は上段と同じであるが環境衛生班浦久保

第1編　1954年3月1日ビキニ水爆実験

	(海水, 雨水, 集塵ブランクトンから作られた計測用材料)			の甲板面等汚染調査はサーベイメーターにより同人が主として行い矢崎が援助した. 同班岡野の調査はすべて同人により行われた
生物班	○マグロ延繩揚げの漁艇上の調査及作業 (イ)繩揚作業 (ロ)漁獲物の初次概察調査 (ハ)電池式簡易サーベイメーターによる検知と生化学的資料の採取	漁夫5名前田, 本間の交替制河端, 戸沢	漁艇の操作及びラインホーラー操作の手伝い 揚繩が午後にも行われたときのこの作業	船員 他班から臨機に応援し交替した	マグロ延繩作業の投繩は船尾より行われ, 揚繩は搭載の漁艇を卸して行われた. その作業は船員が携わった 電池式サーベイメーターは放射能の有無と強弱の検知用に漁艇だけで使用された. 調査の初めには, 漁艇内で採血した場合もあった
	○魚体の調査 (船上で体長, 体重, 性別, 魚体の各部間隔, 生殖巣重量等の測定)	上村, 本間 (随時解剖担当者が測定を手伝う)			
	○魚体の解剖	上村, 本間前田, 今村磯貝, 芹沢			
	○血液の採取	今村			
	○稚魚網での採集保存作業	上村, 本間前田, 今村磯貝	稚魚網投入曳行揚網の操作	船員	
	○ホルマリン固定後の同上採集物の種類分け	前田が主に担当			
	○計測用材料の調製 (ナマ材料の秤量乾燥作業と乾燥材料の秤量, 及一部材料の灰化処理)	河端, 戸沢			延繩の揚繩が午後にもあったときは, 午前中漁獲物の計測材料調製のため漁艇上調査は担当できなかった
海水, 大気班	○雨水の採取と蒸発乾固	杉浦	海水の供給	海洋班堀, 吉田及船員	インピンヂャー集塵器による空気汚染調査は初め杉浦が浦久保と共同した
	○海水からの計測用材料調製の化学処理	杉浦, 亀田			
	○湿式濾紙上の集塵操作と計測用調製	杉浦			
	○海水の化学分析	杉浦, 亀田			
	○自然降下塵の調査	杉浦			
環境衛生班	○バックグラウンドの放射線測定	岡　野			特にシンチレーション・カウンターにより, 不断[に]船を照射するガンマ線を継続観測し, 状況次第では警報を提出する装置を使用した
	○船室内の放射線量の測定	岡　野			
	○乾式濾紙上の集塵と放射能の計測	岡　野			
	○インピンヂャー集塵器による水中集塵と放射能計測用材料の調製	浦久保	インピンヂャー集塵作業の共同 (調査の初期) 集塵水の化学処理の援助	亀田, 杉浦	
	○電気集塵器による空気の汚染調査	浦久保			
	○甲板面及日覆いの汚染状況調査	浦久保			サーベイメーターで計測した
	○居室内の衛生調査	浦久保			
	○乗船者の放射能性障害の診断と白血球算定	溝　田			溝田は船医として船内の患者治療を担当した
海洋班	○プランクトンの垂直採集と組成調書	長　屋	使用の測深装置の運転操作	船員	

第4章 水爆実験の影響(その3)　　　117

	○プランクトンの2段濾過採集と秤量及乾燥	長屋			
	○エクマン流速計による測流	堀, 吉田	ウインチ操作	船員	
	○電磁海流計による表面測流	堀, 吉田	ウインチ操作	船員	
	○海洋観測及採水作業	堀, 吉田	透明度, 水温測測及採水処理の援助	海水大気班杉浦, 亀田及班内長屋	海洋観測のうち海水の化学成分は海水大気班と分担し, 塩分量は調査終了後水路部で検定された
気象班	○測風気球観測	藤井, 広瀬			
	○一般海上気象の観測	藤井, 広瀬			

5. 装備の概要

ビキニ環礁を中心に米国が設けた扇形の危険海面の外側でも不測の危険を予想しないわけにはゆかぬ当時の情勢の下では, 不時の原爆実験による影響にも備える必要があるので, 俊鶻丸にはこの調査にあたって船内居室の換気冷房装置を船室閉鎖時のために施したほか, ビニール被服, ガスマスク, グラスファイバーなどを携行した.

測器類もバックグラウンドの放射能が突発的に増大する場合, 大気中に灰を混じえる放射塵が存在する場合, 放射線量が人体の許容限度を超える場合などを予想して撰ばれたほか, 調査の諸器材類は汚染による障害を防止するため廃棄の場合を含み, 最低限度の数量が整えられた.

この調査に使用された主な測器は次のとおりである. Scintillation Counter, G.E.K. 気象観測計器その他, 調査の科学者が所属する研究機関の協力により借用し使用したものが少くない. (空気の集塵にはこのほかに濾紙法が用いられ, 岡野は東芝電気製作の電気掃除器を改造して採塵に使用し, 杉浦は湿式濾紙法による濾過装置を組み立てて採塵した.)

第2表　主な測器の説明表

装置名称	型式	台数	使用目的	使用状況
Geiger-Müller Counter (単に計数装置と略称する)	科学研究所製32進型 Radiation Counter 計数管はベータ線測定用を使用	4台	汚染材料の放射能の計数測定	3台(計測班)2台はそれぞれ生物班からの材料の測定と他班の材料測定に専用し, 残りの1台は予備品として生物班での計数の概測に使用した.
携帯用 Surveymeter	科学研究所製 Geiger-Müller Counter型 Surveymeter	3台	汚染の計数概測と低度汚染物の計数測定	1台(浦久保)甲板面及日覆い, 実験用材料の汚染の測定に専用した. 2台(計測班以外の各班)汚染状況の計数概測に使用した.
電池式簡易 Surveymeter	科学研究所製 (ガンマ線用)	5台	放射能検知	主として漁艇内で漁獲物に使用されたほか計測班以外の各班が使用した.
ポケット線量計	科学研究所製	20本	線量の測定	漁艇乗船者が携行したほか船内各室に配置した.
Scintillation Counter	科学研究所製(ガンマ線用沃化ナトリウムを使用)	1組	バック・グラウンドの放射線の計数測定と波高分析	(岡野)バック・グラウンドの放射線測定に専用し2箇の自記計と警音装置が併用された.
Lauritsen Electroscope	科学研究所製	2台	ガンマ線量の測定	(岡野) Scintillation Counterによるバック・グラウンドの放射能測定に関連させて線量を測定するため用いた.
電気集塵器	柴田化学器械工事株式会社製　労研式	1台	降灰, 塵埃を集し組成を検査し, 放射能を測る	(浦久保)甲板上で空気の調査を行うため用いたが, 塵埃量が甚だ少く, 吸引能率(2時間に1立方米程度)と気温上昇によるモータの過熱の関係から, この器の使用を中止した. この

				調査には約30立方米の空気吸引が必要とされることが判ったためである.
Impinger-dust-collector	柴田化学器機製作労研式	1台	濾紙法では捕捉されないような細塵までも水中に集塵する	海水大気班杉浦と, 環境衛生班浦久保の共同で操作し, のちに浦久保が専用した.
電磁海流計 (G.E.K.)	科学研究所製作	1台	走航中の表面海流観測	海洋班で専用した.

6. 調査の船内配置

測器その他の器材の配置には, 作業上の連絡と操作の一貫性を考慮して, 船体後部の上甲板上の研究室内に計測室と化学室を隣接して設置した. 生物標本の検鏡, ホルマリン固定後の種類別け, 白血球算定などは船体前部の学生室 (調査団の居室にあてた) 内で行われた.

器材の配置と作業場所は次表のとおりである.

第3表　調査の船内配置

作業の種類	測器等の種類	測器使用場所	使用上の説明
バック・グラウンドの放射線測定 (岡野)	Scintillation Counter Lauritsen Electroscope Geiger Müller Counter 電圧調整器 (スライダック) 警音装置 自記計 (1)電流記録計 (横河電機製) (2)電子管自動平衡電位差計式記録計 (北辰電機製)	前塔部2階操舵室内左舷側机上に一括据置き定位置で観測した.	Scintillation Counter及びGeiger Müller Counterの電源は機関室に回転変流器 (imvertor) を置いて船内直流電源を交流に直した上, スライダック (東芝電機製作) を用いて85～105voltの範囲に電圧を調整した. 電源電圧が105voltを超えるときは回路が切れて警音を発するよう装置した. さらに電気的雑音を防ぐため濾波器をslidacの入力側に設けた.
調査材料の計数測定 (計測班)	Geiger Müller Counter 3台及び Surveymeter	計測室机上に設置し, 計数の測定は定位置で行われた.	計数装置のうち2台は室内に常置して使用した. 残りの1台は甲板上で漁獲物の体表, 鰓, 内臓のサーベイによる計数の概測に使った. Surveymeterは計測班以外でも使用した. 電源は岡野と同じ.
船室内の放射能積算量測定 (岡野)	ポケット線量計 (使用上の説明) 外形は万年筆型で, 全体が200ミリレントゲンになっている. 指針がこれを超えたときは荷電器 (Charger) を用い指針を零にすることが出来る. これは特に強い放射能を持つ海域に入ったときの測定用に使う予定でもあった.	船内9ケ所に常置したりか (ママ), 漁艇乗組みの調査員が常時携帯	(9ケ所の内訳) 船首部船員室上下2室各1個 船体前部調査団居室内両舷側各1個 船体中央部 (上甲板) 船長室1個 機関室内両舷側各1個 船体後部 (上甲板左舷) 調理室1個 船尾部 (上甲板) 計測室中央1個
化学操作 (海水大気班及び生物班)	海水栄養塩類等分析装置一式 海水中の放射性懸濁物 (インピンチャー集塵水も同様) の沈澱濾過装置一式 生鮮物乾燥用赤外線照射及び脱気装置 秤量器具, 灰化装置	化学室内に常置して使用	化学分析及沈澱装置は亀田, 杉浦, 浦久保が使用した. 乾燥装置及漁獲物材料秤量器, 灰化装置は河端及戸沢が使用した.
空気中の集塵 (海水大気班及環境衛生班)	インピンチャー集塵器 (浦久保)	船首部上甲板右舷側の定位置で使用	電気集塵器は, 前述「主な測器の説明表」に記されたように使用中止のため省略する.
	湿式濾紙集塵装置 (杉浦) 電動真空ポンプ, 空気計量器附属	前塔部2階海図室 (操舵室隣接) 内左舷窓際, 定位置で使用	窓外に空気吸引筒を出し, 真空ポンプで吸引した. 吸引量は初めは10～15m³位にしたが, その後30m³以上に改めた.

第4章 水爆実験の影響（その3）　　　　　　　　119

	乾式濾紙集塵装置 （岡野）	船首部上甲板中央部定位置で使用	（芝浦電機製作の電気式掃除器を改造し，濾紙の取り付け装置と空気計量器を1台に組み合せたもの）
	自然降下塵埃受器 （杉浦）	船内各所に一定期間吊した．	円壔20本，5月23日～30日船内各所
雨水の採取	アルミニウム製受壔 （直径約55cm深さ15cmの） 円壔型	上段ブリッジ	降雨なきときは水洗又は薬液洗滌後伏せておく．
甲板面及び日覆いの汚染の測定 （浦久保）	サーベイメーター	甲板上の定点3ケ所（船首部甲板2ケ所A及B点その後方下段の上甲板上1ケ所C点），日覆い用天幕（右舷上甲板上に常時架設した）の船首側縁辺部約3m四方の面積の定測部分	各定点は日覆い上の定測部分は毎日測定したほか，特定の日に船体，前塔部より船首にかけて甲板上の細密調査を施した．各定点の詳細は次のとおりである． A点　船首部前甲板中央部（甲板の中央で，しかもイカリ捲揚装置と天窓との間の中央時々海水に洗われる） B点　船首部前甲板の右舷後端で，2本のレール間に海水が溜まっては蒸発する（この海水は水洗用に常時汲み上げられる） C点　上甲板の中央で，マストと前甲板への階段の中間にある木鋲を打ち込んだ跡の凹みで，常に塵が溜っている．
プランクトン採集 （長屋）	北原式プランクトンネット，1吋平方の網目数129×129（XX13） 丸特型プランクトンネット 1吋あたりの細目数54～56のもの	前塔部下段のブリッジデッキ	測深儀をブリッジに据えて，観測定点ごとに150m水深より垂直に引きあげ，採集した．濾過水量は北原式1立方米丸特型2立方米位である．
	ネット2段式濾過 1吋平方の網目数129×129（XX13）及び25×25（GG26）の北原式プランクトンネット2箇を重ねあわせて吊下し海水を濾過する	ブリッジ下方の上甲板電動ウインチ装置と右舷側との間	左舷水面下4米の船底に開口の吸水口より汲み上げの上甲板海水放出栓に送水管を接続して右舷の2段濾過装置に送水した． 濾過水量は20m³～30m³で，2～4時間を要した．
測風気球の観測 一般海上気象観測	測風気球 観測儀 各種気象計器	前塔（操舵室海図室の）屋上 操舵室及前記屋上	気圧計，湿度計等気象計器類は，この調査のため精度を較正したものが使用された．
海洋観測 海流観測	透明板，測深儀，測温装置水諸器具 エクマン，メルツ流速計 電磁海流計	船尾部 甲板（Boat deck）	汚染海域内での細密調査の際などにはプランクトン垂直採集の場所で測深儀を利用し，2ケ所で同時に観測を分担した．
生物調査	延　　縄	船尾部甲板（Boat deck）より投縄	漁獲率，漁獲水深漁獲組成などの調査に用いたが，漁艇備え付けのLine hauler（揚縄機）が低能率（毎時15～20鉢程度）であることなどにより，1回の使用漁具数は40～60鉢に限定された結果，計測用漁獲物を提供するに留まった．
	漁　　艇 （長さ8m幅2.6m，8屯 機関ヤンマー16馬力）	常時上甲板に搭載し，揚縄時卸す．	船上への積み卸しは風力4以上のときは著るしく困難となった． （Line hauler 及投光器附属）
	稚　魚　網	右舷側	電動ウインチよりボート支柱の滑車に曳網索をかけ渡し曳行した．
	魚体測定及び解剖用器材	上甲板（右舷）	漁艇から船上へ収容の漁獲物は，右舷上甲板で測定解剖した．

1—3 水産庁調査研究部「昭和29年におけるビキニ海域の放射能影響調査報告」(第2輯) (55.11)

目 次

まえがき
第1章 気象, 海況および空気, 雨水, 降塵, 海水の人工放射能
　第1節　Bikini 環礁附近の海域における気象
　第2節　Bikini 近海の海況
　第3節　空気および雨水の人工放射能
　第4節　Bikini 海域における海水の人工放射能
　　Ⅰ. 海水中の人工放射能の分布および海況との関係
　　　(1) 水平分布
　　　(2) 鉛直分布
　　Ⅱ. 降灰と海水の放射能の関係
　　Ⅲ. 海水の放射能の性質
　　Ⅳ. 海水中の放射性物質
　　　(1) 分析法
　　　(2) 分析の結果
　第5節　Bikini 環礁と汚染海水
　　Ⅰ. 鉛直拡散
　　Ⅱ. その他の諸特徴
　第6節　放射性物質の全量に関する一考察
　　Ⅰ. Bikini 西方における成層圏の汚染
　　Ⅱ. 降灰汚染した海水の西方流去
　　Ⅲ. Bikini 東北東の汚染海水
　第7節　海水中における Calcite 粒子の沈降速度
　第8節　要約
第2章 プランクトンに対する人工放射能の影響
　第1節　プランクトンネットで採集したプランクトンの放射能汚染
　　Ⅰ. 採集方法及び放射能の測定方法
　　　(1) 垂直採集
　　　(2) ポンプ採集
　　　(3) 放射能の測定方法
　　Ⅱ. プランクトンの放射能汚染

　　　(1) 垂直採集による試料の放射能
　　　(2) ポンプ採集による試料の放射能
　　　(3) ネットの汚染について
　　Ⅲ. プランクトンの組成並びにこれに関する二, 三の考察
　　　(1) Copepoda
　　　(2) Copepoda 以外の動物性プランクトン
　　　(3) 植物性プランクトン
　第2節　稚魚網で採集したMacroplankton 特に Copepodaについて
　　Ⅰ. 材料及び採集方法
　　Ⅱ. Macroplankton の組成
　　Ⅲ. Macroplankton 組成の水域による相違
　　Ⅳ. Copepoda の生殖
　　Ⅴ. むすび
第3章 魚類に対する人工放射能汚染の組織学的研究
　第1節　魚類の血液について
　第2節　マグロ類の鱗と各臓器の放射能の強さの相関関係考察
　　Ⅰ. 処理方法
　　Ⅱ. 相関関係の観察
　　Ⅲ. 考察
　第3節　Radio-autograph によるマグロ類鱗の放射能考察
　　Ⅰ. 操作方法
　　Ⅱ. 結果
　　Ⅲ. 考察
　第4節　Radio-autograph によるカツオ各部の放射能
　　Ⅰ. 操作
　　Ⅱ. 考察
第4章 放射性汚染魚体中に含まれる放射性物質の研究
　第1節　魚体内各組織の放射能測定 (灰化試料による測定)
　　Ⅰ. 測定方法
　　Ⅱ. 実験結果
　　Ⅲ. 考察
　第2節　魚体放射能の減衰及び吸収曲線
　　Ⅰ. 魚体中に含まれる放射能の減衰
　　Ⅱ. 魚体各部灰化試料についての吸収

曲線
第3節 担体を用いる分属（放射定性分析）
　Ⅰ．実験方法
　Ⅱ．分属方法の検討
　Ⅲ．分属結果
　Ⅳ．考察
第4節 イオン交換樹脂を用いる分属
　Ⅰ．分属方法
　Ⅱ．結果
　Ⅲ．考察
第5節 化学分析による Zn^{65} の確認
　Ⅰ．放射定性分析による分属
　Ⅱ．吸収曲線の測定
　Ⅲ．イオン交換樹脂による再溶離
　Ⅳ．8-Hydroxy-quinoline による分離
第6節 Zn^{65} 魚体内転移に関する実験
第7節 γ線の測定方法とγ線による魚体放射能の分析
第8節 カツオ各器官における放射能の化学的研究
第9節 むすび
第5章 人工放射能による漁獲物の汚染
　第1節 漁場の汚染
　　Ⅰ．漁撈調査点の択び方
　　Ⅱ．漁獲物の調査
　　Ⅲ．汚染魚の出現が予想される水域
　第2節 廃棄魚漁獲水域
　第3節 放射能汚染魚の魚種別出現状況
　　Ⅰ．魚種別の廃棄状況
　　Ⅱ．季節による廃棄率の推移
　　Ⅲ．海域による廃棄率の差異
　　Ⅳ．廃棄魚の大きさの季節的推移
　　Ⅴ．一定海域における魚種別季節別の廃棄魚の出現状況
　　Ⅵ．要約
第6章 衛生
　第1節 衛生関係
　　Ⅰ．船内における診療状況
　　Ⅱ．白血球数の変動
　　Ⅲ．むすび
　第2節 要約
第7章 英文要約 (English summary)

§ 1. On the meteorological and oceanographic conditions in the sea area around Bikini-Eniwetok Atolls and the artificial radioactivities of air, rainwater, fall-out and sea water

§ 2. On the contamination of plankton attributed to artificial radioactivity

§ 3. Biological problems

§ 4. Radiological contamination of Fishes observed during the expedition by "Shunkotsu Maru"

§ 5. Radiochemical studies of contaminated fishes

§ 6. On the contamination of fish-catches attributed to artificial radioactivity

§ 7. Hygienic problems

まえがき

俊鶻丸によるビキニ海域における放射能影響調査の結果は時間的関係から，とりあえず調査の方法とデータそのままを主として記載したものを「ビキニ海域における放射能影響調査報告（第1輯）」として去る3月に報告したのであったが，その後引続いて各研究者のところで，俊鶻丸で採集してきた試料を中心に附帯実験とともに研究を続けていたが，その結果をここに取まとめて第2集として報告することにした．

この調査は結果から見て，問題を解決したものではなく，むしろ問題を提起したといったものであり，放射能が水産業に及ぼす影響に関する研究調査はすべて今後の研究に俟つという状態であるが，俊鶻丸による調査報告としてはこの第2集をもって打切ることにした．

この報告の執筆並びに研究担当者は次の方々であり，その御労苦に対して深甚の謝意を表したい．

第1章　気象，海況，および空気，雨水，降塵，海水の人工放射能
　　　　　中央気象台気象研究所　　三宅泰雄，杉浦吉雄，亀田和久
　　　　　中　央　気　象　台　　　藤井久雄，広瀬元孝
　　　　　羽田航空地方気象台　　　矢崎好夫
　　　　　海上保安庁水路部　　　　堀　定清，吉田昭三
　　　　　東　京　水　産　大　学　三好　寿
　　　　　科　学　研　究　所　　　岡野真治
第2章　プランクトンに対する人工放射能の影響
　　　　　東　京　大　学　農　学　部　松江吉行，長屋　裕，小牧勇蔵
　　　　　水　産　講　習　所　　　前田　弘，千葉卓夫，鶴田新生
第3章　魚類に対する人工放射能汚染の組織学的研究
　　　　　東　京　大　学　農　学　部　檜山義夫，磯貝肥男，末広泰雄，今村健光，日比谷京
　　　　　三重県立大学水産学部　　吉井義一
第4章　放射能汚染魚体中に含まれる放射性物質の研究
　　　　　国立予防衛生研究所　　　河端俊治，三浦利之
　　　　　国　立　衛　生　試　験　所　長沢佳熊，芹沢　淳
　　　　　国　立　公　衆　衛　生　院　高瀬　明
　　　　　東　京　大　学　農　学　部　森　高次郎，佐伯誠道，中村昌代
　　　　　三重県立大学水産学部　　吉井義一，堀口吉重，岡田弥一郎
　　　　　東　海　区　水　産　研　究　所　天野慶之，戸沢晴巳，山田金次郎
　　　　　科　学　研　究　所　　　岡野真治
第5章　人工放射能による漁獲物の汚染
　　　　　南海区水産研究所　　　　中村広司，矢部博，上村忠夫，本間操，須田明，他研究所員
第6章　衛　生
　　　　　国　立　衛　生　試　験　所　浦久保五郎
　　　　　国　立　第　一　病　院　溝田　成
　　　　　科　学　研　究　所　　　岡野真治
第7章　英文要約

　終りにこの調査の企画及び取まとめにあたり，御指導を頂いた顧問団の方々に深甚の謝意を表する．
　　　　　　　　　　　　　　　　昭和30年11月　　水産庁調査研究部

(第1章) 第8節　要　約

　調査海域は，北太平洋高気圧の南側に当り，いわゆる貿易風帯に属する．この海域の天気は，南北に連なる気圧の谷がおよそ1週間おきに，東から西へ通るために多少乱されるが，その外は，きわめて安定であった．赤道収斂帯は，5°N辺で東西に走り，その位置は東で低く（低緯度）西で多少高い．5月28日からの3日間ぐらいは，北東ないし東北東の強い貿易風の吹き出しに見舞われた．

　赤道収斂帯の両側で天気は悪く，内部ではかえって好天であった．したがって赤道前線は2本あるらしい．

　赤道収斂帯は大体において，反赤道海流と一致していて，これと北赤道海流および南赤道海流との境界附近に，しゅう雨が多かった．個々の前線の幅は，およそ100kmぐらいと推定された．

　次に，海況の概要を述べる．測点間の距離が大きく，また観測期間が比較的長いため，局地的な変化や時間変化は明らかではないが，大体において，従来の結果と大差がない．実測海流と力学計算の結果を比べれば，流線はよく一致するが，流速は観測値の方が計算値より，いくぶん大きい．これは，力学計算が

第4章　水爆実験の影響（その3）

赤道海流に当てはめられないためである．

北赤道海流は12°N附近を中心に西流し，その速さは，Marshall群島の東側では2ノットに近いが，西に行くに従って遅くなり，Eniwetokの西では0.2ノットであった．力学的地形図によると，北赤道海流の北側にかなり大きい渦流がある．赤道反流は5°N附近を中心に東流し，その流速はほぼ1ノットであった．北赤道海流との境界は8°N附近，南赤道海流との境界は2°N附近であろう．

水温および塩分の分布は，報告第1輯第31図によって明らかなように，いずれも東西方向の変化が少く，海流の傾向と合致している．また，水温や塩分の鉛直分布をみると，H.O. Sverdrupが指摘した南北方向の環流が認められる．

T-Sダイヤグラムによれば，この海域は，北西太平洋水塊（W.N.P.）から赤道太平洋水塊（E.P.）への転移域に相当している．北赤道海流域では，W.N.P.とE.P.の転移層が300～500mにあるのに比べて，南赤道海流域では塩分の変化が少く，しかも下層に向いほぼ一様に減少し，北赤道海流域のような転移層はみられない．

空気の放射能は，全航程を通じて1cpm/m^3以下であった．雨水の放射能は，5月22日に最高17,500cpm/lに達したが，これ以外に特筆すべきものはない．この雨は日本各地を襲った放射能雨とほぼ同時に降った．放射能は日本の雨の方がむしろ強かった．このことは，放射性塵がすでにビキニ環礁附近を離れて，大気上層を移動しつつあることを示している．

海水の放射能汚染は，予想外に大きかった．汚染海水の水平分布図（報告第1輯第6図）をみると，ビキニ附近から流出した放射能海水の一部は西北西に，他の一部は西南西に分れている．西北西に向う放射能海水は，北赤道海流の主流部にあると見られ流速は速い．これに反して，西南西に向うものは，いくぶん停滞している．これは，北赤道反流の北上による圧迫のためと考えられる．このため，西北西方向では約2,000kmまで，やや顕著な放射能（100cpm/l）を見るに反して，西南西では1,000kmくらいまでしか達していない．

ビキニ環礁の東北東800km辺に顕著な放射能（450cpm/l）を発見したことは，甚だ興味がある．この放射能がビキニの北方約350kmの辺りから東に向う流れに乗って運ばれたことは，まず間違いないと考えられるが，この東向きの流れが，太平洋を横断する海流であるか，それとも，局所的な渦流であるかは，議論の分れるところである．次に，まず，渦流説の根拠を挙げれば，

(1) 塩素量の表面分布において，ビキニの北350km附近で，等塩素量線は大きく北に迂回する．旋回の軸に当る海域附近では，燐酸塩や溶存酸素量の鉛直分布（第1輯第36，38図）から下降流の存在が認められる．また，この附近で，海水の放射能は周囲よりいくぶん増加している．これらの事実から，この附近に時計廻りの渦流の存在が考えられる．

(2) ビキニ附近の表面下50mの海水の水系をT-Sダイヤグラムを用いて，調べてみると，Fig. 7〔略〕のように分れる．

北赤道海流に属する水系Bは東側で幅広く，西側では狭い．これは，北赤道反流に属するC水系が斜めに北にかたむいて150°Eの附近で，A水系と非常に接近しているためである．この図から考えると，北赤道海流は西に行くに従って北赤道反流に圧迫されて幅が狭くなり，その結果として，ビキニの北方で東北に向かう反流が形成されるものと考えられる．おそらく，B水系とC水系およびA水系との潮境は，大きく蛇行していて，たまたま，この季節に両者は150°E，13～15°Nの附近で接近し，その結果として，B水系の西進が妨げられ，ビキニの北ないし東北東に局部的な渦流が生じたものと思う．

これに対して，北赤道海流の北縁に新たに太平洋を横断する東流の存在を主張する説の根拠をなすものは，次の通りである．

(1) St. 6附近で北東貿易風を受けながらも俊鶻丸は東方へ流された．従ってここは楕円渦の東端に当っていない．もし，楕円渦の東端になっているならば，東流する汚染水とそれが折り返して西流する2本の汚染帯がな

ければならない．しかし，俊鶻丸は東側のコースで上記の汚染帯の南方において，より幅広い汚染帯を発見していない．

(2) ビキニ西方における末拡りの汚染域の両側で海水汚染の程度は微弱であった．もし，渦流であれば，1周又はそれ以上した汚染水のため，その部分にも相当な汚染が期待される．

(3) 反流の実在について，東部太平洋で5つの断面について，すでに報告されている．

結論として，2つの説のいずれをとるべきか．これに対する確答は，研究の現況において困難のように思われる．

ビキニ西方海域における汚染海水の分布について特異な点は，海水の放射能が主として海面から比較的浅い層に限られて分布していることである．現在まで，赤道附近海域における上部対流層では，鉛直の渦動拡散係数はきわめて大きい（310cm²/sec: Defant 1932）と考えられていた．事実，W.H. Munk らはビキニの礁湖内で，その値が 200～300cm²/sec であることを確かめた．しかし，俊鶻丸の資料によると，これはわずかに 5cm²/sec にしかならない．

W.S. Von Arx (1948) によれば，干潮時に礁湖水が流出するビキニの主要水路における平均の深さは 29.4m であるという．そこで，一様に厚さ 30m の海水の層を考え，これがビキニを発して，北赤道海流によって3日間西方に運ばれる間に行われる鉛直拡散を計算してみた．深さ z における濃度は，

$$s=\frac{1}{2\sqrt{A_z\pi t}}\int_0^\infty f(\lambda)\left(e^{-\frac{(z-\lambda)^2}{4A_z t}}+e^{-\frac{(z+\lambda)^2}{4A_z t}}\right)d\lambda \tag{1}$$

ここに，

$$\left.\begin{array}{ll}f(z)=S_0/30000 & 0<z<3000\\ =0 & z>3000\end{array}\right\} \tag{2}$$

で表わすことができる．

ここで，$t=3\times24\times60\times60$（西向きの流れの速さを 1.2kt とし，ビキニと St. 17—6, 17—7 の間の距離を約 150km とする）とおけば，A_z をそれぞれ 100, 10, 5cm²/sec としたときに計算から求められる放射能の鉛直分布は，Fig. 20〔略〕のようになる．A_z は鉛直の渦動拡散係数である．これを観測値と比べれば，St. 17—6, 17—7 の観測値にもっともよく合うのは，A_z=5cm²/sec の場合である．

Stokes の法則を用いて，いろいろの粒径の Calcite が海水中に表面より深さ 200m および 500m まで沈降するに要する時間を計算した．その結果は，Table 6〔略〕が示すように，例えば，径 8μ の Calcite は 200m を落下するのに 1,000時間以上を要する．これは，5月5日の爆発より調査当時（6月12日）までの経過時間とほぼ等しい．ビキニ附近における成層圏の汚染は，鉛直拡散によってもある程度説明できるが，むしろ，放射能を帯びた Calcite が爆発直後海面に落下して沈降通過する際に成層圏を汚染したものである．ただし俊鶻丸の航行時には海底に達していたものと見られる．これに反して，対流圏海水の放射能は，主として，ビキニの礁湖から流出する湖水に由来するのではないかとの考え方がある．それは，ビキニ附近の北赤道海流の流速から見て，爆発当時の降灰はすでに調査地点（St. 17 の辺り）を去っていると考えられるからである．また，ビキニ西方の放射能がビキニ環礁に収斂するかに見えることも，この考えを支持する．

対流圏海水の放射能源をビキニの礁湖水に限るという上の考え方に対して，なお，別の考え方もあることをつけ加えねばならない．

ビキニ灰から海水中に溶出する放射性物質の量を実験的に定めて，これをもとにして，計算してみると，深さ 100m までに灰の放射能は大かた溶出することが分った．幅130kmの断面をとり，東西方向の流速を1ノットとすれば，放射能の流量は 6.6×10^7 キュリー/時となり，これに $A=ct^{-1.4}$ の減衰を考慮すれば，実測値にほぼ近い 0.2×10^5 キュリー/時の流量を得る．

また，礁湖水のみに源を求めたのでは，莫大な放射能の説明が不十分である．以上から推察して，ビキニ西方の放射能は，ビキニ環礁を中心に数百 km にわたって撒布された放射能灰から海水中に溶出した放射性物質に大部分よるものと考えられる．

海水の放射能の減率を $A=ct^{-\alpha}$ で表わすと，α はこの場合，1.3～1.6の範囲に入り平

均 1.4 ぐらいである. (ただし, 5月5日の爆発として).

放射化学分析の結果, Y-91, Ce-141, 144が多く, Zr-95 は, かなり少いことが判った. これは, Hunter-Ballou の計算による結果とかなり違う.

(第2章) V. むすび

Bikini 環礁周辺海域で1954年5月—6月に稚魚網で採集した macroplankton を研究に用いた. plankton は核分裂生成物により強く汚染され, 同一地点の海水や魚類よりもはるかに強い放射能を示しているにもかかわらず多くの動物性 plankton の他に, 118 種の Copepoda がみられ, その中には生殖時期にあるもの19属38種が含まれていたことは注目すべきである. plankton 組成をしらべてみると, 核分裂生成物の汚染によって分布が支配されているというような種はないが, 海流によって分布をことにする数種があることがわかった.

(第4章) 第9節 むすび

実施に当っては実験担当者が随時参集し分析方法等について検討を重ねなら分析を進めて行った. 船上の実験は設備の関係で放射能の測定は生試料 ("Wet tissue") 及び乾燥試料 ("Dried tissue") に止まったので, 帰港後持ち帰った試料につき灰化して ("Ashed sample") 放射能の測定を行った. (東大及び衛試)

船上実験により魚体各部の放射能には魚種別, 個体別又器官により著しい量的な差が認められ, 又アルミ板による吸収及び帰港後引続き放射能の減衰 (Decay) を測定した結果, 魚体各部に含まれる放射能は単に量的だけでなく質的な差異があることも推定された. (予研, 三重大)

魚体各組織中に含まれる放射能元素について知見を得るため, まず可食部殊に筋肉の灰化試料について通常の無機定性分析法に準じ担体を用いI～V属に分属を行った. しかし魚体のように燐酸塩を含むものでは常法通り行うことは出来ないのでII属を分離後, 濃 H$_2$SO$_4$ で処理してIV属 (Sr, Ca, Ba) を先に沈澱分別し, 次でIII属の分離に移る方法を用いた. 福龍丸の灰 ("Bikini Ashes"), 汚染農作物は, いずれもIII属A (稀土類) が最も強く, IV属II属がこれについでおり, III属Bは痕跡程度の放射能を示したに過ぎなかった. ところが, 俊鶻丸試料ではIII属Bが明かに認められ, しかもIII属Aよりも多い傾向を示したことが大きな特徴であった. われわれも最初はこれを疑問視し分属方法の検討を重ねたのであるが, これを解く鍵となったのはカツオ筋肉灰化試料のシンチレーションカウンターによるγ線のスペクトルであった. 即ちこれを担当した岡野により, 同試料にはγ線のエネルギーが 1.12MeV という高い元素の存在することが確認され, しかもその吸収や半減期から全然存在を予想しなかった Zn^{65} である可能性が多いことが指摘された. そこで, 東海区水研及び予研は陽イオン交換樹脂 (Dowex-50) を用いる分属を行ったところ, pH 4.1 のクエン酸アンモンで溶出する分属中より, 東大森研究室ではカツオ筋肉III属Bのシンクロオッシロスコープより, 又, 衛生試験所では, キハダ幽門垂のイオン交換樹脂法と 8-oxyquinoline を用いる分析から, 何れも放射化学的に Zn であることが確認され, さらに K-Xray の値 (錫箔による) より Zn^{65} と一致することを確認するに至った. 次でビンナガ及びキハダの各器官の分離を行った結果 Zn^{65} は魚体中に広く分布し各器官のγ線源の主成分をなしていることも判明した (予研). Zn^{65} の由来については詳らかではないが, 弾体構成金属が, 爆発の時に夥しく生ずる中性子により 2 次的に誘導されて生じた Induced product (誘導放射能) であると想像される.

いずれにせよ海水中や他の場合に殆ど検出されなかった程度の放射性物質がこのように生体内に濃縮され蓄積されるに至ったということは興味があるとともに甚だ重要な事実といわねばならない. Zn^{65} の魚体内転移に関し, 東大・森, 佐伯によって淡水魚について実験が行われたが, 実際の海洋における条件とは大きな差があり又, 淡水魚鹹水魚と異っているにせよ, Zn^{65} の魚体内への移行, 蓄積

の可能性を知る上に多くの寄与をなした。なお，魚体各器官における放射性物質の化学的存在状態を知るために電気透析による研究が三重大吉井，堀口，岡田らによって行われた．

汚染魚体に含まれる放射性元素は Zn^{65} だけではない，核分裂生成物中寿命の短い元素は既に検出出来ないであろうが，予研河端らの行ったビンナガ臓器のイオン交換樹脂の分属結果でも，0.5%蓚酸及び pH4.6 クエン酸アンモン溶出部に顕著な放射能が存在することを示し，又東海水研で行ったカツオ筋肉のイオン交換樹脂分属でも 0.5%蓚酸部分に明瞭な放射能が検出されたのである．従って放射能の魚類に与える影響を知るためにも又汚染魚食用の可否を決定するにも，これらの存在を無視する訳にはいかない．その物質の同定については引続き研究中である．

総括的にいって Zn^{65} の分離確認ということは，今次研究の大きな収獲といえるであろう．このために，東大，東海区水研，予研，衛生試験所，公衆衛生院，科学の研究者たちが，所属は異っても虚心担懐に研究方法を討議し，多少の方法は異っても（むしろ客観的にみればかえってよいことでもある）共に一つの目標に向って協同し，ついに凱歌を挙げるに到ったことは，研究班として大きな喜びにたえない。しかもこの協同の成果ということは個々のプライオリテーを傷つけるものでないことを強調したい．この報告はそれぞれの研究者が分担執筆したものをとりまとめたものである．

(第5章) Ⅵ. 要　約

a) 厚生省の放射能汚染魚検査の資料と，南海区水産研究所の漁況調査資料から汚染魚出現の地域性や季節的推移を考察した．

b) 廃棄率を魚種別にみると，バショウカジキが最も大きく，キハダ，クロカジキ等がこれに次ぎ，全く廃棄されていないクロマグロ，インドマグロ等も認められる．

c) 廃棄率は全海域に通じて，水爆実験直後よりも数ケ月おくれて最高となる．

d) 廃棄率は海域によって著しく異なり，北赤道流流域に最も大きく，赤道反流流域ではその $1/2〜1/3$ となり，南赤道流流域では極めて小さい．北太平洋流流域ではかなり大きいもののようであるが，黒潮，小笠原海流等，北赤道流と直接に関連した海流の影響によるものと考えられる．

e) 廃棄魚の大きさは9月を転機として著しく相違し，10月以降には以前にみられなかった小型魚に廃棄魚がみられる．9月を転機として汚染魚の出現海域や汚染魚の形態等に差異が認められることは，中村その他による"3月と9月を中心にして海流系相互間に大規模な魚群の交流が行われる"との想定を裏書きするものと考えられる．

f) 一定海域における魚種別，季節別の廃棄魚の出現状況をみると，全く汚染のみられぬもの，廃棄率の著しく大きいもの等が混然として居り，汚染魚の広範な海域からの出現は，主としてこれ等の魚類の洄游に由来すると考えられる．

g) 結局この問題が突発した当初に，

　i) 海流系は夫々異った生活圏であり，ある海流系から他の海流系に移行する洄游は，これ等の魚類の生理，生態的な理由による場合以外には稀であり，

　ii) かような洄游の行われる主要な季節は3月と9月を中心とする比較的短期間である．

との想定に基いて予想した結果に反する様な事柄はみとめられなかったと云える．

h) 魚種による種々の差異は，夫々の生態と密接に関係しているものと考えられるが，これを実証するほどの知見はまだ得られていない．全く廃棄魚のみられなかった魚種を併せて考えると，

　i) その生活史の過程において，一度も北赤道流海域に関係をもたぬと考えられるものには汚染魚は出現する可能性は極めて少い．

　ii) 主要な漁場が北赤道流以外の海流系に形成されるような魚種（例えばビンナガ）の場合でも，生活史のある過程を北赤道に過すと思われるものでは，多少に拘らず汚染魚が出現している．

と云えよう．

i) 同一漁場で同一の漁季に漁獲された同一魚種についてみても、廃棄魚の全体に対する割合はあまり大きなものではない。このことは、他にも理由は考えられるが、汚染が比較的限られた海域で行われ、そこで汚染されたものが拡散した可能性を示すものと考えられる。俊鶻丸の調査結果をみると、海水の汚染とプランクトンの汚染の度合は平行的であり、マグロ類でもその相関性は大きいとされている。

1—4 参議院水産委員会「調査団および顧問団の国会報告」(54.7.7)

調査団長，水産庁南海区水産研究所資源部長　矢部博

　調査の経過の概要を申上げます．

　俊鶻丸は5月の15日東京を出発いたしまして、途中ウェーキ島で2回水を補給しまして、帰って参りました．この間の私どもがやりました調査の概要を述べますと、我々は先ず海水の放射能の状態を調べるために船をとめまして、深さ大体500乃至800メートルまでの海水を取りまして、その海水に含まれている放射能の状態を船の中で調べました．次にプランクトンを取り、これは魚或いはほかの動物の餌になるものでございますが、このプランクトンを船の走っているときには海水ポンプで、或いはとまっているときには特別のプランクトン・ネットと申す網で取りまして、これを材料にしまして放射能の程度を調べました．

　次は稚魚網と申しまして、口径1メートル30、長さが4メートル程度あります網を使いまして、180メートル程度の深さから表面までの稚魚及び比較的大きなプランクトンを取りまして、これを調査しました．次は全航海のうち9回、漁業者のやると同じような方法で実際にまぐろ或いはさめなどを取りまして、この魚に含まれている放射能、これはあとから担当者から細かく説明があると思いますが、体の表面、肉、内臓、内臓などは更にたくさんの部分に分けて放射能の程度を調べました．

　次は海流の調査でありますが、これは航海中ずっとGEK或いはエクマンの流測計という特殊な機械を使いまして海流の状態を調べました．そのほかに雨が降った場合にはその雨を取りまして雨の中に含まれている放射能、それから航海中は船体を調べまして、その船体がどの程度に放射能によって侵されているかということは毎日調べました．それから船医がおりまして、船医が乗組員及び調査員の健康状態についてずっと調べてまいりました．

海上保安庁水路部海上保安官　堀定清

　私は主として海流の調査と水塊の性質の調査、この2つを主な分担としてやって参りました．

　私たちが調査しました海域は、大ざっぱに申しまして北赤道海流、赤道反流、南赤道海流、この3つの大きな流れが支配しております．問題の焦点でありますビキニは大体北緯12度でございまして、これはほぼ北赤道海流の中心に当っております．その位置を大体申上げますと、大体北緯15度から北緯9度までの間、これが北赤道海流と認められます．それから9度から北緯3度、大体でございますが、その間に反流が認められます．それから3度以南、これは南赤道海流、それからその向〔ママ〕は北赤道海流、南赤道海流は西のほうに流れる．その間にあります赤道反流、これは東のほうに流れるのであります．その結果を大体今ここに図にして持って参ったのでありますが、これをお廻ししたいと思います．実線で書いてありますのが流測計を以ちまして実際に測った値であります．それから点線で書いてありますのが、実測ではないのでありますが、水温の分布とか、その他いろいろなほかの条件を睨み合せまして書きましたもので、その矢印の大きさは流速とは関係ございません．今申しました点は大体従来のこの附近の海況と大差はないものと認められますが、ただ一つ北緯15度以北におきましてかなり顕著な東向きの流れが認められました．

　それからこのほか各測点で水を取りましてその性質を調べたわけでありますが、その取りました水は表面の水、それから10メーター、

25メーター，50メーター，100メーター，150メーター，200メーター，300メーター，400メーター，500，600，800 この12層に採水器を入れましてその各層の水を取りましてその塩分，それから普通栄養塩と言っておりますが，燐酸塩とか珪酸塩，硝酸塩，そういうものの定量分析をいたしました．それでその化学分析の結果は，一部まだ終っておりませんので，ここで申上げることはできませんが，水温について少し申上げますと，これも従来の海況と余り大差はないようでありまして，赤道反流の所で非常に温度が低くなっておる．それで大体200メーターから深い所は大体一様な水であります．温度の違いとかそういうものは殆んど全海域を通じてありません．これは従来通りであります．

運輸省気象研究所運輸技官　杉浦吉雄

私が分担いたしました仕事は空気の放射能，雨水の放射能，それと海水の放射能を調べることでありました．

先ず順序といたしまして空気の放射能について申上げますと，これは大体30立方メーターの空気をふきまして，この中の塵埃を適当な装置に捕えましてその放射能を計りますと，最高15カウント・毎分という値が得られたほかは，大抵の場合放射能を認めることができませんでした．

次に雨の放射能につきまして，これは5月の22日，ウェーキ島に着く2日前でございますが，この際僅かに0.35ミリの雨につきまして1万7,400カウント・毎分1リットル当りという数字を得たのが最高でございまして，その後はたかだか500カウント・毎分1リットルという数字にとどまりまして，大部分のものが放射能は極めて微弱であるということがわかりました．

次に海水の放射能について申上げますと，これは航路に当って水面の海水はできるだけ多数集めて詳細に海水の汚染状況を調べることに努めました．又一方海の水面から20メーター，40メーター，50メーター，60メーター，75メーター，100メーター，150メーター，200メーター，300メーター，400メーター，500メーター，600メーター，800メーター，この各層につきましてこれはあらかじめ定めてあります測点について各層の放射能を定量いたしました．ここではその詳細は省かせて頂きまして，我々が得ました数多くの測定の結果を整理しまして，大づかみに海水の汚染状況はこうであろうと推定される結果だけをここで発表させて頂きます．

先ず北のほうではウェーキ島の極く近く，およそ北緯14度辺まで汚染の範囲が拡がっておるかに見受けられます．それでおよそその辺の放射能を申上げますと，50カウント・毎分1リットルという程度のものはウェーキ島の極く近くまで達しております．それからこの50カウント・毎分の数字が得られます範囲を下に下って参りますと，これは大体北緯8度の辺まで下ることができます．それからビキニの東のほうを見ますと，これは我々の調査範囲であります．東経173度の線まで検出することができました．それから西のほうでは，やはり我々の調査範囲であります東経150度の線まで検出することができました．ただ大ざっぱに申しまして，その形は，160度より西150度の範囲に亘りましては，只今申上げました50カウント・毎分の汚染範囲が幾らか西に向ってつぼまっておるような状況であります．

それから更に放射能の強いと思われます部分をあらかじめ知るために，試みに300カウント・毎分リットルの範囲を定めますと，これは大部分がビキニの西方およそ東経165度から150度の範囲に亘っておりまして，勿論先ほどの50カウント・毎分の範囲よりは狭い所に出て参ります．

併しながらその形は大体50カウント・毎分の汚染範囲の形状と似ております．なおビキニの東方におきましてもこの300カウント・毎分程度の汚染は認められまして，それはビキニの北寄りで，大体北緯15度辺に汚染の個所が見付けられます．これは東経173度の我我の調査範囲まで達しております．

この300カウント・毎分の汚染海域内の状況をもう少し細かく申上げますと，この中ではかなり汚染の高低に差がございまして，

第4章　水爆実験の影響（その3）

その汚染の高い所と低い所が波型に現われて参っております．それで我々が得ました最高値は大体ビキニの西方にございましたが，一例を申上げますと，ビキニの西方およそ80マイルの地点で深さ50メーターの所で5,780カウント・毎分という値が得られております．これは最高値ではありませんが，かなり高い放射能を示す一例として申上げておきます．

次に北緯8度より下りまして我々の調査範囲でありました南緯3度のあたりまでは殆んど海水の放射能は検出されないと申上げてもよろしいかと思います．それから又北緯20度から北，と申しましても我々の調査した所は，ウェーキを出まして一度南下してそれから東京に帰るまでのほぼ一直線上のコースについてでありますけれども，このコースにつきましては，北緯20度より北の部分では，小笠原の近海に至るまで水面の放射能は検出されないと申上げていいと思います．

厚生省予防衛生研究所厚生技官　　河端俊治

私どものやりました生物関係の仕事の概要を御説明申上げます．

私どものやりましたのは，先ほど団長から申されましたようにプランクトン，これは小型のプランクトンを稚魚網で以て漁獲いたします．大型プランクトンの測定とそれから延縄でとれますまぐろその他の魚類につきましての測定と，ウェーキ島あたりでは手釣をいたしまして，それによって得られました魚獲物についての測定及び船上に夜になりますと飛込んで参ります飛魚につきましてやりました測定というふうに大別されます．

その測定の仕事の概要を申上げますと，先ず船上にをきましては，普通言っておりますガイガー・カウンターという機械で以て魚の表面，鰓，内臓この部分のサーベをいたしました．それから私どものまぐろをとるときの条件は，普通の漁船と違いまして，本船の上で延縄を海の中に投入いたしまして，上げるときは約3トンくらいの小型の漁艇と申すボートに乗りまして捲き上げてとるのであります．そのとれましたときにすぐ携帯用の小型のサーベ・メーターで一応表面を検査いたし

ます．とれましたものを本船上に運びまして更にサーベをかけて，それから細かく各部分にとりまして精密測定のほうに移すというような仕事の手順で行われます．小型プランクトンのほうは非常にとれた量が少いので実際上分けませんで，全部測定のほうに廻しました．大型プランクトンのほうはできるだけ種類別に分けまして測定を行いました．魚のほうは，さめ類は殆んど私どもの能力的にもできませんものですから，筋肉と肝臓ぐらいにとどめましたが，まぐろ類はできるだけ細かく測定いたすために背側の筋肉，腹側の筋肉，血合肉，皮膚，肝臓，胃の内容物それから腸，精巣，腎臓，骨，血液，そういうふうに分けまして放射能の測定をいたしました．放射能の測定は試料を1グラム取りましてその湿った状態でガイガー・カウンターにて測定することと，更にその測定が終りましたものを乾燥機にかけまして乾燥いたしまして測定するというふうにいたしました．私どもの報告は両方書いてございますけれども，原則的には生の肉或いは臓器の1グラムを乾燥いたしましたときのカウント数で結果を現わしております．

その得られました結果を御説明申上げますと，プランクトンでは，只今御説明がありました海水の汚染の状態に極めて似た関係がございます．特に大型プランクトンの中で，私どもがデータに載せましたのは矢虫という類のプランクトンでございますが，それについて見ますと，海水の汚染の状態に非常によく似ておりました．ただ海水の汚染の状態よりも非常に強く現われて来るというのが特徴であります．但しプランクトンの種類によりまして著しい差がございます．併しいずれの種類でありましても，全体を通じて見ますと，海水の汚染の状態とよく一致した変化を示しております．海水の汚染の高いときには当然プランクトンの汚染も高いという結果を得られております．海水と比較いたしますと，一般的にプランクトンの放射能の強さは同一数量の海水のそれよりも遙かに高いので，海水の汚染の有力な指標となることができるであろうというふうに考えております．お魚につ

いて申上げますと，魚類の汚染についての特徴は，次に申上げますことであります．

第一番目は，魚体の放射能の強さの，私どもが8回漁撈をいたしましたが，その8回の場所別の変化は，一部の例外を除きますと，大体プランクトンは海水の汚染に一致しております．

二番目は，同一の魚体の放射能の強さは，器官によりまして著しい相違がございます．一番強い所は，胃腸の内容物及び胃袋のすぐ下のほうに房状になっている幽門垂という器官がついておりますが，その幽門垂と肝臓を含めまして，脾臓，腎臓というようなものが一般に多く現われております．鰓及び血液はこれに次いでおります．皮膚それから骨，お刺身にする所の筋肉の汚染は極めて僅かでございます．但し背中の所の肉で，まぐろ，かつおの類には血合肉といって，赤くてお刺身にしない所ですが，その部分は白身の肉に比べますと，常に高い放射能を示しております．

その次に大型の魚をとりますと，胃の内容物の中の小さなお魚にそういうものが含まれておりますが，そういうものをとりまして，できるだけそれの内臓の部分だけの放射能を測定いたしましたが，その小魚及び船の中に飛込んで来ます飛魚の測定結果より申しますと，一般に同じ水域に棲息しておりますまぐろの餌となるような小型の魚の放射能は，大型のものに比べますと強い傾向がございます．但し勿論それは魚体による差もございます．

以上申上げましたことをまとめますと，汚染の原因というものは，主として汚染された食べ物，これはプランクトン，小魚その他のものでございますが，そういうものを摂取することによって汚染されたものだというふうに考えられております．

それから実用的な問題といたしまして，今回私どもはその汚染された魚の処理方法を一応検討してみたのでありますが，その我々の得られた範囲では，汚染された魚では，表面及び内臓を除きまして，その腹腔内は十分海水だとか，ソープレスソープ，ＥＤＴＡという薬品で洗滌いたしましても，その汚染は除くことはできませんでした．灰等の附着によるものではなく，体の中に吸収されているのを示すものだというふうに考えられております．

それで場所別によりますこの汚染の状態を航跡に従いまして私ども見て参りますと，大体北赤道辺の私ども調べた範囲内の場所は，特にビキニの附近は非常に高いお魚の汚染の状態が見られましたし，それに比較いたしますと，赤道反流は比較的少く，南赤道海域に入りますと，殆んど認めることができないという結果が得られました．

三重大学講師　吉井義一

私のほうはいわゆる計測関係でございまして，計測器を使用して，いわゆる放射能を計るというほうの仕事であります．

放射能測定といたしましては，精密測定をするために科研型の23進法の測定器を4台，それからいわゆる船，あるいは甲板なんかを調べるために持ち運びのできる交流電源のサーベ・メーターというものを用いておりますが，これが3台，それから小さな船に乗せて，漁艇に持って行くために電池式のサーベ・メーター5台，こういうものを揃えまして測定したわけであります．精密測定のほうは，先ほど申されましたように，海水或いはプランクトン，或いは魚などのいわゆる試料が測定室に集りますと，これを先ほどの精密測定器にかけて調べます．

その精密測定器の概要を簡単に申上げますと，いわゆるガイガー・カウンターでございまして，これはいわゆる放射能のうち特にベーター線を余計調べる，こういうものであります．大体我々といたしましては，正確に早く調べるために，それをモットーといたしまして，大体測定器の誤差の範囲はプラス・マイナス5％以内に抑えるように試料によって時間を調節して測定しております．それからそのほか線量計を持っております．シンチレーション・カウンターというもの，ガンマー線を測定するためにシンチレーション・カウンターというものを科研でわざわざ作られたものを1台ブリッジに置いております．これらが大体測定器の概要であります．

そして測定いたしたものは海水,或いは大気班,或いは生物班に全部出しまして検討する,そういうことをやりました.そのほかにとれました放射能のある試料の放射状,即ちどのくらいの程度で減って行くか,或いはどんなものが入っているかというようなことを測定いたしまして,今後の,水素爆弾の現在残っているいわゆる残留放射線というものが今後どういうふうなものになるかというようなものの資料にしたいといって測定したわけであります.これは現在も続けておりますから今後の問題と思います.

そのほか現在考えておりますことは,このような測器が果して漁船に載せて適当であったかどうかというそういう検討も今後の問題として残しておきたいと思います.

厚生省衛生試験所厚生技官　浦久保五郎

私ども空気の汚染をお手伝いいたしましたが,これは全航程を通じて殆んど問題はないということを認めました.それから放射線の総線量をポケット線量計で船内の各部9カ所においてそれを調べましたが,一航海,つまり東京を出てから東京に帰るまでの総放射線量が100乃至150ミリレントゲン以下という結果を得まして,先ず安全であるということが認められました.それから船体の汚染を毎日場所をきめて測りましたが,一番高いところで150カウント・パー・ミニッツという程度で,殆んどの所が2桁の数十カウントという程度でありました.なおこの船体に放射能が僅かではあるが出て来る原因といたしましては,海水が被ってそのために船体が汚染されるということが一番大きな原因であると,こういうふうに思われました.

それから東京へ帰る2日前の7月1日に測ったときには,1カ所を除いてほかは殆んど放射能を認められないという状態にまでなってしまいました.なおそれらについては,特別に放射能がついたから放射能を落すために船体を洗滌するということはしなかったのでありましたが,そういうふうになってしまいました.

それから放射能を体内に取入れる機会といたしましては,結局海水を口から体内に入れる,或いは傷の部分に海水なり汚染された物質をつける,或いは汚染された空気を呼吸するといういろいろ考えられると思いますが,それについても,今度の航海については殆んど先ず問題はありませんでした.我々は実験をやるために汚染されると,たとえ10カウント汚染されても実験のデータが狂って来る.そのためにいろいろな手袋をはめたり或いはいろいろな,場所によっては海水の使用を禁止したり,そういうことをいたしましたが,こういうことを先ずしなくてもよかろうと認められました.

それから全員,乗組員の健康状態でございますが,これは船の上のことでありますので,さほど健康とはっきりは申上げられませんが,先ず先ず普通である,特別な特徴はないということでして,途中患者も出ましたが,放射能による疾患というものは全然認められませんでした.なお且つドクターのほうで白血球の測定を数度行なっておりましたが,これも先ず,まだよく聞いてはおりませんが,さほど特徴はないという結果でありました.

以上の結果からあの海域を航行するというその船に乗っている人間に対する衛生という点について見ますと,非常に汚染された海域において海水で食器を洗うとか或いは米をとぐとか或いは甲板にいて何時間も海水を頭から浴びる,しぶきを浴びるとか,そういう極端なことさえしなければ,先ず航行に対しては差支えはなかろうということが認められました.

水産庁調査研究部長　藤永元作

私は俊鶻丸を出すまでに至った経緯,それから今後この厖大な資料をどのように処理して発表するかというようなことについて極く簡単に御説明いたします.

御承知のように3月16日ですか,初めて福龍丸の事件が新聞に報道されましてからは,その一番大きな被害は,水産業,特に南方のまぐろでございました.それで水産庁といたしましては,何とかして1日も早く南方の漁場の調査をやりまして,根本的な対策を立て

なくてはならん，こう考えましていろいろ準備を進めたわけでございます．併しながら折角船を出す限りは単に水産業という立場以外に，更に海水の汚染とか或いは大気の汚染とか，とにかく南方の海を我々が可能な範囲においてできるだけ広範囲な調査もやって見たい，かように考えまして，先ず水産庁は日本海洋学会，日本水産学会の援助を求めまして，更に又関係の官庁といたしましては文部省，厚生省，運輸省という方面にもいろいろお願いをいたしまして，これらの官庁或いは学校或いは学会というような各方面の専門家にそれぞれお願いいたしまして班を組織いたしました．そうして班の責任者をきめまして，精密なプランを立てて頂いたのであります．大体4月の10日頃からいろいろ会合を持ちまして，いよいよプランができましたのが4月の20日過ぎ，船は5月の1日頃に出そうという予定でおりましたが，いろいろ初めてのことでありまして，なかなかその準備も思うように行きませんで，漸く5月の15日に船を出すことになったわけであります．初めはビキニで航行中に更にもう1回や2回の原爆の実験に会うのじゃないかというように考えまして，できるだけの準備はいたしたのでございますが，幸いにして航行中には水爆の実験はありませんでした．その点は割合気持は楽であったんでございます．

それから約50日間の航海を了えまして去る7月の4日に東京に帰って参りました．集めました資料は実に厖大なものでございまして，これを更にもっと研究を進めなくてはなりません．

それで出発から船が帰るまではビキニ海域調査団というものを組織しまして，水産庁が事務当局のようなものになりまして準備をしたのでございますが，今後はその調査団というものは解体いたしまして，ビキニ調査連絡会というものを水産庁内に設けまして，これが中心になりまして，今後の資料の取りまとめをやって行きたい，かように計画を進めております．

計画の進め方は，準備のときと同じように班を各班に分けまして，今までの実際に船に乗って行って調査をやられたかたがた及び計画に参加されたかたがたに一緒になってもらいまして，大体約2ヵ月後には資料の取りまとめができるように目下準備を進めております．幸いにいたしまして，この51日間の航海中1人の病人もできない〔ママ〕．又この頃よく新聞を賑わしております白血球の減少ということも殆んど認められないで無事に帰って参りました．それで一昨日調査団のかたがた，あるいは顧問団のかたがたに集って頂きまして，新聞やラジオを通じて報告いたしましたように，第1回目の水産庁の報告として極く大ざっぱなことを申上げたのでございます．

それを更に要約して見ますと，北赤道海流は全部ではございませんが相当海の汚染されておる場所がある．そこは主としてめばちの漁場でありますが，このビキニ周辺のめばちを主にする漁場は少しは注意されたほうがよかろう，但しこれは長くは続くものではなくて，約半年の間くらいはビキニ周辺のめばちの漁場はできればおやめになったほうがいいじゃないか，まあこのくらいの程度は言えるのじゃないかと，こう思います．それから赤道反流，これはきはだとくろかわを主にする漁場でありますが，ここではそう大した汚染の影響はあるまい．南赤道以南になりますと，これは殆んど汚染ということは考えなくて済むのじゃないか，このような見解を発表したわけであります．但し魚は多少移動するものでありますから，南赤道反流の魚には全然汚染された魚が出ないかというと，そう簡単に割切れませんが，先ず赤道反流から南赤道流域においては，汚染された魚の出る確率は極めて少ないということは言えるのであろうと，かように思います．又先ほどからもたびたび調査員のかたから報告がありましたが，あの周りの航海は一向に差支えがない．現在漁船は南のほうに行く場合に危険区域を避けまして随分大廻りをして参りますが，そういうことは必要はない，大廻りをしないで直線コースをとられて漁場に行かれても先ず差支えはなかろう．但しビキニの西側には相当汚染されておる海域がございますので，そのあたりを航行する際には注意されて，そこの水を取

第4章 水爆実験の影響（その3）

って米をとぐとか或いはシャワーを浴びるとかいうことは成るべくなら避けられたほうがいいだろう．而もその海域と申しますと，5，6時間で通過する海域でございますから，その間くらいは海の水の使用は注意されたほうがよいだろう．このくらいのことを一昨日発表したわけでございます．

更に詳細は，これから調査員のかたがた，或いは顧問団のかたがたで十分研究して頂きましてその成果を発表いたしたい，かように思う次第でございます．

東京水産大学教授　宇田道隆

私は一般海洋のほうで，先ほど堀君から話がありましたような海洋の海流とか海洋状況の調査のいろいろな準備及び企画の御相談にあずかりまして，大体の事柄はすでにお話がございましたが，それに附加えて申しますれば，今度の調査に北赤道流，それから赤道反流，南赤道流というような区域が非常に汚染の境をはっきり見せておるように存ぜられます．そしてその北赤道流の北の辺にも亜熱帯収斂線というものがございますが，やはりそれも関係しておるようでありまして，水の流れの線が寄り集まる所，収斂と申しますが，そういう線状になった所，或いは渦流のできておる部分が非常に重要な役目をしておるようでございます．今後こういう水の動きによりまして，どのように汚染されたものが運ばれるかということは非常に大切な問題で，日本近海に関連いたしますので，我々も近海の調査と共に注意しなければいけないことだろうと思いますが，魚のほうの調査と相俟って調べて行かねばなりません．それからビキニの附近の海水の拡散というものによりまして，汚染が流れの下流のほうに拡がって参ります．そのことも共に予想されたことでありましたが，今度の俊鶻丸の調査によって，科学的に実証されたということが非常に功績であろうと思います．ただ一つ予想外のことがありましたのは，先ほど説明がありましたように北緯12度以北に東の流れが出ている．一つの反流のようなものを見せて，それがビキニの北に一つの時計廻りの渦巻の形を見せておりますが，これにつきましては，なお今後調査が進められましてはっきりいたすと思いますが，大変興味のある事実であると思います．

運輸省気象研究所員　三宅泰雄

私は今度の顧問団の一人といたしまして，大気と海水の汚染の問題を主として担当したのでありますが，第五福龍丸事件以後多くの船が放射能の汚染を受けて損害を受けたわけでありますが，その汚染の仕方は，大体空から放射性の塵が降ってそれによって非常に強度の放射能の汚染を受けておるとまあ判断されたのであります．従いまして我々の調査のやり方といたしましても，主として大気の汚染関係に重点を置きまして，考えられるあらゆる装置を備えたのであります．それで例えば空気をポンプで引いてそれを水で洗ってその水について放射能を調べるとか，或いは空から降って来た塵をビニール膜の上に集めてそれによって汚染を調べる．或いは電気を使った電気集塵器とか或いはインピンジャーという機械を使うとか，5，6種類の装置を備えまして準備したわけであります．ところで海水のほうはこれは今までのアメリカで公表されましたビキニ及びエニウェトックの環礁の実験のあの附近の海水或いは生物の実験結果を見ましても，海水の放射能については余りはっきりしたことは書いてありませんで，むしろ海水には放射能がないといったようなことも書いてございましたし，それから又日本の漁船が持って帰りました海水によって調べた結果も，海水の放射能は否定的な結果であったというようなことがありまして，専門家の間でも果して海水に放射能があるかどうかについては疑いを持つかたもあったわけであります．それで私たちは，これは海水の放射能を測る技術の問題がむずかしいのじゃないかと考えまして，東京大学の化学教室と私の研究室で共同いたしまして，海水の放射能を測る方法につきまして討論に討論を重ねて或る結論に達したわけであります．その間非常に出帆を控えた数日間，調査に参加しました杉浦調査員を初め東大の若い研究員たちが殆んど夜通しで研究いたしまして，的確に海

水から放射能をつかむ方法を案出したのであります．

ところで現地に参りますというと，先ほどから調査員の報告にもありましたように，大気のほうは予想に反しましてそれほどの汚染は認められなかった．ところが，初め余り重きを置いていなかった海水のほうにむしろ汚染が現われたということは，これは今回の調査の非常に重要な発見ではないかと思うのであります．それで，併しその海水のほうも，初めのうちは幾らやっても放射能が出ないというわけで，調査員もがっかりして，これはやっぱりみんなが言っている通りじゃないかということも考えたらしいのですが，5月31日でしたか，450カウントという放射能を見出したときは，杉浦調査員のその当時の手紙によるというと，まあ極端に言えば嬉し涙が出た．それから海水に放射能がみつかったということによって非常に調査団全体に大きいショックを与えて，これからの調査を如何にすべきかということで非常に周到な討論がなされたということでございます．それで先ほどの御報告にもありましたように，殊にビキニの西側の北赤道海流に沿って北緯10度，15度ぐらいの幅を以て帯状に放射能の強い部分が流れておるということがはっきりいたしました．それから大体その放射能を持つ海水と，流れている部分における魚とかプランクトンもやはり強い汚染をこうむっておる．で，そういう非常に重要な結果が生まれたことも発見されたわけであります．特にこのプランクトンは海水の汚染よりも範囲が広いのでありまして，将来若しも漁船が簡単なガイガー・カウンターその他の計器を持ちまして，プランクトンを目当てにしてその汚染を測って行きますならば，若しもそれに汚染が認められれば近所に海水の汚染されている場所があるという．一つの非常に有効な，何といいますか予想ができるわけでありまして，今後の漁業の安全に対して非常に有効ではないかと考えるのであります．

今後の問題といたしましては，その放射能の汚染の範囲がどの程度に拡がっておるか，その分布状況のはっきりした地図を作るということ，それからその汚染の経路がどういう経路によってなされているかということをもっと突っ込んで考えたい．まあそういう問題につきまして，まだ今後調査すべきことが残っておるように思うのであります．

水産庁南海区水産研究所長　中村広司

私は顧問団の生物班の一人としまして，主に漁業というような見地からこの問題の調査のお手伝いをしたわけであります．御承知のように，今回調査した方面の海というのは，日本のまぐろ漁船の活動している漁場の一部分であったし，又この海はまぐろ類の資源が涵養されている海の一部分にもなっているわけでございまして，放射能がこれにどんな影響を与えているかというようなことに非常な関心を持っていたわけであります．先ほど調査員からもお話がありましたが，この方面の海は大体3つの海流に切って考えることができる．それからその3つの海流の海域というのは，先ほど調査研究部長からもお話がありましたが，そこでとれる魚も違えば，同じ魚がとれても非常に魚の型が違うというようなことからそれぞれ違った性格を持った漁場である．こういうふうなことは，今までの調査の結果から，この水爆以前の調査の結果から想定していたわけであります．まあ魚の種類が違ったり又季節によっても違いますが，今それぞれ漁場の性格が違うと申しましたが，その違った海流にいる魚はわりにまじりにくいのである，入りまじりにくい形になっているものだ，こういうふうなことはかねがね考えられていたわけでありますが，今回の調査の結果を見ますと，大体においてこういうふうな私どもの考えていたことが，妥当であったという証明が出て来たように思います．それから又漁場としての安全性というようなものもかなり明確に認められたというふうに考えられるのでありまして，大きな収穫であったのじゃないかと，こんなふうに考えているわけであります．併し今回の調査はいわば一つの断面を見ただけでありまして，これだけで十分な結論が出て来るかどうかということについては，かなり問題がありそうに思うの

第4章　水爆実験の影響（その3）　　　　　　135

でありまして、若し今後こういう調査が行われる、或いは汚染された魚の出現する状態、こういうふうなものからもう少し裏付けをしたものができて来て、漁業の立場からこの問題が今後の資料と相俟ってはっきりさせられることができるのじゃないか、こういうふうに考えておる次第であります．

東京水産大学教授　佐々木忠義

　私は顧問団の一人として分担をいたしましたのは放射能を測る測器、つまりいわゆるカウンターと申しますが、そういう点について御協力をしたのであります．それで先ほど藤永部長からいろいろいきさつにつきまして詳細なお話がありましたが、我々がその仕事に参画するようになりまして、船が出るまでに約40日間顧問団のかたがたは殆んど俊鶻丸を派遣するためについておったのであります．

　そこで放射能の測定装置を積むにいたしましても、果してどういうものを幾つ積んだらいいか、そういう点についてさんざん会議に会議を開きまして、いろいろな角度から検討をしたのであります．つまり放射能を測る装置が結局は最後のこの仕事の締めくくりをやるのでありまして、いろいろな調査員が海水を取って来る、或いはお魚をとって来るそういうことをやりましても、それが最後に放射能の測定計器にかかるのでありまして、万一用意いたしました測定計器が役に立たないということになれば、これは大変なことである．全国民が期待をかけ、世界各国が注意しておる、その中でこういう仕事をやる場合に、万一放射能の測定計器が不備であるために、或いは途中で故障を起したために調査船が引揚げなければならんというようなことになったんではこれは大変だというので、実に深刻に考えまして、いろいろな角度から検討をいたしました．若し故障を起した場合には、或いは飛行機で送ろうかというような補給の方法まで考えたのであります．そういたしまして、結局6種類の測定計器を備えまして、先ほど吉井さんからもお話がありましたように、科学研究所の協力を得まして日本には1つしかないいわゆるシンチレーション・カウンター

というようなものを、研究室備え付のものをわざわざはずしまして俊鶻丸のデッキに取付ける、そういうような、これは一例でありますが、あらゆる角度から検討をしたのであります．

　それから今度の測定の目であり、耳であると申しましたが、船が出る直前まで水爆実験は恐らく実験中に行われるであろうということを予期しなければならないような情勢の下にわれわれはそういうものを準備したのでありまして、従って折角乗組んでもらう調査員のかたがたの危険防止、生命の危険、そういうことに対しても測定計器の不備或いは不足のためにそういうことを起したのではこれは相済まんというので、非常に真剣に考えまして、とにかく当時の現状としてはこれ以上のものは先ず得られないであろう、種類にいたしましても、性能にいたしましても、そういうものを積んで持たしたのであります．それで先ほど吉井委員からのお話がありましたが、とにかく測定計器が不足であり、或いは不備であるために今度の調査が思うように行かなかったというようなことは一つもないのでありまして、十分なる性能を発揮して貴重なデータを持って帰って来たような報告を受けております．ただそれは計器そのものがいいとか悪いとかというのではなく、いろいろ裏話を聞いてみますと、測定員は非常にサンプルがたくさん持込まれまして、忙しいときには30分、或いは1時間、それくらいな睡眠しかとらないで、絶えず計器の手当をしながら測定をして来た．無論そういう絶えざる努力が一緒になってそういう貴重な結果をもたらしたのであろう、こう深く信じております．積みました計器はしれは陸上で使う計器でありまして、非常に精密なものになりますと、ちゃんとした立派な研究室、実験室に安置して使う、そういうものをとにかく積んだのでありまして、それが条件の悪い、非常に湿度の高い、温度の高い海域で、而も測定員が悪条件下で使用するという点で非常な心配をいたしましたけれども、計器の性能と測定員の絶えざる努力で、とにかくそういう目的を果して帰って来た．それではそういうものだけが

あれば，今後いろいろこういう問題は引続いて起り得るであろうと想像いたしますが，それでいいかと言いますと，決してそうではないのでありまして，そういうために今度学術会議の中に放射能影響調査特別委員会というものができまして，5つの班が設けられましたが，その中の水産班の一つの研究テーマとして，漁船用放射能の測定計器の研究という大きなテーマが掲げられたのであります．只今三宅顧問のほうの発言もありましたが，そういう一つのテーマの下に，今後それを近海か或いは遠洋に行く船舶，漁船にすべての船が積み得るような堅牢にして性能のいい，別な観点から作られるべき放射能の測定計器というものの研究が急速に進められることを希望するのであります．

立教大学教授　田島英三

御承知のように，南方から帰って参ります船の汚染が，3月の中旬頃から実は厚生省のほうの原爆症調査研究協議会のほうで，そのほうの委員として私も測定に携わっておるのでありますが，その汚染の程度と申しますというと，船によっては数万カウントもあるものもありますし，数千カウントの程度のものもありまして，殆んどまあ大部分の船が多少なりともよごれているというような状況であります．例えば，3月下旬から6月中旬くらいまでの間の統計をとって見まするというと，100カウント以上の放射能を示します船が200隻中80隻ばかり出ておる，そんなような状況であります．これは何のためによごれておるかということが前から問題になりまして，只今三宅さんのほうからもお話がありましたように，大気の汚染のために恐らくよごれるであろうというふうな考えを持っておりました．

そういたしますというと，ここに環境衛生としまして二つの問題が出て参ります．というのは，一つは，今度の調査団が行かれますときに，そういうよごれた大気の中を通過するときに，調査団の健康に害がありはしないかというのが一つの問題であります．もう一つの問題は，これは私あちこちの漁港に行きまして，実際船員，漁夫から聞くのでありま

すが，そういうよごれた大気の中を通っておったら我々の体にも害がありはしないかというふうな問題がありまして，この点もはっきりさせなければならないというふうな建前から，水産庁のほうにお願いしまして，厚生省の原爆症調査研究協議会の環境衛生部会からも研究員，調査員を出して乗船して頂いたわけです．その結果は，只今浦久保調査員から御報告がありましたように，安心していいような状態が出ましたのは非常に有難いことだと思っております．その結果，もう一度申しますというと，例えばポケット・チェンバーで1日体の外から放射線を受けますものは，今度の全航海で100ミリレントゲン，或いは150ミリレントゲン，1日について申しますというと，最大0.69ミリレントゲンの照射を外から受けているのが最大であったそうであります．これは人間が1日最大幾らまで受けていいかというのは医科のほうできまっておりまして，300ミリレントゲン・毎週ということになりますので，これを1日平均に直しますというと，43ミリレントゲン・毎日ということでありますから，遙かにこの最大許容量よりも下廻った数字を示しているということになりますので，その危険区域と言われています南方漁場あたりに四六時中おりましても，一向，その点から申しては安心できるというふうな結論が得られたわけです．

もう一つ，空気の汚染の問題でありますが，これも空気をふいてそれの残った濾紙の上のカウントを測りますというと，1立方メーター数カウントが精々であったように聞いておりますので，この量も現在最も厳しいとされています最大許容量から計算いたしました数よりも遙かに下廻っております．最も厳しいとされている最大許容量から計算いたしまして，実験条件を大体仮定いたしまして計算いたしますというと，やはり100カウント以上まであってもいいということになりますのに，今回の測定だと，数カウント毎立方メートルという値でありますから，この点から申しましても，その辺の航海に関しては絶対安心であるというふうなことが出て参りました．

で，その他実は計画としましては，若しそ

第4章 水爆実験の影響（その3）

ういう状況がありましたならばどういうふうに空気を除洗するかというふうな問題もありますので，その準備もして参りました．それからもう一つ，船などがよごれておった場合に，それをどういうふうにきれいにするか．除洗をするかというふうな準備もして参りました．ところがその空気のほうが幸いにしてきれいでありましたもので，そちらのほうの除洗の研究は実は幸いにしてできなかったというふうな結論になっております．

それから船がどうして汚染されるかということは，只今もお話がありましたように，実は大気ではなくて海水が汚れているためにそれのしぶき或いは非常に細かいしぶきによって汚染されるということがほぼ確かになりま

したので，それから推察いたしますというと，現在までに私たちのほうで船及び積荷のよごれの状況でわからなかった幾つかの点が非常にはっきりして参りました．その一つ二つを申上げますというと，今まで入港して参りました船について申しますというと，船体はかなりよごれているにもかかわらず，中に入っている積荷が比較的よごれていないというようなことは，若し空気だったらばちょっと考えられないようなものですが，これも解決できる．その他幾つかのこと，或いは船体がよごれておりましても船室の中は余りよごれていないというふうなことから，事柄が今度の調査でいよいよはっきりしたものだと思われるのであります．

1—5 俊鶻丸乗船者名簿（科学者22名を除く）

作業分担	職　名	氏　名	年齢	所　属
漁　撈	漁　夫	加治木虎男	27	
〃	〃	吉田政夫	22	
〃	〃	木村計介	36	
〃	〃	山崎政治郎	22	
〃	〃	阿部秀雄	36	
俊鶻丸	船　長	駒野鎌吉	40	水産講習所
〃	一等航海士	田坂久	35	〃
〃	二等 〃	金田弘	27	〃
〃	三等 〃	神鳥昭	26	〃
〃	機関長	吉沢正大	35	
〃	一等機関士	長谷七五郎	59	
〃	二等 〃	岩本俊夫	29	
〃	三等 〃	西野正見	29	
〃	通信長	佐野節夫	29	
〃	通信士	斎藤広	26	
〃	〃	天野武治郎	30	
〃	〃	樋口澄治	31	
〃	事務長	隅川芳雄	26	
〃	甲板長	三浦与三郎	51	
〃	甲板次長	本間辰太郎	34	
〃	操舵手	川上定次	27	
〃	甲板員	加藤一男	25	
〃	〃	金子信治	22	
〃	〃	小西秀男	21	
〃	〃	石井正男	21	

俊鶻丸	甲板員	中村作幸	19	水産講習所
〃	操機次長	宮沢智雄	23	〃
〃	操機手	森田吉安	29	〃
〃	〃	中西平蔵	30	〃
〃	機関員	前島庄二	21	〃
〃	〃	近藤昇	23	〃
〃	〃	片野秀雄	20	〃
〃	〃	槌谷理	26	〃
〃	〃	岩本浩伸	18	〃
〃	〃	神村俊道	30	〃
〃	司厨員	佐藤勇	51	〃
〃	〃	松崎昭	27	〃
〃	〃	中野貴光	21	〃
〃	〃	岸勝美	19	〃
〃	〃	岡部徳英	17	〃
〃	〃	片野賢一	18	〃
〃	給士	吉村司	20	〃
〃	〃	斎藤光夫	22	〃
同乗記者団		関根俊郎	・	朝日新聞
〃		村野賢哉	・	N・H・K
〃		大内守	・	新理研映画KK
〃		水野宏	・	共同通信
〃		津崎至	・	日本経済新聞
〃		広川照和	・	産業経済新聞
〃		福居浩一	・	毎日新聞
〃		加藤地三	・	読売新聞
〃		谷口利雄	・	中部日本新聞

(駒野鎌吉・谷口利雄著『われら水爆の海へ』日本織物出版社)

1—6 厚生省「放射能汚染魚類に関する資料」(54. 11. 14)

目次

Ⅰ 魚類の放射能検査について
Ⅱ 魚類の各臓器別放射性物質の分布
　Ⅱ.1 魚類の放射能検査
　Ⅱ.2 肉の放射能に関する考察
　Ⅱ.3 魚肉の距離による計測
　Ⅱ.4 めばち,びんながの器官別放射能の強さ
　Ⅱ.5 びんながの体内放射能汚染
　Ⅱ.6 (1) かつおの体内放射能汚染
　Ⅱ.6 (2) かつおの体内放射能汚染
　Ⅱ.7 びんなが,めばち,きはだ,しいら,沖さわらの体内放射能汚染
　Ⅱ.8 油津丸漁獲魚類の筋肉,血合肉等の放射能汚染
Ⅲ 汚染魚類体内放射性元素の分析
　Ⅲ.1 きはだの筋肉,腎臓の鉄バリウム法,Amberlite IR-120, Amberlite IR-400 による分離
　Ⅲ.2 (1) びんなが各器官の分属結果
　Ⅲ.2 (2) めばち各器官の分属結果
　Ⅲ.3 きはだ幽門垂の分属結果
　Ⅲ.4 しいら,しろかわ,かつお,各組織における分属結果
　Ⅲ.5 陽イオン交換によるかつお筋肉にお

Ⅲ.6 (1) Dowex-50 によるびんながの背肉の放射性同位元素の分離
(2) Dowex-50 によるびんなが血合肉の放射性同位元素の分離
(3) Dowex-50 によるびんなが幽門垂の放射性同位元素の分離
(4) Dowex-50 によるびんながの肝臓の放射性同位元素の分離

Ⅲ.7 びんなが各器官灰化試料の Al 板による Obsarption〔Absorption？〕

Ⅲ.8 肝臓 ph4.1 fraction の Al-Sn plate におる吸収曲線

Ⅲ.9 びんなが各器官のイオン交換樹脂分離における ph4.1 fraction の Al 板による吸収曲線

Ⅲ 参考A 分離法
Ⅲ 参考B NBS の Handbook-52 による Zn 65 の恕限度
Ⅲ 参考C 汚染魚体中に含まれる放射性同位元素

Ⅳ 魚類の放射能汚染に関する参考資料

資料 Ⅰ まぐろ類の放射能検査について

1. 検査の概要

第五福龍丸事件この方南方海域より帰港する漁船はすべて指定港である塩釜，東京，三崎，清水，焼津のいずれかの港に入港させそこで水揚げする漁獲物は厳重な放射能の検査を行って来たが，その後5月中旬に至り水産庁指定水域以外の近海において漁獲したまぐろ類にも放射能が検出されることが発見されこれらの海域から帰港する漁船の水揚地である大阪，兵庫，和歌山，高知，徳島，長崎，鹿児島の各府県13港においても自発的に厳重な検査を実施せざるを得なくなった．検査の結果 100カウント以上の放射能を検出し，廃棄処分したものは水揚量の約 0.5%相当分であった．

指定された5港の水揚量は全国水揚量の約76%に該当し，大阪港以外12港における水揚量は全国の16%に該当している．検知当初から最近に至る迄の検査成績は別表(1)(2)の通りである．

2. 放射能まぐろの傾向

① 事件当初から7月下旬まで

検知当初発見された放射能まぐろは降灰による直接的な汚染が見られた結果放射能は体表に多く検知され，エラ，内臓には殆んど検知されなかった．又その廃棄数量も1船単位若しくは1船艙単位又は同一魚種の全数と云うように放射能が検知され，夫々廃棄処分に附された．この傾向は4月上旬頃まで見られた．

その後4月中旬頃より放射能の検知されるまぐろは，その放射能はエラ，内臓，及び胃腸内容物に著しく高く体表はこれと逆に低下する傾向が見られ，汚染は内臓に存在することが判明した．

この傾向は普遍的なものであり遠洋及び近海において漁獲されたものについても同様であった．この頃より放射能まぐろは散発的に検知されるようになり1船当り少い場合は数匹多くて数拾匹が検知される程度であった．

一方これと平行してまぐろのカウントは次第に高くなり500～1,500カウントの放射能が検知されるようになった．

この間以上の傾向の如く放射能による魚体の汚染はそれぞれの部位によって著しく差のあること即ちエラ，肝臓，胃，腎臓等に著しくこれに反して筋肉部は比較的汚染の程度が僅少であることが逐次確認されるに至ったので魚体全体として100カウントを超える場合であっても内臓，エラ等を除去し再検査して100カウント以下の場合はこれを食用に供することとするよう検査基準を改正し7月19日全国に通達した．

6月から7月にかけて遠洋まぐろ漁船の操業は減少し水産庁指定水域外における近海まぐろ漁船の操業が比較的多くなった結果指定5港における廃棄数量は減少し，これと逆に指定5港以外の港における廃棄数量が増加した．

② 7月下旬から9月中旬まで

7月下旬以後は指定水域若しくはそれに近接した海域において漁撈に従事した漁船が入港する機会が多くなり，その結果1船当りの廃棄貫数が増加するとともに従来見られなか

別表(1)　水揚げ魚類放射能検知成績

月別	区分	指定5港におけるもの				大阪港他13港におけるもの		合　計	
	検査隻数	検査総水揚量	廃棄隻数	廃棄数量(貫)	廃棄%	廃棄隻数	廃棄数量(貫)	廃棄隻数	廃棄数量(貫)
3	139	1,603,615	2	16,401.6	1.0	0	0	2	16,401.6
4	375	3,305,435	17	9,104	0.3	0	0	17	9,104
5	179	2,553,605	36	4,268.3	0.2	50	2,603.4	86	6,871.7
6	277	2,078,093.4	41	8,856.7	0.4	85	6,582	126	15,438.7
7	319	2,979,645.9	19	2,033.3	0.07	54	2,843	73	4,876.3
8	345	2,290,589.4	32	17,552.7	0.8	30	1,712.2	62	19,264.9
9	280	1,856,048.9	38	12,031.5	0.65	31	6,550.4	69	18,581.9
10	238	2,313,927.2	53	20,644.9	0.89	61	3,416	114	24,060.9
11			74	4,586.5		60	2,631.2	134	7,217.7
計	2,152	18,980,959.6	312	95,479.5	0.5	371	26,338.2	683	121,817.7

3月～10月迄　検査隻数　2,152隻
　　　　　　　検査総水揚量　18,980,959.6貫
　　　　　　　廃棄魚類を出した隻数　238隻　11.1%（総検査隻数に対するもの）
　　　　　　　廃棄数量　90,893貫　0.5%（総水揚量に対するもの）

別表(2)　放射能測定数値の推移

(1)　(指定5港におけるもの)

区分 \ 月別	3月	4月	5月	6月	7月	8月	9月	10月	11月	計
5,000 c/m以上	—	—	—	—	3.0	3.5	1.1	1.3	—	0.8
3,000 c/m以上	—	—	0.7	—	9.1	5.8	2.2	0.6	1.1	1.8
1,000 c/m以上	—	1.8	5.8	21.8	15.1	22.4	32.6	14.4	11.8	14.3
500 c/m以上	—	1.8	10.3	21.8	21.2	29.4	30.3	22.9	22.6	18.8
10 c/m以上	100	96.4	83.2	56.5	51.5	38.8	33.7	60.8	64.5	64.3
計	100%	100%	100%	100%	100%	100%	100%	100%	100%	100%

(2)　(指定5港以外の港におけるもの)

区分 \ 月別	3月	4月	5月	6月	7月	8月	9月	10月	11月	計
3,000 c/m以上			—	0.5	0.9	—	—	—	—	0.2
1,000 c/m以上			6.6	2.6	4.2	6.5	8.9	10.2	5.2	5.6
500 c/m以上			19.7	11.3	20.3	12.9	17.8	16.9	10.5	15.7
100 c/m以上			73.7	85.6	74.6	80.6	73.3	72.9	84.3	78.5
計			100%	100%	100%	100%	100%	100%	100%	100%

但し，この数字は，廃棄船毎に廃棄された魚種別に区分された Count のうちから同一魚種別にその一団についての最高 Count をとったものを基にしてその100分比を算出した．従って，この数値は，廃棄まで3等について1本1本の分類はしていない．〔原文のまま〕

った極めて高いカウントの放射能まぐろが発見されるところとなった．例えば東京における最近の放射能汚染まぐろは最高 7,000カウントを示し，三崎における検査結果では8,000カウントの放射能まぐろを発見廃棄した．

又1船当りの廃棄数量は1,000～4,000貫程度のものが多く見られ最近では埋却処分が不可能の為毎回海洋投棄処分が行われている．

③　同時に8月下旬から9月上旬に亘り比較的近海（陸から10～20哩）において漁獲されたまぐろ類に散発的若しくは大量に放射能の汚染が認められるようになった．この原因としては汚染海水の本邦への接近が推定されている．

④ 10月中における廃棄数量は3隻20,644.9貫（指定5港）61隻3,416貫（指定5港以外）となり，事件以来の最大の廃棄数量を出した．しかしながら従来見られたような極めて高いカウントを示すものは認められなかった．
⑤ 11月に入ってからはその廃棄数量は減じ，74隻4,586貫（指定港），60隻2,631.2貫（指定外）となり，又カウントの極めて高いものは，10月中と同様認められなくなった．

資料 Ⅲ 参考C 汚染魚体中に含まれる放射性同位元素〔Ⅰ〕

国立予防衛生研究所　河端俊治

まえがき

放射能による汚染魚体の食用の可否の限界を決めるには，その中に含まれる放射線の強さのみならず放射性同位元素の種類を考慮しなければならないことはいうまでもない．筆者はさきにビキニ海域の調査に参加し，持ち帰った資料について分析を行って来たが，未だ完全に終了するまでには至っていないのであるが現在まで得られた結果について概要を述べることにする．（ここに記すデータは昭和29年11月日本水産学会例会にて講演したもので，引続いて行っている結果と併せ近い将来とりまとめて印刷発表する予定である．）

Ⅰ 分析に供した試料

ビンナガ：6月12日測点17で漁獲
　　　体長 102.7cm　体重 24.7kg ♀
メバチ：6月12日，測点17にて漁獲
　　　体長 136.4cm　体重 57.7kg ♂

漁獲当時並に船上にて測定した試料の3ケ月後のCount数は資料Ⅱの4〔略〕の如くである．

船上にて採取した試料はアルコール又はホルマリンにて固定し，上陸後乾燥灰化し分析に供した．（500°Cの定温電気炉，硝酸を加えて灰化）

Ⅱ 実験

(1) 測定計器：科研32型 Radiation Counter
　マイカ窓の厚み 3.9mg/cm，
　1cmの距離にて測定（第1段目）

使用GM管の β 線の効率
(Ra D+E 標準使用(1,166.19 dis/sec))

試料皿の位置	cpm	効率 %
第1段 (1cm)	6,098	8.72
第2段	1,890	2.68
第3段	796	1.14

(2) 分離操作

イ．担体を用いる放射定性分析法

Count の高い臓器について 30mg，低いもの 100mg ずつを用い，担体として，Cu^{++}, Fe^{++}, Zn^{++}, Ca^{++}, Sr^{++} を 1mg ずつを加え，あとは普通の定性分析方法に準じて行った．

なお，isotope を使用しての予備実験では相互の分離が定量的とはいえないので，単に傾向を知ることに留めた．

ここで注意しなければならないのは実肉〔ママ〕のように燐酸を含むものでは，Ⅱ属に次でⅢ属に移ることは出来ないことで，Ⅱ属を分離後，濃縮し，H_2S を除いてから conc H_2SO_4 1cc を加え加熱濃縮し，これに 90% Alcohol 30cc 及び水 10cc を加えてⅣ属を先にとる方法によった．（この方法でも Ce-isotope を用いての予備実験ではこれがⅣ属に移行し完全に除去出来なかった）得られた結果は第2表〔略〕にて示した．

ビンナガの分離結果でⅠ属が多く出ているのは HCl に不溶解部が多かったせいで，真のⅠ属であるかどうかは疑問であり殊に性巣（♀）では約2/3が王水にもとけない部分であった．これについては更に検討を行っている．

Ⅰ属を除くと大部分がⅢ属であり，ここで特に注意されたのはⅢBが多いことである．Ⅳ属（Ca, Sr, Ba）は比較的小さい値を示し，Ⅴ属は極めて僅かか，全く Count を認められなかった．

ロ．陽イオン交換樹脂による分離

Dowex-50 を用いてイオン交換分離法を試みた．筋肉及血合肉は 3g (Dowex-50 110g) その他の臓器は 0.3g ずつ (Dowex-50 25g ずつ) を塩酸に溶解し 約 0.2N HCl 酸性溶液とし樹脂層を通した（流速0.5～1cc/min）．流出液はフラクションコレクターを用いて筋肉，血合肉は 20cc ずつ，その他は 10cc ずつ

採取し，ルツボ中にて乾燥，灰化し，試料皿（径 25mm）中に移し放射能を測定した．まず濾液及び 0.2N HCl にて十分洗った液（300～600cc）を合せ陰イオンの検出に用いた．次で 0.5% Oxalic acid, pH を 3.5, 4.1, 4.6, 5.1, 5.6, 6.4 と調節したクエン酸アンモニウムで順次成分を分別溶出せしめた．

ビンナガについて得た各器官の分離結果は（資料Ⅲの6の(1), (2), (3), (4)図〔略〕に示した如くである．

（メバチについては実験中）

各器官の放射能は強さに差のあることは第1表〔略〕に示したところよりも明かであるが分析に用いた灰化試料のアルミ板による吸収曲線からは単に強さだけでなく質的な差のあることも推定し得る．

これはまた，担体を用いての分属，イオン交換樹脂による分属結果からも裏付けされている．殊にイオン交換樹脂による各溶出部分についての元素の決定は引続いて行っておるので，ここでは，筋肉及び血合肉等の可食部に最も著しい放射能を示した pH4.1 の溶出部分について詳細な実験を行った結果のみを示す．

(3) Zn^{65} の検出及び確認

担体を用いる分離でⅢ属殊にB (Zn, Ni, Co) に強い放射能を認め，福龍丸の灰について行った報告とのちがいに気がつき，更にイオン交換樹脂の pH 3.5 にて溶出する部分（稀土類）が全く認められず，pH 4.1 の部分に強い放射能を認めたので，先ずこの部分の確認に主力を注いだ．即ち物理的には，科研山崎研究室岡野真治氏の手で，シンチレーションカウンターによるγ線のスペクトルの結果 Zn^{65} の存在が推定せられ，次で pH4.1 の部分を担体を用いて分析した結果Ⅲ属Bに属することが判り，更に常法のように Ni,Co との鑑別を行ったところ（この場合に Zn^{++}, N^{++}, CO^{++} を 5mg ずつ担体として使用）明かに Zn であることが認められた．又物理学的手段としてβ線の吸収にて測定する方法があるが，Zn^{65} はX線を出し，しかもこれが大部分であるためにアルミ板による Feather 分析法は用いることは出来ないので，錫板に

よる吸収曲線を画いた．肝臓について求めた1例が資料Ⅲの8図〔略〕である．これより，半価層 (Half value thickness) を求め E max を計算したところ 0.3 となり Zn^{65} の理論値 (0.32) と略々一致した．（アルミ板について求めると 10.45 となる）

化学的には一応各器官の pH 4.1 部分は Zn であることが判明したのであるが，参考のため，アルミ板の吸収曲線を画くと，資料Ⅲの9図〔略〕の如くなり，既知 Zn^{65} の曲線と一致することが判明した．又この部分についてはγ線の分析からも Zn^{65} であることが裏付けられた．

Ⅲ 考 察

筆者は俊鶻丸で得たビンナガより Zn^{65} の存在を確認することが出来たが，同時に俊鶻丸試料について協同研究を行っている東海区水研天野研究室でも，カツオの筋肉よりこれを確認することが出来た．又協同研究者の東大森研究室でもキハダ等よりシンチレーションカウンターのγ線分析よりその存在が推定されている．それに引続き衛試長沢氏等も7月中旬にとれたキハダ筋肉よりその存在を認めるに至った．（これはさきに原爆症研究協議会の報告—10月15日—で稀土類部分と発表した部分であるとのこと．）最近に漁獲したものについてのデータは皆無であるのではあるが，これらのデータよりみて，Zn^{65} は可成り広範に汚染魚体に分布していることが想像されよう．

魚肉中の放射性同位元素が未だ完全に判っていないために Zn^{65} の確認をもってその恕限度をきめるわけにはいかないが，NBS の Handbook-52 によれば，Zn^{65} の恕限度は次の如くである．

Zn^{65} を最も危険視されている $Sr^{90}+Y^{90}$ と較べると約10万倍も恕限度が引上げられる．即ち魚肉100gについて $Sr^{90}+Y^{90}$ は 392cpm（但し，マイカの厚み 3.0mg/cm², 試料との距離 1cm で β 線の効率 10%として）であるのに対し，Zn^{65} は $132×10^5$cpm ということになる．ここで考えねばならないのは「問題となる臓器」が骨としてあることである．上記 0.003% といっても決して一様に分布し

第4章 水爆実験の影響(その3)　143

元素及び体内のパーセンテージ	問題とする臓器とその重量 (g)	全身における最大許容量 (μc)	常時飲用する水における最大許容濃度 ($\mu c/ml$)	常時呼吸する空気における最大許容量 ($\mu c/ml$)
Zn^{65}　0.003%	骨　7×10^3	430	6×10^{-2}	2×10^{-6}
$Sr^{90}+Y^{90}$	骨　7×10^2	1	8×10^{-7}	2×10^{-10}

ているのではなく，Handbook-52 の拠り所となった Sheline の実験 (J.Biol. Chem., 149, 139-151〈1943〉) によっても膵臓が最も多く集り，脾，肝，腎，腸等に集るように記されており，殊に Zn は膵臓中の Insulin の成分として知られているし，又赤血球中の CO_2 代謝に与る Carbonic anhydrase は Zn 蛋白として知られ，当然の結果として血液含量の高い諸臓器に Zn 含量が高いことは多くの文献で明かである．又 Zn は Peptidase 等の酵素の activator として知られている．因に Handbook によれば体重70kg の人で骨は 7kg であるのに血液は 5kg, 肝臓は 1.7kg 脾臓は 150g と示されている．若し脾臓についてみれば当然骨の約 1/50 の許容量となり，膵臓が 100g (日本人なら80g) とすれば1/70 となり，殊に膵臓中のランゲルハンス島に集るとすれば，更に数百分の1許容量を減じなければならないであろう．

これ等の点については更に検討を要するので，予研においては引続き試験動物について実験を行う予定である．

終りに，この実験を行うに当り終始御鞭撻を頂き各種便宜を与えられた予研小林所長を始め種々御教示を頂いた予研遠山博士，東大水産学科教授，東海区水研天野博士，科研山崎博士に厚く感謝の意を表わすとともに，協同研究者として有力な助言を与えられた東海区水研山田氏，戸沢氏，東大佐伯氏，科研岡野氏に感謝の意を表わす．又 γ 線の分析はすべて岡野氏の労を煩わせたことを明記しておく．

資料 IV　魚類の放射能汚染に関する参考資料
　　　　　　　　　檜山義夫 (Dec. 10. 1954)

3月以降数多くの研究者によってなされた多くの研究結果，統計資料などから，マグロ延縄漁船の漁獲物の検査について参考になる資料を挙げ，その考慮し得る点を挙げてみた．(水-IV とあるのは，「放射能影響の水産学的研究—中間報告 IV，日本学術会議資料)

(1) 爆発生産物は魚にどうしてとりいれられるか

その水産生物学的な経路については，ここでは省くが，魚は汚染海水と，汚染した食物との双方から，放射性物質を体内にとり入れる．そのいずれの場合でも，内臓の汚染は顕著だが，筋肉にはほとんど検知出来ぬほどしか入らないことが，飼育実験で明らかにされた．これは，第五福龍丸の灰をつかって行った実験である．

(A) 環境水からの吸収

灰を水にとかして魚を飼うと，それが充分強い場合は，魚は放射能を帯びるが，エラ，ヒレ，ウロコなどは顕著だが筋肉には検知されぬ．(水-IV, p.106 その他)

(B) 経口の摂取

大形魚が直接灰を食べる可能性はないが，万一あったとして，また魚が汚染した食物をとった場合のことを考えた実験は，

(i) 放射性物質をふくむ飼養水の沈澱物を，金魚が食べた場合，十数日たっても筋肉に移行せず，その消化管(内容を含む)と，筋肉との c/m の比は，2,340：0, 33,500：15, 2,580：0, 4,500：25. (水-IV, p.105)

(ii) ゾンデを用い海魚，数種の胃に灰をおくってみると，大部分は排泄され，体に吸収されるのは少い．(水-IV. p.123)

(iii) 灰を海水可溶分と不溶分に分けて，ゾンデを与えても，ほぼ同様の結果．(水-IV, p.124)

(iv) 汚染海水で飼ってマハゼ，アルテミアに放射能を帯びさせ，これを大きい魚に食べさせると，18.40 時間では胃にとどまるが，67時間でエラに出現するが，筋肉には検知不能．(水-IV, p.126)

(v) ホンマグロ2尾(体重約 3kg)に灰，

300,000c/m 相当量をゾンデで経口投与し，飼育60時間後に死亡したものをしらべると，体内への移行は極めて少く，10〜40c/m が，ウロコ，胃内容，腎臓，骨，筋肉にみられたにすぎない．（水-IV, p.127）

(vi) サバ4尾に灰の海水可溶分を経口投与したら，24時間後に，胃内容，ウロコ，エラ，皮膚に，55時間後に胃内容，心臓，血合肉，腎臓に僅かに見られたが筋肉には見られぬ．（水-IV, p.128）

(2) 廃棄処分にされた魚の放射能分布

衛試93尾，東大36尾の精密検査の結果は，（東海区水研もほぼ同様）一致して次のような事実を示す．

(A) 放射能の最高の臓器は，胃内容，胃，幽門垂，肝臓，脾臓，腎臓等であり．筋肉はいつも最低の部類に属した．（筋肉と最高臓器との乾燥状態同一量 c/m の比は 1：53.3（東大，7個体平均）にあたる．

(B) 筋肉はいつも放射能はすくないが，血合肉は普通肉よりいつも多い．普通肉と血合肉との c/m の比は（乾燥状態同一量）キワダ（7尾平均）1：10.3, メバチ（1尾）1：11.8, クロカジキ（2尾平均）1：1.6, シイラ（4尾平均）1：6.2. （各魚種を通じての平均 1：8.1）（いずれも資料東大，他も略々同じ）

(C) 筋肉（普通肉）の放射能の強さの出現頻度は，（c/m は生肉1g 当りの乾燥状態）次表の如し，

	計>	50c/m	40c/m	30c/m	20c/m	10c/m	5c/m	0
I	93尾	1	0	0	0	2	5	85尾
II	36尾	0	0	0	0	5	5	11尾
計	129尾	1	0	0	0	7	10	96尾

（I は衛試，II は東大資料）

(3) 魚類の Sr の metabolism

食用の最大許容量の少いため，注目すべき Sr の魚の体内の分布は，主として硬組織（ウロコ，骨，歯）で，軟組織には極めて少い．新に Sr を吸収した場合，これらの新生部位に沈着するものが大部分で，筋肉への移行は極めて少い．このことは，次の諸実験で立証される．

(A) 環境水から吸収させる場合

(i) Sr^{90} 1mc を1立の水にとかし，金魚を9日間飼い，後10日間清水に飼った後のその分布は，骨（2,830c/m），ウロコ（8,250c/m），ヒレ（300c/m）の如く硬組織に多く，消化管（30c/m）筋肉（30c/m）の如く軟組織に少い．（水-IV p.105）

(ii) Sr^{90} で，1立当り，5,000, 10,000, 100,000 c/m の水をつくり，メダカ，金魚を飼うと，弱い液では徐々に，強い液では急速に吸収がおこり，3, 4日で上記の分布のような状態で飽和する．（水-IV, p. 133）

(iii) Sr'' に Ca'' が共存する水からは，魚の Sr'' の吸収は少くなる．（水-IV, p. 135）

(iv) Sr^{90} を含む水で淡水魚を2日飼った場合，ウロコと筋肉の放射能の強さの比は 1,796：46.2, 2,423：125 であり，清水にもどして2日後のその比は，1,755：4.3 となり筋肉は硬組織より Sr^{90} の排泄が早い．（水-IV, p. 138）

(B) 経口的に与えた場合

(i) 海魚ギンアナゴに，Sr^{90}（硝酸塩に澱粉を加える）を，魚体1g当り 1,000c/m の割に胃に送ると，これは消化管より徐々に硬組織に移行したが，その途次に，脾臓，腎臓，漁汁などに現れたが，肝臓，性巣には現われず，筋肉にも殆んど現われない．（12例中2例が筋肉に 10c/m/gw 位あったものあり）（水-IV, p. 152）

(ii) マアジ（体重約 30g）に1尾あたり約 0.016mc の Sr^{90} を投与したところ，2, 15, 24時間に，消化管から硬組織に移行した途次に，肝臓，心臓，腎臓などに出現したが，筋肉には検知されなかった．（水-IV, p. 171）

(iii) サバ（同大）に1尾あたり，約 0.3mc の Sr^{90} を経口投与したが，消化器から硬

第4章 水爆実験の影響 (その3)

組織への移動は顕著だが排泄も著しかった．筋肉には14時間以後には認められなかった．2時間の2個体に，それぞれ，58, 310c/m/gw 検出されたのは，死後の物理的滲透（魚体小なるため）と考えられる．(水-Ⅳ, p. 172)

(c) 注射した場合
(i) Sr^{90} をコイに筋肉内注射をしたところ，2日後に硬組織への沈着は認められたが，肝臓，腎臓には少い．(水-Ⅳ. p.147)
(ii) Sr^{90} をウナギに皮下注射して，時間の経過にしたがって移行をしらべたところ血液中の Sr は，日のたつにしたがって減少し，これが硬組織に移行して約1週間後に飽和した形になった．肝臓，腎臓も日のたつにしたがって減少した．筋肉中には全体に僅かしか認められなかったが，13日間にわりあいと constant であった．(水-Ⅳ. p. 155)
(iii) ウナギ血液中の Sr^{90} は，時間とともに減少し，3，4日後にはじめの約1/10位になる．(水-Ⅳ. p. 163)
(iv) サバに Sr^{90} を筋肉注射すると，エラ，脊椎骨などに多く移行し，これに次いで心臓，肝臓，消化管に多少あったが，筋肉には検知されなかった．(水-Ⅳ, p. 171)
(v) ホンマグロ（体重約3kg）3尾に，Sr^{90} を約1.5〜2.5mc 量筋肉注射をして飼育したところ，30, 34, 50時間後死亡した．これを検すると，硬組織には数千 c/m/gwが認められるにかかわらず，筋肉中には，13.0. 10c/m/gwにすぎなかった．(水-Ⅳ, p.174)

(4) 海水中の Ca と Sr 量
淡水ではまちまちだが，海水の場合，平均して 1kg 中 (Cl=19.00‰として) Ca^{++} 410 mg, Sr^{++} 13mg を含む．外洋表層高温水域では $CaCO_3$ は飽和状態であり，$SrCO_3$ は僅かの余地をもっているが，それは，およそ 40mg 程度である．（東大，水産海洋室佐伯助教授資料）これによると海水中の Sr/Ca は約 1/10に相当し，Sr の海水中に含まれ得る限度は，1立中約 $10\mu c$（1mg の $SrCl_2$ を$0.25\mu c$として）となる．

(5) 魚肉中の Ca と Sr 量
Sr 量については，従来の化学分析で検知が困難な程度であり Ca/Sr の比はきわめて大きいと考えられる．無機物量の魚肉固形物（生肉の約25%に相当）中の%は次表（大島幸吉，水産動物化学上巻 p. 87）の如し．（なおKの有する天然放射能の量は問題にならぬほど小さい）

(6) 廃棄処分魚類の筋肉中の放射性物質
(A) 水—Ⅳ, p. 47 所載の東大水産化学教室の分属結果は次の如くである．（他研究機関も，殆んど同様の結果である）

魚種	キワダ (13個体) 血合肉	カツオ普通肉
Ⅰ	1.2	5.0
Ⅱ	3.0	−3.8
Ⅲ	148.8	196.6
Ⅳ	12	18.6
Ⅴ	0	0.4

(B) 同じく東大水産化学教室（日本水産学会関東支部例会，昭29年11月発表）の結果は（魚種メバチ，体長 133.8cm 6月13日 10°55′N, 163°51′E 漁獲）次表のとおり．

これにつき．(a) 各臓器にⅢ属が多く，しかもⅢ-B属が多いこと．(b) Ⅲ-Bのγ線の写真測定でZnと推定されること（科研岡野氏）(c) Ⅳ属中にⅢ属の一部（特に Ce）が混入するので，Ⅳ属 (Sr の入る) はこの実測値より少かろう．Ⅳ属は全体のおよそ10%と考えてよい．(d) Ⅳ属には当然（(5)参照）Caが多く，Sr はその極く一部にすぎぬ．(Caの1/10以下と考えてよい）かりに最大を考えて，

			Na	K	Ca	Mg	Fe/mg%	Cl
タ		ラ	1.728	0.512	0.114	0.086	30	1.245
ウ	ナ	ギ	0.65	0.08	0.106	0.048	15	0.094
カ	ツ	オ	0.793	0.234	0.121	0.109	13	—
同	血	合	0.569	0.293	0.086	0.091	20	—
カ		キ	0.72	0.656	0.241	0.224	—	0.13

メバチ魚体各組織灰分の分属結果

	I	II	III A	III B	IV	V
エ　ラ	6.8	−3.2	11.0	9.2	7.6	±
ヒ　臓	17.8 (2.2%)	42.2 (5.3%)	293.9 (37.0%)	433.6 (54.5%)	7.6 (1.0%)	±
肝　臓	15.0 (1.6%)	344.1 (37.6%)	129.2 (14.2%)	410.3 (45.0%)	14.2 (1.6%)	±
胃　壁	10.6 (4.6%)	28.4 (12.5%)	31.6 (13.9%)	146.9 (64.4%)	10.6 (4.6%)	±
腸　壁	11.4 (1.6%)	320.5 (46.2%)	52.0 (7.5%)	282.9 (40.8%)	27.4 (3.9%)	±
胃内容物	14.8 (2.7%)	118.6 (21.9%)	27.6 (5.1%)	351.6 (64.8%)	30.0 (5.5%)	±
ユウ門内	22.9 (1.7%)	382.8 (27.6%)	245.1 (17.7%)	709.7 (51.1%)	25.8 (1.9%)	±
ジン臓	—	45.8 (11.2%)	147.3 (36.3%)	204.5 (50.4%)	8.4 (2.1%)	±
精　巣	—	−2.2	13.2	18.2	1.8	±
セキツイ骨	−1.8	−1.6	4.6	0	2.8	±
筋　肉(背部)	0	−0.2	4.4	10.0	2.8	±
筋　肉(腹部)	0.4	−0.6	9.4	4.8	2.6	±
血合肉	0	−0.4	6.8	5.8	1.2	±

Ⅳ属が全部 Sr としても，筋肉（他の臓器も）の放射能の強さの1/10をこえることはない．もし Ca/Sr の比を考えるなら筋肉の放射能中，Sr は 1/100 と考えても多くない．

(7) 廃棄処分魚類の出現頻度

マグロ延縄漁船の漁獲物については，3月以降，総漁獲物の約8割について放射能検査が行われているが，8月迄の厚生省資料を整理してみると，次表のようになる．（漁獲尾数は，昨年同期の統計による）

この結果，(a)環礁に近く，または，海の表層に住む傾向のある魚（キワダ，カジキ類，シイラ）に出現頻度が高く且つ放射能が強いものが多いことが言える．(b)さらに出現頻度

魚　種	用　途	廃棄尾数	漁獲尾数	廃棄/漁獲%	外表よりの c/m 別尾数%	
			千尾		<1,000	>1,000
ホンマグロ	刺身，寿司	4	36	0.01	100	0
メバチ	刺身，寿司，切身	532	400	0.13	100	0
キワダ	刺身，切身，輸出	1,240	220	0.56	84	16
ビンチョウ	輸出	210	440	0.05	99	1.4
カツオ	刺身，切身，節，その他	62	30	0.2	100	0
フウライカジキ	輸出，その他	215	—	—	100	0
クロカジキ	輸出，その他	610	140	0.5	99	1
マカジキ	輸出，その他	120	40	0.3	98	2
メカジキ	輸出，その他	19	100	0.02	100	0
バショウカジキ	輸出，その他	1,536	10	15.4	100	0
サワラ	切身	551	—	—	97	3
オキサワラ	切身	553	—	—	100	0
シイラ	切身	1,128	—	—	100	0
計		6,780	1,416	0.48	96.5	3.5

第4章 水爆実験の影響(その3)

は平均約 0.5%, 外表 1,000c/m (筋肉内は (12)により 5c/m) はさらにその 1/30 すなわち全部の 1/6,000 にあたる.

(8) マグロ延縄漁船漁獲物の日本人の摂取量

日本のマグロ, カジキ類の総生産高は, 年約5,000万貫で, その一部 (年により変動多いも2,000万貫の年もあった) は輸出されるがその大ざっぱに最大量を計算すると, 1人 1年 (人口の半数が食べるとして, 内量を体重の 2/3 とし) 約 600g 1日平均約 2 匁≒7g 以上をこえない. しかし, 平均値でなく, 最大量を求める必要があるから次のような資料が必要である.

(A) 寿司 1個につかうマグロ類の筋肉量は, およそ 4 匁 (15g) で, 1人 1回 (1日を考えてもよし) 10個をこえることは稀. (寿司商談)

(B) 刺身 1人前のマグロの筋肉量はおよそ 20〜30 匁 (75〜85g) で, 1日 1回と考えるが普通だが, 稀の場合を考え 2回としても, (A)に近い 150〜170g となる. (料理屋調べ)

(C) 切身 1枚の筋肉量は, 30〜40 匁 (85g〜150g) をこえることはない. 1日 1回と考えるが普通だが, 2回としても ((A)又は(B)と併さることを考え) 300g をこえることはない. (魚商しらべ)

(D) カン詰, カツオ節, その他の食量は上記より多くなく, かつ, 加算しても, 上記量を増す必要はない.

(E) 血合肉が正肉と混って摂取する割合は, 最大10%をこえないから, かりに(2)-B による数字をとっても, 放射能の量の計算には, 総肉量で 2倍, 摂取することにすれば, 完全の安全さを保つ.

(9) (大型魚マグロ類) の配給と摂取期間

(A) マグロ類の如き大型魚で且つ高価なものは, 魚小売商, 寿司屋, 日本料理店では, 1尾を買い求められず, 輪切りにした数分の1か, またはさらにごく一部を求め鮮度の高いうちに売さばくから, もっとも不運な場合を考えても, 消費者は, 同一店から続けて, 同一個体のマグロを買って食べる期間は10日以上にわたることはない.

さらに, 同一店が続いて汚染された魚を入手する確率は, 汚染魚出現頻度の自乗に相当し, かりに筋肉生 1g 中10c/m ((7) 及び (2) により計算) のものを 2回続けて得る機会は, $2.5×10^{-8}$ (1億回に2.5回) しかない. 3回続けての機会は $4.2×10^{-12}$ (1兆回に4.2回) しかない. すると30日間連用する機会は, $(2.5×10^{-4})^{10}=9.9×10^{-37}$ 人口1億とすると 1人当り $9.9×10^{-29}$ の機会になる.

(B) 漁船乗組員の自家消費をする期間も1航海最大2ヶ月その 1/2 約1ヶ月と計算して大して誤りない. 30日と計算すれば(A)の1兆回に 4.2回の稀な場合も包含し得る.

(C) (8)の最大量と(9)-(A)(B)の最大量を組合せると, 考え得る摂取の最大量として, 1日 300g (100匁弱) 30日連続の場合を計算の根拠に使う.

(10) 魚肉の最大許容量の二, 三の考え方

(A) 魚肉中の activity (以下生肉 1g 当りの乾燥状態のc/mで現わす) を, かりに全部 Sr^{90} と仮定して, (本文(6)-Bに述べるごとく, 実際は 1/100 と計算してよい) それがもし, 10c/mあったとすると (これは外表よりの出現頻度は 1/10,000 以下 で ある) survey の 2,000c/m にあたり ((9)の計算はさらに出現頻度の高い 5c/m を使っている) (Geometry 12.5%, Backscatting 25%, mica+air の Shielding 10%, self absorption 0で GM Counter で計り) $3.14×10^{-5} \mu c/g$ W となる. これは Handbook 52 の Sr^{90} の許容より計算すると (米資料3, p.9の方法) 以上の仮定 (全部 Sr^{90} として 10c/m) で 300g を 30日連用した場合の許可量と略等じ.

(B) 本文(6)-Bに述べるごとく魚肉中のactivity の 1/10 が第Ⅳ属であり, これが, かりに全部 Sr^{90} (こういうことはあり得ない) とすると生肉1g 当り 100c/m でよいことになり, 既知の最高50c/m (衛試の1尾) はこれ以下となる. この場合, 残りの activity を Zn^{65} とすれば, Zn と Sr の許容量の比は 10^5 程度あるから c/m の読みを mc に直すとき Sr^{90} と Zn^{65} で 40倍ちがうが, 問題にならぬ.

(註 Zn^{65} を γ で 計った c/m を 2倍して (田島氏による) dis/m を (10)-A と同一計器

で計ると，Sr^{90} は $1mc ≒ 300,000 c/m$，Zn^{65} は $1mc ≒ 8,000 c/m$ となった.)

(C) 実際には筋肉灰分中の第Ⅲ属B中に含まれる Ca と Sr との比は，最大に見積っても 10：1と考えてよいから（本文(4),(5),(3)を参照されたい）さらに生肉1g当りの activity（乾燥）は，$1,000 c/m$ でもよい．こういう魚は1尾も発見されないし，今後も考えられない．（この場合体の外表からだと，ひどく強い（何千か何万c/m）ものになる）

(Ⅱ) 体外表からの放射能の強さと筋肉の強さの関係

(A) 衛生試験所資料中，体外表からの c/m の，いろいろの部位中の最高のものと，筋肉（生1g当り乾燥状態）の c/m との関係を図示すると，A図〔略〕の如くなり，筋肉の $10 c/m$ が体外表からの約 $2,000 c/m$ にあたる．

(B) 東大資料は，内臓除去後 survey-meter で外表から測っているので，計測方法がちがうため，上記と比較出来ないが，略同様の傾向を察知し得る．（B図〔略〕）

1—7 厚生省原爆症調査研究協議会「環境衛生小委員会報告」(54. 10. 15)

目 次

環境衛生部会報告（山崎文男）
第五福龍丸に降った放射性物質について（木村健二郎 他16名）〔略〕
ビキニの灰の放射化学的研究（塩川孝信 他5名）〔略〕
第五福龍丸関係汚染調査記録（塩川孝信）〔第2編に収録〕
第五福龍丸の残留放射能（山崎文男 他1名）〔第2編に収録〕
放射能雨について（山崎文男 他1名）〔略〕
種々の放射性汚染の調査（塩川孝信 他4名）〔略〕
原水並に浄水の汚染測定並に雨水，井水の検査（宮川正 他3名）
船体汚染測定値（宮川正 他3名）
南方海域で漁撈に従事した漁船の放射能汚染の統計的研究（田島英三）〔第2節を参照〕

あとがき〔略〕

環境衛生部会報告　山崎文男

1. 第五福龍丸の放射能

3月1日にビキニ海域で被災した第五福龍丸は，焼津に帰港後も放射能汚染が著しかった．この汚染が如何なる核種によって起っているかは木村委員のもとで分析され，大部分が核分裂生成物であることが認められた．然もその含まれている割合は，ウラニウム或いはプルトニウムの熱中性子による核分裂の際に生じたものと著しい差がなかった．更に誘導放射能として硫黄・35とカルシウム・45の微弱な放射能が見出された．この他にウラニウム・237が認められたことは今回の爆発が通常の原爆と異ることを示すものとして注目された．幸にしてアルファ放射能をもつプルトニウムは極めて弱かった．化学分析に関してはこの他静岡大学の塩川専門委員らによっても行われ，得られた結果は略々同じであった．

放射能はこのようにプルトニウムの核分裂生成物が大部分を占めるので，その減衰は爆発後の時間 t についてマイナス1.2乗で示されることが予想される．第五福龍丸船員の持参した灰，或は帰港後に採集した灰についてその放射能減衰を引続き測定している．主としてベータ線強度を測定するガイガー計数管による結果は，五月中旬頃までは $t^{-1.4}$ に従い，以後は減衰が緩かになっている．ガンマ線の減衰は更に早い時期にこの緩かな曲線に移っている．

船員が乗船中に身体外部から受けた線量の推定は，東大医学部の中泉委員らが3月17日から6月3日までの間に行った電離函型の線量計による船内のガンマ線の線量測定値をもとにして，覓専門委員，山崎委員が行った．それによると3月17日に毎時100ミリレントゲンの値を示した所にいた人は，最初の1日に120或は240.レントゲンを受けたことになる．前者は $t^{-1.2}$ 後者は $t^{-1.4}$ に従って放射能が減衰したとして計算したものである．尤もこれには爆発後6時間より照射が始ったという仮定がおいてある．

4月16，17日に亘り船内の各部に亘って40余ヶ所の放射線強度分布をローリッツェン検電器で測定した．これによると後部の機関員船室と前部の船室では著しい放射線量の差があり，前者の大きい値はその真上の甲板におかれてある降灰中にとり入れた漁具がこれを覆った板があるために放射能汚染が雨水等によって失われずに残っていたためと想像された．

なお，焼津港に繋留中の同船の周辺の放射能強度は，それに最も近い建物においても問題にならぬ程度のものであった．又船からの汚染物の飛散も極めて僅かであろうと思われた．

2. その他漁船の汚染

次にマーシャル水域方面より帰ってきた漁船の放射能汚染であるが，初期に帰ってきたものの中には，住居としては稍々許容線量を越す個所をもつものがあったが，全体としては心配なものはなかった．併し，このような船に対してはその個処の清掃を勧め，何れも安全程度に除染することができた．なおこのような汚染の認められた船については，船員の血球算定も行われた．更にガイガー計数管による船室の汚染度測定の基準をきめて，居住の安全をはかった．

南方漁場より帰る船の汚染については田島専門委員により種々の統計がとられ，ビキニの東方と西方とではかなり汚染状況が異ることが指摘され，東方を漁場としていたもののうちには空気汚染が，たとえ短期間にしろ心配される程度存在したと想像されるものがあると報告された

漁船の汚染物の放射能減衰については，それが3月26日の爆発によるものとして，$t^{-1.2}$に近いものが数隻みとめられた．

3. 本土にみられた放射性落下物

次に本土にあらわれた放射性物質の落下である．伊良湖岬に3月6日に降った落下塵中に微弱な放射能が認められ，それが減衰していることから，人工放射能であろうと想像され，これを木村委員のもとで分析した結果，核分裂生成物の存在が認められた．発表には慎重を期し，同地方の天水中の放射能が十分飲用に供しうることを確かめた後に発表した．

5月16日に鹿児島地方にそれまでにみられなかった程度の強い放射能を含む雨が降り，これは中国，関西，関東の諸地方にも及んだ．東京では雨量は極めて少なかったが濃度としては大きく，降雨後の乾いた屋根瓦，舗道上或いは草の葉の上に点々と放射能を帯びた個処の残っていることはガイガー計数管によって容易に認められた．

その後，天水にのみ頼っている島嶼から飲用に供している水がとどけられて，これを検査した結果，放射能が未知の混合物によるとしたときの常用飲用水の最大許容濃度の数倍の値を示すものがあったので，取敢えずその使用に対して注意を与えた．

この雨の放射能の減衰が$t^{-1.2}$に従っていると仮定するときには，5月13日頃に行われた爆発によるものと推定される．即ちマーシャル海域から僅か2，3日でわが本土に達する放射性の落下物のあることを示すことになる．落下物の個々の大きさについてはなお検討中である．

所謂放射能雨は多少の消長はあったが，その後次弟に衰え，8月頃からは辛うじて認められる程度となった．

ところが9月18日に至り，新潟はじめ東北地方の各地に5月中旬に降ったのと同程度の強さの放射能雨が降り，その後も全国にこの新しい原因による放射能雨が降っている．本部会では再び前回と同様の天水，表流水の使用について注意をうながした．

この放射能についても$t^{-1.2}$の減衰を仮定すると，9月15日前後に起った爆発と予想され，新聞紙上で伝えられたソ連の原子爆発によるものと思われる．

放射能雨についてみると，気象条件の如何によっては原子爆発によって生じた放射性の塵が意外に早く遠くの地まで運ばれることの可能性のあることを示し，今後注意すべきである．

最後にこの部会は常に食品部会と合同の小委員会を開いてきており，その間に最大許容線量（或は濃度）について幾度も論じてきたがまだ納得のゆく結論が出ず，それが大きな

問題として残っていることを報告する.

原水並に浄水の汚染測定(横浜市水道局依頼のもの)並に雨水,井水の検査
横浜医科大学放射線科
　　　　　宮　川　　　正(代表者)
　　　　　森　栄　卯　輔(測定者)
　　　　　田中利彦,桑名幸洋　並に
　　　　　横浜市水道局職員

水道局関係の物は,水道局に於て Sample を作製す

〔Sample 作製法〕
(i) 水 $1l$ に 3.5% HCl 1 cc を加える
(ii) 500cc のビーカーにて約 30cc 迄濃縮
(iii) 重トーセンにて 5cc 迄濃縮
(iv) この濃縮液を測定血に少量ずつ移し,約 70～80°C にて乾燥

横浜市水道局関係

採水月日	測定時間	採水場所	検体の種類	蒸発水量	測定月日	($Sr^{90}+Y^{90}$ のカウント数)($2\times 0.00784\mu c$)	c. p. m. (nets)	放射能 $10^{-4}\mu c/l$
25/V	30′		浄　水	$1l$	26/V	2,274	4.7±2.7	0.32±0.19
〃	20′		〃	〃	〃	〃	4.4±2.4	0.3 ±0.16
28/V	30′		貯　水	〃	31/V	2,394	4.0±1.5	0.26±0.11
〃	30′		〃	〃	〃	〃	4.3±1.3	0.28±0.09
〃	20′		原　水	〃	〃	〃	4.9±1.7	0.34±0.01
〃	20′		〃	〃	〃	〃	0.9±1.6	0.6 ±0.01
Sample 作製日 26/VI	40′	青山系			7/VIII	2,518	2.5±1.4	0.15±0.09
〃	〃	〃			〃	〃	4.3±1.4	0.26±0.09
〃	〃	相模系			〃	〃	3.4±1.5	0.21±0.09
〃	〃	〃			〃	〃	4.3±1.4	0.26±0.09
〃	〃	〃	原　水		〃	〃	2.2±1.4	0.14±0.09
〃	〃	〃	〃		〃	〃	3.7±1.4	0.23±0.09
〃	〃	青山系	原　水		〃	〃	6.4±1.4	0.39±0.09
〃	〃	〃	〃	$1l$	〃	〃	3.5±1.4	0.21±0.09
24/VI	50′	青　山	〃	100cc	20/VII	2,683	−0.3±1.2	−0.18±0.72
〃	80′	〃	〃	〃	〃	〃	2.2±1.4	1.3 ±0.8
1/VII	20′	〃	〃	〃	〃	〃	2.2±1.8	1.2 ±1.04
〃	60′	〃	〃	〃	〃	〃	4.1±1.3	2.4 ±0.76
26/VI	40′	〃	〃	〃	〃	〃	2.8±1.8	1.6 +1.0
〃	〃	〃	〃	〃	〃	〃	1.5±1.7	0.88±0.98
14/VII	40′	〃	緩速原水	100cc	21/VII	2,697	3.7±1.4	2.14±0.82
〃	〃	〃	〃	〃	〃	〃	4.3±1.4	2.5 ±0.82
〃	〃	〃	急速原水	〃	〃	〃	4.4±1.4	2.6 ±0.82
〃	〃	〃	〃	〃	〃	〃	6.0±1.5	3.5 ±0.88
〃	〃	〃	緩速濾過水	〃	〃	〃	2.7±1.4	1.56±0.82
〃	〃	〃	〃	〃	〃	〃	1.6±1.4	0.92±0.82
〃	〃	〃	急速濾過水	〃	〃	〃	2.6±1.4	1.5 ±0.82
〃	〃	〃	〃	〃	〃	〃	3.1±1.4	1.8 ±0.82
6/VII	〃	青山沈砂池	〃	〃	27/VII	2,655	3.7±1.4	2.2 ±0.8
〃	〃	〃	〃	〃	〃	〃	4.1±1.4	2.4 ±0.8
15/VII	〃	〃	〃	〃	〃	〃	3.4±1.4	2.0 ±0.8
〃	〃	〃	〃	〃	〃	〃	2.5±1.4	1.5 ±0.84
〃	〃	青　山	原　水	100cc	7/VIII	2,518	2.0±1.4	1.2 ±0.8
〃	〃	〃	〃	〃	〃	〃	1.0±1.4	0.6 ±0.8
13/VIII	〃		青山系原水	100cc	16/VIII	2,476	1.9±1.4	1.3 ±0.8

第4章　水爆実験の影響(その3)

13/VIII	50'		青山系原水	100cc	16/VIII	2,476	1.9±1.2	1.2 ±0.8
〃	〃		相模系濾過水	〃	〃	〃	0.7±1.2	0.44±0.8
〃	40'		〃	〃	〃	〃	3.7±1.4	2.3 ±0.8
〃	30'		相模系原水	〃	〃	〃	4.9±1.6	3.1 ±1.0
〃	〃		〃	〃	〃	〃	5.2±1.8	3.3 ±1.1
〃	20'		青山系濾過水	〃	〃	〃	7.6±1.5	1.5 ±0.9
13/VII	30'		〃	〃	〃	〃	5.6±1.4	3.5 ±0.9
20/VIII	15'	青山沈砂池	〃	〃	13/IX	2,490	2.8±2.0	1.7 ±1.2
〃	15'		〃	〃	〃	〃	4.7±2.2	2.9 ±1.4
24/VIII	10'	〃	〃	〃	〃	〃	1.8±2.2	1.1 ±1.3
〃	30'	〃	〃	〃	〃	〃	0.4±1.8	0.24±1.1
25/VIII	40'	〃	〃	〃	〃	〃	1.6±1.7	1.0 ±1.1
〃	10'	〃	〃	〃	〃	〃	4.1±2.2	2.5 ±1.4
1/IX	10'	〃	〃	〃	〃	〃	2.7±2.2	1.7 ±1.4
〃	13'	〃	〃	〃	〃	〃	0.2±1.9	0.12±1.2
2/IX	12'	〃	〃	〃	〃	〃	1.5±2.1	0.94±1.3
〃	13'	〃	〃	〃	〃	〃	3.0±2.1	1.9 ±1.3
15/IX	15'	相模湖系	西谷着水	100cc	20/IX	2,551	1.7±1.9	1.04±1.2
〃	10'	〃	〃	〃	〃	〃	4.8±2.3	2.9 ±1.4
〃	15'	青山系	西谷着水	〃	〃	〃	2.1±1.9	1.3 ±1.2
〃	20'	〃	〃	〃	〃	〃	3.8±1.6	2.3 ±1.0
〃	20'	第2急速8号	濾　水	〃	〃	〃	−1.1±1.7	−0.7 ±1.1
〃	10'	〃	〃	〃	〃	〃	1.6±1.8	1.0 ±1.1
〃	20'	緩速濾池6号	〃	〃	〃	〃	0.8±1.8	0.5 ±1.1
〃	30'	〃	〃	〃	〃	〃	3.3±1.8	2.0 ±1.1
7/IX	30'	青山沈砂池	原　水	〃	30/IX	2,454	3.0±1.3	1.9 ±0.8
〃	30'	〃	〃	〃	〃	〃	3.4±1.3	2.2 ±0.8
13/IX	20'	〃	〃	〃	〃	〃	4.0±1.5	2.6 ±1.0
〃	40'	〃	〃	〃	〃	〃	3.1±1.2	2.0 ±0.7
19/IX	30'	〃	〃	〃	〃	〃	2.0±1.3	1.4 ±0.8
〃	30'	〃	〃	〃	〃	〃	2.8±1.3	1.8 ±0.8
26/IX	20'	〃	〃	〃	13/X	2,378	0.1±1.7	0.07±1.1
〃	20'	〃	〃	〃	〃	〃	1.7±2.1	1.1 ±1.4
29/IX	30'	〃	〃	〃	〃	〃	1.8±1.8	1.2 ±1.2
〃	30'	〃	〃	〃	13/X	〃	1.4±1.8	0.92±1.19
4/X	20'	〃	〃	〃	〃	〃	0.5±1.9	0.33±1.26
〃	30'	〃	〃	〃	〃	〃	1.2±1.9	0.79±1.27

神奈川県下水関係

採取月日	測定月日	採取場所	検体の種類	採取量	2×0.00784 μC $(Sr^{90}+Y^{90})$の毎分カウント数	測定時間	c.p.m.(nets)	放射能 $(10^{-4}\mu c/l)$
21/V	22/V	測候所	雨水(I)	200cc	2,200	15′	24.9± 2.8	8.7 +1.0
〃	〃	〃	雨水(II)	〃	〃	〃	36.5± 3.3	12.7 ±1.2
22/V	〃	病院	水道水	〃	〃	10′	5.0± 2.3	1.76±0.86
21/V	24/V	測候所	雨水(I)	〃	2,230	13′	31.3± 3.6	10.9 ±1.3
〃	〃	〃	〃 (II)	〃	〃	20′	33.6± 3.4	11.8 ±1.2
〃	〃	県庁屋上	雨水	600cc	〃	3′	274±10.2	32.0 ±1.2
〃	〃	県下中郡	〃	200cc	〃	40′	0.9± 1.6	0.32±0.5
22/V	〃	〃	井戸水	〃	〃	10′	−0.4± 2.8	−0.17±0.9
24/V	2/VI	大楠無線中継所	雨水(未濾過)	200cc	2,465	25′	11.9± 2.0	3.9 ±0.66
〃	〃	〃	〃	1,000cc	〃	5′	37.4± 3.7	2.4 ±0.24
〃	〃	〃	雨水(濾過)	200cc	〃	30′	5.0± 1.9	1.6 ±0.6
〃	〃	〃	〃	1,000cc	〃	5′	17.6± 3.7	1.1 ±0.24
2/VI	4/VI	双子無線中継所	雨水	1,000cc	2,451	15′	26± 3.3	1.7 ±0.21
〃	〃	〃	〃	200cc	〃	30′	10.3± 2.1	3.3 ±0.67
〃	〃	〃	〃	〃	〃	30′	8.9± 2.4	2.8 ±0.77
8/VI	8/VI	破崎貯水池	貯水	1,000cc	2,270	5′	1.0± 3.8	0.07±0.26
〃	〃	走水貯水池	〃	〃	〃	5′	8.0± 4.0	0.55±0.28
〃	〃	管栄寺水源池	〃	〃	〃	5′	2.0± 3.8	0.14±0.27

船体汚染測定値（横浜港，川崎港）
　横浜医科大学放射線科（宮川正：代表者，森栄卯輔，田中利彦，桑名幸洋：測定者）

船舶名	第六京丸	第三関丸	第七関丸	第七文丸	ガナーズノット号	永福丸	大阪丸	サラマン丸	日安丸	日鈺丸
測定名	14/IV,54	16/IV	16/IV	16/IV	26/IV	13/V	19/V	7/V	9/V	21/V
フォマスト ゴミ・サビ	270	191	49	292	1,032	34	139	194	20	22
2nd マスト					538(上) 20(下)					
レーダーマスト							22		39	
見張台		26	15	65	36				8	
航海灯船橋			567	163	284			62	53	
煙草									75	
甲板上ロープ		15		90	106	185	14	9		
シート						71 184		58	7 24	36(表) 27(裏)
ゴミ							32	62.16	29	
サビ						50 26	0	1		0
ハッチ入口ゴミ						1	16	6.7		
ハッチ（カバー）								6.7		
ベンチレーター（〃）						1	16	285	29	
クレーン グリス・サビ						21 157				
ウインチテーブル						62	28	53		
船室							1.8	18.7		
（シート）						3	0		32	
〃							8		0	
〃							23			

(シート)						7			
(積荷)									
スクラップ					5	3〜8			
〃					16	23			
野菜クズ		203	36	42					
帽　子	3					12		4	3
服							21	11	0
〃								14	
〃								15	
船　員	21人							1	
〃	平均 8							3	
〃	頭手(爪)							11	

G—M窓との距離　1〜2cm
Sr⁹⁰　0.0078μc　2,600〜2,300 c.p.m.
各数値は Net Count c.p.m.
(1) 全測定船の汚染度は体外照射による放射線障害の危険無しと認め特別な処理は行わなかった．
(2) 但しドックに入れ修理する場合，従業員が鉄サビ，ゴミ等を呼吸により或は経口的に体内に摂取される場合は是に対する防塵の処置をとる必要があるかも知れない．

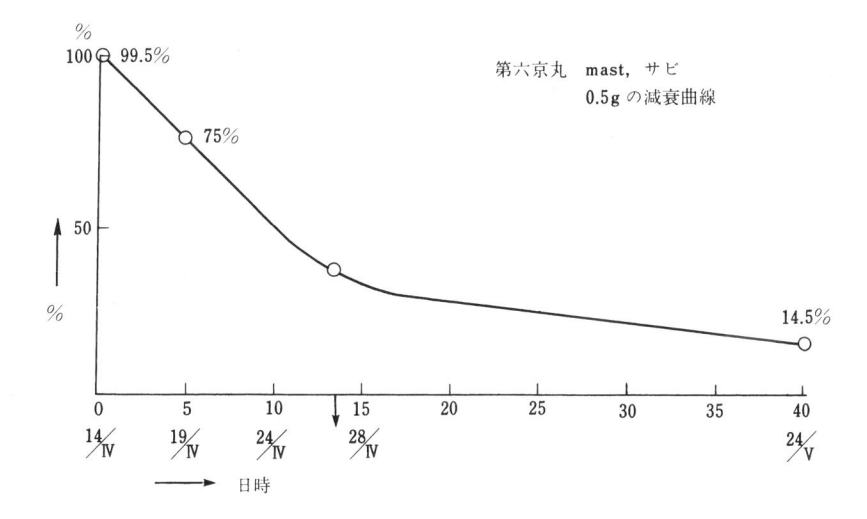

第六京丸　mast, サビ
0.5g の減衰曲線

1—8 厚生省原爆症調査研究協議会「食品衛生小委員会報告」(54. 10. 15)

目　次

(a) 魚類の汚染調査，検査基準の設定
(b) 飲料水の汚染調査および汚染除去
(c) 米，麦，野菜，果物の汚染調査および汚染除去
(d) 茶の汚染調査
(e) 牛乳の汚染調査
(f) 各種加工品の汚染調査(例)塩から，肝油
(g) 以上の放射能汚染物の試験法，分析法

(h) 人体に対する内用最大許容量の調査

1—9 長沢佳熊「食品の放射能による汚染」

昨年度において大きな問題となった米国やソ連の原水爆実験によって起った放射能による食品の汚染の**原因**について，私はこれを3大別して考えている．

1はマグロ・カジキ類など回遊魚の汚染である．これには私の研究室の分析結果によって，肉中に含まれる恐ろしいストロンチウム90の量は約0.3%程度であることが分り，又俊鶻丸による調査資料の研究会議で私ども数人は骨の各部の汚染放射能として亜鉛65の大量を発見し，私の研究室では肉中でも同様な事実を分析で確認した．亜鉛65は所謂核分裂の生成物ではない．単なる推定ではあるが，爆発装置の構成物，例えば亜鉛を含む真鍮などが爆弾の破裂時に中性子を受けて誘導して生成したものであろうか（山崎博士の話）．一方軟体動物その他下等海棲動物の中には，我々の血液中のヘモグロビン（これは鉄を有する有機錯化合物）の代りに白い血液としてヘモシコピン（これは亜鉛を有する有機錯化合物）を造るものがあり，従って選択的に亜鉛を集める性質のあるものである．それをイカや小さな魚などがたべ，次にそれらをマグロ・カジキ類などがたべて放射能汚染を起したものであろう．要するに餌から順次に伝った汚染現象と考える．

2は野菜，米，茶などの汚染原因であるが，これは次に述べる降雨中の放射能が附着し，汚染したものと考える．稲についての検査結果は図表に示すように，昭和28年度産米（以下全部新潟県産米である）では全く放射能を認めないが昭和29年度産米では明かにモミ，モミ米の部分について放射能を認め，玄米，白米，ヌカには認めえない．即ち稲の汚染は外部汚染である．その他の野菜，果実，茶などでもほとんど外部汚染で，吸収によったものではないことは次の事実から誤りはないと考えている．即ち(1)ここで述べたようにモミのみに明かに放射能を認めること．(2)シイタケでは裏面より表面に明かに放射能が強いこと．(3)茶ではおおいをして育てる玉露などは汚染が比較的小さいこと．(4)雨に当ることの多い上部の桑葉に多く，下葉に少いこと（蚕

新潟県産米の放射能汚染の図

モミ米は原料10g，モミは約2g，玄米は7～8gを用い灰分についてそのK含量及びGM管でカウントを測定した．K分析値によって層の厚さと吸収とを考慮してそれに相当するK_2CO_3の量についてカウントを測定した．

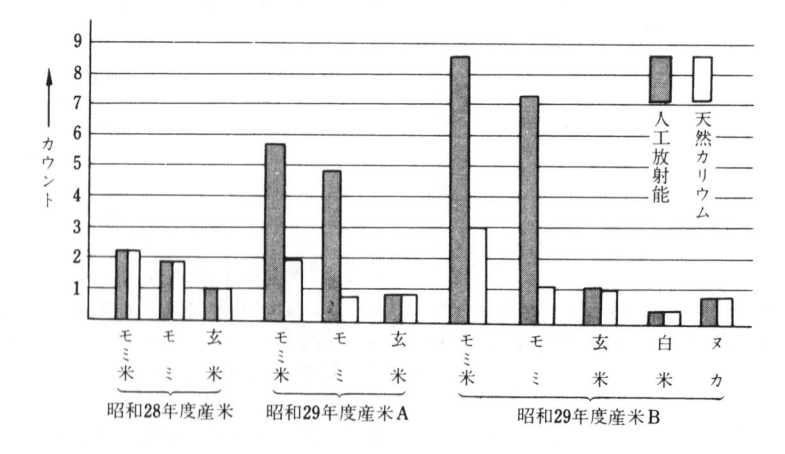

糸試験所の試験)．(5)茶の放射能分析の結果，核分裂生成物の成分ににていること（塩川教授及び私の研究室の実験）などがあげられる．

ストロンチウム90などのアイソトープを使って植物肥料中に混じ与えれば，それが吸収して行くことには衆知の実験があるが，今回の汚染は，我々の実験で確認し得る量では外部附着によるものと考えられる．世間で吸収説を唱える人もあるが，カリウムの分析を完全に行っていないこと，放射能の層による吸収又は背景散乱による補正を行っていない実験が多いために生じた誤差から起った誤りがほとんどである．

ついでに牛乳なども一時問題視されたが，私の研究室で各地から30数種の牛乳について行った実験では，放射能は認められなかった．これもアイソトープ実験では，甚だしく汚染された草を牛がたべれば牛乳中に放射能が見出されるとの多くの実験があるため，それにもとづいて騒がれたものである．

3は，雨水を飲料水とする場合の汚染である．これは空中にきわめて微細なチリとなってとびちって漂う放射能物質が降雨中に混ってくるためである．この場合の放射能は，勿論爆発による核分裂生成物がほとんどを占め，爆発後のある時期，例えば爆発場所がビキニ環礁であるときには，その数日後に我国の降雨中に放射能含量が多くなる．核分裂の放射性物質は大体においてある一定の組成を有しそれぞれのその元素の量も大体一定であるとされる．それゆえ降雨中の放射能も一定の組織を考えることができる．そのストロンチウム90の含量は数%である．勿論爆発後の経過日数によって，放射性元素は次第にその放射能を減少し，その程度も各元素によって著しい差があるので，放射性物質の組成も変化してくる．

飲料水は，井戸や河川のない地方では雨水を使う．毎日成人1人につき約2立も飲み，島や灯台に住む人では常用水となるものであるから，我々の健康上慎重に考えることが必要である．現在までに分った日本内地の汚染は1立につき約100カウント程度のものが数種あった．汚染の起った当初では，その原因

や過程がはっきりしなかったのでその組成も明かでなく，厚生省でも注意を促したこともあるが，現在は分析結果などもはっきりしたので，昨年度の汚染ではたいして問題にはならないと考えられる．アメリカの原子力委員会で米人に対する警告中にも，1立約100万カウントまでの水を数週間飲んでも差支えないことになると計算している（このカウントは爆発後3日の状態につき述べたもので，1カ月後には約数分の1と考えてよい）．従って1立数万カウントの雨に単にぬれるだけでは問題でない．

次に放射能汚染の除去について述べよう．これに対するきわめて有効な方法は現在分っていない．

外部附着汚染である野菜，果実などは放射能を含む雨がかかったとき，乾かぬ間によく洗うことはきわめて効果的である．一度乾くと洗っても放射能は除き難くなるが，それでもよく洗うに越したことはない．私の実験では90～100%も洗うことにより除けたことがある．

飲料水の場合には，厚生省で通牒を発したような，砂利，砂，木炭粉を通して濾すと放射能も90%は除き得る．又陽イオン交換樹脂として有名なアンバライトIR120やドウエックス50の層を通すと，水中の放射能はほとんど完全に除くことができる．

魚の場合のように吸収してしまった放射能の除去は不可能である．魚では腎臓や肝臓や幽門垂などの臓器に放射能汚染が著しく（腎臓や肝臓は肉の数千倍に及ぶものもある．また血合肉では普通の肉の数倍の汚染が認められる）．そのような部分を捨てる外ない．又その部分が肉につかぬようにし，肉もよく洗う方がよい．植物でも万一吸収した汚染放射能であるときには，以上のような注意をする以外に現在は方法はない．現在我国であらわれている程度の汚染状態では，家庭で捨てた放射能汚染物の処理については特に注意するほどのことはないから，普通の廃物と同じ処置で差支えない．

(国立衛生試験所研究部長　薬学博士)

(『厚生』55.2)

1—10 宮城県衛生部「放射能対策に関する報告」(55.3)

目 次

(Ⅰ) 鮪類の放射能検査について〔略〕
 1. 検査の概要
 2. 放射能汚染鮪の傾向
  イ．事件当初から7月下旬まで
  ロ．8月上旬から9月下旬まで
  ハ．10月上旬以降
 3. 月別検査成績
 4. 精密検査による魚類の各臓器別放射性物質の分布
 5. 被曝漁船，乗組員の検知状況
 6. 近海漁獲物の検査について
(Ⅱ) 放射能性物質〔ママ〕の環境に及ぼす影響について

 1. 野菜，植物への影響
 2. 洗滌による放射物質〔ママ〕の減衰
 3. 雨水，飲料水への影響
 4. 海水浴場の海水汚染
 5. 塵埃の放射能
(Ⅲ) 検査成績一覧表〔略〕
 1. 日別検査隻数及び検査魚類貫数
 2. 船名別検査成績
 3. 月別放射能検出漁撈海域
(Ⅳ) 関係通牒便覧〔略〕

(Ⅱ) 放射能性物質の環境に及ぼす影響について

マーシャル海域における原爆実験以来放射能による直接の汚染は同海区附近で漁獲した魚類にのみ顕著であったが，南方季節風は日本本土の各地に放射能を含んだ風雨の洗礼を浴せて来た．このため各地大学では降雨1立

Ⅰ 野菜と植物の放射能汚染

品　名	採取月日	測定月日	測定部位	カウント数(含バックカウント)	備　考
ほうれん草	29. 5. 24	29. 5. 24	葉	94	市販のもの
長ねぎ	〃	〃	葉	46	市販のもの
長ねぎ	〃	〃	玉	33	市販のもの
山東菜	〃	〃	葉	48	畑に生育中
ふき	〃	〃	葉	51	畑に生育中
麦	〃	〃	穂	35	畑に生育中
菜の花	〃	〃	茎	60	畑に生育中
クロバー	〃	〃	葉	40	野草
大豆	29. 9. 29	29. 10. 1	葉	910	野菜を水洗いし80度で乾燥後灰化し乾物10瓦中の1瓦当りのカウント数.
大豆	〃	〃	葉柄	102	
稲	〃	〃	穂	1,020	
稲	〃	〃	茎	610	
稲	〃	〃	葉	930	
白菜	〃	〃	外葉	645	
白菜	〃	〃	中心葉	255	
小豆	〃	〃	葉	3,345	
小豆	〃	〃	茎	82	
菜種	〃	〃	葉	450	
白菜	29. 11. 10	29. 11. 19	外葉	43	
	〃	〃	内葉	24	
大根	〃	29. 11. 20	茎葉	34	
ほうれん草	〃	〃	茎葉	0	
クロバー	29. 11. 11	29. 11. 11	葉	39	
クロバー	〃	〃	葉	60	

当り数万カウントの雨をもたらしていると発表する等で梅雨期に入った日本に社会問題までも惹起した．この結果野菜や飲料水更に牛乳にまで放射能の影響が及び環境と放射能問題が浮き出てきた．

Ⅱ 洗滌による放射能物質の減衰

品　　　名	洗滌前	洗滌後
キャベツ	152	32
ほうれん草	54	32
ほうれん草	73	34
かぶ	138	30
馬鈴薯の葉	141	52
雪菜	59	27

野菜や植物への影響は鮪等の放射能汚染と比較して問題の傾向が少なかったが，雨水に多量の放射能汚染物質が検出されて来た結果，昭和29年5月28日厚生省から全国的な調査を依頼して来たので本県でも市販野菜や畑に生育中の野菜他2,3の野草について放射能検査を実施した．この結果は上記の検査成績の通りであり予想したより少ないながらすべての食用野菜に含まれていた．その後東北大学研究所で測定した稲等には1,020,小豆の葉には3,345カウント検出されていることは，乾性物に換算してではあるが注目すべきであろう．洗滌により減衰するか否かを調査した．この表で明確な通り外葉に附着した放射能物質は容易に除去し得ることが判明したが一部は植物の組織細胞に吸収されており外葉に附着した放射能物質が減る程度洗滌により除去し得る．

雨水には相当量の人工放射能性物質が含有されておるが，飲料水にして水道の蛇口より流出する時には表の様に極めて微少な含有になり人体に顕著な影響が認められない状態になっておる．

これは濾過池，配水池を流れる間に吸着，消費される結果と考察される．例えば雨水1立当70カウントであっても蛇口の所では1立当4カウント程度になっている．一般に降雨始めにはカウント数が高く，降雨の終りに近づくにつれてカウント数が低くなるのが常である．飲料水の放射能含有量は問題とされる

Ⅲ 雨水，飲料水の放射能

検体 項目	採水月日	測定月日	c.p.m./l	備　　考
流　　　　水	29. 5.20	29. 5.24	4	仙　台　市
井　　戸　(A)	29. 5.20	29. 5.24	8	〃
井　　戸　(B)	29. 5.20	29. 5.24	0	〃
水　　道　　水	29. 5.24	29. 5.24	8	〃
荒巻配水池	29. 9.27	29. 9.28	4	〃
雨　　　　水	29. 9.28	29. 9.28	70	〃
雨　　　　水	29. 9.28	29. 9.28	70	〃
濾　過　池	29. 9.28	〃	25	〃
配　水　池	29. 9.28	〃	21	〃
配　水　池	29. 9.28		4	〃
富田ポンプ取水所	29. 9.29	29. 9.29	4	名　取　郡
雨　　　　水	29.11.11	29.11.11	62	仙　台　市
井　　　　戸	29.11.12	29.11.12	0	〃
雨　　　　水	29.11.12	29.11.15	0	登　米　町
水　　道　　水	29.11.13	29.11.13	0	仙　台　市
水道取水塔	29.11.15	29.11.15	10	名　取　川
水　源　池	29.11.16	29.11.17	0	大　沢　村
中原濾水場	29.11.16	29.11.17	0	広　瀬　村
雨　　　　水	29.11.16	29.11.20	17	仙　台　市
水　　道　　水	29.11.17	29.11.17	0	〃

IV 海水浴場の海水汚染について

検体	採水月日	前日天候	当日天候	c.p.m./l	備考
A₁-0	29. 7. 7	小雨	曇	0～7	A₁-0 表面海水
A₁-1	〃	〃	〃	0～8	A₁-1 表面1米海水〔ママ〕
A₂-0	〃	〃	〃	0～5	Ⓐ 野菜
A₂-1	〃	〃	〃	3～4	
A₃-0	〃	〃	〃	0～1	
A₃-1	〃	〃	〃	0～3	
B₁-0	〃	〃	〃	0	Ⓑ 長浜海水浴場
B₁-1	〃	〃	〃	0～6	
B₂-0	〃	〃	〃	1～3	
B₂-1	〃	〃	〃	0～1	
B₃-0	〃	〃	〃	0～1	
B₃-1	〃	〃	〃	0～6	
C₁-0	29. 7. 8	曇	〃	0～3	Ⓒ菖蒲田海水浴場
C₁-1	〃	〃	〃	0～1	
C₂-0	〃	〃	〃	0	
C₂-1	〃	〃	〃	0～2	
C₃-0	〃	〃	〃	0～5	
C₃-1	〃	〃	〃	0～6	

程度ではない.

放射性物質による海水の汚染はビキニ周辺海水に極めて多く, 離れるに従って殆んど放射能性物質の減衰を認められる. 北赤道海流に乗って, 次第に黒潮に広範囲に汚染が分布するようになったので厚生省においては全国主要海水浴場の盛夏時における海水の汚染を調査するように指示があった. 検査の結果海水1立当りのカウント数は最高でも8カウント程度であったため特に危険と認められる状態ではなかった.

V 塵埃の放射能

項目 検体	採取月日	測定月日	c.p.m./108 (バックグラウンドを除く)
三越屋上	29.10.6	29.10.6	110
藤崎デパート	〃	〃	10
仙台駅前	〃	〃	10
県庁構内	〃	〃	10

大気中には核分裂により飛散した微細な放射能性物質が含まれており, これが直接, 間接に降雨や, 季節風に乗って地上に影響を及ぼしていると考えられるので, 市内の比較的汚染の機会が多い個所を任意に選定し, 塵埃の放射能検査をおこなった. 然し特定の個所には比較的汚染の度合が濃厚であるが, 一般的には問題とする程の含有カウントではない, これは時季的被爆地の影響によって変動するものと考えている.

1―11 東京都衛生局公衆衛生部獣医衛生課「魚類の人工放射能検査報告」(昭和29年度獣医衛生課事業報告別刷)

目次
序
第1章 経過日誌
第2章 統計的考察
第3章 放射能汚染検査成績表

1―12 大阪市衛生局 「放射能対策の経過報告」(55.1)

目次
1 原水爆に対する本市の決議・陳情
2 各大学その他研究機関に依頼した試験成績(魚その他雨水, 煤塵等について)
3 検査基準の変更
4 廃棄量, カウントの増大

第4章 水爆実験の影響（その3）

第1表 人工放射能検査一覧表

東京都築地昭29年3月16日以降

月別	検査船舶(隻)	積載量(貫)	検査総量 水揚	検査総量 陸送	検査総量 合計(貫)	人工放射能 船舶 検知隻数	人工放射能 魚 魚類積載船舶数	人工放射能 陸送魚(件)	人工放射能 類 合計(件)	検出状況 水揚魚数量 貫数	検出状況 水揚魚数量 本数	検出状況 陸送魚数量 貫数	検出状況 陸送魚数量 本数	検出状況 合計(魚) 貫数	検出状況 合計(魚) 本数
3	52	385,600	375,100	52,527	427,627	3		1	1			261	31	261	31
4	80	746,800	940,300	133,048	1,073,748	16	5		5	5,338	524			5,338	524
5	89	1,025,400	910,500	137,350	1,047,850	2	13		13	1,421	394			1,420	394
6	79	701,430	688,031	269,497	957,528		7		7	544	45			544	45
7	66	894,080	846,130	454,515	1,300,645		7		7	389	45			389	45
8	40	497,300	362,300	418,486	780,786		13	3	16	9,696	808	87	4	9,783	812
9	38	464,200	407,150	369,699	776,849		18	4	22	8,815	785	39	4	8,854	789
10	58	564,700	535,900	256,848	792,748		18	2	20	4,003	343	80	5	4,083	348
11	79	876,300	736,400	181,639	918,039		21		21	631	77			631	77
12	117	1,170,550	1,065,640	1,267,895	2,333,535		9	1	10	257	42	12	1	269	43
合計	698	7,326,360	6,868,051	3,541,504	10,409,555	21	111	11	122	31,094	3,063	479	45	31,573	3,108

(東京都衛生局「魚類の人工放射能検査報告」)

5 海洋投棄　　　　　　　　　7 検査成績
6 検査の中止　　　　　　　　　附　対策日誌

(1) 大阪中央市場入港漁船の放射能検査状況

	入港船舶数	船体に放射能を認めたもの	魚体に放射能を認めたもの	船体魚体両者に放射能を認めたもの	計	
3月(20日以降)	19	0	0	0	0	
4月	39	8	0	0	8	
5月	56	8	15	4	27	
6月	39	1	25	2	28	
7月	15	0	14	0	14	
8月	14	0	10	0	10	
9月	24	0	20	0	20	
10月	26	0	14	0	14	海福丸 (No 7感幸丸)
11月	43	0	27	0	27	三善丸 (No 1芳丸)
12月	71	0	32	0	32	
計	346	17	158	6	181	

10月，11月は運搬船を含んでいる故航跡図に示されている数と一致しない．

(2) 大阪市中央市場太物魚類検査総数

月別	検査総数 本数	検査総数 貫数	廃棄数量 本数	廃棄数量 貫数	廃棄率 本数	廃棄率 貫数	備考
3月(20日以降)	10,739	64,899.6	24	357.5	0.22%	0.55%	
4月	15,846	175,450.1	0	0	0	0	
5月	20,142	221,703.3	280	1,373.2	1.38	0.61	内蔵25貫を含む
6月	12,885	156,362.2	622	4,625.6	4.89	2.96	内蔵20貫を含む
7月	10,001	123,009.3	176	1,325.2	1.75	1.07	
8月	7,615	117,192.7	71	491.7	0.93	0.41	内蔵1貫を含む
9月	13,523	166,071.9	675	6,320.5	4.99	3.80	内蔵25貫を含む
10月	11,460	150,030.7	363	2,942.1	3.18	1.96	
11月	14,698	185,026.7	305	1,753.2	2.07	0.94	
12月	23,637	290,629.2	336	2,595.4	1.42	0.89	
合計	140,546	1,650,375.9	2,852	21,784.4	2.02	1.31	

〔参考〕 海区別月別被災漁船数（単位：隻）〔海区A…Hは164ページの図を参照〕

（合計）

海区 月	計	A	B	C	D	E	F	G	H	不明
3	2	—	—	—	—	—	2	—	—	—
4	17	—	1	—	1	—	14	—	—	1
5	86	56	8	7	3	—	6	—	2	4
6	126	99	1	17	6	1	1	—	—	1
7	73	31	10	17	10	—	2	—	3	—

第4章 水爆実験の影響(その3)

	計	A	B	C	D	E	F	G	H	不明
8	71	13	15	12	16	4	7	—	3	1
9	79	12	22	7	27	—	8	—	2	1
10	126	50	13	19	21	7	6	—	7	3
11	162	66	30	19	19	7	17	—	1	3
12	114	26	42	16	18	4	12	—	—	9
計	856	353	142	114	115	23	75	—	18	23

(指定5港に水揚した被災漁船数)

海区＼月	計	A	B	C	D	E	F	G	H	不明
3	2	—	—	—	—	—	2	—	—	—
4	17	—	1	—	1	—	14	—	—	1
5	36	13	4	7	3	—	6	—	2	1
6	41	24	—	9	6	1	1	—	—	—
7	19	2	1	6	5	—	2	—	3	—
8	36	1	4	6	12	4	5	—	3	1
9	37	3	1	6	17	—	8	—	2	—
10	65	6	—	17	19	7	6	—	7	3
11	78	9	7	18	19	7	17	—	1	—
12	72	13	12	12	17	4	12	—	—	7
計	403	71	30	81	99	23	37	—	18	13

(指定5港外に水揚した被災漁船数)

海区＼月	計	A	B	C	D	E	F	G	H	不明
5	50	43	4	—	—	—	—	—	—	3
6	85	75	1	8	—	—	—	—	—	1
7	54	30	9	11	3	—	—	—	—	—
8	35	12	11	6	4	—	2	—	—	—
9	42	9	21	1	10	—	—	—	—	1
10	61	44	13	2	2	—	—	—	—	—
11	84	57	23	1	—	—	—	—	—	3
12	42	10	29	1	—	—	—	—	—	2
計	453	279	111	30	21	—	2	—	—	10

(近藤康男編『水爆実験と日本漁業』)

〔参考〕被災漁船のトン数別構成

	計	20〜49.9 トン	50〜79.9 トン	80〜99.9 トン	100〜149.9 トン	150〜199.9 トン	200トン
全マグロ延操業	100%	36.6%	45%		13.4%		4.7%
指定5港	100	13.2	20.5	19.8	15.5	20.1	10.9
指定5港外	100	51.6	36.5	10.3	1.2	0.4	—

註 20トン以下は少数なので除外した. (近藤康男編『水爆実験と日本漁業』, 下の2表も同じ)

〔参考〕漁区別被災漁船平均トン数

	A	B	C	D	E	F	G	H	平均
平均	トン 46.8	トン 73.1	トン 95.5	トン 126.0	トン 127.1	トン 154.9	トン —	トン 232.3	トン 76.2
指定5港	58.8	96.0	102.5	135.2	127.1	156.3	—	232.3	122.6
指定5港外	40.9	54.7	45.9	71.4	—	67.0	—	—	50.0

註 漁区A…Hの区分は第1図8.20による.

〔参考〕廃棄漁獲量とそれを出した隻数

	指定5港 廃棄隻数	指定5港 廃棄漁獲量	指定5港外 廃棄隻数	指定5港外 廃棄漁獲量	計 廃棄隻数	計 廃棄漁獲量
3月	隻 2	貫 16,401.6	隻 —	貫 —	隻 2	貫 16,401.6
4月	17	9,104.0	—	—	17	9,104.0
5月	36	4,268.3	50	2,603.4	86	9,871.7
6月	41	8,856.4	85	6,582.0	126	15,438.4
7月	19	2,034.4	54	2,843.0	73	4,877.4
8月	36	17,552.7	35	1,901.5	71	19,454.2
9月	37	11,577.7	42	5,602.1	79	17,179.8
10月	65	21,469.7	61	4,166.4	126	25,636.1
11月	78	4,725.6	84	3,403.5	162	8,129.1
12月	72	3,684.9	42	2,755.3	114	6,440.2
計	403	99,675.3	453	29,857.2	856	129,532.5

第4章 水爆実験の影響（その3）

[参考] 漁港別月別廃棄隻数・漁獲量

		3月	4月	5月	6月	7月	8月	9月	10月	11月	12月	計
指定5港	塩釜（隻）（貫）	— —	60 36.0	1 36.0	— —	— —	— —	— —	— —	— —	— —	2 96.0
	東京（隻）（貫）	— —	6 5,490.2	14 1,717.5	7 284.7	7 389.9	13 9,668.9	16 8,750.6	20 4,044.8	19 200.3	7 163.7	109 30,710.6
	三崎（隻）（貫）	1 13,741.6	8 5,484.0	12 1,762.3	4 349.7	5 624.9	13 7,825.5	11 1,925.2	26 17,105.1	41 3,217.2	30 2,478.9	151 52,514.3
	清水（隻）（貫）	— —	1 68.0	— —	5 176.5	3 36.0	5 17.1	5 885.0	10 124.0	4 172.8	— —	33 1,479.4
	焼津（隻）（貫）	1 2,660.0	1 1.8	9 752.5	25 8,045.6	4 983.5	5 41.2	5 16.8	9 195.8	14 1,135.3	35 1,042.3	108 14,874.8
	計（隻）（貫）	2 16,401.6	— 5,104.0	36 4,268.3	41 8,856.4	19 2,034.3	36 17,552.2	37 11,577.6	65 21,469.7	78 4,725.6	72 3,684.9	403 99,675.1

		3月	4月	5月	6月	7月	8月	9月	10月	11月	12月	計
その他13港	鹿児島（隻）（貫）	— —	— —	16 277.0	29 226.7	19 97.0	6 27.0	5 16.7	19 223.2	14 209.1	— —	108 1,076.7
	高知（隻）（貫）	— —	— —	6 497.7	7 351.6	9 470.1	10 174.3	11 290.5	2 774.3	17 325.4	9 141.7	71 3,025.6
	和歌山（隻）（貫）	— —	— —	4 94.0	20 1,489.0	12 1,051.3	3 206.0	2 204.6	4 87.8	21 870.2	1 180.5	67 4,183.4
	大阪（隻）（貫）	— —	— —	23 1,669.7	25 4,333.7	12 1,202.8	13 1,456.2	20 5,075.3	16 2,872.6	29 1,970.8	30 2,399.1	168 20,919.2
	長崎（隻）（貫）	— —	— —	1 65.0	4 182.0	2 21.8	3 38.0	4 15.0	19 208.5	2 28.0	1 14.0	36 572.3
	その他（隻）（貫）	— —	— —	— —	— —	— —	— —	— —	1 20.0	1 8.0	1 20.0	3 48.0
	計（隻）（貫）	— —	— —	50 2,603.4	85 6,582.0	54 2,843.0	35 1,901.5	42 5,602.1	61 4,166.4	84 3,403.5	42 2,755.3	453 29,837.2

註 指定外諸港は大阪港外13であるが、ここではそれを県別にまとめた。

（近藤康男編『水爆実験と日本漁業』）

〔参考〕廃棄マグロの漁獲位置

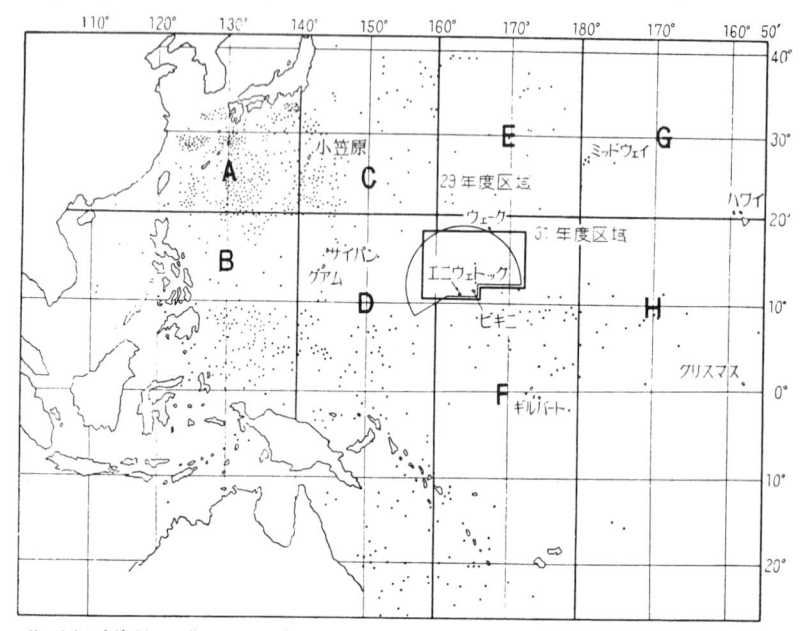

註　厚生省資料より作成．856隻について記入，136隻は位置不明．
（近藤康男編『水爆実験と日本漁業』）

〔参考〕放射能測定数値の推移

			3月	4月	5月	6月	7月	8月	9月	10月	11月	12月
指定5港	5,000c/m以上	%	100	—	% 2.8	—	% 5.0	% 8.3	% 2.8	% 3.0	—	% 1.2
	3,000 〃		—	—	2.8	—	15.0	8.3	5.6	1.5	1.3	2.4
	1,000 〃		—	—	19.4	34.2	25.0	19.5	47.2	16.4	11.7	14.6
	500 〃		—	6.2	25.0	31.6	15.0	25.0	25.0	26.8	24.6	23.2
	100 〃		—	93.8	50.0	34.2	40.0	38.8	19.5	52.3	62.4	58.6
	計		100	100	100	100	100	100	100	100	100	100
指定5港以外	3,000c/m以上		—	—	—	1.2	1.8	—	—	—	—	—
	1,000 〃		—	—	11.8	3.6	7.2	15.0	11.9	9.1	7.1	11.4
	500 〃		—	—	15.7	15.6	21.4	7.5	21.4	21.8	15.5	28.5
	100 〃		—	—	72.5	79.6	69.6	77.5	66.7	69.1	77.4	60.1
	計		—	—	100	100	100	100	100	100	100	100

註　民科〔民主主義科学者協会〕水産部会．
（近藤康男編『水爆実験と日本漁業』）

第2節 日本の科学者の報告

2—1 放射能による農作物の汚染に就いての調査と研究抜粋

(東京大学農学部農芸化学科肥料学教室編, 54.11.15)

原水爆灰による農作物の汚染に関する調査・研究は放射能雨の確認以来各地の大学・農林省関係研究機関等で詳細に行われつつある．この抜粋は既往約半年間に行われたこれに関する調査・研究の中，主要と思われるものを，今回アメリカの放射能関係学者と日本の学者との懇談会の資料として東大肥料学教室に於て抜粋編集したものである．

何分短時日のため，抜粋の仕方，表現方法等に於て不適当或いは誤りがあるかも知れないが，一切の責任は編者にある．

1. 農作物の汚染に関する調査

第1表 植物の種類による汚染の差異（滋賀農大 谷田沢，石原）

採取日	植物名	部位	カウント／分 (乾物10g当り)	備考
6. 1	カンラン	葉，茎	14	水洗す
〃	ホウレンソウ	〃 〃 花	50	〃
〃	タマネギ	〃 〃 根	18	〃
〃	コムギ	穂全部	5	HNO₃ 処理
〃	〃	殻粒	4～5	
5. 25	ナタネ	種子	0	
〃		サヤ	42	
6. 1	ジャガイモ	葉，茎	118	
6. 10	〃	〃 〃	137	充分水洗す
〃		塊茎	7	
5. 23	クローバー	葉，花	80	
6. 1	〃	〃 〃 茎	65	
5. 23	ギシギシ	〃 〃	35	
6. 1	〃	〃 〃	29	
5. 23	レンゲ		33	
6. 1			34	
〃	ヨモギ	茎	55	
〃	オオバコ	実	66	
〃	カズノコグサ	〃 茎，花	23	
〃	ミゾソバ	〃 ツボミ	65	
〃	カモジグサ	〃 〃 穂	25	
〃	イヌガラシ	〃 花，実	30	
〃	カラスノエンドウ	〃 〃 〃	28	
〃	チ～	葉	66	
6. 10	カラムシ	葉	60	
〃	ソラマメ	〃 茎	80	
〃	〃	サヤ	33	水洗す
〃	〃	子実	6	
〃	ヒメジオン	葉，茎，花	60	
〃	ススキ	葉	31	

備考：(1) 採取地——滋賀県草津，滋賀農大構内
(2) 測定日——採取日の2～3日後
(3) 測定方法——神戸工業製 G.M. Counter のチューブ
(マイカ窓の厚さ：2.81/mg/cm²) より1cmの距離にて，植物体の 400～500℃ 灰化物につい

て，その放射能を測定す．（科研製試料皿使用）次に植物灰 1g について18～10カウント／分 K—40にもとづく補正を行い，或はカウント数が小さく誤差にかくれるような場合には，灰を HCl にとかし，必要あるときは FeCl₃ をキャリヤーに加えて NH₄OH で落し，その放射能を測定す．表の数値は K—40自然計数を差しひいた毎分あたりのカウント数である．

第2表 汚染している放射性元素の種類と量（滋賀農大 谷田沢，石原）

分属＼植物名	灰 50g 当りのカウント／毎分 クローバー	レンゲ	ギシギシ	備考
I	112	180	203	Nb, Zr, BaSO₄
II	111	101	231	Ru, Rh, Te
III A	4,690	2,634	2,365	稀土類, Zr
III B	19	19	39	(Zn, Co) contami？
IV	204	173	188	Ba, Sr, Ca
V	403	334	199	anion (I), K
灰 1g 当り	105	66	72	

備考：(1) 測定日——6月5日
(2) 採取日——5月23日

第3表 製茶の汚染（滋賀農大 谷田沢，石原）

摘採日	カウント／分／10g	産地			製茶の種類	
28. 5月頃	0	滋 賀	大 野	煎		茶
29. 5. 5	8	静 岡	富 士	〃		
〃 9	2	高 知		〃		
〃 10	11	静 岡	金 谷	〃		
〃 13	10	奈 良		〃		
〃 〃	17	福 岡	羽犬塚	釜 炒	茶	
〃 〃	16	〃	〃	煎		茶
〃 〃	4	埼 玉		〃		
〃 14	20	滋 賀	矢 倉	〃		
〃 15	11	長 崎		釜 炒	茶	
〃 17	65	熊 本		〃		
29. 5. 19	126	滋 賀	草 津	煎		茶
〃 〃	90	〃	〃	〃		
〃 20	45	京 都	宇 治	玉		露
〃 25	73	滋 賀	矢 倉	刈		番
〃	46	京 都	宇治田原	煎		茶
6月上旬	41	滋 賀	高 時	〃		
〃	30	〃	余 呉	〃		
6. 12	43	〃	山 内	〃		
〃 13	28	〃	土 山	〃		
摘採日不詳	6	滋 賀	中 里	煎		茶
〃	34	京 都	宇治田原	ホウジ	茶	
〃	12	静 岡	小 笠	煎		茶
〃	62	静 岡	(市販)	ホウジ	茶	
〃	10		(〃)志田物	煎		茶

備考：(1) 測定日——6月1日～15日
(2) 測定方法——第1表と同じ．

第4章 水爆実験の影響(その3)

第4表 茶葉の放射能汚染（農技研，化学部，放射能調査班）*

番号	種類	摘採日	測定日	カウント／毎分 (乾物10g当り)	備考
1	煎茶	昭27.—	8.8	0 ± 1	
2	〃	28.—	〃	0 ± 1	
3	紅茶	29. 5.20	〃	75 ± 1	稀土類元素＋アルカリ土類
4	〃	〃	〃	68 ± 2	稀土類元素
5	煎茶	〃 5. 7	〃	10 ± 1	
6	〃	〃	〃	10 ± 1	
7	〃	〃 5.17	〃	11 ± 1	
8	〃	〃 5.14	〃	19 ± 2	
9	〃	〃 6.21	〃	15 ± 1	
10	〃	〃 5.—	〃	32 ± 2	
11	〃	〃 ?	〃	28 ± 2	
12	〃	〃 ?	〃	16 ± 1	
13	〃(二番)	〃 7.21	〃	6 ± 1	
14	〃(〃)	〃 7.13	〃	6 ± 1	

備考：(1)* 江川，飯村，白井，吉田，河野，河原崎
(2) 測定方法——風乾物3～10gを500～600°Cで灰化し，此の灰を稀HClに溶かし，アンモニア水，次に炭酸アンモン溶液にて第Ⅲ属及びアルカリ土類をそれぞれ沈澱せしめ，カリを濾別し，沈澱物を灰化し，その一定量（100～200mg）を科研製試料皿に採り，科研製G.M. Counterのチューブ（マイカ窓の厚さ 3.7mg/cm²）より約1cmの距離にて測定を行う．表の数値は自然計数 19～20 カウントを差引いた値である．
(3) 摘採地は特に省略す．

第5表 茶葉浸出液中の放射能（農技研，化学部，放射能調査班）

番号	種類		浸出液	カウント／毎分	備考
1	煎茶	A	熱水	11±2	98°C
2	〃		温水	5±2	60°C
3	〃	B	熱水	9±2	
4	〃		温水	4±2	
5	〃		冷水	1±1	
6	〃		冷水後熱水	7±2	

備考：(1) 測定法——第4表備考に準ず．但しガイガー管のマイカ窓の厚さ 2.2mg/cm²
(2) 測定日：9.22
(3) 灰化物の放射能はAが16カウント，Bが11カウント

第6表 野菜の放射能汚染（農技研，化学部，放射能調査班）

番号	種類	部位	採取地	採取日	測定日	カウント／毎分
1	しそ	茎葉	東京	8. 1	8.8	18±3
2	とまと	〃	〃	〃	8.19	20±3
3	〃	果実	〃	〃	9.5	10±3
4	とうもろこし	子実	〃	〃	〃	0±2
5	とまと	果実	〃	〃	〃	10±3
6	きうり	古葉	〃	〃	9.10	84±4
7	〃	新葉	〃	〃	〃	15±3
8	〃	果実	〃	〃	〃	0±2

9	なす	茎葉	東京	8.1	9.10		79±4
10	〃	果実	〃	〃	〃		2±2
11	大根	根	〃	〃	〃		0±2
12	山東菜	茎葉	〃	8.30	〃		18±3
13	不断草	〃	神奈川	8.16	9.4〜10		12±3
14	大根	〃	東京	8.30	9.10		47±4
15	ぶどう	果皮	山梨	8.?	〃		22±3
16	〃	果肉	〃	8.?	〃		8±3
17	甘藍	茎葉(外)	神奈川	8.30	9.10		12±3
18	〃	〃 (中)	〃	〃	〃		12±3
19	〃	〃 (内)	〃	〃	〃		25±3
20	甘藷	茎葉	埼玉	9.10	9.15〜18		16±3
21	小松菜	〃	東京	9.11	〃		16±3
22	とうもろこし	実鞘	〃	8.1	〃		0±2
23	あずき	茎葉	埼玉	9.10	〃		54±4
24	いんげんまめ	子実	長野	8.15	〃		0±2
25	山東菜	茎葉	東京	9.10	〃		22±3
26	〃	〃 (外)	千葉	8.14	〃		48±4
27	〃	〃 (内)	〃	〃	〃		8±3
28	つまみな(大根)	〃	東京	9.9	〃		80±4
29	甘藷	〃	千葉	〃	9.20〜23		18±3
30	〃	塊根	〃	〃	〃		2±2
31	馬鈴薯	塊茎	〃	〃	〃		0±2
32	にら	茎葉	〃	〃	〃		10±3
33	不断草	〃	〃	〃	〃		44±4
34	大根	根	〃	〃	〃		10±3
35	白菜	〃	東京	〃	〃		8±3
36	たまねぎ	珠根	千葉	〃	〃		10±3
37	さやいんげん	種実	〃	〃	〃		2±2

備考：(1) 測定法——第4表備考に準ず.

第7表 灰化物中の放射性元素（分属実験）（農技研，化学部，放射能調査班）

作物名 \ 属	I	II	IIIA	IIIB	IV	V	測定日
茶　　葉	15	68	563	16	18	88	7.22
〃	0	36	308	6	9	53	9.6
ゴボウ葉	45	65	230	0	50	325	7.23〜25
フダン草	32	4	10	8	6		9.10

備考：(1) 測定方法は第4表備考に準ず.
　　　(2) 数値は風乾物50g当りのカウント数

第8表　ムギの放射能汚染（農技研，化学部，放射能調査班）

採取地	収穫年月日	種類	品種	部位	カウント／毎分	測定日
福岡県筑後市 (九州農試)	28.—	小麦	農61号	子実	0±1	8.31
	28.—	大麦	—	〃	0±1	〃
	29.—	小麦	農61号	〃	8±1	9.2
	〃	大麦	赤神力	〃	10±1	8.31

第4章 水爆実験の影響(その3)　　　　　　　　　　　　　　169

香川県善通寺市 (四国農試)	29.―	小　麦 (水田裏作)	―	茎　葉 子　実 茎　葉	33±1 8±1 22±2	9.13 9. 1 〃
	29.―	小　麦	―	子　実 茎　葉 稃	3±1 27±1 22±1	〃 9.17 9.16
兵庫県姫路市 (中国農試)	28.―	小　麦	農53号	子　実	2±1	9.23
	28.―	大麦(裸)	岡糸35号	〃	0±1	9.14
	29.5.24	〃	―	〃 茎　葉 稃	5±1 24±1 21±1	9.24 9.13 〃
	29.6. 9	大麦(裸)	―	子　実	4±1	9.11
	29.6. 9	〃	―	茎　葉 稃	24±1 33±1	9. 2 9.13
	29.6.15	大　麦	農52号	子　実 茎　葉 稃	4±1 29±10 18±4	9.11 9.17 〃
	29.6.24	小　麦	―	子　実 茎　葉	3±1 21±4	9.14 9.17
三重県津市 (東海近畿農試)	28.―	小　麦	農59号	子　実	3±2	8.21
	28.―	大　麦	倍取10号	子　実	0±1	9.17
	29.5.30	小　麦	農43号	〃 茎　葉 稃	5±1 31±1 31±4	9. 1 9. 2 9.24
	29.6.10	小　麦	農59号	子　実 茎　葉 稃	6±1 19±1 37±2	9. 1 9. 2 9.20
	29.5.27	大　麦	倍取10号	子　実 茎　葉 稃	14±1 24±1 38±4	9. 1 9. 2 9.16
	29.5.17	大　麦	魁	子　実 茎　葉 稃	8±1 9±1 26±4	9. 1 9. 1 〃
埼玉県鳩巣市 (関東東山農試)	27.―	大　麦	―	子　実	0±1	8. 8
	27.―	小　麦	―	〃	0±1	〃
	28.―	大　麦	―	〃	0±1	〃
	28.―	小　麦	―	〃	0±1	〃
	29.―	大　麦	―	〃	4±1	〃
	〃	小　麦	―	〃	3±1	〃
新潟県高田市 (北陸農試)	29.―	小　麦	ユキチャボ	子　実 茎　葉	4±1 10±1	9.13 9. 2
	29.―	小　麦	会津7号	子　実 茎　葉	5±1 28±1	9.24 〃

備考：(1) 測定方法は第4表備考に準ず．
　　　(2) カウント数は風乾物10g当りで示す．

第9表 イネの放射能汚染（農技研，化学部，放射能調査班）

採取地	収穫年月日	種類	品種	部位	カウント／毎分	備考
埼　玉	29.9.3	陸　稲	不　明	茎　葉	17±5	
				穂	22±5	出穂直後
東　京		〃	〃	茎　葉	35±6	
				穂	9±5	出穂直後
東　京	29.9.5	水　稲	農25号	葉	26±3	
				茎	7±3	
				穂		出穂直後
千　葉	29.9.18	〃	不　明	茎　葉	20±3	
				穂	5±3	成熟期
千　葉	29.9.18	〃	農8号	茎　葉	17±3	
				穂	12±3	出穂直後
千　葉	29.9.18	〃	農29号	茎　葉	23±3	
				穂	8±3	黄熟期
千　葉	29.9.18	陸　稲	農糯26号	茎　葉		
				穂	9±3	〃
東　京	29.9.20	水　稲	農25号	茎　葉	21±3	
				穂	7±3	乳熟期
埼　玉	29.9.21	〃	農29号	茎　葉	49±4	
				穂	15±3	〃
埼　玉	29.9.21	陸　稲	農21号	茎　葉	20±3	
				穂	8±3	糊熟期

備考：(1) 測定方法は第4表備考に準ず．
　　　(2) カウント数は風乾物10g当りで示す．
　　　(3) 測定日：9.15～24

第10表　本年度産米の放射能汚染（農技研，化学部，放射能調査班）

番号	品種	産地	年次	部位	10g当りカウント／毎分
1	銀坊主中生	北陸農試	昭27	籾がら	0.4±1.0
				糠	0.6±3.3
				白　米	−0.2±0.3
2	早農林	〃	昭29	籾がら	12.9±1.4
				糠	6.5±1.2
				白　米	0.2±0.3
3	はつみのり	〃	〃	籾がら	11.9±1.3
				糠	5.0±1.2
				白　米	0.3±0.4
4	北陸53	〃	〃	籾がら	12.6±1.3
				糠	3.8±1.2
				白　米	0.1±0.4
5	越路早生	新潟農試	昭28	糠	−1.7±1.4
				白　米	0.1±0.4
6	〃	〃	昭29	糠	1.9±1.4
				白　米	0.5±0.4
7	農林I	〃	昭28	糠	1.2±1.4
				白　米	0.5±0.4

第4章 水爆実験の影響(その3)　　　171

| 8 | 農　林　I | 新潟農試 | 昭29 | 糖 | 1.4±1.2 |
| | | | | 白　米 | −0.3±0.4 |

備考：(1) 測定方法は第4表備考に準ず．但し micaの厚さ2.2mg/cm²
　　　(2) 測定日：10.13～15

第11表　九州地方産の茶の汚染（九大農　山田等）

茶種別	摘採日	品　種	測定日	カウント 1分当り10g当り	備　考
玉　露	27.5.—	在来実生	29.8.3～8	—	古　茶
〃	29.5.12	〃	〃	—	
煎　茶	29.4.30	〃	〃	+	
〃	29.5.2	〃	〃	15±5	
〃	29.5.3	〃	〃	+	
〃	29.5.8	〃	〃	+	
〃	29.5.9	福—8	〃	+	
〃	29.5.15	C—8	〃	+	
〃	29.5.15	福—8	〃	24±6	
〃	29.5.8	在来実生	〃	+	
〃	28.5.—	〃	〃	—	古　茶
釜炒茶	29.5.1	たかちほ	〃	+	
〃	28.5.—	山　茶	〃	—	古　茶
〃	29.5.6	5372	〃	—	
〃	29.5.6	〃	〃	14±5	
釜炒茶	29.6.28		29.7.9～12	+	
〃	29.6.30		〃	+	
〃	29.7.3		〃	+	
〃	29.7.6		〃	+	
〃	29.7.7		〃	+	
〃	29.5.12	稲印種2号	29.8.3～8	—	
〃	29.5.13	支那種	〃	+	
〃	29.5.12	M.C.—3号	〃	+	
〃	29.5.—	〃	〃	—	古　茶
〃	29.5.10	M.C.—29	〃	—	
紅　茶	29.7.9		〃	39±5	
〃	28.7.—		〃	—	古　茶
釜炒茶	29.7.—	在来種	〃	189±7	
〃	29.7.—	〃	〃	+	

備考：(1) 山田，長谷川，木原，吉永，玉井，石居
　　　(3) 測定方法　　乾物10gを520°Cで灰化し，灰分量を秤量の後，一部をカリの定量に用い，灰
　　　　分100mgを神戸工業製ステンレス試料皿に採り Amperex Electronic Corporation 製 G.
　　　　M. Counter のチューブ（マイカ窓の厚さ：1.4mg/cm²）の窓より1cmの距離にて計測を
　　　　行った．
　　　　　試料はすべて10分間測定を10回繰返し，これより K-40 に由来する計数（100mg KCl：14.
　　　　0±0.8カウント／分）及び自然計数（29～30カウント／分）を差引き，計算により乾物10g
　　　　当りの計数を求めた．なお計数が10以下で僅かなものは誤差との関係で計数そのものは無意
　　　　味であるので+として表に示した．

第12表 全国各生産地の茶の放射能汚染（九大農　山田等）

府県	市町村	摘採日年月日	茶種別	乾物中灰分%	灰分中K_2O%	K^{40}に由来する計数値（灰100mg中）	灰100mg当り10分間当り計数値	灰100mg中K^{40}以外の計数値	乾物10g当り1分間当り計数値	備考
I	I	29.7.9	釜炒茶	5.14	33.5	74±4	403±6	30±8	16±4	二番茶
S	T	5.13	煎茶	5.27	44.5	99±6	395±6	—	—	一番茶
S	KS	5.5	〃	5.03	48.0	107±6	404±6	—	—	〃
S	KX	5.10	〃	5.21	38.8	86±5	386±6	1±8	±	〃
A	T	5.6	〃	5.02	38.0	85±5	392±6	9±8	+	〃
S	KT	5.16	〃	5.20	42.5	94±5	432±7	39±9	20±5	〃
K	U	5.9	〃	5.40	38.3	85±5	391±6	7±8	±	〃
N	N	5.13	〃	5.84	44.3	98±6	399±6	2±9	±	〃
K	KC	5.9	〃	5.41	39.5	88±5	381±6	—	—	〃
S	U	5.8	釜炒茶	4.64	38.8	86±5	385±6	0±8	±	〃
N	S	5.15	〃	5.95	35.5	79±5	412±6	35±8	21±5	〃
K	KM	5.17	〃	4.92	43.3	96±6	501±7	106±10	52±5	〃
K	C	5.5	煎茶	4.32	43.0	96±6	417±7	23±10	10±4	〃
F	H	5.13	〃	5.39	43.0	96±5	393±6	—	—	〃
F	H	8—	〃	5.92	38.8	86±5	439±7	55±9	32±5	三番茶

備考：(1) 測定法――第11表備考に準ず．

第13表　福岡地区の野菜その他の汚染（九大農　山田等）

種類	部位	採取日	測定日	計数1分間当り乾物10g当り
大　　豆	茎葉	29.7.9	29.7.12	42± 8
小　　豆	〃	〃	〃	59±11
さ　さ　げ	〃	29.7.25	29.7.29	78±10
茄　　子	〃	29.7.9	29.7.12	73±10
ト　マ　ト	〃	29.7.25	29.7.29	59± 9
甘　　諸	〃	〃	〃	98±15
馬　鈴　薯	〃	〃	〃	160±17
里　　芋	〃	〃	〃	34± 7
大　　根	〃	〃	〃	46± 9
〃	根	〃	〃	—
人　　参	茎葉	〃	〃	83±17
〃	根	〃	〃	—
午　　蒡	茎葉	〃	〃	293±14
キャベツ	〃	〃	〃	39±13
白　　菜	〃	29.7.9	29.7.12	99±19
南　　瓜	〃	〃	〃	82±16
胡　　瓜	〃	〃	〃	65± 9
韮	〃	〃	〃	77±11
水　　稲	〃	〃	〃	48± 9
桃	葉	29.7.25	29.7.29	11± 7
桑	〃	〃	〃	45±11
樫	〃	〃	〃	29± 7
ニセアカシヤ	〃	〃	〃	42±10
そてつ	〃	〃	〃	134± 7
松	葉	29.7.25	29.7.29	45±10

備考：(1) 測定法――第11表備考に準ず．

第4章 水爆実験の影響(その3)

第14表 農作物及び市販野菜の放射能（東大農 三井，麻生，天正，平田）

試　　　料	counts/min (乾物 10gr)	K^{40} 除去後の counts/min	測 定 月 日	採 取 場 所
トーモロコシ葉(4月9日播種)	62±7.6	22±5.0	1954年8月9日 〜16日	千 葉 県 下
〃 (5月17日〃)	54±7.4	8±4.6		〃
フ ダ ン 草(3月29日〃)	104±4.4	50±6.2		〃
大豆葉茎部	69±8.3	3±7.0		東大農学部
キウリ果実	45±2.7	0±2.1		東京都内店頭
トマト果実	31±2.5	4±2.3		〃
ナ ス 果 実	38±2.6	4±2.3		〃
ネギ果実	26±2.3	0±2.1		〃
ニ ラ 葉	48±2.8	19±3.0		〃
大 根 葉	26±4.0	12±4.6		〃
大 根 葉 (7月中旬播種)	94±7.6	18±4.6	1954年9月6日 〜10日	埼 玉 県 下
〃 根表皮部(　〃　)	76±7.2	4±4.2		〃
〃 根肉部(　〃　)	74±7.2	0±4.0		〃
人 参 葉 (5月中旬播種)	80±7.2	16±4.6		〃
〃 根表皮部(　〃　)	68±7.0	0±4.0		〃
〃 根肉部(　〃　)	62±6.6	0±4.0		〃
ゴボー葉 (4月中旬播種)	88±7.4	8±2.6		〃
〃 根表皮部(　〃　)	80±7.2	0±4.0		〃
〃 根肉部(　〃　)	20±5.4	0±4.0		〃

備考：(1) 測定法——乾物5g或は10gを400〜500°Cで灰化し，先ずこの灰を科研製試料皿に採り，科研製G.M. Counter のチューブ（マイカ窓の厚さ：3.7mg/cm²）の窓より約1.5cmの距離にて放射能の計測を行い次にこの灰をHClに溶解し，NH_4OH，$(NH_4)_2CO_3$ にてKを濾別し，沈澱部を灰化後，その放射能を測定した．自然計数(23〜24カウント／分)を差引いた数値を表に示した．

第15表 温室硝子附着塵埃中の放射能（東大農 三井，麻生，熊沢）

1) 塵埃の放射能の強さ

	5月22日　測　定 counts/min	8月8日　測　定 counts/min
温室硝子1平方米上の塵埃の放射能	2,762	
塵埃1g当りの放射能	2,098	650

2) 塵埃の放射能の減衰

日　　　　時	counts/min
5月22日午後5時	1,049
24日午前10時	923
26日午前11時	880
6月14日午後2時	459
14日午後6時	382
17日午後5時	342
28日午前10時	267

月　　　日	couts/min
8月23日	325
24日	314
28日	313
9月9日	294
20日	290

備考：(1) 東大農学部構内にある温室硝子屋根上に附着した塵埃をワイヤーブラシで採集して試料とした．
　　　(2) 測定法は第14表備考に準ず．

2. 農作物による放射性物質の吸収に関する研究

第16表　ビキニ灰中の放射性物質の葉面吸収（東大農　三井，麻生，熊沢）

	水浸出部 counts/min	%	2％クエン酸浸出部 counts/min	%	濃塩酸浸出部 counts/min	%	対照 counts/min
塗布より上位葉	3		54		5		1
塗布より下位葉	6		665		35		5
茎	6		388		15		1
根	22		101		7		0
小　　　計	37	13.4	1,208	13.2	62	1.4	7
塗　布　薬	239		7,984		4,420		1
総　　　計	276	100.0	9,192	100.0	4,482	100.0	8

備考：(1) 実験方法——南瓜幼植物を砂耕で育て本葉3～4枚の頃ビキニ灰（第五福龍丸船上で採取したビキニ灰附着物質の灰化物）の水浸出部，2％クエン酸浸出部，濃塩酸浸出部のそれぞれを第3葉にイハラ展着剤を加えて塗布した．なお各浸出部は蒸発乾涸後少量の蒸溜水(2～3cc)で潤し，酸浸出部は NaOH で pH 5.0～5.5 に調節したものを，ビキニ灰はそのまま水で潤したものを供試した．
(2) 放射能の測定方法——第14表備考に準ず．

第17表　ビキニ灰中の放射性物質の葉面吸収成分の分析（東大農　三井，熊沢，宮脇）

	吸収部(A) counts/min	塗布部(B) counts/min	吸収率(A)/(A)+(B)×100	分離された元素
I　非　吸　着　部	967	1,529	39	陰イオン (Te, Ru, Rh, I)
II　0.5％蓚酸にて溶出部	779	1,367	36	Zr, Nb, U
III　5％クエン酸アンモニヤ(pH3.5)	1,583	9,278	15	稀土類(La,Ce,Y,Pr,Nd,Pm)
IV　〃　　　　(pH 6.0)	27	58	32	アルカリ土類(Ca, Sr)
V　4N HCl	0	295	0	其の他(Ba?)

備考：(1) 実験方法——前表の実験に於けるクエン酸浸出部に就て塗布部，吸収部の成分をイオン交換樹脂法によって分属したものである．
　　　(A) (B)は平行して溶離を行い測定は同日に行ったが，各分属については測定日を異にする．
(2) 放射能の測定法は第14表備考に準ず．

第18表　ビキニ灰中の放射性物質の根よりの吸収——各種塩類施用並びに土壌による影響——
　　　（東大農　三井，天正）

試　験　区	カウント／分 地上部	根部	吸収率 (%) 地上部	根部	合計
無　添　加（ビキニ灰のみ）	49	301	0.17	1.07	1.24
NH_4Cl　添　　加	66	615	0.23	2.19	2.42
$(NH_4)_2SO_4$　〃	69	546	0.25	1.94	2.19
KCl　〃	50	472	0.18	1.68	1.86
K_2SO_4　〃	40	543	0.14	1.93	2.07
$Ca(H_2PO_4)_2$　〃	32	186	0.11	0.66	0.77
$CaCl_2$　〃	57	433	0.20	1.54	1.74

CaSO₄	添加	39	310	0.14	1.10	1.24
CaCO₃	〃	49	282	0.17	1.00	1.17
MgCl₂	〃	62	425	0.22	1.51	1.73
SrCl₂	〃	37	404	0.13	1.44	1.57
田無関東火山灰洪積土		10	N.D.	0.04	—	—
多摩川沖積土		21	N.D.	0.07	—	—

備考：(1) 実験方法——ビキニ灰（前表参照）0.1g（100メッシュパス）ずつ，及び 1m.e. 相当量の各種塩類を白砂250gとよく混合し，小麦の幼植物試験を行った．土壌の場合は白砂の代りに風乾土100gを使用した．
施用したビキニ灰の放射能は 281×10^2 カウント/分/ビーカーである．
(2) 放射能の測定法は第14表備考に準ず．

第19表　Sr^{90}, Ca^{45}〔ママ〕の作物体内への吸収，分析（東大農　三井，麻生，高橋）

(I) 大豆地上部に於ける Ca^{45}, Sr^{90} の吸収

元素別 \ 施用後日数	5 日	20 日
Ca^{45}	10.2%	36.2%
Sr^{90}	9.7	14.8

(II) 大豆体内に於ける Ca^{45}, Sr^{90} の分布

施月後日数	5 日				2 0 日			
元素別	Ca^{45}		Sr^{90}		Ca^{45}		Sr^{90}	
作物体部分分布	絶対量 100分比	乾物1g当り counts/min	絶対量 100分比	乾物1g当り counts/min	絶対量 100分比	乾物1g当り counts/min	絶対量 100分比	乾物1g当り counts/min
根	28	5,001	35	18,917	11	6,395	8	6,193
下位葉	9	3,024	7	4,768	19	5,328	22	26,099
中位葉	6	2,544	11	8,979	15	6,293	15	20,205
上位葉	7	2,749	9	17,435	10	3,665	14	17,381
茎	38	5,445	33	14,339	15	1,894	13	8,011
芽	12	4,600	6	26,217	7	5,612	8	91,380
実	—	—	—	—	25	12,387	20	50,050
全作物体	100	4,455	100	10,950	100	3,654	100	17,168

備考：(1) 実験方法——大豆を水耕栽培し，本葉6〜7枚の頃 Sr^{90}, Ca^{45} を共に塩化物として，水耕液中に加え，5日目，20日目に採取した．
(2) 放射能の測定法は第14表備考に準ず．

第20表 植物によるビキニ灰の選択吸収（滋賀農大 谷田沢，石原）

採取日	汚染植物体の放射性物質の各分属%		
	5月23日	7月16日	9月18日
I	5	7.3	14
II	4.4	3.2	6
IIIA	85	76	61.5
IIIB	0.7	1.5	2.5
IV	5.4	12	16

	9月21日に於ける各分属%	
	核分裂生成物	植物体
I	8.5	14
II	10	6
IIIA	73	61.5
IIIB	1.3	2.5
IV	7.2	16

備考：(1) 前表の測定日は採取日の数日後
(2) 測定法は第1表備考に準ず．

3. 放射能による農作物の汚染測定法に関する研究

Table 21. Separating method of potassium from the ash of rope on board of the No.5 Fukuryu Maru, and the radioactivity of each fractions (Kyushu University, Y. Yamada and et al)

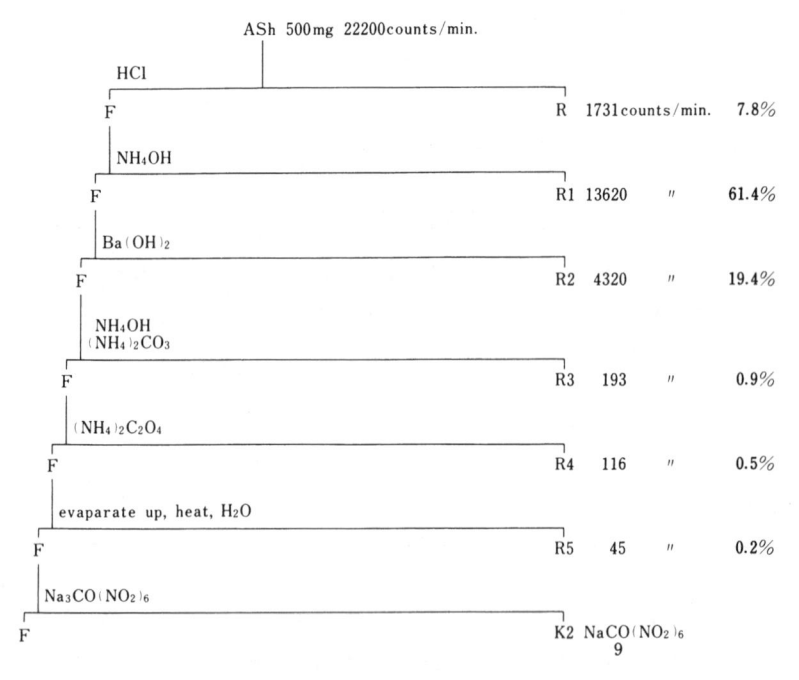

```
                    ASh 500mg 22200counts/min.
                    |
        HCl         |
        |_____|_____
        F                                          R  1731counts/min.   7.8%
        |
        |NH4OH
        |_____
        F                                          R1 13620     〃      61.4%
        |
        |Ba(OH)2
        |_____
        F                                          R2  4320     〃      19.4%
        |
        |NH4OH
        |(NH4)2CO3
        |_____
        F                                          R3   193     〃       0.9%
        |
        |(NH4)2C2O4
        |_____
        F                                          R4   116     〃       0.5%
        |
        |evaparate up, heat, H2O
        |_____
        F                                          R5    45     〃       0.2%
        |
        |Na3CO(NO2)6
        |_____
        F                                          K2 NaCO(NO2)6
                                                      9
```

Table 22. Comparison of the measurements of radioactivity in ash (Kyushu University, Y. Yamada and et al)

Ammonium Method

Ash ··················· 500 mg ··················22,200   counts/min
Fraction of $M^3(OH)_3$ ··························15,351   〃

Rate of recovery ··· 692 %
    Ammonium-carbonate Method
Ash ························500mg·······················22,200 counts/min
Fraction of $M^3(OH)_3$ and $M^2(CO)_3$ ··············16,213 〃
Rate of recovery ··· 73.2 %
    Barium Method
Ash························500mg·······················22,200 counts/min
Fraction of $M^3(OH)_3$ and $BaSO_4$··················20,310 〃
Rate of recovery··91.5 %

Table 23. Comparison of the measurements of radioactivity in ash (Kyushu University, Y. Yamada and et al)

Sample	1	2	3
Weight (mg)	100	100	100
counts/10 min	112	76	295
K_2O% in ash	35.5	33.5	43.0
counts/10 min depend on K^{40}	79	74	96
(A): counts/10 min except K^{40}	33	2	199
(B): counts/10 min by Barium Method	27	1	175
(B)/(A): Rate of recovery (%)	82	—	88

Table 24. Comparison of the measurements of radioactivity in ash (Kyushu University, Y. Yamada and et al)

    Direct Method
Ash·······························100mg ···················· 482 counts/min
K_2O% in ash·· 40.7 %
counts depend on K^{40}······································ 9 〃
counts except K^{40} ·· 473 %
    Ammonium Method
Fraction of $M^3(OH)_3$······26.1mg ······················ 240 counts/min
Rate of recovery··· 59.3 %
    Ammonium-carbonate Method
Fraction of $M^3(OH)_3$ and M^2CO_3······30.4 mg ····················· 328 counts/min
Rate of recovery··· 69.3 %
    Barium Method
Fraction of $M^3(OH)_3$ and $BaSO_4$······71.7 mg······················· 420 counts/min
Rate of recovery··· 88.8 %

2—2 放射能影響の水産学的研究(中間報告Ⅳ)(日本学術会議放射能影響調査特別委員会水産班資料,54. 11. 10) (東京大学農学部水産学科:森, 松江, 末広, 檜山各研究室協同研究)

この中間報告(Ⅳ)は,前に印刷した,ⅠからⅢまでのものに,その後の研究成果を加えたものである.

目 次

Ⅰ—1. この一連の実験の計測方法　市川竜資, 小西正子(檜山研)

Ⅰ—2. 廃棄処分魚類の各臓器への放射性物質の分布　佐伯誠道, 中村昌代, 吉野鎮夫, 市川竜資, 檜山義夫, 森高

次郎(森,末広,檜山,各研究室)
I—3. 沿岸及び淡水の生物,その他の放射能調査 市川竜資編(各研究室共同)
II—1. 第五福龍丸の"灰"について 松江吉行
II—2. 生物飼育実験に用いた"灰浸出液"について 松江吉行,佐伯有常
III—1. 水中細菌による放射性物質の吸着と細菌の汚染浄化能 多賀信夫
III—2. 第五福龍丸の灰浸出液にプランクトンの培養飼育実験 松江吉行,平野礼次郎
III—3. 第五福龍丸の灰浸出液による魚の飼育実験 佐伯有常,佐野和生
III—4. 海魚の海水からの放射能の吸収 檜山義夫,安田富士郎
III—5. 海魚のmucusへの吸着 市川竜資,檜山義夫
III—6. 海魚に経口的に摂与した場合 市川竜資,檜山義夫
IV—1. Sr^{90}の環境水より魚体への移行(其の1) 塚本芳和(末広研)
IV—2. Sr^{90}の環境水より魚体への移行(其の2) 塚本芳和(末広研)
IV—3. 放射性物質の消化管より魚体への移行 赤松幹彦(末広研)
IV—4. 血液中におけるSr^{90}残存状態の時間的経過 高橋高三(末広研)
IV—5. Sr^{90}の魚体臓器に及ぼす影響 吉野鎮夫
IV—6. Sr^{90}のアジ,サバ,マグロの体各部への沈着 市川竜資,檜山義夫
V 放射性物質の魚類血液像に及ぼす影響 日比谷京,末広恭雄
VI—1. 第五福龍丸の灰浸出液の魚類発生に及ぼす影響 日比谷京
VI—2 ミジンコの発生に及ぼす第五福龍丸の灰浸出液の影響 八木貞二
VII—1 放射能による魚の汚染除去と予防について 佐伯有常,佐野和生
VII—2 漁具の放射能の除去について 草下孝也
VII—3 血合肉の放射能の除去について 森高次郎,佐伯誠道

VIII 汚染魚類の移動について 檜山義夫,市川竜資

2—3 三宅泰雄「日本に降った人工放射性雨(54. 5～7)」(日本学術会議放射線影響調査特別委員会地理物理班報告 No. 1, 54. 8)

はしがき

　第五福龍丸その他の漁船のうけた災害によってビキニ海域における水爆実験の威力がいまさらの如く注目の的となり,人工放射性物質の大量撒布による世界的な汚染の危険性が日本の科学者たちによって報告された.しかもその警告がついに事実となって,5月14日以後,日本全国に人工放射性物質をふくむ雨が,やむことなく降りつづけているのである.
　この人工放射能雨は,野菜,果物,茶,家畜,牛乳などを汚染し,天水を飲用する島や山岳の住民に不安をあたえ,それまでも,魚の放射能汚染に気をくさらせていた日本人にさらに大きい衝撃をあたえることになった.
　放射能雨の実態は,ときどき新聞に部分的に発表せられるほか,その全ぼうはいまだ全国的に知られていない.この問題の重大性にかんがみて,一日も早く放射能雨の正しい姿を国民に知ってもらうことは,この問題に取り組んでいるわれわれの義務でもあろう.
　私は,各地の研究者諸氏におねがいして,測定資料を送っていただくことができたので,その資料にもとづいて,日本全国にわたる人工放射能雨の実態を端的に示すことに努めた.
　元来,雨には天然の放射能があり,これがラドンの壊変物たるRaB, RaCに起因することはよく知られていることである.これらの天然放射性物質は半減期がみじかいから,5～6時間後には消失してしまう.したがって,人工放射性物質の存在をたしかめるには,採水してから6時間以後にのこる放射能に着目すべきである.日本における放射能雨の初期の研究には,天然と人工との区別もハッキリさせないで,軽率に発表されたものも皆無とはしなかった.しかし5月14日を境として,不幸にもわれわれ,一人として,雨の中に人

工放射性物質の含まれることを否定することができなくなった．本文では，はじめに雨の天然放射能と人工放射能に関する従来の文献を一べつし，つぎに，日本の各地に降った人工放射性雨の歴史的な記録を見てゆきたいと思う．

1. 雨水中の自然放射能

雨水の中に放射能を初めて見出したのはC. T. R. Wilson (1902)で，彼は190ccの雨水が測定器のバック・グラウンドの値の100倍も大きい放射能をもつことを発見した．

その放射能の半減期は約30分で，雨と雪の放射能の強さには大した差はないとした．Jaufmann (1905)はカリ明ばん〔$KAl(SO_4)_2 \cdot 24H_2O$〕を1 l の雨水に加え，アンモニアで沈澱させ，その沈澱物にあつまった放射能を測定した．彼は，放射能はふりはじめの雨ほどつよく，新雪は雨より3～5倍くらいつよいことを見出した．なお，CostanzoとNegro (1906) は，採水後2時間で雨の放射能はほとんどなくなること，電を伴なうような雷雨ではとくに放射能がつよいことを報告した．GockelとWulf (1908) は，新鮮な雨水はRaBとRaCを含有し，その量は $0.2 \sim 0.3 \times 10^{-9}$ curie/l であるとした．Castilloと，Fernandez (1913) は雨水がかなりの量のエマナチオンをふくむことを見出した．Priebsch (1932)は雨水にラジウムと，ときにトリウムの壊変物が含まれていて，その量は 10^{-10} curie/l の程度であり，RaA（あるいはThA）が最初の雨滴に捕捉されるのであろうとした．黒田和夫，横山祐之の両氏 (1948) は増富鉱泉（山梨県）の近くの雨では $15 \sim 34 \times 10^{-9}$ curie/l，東京の雨では $8 \sim 25 \times 10^{-9}$ curie/l をえた．横山氏は1953年神奈川県油壺で 0.38×10^{-6} curie/l をえた．また黒田氏はArkansas (U.S.A.)の温泉地帯で 6×10^{-9} curie/l のラドンからの壊変物に対し，ラドンが非常に少ないこと（$<4 \times 10^{-11}$ curie/l）を指摘した．Stefanizzi (1950) は，雪の放射能は常に雨よりつよく，雷雨はふつうの雨よりも強いことをみとめている．彼はまた雨の中にトロンの壊変物を検出した．Blifford, Lockhart, Rosenstock (1952) は雨滴あるいは雲水滴による放射性物質粒子の捕捉作用が最も重要であることを論じた．Rosenstock は雨水中の RaDについてしらべた．黒田氏と P. E. Damon (1954) のまとめた表によると，雨水中の天然放射性物質とその濃度は第1表のようになる．

表1 雨水中の天然放射性元素

放射性元素	放射能 curie/l	研　究　者
Rn	10^{-11}	Damon, Kuroda
RaB+RaC	$10^{-9} \sim 10^{-7}$	Damon, Kuroda
RaD	$10^{-13} \sim 10^{-12}$	Damon, Kuroda
		Blifford, Lockhart
		Rosenstock
Ra	10^{-12}	Damon, Kuroda
ThB	$10^{-13} \sim 10^{-10}$	Damon, Kuroda
T	$10^{-12} \sim 10^{-11}$	Libby

2. 雨水中の人工放射能

雨水中の放射能については，原・水爆の実験いらい各国で研究されていると思うが，科学的文献として公表されたものは少い．P. E. Damonと黒田和夫氏は Arkansas (U.S.A.)で1953年6月5日から7月23日までの雨の中に人工放射能性物質の存在をみとめ，Sr^{89}，$Ba^{140}+La^{140}$，稀土類元素なども検出している．なお，この場合，極気団が優勢になったとき人工放射能が増加し，熱帯性海洋気団の侵入によって減少することが分った．放射能のつよさは $10^{-11} \sim 10^{-9}$ curie/l で，天然放射能の短寿命のものにくらべると弱いが，長寿命のもの（Ra, Rn, RaDなど）よりはつよいとした．

雨水中のトリチウム（T, 半減期12.5年）については，原・水爆の影響とみられるばあいが，E. L. Fireman, D. Schwarzer によって diffusion chamber method で測定されている．

天然の水では通常 T/H が 3×10^{-18} くらいであるが，1953年5月26日の New Jersey の雨では，T/H は 800×10^{-18} となった．W. F. Libby によれば，T の放射能は，ふつうのばあいでは，$10^{-11} \sim 10^{-12}$ curie/l である．E. L. Fireman, D. Schwarzer たちは，自然界のTの濃度が，原子爆発によって変化する可能

性に関してはこれを否定している.

これらの著者たちのみとめた雨水中の人工放射性物質の濃度は，このたび日本で測定されている雨の人工放射性物質の濃度に比していちじるしく小さい．日本では，短寿命の天然放射能（10^{-7}〜10^{-9} curie/l）と同等あるいは，さらにつよいものがしばしば測定されていることに注目すべきであろう．

3. 各地における雨水中の人工放射能の観測結果

鹿児島——

鹿児島市では国立鹿児島大学理学部化学教室の鎌田政明氏ら，および鹿児島県立大学長沢隆次氏，北原経太氏，大保不二夫氏らによって観測が行われた．

鎌田氏らは50〜100ccの雨水をビニール膜で採取した．用いたGM計数器は科研製M-32型（32進法）と自製の計数装置（1024 進法）によった．マイカの厚さ 4mg/cm², マイカ窓と皿の底面の距離は1.6cm, 効率は7.7%, 測定誤差<10%, 自然計数約31cpm で

ある．5月14日までの雨では大した異常をみとめなかった．5月14日10時すぎより降りはじめた雨は，18時すぎから異常を示しはじめて人工放射性物質の存在が確認された（採水4 h後の値 4,000cpm）．ついで5月16日から，顕著な人工放射性元素の含有がみられ，採水10 h後の測定値は 15,000cpm を示している．それ以後の放射能の変化は Fig.1に示す．5月16日の雨の放射能は 0.1〜0.2 μc/l にあたる．

放射能の強さ I と時間 t との関係は原・水爆に伴うフィッション生成物においては次式で表わされ，

$$I=at^{-b}$$

この b は平均して1.2となっているが，鹿児島の雨では5月14日, 0.32〜0.54, 5月16日, 0.80, 5月18日, 0.8 となり，雨水中の放射性元素の組成が，はじめのフィッション生成物の組成とちがうことも予想される．ちなみに，第五福龍丸についていた灰その他の付着物について測定された b の値は，1.4（山崎文男氏），1.37（木村健二郎氏），1.6（山寺・

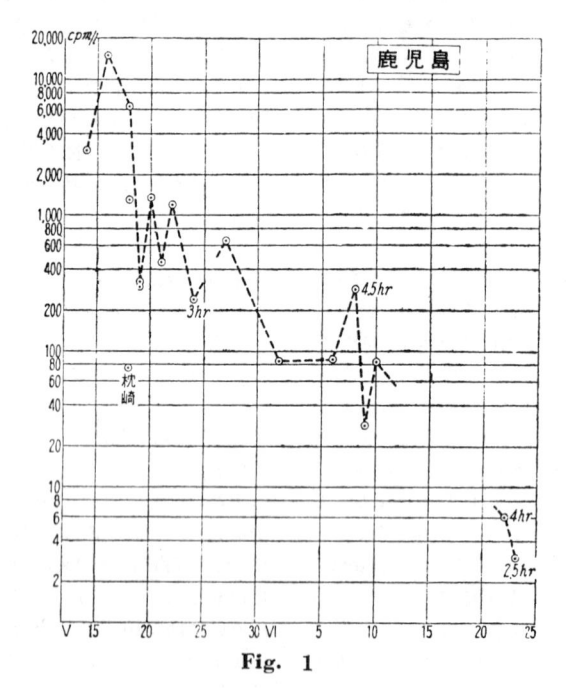

Fig. 1

第4章 水爆実験の影響(その3)

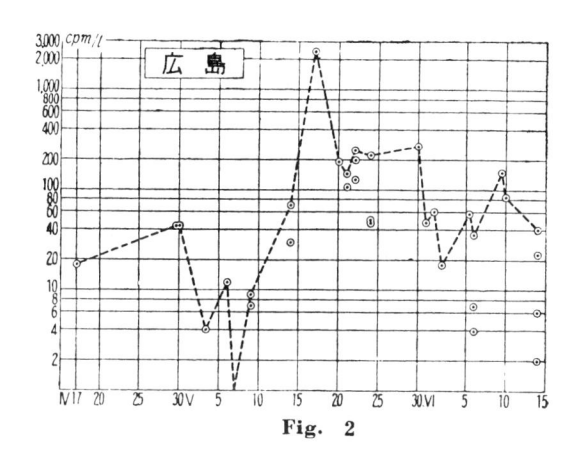

Fig. 2

西脇氏)で，マグロについていたものは 2.1 (山寺・西脇氏)であった．

県立大学においては Nuclear 社 162 型 GM 計数器を用いて測定された．長沢氏によれば 5月9日から自然計数が50%増加したことが認められた．

1954年3月末から5月6日までの自然計数は，最低が12.8±1.3，最高は 15.2±0.8 で，大きい変動がなかった．5月9日にいたって自然計数は 20.8±0.5 を示し，6月2日にいたるも 16.4±0.4 を示して，5月9日以前に比べて全体的に高い自然計数が測定されている．北原経太氏らも，5月18日以後，雨水の放射能を測定している．鎌田・北原氏らの測定結果によれば，5月16日をピークとして放射能はしだいに減じている．

広島――

広島大学理学部化学教室の品川睦明，高中順一比らによって観測が行われた．採水は広島地方気象台で，ふつうの雨量計によった．これは漏斗が金属製であるので，のちにはガラス製漏斗を使用して比較した．GM 計数器としては神戸工業製の TEN 100 進型で，管は GM 131，マイカの厚さ 2.5～3.5 mg/cm²，半径 12.5mm，試料皿の底からマイカまでの距離は 9mm である．自然計数は 23～25cpm，β線の dpm になおすには，cpm の値を5.64 倍すればよい．

測定は4月17日からなされたが，3月29日に 45cpm，5月14日に 70cpm (4 h 後) を測定しただけで，大した異常はなく5月16～17日の雨で，はじめて 2,357cpm を測った．以後測定値は Fig. 2 を参照されたい．

全体的に，他の地域とくらべて多少，放射能の測定値の小さい傾向のあるのは，金属漏斗を用いたためか，あるいは試水として 500 cc を用いたためかもしれない．試水の多量を用いると，どうしても，放射性物質が壁に付着して失われがちである．それでなければ，放射性物質が南方から来たとして，四国を横切ったための減少ともみることができる．

つぎに5月16～17日の試料についてイオン交換樹脂による元素の分離が行われた．イオン交換樹脂としては Amberlite IR 120 (R-SO₃Na-) を用い，人工放射性元素の存在が確かめられた．アルミニウム箔による吸収をはかり，同じ試料により，見かけの放射能は最大エネルギー 0.7MeV をえた．同じく，見かけの半減期として 6 日30分がえられた．

大阪――

大阪市立医大の西脇安氏，大阪市大理工学部の山寺秀雄氏らによって測定が行われた．山寺氏が4月17日の雨水について分析を行った結果では，稀土類元素のあつまる所に多少

Fig. 3

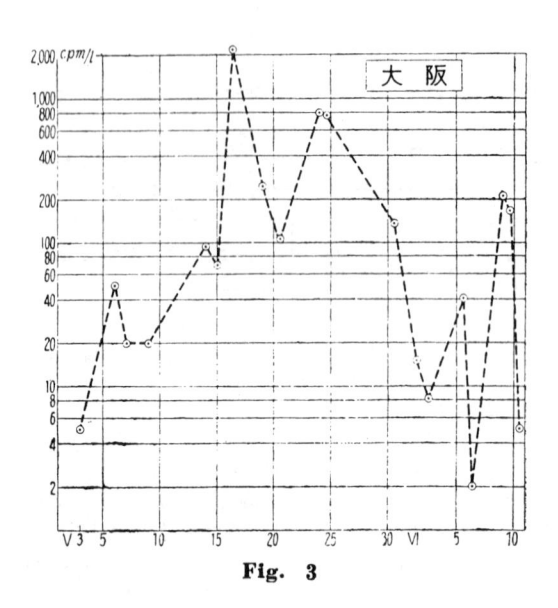

の放射能をみとめた．西脇氏は3月11日ごろより雨水の放射能測定を行っているが，測定器は科研製のGM計数器でマイカの厚さ1.9 mg/cm², 試料皿とマイカ窓の距離は 2.5cm, マイカ窓の半径 10mm のものを用いた．管の有効断面は πcm² である．採水にはビニール膜を用いた．

測定の結果は Fig. 3 に示す如くであり，5月16～17日に2,127 cpm/l をはかった．放射能は6月6～7日ころに一たん激減しているが，この傾向は他の場所でも共通にみられる．5月以前には，3月11～12日に 30～40 cpm，4月6～7日に 40～50cpm, 4月17日 80cpm, 4月18日 39cpm, 4月26日に 10cpm をみとめている．大阪の測定値も，蒸発する試水の量が多いため（1～2 l），多少低すぎる値をあたえている感じがする．

京都——

京都大学工学部の四手井綱彦氏，同理学部の清水栄氏，重松恒信氏，西朋太氏らによって観測が行われている．四手井氏は4月いらい雨水の放射能を測定していたが，5月16日 23時ころからの雨に異常をみとめた．採水はビニール膜による．GM 計数器としては，マイカの厚さ3mg/cm², 試料皿の底から窓までの距離は約1 cm, 窓から管内の陰極の先端まで 0.7cm, 10進型，64進型のものを用いた．

5月16日の雨はふりはじめは86,760±1,320 cpm/l が測定された．これは 0.52μc/l に相当する．その後の経過は Fig. 4に示す．4月2日から5月9日までの雨は最大 1.9×10^{-9} curie/l (4月2日, 同21日) で，これは 8～16日の半減期をもっていたので，やはり人工放射性物質であると判断される．5月16日の雨についてはアルミニウム，鉛による吸収曲線もえられた．なお同じく5月16日の雨では，重松氏らによって，試水を蒸発乾固し，$HClO_4$ で処理して溶解後，Amberlite IR-120 によ

第4章 水爆実験の影響（その3）

ってイオンを分離し，Zr^{95}, Nb^{95}, Sr^{89}, Ba^{140}, Y^{91} その他，稀土類元素を確認した．放射能の強さは Zr^{95}；約 6×10^{-2} μc, Sr^{89}；約 1×10^{-2} μc で試水全体としては1l について1μc にちかいつよさをもっていた．

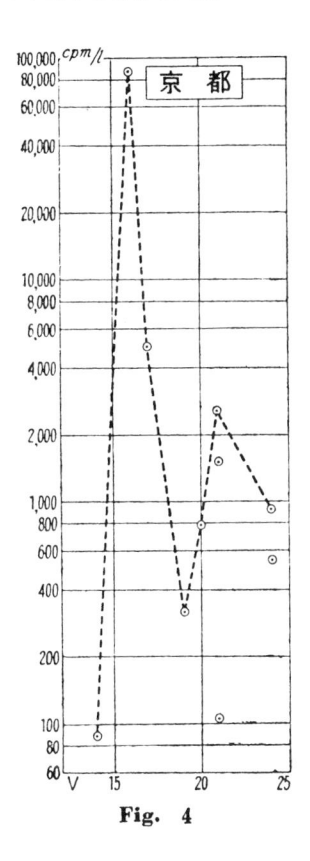

Fig. 4（京都）

なお四手井氏は3月3日に自然計数がふつうの値の7倍に増加したことをみとめた．さらに5月16日22時より17日午前10時ころまで多少の自然計数の増加がみとめられた．同氏は試水をビーカーで蒸発したときと，はじめから少量ずつ試料皿で蒸発する方法とを比較した結果，前者は後者に比し常にいちじるしく低い値（50〜60%）しか得られないことを指摘している．

名古屋——

名古屋大学理学部地球科学科小穴研究室（主任小穴進也氏）が測定にあたっている．

採水は磁製バットまたはガラス・ビーカーで行った．測定器は Nuclear Instrumental & Chemistry Corporation の Model 172 Ultrascaler に Model D 34 の GM 管を用いた．マイカの厚さ 1.4mg/cm^2，試料皿の底面とマイカの距離は 1.3cm である．

測定結果は Fig. 5 に示す．ここで，実験は5月14〜15日，16〜17日，21日の雨の放射能の減衰の仕方を示している．これからみると，5月15日をのぞき，減衰の模様はほぼひとしく，同じ組成の人工放射能性物質であることを示し，6月24日の測定によると，半減期は400時（17日弱）くらいとなっている．cpmをdpm に換算するには cpm の値に 6.7 を乗ずることとした．したがって5月18日の雨の 4,555cpm/l は大体 0.014μc となる．

静岡——

静岡大学文理学部の塩川孝信氏が測定した．計器としては，神戸工業製 100 進型計数器と GM 管として GM 132，マイカの厚さ 1.7mg/cm^2，マイカ窓と試料皿の底との距離は1cm である．

塩川氏は雨水と降下塵埃の両方について放射能の測定をしている．塵埃は 30×30cm^2 の紙にワセリン 5g を塗付し，24〜72時間，地上から 15m の屋上に放置し，灰化したのち塩酸で抽出して濾液を蒸発して放射能を測定した．その結果，5月13日から16日にかけて 750cpm が測られた．ついで17〜18日に 70cpm, 22日に 60cpm が測定された．この間 5月20〜21日に 19,500 cpm/l というつよい放射能をもつ雨が降ったのであった．

雨水の放射能の測定結果は Fig. 6 に示す．雨水の放射能はふりはじめに強く，降雨時間の経過と共に一たん激減し，その後しだいに減ずる．5月21日の雨水について分析し I^{131}（半減期8日），I^{132}（2.4時間）がみとめられ，このほか Ba^{140} と La^{140} が見出された．

東京——

科学研究所山崎研究室，東大木村研究室，気象研究所三宅研究室などで測定が行なわれている．

山崎研究室では4月10日から現在まで引きつづき測定している．

184　　　　第1編　1954年3月1日ビキニ水爆実験

Fig. 5

名古屋

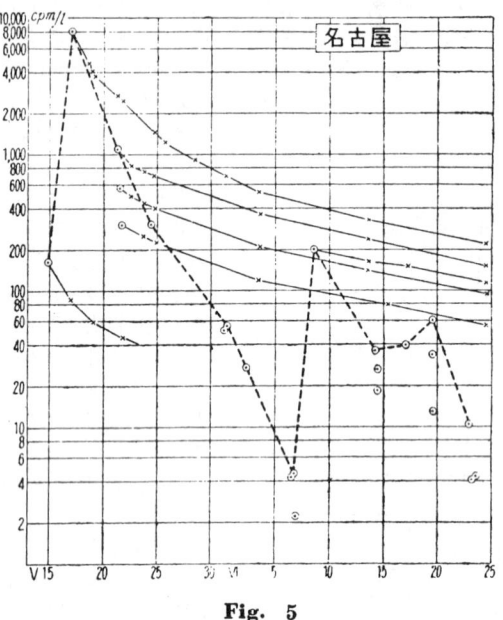

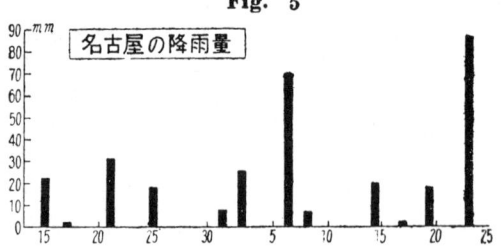

名古屋の降雨量

　4月10日から5月14日までは10cpm/l以下で大した異常をみとめず，5月14日になって，はじめて111.8±4.6cpm/lを測った．ついで5月17日の小雨で 32,000±600cpm/l の異常に高い値をえた．これはほぼ 0.16μc/l に相当する．

　採水は，アルマイトあるいはホーローの容器にビニール膜を被せて用い，最近ではプラスチックスの容器を使っている．

　測定器は科研製のGM計数器で，マイカの厚さ 3.8mg/cm², 試料皿の底とマイカ膜面までの距離は 14.5mm である．このばあい 20 cpm がほぼ 1×10⁻¹⁰ curie に相当する．

　東大理学部化学教室の木村研究室では4月の末から測定を行なっている．測定装置は Tracerlal 製の GM 計数器で，マイカの厚さ 1.5mg/cm², 試料皿の底との距離は約1.3cm, 計数効率は 9.2% である．5月16～17日に屋根でうけた雨水について 3,300cpm/l を測定し，それ以後，人工放射性物質の存在をみとめている．横山祐之氏らが分析した結果では，5月16～17日と5月21～22日の雨でTe¹²⁹(m), I¹³¹ (I¹³³), Ba¹⁴⁰, 稀土類元素 U²³⁷ などを検出した．

　5月16～17日の放射性元素の全量は，Nb⁹⁵ と推定されるもの約50％, U²³⁷ 約20％, I¹³¹ 3％, I¹³³ (?) 2％, Sr+Ba 4％, 稀土類元素 1％, Zr+Nb 2％, アルカリと陰イオン類 2％, 硝酸不溶残渣 6％（これらは5月20日の含量）と推定された．なお，減衰曲線から，5月16～17日の雨は，爆発の数日後のものと考えた．

第4章 水爆実験の影響(その3)

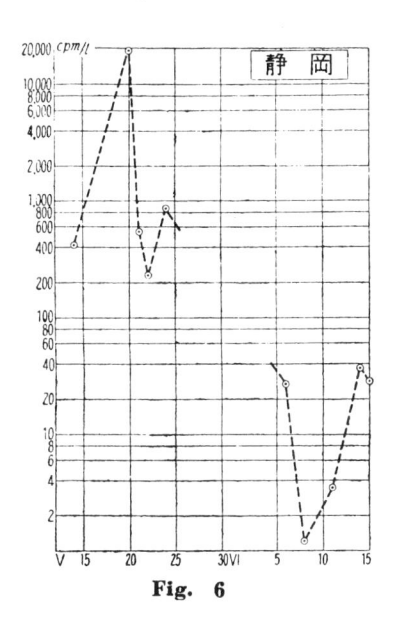

Fig. 6

気象研究所三宅研究室では，4月20日ころから数回，雨水の放射能を測定した．採水後15分で5,000cpm/l くらいの RaB, RaC 等の放射能を測ったが，当時は人工放射能性元素はみとめえなかった．5月18日に貯水バケツにたまった雨水につよい放射能を確認し，ついで雨水の連続観測を5月21日から行った．その結果を Fig. 7 に示す．

測定器は自製の GM 管により，マイカ窓の距離は1.7mg/cm²，試料皿とマイカ窓の距離は約 1cm である．このばあい，30～40cpmがほぼ 1×10^{-10} curie にあたる．採水はビニール膜によった．計数の比較標準としては $C^{14}(BaCO_3)$ を用い，毎日補正している．

Fig. 7 でみるように，5月21日からしばらくつよい放射能がつづき，以後は減少して6月8日ころにミニマムとなっている．この傾向は，他の地方にも共通なことである．その後ふたたび増して，多少の増減を伴ないながら変化しているが，このような変化は気団の交替に帰因するものと思われる．

雨水の放射能の見かけの半減期は，最初のうちは17～18日で，後には40～50日のものが残るらしい．β線の見かけのエネルギーは18日に採取したたまり水について 1.3MeV をえた．

次に学習院大学理学部の木越邦彦氏と共同で，土壌にあった放射性物質の分析を行ない，$Ba^{140}+La^{140}$, Sr^{89}, 稀土類元素群の存在を確認した．土壌の放射能は 1×10^{-11} curie/g で，測定には 300g を用いた．抽出された放射性物質のうち，稀土類元素群は 3×10^{-10} curie, Ba^{140} が 8×10^{-10} curie, Sr^{89} が 3×10^{-10} curie であった．

仙台——

仙台では東北大学理学部化学教室の北垣助教授により，5月21～24日の雨の放射能が測定され21日に 1,200 cpm/l, 22 日は 650cpm, 150cpm, 24 日に 240, 95, 70cpm がはかられている．測定器は東芝 GM 管でマイカ膜面と試料との距離は 14.5mm である．

金沢——

金沢大学文理学部化学教室の木羽敏泰・大橋茂の両氏によって測定された．採水はホーローびきの容器，またはビニール膜によった．使用の測定器は，GM 管は Nuclear 社製 D—34型，計数器は同社の 166 型である．マイカの厚さ 1.4mg/cm², マイカ窓の有効半径 1.4cm, 試料皿とマイカ窓の距離は約 1cm, 自然計数 18cpm 前後である．

雨水は5月10日以降の雨について降雨ごとに測定した．その結果を Fig. 8 に示す．

太平洋沿岸でマキシマムを示した5月21日には 210cpm で，太平洋岸に比べてはるかに小さい値である．6月19日に 888cpm/l という注目すべき計数を示したほかは，全体的に太平洋沿岸地域に比して放射能の弱いことが見うけられる．

弘前——

弘前大学文理学部物理学教室の鈴木重光氏によって測定されている．雨水はビニール膜でうけ，そのうち 150cc を蒸発して計測する．測定器は神戸工業製 100 進型計数装置で，試料皿と電極下端との距離は約 2cm である．

結果は Fig. 9 に示すが，全般的に太平洋側に比べて低い値を示している．6月2日夜にたまった雨の容器の底の部分は 800cpm/l あり，6月16日にいたっても 470cpm/l が残留

Fig. 7

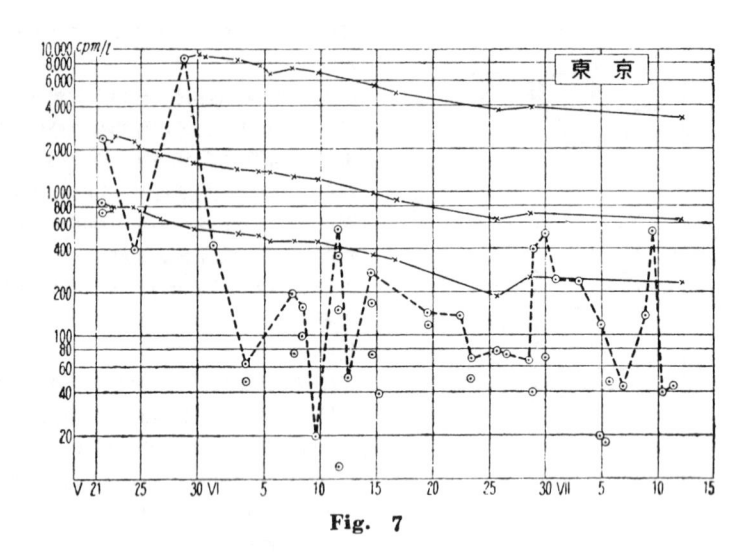

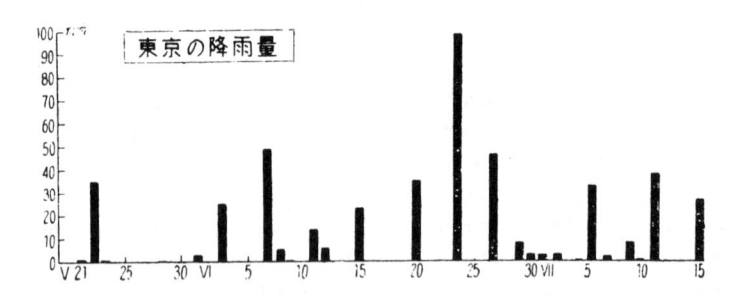

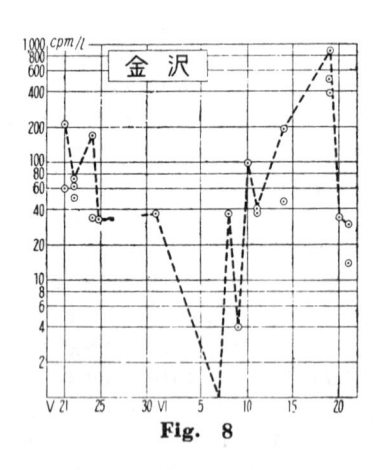

Fig. 8

している．この試料について，β線エネルギーを Al による吸収法で測った結果は 0.6MeV をえた．見かけの半減期は10日前後と推定される．同化学教室の佐藤助教授が分析した結果は，Fe と Ce をキャリヤーとした部分と，アルカリ土類をキャリヤーとした部分につよい放射能がみとめられた．またアリカリ類をキャリヤーとした部分にも若干の放射能がみとめられた．これによって，人工放射能性元素を含むことが確かめられたわけである．

新潟——

新潟大学医学部の渡辺博信氏によって4月はじめから測定されている．採水はホーローびき容器を用い，$5l$ を蒸発して計測した．試料皿に移してからの最後の乾燥は赤外線ランプによった．計測器は神戸工業 100 進型 GM

第4章 水爆実験の影響(その3)　　187

管131で，マイカの厚さ3mg/cm², 試料皿の底と窓との距離17mmである．雨の放射能の測定値はFig.10に示した．

金沢，弘前などとともに，全般的に放射能値は低い．これは日本海側が太平洋側に比して全般的に雨水中の人工放射性物質の濃度の低いことを示すものである．これをキュリー単位に換算すると $4\times10^{-11}\sim2\times10^{-9}$ curie/l となっている．

なお渡辺氏は 30.3×30.3cm² の濾紙にワセリンをぬり，地上3〜5mの屋根におき，3日ごとにとりかえて，これを焼灼灰化して，降下塵埃中の放射能を測定した．5月15〜19日の107±5cpm, 19〜22日の51.4±3cpmが注目される．その他はほとんど20cpm以下である．

このほか，山梨大学，山形大学等でも測定されている由であるが，紹介は次の機会にゆずる．

4. 考察

以上，日本各地における雨水の放射能測定の結果をみると，すくなくとも5月14日以後に降った雨水中に，原・水爆の副産物たるフィッション生成物が含まれていることは確実

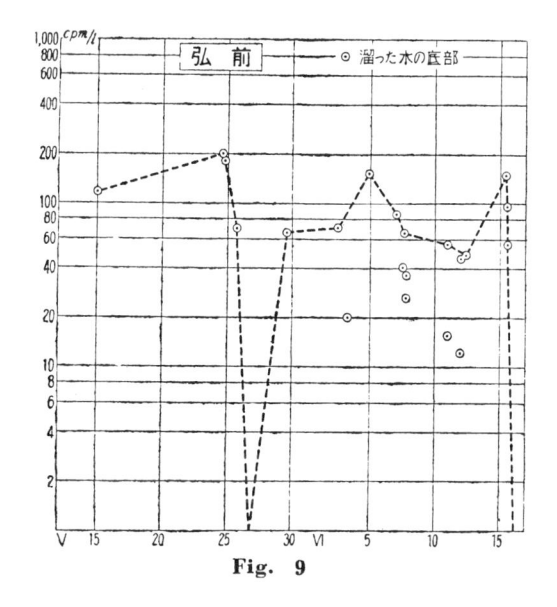

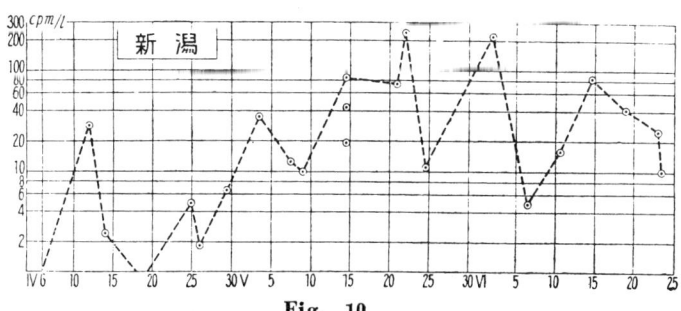

Fig. 9

Fig. 10

である．それ以前にも，萌芽とみなし得るものは確かにあったが，その放射能は弱く，確実なものとはいいがたい．

1954年3月にはじめられたビキニの水爆実験以後，その灰が第五福龍丸に大きい被害をあたえ，ついで多くの漁船が災害をこうむった．水爆実験の爆発物は高く 26,000m までも吹き上げられたとつたえられたので，気象学的にみてその灰が広範囲に移動，拡散する多くの可能性が論ぜられた．しかし日本を襲った放射能雨の原因は，大循環にともなう拡散，移流にもとづくというよりは，むしろ4～5,000メートル以下の下層大気の直接的汚染にもとづくものと考えた方がよい．

この理由としては，雨の人工放射能がほとんど例外なしに降りはじめに多く，降水時間の経過とともにほぼ指数函数的に減じていることである．これは，雨水中の天然放射能や塩化物などの場合にも見られるところであり，雨水による洗滌作用によって説明しうるのである．

天然放射能の場合には，一雨の中に含まれる放射能の総量をA_tとすればDamon, 黒田氏により

$$A_t = A_{max}(1-e^{-\sigma R})$$

で表わされる．ここで，Rは降雨の強度に関する定数である．塩化物のばあいは，三宅，杉浦は

$$C = \frac{k}{p}(1-e^{-rp})$$

で示した．Cは塩化物の濃度，pは一雨の降水量，rは捕捉率と雨滴の半径に関する定数，kは大気中における塩素量の鉛直分布に関する定数である．人工放射性物質の場合も大体これらの式が適用される．このことから，雨滴が落下するあいだに人工放射性物質を捕捉濃縮して落下するものであることがわかる．

俊鶻丸の観測によっても，南方海上の空気の汚染がみとめられているから，梅雨季のおとずれとともに，この汚染大気が日本列島の付近まで北上し，放射性の雨をふらせるものと考えられる．

中央気象台の島田健司氏は，1954年5月16日に日本列島の南方に来た空気の流跡線をえがくと，その源は5月8日ころ，ビキニ海域に発していることを見出した (Fig. 11)．また京大の山元竜三郎氏らおよび中央気象台の研究で，気圧計からの推定によると，5月5日に爆発が行われたことは確かであるから，5月14日以降に日本をおそった人工放射性物質は，5月5日の爆発にもとづくものと，一応の推定が下される．山崎文男氏，田島英三氏らによると，このときの人工放射能の減衰曲線から推定して，ほぼ7～8日前の爆発とみなすことが可能であるという．

Fig. 1 から Fig. 7 までの太平洋側の降雨の人工放射能の変化図をみると，大体において同じ傾向がみられる．すなわち，5月20日を中心とする前後に極大があらわれ，それが6月10日前後に一たん極小となり，ふたたび増加して，その後は若干の起伏を伴いながら少しずつ減少している．

Damon, 黒田氏によっても，気団の交替と，雨の人工放射能のつよさはきわめて密接な関

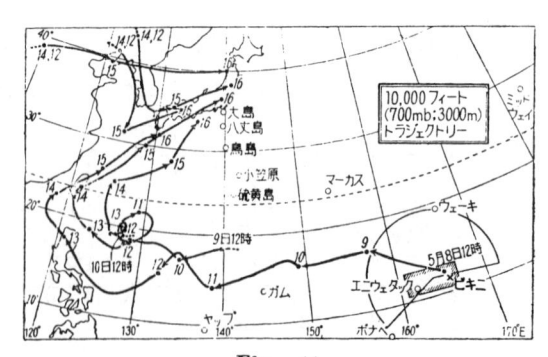

Fig. 11

係をもっているから，日本における雨の人工放射能の変化も，気団の解析とあいまって，さらに詳しく研究さるべきであろう．

もう一つの重要なことは，金沢，新潟，弘前などの日本海側で全体的に人工放射能の弱いことである．これは，今回の人工放射能の起源が太平洋側にあることを示すものである．前述の如く，日本で測定された雨の人工放射能が，従来の文献中にあらわれたものに比べて，はるかに強いことは注目すべきである．

日本においては最大 5×10^{-7} curie/l が測定され，最小は 10^{-11} である．これに対してDamon, 黒田氏らのばあいは最大 10^{-9} curie/l にすぎない．また，日本の場合すでに稀土類元素，Ba, Sr, I, Nb, Zr, Y, U などの人工放射性同位元素が確認され，その人体に及ぼす危険性は軽視を許さない．

放射性物質の最大許容量に関し，常水のばあい未知の放射性物質にたいしては 10^{-10} curie/l が基準となっている．一方，原水爆の爆発にともなうフィッション生成物の場合には，それよりずっと大きい最大許容量がアメリカ原子力委員会で発表されている（爆発3日後 5μc/l）．

雨にふくまれる人工放射性物質はフィッション生成物であるから，原子力委員会のあたえた高い基準でよいのではないかという意見もある．しかし雨の場合には，元素が選択的に濃縮されていることは確かであり実際に減衰曲線をとってみても，場合によっていちじるしく減衰の様子が異なることがみとめられる．したがって，これは組成の既知のフィッション生成物とみなすことはできない．よって天水を常水として用いる場合は一々分析を行わないかぎり，あくまで組成の未知の放射能の最大許容量の基準たる 10^{-10} curie/l を適用すべきものと考えられる．

むすび

以上を要約すると――

1. 1954年5月14日以後，日本の各地の雨に，人工放射性物質の存在がみとめられ，梅雨期を通じて降りつづき，7月半ばをすぎても，消滅しない．

2. そのつよさは，最大 0.5μc/l （5×10^{-7} curie/l）で，最小は $<10^{-10}$ curie/l である．この最大値は，従来報告されている雨の人工放射能に比べると，はるかにつよい．

3. Ba^{140}, Sr^{89}, Zr^{95}, Nb^{95}, Y^{91}, La^{140}, I^{131}, I^{132}, I^{133}, Te^{129} (m), U^{237} 及び稀土類元素等の存在が確認された．

4. 太平洋側でつよく，日本海側ではよわい．

5. 全国を通じ，大体同じ傾向で増減している．これは気団の交替と関係があるらしい．

6. 雨の中に含まれる人工放射性元素の組成は爆発生成物そのものがそのまま減衰したものではなく，かなり二次的に，組成が変化していることは確かである．それゆえ衛生上の問題にする場合は，未知の放射性元素を含む水と同じ最大許容量の基準を採用すべきである（10^{-10} curie/l）．この観点からみると，梅雨季を通じて降った雨は，ほとんど全部，この基準を上廻っている．

7. ふりはじめに放射能がつよく降水量がますと減ずることから，主として雨滴の落下の途中で洗滌作用によって放射性物質が雨水中に溶解するものと思われる．

これらのことから考えて，すみやかに雨の放射能の全国的観測網が確立されることが望ましく，一方，土壌への蓄積，河川，湖沼水への影響，生物に対する影響，水中の放射能の除染法などの研究が促進されることが望ましいのである．なお，Fig. 11から見ても明らかであるように，人工放射性の雨は，この季節には日本ばかりでなく，東南アジア諸国を通じて降っている可能性が大きく，世界各国の共同観測が，放射能雨の実態をつかむ上に絶対に必要なことがわかるであろう．

――1954. Ⅶ. 20

〔編集者注〕 三宅泰雄「日本に降った人工放射性雨・雪」（Ⅱ）（1954年8月～12月）は省略したが，そのむすびの部分にはつぎのように述べられている．

むすび

以上，1954年9月以降の日本各地の放射能雨，雪の状況についてのべた．これを総括す

ると，はじめに9月18日すぎに，つぎに11月はじめに，2つの顕著なピークがあらわれ，おそらくソ連の爆発実験によるものと推定されている．この2つの実験のほかにも，実験が行われたかも知れないが（たとえば12月初旬），確定的ではない．

ビキニ実験の影響としての放射能雨の最大放射能は，京都で測定された＞0.5μc/l（5月16日）であったが，9月以降は，山形の 0.3μc/l（9月22日）が最高値である．

ビキニの影響によるものは，ピークは1回でおわり，とくに太平洋側でつよかったが，今期のものは，すくなくとも2つのピークがあり，また，前期とは反対に，はじめ東北，北陸方面の日本海側でつよかった．

1954年3月からのビキニの爆発実験のさいには，日本の多くの場所で，微圧計に大気振動を記録したが，9月以降は放射能雨が観測されただけで，微圧計には確かな大気振動の記録が現れていないことも注目すべきである．

そのために，爆発日の推定にも，不確実をともなうのをまぬかれないが，放射能の減衰状況からみて，9月13〜16日と，10月28〜31日の2回は，各研究者により爆発推定日として，みとめられている．

2—4 1954年水爆実験被災調査報告

（大阪市立医科大学生物物理学研究室：西脇安，河合広，表野篤，合志長生，田中源一，近藤正治，村田滋子，古久保俊子，大井糸子，三宮卜半，白木嗣彦）

之を次の項別に分けて述べる．
§1 ビキニ灰の分析
§2 被爆魚
§3 放射能雨
§4 水質検査

§1 ビキニ灰の分析

化学分析の詳細は「分析化学」誌上に東京大学，静岡大学，金沢大学，及び大阪市立大学の報告が掲載されるので省略する．灰溶液をラッテに注射して各臓器に集る様子は〔下記〕第1表に掲げる．之によれば相当量の放射性物質が胃に集まるのがわかる．

第1表

臓器	注射後6時間	12	24	48	72	120	500
血　　　　液	25	53	41	42	48	65	31
心	65	14	0	11	40	76	56
脾	90	70	203	26	877	150	740
腎	360	290	137	232	338	285	252
肺	35	53	23	0	21	52	43
胃	18	36	15	85	450	207	800
胃　内　容	11	8	4	54	13	4	25
肝	127	128	57	308	662	550	710
腸	137	32	17	38	850	177	71
大　　　　便	130	76	186	88	768	117	50
睾　　　　丸	11	5	15	0	93	126	31
脳	11	10	10	7	6	49	37
筋　　　　肉	73	10	64	99	912	9	22
骨（骨髄を含む）	170	452	1100	272	985	540	660
注　射　時　日	29.4.13	4.1	4.1	4.2	4.5	4.9	4.14

註　ビキニの灰を溶解（29.3.30調製），87,000 cpm/cc（但し液体のまま）0.5cc 宛を脊部筋肉内注射．白鼠♂ 約70gのもの各2〜4匹平均．内臓器 1g 当りの cpm を以て表わす．
注射後 500時間の白鼠に於ては肉眼的に次の如き変化を示した．4匹中2匹は肝実質は morsch にして左右両葉の境界不鮮明にて一塊をなし肝，胃，腎，脾に癒着を認めた．

§2 被爆魚

この詳細は大阪府及び大阪市衛生局より調査報告が出ているので省略する．唯3月16日大阪中央市場に入荷せる第五福龍丸積載のマグロはすべて体表に放射性物質が附着して内部は少なかったが，5月以降大阪に入港した漁船の積載する魚のうち汚染したものはすべて内臓及び血液に多く体表及び筋肉にはわずかの放射能が認められた．しかも之等は殆んど東経130°北緯24°附近即ちビキニより1,800浬で台湾の東，四国の南部に当る比較的日本近海で漁獲したものである．従って之等はビキニ附近から北赤道海流に沿って泳いで来た魚類であることが推察される．当研究室でしらべた魚の1例は下の如くである．他の場合も大体同様の結果が出ている．

第2表 A

船舶：第一永治丸
漁獲海域：東経141°30′—142° 北緯23°40′—25°15′
〃 期間：5月29日——6月11日

品　　名	サーベー体表(皮フ)	(2cm)エラ	灰化測定量	cpm
クロカワカジキ 筋肉	20cpm	150〜200	10g	14
バショウカジキ 〃	30	200	〃	12
沖サワラ 〃	20	300	〃	20
〃 内ぞう			〃	650
クロカワカジキ 筋肉	0	0	〃	5

備考：サーベーはすべて解体前に衛生局員が行った値である．灰化は硝酸で行った．

第2表 B

船舶：須美丸（47 クトン）
漁獲海域：東経141°10′—141°30′ 北緯10°10′—10°30′
〃 期間：6月9日——6月22日

品　名	サーベー(2cm距離)エラ及び体表	灰化測定量	cpm
沖サワラ筋肉	150〜300cpm	10g	3.1
〃 内臓	—	〃	759
〃 筋肉	0	〃	2.6

この結果からすれば内臓には筋肉の数十倍乃至百倍の放射能があること及び体表のサーベーで放射能が認められない場合にも内部に全く放射能がないと云い切れないことがわかる．

§3 放射能雨〔略〕

§4 水質検査

当研究室には放射能雨の発表以来，気象台，海上保安庁，水道局その他より非常に多くの天水，井戸水，水道水等の放射能検査の依頼があった．之等はすべてその250ccをとり，ビーカーで蒸発乾涸して2cc程度に濃縮してから，科research製ステンレスシャーレに入れて，上部より200W電球で乾燥してからガイガーカウンターで測定した．雨の放射能測定の場合も同様である．250ccと定められたのは，之より多いと乾燥したとき水中の塵埃のために自己吸収が大きくなるし，100cc程度とすると之を10倍してl当り cpm を出すので誤差が多くなるからである．大体250cc位までは放射能とcc数とが比例するようである．（勿論之は水中の塵埃の多少できまるのであるが）この検査の結果は第3表に示す．

海水の測定は厚生省より指示された方法に従って大阪府衛生局で目下行っている．その方法は次の如くである．

測定方法

(1) 海水1lに10ccの濃塩酸を加えて煮沸し不溶物を溶解する．
(2) キャリヤーとして 10mg Fe^{++} ($FeCl_3$) 10mg Ba ($BaCl_2$) を加える．
(3) 煮沸溶液に10% Na_2SO_4の温溶液10ccを加える．
(4) Methyl red を指示薬として加え NH_4OH を滴下して指示薬の色が黄色を呈するに至らしめる．
(5) 数分間煮沸した後静置する．
(6) 沈澱の沈降後濾過する．
(7) 沈澱を1% NH_4Clの弱アンモニヤ性溶液で洗滌する．
(8) 沈澱をルツボに移し焼灼後更に測定皿に移して計測する．

唯キャリヤーの所で Fe 10mg, Ba 10mgと

第3表

依 頼 者 及 び 品 目	採取年月日	cpm/l	測定年月日
大阪市水道局　淀川原水	29.5.15	12	29.5
〃　　　　濾過水	〃	3	〃
〃　　　　上　水	29.5.17	2	〃
大阪府　金岡ポンプ場水道水	5.19	10	29.5.24
〃　布施ポンプ場水道水	〃	〃	〃
〃　庭窪浄水場　　原　水	〃	30	〃
〃　　〃　　　　沈澱水	〃	36	〃
〃　　〃　　　　汚　泥	〃	90	〃
守口水道部　原　水	5.21	15	〃
〃　　　　上　水	〃	5	〃
〃　　　　濾過水	〃	0	〃
枚方市野井戸　井戸水	〃	10〜20	29.5
大阪市水道局　原　水	5.16	8	29.5.18
〃　　　　濾過水	〃	1	〃
〃　　　　上　水	〃	1	〃
〃　　　　原　水	5.18	0	〃
〃　　　　上　水	〃	0	5.20
室戸岬測候所　雨　水	5.16	372	5.19
潮岬測候所　　〃	5.16〜17	240	5.23
清水　〃　　　〃	14〜15混 16〜17合	533	〃
群山　　金魚水	5.	40	5.25
田辺　　〃	5.	13	〃
伊吹山測候所　飲用水	5.20	0	5.26
清水測候所　　〃	5.	3.8	6.1
〃　　　　〃	〃	2.2	〃
室戸岬（濾過前）天　水	6.	0	6.5
〃　（濾過後）　〃	〃	30.8	〃
潮岬測候所　雨水濾過	6.2	0	〃
〃　　　　雨	〃	3.2	〃
串　　　　　本	6.4	36	〃
下里水路観測所　雨　水	29.6.2	27	29.6.7
和歌山県大島　天　水	6.3	7	〃
〃　　　貯水槽の天水	6.4	0	〃
紀伊串本　　飲用水	6.3	16	〃
潮　岬　　　〃	〃	27	〃
梶取崎航路　貯水槽の水	6.4	42	〃
勝浦水路観測所　飲用水	6.3	32	〃
和歌山東牟婁郡　水道	〃	31	〃
〃　　　　天水	〃	41	〃
市江崎　貯水池（濾過飲用）	〃	9.2	6.11
〃　　〃　濾　過	6.10	4.8	〃
阿比鼻航路事務所　〃	〃	0	〃
高知県甲浦〃　飲用水	6.9	7.6	〃
〃　　　雑用水（濾さず）	〃	10.0	〃
徳島県剣山測候所　飲用水	6.2	4	6.49
友ケ島　　　ダム原水	6.21	0	6.22

第4章 水爆実験の影響(その3)

友ケ島	駒崎タンク水	6.21	0	6.22
〃	第三濾過後	〃	〃	〃
〃	野井戸(半屋根)	〃	〃	〃
〃	〃 (屋根あり)	〃	〃	〃
〃	〃 (屋根あり)	〃	24	〃
岸和田市役所	天水	6.19	16	〃
〃	上水道	6.21	9.2	〃
海上保安部江崎事務所	天水	6.14	17.2	7.2
〃	友ケ島①天水濾過	〃	0	〃
〃	〃 ② 〃	〃	〃	〃
〃	〃 ③ 〃	〃	15.2	〃
室戸岬灯台	天水濾過	6.13	0	〃
〃	無線 〃	〃	0	〃
以下省略				

あるのを Fe, Ba, Sr 各5mg, La_2O_3 1mg にした.

大阪近海には7月までは，放射能はきわめて少いようである．

なお放射能の測定は殆んど神戸工業製(昭25)32進ガイガー測定機を使用した．GM管は GM-132で，窓のマイカ厚は 1.9mg/cm². 試料中より感受体積(GM管のニッケ円筒先端)までの距離は 25cm, ニッケル円筒の直径は 2cm である．

Activity の強い試料の Decay の測定は科研製ローリッツェン検電器を使用した．

P^{32} の β 線を用いて行った E. Coli の致死実験に比べて，ビキニ灰溶液による致死率の方がはるかに大きく推定された．この理由は，物理的に考えても我々が測っている放射能強度は実際より相当低く見積ったと考えられる．即ちエネルギーの低い β 線がビキニ灰の方が P^{32} の β 線よりかなり多く，而も之は窓や空気層によって数えられる前に阻止されるからである．従ってカウンターで数えたカウント数を幾何学的条件だけから略算した放射能の μc 数は低く評価されていることを常に考えて各種放射能恕限度の線を引く必要がある．

(筆耕責任者　河合)

2—5 田島英三「漁船はどうして放射能に汚染されたか」

1　はしがき

〔前略〕

さて，この南方漁業にとって2つの大きな問題がある．その第1は魚の汚染の問題である．どこでいかにして魚が汚染されるか，その汚染された魚がどこを洄游するか，というような問題がすなわちそれである．その問題は魚の専門家が中心になって，現在あらゆる方面から研究が進められている．その第2は船の汚染のことである．南方漁業から帰って来た船の放射能検査をすると，ある時期には殆どすべての船が汚染されておって，そのなかには船員にとって放射能障害の危険が考えられる程の強さの船も含まれている．この汚染の原因は何であるか．もしそれが中部太平洋上の空気が広範囲にかつ長期に亘って汚染されているためであるならば，船員にとってその地域を航行するのは甚だ危険なものとなり，日本の漁業は海からも空からも厳しい制限を受けることになるであろう．われわれはこの報告で，南方漁撈に従事して帰って来た漁船の放射能検査の結果を統計的に取扱ってこの問題の解決の緒口としたい．

3月15日第五福龍丸の事件がおきて，アメリカ側は同月19日，いわゆる扇形の拡大危険区域を設定した．これに呼応して同じ日附で水産庁は，南方漁業から帰って来る漁船の漁獲物，船体，船員の放射能検査をするために，

N2°からN21°, E152°からE175°の範囲に, 要報告区域を設定し, この区域で漁撈に従事し, またはこの区域を横切って航行した漁船は, 水産庁の指定した塩釜, 東京, 三崎, 清水及び焼津の5港に入港させ, 厚生省の検査を受けることにした. ところがこの検査は, かなり長期に亘る見通しがでて来たので, 5月1日以降は指定5港の都県が検査の実施を依託されることになり, 現在もこれは引続いて行っている.

実際に指定5港で検査をうける漁船は, 水産庁の要報告区域で漁撈し, またはそこを航行した船ばかりではない. 南方の他の地域で漁撈を行い, 要報告区域を通過しない船でも, すべて上の指定5港に入港して検査をうけているというのが実情である. 実際には要報告区域で漁撈を行う漁船は, ビキニ当初の一, 二例を除けば皆無であって, この海域を航行する船も極めて稀である.

指定5港以外に漁船の検査を自主的に行っている府県もある. 大阪府, 高知県, 鹿児島県等はその例である.

この漁船の調査を行うためには, 次のような資料を用いた.

資料Ⅰ　昭和29年5月1日から同月31日までに東京港に入港した133隻の漁船.
資料Ⅱ　昭和29年3月15日から8月30日までの間に三崎港に入港した280隻の漁船.
資料Ⅲ　その他の港に入港した13隻の漁船.

2　放射能検知の実際

〔前略〕

筆者は各地の検知に何回か立会ったが, 特にビキニ事件発生当初は, 水揚げ場は大いに混乱した. 3月27日に第五明神丸の検知に塩釜港に行ったときには, 最初のケースであったので, まだ検知基準さえはっきりしていない状態であった. 電話で厚生省と連絡し, 最後に決ったのは, 10cm 100カウントで魚体に汚染の有無を検査して, 1匹でも汚染魚があれば, その漁船のマグロ全部廃棄するという厳しいものであった. こうなると最後の1匹が検査されるまでは, 全部の魚の運命は決らないということになるので, 狭い塩釜港の

ような場合では他の船の水揚げを一切やめなければならないことになる. そうなると冷凍設備をもたない近海漁業の船には大打撃で, その晩に水揚げが出来なくなり魚が腐ってしまうという事態となる. そこでこの問題をめぐって県庁, 厚生省, 漁業組合, 船主間ではげしい議論が闘わされた. しかし現在では, どこでも検査基準も実行可能なように変更され整然と検査の仕事は進められていて, さしたるトラブルを引起すようなことはない.

船体または船具の検査は G-M 管と"密着"の状態で測定されることになっているが, 実際はほぼ密着から1cm程度離れている場合もある. しかしこのために生ずる計測上の誤差は最高20%程度であろう. 汚染船の放射能の強さは一般に次のような傾向をもっている. 船尾の近くにあるマカナイの煙突は強い放射能反応を示す場合が非常に多い. この煙突は赤錆で覆われた鉄製のもので, 放射性物質を附着し易い状態になっているものらしい. マストやその附属の紐, 縄梯子等も強い反応を示す. 船室は比較的に弱いのが普通である. 機関室は殊に弱い. 甲板その他洗滌し易いところは, 充分洗滌されているので一般に弱いが, 洗滌出来ない部分, 例えば照明ランプ等は強い.

G-M計数管に感じているものはβ線とγ線であるが, 全体のうち20%がほぼγ線によるものであって, 残りの80%がβ線によるものである.

放射能の強さが船の進行方面に対して方向性をもっていることもしばしば観測された. その一例は第二幸成丸の場合である. この船は3月11日から4月2日までN10° E180°の近くで漁撈して, 4月22日に要報告水域の境界線に沿って北上し, 4月15日に東京港に入港した. この船の放射能の検査をしたところ, 上部甲板にとりつけてあったビン玉(漁具)の首の円柱部分はどれも第1図に示すように船の進行方向に向って真右の方向が最も強く, 真左の方向と正面とはこれにつぎ, 後の方向は一番弱かった. 進行方向に対して真右の方向は, 船の進行方向と季節風の風向とを考慮すると, 船に対する風の方向と一致する.

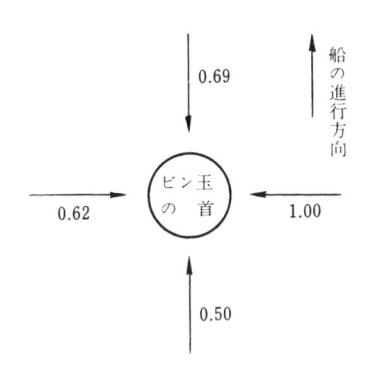

第4章 水爆実験の影響（その3）　195

```
              船
              の
        0.69  進
              行
              方
              向
  ┌─────┐
0.62 │ビン玉│ 1.00
 →  │の首  │ ←
  └─────┘
        0.50
```

第1図 ビン玉の首の放射能の
強さ（数字は放射能の強さの比）

ビン玉はハエ繩を海に下ろす時に浮きとして用いるものであるから，この第二幸成丸は漁撈が終って帰途についてから汚染されたものであることが明かとなる．

5月19日東京港に入港した第八順光丸は，爆発日の推定に一つの手懸りをあたえたという意味で興味ある場合である．この船はN10°からN12°，W173°からW170°の海域で4月15日から5月4日の夕刻まで漁撈を行い，5月5日北西に向って帰途についた．東京港で放射能検査を行った結果，船体の放射能は極めて強いもので，最高20,000cpm（カウント毎分）に達した．しかし漁獲物のマグロ類には1匹も不合格品がなかった．しかるにフカのヒレに非常に強い放射能を検知されたのである．しかも放射性物質がヒレ全体に一様に分布しているのでなく，極めて局所的であるところから，放射能は雨によって運ばれたものと推定された．このフカのヒレは漁撈地を離れて帰途についた直後，甲板上に乾して，5月10日に貯蔵室に収容した．そうすると漁撈地を離れてから5月10日までに雨が降った日を航海日誌から調べると5月8日となる．この日の午前中は晴れていたが，午後から曇り出し，午後8時頃から2時間ばかり，あまり強くない雨が降っている．恐らくこの雨によって放射能は船に運ばれたものと思われる．一方フカのヒレには放射能が強く検出されたにもかかわらず，マグロ類には1匹の不合格

品のないことを考え合わせると，爆発は5月4日夕刻から，5月8日の間に行われたと思われる．この結論は，微圧計の測定結果から推定した爆発日や，科研の山崎氏が第八順光丸のマカナイ煙突の放射能の減衰曲線から推定した日とも一致する．これらの推定した爆発日は何れも5月5日となっている．

3　汚染の強さ

漁船の放射能の強さは，測る場所によっていろいろの値を示すが，そのうち最高の毎分の計数（cpm）をその船の汚染度と名づけて，放射性物質を浴びた程度を示すことにする．そうするとこの汚染度は漁撈地，或いはその船の通った航跡と密接に関係していることがわかる．これはまことに注目すべきことである．すなわちアメリカが最初に決めた危険区域（N15°15′からN12°45′，E160°35′からN166°16′の間）——これをここでは水爆実験海域といおう——の東方を航行した船と，その西方を航行した船とを比較すると，前者の汚染度は後者の汚染度に比してはるかに大きい．

記述を簡単にするために，水爆実験海域の西方で汚染することを"西方汚染"といい，その東方で汚染することを"東方汚染"と名づけることとしよう．そうすると，西方汚染の船では92例中汚染度が100cpm以下のものが全体の75%を占めていて，1,000cpmを越えるものは1隻もないのに反し，東方汚染の船は25例中，汚染度が100cpm以下のものは極めて稀で，100cpmから1,000cpmの間にあるものが全体の80%を占めており，1,000cpmから20,000cpmの間にあるものが残り20%である．また西方汚染の船の汚染度の平均123cpmであるのに対し，東方汚染の船の平均は1,800cpmとなっている．もっともこの統計は3月15日から5月30日までに三崎と東京に入港した船についてとったものであって，6月以降に入港した船は加えてない．その理由は4節で述べるように東方を航行した船の汚染度は，水爆の爆発日に直接に関係していると結論されるので，水爆実験が終了してからあまり日時がたっていない範囲を統計に加えたのである．

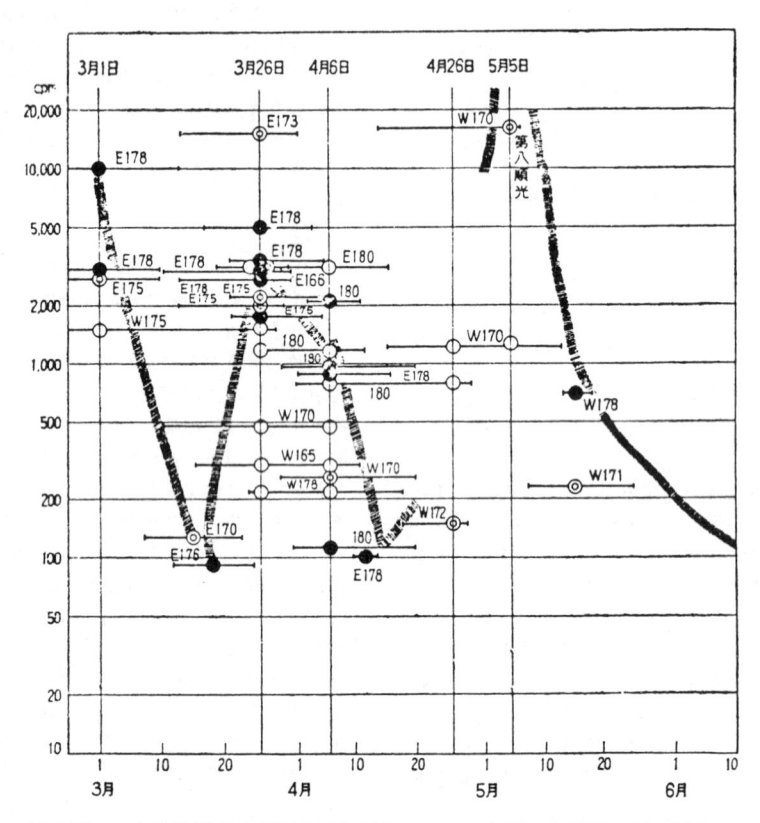

196　　　第1編　1954年3月1日ビキニ水爆実験

第2図a　危険区域東方 N10°±3° 以内において漁撈した期間と船の汚染との関係．●印は漁撈地が E170°±2°で，爆発日と唯1回だけ漁撈期間が交るもの，または全然交らないもの．◎印は漁撈地が E178°±2°以外で，漁撈期間が爆発日と2回以上交らないもの．○印は漁撈期間が爆発日と2回以上交るもの．波線は●印を連ねたもの．

4　東方汚染と西方汚染

かように東方汚染と西方汚染との間には本質的に汚染のし方が異るように思われる．この推察は次に述べる事実によってますます確かであることがわかる．

その事実というのは汚染度と日時との関係である．1で述べた資料Ⅰのなかから，まず水爆実験海域の東方において，N7°―N13°の範囲で漁撈した船を選び出す．そして第2図に示すように半対数グラフの横軸に日附をとってその船の漁撈期間とし，対数目盛の縦軸に汚染度をとる．漁撈期間は数十日に及ぶのが普通であるが，その間だけ横棒をもって示しておく．この横棒が3月1日，3月26日，4月6日，4月26日及び5月5日の縦軸と交る点に○印をつける．これらの5つの日附は徴圧計やその他の結果から，水爆実験がおこなわれたと一般に認められている日である．もし漁撈期間を示す横棒がこれらの爆発日附の縦軸の何れとも交らない場合には，横棒の中央に●印をつけることにする．また棒につけた数字は漁撈地域の平均の経度である．

このようなグラフは西方汚染の船について

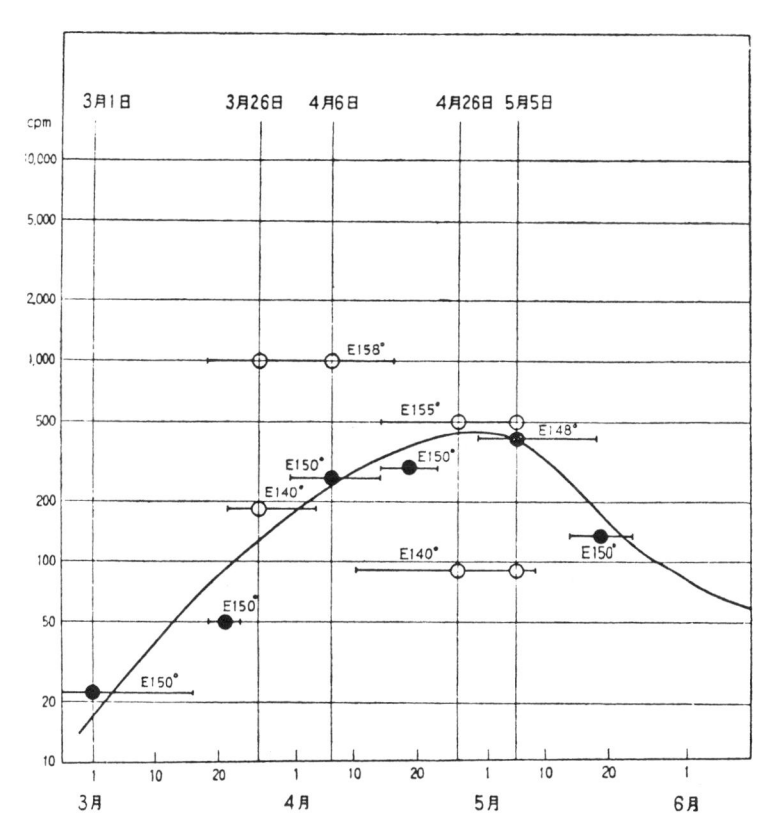

第4章　水爆実験の影響（その3）　　　　　　　　　197

第2図b　危険区域西方 N10°±3° 以内において漁撈した期間と船の汚染
　　　　度との関係（曲線 E150° についてとったもの）

　もつくることができる．このときも漁撈区域はN 7°からN 13°の間にとっておく．そうして作ったグラフが第2図bである．
　さて第2図a及びbを比較してみると，次のような顕著な事実があるのに気がつく，すなわち西方汚染のb図においては，●印の位置は爆発日ととくに関係なく，単調な変化をしているということである．同図の曲線はE 150°の点を結んだものであるが，3月1日の点から緩やかに上昇して5月始めを境として再び緩やかに下降している．とくに爆発日の縦線において高いピークを作っているということはない．
　これに反して東方汚染を示すa図において

は，単に汚染度が大きいというばかりでなく，日附と単調な変化をしていないということがわかる．例えば漁撈地がE 178°にある点を結んでみると，概ねa図の波線のようになる．その著しい特長は，爆発日の縦線のところで鋭いピークを作っている．漁撈期間が爆発日を含まぬ場合には深い谷をなしているということである．これが平均汚染度が高いということのほかに，東方汚染のもう一つの重要な特長である．ここに水爆実験海域から東方 E 178°の位置は，その西方 E 150°の位置とほぼ等距離にある．
　この東方汚染の性質からわれわれはこの汚染が何によるものであるかということを，次

のように判断する．すなわちそれは，水爆が爆発したときにその放射能微塵が高く成層圏まで吹上げられ広く撒布される．この撒布の範囲は，気象台の有住氏がそれぞれの爆発日についてクウェゼリン島の気象条件から行った計算によると，西方よりも東方がより広範囲となる可能性が多い．そこでこの放射性微塵を東方にいた船は直接に浴びたものと考えられる．

この微塵の大きさは，いろいろの方面に関係の深い重要な量であるが，決定するのはなかなかむつかしい．有住氏の計算によれば，80,000フィートに打上げられた微塵が地上に降下するに要する時間は直径が 0.1mm なら

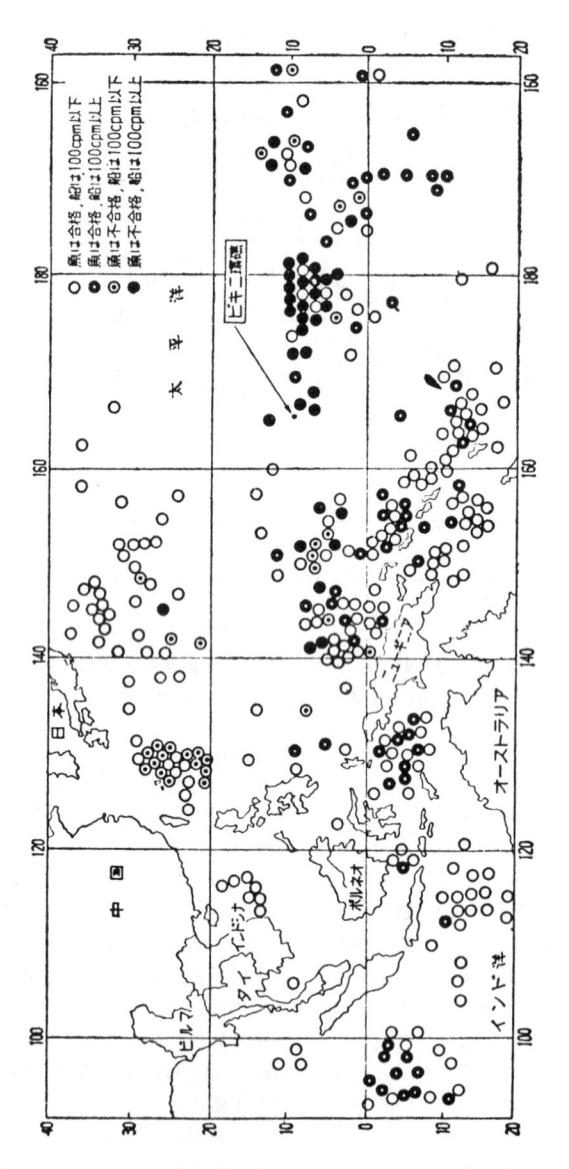

第3図 漁撈区域と汚染との関係

ば約1日, 0.02mmならば約21日かかるという. そこで第2図aのグラフからみると, ここで問題にしている東方汚染の徴塵も同じ高さから降下したものとすれば, 直径が0.02mmより小さくないということがいえそうである. もしこれより小さいと, 地上まで降下するのに, 21日以上要することになるので, おそらくその場合にはa図の折線はもっと緩やかな高低の少い曲線となるであろうから.

この推定は放射能の減衰曲線の測定の結果とも一致する. すなわち科研の山崎文男氏は東方汚染を受けた豊幸丸, 瑞洋丸及び第二幸成丸は3月26日の爆発による汚染であるとし, 第八順光丸は5月5日の爆発による汚染としている.

さて, 東方汚染が爆発の直接的落下徴塵によるものとすれば, 5月5日の爆発による汚染が最も強い. 次に強いのは3月1日の爆発で, 3月26日と4月6日の爆発は汚染についてはほぼ同程度の強さである. 4月26日の爆発については, 資料不足のため何とも判断のしようがないが, あまり強くないもののようである. もっともこの強さの順序が勿論爆弾の破壊力の強さの順序を示しているわけではない.

一方有住氏の調査によると, 3月1日, 4月6日, 4月26日, 5月5日の爆発時における8km以上上空の風向は西向であって, 徴塵はビキニ西方より東方に, より遠くまで落下することになるので, われわれの結果と定性的によく一致するが, 3月26日の気象条件からは, むしろビキニ西方の方により遠くまで落下することになるので, われわれの結果とは一致しない. この不一致に対しては, 今のところ何らの説明も与えられないのであるが, これは統計上の精度を上げるとともに, 気象条件をもっと細かく知る必要があることを示しているものと思われる.

5月中旬以降, 水爆実験が中止されてからは, 漁船の汚染は日と共に緩やかに減少している. 第2図においては紙面の都合上, 6月以降は書かれていない. その様子は第2図bの西方汚染と非常によく似ている. 従ってその汚染の原因も次に精しく述べる西方汚染の原因と同じであろう.

5 漁撈区域と汚染との関係

漁船の汚染と漁撈区域との間には密接な関係がある. この関係を明かにすることは, 汚染の原因を究明する重要な手懸りとなる. そこでまず第3図のように1で述べた資料全部を用いて地図の上に次のような分類記号を用いて漁撈区域の分布図を作った.

○印：漁獲物は厚生省の検査基準に合格し, 船体の汚染度は100cpm以下であった船の漁撈地域を示す.

◯印：漁獲物は厚生省の検査基準に合格し, 船体の汚染度は100cpm以上であった船の漁撈地を示す.

⊙印：漁獲物は厚生省の検査基準に合格せず, 船体の汚染度は100cpm以下であった船の漁撈地を示す.

●印：漁獲物は厚生省の検査基準に合格せず, 船体の汚染度は100cpm以上であった船の漁撈地を示す.

第3図を見てすぐ気の附くことは次の3つの点である. 第1は水爆実験海域東方において, N10°の線に沿って●印が圧倒的に多い. すなわちこの方面においては漁獲物も船体もともに汚染される割合が非常に大きいことを示す. すなわちこの汚染はさきに述べた東方汚染である. 第2は水爆実験海域西方においてN10°の線に沿って汚染された漁獲物が見出されている. すなわち汚染されたマグロがとれるのは, 水爆実験海域の東西を問わずほぼN10°の線に沿って流れる北赤道海流のなかである. この海流の一部がE130°乃至140°の近くで北上して, いわゆる黒潮となってフィリッピン東方を日本の方に流れて来るが, その黒潮のなかにも汚染マグロが発見されている. すなわち汚染魚は北赤道海流にのって広く移動するもののようである. （これに関しては主題を外れるのでこれ以上この報告では触れないこととしよう.）

第3に本題と最も関係の深い船体の汚染は, ほぼN15°の線より北には唯1隻の例外を除いて存在しない. すなわち図の上でいうと, ◯印と●印はN15°より北にはないということ

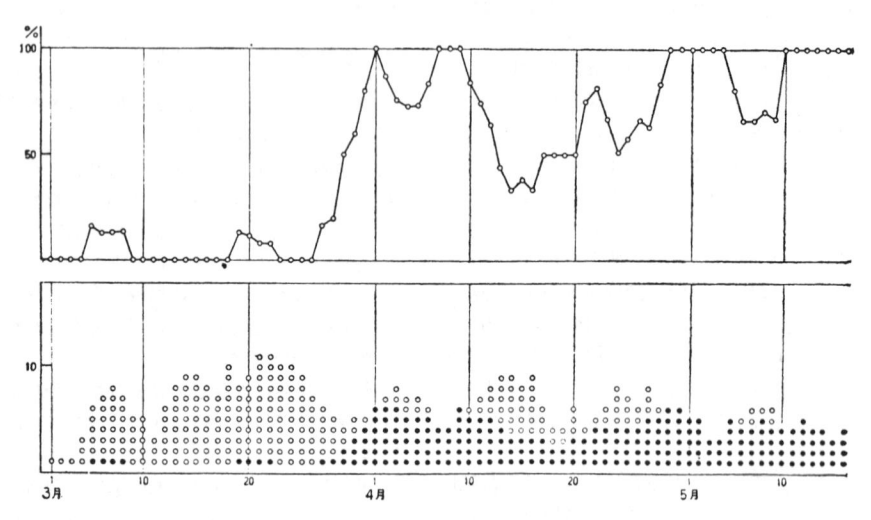

第4図 汚染した船と

とである．そしてこれらの印は遙か南半球にまで広く分布している．このことは，西方汚染の原因をきわめるカギをわれわれに与える．

6 西方汚染と日附との関係

西方汚染をうける漁船の漁撈地が，N 15°の線を北の境界としてこれより南に広く散在していることは，非常に顕著な特長である．一方汚染の原因となる爆弾の灰が風とか海水とかに乗って，赤道を越えて遠く S 10°以上にまで及ぶとは，気象学的にみても，海洋学的にみても考えられないことである．水爆の実験は南方に灰が飛ばないような気象条件の日を選んで行う——それが成功するかどうかは別問題としても——とアメリカの原子力委員長もいっているところである．

そうするとこの汚染の原因は N 15°を北の境とする幅の狭い帯状の地域が東から西に拡がっていて，この地域が汚染されているために，ここを通る漁船が汚染をうけるものと考えざるを得ない．そしてその汚染地帯の南の境は恐らく赤道を越えないであろう．

それならば漁船はこの地帯において何によって汚染されるか．それを決めるには再び西方汚染度と，この汚染地域を通過する日附との関係を調べる必要がある．

2で述べたように，西方汚染の強さは東方汚染の強さに比較すると非常に弱い．資料Iのうち，4月18日に三崎に入港した第十八黒潮丸を除いて，1,000cpm 以上の汚染度を示す漁船は1隻もない．しかもこの第十八黒潮丸はその航跡図によると，往復の航跡はいずれも N 10°の線を水爆実験海域の西方で横切ってはいるが，ビキニ島の西南方 S10°E166°の近くで漁撈を行った船であって，むしろ東方汚染の船と考えるべき船である．

一方漁船の出漁期間の平均を調べると，それは約56日となる．そこで漁船が往路において N 10°の近くにある汚染地帯を横切って，西方汚染をうけた場合には，その汚染の強さは平均56日の日時が経過すると，始めの $1/3$ 乃至 $1/4$ に減少する．またさきに述べたように，西方汚染度の平均は 123cpm であるから，帰港地において船体検査の結果，汚染度が 100cpm 以上あるものは，その帰路において汚染地帯を横切ったために受けた汚染と解釈しても統計の誤りとはならない．

漁船の航行日誌には出港地，出発の日附，漁撈地，漁撈期間，帰港地，帰港の日附等がしるされている．また航跡図には漁撈地のほ

第4章 水爆実験の影響（その3）

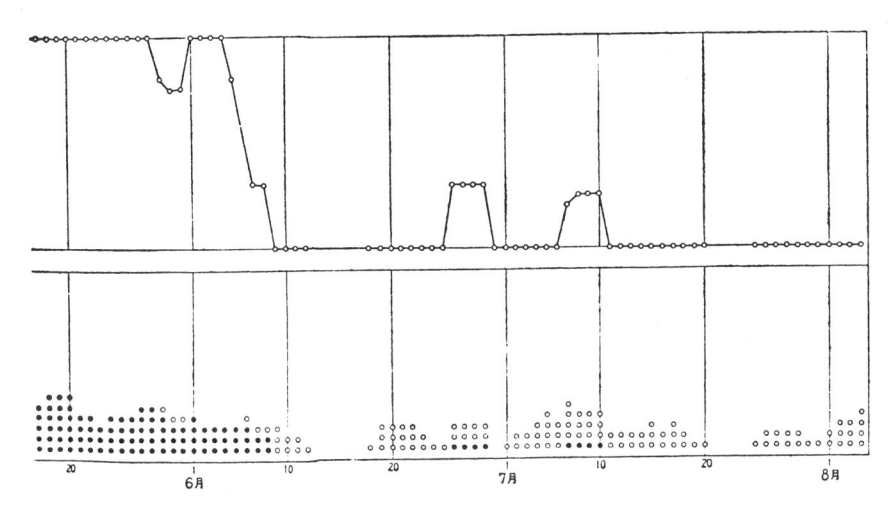

日付との関係

かに航跡の概略がしるされているので，これらの資料から，その船が何月何日にはおよそ何処にいたかということがほぼ推定される．そこで資料ⅠからN15°からN5°，E130°からE160°の矩形地域を通って帰港した船を選び出し，その矩形地域にいた日を推定する．ここに三崎の資料だけを使用して，東京港の資料を加えなかったのは，船体の検査の方法が2つの港で実際上大きく異っているかも知れないために，統計上の誤りが生ずることを憂慮したからである．

さてグラフの横軸に日附をとって，汚染矩形地帯にいた船の数だけの白丸を，その日の縦軸につける．次にその船のうち，三崎に入港して検査した結果船体の汚染が100cpm以上である船の数だけ白丸を黒丸にかえる．その結果は第4図のようになる．同図の曲線は，白丸と黒丸の和に対する黒丸の割合である．

7 西方汚染の原因

第4図からわかることは，上に述べた汚染矩形区域は3月26日頃から汚染され始めて，4月の終り頃から汚染はほぼ完全となり，この地域のどこを通っても必ず船は100cpm以上の汚染度を示すようになったことがわかる．

そして6月の始めになると，比較的急激に船の汚染はなくなっている．汚染が始まった初期において，曲線にいくつかの山があるのは，汚染矩形地帯の全域が汚染されないために，その時期に比較的西側を通った船は汚染をうけ，比較的東側を通った船は汚染をうけないことになり，そのために統計的に出てきた結果であろう．3月26日と3月20日の前後にある2つの小さい山は，それぞれ3月16日に入港した第十三海幸丸と，3月29日に入港した第一邦栄丸によるもので，これらの船は連絡が不充分のため，第五福龍丸事件が起きた後もかなり危険区域に接近して帰港した船である．また6月26日及び7月8日の前後にある2つの山はそれぞれ地洋丸と第十七大慶丸によるもので，この2つの漁船は前の航海で強い汚染をうけ，それが残留していることがほぼ確かな船である．

なお6月の中旬から7月及び8月にかけて入港漁船の少いのは，毎年の季節変化によるものである．

上と同じ結果は漁船がとくにその帰港の途中において汚染されたと仮定しなくても，その帰路か往路かのいずれかにおいて汚染されたとしてもほぼ同じ結果が得られる．

この矩形地域が3月1日の水爆実験以後26日も経過した後に汚染され始め，5月5日の最後の実験が終了してから6月になって急激に汚染がなくなっていることは，この区域の汚染が大気の汚染であるとしては説明し難い．それが大気の汚染であるとするならば，汚染地域の境界線が時間的にも地域的にも比較的はっきりしていることは考え難いし，大気ならば拡散速度が大きいから，汚染が幅の狭い帯状の地域に長い間制限されていることも説明し難い．

そこでこの地域の汚染は，海水の汚染によるものと判断されるのである．すなわち，ほぼN15°からN5°の間に北赤道海流が東から西に向って流れている．これが水爆実験区域を洗ってくるから汚染地帯が東から西に移動してくる．北赤道海流の速さを毎時1.5kmと仮定すれば，汚染が水爆実験地帯を出て，矩形地帯の全域に拡がるには，約90日を要することになるが，これを第4図から4月29日にこの全域が汚染されたとみれば3月1日の最初の爆発から数えて約60日ということになるので，この2つの値の一致はむしろ満足すべきものである．

もし海流が西方汚染の運搬者であるとするならば，汚染地帯にはっきりした境界線のあることも納得出来るし，拡散速度が小さいからこの地帯に汚染が比較的長い間滞留していることも説明出来る．

この海域の海面に接した空気の層も勿論汚染されているのであろう．海面から飛沫する"しぶき"によって汚染されているのであって，その強さは海水の汚染の程度とその時の気象条件とによって左右される．また海面から或程度離れれば，汚染は急激に弱くなる．これはちょうど海面上の空気中に含まれる塩分が，海面からの距離とともに急激に減少するのと同じである．かような地域を船が航行すると，自らひき起す"しぶき"をも浴びて船は汚染されるのである．これが西方汚染の原因であると考えることができる．

このことを裏書きするような事実が船体の放射能検査にもある．それは前に述べたように船の外部の汚染に比較して，機関室や船室の汚染は非常に少ないということや濠洲航路の貨物船長和丸や，清川丸の船体には汚染が検知されたにもかかわらず，積荷にはそれが検知されなかったのである．また殆んど例外なしにどの船のマカナイ煙突もその船の最高カウントを示すことは，"しぶき"による汚染として一応説明することが出来る．すなわち船員の食事は交代制であるために，マカナイ場においては殆んど一日中食事の用意がなされているので，マカナイ煙突はいつもある程度は熱せられている．従ってこれに汚染された"しぶき"がかかると，直ちに水分は蒸発されてしまって，放射能だけ残り，煙突が濡れているということはない．そのために，積分された汚染は，他の部分より強くなるのであろう．

東方汚染でも6月以降になると非常に弱くなるが，その様子からみてこれは西方汚染と原因が同じであろうと述べたが，それには水爆実験海域東方でも海水が汚染されていなければならない．それは今度の俊鶻丸の調査でも明かになったことであるが，北赤道海流の一部が実験海域の西方で，時計廻りに廻る渦となっているので，実験海域の東側でも海水は汚染されているのであろう．

8 むすび

南方漁撈に従事した漁船の汚染度を統計的に取扱って漁船の汚染の原因を調べた．その結果その原因は2つあることがわかった．第1は空から放射能徴塵が降って来るためのもので，これは実験海域の東側ではかなり遠くまで及び，放射能の強さも非常に強い．例えば第八順光丸の場合には，ビキニより2,000km以上も離れていたにもかかわらず，そのマカナイ煙突は20,000cpmの汚染度を示した．この船は放射能検査を受ける約2週間前の5月5日に灰を被っているのであるから，その時の強さは更に一桁以上強いものとなるであろう．実際はその時この船を包んでいる空気がどの程度汚染されていたかを推定することは甚だ困難であるが，空気に対する恕限度は甚だ厳しいもので，船員が放射能障害に対して安全であったと断言することは出来ない．

むしろその危険が大いにあったというべきであろう.

一般にその爆発日の後の比較的短かい期間ではあるが，とくに東側において空気の汚染度が恕限度を越す可能性が強いので，もしも不幸にして水爆実験が再びマーシャル海域で行われる場合にはこの点を充分に注意するとともに，今後の調査を必要とする．

一方西方を航行する船舶については，汚染の主なる原因が海水の汚染によるものであることが明かとなったので，東方汚染の場合と比較すれば危険度ははるかに少い．しかし空気にもどの程度の放射能が検知されるか，海水を炊事その他に使用してよいかどうかということはやはり今後の問題にあるのであって，組織的な調査を必要とする．

（立教大学理学部物理学教室）
（『自然』54. 12）

2—6 道家忠義「過小評価は許されない——リビーらの見解によせて」

1. まえがき

私は4月はじめから1カ月ばかりの間，松下特使の随員として欧米各国を歴訪して来たのであるが，その間政府関係の科学者と会うことはできず，原水爆実験による放射能汚染の問題についての彼等の意見を聞くことはできなかった．ところが，日本に帰って来ると同時に，イギリス駐在日本大使館の科学アタッシェ村田氏から，イギリスの原子力研究所所長であるコッククロフト（J.D. Cockcroft）氏の私の論文に対する批判を受け取った．これは恐らくコッククロフト氏の個人的見解というよりはイギリス政府関係の科学者全体の意見を代表したものと見るべきであると思う．これとほとんど時を同じくして，アメリカの原子力委員の一人であるリビー（W.F.Libby）氏が4月26日にアメリカ物理学会で報告した報告書を入手した．これは全くコッククロフト氏の見解と軌を一にするものである．そこで彼等の見解を説明すると同時に，この問題に関する私の見解を述べてみたい．

2. Sr^{90} はどの程度骨に付着するか

コッククロフト氏はこの手紙の中で，私の論文中にある現在の Sr^{90} の地表蓄積量（16～17mc/平方マイル）および1956年末に原水爆実験が停止されたとしたときの5年後のその蓄積量の推定値（65mc/平方マイル）は，イギリスにおける実測値および推定値とほぼ一致すると述べている．ただ Sr^{90} が食物を通して体内に入る過程において次第に稀薄になることを考慮すると，人骨中の Sr^{90} が5年ないし10年後に一般人に対する許容量の線に達するようなことはなく，その約 $1/30$ にしかならないというのである．私が5年ないし10年後に一般人の許容量に達すると推定したのは，土壌中の Sr^{90} と人骨中の Sr^{90} が食物を媒介として平衡状態になったときには，その各々の Sr^{90}/Ca の比はほぼ同一になると仮定したためである．

ところで上述のコッククロフト氏の意見をさらにくわしく説明すると，土の中の Sr^{90} はまず植物に入り，さらに動物を経てミルクの中に入るのであるが，その間 Sr^{90}/Ca の比は約 $1/8$ に減少し，ミルクから人体に入るときにさらに $1/2$ に減少するというのである．また私はリビー氏と同様に Sr^{90} は地表から約2.5インチまでの所に大部分溜ると考えていたのに対し，コッククロフト氏は耕地は掘り返すことがあるから，その深さは4インチとすべきだといい，以上のことをすべて考慮すれば，人骨内の Sr^{90} の蓄積量は私の推定値の約 $1/30$ にしかならないと主張するのである．最後の耕地云々の問題は，どうも牧場には適用されそうもないから，土→動物→ミルク→人骨という経路を考えている場合には $1/16$ の減少があるというべきであろう．

これと全く同様のことをリビー氏も4月26日の報告で述べている．彼の意見によると，Sr^{90} が土壌内から植物に入るときには Sr^{90}/Ca の比は約 $1/1.4$ に減少し，さらに動物を経てミルクに入るとき $1/7$ に，ミルクから人骨に入るときは $1/2 \sim 1/8$ に減少することになる．従って全体として人骨中の Sr^{90}/Ca は，平衡状態の下で土壌中の Sr^{90}/Ca の $1/20 \sim 1/80$ に稀

薄化される．また他の食物すなわち野菜とか肉等から入る Sr^{90} を考慮すると，この植は $1/13 \sim 1/30$ となり，その平均値として $1/20$ を取って将来の人骨中の Sr^{90} の推定を行っている．すなわち後で述べるように，現在の割合で実験が行われたときには将来の Sr^{90} の地表蓄積量は 200mc/平方マイル（＝400s.u.）（註 1 s.u. (sunshine unit)＝$1\mu\mu c$ Sr^{90}/1gCa でこれは職業人についての許容量の $1/1,000$ に相当する．）であり，上の計算からこの蓄積量に対する人骨中の Sr^{90} は20s.u. であるとしている．また土壤中には特に Ca の含有量の少い所があり，そのような所に住んでいる人の骨の中の Sr^{90} 量が問題であるが，現在では食物はその土地からのみ供給されることはなく，比較的地理的に平均化されていることを考慮すると，そのような土地に住む人の骨の中の Sr^{90}/Ca はせいぜい平均の5倍の値になるにすぎないと述べている．しかしそれにしても，これを将来の Sr^{90} 地表蓄積量の推定に適用すれば，最高100 s.u.（一般人の許容量）にも達するということになるのである．

このような値をすべてそのまま是認するわけにはいかないが，Sr^{90} が土壤から人骨中に入るのにある減少過程の存在することは確かであると思われる．土壤中の天然 Sr と Ca の比 (Sr/Ca) と各食物中の Sr/Ca，また人骨中の Sr/Ca には相当の差があることはその一つの根拠であろう．たとえば日本人の場合，その Sr^{90} の大部分は Ca 源として重要な役割りを占めている米を経て体内に入ってくる．したがって平衡状態では Sr^{90}/Sr は米と人骨中のものとは同一の値に達するべきであろう．このように考えた場合，すべての物質中の Sr^{90}/Sr の比がほぼ一定であるとし，かつ米中の Sr/Ca が人骨中の Sr/Ca より大きいときには，骨の中の Sr^{90}/Ca は米の中の Sr^{90}/Ca よりも小さくなることになる．また Sr と Ca との生物学的半減期が異れば，平衡状態における Sr^{90}/Ca も異るのは当然であろう．そのほか，体内に入ってから骨に附着するまでの間にも同様のことがいえよう．

ただし上記の種々の値がどの程度真の平衡状態においても正しいかは判らない．人間の骨の中の Sr^{90} と外部のものとが真の平衡に達するのには相当の時間がかかり，そのような実験はなかなか困難だからである．しかしこれらが一応正しいとしても，次のようなことは無視するわけにはいかない．すなわち，コッククロフト氏もリビー氏も Sr^{90} の経路として土壤→植物→動物→ミルク→人間という順序のみを主として考えているが，われわれ日本人のように米を主食とし，それらから Ca の全摂取量の50％程度を取っている場合は，むしろ土壤→植物（米）→人間という経路を重要視すべきだということである．

東大の檜山教授はこのような日本人の食生活の資料を基にして Sr^{90} が日常体内に入ってくる量を計算し，平衡状態における人骨中の Sr^{90} の量を出しておられる．各種物質中の Sr/Ca の比は相当ばらついており，そのため現在ではいまだはっきりした計算はできない状態であるが，この計算に従えば地表の Sr^{90} の量が 1mc/平方マイルのときに平衡状態では人骨中に 10～1s.u. の Sr^{90} が蓄積されることになる．またその基にしている資料の現段階における不明確さからいえば，これはむしろ 10～0.1s.u. に相当するというべきかも知れない．ところで前論文で私の使用した値は，地表の Sr^{90} の蓄積量 1mc/平方マイル に対して土壤中の Sr^{90} は 2s.u. となり，これが人骨と平衡状態になると考えたのであった．これは上の大まかな推定値と比較してそれ程はずれてはいない．故にこれをもって人骨中の Sr^{90} の値を推定することは，少くとも日本人に関しては妥当と考えられる．

このようなことはリビー氏流の考え方をしてもいえることである．すなわち土壤から植物（実）に入るときに Sr^{90} の濃度は $1/1.4$ に減少するというが，葉からの吸収も相当あり，そのため植物中の Sr^{90} は土壤中の Sr^{90} と同一あるいはむしろ植物の方が多いことさえ考えられる．そこで土壤から植物（米）への移行については，Sr^{90} はほとんど減少しないと考えてよかろう．またさきにものべたように米は日本人の Ca 源の約50％を占め，それが大部分の Sr^{90} の源である故，人間の体内に入る Sr^{90}/Ca の比の平均の値は土壤中の $Sr^{90}/$

Caの比の約$1/2$になり，さらにコッククロフト氏と同様に，人骨中のSr^{90}/Caは平衡状態で外部から供給されるもののSr^{90}/Caの約$1/2$となると考えれば，結局人骨中のSr^{90}は土壌中のSr^{90}に対して$1/4$に薄められるということになろう．従って1mc/平方マイルのSr^{90}の蓄積量に対し，人骨中のSr^{90}は約0.5s.u. ということができよう．しかし前にも述べたように，土壌中にはCaの含有量の極めて少い所もあり，そのような所に住む人はSr^{90}が平均値の5倍程度骨に蓄積する可能性があるから，その最高値として人骨中のSr^{90}が2.5s.u. となることも考えられる．

前にも述べたように地表降下量1mc/平方マイルのとき土壌中のSr^{90}は2s.u. で表わされるから，これはそのまま地表1mc/平方マイルのときの平衡状態における人骨中のSr^{90}の最高値に近い値を示しているとも考えられよう．このように考えて行くと，現在原水爆実験を中止し，その減衰を補う程度の核爆発（年に今まで行われた量の僅か2.5%でよい）しか行われないとしても，5年～10年後には日本人の骨の中のSr^{90}は平均して30s.u. となり，中には一般人の許容量を越える人も出て来ると考えられる．この程度の推定はCaの多くを植物から摂取している東洋系諸民族のすべてに当てはまると思う．

現在イギリスにおいて，羊の骨の中に既に100～180s.u. のSr^{90}がしばしば見出されていることは，以上のような推定がより事実に近いことを裏書きするものであろう．

ところが同様の条件で，アメリカは1970年に人骨中のSr^{90}はその平均が約2s.u.，またイギリスでは4s.u. と推定している このような推定値の差は，上層に蓄えられているSr^{90}の推定値の相違と同時に食生活の相違に基くものである．そこで私は，世界的に見た場合の食習慣の差を重視すべきで，われわれ東洋系の菜食的傾向を持つ民族は数にして相当数にのぼるのであるから，特にこの点を強調したいと考える．

3. 降下量の推定について

今までSr^{90}が人骨中に入る過程のみを論じて来たのであるが，原水爆実験による放射能汚染の問題は将来の推定が問題であり，そのためにはまず放射性塵埃の地表蓄積量の推定が問題である．そのためにまず最近のリビー氏の発表によるアメリカ国内のSr^{90}の蓄積量をみよう．それに従えば，1956年末北アメリカにおけるSr^{90}の平均の地表蓄積量は25mc/平方マイルで，これは最近の国連の科学委員会で発表されたソヴェト国内の値にほぼ一致するものである．第1図〔本書47ページの図を参照〕は1954年から1956年末までのニューヨークにおけるSr^{90}の蓄積のありさまを示すものである．リビー氏によれば，このSr^{90}の大部分はネヴァダ附近の原爆実験や，ソヴェトの小型水爆実験等のため，成層圏までは行かず対流圏の上部に止まり，数週間で地表に降下してくるものによるので，成層圏から降下して来るものは年僅か1mc/平方マイルを若干越える程度とのことである．このような考えに従えば，現在実験を中止すれば，地表のSr^{90}の減衰と成層圏から降下して来る量と釣合って，地表のSr^{90}量は現在の値以上に増加しないということになる．

しかしコッククロフト氏の手紙によれば，イギリスでは現状は日本と全く同様で16mc/平方マイルであり，現在実験を中止した場合の5年後の地表の蓄積量は40mc/平方マイルという値を推定している．これは以前（1956年春）発表した10年後の推定値45mc/平方マイルと比較して増加している．これは1956年の実験による汚染を考慮した結果であろう．いずれにしろイギリスではアメリカよりも成層圏に蓄えられているSr^{90}を相当高く推定（実測？）していることは事実である．実際第1図を見ても判るように，急増している部分はリビー氏のいうようにネヴァダ等の原爆実験によるものと思われるが，他の急増している部分はむしろ成層圏からの降下によるものであろう．注目すべきはそれが年と共に増加している点である．これは図の傾斜から求めると1年につき3mc/平方マイルから7mc/平方マイル程度に増加している．昨年末日本で測定された資料に基づけば，Sr^{90}の降下率は1年につき約10～15mc/平方マイルであっ

たから，対流圏からの降下率を考慮しても現在の成層圏からの Sr^{90} の降下量が年 7mc/平方マイル程度ということは考え得ることである．このことからいっても昨年1年間に成層圏に吹き上げられた Sr^{90} の量は少くとも1954年のビキニ実験の時の量と等しいということができよう．これに関してはラップ (R. Lapp) 氏等も同様の見解を示している．

リビー氏は25mc/平方マイルは1952〜1956年の間に降下したもので，その5年間の平均をとった年 5mc/平方マイルという値を，現在の割り合いで実験が進められたときの（平衡状態における）平均の降下率と考え，このまま実験が継続されたときの地表の Sr^{90} の平衡値として 200mc/平方マイルという値を推定しているのである．しかしこれはおかしい．何となれば第1図を見ても判るように，著しく Sr^{90} が蓄積しだしたのは1954年からで，当然3〜2.5年間の平均値を取るべきであろうから．このように考えれば現在の毎年の Sr^{90} の降下率は約10mc/平方マイルとなり，これが平衡値であるとしてもその将来の蓄積量は400mc/平方マイルとなると推定される．また成層圏に蓄えられる Sr^{90} が年間10〜20％の割合で降下して来ることを考えると，降下率が一定値に達するのには後2〜7年かかることになるはずである．このようなことを考慮すると，平衡状態における降下率は年10〜20mc/平方マイルとなり，地表の蓄積量の平衡値はそれに対して400〜800mc/平方マイルとなる．

この点に関してイギリスでは，1955年末までの平均の割合で実験が行われたときには地表の Sr^{90} は 500mc/平方マイルになるという推定を行っている．従って1956年の実験をも考慮すれば更にこれを上廻る数値に達すると考えるのは当然であろう．以上のような推定から，このまま実験が行われたときの将来の人骨中の Sr^{90} は，日本人のような食習慣を持つものにとっては 平均 200〜400s.u. となり，中には1,000〜2,000 s.u.に達する人々も出ると考えられる．これ等は前にリビー氏が推定した将来の人骨中の Sr^{90} の平均値 20 s.u. とは10〜20倍も異る値である．

Sr^{90} の地表蓄積量や将来の人骨中の Sr^{90} の量をなるべくリビー氏の考えを基として推定して来たが，以上のように彼の結論とは相当の差が出来てしまっている．これは成層圏の Sr^{90} の蓄積量の推定に差違があることと食習慣の差を考慮したことによるものである．事実最近の日本人の人骨中の Sr^{90} は，概して欧米人のそれより多く，これは主として食習慣の差に基いているように思われる．

4. 骨中の Sr^{90} は既に無視しえない

放射能汚染について以上のようにいろいろ将来の推定をすることはできるが，このような議論の根底として次のような点を心得て置く必要があろう．すなわち以上の議論の基礎になっている数値自身それ程確かなものでなく，種々の因子を考えると将来の人骨中の Sr^{90} の推定は相当幅を持って考えなければならぬということである．したがってわれわれはなるべく安全率をとって考えるべきであろう．特に米英の科学者の中には，現在すでに土壌→食物→人間という Sr^{90} の経路が相当平衡状態に近いものと考えている場合が多いようであるが，種々の条件を考えると平衡の域に達するには相当長期間を要し，従って現在の人骨中の Sr^{90}/Ca と土壌中の Sr^{90}/Ca との比較はこの点で余り参考にならないのではないかと思われる．

前に人骨中の Sr^{90} の平均値に対する最高値を推定した．しかしそれで現状では果してどの程度であるかが問題であろう．そこで人骨中の Sr^{90} に関する現状について述べるが，今まで東洋系民族について骨中の Sr^{90} はほとんど分析されていないため，大体において欧米人の資料にもとづくものであることを念頭においていただきたい．

1955年末までの欧米人の人骨中の Sr^{90} の平均値は幼児の場合が約0.5 s.u., 成人の場合が約0.1〜0.2 s.u.である．ここで注目すべきことは1〜10 s.u. 程度の Sr^{90} を持つ人骨が数％の割合で見出されているという事実である．その値は例数が少いのではっきりとは定まらないが，少くとも1％以上ということはできよう．このように人骨中の Sr^{90} の多い場合は主として幼児に多い故，幼児については，

その平均値の 2～20 倍のものが少くとも 1％程度存在するということができよう。このような分布は欧米の科学者の見解では比較的平衡状態に近いとのことであるから、大体平均値と比例してこの割合が続くと考えることも許されるであろう。そこで現在実験を中止したとして、1970年の平均の人骨中の Sr^{90} はイギリスの推定値に従えば 4s.u. であるから、8～80s.u. の Sr^{90} を骨中に持つ人の数は（約15歳までの人を対象として）全体の2％と考えてよいであろう。強く汚染されている部分が北半球に限るとしても、ほぼ人口の大部分は北半球に存在する故、約 1,000 万に近い人が 8～80s.u. の Sr^{90} を骨中に保有することになろう。

食生活の差を考慮すれば、さらにこの数が増すことは間違いない。8～80s.u. 程度の人骨中の Sr^{90} が人体に及ぼす影響については後で述べるとして、平均値が如何に少くともそれを遥かに上廻る値を持つ人々が 1,000 万人もおるということは非常に問題である。また日本人の場合にも同様の分布が仮定できるとすれば、60～1,200s.u. の Sr^{90} を持つ人が 50万人も現われることになる。以上の例は単なる推定にすぎないが、平均値のみを問題としていてはいけないということを特に強調したかったのである。

ここで Sr^{90} から人骨が受ける放射線量と各種自然放射能から受ける放射線量との比較を行ってみよう。たとえばわれわれは天然の Ra を骨の中に相当蓄積しており、宇宙線を常に受けている。このような自然放射線による骨に対する影響をすべて Sr^{90} に換算すると約 4.5～9s.u. に相当することになる。そこで現在実験を中止しても将来自然から受ける放射線と同量の Sr^{90} が骨に蓄積されている人の数は少くとも約 1,000 万人に達することになる。さらに日本における食生活を考慮すると 9,000万日本国民のほとんどがこの程度の放射線量を Sr^{90} から受けることになる。

今私は平均の自然放射能を考えたのであるが、世界の中には自然放射能が極端に高い所も少数ながら存在していることは確かである。そこには人も住み、けっこう生きているので

あるから、以上の程度の放射線は問題とするに足りないという意見もある。しかしその地方で何等障害が発生していないという証明もなく、遺伝的な影響に関しては全くわからない。従ってわれわれとしてはそのような所に住む人々をよく調べ、もし障害の発生が認められるならばむしろそれをとり除くことをまず考えるべきであろう。現在の所放射線から人体の受ける影響は、良い面よりむしろ悪い面の方が圧倒的に多いのであるから、われわれとしては人工的に作られた放射能は自然から受けるものよりなるべく少くするように努力すべきであろう。

5. Cs^{137} について

今まで主として Sr^{90} にのみ着目していたが、次に Cs^{137} について考えてみよう。Sr^{90} と同様に体内（筋肉）に蓄積された Cs^{137} は、それから放射される γ 線により体外から直接シンチレイション計数管を用いて測定できる。第 2 図はこの方法で測定した、体内に自然に存在する K^{40} の 1.46 MeV の γ 線による山と、現在体内に含まれている Cs^{137} から出る 0.6MeV の γ 線の山とを示す。このようにして測定された人体内の Cs^{137} の量は、約 $3\sim6\times10^{-3}\mu c$ であった。ここで Cs^{137} が人体内に入るには相当時間がかかるであろうが、食物中の Cs^{137} と体内のそれとは比較的早く平衡状態に達する故、この Cs^{137} の人体内の量に相当する土壌中の Cs^{137} は1955年末（約12mc/平方マイル）のものと考えてよいと思う。

原水爆実験によって撒布される Sr^{90} と Cs^{137} は殆ど等量の放射能を持つと考えてよく、かつ Cs^{137} の方が Sr^{90} よりその半減期（33年）が長いため、同一の条件で実験が続けられて行った場合、その地表の蓄積量は Sr^{90} の約 1.18 倍に達するはずである。従って、前に推定した通り Sr^{90} が将来 800mc/平方マイルに達するときは、Cs^{137} は約 950mc/平方マイルに達しよう。外部の蓄積量と体内の Cs^{137} が、前述のような数値で平衡になっているとすれば、将来の Cs^{137} の体内蓄積量は $240\sim480\times10^{-3}\mu c$ となろう。これによって人間が30年間に受ける線量は 1.1～2.2rem である。さらに同一の

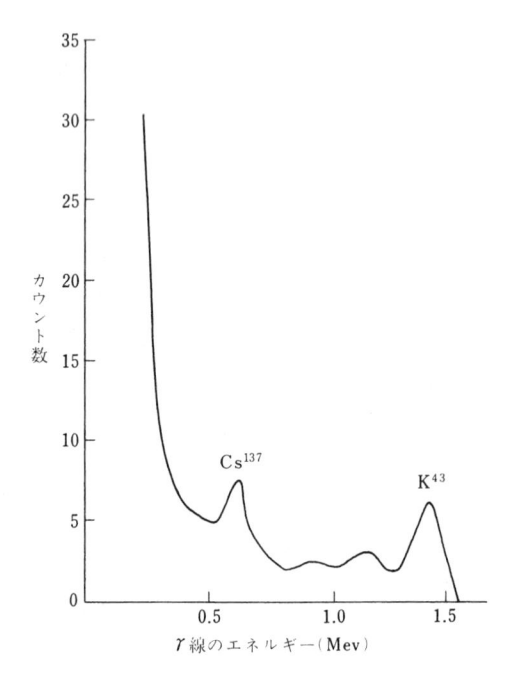

第2図　K^{40}（天然）と Cs^{137}（核爆発による）とにもとづく人体の放射線

条件の下に、地表の放射性降下物から人間の生殖器官の受ける線量は 0.5rem 程度であるから、合計 1.6～2.7rem 程の線量を人間の生殖器官が受けることになろう. 人間の生殖器官の自然から受ける線量は約 4.5rem 程度であるから、原水爆実験によって受ける線量は自然から受ける線量の 1/2～1/3 ということになり、遺伝的な面を考えると必ずしも無視できなくなる.

6. "許容量"をどう理解するか——結論にかえて

以上のことから結論をひきだす前に、許容量という概念についてふれてみたい. 遺伝に関しては許容量という線を引くことができないことは衆知のことと思う. しかしそれ以外の同位元素の内部照射による放射線障害についても、必ずしもこのような明白な線が引き得るか否か問題なのである. たとえば放射線によるガンの発生に関しては、その発生率はどれほどわずかの放射線量に関してもその線量に比例するという考えもあり、これが事実とすれば Sr^{90} のようなものについても許容量という考え方は成立しなくなる. たとえばハスターリク（R.J. Hasterlik）氏によれば、骨の中の Ra はその許容量の所で約 5％の肉腫発生率をもつと推定している.

このようなことからイギリスの科学者の中には、現在実験が停止されたとしても 1970年には約 2 万人のこの方面の障害者が出ると推定している人もある. また白血病も放射線量に比例しているような傾向がある. しかしこれは一つの見方であって、事実か否かはっきりしないのである. そこで今までの資料から、ある放射線量以上ではそれによる障害が発生すると考えて、そこに線を引くのである. このような線が引けるということは主として動物実験の結果から推定されたものである.

そこでどこに線を引くかが問題である. イギリスのメイノード（W.V. Mayneord）やミッチェル（J.S. Mitchell）によれば、I.C.R.P.で決められた職業人に対する許容量はそれは

ど充分に安全率を取っておらず，その 1/100 (10 s.u.) の量によっておこる影響については検知不可能と結論を出し，人骨中の Sr^{90} が許容量の 1/100 (10 s.u.) を越えて大きく上昇する傾向にあるならば問題は重大であると述べている．故にわれわれは I.C.R.P. の勧告に従って，一般人に対する許容量の線というものを考え，できるだけ放射能汚染をそれ以下に保持しようと努力する必要がある．いいかえるならば，許容量という考えはそうなるまで行ってもよいという量ではなくて，なるべくそれ以下におさえるべきだという線と考えるべきである．このような立場を私は科学者として最も良心的な立場であると考えている．

現在日本でも放射線障害予防法という法律が出来，それは I.C.R.P. の線に沿っているのであるが，その根本の精神は以上のようなものである．また I.C.R.P. の許容量は世界各国で相当認められ，殆んどすべての人がその線では一致していると考えられるから，以上のような考えからして，原水爆実験による将来の放射能汚染の推定に相当の幅があるとしても，その上限が一般人に対する許容量の線に達することが予測されるならば，そのような実験に関しては科学者として反対を勧告する義務があると考えるものである．（立教大学理学部物理学教室）

（『自然』57. 7）

〔編集者注〕 このリビー反論より以前に道家忠義「蓄積する放射能汚染——特に Sr^{90} を中心として」（『自然』57. 4）があるが省略した．

第5章　水爆実験の影響(その4)

〔概　要〕

　ビキニ水爆実験によって〈死の灰〉を浴びた船舶は，第五福龍丸だけではなく，日本政府の公表によっても，1954年11月までに政府指定5港(塩釜・東京・三崎・清水・焼津)に入ったもの683隻となっている．この章には，第五福龍丸以外の被災船の実態を明らかにする報告を収録した．とくに，これまでほとんど公けにされていなかった第五明神丸，第十宝成丸，第一金比羅丸(以上，船籍は宮城県)，第七福丸，第二高取丸，明孝丸，勝浦丸(以上，船籍は大阪府)などの検査の実態を明らかにし得たのは，東京都衛生局公衆衛生部の助力によるところが大きかった．一覧表をみても分ることは，水爆実験の被災は，単に船体や漁具だけではなく，漁獲した魚類から船員にいたるまで広範囲にわたっている．しかし，たとえば第五明神丸や第十宝成丸のように乗組員の被災状況が明らかにされたものでも，その後に健康診断が行なわれたかどうかは不明であり，また，追跡調査の形でその後の生活状況などの調査が行なわれた記録もない．さらに，当時，港湾施設や魚市場などで実地検査に当った人びとのその後の健康調査が行なわれたという記録もない．

　水爆実験の影響は，直接，船舶や漁業に関するものだけではなく，国民生活全般におよんだが，その詳細は第2編にゆずって，ここには水爆実験で被災したのではないかと疑いをもたれたもの，〈原爆まぐろ〉をたべたものなどの医学的調査や，まぐろ漁業の母港——三崎港の市民にあたえた衝撃の記録などを収録した．

第1節　第五福龍丸以外の被災船リスト

1—1　東京都衛生局公衆衛生部獣医衛生課「魚類の人工放射能検査報告」(昭和29年獣医衛生課事業報告別冊)

第3章　放射能汚染検査成績表
　3月16日，第五福龍丸積載魚が東京築地中央御売市場に入荷して以来検査中止に至るまで検知した船別の成績を月別にまとめて参考にする．

第5章 水爆実験の影響（その4） 211

検知月日	入港月日	船名	船籍	荷主船長名	船体検知
3.16	3.16	陸送	焼津	服部友吉	第五福龍丸積載のもの
3.16	3.16	第十一日光丸	静岡	安住重一	船体 500c ビンの綱 1,000c 通風筒 500〜700〔ママ，以下同じ〕
3.19	3.19	第十二高知丸	高知	佐藤八郎	船体 400〜1,300 ロープ 2,500〜3,000 衣服 200
3.19	3.19	第八住吉丸	三崎	大山公雄	甲板 0.3mr/h
4.1	4.1	第七大丸	室戸	山本栄治	船体各部 130〜200c
4.3	4.3	第十宝成丸	宮城	鈴木菊雄	同上 300〜800
4.7	4.7	第五海福丸	高知	大谷文明 北村茂太	同上 100〜300
4.9	4.9	みさき丸	東京	柳原博	甲板 140 衣服 1,000〜2,000
4.10	4.10	第二十勝丸	岩手	真岩増栄	マスト 2,000 サーチライト 1,500
4.12	4.12	第五菊水丸	室戸	宮川正三郎	甲板船橋 100〜300
4.13	4.13	徳寿丸	同上	井上昭年	方向探知機 200〜600 通風筒 100〜140
4.15	4.15	第二幸成丸	同上	崎山秀雄	方向探知機 4,000 ビン玉 4,000 船体 800
4.16	4.16	尾形海幸丸	三崎	本田昭一	上甲板 10,000 前部マスト 10,000 通風筒 2,000
4.16	4.16	第二明和丸	室戸	酒井貞清	ライト 200 コンパス 200 後部マスト 250〜300
4.16	4.16	第十二宝幸丸	東京	阿部誠	コンパス 700〜800 後甲板 700〜800
4.17	4.17	第十一高知丸	同上	高田稲夫 上原虎松	上甲板ライト 4,000〜5,000 通風筒 1,200
4.25	4.25	第五明賀丸	室戸	増吉唯彦 氏原保	コンパス 2,000〜2,500 上甲板ライト 1,500
4.25	4.25	第二宝幸丸	東京	多田照夫	上甲板 300〜400
4.26	4.26	第十宝幸丸	東京	末広賢吉 深尾清	コンパス 500〜1,000 ビン玉 500 ヘイナワ 7,800 操舵室 300〜600
4.27	4.27	第十四丸高丸	東京	佐藤文二 高橋亘	コンパス 100〜200 上甲板ライト ウインチ 100
5.1	4.28	地洋丸	東京	久保留一 新原宗造	上甲板ライト 300〜200 ビン玉 100
5.21	5.19	第八順光丸	三崎	久岡登吉 水野平	マスト 30,000 煙突 30,000 通風筒 5,000

積載魚類の量	漁撈位置	検知（廃棄）量	処分方法	摘要
	N 11°52′ E 166°26′	ばち 261.4貫 さめ他 31本	埋没	中央市場内
まぐろ類 18,000貫	N 5°20′ E 179°			
〃 12,000	N 9°40′ E 178°			
〃 21,000	S 12° E 152°			
〃 6,000	N 9°30′～10° E 178°～179°			
〃 10,000	N 12° W 160°			
まぐろ 8,500 さ め	N 10° E 174°	きはだ他 3,725貫 340本	海洋放棄	
まぐろ類 7,000	N 4°～5° E 130°～133°			
〃 6,000	N 3°～4° E 143°～144°			
〃 4,500	N 9° E 130°			
きはだ 5,000 ばち	N 7°～8° E 135°			
まぐろ類 15,000	N 9° E 174°			
〃 1,200	N 9°～10° E 173°			
〃 6,000	N 6° E 158°～155°			
〃 6,500	N 11°～24° E 150°～177°			
〃 13,000	N 9°～10° E 170°～180°	びん長 61本 320貫	埋没	浦賀
〃 12,000	N 10° E 180°	まぐろ他 118本 1,280貫	海洋放棄	浦賀
〃 9,200	N 12°～15° E 157°			
〃 12,000	N 0°3′～10°36′ E 152°～165°	しいら 1本 5貫	研究材料	
〃 18,000	N 10° E 180°	かつを 4本 8貫	研究材料	
〃 16,000	N 9°～10° E 179°	沖さわら 18本 100貫 さんまかじき 6本	海洋放棄	三崎港
〃 23,000	N 10°～12° E 169°～172°	干さめひれ 20貫	同上	水産研究所 国立衛生試験所

第5章 水爆実験の影響（その4）

第五明神丸 （共同通信社提供）

1—2 宮城県衛生部「放射能対策に関する報告」(55.3)

5. 被爆漁船, 乗組員の検知状況

　第五明神丸.
船　　籍　宮城県　鮎川町
総 屯 数　129 屯
船　　主　阿　部　　薫
船　　長　阿　部　荘　作
乗 組 員　船長以下 24 名
漁 獲 量　15,000 貫
航行経緯　昭和29年1月28日石巻港出港
　　　　　〔215ページの図〕
　　　　　昭和29年3月1日　N 9° 28'
　　　　　　　　　　　　　—E 177°19'

3月10日　N 10° 17'
　　　　　E 175°48'
3月11日　N 12° 13'
　　　　　—E 173°38'
3月12日　N 13° 34'
　　　　　—E 178°25'
3月13日　N 14° 34'
　　　　　—E 163°26'
3月14日　N 15° 21'
　　　　　—E 163°26'
3月15日　N 17° 56'
　　　　　—E 161°40'
3月16日　N 19°58'

　　　　　　　　　　　　　　　―E 159°13′　　(2)　衣類の放射能検査
　　　　　　　3月17日　N 20°32′　　　　　イ．船員バンド　　　800カウント　1例
　　　　　　　　　　　　　　　―E 156°34′　　ロ．腕　抜　き　　1,000カウント　2例
　　　　　　　3月26日　塩釜港入港　　　　　その他カウント数の高い衣類は築地より
放射能検査結果　　　　　　　　　　　　　　帰港の途中海洋投棄してあったので検査
(1)　船体の放射能検査結果　　　　　　　　不能である．
　　イ．船左舷甲板　　　　72　カウント　(3)　第十宝成丸乗組員の健康検査〔219ペー
　　ロ．舳　　　　　　　　68　　〃　　　　　ジの表〕
　　ハ．船右舷甲板　　　　73　　〃
　　ニ．前甲板ブリッジ　　68　　〃　　　　第一金比羅丸
　　ホ．船　長　室　　　　62　　〃　　　船　　籍　宮城県鮎川港
　　ヘ．マスト下部　　　 100　　〃　　　総屯数　139屯
　　ト．後部甲板　　　　 124　　〃　　　船　　主　辺見安之助
　　チ．延縄漁具　1,350～1,700　〃　　　船　　長　鈴木伊勢夫
(2)　衣類の放射能検査　　　　　　　　　乗組員　船長以下25名
　　イ．被服　1例　　50～100　カウント　漁獲量　2,000貫
　　ロ．帽子　1例　　70～100　　〃　　　航行経緯　昭和29年3月5日　館山出港〔220
(3)　乗組員の健康検査〔216～7ページの表〕　　　ページの図〕
　　　　　　　　　　　　　　　　　　　　　　　　　3月22日 ｜
　第十宝成丸　　　　　　　　　　　　　　　　　　4月5日　｝操業期間
船　　籍　宮城県気仙沼港　　　　　　　　　　　　E 174°37′―N 9°53′
総屯数　240屯　　　　　　　　　　　　　　　　　E 175°35′―N 8°56′
船　　主　鈴木栄松　　　　　　　　　　　4月19日　三崎入港
船　　長　鈴木菊雄　　　　　　　　　　　4月22日　塩釜港入港
乗組員　船長以下34名　　　　　　　　放射能検査結果
漁獲量　12,500貫　　　　　　　　　　　(1)　船体の放射能検査結果
航行経緯　昭和29年2月6日　唐桑村鮪立出　　　前甲板マスト梯子 1,500～2,500カウント
　　　　　港〔218ページの表〕　　　　　　　　前甲板ウインチ　　300～400カウント
　　　　　　3月1日　N 10°45′　　　　　　　航海ランプ　　　1,000～1,600カウント
　　　　　　　　　　　―W 171°17′　　　　　後部マスト　　　　900～1,000カウント
　　　　　　3月26日　N 22°45′　　　　　　　魚艙ハッチ　　　　100～200カウント
　　　　　　　　　　　―E 169°05′　　　　　ロープ　　　　　1,300～1,700カウント
　　　　　　4月2日　東京築地入港　　　　　　煙　　突　　　　　　 1,000カウント
　　　　　　　　　　　水揚完了　　　　　　　船長室　　　　　　700～800カウント
　　　　　　4月9日　宮城県気仙沼　　　　　　前甲板下船員室　　600～800カウント
　　　　　　　　　　　帰港　　　　　　　　(2)　衣類の放射能検査
放射能検査結果　　　　　　　　　　　　　　　帽　子　　　　　　30カウント　1例
(1)　船体の放射能検査結果　　　　　　　(3)　水揚漁獲物の放射能検査
　　イ．甲　　　板　　　　50～90カウント　　2,000貫中下記放射能のある　びん長鮪9
　　ロ．延　　　縄　　　　　800カウント　　本を検出，土中に没却した．
　　ハ．魚槽カバー　　　800～1,100カウント　7本　100～150カウント
　　ニ．船　　　室　　　　　120カウント　　2本　　　300カウント
　　ホ．船　長　室　　　　50～85カウント　(4)　乗組員の健康検査〔221ページの表〕
　　ヘ．操　舵　室　　　　20～30カウント

第5章 水爆実験の影響（その4）

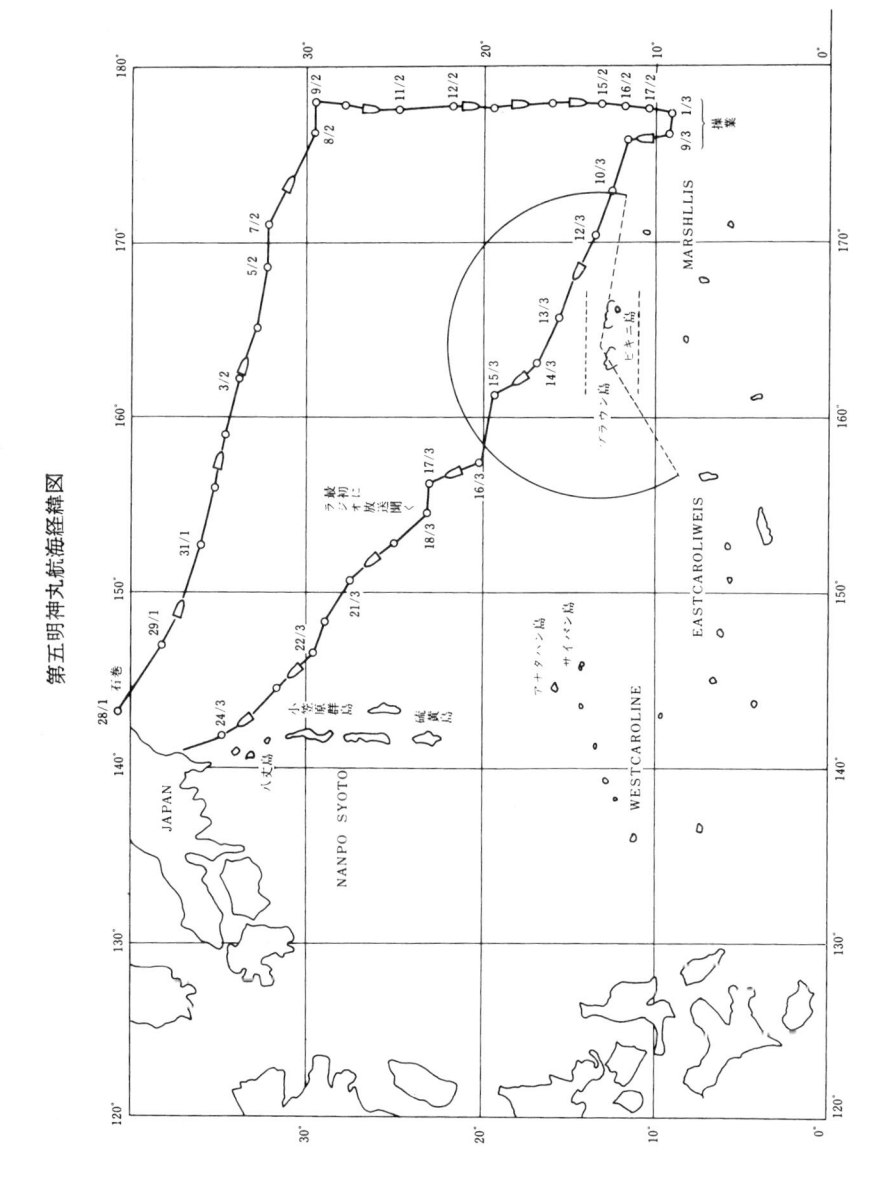

第五明神丸航海経緯図

第1編 1954年3月1日ビキニ水爆実験

第五福竜丸乗組員健康診断成績表

番号	氏名	年齢	体重 kg	身長 cm	視力 左	視力 右	第1回調査 地2選ダイガ 26/3月 頭腹カウント	第1回精密調査 27/3月 放射能の有無	第1回精密調査 27/3月 軽度発赤の有無	第2回精密調査 5/4月 頭カウント	白血球 第1回	白血球 第2回	赤血球 第1回 万	赤血球 第2回 万	血色素 第1回 %	血色素 第2回 %	放射能 血液	放射能 尿
1	阿部 勝造	27	53.0	156.8	1.0	1.5	48	60	(−)	(−)	32	9,200	8,100	509	460	104	122	(−)	(−)
2	佐々木初太郎	42	65.0	164.0	0.8	0.8	56	60	(−)	(−)	26	6,000	5,800	470	440	101	140	(−)	(−)
3	阿部 兵太郎	42	51.0	158.0	1.0	1.0	64	78	(+) 頭髪	(+) 頸筋	32	10,100	7,200	490	480	94	155	(−)	(−)
4	稲葉 豊	29	61.0	160.4	0.8	1.2	74	60	(+) 頭	(+) 頸周囲	34	9,900	7,720	527	510	107	128	(−)	(−)
5	阿部 進作	47	55.0	157.8	1.5	1.5	82	72	(+) 頭髪	(+) 頸筋	91	6,100	7,200	470	450	94	136	(−)	(−)
6	奥田 文吉	42	71.0	161.8	0.4	0.4	98	76	(−)	(+) 後頭部	89	5,100	5,500	636	490	112	139	(−)	(−)
7	福田 正吾	30	50.0	149.3	1.5	1.5	68	66	(−)	(+) 頸筋	31	10,000	12,200	530	530	111	115		
8	八木 由造	31	60.0	162.0	1.0	1.5	58	72	(+) 頭	(+) 頸筋	39	6,700	7,600	498	480	113	137		
9	安浦 弥郎	26	50.0	162.0	0.3	0.3	38	56	(−)	(−)	26	6,800	6,600	488	490	96	131		
10	阿部 勝雄	47	43.0	148.6	0.2	0.1	64	68	(−)	(−)	31	7,400	7,800	482	490	97	102		
11	阿部 実	23	66.0	166.5	0.8	0.2	90	66	(−)	(−)	41	7,200	6,900	582	430	99	138		
12	阿部 栄助	30	50.0	156.0	0.3	0.3	48	60	(−)	(−)	38	7,600	6,500	480	500	107	142		
13	阿部 竹雄	24	61.0	152.0	0.8	1.2	50	72	(+) 頭髪	(+) 頸筋	37	8,200	8,900	520	440	107	128		

第5章 水爆実験の影響(その4)

番号	氏名	年齢	体重	身長	視力 左	視力 右	第1回調査現地 2班分イガ 一26/3月 頭カウント	第1回調査現地 2班分イガ 一26/3月 腹カウント	第1回精密調査 27/3月 放射能の有無	第1回精密調査 27/3月 軽度発赤の有無	第2回精密調査 5/4月 頭カウント	白血球 第1回	白血球 第2回	赤血球 第1回	赤血球 第2回	血色素 第1回	血色素 第2回	放射能 血液	放射能 尿
14	大野 幸雄	25	70.0	163.2	0.7	0.8	50	60	(+)頭髪	(+)頸筋	56	5,700	6,300	480	450	102	140		
15	髙橋 哲男	28	57.0	160.2	0.1	0.8	58	70	(+)頭	(+)頸周囲	56	6,800	7,000	520	500	107	132		
16	後藤 文七	26					42	50	(+)頭髪	(+)頸周囲	33	5,000	5,500	490	540	96	147		
17	木村 要	30	63.0	170.6	0.9	1.5	46	52	(−)	(−)	33	6,800	5,570	490	510	103	133		
18	阿部 留春	27	53.0	155.0	1.0	1.0	50	50	(−)	(−)	43	7,400	7,300	460	440	97	134		
19	佐藤 正治	19	55.0	159.1	1.0	1.0	48	72	(+)頸	(+)臍周囲 後頭部	38	7,600	4,600	500	420	101	133		
20	阿部 勝助	28	53.8	165.8	1.0	2.0	60	50	(+)耳穴	(−)	36	9,600	7,700	400	490	102	130		
21	小川 徳次郎	21	52.0	161.0	2.0	2.0	56	56	(−)	(+)頸周囲	33	6,100	9,200	520	450	104	125		
22	阿部 正	21	55.0	157.0	2.0	1.5	86	60	(−)	(+)臍周囲	42	11,400	7,800	480	620	115	138		
23	阿部 清定	23	58.0	158.5	1.5	1.2	52	108	(+)頭髪	(+)頸筋	32	6,400	7,900	530	570	105	140		
24	阿部 米夫	21	41.0	147.0	0.8	0.8	54	46	(+)頭	(+)頸部	23	8,200	8,100	470	510	95	122		

実施月日 第1次 3月26日 精密検査 3月27日 (於塩釜)
　　　　 第2次 4月 5日　　　　　　　　　　(於石巻)

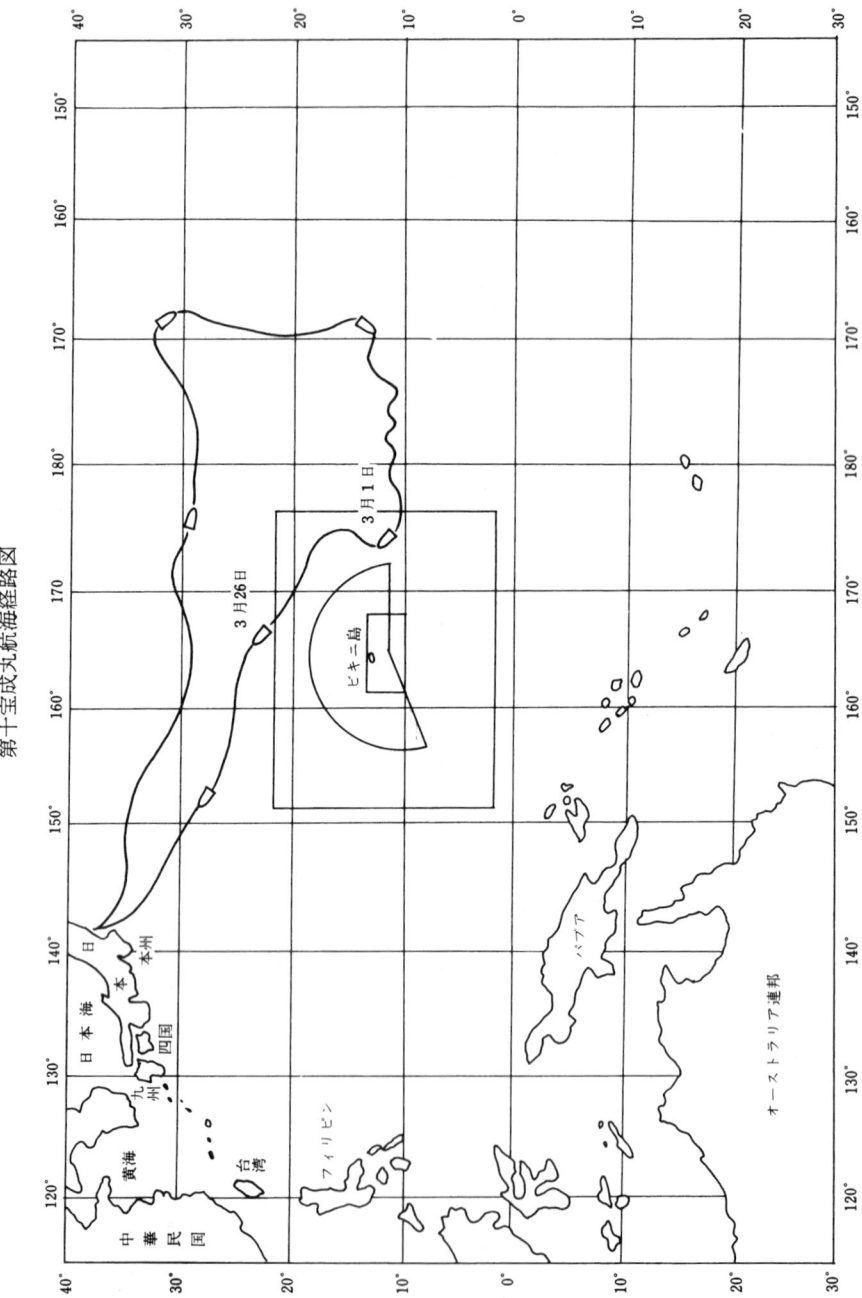

218　第1編　1954年3月1日ビキニ水爆実験

第十宝成丸乗組員の健康検査

番号	氏　　　　　名	年齢	赤血球	白血球	血色素
			万		%
1	鈴　木　菊　　雄	33	451	7,100	94
2	鈴　木　菊　次　郎	38	420	7,200	79
3	鈴　木　徳　三　郎	51	477	7,000	91
4	鈴　木　寅　　雄	52	504	9,725	90
5	小　野　寺　金　作	37	519	7,600	85
6	梶　原　市　　郎	37	531	9,770	99
7	菅　原　武　　雄	43	406	7,400	84
8	菅　野　長　之　助	55	482	6,500	107
9	反　川　清　　吾	45	614	9,050	72
10	森　田　勇　　輔	30	492	7,000	110
11	鈴　木　賢　太　郎	29	518	5,975	80
12	菅　原　重　　雄	29	484	8,200	92
13	鈴　木　富　士　男	28	612	7,725	69
14	佐　々　木　福　治　郎	43	373	5,700	70
15	小　山　留　治　郎	43	562	12,025	80
16	吉　田　正　　義	36	492	6,650	73
17	千　葉　文　　雄	36	512	6,050	83
18	梶　原　輝　　男	31	496	6,950	92
19	畠　山　八　　郎	35	444	5,900	91
20	村　上　秀　　雄	28	508	6,900	92
21	塚　本　徳　　郎	25	626	5,725	94
22	鈴　木　胤　　定	22	525	9,650	79
23	鈴　木　常　太　郎	26	478	4,975	78
24	菅　野　昭　二　郎	26	480	7,000	109
25	三　浦　　　仁	21	582	6,850	99
26	千　葉　充　　郎	23	484	9,200	71
27	小　松　文　　雄	34	552	9,010	78
28	山　崎　鉄　太　郎	42	476	6,025	87
29	伊　藤　善　　二	27	433	10,200	83
30	伊　藤　信　　男	31	485	7,800	81
31	玉　川　兼　　松	33	494	6,000	78
32	山　崎　松　　雄	22	458	6,000	80
33	村　上　政　　市	25	618	5,800	84
34	鈴　木　貞　　雄	28	494	6,600	92

検査月日　　昭和29年4月9日

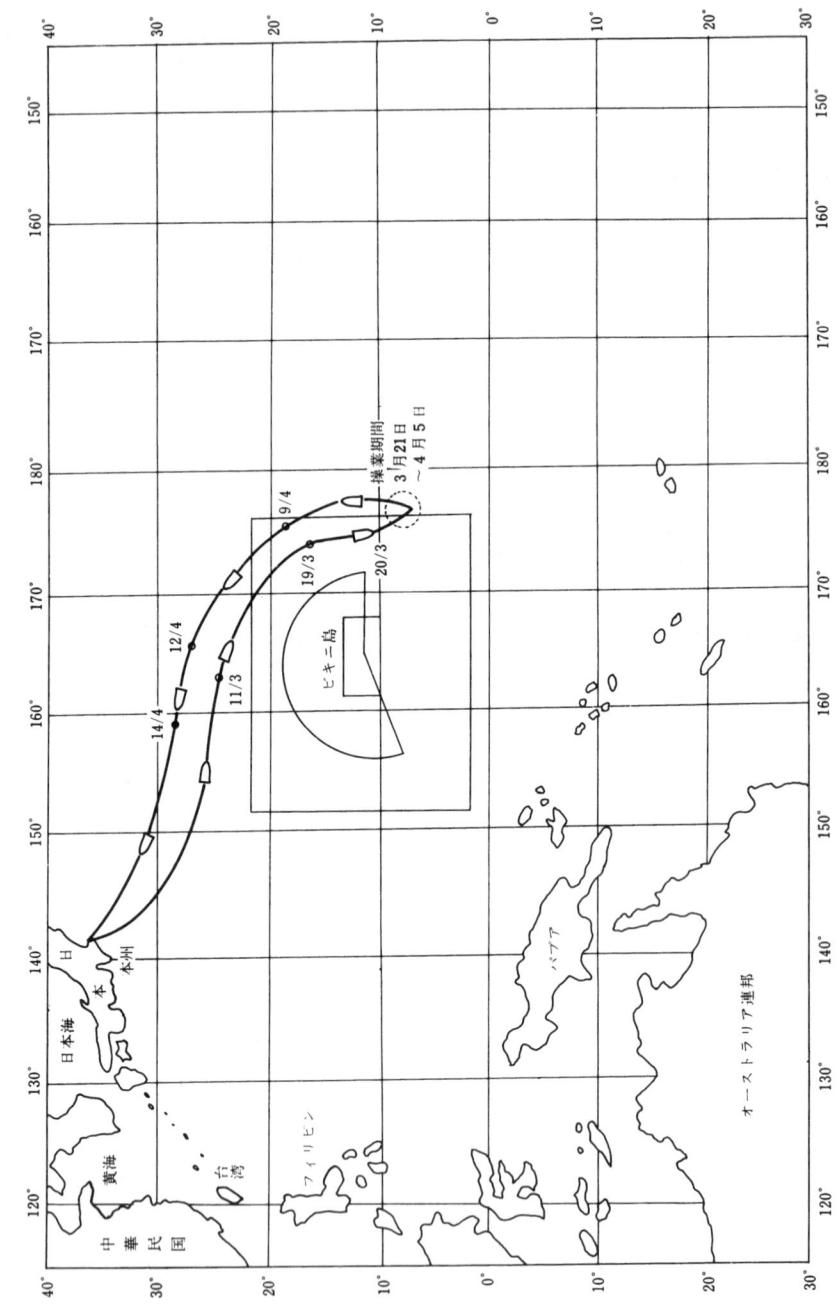

第一金比羅丸航海経路図

第5章 水爆実験の影響（その4）　　　　221

第一金比羅丸船員の健康検査成績

番号	氏　　　　名	年齢	白血球	赤血球 万	血色素 %	体量 kg	身　長 cm	視　力
1	菊　田　哲　郎	34	7,200	380	97	57	155.5	1.0 / 0.9
2	木　村　　　甫	40	9,600	460	114	64	156.8	1.5 / 1.5
3	吉　田　金　弥	29	5,200	476	90	60	160.0	1.0 / 1.2
4	阿　部　政　明	25	7,500	430	95	60	163.0	2.0 / 2.0
5	佐々木　寅　治	29	5,500	360	92	59	160.4	1.0 / 1.0
6	奥　田　政　明	18	8,000	400	95	54	152.3	1.5 / 1.0
7	阿　部　忠　夫	29	9,100	465	98	67	168.2	1.0 / 1.5
8	木　村　　　明	28	9,800	470	94	55	164.0	1.0 / 1.5
9	安　海　校　二	27	7,500	390	94	56	165.2	2.0 / 1.5
10	阿　部　春　一	29	7,700	480	98	55	160.2	2.0 / 1.5
11	阿　部　八　夫	23	9,500	460	90	66	158.5	1.2 / 1.5
12	阿　部　　　清	28	8,600	480	94	63	164.3	0.9 / 1.2
13	宍　戸　明　夫	23	9,000	420	84	73	163.5	1.5 / 1.5
14	鷲　足　勝　夫	25	9,000	430	100	59	158.0	1.5 / 1.2
15	辺　見　　　章	23	10,100	562	90	64	155.0	1.2 / 2.0
16	後　藤　七五三三	31	7,000	500	88	51	154.8	0.2 / 2.0
17	鈴　木　　　博	22	欠席（中途で帰る）			56	158.5	2.0 / 2.0
18	阿　部　隆　男	20	7,400	570	85	59	156.1	1.5 / 1.2
19	万城目　芳　吉	42	8,100	410	84	57	156.0	0.8 / 1.0
20	小　山　清　光	40	7,200	528	80	49	153.0	0.5 / 1.5
21	木　村　　　実	21	9,800	596	80	65	163.0	2.0 / 2.0
22	高　橋　七五二之助	47	9,500	572	95	62	161.5	2.0 / 2.0
23	鈴　木　伊勢男	31	6,900	530	95	72	164.5	1.5 / 1.5
24	阿　部　信　夫	24	6,200	410	90	60	154.0	1.5 / 1.0
25	木　村　筌　蔵	49	欠　席					

船名別検査成績

検査月日	船名	入港月日	漁域	積載魚種	積載漁獲量	検査結果 人	検査結果 魚	検査結果 船	備考
3.26	第五明神丸	3.26	N 10～21° E 175～156°	鮪	12,000	−	−	+	
3.31	第五明神丸	3.26	N 10～21° E 175～156°	鮪	12,000	−	−	+	300～1,100カウント
4. 9	第十宝成丸	4. 8	N 10～22° E 160～170°	鮪	0	−	−	+	
4.23	第一金比羅丸	4.22	N 8～9° E 174～175°	鮪	2,000	−	+	+	魚 100～300　60貫廃棄
5.21	第三大北丸	5.21	N 28～29° E 150～151°	鮪 鮫 その他	2,777 2,047 300	−	+	+	黒皮(36貫)廃棄　鰓178カウント
5.31	第五明神丸	5.26	N 4° E 132°	鮪	4,000	−	−	+	

1-3 大阪市衛生局「放射能対策の経過報告」(55. 1)

放射能検査漁船一覧

検査月日	船名	大阪入港日時	操業地域	積載魚類	同上量	検査結果 人	検査結果 魚	検査結果 船	備考（廃棄）
4月10日	第七福丸	4月 9日 午後5時	E 129 N 1.20～1.30	マカジキ	貫 7,000	−	+	+	停泊灯 500～600
〃	司丸	4月10日 午後6時	E 127～129 N 1～10	〃	7,500	−	−	+	ツナトリ 100～120　停泊灯 500～600 オモテ 1,500～1,800 ブイ
4月19日	第一徳寿丸	4月17日 午後6時	E 130～137 N 5～9.30	マグロ	6,000	−	−	+	船首ワイヤー 400～450　停泊灯 40～60 レギン綱 200～250
〃	瑞漁丸	4月18日 午後6時45分	E 125～135 N 2～10	〃	4,000	−	−	+	レギンバンコ 50～160 ボイデン竹 30

第5章　水爆実験の影響（その4）

検査月日	船名	大阪入港日時	操業地域	積載魚類	同上量	検査結果 人	検査結果 魚	検査結果 船	備考（廃棄）
4月25日	第一新南丸	4月24日 午後11時	EN 126〜129 10.70〜12.50	マグロ	7,000貫	−	−	＋	レギン，マスト停泊灯 20〜70
4月26日	松栄丸	4月25日 午後1時半	EN 131〜133 6.30〜8.40	〃	4,000	−	−	＋	レギン 100 停泊灯 120
〃	第七寿々丸	4月25日 午後7時	EN 133.30〜125.40 7.30〜8.40	マサグロ	6,500	−	−	＋	アンテナ支柱 200〜1,000 レギン方向探知機 130〜190
4月29日	寿々丸	4月27日 午後6時	EN 134.30〜137 3.30〜8.30	マグロ	4,750	−	−	＋	船首レギン 124 標識灯 50
5月2日	第八幸丸	5月1日 午後11時	EN 123〜125 2〜3	マサグロ	4,000	−	−	＋	レギン 60〜200
〃	第八新南丸	5月1日 午後11時	EN 127〜129 2.10〜830	〃	5,000	−	−	＋	レギン 30〜120
5月3日	昇栄丸	5月2日 午後9時	EN 127〜129 0〜630	マグロ	7,000	−	−	＋	レギン 60〜70
13日	栄勝丸	5月11日	EN 137〜140 3.45〜5.30	〃	7,000	−	−	＋	マスト 120カウント
〃	第五神明丸	5月15日 午後6時	EN 127 10〜11	〃	5,000	−	＋	＋	キンメダ 1本11貫1 500 レギンロープ 20〜500カウント
21日	第十一富佐丸	5月20日	EN 135 5	〃	7,500	−	−	＋	船体ロープ，釣竿 50〜60
23日	須美丸	5月22日	EN 129〜130 10〜11	〃	4,000	−	−	＋	レギン 10〜65
25日	第七蓮美丸	5月24日	EN 140 4	〃	5,000	−	−	＋	レギン 100〜220
26日	第二高取丸	5月25日 午後6時	EN 134〜136 6〜11	〃	5,000	−	＋	＋	キンメダ 2本 24貫3 180〜500 船体，マスト，ロープ 100カウント 煙突 76カウント
27日	明孝丸	5月16日 夕方	EN 131〜133 32〜24[ママ]	シイラ	2,500	−	＋	＋	バショウの貯蔵25貫 300〜400 バショウ26本207貫 110〜400 シイラ36本72貫 200〜500 船体スデイ100，右レモン58，ビン玉76

224　第1編　1954年3月1日ビキニ水爆実験

検査月日	船　名	大阪入港日時	操業地域 E N	積載魚類	同上量	検査結果 人 魚 船	備　考（廃棄）
5月30日	司　丸	5月27日 午後7時	127〜129.30 9〜12	マ グ ロ	6,000	− + +	バショウ1本　1貫5　120 船体，船首，スタイ 140，右レギン 80，マスト 100
31日	第三腊漁丸	5月30日 午後2時半	126〜129 10〜11	〃	2,000	− + +	船体（レギン）20
6月2日	和　丸 (勝浦丸)	勝浦にて積替 6月1日朝	138〜139 30〜31	〃	215	− − +	クロカワ 1本33貫6　50〜150
7日	第一安丸	6月8日 午前11時	130〜132 23〜25	マグロ 沖サバラ	2,500	− + +	レギン 60〜80，フォアスティ 80 バショウ 22本　187貫　300〜500 キハダ 1本　12貫2　300〜350 沖サバラ 2本　11貫　200〜400
〃	第一金比羅丸	6月8日 午後6時	124 23	マグ その他	3,000	− + +	バショウ 31本279貫　300〜500 沖サワラ 1本(5)貫2　100〜400 フォアスティ　120，レギン 60〜80
25日	第二幸成丸	6月24日 午後5時	114〜115 10〜13	マグロ	1,500	− − +	船体（レギン）86 カウント

1-4　新聞報道による一覧表

船　名	乗組員(人)	帰港月日	帰港地	危険区域からの距離(月日)	放射能検知状況	新聞
第十住吉丸		3.14	三崎	3.7　900カイリ	魚，組飯，ウキ	毎日 3.23
大宮丸		3.14	〃	3.7　140カイリ	作業服，魚，デッキ，ビン，木箱	毎日 3.23
俊洋丸		3.15	〃	3.7　1,140カイリ	魚，デッキ，ウキ	毎日 3.23
第十三海幸丸		3.16	〃	3.10　720カイリ	作業服，帽子，雨具	毎日 3.23
第十三高丸		3.16	〃	3.1　900カイリ	魚，カバー類	毎日 3.23
幸進丸		3.17	〃	3.7　1,260カイリ	魚，帽子	毎日 3.23
第八福吉丸		3.17	〃	3.8　1,380カイリ	作業服，魚，雨具，餌箱	毎日 3.23

第5章 水爆実験の影響（その4）

船　名	乗組員(人)	帰港月日	帰港地	危険区域からの距離(月日)	放　射　能　検　知　状　況	新	聞
第十一高丸	25	3.17	三崎	850カイリ 3.1	魚、帽子、ハッチカバー、作業帽 2,252カウント	3.23	毎日
第一繁丘丸(130トン)		3.24	焼津	ビキニ環礁 約300マイル 3.1	船首、甲板など 100カウント	3.24	産経夕刊
第五明神丸(130トン)	24	3.26	塩釜	被灰位置ビキニ750マイル北緯9度38分東経177度16分〔ママ〕	船体0.9ミリレントゲン、乗組員に108カウント	3.27 3.31	朝日
第十三光栄丸(119トン)	24	3.26	三崎	被灰位置ビキニ南東800マイル北緯9度1分東経178度19分危険区域から460マイル	被灰後スコール10回、船内の全面的水洗い数回したにもかかわらず一部のものに、約1ミリレントゲン時を示しているので被灰時には危険量6.25ミリレントゲン時を超えたものと推定 洗った服30カウント、通風筒の中を解除した際の灰微粒 船体2,000〜3,000カウント、乗組員400カウント	3.27 3.31	朝日
昭鵬丸(141トン)	47	4. 7	清水	3.17〜3.31 北緯8度 東経161度10分	船体の舵柱に若干カウント、マストとロープ190カウント、帽子90カウント、マグロ廃棄。服50カウント。乗組員には異常なし	4. 8 4. 9 4. 9	毎日夕刊 読売
第二吉祥丸(155トン)	30	4.11	焼津	マリアナとマーシャル中間で操業緊要報告区域を通過	船尾マスト、ビン玉、ポンデン、ハエナワ、メインマストの網から2,000〜3,000カウント	4.12	読売夕刊、毎日夕刊、日経、朝日
興洋丸(367トン)		4.12	大阪	ビキニ環礁中心から880マイル	3隻ともマストなど船体上部から1,000カウント、見張台、ナブバシッコ400カウント、懸架後部のエアパイプ、信号灯150カウント(興洋丸のみナブバシッコ660カウント) (3隻とも図南丸キャッチャーボート)	4.14	朝日
第二興南丸(378トン)		4.12	〃				
第三興南丸(417トン)		4.12	〃				
日東丸(250トン)	20	4.12	塩釜	3.26 北緯2度30分東経143度で操業	人体、船体、漁具に30〜50カウント	4.13	東京
瑞洋丸(150トン)	26	4.13	三崎	ビキニ東方900マイルで操業	マスト最高5,000カウント、船体	4.15 4.16	東京 朝日夕刊
第六大京丸(347トン)		4.14	横浜	ビキニ環礁から880マイル	船体マスト400〜480カウント、ロープ、見張台37〜50カウント(図南丸キャッチャーボート)	4.15	朝日
図南丸(19,320トン)		4.14	大阪	〃	船体マスト最高2,000カウント、前方マストのステイのワイヤーロープ2,000カウント、左前方マストのステイ1,000カウント、上甲板の一部30カウント	4.14	朝日夕刊
第十二宝幸丸(184トン)			三崎		船体に2,000カウント再検査	4.16	毎日

第1編 1954年3月1日ビキニ水爆実験

船名	乗組員(人)	帰港月日	帰港地	危険区域からの距離(月日)	放射能検知状況	新聞	聞
尾形海幸丸(154トン)	25	4.14	三崎	東〜600マイル	船体に2,000カウント再検査、マスト3,000〜10,000カウント、甲板その他は自然カウント以上検出されず	4.16 4.17	毎日売 読
第五拓新丸(160トン)	24	4月中旬	清水	3.1 1,600キロ	その後毎冬(2ヵ月)マーシャル付近に操業に出ていた1乗組員が、61年9月から貧血性骨髄性白血病、三重県立大医学部付属病院に12月11日付午前3時30分死亡(清水入港当時、厚生当局指示で精密検査を受けている)	61.11.30 61.12.11	朝日 日経夕刊
第七京丸	42	4.16	大阪	4.6 ビキニから1,560キロ〜5月下旬北洋捕鯨	飯田船長吐気、白血球3,500以下、全員放射能症、21名の乗組員全員白血球激減代々木井上病院に入院	56.3.31	毎日
靖川丸(豪州航路貨物船)(8,480重量トン)	42	4.24	大阪	4.6 ビキニから1,560キロ〜5月下旬北洋捕鯨	マスト1,500カウント、甲板60乗組員の衣服からも、全乗組員の上陸禁止、血液検査	4.27	毎日
関 西 丸	21	4.27	バンコック	3.1 ビキニ環礁2,000カイリ	船長楠瀬亀芽(56)バンコック病院で再生不良性貧血で急死遺品からストロンチウム90が常人の10倍(骨に沈着したカルシウム1gあたり1.5マイクロマイクロキュリーのストロンチウム90)	57.2.7	読売
孝 勇 丸(98トン)	21	4.28	三崎	ビキニ東南900マイル	船のマスト1,284カウント、船具1,729カウント	4.30	朝日
順光丸(246.37トン)		5.19	"	北緯10度東経170度付近	船体から1万数千カウント(これまでの最高)	5.20	毎日
日昌丸(インドネシア定期船)(6,526トン)	53	5.20	大阪寄港名古屋	5.13〜5.14 西方2,000マイル 通過	ブリッジ屋根、ライフボート、コンパススプリッジ。名古屋済生病院で10名が白血球4,000	5.21 5.22	中部日本 〃
陽興丸(7,124トン)	48	5.22	釜石	大阪からホルムル経由でタテヤマ寄港(仏領)に寄港、釜石からリン鉱を積んで	リン鉱石約150カウント、フラッシュライン約200カウント、2名が白血球4,000台	5.23	読売夕刊
神通川丸(10,539トン)	50	5.22 23	釜石宮古	3.26〜4.6 北西1,200マイル、東方1,400マイル	船体から少量(スニールで洗われて)、照灯船長65カウント、平板内100カウント、起重機100カウント、探サト150〜160カウント、船倉内100カウント、マスト150〜160カウント、船長以下50名全員頭部に放射能全員頭痛、本久大雄(23)白血球5,000、船医三藤甲子夫5,000、小竹正信(28) 4,000〜4,500、蔡部正人(27) 4,600〜5,000、重津春治(27)、小松 峯(26)、藤岡明美(40)、大神聡男(26)、田島政輝(23)	5.23 5.24 5.29	毎日 毎日夕刊 日経
第五大国丸(室戸岬水産高校練習船)(157トン)		5.29	焼津	5.18 東経147度 北緯33度	水産高校漁業科3年 合脇正信(21)白血球が長期にわたって減少、29日現在1,500〜1,000常人の6分の1	9.30	毎日(大阪)
俊 鶻 丸		7.4	竹芝	ビキニ海域	放射能調査から帰って肝臓障害者続出 浦久保五郎(34)芹沢淳(24)前田弘(26)磯貝肥男(27)	9.3	朝日

第2節　被災がひきおこした深刻な波紋

2—1　水爆灰被害の疑いのある人々についての医学的調査（第1報）
（全日本民主医療機関連合会，新日本医師協会）

この報告を発表するに当って

　第五福龍丸がビキニ水爆の灰を被って焼津に入港してから既に2カ月．無謀な水爆実験の犠牲となって23人の乗組員の人達が，急性放射症として病床に横たわり，その後，数回にわたるアメリカの水爆実験により被害をうけた漁船が，続々と入港して，日本国民の生死に関する問題となっている今日，私たちはこの無謀なアメリカの水爆実験に対し深いにくしみといきどおりを禁じ得ないと共に，全世界に「原子兵器の禁止」を強く訴えるものです．

　私達は水爆実験による被害は，第五福龍丸の23人の犠牲者だけではなく多くの日本国民が色々なかたちで受けているものと考え，医学的調査を始め，現在まで多くのかたがたの御援助，御協力を得て，大阪府富田林市，神奈川県三崎町，静岡県焼津市，東京築地の各所で調査を行いました．

　この報告はその調査結果をまとめたものです．

　勿論，この調査結果だけで簡単に結論を出すことは出来ませんが．しかし，この調査結果だけでも部分的には，水爆実験による被害として明らかな問題もあり，又，今後，系統的に調査をして行かなければならない多くの問題があります．

　私達はこの調査を基礎にして，みなさんの御援助，御協力を得，更に系統的な調査を続け，水爆実験による被害を医学的に明らかにし，日本国民全体の問題にし，全世界に訴えて行きたいと思います．

　みなさんの御批判，御援助を心からお願いする次第です．

　　　　1954年5月15日

富田林市で「原爆まぐろ」を食べた人々についての調査報告

調査期日　3月19日　3月20日
調査対象
　富田林市の「原爆マグロ」を食べた人々で，いずれも16日昼食又は夕食に10〜50匁の「原爆マグロ」をサシミ又は煮つけにして，食べたもので，1名の高血圧患者の他は自覚的には全く健康人であった．

　大阪では「第五福龍丸のマグロ」17尾が入り，この中2尾は富田林市の一部及奈良県法隆寺附近で販売され食卓に上った．

　富田林市では販売されたものの残品を検査しガイガー計数管で6,400カウントの放射能を認めたという（大阪府公衆衛生課発表，3月18日附，朝日新聞）

調査結果
3月19日の調査では　　　　　　成人11名中
　白血球数
　5,000以上　　　　　　　　　　7名
　4,000以上　　　　　　　　　　2名
　4,000以下　　　　　　　　　　2名
3月20日の調査では
　白血球数　　　　　　　　　　成人10名中
　5,000以上　　　　　　　　　　1名
　4,000以上　　　　　　　　　　3名
　4,000以下　　　　　　　　　　6名

であり，19日と20日の連日しらべたもの5名中4名までは20日の方が200〜2,400の減少を来している．又20日の調査において，白血球の減少者の率が19日よりも高いことも注目される．なお，食べた「マグロ」の量と白血球減少の度合は直接関係がないもののようであった．

　自覚症状は，一般に訴えないが，19日の調査中，成人11名中5名は頭痛を訴えている．内1名は高血圧症があり，以前から頭痛があったという．

　又，山田千〇氏は「私はこれまで頭が痛いということを知らなかったのに，今始めて頭痛を知った．頭の前の方がいたい」と訴えている．

　「原爆マグロ」を食べた16名の成人につい

ての観察に於て，3日目及4日目に，白血球数5,000以下のものが，普通健康成人に見られる以上の高い率を発見した．これは，寄生虫その他血液像に影響する疾病を除外しなければ，直ちに放射線障害と断定出来ないとしても，それを充分に疑うに足るものである．なお，極く悪い症状といわれる白血球数2,000以下のものは1名も発見できなかった．

神奈川県三崎町での船員についての調査報告

1. 調査期日
　4月15日と4月22日の2日
　十三光栄丸の船員についてのみ2回検査
2. 被検人員および所属船名

船　　　　名	被検人員 15日	22日	備　　　考
第十三光栄丸	7	4	危険区域より850マイル附近で実験後14日間操業
常　呂　丸	3		危険区域からの海流をうけて航行した．
第七明神丸		26	漁獲の一部に放射性を認め約1,000貫を廃棄
その他 第五金幸丸	1		危険区域に関係なし
第十 〃	1		〃
第十五振興丸	1		〃
船員組合事務員	1		〃
計	14	30	

3. 調査方法
　被検者の耳朶より型の如く採血，2回の計算の平均値で，白血球数を記載した．
　第十三光栄丸の船員中2回検査をなし得た者についての成績

氏　　　名	第 1 回	第 2 回
植　○	9,700	6,500
○　脇	4,700	4,100
窪　○	5,400	5,500
○　川	6,050	4,100

5. 附記

　第十三光栄丸は帰港時船員の言によれば，ブリッジより8,000，マストより4,000，衣服より400～500カウントの放射性があったとのことであり魚獲物全部と衣服は廃棄された．
　尚，第2回検〔査〕には被検〔者〕全員が食欲不振を訴えていた．
　この報告について色々意見がありましたら下記におよせ下さい．
　東京都港区新橋7の12　民主的医療機関連合会書記局

焼津市民についての調査報告

○調査期日　4月17日～4月25日
○調査方法　耳朶採血による白血球及び血液塗抹標本検査
○調査対象　第五福龍丸乗組員家族，焼津魚市場従業員，魚屋，魚運送業者，福龍丸繋留地風下の住民等福龍丸のはこんで来た灰と関係の深い人達，水爆実験期間中，南方洋で操漁していた船の乗組員を中心に289名について調査した．
○調査結果　289名中，白血球数5,000以下の減少を認めたものは24名であった．
○第五福龍丸のはこんで来た灰との関係で分類してみると
　(1) 福龍丸のマグロをたべた人　　33名
　(2) 福龍丸の入港後福龍丸にのった人 14名
　(3) 福龍丸の漁獲物を取扱った人　　45名
　(4) 23人の被害者の誰かに接した人　 7名
　(5) 特に関係ない人　　　　　　　128名

焼津魚市場従業員の調査結果

第5章　水爆実験の影響（その4）　　　229

全員50余名いるがその殆どの人達が漁船入港の際水揚作業に従事し福龍丸のマグロ其他をとりあつかった．

調査人員40名中6人が白血球5,000以下であった．

日本冷蔵株式会社従業員の調査結果

倉庫は福龍丸繋留地より50mの風下にあり加工工場及び事務室は遠くはなれた港入口にある．倉庫従業員11名，加工工場及事務室従業員15名，合計26名について調査し比較してみた．

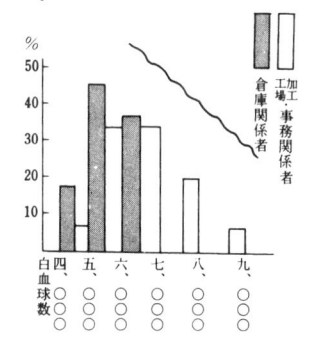

福龍丸繋留地風下の住民の調査結果

福龍丸繋留地の風下100〜500mの地帯に住んでいる人達63名について調査した．この地帯の住宅については焼津市対策本部で4月20日ガイガー計数管により，ハメ板，屋根，屋内を調査したが異常なしと発表されている．白血球数4,800の人が1名いたが最近迄ラジューム治療をしておりそのためによるものと除外した．白血球数10,000台の2歳の幼児がいたがこれは除外した．

福龍丸乗組員家族の調査結果

焼津市内に住む被害者の家族7軒をお見舞かたがた調査に廻ったが色々の事情で，山本さん，見崎さん，鈴木さんの3家族10名だけ調査した．どの家もガイガー検査で異常はなかったということだったが白血球検査はほとんどしていない様であった．調査した全員マグロを食べ更に衣服を洗濯したり同じ風呂に入浴している人達であったが特に白血球減少は認められなかった．

遠洋マグロ船乗組員の調査結果

焼津港に入港した下記3船の乗組員を調査し比較してみた．

(1) 第二共和丸

危険区域を航行し4月18日焼津入港　ガイガー計数管調査で6,000カウント船体から放射能を認められたという．

調査人員15名中原因不明にて白血球数5,000以下2名，10,000以上2名を認めた．

(2) 第二安栄丸

3月4日三重県尾鷲港出港，小笠原→トラック→ニューギニヤ→ラバウル→ソロモン，逆経路で4月18日焼津入港．危険区域はさけて行ったという．ガイガー検査異常なしという．

調査人員35名中白血球数3,300の人が1名いたが黄疸にてつい最近まで治療しており，検尿結果ウロピリノーゲン強陽性なるため除外した．

(3) 第一清寿丸

3月5日清水港出港，危険区域をさけ，紀州沖南下→フィリッピン東方→ハルマヘラ→印度洋，逆経路で4月21日焼津入港．ガイガー検査異常なしという．

乗組員11名を調査したが白血球数減少者は認められなかった．

築地魚市場小揚労働者についての調査

調査期日　4月25日及び5月9日の2日

調査方法

耳朶採血による．白血球及び血液塗沫標本を検笑し，白血球減少又は増加については，赤血球数，尿及び糞便検査，血圧測定，レ線透視検査，理学的検査を行った．

調査対象

築地魚市場の現場労働者で，漁船，貨車，トラックで集荷された魚類及びその加工品を仲買人に運搬している人達である．

この人たちは下記の4会社に所属している．
東都小揚株式会社
大都　　〃
中央　　〃
築地　　〃

	東都	大都	中央	築地	計
25/IV 受検者総数	98	46	62	37	243
25/IV のみの受験者数	50	15	44	22	131
25/IV・9/V 受験者数	48	31	18	15	112
2回目の検査で　白血球減少者	29	10	12	9	60(53.6%)
〃　　　　　　白血球増加者	18	20	6	5	49(43.7%)
〃　　　　　　白血球等しき者	1	1	0	1	3(2.7%)
9/V のみの受験者数	20	20	17	15	72
9/V 受験者総数	68	51	35	30	184
総受験者実数	118	66	79	52	315
受験者延数	166	97	97	67	427

2-2　比留雅夫「ルポ——死んだ港・三崎」

三浦半島の突端,東京湾と相模湾の潮の混り合う地点に三崎町がある.町の中心部に近い小公園の噴水の前に坐って眺めると,すぐ眼と鼻の先に大きな牛のように横たわっているのが城ケ島である.白秋の歌で名高い島の筈だが,うすぼけた陽光の下で眺めたせいか余り詩情らしいものも感じられない.しかしここが油壺と共に神奈川県の観光地として持っている名声は非常に高い.いくつかの修学旅行や遠足の団体がバスを連ね,小型蒸汽に鈴なりになって城ケ島に運ばれる.

しかし何といっても三崎の町はまぐろの港である.小公園の右手には魚市場の大きな黒い天蓋が見え,岩壁には何隻ものまぐろ船が横づけして水揚げの最中である.左手には大洋漁業の大冷蔵庫がデンと坐っている.すぐ眼の前を,2人の若い船員が10貫気ほどのまぐろを1本の棒の真中に吊して,えっちらおっちらと歩いて行った.まぐろが町の真中を歩き廻っているという感じだ.三崎がいかにまぐろに依拠した漁港であるかということは,三崎を利用するまぐろ船が地元県外船を併せて280隻,年間水揚約1,500万貫,水揚金額55億円,わが国まぐろ全生産の7割を占める,という数字を見ただけでもはっきりとする.

魚市場の中をのぞいてみると,もう入札の済んだ10貫20貫の大まぐろが文字通り頭を並べて,腹に買手の印と,放射能検査印とを押されてずらりと横たわっている.市場の隅の方で真白な白衣を着た検査官がガイガー計数器を扱っている姿が見える.それがこの場の雰囲気とは全くそぐわない異様な感じを与える.その魚市場の建物正面にデカデカと下げられた2本ののぼり.

食べて安全三崎のまぐろ

安くてうまい三崎のまぐろ

それは三崎町が今度の水爆で蒙った大きな打撃と,まぐろを売るために業者が必死になっている姿とを象徴的に表している.

3月16日焼津で第五福龍丸に放射能が発見されてから,まぐろの値段は平常の3割から5割かた大暴落し,例年なら花見時で,まぐろはかき入れ時であるのに,まぐろの港三崎は経済的な大打撃を受けた.その**損失額**は3月31日現在に於て**1億2280万円**に達したという.直ちに対策本部が作られたがそれは船主や魚商のみで作られ,船員組合などは除外された.

対策本部のまずやったことは

第1に大衆の不安を消して何よりもまずまぐろを売る事であり,

第2に県よりの融資折衝であり,

第3に政府への損害補償の要求であった.

原水爆禁止の問題は抽象的には加えられたが,何ら具体的な対策はたてられていなかった.ところが3月26日入港した第十三光栄丸の船体,まぐろから放射能が発見され三崎町は2度目の,より深刻な大衝撃を受けた.タブロイド版の地方新聞三崎港報は,

"三崎今や死の街化す"(3.31)

とトップ見出しをつけた.十三光栄丸のまぐろは全部廃棄と決定,光栄丸は再び船足も重

第5章　水爆実験の影響（その4）

く三崎を出港，野島沖に1万貫のまぐろを投棄した．こうして三崎のまぐろ経済は一層の混乱に陥り，まぐろ価格は低迷を続け，船主の中には操業不能となるものも現れ，魚商も10軒ばかり倒産の已むなきに致った．町議会，対策本部も混乱を続け，初めの「売らんかな」対策ではもうどうしようもない所まで来ている事が痛感され，中央への働きかけ，補償の要求が前面に押し出されて来ている．船員組合では4月25日に町民大会を開くべく町議会，対策本部に呼びかけたが遂に同調出来ず，地区労主催として持つ事になったという．翌日は朝から猛烈な豪雨であったが，昼前に少し小降りとなった．

遠洋漁業船員組合という看板のかかっている扉を推して入ると，すれ違った子供達が，「食べて安全三崎のまぐろ」と大声にどなっている．今日は組合の委員長のはからいで，この建物の一角を占める船員ホームに泊っている十三光栄丸乗組員の方達と座談会を持つのだ．船員ホームの新装の広間に入ると，正面に鴨居一杯の大きな神棚がデンと坐って，室内を圧している．出席者は光栄丸の船員5名，ホームに泊っている他の船の船員3名，計8名である．

座談会は，はじめ余り活潑ではなかったが委員長が席を外した頃から急に活気づき，鋭い意見が次々と出された．まず光栄丸が三崎に入ってどんな扱いを受けたかということが切実な生の声で話し出された．

「衣類を置いている下宿屋も入れてくれないんですよ．旅館も勿論駄目だし，風呂屋でも断られる……」

とうとう組合委員長のはからいでこの船員ホームに入れてもらったという．

「友達の家に行ったら，坐布団も出さないお茶も出してくれない．どうも変な気持がして聞いてみたら実は俺達が放射能を持っているんじゃないかというんで怖ろしいというんだ．俺達の坐ったあとも後からよく拭きとろうと思っている，というんですよ．気のおけない友達だから別に腹も立たなかったけれど」

暗い眼を細めながら船員達は顔でうなずき合ってしゃべった．「何しろ十三光栄丸の船員というと泣く子も黙るというんですからね．」終りの方は軽く笑いとばそうとしたけれども，それにつれて笑った一座の人々の笑いは淋しかった．口々に話し出される当時の心の打撃の大きさに私は暗澹とした気持に襲われた．

こういう話もあった．十三光栄丸の局長（無線士のこと）さんは三崎で世帯をもっていたが，帰宅する前に奥さんに洗濯物を送りとどけた．奥さんもやっぱり気持悪がって，それを新聞紙でつまんで共同水道の所に持って行って洗おうとした．すると大家さんに見つかって断られ，さんざん嫌味を云われて，とうとう居ても立っても居たたまれず，子供を連れて国に帰ってしまった．主人の方は何カ月振りで帰って来たというのに，妻子に一目も会えず，からだの方もはっきりしないままに他の船に臨時雇として乗り込んで又出港してしまった．というのである．この局長さんがその苦しい気持を船主の所に持って行ったら船主が，それじゃ正式に国立病院ででも見てもらって証明してもらったらよいという事になって，初めて病院で全員が診察を受けたのだそうだ．（それまではまぐろの廃棄や船の洗滌などに夢中になっていて，船員の精密検査など全く考えられていなかった．）ところが血を太い注射器で2本もとられて帰されてから2週間たった昨日になって，やっと，しかも電話で「別段心配するほどのこともないだろう」とだけ云って来た．白血球がいくらあったのか，体の症状が一体どうなっているのか全然教えてくれず，ただそれだけである．白血球が少い人があるというのでそれが誰か聞いても教えてくれない．

「血をとられて，研究材料にされ，あげくのはてがだろう返事だ．もう絶体に行かない．俺達はモルモットじゃないんだ．」

激しく叩きつけるような言葉であった．2度目に向うで来てくれと云って来た時は，皆で申し合わせて行かなかったという．

「本当に親身の診察をしてくれるのなら，どんな事をしてもとんで行く．何しろからだが資本なんだから．」

数日前総評の調査団と共に来た民医療連の

検査の結果では，白血球が正常値に近いというのでやや安心したそうだが，国立病院での白血球の数を覚えていた一切の人は，国立病院の時には，今度の時より2,000近くも低かったといい不安な表情だった．（その後民医療連の2度目の検査では全員低下の徴候を示したという）

　「俺達は，何時も海水で飯を炊いてるんですよ．ビキニの近くでも毎日三度三度その飯を食っていた．魚に灰がつく位なら海水にも沢山降っているだろう．それを毎日食って来たんですよ」暗然とした面持ち．

　「全くみんなシミツ（秘密）主義なんだ．カウントをはかる時でもいくらあったのか教えてくれない．ただ検査官の顔色とあのガリガリいう音で見当つけるほかないんだ．」

　「全くわけがわからんですよ．船は海から帰るまで何回も洗うし，小さい船だからそれでなくても毎日波に洗われていたのに，船に出たんだし，俺のメリヤスシャツは8回洗濯したのにガイガーでガリガリ大きな音をたてた．検査官が首をかしげているんです．それが船の方は，今度大洋の船団で出るっていうんで1日かかって朝から夜中まで石鹸でごしごし水洗いしたんです．それであとから測ったらもう放射能はないって云うんだ．そんなに簡単に落ちる位なら，人間の体だって石鹸を10も使って，ごしごしすればなおる筈ですよ．いくら高い石鹸でも1つ100円もしないから1,000円でなおるなら安いもんだ石鹸で落ちる位なら福龍さんだってなおっている筈だ．」

　「魚に出たって云う人だったら，外に居た俺達にも何も影響が無い筈はないと思う．」

　色々な形で出されたけれども，それは不明確な科学陣への，痛烈な批判であり，厚生省の誰におもねったかは知らぬが徹底した秘密主義への不満であり，その両者から必然的に出てくる．自分自身の肉体への果しない不安であった．

　「**原爆やめるまでは南の海には行きたくない**．」

　ぽっつりと云った船員の言葉が千鈞の重みで私の胸にひびいてくる．24名の光栄丸船員のうち船主に縁故のある上級船員数人を除いて17,8名は再乗することをやめたそうである．しかも他の船に乗ろうとすると，「体のはっきりした証明のない間は，雇えない」と冷く断られてしまうという．南の海には2度と行きたくない．しかし食うためには船に乗る他ない．だが乗ろうと思っても体のことで断られる．しかも，現在の封建的な歩合制（全水揚の売上代金から必要経費を差引いた残りを六分四分とか六・五分三・五分で船主と船員全部とで折半する制度）のために今度のような場合は少しの収入もなく，日々の煙草銭にも事欠く．船主に交渉してやっと1人1万円（船主と縁籍関係にある上級船員は最高5,6万もらっている）ずつ借りたけれどもそれも殆どなくなって，このままでは国に帰る旅費もない．（彼らは皆東北，四国などの出身である．）たとえ旅費をくれたとしても手ぶらで妻子の所に帰ることは出来ない．船主は20日までに補償の目鼻がつくから，それがはっきりしたら，その中から金を出してやると云っているので，それを待っている，という話であった．更に船員達はまぐろを廃棄する時，彼らの着衣から寝具類まで全部海中に投げ棄てた．それは1人3万円近くにもなるという．

　そこで水爆そのものへの批判を聞いてみると，光栄丸の船員も他の船員も鋭い形でどんどんと問題を提起してくる．

　「原水爆をやったら日本の水産業者はどうしても生きて行けない．世界の人達の力でやめさせることは出来ないものだろうか？」

　「アメリカ国内でやってもらうといい．公海の中でやるなんて常識外だ．」

　「水爆は国際管理にして，社会の福祉のために使うべきだ．」

　それはあなた方全部のお考えですか，と質問すると，自分の船では全員そう話し合ったという答えであった．

　「黒潮は日本沿海まで来ているんだから，原爆まぐろだって近海までやってくるかも知れない．日本人全体が放射能のある魚を食う可能性だって出てくる．」

　「政府はこういうことをアメリカに何故はっきり云えないんですかね．」

　「レントゲンでさえ沢山かけると子供が出

第5章 水爆実験の影響（その4）

来なくなるというが，原爆を何度もくり返したら，魚だって子種がきれることになる．」

多くは問いかけの形で出されたが，その底には激しい憤りがはっきりと秘められていた．果してアメリカに止めさせることが出来るだろうか，という問題を提起してみると，出来るというもの，出来ないというもの，色々あったが，とも角も世界に訴えなくてはいけないということが結論的に出た．

20日の町民大会の事について聞いてみると，驚いたことに十三光栄丸の船員達は何も正式に聞いていないという．今日町を歩いていてポスターを見てこんなものをやるのかと思った，というのである．地区労が主催でありしかもその中心となるのは船員組合である．町民大会を，最もこの問題について発言権のあるべき筈の被災船員が知らない．実に驚くべきことであった．船員たちは主催団体などには全然注意せず，町民大会が船主や業者に牛耳られてどうせ町の補償のことでもきめるのだと思ったそうだ．船員組合委員長の話では十三光栄丸の船員には是非当日話すように云ったが皆それを承知しない，という筈だったのだが……．奇妙な食い違いを感じながら色々話して行くと，憤然とした面持で，

「同じ建物の中に居て，俺達に全然話がないってのは……」

などと云い出した．組合委員長は一般的な問題にしても組合員の意識が低いことが組合不振の最大の原因だなどと云っていたが，この船員達のエネルギッシュな激しい言葉は，その言葉を完全にはね返していた．

政府はアメリカ指定の危険水域の5倍余りを指定区域とし，その中を通過した船は全て指定5港（塩釜，東京，三崎，清水，焼津）に入り検査を行わねばならぬことを指令したのだが，三崎港で一応放射能反応を認められた船は，指定区域を通っていないものが大部分である．極端な場合にはフィリッピンのすぐ東から来た船までにも放射能が出ていること（その後，東京新聞4月22日，24日の報道によると，カツオや，インド洋まぐろ及び近海まぐろにも3月以後漸増的に放射能が認められたという）から推して，指定区域を通らず5港に入る義務のない船は他の港（石巻，浦賀，大阪，下関，室戸など）にどんどん入っており，それらの港から検査なしのまぐろが市場に流れ込んでいる．それらの中に放射能をもったまぐろがいないとは決していえないという事実なのだ．——を考えてみると，真黒い雲のような不安が眼の前にもくもくとひろがって行く．ガイガー計数器をいくら増産しても，補償をいくら要求して見ても，そのような消極的なことでは，もうどうしようもない所まで来ている．水爆そのものを禁止する以外には決してこの問題の本質的な解決はない，ということが実感をもって体ごとに迫ってくる．何かしなくてはいけない．声を限りに叫ばなくてはならない．今まで頭の中だけで考えていた原水爆禁止という言葉が，最早単なるスローガンとしてではなく，私自らの要求として，体の奥底からつきあげてくる．

光栄丸の船主Kさんは，小肥りで，あたりの柔かそうな人で，余り多くをしゃべらなかったが，質問には一々ていねいに答えてくれる．十三光栄丸の積載まぐろは13,500貫，市場価格として600万円が海中に投棄された．それは経営的にかなり大きな打撃であり，そのことが今度の十三光栄丸の大洋船団への身売りの直接原因でもある．（事件以来，大洋の母船形式によるまぐろ船団への申込みが増加していることは，中小船主が今度の事件を契機として，独占資本への従属化の傾向を促進させられている事を示している．）Kさんは今度の廃棄処分についての厚生省のやり方が実に不明瞭であると云う．カウントもはっきり知らせず，まぐろを全部調べる事もしないで廃棄しろというのは無茶だ．しかも船体は石鹸で洗ったら放射能が無くなったという．それならまぐろだって洗ったらある程度放射能も落ちるのではないか？　この疑問の出し方は船員達が自分の体のことと結びつけてむしろ否定的であるのに対照的であり，このくい違いの本質について深く考えさせられた．水爆については，どうしてもやめてもらわなくては困る．マーシャル群島は中型まぐろ船の絶対の漁場だから，その生死にかかわると強い

語気で言い切った．船員の生活資金としては1人2万2,3000円から5,6万円まで内渡し金として渡してやったと云ったが，船員側の話との大きな食い違いは奇妙な疑問として胸に残った．

次の日，沿岸漁業の漁業者たちの話を沿岸漁業協同組合や沿岸漁業船員組合で聞いたがそこでも原水爆の間接的な影響が大きくひびいており，魚価の一般的値下りと，魚商の仕払いが悪くなったため，最近それでなくても苦況に立っている沿岸漁業が絶体絶命の所まで追い込まれてしまっていることがよくわかった．さらに，水爆の問題とからんでアメリカに対する不満が沿岸漁業の日々の作業の中で湧き起っていること．

たとえば，小笠原近海で操業していた漁船が米艦に小笠原領海侵入として捕えられウェーキ島に連行されて取調べを受け，約1ヵ月抑留されて罰金1,500ドルをとられた．これに対して協同組合が抗議したところ，「共産圏からの侵略に備えるため日本国民もアメリカの秘密防衛に協力されたい」という一片の返事で済まされた話とか，伊豆沖の演習区域でも演習期間が切れたので出漁していると，いきなり急降下爆撃をくらって，あわてて網を投げ棄てて帰って来ることが時々あり，このことについての抗議にも「諸種の事情により期間を延長した」という一方的な通知を寄こした切りで勿論網の補償などしてくれないなどという，植民地日本漁業の苦悶が，原水爆と同じ角度から切実な問題として出されて来た．

翌20日午後2時半過ぎになって町民大会が開かれた．船員組合を中心にオート三輪に乗ってメガホンを手にした呼び込みも空しく集ったのは60～70人ばかりだった．その後300人位になったという．）経過報告が船員組合委員長から述べられ，次いで十三光栄丸の機関長（船主の親戚）から大会への訴えが読まれたが，私達が座談会で聞いた船員の苦しみ

2—3 第十三光栄丸船員の訴え

全國の平和を愛する皆さん

魚を棄てる時は私共の臨床もない程來た多くの政府の役人の無情さと現實の政治と政府と，アメリカのやり方がどんなものであるかを知りました。私共はもおこうなつたら一歩もしりぞきません。本當に働ける体の保障を得る日まで，縣廳に座つても飯を食わなくても斗い續けます。そして私共は皆さんに訴えます。全國の平和を愛する皆さんに訴えます。特に働かなくては食つてゆけない全國津々浦々にいる勞働者，農民，商人，一人一人に訴えます。

損害補償の即時支給，被害者の生活の保障を
公海の自由を！
原水爆の實驗禁止を
そして全世界の平和を！

若し，私共にこの保障がなかつたら全く死を意味します!! 全國の平和を愛する皆さん!!
心からの御支援をおねがいします．

昭和二十九年五月一日

神奈川縣三浦郡三崎町
三崎港遠洋漁船船員寮内

第十三光榮丸船員一同

第5章　水爆実験の影響（その4）

と憤りをこめた言葉とはうって変って，何か流麗な文章に作りあげられそれを読む機関長の表情はでくのように動かなかった．婦人を代表して立った人は，「原爆の被害から受ける夫を子を守ろう．人道を無視した原爆を禁止させよう」と訴えた．

社，共の町議は交々立って町民大会が町当局主催で開かれなかった経過を説明し，原水爆禁止，損害補償をアメリカに要求しよう，つなぎ資金の獲得などについて語った．共産党町議は又光栄丸船員の生活問題の実体を語り，彼らを救済しようと訴えた．

多くの団体からのメッセージが読まれたが，特に同じまぐろ船の四国での根拠地，室戸岬の船員同志会からよせられた電文「スイバクジッケンキンシヲメザシトモニタタカワン」はとくに大きな拍手で迎えられた．

①公海自由の確立　②治療・生活費の完全補償　③災害補償の完全実施　④原爆禁止
が採択されたが，緊急提案として民主医療連の医師が「光栄丸船員に生活，医療保護の適用を町会に要求しよう」と提案し満場一致で決議された．

光栄丸船員救済のための資金カンパはその場で6,670円集った．

採択されたスローガンを骨子とした大会宣言が読みあげられ拍手で迎えられたが，これを読んだのは光栄丸の漁撈長（船主の弟）であった．こうして大会は終り，21日の県民大会にこれがもちこまれることになったが，一番下部の被害船員の声はとうとう叫ばれず，市民にも彼らの苦しみの実態がどれほどわかったかは疑問であった．

又光栄丸船員が首を長くして待っていた船主の回答は4月27日まで待てという言葉であった．あまり成功であったとは云えない大会の教訓を胸に，光栄丸船員の苦悩に心を残しながらまぐろの港，三崎を去った．

（『文学の友』54.6）

全國の訴え!!

皆様!

皆様私共は第十三光榮丸の船員であります。

本船は三月十六日あの水爆実験による被害を知らぬ間に受けて帰港しました。現在私共は三崎町立の國保病院に時たまみてもらっておりますが、白血球が四千から五千を上下しております。気のせいか少し体もだるいようです。

私共はこんな状態ではとても沖には出られないと思い、永年すみなれた船を降りました。そして家に踊るか帰船するか途問でとつており、帰るに帰れない私共の仲間には金の欲しさに大丈夫だろうと云って出漁した人達もおりますが、本当に心配です。

私共は実際私共入港してからあらゆる所であらゆる人達に実に無責任な仕打を受けました。五十余日陸の見えない海上にゆられながら一日十五時間も休まずに働きました。そして冬く命をひきかえに得た魚が厚生省の命令で二晝夜も走り續け沖に出て棄てました。この時衣類一切長ぐつ布とんを海中に投げ込みました。このことは一生涯わすれることは出来ません。

一つ一つ海に捨てる魚が海底深く沈んでゆく時の私共の氣持は筆や口で言いあらわすことは出来ませんでした。國民全部が一切の戦力を放棄して不和を心から願っている今日、公海に於て働く私共が何故こんなむごい仕打を受けなければならないのか、心から原爆をキライ、ノロウのであります。そして心からアメリカをニクミます。

皆様これはかりではありません。入港以来二度は醫者を替え、或る時は試験管に二本の血をとられ、或る時は「大丈夫でせう」などとカライ半分に注射をうたれた時もあります。いまだにもつとうるでモルモットのような生活を余儀なくされていながら、一月すぎてもまだビタ一文もくれません。保障を要求しましたが、船主にも、町長にも、縣知事にも、政府にも、私共被害者に保障すると云っていながら何一つ満足な回答をえられませんでした。家には生活費すらも送っていません。私共は今船主からようやく借金して生きており、にげでしまって何一つ満足な回答をえられませんでした。私共は船主にも、町長にも、朝飯時には親兄弟のことを思いだし全くいたまらない氣持になっております。煙草を買う時には子供のことを思いだし全くいたまらない氣持ちになっております。私共は一日も早く郷里に帰りたい。しかし、金はない、どぶしてくれるか。

第十三光栄丸　（共同通信社提供）

2—4　浅井繁春「"原爆マグロ"葬送航海」

　2ケ月間筆舌に尽くせない労苦の後, 13,000貫のマグロを満載して三崎に帰港した第十三光栄丸を待っていたものは「食品として不適当」という余りにも悲惨な歓迎の言葉であった.

　私はさる1日午後三崎を出港し, 無事「海中投棄」の任務を終えて4日午後9時帰港した第十三光栄丸に同乗した.

　乗組員は岡野益夫船長, 船主代理の岡野漁撈長以下船員24名, 立合いの厚生省梅香技官, 水産庁松月技官など4名, マグロを計量するマル生社員4名に報道陣を含めて総勢40名だった.

　私は原爆マグロの損害保障〔補償〕を初め, 日々闘わねばならぬ組合活動の重要性を痛感しつつも, 敢て同乗した所以のものはとうてい一般陸上人には理解して貰えないかも知れない.

　それは「涙と共にパンを食ったものでなければ人生の味は分らぬ」と云われた様に, 永い間漁撈に従事した私には, 無言の船員の表情から悲痛な叫びを聞くことが出来たからである.

　船主や他船への気がねもある. 生活への不安もある. それはたくみな言葉で表わす事は出来ないであろう……船員に代ってせめて彼等の苦しみの万分の1でも表現し得たら……と私はじっとして居られなかった.

　船は4月1日午後3時三崎港花暮岸壁を静かに離れた.

　岸壁には村山県衛生部長, 船主初め関係者, 乗組員家族など見送り人が数十名, 「2ケ月間苦労してとってきた魚を捨てに行く船員が可哀そうでなりません」と云う金沢船主や組合執行委員の言葉が, 皆の気持を反映してか, 歓声一つないしめやかな風景であった.

　手も振れずうつむいている乗組員, これから先の生活はどうなるのであろう.

　第十三光栄丸が南方漁場に出漁したのは2月3日, 1航海まる2ケ月間を要した. しかも乗組員24名のうち12名が世帯を持ち, 他の

者もほとんどが一家の大黒柱，一文の金も入らず，すでに質屋通いを始めた家族達は食うに困っている．

3日いよいよ作業決行の朝4時30分，総員起し，気遣われた天候も回復，水平線附近を除いて青空が見える．乗組員は全部ゴム長にゴムズボン，まもなく日の出，水平線を赤紫にそめて大きな太陽が静かに昇る詩的な一瞬，海中投棄第1号メバチマグロ12貫500が船体を離れた．時に5時7分，2，3度回転して白い腹を見せながら沈んで行く．じっと見つめる船員の目……「あ…」悲痛なつぶやきがもれる．愛児を水葬するにも似た気持，誰れ一人笑顔一つ見せないこわ張った作業である．

全部で13,500貫，損害価格500万円，捨て終ったのは11時であった．

ただビンチョウ，カマス，スキヤマがそれぞれ1尾ずつ計8貫匁が残された．これは試験用として東大檜山博士のもとに届けられるものだと云う．

作業は終った．ほっとした瞬間，船員一同は舷側に整列した．水泡に帰した2ヶ月間の労苦，最後をまっとうし得なかったいとしのマグロ，悲憤，悲惨，おお，そうだ，誰れ云うとなくサンマを各自手にして静かに海にまいた．

残念だったなあ──往生しろよ──
さようなら──

静かに合掌している乗組員は再び全速で帰途についたエンジンの響で我にかえった．

船艙は放射能が残っていると考えられるので数時間厳重な水洗いが実施された．

あれだけ離れていて，しかもその後スコールを約10回あび，数回船内の全面的水洗いもやったのにこの始末である．アメリカの原爆実験が続く限り第2，第3の光栄丸の出て来るのは必然である．

ヒトデや重油被害で沿岸漁民は泣き
演習地では漁民の生活がおびやかされ
李ラインやアラフラ海では締出され
インドは日本船のインド洋操業に神経を使い出し
その上原爆で取った魚を捨てるとは
……一体日本の漁民はどうして生きて行ったら良いのであろうか？

私は船員と真剣に語り合った．
皆がもっと団結しよう．
そして生き抜く道を考えよう．

船は4日午後9時約80時間の航海を終えて三崎へ入港した．

照明灯もつき真昼のような明るさ，だが2週間前大漁旗をなびかせながら入港歓迎を受けた時とは打って変った淋しさであった．

労をねぎらう出迎えの人々もまばらに葬送航海にふさわしい入港であった．

（三崎港遠洋漁船船員組合常任執行委員長）

（『漁船労協』54. 4. 25）

第2編　第五福龍丸と乗組員の被災をめぐって

第1章　被災状況

〔概　要〕

　第1節「被災時の位置と航跡」に収録した諸資料は，第五福龍丸被災事件のなかで，ふたつの意味をもっている．

　そのひとつは，第五福龍丸がスパイ行為をはたらいていたという説（第5章第1節1—3, 1—4参照）の真偽とかかわりがある．もっともこの説は，第五福龍丸がどこを航海していたかというだけでなく，乗組員の思想調査にまで波及していく（第6章第1節1—8参照）．

　もうひとつは，第五福龍丸にたいするアメリカの補償問題ともからんで，同船が「危険区域」内にいたかどうかを認定する資料となったことである．政府確認の被災地点は第1節1—3に，「危険区域」についての海上保安庁告示は第1節1—4に，それぞれ掲げた．政府確認の被災地点は，前々日にもいったん発表されているが，すぐ訂正されたことは，当時のあわただしい状況の反映といえよう．

　本書に収録しなかった関連資料としては，米原子力委員会ストローズ委員長の談話に反論して，第五福龍丸が「危険区域」外にあったことは確実とした海上保安庁の位置測定基準発表（『毎日新聞』54. 4. 2），「危険区域」の周知について日本政府がとった処置にかんする国会答弁（参議院外務委員会, 54. 3. 19）などがあることを付言しておく．

　被災時の位置と航跡を確認するデータは，漁撈日誌（第1節1—1参照）と天測日誌，これらをもとにした当直日誌（同上），そのうえで船長の書く航海日誌などがある．天測日誌は保存されているが本書への掲載を割愛，航海日誌は『週刊読売』(54. 3. 28) に被災当日の記述内容が紹介されており，またラップ『第五福龍丸』に写真がみられるものの，現物はいまだに発見されていない．なお，「無線日誌」もあったといわれているが，現物は所在不明．ただし，洋上の第五福龍丸から焼津無線局が受信した電文は保存されている．

　第2節「船体各部，積荷の汚染状況」に収録した諸資料は，すでに第1編で総括的に示したビキニ水爆実験による放射能汚染を，第五福龍丸について，とくに詳しく調査したものである．

第1節 被災時の位置と航跡

1—1 3月1日の当直日誌・航海日誌および漁撈日誌

当直日誌

当直	時	針路	速力	風向	力	天候	気圧	気温	水温	記事〔原文のまま〕
	1	N	7.5	ENE	2	b	1005	27		01h0.5m　14回目投縄開始CoSW 水26.2　189枚
	2	SW	7.5	ENE	2	b	1004.5	27		03h17m　〃　投縄終了同30m
	3	SW	7.5	ENE	2	b	1004.5	27	26.2	04h30m　〃　機関停止漂泊ス 揚縄開始
	4									10〜30m　〃　揚縄終了後Nに帰途
安藤	5			ENE	2	bc				
〃	6			〃	2	o	1006	25.8		14回ノ漁 ダルマ17 黒小 1 計19 トンボ 1
筒井	7			ENE	3	o	1006.5	〃		
〃	8			〃	3	or	1007	〃		04h 揚縄初ノ位置 166—50E 11—53N
見崎	9			ENE	4	or			26.3	
	10			ENE	4	or	1005	26.5		ビキニ環礁の中心迄87浬, ビキニ島迄75浬, 03h30m, ビキニ島に於て原爆実験行わる夜明け前なるも非常に明るくなり煙柱あがり2時間後にはE80浬の地点の本船には爆発灰多数の落下を見る5時間に至る
	11			ENE	3	or				
平井	12	N	7	ENE	2	o	1005	27		
鈴木	1	N	7	ENE	2	o	1003.5	27.5		
半田	2	N	7	ENE	2	bc	1003.5	27		
	3	N	7	ENE	2	c	1004.2	27		身の危険を感じ只ちに揚縄を開始この海域から脱出をはかる 　終了後燃料の調査する厳重な警戒をもって帰路につく
斉藤	4	N	7	ENE	2	c	1005	25.5		
細根	5	N	7	ENE	2	c	1005	26.0		
小塚	6	N	6	ENE	2	bc	1005.5	26.5		
筒井	7	N	6	ENE	2	bc	1007	26.5		
安藤	8	N	6	ENE	2	bc	1006	26.0		
大石	9	N	6	ENE	2	bc	1007	26		
川島	10	N	6	ENE	2	bc	1006	26		
増田	11	N	6	ENE	2	bc	1006	26		
吉田	12	N	6	ENE	2	B	1005.5	26		

第1章 被災状況

漁撈日誌

1—2 第五福龍丸の航跡

第五福龍丸の航跡

月 日	経　　度	緯　　度	月 日	経　　度	緯　　度
2. 7	176°—30′ W	27°—35′ N	2.22	174°—43′ W	10°—05′ N
8	—	—	23	173°—33′ W	11°—11.3′ N
9	173°—37′ W	26°—21′ N	24	—	—
10	173°—37′ W	26°—26′ N	25	173°—33′ E	11°—12.4′ N
11	172°—57′ W	26°—06′ N	26	171°—25′ E	11°—12.4′ N
12	173°—57′ W	26°—15′ N	27	170°—47′ E	11°—41′ N
13	173°—57′ W	25°—03′ N	28	168°—40′ E	11°—42′ N
14	174°—13′ W	24°—45′ N	3. 1	166°—58′ E	11°—53′ N
15	175°—37′ W	20°—52′ N	2	165°—57′ E	14°—26.5′ N
16	177°—51′ W	18°—43.5′ N	3	163°—22′ E	16°—24′ N
17	179°—59′ W	16°—29′ N	4	160°—38′ E	18°—07.5′ N
18	178°—55′ W	13°—42.8′ N	5	158°—16.6′ E	20°—10.6′ N
19	178°—09′ W	11°—51′ N	6	155°—33′ E	22°—14′ N
20	176°—48′ W	11°—03′ N	7	153°—25′ E	24°—28.3′ N
21	175°—39′ W	11°—06′ N	8	150°—41′ E	26°—22.5′ N

（註）　3月9日以降測定せず（以上推測を含む，尚正午位置でない場合もある）

（『焼津漁業史』541ページ）

1—3 政府確認の被災地点（参院予算委，54. 3. 19）

○国務大臣（石井光次郎君）　本船の遭難地点が昨日のお昼頃まではっきりいたさなかったのでございまして，それは船長と漁撈長の言うところが少し違っておりまして，海図がありませんものですからはっきりいたしませんでしたが，本船のほうから海図等を取寄せまして，精密に海上保安庁で昨日検討いたしました結果，本船が閃光を認めました午前4時12分頃の位置は，危険海面の東方19マイルということです。

3月1日午前3時42分そこらに行ったのでございますが，その位置は北緯11度52分2分の1，東経166度35分であります。本船が閃光を認めました午前4時12分頃の位置は天測地点の東方約500メートル，おおむね北緯11度53分4分の1，東経166度35分4分の1であるわけです。

○政府委員（山口伝君）　只今運輸大臣から申上げましたが，最初の地点は第五福龍丸が天測をいたした地点でありまして，その後天測後10分間東北に向って7マイル程度のスピードで走りまして，そこで事故約20分ばかり漂泊をしたようになっております。その間の推定をこれは詳細に申上げますと，データがございますのでありますが，これによりまして，最後に閃光を認めた地点の位置を被災地点と考えております。

○政府委員（山口伝君）　遭難地点の最終決定をみたのは，昨日のほうで計算ができてきまったので，その報告を本日午前中に外務省に送り込みましたので，恐らく遭難地点については，今日現在はもうきまっておりますが，外務大臣はその資料をまだ御覧になっておらなかったのかと思います。私の想像では，遭難地点はかようにわかりましても，なおその他のいろいろな事情をお調べになることを含めておっしゃったのじゃないかと想像いたします。それからこの遭難位置をきめますに

第 1 章 被災状況   245

当りまして，松浦さん専門でいらっしゃるから少し詳しく申上げたいと思うのでありますが，最初に私どもが新聞紙上で伝えました地点は，航海日誌の北緯と東経をとったわけでありまするが，いろいろ供述によりまする と，船長はその天測の位置を漁撈長から聞いて書いたということがはっきりいたしましたので，漁撈長の漁撈日誌と，それから天測に使いました手帳を全部調べまして，それを基礎にして最終決定に持って行ったわけでありまするが，この天測をやりました漁撈長の今日までの日々の天測の材料を手帳によって調べてみますと，非常に技術は優秀なのであります．その点は相当信頼していいと思うのであります．で，今回の分も，従いまして当日朝丁度天測には理想的な夜明前の30分くらいの時期でございまして，海上も平穏で，いろいろなそういう条件を調べまして，当該漁撈長が使いました恒星或いは惑星等の3つの材料をもとにして，精密な海図によってそのデータを使いまして出しましたら，最後に天測地点の位置が正確に出て，それからその船が先ほど申上げるように10分間東方に向って動き，それから20分漂泊しました．漂泊した関係であの附近の海流或いは当時の風向その他を全部推定いたしまして，殆んどこれは2分の1マイルしか違わなかったわけでありまするが，天測位置との差はそのくらいでございましたが，それを一応出しまして，最後の閃光を認めたときの北緯並びに東経をとったわけであります．経過はさようでございます．

1—4 危険区域通知の海上保安庁告示

海上保安庁告示（航）第40号（昭和28年10月10日　海上保安庁長官　山口伝）

〇 28年 831 項（一時関係）
北太平洋 Marshall Is.—Eniwetok 環礁および付近立入禁止
記事　ブラウン島（Eniwetok 環礁）およびビキニ島（Bikini 環礁）付近の下記区域は立入を禁止されている
区域　下記距等圏および子午線により囲まれる区域内海面
　　　(イ)　10°15′N
　　　(ロ)　12°45′N
　　　(ハ)　160°35′E
　　　(ニ)　166°16′E
海図　2121（ブラウン島，ビキニ島）— 2127—2113—2111
誌類　誌7．93ページ，94ページ
出所　米告示 1953年 2716項および 3168項

海上保安庁告示（航）第12号（昭和29年3月27日　海上保安庁長官　山口伝）

項外
★(182)　北太平洋 Marshall Is.—Eniwetok 環礁および付近　危険区域確定
ブラウン島（Eniwetok 環礁）およびビキニ島（Bikini 環礁）付近の下記区域は昭和29年3月19日から同年6月末日ごろまで危険区域に指定された．なお，従来の区域（28年831項参照）も上記期間中は危険区域である
区域　12°00′N., 164°00′E. の地点を中心とする
半径　450M の円中，240〜95°の扇形区域内海面
備考　上記区域においては兵器の実験のため非常に大きな危険がある．危険区域内にある人命および財産に被害を及ぼさないように，でき得る限り注意する．危険区域において行う実験によって生ずる危険がこの区域の外に及ぶ場合は，必要に応じ，警告を与える
（海図 2113号，2103号 および28年 831項各参照）（外務省）

1—5　水爆爆発時の乗組員の船内位置（政府作成の資料より）

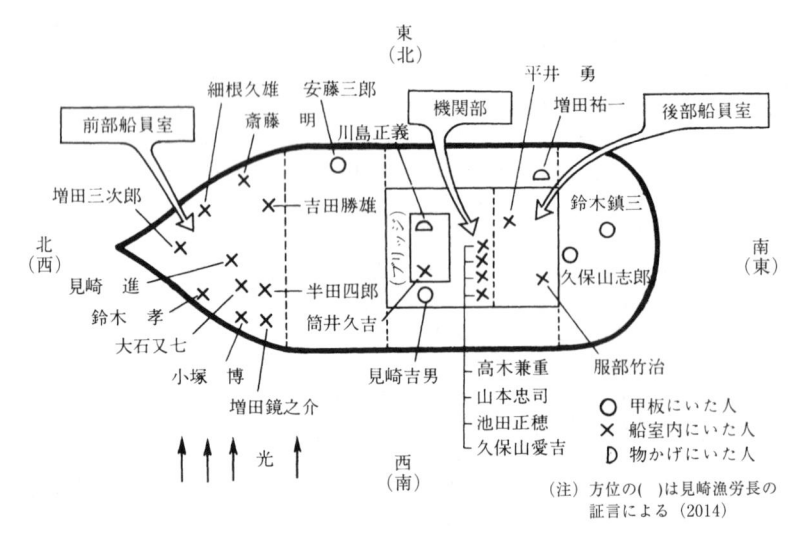

1—6　ビキニ中心の汚染範囲と第五福龍丸被災地点

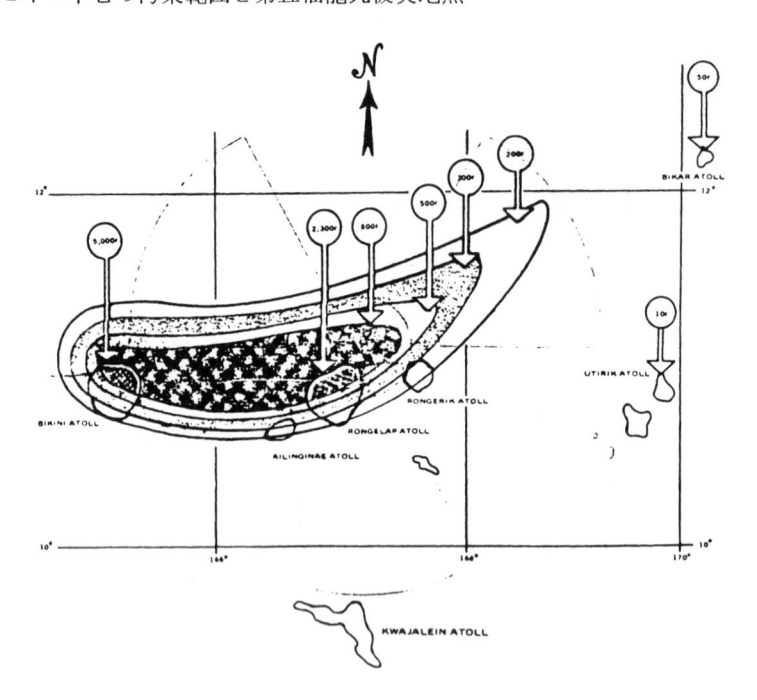

第1章 被災状況

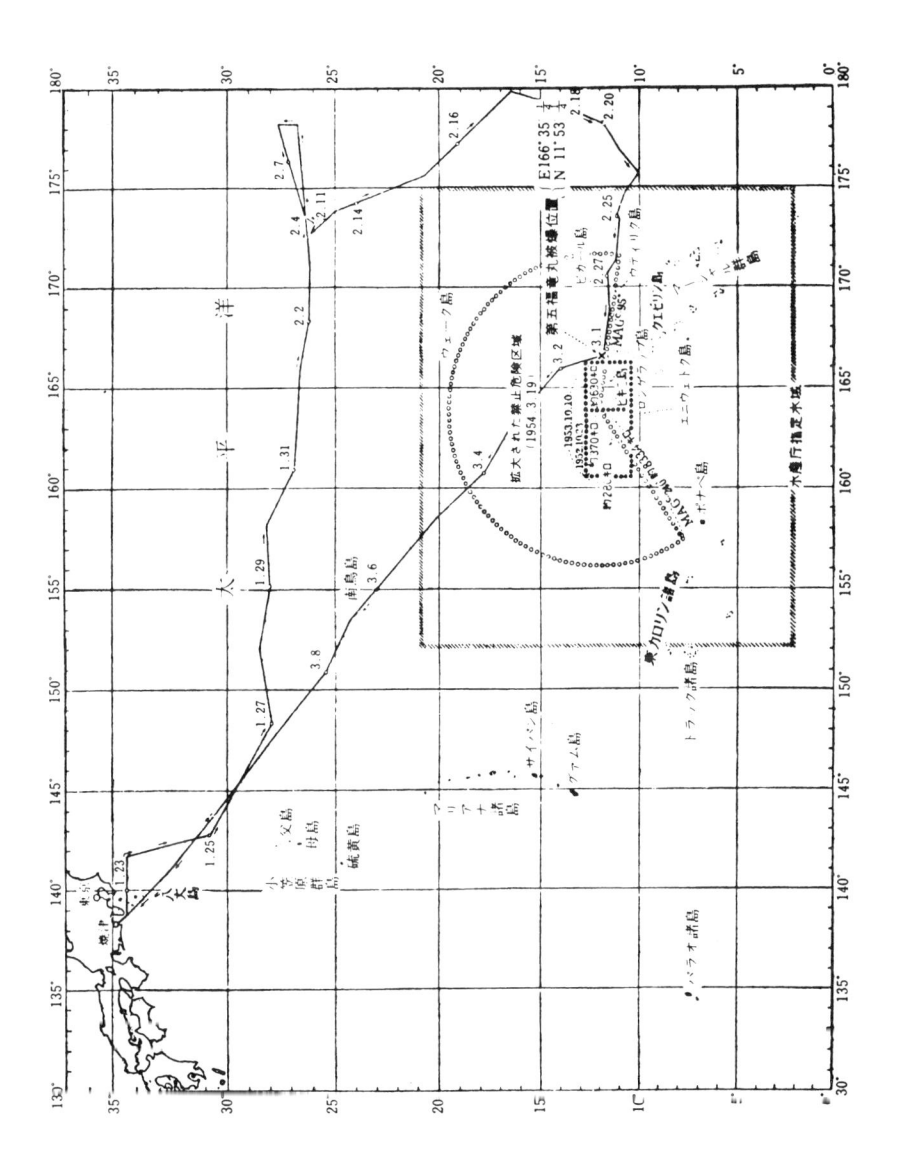

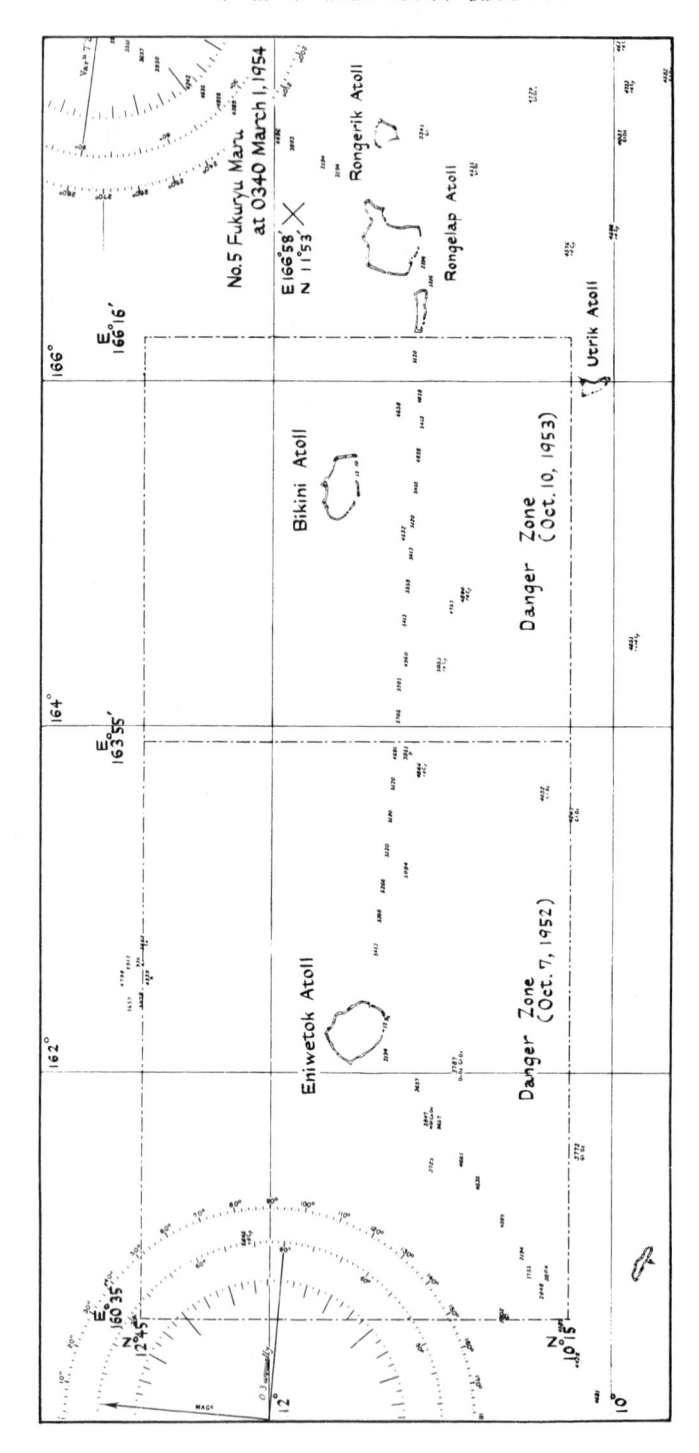

248　第2編　第五福龍丸と乗組員の被災をめぐって

Position of the No. 5 Fukuryu Maru at the time of the nuclear detonation at Bikini Atoll (0340, March 1st, 1954). The mark "×" on the map shows her position.

第2節　船体各部，積荷の汚染状況

2—1　第五福龍丸の残留放射能（原爆症調査研究協議会環境衛生小委員会報告）
（科学研究所：山崎文男，東京大学医学部放射線科：筧弘毅）

第五福龍丸の船員がすべて放射能による障害をうけていることは，当然彼等が被災後に2週間の生活を続けた船内の残留放射能について一応の調査を行うことを必要とした．今日船上に残る放射能は被災後に幾度か行われた甲板の清掃作業，降雨等によって当初のものとは分布状態が異っていることは当然である．さらに被災当日に彼等がいかなる行動をとっていたかは，身体の外部から受けた放射線量を推定するのに大きな変化を与える．乗員のくわしい行動についてはまだ調べてないが，今日船内で最も強い放射能を残すボート甲板下の船室に寝台をもっていた人々に重症者が多いことは，身体外部よりの放射線量がかなりの影響をもつものと考えられる．

以下に述べる報告は今日までにえられた資料によるもので，さらに完全なものとするには今後の調査，測定にまつものが多いことを予想される．

船上の放射能　測定にはTracerlab製のSUIE型の電離函型サーベイメーター（通称Cutie Pie）と科研製のローリッツェン検電器を用いた．後者はRaとCo^{60}により線量の更正を行った．Cutie Pieによる測定は今日までに5回，船内の約15点について行ない，各点において同器の前方にあるβ線測定用の窓を開いた場合と閉じた場合の2回の測定をした．後の場合にも完全にβ線を遮蔽しているとはいえないが，電離函の壁の厚さからみてγ線量を測定しているものと考えてよい．

測定結果の主なものを第1図に示す．縦横座標とも対目盛にし，時間軸は3月1日よりの日数を示してある．この図から判ることは，まず各点ともほぼ同様の減衰を示していることである．初期に船室の強度の増を示しているのは，一度自宅に持ちかえった衣類等を再び全部各自の室に戻したためと思われ，操舵室の減衰のはげしいのは，同室の屋根上にあった放射能を帯びた灰など塵芥を再三採取したことによるものと思われる．

次に同じ船の内でも強度がかなり大きく変っていることが判る．すなわち船室についてみると前部は後部の8分の1程度の強さを示している．

この点をさらにくわしく調べる目的で，4月16日の午後と17日の午前に前記のローリッツェン検電器による測定を行った．同器に写真機用の三脚をつけ，表面から39cmの高さの強度を測定した．

第2図にその測定値を記した船の平面図を示す．この図よりあきらかなように船の表面では煙突より後のボートデッキの部分，すなわち漁具を覆った板の上が最も大きい値を示している．これは降灰後にひきあげた漁具をここに納めたままで，他の部分とちがってその後清掃してないことによると思われる．このデッキの直下にあたる後部船室の強度と，前記覆板の上部1.2mの強度からみて，最も多く放射性物質の残っているのは，デッキ表面であると思われる．この船室の下に当る機関室では遙かに低い値を示し，単に身体外部からの放射線のみを考えるならば，すでに許容線量以下になっている．

放射線量の積算値　船上に残る放射能は原子核分裂生成物によることは東大木村教授等によって示されたが，それら生成物の放射能の強度を合計して全体の放射能の減衰を推算することは困難である．残留放射能の減衰については爆発後の時間をtとしたとき，$t^{-1.2}$に従っていると計算され，'原子爆弾の効果'にも記されている．しかし第1図に示した減衰はさらにこれよりも急であって，むしろ$t^{-1.4}$に近いと見られる．このことは降灰当時採取した灰，あるいはその後船上より採取した灰等についても同様で実験室でガイガー・ミュラー計数値あるいはシンチレーションカウンターで測定したγ線の値はいずれも$t^{-1.4}$に近い．

第1図 Cutie Pie によって測定した第五福龍丸の残留放射能

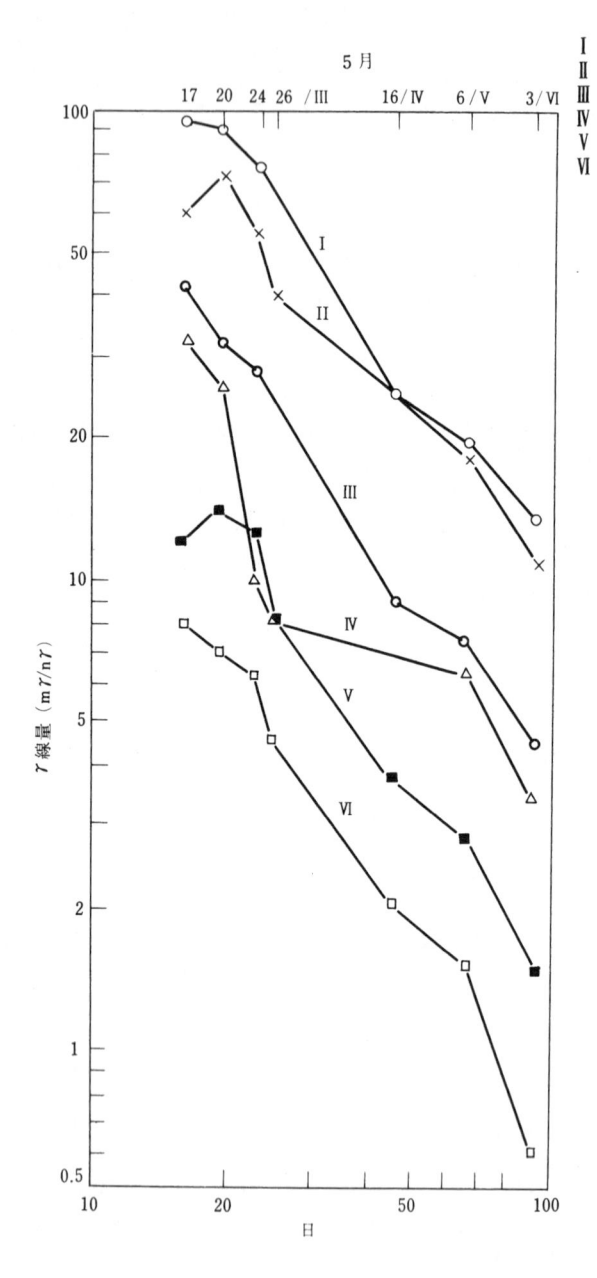

I 後部船室天井附近
II 後部船室上段ベッド
III 左舷ブリッジ下
IV 操舵室
V 前部船室
VI 第3魚倉覆蓋上

第1章 被災状況

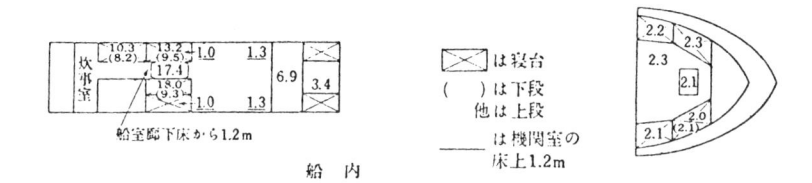

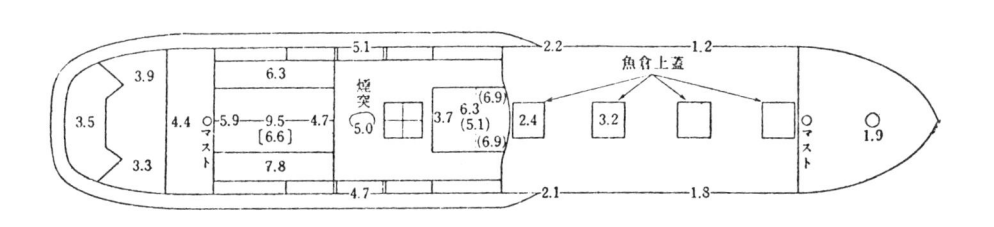

第2図 第五福龍丸の表面の放射線強度　数字は mr/h　4月16，17日測定
〔 〕は覆板上1.2m　（ ）は操舵室内

現在残っている放射性物質が何時降り終ったかははっきりしないが，その大部分は爆発後6時間に降ったとみて大して誤りないであろう．

このような大ざっぱな仮定，つまり放射線の照射は爆発後6時間で始まり，以後 $t^{-1.2}$ あるいは $t^{-1.4}$ に従って減衰したとし，3月17日に 100mr/h の値を示したとして，最初の24時間と下船すなわち14日までの積算値を出してみると

	$t^{-1.2}$	$t^{-1.4}$
24 時 間	120r	240r
13 日 間	270r	440r

となる．降灰中甲板で作業し，正午近くには現在線量の最高を示すベッドに入った船員のあることを思うと，単に身体外部より受けた γ 線量だけでも大した量となる．呼吸，経口その他で体内に入った放射能の影響を加えるときにはさらに恐しい結果をきたすことは当然予期されるところである．

調査に当り，中泉教授，前川静岡県衛生部長始め多くの方より与えられた御指導，御援助に深謝する．

2—2 第五福龍丸関係汚染調査記録（原爆症調査研究協議会環境衛生小委員会報告）

（静岡大学教育・文理学部：塩川孝信
他化学教室員一同）

緒 言

第五福龍丸のビキニ近海に於ける水爆被爆禍よりすでに8ヶ月有余を経過した今，当の第五福龍丸は去る8月22日旧所属港焼津から，関係者一同感慨無量の面持ちの中を遂にその姿を沖あいに消して水産大学の一角に曳航された．そこで当研究室に於いても，これを機会に第五福龍丸入港より，東京曳航までの五ケ月にわたって調査した第五福龍丸船体，乗組員，漁獲物，或はその他の放射能汚染漁船及びその漁獲物の現地調査の資料をまとめて，ここに報告することとした．

I 第五福龍丸について

a) 3月16日

3月16日朝刊にてビキニ近海にて被爆せる漁船が焼津に入港した事を知って，直ちにサーベーメーター，ローリッチェンエレクトロスコープ，ポケット線量計或はアルミニウム吸収板等の測定器の準備を行い10時頃それを完了した．焼津に直行せんとするころ，県公衆衛生課より調査依頼の旨電話があり，県庁におもむいて県衛生部長，予防課長等と共に14時頃焼津協立病院に到着して当時の状況を求めた．

大井外科部長の診断状況

"乗組員の初診は3月14日10時頃（入港日）で船長を除く22名全員に対して行い，全員露出部位に色素沈着を認めた．又その部分に痛み，かゆみ，眼には疼痛を訴え結膜炎の症状を呈しているものもあった．頭髪の脱毛者は半数位で水疱は大は親指頭大より小指頭大位で数個出来ている人もあった．降灰後腹痛，下痢を訴えたものが数名あり，食慾のないもの，倦怠感を覚えるもの，頭が重いというものもあった．体温は概して微熱(37.2〜37.6)の傾向が見られ白血球数は3100〜9000であって，これは外部所見と一致していなかった．"と．

これで降灰による放射能禍が大体推定されたので，直ちに乗組員全員の召集を衛生部に要請し乗組員の汚染調査することとした．

一方船体の放射能汚染は甚大なものと推定されたから船内への立入を禁止すべく，これを要請し直ちに船体調査におもむいた．船体より約30m離れてサーベーメーターは放射線を検知し，船内はGM管窓口に入れた約2mmの厚さの鉛板を通してその強弱が判定出来ない位の連続音を発し，不正確で推定に留まるがポケット線量計は約20分で16mr/hを示した．そこで本船体の他船，岸壁或は人家等より隔離繋留することを指示した．一方採集した灰を簡単にローリッチェンエレクトロスコープ及びアルミニウム吸収板を使用して測定するに大部分がベーター線であって，そのエネルギーは2 MeVを越すものがあることを知った．

b) 乗組員について

3月16日16時全員焼津協立病院に召集された所で直ちに測定を開始した．その結果頭髪に著しい放射能汚染が認められ全身に或程度の汚染を認めた人もあった．直ちに散髪，入浴，爪切りを指示し毛髪，爪は一括保管せしめるようにし，それらは即刻実行に移されて17日より同病院に収容されることに決定した．尚同時に乗組員の船中での着衣はすべて一括保管するよう指示した．

一方見崎吉夫機関長〔漁撈長〕より当時の状況を求めた．

"3月1日午前4時頃ビキニ環礁北東に停船していた第五福龍丸は西南西方向に相当の明るさの光を認めた．それより6〜7分後低い地響のような音を聞き続いて2回同様な音を聞いた．その後7時頃何か降っているような感じがし逐次その量は多くなり遂には甲板に足跡を残すように降りつもった．降灰は数時間続き帰途についてより毎日のように丁寧に甲板掃除はくり返えした．降灰後1〜2日経過してから気分の悪いという人が続出した．"と．

c) 乗組員の家庭の汚染調査

第五福龍丸の乗組員は殆んどが14，15日と夫々の家庭に帰って休養していた関係上放射能禍を事前に防止する意味で各々家庭におもむいて放射能汚染物の除去を指示すること

とした．3月21～23日乗組員全家庭におもむいて調査するに衣類及び乗船当時の携行物品，雑誌，靴及鞄等に200～500cpmを検出し，特に某乗組員の櫛からは3000cpm或は草履からやはり3000cpmの反応を示したので一括保管することとした．

d) 漁獲物について

i) 3月16日第五福龍丸漁獲物には相当の放射能汚染が推定されたのでその出荷状況の調査を早急に指示し焼津市内出荷のものは保管を厳にし直ちに測定を開始した．その量は約200貫のまぐろで反応は陽性で廃棄することに決定した．

3月18日18時より市内業者より集荷せしめられた16日測定以外の福龍丸関係の漁獲物及び加工品8種217貫につき調査した所反応陽性にて廃棄処分と決定したもの67貫に及び，これは一括厳重に保管せしめ．同時にその他第五福龍丸漁獲物ではないまぐろ類の各地より返品されたものについて調査を実施したが何等反応はなかった．

3月19日市内漁連冷凍庫に保管中で未検査の福龍丸関係の漁獲物及び加工物及び加工品197貫を調査するに反応陽性にて廃棄処分と決定したもの183貫に及んだ．即ち反応陰性のものは，まぐろのなまり節，陽性となったものは，サンマ，マグロ，サメ，カマス，及びオキサワラ等の冷凍魚或はサンマの角煮であった．

ii) 汚染魚調査結果の概要としては，マグロ類としては一般に市場価値が高い為に丁寧に扱われており，これらの汚染はその表皮のみに限られており表皮をはいだ場合には反応は陰性となった．又一部のものに於ては魚全体が陰性のものがあったが，これは魚倉のト部におかれていたものと思われ魚倉上部におかれていた程その汚染は大と推察された．又水揚げの際甲板上をひきずって汚染されたものとしては表皮の脱落した部分に特に反応は陽性として表われ結局汚染源としては直接降灰を受けたもの，水揚げの際の汚染によるものの2通りに分けられると考えられる．サメ及びサメのひれ等は市場価値が低いために一般にまぐろ類程丁寧に扱われない為か特にその汚染は著しかったが，やはりまぐろと同様表皮のみの汚染で内には全く反応は認められなかった．サメのひれについては，これは甲板上に乾燥するためにつるしておく関係上降灰を直接受け漁獲物中最高の汚染度を示した．その他のものについても，サメと同様市場価値の低いものは直接降灰による汚染と推定される汚染状態を示しており，特にさんまの角煮等水洗不十分のために反応は陽性を示したと推定された．

iii) 放射能汚染魚の処理は3月20日焼津市焼津港魚市場対岸の埋立地を選んで長さ15m，幅2m，深さ3mの穴を穿ち埋没処理を行い，土盛は1mとした．埋没地附近の汚染調査の結果反応は陰性であった．

e) その他の汚染調査について

3月17日午後7時より焼津魚市場第1号売場（第五福龍丸漁獲物の水揚げ場所）を調査するに海面に接近する凹凸が激しい箇所に汚染が認められたので即時洗滌せしめ翌18日の調査によって使用可否の結論を出すことにした．尚一部について十分水洗を実施した所殆んど汚染は除去されることが証明された．

3月18日同魚市場を再調査するに反応は陰性で明日からの使用が可能な事を通知した．

3月21日先に第五福龍丸関係の魚類を保管した漁連倉庫を調査するに入口，窓わく及び床面より微量の汚染を認めたので十分な水洗処理をすべく指示し22日調査するに反応は陰性となったためにその再使用可能な事を通知した．

3月22日第五福龍丸関係の魚類を運搬したトラック及び三輪車を調査した所，トラック1台より100cpmの汚染を認め十分な水洗を指示した．

尚魚市場に於て福龍丸漁獲物の処理をなした人，或は入港後船内に出入した人，船体の修理大工，廃棄魚の処理をなした人等直接放射能汚染物に手をふれた人達については常にその汚染管理をなし，汚染が認められた場合には直ちに適宜に指示を行った．

〔後記〕 詳細は静岡衛生部公衆衛生課日誌に記されている．

Ⅱ 第五福龍丸の放射能

4月16日以降，科研山崎氏に協力して第五福龍丸船体各部の放射能を定期的に測定し，その減衰の様子を明かにしようとした．

別に各汚染部の汚染の状態を明かにする目的で Autoradiography を試みた．

放射能の測定

1. 減衰の測定

測定点を定めて，その点について科研ローリッチェンエレクトロスコープを三脚台上（高さ約25cm）にとりつけγ線を測定した．

2. 細部の放射能

細部については随時ニュークリヤ製カウントレートメーターを用いて（β+γ）線を測定した．

3. 各汚染物及び汚染部の放射能
Autoradiograph

1. 減衰測定

測定点 \ 月日時	4月16日 Pm	4月26日 Pm 3	5月6日 Am 11	5月15日 Pm 3	5月26日 Pm 2	測定点記号 山崎氏
船尾台上 d/m	16.4	11.5	10.1	7.14	5.59	A
mr/h	4.34	3.04	2.67	1.88	1.47	
ロープ置場 d/m	36.1	26.7	22.8	15.78	12.55	S
屋根上 mr/h	9.55	7.05	6.03	4.17	3.55	
操舵室内 d/m	27.3	20.4	13.4	10.62	9.61	a
台上 mr/h	7.21	5.39	3.54	2.80	2.54	
第4魚倉 d/m	14.6	6.6	4.39	4.33	3.44	G
台上 mr/h	3.86	1.74	1.16	1.1	0.91	
船首丸柱 d/m	7.9	2.3	2.18	1.79	1.14	K
上 mr/h	2.08	0.66	0.58	0.50	0.30	
備考	くもり	くもり	くもり（小雨）	はれ	くもり	
3月1日より	47日	57日	67日	76日	86日	

（註）d/m×0.264=mr/h による．

第五福龍丸船上放射能減衰　4月16日（47日）以降測定
科研ローリッチェンエレクトロスコープ
三脚取付け（γのみ）

考察

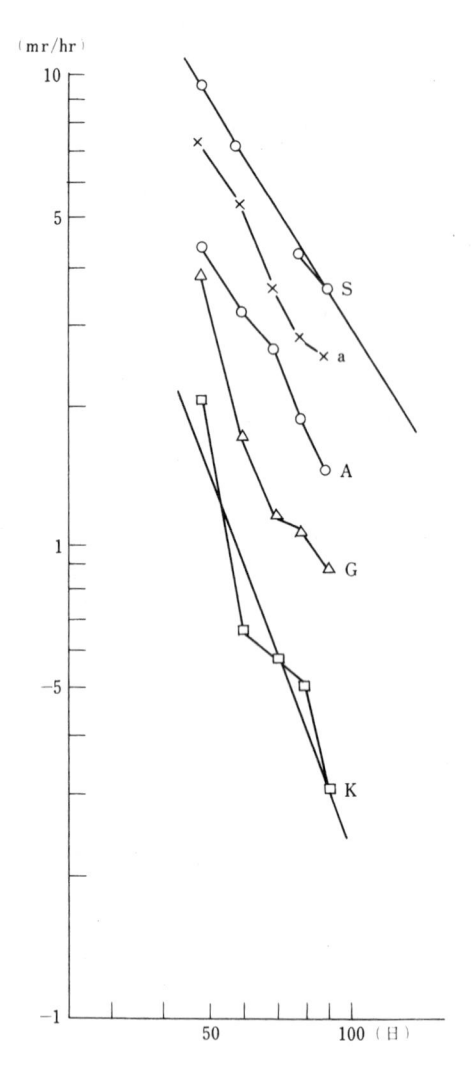

測定誤差を多く含むと考えられるが，S，及びKとを比較してみると，その減衰は大略

$$S: I = Ct^{-1.6}$$
$$K: I = Ct^{-2.4}$$

となり，風雨にさらされた部分とそうでない

第1章 被災状況

部分に於て，灰の場合の不溶性部分，可溶性部分に於けると類似の差が認められ，木質部に滲みこんだ放射性物質は可溶性のものを主とするのではないかと認められる．（灰の放射能及び Autoradiography 参照）

2. 細部の放射能

6月3日船上の荷物整理に際し，その前後の放射能をカウントレートメーター（目盛20, 2, 0.2mr/h）によって（$\beta+\gamma$）線を測定した．

更に船を東京に移送することになり，細部の測定を行うと共に各汚染部のオートラジオグラフを得てその安全性を確めた．

測定月日	6月3日 (荷物整理前)	6月6日 (荷物整理後)	7月13日	8月12日
船　　　　首	1.2mr/h	1.0mr/h	0.8mr/h	0.6mr/h
マ　ス　ト　横	1.5	1.0	0.7	—
第　4　魚　倉	2.2	2.0	0.7	0.7
無　電　室	1.0	2.0	1.0	—
エンジン室	1.9	2.0	1.0	0.9
船　員　室	4.0	2.0	1.6	—
炊　事　場	2.0	1.8	1.6	—
船　　　　尾		1.7	1.2	1.0
ナワ置場上	2.6	2.2	2.2	1.8
操舵室上	1.8	1.5	1.0	0.7
操　舵　室	1.5	1.2	1.2	詳細別記
ビン玉置場	4.2	3.0	1.5	1.5
右舷廊下	—	2.0	1.1	1.0
左　〃	—	1.2	1.9	1.4
流　　　　し	—	2.0	1.2	1.0

ニュークリヤーカウントレートメーターによる　スケール 20mr/h, 2mr/h, 0.2mr/h

操舵室附近〔近接測定〕8月12日

台　　　上	1.2〜1.6 mr/h	床 左 スミ	1.8 mr/h
壁　（左右）	1.2　〃	〃 右 スミ	1.8　〃
床	1.7　〃	右　出　口	2.1　〃
ハンドル	1.3　〃	左　〃	2.0　〃

最終測定　8月22日カウントレートメーター（ニュークリヤー製）

船　　　　首	0.8　mr/h	ドラムカン置場	<2.0 mr/h
前部船室	0.7〜0.8	船　尾　左	1.2
第　2　魚　倉	0.8	〃　　右	1.1
甲　板　左	0.8	右舷廊下	1.3〜1.4
〃　　右	0.8〜1.0	炊　事　場	1.0
左舷廊下	1.3〜1.5	中船員室	1.1
ブリッジ左	1.1〜1.2	無　電　室	0.9
ドラムカン	>2.0	機　関　室	1.0〜1.1
ブリッジ右	1.3〜1.5	操　舵　室	1.2〜1.3
ロープ置場	2.0	操舵長室	1.0
〃	1.0〜1.2	屋　　　上	0.8〜1.0

〔参考〕 第五福龍丸の残留放射能

単位：mγ/h

月日 / 測定場所 / 放射線	17/Ⅲ γ	17/Ⅲ β+γ	20/Ⅲ γ	20/Ⅲ β+γ	24/Ⅲ γ	24/Ⅲ β+γ	26/Ⅲ γ	26/Ⅲ β+γ	16/Ⅳ γ	16/Ⅳ β+γ
船尾甲板	20	30	21	24	18	22	14	16	6.7	7.4
左舷ブリッジ下	42	48	32	33	28	30			9.0	9.4
3番魚倉上	8	10	7	7	6.2	6.5	4.5	4.6	2.0	2.2
船首船員室	12	14	14	14	12.6	13	8.2	8.2	3.8	4.0
無線室	14	18								
機械室上部	20	20	18	18	16	16			5.6	5.6
機械室天井	30	32	20	10	18	20	15	18	5.8	6.4
機械室船員室	60	80	72	72	55	60	40	45	16.9	16.9
機械室船員室天井上	95	100	90	92	75	75			25.0	25.0
ボートデッキ縄置場	100	110	75	80	40	48	40	40	17.0	18.0
船長室	45	45			18	18				
操舵室	30	32	26	27	10	10	8	8	5.4	5.6
ボートデッキ縄	80	95			55	60	50	55	18.0	21.0
第4船倉	10	10			4	4	3	3	1.2	1.2

(『医療』第9巻第1号, 55.1)

〔参考〕 患者の草履底砂の放射能減衰経過

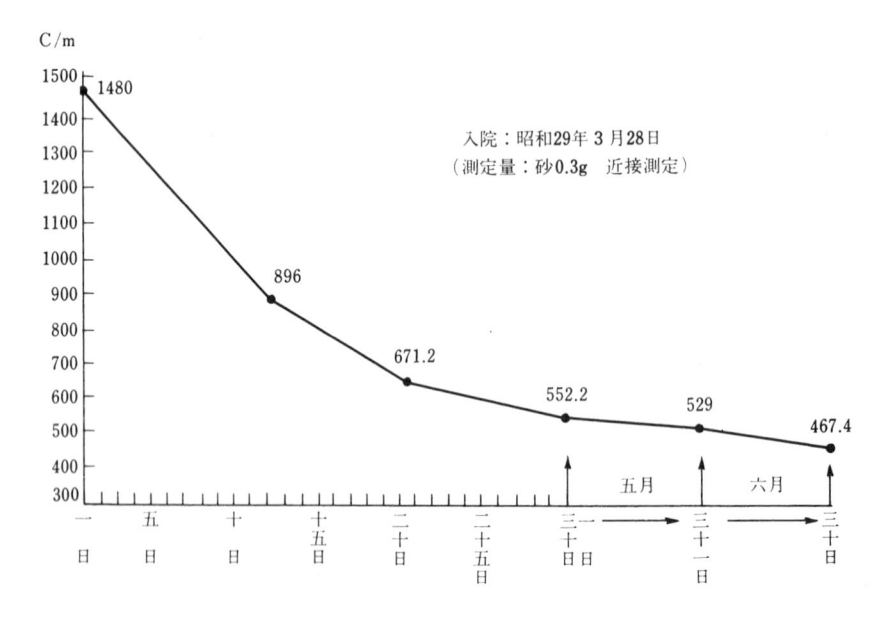

入院：昭和29年3月28日
（測定量：砂0.3g　近接測定）

(『原水爆被害調査研究報告』41ページ)

第2章　乗組員の症状経過と久保山氏の死亡

〔概　要〕

　第1節は「乗組員の症状経過」であるが，1—1にかんしていえば，新聞記者にたいしてこのような病状発表が行われるのは，政府要人あるいは皇室関係者などの場合を除いて，異例のことであった．

　乗組員の症状についての医学的報告は数多くおこなわれており，英文のものもだされている（巻末文献目録参照）．ここでは，全体を総括的に理解することができると思われる論文（1—2）を収録した．第五福龍丸乗組員は国立東京第1病院と東京大学附属病院に分かれて入院したが，これはその両方に入院した乗組員の臨床報告である．

　1—3は前の2項の論文を補う意味で，主として乗組員の放射能汚染状況にかんする資料ならびに精液など生体への影響にかんするものの若干を収録した．

　第2節2—1は，久保山氏の剖検報告である．この報告は最初，雑誌『医療』（国立病院療養所機関誌，55.1）に発表され，その後，原水爆被害研究報告に「放射能症による死亡例の病理学的研究」として若干の補足が行われて正式に発表されたものである．これは，原本がガリ版であり，活字になるのは本資料集が最初である．

　第2節2—2, 2—3, 2—4は，広島・長崎の原爆被爆調査のときの医療関係の責任者でもあり，ビキニ被災の調査でも指導的役割をはたした都築正男博士の報告をはじめ，一般の雑誌，あるいは新聞などに発表されたもので，かならずしも専門的知識がなくとも理解できる．

第1節　乗組員の症状経過

1—1　原爆症調査研究協議会臨床小委員会（臨床部会）の発表文

　3月28日，ビキニ灰による被災者を東大病院に5名（予め入院のもの2名を加えて7名）東1病院に16名収容した．

これらの被災者の症状は軽重の差はあるが，凡て放射能灰による急性放射能症である．

体内外の放射能については入院当初体表に可なり著しく認められたが其後適当な処置により減少し，また尿中の放射能も現在では微量に存在するのみとなった．

症状の概略を体表面の外傷と内臓器特に造血臓器の障害に分けて述べれば次の如くである．

外傷は全員共頭部並びに上半身に脱毛，色

素沈着，皮膚炎，潰瘍，膿痂疹，水疱等として認められたが，入院後の処置によって次第に治癒に向いつつある．ただし，現在でも若干名においては頭部に広範囲の脱毛其の他を残すものがある．

当初から最も懸念された造血臓器の障害は，血液中の白血球，血小板，赤血球の減少及び骨髄中の実質細胞の高度減少として認められたが，入院後も引続き増悪し，特に数名においては，一般状態も悪く，白血球数，1立方粍中1,000個前後を上下し，骨髄細胞数，1立方粍中1万台を持続した．即ち血液学的には，急性汎骨髄癆の状態と診断される．

これらの数例においては，充分量の輸血並に造血剤の投与にもかかわらず白血球数，血小板数の増加を来さざるのみか，一部には出血傾向を認めるものも生じ，また，強力な抗生剤の投与にもかかわらず，39度に及ぶ発熱を来し，常に予後に対する危惧をいだかしめた．

この状態は入院後，現在まで続きその真相については患者治癒上の影響を慮って発表を控えざるを得なかった．漸く最近に至って発熱者も平熱に復し，またこの一両日以来，これら重症者の一部にもはじめて白血球数の増加上昇の傾向を認め，稍愁眉を開かしめた如くである．但し，未だ骨髄中の実質細胞の増加が見られない点に危惧が残る．

吾々は引続いて鋭意治療に専念しつつある．不幸な今回の被災事件において，まず第一にこれらの被災者の中から1名の犠牲者をも出さなくすることが吾々の焦眉の義務でありまた凡ての立場の人々の念願であると信ずる．

東京大学医学部附属病院長　美甘義夫
国立東京第1病院副院長　　栗山重信
〔編集者注　4月14日発表〕

病状発表

ビキニ灰による放射能患者（東大病院7，東1病院16名）のその後1週間の容態は，各人によって幾分の変動があるが，全般的に前回の発表以来著しい変化はない．

骨髄細胞数は総体にむしろ減少の傾向を示し，若干名においては依然1万台，中には1万を下廻る者すらみられ，依然汎骨髄癆の状態を脱していない．

このような状態が長期に及ぶことは，患者の予後に対して事態が極めて重大であることを憂慮せしめる．

一般症状としても前回ほぼ安定した発熱も若干名において不定期にみられ，食慾不振を訴える者も目立って来た．

血液学的障害に較べて患者の状態が見かけ上良好にみえるのは，この種疾患の特徴であり，治療の影響もあり，これを以て楽観的徴候とするに足りない．

血液中の白血球については，既報の如く一部にやや増加した者もあるがその程度は希望の如くには進んでいない．但しこの所見のみが現在唯一の希望であり我々の努力も一にこれにかかっている．

昭和29年4月20日
東京大学医学部附属病院長　美甘義夫
国立東京第1病院副院長　　栗山重信

ビキニ被災者現在（4月23日）迄の病状経過

一．ビキニ海域被災漁夫23名は，3月28日，東大病院に5名（予め入院の者2名を加えて7名），国立東1病院に16名を収容した．

これら被災者の病名は放射能灰による放射能症である．容態は各人により軽重の差異はあるが，特に重症者に於ては楽観を許さない．

放射能症は全身病で，外部照射の場合には外傷があるが，元来臓器特に造血臓器の障害を主とする．又この際臓器障害程度の割合に一般状態の外観上良好にみえることが特徴であり，しかも被爆4〜6週後において状態が悪化し死亡する場合のあることが前の広島，長崎の例でも知られている．従って今回の被災が放射能によるものであることを確認して以来，我々は，はじめから当初の症状の如何にかかわらず事態の重大さを憂慮し言明して来た．

一．症状の最も直接のあらわれは血液中の白血球，血小板，赤血球の減少に認められる．

白血球数は全員を通じて種々の程度に減少し，しかも入院後に著明になっている．特に数名においてはその程度は著しく1,000個（1立方粍中，以下同じ）前後を上下した．

第2章　乗組員の症状経過と久保山氏の死亡

血小板数も同じく総員に於て減少し、上の数名に於ては1～3万台を示す期間が続いた．

赤血球も減少の傾向を示したが，これは直ちに行った輸血により悪化せしめずに終っている．

これらの血液所見は勿論骨髄における造血障害にもとづくもので，骨髄穿刺による細胞数は殆ど全例において減少を示し，特に上記重症の数名においては1万台を持続し現在もなお増加を示さないものがある．検鏡所見は骨髄中の実質細胞の減少，即ち赤芽球（赤血球の母細胞），骨髄球（顆粒白血球の母細胞）は極度に減少し，骨髄巨大細胞（血小板の母細胞）は殆ど認められない．ただ形質細胞或は淋巴球様細胞その他の細網細胞の残存増殖が認められる．

即ち血液学的には急性又は亜急性の汎骨髄癆の状態と診断される．

一般に汎骨髄癆は往々不明の原因によって起ることがあるが，そのような場合は予後は全く不良であり放射性物質等原因の明らかなものの一部に於てのみ恢復の希望がもたれることが医学上の常識である．

今回の被災が果してこの恢復可能な場合であるか否か，我々の望みは一にこれにかかっている．従って被災者の病因が体外よりの外部照射であるか，或はこれに加えるに体内に残留する放射性物質による内部照射であるかは，しばらく問題が小さい．我々は取敢ず患者の現状態を恢復せしめることを急務としている．幸に若し体内に残留した放射能が少ないならば患者将来の予後に対して喜ぶべき事柄である．

一．治療処置と経過

治療については外傷の手当は勿論当院入院前既に焼津において全員にペニシリンの注射を行い，白血球減少高度の者に対しては輸血を行った．入院後は更に厳重な安静と栄養を保たせると共に，充分な量の輸血と多種類の抗生物質の投与（ペニシリン，ストレプトマイシン，アクロマイシン等）を行い，考えうる限りの造血剤の綜合療法を行った．

これら治療の実施にもかかわらず血液中の白血球数，血小板数並びに骨髄細胞数は容易に増加せず，一般症状の上でも前記数名においては39度に及ぶ発熱を来し又時々鼻血，歯齦出血，皮下出血斑等の出血傾向を認め常に予後に対する危惧を抱かしめた．

漸く最近にいたってこれらの症状も漸次軽減し，四月中旬において初めてこれら重症者にも白血球数，血小板数等の上昇傾向を認めるに至った．但し，その後の検索においても骨髄細胞数は未だ明らかな増加を示さず，或は骨髄障害の状態が急性から亜急性の型に移行しつつあるかも知れぬことを憂えている．

尚体表の外傷については全員共に当初頭部，上半身に脱毛，皮膚炎，潰瘍，膿加疹，水泡，壊死等が認められたが，その後の治療によって次第に治癒に向いつつある．但し現在でも若干名に於て頭部に広範囲の脱毛その他を残

患者血液，骨髄所見例

	3月下旬	4月上旬	4月中旬
患　者　A			
白血球数	2,100	1,000	3,600
血小板数	19,000	10,500	90,000
骨髄細胞数	16,000	23,000	12,000
患　者　B			
白血球数	2,000	1,300	2,300
血小板数	28,000	15,000	10,800
骨髄細胞数	99,500	21,000	10,500
患　者　C			
白血球数	1,900	1,000	2,100
血小板数	25,000	25,000	28,000
骨髄細胞数	12,000	17,000	12,000
患　者　D			
白血球数	5,300	2,800	1,900
血小板数	13,000	43,000	80,000
骨髄細胞数	—	19,000	9,000
患　者　E			
白血球数	4,000	1,500	1,900
血小板数	39,000	15,000	60,000
骨髄細胞数	—	16,000	8,000

註　白血球，骨髄細胞，血小板の正常値数は次の通り（数字はいずれも1立方ミリ中の数）
白血球　　　　6,000～　8,000
骨髄細胞　　100,000～200,000
血小板　　　150,000～250,000

―以上―

〔編集者注　4月26日，外務省を通じ米国へ通知されたもの〕

すものがある．

我々は引続いて鋭意治療に専念しつつある．最後に我々の念願は常に患者総員の恢復治癒である．現在のすべての処置にもかかわらず若し万一にも治療上更に望ましいことが見逃がされている恐れがないかは我々の最も懸念しているところである．この際国の内外を問わず専門的な情報に対しては何時でもこれを受け入れる用意がある事を重ねて強調しておきたい．

重症者の細胞数の変動の概要は別表に掲げた通りである．

　　　昭和29年4月23日
　　　　原爆症調査研究協議会臨床小委員会
　　　　東京大学医学部附属病院長　美甘義夫
　　　　国立東京第1病院副院長　　栗山重信

病状経過——昭和29年4月27日発表〔略〕
病状経過——昭和29年5月4日発表〔略〕

病状経過（29．5．18午後6時）

ビキニ被災者5月4日発表以降の病状は，全般的にやや良好といえるが，2，3の者においてはなお憂慮の域を脱していない．

一般症状については，若干名における疲労感及び食慾不振等の症状は未だ回復していない．

なお，今期間においては肝腫脹を有していたもののうち，軽度の黄疸を示すものが現われたが，今後の経過を注目している．

白血球数は，重症者においても3,000～5,000台に増加しているが，なお，2,000台のものもある．

また，骨髄細胞数に関しても増加の傾向を示し3～5万台になっている．但し，これらの回復状況は時日の経過に比して遅く，少数の重症者については，更に余病の可能性もあり，依然安易な楽観は許されない．その他の患者については，大多数において白血球数4,000～7,000を動揺し，骨髄細胞数は5～10万の間にあり，徐々乍ら回復の状況にあると推定される．

　　　　原爆症調査研究協議会臨床部会
　　　　東京大学医学部附属病院長　美甘義夫
　　　　国立東京第1病院副院長　　栗山重信

症状発表

ビキニ被災患者その後の症状は5月18日発表以来著しい変化はなく，回復の遅いことが注目される．

白血球数は被爆3ケ月後の現在においてもなお2,000台を示すものがある，また若干名においては軽度の貧血が認められる．

骨髄細胞数は全般的には依然少く，穿刺部位によって時に，増加して認められるに過ぎない，即ち骨髄は未だ無形成の状態を脱せず，唯その中に散在性に細胞の再生が起りつつあるものと考えられる，従って現在の状態は急性期を過ぎ，亜急性または慢性の型に移行しつつあると云える．

一般症状についても，疲労感，倦怠感がとれず食慾の不振も改っていない．また容易に胃腸障害を来し，軽い下痢を続けるものもある．

肝腫脹，機能検査所見及び黄疸の発現等から若干名における肝の機能障害も否定できない．

　　　6月1日
　　　　原爆症調査研究協議会臨床部会

症状発表

ビキニ被災患者その後の症状は6月1日発表以後特に著しい変化はない．重症者における4ケ月間の回復状況は広島，長崎の例に比べて遅れている様である．

白血球数は少数名においては，未だ2,000～3,000台に止っており他は4,000～6,000台を動揺している．別に軽度の貧血が認められる者もある．

骨髄細胞数も穿刺の場所によって相違があるが著明な増加を示した者は少い．特に中には穿刺部位の如何に拘らず常に5万以下の低値を示して居るものがあり，なお慎重な観察を必要としている．

一般症状については漸次改善されつつあるが，一般に容易に胃腸障害を起し，食慾不振を訴える者が多い．

黄疸については，その後も数名の者に新たに認められたが，経過は順調である．しかし

別に軽度の肝臓障害の推定されるものが若干名ある．

> 昭和29年6月29日
> 原爆症調査研究協議会臨床部会
> 東京大学医学部附属病院長　美甘義夫
> 国立東京第1病院副院長　　栗山重信

臨時発表

ビキニ被災重症患者の1人久保山愛吉氏（40歳，無線長，国立第1病院入院中）は，6月下旬より肝障害を起し，（既報）その後一進一退の状態で経過していたが，8月20日頃より黄だん増強，昨29日より意識こん濁し，重態に陥った．

> 昭和29年8月30日
> 原爆症調査研究協議会臨床部会
> 東京大学附属病院長　美甘義夫
> 国立東1病院副院長　栗山重信

症状発表──昭和29年8月31日発表〔略〕

新聞発表

1. 久保山愛吉氏の病状について
　　患者は，ビキニ灰被災者中の重症者の1人で，4月中旬白血球数は約2,000，骨髄細胞数は1万前後であった．
　　白血球数は，漸次増加し，5月中旬より5,000～6,000台となった．6月下旬より肝障害が現れ，次いで黄だんを伴い，7月下旬に一時軽快したが，8月上旬再燃，中旬に再び軽減し，更に8月20日より3度増強した．8月29日意識こん濁を来し，31日より昏睡に陥り，9月2日には全身衰弱の徴が見られた．
　　その後9月3日より覚醒の徴しが見え，4日朝より意識が恢復し出したが，現在もなお完全ではない．
　　又肝障害も尚高度に存し，前途は楽観を許さない．
2. その他の患者については，一般症状，肝障害及び白血球数等は8月31日の発表と変りはない．
> 昭和29年9月7日　午後5時
> 原爆症調査研究協議会　臨床部会

> 国立東京第1病院副院長　栗山重信
> 東京大学医学部教授　　清水健太郎

臨時発表

久保山愛吉氏は，昭和29年9月23日午後6時56分逝去せられた．

> 昭和29年9月23日
> 国立東京第1病院副院長　栗山重信

新聞発表──昭和29年9月28日〔略〕

発　表

1. ビキニ被災患者の病状中肝障害については一部になお回復せず，黄疸の軽度の増強を示しているものもあるが一般には経過良好である．
　若干名における胃腸障害や食慾不振はまだつづいている．
　白血球数は前回9月28日発表のときと変りなく数名では尚2,000～3,000台を示している．
2. (イ)久保山氏の病理解剖学的検査に依って肝臓に重い変性硬化像を認め腎臓にもこれに続発したと思われる変性病変が夫々組織学的に証明され，肺炎は糸状菌により末期に起ったものと判明した．
　尚引続いて各々専門的に研究中である．
　(ロ)身体各部分の放射能の測定に就いては中間的に次の結果が得られた．
　　1. 肝臓100瓦より得られた3.1瓦の灰分に毎分37カウント
　　　肺臓140瓦より得られた0.88瓦の灰分に毎分15カウント
　　　腎臓80瓦より得られた0.74瓦の灰分に毎分16カウントの放射能が検出された．
　　2. 現在各資料について，カリウムの分離及び核分裂生成物の放射化学分析を行っている．
> 昭和29年10月5日
> 原爆症調査研究協議会臨床部会

1—2　ビキニ放射能症の臨床並に血液学的観察（第14回日本医学会総会血液学会総会特別講演, 55. 4. 2)

(東京大学医学部：三好和夫, 国立東京第1病院：熊取敏之)

I. 緒言

昭和29年3月1日ビキニ海域において放射能灰を浴びて被災した23名の患者の, 被災略2週間後から現在（略々1ヵ年後）までの, 臨床並に血液学的観察の概略を報告する．

本観察並に研究の詳細については, 後日, 両病院の名で改めて発表される筈であり, また本報告中の専門的事項についても, それぞれの関係者から別に報告される筈である.

患者達は昭和29年3月15日より28日までの間に東京に移され東大病院（院長美甘義夫教授）に7名, 国立東1病院（院長坂口康蔵博士）に16名を収容し現在に至っている. この中, 東1病院入院中の重症者の1名は9月23日死亡した．

II. 被災経過

患者は23名で, すべて18～39歳の男子漁夫である．（表1）

昭和29年3月1日未明, ビキニ海域（当時設定の危険区域外, 核分裂中心点より略々80哩と推定される）において約100トンのマグロ漁船第五福龍丸に乗り, 全員はえ縄作業に従事中, 午前3時50分頃突然巨大な閃光に照らされ, 続いて爆音を聞き, その後約3時間を経た7時頃より, 時に小雨交りの放射能灰を約4時間に亘って被り, 1人残らず全身傷害を受けて2週間の後3月14日母港焼津に帰ってきた．

被灰状況

この状況を昭和29年8月東大病院において患者とともに毎日新聞社の協力をえて行った再現実験時の写真を以て示す. 実験に用いた灰は後に調査船俊鶻丸が同じくビキニ海域から持ち帰ったサンゴ礁を打砕いたものである.

降灰は断続して行われたが, 降りしきる時は目や口も開いていられなかった程度（写真1〔略〕）であり, また甲板上に降った灰の厚さは, 被災者達によって足跡のつく程度と表現されている（写真2〔略〕）．

表1 被災患者

症例番号	姓　名	年齢	性	収容病院名
T—1	鈴木鎮三	27	♂	東京大学附属病院
T—2	服部竹治	38	〃	〃
T—3	見崎吉男	28	〃	〃
T—5	高木兼重	30	〃	〃
T—6	安藤三郎	28	〃	〃
T—7	増田三次郎	27	〃	〃
T—8	山本忠司	26	〃	〃
K—1	池田正穂	22	〃	国立東京第1病院
K—2	増田鏡之助	25	〃	〃
K—3	斎藤明	25	〃	〃
K—4	吉田勝雄	24	〃	〃
K—5	半田四郎	22	〃	〃
K—6	川島正義	26	〃	〃
K—7	増田祐一	18	〃	〃
K—8	久保山志郎	23	〃	〃
K—9	平井勇	22	〃	〃
K—10	鈴木隆	24	〃	〃
K—11	小塚博	23	〃	〃
K—12	細根久雄	18	〃	〃
K—13	筒井久吉	22	〃	〃
*K—14	久保山愛吉	39	〃	〃
K—15	見崎進	27	〃	〃
K—16	大石又七	20	〃	〃

年齢は昭和29年3月28日現在のもの
*昭和29年9月23日死亡

降り積った量は実験灰について4～8mg/cm^2 となる．（これより当時の灰の放射能の強さが推定されるが検討中）．

III. 被災当時の患者の服装と放射能灰の付着

被災者達は作業衣, 即ち帽子, 防水用前掛, ゴム長靴等を着用し, 偶然ながら放射能灰に対して相当の防護服であったことが分る（写真3〔略〕）．

また, 灰の付着した有様を写真4, 5, 6〔略〕に示す．

IV. 船体への灰の付着

図1の上方は甲板上に灰の積った状態を示してある.

色の薄い部は甲板掃除, 風雨その他によって速かに除去された部分, 斜線の部は縄, 船具その他に付着して遅くまで取残された部,

第2章　乗組員の症状経過と久保山氏の死亡　　　263

○印はそれぞれの船員をあらわすが図に見るように後部の船室にいたものは多く線量を受け、しかも寝台の上段にいたものの方が一層多い．

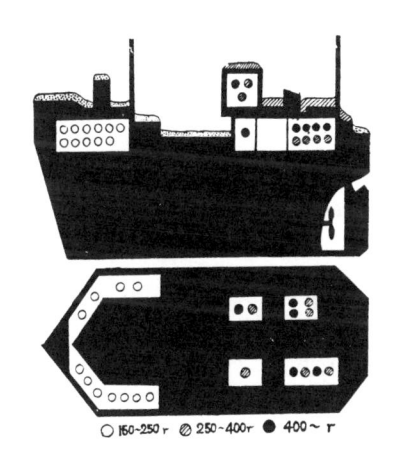

図1　船体への灰の附着と船員寝室の見取図
Ashes adhered to the body of boat, and fishermen in their bed-rooms

しかし，降灰時には全員甲板上で作業に当っており，その状況は略々同様であったと想像される．

V. 放射能灰の放射化学分析

船員の持ち帰った灰や船体に付着した灰は本邦各地の研究室で分析されたが，白色の粉末で，主に生石灰（CaO）からなる．

放射能は，木村研究室の検索成績B-1)によれば，昨年（昭和29年）4月23日現在で0.37m curie/gm，減衰曲線から換算して被爆当日午前7時では1.4curie/gmと推定される．

灰の分析表（表2）一同じく木村研究室の成績B-1)であるが，約30種（7元素，27核種）の核分裂産物と微量の誘導放射性物質が確認され，臨床上の意味からは，50%の希土類元素，20%のウラン，また微量の Sr の存在が注目される．

放出される放射線は，主にβ線，γ線である．

表2　ビキニ灰中に確認された放射性核種（東大木村研究室）
Table of radio-chemical analysis of the Bikini ashes (Kimura's Laboratory, Tokyo University)

元素	核種	β-崩壊速度 1954.3.26 現在	半減期
ルテニウム	Ru-103	⎫	39.8 d
	Ru-106	⎬	1.0 y
ロジウム	Rh-106	⎭	30 s
テルル	Te-127	⎫ 15±5	9.3 h
	Te-129m	⎬	33.5 h
	Te-129	⎭	72 m
沃素	I-132		24 h
ジルコニウム	Zr-95	5±2	65 d
ニオブ	Nb-95	3±1 ⎫ 8±3	35 d
	Nb-95m	— ⎭	90 h
カルシウム	Ca-45	0.2±0.1	152 d
ストロンチウム	Sr-89	1±0.5 ⎫ 6±2	53 d
	Sr-90	0.02±0.01 ⎭	19.9 y
バリウム	Ba-140	5±1	12.8 d
イットリウム	Y-90	0.02±0.01	61 h
	Y-91	8±3	61 d
ランタン	La-140	6±1	40.0 h
セリウム	Ce-141	7±5	33.1 d
	Ce-144	2±1 ⎫ 50	282 d
プラセオジム	Pr-143	16±5 ⎬ ±20	13.7 d
	Pr-144	2±1 ⎭	17.5 m
ネオジム	Nd-147	9±4	11.3 d
プロメチウム	Pm-147	—	2.6 y
ユウロピウム	Eu-156		15.4 d
ウラン	U-237	20±10	6.75 d
プルトニウム	Pu-239	$\alpha(4\pm2)10^{-4}$	24,360 y
硫黄	S-35	0.2	87.1 d

〔s=秒，m=分，h=時間，d=日，y=年〕

VI. 外，内照射の様相

以上の状況から明かなように被災者には，図2の如く放射性物質が障害を及ぼしたと思われる．

即ち，

A）身体表面に直接付着した放射能灰による傷害（主にβ線）．

B）船室，甲板，その他における全身外部照射（主にγ線）．

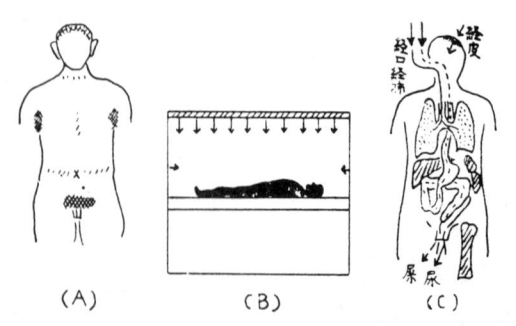

図2 外内照射の模型図 灰の入った経路を示す
Schema of the external and internal exposure
The routes of the invasion of the ashes into the body

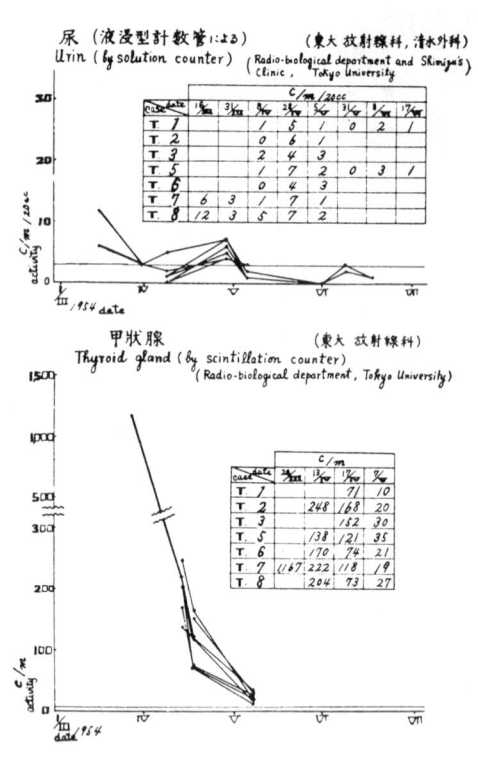

図3 尿, 甲状腺の放射能
The radioactivity in urine and thyroid gland

C) 降灰時に気道や口から, また傷口から, その他飲料水食物等から体内に入り, 各臓器を通過し, またそこに付着沈着して行われた内部照射である (主に β 及び γ 線).

臨床資料による放射能
表3は臨床資料による放射能検索成績を表したものである.

量的関係の詳細は目下検討中であるが, 当

表3 臨床資料による放射能*（東大清水外科，放射線科）
（一覧表）
Radioactivity proved in the clinical materials.

資料	患者	計測日	counts/min	量
頭髪	T 7	17/Ⅲ	2625	0.1g
		22/Ⅲ	883	
		18/Ⅳ	<1	
恥毛	T 8	18/Ⅲ	119	0.1g
		26/Ⅳ	<1	
爪	T 7	20/Ⅲ	367	0.1g
		2/Ⅳ	146	
		13/Ⅳ	52	
		17/Ⅴ	11	
		8/Ⅵ	4	
皮膚	T 7	25/Ⅲ	<1	0.1g
筋	T 8	24/Ⅲ	<1	0.1g
骨皮質	T 8	24/Ⅲ	2	0.08g
骨髄質	T 8	24/Ⅲ	3	0.04g
肝	T 5	15/Ⅶ	<1	0.01g
	T 7		<1	
甲状腺	T 7	26/Ⅲ	1167	**
		3/Ⅳ	222	
		19/Ⅳ	118	
	T 8	12/Ⅳ	204	
		19/Ⅳ	73	
血液	T 7	17/Ⅲ	5±3.8	1cc
	T 8		2±3.6	
骨髄	T 1, T 3, T 5	17/Ⅲ	2〜4	0.5cc
穿刺液	T 7	13/Ⅳ	<1	0.05g
	T 8		<1	

資料	患者	計測日	couns/min	量
尿***	T 7	16/Ⅲ	6±2.67	20cc
		8/Ⅳ	1±2.23	
		5/Ⅴ	1+1.89	
	T 8	16/Ⅲ	12±2.36	
		8/Ⅳ	5±2.26	
		5/Ⅴ	2±1.54	
尿	T 7	26/Ⅲ	7	0.1g
		15/Ⅳ	<1	
	T 8	26/Ⅲ	<1	
		15/Ⅳ	<1	
唾液	T 7	26/Ⅲ	<1	1cc
	T 8		<1	
胃液	T 7	25/Ⅲ	5±2.44	1cc
	T 8		10±4.1	
	T 5	23/Ⅳ	<1	
十二脂腸液	T 5	8/Ⅵ	<1	1cc
	T 7		<1	
精液	T 8	21/Ⅲ	1	1cc
	T 7	29/Ⅲ	<1	
脊髄液	T 5	18/Ⅳ	<1	1cc

焼津における検索（西脇氏）			μc	量
頭髪		17/Ⅲ54	0.1〜1.0	1gm
血液	K 6	〃	10^{-4}〜10^{-5}	1cc
尿	T 6	〃	$2×10^{-2}$〜10^{-3}	1gm
	T 5	〃	0.1〜0.01	100cc
尿	K 10	〃	10^{-5}〜10^{-6}	1cc
	K 3	〃		

* GMT にて75cmの距離より計測.
** Scintillation counter にて皮フより 5cm の距離で計測. 尚別表参照.
*** Solution counter にて計測.
1count≒10^{-5}μc (Substandard Sr^{90}—Y^{90})

初は頭髪 0.1〜1.0μcurie/gmを初め（写真7参照〔略〕），体表面に驚く程強くみられる．これらは斬髪並に流水その他によるくり返し洗滌B-6)により表の如く消失したが，爪では相当遅くまで残存した．体内侵入の証としては尿，屎等に或期間引続き排泄され，早い時期には，血液及び骨髄穿刺（3月半焼津における検索成績による）液中にも認められた．

骨皮質，骨髄質は，3月終りに肋骨の試験切除によって検索したものであるが，資料の少いため，はっきりした結果を得ていない．

尿，甲状腺

図3は，尿，甲状腺の放射能を示す．

尿において3月中に認められた放射能は4月には日によって認められる程度に減少し，その後は証明が困難になっている．

また尿中の放射能は不定に出没することが気づかれる．

下は甲状腺部を体表面から測定したものである．他の部に比して明かに高いことが認められる．減衰度は，放射性 I^{131} の半減期8日とほぼ一致している．これは筧，土屋氏等の測定結果であるが，体内臓器に対する沈着度を外部からうかがいうる特別な場合として意義がある．

なお，以上の症例は東大病院入院中の7例についての成績であるが，放射能の量に大差が見られない．内部照射量は，被災者の各人について多少の差のあることも想像されるが，その個々についての相違を明かにすることは出来ない．

外部全身照射

図4は福龍丸船体各部に於ける入港後の放射能減衰に関する山崎，筧両氏の数値B-2)を時間によって置きかえたものである．

減衰曲線の勾配は，各部位によって異るが，平均すると略々 -1.6 となる．この減衰度は灰そのものの減衰度と必ずしも一致しないが，風雨や人為的除去の加わった実際の状況を示す環境的減衰曲線とでも云うべきものと考えることが出来る．従ってこれを被災当時にまで延長すれば，その時の放射能の強さを大まかに推定することが出来る．上の線は量の多い船室のもので被災当日約100r/hである．下の線は少い船室のもので約14r/hとなる．（各船室線量の測定は筧，石川氏と共同で行った）．

これらの数値は勿論，想定勾配のとり方によって大きく左右されるので，著者等は同時に2，3，別の計算を行ったが省略する．

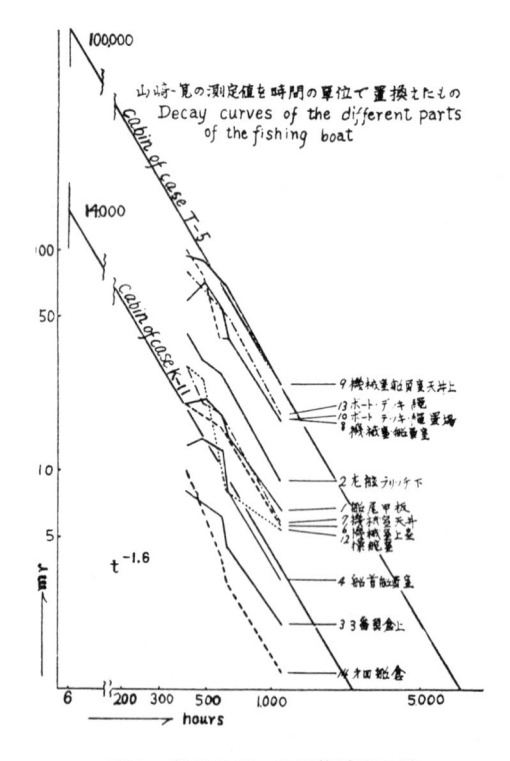

図4　船体各部の放射能減衰曲線

第2章　乗組員の症状経過と久保山氏の死亡

計算数値（外部全身照射）

表4は23人の行動を時間的に精密に調査してその被爆線量を前の方式によって計算した成績である．計算の性質上，数字の細部に意味はつけられないし，また1,2の例外的数値の出ることも除外し得ない．勿論外部照射のみであるが，第1日目で総計の半量が照射されている．表の右端には，白血球の最低値を示してある．即ち多い人々は第1日目量200～350（400）γ，総量で400～600（700）γ，少い人々は第1日目80～90γ，総量160～200γである．

図5は，この外部全身照射線量と，最低白血球数の関連を示したものである．

横軸はγ量で，上段は，第1日目量，下段は14日間の総量を表す．両者の間に相当高い相関関係が見られる．

体内照射

体内照射の存在に関しては既に臨床検査時の成績について述べたが，表5は死亡例の臓器分析表である．

木村研究室の成績B-3)であるが，太線に対して，1,2,3は対照例を示す．

被爆後207日目の死亡，231日目の検索成績である．

放射能の単位は 10^{-12} curie/gm である．

結果は希土類元素，ストロンチウム等が骨に著明に，肝でも少量ながら認められる．むろんこの期に証明されるものは，これらの元素の内，半減期の長いもの（例えば Ce, Pr 等）であるに過ぎない．それらが，患者の予後に与える影響も全く無視することは出来ないが，しかし，現在までの症状と最も大きな関連をもつものは，それらとともに初期に大

表4　外部全身照射推定線量（γ線）個人別（γ）
Supposed doses of the whole body external irradiation in each fisherman

datum case	第1日 1st day	第2日 2nd day	第3日以後 after 3rd day	計 total	白血球数(最低) WBC
T 1	247.35	120.00	128.57	495.92	800
T 2	166.40	76.30	74.96	317.66	2,800
T 3	239.50	81.80	82.06	403.36	1,350
T 5	389.90	158.24	162.52	710.66	1,000
T 6	97.60	38.76	44.88	181.24	2,650
T 7	129.35	41.10	52.06	222.46	3,000
T 8	329.30	120.00	135.70	585.00	2,100
K 1	192.42	83.60	84.78	360.80	2,950
K 2	165.45	40.75	47.33	253.53	2,500
K 3	107.50	44.70	52.89	205.09	2,800
K 4	80.53	42.45	46.60	169.58	3,200
K 5	104.43	36.30	50.11	190.84	2,300
K 6	172.18	63.31	86.78	322.27	2,300
K 7	235.07	66.20	77.86	379.13	2,550
K 8	183.16	85.00	97.87	366.05	2,150
K 9	282.50	111.60	126.49	520.59	1,500
K 10	115.16	51.45	59.06	225.67	3,000
K 11	93.48	29.70	38.44	161.62	3,300
K 12	96.52	42.35	50.30	189.17	3,700
K 13	198.32	63.40	68.22	329.94	2,150
K 14	152.30	125.00	192.88	470.18	1,950
K 15	106.62	38.47	63.64	208.73	2,900
K 16	104.94	39.30	44.70	188.74	2,800

船体の放射能減衰 $t^{-1.6}$（実測平均）として計算

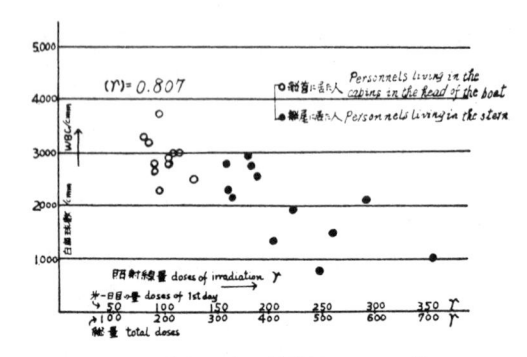

図5　外部全身照射線量と白血球数
Correlation between the supposed doses of external irradiation and the minimal number of W.B.C.

表5　剖検例の臓器放射化学分析（東大木村研究室）
Radio-chemical analysis of the organs of a fatal case (K-14) (Kimura's Laboratory, Tokyo University)

		Liver	Kidney	Lung	Spleen	Muscle	Bone
Ru+Te	K-14	<0.1	<0.9	<0.1		0.2	2
	1	<0.1	<0.5	<0.1	<0.1		<0.1
	2	<0.1	<0.1	<0.5	<0.5		—
	3	<0.1	<0.1	<0.1	<0.1		<0.5
Zr+Nb	K-14	1	1	0.4		0.3	2
	1	<0.1	<0.5	<0 1	<0.1		—
	2	1	<0.1	<0.2	<0.5		—
	3	<0.7	<0.1	<0.1	<0.1		—
Rares	K-14	2	1	0.5		0.5	20
	1	0.2	<0.5	<0.1	<0.1		<0.1
	2	0.6	4	0.5	<0.5		<0.5
	3	0.4	<0.1	<0.1	<0.1		<0.5
Sr	K-14	0.6	0.4	~0.1		0.1	1
	1	<0.1	<0.5	<0.1	<0.1		<0.1
	2	<0.1	<0.1	<0.2	<0.5		<0.5
	3	<0.1	<0.1	<0.1	<0.1		<0.5
計	K-14	3.6≪3.7	3.3	0.9≪1.0		1.1	23
	1	<0.5	<2	<0.4	0.1≪0.3		<0.3
	2	1.6≪1.8	4≪4.3	1 0≪1.4	<2.0		<1.0
	3	<1.3	<0.3	<0.4	<0.3		<1.5

10^{-12} curie/g fresh weight 231st day after the explosion;
Rares: rare earth elements; 1, 2, 3: normal controls.

量に体内に侵入した半減期の短い元素群の影響である．

なお，肝の証明数値は少いようであるが，別に行われた動物実験成績B-4)における骨対肝の放射能比率から考慮すれば意味のある数字と言えよう．

内部照射線量の推定

この成績に基いて頭初より被災者の蒙った内部照射線量を推定することは困難で，なお検討中であるが，図6に大阪市立医大西脇氏の成績B-4)の一部を引用する．

表では臓器沈着の時期を $1/2$ 日とし，侵入放射性物質の生物学的半減期を，文献並に同氏の今回の動物実験成績B-4)を基として，幅をもたせて二通りに計算してある．両者間に相当の隔りがあるが，概略その中間をとれば，骨では9月までに数十 rep，肝臓では大凡数千 rep の線量となる．（ただし主として β 粒子による）．

以上総括すれば今回の被災の原因については外部照射と内部照射の両者が加わっていることが特徴である．

VII. 一般症状

被災直後，頭痛，悪心，嘔吐等いわゆるレントゲン宿酔及び結膜刺戟症状，その他，下痢等を起したが，続いて皮膚症状，脱毛，発熱等がみられている（表6）．

入院時（被災略々1カ月）頃より，全身疲労，倦怠感，食欲不振が増強し，数名においては，さらに39°Cに及ぶ発熱を来たした（図7）．図7にはなお種々の治療処置（後章参照）が記入してある．また少数例においては軽度の出血性素因を呈した．

これらの症状は，その後漸次快方に向ったが，その後も，食欲不振，不定の発熱を呈したり，不眠や下痢を起し易いものが多く，体重の減少の著しいものもみられる．

以上の症状は，いずれも続いて述べる血液並に肝症状等の増悪経過に該当するものであるが，全般的に昭和29年末漸く快方に向った．しかし現在でもなお回復は充分ではない．

図6　骨・肝における推定内部放射線量（西脇）
The calculated dose of internal irradiation (bone and liver) (NISHIWAKI)

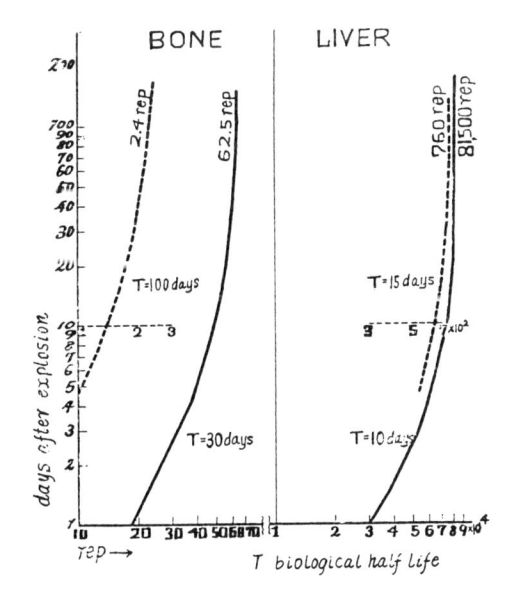

270 第2編 第五福龍丸と乗組員の被災をめぐって

表6 初期全身症状（被災後1.5カ月迄）
Initial general symptoms and signs

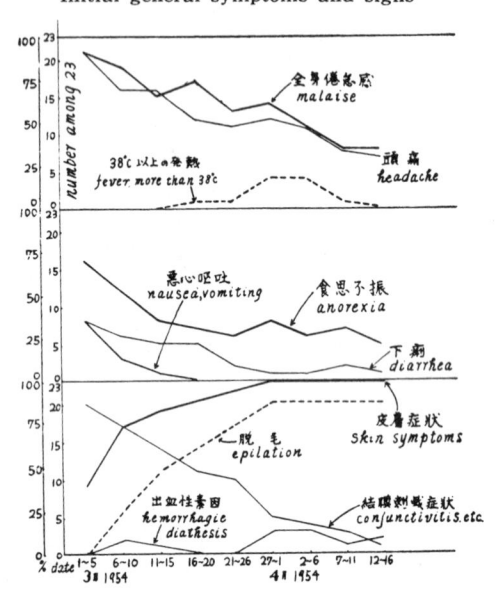

各症状について患者23人中の人員数とその％を示す

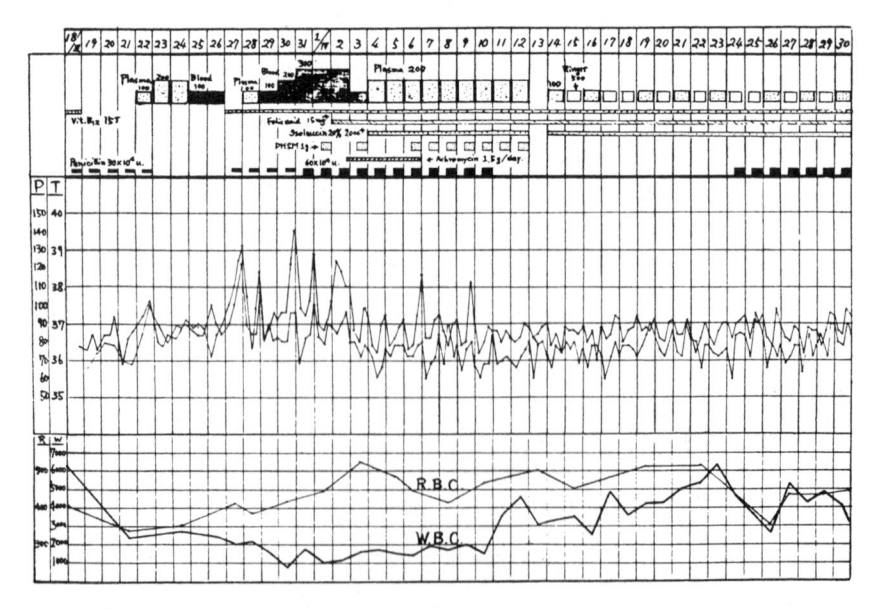

図7 温度表 T-1 例 Evolution of Temperature, W.B.C. and R.B.C., and Treatment

VIII. 体表の変化

（記載並に写真東大清水外科）殆ど全例において後部頭髪の脱落と（写真8〔略〕），頸部，胸部（写真11〔略〕），手腕部（写真12〔略〕），に放射線皮膚炎を生じ，特に2名（被災当時無帽）においては，全頭髪の脱落と頭部に広範囲の壊死，潰瘍を来たした（写真9, 10〔略〕）．これらは最後のものを除いて次第に治癒したが，現在に至るまで皮膚化膿症を起す者が多い．

IX. 血液所見

白血球数の変動による全例の概観：図8は初期2, 3ヵ月間の白血球減少の有様を示す．

細線は京大天野氏A-1)の作製による広島例である．太線はビキニ例であるが，いずれも被災後，ほぼ1ヵ月で最低を示している点は類似している．

ただ，ビキニ患者では，回復の度が既に遅いことが気づかれる．

図9は同じく京大脇坂氏A-2)の広島例の表に書き入れたものである．

白血球数の全経過を重ねて示し，極期に白血球数が1,000台となったもの5名を書き入れてある．内1名は800に減っている．

即ち，これらの例では広島例の重症者の程度に減少し，しかも回復度の遅いことがみられる．

なお注目されることは初期の増悪時の谷と別に，9〜11月時に於ける2度目の谷が見られることである．

同じく2,000台になった13名について示す（図10）．これらは広島例の中等症といえる．また，特徴としては前と同じく回復が遅いことである．

図11に残り5名のものを示す．何れも3,000台に減少している．やはり広島例の中等症に近いといえよう．

以上の如く，患者23名は，全員少くとも一度は3,000台の白血球減少を示した．略々3群に分けうるが以下これに従って述べる．

なお白血球は1年後の本年3月に至って漸く図に見るように正常に復しつつあるが如き感を与える．

諸種薬剤による白血球減少との比較

ナイトロミン，サルバルサン，チビオン，その他の薬剤による白血球減少例（自験並に文献例）との比較を図12に示す．薬剤による場合は，一般に回復が遙かに早い．

代表症例の末梢血液の変動（図13〜17）：以下数例の末梢血液の変動について示す．

I．重症例（図13）：血色素，赤血球，白血球，血小板，網状赤血球，いずれも極期に揃って低い値を示す．

II．同じく死亡例（図14）：貧血並びに白血球数の減少は著明である．

本例における死亡前に見られた白血球数の増多については後に述べる．

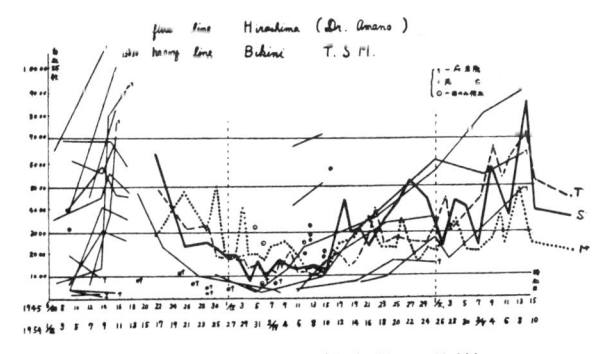

図8　白血球数の推移（広島例との比較）
The changes in number of leucocytes as compared with Hiroshima cases

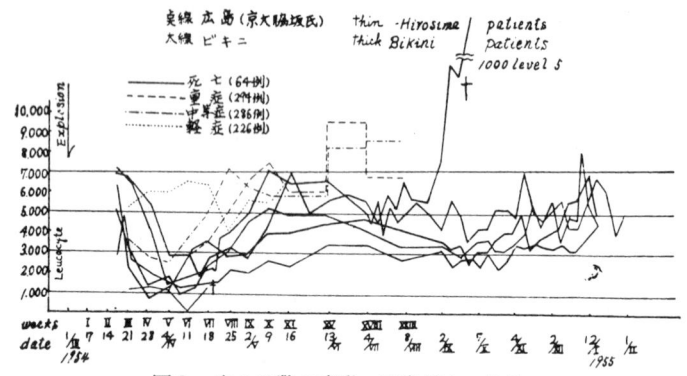

第2編　第五福龍丸と乗組員の被災をめぐって

図9　白血球数の変動—広島例との比較—
Changes in number of W.B.C. in the following months

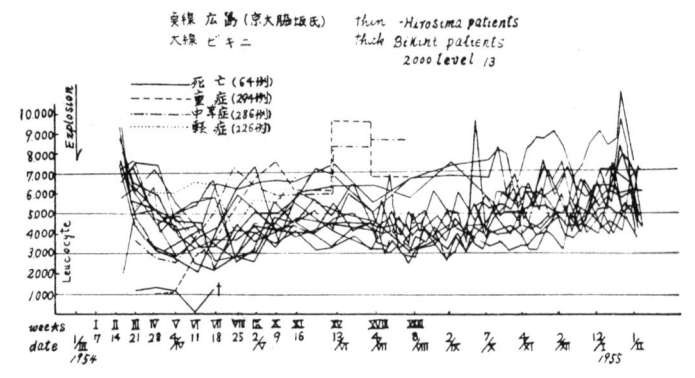

図10　白血球数の変動—広島例との比較—
Changes in number of W.B.C. in the following months

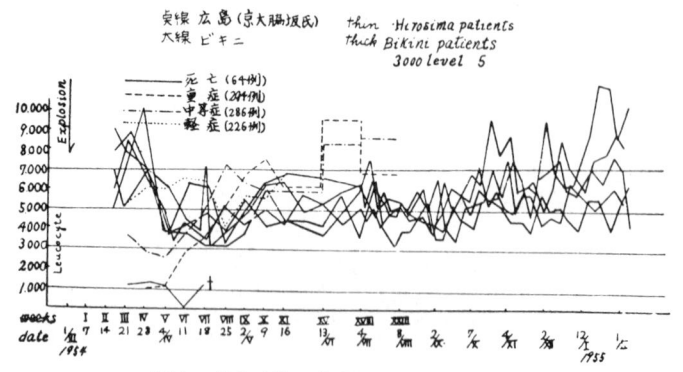

図11　白血球数の変動—広島例との比較—
Changes in number of W.B.C. in the following months

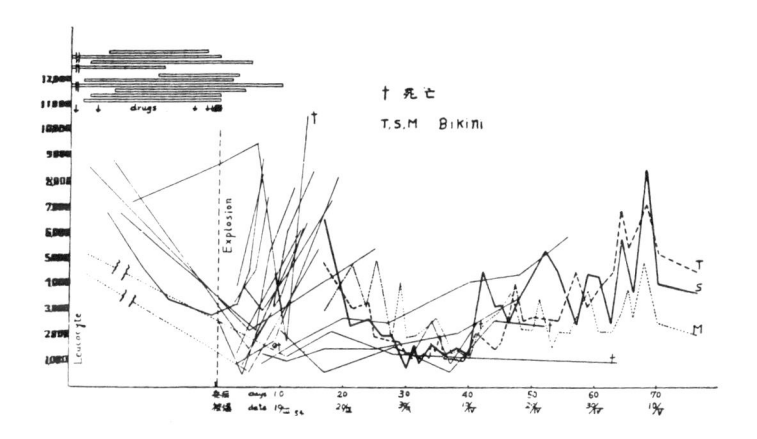

図12 白血球の減少とその回復
諸種薬剤によるもの（細線）とビキニ患者（太線）との比較
Leucopenia caused by various drugs and its recovery (thin line)
in comparison with Bikini cases (thick line)

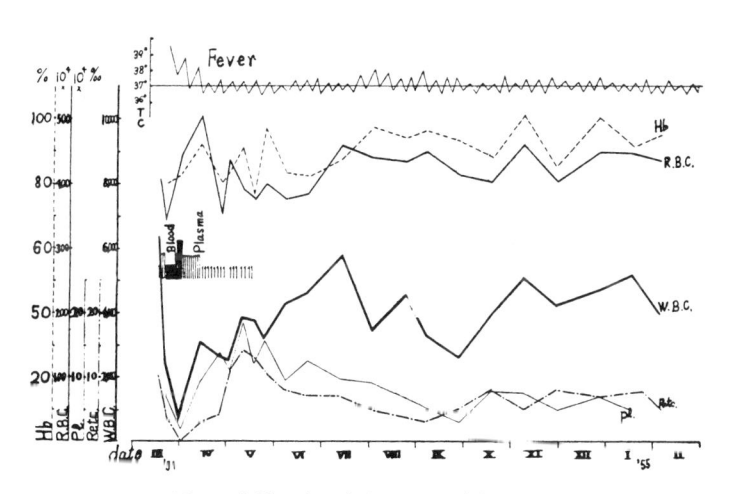

図13 末梢血液の変動 I T-1（重症例）
Changes of peripheral blood (severe case)

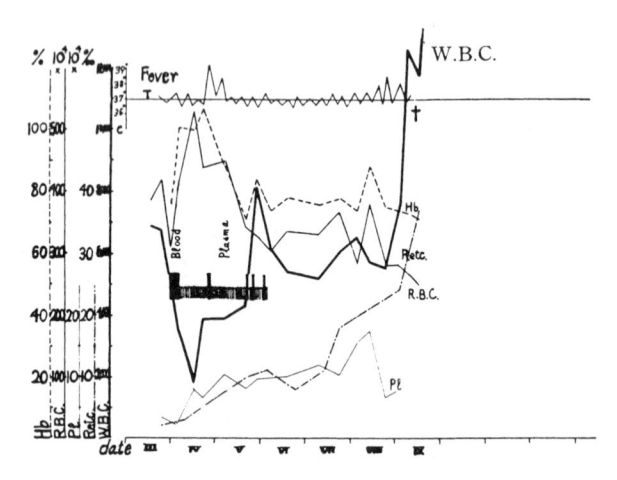

図14　末梢血液の変動 Ⅱ K-14（死亡例）
Changes in peripheral blood (fatal case)

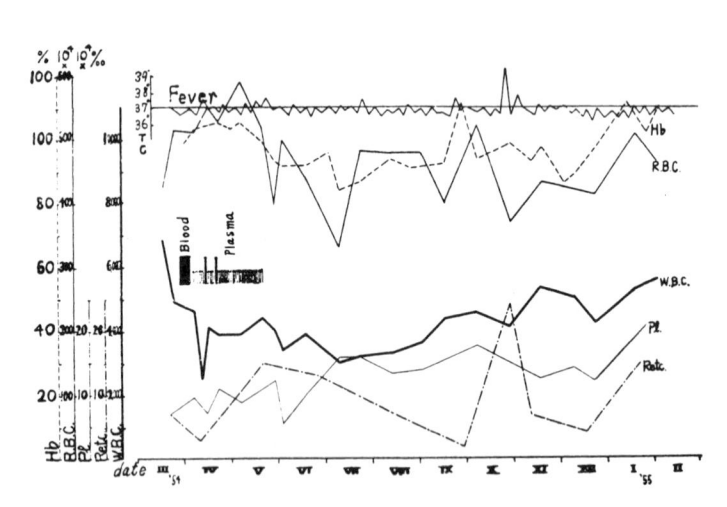

図15　末梢血液の変動 Ⅲ K-6（回復遅延例）
Changes in peripheral blood (a case of retarded recovering)

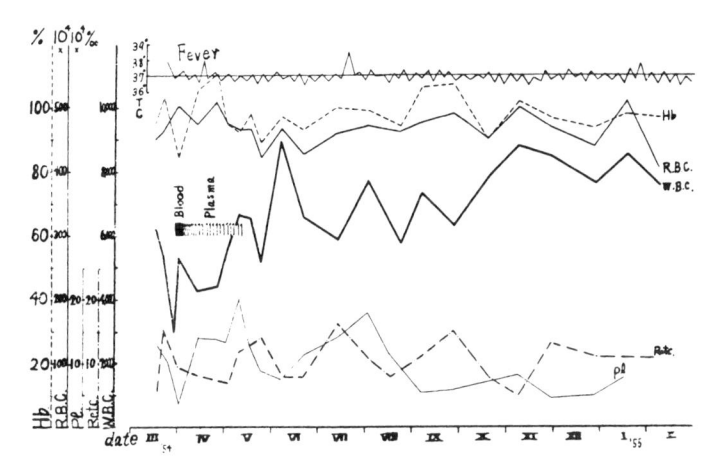

第2章　乗組員の症状経過と久保山氏の死亡　　　　　　　　　275

図16　末梢血液の変動 Ⅳ T-7（中等症）
Changes in peripheral blood (relative severe)

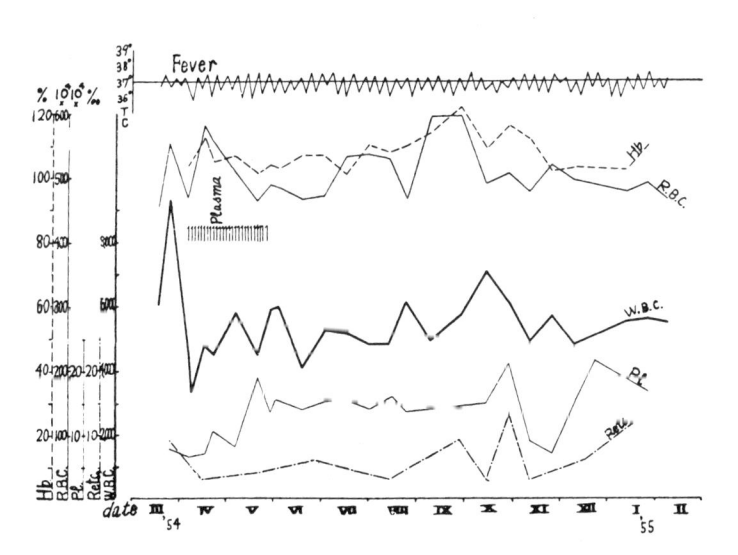

図17　末梢血液の変動 Ⅴ K-11（軽症例）
Changes in peripheral blood (slight case)

表7 末梢血液像，(T-1 例) 1例の経過を示す

	17/Ⅲ,54	24/Ⅲ	2/Ⅳ	2/Ⅴ	27/Ⅸ	7/Ⅱ,55
血色素（ザーリー）%	—	87	83	84	93	95
赤 血 球 ×10^4	404	353	446	436	411	432
網 状 赤 血 球 %	10	0	0	12	5	5
血 小 板	—	14,000	17,800	113,000	71,000	100,000
白 血 球	6,300	2,400	1,000	2,500	2,600	3,900
細胞種別 %						
好中球 骨髄球	0	0	0	0	0	0
後骨髄球	0	0	0	0	0	0
桿核球	33.0⎱ 62.0	19.5⎱ 59.0	8.0⎱ 12.0	14.0⎱ 52.5	3.5⎱ 39.5	2.5⎱ 59.0
分節核球	29.0⎰	39.5⎰	4.0⎰	38.5⎰	36.0⎰	56.5⎰
好 酸 球	1.0	1.0	2.0	0.5	2.5	1.5
好 塩 基 球	1.0	0	0	0	0.5	0
単 球	10.0	1.5	14.0	15.5	7.0	6.5
淋 巴 球	26.0	38.5	69.0	31.0	50.5	32.5
形 質 細 胞	(+)	0	3.0	0.5	0	0.5

Ⅲ. 同じく回復遅延例（図15）：減少した白血球数がいつまでも回復しない．

Ⅳ. 同じく中等症というべきもの（図16）：

Ⅴ. 最後は軽い部類に属するもの（図17）：しかし，3,000に近い白血球数の減少が見られる．

赤血球系

初期には貧血が見られ赤血球数で300万代〔台〕のものもある．

図18の如く，2,000〜3,000ccの輸血を行い，これを正常値に保ちえたが，輸血中止後再び貧血性となり，被爆後，4カ月頃から回復し初め，7カ月で正常値に復するものがみられる．

しかし，一般に1年後もやや低値を示すものが多い．色素指数はやや高い．網状赤血球は，極期に0値を示している．

赤血球のPrice-Jones曲線：中央は正常曲線であるが，図19は時期の経過とともに右方に移動し，再び回復に向っている有様を示す．左下は死亡例である．

白血球系

各種白血球の数的変化を示す（図20）．

はじめに淋巴球減少の時期が捉えられている．好中球の減少は4月初旬に最低値を示し，図20の如く経過しているが，極めて最近まで正常値に比して常に低い．

これと別に行ったアドレナリン検査によっても好中球の増多数は，悪いようである（略）．単球も不定な増加を示す．

この例では好酸球の増加は著明でない．

図21に別の例を示すが，この例では好酸球増多が著明に見られる．このような例は，他にも2,3見られる．

好中球

好中球の左方移動を示す（図22）：初期に桿核球の絶対的，極期には相対的増多を認める．

極期を脱すると同時に後骨髄球または骨髄球の出現が見られる．

死亡例における末期の軽度の類白血病性反応は一旦荒廃に陥った骨髄の示した特別の反応と考えたい（死亡時状態については，肝の項参照）．

好中球の平均核数の変動

図23の如き経過をとる．

好中球の機能：図24に遊走速度，貪喰能を示す．両者とも初期に低下し，徐々に回復しているが，現在でも不良のものが相当見られる．

血小板系その他：田坂内科松岡氏等の検索によるものを総括して示す（図25，26）．

図25は上から血小板数，骨髄巨核細胞数，出血時間，毛細管抵抗の所見を示す．

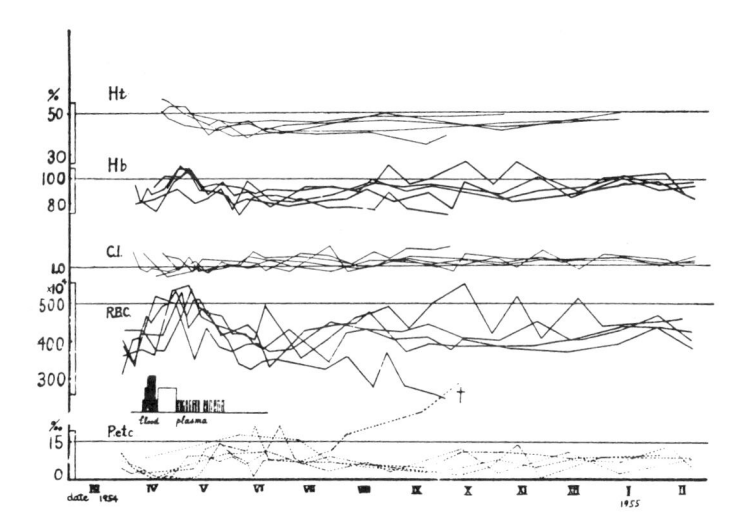

第2章　乗組員の症状経過と久保山氏の死亡　　　　　　　　　　277

図18　血色素，赤血球その他の変動
The evolution of Hb, R.B.C. in number etc.
5 severe cases are superposed graphically.

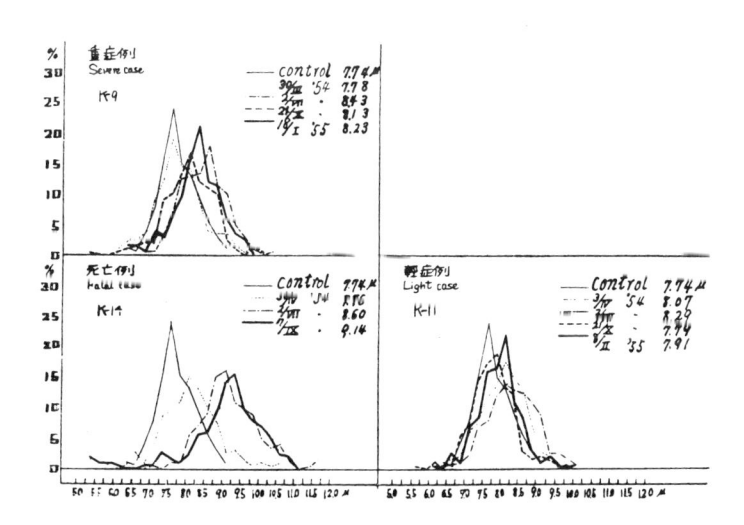

図19　赤血球直径のPrice-Jones 曲線，病状経過中の変動を示す
Price-Jones curves of R.B.C.
Its changes in various phases of the disease

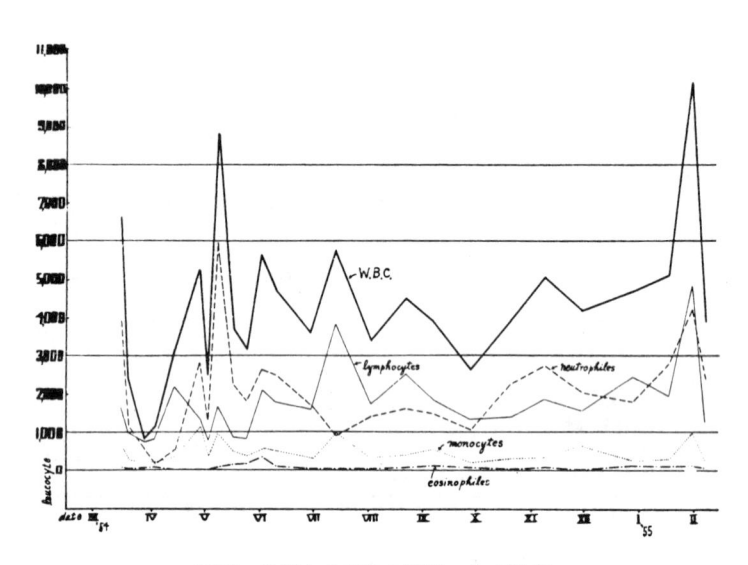

図20 各種白血球数の推移—I 〔T-1〕
Changes in number of each kind of W.B.C.—I

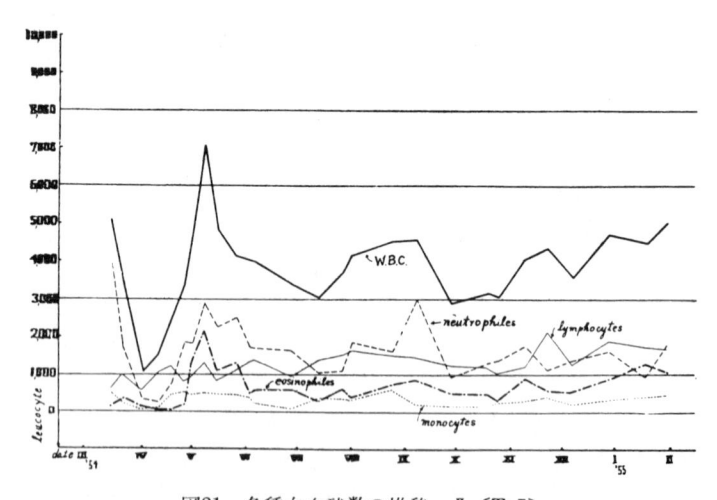

図21 各種白血球数の推移—II 〔T-5〕
Changes in number of each kind of W.B.C.—II

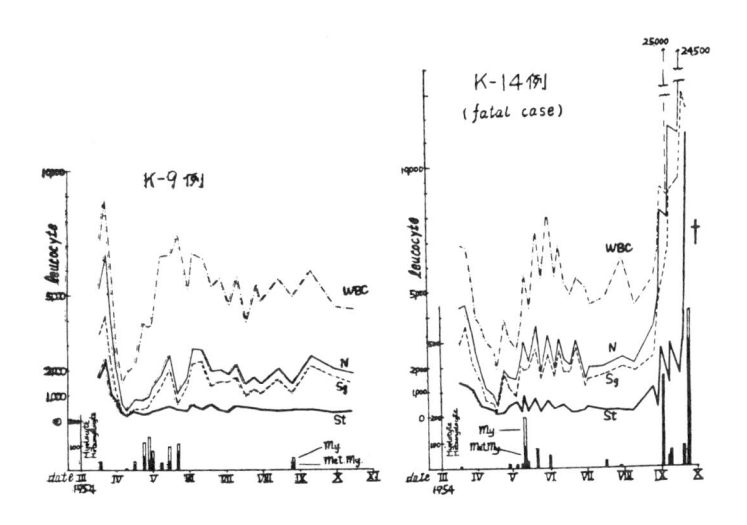

第2章 乗組員の症状経過と久保山氏の死亡　　279

図22　好中球の左方移動
Some examples of shift to the left in neutrophils

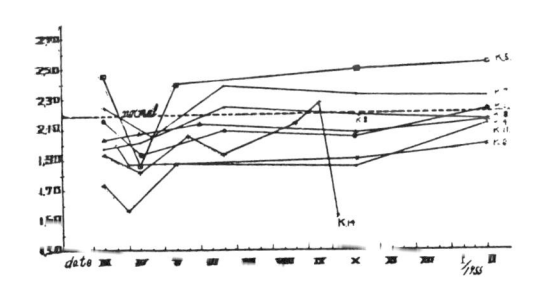

case＼date	6/5-6/10	6/10-6/15	6/15-6/20	6/20-6/25	6/25-7/5	7/5-7/21	1-1/iss
K.5	2.45	1.85	2.39			2.49	2.53
K.7	2.24	2.05		2.38		2.32	2.31
K.6	2.15	1.93		2.09		2.05	2.22
K.8	1.96	2.01		2.24		2.19	2.15
K.14	1.93	1.81	2.05	1.93	2.13	2.22 1.32	
K.4	2.03	2.07		2.13		2.07	2.15
K.11	2.00	1.87				1.85	2.14
K.9	1.83	1.56	1.87			1.90	1.99

normal — 2.19

図23　好中球平均核数の変動
Changes in the mean nuclear number of neutrophils

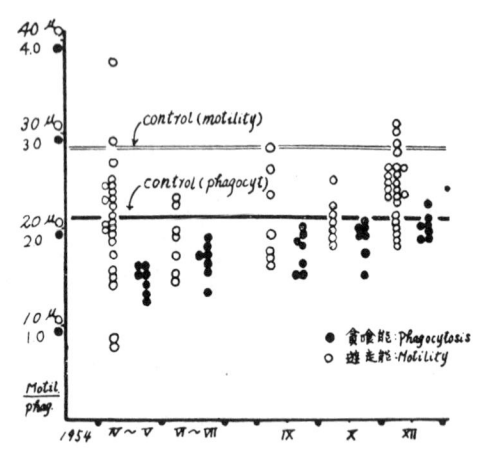

図24 好中球の遊走,貪喰能
Motility and phagocytosis of neutrophils

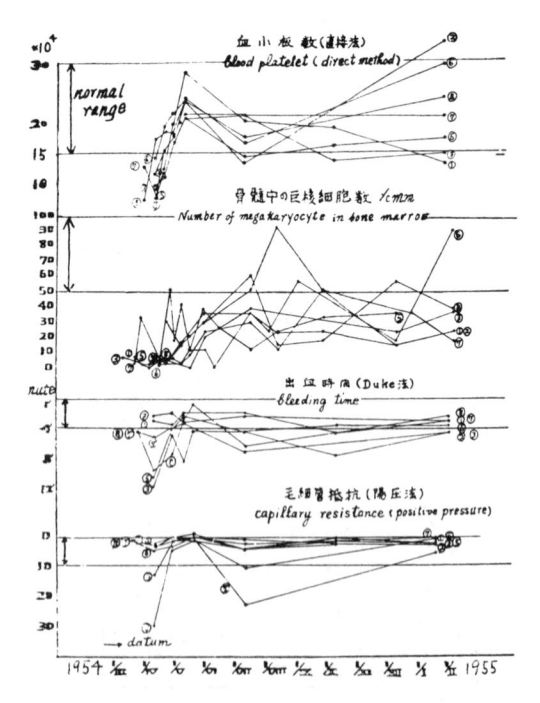

図25 止血,凝血に関する検査成績 I (松岡等)
The results of the examination concerning the hemorrhagia I (Matsuoka et al)

第2章 乗組員の症状経過と久保山氏の死亡

いずれも類似の経過をとり，やはり極期の他に再度増悪の傾向を認める．

なお，骨髄巨核細胞は現在に至るまで少い．

図26に同じく血液凝固時間，血餅収縮力，血漿プロトロンビン，血漿フィブリノーゲンを示し，前と類似の傾向が見られる．

血漿プロトロンビンは肝臓機能と密接な関係にあるが，入院直後の3月終りの検索成績で既に低値を示している．

赤沈値

図27は，その総括であるが，初期には早いものが多く，図の如き経過を示している．

毛細管顕微鏡像

図28は，1例の模写図を示す．

今回の患者では，全身の照射の他に，爪部には，放射性物質がしつように付着していたので，意味があるかと思う．

津屋，柴田両氏の別個の成績であるが，共通した特徴は，静動脈の延長蛇行と血管瘤形成である（検索7例の全部に見られる）．

津屋氏によれば広島例と同様な異常所見といえる．A-3)

骨髄細胞数

図29は，重症例の幾つかの骨髄細胞数の変動経過を重ねて書いたものである．

患者全例に15～20回の穿刺を行ったが，ここには胸骨のもののみを示す．

極期には1万前後（1cmm）を示し，白血球と同じく再度の減少傾向が見られる．

隣り合った2回の成績で大きな差異の見られるもののあるは，既に天野氏A-4)の指摘しているごとくこのような時期に骨髄の再生状態の一様でないことを示唆する．

また，同時に行った脊椎骨，腸骨の所見は必ずしもそれと一致しない（図30）．

一般に脊椎骨は胸骨と類似の数を示し，腸骨は少い．しかし，このような障害の場合には，腸骨で多い場合が見られる（T7，T8例）．

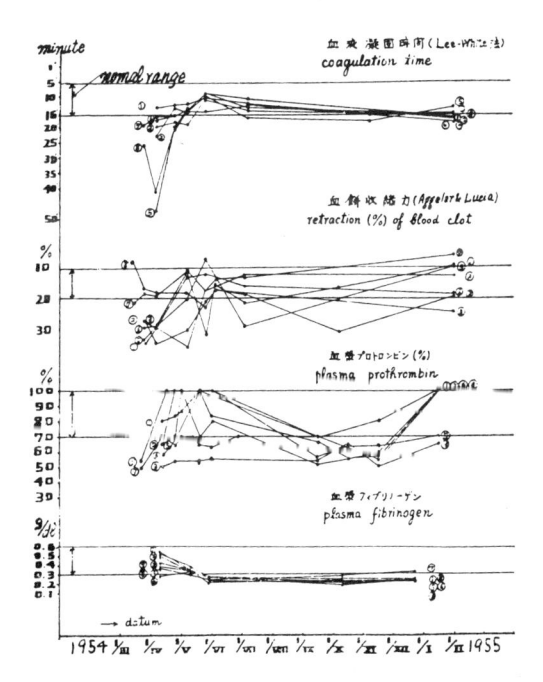

図26 止血，凝血に関する検査成績 Ⅱ （松岡等）
The results of the examination concerning the hemorrhagia Ⅱ (Matsuoka et al)

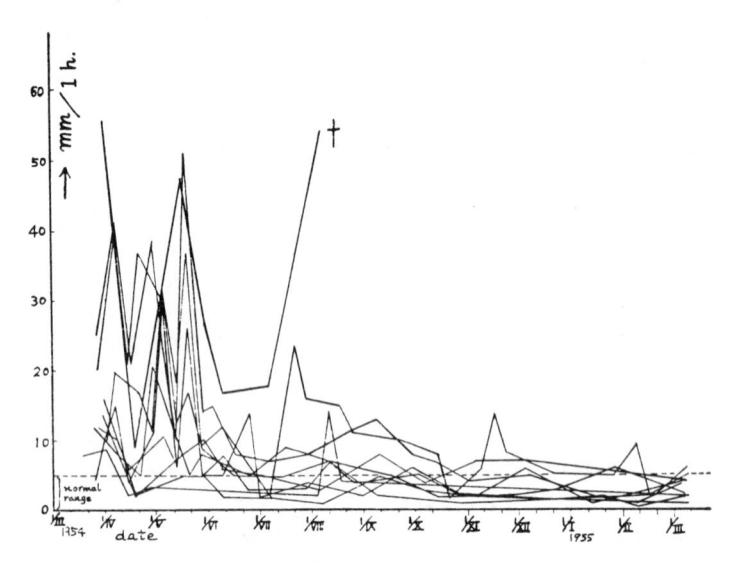

282　第2編　第五福龍丸と乗組員の被災をめぐって

図27　赤沈値の変動〔Westergren 法1時間値〕
Changes in blood sedimentation rate
〔Westergren method, mm/60 minutes〕
10 cases are superposed graphically

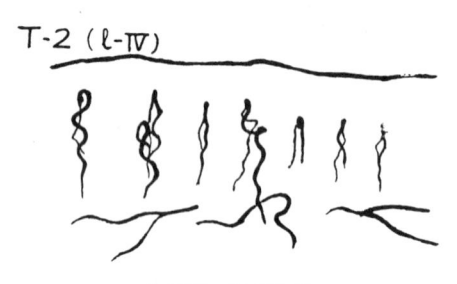

T-2 (ℓ-Ⅳ)

静動脈の延長蛇行
Prolongation and winding of veins (arteries)

血管瘤形成　Knotting
図28　爪床部の毛細血管顕微鏡所見〔津屋・柴田〕
Capillaroscopic findings in nail bed〔Tsuya, Shibata〕

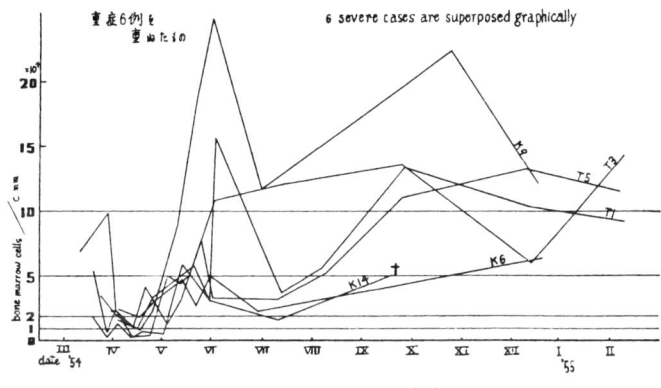

図29 骨髄細胞数の変動
Changes in number of bone marrow cells
6 severe cases are superposed graphically

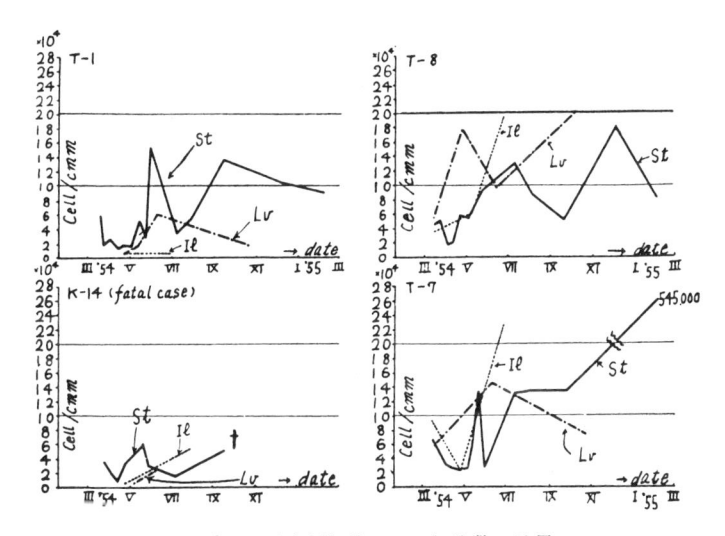

図30 骨髄穿刺部位による細胞数の差異
The difference in number of the bone marrow cells in various sites of puncture

極期には，いずれの部位も少く，また下の死亡例（K-14）では全経過を通じて左様である．

骨髄像（表8参照）

まず大別した細胞分類の経過を示す．

重症例の1例であるが，図31で白柱は赤芽球，縦線は顆粒球系細胞，黒柱はその他の細胞，下方は直接法による巨核細胞の実数を示す．

図のごとき経過を示すが，極期には実質細胞の減少は特に著しい．

また，巨核細胞は，標本では発見困難な時期が続いている．

骨髄中の巨核球

図32は重症，軽症2例に於ける巨核球の分類表である．

表8 骨髄像（T-1例），1例の経過を示す

	17/Ⅲ, 54	25/Ⅲ	2/Ⅳ	2/Ⅴ	23/Ⅸ	7/Ⅱ, 55
	胸　骨	胸　骨	胸　骨	胸　骨	胸　骨	胸　骨
有核細胞数/cmm	52,500	16,000	23,000	15,000	133,500	91,000
巨核球数/cmm	1	0	0	3	51	24
細胞種別 %						
赤芽球 前 大	} 0.4	0.2 }	}	0.2 } 0.2	0.2 } 0.4	(+) }
中						
小						
青 大	0.2			0.8	1.6	0.4
中	4.4	3.2	0	1.8	2.2	2.6
小	0.8			0.4	0.2	2.0
多 大	1.8 } 45.4	0.6 } 24.2	} 1.2	0.6 } 13.8	4.4 } 34.0	1.4 } 37.6
中	10.8	5.8	0.5	6.4	8.0	13.8
小	3.2	0.8		0.6		
正 大	0.8				1.4	
中	20.8	10.4	0.5	3.0	15.6	17.4
小	3.0	2.4				
骨髄芽球	0			1.0	1.0	1.0
前骨髄球	1.8			4.8	2.4	3.4
好中球 骨髄球	4.6 }	0.6 }	0.2 }	6.2 }	18.0 }	16.6 }
後骨髄球	6.6 } 24.8	1.6 } 23.4	0.2 } 2.8	2.4 } 25.0	5.8 } 46.2	7.4 } 43.8
桿核球	8.8	9.6	1.8	8.6	13.2	12.4
分節核球	4.8	11.6	0.6	7.8	9.2	7.4
好酸球	2.6	3.2	2.8	2.0	1.8	1.6
好塩基球			0	0.2	0.2	0
単球	6.8	3.8	5.6	12.2	1.6	2.0
淋巴球及び淋巴球様細胞	11.0	40.4	67.0	38.0	5.6	9.4
形質細胞	5.6	4.6	14.2	2.2	3.2	1.0
大喰球	2.8	0.4	5.8	0.4	0.2	0.2
組織肥胖細胞	0		0.8		0.6	
その他		0.2	0.6	0.4		

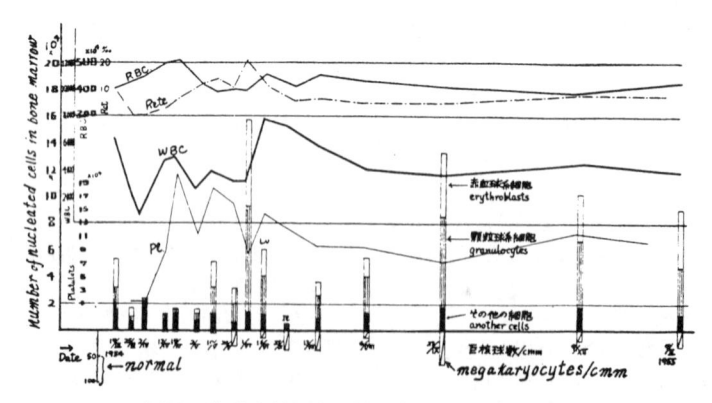

図31 骨髄実質細胞の種別推移 T-1（重症例）
Evolution of differential counts of bone marrow cells T-1 (severe case)

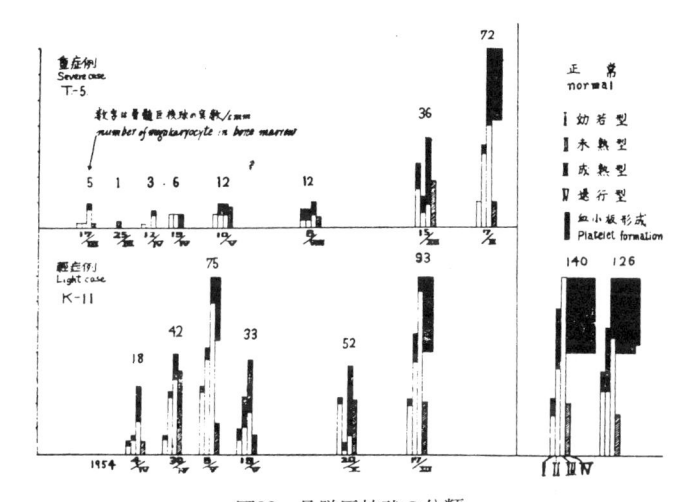

第2章 乗組員の症状経過と久保山氏の死亡

図32 骨髄巨核球の分類
Changes in times of the distribution of the different types of megakaryocytes

分類は細胞質の青色度によってⅠ, Ⅱ, Ⅲに分ち, 退行形をⅣとした.
また血小板形成状態を黒で示してある.
数字は骨髄中の直接実測数を示す. 詳細は省略するが, 減少時には初期に小型幼若型と思われるものが見られ, また空胞等の変性所見を認めるものが発見される (写真参照〔略〕).
しかし, それらにも少数の血小板が付着して見られる.
骨髄像の変化 (表8参照)
図33は骨髄像を細胞％の上から分析したものである.
原図 (細線) は, 京大天野氏A-1)の作製したもので, 広島例における種々の型が指摘されている.
即ち, 上から無形成, 低形成, 成熟抑制型, 正常類似型である.
太線はビキニ症例, 重症者の例を代表例として経過を追って記入してある.
即ち, 4月において無形成, 5月低形成, 9月成熟抑制型, 翌年2月正常類似型となっている. 最後のものにおいては, 骨髄巨核球及び末梢白血球はなお少い.
なお, 本例においては, 初診時 (被災後約

2週間) には無形成の前段階として, 低形成の時期が捉えられている. ただしこの期の低形成と回復期のそれとの比較検討については改めて論じたい.
この様に吾々の例では, 天野氏の4つの型が1例の経過中にすべて認められるのである. 勿論中等, 軽症者においては, 無形成に至らず低形成から成熟抑制型或いは正常類似型の経過を辿るものもある.
しかしながら現在に至っても完全な正常型に復したものは少い (表7, 表8参照)
血球の形態 (写真参照〔略〕)
形態の変化としては, 各種の白血球について, 初期から極期また, その後において, 退行変性の所見 (破壊像の増加, 核の膨化, 異型, 濃縮, 細胞内の空胞形成, 顆粒の粗大等), 再生期に若干の異常所見 (幼若細胞核の分葉化, 粗大顆粒の出現, 大型細胞の散見等), また別に, 赤芽球の成熟障害を思わせる所見等が注目される (写真13～32参照〔略〕).
骨髄の組織像
穿刺液中の組織片から作ったものであるが, 顕微鏡写真によって, その経過を示す.
16/Ⅲ, 54. 極期に至る前の骨髄. 少いながらまだ相当数の細胞が残っている (写真33

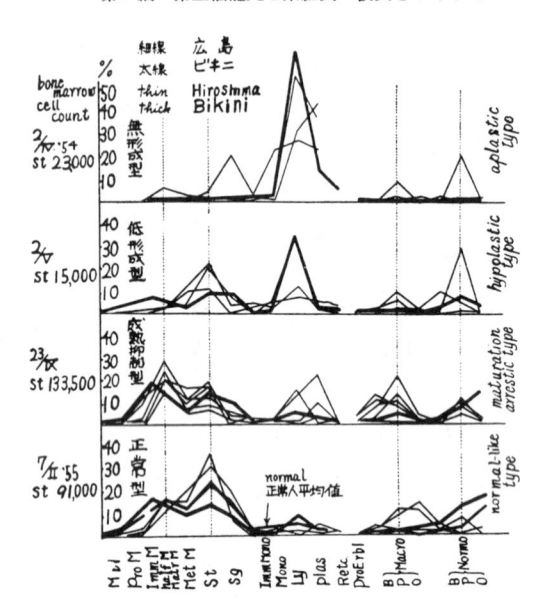

図33　骨髄像の変化　1例の経過を示す
広島例の各型（京大天野氏に記入）
Changes in myelograms
Evolution of myelograms of a case in comparison
with various types (Amano) of Hiroshima cases

〔略〕）．

同じく，強拡大，細胞が一般に濁ってみえ細胞間の境界が不明瞭な感じを与える（写真略）．

25/Ⅲ，54．上と同程度の症例の極期．脂肪部が大きくぬけ，やや不均一であるが実質細胞の減少が目立つ．これは吾々の例で中等症としてあるもの（写真34〔略〕）．

2/Ⅳ，54．別の例の極期．一層無形成の著しい例（写真35〔略〕）．

2/Ⅳ，54．死亡例の生存中のもの．同じく無形成骨髄．残っているものは淋巴球様細胞が占める（写真36〔略〕）．

続いて死後の腸骨であるが，無形成の中に，星状に細胞再生が見られる（顕写真37〔略〕）（大橋）．

2/Ⅴ．再生期におけるもので，無形成部と再生部が同一標本中に見られる．中間は標本作成上の血球凝塊である（写真38〔略〕）．

11/Ⅴ．再生時の細胞増加部，巨大細胞も見られる．このような部では，脂肪部が融合して，細胞がこぼれそうになって見えるものがある（写真39〔略〕）．

1/Ⅻ．昨年12月の標本であるが．細胞は増えているが，なお不均一で，荒廃のあとが観取される（写真40〔略〕）．

造血障害に対する考察

これらの像が将来辿る経過については，患者の予後の上にも，また学問的にも大きな関心が抱かれる．広島被災者に，10年後の今日でも再生不良性貧血及び白血病の発生が見られることについて一言述べて見たい．

放射線骨髄癆と白血病の発生

図34は吾々の考えで作製したものであるが，Irradiation により，荒廃した骨髄は，容易に回復せず幾年月かの後に，増悪して再び Phthisis となることが考えられる．また途中で不均一な細胞増殖を来たして白血病様になるかも知れない白血病（R）がある．

別に Irradiation と共に gene の Mutation

```
Irradiation → Myelophthisis → incomplete Recovery → Myelophthisis(R)
                                    ↓
                           disproportional Hyperplasia → Leucaemia(R)
            ↓
       gene Mutation ─────────────────→ Leucaemia(M)
```

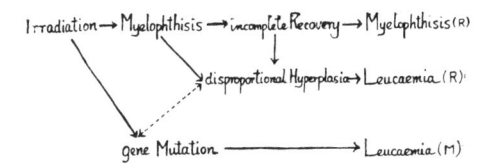

図34　放射線骨髄癆と白血病の発生
Radiation Myelophthisis and Leucaemia

を起して生ずる白血病（M）が考えられる.

そして実際上は白血病（M）は，一般に見られる白血病と区別することは困難であろうが，白血病（R）はやや変った型のものであるかも知れない.

同じようなことが Phthisis (R) についても言える.

白血病（R）や Phthisis (R) については，既に本邦血液学者の間に，具体的な症例について論議が行われているがA-3)，省略する.

X．肝障害所見

今回の患者の大多数に見られた肝臓障害所見について述べる.

肝所見並に諸種機能検査

図35に1例の経過を示すが3月中旬，既に肝腫脹，尿中ウロビリノーゲン，血漿γ-Globulin の軽度増加，また血漿プロトロンビンの減少が見られる.

血中黄疸指数や BSP 成績は5月中旬以前に上昇している．左方に図式で内外照射，続いて輸血，輸血漿を示す.

図36は別の例であるが，同様所見が認められ，特に BSP 検査所見のくり返し増悪が見られる.

図37は死亡例の経過である.

肝機能所見の経過概括

図38は，血清黄疸指数と BSP 停溜％所見である．任意にとった7例の経過を重ね合せたものであるが，程度の差はあるが，殆どすべてに異常所見を認め，またくり返し増悪のあることが注目される.

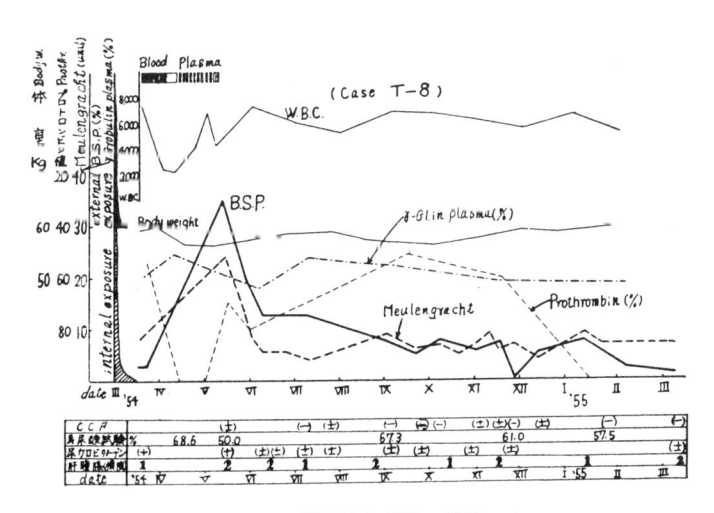

図35　諸種肝機能検査成績の推移—Ⅰ
The results of various liver function tests—Ⅰ

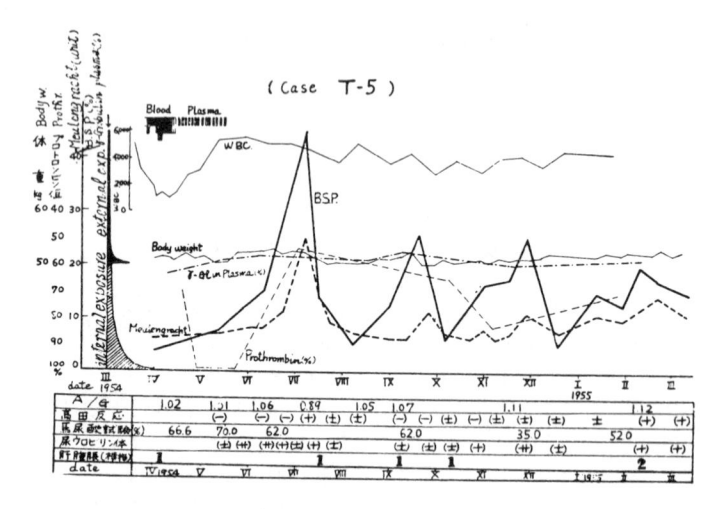

図36 諸種肝機能検査成績の推移—Ⅱ
The results of various liver function tests—Ⅱ

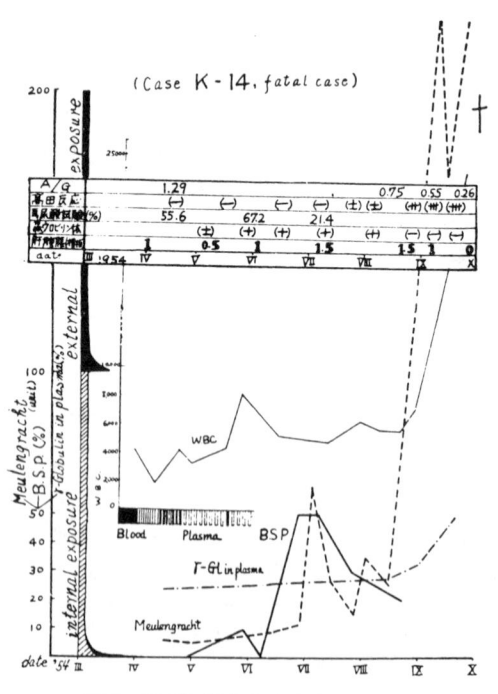

図37 諸種肝機能検査成績の推移—Ⅲ
The results of various liver function tests—Ⅲ

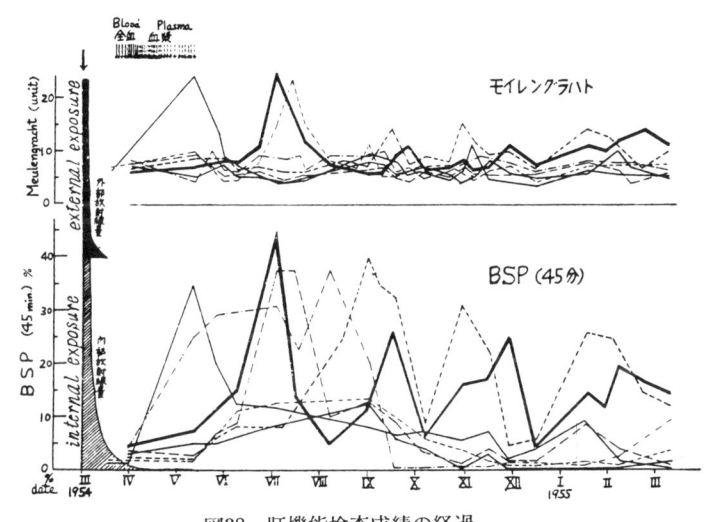

第2章　乗組員の症状経過と久保山氏の死亡

図38　肝機能検査成績の経過
Changes in liver function findings
7 cases are superposed graphically

肝生検組織像

　2例の所見を示す．写真41〔略〕は肝腫脹強く黄疸著明になった極期のものである．グリソン氏鞘にはかなり著明に白血球を含む細胞浸潤があり，Kupfer 細胞は腫脹している．肝細胞は種々の程度の変性所見を示している．Hyalin 体も見られる．また，別に2個以上の核のあるものも見られる．

　写真42〔略〕は別の症例で，症状のやや消退した時期である．略々一様に透明の空胞状の細胞質をもった肝細胞が見え，グリソン氏鞘の細胞浸潤もやや少くなっている．

　写真43はその拡大であるが，この透明に見える細胞質には，PAS 染色陽性物質は少く，然らざるもので増加している．回復期と思われる．

肝障害に対する考察

　次にこれらの肝障害が惹起された原因につ

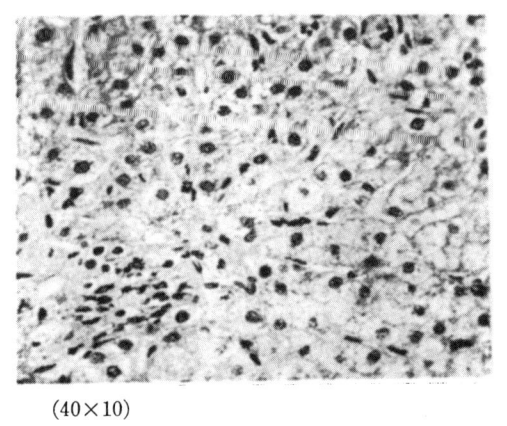

(40×10)

写　真　43

いて考察してみたい．

今回の被災者が大量の内外照射を受けていることについては既に述べた．

放射線による肝障害については，従来，その本態が明確には捉えられていない．これはWarren氏 C-1) の（大した結論的な証拠もなく，肝臓は放射線に対して，比較的抵抗性があると考えられて来た）と言う言葉にもうかがえる．

文献の中には，放射線による肝障害，またこれにより死亡した症例や実験例の報告がいくつか見られる（文献 A-1, D-1 の中にも見られる）．それらの中，急性型のものは別として，亜急性から慢性型のものでは，何れも照射後何カ月かの後に，黄疸，腹水等の症状を現わして死亡している C-2)．死後の肝では，肉眼的病変の他に組織学的にも，肝細胞の変性所見や壊死また，細胞浸潤を認めている．しかし未だ特定の結論に達していないようである．

次に掲げる写真 46 は Case 及び Warthin (1924) C-3) 等の報告した3例中の1例（胃癌の治療のためにX線照射を行ったもの）であるが，原著者等によって Subacute hepatitis と記載されているものである．炎症性浸潤，非定型的胆管が見られると記されている．その他にも臨床並に実験上類似の報告があり，必ずしも一定の所見ではないがそれぞれ変化が認められている．また特に最近では内部照射，例えば放射性コロイド金 C-4)，或いは同じく燐酸クローム C-5) 等を用いて実験的肝障害，特に肝硬変の発生の知見が加えられつつある．

即ち今回の被災者の大多数に見られた肝障害については，まずこれが内部照射も加わった放射線そのものに基くものであろうとの考慮が払われなければならないし，またその可能性が充分考えられる．勿論人体において，明かに内部照射も加わった経験例の観察は今回が初めてであるので，これに関する解釈には慎重でありたいと思う．

別に考えられる血清肝炎については，当初輸血，輸血漿を行ってある以上，これを直に除外することは出来ないが，この疾患の発生頻度（調査の限りでは特にこの時期に増加した事実はない）として余りに多きに過ぎること，潜伏期の短きに過ぎる幾例かのあること，特に肝機能障害を思わせる所見が入院当初から見られるもののあること等考慮されねばならない問題が残っている．

これらの問題に関しては，放射線の内外照射によって，遅れて認められる肝障害が，臨床的並に組織学的に如何なる型や経過をとるものであるかが将来明確に把握されて後に結論を得たいと考えている．

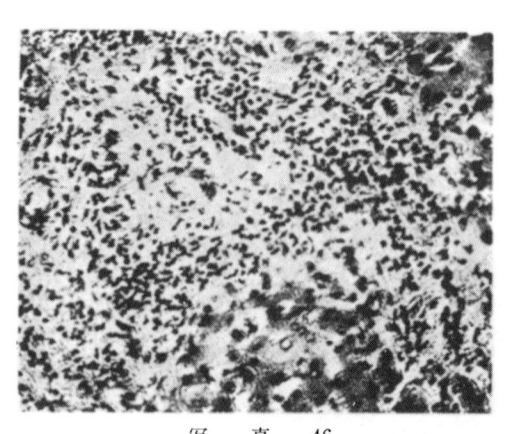

写 真 46
X線による肝障害 Case 及び Warthin の報告例

XI. 造精障害

図39は今回被災者の精子数の変動である．
2名の非検索例を除いて，全例正常の5～10万値に比して，図の如く減少している．被爆1年の後漸く回復の徴を示すものが若干見られる．

血球に比して，減少の時期も回復のそれも遅い．

なお，精子の中には形態の異常を示すものや運動性の乏しいものが見られる（詳細文献B-6 その他）．

図40は広島例の検索成績に今回の被災者のそれを書き入れたものである（石川等，中野等）．米国文献のものも記入している．見る如く類似の傾向が見られる．

なお，広島例においては2年後の検索によって回復したものと然らざるものが見られる．

広く細胞学的見地からすれば，血球，精胞の間には幾多の類似点が見られ，このような傷害時における両者の反応の形には学問的な関心が持たれる．

なお，造精障害は今回の被災において，略純粋に外部照射（この部にのみ選択的に多い内部照射は考え難い）によるものと考えられる所から，患者の被災様式を分析したり，組織や細胞の破壊，再生に関する考察を行う上に意義が深い．

また，比較的軽症と考えられるものも，Aspermia に近い状態になっていることは重視されねばならない．

写真47は死亡例の組織像である（大橋博士の厚意による）．精細管の精祖細胞(Spermatogonien)の消失，並に成熟した精子の欠損がみられる．精細管基底膜の著名な膨化があり，間質に中等度の浮腫を認める．

ライディッヒ (Leydig) 細胞には著名な変化はない．

XII. 内分泌機能所見

表9は各種内分泌機能に関する検査成績を示してある．Chemocorticoid, Thorn test, Estrogen のやや少いものの見られること等から副腎皮質の機能障害を思わせるが，著名ではない．

また，甲状腺内部照射を考慮して血中 PBI

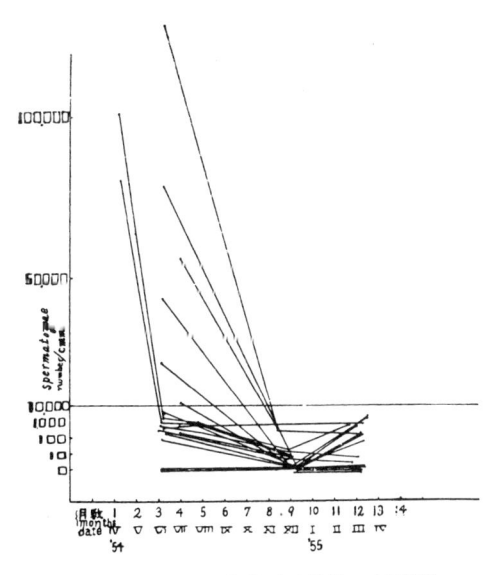

図39 精子数の変動（石川等，中野等）
Changes in number of spermatozoa
(Drs. Ishikawa et al, Drs. Nakano et al)

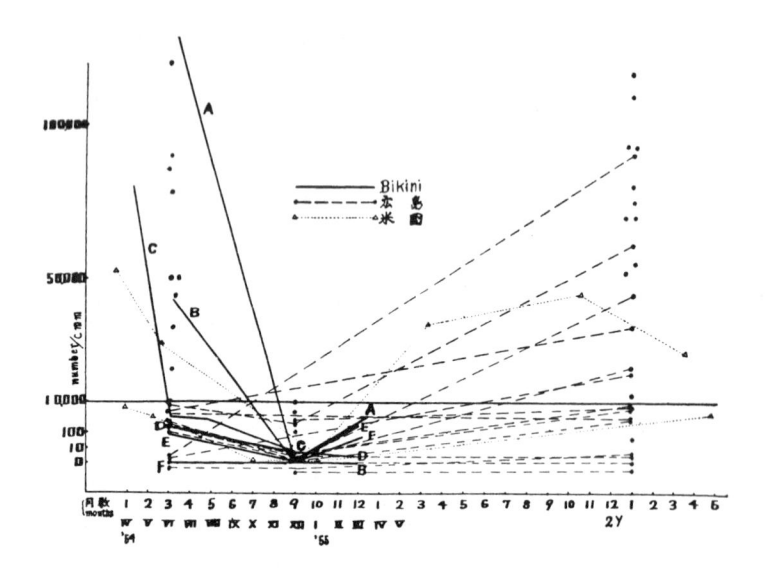

図40 精子数の変動（石川，中野等）
Changes in number of spermatozoa
(Drs. Ishikawa and Nakano et al)

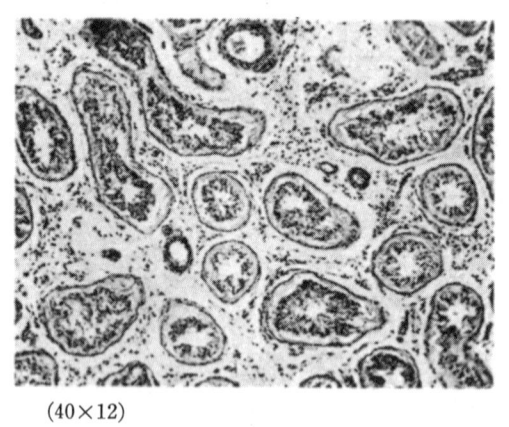

(40×12)
写　真　47

や基礎代謝の測定等を行ったが，時期的ずれ があるためか，特別の所見はえられない．
　この表で最も顕著な所見は，ゴナドトロ ピンの増加で，これは先に述べた精子の減少 と関連づけて考えたい．
　以上で臨床所見の重要な項目について述べ 終ったが，その他経過の随所に見られた各種 の臓器障害所見，代謝異常所見，また，この 種の傷害の時に問題になる内外侵襲に対する 抵抗性の問題等については時間がないので省 略し改めて発表したい．

第2章 乗組員の症状経過と久保山氏の死亡

表9　諸内分泌機能に関する検査成績（西川等）
Examinations concerning the endocrine organs
(Dr. Nishikawa et al)

Date 1954		IV	Chc mg/day	VI		VII	XI	XII				VI
症例	年齢	17KS mg/day		ACTH gel 10mg		PBI g/dl	GTP (Muu)	Estrogen				BMR
				Eo 減少率	17KS 前　後			Eo	Ed	El	計	
T-1	29	14.3	3.6	+16.6	3.4　10.5	7.8	16≪32	3	6	7	16	-4.3%
T-2	38	5.7	4.6	-66.0	17.0　15 0	9.3	16≪32	2.5	2.5	7.5	12.5	-4.2
T-3	30	11.3	4.4	-60.0	6.7　10.5	5.4	8≪16	9	4	3	16	+2.7
T-5	32	7.1	3.1	-25.6	12.0　7.7	5.4	32≪64	9	6	6	21	+16.4
T-6	30	9.0	2.6	+21.0	12.3　20 0	4.2	16≪32	2.5	2	4.5	9.0	+8.3
T-7	26	7.5	3.8	-45.0	23.8　19.8	6.2	26.4≪5.28	6.5	4 5	20.5	31.5	+15.0
T-8	29	9.1	2.9	-42.3	18.5　14.2	2.6	26.4≪2.58	6.5	5.0	9.0	20.5	+27.8
正常値		6～16	35～8	-60 以上	7.6→16 3 約2倍	4～7.5	4≪16	10.4	7.7	6.9	25.0	±1.0%
		ⓐ	ⓑ		ⓒ	ⓓ	ⓔ				ⓕ	ⓖ

検査方法　ⓐDrektol氏法　ⓑ中尾相沢氏法　ⓒACTHgel法　(b)Barkey灰化法　ⓔカオリンマウス子宮定量法　ⓕStimmer氏変法　ⓖKnipping氏法

XIII. 治療処置

放射性物質の除去

体表面の汚染に対しては，当初，毛髪，爪の剪除を行い，流水による局部及び全身の洗滌を繰返し行った．また溶液には時に応じて，EDTAナトリウム液をも使用した（詳細，清水，石川等論文）．

体内放射能の除去については，最初より多量の水分補給（輸血，輸血漿を含む）カルシウム剤の投与を行った．効果の確認は出来ないが，有用であったと思われる．また，時期的に遅かったが（6月と10月），2例について，念のためEDTAカルシウム溶液の静脈内注射を行ったが，尿中放射能検索によって特別の排出増加を認めなかった．この種の薬剤は，放射性物質体内侵入後，直に使用されれば，体内の放射能排出に幾分の効果がある場合もあると思われる．

一般療法（表10）

心身の安静，栄養保持の他，特に当初より肝庇護のため食餌薬剤療法に留意した．造血障害の高度の時期には必要量の輸血を行い，感染（皮膚化膿症その他）並にその予防に対しては，菌の抵抗性を考慮しながら，適当な抗生物質を充分に用いた．また，各種の止血剤，一般造血剤，ビタミン剤等をも用いた．

治療効果

治療の効果の判断は困難であるが，広島，長崎の症例と比較してみたい．ただし，既述の通り被災状況が両者の場合異る（特に今回の内部照射）ことを考慮に入れなければなら

表10　使用薬剤使用量例
（重症者の1例）

	使用量その他
輸　　血	100～200～300cc×16　計2,700cc
輸 血 漿	100～200cc×20　計2,600cc
輸液リンゲル	500cc×18
5%葡萄糖或いは果糖	500cc×68
50%葡萄糖或いは果糖	40cc×11
カルシウム剤	燐酸カルシウム経口投与
一般止血剤	VK, VC, VP, Rutin
一般造血剤	VB₁₂ 15γ×130　葉酸 15mg×88
抗 生 物 質	ペニシリン　60万×26+30万×2 テトラサイクリン　1.5gm×25 ストレプトマイシン　1.0gm×9
そ の 他	イソロイシン　20cc×31 VB₁, VB₆, VC (1日 100mg) Methionin

ないが，言いうることは次の諸点である．

(1) 今回の被災患者の6～7名は明〔らか〕に重症であるが，現在までに感染症でたおれたものはない．これは抗生物質の使用に負うものと言える．

(2) 造血臓器の回復状況については以上の諸物質の特殊の効果を積極的に認めえない．ただし輸血，輸血漿が或る期間各種血液成分の機能を補償したことは明かであり，また，その増生を促したことも想像される．

(3) 初期における輸血，輸血漿，輸液は全身新陳代謝の調整，栄養保持，また，体内放射性物質の除去に良好に影響したことと思われる．

(4) 肝障害の問題については既に論じたが，将来，このような傷害の治療に当って，最も有力視されるのはやはり輸血，輸血漿であるから，これから起る血清肝炎については常に留意されるべきは当然である．

しかし，これを重要視するあまり，放射性物質の内部照射がひき起す所の肝障害が置忘れられてはならないと考える．

(5) 造血障害の回復が広島，長崎の記録に比較して遅いことについても，被災状況の相違の他に治療処置の差異等が考えられる．換言すれば感染その他で広島，長崎時にはたおれたであろう程の人々を救いえたかも知れないからである．

XIV. 総括．結辞

以上ビキニ被災者23名の臨床並に血液学的観察所見を概括的に報告し，若干の考察を加えた．まだ観察中の症例であるので，不充分の点もあるが，広く御批判，御指導を願って今後の指針としたいと考える．

次に，今回の診療・研究に携った主な教室，研究室名を挙げる（個人名は多数に過ぎるので，綜合詳細発表の時に譲る．）

東大医学部，美甘，沖中，田坂内科，清水外科，放射線科，皮膚科，泌尿器科，神経科，耳鼻咽喉科，眼科，生化学教室，栄養学教室，病理学教室，東大理学部，木村研究室，東一病院，内科，外科，放射線科，皮膚科，泌尿器科，神経科，耳鼻咽喉科，眼科，研究検査科，生化学（東京女子医大生化学教室）．

今回患者診療に対しては，国内のあらゆる立場の人々から絶大な支援を受け，そのいちいちについての謝辞を申述べることが出来ない．止むを得ずここに纒めて感謝の意を表したく思う．

また，直接に診療に援助を惜しまれなかった地元，静岡県，焼津市，同協立病院，厚生省，文部省，原爆被害対策に関する調査研究協議会等の関係各位に対して深甚の謝意を述べる．

また，都築日赤病院長を始め，個々に御教示を賜った方々も少くないが，お名前を挙げることを省かせて頂く．

最後にこの講演の機会を与えられた本学会細田会長にお礼を申上げる．（昭和30年4月2日講演）

文献

A) 広島，長崎，原子爆弾症に関するもの
1) 原子爆弾災害調査報告集 I, II, 日本学術振興会, 1953. 2) 放射線並に原爆障害に関するシンポジウム，血液学〔会〕討議会報告 5: 330—447, 1953. 3) 原子爆弾災害調査研究報告集，文部省綜合研究報告集, 1952, 53, 54. 4) 天野重安：再生不良性貧血（原爆症を含む）の骨髄病変について，血液学会討議会報告 7: 332—371, 1954.

B) ビキニ災害に関するもの
1) 木村健二郎，塩川孝信，山寺秀雄，木羽敏泰その他：ビキニの灰の分析，分析化学 3: 333—368, 1954. 2) 山崎文男，筧弘毅：第五福龍丸の残留放射能，科学 24: 295—296, 1954. 3) 木村健二郎，池田長生その他：久保山例の臓器放射化学分析，未発表・私信. 4) 西脇安：ビキニの灰による動物実験成績と被災者の被照射線量の推定，未発表・私信. 5) The radioactive dust from the nuclear detonation Bull. Inst. Chem. Res. Kyoto University, Supplementary issue Nov. 1954. 6) 清水健太郎，中泉正徳，石川浩一，三好和夫，筧弘毅，檜山義夫，都築正男：ビキニ患者の経過について（講演抄録）東京医学雑誌 63: 21—40, 1955. 7) 小山善之，熊取

敏之,浜口栄祐,岡本十二郎,大橋成一,中野巌,村田実その他:ビキニ灰により被災した放射能症患者の臨床並に病理学的所見(中間報告),医療9:1—68,1955.
C) 肝障害についての引用文献
1) S. Warren : Effect of radiation on normal tissues. Arch. pothol. 34 : 749—787, 1942.
2) A. Bollinger and L. Inglis: Experimental liver disease produced by X-ray irradiation of the exposed organ. J. Pathol. & Bacteriol. 36 : 19, 1933. 3) J. T. Case and A. S. Warthin: The occurrence of hepatic lesions in patients treated by intensive deep roentgen irradiation. Am. J. Roentgenol. & Radium Therap. XII : 27, 1924. 4) P.F. Hahn, M.H. Jackson and H. Goldie: Liver cirrhosis with ascites induced in dogs by chronic massive hepatic irradiation with radioactive colloidal golds. Science 114 (2960) : 303, 1951. 5) E. L. Dobson and H.B. Jones: The effect of specific liver irradiation on the chromic phosphate disappearance constant. Acta Medica Scand. 144 : 57, 1952.
D) その他
1) L. H. Hempelmann, H. Lisco and J. G. Hoffman: The acute radiation syndrome: A study of nine cases and a review of the problem. Ann. Int. Med. 36 : 281—500, 1952. 2) W. Bloom: Pathology of irradiation, New York・Toronto・London, 1948.
3) A. Hollaender : Radiation Biology I, II, New York・Toronto・London, 1955.

附 議

西脇安君:放射線生物物理学的立場から原水爆が爆発するときには最初中性子によりウラニウム又はプルトニウムが大体2つに割れるが,この割れた方に大体30〜40通りあるとされている.一つの割れ方に対して,2ずつの核体が生ずるので爆発したときには少くとも60〜80種程の色々な不安定な放射線を出す核体が出来るが,これがそれぞれ異った半減期を以て別の放射性核体になって,最後に安定な非放射性核体になる.従って時間と共にどんどん放射性物質の割合が変って行くので,爆発後どれだけの時間を経過した後に体内に入るかによって,各臓器に対する沈着の割合も異る.

従って内部放射線量を推定するに当っても最後に検出された元素だけによって放射線を受けたと考えると明らかに過少評価される恐れがある.

そこで最後に木村研究室池田博士等により検出された元素を参考にしつつ大阪市立医大生物物理学研究室に於て行った動物実験の結果及び3月17日焼津協立病院の大井博士からわけて戴いた一部患者の尿,血液,頭髪,フンベン等の放射能分析結果及び3月1日降灰時の状況等も考慮に入れて,推定した結果,肝臓の受けた内部放射線量は少くとも数百乃至数千 rep., 骨に対して数十 rep. となる.これらは何れも主としてベーター線による内部照射線量であるが骨の場合は一般に放射性物質が一様に沈着しないと考えられるので沈着局所に於ける照射線量はこれより10倍程度多いことも予想される.

尚1954年3月末から5月にかけてビキニ灰を用いて動物実験を行っていたときラッテ2例に於て,肝実質が morsch になり,左右両葉が癒着していることが認められた.

外部放射線量200〜700レントゲンを受けている上に,粒子線による強い局部的な内部照射を受けている可能性のある場合には放射線の身体全般に対する影響及び放射線による細胞分解生成物による間接の有毒作用等も無視することは出来ないと思われる.

天野重安君:精細なる御検索の成果を極めて明確にお示し頂いて,血液学の研究に資するところ極めて大であることを三好・熊取両博士に感謝します.

広島原爆症剖検乃至生検材料を取扱ったものの印象として,次の3点を指摘致して置きたい.

1. 我々の剖検屍の組織を未固定のまま Geiger 計数管に掛けて放射能を測定した成績では,骨,骨髄,血液などと同様の高い値を肺臓が示したが,当時は分裂産物の吸引に

よるものとして，組織の誘導放射能と別に取扱って深く注意を払わなかった．しかし只今のビキニの灰が気道乃至消化管を経て吸収されたというお話を聞いているうちに，我々の材料の場合にも，あの肺の放射能を肺だけのものとして捨置いてはいけないのではないか，即ち，広島でも肺を経て体内に吸収されたもののあり得ることを考えてみなければなるまいと云うことに思い及んだ次第です．

2. 胸骨髄の只今の組織標本の所見をば，広島のものと比較して印象づけられることは，成程広島の場合には極端な無形成の骨髄もあったが，これは日を貸すと，驚く程活潑な再生傾向を示したことである．それは特に好中性顆粒球系のものに偏よって，一見白血病の如き組織像さえ示した（別報参照〔略〕）．然るに只今の貴標本は強く低形成である場合にも，白血球，赤芽球，などがよく混り合って存在する傾向をもっている．即ち，どちらかと云えば，特発性再生不良性貧血の方に類する性質が窺われる．これは両者の明かな相違の如く見受けられた．

3. 最後に肝臓の所見であるが，只今示された肝生検の中の1例（増田）は，黄疸の極期に当ったものであるが，その組織所見はウイルス肝炎として，Mallory 小体，局部的肝細胞脱落，星細胞増殖，単球，淋巴球のグ鞘浸潤（稀に好酸球を混ず）等，定型的な特徴を備えている．他の1生検例は稍々黄疸の時期から遅れているし，他の剖検例も精査の機を得なかったので深く言及することを憚るが，少く共，今日始めて拝見した，此の黄疸の中には1例明かにウイルス性肝炎のものを含んでいることを指摘したい．

三好和夫君（答）：唯今天野博士から極めて示唆に富む附議を受けて有難う存じました．1）広島の場合に剖検屍に認められた放射能が誘導放射能ばかりでなく，経肺的に入った核分裂産物も考えられるというお話ですが，そのような目で見直された知見が分りましたら御教示願いたい．2）今回の患者で，骨髄その他の回復の遅いことは申上げた通りであるが，天野博士の云われるように，広島例では，単調な細胞増殖が著明であって，今回は細胞学的にも雑多で，回復が遅いということが加われば，誠に意味が深いと思われる．これが直に内部照射と結びつけられるかについては，特に慎重に申上げませんでしたが，当然考慮を要する問題である．3）肝所見については，色々の立場，観点，即ち，臨床機能所見，放射線量の上から，また組織形態学上等で論じて居り，今，組織標本での議論になったが，私の御教示願いたいのは，この像が血清肝炎に似ているというだけでなく，血清肝炎以外のものでは，絶体に来ないのか，という点であります．病理形態学者の御意見を伺いたい．

大橋成一君：故久保山氏の肝臓は 860 瓦で肉眼上肝線維症乃至一種の肝硬変への移行を思わせ組織学的には肝炎状であるが肝炎（ウイルス性）と断定するのに慎重を期し度いと存じ，只今肝炎例を蒐集比較研究中であります．

三宅仁君：三好，熊取博士が膨大な資料を要約して御報告されたことを感謝する．肝臓の所見は私個人の意見として放射線学的，臨床的所見等と充分に関係づけて慎重に意味づけ度い．

天野重安君：先程の第3の点について少しく言葉を補っておきたい．私が従来の経験に照して確信を以て，少く共1例紛れもないウイルス性肝炎例を含んでいると云うことは，ビキニの灰の血液学的障碍作用を否定するものではない．実際肝臓其他内臓に放射性元素が含有されているので，その作用は，放射障碍特有の血液所見と深く関連したもののあることは勿論である．しかしこの事と，此の患者にウイルス性肝炎の所見が認められることとは別個に考えられなければならない．私の経験した広島原爆症例26例には屢々漿液性肝炎の所見は認めたが，此の場合の様なウイルス性肝炎は認めていない．

渡辺漸君：我々の行った Ce^{144} の微量投与の廿日鼠で38日目に死亡した症例で急性漿液性肝炎になぞらえられる所見を見たが，他にも斯る所見が程度は軽いが再三見られた．然し更に繊維化を来たすような事は認められなかった．

（『日本血液学会雑誌』第18巻第5号，1955）

1—3 乗組員の汚染状況に関する資料

体表の変化

	紅斑浮腫	水疱	糜爛	壊死	化膿	脱毛	
1	頸　　手	手	耳		項	後頭	∦
2	顔　胸　手	手　足	耳	頭　項	頭	頭	∦
3	頭　腹　肩					頭　頂	+
4	項		耳			側頭	±
5	顔頸胸腹手	臍　手	耳　臍　手			項	±
6	顔頸頭手	手	右　耳	頭　項	頭	頭	∦
7	顔頸腹手	左　手	左　耳		項	側後頭	∦
8	腹　　手						
9		陰茎				頭	+
10	頸胸腹手	手				項	∦
11	頸　　腹	左　手	臍　腋				
12	頸　腹　手		耳　臍			側後頭	∦
13	頸　　手		左　項		項	側頭	∦
14	顔　項　腹		臍　手		項	頭	∦
15	頸	足				項	+
16	手　項		右　耳				
17	手　項		左　耳　手		項	項	∦
18	頭項腹肘	下腹	臍　肘		項	項	+
19	項　　腹	手	臍			項	±
20	頸　　腹	手				項	+
21	頸		項　右　趾				±
22	頸　腹　手	臍				項	±
23	頸		右　耳　指			項	+

(『東京医学雑誌』第63巻第1号, 1955)

体表放射能
(17/Ⅲ～24/Ⅲ Survey meter による探索)

	頭部	耳部	顔面	頸部	胸部	腹部	上腕	手部	指爪	腋窩	下腿	足部	趾爪	外陰
1	∦	+	±	∦	−	+	±	∦	+	−	−	+	+	+
2	∦	⊢	+	∦	−	±	±	+	+	+	±	+	+	
3	±	±	±	+	−	±		∦			−			
4	+	∦	±	∦	−	±	±	∦	+		±	⊢	+	+
5	+	∦	+	∦	−	+	±	∦	+		∦	+	+	
6	∦	∦	∦	∦	±	∦	∦	∦	∦	∦	+	∦	∦	∦
7	∦	∦	+	∦	−	−	−	∦	∦	∦	+	∦	∦	∦
8	±	±	+	+	−	+		∦	∦		±	±	+	
9	±	±	±	+	−	+		∦	+	±	−	±	+	
10	−	+	±	+	−	+		∦	+		±	+	±	
11	±	+	±	+	−	+	±	∦	+		±	+	+	
12	±	±	−	+	+	−		∦	+		−	+	∦	+
13	±	±	+	+	−	+		∦	+	∦	−	∦	∦	
14	±	∦	±	∦	+	+	+	∦	+		+	∦	+	

15	±	±	±	±	−	+	−	⧺	⧺	+	±	⧺	⧺	
16	−	+	−	±	−	±	±	⧺	⫽		±	+	⧺	
17	±	±	±	+	−	+	−	⧺	+		−	±	+	
18	−	+	±	±	−	+	−	⧺	+		±	⧺	+	⫽
19	±	±	±	+	−	±	−	⧺	+	+	−	+	+	
20	⫽	+	+	⧺	±	⧺	±	+	+	+	±	+	+	
21	±	+	⧺	+	±	±	−	±			+	+	+	
22	−	+	±	±	−	±	−	⧺	⧺		−	+	⧺	
23	±	+	+	±	−	+	−	⧺	+		−	+	+	

± Back ground 値に近い, ＋ Back ground 値より多い, ⧺ かなり多い, ⫽ きわめて多い, ⫽ 連続音.

(『東京医学雑誌』第63巻第1号, 1955)

体表放射能の分布と消長
体表より 5cm, Count/Min （増田）

	18/Ⅲ	20/Ⅲ	23/Ⅲ	27/Ⅲ	5/Ⅳ	9/Ⅳ
頭　　頂	694	503	345	134	0	0
前　　頭	169	93	35	42	12	0
後　　頭	455	217	80	68	1	1
左 側 頭	248	215	58	37	10	0
右 側 頭	206	128	26	50	11	2
項	188	135	37	32	18	9
左 手 背	57	26	10	7	9	0
右 指 爪		204	86	127	40	1
左　　足	38	20	0	8	4	0
B. G.	20	21	38	20	28	20

(『東京医学雑誌』第63巻第1号, 1955)

諸検査物の放射能

被検物	症例	計測日	重量	Count/Min	Count/Min 0.1Gm	Autography
頭　　髪	6	18/Ⅲ	0.04	105±11.3	2,600	⫽
	7	22/Ⅲ	0.10	442± 9.8	442	⫽
同 毛 根	6	24/Ⅲ	0.03	15± 3.2	50	+
腋　　毛	7	24/Ⅲ	0.10	116± 7.0	116	⧺
陰　　毛	7	24/Ⅲ	0.10	119± 4.0	119	⧺
落　　屑	6	19/Ⅲ	0.95	404±21	43	⧺
壊 死 皮 膚	6	26/Ⅲ	0.34	91± 6.3	27	⧺
痂　　皮	6	19/Ⅲ	0.45	358±19	80	⧺
爪	6	22/Ⅲ	0.20	734±12	367	⫽
皮　　膚	6	25/Ⅲ	0.03	0		−
肋 間 筋	7	24/Ⅲ	0.07	0		−
肋 骨 皮 質	7	24/Ⅲ	0.08	2± 2.7		−
同 髄 質	7	24/Ⅲ	0.04	3± 2.7		±
肝	4, 6	15/Ⅶ	0.01	0		−
血　　液	6	19/Ⅲ	1.03	5± 3.8		−
	7	19/Ⅲ	1.04	2± 3.6		−

第2章 乗組員の症状経過と久保山氏の死亡

骨髄血	1〜7	13/Ⅳ	0.01	0		±(1)
尿	6	24/Ⅲ	15cc.	2± 2.3		
	7	24/Ⅲ	10cc.	3± 2.8		
尿	6	27/Ⅲ	4.52	30± 2.8		+
	7	27/Ⅲ	4.79	0		−
唾液	6, 7	27/Ⅲ	3〜8	0		−
胃液	6	26/Ⅲ	5cc.	7± 3.4		
	7	26/Ⅲ	5cc.	7± 2.8		
十二指腸液	4, 6	8/Ⅷ	15cc.	0		
精液	7	30/Ⅲ	2cc.	3± 2.2		
	6	30/Ⅲ	2cc.	0		
髄液	4	17/Ⅳ	2cc.	0		
Back Ground				20〜25		

乾固物につき，G-M Counter 計測と Radioautography　　　　　（『東京医学雑誌』第63巻第1号, 1955）

散髪毛の放射能検査（東芝 G. M. T. 近接測定）

計測\患者	第1回 4月6日 量g	c/m (毛髪)	第2回 5月7日 量g	c/m (灰化)	第3回 6月11日 量g	c/m (灰化)	第4回 8月3日 量g	c/m (灰化)
1	4.7	13	資料なし		1.05	7.1±3.0	1.0	1.7±4.3
2	3.7	7	〃		1.7	4.8±3.2	2.0	1.0±4.4
3	3.0	24	〃		0.7	5.0±3.0	0.4	1.4±4.8
4	3.2	14	〃		1.0	5.4±2.8	2.2	5.7±4.6
5	3.3	23	〃		資料なし		2.0	1.3±4.8
6	2.7	12	〃		2.6	7.6±2.9	0.5	2.0±4.5
7	2.5	3	4.2	1.0±3.1	資料なし		0.9	0.3±4.4
8	3.0	16	資料なし		〃		1.0	4.3±4.6
9	7.9	44	0.67	5.2±3.0	〃		1.0	1.6±4.5
10	3.5	27	7.0	4.0±2.8	〃		1.5	1.6±4.8
11	資料なし		4.72	24.4±3.5	〃		0.8	4.0±4.8
12	〃		5.7	17.0±3.6	〃		1.45	3.0±4.6
13	〃		6.0	10.6±3.3	〃		0.9	4.0±4.5
14	〃		3.5	15.7±3.2	〃		2.0	4.0±4.4
15	〃		3.6	18.2±3.4	〃		0.85	5.3±4.9
16	〃		6.7	10.0±3.1	〃		2.0	3.5±3.3

（『原水爆被害調査研究報告』）

剪爪の放射能（手足）

	検査日	量(g)	c/m (灰化測定値)	換算g当c/m		検査日	量(g)	c/m (灰化測定値)	換算g当c/m
1	Ⅳ.2	1	89.8±7.0	89.9	9	Ⅳ.2	0.5	7±4.2	14
2	Ⅳ.2	1	186±4.6	186.0	10	Ⅳ.2	0.5	35±5.2	70
3	Ⅳ.2	1	3±4.0	3.0	11	材料なし			
4	Ⅳ.2	1	86±6.6	86.0	12	材料なし			
5	Ⅳ.2	1	129±7.6	129	13	Ⅳ.2	2	137.5±2.8	68.7
6	Ⅳ.2	1.5	24±4.8	16	14	Ⅳ.2	0.5	5±4.3	10
7	Ⅳ.2	1.5	150±8.0	100	15	Ⅳ.2	187.5±8.8		93.7
8	Ⅳ.2	0.5	11±4.5	22	16	Ⅳ.2	1.5	26.5±4.9	17.7

（『原水爆被害調査研究報告』）

其他の検査物

検査場	患者	検査日	資料量	灰化測定値 c/m
落痰	2	1/Ⅲ	5cc	6 ±3.5
痂皮	5	6/Ⅳ	0.2g	6.6±3.2
胆汁	10	23/Ⅴ	B 20cc	4.0±3.2
			C 20cc	6.3±2.1
	3	6/Ⅵ	71cc	2.9±2.1
	9	4/Ⅻ	45cc	2.2±2.2
	5	26/Ⅻ	95cc	3.5±2.2

（『原水爆被害調査研究報告』）

尿 検 査

Case No \ Course	APR. 7 (38days) c.p.m.	APR. 19 (50days) c.p.m.	APR. 26 (57days) c.p.m.	MAY 4 (65days) c.p.m.	MAY 28 (89days) c.p.m.	JUNE 7 (99days) c.p.m.
2	2.6±3.0 (1400cc)	1.0±2.8 (1100cc)	1.0±3.0 (1000cc)	3.4±3.1 (1300cc)	1.7±4.5 −(1700cc)	0.3±2.3 (1700cc)
3	2.0±2.9 (1100cc)	5.8±2.9 (300cc)	0.8±2.9 (1100cc)	3.6±3.1 (1100cc)	4.3±4.6 (1800cc)	0.7±2.0 (1400cc)
6	8.6±3.1 (2200cc)	2.2±3.1 (1300cc)	3.3±3.1 (1100cc)	0.6±2.9 (1300cc)	2.3±3.9 (1200cc)	0.4±2.2 (2250cc)
9	3.8±3.2 (2900cc)	0.8±3.1 (1200cc)	4.0±3.3 (1300cc)	1.6±2.8 (1900cc)	1.3±3.8 −(1850cc)	1.3±2.7 (1900cc)
11	6.8±3.0 (1700cc)	1.6±2.8 (1200cc)	0.6±3.4 (1500cc)	2.8±3.3 (1050cc)	0.6±3.9 (1500cc)	0.6±2.1 (1400cc)
12	0 ±2.9 (1100cc)	1.6±2.7 (500cc)	2.2±2.0 (400cc)	0 ±2.9 (600cc)	3.0±3.9 (1000cc)	2.4±2.4 (750cc)
14	4.2±3.0 (2100cc)	3.0±2.9 (2150cc)	2.6±3.1 (2200cc)	1.6±3.0 (1600cc)	0.7±3.8 (2500cc)	4.0±2.1 (1600cc)
16	5.2±3.2 (1190cc)	5.6±3.9 (1550cc)	2.8±3.1 (2200cc)	0 ±3.0 (1300cc)	3.6±4.0 (1600cc)	4.9±2.3 (1500cc)

（括弧内は1日全尿量を示す）　（『原水爆被害調査研究報告』）

糞便検査
資料10 g 灰化（Ⅵ. 30検査）

患 者	c/m
No. 1	0 ±4.29
No. 2	8 ±4.05
No. 3	10 ±4.36
No. 4	6.7±3.88
No. 5	0 ±4.21
No. 6	6.4±3.95
No. 7	3.7±4.14
No. 8	4.7±4.41
No. 9	5.3±4.04
No. 10	10.1±4.02
No. 11	−1.6±4.16
No. 12	5.6±4.07
No. 13	1.4±4.16
No. 14	0 ±4.04
No. 15	0.3±4.08
No. 16	10.3±4.23

（『原水爆被害調査研究報告』）

精液の検査

		年齢	子女	性病	採取日	精子数 1mm³	全精子数	運動率 %	奇形率 %
東大	1	28	2	Gon.	28/Ⅴ	100	1.5×10^5	1	—
	2	37	3	—	24/Ⅴ	500	1.0×10^6	0	—
					29/Ⅶ	100	2.0×10^5	0	—
	3	30	2	—	17/Ⅵ	100	4.5×10^5	25	—
	4	31	4	—	21/Ⅴ	200	1.4×10^6	0	—
	5	29	3	—	9/Ⅵ	200	3.0×10^5	30	—
					3/Ⅷ	400	6.0×10^5	61	—
	6	28	—	Gon.	29/Ⅲ	60,000	3.6×10^8	2.7	30
					24/Ⅴ	700	2.8×10^6	0	—
					3/Ⅷ	500	1.3×10^6	0	—
	7	27	—	—	29/Ⅲ	110,000	6.6×10^8	13.7	20
					24/Ⅴ	2,200	6.6×10^6	1.0	—
					29/Ⅶ	300	1.2×10^6	0	—
東一	11	24	—	—	2/Ⅵ	4,800	2.4×10^7	0	81
	12	22	—	—	8/Ⅵ	78,600	7.9×10^7	56	63
	13	26	—	Gon.	3/Ⅷ	570	3.1×10^6	0	—
	14	18	—	—	2/Ⅵ	0	0	0	—
	15	23	—	Molle	8/Ⅵ	129,200	5.9×10^8	0	52
	16	22	—	—	4/Ⅵ	42,800	1.4×10^8	0	82
	17	24	—	—	2/Ⅵ	200	1.0×10^6	19.2	—
	18	23	—	—	4/Ⅵ	22,800	6.8×10^7	31	57
	19	18	—	—	8/Ⅶ	0	0	0	—
	22	27	2	—	3/Ⅶ	55,700	2.3×10^8	0	—
	23	20	—	Cond.	25/Ⅵ	10,500	2.2×10^7	4.5	—

（『東京医学雑誌』第63巻第1号, 1955)）

精液検査——国立東京第一病院関係

症例	採取月	精子数/cmm	移動率 %	異常形 %
A	/Ⅵ～/Ⅶ 954 /Ⅺ～/Ⅻ /Ⅲ 1955	4,800 0 150	0 — 47.5	81 — 82
B	/Ⅵ～/Ⅶ /Ⅺ～/Ⅻ /Ⅲ 1955	0 0 70	— — 50	— — —
C	/Ⅵ～/Ⅶ /Ⅺ～/Ⅻ /Ⅲ 1955	200 0 2,040	19 — 16.5	88 — 66
D	/Ⅵ～/Ⅶ /Ⅺ～/Ⅻ /Ⅲ 1955	42,800 ≒0 0	0 — —	82 — —
E	/Ⅵ～/Ⅶ /Ⅺ～/Ⅻ /Ⅲ 1955	22,800 ≒0 ≒0	31 — (+)	57 — —
F	/Ⅵ～/Ⅶ /Ⅺ～/Ⅻ /Ⅲ 1955	≒0 0 ≒0	— — (+)	— — —
G	/Ⅵ～/Ⅶ /Ⅺ～/Ⅻ /Ⅲ 1955	78,600 0 0	56 — —	63 — —
H	/Ⅵ～/Ⅶ /Ⅺ～/Ⅻ /Ⅲ 1955	129,200 ≒0 1,320	0 0 28.5	52 — 60
I	/Ⅵ～/Ⅶ /Ⅺ～/Ⅻ /Ⅲ 1955	10,500 0 190	4.5 — 27	71 — 56
J	/Ⅵ～/Ⅶ /Ⅲ 1955	570 870	0 25.5	— 46
K	/Ⅵ～/Ⅶ /Ⅺ～/Ⅻ /Ⅲ 1955	55,700 460 140	0 0 45	43 40 —
L	/Ⅺ～/Ⅻ /Ⅲ 1955	0 0	— —	— —
M	/Ⅺ～/Ⅻ	120	≒0	—

(『原水爆被害調査研究報告』)

第2節　久保山氏の死亡をめぐって

2—1 放射能症による死亡例の病理学的研究（原爆被害対策に関する調査研究連絡協議会原水爆被害調査研究報告〈医学関係〉）
（国立東京第一病院研究検査科病理：大橋成一）

ビキニ被災患者故久保山氏の遺体の検査所見の大部分は既に医療第9巻第1号1月号に於て中間報告として述べたが，その後も当病院病理，東大病理学教室，予研病理部等に於て関係事項が夫々専門的な立場より追究されている．

今や米国及ソ連よりも，之に似た放射能患者の報告がなされ，一般の関心も高まりつつある現状で，之に依る犠牲者の病理の解明は，予防及治療医学等にも資し得る点が尠くないと考えられる．

以下述べる内容は国立東京第一病院病理，橋本敬祐，福島範子，東京大学病理学教室の三宅教授を初め，斎藤講師，菅理晴夫，田代浩二，森亘氏等の御協力御援助に依るものである．

尚放射能の各臓器別の検定については東大理学部木村研究室，予研病理，東一放射線科等の御協力を得，ウイルス検出には予検ウイルス部の徐博士等の御協力を得つつある次第である．

（Ⅰ）臨床事項．久保山愛吉氏．40歳，男．

久保山氏は昭和29年3月1日ビキニ環礁東方約100マイル附近で操業中被災を受け，放射能灰で汚染された第五福龍丸の中で無線長として2週間の生活を送り，同年3月14日静岡県焼津港に帰着，同月26日国立東京第一病院内科に入院した．当時項部，側頸部，下腿等に放射能性皮膚炎があり治療された．4月中旬の白血球数1,900，4月下旬3,000となり，39度3分に達する発熱が起り，次第に下ったが5月7日頃迄微熱があった．5月下旬頃白血球数5,000乃至6,000となったが，骨髄の有核細胞数は余りふえず，最低9,000の事もあり，大体5万以下を示し，赤血球は入院当初300万，血小板は3万乃至4万で，其後輸血により赤血球は400万乃至530万，血小板は10万前後となった．併し再び300万前後の貧血が現われた．

末期には白血球が2万位にふえ，骨髄細胞，有核赤血球が末梢血に見られ，白血病様反応を示した．肝臓は入院時既に肋弓下半横指径にふれ，少し固く，肝機能はBSP（30分値）法で6月20日頃10%であり，6月24日に黄疸

が起って，7月初旬には黄疸指数60を示し，8月31日昏睡状となり，之が9月2日迄続き，黄疸指数が226であった．尿中にチロジン結晶を多数証明したが，治療に依り9月3日頃より意識障害が去り，一旦軽快したが，9月17日頃より肺炎の徴候が起り，心衰弱の下に死亡された．治療法はビタミン剤，アミノ酸製剤，ブドウ糖液，ペニシリン，オーレオマイシン，アクロマイシン，ACTH，コーチゾン等の投与を初め，6月初旬迄輸血200cc宛11回，乾燥血漿100cc宛51回の注入がなされた．

(Ⅱ) 病理解剖学的事項（死亡5時間14分で剖検）

外表所見

　身長 157cm 体重 52kg

　栄養はやや悪く，全身皮膚に強度の黄染が認められ，手掌部，足蹠部にも著明である．死剛は下顎関節に著明で，上肢の大きな関節には認められず，下肢の大きな関節には軽度に発現している．死斑は，背部に極めて軽度に見られる．瞳孔は中等度に散大し，左右同大，正円形である．鞏膜は中等度に黄染し，軽度の毛細管充盈がある．腹部は軽く膨隆し，これは上腹部において著明である．腹囲は臍の高さで73cmである．臍窩は非常に浅い．浮腫は，両側足背に圧痕を中等度に残す程度に見られ，両側脛骨稜角部にも圧痕を残すが，余り著明でない．大腿内側には浮腫は殆んどないが，左側にのみ，軽度に見られる．陰嚢には軽度の水腫がある．皮膚静脈の拡張は余り著明でないが，右頸部下方より同側前胸部上方にかけて，軽度のものが見られる．頸囲は，喉頭隆起の高さにおいて37cmである．背部の肩胛間部附近に，全部で10個位の点状皮下溢血を見る．また左肩から前胸上部にかけても粟粒大から小豆大位の大きさの皮下溢血点が10個位見られる．陰茎には軽度の包茎があり，また両側鼠蹊部には，左約6cm，右約5.5cmの古い瘢痕が見られる．右下腹部には虫垂炎手術の古い瘢痕がある．左腸骨窩部には穿刺の痕が数個あり，一部は血痂が覆われている．左上腕内側には，約6cmの長さの，静脈切開のための傷があり，4針縫合してある．左側腹壁下部の皮膚は，軽度の摩擦によって表皮が剥脱している．これは人工呼吸を行ったためであろうと思われる．左側乳頭の内側に，心臓穿刺の痕が6個あり，また胸骨柄より体部にかけて骨髄穿刺の痕が9個位見られる．項部から側頸部にかけて，やや黒色がかった放射能灰による皮膚炎後の色素沈着があり，後頭下部から項部にかけては，約3cmの幅の放射能灰による脱毛部がある．しかし他部の頭髪毛は僅かの力で引っ張っては脱けない．左下腿脛骨稜角部中央内面に，2.5×2.5cm，3×2cm その右に1cm平方，その外側部には 0.5×0.5cm の大きさをそれぞれ有する帯褐色の色素沈着を有する軽度の瘢痕がある．腓腸部の上部側面にはもう一つ，豌豆大の同様の瘢痕があり，足背拇指側内面に，細長い不正形，約4×2cm の薄い黒ずんだ着色部が見られる．次に右足では足背部内面，第一足蹠骨中央部に相当した部分に，1.5×2cm またそれよりやや足根部に寄った所に，約1×1cm の脱色部を認める．これらの皮膚の変化は凡てビキニ灰による放射能性皮膚炎痕である．両側乳輪に軽度の色素沈着が見られる．爪にはひどい変形などを認めない．臀部に褥瘡なく，看護の行き届いたことを証明している．頸部のリンパ節，両側腋窩のリンパ節に腫脹を認めない．

諸臓器位置関係

　皮下脂肪はやや減少している．皮下の筋肉，帯赤色湿潤，腹腔を開くと，腹水溢出する．腹水は帯黄色，その泡沫まで黄色く見える．全く透明で全量 2,600cc，外見上，漏出液状を呈する．大網は，虫垂切除施行後の瘢痕の部分で腹壁の内面と線維性，帯状に癒着している．その長さ約7cm この部分は血管の新生を相当に伴い，腹壁を交通している．その他の部分の大網は捲上げられ，胃大彎に沿い横行結腸を覆っている．胃は著明に膨満し，その大彎部は，胸骨剣状突起下約5横指の所まで及んでいる．この胃の膨満のため，横行結腸及び小腸の大部分は小骨盤腔に向って押下げられている．その胃をより除くと，胸骨剣状突起下に肝左葉の1横径指，右側胸骨線上で右葉約3横指，左側胸骨線上で左葉約1

横指の所に肝縁が露われている．肝臓は表面顆粒状，灰褐色，辺縁部は薄く，触ると弾性硬固の硬度を呈している．横隔膜の高さは，右第4肋骨，左，第4肋間である．小腸の大部分は腹水の上に浮き，腸壁非常に薄く，内面が透いて見える．所々漿膜面より，線条様または不正形の，粘膜溢血斑と思われるものを透見する．前腹壁腹膜面は平滑，左腸骨窩において，S状結腸と外側との間に5cm位の，帯状の，血管新生を伴う線維性の癒着がある．小骨盤腔の腹膜は中等度に脂肪を保有し，細血管は著明に拡張，リンパ管も軽度の拡張を呈する．腸間膜表面は軽度に混濁する．腸間膜細血管の充盈部は左腎臓の周囲に及んでいる．腎臓周囲の脂肪被膜には中等度の浮腫あり，膠様の外観を呈し，その上に綺麗な線状の血管が走っている．後腹壁腹膜面も，中等度に浮腫状である．胸骨を除去する．胸骨裏面の，内乳静脈には拡張などを見ない．胸腺は脂肪化しており，殆んど実質を認めない．しかし，割を入れて見ると，その上極部附近に実質らしいものを少し認める．心嚢を開く．心嚢液 115cc，濃褐色やや混濁．心臓は軽度の横位を示す（縦軸に対し，約45度の横位を示す）．右心房はやや著明に拡張している．心外膜（心嚢内臓葉）の表面には，右心室前面及び左心室側面に灰白色の短い絨毛が少しできている．これに相当する心嚢内面にも十数個の同様絨毛を認める．心嚢は一般に中等度の充盈を示している．左第3肋間の肋骨部に近い肋骨筋層内に約 3cm 平方の溢血部があり，肋間筋は湿潤，淡紅色である．左肺の上葉は，全面的に線維素線維性に癒着する．下葉の外側下方は癒着せず，そこに嚢状の肋膜間隙ができており，中に 14cc の淡黄色の液体が貯溜している．下葉の側面から背面にかけては，やはり癒着している．左肋膜は，脊柱側方並びに肺尖部後方においても癒着している．右肺は一見，全面的の線維性肋膜炎のようであるが，精査すると外側前方にのみ癒着していない部分がある．即ち，上葉の前面は線維性に癒着し，下葉は横隔膜と癒着している外，背面も同様に癒着している．ただ横隔膜側方から，僅か上方にかけて，嚢状の，癒着のない部分があり，これは手挙大の大きさを有する空間で，中に膠様の線維素を混じた 17cc の黄色の液体を容れている．

胸部諸臓器

心臓

重量320g 心臓の大きさは，屍の手挙大に比し，そんなに大きくない．心尖は左心室より成り，心尖の位置は鎖骨中線上に在る．心臓左室の前面と背面に線維素様苔被を見る．心外膜下脂肪組織は中等量．心臓底の背面に少数の小さな心外膜下出血点が見られる．右心室前面には，新鮮な腱斑と思われる三角形の部分がある．この他には，表面から異常は認められない．左室は殆んど空虚，右室も殆んど空虚．心筋層は軟かく，やや褐色調を帯び，やや混濁している．左室の心内膜下には瀰漫性の溢血が認められる．大動脈弁は著明に黄染し，大動脈起始部内面も著明に黄疸色である．左房の心内膜には軽度の毛細管充血がある．僧帽弁も著明に黄染し，その基部附近に充盈が見られる．右心房は中等度に拡張し，心内膜混濁す．三尖弁も中等度に黄染している．心筋の厚さを計測するに，次の通りである．

左室2cm 左房1.8cm 右室0.8cm 右房0.6cm（何れも最も厚い部分）

肺臓

重量 左540g 右840g

肋膜の癒着については前述の通りである．両肺を圧迫すると，主気管枝の中から汚濁した，黄色の分泌物がでてくる．右肺：上葉の大部分が硬度を増している．肋膜は浮腫状．割面を見ると，右肺尖のS_1とS_2の部分に，過鶩卵大の灰色肝様変性を思わせる炎症病巣あり．その他の部分は浮腫強く，含気量少く，血量は余り多くない．左肺：鎖骨下部，S_3の部分に過鶏卵大の硬度増加せる部分あり．肋膜は浮腫状，所々に線維素の苔被が附いている．癒着を剥した部分は特に赤味が強い．割面で見ると上葉のこの部分は拇指頭大の顆粒または結実状の壊死化のある肉様化を思わせるような病巣で，これを中心として充血が強くなっている．下葉の肋膜面に，下縁より約3cm上で背面に寄った場所に，細長い小指頭

大の，古い灰白色の肉様化様の病巣を見，これを中心として鷲卵大の間質増加し，一見間質性肺炎を思わせる結実状の一団の肺炎巣があり瀰漫性に周囲に移行している．また下葉の外側下部にも肋膜下の拇指頭大及び小指頭大の古い淡灰白色の肺炎巣を認める．この附近の肋膜表面には，肋骨の走行をはっきり示すような痕がついている．その他の肺野は浮腫著明，空気は殆どなく，液体に富んでいる．肺炎巣は何れも一般に外見より，糸状菌などのカビによる肺炎らしい所見であるのは注目すべき点である（写真2〔略〕）．

リンパ節

気管分岐部リンパ節は2～3個小豆大の大きさで，灰赤色，軽度の炭粉沈着を示している．左下方の気管枝肺リンパ節は，小指頭大，炭粉沈着があり，扁平で皮質部は灰赤色である．また左傍気管リンパ節は殆んど目立たない．左傍主気管枝リンパ節2個，大豆大及び小豆大の大きさである．その皮質部に炭粉沈着があり，その他の部分は灰赤色を呈するも髄様ではない．右の傍気管リンパ節，数個大豆大までの大きさを示し，淡赤色である．大動脈弓の所のリンパ節2個，それぞれ大豆大及び小豆大の細長い形をしている．その大きい方は皮質，細長い方は中心部に，それぞれ炭粉沈着がある．これらの割面は淡赤色，余り髄様でない．一般に肺流域下リンパ結節は寧ろ萎縮的であることは大切な所見と考えられる．

胸腺

前述の如き所見で，重量12.5g

腹部諸臓器

脾臓

重量90g　大きさ9.5×7×3cm

被膜は緊張している．灰赤色，硬度弾性軟．割面では腫脹はなく，血液に富み，水っぽい感じを受け，脾柱が著明である．リンパ濾胞は数は少なく余り著明でないが，認め得る．割面では実質容易に搔取され得る．

肝臓

重量860g　大きさ20×14.5×7.5cmでやや著しい減量，縮小を示し，被膜は軽度に皺襞を作っている．表面は灰褐色で，著明に顆粒状とはいえないが，表面は僅かに不平である．肝臓の形は正常と大差なく，結節形成は認めない．左葉の前面及び右葉の左寄りの部分に不規則な瘢痕が見える．肝臓の下面を見るに，辺縁から中心部に向って線維索様の線条が入り込んでいる．硬さは増強し前述の如く弾性硬固である．割面で見ると，黄褐緑色で硬変へ移行しつつある像がある．即ち小葉像は乱れ，グリソン氏鞘は広く，不規則であり，広くなったグリソン氏鞘の周囲に出血を伴い，所々に点状の出血巣を見る．この出血巣は出血性壊死かと思われ，右葉に著明である．外見上亜急性の肝萎縮症より肝硬変への移行所見と思われる．肝門のリンパ節は腫脹していない（写真1〔略〕）．

胆嚢

胆汁試験陽性．濃厚，黒褐色の胆汁が出る．胆嚢を外から触れた所では，胆石の存在を認めない．胆嚢を開くと，中に黒褐色の粘液を含んだ胆汁がある．胆石は認めない．粘膜の細皺襞は余りはっきりしない．粘膜の毛細管充血は強く，頸部に近い部分では胆汁様の着色が著明である．総胆管内には濃い胆汁を少量容れ，結石はなく，粘膜は黄染する．乳頭部より上方それぞれ5mm，8mmの所で，胆管内に膵管，副膵管開口する．

副腎

重量　左8.0g　右7.5g

左右とも殆ど同様の所見である．脂肪被膜少なく，線維被膜を通して，少数の斑状の皮質リポイドが透見できる．所々線維被膜の毛細管が拡張している．割面では，皮質の幅はほぼ正常，皮質のリポイドは少い．色素層は認め得る．髄質はやや薄い．髄質の血管は哆開しており，よく見える．

腎臓

重量　左220g　右190g

大きさ　左（12×7×5cm）
　　　　右（11.5×7.5×4cm）

右腎の上，後部に溢血部がある．腎臓の所見は左右ともほぼ同様である．表面，平滑，腫大強く，硬度は極めて軟かい．被膜は所々僅かに癒着しているが，概して容易に剥離し得る．表面は多彩，褐灰緑色．割面で見ると表面と同じ色を呈し腫脹溷濁甚だ高度で皮質

模様不明瞭，皮髄境界も不明瞭．皮質の幅はやや広く，汚褐色，所々に緑色の島がある．髄質はやや黄色調を帯びている．腎盂に多数の点状出血があり，腎盂の脂肪組織は膠様である．

脾臓
重量120g　大きさ13×4.5×5cm…（頭部）／4cm…（体部）

表面淡灰黄色で粗大分葉状の感じがする．体部表面の所々に10個位の，粟粒大の脂肪壊死を認める．胃結腸靱帯の脾臓下の部分にも1個，粟粒大，黄色の脂肪壊死がある．脾臓表面の脂肪壊死部附近には軽度の充盈が見られるが，その他尾部後面には拇指頭大の溢血斑を見る．硬度は増し，軟固で間質の増殖を思わせる．割面中等度混濁する．これら壊死巣は，割面では頭部，体部に限られ，尾部にに認められない．

胃
膨満している．胃を開くと，内面は皺襞に乏しく粘膜は萎縮高度である．その表面はやや多量の，濃厚灰白色の粘液で覆われ，幽門竇の前彎部には，約2cm平方位の白い四角形の，鵞口瘡の苔被様のものを，それより約1cm胃街寄りの所に，帯緑色不正形の帽針頭大位の大きさの糸状菌の苔被らしきものをそれぞれ認める．また噴門下部には，白い斑状の糸状菌集塊様のものが散見される．一般に粘膜は中等度に浮腫状，胃街部細小血管の怒張が著明である．所々粘膜下溢血状を呈する．胃を拡張せしめていた内容の大部分は，余り臭くないカスが殆んどで，前述の粘液は壁在性の程度で多くない．

腸管
十二指腸：内容は，灰色粘液状の液体約5cc　粘膜には中等度の毛細管充血がある．ウアテル氏乳頭はよく見える隆起を示すも浮腫などはない．以下の小腸：内容は帯黄色，濃厚な粘液，所々に皺襞の隆起部に相当して粘膜下出血乃至小指頭大の粘膜出血あり．粘膜は一般に中等度浮腫状で，リンパ組織は余りはっきりしない．大腸：粘膜に浮腫著明．内容としては，淡黄色粘液に富む軟便を容れ，所々に赤い血液の小片を混じている．壁の厚さは，横行結腸で約0.7cmである．

リンパ節
腸間膜リンパ節数個，豌豆大以下，扁平，灰白色，所により淡赤色．割面では水っぽい感じがする．腹部傍大動脈リンパ節数個，小指頭大以下，球形．割面では灰褐色を呈している．

骨盤諸臓器及び下肢
膀胱
膀胱尿は約60ccで帯褐色，濃厚，膀胱の粘膜は強度に黄疸色．三角部の粘膜に，軽度の浮腫，毛細管充血及び出血がある．前立腺は大きくなく，精嚢を圧するも精液の湧出を見ない．

直腸
粘膜中等度浮腫状である．

睾丸
重量　左6.0g　右7.0g
白膜は強度に黄疸色，全体はやや萎縮している．割面は帯黄色，ピンセットでつまむと軽度に糸を引く．

陰茎
軽度に包茎あり．包皮先端から約2cm左側に寄った所に，豌豆大の黒色着色部がある．

精索
右精索に沿って点状出血があり，蔓状静脈叢の出血と思われる．

血管
股動脉内面は著明に黄染している．

リンパ節
左右の鼠蹊部リンパ節は数個小豆大で球形，割面は灰白色を呈する．

滑液膜
右膝関節の滑液膜は強度に黄色を呈する．

頸部諸臓器
耳下腺
重量　左21g　右22g　著変がない．

舌
舌尖及び外側部を除き，灰黄色の薄い苔被が全面を覆っている．乳頭は余り著明でない．舌根のリンパ組織は萎縮している．その部分の粘膜は帯赤黄疸色である．

口蓋
軟口蓋の粘膜は溷濁し，リンパ濾胞様のものがボツボツ見られる．

扁桃
両側の扁桃は小指頭大，強度に紅潮す．特に左側のものには腺窩内に膿栓様のものが附着している．
喉頭
喉頭附近の粘膜は軽度に浮腫状．喉頭の左後部に黄緑色汚い分泌物がある．極く軽度の声門水腫が認められる．会圧の前面，喉頭，気管の起始部には上述と同様の汚い分泌物が壁在性にあり，左モルガーニ氏洞は浮腫状で浅い．
気管
気管の粘膜は黄染著明，中等度の浮腫が認められる．軟骨に沿った輪状出血が散在性，不規則に認められる．この出血は気管分岐部の上約5cmの所より始まり，両方の主気管枝に及んでいる．
食道
粘膜中等度に黄染する．食道下端，右後部の静脈は静脈瘤様に拡張している．気管分岐部相当部の左側方背部で，胸部大動脈との間に約5cmの長さにわたって溢血部があり，その附近の結合織及び脂肪組織には，著明な浮腫を認め後者は膠様である．この出血はその附近を走る迷走神経の枝を取巻いている．
甲状腺
重量 17.5g
大きさ ｛左葉 5.5×3.0×1.5cm
　　　 右葉 4.5×2.0×1.3cm
　　　 峡部 3.0×1.5×0.5cm
やや萎縮し，コロイドも少ないように思われる．
頭部諸臓器並びに脊髄
右頭頂部の頭部皮膚，真皮の脂肪組織の中に帽針頭大の出血部が認められる．
脳膜
硬脳膜の黄染は非常に著明である．軟膜には余り浮腫は認められない．
大，小脳
重量 1,430g
軽度の脳腫脹が認められる．脳回転はやや扁平であると思われる．脳脊髄液はやや黄色，余り増量していない．
脳下垂体

重量 0.75g 大きさ1.45×0.95×0.45cm
少し重いようである．
脊髄
第一胸髄より馬尾まで取り出したが所々に死後の軟化がある．軟膜血管に中等度の鬱血が見られる．
骨髄
左大腿骨
頭部は完全に脂肪髄，骨端部は赤色髄であるが，少し線維性で，その中心部は場所によりやや髄様である．骨幹部は黄色の膠様化のある脂肪髄である．
右大腿骨
骨端に近い部分は，赤色繊維性で所々中心部は髄様である．骨幹は脂肪髄，所々に赤い所があり，膠様で黄味を呈する．脂肪髄は左大腿骨髄より少なく大腿骨下端より上方17cmの範囲である．脂肪髄の部分は黄疸様である．

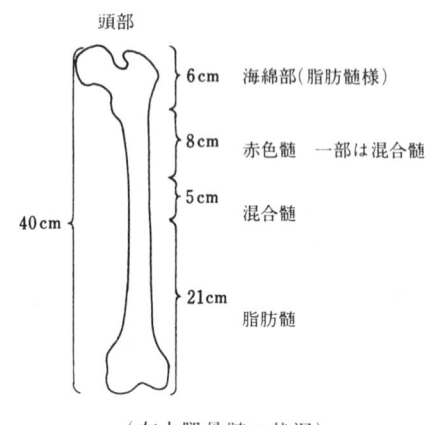

```
頭部
    ┌──┐
    │  │ 6cm  海綿部(脂肪髄様)
    │  │
    │  │ 8cm  赤色髄 一部は混合髄
    │  │
    │  │ 5cm  混合髄
40cm│  │
    │  │
    │  │ 21cm 脂肪髄
    │  │
    └──┘
```

（左大腿骨髄の状況）

脊椎骨
腰椎部，赤色で中心部髄様，僅かに灰色を呈する．赤い線維性の髄質が，皮膚の方に向って伸び，緻密質は薄くなっている．中心部髄は増生像を示すが，辺縁部では増生は強くない．胸髄についてもほぼ同様の所見である．
胸骨
赤色，軽度に髄様，やや帯褐色，やや増殖的であると思われる．

肋　骨
赤色，線維性骨髄であるが，中心部は所々髄様である．

腸　骨
胸骨の所見と変りないが，線維性のやや強い赤色髄である．

(Ⅲ)　病理組織学的事項

此の細部に就ては，既に医療9巻第1号の私共の論文の52頁より54頁に亘り，述べてあるので之に譲る．唯其後観察研究して補正追加を要すると思われる点をその論文に記述した器官の番号順に述べる．

〔編集者注〕『医療』第9巻第1号掲載の論文の関係事項は次のとおりである．

(1) 大腿骨，胸骨，腸間などの骨髄については，少し中央部などに再生が見られるが，細小血管の拡張があり，骨梁の近くに壊死細胞が見られ，未だ白血球系及び骨髄巨細胞に生成並びに一部成熟障害がある．この中心部の再生現象で末期の白血病様反応の一部が説明されるがなお研究中の問題である．

(2) 腸間膜，腋下，頸部及び膵頭部リンパ節は何れも萎縮状で，胚芽中心は何処にもなく，リンパ洞は広く，細網内皮細胞にやや著明な動員化があり，内皮細胞の動員されたものに，血鉄素及び赤血球乃至核などの貪喰を認めるが，他方，内皮細胞に変性又は多核化のあるものや，皮質部に硝子様物質の沈着を示すものがある．

(3) 睾丸には萎縮が強く見られ，間質は粗鬆浮腫状を呈し，精細管基底膜の膨化が著しく精祖細胞は数甚だ少く，殆んどない所もあり，他方精子は精細管及び副睾丸内の何処にも証明し難い．即ち造精過程に大きな障害がある．Sertoli 氏細胞や Leydig 氏細胞はよく認められる．

(4) 皮膚の変化としては過角症はないが，胚芽層は薄く，表皮細胞の一部空胞形成が見られ，色素沈着部の皮膚炎痕の所では，胚芽層が少し真皮側に延び，この所の細胞内にメラニン色素が多い．

毛根部及び皮膚の附属器官は所によっては萎縮状であり，乳頭層の血管や真皮の血管にもごく軽い変性があり，血管周囲にリンパ球浸潤を示す部分がある．

(5) 肝臓では，肝細胞の変性壊死が強く，主として小葉中心性と思われるが，所によってはグリソン氏鞘を中心としても起り，この分布は不規則で，新らしい所は赤色肝萎縮症時の所見に似ている．この壊死部のやや古い所では格子状線維が増し，その一部が膠原線維化をなす所もあり，新らしい所では格子状線維の変性もある．壊死巣が広汎な時には，一部に肝細胞の再生があり，2核の肝細胞も見られ，偽小葉化の傾向があり，この小さな結節が再び周辺部より脂肪化して，壊死状になり，マロリー体に移行している所もある．また壊死巣の周辺部には小胆管の増生があり，所々7核位までの肝細胞性巨細胞が散見され，胆汁栓も比較的多く証明し，これは肝細胞の壊死またはグリソン氏鞘部の炎症性細胞浸潤などのためによる胆汁停滞性変化とも考えられる．胆汁栓はグリソン氏鞘附近の壊死巣に多い．グリソン氏鞘には中等度の好中球，単球，リンパ球，形質細胞などの炎症性細胞浸潤があり，線維細胞も認められ肝細胞索間にも単球，好中球が見られる．しかし造血巣は認め難い．

肝細胞は一般に染り方が悪く淡染腫大し，原形質の空胞形成があり，脂肪化は主として壊死部周辺部及び壊死巣内の肝細胞に見る．その核も腫大し，染色質の分布は均等でなく，所々集団化し，核膜過染色の傾向がある．また壊死巣より離れた肝細胞索内にも肝細胞性多核巨細胞が見られる所がある．クッペル氏星細胞は動員化され，脂肪顆粒，血鉄素乃至胆汁色素を貪喰し，核は濃染して小さいものがある．肝細胞は殊に壊死巣の周囲で著しく，胆汁色素や血鉄素の貪喰を示し，肝細胞性多核巨細胞もまた，これらの色素を摂取している．

以上の所見は異常の遷延性肝炎像にも似る点があるが，新しい放射能症性肝病変をも考えながら検討中である．

(6) 脾臓には洞の著明な拡張を見，所によっては洞周囲に軽い線維化があり髄質細胞が少ない．リンパ小節は萎縮状で小さいものが多く，所によっては中心動脈が露出し境界不分明なものが多い．小節内の胚芽中心は何処にもなく，所によっては，鞘子様物質の沈着を示し，中心動脈内膜などに変性がある．造血巣らしい所は認められない．

(7) 腎臓には高度の胆血症性のネフローゼ変化が見られ，ボウマン氏嚢内及び尿細管腔内への滲出液及び胆汁色素，血鉄素などの排泄，並びにこれらの色素の主部上皮細胞等内の貪喰像，軽度の尿細管上皮の脂肪化などを認め，鉄の代謝障害をおもわせる．

(8) 心臓は強い心筋の萎縮変性を認め，間質内の滲出も強く，心筋の結締織線維化状の所見があり，左心室内膜下の出血が高度であり，一般に心内膜に近い心筋層の変化が殊に強い傾向がある．

(9) 肺炎病巣がそれぞれ左肺上下葉及び右肺上葉に見られ，東大病理の奥平氏の研究で，肺炎巣に Aspergillus fumigatus の混合感染があることが細菌学的に同定された．その他の肺臓の部分には気腫状肺胞が多いが強いウッ血，所によっては浮腫が見られる．気管支粘膜にはカタール所見がある．

(10) 胃腸粘膜は変性萎縮状で腺細胞にも変性があり，再生像は何処にも認め難い．所々急性炎症を判い，リンパ小節は殊に腸では数が少く萎縮状で所々出血を認める．なお奥平氏により胃粘膜の苔被よりそれぞれ肉眼所見に一致したカビ即ち Candida albicans 及び Aspergillus fumigatus がそれぞれ証明されている．

(11) 膵臓の実質細胞には涸濁腫脹などの退行変性を認め，間質が少し増加し，所々実質細胞の脂肪化，血鉄素の貪喰像を認め，所々小さな，軽度のリンパ球の浸潤を伴う脂肪壊死巣が見られる．

(12) 脳下垂体の腺細胞にも変性がある．副腎の皮質の細胞にも変性があり，一部では糸毬層の高度の萎縮の所と，反対に増生の強い所があり，両臓器の洞様血管の拡張が見られる．また甲状腺には機能低下像がある．

(13) 食道壁には上皮細胞の変性剥落の所があり，深部の胚芽層細胞が増生して表面近くまで延びている所があり，粘膜下層は浮腫状でリンパ球，形質細胞の軽い浸潤を伴い，細血管は拡張している．

(14) 気管粘膜上皮層は多く変性剥落し，粘膜下は甚しく粗鬆な状態で浮腫状を呈し変性壊死化した小円形細胞，好中球，組織球などを散見し，血管は血行停止像を示し軟骨細胞の空胞変性，核の濃縮化などを見る．なお脳には胆血症性変性を主として認めている．

(1) 骨髄例えば大腿骨，胸骨，肋骨，脊椎骨，腸骨等の夫々は軽度の再生像が特に中心部に見られるが小血管及洞は強く拡張し，中等度の間質の浮腫と骨髄細胞の変性を認める．血鉄素の沈着は何辺にもない．マロリー染色及嗜銀線維染色標本では類洞拡張は著しく且其形も不正形であり，類洞壁に強い破壊像を認めないが，この所見は三宅教授の提唱される類白血病の形態学的所見に近いものであり，之と上述の中心部付近の再生像で末期の類白血病血像が或程度説明されると思われる．尚所によってはリンパ球，形質球の軽度の浸潤部も散見され，格子状線維も少し増し，赤血球貪喰像の所もあり，脂肪髄も所々粘液状変性を示し，この部の毛細管にも強い変性とウッ血を見る．造血再生像の強さは腰椎髄に最も著しく，腸骨，胸骨，大腿骨，肋骨の順であって，之の順序は正常骨髄の造骨能の強さと少し異なり，注意の要があろう（写真3, 4〔略〕）．有線分裂細胞は全骨髄標本中僅かに2ヶ位認めたに過ぎない．

(2) リンパ節所見．リンパ節の動員された細網内反系内の血鉄素沈着は膵頭部リンパ節に最も高度で顕著な点は，膵実質細胞内の血鉄素沈着と関係があるのであり，腸門膜リンパ節は之に次いで強く，其他のリンパ節ではごく軽度である（写真8〔略〕）．

尚腋窩リンパ節では皮質部に硝子状物質の沈着を認め，深部頸リンパ節には内皮細胞の変性及核の融合に依る多核化が見られる．扁桃及舌根リンパ装置も粗鬆萎縮状であり細血管は拡張し胚中心は認めないが，前者の上皮細胞に強い胞体内空胞形成がある．

胸腺には実質の遺残像があり，所によっては上皮成分とリンパ組織の軽度増生像並ハッサル氏小体の上皮変性所見を認め，リンパ組織中に多核巨細胞化所見がある（写真9〔略〕）．

(3) 睾丸（写真14〔略〕），(4)皮膚，及(5)肝臓の所見は上述の論文の夫と同じい〔ママ〕が，肝臓には造血巣は認めない（写真5,6〔略〕）．

(6) 脾臓．脾髄細胞は洞の拡張に依り血海状を呈する所では著るしく，其数を減少している．其リンパ小節は萎縮状で小さく，不正形なものが多いが多少増生像を示すものもある．

中心動脈は壁の肥厚，腫大，円膜の硝子化等を示し，洞の内皮細胞も腫大し，剥離しているものもあるが，一般には内皮及脾髄細胞の核は濃縮化を呈する．血鉄素沈着所見は認めない．又洞の中に骨髄巨細胞が浮游する所や，形質細胞が少し多い所もある．嗜銀線維染色では洞の周囲に軽度の格子状線維増加の所が見られるが，造血巣は証明されない（写真7〔略〕）．

(7) 腎臓は強い胆血症性ネフローゼを示している．凡ての糸球体は軽度に増大して居り，淡黄褐色乃至酸性の蛋白状の滲出物がボーマン氏嚢腔内に証明される．糸球体蹄糸は虚脱状で小さい傾向を示し，その壁に中等度の膨化を示すものもある．ボーマン氏嚢壁も中等度の腫大肥厚を示すものがある．主部細尿管上皮には著るしい溷濁腫脹，軽度の脂肪化が見られ，直細尿管腔は一般に広く，中に大量の胆汁色素円柱を容れ，この円柱のある所の細尿管上皮には殊に強い脂肪化を見，細尿管上皮及腔内の蛋白状円柱に血鉄素沈着を軽度乍ら証明出来，鉄の異常排泄を思わせる．又皮髄質の所々に限局性な，主にリンパ球浸潤より成る間質炎を認め，血管周囲にも同様

胞浸潤を認める．葉間静脈壁にフイブリン血栓の形成に〔ママ〕見られ，之はその血管周囲の細尿管の変性乃至間質炎と関連している点は注意を要する所見である（写真 11, 12〔略〕）．

(8) 心臓の心筋層の変性所見は高度で，之は主に胆血症性の心筋変性症（Myocardosis）と考えられるが，他方2核の心筋細胞や直接核分裂像を暗示する再生像の所見もある．又線維素析出性の心外膜炎の所見も認められる（写真13〔略〕）

(9) 肺の所見中，肉眼上結実状肺炎巣の所は主に好中球，リンパ球，単球等の浸潤より成る炎症反応を示し，線維素の析出はごく軽度で，壊死の傾向が強く，中心部に多数の Aspergillus fumigatus の菌糸を証明し（写真15〔略〕），之の菌糸が一部分，稍々太い肺静脈等の壁を貫通して血管内侵入像を示している．又下葉の一部分で血管周囲の線維化や肉変化所見をも示し，又肺内細気管支上皮の一部に軽度増生を見，肺内気管支の大部分に中等度，所によっては強いカタール所見を認める．

(10) 胃腸粘膜は変性萎縮状で腺細胞にも変性がある．上皮細胞の再生像は殆んどないが，Zenker 固定材料より沢山標本を作って見ると腺管及腺細胞の一部分に再生像を示す分裂像を認め，之は炎症性乃至出血性病変を伴わない所に多い．

又炎症病巣では好中球を初め炎症性細胞の出現は軽度である．

(11) 膵臓の所見は上述の論文の夫と同じであるが，Langerhans 氏島内出血の所がある．

(12) 下垂体の腺細胞の変性が著しく，殊に塩基好性細胞では強く，染色性低下，胞体内の空胞形成が見られ，巨細胞化のものもある．類洞の拡張が強い．副腎の皮質にも変性があり，殊に糸球層には萎縮，一部分線維化を見，リポイドも減少し又反対に糸球層に結節状増生部に〔ママ〕ある（写真16〔略〕）．尚線維被膜は粗鬆化し，この中の血管内に皮質の細胞群が流入している像もある．束状層の変性萎縮も著るしく，このためこの部の類洞が強く拡張し，腺状となり，内に滲出物を容れ，

その内皮細胞の核濃縮が強い．

下垂体も副腎も共に強い変性萎縮と血管及類洞の拡張が共通点であるが，副腎皮質の一部の結節性増生像は注目を要する．

甲状腺には濾胞上皮の扁平化，コロイドの一部増加等の像を認め血管も軽度に拡張している．

上皮小体では好酸性細胞は殆どなく．主細胞のみで血管は拡張する．松果腺では脳砂形成は少なく，囊腫形成等の所見を認めない．

(13) 食道壁及(14)気管の所見は上述の論文の夫と同じい〔ママ〕．

中枢神経系の変化としては神経細胞に変性例えば色素融解，核の偏在化，核融解等が見られ，血管はウッ血を示し脳実質内等に浮腫がある．之等の変化は主に胆血症に依るものと考えられる．又灰白質の所々に変性神経細胞周囲に於けるグリア細胞の集会や血管周囲に於けるミクログリアの浸潤増生像を見，血管周囲のウィルヒョウ・ロバン氏腔 (Virchow-Robin Space) の中に胆汁色素を摂取した組織球状細胞が集まっている所もある（写真10〔略〕）．脈絡叢 (Plexus Chorioideus) は一般に浮腫状でその上皮細胞の中に胆汁色素の貪喰像を見る．胸脊髄の白質中に輪状出血を認める．

以上の所見より（Ⅱ）及（Ⅲ）を総括して次の如き病理学的診断に〔ママ〕決定され，昭和29年11月16日東京大学に於ける原爆被害対策に関する調査研究連絡協議会の第2回医学部会に於て公表された．

(Ⅳ) 病理学的診断

(1)諸骨髄の汎骨髄癆よりの一部の回復状態．
(2)諸リンパ節の萎縮変性化．
(3)睾丸の造精障害並に精細管基底膜の膨化．
(4)炎症性細胞浸潤と軽度の硬化性を示す萎縮性肝臓（860g）．
(5)ウッ血を伴う萎縮状脾臓（90g）．
(6)腎臓の高度の胆血症性ネフローゼ（左220, 右190g）．
(7)心筋の萎縮変性，間質内の滲出（320g）及心外膜炎．
(8)左肺上下葉，右肺上葉の Aspergillus fumigatus の混合感染を伴う肺炎．
(9)胃腸粘膜の変性萎縮化並に一部の急性炎症．
(10)膵臓の溷濁腫大（120g）並に若干個の脂肪壊死巣．
(11)胸腔滲出液（左14, 右側17cc）並に腹水（2.6l）の貯溜．
(12)皮膚粘膜の著しい黄染及一部出血．
(13)ビキニ灰による項部，下腿，足背等の皮膚炎痕．
(14)両足背等の中等度の浮腫．

Ⅴ 諸検査成績

1. 東京大学理学部木村教室に送付した久保山氏の肝臓等に就いて木村教授，池田助教授等が放射化学的分析をされた結果，第1表の如く Zr-95, Nb-95, Ce-144, Pr-144, Sr-89, Sr-90, Y-90 等の核分裂生成物

第1表 故久保山氏の臓器別放射能分布表（木村，池田）

（単位 10^{-12}c/g）

Fraction	Existing nuclides (probable)	Liver	Kidneys	Lungs	Muscle	Bone
Ru+Te	Ru-106+Rh-106 Te-129m+Te-129	<0.1 (−)	0.9 (±)	<0.1 (−)	0.2 (±)	2 (±)
Zr+Nb	Zr-95+Nb-95	1 (+)	1 (+)	0.4 (±)	0.3 (±)	2 (±)
Rare earth elements	Ce-144+Pr-144	2 (−)	1 (+)	0.5 (±)	0.5 (±)	20 (+)
Sr	Sr-89 Sr-90+Y-90	0.6 (±)	1 (±)	<0.1 (−)	<0.1 (−)	1 (±)

備考 1. 単位は新鮮な臓器1gに就いてのもの．
　　 2. （+）（−）等は対照となる材料のデェタアと比較しての核分裂生成元素の陽性陰性を示す．

第2章 乗組員の症状経過と久保山氏の死亡　　　311

第2表　故久保山氏の各臓器の放射能（江頭，桜林）

臓器名	臓器湿重量(g)	臓器乾燥重量(g)	測量に用いた灰重量(g)	$\frac{n}{t}-\frac{20}{t_0}\pm\sqrt{\left(\frac{\sqrt{x}}{t}\right)^2-\left(\frac{\sqrt{x_0}}{t_0}\right)^2}$	cpm/10g（湿）
肺	3.6	0.6650	0.0214	3.7±1.0	10.6±2.9
肝	11.3	2.3976	0.1218	10.1±1.4	9.0±1.2
心	6.1	1.4902	0.0402	4.2±1.1	8.3±2.2
肋軟骨	5.4	2.3766	0.3342*	4.1±1.2	8.1±2.4
耳下腺	3.0	0.2999	0.0160	1.7±1.2	5.7±4.0
胸骨	3.4	1.7086	0.4607*	1.7±1.2	5.6±4.0
脾臓	2.2	0.4222	0.0236	1.2±1.1	5.5±5.0
大腿筋肉	5.1	0.9462	0.0420	2.0±1.2	4.0±2.4
大腿骨	5.4	5.0249	1.6245*	0.9±1.1	3.8±4.7
小腸	7.5	0.8892	0.0346	2.1±1.1	2.8±1.5
腎臓	13.0	2.0319	0.0907	3.0±1.2	2.3±0.9
脂肪組織	10.4	5.9880	0.0195	1.2±1.2	1.2±1.2

備考　1. Tracerlab 製 SC-6型 Autoscaler—科研製 G-M 管で測定．
　　　2. バックグラウンド約20を差引いた値である．
　　　3. 湿重量 0g に換算した値である．
　　　4. * 灰の一部を測定に用いたもの．

第3表　故久保山氏の各臓器の放射能（木村，池田）

臓器名	臓器重量(g)	臓器乾燥重量(g)	灰重量(g)	灰の放射能(c/m)
肝	95.5	19.8	0.721	37±4
腎	81.5	12.6	0.739	16±3
肺	142.7	22.9	0.878	15±3
筋肉	220	—	1.59	30
大腿骨（赤）	33.7	29.1	15.10	3±3
膝蓋骨	82.2	63.5	17.10	0±3
大腿骨（白）	22.0	17.7	6.44	3±3
脊椎骨	18.9	6.6	1.73	1±3
第1肋骨	12.0	6.7	5.85	4±3
肋軟骨	52.0	24.2	4.23	0±3

備考　1. Tracerlab—G-M 管で測定
　　　2. 雲母板の厚さ 1.4mgc/m²
　　　3. バックグラウンドは約 40c/m

(Fission Products) が微量乍ら推定確認される成績を得た．之等の表の成績は生前の早期には病変を起す事の出来る可成の核分裂生成物が体内に存在し，内部照射に関係したとも考えさせる．

2. 剖検時，現場にて東一放射線科医長，岡本博士に依り久保山氏の体内各部（内臓，脊椎及大腿骨等）の割面につき，Philips Surveymeter-Pocket battery monitor PW 4010 にて接触測定されたが，本装置では性能も関係あるためか，認むべき反応は確認されなかった．

3. 予研病理に送付した材料に対して，江頭病理部長及桜林氏に依り，第2表の加く各臓器の放射能が測定され，肺臓，肝臓に有意義の Count 数を得たが，其他の臓器では僅少で，意味付は対照例との比較に依っても，困難であるとの結果の報告を得た．

又木村教授より第3表の結果を，東一放射線科の岡本博士及同科の濱田博士よりも第4表の如き各臓器別の放射能の成績を夫々受理した．

之等の表中の数字に対する有意性の有無判断は仲々困難であるが貴重なデエタアであり，上記の木村教授等の放射化学分析の結果と慎重に考え合せて見る要がある．

然し長い経過の後の極く微量の組織内の放射能の検出は，Count 数の測定では限界があり，是非共，化学分析の結果に依らねばならぬ事が，本例の検査でも実証された．

4. 血清肝炎のウイルス検出のために予研北岡研究室に送付された血液，肝等は，ウイルス分離の適当な方法がないため今尚保存中である．

5. 東大病理の奥平氏に依り，肺炎巣の糸状菌は Aspergillus fumigatus と同定され，

第4表　久保山氏臓器放射能測定値（岡本，濱田）

自昭和29年9月25日　至10月5日

No.	臓器	臓器の湿重量(g)	灰化測定値(c/m)	測定装置名	自然計数(c/m)	No.	臓器	臓器の湿重量(g)	灰化測定値(c/m)	測定装置名	自然計数(c/m)
1	頭頂骨	0.47	1.8±1.18	科研	32.6	15	腎臓(a)	10.35	4.0±1.25	東芝	24.4
2	頭蓋底骨	4.72	0.4±1.48	東芝	24.0		〃　(b)	10.97	0.2±1.28	東芝	25.4
3	大腿骨	0.91	1.9±1.45	科研	32.6	16	小腸	2.10	1.9±1.24	東芝	24.4
4	骨髄	1.61	2.6±1.37	東芝	23.1	17	大腿筋	8.49	3.1±1.54	東芝	22.2
5	腸骨	2.62	1.6±1.11	東芝	23.7	18	心筋	7.42	2.4±1.10	東芝	24.5
6	胸骨	0.97	1.4±1.95	科研	31.5	19	脂肪	9.90	3.4±1.28	東芝	24.4
7	肋骨	0.91	1.2±1.10	東芝	23.7	20	皮膚	6.27	1.3±1.69	科研	33.8
8	脊椎	5.05	4.6±1.26	科研	32.6	21	耳下腺	6.81	2.9±1.32	東芝	24.4
9	肋軟骨	5.75	3.5±1.78	科研	30.5	22	脳	9.75	0.4±1.87	東芝	23.2
10	脾臓(a)	0.82	2.9±1.09	東芝	23.1	23	脊髄硬膜	1.20	2.2±1.51	東芝	25.7
	〃　(b)	1.75	4.3±1.35	東芝	25.4	24	腹水	166cc	3.0±1.02	東芝	22.1
11	副腎	2.07	4.4±1.02	東芝	22.5	備考	1. 東芝製100進法，窓厚25mg/cm²，距離1cm，自然計数24.27±0.83 2. 科研製32進法，窓厚3.0mg/cm²，距離1cm，自然計数33.53±6.01					
12	脺臓(a)	3.40	4.2±1.02	東芝	22.5
	〃　(b)	1.11	3.4±1.02	東芝	22.5
13	肺臓(a)	3.64	5.0±1.73	東芝	27.2
	〃　(b)	2.10	5.6±1.03	東芝	22.5
14	肝臓(a)	10.66	2.5±1.32	東芝	25.4
	〃　(b)	30.70	2.9±1.61	東芝	24.7

又胃粘膜の菌苔よりも夫々同菌とCandida albicansが検出された．

6. 各臓器のラジオオートグラフに就て東大病理の斎藤講師，菅野学士等に依りイルフォードG5を用いて検査され，確実な陽性成績と云い得る成績を得なかったが尚追究中である．

(Ⅵ)　総括並考按

久保山氏は汚染された船内での生活により最少限200レントゲンの外部照射を受けた事は，中泉教授を初め，他の学者の計算でも認められ，之だけでも，致死的である場合が考えられたのである．この上に，経口，経肺乃至経皮等の経路に依る内部照射も考えられ，2週間の大切な要安静の時に，船中にあって，年長者の故に他の同僚の面倒を見られた次第で，之の後者の点等も其予後に大きな影響を与えたと想像される．

然し乍ら周到な医療団，主治医等の御努力で次第に一部回復されていたが肝障害と云う続発症のために不幸な転帰をとられたのは，誠に残念である．

被災後207日目に死亡された久保山氏には外胚葉性の皮膚にβ線等に依る皮膚炎痕があり，睾丸，骨髄リンパ節，脾等の中枢葉並間葉系臓器に変性退行病変を認めたが，之等の所は放射線に最も感受性の高い所であるので死の灰に依る病変と考えてよいと考える．

予後に関係した肝病変は，高度で，既往の報告では余り類を見ないものである．肝の所見は診断で述べた如きものであるが，その病像に類似の多いものとしては遷延性肝炎乃至細胆管胆汁ウッ滞性肝硬変の初期等が与〔ママ〕げられる．

本例では輸血及輸血漿が必然的要請でなされたので，之に依る血清肝炎の可能性も否定できないが，早期より肝障害が起っている点等及内部照射が考えられる例なので，寧ろ放射能症性肝病変が主で，之にあらゆる可能の

病因が附加続発して強い病変に綜合されたのであろう．

経過が古くなると第一次性の放射能性病変に続発性反応性変化が加わり，之を分離する事が仲々困難となる．本例の如き外部照射に内部照射の加わった如き例では一層其作用機転が複雑で，所見の分析はむずかしい．之はモデル実験に依り，夫々を解析するより方法はないと思われる．私共も所謂血清肝炎例と思われる例を蒐集し比較研究中であり，何れにしても，血清肝炎のウイルス検出も困難で殆ど不可能な今日，之と本例との関連に就ては即断を避け度いと考える．何れにしても内部照射による肝病変の把握は喫緊事である．

一般に肝，膵，胃腸等の如き内胚葉系の所は放射線に抵抗性があると云われるにも不拘，本例では人体で最も大きな貯蔵器官であり，解毒器官である肝が障害されたのは余程の有毒物質例えば Fission Products 等が直接経肝的に，又は造血系障害等による間接的要約のため，肝に集中作用したと考えられ，又207日と云う長い経過も，この肝病変発現に関係があろうと思われる．

此点木村研究室の肝，その他の臓器に就ての放射化学的成績は W. Bloom 氏の研究の示す如き例外的事実があるとしても放射能性肝病変の可能性を裏書きするものである．

中胚葉，間葉系中細胞分裂乃至機能の活潑な所は最も放射線に鋭敏であるが，甲状腺，副腎，胃腸の腺細胞等も比較的鋭敏な所と云われる．久保山氏の場合にも之等の所に退行変性を認め副腎皮質には増生像を認め，心筋，消化管粘膜その他に核分裂像を見，肝の小胆管，胸腺及骨髄等に再生乃至増生所見を夫々証明する．

尚肝，胸腺，頸部リンパ節及下垂体腺細胞に多核巨細胞化所見を見たのは放射線障害に相当するものとも考えられ注意を要する．

久保山氏はビキニ被災に依り急性放射能〔症〕となり，造血能等が次第に回復の途中，肝障害，腹水貯溜胆血症等を惹起し，之が死因となり，他方又放射能症の予後に関係する続発性の敗血症は抗生剤の投与で防止されたが，末期にカビに依る肺炎が起り，腎及心筋等の障害も加わり，不幸な転帰をとられた特別の例である．カビの問題は輸血性黄疸等の原因であるウイルスの問題と共に，放射能症に続発する感染症中，研究を要する課題の一である．

尚性腺障害は相当に高度であり，之は遺伝，優生学的にも重大なものを示唆している如く思われる．

稿を終るに当り久保山氏の御冥福を祈ると共に終始御指導を賜りつつある東一病院長坂口先生，副院長栗山先生，原爆被害対策に関する調査研究連絡協議会長塩田先生，同医学部会長都築先生，同医学部会幹事尾村先生，東大病理の三宅先生並に其の教室員，医療及研究検査関係諸先生に深甚の謝意を捧げます．

2—2 都築正男「水爆傷害死問題の真相」

第五福龍丸の無線長久保山愛吉さんが，永らくの障害治療のかいもなく去る9月23日の夕刻ついに亡くなられたことは，まことに遺憾である．ことに去る3月の被災以来，半歳以上にわたって治療のことについていくらかお世話して来た私としては，全くがっかりした．残念であったというよりほかに言葉がない．

ビキニの灰といわれたものが，現実に死の灰にもなり得ることをまざまざと見せられたことは，当初から，ひょっとしたらと予想もしていたこととはいえ，感慨無量である．

第五福龍丸乗組の23人の漁師達は，去る3月1日早朝，南太平洋のビキニ海域でアメリカがその後，熱原子核反応実験と発表した強烈な爆弾の実験によって発生したと思われるいわゆるビキニの灰をかぶったまま日本に帰って来られ，その後東京の2つの病院，すなわち東京大学医学部附属病院と国立東京第1病院とに別れて収容せられ，それぞれわが国医学の総力をあげてともいうべき行きとどいた治療を受け，現在もなお治療をうけていられる．これらの漁師達が3月14日その母港である静岡県焼津港に帰りついた時は，放射能による皮膚の障害がまず目立っていたので，

その予後についていろいろの説があり、ために治療の方針をたてることに混雑をきたしたこともあった。しかし、私達ははじめからその障害が容易ならぬものであることを考え、万全の治療対策をたてるよう努力してきた。

アメリカ側、殊にアメリカ原子力委員会の人々はこの問題を重大視し、ニューヨークの原子力委員会の保健試験所長アイゼンバッド氏と広島のアメリカ原子爆弾傷害調査研究所長モルトン博士などを東京に急派して治療に協力せられ、いろいろと手伝って下さった。

しかしながら、何分にも灰が運んできた放射能は甚だ強いものであって、福龍丸の漁師達は、焼津港に帰りつくまでの2週間の間に直接に灰をかぶった皮膚に放射能による障害をおこしたほか、衣服や船のふり積った灰の放射能によって外部からの照射をこうむり、血液や内臓をやられたのであるが、その間受けた放射能の分量はおおよそ200乃至300レントゲンに達したものと推定せられている。なお、灰にまみれての2週間の船内生活中に、灰を吸いこみ、呑みこみ、または皮膚障害部から吸収されたりして、放射能性の物質が身体の内部にとり入れられたことが心配せられ、アメリカの原子力委員会は、特に急派したアイゼンバッド氏をしてこの問題の研究に協力せしめられ、漁師達の尿をニューヨークの試験所に空輸して分析することを引受けてくれた。そして、いろいろと精密検査の結果、放射能性物質が身体の内部に少量ではあるがとり入れられたことが確かめられたので、内部からの照射作用もあるものと考えられるに至った。福龍丸の上に降りかかった灰はわが国科学者達の手によって分析せられ、26種の放射性同位元素が見つけ出された。そのうち人体が蒙る障害に関連して注意を要するものは、ストロンチウム89、ストロンチウム90、ヨード131、ヨード132、バリウム140、などであるが、その後、漁師達の前頸部の甲状腺部には著名な放射能の存在が見とめられたので、このことは放射能性のヨードが体内に侵入したことを証拠だてるものと考えなければならないので、ほかの放射性同位元素もやはり体内に侵入したものと考えるべきであろう。

このように、外部からの照射と内部からの照射とによってかなり強い放射能の障害を蒙ったことは、人類としては全くはじめての経験であるといってよかろう。現に私が去る4月から6月にわたってヨーロッパ及びアメリカの旅行中に話し合った多くの医学者、生物学者等は、いずれもことの重大さを認めてその成りゆきを心配していた。

ところが、第五福龍丸の漁師達は、はじめは皮膚の障害が著名に認められ、これはビキニの灰が放射能を運んできたことによる外からの障害として注目を引いた。しかし、血液の変化、例えば白血球の減少などは、はじめのうちはそう著明ではなかった。大部分の人人が末梢血液内の白血球は1立方ミリ6000～7000（正常は7000～8000）であって障害が軽いのではないかとの希望的観察もあったが、同時に検査された骨髄の所見では細胞数が5万以下に（正常は約15万位）減少していたものもあるので、その後の経過が心配せられていた。果せるかな、その後、時日の経過とともに血液障害の模様がだんだんと顕著となり、被災後4～6週間には大部分の人が著明の白血球減少症を示し、中には2000以下の数を示すものも現われ、同時に血小板の減少も認められ、数名の者には出血症状が現われはじめた。すなわち軽度の腸出血、腎臓出血等の症状を認め、また鼻血や歯間の出血を認めた者もあり、骨髄細胞もその数が1万以下になった者もあり、大体の模様が「汎骨髄癆」の症状を示し不定の発熱等があり、一時はその容体も危ぶまれたぐらいであった。

これらの人々に対する治療としては、第1に安静を守らしめ、第2に十分な栄養を与えることを主としたが、そのほか必要に応じ輸血、輸血漿及び抗生物質の投与などを行った。その結果被災後2月ぐらいから一般症状の悪化が止まり、だんだんと快方に向いはじめ、約半数の人は大体恢復に向って来たように思われた。ところが、それらの恢復の模様が、かつての広島や長崎の人々の場合にくらべてどうもおそいようであるので、これは同時に受けている内部からの照射による障害作用にもとづいているのではないかとの考え方もあ

『朝日新聞』1954. 9. 24.

る．

　ところがその後，被災後3カ月ぐらいたってから黄疸をおこした人があり，いろいろと肝臓の機能の検査が行われたが，その成績から判断し，肝臓の障害があるのではなかろうかと想像される方が23人中17人にも上った．われわれ治療陣としてはこの点についても早くから注意し，肝臓を保護すると共にいろいろの処置をして来たのであるが，8月末，その1人である久保山さんが肝臓障害にもとづく黄疸のために重篤に陥られたのである．昏睡6日，殆んど絶望かと思われたものが奇蹟的にも意識を恢復し，一般の容体もやや快方に向われ，或いは癒られるのではないかとの望みも持たれたのであったが，その後に容体が悪化し，不幸にして死亡された．本当に残念であった．われわれとしては最後まで出来るだけの努力はしたつもりである．ことに直接治療にあたられた国立東京第一病院の方方の骨折りは全く涙ぐましいものであった．しかしわれわれとしては，治療方法にはまだ何か足りないところがあったのではなかろうかと静かに反省してみる必要があると思う．久保山さんの死後，御遺族ならびに関係の方方の理解ある了解の下に遺骸の解剖検査が行われた．その結果についてはいずれそれぞれ

専門の人々から詳しく発表されることと思うが，解剖によって，肝臓，腎臓，脾臓，膵臓，心臓，肺臓，骨髄，リンパ腺等，生活に必要ないろいろの内臓が，その程度こそ違え，いろいろの状態に侵されていることが判った．こういう状態でよくも今日まで生き永らえていたものだと驚くくらいの変化を示している内臓もあった．解剖に際し私達が一番注意したのは，いうまでもなく肝臓であったが，肝臓は少し萎びたような恰好をしており，目方が860グラム（普通は1,200グラム前後）で，肉眼的にはいわゆる亜急性肝萎縮の病像を示していた．また著明なことは，全身のリンパ腺系統の組織が萎縮していて，どこにも増殖の像を示していないことであった．いろいろの内臓に病変があったのであるから，それ等に関係するリンパ腺がもう少し反応性の変化を示してもよいかと思われるのに，一向に腫脹したり増殖したりしている様子が認められない．また肝臓が亜急性肝萎縮の病像を示しているのに，脾臓は腫れないでむしろ小さいくらいであった．これらの所見から判断すると，早期における全身の各組織に対する放射能の障害作用は相当顕著なものであったろうと考えることができよう．

久保山さんの遺骸の解剖検査によって，われわれは今日まで習ったことも見たこともない，人類始まって以来初めての障害，新しい病気について，その一端を知る機会を与えられた．われわれは今，おぼろげながらこの新しい病気の本体について，何ものかをつかみ得るのではないかという学問的の希望に燃えている．これ等の知識はやがて，残されたほかの福龍丸乗組の方々の今後の治療に際して必要な役に立つものであると思う．

この点がもし，いくらかでも目的を達することが出来るならば，亡くなられた久保山さんの冥福の一端にもなることかと考えている．

さて，ビキニの灰をかぶった漁師達の障害が重篤であって甚だ心配すべき状態であったことは，わが国の専門家もアメリカの専門家も同時に最初から認識していたことである．だからこそアメリカ側は，広島にある原子爆弾傷害調査研究所のモルトン所長，ルイス所員，その他の人々を現地と東京とに急派して障害の実状を調査せしめているではないか．またアメリカ原子力委員会の生物学医学部長のボア博士は，特に私に電報を寄せ，漁師達の災害を見舞うと共に，原子力委員会の保健試験所長のアイゼンバッド氏を直ちに飛行機で送るから，なんでも手伝いをさせてくれと申込んで来たくらいであったではないか．わが国の専門家も，ことの重大性を憂い，直ちに強力な調査並びに治療委員会を組織し，全国的にわが国科学の精鋭を集めて仕事を押し進めて行ったではないか．

そして，アメリカ側も日本側も，初めの頃それぞれ被災者の障害の程度並びにその予後について度々その見解を発表されたが，何分にも，いずれもはじめての経験であり，且つ人命に関することであるために，発表の形式がどうしても控え目になり，あいまいになりがちであった．その結果，新聞紙上等での記事から判断すると楽観的な考え方が強く現われるようになり，一部の人々の間には，特に焼津市の人々の間には，被災漁師達は生命には心配なく，おおよそ2カ月ぐらいで治るだろうとの印象を受けた人が多かったようである．だから，全員東京に移って入院し，精密な綜合検査に基づく治療が必要であることが説かれても，第一，被災漁師達自身が納得しない．彼等は，顔や手等が少しただれているだけで，自覚的には熱もなく痛みもなく，食慾は盛んであって，どこも悪いような感じがないのだから，入院して治療を受けるなどということはとても考えられないことである．それを，全員早く東京に移って入院せよといわれるのだから，わからない．漁師の内には，東京の病院では自分達をモルモット代りに使うのだろうと疑うものさえあったくらいである．

そこで，私は3月22日，衆議院厚生委員会から様子をききたいとのことであったから，出向いて行っていろいろと説明をしたが，その時，今回の被灰による障害は，模様によっては10％位は死亡するかも知れないほどのものであるから各方面にそのつもりで骨を折ってもらいたいと要請した．

第2章　乗組員の症状経過と久保山氏の死亡

「10％ぐらいは死亡するかも知れない」との私の意見は，その当時でも専門家の間では別に新しいことではなかったのであるが，一般には多大のショックを与えたらしく，各方面から注目せられ，その考え方の根拠等について問い質され，あるいは意見を求められ，中には随分乱暴なことを云ったとおしかりを蒙ったりした．

しかし，このことが動機となって全員が東京に移って入院し，国家の費用で十分に治療ができる途が開かれることになったことは私の喜びとするところである．その時にも，私はもし私の予想が間違いであって，全員が死亡しないで治るとしたら日本医学の凱歌であるとさえいった．そして，わが国治療陣の努力によって，その後半歳にわたり，死亡例を出すことなく，且つ大多数の人々を恢復に向わしめたことは大いにほめてもらってもよいと考えていた．

ところが久保山さんが死亡されてから，2，3の新聞紙上に，アメリカ側の見解として，もし事件発生以来アメリカ側の医師が治療を手伝っていたらこんな不幸なことは起らなかったであろうとの記事があって，もしそうであったとしたら甚だお気の毒なことであって，申訳ないことであったと思う．その際，またしても日本側の医師がアメリカ側医師の診療を拒絶したとの話がむし返して伝えられていた．診察拒絶問題はもう相互によく理解されていたと考えていたが，またまたそのような話が繰返されるとすると，それに関する私の考え方というよりは，私の関係したことを想い出して綴っておくことも無駄でないと思う．

私は去る4月の6日から開かれた赤十字国際委員会の会合に出席のため，3月31日夕刻，東京を出発して空路ジュネーヴに向ったが，漁師達が焼津に帰ってから私の出発までの2週間，私は他の関係者と共に被災漁師達の診察や治療に従事したが，その間，ワシントン政府の命令により，私の仕事を手伝うために広島から来たアメリカ原子爆弾傷害調査研究所のモルトン所長及びルイス所員などと数回にわたって共々被災者を診察し，且つその治療法についていろいろと話し合った．しかし，国情や風俗の違いなどからであったろうが，アメリカ側医師の診察行為に対し，一部の漁師達が大いに不満を感じはじめたので，私はジュネーヴへ出発の当日の3月31日の午後，モルトン博士と相談し，被災者の気分が落ちつくまでしばらくの間直接の診察を待ってくれるように話をし，モルトン博士もそれを了解したので，私は同日夕刻ジュネーヴに向って出発したのである．ところがその後，アメリカ側医師の診察問題はいろいろとこじれてしまって，私が5月中旬ヨーロッパの旅を終えてワシントンに到着した時分には，日本の医師達がアメリカ医師の診察を全面的に拒絶したというように伝わっていて，私としてはむしろ驚いたくらいであった．この問題については，モルトン博士にしてもルイス博士にしても，私としては前々からよく知っている間柄でもあり，いずれも最近日本に来られて広島の研究所で調査に従っておられた方であって，求められるままに，広島・長崎における被害直後の急性症の模様などについては，私の経験を説明したことも一，二度ではなかった．3月20日，初めて東京大学に来られた時にも，ともども患者を診察し，互に意見を交換し，治療方針などについても話し合い，つづいて行われた記者会見の際にも私が通訳の労をとったほどであった．にもかかわらず，日本の医師が頑強にアメリカ医師の診察を拒絶したかのごとくに伝えられているのは遺憾である．

そこで私は，5月16日ワシントン到着後，アメリカ国務省東南アジア局及び原子力委員会の人々と話し合った時，この問題についても話し合い，結局いろいろと意志の疎通しないことや，相互の誤解等がもつれ合って起ったことがわかり，話し合った人々との間には完全理解が得られたのであった．ひきつづいて行われた新聞記者会見の際にも，このことが話題となっていろいろと話し合った．当時，ワシントンにおける日米記者団との会見記として，朝日新聞中村特派員の報道で5月18日朝日新聞紙上に「日米の誤解は解消」と題し次のように報ぜられている（原文のまま）．

「(1) 原子病に対する単一の特効薬は現在の

ところ，学理上にも経験上にも存在しない．アメリカのある製薬会社が宣伝のために火傷の薬を送って来たが，日本人の中にはそれを米政府の公けの寄贈と誤解した．

(2) 患者がアメリカ人医師の診断治療を望まないのは，広島，長崎の事例から来たものだが，患者の意志は尊重されなければならない．被災直後，広島のABCC（原爆障害調査委員会）モートン博士と同道して東京を訪れたアメリカ人医師のなかに，熱心のあまり患者の意志を省みず，研究的診断をしようとしたもののあったこともその原因となっている．

(3) 患者に対する第1期（被災から2ヵ月間）の治療は成功のうちに終った．この期間に日本側がとった処置は，あくまで正攻法の4法（絶対安静，栄養，輸血，抗生物質注射）を主とし，これが成功したのである．現在は第2期（その後6ヵ月）に入って患者を退院させる時期になっているが，23人中少くとも6乃至7人は「慢性原子病」症状を示している．そして引続き第3期（その後一生）が現在，日本のどこにでも見られる広島，長崎の「慢性原子病患者」と同じく細心の警戒と治療を末長く必要とする．

(4) アメリカ政府に関する補償については，医者としては領分外のことだが，患者の第3期治療に対する補償をも含めるべきだと思う．

(5) 同時に被災した米軍兵士，技術員ならびに原住民は，事前に承知していて難を受けたもので，直ちに水洗，散髪などの処置をしたため，案外軽症ですんだ．ところが，福龍丸乗組員は何らの予備知識なく被災し，灰を洗い落すこともなくその後2週間にわたってせまい船内に同居し，汚染された水をのみ，あまつさえまぐろを食料にしている．それが日本の患者を重症にした理由で，呼吸，飲食，あるいは皮膚からの浸透による内部疾患こそ最も恐ろしいということは，われわれ日本の医学者には広島，長崎の経験から周知の事実である．日本側が患者の容体を誇大に発表したなどの一部の報道は完全に誤解である．アメリカ側当局者も，日本側のとってきた処置を完全に了解している．」

このような事情であったので，私としては，今でも，日本側でアメリカ医師の診察を拒絶したとは考えていない，のみならず，広島・長崎以来の経験によって見ると，たとえ被災者を全部アメリカ側に渡して診察してもらっても，実のある責任をもった治療は行ってもらえないだろうとの心配のような感情は，日本側の多くの医師達が持っていた．だから，日本側は暫く待ってくれといったまでで，その後積極的にアメリカ側にたのまなかったのである．そして，アメリカ側は拒絶されたものとしてひっこんでしまったらしい．モルトン博士は5月下旬に彼の任期（僅か6ヵ月の契約——そんな短期間では何も出来ないだろうと思うが）満ちて帰国してしまったのである．

私は6月中旬アメリカから帰ってからいろいろと留守中の話をきき，アメリカ側と日本側との医師達の間が面白くなくなっていることに気づいたので，誰かアメリカから然るべき医学の専門家——わが国の医学界でもおのずからその権威を認めるような優秀な医学者或は熟練の臨牀医師——大学教授級——を迎えて，もう一度虚心坦壊に話し合って見たいと考えていろいろと奔走した．幸い7月上旬になって，私の友人であるロサンジェルス大学医学部の内科の教授で血液学の専門家であるローレンス博士が来朝されたので，直ちに頼んで被災漁師達をよく診察してもらい，関係している日本側の人々とも会ってもらい，いろいろと意見を交換してもらった．また引続いて広島の研究所の新所長として赴任して来た病理学者のホルムズ博士にも治療上のことについて度々意見を求めた．そのほか機会あるごと，わが国に立寄ったアメリカの医学者にはいろいろと意見を聞いたが，いずれも日本側で行っている治療方法について異論を唱えたものはなく，みな完全な治療が行われていることを認め，新聞記者会見があると彼らは何時でもそのような意見を申し述べていた．

ただこの際明かにしておきたいことは，私が接触して意見を求めたアメリカ側の医学者もしくは医師は，いずれも個人的な資格であったことである．今日までアメリカから公式の資格で乗り込んで来た人は1人もなく，況

んやアメリカ診療医師団などというものは少くとも私は聞いたことがない．

その後もアメリカ側から政治的意見が新聞紙上等に発表せられると時々拒絶問題が持ち出されているが，私は個人的には依然として，進んでアメリカ医学者との接触をつづけている．現に久保山さんが8月下旬重体に陥られた時には，折から東京に滞在中の広島原子爆弾傷害調査研究所のホルムズ所長及びラクール病理部長に頼んで，夜中特に診察をしてもらい，治療上の意見をきき，不足していた薬品を探してもらったほどだった．また久保山さんの遺骸の病理解剖の時には，特に外務省アジア局を介しアメリカ406医学研究所の病理部主任ハンセン軍医中佐に頼んで立会ってもらった．ハンセン中佐は深夜5時間余にわたって熱心に協力してくれた．

個人的にはこれほどまでに協調的に運んでいることが，何故に時々世間から（多くは新聞の記事によってではあるが）誤解せられるのか，私は不思議でたまらない．しかし何時かはわかってもらえる時が来るものと信じているから，私は今後も個人的に協調して行くつもりである．といっても，私も日本人の1人である以上，日本医学の自主性を失ってまでも協調しようとするほど卑屈ではありたくないと思っている．

久保山さんが亡くなってから，その死因について色々いわれている．私も新聞社や放送関係の方々からいろいろと意見を求められた．常識的に判断すると，久保山さんはビキニの灰を被らなかったなら多分死ななくてよかっただろうとの考え方から，久保山さんの死の原因はビキニの灰のもって来た放射能の障害——すなわち放射症であるといえると思う．

しかし学問的にいうと，そう端的にはいいきれない．学問的に平静に考えると，久保山さんの死は肝臓の障害によるものといわなければならない．肝臓の障害によって久保山さんが死亡されたことは一点の疑いもない．解剖の所見でも肝臓の変化はかなり強かった．ところが，久保山さんを死亡せしめた肝臓の障害はどうして起ったかということとなると，この点はなかなか決めにくい．

今，学問的に考えて見て，久保山さんの肝臓障害の原因を挙げて見ると次の3つとなると思う．

(1) 輸血の副作用としての肝臓障害　アメリカで血清肝臓炎といわれるものであって，輸血の時に給血者から特殊のバイラス病原体を移されて起るのである．最近アメリカ軍が朝鮮戦線での経験として発表したところによると，輸血症例の21.6％に発生したのが最高のレコードのようである．わが国ではこの種の血清肝臓炎は甚だ少く，大病院でも1カ月に1人あるかないかであり，且つ軽症が多い．被災漁師達では，肝臓障害がたしかに認められたものが23名中17名に上っているので，血清肝臓炎としてはその頻度があまりに高い．しかし1人1人の漁師達の肝臓の障害の模様は，いわゆる血清肝臓炎の様子によく類似している．

(2) 中毒性乃至変性性の肝臓障害　被災漁師達は当初1～2カ月の間，血液の障害が甚だ強く現われたので，その治療として輸血，輸血漿，輸液，抗生物質その他の薬剤がいろいろと血管に注入されたのであるが，それ等の薬剤はいずれも肝臓に負担をかけるものである．また急性期の放射能障害の時に破壊された細胞その他のものの残物はすべて肝臓で始末されるのである．その状態が数カ月にわたって継続されたのであるから，そのために肝臓は中毒し変性して障害を受けたのであろうとの考え方は大いに可能性を持つと思う．

(3) 放射能性の肝臓障害　アメリカの原子力委員会の報告によっても，原子爆弾の分裂生成物としてのストロンチウム，バリウム，セリウム，ランタン等は肝臓にあつまるらしいから，当初体内に取り入れられた放射能性物質によって肝臓が侵されたのであろうとの考え方である．また動物実験によると肝臓の障害は程度が強くなければ存外よく恢復するものである．従って，純粋な放射能性の障害によって肝臓が強く侵されるかどうかは今のところ不明であるが，ある程度の障害を受けるものであることは確かである．ゆえに，放射能によっていくらか障害を受けているところへ，(1)或は(2)の原因が併せて作用して，肝

臓障害の度合を強くすることは可能のことと思う.

現在, 広島及び長崎での被爆者中に見られているいわゆる慢性原子爆弾症の症例と同様に, ビキニ被灰の漁師達も半歳を経た今日, 放射能障害の証跡を見つけることは常に容易であるとはいえない. ただ被災の模様ならびにその後の容体から, 放射能障害の基礎的知識の上に立って推定するよりほかに途はないと思う.

近く実現が予想せられる原子力の平和的応用, ことに, その産業的応用に際しては, 微量なりといえどもわれわれは絶えず放射能にさらされる危険を持つものと考えられる. この障害をいかに防ぐかは人類に課せられた最大の課題である.

私は久保山さんが亡くなられてから, ますます強くこの問題を考えるようになった. 久保山さんの犠牲において知り得たことが, 将来この方面の研究に応用せられ, 人類の福祉増進のために役立つことを祈りつつ, 私は久保山さんの冥福を祈るものである.

(筆者・東大名誉教授)

(『中央公論』54. 11)

2—3 熊取敏之「水爆患者の死——主治医の訴え——」

尊いその死

昭和29年9月23日, 午後6時56分, 世界最初の水爆の犠牲者として, 久保山さんは息を引きとった. 3月28日の入院以来, 半年というもの, 私達直接担当の医学陣は必死に放射能症と闘ってきた. 罪なくして, この怖るべき不幸に摑みとられた人々から, 1人も犠牲者を出すまいとしたわれわれの懸命な努力も遂に水泡に帰した.

最後の瞬間まで, 久保山さんはこの怖るべき病気と男らしく闘った. 死亡当日, 私が「久保山さん, 頑張ろう」と耳許で言うと, 「ウン, ウン」と肯き返していた. しかし私の聴診器の中で心臓の鼓動がハタと途切れた時, とうとう半歳に亙る私達の闘いが, 敗れ去ったことを知らなければならなかった.

「御臨終です」

小山内科医長と私が久保山さんの家族にそう告げた時, 医者として冷静であるべき私の眼から不覚にも涙が溢れてくるのを, どうすることも出来なかった. 私は枕辺にいた他のビキニの患者たちと一緒に男泣きに泣き合った. 半歳の間放射能症と闘い, 遂に敗れ去った私の気持を, じかに感じとってくれるのはこの人達だからかも知れない.

同時に, 私の胸を突きあげてくるのは, こんなむごいことがあるか, ということであった. 記者会見の席でも, 半ば無意識に私はこの言葉を口にしてしまったが, 半年の間, 久保山さんと殆ど夜も昼も共に放射能症と闘ってきた私には, 一人の人間としての久保山さんが刻み込まれている. この善良な男が何の罪もなくして, なぜこのように苦しみ, そしてこのように死んで行かなければならなかったか. この現実は, やはり「むごい」とより他, 言い現わしようのないものである.

久保山さんは一口に言って, 男らしい, いい人だった. そして自分の正しいと思ったことはどこまでも押し通そうとする面もあった. その点では東京第1病院に於けるビキニの患者たちを統率する力量のあった人である. 普通の患者が入院している場合と違って, 国際的にも, 国内的にもビキニ患者には折衝が多かった. 米人の医師が診断を求めてくるとか, 補償問題の交渉があるとかいう時に, 主治医にまず言ってくる. すると私から久保山さんに, また久保山さんは患者たちの意向を纒めて私のところへもってくる.

そういうことに当って, 東1に収容した水爆患者16人を統率して, 大過なく過してきたのはやはり久保山さんの力であった. 他の患者さん達は若い人達が多いので, なかなか近代的感覚に富んだ人達ではあるが, 自分の考えを発表する訓練もボキャブラリーも少い. 久保山さんは年齢も年輩であり, 無線学校卒業の経歴もあり, 無線長としての責任もあったので, 自然, 皆を統率する役目になっており, また他の若い患者達もよく久保山さんになついていた.

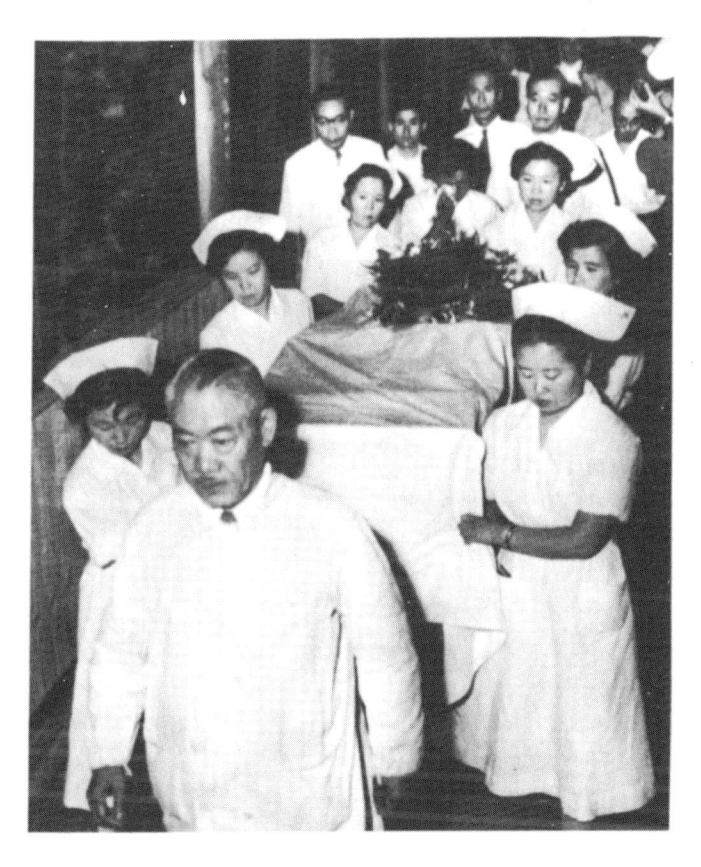

第2章　乗組員の症状経過と久保山氏の死亡

病院出棺　1954年9月23日　（共同通信社提供）

　このことが或いは久保山さんの体力に影響を与えたかも知れない．また，年齢が若い人ほどの抵抗力をもたせなかったのかも知れない．久保山さん個人の肉体のいろいろなファクタが，遂に久保山さんを最初の犠牲者にした幾分の原因として考えられるかも知れないが，しかしこれは飽くまでも常識的な推測である．またこの常識的推測からゆけば，3月1日，ビキニの灰をかぶった瞬間から焼津入港まで，久保山さんは原爆のためではないかと思いながら，船中の人達の看護に当って，1人でも死にそうな者があったら，最寄りの港に入ろう，そうでなければ，焼津まで直行しよう，と心に決する迄の心労も多分に災いしたかも知れない．焼津へ入港する迄，遂に無電一つ打たなかったのは久保山さんには久保山さんの思惑があってのことであろう．とにかく第五福龍丸が死の灰をかぶったのはアメリカ側から危険区域と通達された範囲外の地点である．そこで灰をかぶったことを無電で打った場合，それがアメリカ側にキャッチされたならば，何らか不測の事態が起りはしないかという，深い思惑が久保山さんに湧いていたのかも知れない．とにかくそうした心労が久保山さんには他の人達より多かったことは事実である．しかしそのために，幾分の

影響はあったとしても，それが決定的なものでないことは勿論である．根本は飽くまでも放射能症の続発症が，久保山さんの生命を奪ったのである．

喜んでモルモットに

3月28日，久保山さんが入院してきた時，外症は少なかったが既に放射能症の重症患者であった．入院後，海外向けの報告をした中にも，久保山さんは重症患者の中に入っている．

以来，私達医師団は何等特別な手当も，特効薬もないこの世紀の新しい病気と闘わなければならなかった．この点ではアメリカの医学にも，まだ，きめてはない．若しあれば，自国の実験のため犠牲となったこの不幸な人達のために，医者は何等かの指示をしないわけはないだろう．われわれとして出来る範囲内で一番欲しかったのは水爆の灰をかぶったビキニ周辺の土人達の症例であるが，そうした資料の提供もアメリカ側から受けることが遂にできなかった．

入院してきて，まず心配したのは血球の減少である．骨髄の細胞が減って，血球が減る．これは放射能を或る程度受けた者には逃れられない運命である．出血性傾向といって，身体に斑点が出たり，ちょっと出血しても血が止まらなくなる．こうして，ひどい症状の者は死んでしまう．久保山さんにも骨髄細胞の減少が見られた．われわれとしては，これを一番恐れて，いいと思われる手当は何でもした．輸血も，体力補給のためのあらゆるビタミン剤の注射も，また感染抵抗力を強めるためのアクロマイシン，ペニシリンも投与した．肝臓障害が当然予想されるので，肝臓庇護も怠らなかったつもりである．

こうしてある程度久保山さんは，血球の減少からくる第1期の危機を克服したが，遂に肝臓障害のために倒れてしまった．

治療にきめてがないから，自然，検査ということも多くなる．われわれとしても，なんとかして助けたい一心で，次々と治療方法を研究しなければならない．骨髄をとる時など，相当痛い筈であるが，久保山さんは男らしく，そうした検査に堪えてくれた．「痛いからやめてくれ」などとは生前一度も言ったことがない．「私は日本人のためならば喜んでモルモットになります」と言って，反対にわれわれ主治医団を励ましてくれさえした．

「何したって効きゃアしない」

8月に一時黄疸の調子がよくなった頃，私に，「これで快くなって退院したら，先生，ぜひ私の家へ奥さんと子供さんを連れて遊びに来て下さい．私のところは夏は涼しくて，冬はあったかくて気持のいいところですよ」と言っていた．あの時は久保山さん自身は治る日のあることを明るく信じていたのだろう．間もなく，白骨になって故郷の土に帰って行くとは想像すらしていなかったに違いない．

8月29日の日曜日，いつものように久保山さんを診察して，「気持はどう」と聞くと，「もう大分快くなりました．もうすぐ快くなるでしょう」と言っていた．私は暫く様子をみて，顕微鏡を見る為に地下の検査室へ降りて行った．途中で久保山さんの奥さんとお母さん，それに夏休みが終るというので上京された小学生のお子さんが上ってくるのに遇った．様子を聞かれたので，黄疸が少し強くなっていて，やはり病状は重いが，と話して，「まア，お見舞に行っていらっしゃい」と別れた．

1時間ほどして，私はまた様子を見に行った．すると，そばについている看護婦が，どうも様子がおかしい，と言う．奥さんの顔を見て，「お前，手を切ったのか」と突然聞いたそうである．奥さんは手を手術した憶えもないのに，何かそう思い込んでいる様子だったという．見ると，腹這いになって，体をムズムズと動かしている．

「久保山さん，どうしたの．だるいかい」と私が聞いた．するといきなり，

「何をやったって効きゃアしない」と答えた．

この言葉を聞いた瞬間，私は文字通りガク然として膝小僧がガクガクッとした．くるものが遂に来た，と感じたからである．半年の間，久保山さんは一度もこんな言葉を吐いた

ことがない．いつでもキゼンとして，あらゆる苦痛に堪えていた．その久保山さんがこのような言葉を吐くことは明らかに意識の溷濁によることだ．肝臓の病気で意識が溷濁するということは非常に危険な時である．ふだん久保山さん自身も黄疸が悪化することを怖れて，実に医者の注意を守り，出来るだけ安静を保って，食事が進まない時でも，「薬だと思って食べる」と言っていた．その久保山さんが……．私は一番怖れていることが，とうとう現れたと思わない訳にはゆかなかった．

昏睡から覚めてからときどき久保山さんがすぐ口にしたのは「補償はどうなったんです」という言葉だった．意識がすっかりもとに戻っているわけではないから，半分うわ言みたいな言葉であるが，やはり補償問題は責任者としても心を去らなかったのだろう．自分一人の問題としてではなく，福龍丸乗組員全体の問題として，日頃から久保山さんは補償問題と取り組んでいた．そして乗組員の中から将来，傷病兵のように街角に立たなければならないような者を1人でも出すことを極度に心配していた．そしていつも結論として言うことは，世界から原水爆の犠牲者が1人でも出ないように，ということだった．

アメリカ側の態度

久保山さんが静岡なまりで，折に触れて話したいろいろな言葉はいまでも一つ一つ，刻み込まれている．亡くなる4，5日前に，非常に気をつけながら50ccの少量の輸血を行った．昏睡から覚めたばかりだし，肝臓の悪い時だから，注意しながら，少量にしたわけである．久保山さんは入院してから，200ccずつの輸血を11回やっている．それで輸血の量が少ないということに気づいたのだろう．「先生，入って来た時に200ccやったっけねぇ．今日は50ccだねぇ」と言った．あの「だったっけねぇ」という静岡訛りのアクセントが今でも耳に響いている．

そういう特徴のある口調では「ボチボチ」とよく言ったのを憶えている．ボツボツというのを，久保山さんはよく「ボチボチ」と言った．昏睡から覚めてきた時，「先生，ボチボチいろんなことが判ってきた」と言っていた．また，8月に一時，小康を得た時も，「ボチボチ，手記でも書いてみるかね」とも言っていた．

アメリカ原子力委員会の一分科会委員長は「日本側が米原子力委員会の腕のよい医者に診察と治療を任せていたら，久保山という人は死んだかどうだか疑問だ」と語ったという．この声明を裏返して言えば「日本人の医者などに，本当の治療が出来るものか」と彼等はわれわれを非難しているのであろう．

しかし私達医師団の行った治療は初めての経験であるから，完全治療とは言えないまでも出来るだけの努力をした事は前述の通りである．私達は，坂口院長，栗山副院長，小山内科医長の統率のもとに不眠不休に近い努力を尽し，出来得る限りの治療を行ったのだ．内科医局員の渋谷君，新谷君，福田君などは文字通り献身的に付き添って，あらゆる手当を行ってくれた．久保山さんが一時にせよ昏睡から覚めたのも，この3君の努力の賜だったろう．このようなアメリカ側の態度を知るにつけ，医者として，また日本人として悲憤に堪えない．久保山さんも，生前「先生，これで私等が退院したら，アメリカじゃ『だから軽病だ』というだろうし，もし1人でも死ねば『お前の治療がわるいからだ』というに決っている」と話して，困ったものだという表情をしていた．〔中略〕

ともすれば，アメリカ側としては血清肝炎であろうとか，久保山さんの死は直接に放射能によるものではあるまい，というようなことを仄めかしたいようであるが，われわれの半歳の治療結果を見れば，まさしくこれは放射能症である．それ以外の原因は考えられない．久保山さんは放射能症の続発症で遂に倒れたということは蔽うことが出来ない．放射能症は時間が経てば色々な疾病の恰好をとるのである．解剖の科学的な結果は或る期間の精密な検査によらなければならないが，少くとも解剖の肉眼的所見では，われわれの予想したところを裏切るものは一つもなかった．これは逆に言えば，われわれの治療に誤りのなかったことを裏書するものである．従っ

て残っている他の患者の人達にも、いままで通りの治療をつづけて行くことになるだろう。15人のうち、今、尚3人は黄疸であるが、久保山さんと同じ運命を辿らないように努力している。

アメリカに言わせると、今度の場合、水爆実験をやらなければ、世界の平和は保てない、だから23人ぐらいの犠牲者は已むを得ないというかも知れない。しかし、こうしたことによって一人の人間が死んだ、ということはゆるがせにすべき問題ではない。人間は毎日、何万と死んでいるだろうが、老衰や癌で死んでゆく分には諦めることも出来る。しかし放射能症というものは、いわば人間が創り出した病気である。これを創らずに済まそうと思えば創らずに済む病気である。今度の場合も自分で進んで危険な場所へ行こうとしたのではない。而も危険の予告はなかった場所で、災害を蒙って一つの生命が失われたのである。考えてみればみるほど、むごたらしい、というより他に言葉がない。

だいたい爆弾などというものは破壊以外のなにものでもない。少くとも人間に幸福を与える方向にあるものではない。われわれ、医学に携わる者としては、久保山さんの解剖を含めて、全部の正確なデータを採り、放射能症というものがどういうものであり、今度の水爆実験によって、どのような結果が生れてきたかということを、科学の裏づけによって、世界の人々に知らせたいと思っている。それが医者としてのわれわれの任務だと思う。

ただ、われわれとしても、患者としても怖れているのは、原水爆反対の声を偏った勢力に利用されることである。アメリカ、ソ連に関らず、人類の幸福に寄与することのない原水爆には心から絶対反対を称えたいのである。あれだけの苦しみを経て死んで行った久保山さんの生命を終始一貫、みつめてきた私としては、声を大にしてそれを訴えたい。

ともあれ、久保山さんの死んだ今、「こんなむごいことが再びあっていいだろうか」と私は心に繰り返している。

（国立東京第1病院勤務）
（『文芸春秋』54. 11）

2—4 草野信男「久保山さんの解剖に立会って」

奇跡は起らなかった

8月の末、久保山さんの重体が報じられた時、私たちはとうとうくるべきものがきたことを感じた。

医師たちの懸命の努力と、久保山さんの強じんな心臓は危機を一たんは切抜けた。しかし私たちは安心できなかった。一度肝臓がある程度以上おかされると、もう元通りにはもどれないということを、病理学者は、おそらくだれよりもよく知っていたからである。そして発表された経過から、久保山さんは正にそういった例に当っている。

9月20日、肝臓の障害が回復しないままに、今また頼みの綱であった心臓が弱って、久保山さんが再び重体に陥ったとき、奇跡のほかには救う道はなくなっていた。多くの人たちの祈りと、一部の人の思惑を裏切って、奇跡はとうとう起らなかった。

空しき希望「誤診」

ビキニの患者の治療に当っている人たちの心遣いは、並大抵のことではない。一方「病理解剖」とか「病理学者」とかは、患者にも、また医師にも、当然禁句である。久保山さんのいた国立〔東京〕第1病院でも、こんどは臨床の方と病理の方は、行き来はもちろんのこと、電話の連絡さえも遠慮していた。

久保山さんがなくなり、病理解剖ができることになって、臨床の人たちと病理の人たちとの間で、打合せが行われた。その席上、黄疸の原因が、もしや胆石ででもなかろうかという話がでた。

「もし解剖で胆石が見つかって、それが黄疸の原因だったということがわかれば、そういった誤診に対して、私たち診断を下した者は謝らなければならないが、しかし、そうなれば、ほかの患者にとっては誠に幸なことである。こんどの死因が、放射線とは別な何かの併発症ででもあってくれれば有難いのだ

が」

　これが臨床の人の意見であり，またその場に居合せた一同の意見でもあった．

　異例の慎重さで行われたその夜の剖検で，一同の注意は肝臓の所見に集中された．胆石はなかった．肝臓は緑がかったかっ色で，平たく，小さく，予想された悪急性肝萎縮の像を呈していた．練達の医師の診断は，自ら「誤診」の希望を裏切って厳として正しかった．

　久保山さんの病理学的な所見については，今私には大橋博士の発表に何もつけ加えるものがない．顕微鏡的な検査や放射線学的な検査が進めば，患者の治療に有力な手がかりがつかめるかもしれない．しかしそれにしても，単なる対症的な療法についてであって，根本的な治療法は望むべくもない．

　解剖を終った久保山さんの棺を前に「何とかしてこれが最後の放射線症の解剖例になるように努力したい」といわれた臨床の人も，それが医師だけの力ではどうにもならないことを身にしみて感じている．

感　想

　夜の明けるまでかかった剖検に立会った後，真夏のような真昼に，いつも通る目黒駅から伝研への道で，近ごろはなれてしまって気にもとめなくなった首相公邸前の官服，私服の群に，私は前夜会った，同じく1人の生命を守る久保山さんの主治医がたのひたむきなすがたを思い浮べた．

　その夕のラジオの録音で，アメリカが久保山さんの家族へと，くやみの手紙に香典をそえてとどけてくることを発表する岡崎外相の「線香代は100万円だよ」という，やくざなせりふに，私は解剖台の上の久保山さんの顔を思いだした．

　落ちくぼんだ眼は40歳とは到底思えなかったが，しかしその横顔は「生前は患者の中で一番しっかりしていた」というとおり別人のようにはりがあった．水爆の灰をかぶった時，別の危険を感じて無電を打つのをひかえた久保山さん，「日本の医者のモルモットになら喜んでなる」とまで割切っていた久保山さん，死んだ人には聞えないからよいようなものの，久保山さんがあの録音をきいたならば何というだろうか．

（東大助教授・伝染病研究所員・病理学）

（『毎日新聞』54. 9. 27）

第3章　乗組員および国内外の人びとの手記・手紙

〔概　要〕

　第3章には，すでに新聞・雑誌などに発表されたものを再録したほか，未発表の手紙類をも新たに収録した．第1節は，乗組員と家族の手記・手紙類であるが，それらをつぎのように整理した．(1—1) 病状と病院生活，(1—2) 家族からのたより，(1—3) 被災者の立場，(1—4) 「死の灰」の証言，(1—5) 水爆患者第1号の手記，(1—6) 病床から，(1—7) 久保山氏病状悪化，(1—8) 久保山氏の死，(1—9) 世界に訴える．

　第2節には，児童・生徒をはじめ全国の人びとからの手紙，海外の反響にかんする資料などを収録した．

第1節　乗組員と家族の手記・手紙

　第五福龍丸の乗組員の手記——手紙及び公的なメッセージを含む——は，第三者による記録とはまた異なった意味をもっており，当時の状況の一側面を今日に再現する資料としての価値をもっていると思われる．現在，保存されている私信は必ずしも多いとはいえないが，それらに加えて，新聞・雑誌などの要請にもとづいて書かれた手記や，公的な機会に発表されたメッセージなどを以下に採録する．

1—1　病状と病院生活

　第五福龍丸乗組員23名のうち甲板員の増田三次郎，機関長山本忠司の2名が3月15日，東大附属病院に入院した．さらに29日に漁撈長見崎吉男以下5名が同病院へ，無線長久保山愛吉他15名が国立東京第1病院へ入院，検診・治療をうけることになった．広島・長崎の原爆医療の経験をもつ医師たちにとっても，この「死の灰」による障害には未知の点が多く，患者たちにも不安な日がつづいた．

久保山愛吉　宛

　　　　　　　　　　東大病院　見崎吉男

　一筆記します．

　心ならずも無言にて数日を過しました．上京当時数日間少し調子が悪く，又その時期でもあったとのことでしたが，この一両日調子をとり戻し，少し退屈を感じてきました．山本君，増田君が我々が上京前に推測していたより大変よい状態でありますので安心しました．当方東大組も明るく元気で，逐次快方に向っていることは確かです．東一の皆様も大変元気とのこと安心しております．少し元気すぎるとの話，あまり元気を出しても心配です．安静が我々の療養生活を左右する一番重要なことだそうですが，我々にとっては我慢しにくい，つらいことです．そして毎日の報道は暗い面が多く，我々が遭遇した事件も進展に進展を重ねています．これら一連の

ニュースによって，いや気をさし絶望的になり自らを不幸にすることは卑怯である．
　暗いけれども，我々は現実に負けてはいけない．我々がかつて太平洋を忍耐と勇気とによって航海した海国魂によって闘病生活のあらゆる苦難を乗り越え……我々の快復の段階も遠くない将来にあることは確実であると思う．
〔後略〕

焼津市大塚（共栄無線）宛
　　　　　東京第一病院　久保山愛吉
　その後御無沙汰致し申訳ありません．
　皆様お変りありませんか，いろいろお世話様になりっぱなしで東京に来てしまいました．
　心配になった東大の7名もこの頃は少し元気が出てきたそうです．東1の16名は白血球も上昇し初め，ここしばらく安静にすれば大丈夫と思います．
　東京に来てから10日目頃が一番悪かった様で白血球も1000以下で発熱がつづき輸血（1日 300—400cc），増血注射で心配になった者もありましたがこの頃は割合らくになりました．広島当時よりは今は大変進んだ方法で治療しております．この病気は輸血し，白血球増血注射，栄養をとり静かにねて，体力を消耗させぬ様にするほか治療はない様です．平均年〔齢〕の多い者ほどやられておりました．これは骨髄内の増血が若い者ほど旺盛でないためだそうです．
　初夏には帰れると思います（東1組）．だが，しばらくぶらつき代船の支度にかかろうと思っております．これからお便り出来ますから変ったことがありましたらおねがいします．皆様にもよろしく　4月17日

　　福龍丸の地元の焼津中学の生徒新聞に載せられた見崎吉男氏の手紙がある．生徒会からの見舞状に対するこの返書によって，患者たちの日常生活がよくわかる．

　先般皆様から御親切なお手紙を拝見して，東大病院の一同はみんな深く感謝しております．広い病室の壁に，お送り下さった作品が数点ずつ，時々張りかえられて私達を慰めてくれます．方々から戴いた人形や子供の玩具にいたるまで，私たちが考えてもみなかったものが，現在では一番仲のよい友達となり，ともすれば暗くなりがちな私共の気持を慰める大きな役割を演じてくれます．
　それから私たちの室にはＮＴＶ（日本テレビ）のテレビがあり，色々なニュースや出来事を見たり聞いたりしています．12時―午後1時までと，午後7時―9時までが，私達に許されたテレビ聴取の時間で，午後9時の消灯で1日が終るのです．
　ベットに入り，静かに物思いにふける時，色々な思い出がはっきりと私の心に浮んで来ます．しかし，それが永遠に帰らぬ過去となってしまったことを思い出すと，どうしようもない哀愁と激しい憤りが湧いてきて，私たちの心を動揺させます．……
　ずい分多くの人たちに心配と迷惑をかけ，自らの責任を放棄して，人々の親切に頼り，暖かい人々の親切に頼り，暖かい人々の心に甘えて安静を続けている私は，福龍丸の責任者として，また男として，こうした生活を続けていてよいだろうかと考えざるを得ません．
　私達の周囲には日夜懸命な看護に，自らの若い命を捧げて黙々と働く看護婦さん，そして，良心的な卓越せる技術をもって治療に当ってくださる医学者がおります．それをとりまいて，私たちが入港してから，あらゆる角度から，すべての人たちがこの事件と取組んで，人間が楽しく暮らせる世の中にするために，大きな努力がはらわれております．その大きな努力に対して，私たちはどんなことをして報いたらよいのでしょうか．
　早いものです．東京へ来てから，もう2カ月も過ぎ，入梅の季節に入ろうとしています．私たちも最近ようやく軽い散歩もゆるされ，入浴もゆるされ，だんだん快方に向ってきました．
　6月4日の最初の散歩には，東大構内にある夏目漱石で有名な「三四郎池」に行ってきました．アヒルが7，8羽おりました．池のほとりには健康そうな子供たちも遊んでいました．東京に来て最初の晴れ晴れとした気分

を味いました。……6月10日

1—2　家族からのたより

東京第1病院・久保山愛吉　宛
　　　　　　東益津村　久保山みや子
　お父ちゃんおてがみありがとう　まいにちかわったことはありませんか。
　わたくしたちも元気でべんきょうしています。おかあちゃんがまいにちニュースをきいてはなしてくれます。しんぶんしゃの人が時々うちへきていろいろのことをききます。しゃしんもうつしていきます。わたくしはこわいようなきがします。お父ちゃんたちのはなしで、ふなもとや市役所へおかあちゃんがいきますがわたくしたちはおるすいをしてまっています。
　おかあちゃんはいつもおとなしくするのだよ、みやこたちがおとなしくすればお父ちゃんはすぐよくなってかえってくるからといいます。お父ちゃん、はやくよくなってかえって下さいね。
　わたくしは安子と日ようにはお父ちゃんにおてがみをだすことにきめました。のりちゃんにおそわってまずいけれどずがをかきました。安子がこくぞう山のえを、わたくしがふくりゅうまるをかきました。なつかしいやいずを思いながらごらんください。おふねのお兄さんたちにもみせて下さい。お父ちゃんのおへやへはっておいて下さいね。こんどわしゅうじをかいておくります。お父ちゃん、お兄さん、おだいじに。さよなら　4月19日

久保山愛吉　宛
　　　　　　　　　　　久保山みや子
　作文の時間です。ビキニでけがをしたみなさんへおくる作文をかいています。
　おとうさん、おにいさんおかわりありませんか。毎日しんぱいしています。
　先生やお友達がいつもなかよくしてくれるのでわたくしはたのしくべんきょうしています。おとうさんがびょういんへいった時にはさみしくてたまりませんでした。
　おかあさんは、お手紙がくればいつでもよんできかせてくれます。おとうさんがわたくしたちのことをしんぱいしていてくれることがよくわかります。わたくしのことはしんぱいしないで一日も早くよくなってかえってください。おかあさんと毎朝かみさまにおいのりしています。さよなら（5・19日　27名の級友の手紙のうち）

「ろく音ほうそう」〔作文〕
　　　　　　　　　3年1組　久保山みや子
　8月6日ひろしまのげんばくきねん日の朝でした。
　9時までに魚市場へくるように船元からしらせてきました、げんばくきねん日にうったえるほうそうがおこなわれたのです。
　魚市場に大きなカクセイキが2つとりつけてありました。ろく音につかう、きかいもおかれてありました。
　ほうそうきょくの人が6,7人いました。私たちが行くと「かぞくの方ですか、ごくろうさまです」といって1人1人名前や年をききました。私に「久保山むせん長のお子さんですね、今日はみや子さんにお手紙をよんでもらいます。なにかかいてこられましたか」とききました。私は「はい、みじかいお手紙をもっています」とこたえました。
　「今日あなたのお手紙がろく音ほうそうのたいしょうになります。しっかりよんで下さいね。むずかしいことや心ぱいのことはありませんから」といわれましたが、私はろく音は、はじめてなので、なんだか心ぱいになりません。でもお父さんとお話ができると思えばうれしくて少しはきがおちつきました。ひろしまから、9年前げんばくで死んだ人たちのことを思うかなしいほうそうがおわり、東京のびょういんへマイクをうつしました。びょういんからはなつかしいおとうさんの声でした。
　おもわず「おとうさん」とよんでしまいました。アナウンサーが「久保山さんですか,今みや子さんが、おとうさんにあてたお手紙をよみます。おとうさん、みやこさんをほめてやって下さい。ではよんで下さい」といいました。
　私はマイクの前へ立ちました。足がぶるぶるふるえましたが大きな声でよみました。

おかあさんは私がつかえそうになると，小声でおしえて下さいました．私の手紙は夕べ7時のほうそうでおとうさんのなつかしい声をききました．

ふだんの声とは少しちがいましたけれど，おかあさんもいもうともみんなうれしそうな顔でした．

おとうさんがびねつがあるときいて又おおだんがわるいのではないかと心ぱいしましたが，えらいおいしゃさんがお力をつけてかんごして下さるから，きっとよくなって，みやこたちのまっている家へ元気でかえってきてくれると思うと心が明かるくたのしくなります．「一日も早くよくなってかえってきて下さい．みや子はさみしくてもがまんしています」とよみました．大きな声がだんだん小さくなってしまいにはふるえた声になってしまいましたが，おとうさんは「みや子ありがとう，元気かね．あつくなってきたから，からだをきをつけて，いもうとのめんどうをよくみて，おかあさんをたすけなよ．おとうさんもよくなっているから心ぱいしないで，べんきょうしな」とかすれた声でしたが，元気そうにいって下さいました．私はうれしくてなつかしくってなみだがでそうでした．大ぜいの人々が目をうるませて「じょうずによめたね．おとうさんもさぞうれしかったことでしょう」といってくれました．

私はほっとしました．おわってから，ほうそうきょくの人が，しゃしんをうつしてくれました．

（東益津小学校「PTAたより」から）

1—3 被災者の立場

「船長の手記」
　　　　　　　　　　　第1病院　筒井久吉

私達だって世間の皆様には申訳ないと思っております．「原子まぐろ」という一大センセイションを捲起してしまい直接の原因の私たちはお詫びしなければなりません．しかし，私たちだって悪意があって行った事ではありません．こんな大問題になるとは知らずに魚肉蛋白の供給が少しでも出来たならどんなに働き甲斐があることでしょう．1航海2ヵ月間，命をマトに青い波をかむってただ見るものは空と海ばかり，いざ操業となれば20日ぐらい通じて昼夜続行，食事を取るのさえもどかしく立通すという労働は海に生きる人間でなければ，とても想像も出来ない事です．

あらゆる苦労を重ねて陸地を見た時の気持も皆さんの想像も及ばないいうにいわれぬ気持です．その楽しさも味あわず私たちは水爆症として病院に収容されました．現在なお未知の病と闘っております．

自分らも一時も早く海に出て，静かな星空を眺めて故郷をしのんだことを思うと，体などうなってもかまわないから海に出たい気持で誰しもこの気持に変りないと思います．海に出て漁に励んでさえいれば誰にもうわさされることもありません．みんなみんな漁に励んでいることを夢に描いていることです．

このような訳で私たちは海以外に住む所は無いように考えます．海は誰の邪魔も入らず自分の思うように手をのばす事が出来，ほんとうに自然を相手とする職業は楽しいものです．今まで束ばくされることなく気ままに暮して来た者がこうした病院内に入れられるということはとても大変です．よく2カ月というものを一歩も外へ出さずに通してこられたとと自分ながら感心します．

これよりか，いくらつらくても海で働いた方がどれだけ良いか判りません．（句読点以外は原文のまま）

（『日本経済新聞』54. 5. 28）

東京第1病院・久保山愛吉　宛
　　　　　　　　　　　東大病院・見崎吉男

〔前略〕焼津の祭典も近づき地元こもかなり多忙な毎日を重ねておる事と思います．その前に今一度関係者との話し合いをしたきむねを今日三好先生に相談してみました．先生も考えて居ましたと，心よく承諾，御配慮下さる由，今度の話し合いについては〔一同の〕健康が回復するにつれて，まだはっきりした解決がみられない現在，不安と疑問をもつことは当然と思われますが，この様な心細い考えで今後なお病院生活を続けて行くことはお

互に不幸です．これは東大側の現状をみての私の推測ですから悪からず．一度は与えなければならない〈個人の発言〉をこの機会に十二分にあたえ，各自の考えを発表し，そして幾分でも不安をのぞき，疑問から遠ざかることが出来れば幸いではないかと思ってみました．そして患者自身の線を出し，それを前進させることも有益ではないかと思います．もちろん一挙に解決にもって行ければこんな良策はありませんが，それは話し合いの中に入っていくことでしょう．

広島の原爆記念日も近づき，福龍丸事件もいよいよ世論が頂点に達するようです，そして世論は全面的に好意的であるようです．東大側も皆様と最後まで歩調を合せ，世論に甘えることなく冷静に慎重に身を持して行きたいと考えております．今後ともに何かと御指導下さいますよう何分よろしくお願いします．くわしくは先生からお聞き願います．〔後略〕（8月上旬）

東1の皆様へ
　　　　　　　　　　　　見崎吉男

前略，毎日病人には嬉しくない暑い日が続きます．その後如何ですか．異常なく元気で過しておると聞きましたが，焼津の祭も近づき自分の気持から察して皆様の心中を思う時，割切れないある一まつの淋しさはどうすることも出来ない．又8月に入ってから，いろいろと記者会見を頂点に御心労のこととと思います．ここまで書いたら，本屋が来て山本君が文芸春秋を買った．そして仲間で見ることにした．もちろん池田君の手記がのっているからである．みんな感心した．文句なく立派な人の心をうつ．福龍丸乗組員の気持を代表している．そして諸氏の常識的な考えと良心にふれ，目がしらがおかしな感じになった．厚く感謝したいと思う．〔中略〕福龍丸の乗組員は私がこれまで知って居るどの船の船員より優秀であったことは事実です．前途有望な一番大切な時期にある諸兄をベットに呻吟させるにいたった直接の責任を思う時，あまりにも小さく無力なわが身を悲しく，心痛ぼうぜんとするのみです．〔後略〕（8月下旬）

東1の皆様へ
　　　　　　　　　　　　見崎吉男

今度の東1の皆さんの貴重な発言，また冷静な態度には当方一同感謝しております．非常に有益な会見であり多くのプラスを見出したことは確かです．

当方でもその後非常に明るく，とにかく異状のない生活を過しております．〔中略〕

さて今度は皆様の御好意に対するお札を申上げます．家族からも皆様の親切細心なお心づかい，有難く頂戴したむねの知らせがありました．いつまでも忘れない嬉しい思い出になるでしょう．

高木さん，増田三ちゃんの黄だんもずっとよくなり，もう全快に近いと先生も話され，今度の土曜日には東1に行くんだと張切っています．（8月下旬）

1—4 「死の灰」の証言

　　被災23人のうち最年長者であり，常に同僚から信頼されていた無線長・久保山愛吉氏は病床で被災の記録の執筆にとりかかっていたが，それは完成されなかった．これは「絶筆・死の床にて」の仮題で発表されたものである．

手　記
　　　　　　　　　　　　久保山愛吉

"たえがたきをたえ，しのびがたきをしのび万世に……"1945年8月15日正午，並4球のボロラジオから流れ出る戦争終結の玉音放送．天地とも異変はなく，強い太陽は輝き，風もなく，ひたいから流れ出る汗，アブラゼミがいやにかん高く鳴いていた．山のふもとの姉の家，誰も頭はあがらず，"とうとう来るところまで来てしまったか，これで良いのだろうか，これからどうなるのだろう．"昼飯も食わず気力もぬけ，どっかり縁側に腰をおろしてぽかんと大空を見つめていた．大師開山の当目山も，防風林となっている浜の巨大な松も，何も変ったことなく，午前中御前崎から侵入したB29の編隊も午後はぴたりとやんで，本当に静かでした．

第3章　乗組員および国内外の人びとの手記・手紙

久保山愛吉氏の筆跡　（共同通信社提供）

　戦いつかれた日本人われわれに，この日から平和な生活がはじまったのです．あれから9年．この間区切られた漁場で働くこと6年，その後ようやく漁区も拡大されて，南へ南へと延びた鮪漁船に，3月1日の爆発は致命傷であったと思います．〔中略〕
　1954年1月23日，本年の第1航海日．午前11時，西風力5，天候晴．大ぜいの関係者に見送られて，私たち第五福龍丸は袋のような焼津港をあとに漁場へといそいだ．冬季特有の前線通過後の風波になやまされながらも漁場から漁場へと転々と操業をつづけ，2月27日帰りコースをとり，操業しながら帰途につくことにした．この日，虫がしらせたのか，私は見崎漁撈長，筒井船長に"終戦後も原爆実験はやっているのだから禁止区域に接近しない方が良いだろう"と注意した．
　運命の3月1日朝3時半，電信室より通路づたいに船尾に出て朝食をとり，それから機関部員室で雑談中，推定3時50分ごろ，丸窓が日の出のように明るく輝いた．高木君は，"日が出たよ"と話しかけた．しかし輝きは西方だった．機関長はじめ機関部一同は異様なこの輝きを見にデッキにとび出した．2，3分のうちにこの輝きは次第にうすらぎ，約8分後底ぢからのある一発が，そして2，3秒おいてパン――パンと小銃音のような爆発音をきいた．
　私はブリッジに昇っていた．エンジンは廻転していた．"とにかくすぐ揚繩にかかろう"

"あれにボンデンが見える""オーイみんな仕度してくれ".

とき4時25分.爆風もなく,熱風もなく,デッキでは何らショックは感じなかったが,機関部当直の池田はエンジン室でドスンと感じたと言っていた.

風上へ風上へと揚縄がはじまった.機関長は私に"局長,あと何か変ったことがあるかもしれない,注意してくれ,たのむよ"と云って揚縄にかかった.私は電送受信とも最良の状態にし,海図室に昇って,さっきの輝きはどこであるかを船長,漁撈長と一しょにしらべはじめた.どう考えてもビキニらしい.ビキニからは約100マイルある.揚縄してゆけば距離はだんだん遠くなるし,その後別に変ったこともない.西空の積乱雲のある彼方に,よく見ればキノコ形と思える雲が見えたが,その後も変ったことはなかった.だがその雲はだんだん四方にひろがっていった.東北東の季節風は次第に弱まりうす曇りになってきた.

7時30分ごろ,みんな眼が痛くなってきた."なんだか降ってきたぞ""おい白いものだ""何んだろう"水中眼鏡をかけている者,帽子を目深くかぶっている者.

10時55分揚縄は終った.空は大分明るくなってきた.南西方は真黒な雨雲,大雨の様子だった.

揚縄中,私も灰を手にとってみた.どうも珊瑚礁の粉末のように思えた.半田が私に,"灰はとっておいたよ"と話しかけた."陸へ行ったら何んだか調べてもらってみよう"と私も答えた.まさか灰のおそろしさを知らなかった半田は,入港までの14日間棚の下に置いたままですした.船はコースを北へと走った.この夜鈴木は気分が悪く,やすんでしまった.灰が完全に見えなくなるまで,9時間かかっている.

それから3日目,私の顔は黒色をおびてきた.いま考えると少し異状もあったように思える.鈴木も元気が出てきたし,二,三下痢した者も恢復したので,縄の整備にかかった.

この日広島の原爆記事をさがし出し,自分も読み,みんなにも見せた.しかし灰のことについては何も記してないので判断にくるしんだ.5日目,みんなに身体のようすを聞いてみた."もしか"と思ったからだ."人命にはかえられない,自分の身体は自分で判断してほしい.身体の工合が悪ければどこへでも着ける.お互いに気をつけてくれ"と注意した.一方船長にはグァム,サイパン,ウェーク島への距離を毎日しらせてくれるようたのんでおいた.

しかし航海にはさほど苦痛を感ぜず,13日の夜をむかえた.明日の入港を喜び,機関部員室に来てばか話に花をさかせていた川島が何げなく頭をかいた.瞬間手についてきた毛!何んだろうと引っぱってみてゴッソリ."あれ,毛がぬけるぞ!"

居合せたみんなで引っぱってみた.持っただけゴッソリぬけてくるが根がついていない."どれ"と私も引っぱってみた.なるほど.可哀そうに川島はべそをかいて"よせよ"と逃げ出した.明日は入港だというのに,左の耳の根元から2寸ぐらい上は,みんなに引っぱられて大きくはげてしまった.この話で,竹さんも鈴木も三治郎も機関長も,数人が毛がぬけることがわかった."さてはあの灰か?"しかしまだ真剣に考える者もなく,若い者たちは"いいかっぷくの坊主ができるぞ"とムダロをたたき大声で笑っている者すらあった.

(『中央公編』54.11)

「"死の灰"浴びた5時間」

筒井久吉

出航の時,いつにないことだが遅刻者が4名もあった.こんどの航海は,考えてみると,はじめからロクなことはなかったのだ.

1月22日出航,漁場はミッドウェイ沖の予定であった.ところが,どうしたことか,ミッドウェイ沖では全然魚がとれない.数日間,付近を動きまわったが魚群はつかまらないし,投げたハエナワ(マグロ漁獲用の網)は瀬にひっかかって流失してしまうし,平常の3分の1ぐらいしか漁獲がなかった.これでは仕方がないので,乗組員とも相談の上,漁場を変えることにし,針路を西南にとり,マーシ

ャル群島方面にむかった．この方面はいままで出漁したことはないが，わりによくとれるということを仲間の者から聞いていたのだ．

もちろん，アメリカが原爆実験のためにこの付近（正確にはエニウェトク環礁を中心に東西330マイル，南北150マイル）を危険区域に指定し，日本漁船の立入りを禁じていることは知っていた．ただし，3月上旬に実験が行われるということは知らなかった．投ナワ（縄）して操業にとりかかったのは，ビキニ環礁の東方約80カイリの地点だった．

大爆発に襲われたその瞬間は，午前4時すぎ（正確にはおぼえていないが）投ナワが終って，10分くらいたったころだった．甲板員はほとんど全員甲板上におり，一息入れていた．飯を食っている者も5，6名いた．私はちょうどブリッジにいた．

その瞬間，南西の方角にあたる空に太陽よりやや大き目の火のかたまりのようなものがツツーッと斜めに突っ走ったかと思うと，次の瞬間は黄味を帯びた朱色がたちまちのうちに空全体にひろがり，おおってしまった．

声も出ないくらいに驚いたが，瞬間，直感的に「原爆！」とピンと来た．

乗組員も総立ちになって真っ赤な空を見つめていた．文字通り，ぼう然と立っている，という有様だったが，7，8分後，ものすごい大爆音がとどろき，その音とともに船内にたちまち大混乱をきたした．飯茶わんをほうり出すもの，船室にかけこむ者．私もにわかに極度の恐怖に襲われたが，海中に投げこんであるハエナワを引揚げなくては逃げ出すこともできぬ．

白色の微粉が降る

空の朱色は次第に薄れて，しばらくたつと空はすっかりもとのような紺ペキの色にかえった．その真青な空の中に細長い一条の飛行雲があらわれたのを見て，甲板員の安藤君がびっくりしたような大声で，

「アッ，航跡雲だ．すると，さっきのはたしかに原爆だ．飛行機から原爆を落して実験したのに違いない」

と叫んだ．彼はもと浜松の航空隊にいたのだ．

それから2時間ほどたったころ空がいちめんにくもったかと思うと，米の粉のような白色の微粒がしゅう雨のように天から降りそそいできた．

「何だろう？」確かめようと思って上を仰ぐと，たちまち目の中に粉がはいって目があけていられない．ちょっと強く息を吸うと鼻の中にも粉がはいってくる．どうしようもなかったが，麦ワラ帽をかむって粉を防ぎ，揚げなわ作業だけは必死になって続行した．

白い粉は降ったり，やんだりした．空がくもると降ってくるし，晴れるとやんだ．

「一体，何だろう？」

乗組員たちは口々に言った．その正体がわからないだけに，白い粉に対する恐怖と不安はつのるのだった．ある者は，

「原爆の実験はサンゴ礁でやるのだから，粉砕されたサンゴの粉じゃないか」

といったり，めいめい勝手な考えを言いあっていたが，これが放射能を含んだ"死の灰"だったのだ．頭といわず，手といわず，足といわず，全身に"死の灰"を浴びながら5時間もいたとは，今から思い出しただけでもゾッとする．

揚げなわの完了したのが午前11時ごろ．船は待ちかねた思いでカジを北へ向け，最大速力，時速8ノットで恐怖の海上から遠ざかった．

頭がカユイ

原爆や放射能などということについては，全く無知なわれわれは全身に付着した"死の灰"を手ではたき落したぐらいで案外平気でいた．

すると，翌日になって山本機関長が頭がカユイと言い出した．ほかにも2，3人頭痛を訴える者もあったが，私は大して気にもとめなかった．ところが3日目になると私と2，3人の者を除く全乗組員が頭痛，めまい，下痢，耳鳴など身体の故障を訴えるようになった．つぎの日になると，乗組員たちの症状は，さらに具体的になってあらわれた．耳孔の中にハレモノが出来た者，手や足の指の関節やヘソの周囲に水ぶくれが出来て，ただれ

たりする者などが続出した．被服におおわれていなかった部分の症状がひどかった．私自身も少し吐気を催すようになった．全員が目の痛みを訴え出したのはそれから数日たってからのことだ．身体のカユミと目の痛みは全員，その他は吐気，水ぶくれなどが一部の者，これが航海中にあらわれた被害症状だった．

みんな身体の故障は訴えながらも仕事は休みなくやってくれた．

(『週刊読売』54. 3. 28)

1—5　水爆患者第1号の手記

「手記」

池田正穂

世紀の魔物に魅せられる

「太陽が上るぞォー」

「馬鹿野郎，西から太陽が上るかッ!!」

甲板上で絶叫し合う声を，船室にいた私が聞くと同時に，ドヤドヤと2，3人の船員が船内に駈け下りて来ました．

「わァー，何だ，あれは……，驚いたぜ，突然西の方が一面焼けただれたように真赤になって，丁度太陽が上るように明るくなったんだ．おい！　早く甲板に出て見ろ，凄いぞ！」

私はその声にせきたてられて，慌ててデッキに飛び出しました．咄嗟に私は，あの恐ろしい原子爆弾を思い出していました．すると誰かが「南洋群島にアメリカの原子爆弾実験地があった筈だ．その実験かも知れない」と叫びました．私に続いて船内から飛び出して来た者も含めて，福龍丸の乗員全部が，西方上空にランランと輝く世紀の魔物を見つめ，成行を注視していました．

それは，私達が1月22日正午，焼津港を五色のテープに送られて出港して以来，目的の漁場では不漁に不漁を重ねたため，漁場の変更を試み乍ら，3月1日，午前4時，ビキニ環礁の東方海上に最後の望みをかけた，投縄作業を完了した直後の出来事でした．

ブリッジにいた漁撈長は，ただちに揚縄を命じました．我を忘れて，その魔物に魅せられていた一同は，慌てて揚縄準備に取掛り，船内は忽ち修羅場のようにざわめき立ったのです．俗に云う腹が減っては戦は出来ぬの譬えで，先ず朝食を摂って心を落着かせようと，大急ぎで箸を取った者もあったようです．私は，早く機関を廻せとの命令で，船内に飛び込んだ瞬間，(閃光を見てから7分か8分位は経っていました)海の底から響くような物凄い爆発音を聞きました．それは本能的に耳を蔽わずにはいられない轟音でした．一同縮み上って，船室に逃げ込む者もいれば，食器を投げ出して，奇声を発する者もいた位です．あれが恐ろしい水爆の地獄の声だったのかと，いま思いあわせると，全く身のすくむ感がします．

爆発音も消え去り，辺りは元のような静寂さに戻りましたが，やや白みかけてきた頃，爆心地と思われる方角の空には，何故かムクムクと奇怪な形相をした雨雲が一面に拡がり，無気味な雰囲気に包まれました．そして，爆発してより3時間位経つと，空一面に覆いかぶさって来た雨雲のためか，南洋には珍しく雨が降り出しました．しかしそれと同時に問題の「死の灰」が降って来たのです．世間の人はこの際何故，縄を捨てて逃げなかったのかと思うでしょうが，知らぬが仏という通り，当時，水爆の恐ろしい放射能を知らなかったということは，本当に怖い自殺的行為でした．まして私達漁民の生活に直接関係する大事な漁具を捨てるということは，第一，漁民の常識からしても出来ない相談だったのです．

水爆病の宣告下る！

風は船の進行方向より，モロに吹いて来るため，前方を見詰めることも出来ぬ位，白い粉が猛烈に降り注いで来ました．そしてこの灰は，私達の目に這入ったり，帽子や顔に附着して，丁度麺粉をくっ付けたようになり，甲板は恰も霜が降りた状態でした．また，その粉が何の粉か見当もつきませんので，或る者は珊瑚礁の粉末だといい，また或る船員は爆灰だといって議論していましたが，いずれにせよ，その灰の中に恐ろしい殺人的な放射能が含まれていることは，当時の私達にとって想像すら出来ませんでした．そのため，どんな味がするものかと冗談に舐めてみた者も

あった位です.

この「死の灰」は揚繩作業が終ってから2時間位降り続き,それと一緒に雨も相変らず昼過ぎ頃まで降り続き,やがて雨が上ると同時に,魔物の垢とも云うべき「死の灰」も降り止んだようでした.

揚繩が終ると,漁撈長は早速帰港するよう命じました.思えば出港してより丁度40日目に底知れぬ運命を背負って,船は故国日本に向った訳です.

私達の身体に付着した問題の灰は,海水でざっと洗い落し,帰港するまでに,皆2,3回は洗いましたが,何しろ髪は伸び放題だったため,よく落ちなかったのでしょう.被爆してより,2,3日経つと,早い者は,もう吐気をもよおしたり,ひどい下痢をしだしたり,一寸仕事をしても,直ぐ息が切れるという状態になりました.それが1週間位経ちますと,今度は全員の皮膚の色が黒ずんできて,脱毛がしたり,皮膚の表面に劇痛を覚えたり,また不眠に悩まされるといった自覚症状に襲われ,日が経っても癒りませんでした.

いま思えば入港する迄の2週間,私達は強烈な放射能に充満した艦の中で,実験動物のような生活を送りつつ運命の福龍丸は3月14日未明,懐かしの焼津港に入港したのです.

然し入港の喜びもどこへやら,出迎えに来てくれた家族と談笑する間もあらず,私達は早速地元の病院で診察を受けました.しかしその時は軽い火傷位だと診断されて,皆の暗い沈痛な表情も急に明るくなり,船主からは次の遠洋漁業に出て行く話を持ち出して来る程でした.しかし,単なる火傷としては,症状にどうも不可解な点があったため,外傷のひどい船員2名が代表して,東大病院に診察を受けるため上京しました.すると診察の結果は思いもよらぬ放射能障害による原子病で,早速入院加療の必要ありとの宣告を受けたのです.それを聞いた時の私達福龍丸全員の心境は,全く死刑の宣告を下された囚人の如く,一瞬にして,絶望のドン底に突き落された衝撃を受け,自分の将来が忽ち滅茶々々になったようで,ただ呆然とするのみでした.

私達は,世界史上最初の怖るべき水爆病という病魔の虜となったのです.そして3月16日,悲嘆にうちのめされた家族と直ちに隔離された私達は早速,焼津の協立病院へ送り込まれ前途暗澹たる病床生活を送る身となりました.

世間では私達に深い同情を寄せて下さり,見舞の金品や激励文を頂戴して,非常に慰められました.

しかし,その反面アメリカ側の態度には実にガッカリさせられました.否,寧ろ憤慨しました.私達が焼津の病院に入院して悶々の日々を送っている時,広島のABCC（原子病研究所）よりモートン博士一行が,前後2回に亙って来訪しました.当時,私達は自分の命がどうなるのか,それこそ堪らない不安と焦躁の念で一杯でしたから,原子医学の発達したアメリカの医者で,しかも広島で原爆症の調査研究をしている先生が来るというので,どんな診察をしてくれるのか,またどんなよい薬を持って来てくれるのかと,私達患者は総て,内心期待と希望で一杯になり,一日千秋の思いで来訪を待っていたのです.ところが,来院した博士達は,入院中の21名の患者中,ほんの一部分の患者を,ほんの短時間,それも通り一遍の聴診,打診すらせずに,感染するのを怖れるように,一定の距離をおいて,ただ視診するだけで,そそくさと帰ってしまったのです.2回とも同じ態度でした.後で聞いたところでは,時間がなかったとか,或いは病院側で私達の感情を害さないように,早く切り上げてもらうよう手配したとかいいます.然し,私に云わせて貰えば,私達はアメリカの医者だからといって感情を害するどころか,先程も書きましたように,大いに博士一行の診察を期待していたのです.また更に,そんなに時間に縛られるような予定を立てて,一体,広島から焼津まで何しに来たんだと,訴えたいのです.例え〔ママ〕,言葉が通じないにしても,人間の誠意とか,私達を博士達がどう思っているかということは,その態度,行動に自ら現われるものではないでしょうか.本当に何の目的で博士達が来院したのか全く訳が解りません.私達をひやかしに来たとしか受取れない行動でした.溺れる

者はワラをも摑む，といいますが，たとえ一度でもアメリカ側に期待した私達は本当に馬鹿だったとくやんでいます．

その間にも私達の病状は進む一方でした．体力は著しく低下し，倦怠感，内臓障害は悪化の一途を辿りました．そこで地元の焼津病院では設備や治療法が不備のため，万全の療養が出来ないということから，結局，私達患者の治療を全部東大と国立〔東京〕第1病院へお任せすることになり，3月28日，空路を羽田空港に着くと共に，東大に5人，国立に16人，お互に励まし合い乍ら，2組に別れて入院したのです．

俺達はモルモットじゃない

私は国立第1病院の方にその日の正午，入院しました．各々割当てられたベットに腰をかけて落着きますと，かれこれ夕方になり，病院が高台にあるため，病室の窓から東京の夜景がよく眺められます．同室の誰かが，「おい，見ろよ．新宿のネオンがよく見えるぞ．いいなア，早く元気になって，あのネオン街を歩いてみたいよ」
と沁々語りましたが，入院第1夜の私達全員の気持を代表した言葉として，深く印象に残っております．

その夜から私達の，慰められたり，捨て鉢になったり，励ましたり，苦悩したり，とにかく希望のない灰色の療養生活が始まりました．入院して以来，私達がどんな生活をし，どんな思いに耽っているか，参考までに私の日記の一部を抜萃してみたいと思います．

4月1日

此の病院に来てから今日で4日目．少しは病院生活にも慣れて来る．新聞を見ると，原爆マグロの被害が続出し，魚商や漁民は甚大な被害を受けて，いまでは死活問題になっているらしい．それにしても米国では日本のこうした事柄に気を悪くしたのか，日本国民を嘲笑したかのように横暴至極な態度に出ている．日本の興論は水爆の脅威を誇大にして群衆心理をアホッていると軽視し，更に，日本医師団に疑念を抱いた上，俺達被爆者に対してもなんら遺憾の意を表さないばかりか，反対に補償問題や慰藉料は全く無視され，誠意の一片すら示してはくれていない．俺達患者は総て，これ等米国の一方的非良心的態度のため悲憤と幻滅の底にうちのめされて，安静もロクロク出来やしない．

4月2日

今日2人骨髄穿刺をやった．見ていてヒヤッとする．俺はやらないがいいのかな．きっと白血球が多いからだろうと，強いて自分を慰める．モートン博士，再診を申込んで来た．断然拒否する．焼津の時のように，ヒヤカシ半分の診察なんて，もう真ッ平だ．俺達はモルモットじゃないのだ．彼等のオモチャにされて堪るものか．いやなこった．もう2度と騙されやしないぞ．

4月5日

放射能がまだ手足の爪先に残っていた．長い間とれないものだ．ガイガーを当てられて，自分の体の一部に反応があった時の驚きと恐怖は，その身に直面した者でなければ解らないだろう．全く言語に絶するものだ．悪魔の遺産というやつは実にしつっこい．体重検査，15貫600匁．よくもこう減ったものだ．元気の時には17貫もあった俺なのに……．もう一度，本当にもう一度，あの元気だった俺の姿を，何よりも先ず父や母に見せて安心させてやりたい．

4月7日

今日からプラスマ（乾燥血漿）をやるようになった．注射を受け乍ら，若しも入港して，あのままもう一度海に乗り出していたら一体どういうことになっていたかと，フト考えてみた．恐らく全員揃って原爆病のジュウリンに任せ，頭のテッペンから爪先まで腐敗し尽され，死の漂泊船となって，太平洋をさ迷い流れて行ったことだろう．消灯後，寝れぬままに同室の者達と話合う．この病院に収容されたものは大部分が独身者のため（妻帯者2人，独身者14人）話題は自然，将来の結婚問題になった．みんな結婚が可能かどうか，よしたとえ可能であったとしても，果して子宝に恵まれるものかどうか，それが一番の心配らしい．色々と話合っているうちに，或る者が，「地元の娘達の間でも，俺達患者の所へ

なんぞ嫁に行きたくないと云っているだろうな，まア，結婚は諦めなければならないのかなア．及ばぬ夢を抱いたところで，結局は自分をみじめにするだけだからな」とつぶやいた．淋しいが仕方がないだろう．ただ両親のことを思うと胸が痛くなる．

4月12日

昨夜11時頃，にわかに腹痛を起し診察の結果，盲腸炎と診断され，午前11時に手術を受けた．夕方眼を醒すと，父がベットの傍にポツネンと1人だまって坐っていた．何の因果でこのように親に心配をかけなければならないのか．盲腸炎の手術だけだったら，父の心配もさぞ軽いことだろうに……．3年前姉を亡くし，いままた俺がこのような業病にとりつかれ，何時全快するやら知れない始末だ．俺の心の中は真暗だ．まして言葉では強いことを云っているが，父の気持は，本心はどんなに悲しんでいることだろうか．畜生！　一体誰が俺を，俺の父をこうも苦しめるんだ．

幼い叫びに泣く

このような文字通り人生の暗い谷間のドン底に叩きのめされて，悶え苦しむ私達の生活の中で，丁度沙漠のオアシスの泉のように，慰められ，力づけられ，明るい気分に引立せてくれるのは，なんといっても同胞，並びに家族のあたたかい心づかいでした．

中でも，私達を心から激励してくれたのは，地元焼津の学童達が送ってくれた，純真な見舞文でした．

　福龍丸の皆様お元気ですか．私達も元気に毎日学校に行って，勉強しています．せん日学校で私達は『原爆の子』という紙しばいを見せていただきました．原爆のために苦しみながら死んでいった人達のことを書いた紙しばいでした．この紙しばいを見ながら，私はおじさん達の事を思い出して，泣いてしまいました．おじさん達は，私達焼津市みんなのためにこんな災難にあってしまったのです．船は大学の研究材料になってしまいました．アメリカの水素爆弾がいけないんです．私達はくやしくてしようがありません．せん日6年生が修学旅行に行って，国立病院にお見舞にいった時，おじさん達は大変喜んでくれたそうですね．あるおじさんは，なみだをこぼして泣いていたそうですね．来年は，私達5年生が旅行に行きます．でもその時お見舞に行かなくてもよいように，その前に早く良くなって焼津に帰って来て下さい．そしてもう一度焼津港に，おじさん達の手で大漁旗をかがやかせて下さい，お願いします．

　　　焼津東小学校5年2組　鈴木幸子

この幼ない，無垢な学童達の心からほとばしる声を，私達患者は回し読みし乍ら，幾度泣かされたことでしょうか．またどれ程力づけられたことでしょうか．或る者は，診察に来た先生をつかまえると，学童達の手紙を見せて，「先生どんなに苦しいことがあっても，私は我慢をします．この手紙を呉れた小学生の期待に背きたくないからです，先生！　お願いですから，せめて国に帰れる身体にして下さい．そして小学生達にお礼を云わせて下さい．頼みます．先生……」と訴えていました．ベッドに横たわっていた私達も，その切実な訴えの声を自分の叫びとして，天井を睨み乍ら，眼頭が思わず熱くなりました．

もう一つ，病床生活に呻吟する私達に，しみじみとしたうるおいの光明を投げかけてくれるのは，肉親の大きな愛情でした．父や母の手紙を読む度毎に，わが子のため，どんなに心を使い，気を痛めているか，世の常の親として当然のことなのでしょうが，特にいまのような身体になった私には，文面を通して，心の奥底に迄ひしひしと感じられました．

正穂殿

　3月の事だと思って居た間に，早くも5月の声を聞き，月日の過ぎ去るのが何んと早いことかと自分には思われますが，反対に，病院で何をしたいと思っても出来ないし，何を考えてみても解るようで解っていない，先生に病状を聞いても，語ってくれない立場に置かれている御身の気持，父にはよく解ります．

　然し乍ら気分的には不愉快な日が続いても人間には前途が洋々として横たわっているのです．面白い，嬉しい，自分の思う様

になる良い日ばかり続いて送られたのは，昔，昔のトノ様ばかりです．（中略）新聞やラジオは，今度の事件に対して実情と事実を本当につかんでおらないのに，書いたり，どなったりしています．病床にある御身は，余りそんな無責任に近い言論界には耳も目もかさず，ひたすら療養専一に努めて下さい．人間には必ず光明があるのです．病院生活を長く続けることが，御身の前途にどんな事由を来すかは分らないとしても，退院後のことや，これからの御身の方針等は，親として充分考えて居りますから，親のない人の様に心配したり，くよくよと考えないで，とに角これでよし，退院してよろしいと云う日を心静かに待ちなさい．（後略）
父より

淋しく偲ぶ父母の面影

お父さん有難う，この御手紙で正穂は勇気が出て来ました．ともすればくずれんとする私の身に，頑張ろうという気力が湧いて参ります．本当に有難うございます，と心の中で叫ぶと共に，眼頭が熱くなるのが常でした．

そして父や母から来た手紙はその夜，必ず胸の上に置いて寝みました．何だか子供だましのようですが，そうすることによって，不眠にとりつかれず，悪夢にもうなされずに安眠することが出来たからです．また父や母が自分を見守っていてくれるような気持がする上，その手紙に父の肌，母の肌の体温を感じて，家に帰ったような心安さを覚えるからでしょう．いまの私にとって，父の手紙はお守りであり，また母の手紙は子守唄でもあるのです．

私はいま厚かましくも，この誌面をかりて，故郷に私の現在の心境を吐露した手紙を送りたいと思います．お父さん，お母さん，正穂の手紙を読んで下さい．

お父さん，お母さん，炎暑の季節になりましたが，お変りありませんか．正穂は治療については，現在では何の心配もせず，先生方の指示に従って，一日も早く元気になれるよう，療養に専心致して居りますから何卒御安心下さい．思えば私の闘病生活にお父さんの，またお母さんの御手紙が，どんなにか力づけてくれたことでしょう．近頃は病室の天井のますが幾つあるか，また窓硝子が何枚あるか，皆数え尽してしまいました．もう病室には数えるものがない位です．お話によれば，近郷の村々や町が焼津市に合併するとのことですね．魚市場は出来上るし，水産焼津の前途は愈々洋々としてまいりましたね．正穂も許されるならば，今一度あの広い太平洋の荒波を思う存分に乗り廻してみたいです．それが私達海の男の希望であり夢なのです．入港して父母兄弟と共に，楽しく談笑しながら戴く夕食のお美味しさ，それにつけても，いまの病院で食べる夕食は，なんと味気ないものでしょうか．

　われ病みて異郷の床にみとりなく
　　淋しく偲ぶ父母の面影

つたない歌ですが御笑納下さい．ではお父さん，お母さん，お達者で……またお便りします．

最後に，被爆の日から数えて百数十日経った現在，私達の病状は依然として回復速度が遅いようです．しかし，終身診断という悲しい運命におかれても，否，現実に置かれているからこそ，二度と私のような水爆犠牲者が出ないよう祈ると共に，病室の窓から遠望出来る議事堂に向って，私達被災者が心より叫ぶこの念願を，暗夜に踊る三番叟と終らしめないよう，患者一同揃ってくれぐれもお願いする次第です．

(国立〔東京〕第1病院，第五福龍丸機関士)
(『文芸春秋』54. 9)

1—6　病床から

入院中の乗組員たちの病状は少しずつ回復を示すように思われたが，日本政府の対米交渉の報道が耳にはいるにつれて，不満と不安の念がたかまった．

「ほしかった米の謝罪の言葉」
久保山愛吉
〔前略〕正午病院へ．夕方完全に放射能を

受けていることが分った．疲れきって家に帰って妻に話したが放射能といってもピンとこないらしい．妻はポカンとしていたが「広島の原爆と同じだよ」といったら「本当？」といっただけで泣いてしまった．〔中略〕3人の子供は何も知らずぐっすり眠っていた．僕ら一家の不幸はこの日から始った．上京してやがて5ヵ月，なんとかして元の体になりたいと思っている．長女が一人前になるまでは生きて働かなければならない．子供たちも心配しているようで何が何だか分からないながらも「お父ちゃんいつ帰って来る」と妻に聞くらしい．上京の日，静浜飛行場で母と妻と3人の子供が涙で一言もなく，ただ僕の顔を見つめていただけで別れてしまった．〔中略〕

この事件さえなければ，船はドックに入り家庭生活に恵まれない僕ら一家の一番楽しい時だった．8月のドック入りがわが身のドック入りになってしまった．これからなんとか元の体になろう．主治医もなんとか回復させてやろうとしてくれる．医者は「元の体にして船に乗せてやりたい．よくなれば軽いから，悪くなれば治療法が悪いからといわれるかも知れない．でも23人元気で退院できればこんなうれしいことはない」と力をつけてくれる．〔中略〕

最近ソ連も水爆実験をやったとか，水爆実験を打上げ花火でもやるような気持でいる．米ソ，またアメリカの実験に協力しましょうといった岡崎さん，実にあっぱれな強心臓と感心してしまった．〔中略〕思えば不運であったとあきらめてしまうことはあまりにもショックが大きすぎた．米国でも最近少しは考えてきたように聞いているがどのように考えているのか僕らにはわからない．上京のさい輸送機の中で1士官が「わたしのオクさん日本人，みなさんこんなにしたのもアメリカが悪いのです．ゴメンナサイ」と話しかけられた．たとえウソでもうれしかった．僕らはこの言葉がほしかったのです．お前たちは敗戦国民だ，水爆の1発や2発実験台になったって文句をいうな——こんな気持でいるように思えてならない．僕たちはいま米国の出方をじっと見守っている．

6月21日，東大病院入院中の見崎，山本の両氏も焼津市の福龍丸被害対策本部を通じて，病床からの所感を新聞に発表した．

私たちは，いつまでも他人の人情に頼っていることはたえられない苦しさである．補償問題について政府の対米交渉を注目してはいるが，6月1日の参院の内閣委員会で首相が"仮りに渡米しても福龍丸関係の補償問題の交渉は予定していない"と回答したのには全員失望してしまった．今の私の心の中はアラシだ．〔後略〕（見崎吉男）

無警告の原爆実験と，実験に当った科学者のミスは私たちに生涯背負わねばならぬ病魔の刻印を押した．私たちは世界の良心を信じながら"太平洋や宇宙は特定国の所有物ではない"ことを世論に訴えたい．今のままでは次の被爆者はあなた方であることも．（山本忠司）

1—7　久保山氏の病状悪化

久保山御家族一同　宛
　　　　　　　　　　　　　　見崎吉男
〔前略〕御家族御一統様の御心中を思うとき，涙にとまどうばかりで何と申上げるべきか，ただ途方にくれるのみです．無力なわが身をふりかえり，奥様，お母様，御一統様の新たなる苦悩に対し，無言の頭を下げるのみしか出来ない私です．可能ならば，それが許されることであるならば，私に出来る唯一の道は代りに私が，この一語につきます．愚かな私をしかって下さい．

愛すべき賢明なる久保山局長，あなたは今一度愛すべき人びとのために，心の灯を燃し，生命の明るい微笑を，私は全力をあげて信頼し，期待し，祈っています．

どんなに苦しい時がきても，どんなに遠い道であろうと，私はあなたと共に歩いて行きたい．　9月2日

作　文
　　　　　　　　　　　　　　久保山みや子
死の灰にまけてはならない．一しょうけん

めいにこの灰とたたかってかならずよくなるよといいつづけていたおとうちゃん.

家へかえられるようになったら,私たちをどうぶつえんにつれていってあげるよとやくそくしてくださったおとうちゃんなのに,いまは私がおとうちゃんみや子よと耳元でよんでもなんともへんじをしてくれません.

きのうも今日も重体のままです.ほんとうにかなしくておとうちゃんのまくらもとで泣いてしまいました.

小さい安子やさよ子は上京していませんが遠くはなれている家できっと泣きながら小さい手をあわせてかみさまにおいのりをしていることでしょう.

毎日私はおかあさんといっしょうけんめいにかんびょうしています.おかあさんはなかないでといいますが,そのおかあさんもなみだをいっぱいためているのです.みや子はなおかなしくてなきます.

大ぜいの先生がたやかんごふさんがよるもねないで,おとうちゃんのちりょうにいっしょうけんめいにつくしてくださっています.先生おとうちゃんをたすけてください.

私たちがめんかいにいくと,にこにこしながらみんなごくろうさん,よくきてくれたねとよろこんで私たちきょうだい3人のあたまをなぜてくれたり,一ばん小さいさよ子をだいたりしてくれたのに,こんなことになるとは,みんなあのすいばくじっけんのためです.あのじっけんさえなかったらこんなことにならなかったのに.こんなおそろしいすいばくはもうつかわないことにきめてください.
(9月3日)

1—8 久保山愛吉氏の死

久保山みや子　宛
　　　　　　　　　　見崎吉男

〔前略〕みや子ちゃん,お元気ですか,妹さん方々もお父さんのいなくなった今,仲よく楽しい日を過していますか.

お父さんは非常に元気なよいお父さんでした.あんなにもみんなが祈ったのに,とうとう帰らないお父さんになってしまいましたが,きっとその立派な魂は生きております.かならず,皆さんが大きく良い人に育つまで,いつまでも遠い所で,そしてあなたの心の中で,みや子ちゃん方の成長を見まもっていて下さるでしょう.

私達もきっとお父さんの貴重な歴史を生かし,お父さんを泣かせないようにつとめたいと思います.

東京の私たちは一日一日元気になっております.でもお父さんのあの声,あの真剣な姿,あの楽しい微笑を見ることも聞くこともできないのが一番残念で心残りでなりません.お父さんは私たちとお話をする時,いつもこれからどんなに大変になっても,どんなにつらいことがあっても,みんな仲よく行こう,そして泣かないことにしよう,そして恥かしくないよう生きぬこうと話され,自分はつとめて冷静に将来のことを考えていられた.〔中略〕みんなかぜを引かないよう,元気で一日も早く平和な静かな生活と,楽しいみや子ちゃん達の笑顔の見られるのを祈っています.
(10月上旬)

「夫の死をむだにしないで下さい」
　　　　　　　　　　久保山すず

たよりにしていた夫に死なれて,まったくどうしてよいかわかりません.前途はまっくらです.一時はよくなって,お魚がたべたいとか,お漬物が欲しいなどと申しておりましたのに,とうとう,こんなことになってしまいまして…….それに人一倍,子ぼんのうだった夫が,3人の子供を残して死んでいった気持を思うと,たまりません.どうして,こんなおそろしいことになってしまったのでしょう.

全国の皆さんから沢山のお見舞の手紙や励ましのお言葉を頂いたり,あれほどの最上をつくして下さった治療のかいもなく,夫は死んでしまいました.水爆の力にみんな負けてしまったのです.

私は,これからさきのことを考えると,何から何をどうしてよいのやらサッパリわかりません.けれども水爆の実験を,金輪際やめて頂きたいということだけは,ハッキリと申

第3章　乗組員および国内外の人びとの手記・手紙

上げることが出来ます．夫やほかの被災者の方々が病院で寝ているうちは，口ではいっても，心では，それほどと思わなかった人もあるのではないでしょうか．けれども，私の夫は死んでしまったのです．一人の人間が死んではじめて，わかったのではないでしょうか．アメリカも日本の政府も，そして私のまわりなどでも．

新聞も雑誌もラジオも，どうぞ，出来るだけこのことをとりあげて下さい．8月の末から今日まで私は着がえをするひまもないくらいに忙がしくしてまいりました．一時，夫が少しよくなったので子供の新学期の準備のために帰郷しましたときも，報道陣の方々のカメラと質問ぜめにあって，とうとう，子供の仕度どころか，私も着のみ着のままで，また上京してきたという有様でした．新聞社の方たちが，こんなに一生懸命になって書いて下さることを，一ときのことに終らせずに，どうか，いつまでも続けて書いて下さい．そして，おそろしい水爆の実験をなくすことに努力して下さい．私どものほかに，まだ22人の犠牲者の方が苦しんでいますことを，お忘れないようにお願いします．

それにしても，夫は，いろいろなことを心に残して，何一つ安心することなしに死んでいきました．夫は病床にあるときも口ぐせのように，補償問題のことを申しておりました．先日のコンスイ状態からさめたときも「アメリカからきたか，補償はどうなった」とウワ言のように，きいておりました．無線長をしていたので，水爆実験の注意をきき洩らしたのではないかという責任感から，特に気をつかっておりました．何しろ，あの事件いらい23人とも一銭の収入もありません．みんな苦しい生活をしていることを夫もよく知っていました．私も東京へ来るたびに，焼津の市役所へ行って，いちいち汽車賃を頂いてくるという始末でした．アメリカからも日本の政府からも何ともいってきてくれませんので，静岡の漁業組合から，月々2万円の生活費をみんなにだして下さるということがきまって，その厚意をうけてきましたが，きくところによりますと，組合も借金をして，私どものためにして下すっているということで，ホントウに心苦しいことでした．そのお金も，いずれはお返ししなければなりませんので，こちらも毎月，借金をして暮しているようで心が重うございました．勿体ないはなしなのですが，それだけのお金ではとても暮せないので——私のところでは，いままでは月により3万円から5万円ぐらいの収入がありました——村税が，それまでの収入の査定できましたが払うことも出来ず，何とかして頂くようにお願いしたこともあるのですが，なかなかむずかしく，そのままになっているようなこともございます．また，家族の医療費が無料だった船員保険証がとりあげられましたために，幸に国民保険にもはいっていましたものの，それでも，事件いらい神経質になって，子供がセキをしてもお医者様にかけつけますので，家族の医療費も相当な負担となりました．そのうえ，このような災難に逢っておりましても，世間様との義理やおつき合いということも，欠かすわけにはまいりません．それに何といっても，働らきのない夫に代って，皆様の御厄介になって生活をしているのです．それだけに言うに言われない気兼ねもございました．水爆の犠牲者といって同情されればされるほど，また，かげでは気をつかわなければならないことも，たくさんあるのです．夫が手あつい看護をうければうけるほど，それも却って心の負担となるのでした．思いがけないこうした苦しみを，何でもなかった私どもの家庭へ新しくつくりだした原因である水爆実験が，考えても考えても，うらめしくなりました．水爆の実験さえなければ……と，幾度思ったかしれません．

いまではもう何でもない思い出になりましたが，事件がおこったすぐあと，焼津の魚がサッパリと売れなくなり，町では，あんこのついたお饅頭までが，何だか気持が悪いといって買われなくなり，それが第五福龍丸のせいのように思われて，肩身のせまい思いをしたこともございます．また家の中などが，灰がついているかどうか検査されたりしたために，皆さんにやはり気持わるがられ，寄ってまで頂けなかったことなども，かなしい当時

の思いでした．反対に，福龍丸のおかげで，漁に出るときは，特別に注意するようになったといって，よろこばれるようなこともありました．とにかく，水爆問題は，いろいろな波紋を，何の罪もない私どものうえに，まきおこしました．

それでも私どもは，夫が生きていれば，夫をたよりに，たとえ昔どおりには働けなくとも，何とかささえあって暮してゆけましょうのに，その夫は，もう絶対に私どものところへは，帰ってきません．そしてどれほど夫の代りに，補償金を，たとえ幾百万円いただこうと，ただ一人の夫にはかえることが出来ません．また，補償金がさがり，生活が一おう出来るとしましても，私や子供たちの，これからの精神的な負担は，このためにかえって一層ふえるだけでしょう．いろいろ考えて，これからは，愚痴一つもいえなくなるのではないか，と思っております．何がなくとも，夫の働きで，平和に，誰に遠慮することもなく暮せることくらい，幸福なことはありません．静かで楽しかった私どもの家庭に，こんな大きな波紋をまきおこした，水爆実験を憎みます．どうかもう，こんな恐ろしい，そして悲しいことは絶対にやめて下さい．お願いです．

(『婦人公論』54．11)

1—9 世界に訴える……

久保山愛吉氏の病状の悪化が始まったのは8月の終り頃，彼もその事態を自覚して「もう何をしてもだめだ，こんなことはもう俺が最後であってほしい」と夫人につげた．すず夫人はそれを「二度と水爆実験をするな」「原水爆を禁止してくれ」という悲痛な遺言として聞いた．この声を全国の人びとに，世界の人びとに伝えることが残されたものの義務であるとして，その仕事を自らに課した．

「真実の平和を」

久保山すず

乱筆乱文にて

野も山もようやく紅葉しはじめ，次第にその深みをまして参りました．みだれ咲く黄菊，白菊をみてもいよいよ秋の感を深くします．各地に催される菊花大会をみても，なにかそこに文化日本の象徴としての菊が感ぜられ，平和にあこがれる真の国民の心がそこにみられるような感が致しますけれども，今まで一番たよりとしていた最愛の夫を，たとえ不慮の死とはいえ，永遠に去られた私としてみれば，このように咲きほこる菊もただ悲しみをますばかりでございます．今一度，清く香り高いこの菊を亡き夫にみせてあげたい気持で一ぱいです．

全国民こぞっての祈願，都築博士始め熊取主治医先生方の必死の看護もむなしく，逝いて早2カ月近くの月日が過ぎましたが，一日として忘れることができず悲しみにあけくれております．水爆実験のために殺されたのだ，一体主人が何をしたというのでしょう．なぜ殺されなければならなかったのでしょうか．口に平和を唱えながら，殺人兵器を大量に製造している国の悪い趣味をみたしてやったのでしょう．たとえそれが趣味であっても，人が人を殺す兵器を大量に製造することが許されてよいのでしょうか．6カ月の病床で苦しい息を吐きながら，主人はいつも，「『完全な平和』，『真実な平和』こんな言葉があるのだろうか，あるならいつになったら来るのだろう，戦争が終ったのに安心して漁業をすることもできない」といつもなげいておりました．

実験のためなら人の命なぞかまわないものでしょうか，こんな恐ろしいものを実験だといって爆発させられたら，私達日本人は生きてゆかれません．魚をたべることも，野菜をたべることも，雨の日に外へ出ることも出来なくなってしまいます．恐ろしい爆弾を使うことはもうやめていただきましょう．

死んでしまった私達の父はいくらよんでも帰ってはきません．過日，米国の一婦人より御心深い同情のお便りをいただき，お金までお送り下さいまして感謝いたしております．婦人のお便りに，子供はじめ私までほしいものがあれば送るから知らせてくるようにとありましたが，そのやさしいお言葉は有難く存じておりますが，今の私達母子には何もい

りません．ただ父上の生命のみを今一度かえしてほしいばかりでおります．でもこればかりは何百万唱えてもかえっては来ません．私の願いは，原水爆製造実験禁止をかたく願うことでございます．

この悲劇を23分の1で止めようと願うものは私だけではありません．人間の真実はきっと神様が見殺しにはしないでしょう．福龍丸の乗組員は，お父様が死んでも後22名が病院のベッドに伏しております．犠牲者は1人でたくさんです．この人達は何とかして助けてあげ，ぜひとも漁業の一線へ再び帰って頂きたいと思っております．

どうかこの人達の為に祈ってやって下さい．1人の犠牲者を出したことによって気をおとしていることでしょうから，慰め励ましてやって下さい．私からもよろしくお願い致します． 29年秋
（キリスト者平和の会・パンフレット，54.5.5）

　　1955年1月に，インドのカルカッタでアジア法律家会議がひらかれた．その第2日，「原水爆禁止」が主題としてとりあげられ，久保山すず氏のメッセージが鍛治千鶴子氏の代読で披露された．

「アジア法律家会議へのメッセージ」
　　　　　　　　　　日本・焼津　久保山すず
　私は水爆実験によって，世界で最初の死の犠牲者となった，故久保山愛吉の妻でございます．

　大きな使命をもってアジアの各国からおあつまりのみなさま，私は，みなさまが「原水爆の禁止」を討議されるにあたり，私のたえがたい苦しみと切実なおねがいをきいていただきたいと存じます．

　私の愛する夫は，太平洋，ビキニ環礁から遠くはなれた海上で，第五福龍丸という小さな漁船にのり，全員23人で漁業に従事していました．そして，不幸にも，1954年3月1日にビキニで行われたアメリカの水爆実験による死の灰をかぶったのです．しかし船員たちはそのことに気がつかず同月14日，この焼津港へ帰ってまいりました．

　やがて，乗組員の身体におこった異状が，ビキニの水爆の放射能によるものであることがわかり，このことをきかされた23人の被災者と私たち家族の驚きは，とても言葉でいいあらわすことができませんでした．

　その後，日本のすぐれた医学者たちの誠心をこめた御努力にもかかわらず，私の夫，愛吉は，1954年9月23日午後6時56分，水爆のさいしょの犠牲者として，3人のおさないいとし子とこの私，そして，父母や兄弟などの底知れぬ悲しみのうちに，「原水爆をなくしてくれ」といいつづけながら，永久に去っていってしまいました．

　尊敬する代表のみなさま，今から9年まえ，アメリカ軍によって広島と長崎に世界さいしょの原爆が投下され，一瞬のうちに十数万の尊い人命が失われ，その後もおそろしい原子病の被害は多くの人たちの生命をつぎつぎにうばってゆきました．

　「広島の悲劇を2度とくりかえすな」「ノー・モア・ヒロシマ」――これは日本国民すべての，心の底からの叫びでした．ところが原爆よりもさらにおそろしい大量殺人兵器，水爆がつくられ，私たち日本人は，またもや，そのさいしょの犠牲にされたのです．

　賢明な代表のみなさま，太平洋はその名のように平和な海でなくてよいのでしょうか．平和を愛する漁民が，小さな漁船にのって魚をとることさえできなくてもよいのでしょうか．ビキニ環礁はアメリカの領土なのでしょうか．水爆実験による危険区域はあらかじめ知らされていたでしょうか．賢明なみなさまには，これらのことはよくおわかりのことと思います．

　アメリカの死の灰によって，私の最愛の夫は殺され，22人の夫の同僚たちは，10ヶ月もたった今日でさえ，まだ恢復せずに苦しんでいます．

　なぜ，平和にくらしている私たちの家庭が破壊されなければならないのでしょう．

　私は水爆を心から憎みます．私のこの苦しみを他の人たちに味わせたいとは決して思いません．

　正義の代表であるみなさま，

「水爆の実験をやめてほしい」
「原水爆を禁止してくれ」
　これが夫，愛吉の死の床での悲痛な叫びであり，その遺言でございました．
　そして，それはまた，私と3人の子供たちの，胸もはりさけんばかりの願いでございます．
　原水爆をなくしてください．
　戦争に反対して平和をまもってください．
　さいごに，アジア各国民の友好と平和のために，みなさまの御健闘をお祈りいたします．
　　　1955年1月25日

日本母親大会での挨拶
　　　　　　　　　　　　　久保山すず
　みなさん！　人間が人間を殺してよいものでしょうか．人間が人間を殺す兵器をゆるしておいてよいものでしょうか．死の床に横たわりながら，死の直前まで，夫はこのような恐ろしいものをゆるしておくことはできない，どうしてもなくしてしまわなければならないと叫びつづけました．このような恐ろしい兵器があるかぎり，私たち日本人は生きていくことができません．
　先日私は，一人のアメリカ婦人から，心のこもったお手紙をいただきました．その方は，ほしいものはなんでも送るといってくださいました．けれども私たち親子には，ほしいものはなにもございません．ほしいものは夫の命だけです．子供たちに父親を返してください．
　けれど，それはとうていできないことです．いま私たちが一ばんほしいのは，原水爆をやめてもらうことです．犠牲者は1人でたくさんです．これは私一人のねがいではございません．ほんとうの母の愛情は，子供を守ることだけではなく，戦争をやめさせることです．
　戦争による不幸，原子兵器による不幸を，私たちは世界のどこの国よりも早く体験いたしました．この戦争をやめさせることが，子供たちを幸福にする道です．戦争をやめてください．原子兵器をやめてください．これが夫の最後の声でございました．
　みなさん！　戦争をなくしてください．平和を守ってください．
　　　1955年6月7日・東京

　1955年8月，久保山すず氏は原水爆禁止世界大会に，焼津を代表して参加した．

手　記
　　　　　　　　　　　　　久保山すず
　ビキニ水爆実験で夫を失って私は水爆の恐ろしさを身近に感じています．焼津を出発する前日，夫の墓の前に "水爆の恐ろしさを世界の人たちに訴えてきます" と報告して広島へやって参りました．年老いたおばあちゃんも広島にいって愛吉のような人を再び出さないようにと世界の人たちに訴えるといって一しょに参加したのです．5万余柱の犠牲者をまつってある原爆霊碑にぬかずいたとき，私の目に涙がとめどもなくあふれてきました．これは心の中からあふれでてきたものでしょう．
　碑石の "安らかに眠って下さい．誤ちはくりかえしませんから" と彫んである文字をみて私は何か複雑な気持に襲われました．そのとき地下に眠る人たちの死を無駄にしてはならないと碑石の前で心に誓いました．　8月6日

　1956年10月下旬，日本母親連絡会が水爆実験反対のため，国際連合総会へ代表をおくる計画をたて，その一人に久保山すず氏が選ばれたことが報道された．櫛田ふき氏からも，次のような書信がよせられた．
　「〔前略〕あなたが代表として選ばれたとき，まことにふさわしい母親代表だと思いました．スイスで開かれた世界母親大会でも各国の方が久保山さんは来ないのかと聞かれたそうです．こんどこそ御苦労さまでも行ってきて下さい．あなたの外にこの大切なお役を充分に果せる人はおりません．第1回母親大会でのあなたのお話は今でも私の耳にのこっています．あれでいいのです．ほかに何をいうこともいりません，ぜひぜひお願いします．　10月24日」

「アメリカよなぜ拒む？」
　　　　　　　　　久保山すず

夫の死から3年

　3月1日，第五福龍丸がビキニの灰をかぶってから3年になります．その時から私の生活は変ってしまったのです．漁夫の妻として，親子5人その日の暮しに追われながらも，とにかく平和に暮してきました．始終海に出ている夫を思い，今ごろ時化に遭っているのではなかろうかというような心配も，帰ってきた夫の汐に焼けた元気な顔をみる喜びの前には小さなものでした．

　ビキニの灰をかぶって帰ってきた時，私はまさか命にかかわるものだとは思っていませんでした．病院に入ってからも，一進一退とはいいながら，だんだんと快方に向っているのだと思っていました．それに夫はいつも元気な口をきいていました．

　8月29日，もう夏休みも終るので，子供たちをつれて夫を見舞いに行きました．病院の階段のところで，主治医の熊取先生にお会いしたので，様子を伺うと，

　「黄疸が少し強くなっていて病状はやはり重いけれども，今日は気分も快くなったといっていますよ．まあお見舞に行ってらっしゃい」

　ということでした．

　それで，私はいそいそと病室の扉を開けたのですが，この時から夫の意識がくもり始めたのです．夫は私の顔を見て，

　「お前，手を切ったのか」

　と訊ねるのです．私は別に手に怪我もしていないし，手術もしたことはないのですが，夫はしきりにその事を云い，一途に思いこんでいるらしいのです．辛そうに体を動かし，

　「もう何をしたって駄目だ．こんなことはもう俺だけで沢山だ！」

　今まで自棄的な言葉など口にしたことのない夫でしたが，私は目の前が暗くなる思いで子供たちの手をにぎりしめました．

　意識不明の時は，どんな大きな注射をしても，何をしても全然分らないのです．そして，意識が回復しても，その間のことは何一つ覚えていないのです．世間が注目している中で夫の死は刻一刻と迫ってくるのでした．体が電気かなにかで焼かれるような気持がするらしいのです．俺の体の下には高圧線が通っているんだといいます．

　「おとうちゃん，長くベッドにいるから，そんな感じがするんでしょ」

　と云っても，

　「いや，俺の足は高圧線につながっているんだ」

　と云い張るのです．なぐさめながらも，私の心はつらくて仕様がありませんでした．

　こうして忘れもしない29年9月23日，半年の入院の甲斐もなく夫は息を引取ってしまいました．結婚以来11年，風邪一つひかず，だから医者にかかった覚えは一度もなく，夜も裸で寝ていたくらい元気だったのに，ビキニの灰さえかぶらなければ，今もここに一緒に居て，口喧嘩をしたり，冗談を云ったり，無事で暮しているものをと繰り言を云い出したらきりがありません．

　夫の死について，政府とアメリカからかなりの補償費が出ました．当時「それだけの金をもらったなら，いいじゃないか」というような声もありました．手紙なども金にからんでの変なものが時々舞い込みました．もちろん同情や激励の便りも沢山いただきましたけれど……．でも夫の命は金には代えられません．これは人の情を持つ方なら誰でも分って下さる筈です．もしそんな事をいう人があるなら，戴いた金は手をつけずにそっくりお返ししますから，夫を私に返して下さいといいたいのです．金などいくらあったところで，生甲斐のある人に死なれた傷手は，どうにも癒やせるものではありません．

　今度の私の渡米問題についても「アメリカから沢山の金をとっていながら，よくもアメリカに原水爆実験を止めてくれと云いに行けるものだ」というような手紙が，いくつか来ました．書く人はからかい半分に書いているのでしょうが，受取る側からいえば大変辛いことなのです．口惜しいと思っても，話をきいてくれる人，力になってくれる人はいないのです．自分一人の胸にしまいこんで我慢し

なければなりません．これを発表すると，また後の始末は結局自分のところにくるのです．だから本当にいやになってしまうのです．

ようやく渡米を決意

アメリカへ行く話が出たのは，去年の9月末でした．志田地区教組の大場さんがいらっしゃって，国連総会に原水爆実験禁止を陳情しようという企てがあるから，あなたに是非行ってもらいたい，まだ正式に決った話ではないが，一応胸に収めておいて貰いたいということでした．私はそんな所へ行く気持はないからとお返事すると，大場さんは，そう答えるだろうと思っていたと云って，お帰りになりました．これは日教組から静岡教組を通じてのお話のようでした．

10月3日，子供たちの運動会に行って帰ってくると，大場さんがいらしていて，東京から母親大会準備会の山下さんが見えているから，是非会って欲しいというので，わざわざ焼津まで来て下さったのだからと，お目にかかることにしました．

山下さんは，原水爆実験反対の声を伝えるには，身を以ってその不幸を味った久保山さんが一番適任だから，是非アメリカに行って欲しいと，熱心にすすめて下さいました．しかし，そう云われても私には3人も子供があり，行っても訴えるだけの力はないし，折角だけれどお断りしますとお返事しました．この話が強まれば強まる程，私としては断りにくくなるので今のうちにはっきり辞退しておきたかったのです．

その後，婦人会や教員組合を通じて，何度もお誘いがありました．私はたとえアメリカに行っても，言葉は分らないし，字も読めない，食事にしても毎日箸で食べているのがナイフやフォークに代るならまだしも，いろいろ見慣れぬ物を食べなくてはなりません．盲が行くよりももっと悪いようなものですと，その度にお断りしたのですが，ただ行って，原水爆は恐しいとだけ云ってくれればいいのだからと強くすすめるのです．私としても原水爆実験には絶対反対ですし，常にそれを訴えたい心は持っていますが，どうしてもアメリカまでゆく決心はつきませんでした．

市役所からは，行きたくないなら無理にとはいわないが，できるなら是非行ってもらいたいと申し入れてきました．また私の身を思って，止めた方がいいと云ってくれる人もあるし，あなたが行かなければ駄目だという人もあります．

そこでさんざ迷った末，思い切って県知事さんに相談しに行きました．知事さんは，

「あなたのお気持はよく分ります．やはり，一番大事なのは子供を育ててゆくことだから，気が進まないのにアメリカに行くことはないでしょう．辞退した方がいいのではないか」とおっしゃいました．

その中，焼津の婦人会（会長・藪崎けい），市役所，議会（議長・藪崎順太郎）の方達が個人的においでになり，熱心にすすめられると，私もついつい断り切れなくなってきますし，またあまり自分のことばかり考えてもいられないのじゃないかという気もしてきて，兄の所に相談に行くと，

「これだけ皆さんがすすめて下さるならば，どうしても行かなければならないというならば，行くより仕方がないだろう」

子供のことは，校長先生や町の方々が引受けるからと太鼓判を押して下さいます．それでは，私が行ったところでどの程度効果があるか，自信もないし分らないけれども，とにかく行くことにしようと心に決めました．原水爆禁止を私がお願いしても，きいてくれるわけはない．たとえ大臣が云っても何一つ聞き入れてくれないのだから．でも，私の話で，実験がたとえ1つでも2つでも減ってくれれば，せめてもの幸いだという気持でした．

こうして11月16日に私の決心をお伝えし，すぐ戸籍謄本や履歴書を出して，手続きをしましたが，それでも尚，果して皆さんの期待にそえるかどうかと，私の心はいつまでも，もやもやとしていました．

ビザを待ちぼうけ

最初の旅券申請は外務省から断られたようです．手続きについては他の方が何くれとなく世話を焼いて下さったので私は何も事務的

なことはしなくて済んだのですが、2度目の申請で、1月29日に旅券がおりました．

これより前、25日に上京し、壮行会のようなものをやって下さり、外務省にも顔を出して、よろしくお願いしますと頭を下げました．係の人の前には書類が山のように積まれていましたが、その下の方から私と磯野富士子さんの書類をひっぱり出して、手続きをして下さいました．私の印象では、外務省はできるだけの便宜をはかって下さったようで有難く思っています．

その旅券をアメリカ大使館に持って行き、一先ず焼津に帰って、ビザの下りるのを待ちました．出発は2月の5日に決っており、資料などを詰めた荷物は既に発送してありました．ビザは問題なく下りるような気がしていた一方、素直には入国させてもらえないような不吉な影が首をもたげたりしました．そういう不安もあったのでしょう、アメリカ大使館へは東京の母親代表が、毎日入れかわり立ちかわり、早くビザを出してくれるようにとお願いに行って下さいました．

3日に上京しました．4日にビザが出るという知らせがあったので、いよいよ出発と緊張したのですが、4日には遂に下りず、出発予定の5日午後4時まで、いらいらするような気持で待ちましたが、結局待ちぼうけになってしまいました．それでも国連総会はまだ開会中だから、間に合う限り待ってみて、ビザが下り次第すぐ出発できる態勢をととのえていました．

母親大会準備会の方々は連日大使館に、早くしてくれと陳情しましたし、私たちには全国から激励の手紙が舞いこんできました．子供の友達からも沢山の手紙や綴方を送ってきました．

みや子さんのおとうさんは、南方で水ばくでなくなられてから、お母さんとさみしいくらしを毎日していてほんとうにおきのどくです．世界に水ばくさえなければ、みや子さんもおとうさんとたのしく元気でくらされたのに、この水ばくをむやみにアメリカでつかうことはよくないことだと思います．またこれをむやみにつかうことは世界の平和をみだすことになりますので、よくないことと思います．みや子さんのおとうさんばかりでなく、そのほかたくさんの人が水ばくのためにぎせいになってほんとうにおきのどくです．こんどみや子さんのおかあさんは、世界平和のためにアメリカに行くことになって、水ばくきんしと世界平和のしめいをはたすのです．どうかかんぜんにはたしてくださることをおねがいしたいと思います．みや子さんも世界平和のため、元気でるすをまもっていて下さることでしょう． さようなら

みや子さんのお母さまへ

これは小学校5年になるみや子の友だちから来た手紙です．こういう数々の激励の便りを見るにつけ、是非とも早くビザを下して貰いたいとねがうのでした．けれども一向にらちが明きそうにもありません．そこで私も14日に大使館に出かけて行き、副領事に面会しました．

誰もが行ける国連に

副領事は明るい感じの人で、気持のよい態度で会って下さいました．私が、

「いつビザを出して下さるんですか．私は出来るだけ早く出していただきたい．行けるものならば、いつまでも待ちますから」

と云いますと、

「磯野さん、久保山さんには本当にお気の毒ですが、事務上手続きがおくれています．出来れば、早く出します」

という答えです．遅れている理由については事務上ということだけで一切語らず、時期についてもいつ出してくれるという見通しは一切ないのです．まごまごしていると国連総会は終ってしまいます．私達としては、アメリカだけではなく原爆を持っている国全部にお願いしたいのだから、総会が終ってしまっては何にもなりません．

アメリカでの母親大会代表13ヵ国のうち、3国しか入国許可にならなかったという話もあります．そして、一度不許可になると、その人は永久にアメリカには入れてもらえないそうです．私たちとしても、秋には又国連の

総会があるというし，もしビザが不許可になるならば，その前に申請を取り下げた方がいいのではないか，ということになって，一応取り下げることにしたのです．

多勢の皆さんが労を惜しむことなく，熱心に動いて下さったのに，折角の企てが水の泡になってしまって残念でたまりません．アメリカには3週間滞在する予定でしたが，もしそれが実現した暁には，国連代表の方々と膝をつき合わせてお話ししたかったのです．

とるに足らぬ私ですが，そして原水爆実験もとるに足らぬことなのかもしれませんが，私にとっては全世界を失うよりも辛い体験をお話しして，そうして夫の病院での苦しみ，もう俺だけでモルモットはごめんだといった叫びをお伝えしたかったのです．

また，アメリカは夫の死が放射能症によるものではない，水爆実験が原因で死んだのではないといいたいように思えますが，夫が死んだのは確かに水爆実験のせいだし，もしあれさえなかったならば，夫はピンピンしており，私と共に名も知れずひそかに暮していられたのだと訴えたかったのです．

ただそれだけなのに，なぜアメリカはビザを出さないのか，おかしいと思います．本国では許可をしたのだけれど，在日の大使館が許可しないのだという噂も耳にしました．何か政治的な駆け引きが行われているようで，いやなことです．アメリカは自分の身に後ろめたさがあるからでしょうか．でも，私たちはアメリカに文句を云いにゆくわけではないのです．全世界の人々に聞いて貰いたかったのです．だから国連総会に出たいと思っただけです．国連の建物は幸か不幸かアメリカにあったものだから，アメリカに入国を願い出たまでです．私は，国連の建物を誰も入れないようなアメリカに置かないで，誰でも行ける所に建ててくれと云いたくなります．

もし原爆の実験をまだやるのならば，自分の国内でやってもらいたいものです．そうすれば分るでしょう．他の国に迷惑をかけ，罪もない人たちに嘆きを与えて，平然としていられるのでしょうか．私はこんなことも考えます．原爆を運ぶ途中に，間違って自分の国に落してみたらいいのだと．

原爆への憎しみ

一昨年の8月，第1回の原水爆禁止世界大会が広島で開かれました．私はその時広島の町を見てびっくりしました．これが原爆で無慚にやられた町かと疑いたくなるほどの復興ぶりでした．この感想を口にしたところ，ある人が「この復興はみなよその人が入ってきて仕上げたのですよ，土地の人にはそれだけの気力がありません」といいました．

実際，表通りは立派な店が並んで，何一つ暗い影が残されてないように見えますが，裏町には原爆被災者が，いまも泥沼のような生活をしています．働ける身でも，原爆被災者となると雇ってくれる人がいません．他に丈夫な人が余っているのですから．こういう方達を見て，私は声も涙も出ませんでした．すると被災者達はこう云うのです．

「私たちは，今まで日かげの存在でした．可哀想だとは云ってくれても，すぐ忘れ去られて，暖かい心もかけてもらえませんでした．それが，久保山さんの事件があってから，世間の人達が，原爆被災者に目を向けてくれるようになりました．おかげ様で，社会的な関心をもってくれるようになりました」

そう云って大変喜んで下さるのです．私はこの人達に深い同情を感ずると共に，原爆への憎しみが強く胸にこみ上げてきました．

第五福龍丸で夫と共にビキニの灰をかぶった方達は，今焼津の家に帰っていますが，皆大した仕事をしていません．万一無理をして体が悪化してはという気持があります．また仕事をしたくても，土方仕事のような重労働以外には，なかなか仕事の口がないのです．

原水爆実験が続くかぎり，こういう人たちがどんどん殖えて来るのです．人間の骨の中にまでストロンチウム90が検出されたそうですし，"放射能雨"というも多少軽口めくのも冗談ではすまなくなります．今病気にならなくても，いつ発病するか分らないのです．放射能症など他人事だと思う方が日本にもまだまだあると思いますし，またそれも無理のないことだと思うのですが，現に自分の夫が

放射能のために苦悶し，死んで行ったのを目にした私には，いくら声を大きくして原爆禁止を叫んでもまだまだ足りない位の気持です．

ビキニの事件以来，私には自由な時間が少なくなってしまいました．私なりの生活を立てようと思いながら，つい何かに取りまぎれてしまいます．原水爆反対のために精一杯の運動もしたいのですが，自分の生活もきちんとしておきたいのです．きまった仕事をするにも，女は弱いもので，人の手を借りなければできないことが多くありますが，私は子供を育てながら，肥桶をかついで，お百姓仕事をしてゆきたいと思っています．

この5カ月間も，出かけるところばかり多く，家にいることが少ないので，子供のことにしろ，身の廻りの整理にしろ充分にすることができません．荷物を整理したり，お世話になった所へ挨拶に伺わなければ，とそればかり心にかけてきました．

子供たちは朝早く学校に行き，子供たちが帰ってくる頃は，私が家にいない．一緒に御飯をたべることも少ないのです．

「お母ちゃん，ちっともうちにいないんだネ．お話ししたくっても，するときがないよ．東京のお話もしてくれないネ」

そう云われると，母親として胸がしめつけられるような気がします．でも幸い，子供たちは元気で，案外しっかりと留守をしてくれます．こんど渡米が駄目になって，私が東京から戻ってきた時，子供はこう云いました．

「お母ちゃん，帰ってきてうれしいけれど，アメリカまで行って，原爆をやめてと云ってきてほしかった．もう少しくらいのお留守番ならするから」

（『文芸春秋』1957, 4）

多くの人びとの希望に反して，久保山すず氏の渡米は実現しなかった．しかし，その後も，すず氏は，故愛吉氏に代って，水爆被災の生きた証言を，機会あるごとに，内外へ伝える努力をおしまなかった．

また，彼女だけではなく，多くの第五福龍丸乗組員も，歴史的体験の具体的な証言者として生きた．たとえば被災18年目のビキニ・デーに元乗組員半田四郎の書いた手記は，当時の療養生活を回想した後，次のように述べている．

〔前略〕やがて抜けた毛も生え，生まれないかも知れないといった子供までさずかり生命力の偉大さも感ぜずにはいられない．そして今現在体は元に復したと思っている．ただ私の腹部ベルト上に18年前の灰が溜って出来た傷跡が消えることなく，あのいやな思いと共に残っている．

入院で得たものは人の心の裏表であり，精神修養であった．心ある人々の暖かい慰問に，特に小中学生の純粋な作文に感激の涙を流したものです．そして人の生命の尊さを知り世の中平和でなければならない事，口先だけ唱えて見ても現実はベトナムでは戦争が続き弱き名もなき人々が傷つき何時の世も汗水流して現場に働く者のみが犠牲になって居る社会を想う時，指導者の選択に留意しなければならないと痛切に感じている次第です．

私の兄もグァム島玉砕で散って行った，同じ南海でいやな被災を受け南の空に島にうらみが重なってしまったが，過去の歴史をふりかえり，核兵器不用な平和への探究が人類に与えられた最大の課題であるだろう．(1972. 7. 2)

第2節 国内外から寄せられた手紙

東大病院と国立東京第1病院に分れて入院した第五福龍丸の23名の乗組員の病状は一進一退をつづけ，新聞やラジオの報道によってそれを知った人びとは，一日も早い回復を祈った．そして，2つの病院の患者たちへ，毎日，見舞文が届いた．また焼津の留守宅にも激励文がおくられて来た．8月末，焼津を探訪した東京理科大学新聞会の学生は，次のように記している．

「見舞文や，激励文は全国にわたって来るが，特に東京が多く，東京以外では岡山，香川あたりが多く，北海道，東北地方は比較的少ない．年齢別では20歳前後の若い男

国内外からよせられた手紙

女が多く、中でも一番多いのは東京の学生だそうだ．見崎さん宅には宮崎県のある若い女性から、妹の着古しだが、今度生まれる赤ちゃんに、といってきれいに洗った着物がおくられて来て、見崎さんの奥さんを感激させた．」（東京理科大学新聞会編『死の灰のもたらすもの』1954.9）

闘病生活をおくる患者にとっても、留守宅で案じる家族たちにとっても、何よりもなぐさめとなったのは、全国各地からの手紙、なかでも少年少女たちの心からの見舞文であったろう．宛名は新聞記事などで知った乗組員個人のものもあり、また、東大病院内、または東1病院内、第五福龍丸乗組員一同様というのも少くなかった．このうち、久保山家に保存されていた約3,000の手紙の一部を、ここにとりあげた．便宜上、それを、(2—1) 全国の児童・生徒からのもの、(2—2) 一般社会人からのもの、(2—3) 久保山愛吉氏亡以後のもの、(2—4) 海外からの反響、に類別して紹介する．

入院中の患者の経過について、正式の病状発表が5月4日についで、18日にあったが、それによって「病状は、全般的にやや良好といえるが、2, 3の者においてはなお憂慮の域を脱していない．一般症状については、若干名における疲労感及び食欲不振等の症状は未だ回復していない」という状況が知らされた〔260ページ参照〕．

2—1 全国の児童・生徒から

おじさまはビキニのすいそばくだんのはいのためにびょうきになってしまったのをようこさんにききました．おなじふねにのっていた人たちもびょうきになってしまったことをしんぶんやらじおできました．

おからだはどんなですか．わたくしはかわいそうだと思います．こちらは田んぼのおむぎもほがでて早いうちはかっています．木の葉はきみどりにしげっています．はたけにはたくさんのいちごがあかくなっています．わたくしのおとうさんもやいずのふねにのって

います．おじさんもしっているでしょう．まつせいまるです．ことし大きいふねをつくってそのふねで4月14日にはじめてしゅっぱんしました．わたくしのおとうさんもおじさんのようになってはこまると思います．ぶじでかえってくるようかみさまやほとけさんへおまいりをしています．おじさんのびょうきも早くよくなってください．かみさま〳おいのりします．さよなら　(5.19　東益津小3年女，みや子級友，27名の作文より)

　7月になると久保山愛吉氏に黄だんの症状があらわれ，だんだん悪化していった．8月29日，妻すず氏が3人の子供をつれて病室の夫を見舞った．ついで30日には東大病院組の見崎漁撈長，山本機関長も見舞に来たが，久保山氏は一時意識不明におちいった．そして，このニュースはラジオ・新聞で全国に伝えられた．

　ぼくは毎日，新聞やラジオであなたのお父さんの病気のようすを聞いて一日も早くよくなるようにとねがっています．あなたも心配でしょう．そのあなたの気持はよくわかるような感じがいたします．ぼくはあなたのお父さんはきっとよくなるとしんじています．それはあのようなりっぱなお医者さんがついていてくれるからです．〔後略〕　(9.6　松本市，小学6年男，8通のうち)

　このごろの新聞を見るとどの新聞にも毎日のように原水爆のことがでています．原水爆はたいへんおそろしい力で世の中の平和をくずすようなものです．広島，長崎のあのおそろしい状態，魚，やさいなどのえいきょう．またふくりゅう丸の人たち．
　私は新聞を見てみや子さんのお父さんが原水爆のため病気になったことを聞きました．私は読むとどうじに，ああくやしいなあと思いました．〔後略〕　(同，6年女)

　みや子ちゃんのお父さんはビキニで水爆の灰をかぶられたのですね．『少女』であなたの御手紙を見せていただきました．

ラジオでも何度も久保山さんの病気の様子を聞きました．私はお父さんもお母さんもありません．お父さんは戦死したのです．それであなたのお父さんが早く病気がなおってもとのようなお父さんになる様神様にお祈りいたします．
　それから今日からみや子ちゃんのお友達にさせて下さいね．お母さんとやす子ちゃんにもよろしく．さよなら　(9.4　茨城県袋田村，女生徒)

　このような児童・生徒たちの，学級やグループからの手紙は9月上旬から11月末までに約800通にのぼり，他に個人としてのものが約300通．久保山家宛のものも，北は北海道から南は鹿児島県にいたる全国の少年少女たちのものである．その半数が地元静岡県下からであるのは当然として，次に四国各県のものが多いのは漁業基地のせいであろう．これら小中学生は，家族とともに毎日，新聞やラジオによって，久保山愛吉氏ら23名の病状を心配しており，また学校でも朝会での話や学級での授業の間にも，そのときどきの状況を知らされた．多くの手紙は，抽象的な同情といったものは少なく，具体的・生活的な感情にうらづけられた発言と受けとられた．

　　久保山さんの住所切り抜いて便りする
　　　子供心は直く正しく　　山梨　楠祐子
　小学上級生や中学生の手紙には，事態のいろいろな経過，たとえばアメリカ側当局，医師の態度，補償金の問題，日本政府の対米折衝などの曲折に，率直な感想が見られるようになる．広い国土のアメリカが，なぜ平和な太平洋で実験するのか，原水爆はどうして禁止できないのか，という当然の要求となる．なかには，アメリカの医者にかからずに日本のえらいお医者がみているのだから，日本の医学でなおしてほしいという，幼い怒りの声がきかれる．そして，東大，国立東京第1病院の医師たちへの，お願いの手紙も少なくない．

　僕はある中学2年の一生徒です．久保山さ

んがこんすい状態におちいるという新聞の記事を見た日から，一日として久保山さんのことについての記事を読まなかった日はありません．しかし新聞にはいつも暗い記事しかのっていませんので僕も希望は持てず，ただ治りょうにあたっている先生方に心からお願いすることしかできませんでした．ところが4日朝の新聞に首を動かしたりし始めたとの記事を読み心の中では助かるのではないかと思っておりました．ところがその夕刊についにこんすい状態からさめるとの記事をよみ喜ばずにはいられませんでした．僕はこの記事から日本の医学は世界にだしても決してはずかしくないということをさとり，治りょうにあたった諸先生方に心から感謝すると共に，久保山さんの御家族様にお喜び申し上げます．僕はうれしさのあまりに，この手紙をかきました．治りょうにあたった諸先生ありがとうございました．久保山さん御家族の皆様，おめでとうございます．最後に久保山さんがこれからどんどん回復してゆくことを祈ります．
　　久保山さん御家族様
　　治りょうにあたっておられる諸先生
　　　9月5日　　（無記名）

　みや子ちゃんお父さんがご病気で心配でしょうにね．私も毎日新聞やラジオでかかさず見たり聞いたりしております．
　9月4日はお父さんの御病気がたいへんいいとかでとてもよかったですね．私は母と2人で新聞を読んで2人で喜びました．私たちが喜ぶのですもの，みや子ちゃんはきっと私達の2倍も3倍も喜んだことでしょうね．
　こないだ海岸で水爆実験反対運動をしていたのよ，その横にビキニの時の絵がかいてあったでしょう，私も友達と2人で反対の氏名を書いたのよ．ビキニの反対運動に氏名を書く人が多かったから，きっと二度とあんなおそろしい実験はやらないと私は思いますよ．
　(9.4　茨城県多賀町，中学3年，一少女)

2—2　回復を祈って——社会人からの便り

　ここで，久保山愛吉氏の症状悪化から死の前後の経過を略記しておくと，次のようである．
　8月30日　夜7時30分，久保山氏重態の臨時発表．ついで10時，0時，2時と経過報告．以後継続さる．
　9月4日　昏睡から脱出，意識回復．政府見舞金の決定をいそぐ．
　9月21日　午後，久保山氏ふたたび重態におちいった，と発表．（9月23日　午後6時56分死去．）
　従ってそれらの日付のあたりが，寄せられた手紙もふえていることになる．
　さてこの間，主に社会人から寄せられたものは約550通に及ぶが，内容は児童・生徒たちからのそれと相似た傾向を示している．愛吉氏への見舞，すず夫人を初めとする家族への慰めや激励，割り切れぬ事態への憤りや平和への誓い等々．
　そしてこれらの手紙を寄せた人びとは，実に幅広い層に及んでいる．例えば東京巣鴨拘置所内戦犯と明記したもの，一身体障害者と誌したもの，あるいは在日朝鮮人，中国人，検察官，療養中の人たち，教員や労働者——そこには一大工とだけ記したものや，無線通信士，調理師というものもあれば，自衛隊員から寄せられたものもあったが，最も多数は主婦，学生らからのものであった．翻訳をそえた点字のもの，外国から送られたものも少なくない．また同じ人から再三再四送られてきたものもあり，形式もハガキ，封書，速達，電報など，各人各種である．
　それらのうちから，若干を抜き書きし，紹介する．仮りに区分してみるなら，
① 〈朝よりはよくなられたかと，ラジオのニュースばかり聞いております〉（9.2，横浜・婦人），〈幸いにも昨日の新聞はいくらか良好のように書かれてあり本当にうれしく思いました〉（9.4，東京・無記名）といった切実な関心を端的に伝えるものが多数を占めるが，② 平和を築く私たちの努力が足りなかった．久保山氏はその私たちのいわば身代わりになられたのであるとして，

自らを含む国民の非力を責め，改めて〈原水爆反対・徴兵反対の運動を発展させるために〉(8・30, 静岡・男子学生) 頑張ることを誓い，そのためにも元気になって下さい，と書き綴るもの，③誓うばかりでなく，ビキニ被災以降の，地域や職場における運動の盛り上がりを，例えば和紙をはりあわせ巻紙にした寄せ書きのなかで具体的に伝え，あるいはカンパや折鶴，文芸作品等をそえて回復を励ますもの，④当事国米国では事態――ことに真相――が伝えられにくい事情を察し，自発的に日本の記事を飜訳し，米国内の報道機関に送り続けている一市民としての行動を伝えるもの，⑤原爆被災者を始め，戦争による人的被害を直接肉親のうちにもつ人たちからの，共感をこめた慰めやいたわりを誌したもの，等々がある．

いずれにしろ，当時久保山さんに寄せられたたよりの数々には，全国民の殆んどあらゆる階層が網羅されていて，散見される宗教や民間療法のすすめを含めて，民衆の心情と祈り，願いと知恵の限りがこめられているのを読みとることができる．

東京にいらっしゃるみや子ちゃんへ
　せみが「ジーン　ジーン」とないていたあつい夏のおやすみも終りの　30日．ラジオでみや子さんのおとうさんの事をきいて　ほんとうにびっくりしました．みや子ちゃんはどうしていられるかしらと　とても　しんぱいでした．"先生　せみのなくころ　おとうちゃんが　かえってくるって" といつか　みや子さんの　いったことばを急に思い出しあんなに　心まちにしていたのに　そのかいもなく　病気が　おもいということで　どんなにか　かなしまれたかと思うと　先生もむねが　一ぱいになります．東ましずの　みなさんはもちろん　日本中の　みなさんが　おいのりしていてくださいます．きっと　きっと　おとうさんは　もとの　ように　元気になられます．りっぱな　おいしゃさまも　ついておられますしね　元気を　だして　ちょうだいね．
　学校は　きのうから　二学きが　はじまりました．組の人も　みんな元気です．お友だちも　みや子さんの　おとうさんを　とてもしんぱいして　お手紙とずがを　送って　元気づけようと　みんなで　一生けんめいかきました．この手紙と一しょに　おくります．
　くれぐれも，おかあさんを元気づけてあげてください．みや子さんも　お元気でね．さようなら　(9.2, 静岡県東益津口，婦人教員)

　……生きて下さい，回復して下さい！　久保山さん！
　ビキニ事件以来，私達は学生の立場から原水爆禁止の運動に立上ることを約束しました．この夏休みには皆で禁止の署名簿を手にしてかけまわり，多くの署名を集めました．あなたの重態の報道とともに，禁止の叫びは日本全国民の叫びとなることと信じます．(9.2, 東京，女子学生)

　御重態のこと洵に御同情に堪えません　真心こめて御平癒を念願いたします．(9.2, 東京巣鴨拘置所内，一戦犯)

　一日も早く全快を　お祈り致します
　どうか頑張って下さい (9.2, 長野，一身体障害者)

　……おくさまと私は，今まで全然知らぬ間柄でした．でも今は同じ日本人として，御主人様の病状に，地にふし，天に祈っているはらからなのです．……第五福龍丸がビキニの死の灰をかぶって帰って来てから6ヶ月……このままでは，うやむやに忘れて終うのではないかしらと思われていた時に，御主人様の急変でございました．
　私には何となしに，日本人全体の目をもう一度はっきり醒まして下さる為の大きな犠牲者として，御主人様がえらばれなさったようにすら思います．(9.2, 神奈川県，主婦)

　……私も原爆にあった一人です．……今来たばかりの夕刊に "久保山さん意識回復へ" と出ておりまして，涙を流して喜びました．陰ながら心から久保山さんの御回復を御祈

……私は6人の家族を，いまわしいあの原子爆弾のいけにえとされた悲しい戦争未亡人の一人なのです．……
こんな悲しい思い出は私一人で沢山だと思っている時に今又，私と同じ悲しみにとざされておられる奥様の御心を察した時，腹立たしくなりました．国をあげて原水爆禁止運動も盛りあげて，全世界の人々に此の生きた実態を知らせたいものだと一人心をいためています．（9.2，長崎市，女）

……私は一労働者です．一日本人です．広島に原子爆弾が落ちて以来，どれ程，声を大にして原水爆の反対を唱えたでしょう．しかし，私たちの声は小さいものでした．水爆の前には，何の効果もなかったのです．私達は一体，どうしたらよいのでしょう．……私達の努力と誠意が足らなかったために，貴方をこんな苦しみに追い込んでしまったのです．
久保山さん．闘って下さい．私達も，共に闘います．早く治って，生命の尊さを全世界に訴えましょう．そして何万ドルあっても，一個の生命が，再び此の世に生れ出ることはできないものだと言うことを，水爆実験のボタンを押す人に知らせなければなりません．
久保山さん，頑張って下さい．少額ですが，治療費に使って下さい．（9.3，東京，一労働者，男）

福龍丸の皆さん，悪病に負けずに頑張って下さい．久保山さんの回復を願ってやみません．私達日本に住む中国人学生は二度と戦争を繰りかえさない様に，平和の為に頑張っております．皆さんが早く回復して，平和の為，頑張って下さることをお願いします．日本と中国の友好の為に世界各国の友好のために頑張って下さい．（9.3，福龍丸労働者諸君及久保山愛吉様　横浜在住之中国人）

……私は先日来，この問題を米国の一般市民の人々に訴えまして，数百通からなる返事を受け取ることが出来ました．それによりますと，米国の女性（特に家庭主婦）は私が書いた水爆実験禁止の訴えに対して，全国的に無条件に賛成して下さったのです．中には涙を流し流し，水爆の被災者に申訳ないと書き綴られた手紙もありますし，戦争の不必要を力説する人，息子を戦争に出したくないためオマジナイでもなんでもやるという老いたお母さんもおりました．
結局アメリカの女性達も日本の女性と何ら変りはない……これらの返事を読んで，私は心の静まる思いを致しました……併しこれ等一般婦人の声とは逆に，ある高い地位の男性から次のような手紙も受取ったのです．
「水爆被害状況が過大評価されている」「米国民は米国政府の発表こそ信頼している」「今後も実験を続けねばならないだろう」「共産主義に対抗するための手段である」等々．……
残念で残念でならない事は，貴女の御主人始め20余人の方々の病状については米国民が，殆ど何もといってよい位知らされていなかったことでした．……（9.3，東京都，主婦）

……私は……ビキニ被災事件以来，何とかしてこの日本の実状を，つんぼ桟敷にいるアメリカ国民の耳に達しさせたいとの念願で，努力してまいったものでございます．なお6月以降は，本格的（？）にペンを通じての原水爆禁止運動を続けてまいりました．……御主人様御病気急変以来，その新聞記事（朝日・読売）ほとんどすべてを，逐一，英訳いたし，只今，アメリカの民主雑誌コンテンポラリイ・イッシュウへ航空便で送ったばかりのところでございます．……（9.5，東京都，主婦）

我ら，八千万日本人が，心を，こめて，その回復を祈っている．久保山愛吉さん，どうか良くなって下さい．
私達は，今，又，戦争への準備をしている人達への大きな挑戦として，叫びとしてこの人達を絶対に失いたくない．（9.3，大阪府，学生）

……私も船員を夫に持つ者でございます．奥様の御心を拝察致しまして，本当に胸もつ

ぶれる思いが致します.……
　あの,ビキニ水爆の際は,主人の船もあの近海を通りまして,一方ならぬ心配を致したものでございました.……そして,私一人で抱きました安堵がこの上なく悔まれて参ります.同じ船乗りの妻ならば,皆様方と,喜びも悲しみも分ち合うべきものですのに,本当に浅薄で御座居ました.……（9.3,東京,主婦）

　……久保山さん早く快方に向かって下さい.影ながらお祈り申上げます.（9.3,長崎県,自衛隊員）

　……日本の当局者が,久保山さんの他のどんな高価なものでも取りかえることの出来ない生命で苦しんでいる時に,「原水爆実験に協力する態度には変りはない」なんてバカげた事を言っている以上,まだ私達は格子なき牢獄の「無期囚人」であるように思われてきました.……
　私達はみすぼらしい学生寮に住んでいるのですが,当日夕食の時,久保山さんはどうなるんだろう,死の灰を降らせたり,黄変米を食わせたり一体われわれをどうしようとしているのだろうかなどいろいろ話し合いました.（9.5,東京都,学生寮寮生一同）

　……私は米軍に働く一労務者です.いま私達の労働組合では……「原水爆禁止」の署名をやっております.私達の支部でも労務者2300名で3000余人の署名を集めて,現在も近処の人々にもやってもらっています.……国民の本当の心は,彼等（日米両政府）の厚顔無恥なやり方を見破り,怒りにもえて,正義と人道の闘いを進め始めております.（9.7,神奈川県,一労務者）

　……どうか最後迄病気と戦い勝って　元気な姿を私達の前にお見せ下さる様　心から希望致します.貴方々の後には　何億もの人類の良心が強くバックアップして居る事を信じていて下さい.お大切に.
　今後も幻燈会等を中心として　原水爆禁止の運動を続けて参ります.（9.7,新潟県,学生）

　新聞・ラジオの報らせに,久保山局長さんの,重体に接し驚きました.私達同じ境遇の漁師にはよそ事に思われず……一同も共に心配して居ります.一日も早く快復され,可愛い子供さん方と一緒に暮らす事の出来る様,御祈りして居ります.（9.8,静岡県,漁民組合長）

　私は医者として　久保山さんの病気の経過に特別の関心をもっておりました.最近快方に向かわれたこと　新聞で知ってほっとしております.久保山さんの今度のことは　決して久保山さんやその御家族だけの問題とは思えません.全日本人の問題であり　全世界の人の問題だと思います.それにつけても　広島長崎で数十万の人を殺し　更に今度皆様にこの様な苦しみを与えてすこしも恥じないアメリカの政府や　これに協力するといっている日本政府に対して　心の底からのにくしみを感じます.
　私達医師も　今日本の有数の医師を中心として　原水爆の禁止の運動をすすめています.この兵器がなくなるまでともどもに運動をすすめることを御誓いします.（9.9,神奈川県,医師,寄せ書きの一部）

　……久保山さん,がんばって下さい.……私達日本中の人間,皆が久保山さんの後についています.原水爆反対署名も1000万を越しました.もっともっと署名を集めて,世界に訴えます.世界の良心は,原爆実験を,即時に禁止しろと叫んでいるのです（9.9,神奈川県,看護婦,寄せ書きの一部）

　……私達の病棟の患者30名で,米国・ソ連・英国・カナダ等に『水爆禁止』の要請文を出し,英国・国連・カナダ等からは,「禁止に協力する」という手紙をもらいました.残念ながら,一番大事なアメリカからは「やめない」とのつれない返事でした.……
（9.25,東京都,療養所患者,男,寄せ書の一部）

〈福龍丸の家族に捧ぐ〉

原水爆の製造　実験禁止／わたし達は書きました／原子物理学会へ／わたし達は署名しました／町の／自治会の　反対署名簿に
　あと　数時間で台風が来るという／川がやぶれ／山がくずれ／不安は　まとまりきらないままに　怒りに結ぶのです／マーシャル群島の住民は言いました／『遠くでピカリと光り　しばらくしてドーンと大きな音がしたと思うと　その日一日　空から白い灰が雪のように降りました……』／福龍丸の　あなた達の／息子達　夫達の上にどれ程の〈白い灰〉は降ったというのか
　——百数十日／福龍丸は波をきらない／潮くさかった髪は　風になびかない／秋空にも柿色の陽にも／照り映える　腕がない肩がない／『水爆の実験に協力する』／祖国の外相は言い放った／海からの電波は／キバのように／わたし達の祈りを引き裂く／〈水爆の実験を止めない〉
　けれども／八千万の悲痛な瞳の輪の中で／久保山さんは／眼を開きました／ベットからベットへ　反対署名の輪はひろがります／街の隅でも／署名が始まったと／友達は知らせます
　唯々　胸いたむ姉達であり　母達であり／けなげな弟達であり／疲れても優しい妻達である　あなた達／あなた達（9.25，東京都療養所患者，女，寄せ書きの一部）

　当北海道の人は此のカイを味噌汁のだしに入れて食べるのです．……私の所より1里半程行き風連湖という湖水にあるのですが……となりに居る爺さんが取ってきてくれましたので，早速むしがまでむし身をほして送ります．これはなま物なら良いのですが，遠いので……仕方無くむしてほして送ります．……私の居る所，病院もなければ役場も局も無い，電気も付かず淋しい村ですが，部落人がみな親切です故，明るい気持で働いて居ります．私は根室へ来て18年になりますが，今年の様な作は初めてです．9月になってむぎ刈りし，またカボチャ・トウキビ等々は全然食べられません．……

　私達の取った小豆送ります故，モシ久保山さん全快致しましたら，御祝赤飯でも造るのに御使用被下ば幸いと思います．遠き空の一角より全快御祈り申します．久保山スズ様（北海道，一開拓者，一主婦ヨリ）〔日付不明〕

　……みや子ちゃんの　お父さまも　今日のニュースでは　だいぶ　良く　なられたそうね．私も　本当に　うれしい．
　これからは　涼しい　秋の　近づくのといっしょに　先生方の　暖い　お心が　神様に　通じて　お力を　かして　下さるわ．きっと　だいじょうぶよ．……そのうち　又お手紙を　書くわね．（9.9，徳島県，女子，点字）

　……私が9月1日より　朝4時に神様へまい日おまいりして　一日もはやくよくなられますよーにいのっております．（9.6，埼玉女，68歳）

2—3　久保山氏が亡くなって

　久保山愛吉氏は9月21日午後，ふたたび重態におちいった．そして全国民の祈りも空しく，23日夕刻，帰らぬ人となってしまった．
　その日の新聞は次のように報じている．
「奇跡は二度と起らなかった．第五福龍丸無線長久保山愛吉さんは，重体から奇跡的に持直したのも束の間，再び悪化して23日午後6時56分，東京都新宿区戸山町の国立東京第一病院3階南病棟11号室で『放射能症』によりついに死去」「1人の庶民の死がこんなにも多数の眼に見守られたことがあったろうか．罪なき一命を無残にも奪い去ったあの"死の灰"に対する激しい怒りと抗議の眼である．死因は"放射能症"——まさしく"ビキニの灰は""死の灰"だった．」
　9月24日付消印の手紙は約50通．その半数はいち早く23日夜のラジオのニュースを聞いた直後に書かれている．そして病院や自宅にあてて，あるいは「国立大学病院」

第3章　乗組員および国内外の人びとの手記・手紙

とか「焼津市」などというまったく不完全な宛先で，家族ばかりか愛吉氏自身あてに送られていることは，見守っていた多数の庶民の悲しみや怒りの切実さ，その衝撃の大きさを表わしている．それは旬日のうちに400通にも達した．

　これらの手紙はすべて，①愛吉氏の死を悼むとともに，遺族の再起を心から望んでいること，②その死は一個人あるいは日本人だけのものではなく，人類全体の問題であると訴えていること，③怒り，誓い，決意などの言葉で，原水爆の禁止を求める強い覚悟を記していること，④自分一人ではどうすることもできぬ口惜しさを率直に告白しながら，力になりたいと暖かい同情と善意を申し出ていることなどで，小中学生，主婦，一般市民に共通している．

　只今7時のニュースで久保山さんがとうとう亡くなられた事を知り，今さらながら何とも言い切れぬ悲しみに打たれました．
　まだ久保山さんと言う方を知らぬ私でさえこの様な悲しみと，誰に向けてよいのかわからぬ強い怒りを感じます．まして残る御遺族様の悲しみと怒りはどんなでしょう．（9．24，東京都，婦人）

　……ビキニの灰はまさしく死の灰でした．たった一にぎりの灰が久保山さんの生命と私ども国民の切に祈り求めた平和とを奪い去りました．今これを書き乍ら私の心は悲しみで一ぱいです．涙がこぼれそうです．
　久保山さんの死を無駄にし度くありません．私ども日本国民は原水爆の人類初の犠牲者としてその禁止を叫ぶ権利と義務とをもっています．反米，反ソとか，そんな生やさしいものではなくて，人類のために．人類の福祉のために．人類の生存のために．（9．25，福岡県，一女子高校生）

　久保山さんは遂に初の水爆犠牲者となられました．平和の為に働く罪のない善良な日本人でありながら．日本国民なら誰れでも何かの怒りと悲しみを感じるでしょう．僕も広島で多くの同胞と共に，母と3人の姉弟を原爆で失いました．中でも1人の姉は全く無傷でありながら"原爆症"の為，わずか20日足らずで若い命を奪われてしまいました．父と僕が一生懸命看病したのに．戦火の中とは云え，この悲しみは大きいものでした．だから今，久保山さんの死と貴女のお悲しみをなお身近に感じられるのです．
　でも貴女は強く生きて下さい．全世界のすべての人類の平和の為に，貴女の経験する尊い悲しみをすべての人達に告げて下さい．
（9．25，愛媛県，一青年）

　……久保山さんの死は私たち日本人全体の問題として，原爆水爆の使用禁止をさせるとの責任を感じます．死の灰に殺された久保山さんの遺志こそそこにあることと存じます．私たちは口では独立国と云いながら，アメリカに抗議一つ云えず，卑屈な態度でいる現政府，尊い人命を金で換えることにより，ごまかそうとする手にはのりません．原水爆実験禁止をさせる為に闘うことを誓い，悲しみの涙の中から強く雄々しく生きぬかれんことを切望致します．（9．25，長野県，男）

　……ラジオニュースを聞きながら，こんな非道がゆるされてよいものだろうか，生命がこの様に軽々しく奪われる事への怒りに涙をポロポロながしながら，他人事でない悲しみ，苦しみ，そしてそれにも増した憤りに強く胸が焦れる思いでございました．私も2人の児の貧しい母でございます．この御苦しみ，悲しみになんら具体的な御援助の出来ない事を恥る者です．でも私は黙って居られませんでした．「世界の平和は話し合いで」と，朝鮮，インドネシアでも，そしてジュネーブ会議での大きな「平和」への世界の国々の要求が話合いですすめられてゆく時，戦争のための凶器，水爆の灰の被害とはあまりにも……文字や言葉であらわし得ない深い深いところに真赤なたまが燃えしきる思いがします．日本国民として，又いつ同じ運命にさらされるか解らない同胞として心から原水爆反対をいや禁止を叫ばずにはいられません．（9．26，埼玉県，

―主婦）

　とうとう世界最初の水爆の犠牲者を，9年前原爆の恐ろしさをなめた私達日本人の中から再び出さなければならなかったのは，一体何という悲しい事でしょう。……
　私達，真に平和を求め，自分達の幸福な生活を望んでいるものは，今こそ原水爆禁止を叫んでたち上っています。（9.26，長崎県，婦人）

　罪なき生命を奪った水爆に激しい怒りを向けた人びとは，同時に残された家族――すず夫人，幼い3姉妹，みや子ちゃん，やす子ちゃん，さよ子ちゃんに，また母のしゅんさんに，心からの激励を忘れてはいない。

　……これから貴女が大人になる日迄，沢山の苦しいことがあることでしょう。そしてその度毎に，お父さんが生きて居たらなあと考えられる日もあることと思います。
　でも元気を出して下さい。貴女と同様にお父さんの無い人，お母さんの無い人，更にお父さんもお母さんも両方とも無くしてしまったお友達が広島や長崎には沢山居られるのです。
　みや子ちゃんも元気を出して，このお友達に負けぬ様，お母様の良い手助けとなって，立派な人になって下さい。（9.24，埼玉県，男）

　みやこちゃん気をおとさないで元気を出してね。私はみやこちゃんのお父さまがとうとう死んでおしまいになったことをきいて自分のお父さんが死んだようにかなしくなってなみだがでてきました。
　みやこちゃんのお父さまは世界で一番はじめて水爆のために死んでいかれたんですものね。〔中略〕
　今から先，あのおそろしい水ばくによって人が殺されることがないように，みやこちゃん，そして日本の皆さんとおいのりしましょうね。私たちのこの願いが世界の人たちにわかってもらえて平和な日がおとずれたらどんなにすばらしいでしょうね。みやこちゃんのお父さまもきっと喜んでやすらかにおねむりになることでしょう。原ばく，水ばくのない明るい平和をみやこちゃんのお父さまはどんなにかねがっていたことでしょう。こういう世界をきっときっとつくりあげましょうね。
　みや子ちゃんと妹さんへ　（9.25，鹿児島市，一高校生）

　やすこさん，おとうさんがのうなってさびしいね。ばくだんつくることをやめたらよいね。げんきでべんきょうしておかあちゃんとさいさい（たびたび）おとうさんのおはかにおまいりしてくださいね。さようなら（いづたかゆき，小学1年，高知県）

　やすこちゃん
　なんてにくい灰でしょうね。でもお父さんがいなくても，しっかり勉強しましょう。やすこちゃんのお父さんは，やすこちゃんのつうしんぼもみないでしんでしまったのね。
　私のお父さんは，私がちょうどさよちゃんくらいの時，遠い南の国へ戦争にいってしまったの。そしてやすこちゃんと同じ1年生の時，死んでしまったのよ。でも私は，そんな事には負けない様に，一生懸命お母さんを助けてきたの。
　やすこちゃんも負けない様に一生懸命勉強して，お母さんを助け，お姉さんや，さよちゃんと仲よくくらしてね。
　私も遠い長野県で早くやすこちゃんが，りっぱな人になる様に，神様においのりしています。（9.28，長野県，女子中学生）

　23日の午後7時のニュースで久保山さんが亡くなられたことを聞きました。
　あんなによくなったのに，なぜと自分でも不思議に思います。ぼくは始めて水爆のおそろしさをしみじみ知りました。このようにおそろしい水爆実験は，ぼくたち日本人はみんな反対しています。
　ぼくたちの一人一人の手は小さいものです。だがこの手がみんなで努力して世界中の人たちにさけぼう。そして少しでも世の中が平和

第3章　乗組員および国内外の人びとの手記・手紙

になるように努力します.
　ぼくたちの村はもうそばの実がつきコスモスの花がきれいにさいていかにも秋らしいかんじがします.
　5人の家族の皆さん,前と同じような明るい生き生きした気持で生活して下さい. (9. 28, 長野県朝日中学2年,20通のうち)

　第五福龍丸のビキニ水爆被災の衝撃によって始まった原水爆の禁止を求める声は,当時署名者3,000万人に及んだ署名運動と,原水爆禁止世界大会へと発展していった.各地で名もない人びとによる自発的な活動に支えられて,小さな市町村にまで〈原水爆禁止の会〉がつくられ,〈原水爆反対展示会〉が催されたことなどが報告されている. 次の手紙はその一例である.

　私は今年の夏休み,郷里の彦根で友達と協力して水爆展をやりました. その時支持してくれた市民,見に来てくれた人の真剣な顔,「どうしても水爆みたいなもの,ないようにせんとあかん」といって帰っていったおじさんやおばさん. 本当にみんな水爆実験の犠牲にされた福龍丸乗組員の方々の上に激励とどうかしてなおってほしいという願いと心配を集めていたのです. だのにとうとう久保山さんはなくなってしまいました. 〔中略〕
　私の父も戦争で殺されました. 私達はもう二度と戦争をしたくありません. 私達学生はどんなことがあっても戦争には行きません. (9, 28, 京都,一学生)

　……〔久保山さんが〕亡くなられるつい2,3日前,大阪府の高槻市で「原水爆禁止高槻平和まつり」というのがありました. 僕はこのまつりのために,学友達と一緒に「原爆を許すまじ」という構成詩を作りました. その中に出て来る詩の一節に「久保山さん,死んじゃいけない」と皆で一緒に呼ぶ所がありました,一たん持ち直した病状がまた思わしくなくなって来たという新聞の記事を読んでいた僕達は,この一節を,単に一人々々の気持だけではなくて,日本中の人達の,憂いと憤りをこめて呼んだのでした.
　久保山さんを亡くされた悲しみ,お察しします. 水爆実験に協力するといって罪もない人達をまだこの上危い目に会わせようとしている大臣を除いた,全国民の悲しみなのです. あの日の夕食の食卓で,久保山さんのことが話題にならなかった家庭があったでしょうか. 今,日本中で「久保山さんの死を無駄にするな」という声が高まっています. 「第2の久保山さんを出すな」という運動がおこっています. 僕達は「第1の久保山さん」も出してはならなかったのでした. 広島と長崎に原爆が落ちて数十万の命が奪われたあの日から,原爆禁止の運動がはじまらなければならなかったのです. そしてもしそうしていれば,水爆などという恐しいものはこの地球上に生まれずに終っていたに違いありません. ──ビキニの灰以来数ヶ月の間に,これだけ世界の水爆禁止を求める興論が大きくなっているのですから,今度の不幸を知って,多少ともこの方面で努力している人達で,自分のこれまでやって来た運動を厳しく反省しなかった者があったでしょうか. しかし又同時に久保山さんが病床にあって水爆禁止を叫んでおられたと聞いて,それまで持っていた遠慮やためらいを投げ捨てて,身体ごとこの問題にぶつかって行こうと心に誓わずにはおれなかったのです. 久保山さんと一緒に,人の世のある限りくずれぬ真の平和を求めて多くの仲間が歩んでいるのだということが,あなた方の,僕達の深い悲しみを幾分でも和らげてくれるのではないでしょうか. (大阪府,一学生)〔日付不明〕

　10月6日には焼津市で故久保山愛吉氏の漁民葬が行なわれ,全国からの弔電約1,000通,弔慰激励文800余通が寄せられた. そのなかには東大教養学部駒場寮生,東京女子大生,農林省蚕糸試験所労働組合,焼津高校生,阿佐ケ谷平和懇談会などの寄せ書き集5冊もあった. (『朝日新聞』10. 19)
　ところで1954年は,まだ手紙を寄せた人びとの多くも,戦争の痛手から再起しようと,必死に生活と闘っている時代であった.

そんななかで決定した補償は，久保山氏の遺族にとってはあまりにも大きな代償をはらった補償であったのだが，一部の人びとに複雑な想いを抱かせたとしても余儀無いことであった．

新聞紙上だけの知識よりありませんが，奥様の事を色々お伺い致し，他人事の気が致しません．子供達も20歳と15歳になり，色々意見を申す様になり，久保山さんの事もお金が入ってるからいいわと，私達は爆死故一銭の国の扶助もなくつまらないといっていますが，私には物質ではなぐさめられない心の空しさ，お金あったらこんな悲しい事もないかと考えた事もないではありませんが，又お金では買えない悲しみがある事と思い，年齢から見ても同じ33歳の8月と9月の差こそあれ身近かな，失礼ではございますが，妹がその様な目にあっている様にかんじられてなりません．〔中略〕

久保山さん，心を落さないで3人の子供さんをしっかり育てて下さい．父の事をいって，子供達は私のかわいた涙を又してもそそりました．大きくした今でも父さえいたら――と悲しみます．その子供にもまして，私の悲しみは筆や言葉では表わせませんものがあります．(10. 20, 名古屋市，一主婦)

　こうしてこの年，1954年12月末までに約800通もの手紙が寄せられた．
　しかし，すず未亡人をとりまく境遇が，当時の社会状況のなかで変化していくにつれて，いわば「時の人」という形になり，それがニュースとして伝えられるうちに，一部に無用の誤解や中傷を生み出した．
　たとえば翌1955年6月12日の新聞記事「冷い目や強迫状――消えぬ補償金へのねたみ」はその一例であり，たちまち100通を越える反響を呼び起した．ほとんどが率直な同情と励ましであるのだが，それだけにまたすず未亡人の立場と苦悩が伝わってくるように思われる．

御主人を失われた奥様に心から哀悼の意を表します．亡くなられたご主人の遺志を継がれて，原水爆禁止運動や平和運動を続けておられますことにも心から敬意を表します．
　奥様の未亡人としての生き方に，とかくの批判をするものがある事を新聞で承り，本当にお気の毒に存じますが，殊にアメリカからのひどい手紙には本当に憤慨致しました．どうぞその様な事で気を腐らせず，元気を出して下さい．元気で平和運動を続けて下さい．
(55. 6. 12, 東京荻窪局消印，無記名)

　12日，日曜日の新聞をよんで涙が出ました．そして私は本当に心から口惜しく思いました．どうして日本人はこう心がせまいのでしょう．貴女がお可哀そうで仕方がありません．恐しい死の灰でご主人を亡くした上に，世間の人人からは冷たい目で見られることは，貴女にとってあまりに残酷すぎます．
　でも世の中には貴女の味方になってくれる人が大勢いると云うことを忘れずに強く生きぬいて下さい．そして7月7日パリで開かれる母親大会にいらして下さい．貴女がいらして訴えなかったら，だれが水爆の恐しさを知っているでしょう．貴女の願いは日本人全体の悲願なのです．
　強くなって下さい．そしてパリにいらっしゃるのです．ご主人だってきっと貴女がそうなさるのを望んでいらっしゃるでしょう．
(55. 6. 12, 東京都，婦人)

　6月12日の毎日新聞を拝見し，同じ日本人として恥しいやら悲しいやら全くなさけなくなりました．世界初の水爆犠牲者となられた久保山さんの事を思うとき，私は何と云ってお慰めしてよいのか言葉がみつかりません．世界母親大会にぜひ出席されて，世界の人達に原爆，水爆の恐ろしさを強く訴え，この地球上から姿を消す様に我々に代って伝えて下さい．私達が付いていることを忘れないで下さい．(55. 6. 5, 千葉市，一大学生)

　久保山さん，ぼくはこの間の新聞で，あなたが世間の人に冷たい眼で見られているということを見ました．それは「水爆実験」の補

償金に対し，世間の者がそれにやきもちを焼いているそうです．
　ぼくはあなたがパリの「世界母親大会」へ行くのは大賛成です．それはあなたの夫，愛吉さんは水爆の初の犠牲者で，そのつらい気持をぜひパリで発表してください．そうして水爆をなくして，平和な世界を作ろうではありませんか．……　(55. 6. 21, 静岡県，一中学生)

　この間，1955年5月に，すず夫人は日本母親大会に出席し，胸中を訴えた．その席で，7月にスイスで行なわれる予定の世界母親大会に日本代表として参加することを要請され，一度は受諾したが，前記の手紙にあるような多数の人びとの励ましにもかかわらず，けっきょく辞退することになった．
　同年8月には，広島で第1回原水爆禁止世界大会が開かれ，間もなく愛吉氏の一周忌を迎えた．

　故愛吉さんの霊に深い哀悼をささげるとともに，厳しい社会の中で生活苦と闘い，平和のために奮闘しておられる御遺族様に心からなる激励の言葉をおくります．
　私は故愛吉さんが身をもって世界の人々に示された崇高な教訓を今日再び迎えて，平和への決意をあらたにし，全人類が願う平和の真実の力は何ものにも必ず打ち勝つことを，8・6原水爆禁止世界大会で教えられました．この大会から学び一人一人がガッチリ腕をくみましょう．(55. 9. 23, 神奈川県，男)

　久保山様がお亡くなりになられてから1年，月日の経つのは早いものでございますね．私の母も昨年の11月に47歳の生涯を終りました．親を失ったものの悲しみは同じ事だろうといつも心に掛けております．一人の親を失ってもこんなに悲しいのですから，戦争で両親を亡くされた方はどんなだろうかと思うにつけても，私達は再び戦争をしたくない，させたくないと強く思うのです．幸い，平和勢力は増大してまいりましたし，原水爆反対は国民の世論となりました．"みたび許すまじ原爆を"久保山様の尊い犠牲のために私達は皆救われました．尊い久保山様の死を，犬死させぬ様に私もおよばず力になりましょう．(55. 10. 7, 兵庫県，婦人)

　翌1956年5月，ビキニ水域における核実験が再開された．すず夫人は，1957年2月に行なわれる国連総会に，核実験の中止を求めるため出席を要請され，渡米を決心した．

　……今度貴女が日本代表で外国へ行って下さるそうですね．誠に私達は喜びにたえません．貴女も一生頼りにする夫を原水爆で犠牲にしたのですから，誰が行くより貴女に行ってもらうのが一番の適任者だと思います．どうぞ張切ってお出掛け下さいませ．そして実験を即時中止するよう叫んで下さい．(56. 11. 13, 静岡県，一主婦)

　新聞紙上で御渡米決定の記事を拝見いたしました．久保山さんの御逝去以来，お子様をかかえて御苦労を続けておられる貴女様には，此の上どんなにか心重いお気持でおられることかと拝察いたします．然し此のことばかりは貴女様を措いて外に，最も力強く訴える資格を持っておられる方は有りません．本当に御苦労様です．どうか永い旅行中お身体に気をつけられ，御無事大任を果して可愛いいお子様の許へ帰られることを心からお祈りしております．……　(56. 11. 9, 長野県，男)

　2月3日清水駅頭に雨の中を，30余人のお母さん達が久保山さんをお送りしてより，羽田御出発を御期待致しておりましたのに，入国査証問題で東京に足止めされ，御出発延期を止むなくされ，清水母のつどい一同でお案じ申上げております．
　一刻も早く査証が交付されますよう，河崎先生はじめ，東京のみなさんの御健闘を心よりお祈り申上げます．……
　全国の母親の願いがどのような障害にも打ち克ちますように，みなさんの御健闘を願上

げます．(57. 2. 15, 静岡県, 母のつどい)

　しかし，アメリカ政府は，ついに入国査証を発行せず，2月18日まで東京で待機していたすず夫人たちは，心ならずも断念の声明を発表せざるを得なかった．

2—4 海外からの反響

　海外，といっても当然主な反響はアメリカからのものである．

　神はすべての人びとを愛します．水爆は神の許す手段ではありません．久保山さんの全快を祈っています．(9. 4, カンサス市，メソジスト教会徒を代表して)

　久保山愛吉様，あなたが日本の新聞・ラジオ記者の発表によって，アメリカ人が全く無関心だといわれたことを訂正したい．アメリカの人びとはあなた及び全乗組員について心配しています．私に出来ることは何でもします．(9. 5, ロチェスター，一市民)

　このような手紙について，久保山愛吉氏の死が伝えられると，多くのキリスト教団体，平和運動団体や個人などから弔辞がおくられてきた．なかには，住所がわからないため，"東京・被爆（ラジエーション・バーンド）まぐろ漁夫・久保山愛吉"という宛名のものもあり，あるいは日本の旧知を介して届けられたものも多い．

　上代たの氏（日本婦人平和協会会長）を介して，国際婦人平和協会・ワシントン州シアトル支部リング支部長から，心からの弔慰の手紙が送られて来た．(9. 28)

　また，アメリカの平和主義の団体・友和会からは，11,000の会員を代表して，ジョン・スウムレー会長の，謝罪と戦争反対のメッセージが届いた．(10. 1)

　ミシガン州の一市民は久保山みや子氏に長い手紙を書いて来た．それによると，友和会の雑誌"フェローシップ"の記事によって，みや子氏のことを知ったこと，今回の出来事は人間の頭脳と手が悪魔の手を解いた結果であると述べ，アインシュタイン博士の"原爆に対するただひとつの防禦は人間のモラルである"を引用している．

　また，イギリスの「ピース・ニュース」紙は1955年4月に原爆特集号を計画し，浜井広島市長のメッセージと併せて，広島原爆体験記を載せた新聞であるが，つづいて7月に，久保山未亡人に寄稿を依頼してきた．同年8月はヒロシマ・ナガサキが原爆によって破壊されてから10年に当るので，その記念特集号に「ヒロシマをふたたびくりかえさないために，何をすべきか」についてのメッセージを求めて来たのである．(編集長のアレン・スキンナーから竹内勝男を通じて伝えられた．)

第4章　焼津市の状況

〔概　要〕

　焼津市役所には，ビキニ水爆被災事件当時の同市対策本部日誌，同市対策本部構成と役職分担にかんする資料，第五福龍丸監視日誌，記録写真なども保存されていることを確認したが，公開が認められず，本書への収録は断念せざるをえなかった．
　第1節1—1は，焼津市を管轄する藤枝保健所の食品衛生係が記録した詳細な活動日誌である．これは，上記の諸資料が収録できないことに代る貴重なものである．
　第五福龍丸が帰港した直後から，数多くの調査団が焼津を訪れた．厚生省や県衛生部の依頼によるものをはじめ，新日本医師協会などからも派遣されたが，さらに広島のABCC（原爆傷害調査委員会）や保安庁（現在の防衛庁）が，独自の調査活動をしている．「焼津市署の話ではアメリカのCICや公安調査庁も調査員を焼津に入れて"赤"に対抗したということだ．なかには"被害は大したことはない"と楽観論を説いて回る男もあったということだ」（『朝日新聞』54.3.29）．
　当時の雰囲気を知るために，焼津漁業協同組合長が，福龍丸船主の訪問を受けたときの模様について述べているところを引用しておこう．「私は……"ビキニ"環礁付近の所謂米軍立入禁止海区外に，第五福龍丸がそのときあったか，どうかを強く聞き質すと同時に，米軍飛行機の飛来があったかどうか，尚米軍から"スパイ"等の嫌疑が掛かりはしないかを怖れた．……私は無論西川君〔第五福龍丸船主〕に新聞記者等を警戒させ，焼津市警を訪ずれ　署長の意見等を聴取し参考とした」（『議会時報』55.6）．
　第2節2—2に関連して，静岡県漁民葬を報じた新聞記事などは多数ある．たとえば，『朝日新聞』（54.10.9，夕刊）は，「出漁準備に忙しい漁民たちも葬儀がはじまる午後1時半各自に敬けんな黙とうをささげて弔意を現わす姿がみられた．また焼津無電局へは沖合の出漁船約20隻からも続々弔電が寄せられている．……」と書き，克明に状況を伝えた．
　第3節に収録したルポルタージュのほか，宮城雄太郎「焼津港」（『中央公論』54.7），安部光恭「遺骨，焼津へ帰る」（『中央公論』54.11），香川和夫「水爆犠牲者と焼津市民」（『P.T.A.教室』54.12）などがある．

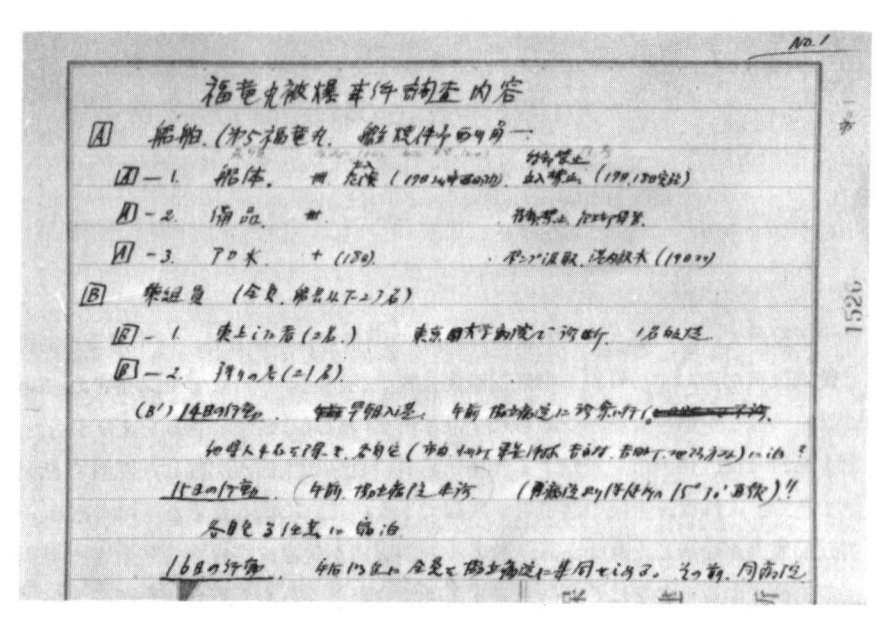

「第五福龍丸被爆事件日誌」

第1節　焼津市の対策

1—1　静岡県藤枝保健所食品衛生係「第五福龍丸被爆事件日誌」

29年3月16日（火）
○午前（出勤時）所長より，概況聴取，代理として焼津に出張を命ぜらる．
○午前12°00′，自転車にて焼津市役所に向う．12°40′着．衛生課にて部長一行を待つ．午後1°30′，部長，予防課長，公衛課高橋，佐െ両係長，及水産課員数名，静大塩川教授来焼，新聞記者多数随行す．直ちに被爆患者たる福龍丸乗組員20名余の診断をした協立病院に向う．
○午後2°，協立病院に於て，既に帰宅した患者全員を召集，静大塩川教授により放射能を検査．処置として患者は北病舎に収容，被毒物たる衣類及毛髪爪等を除去（検査材料として各個に別に保管），白血球検査等を受けて容態を観察，必要により輸血等す

る事に決定．
○午後より，清水，静岡両保健所員の応援を求め，県衛生部，所（福井技師）により魚市場関係の調査を行う．衛生部，静大により船，市場調査行われる（午後3°—4°）．
○患者船員の実見談，症状，及び船内の灰，衣服その他よりの放射能の検出よりして，3月1日払暁（未明）行われた熱核分裂実験によるものと推定．被毒物質——特に積載の魚類に関し全国に通知手配する．
○午後5時，病院に於いて患者及漁会〔ママ〕代表，船主等を集め衛生部の今後の方針につき部長より，患者の治療，被毒物の防除と検出につき指示．尚この間数回に互り記者への発表も行う．
○患者収容は本日不能につき各自宅に帰る．但し市外遠方者2—3人は収容す．
○午後2時，協立病院院長室にて大井外科部長よりの対新聞記者声明：
(A)　初診3月14日午前10時，船長を除く22人，殆ど全員に軽重の差あるも次の症状を認めた．
　(1) 身体露出部に色素沈着し，その部に疼

痛，搔痒感あり，特に頭頸部，耳翼，鼻孔部，上唇等に著しく，内1名はフンドシ，シャツの隙間に認められる．
(2) 耳翼の節状腫大を多くに認む．
(3) 眼痛，結膜炎症状は全員に著明．

14日早朝入院——水揚——病院ニ行クモ日曜ニツキ来ル．

15日，午前，来診……午後3時所へ連絡——衛生部連絡日等〔2字不明〕，仕入岸壁ニテ水ヲ入レル．

16日舟ヲ目的塔工場前（東岸壁）ニ後部ケイ留スル．

(4) 半数に頭髪の脱毛を認め，現に抜けば易く抜ける状態にある．
(5) 水泡は主に手背に数個発生，大さ拇指頭〜米粒大，潰れて外皮剥け易い．
(6) 数名は陰嚢，包は腫脹・剥皮している．

(B) 3月1日被爆の日より2—3日後胃腸症状（腹痛，嘔吐，下痢）を若干訴え，数日後治癒．一般に当時数日間食欲不振．現在全身倦怠感著明，頭重感あり．

(C) 白血球数は，14日，16日両度測定によれば5000—6000，最底〔ママ〕3100にて，内には増加しある者もあり．外見的所見と一致しない．37.6°の微熱者6名．

(D) 当時の模様を船員より聴取した所によれば：3月1日午前3時30分，ビキニ環礁附近（島影不見）にて水平線下に閃光を認めた（幾人かは夜が明けたと考えた）．5—6分後爆音を聞き，2時間後より空が曇り灰状微粉が春雪の如く落下し視界不明瞭となる．船体がこの灰に包まれてから4—5時間で頭痛を覚える者出た．薄い灰雲は7時間近く（この間延縄を取込んでから船は急速に現場より離脱，帰途に就く）続き漸次薄れてきた．

午後2時30分，被爆船員の談話：
爆音は3回聞え，初め大きく1回，後続けてやや小さく2回あり．その3時間後に灰が降り始めた．軽い雪状物がパラパラ降り出し漸次増強した．当日，翌日は異状なく2—3日後は不快感ありたるも軽くて済む．

3月17日（水）

○登庁．所長に概要報告し，所員多数の応援を以って今後に処すよう進言．
○午前11°，自動車にて，青山医師，天野，杉山，等共に魚市場に向う．
○午後2°30′，東大放射線調査員（中泉，筧，及医療班，化学班等5人）により第五福龍丸の船内に於ける各所の放射能の残留有無及強度につき調査した所，既に船より数十米の距離に於いて強力に認められ，船内では既に洗滌等の行われた甲板部や船室，船槽内（〔1字不明〕してあった）は弱く，操舵室，上舷の掃除の行届き難い隅角，凹所，間隙，乃至上部のガラス浮子の保管場等に著しい．又船員のぬぎすてた衣服では，特に帽子に著明である．以上よりして放射性物質を含む灰により被害あった事が推定される．調査約1時間．
○午後4°，東京都衛生局職員3名来焼し，事情説明を求められる．水揚場に於いて概要を説明する．東京都としては入荷した魚は大体収去して埋没処理したが，尚今後にそなえて，輸送器具，車輛等について当方の検査等措置を要求する．
○午後5°，協立病院院長室にて衛生部の方針決定のため衛生部予防課，公衆衛生課，衛生研究所，保健所（大石技師），静岡大学，協立病院の各主脳会同．衛生部長より左の指示あり．今後の大綱が示された．
　1. 患者　乗組員全員（除東大病院入院2名，21名）は協立病院に収容するが本来であるが各般の状況により焼津市隔離病舎（北病舎）に収容，診察，治療，処置は協立病院医師之に当り，且つ毎日患者日報を保健所を通じて提出させる．患者の容態は急変ない模様につき当分観察を続けて入院させる．
　2. 船舶　港内北岸壁（日冷港製氷前）に万亀丸を介して繋留し，その周囲相当距離を立入禁止地区として区画する．之が管理は衛生部長の下におき当分位置は移動させぬこと．又衛生部許可なく調査等の為め立入を禁止する．
　3. 魚市場　東大調査班によれば直ちに使用可能のようであるが（既に水洗

してある），衛生部としては尚調査の上で決することとて現在は区画して使用禁止とする（既に前日より使用せず）．
4. 魚類，容器器具類　被害魚類等並にその疑いある物件は極力回収し，乃至は散逸せぬよう管理させ，魚等は出来れば一ケ所に集め，検査の上で行政措置を決定する．

〇午後 6°，協立病院会議室に於いて乗組員，及び漁協会幹部，船主側等を集め，衛生部首脳列席の上，部長より左の如き指示及び希望を述べた．
1. 患者　一般に患者は被害を軽視しているので，之が放射能による傷害であること，従って悪化すれば或は，現在無処置で勝手な行動（特に安静を欠く行為）をとった場合は重篤な経過をとることが考えられるので，敢〔ママ〕までも冷静沈着にして，医師の指示下に慎重な行動をとること．
　　検査の結果，衣服，履物，帽子等は勿論，毛髪，手指爪間等には尚多量の放射性物質が附着しているから，汚染された着衣，附属物等は全て脱去して各自に一括し（之が保管は一応病院に於いてし追って指示する），毛髪，爪等を除去（之は試験材料として保管する），入浴して除毒に努め，医療を施されること．
2. 魚市場　今夜実施予定の検査の結果，明朝の水揚可否を決する．
3. 船舶　当分衛生部で現位置に保管，立入禁止する．
4. 魚類　被毒魚は漁協組合の協力により極力，回収して検査をうけ，必要措置をとる．

〇午後 7°，静大塩川教授，助手等，及び衛生部課長等と共に魚市場第1号売場の検査に赴く．水辺部を除いては既に東大に於いて検査し反応陰性なること確認されたので，主として岸壁水辺部位を検するに，長さ（岸壁に沿う径）約15m，幅約1－2mの区域に，特にコンクリート床面の凹陥部，間隙，並に魚脂の附着した部分等，及び水面に接する垂直面とその前方庇部分，洗滌困難な部分に於いて著明に反応を認めた．床面一凸所においては殆ど純粋の灰の残留を認めた．試みにブラシにより水洗し再検するによく除去されるので，直ちに徹底的な水洗除毒を指示し，尚明朝の再検査を待って使用するよう指示す．尚使用した秤14台は陰性であった．

〇午後 7°30′，福龍丸の立入禁止区域設定については既に午後において準備出来たるも，指示遅れ既に夜間となったので，周囲約30mを区域とする点のみ与えて作業は一時停止する．（〇午後 1°～3°，静大塩川教授等により魚市場事務所内にて魚市場員及市民の採食者並接触者につき放射能検査を施行．受診受付80名の内実施は29人（時間制限のため），内接触者16人，……内2－3人に衣服一部に反応（＋），採食者13人，……全部（－）．）

〔欄外に「安売された魚の回収，移動禁止（福井技所）」とある．〕

3月18日（木）
〇午前 7°，魚市場水揚場を監視するに，指定区域は完全に使用禁止の状態にあって，他の区域に於いて水揚している．
〇午前 9°，繋船個所岸壁に赴き，漁協組の手によって行われる立入禁止の杭打を監督する．周囲 30m を画し，杭及鉄条網にて施工し市警及市より見張の人員が付けられる事となる．
〇午前 11°，汚染魚類に対し県より指示あり．漁協冷庫前に全市内の該当物件を各業者自身により集合せしめ，一応検査の上，不良品は食品衛生法第23条により，適当な個所に埋没廃棄処分することとする．
埋没地は協議の決果〔ママ〕弁天公園前，北突堤付根の海岸に決定する．
〇正午，国立衛生研究所員及科研職員計 3 名来焼，被害調査に関し，協立を申出，調査方法等につき有益な示唆を提供する．
金谷町より被毒疑問の魚製品（方形黒ゴマ入り半ぺん）持参し，検査方依頼あり．行

商（女）よりのもので，出所不明．後検査の結果反応陰性であった．おそらく被毒魚よりのものではなく，人心不安による疑心暗鬼ならん．
○午後3時，静大塩川教授一行来る．衛研，科研員と共に漁協冷庫に赴く．静大，県側と別れ，衛研，科研員と共に水揚場に到り，主として容器，器具等接触物件につき調査を進める事とす．現場に於ける検査は，
  1. 魚の体面を洗ったブラシ……船のものにて現場になし
  2. 魚を入れた箱……使用せず
  3. 床面を洗ったブラシ3本……陰性（−）
  4. 手鈎1……（−）
  5. 竹ホウキ3本……（−）
  6. 従事した人の衣服，履物，手等10人……（−），但内2人陽性（弱し）
  7. 桟橋1……（−）
○午後4時，次いで魚を製品化した工場に於ける接触物件調査として中港町練製造業旭食品工場に赴く．当工場では15日竹輪を作るため鮫14本の内福龍丸のもの3本を使用している．製品は回収済である．
  1. チョッパー1台……（＋），特に内部に著しい
  2. 石臼2台……（＋），微弱なり
  3. 潰擂機（スリコギ，鉱床，頭部木）3本……（＋），特に木部及凹壁部
  4. 庖丁1……（＋）微弱
  5. 調理台1……（＋）
  6. 床面……（−）
  7. 従業員手指……（土）
以上につき徹底的に水沈除毒を指示す．
○午後5°，魚市場に於て静大塩川教授等と船内アカ水汲出しの件につき協議す．この以前既に本日午前中より，船主西川角一方より船内にアカ（船槽内仕込みの氷の融水及漏水）増大し，このまま放置すれば沈没のおそれあり，少量の内なら汲上も容易であるので至急やりたい旨の話あり．午後2°頃共に船に赴き，調査するに最深部で約1mあり．今明日中なら汲上容易である事が判明した．大学側としては原子灰が，珊瑚礁の破片であると推定すれば，当然底部に沈澱しているので，水位により放射能の濃度も変化ありと想像され，これを上部より逐次なるべく水を攪拌せず汲上げて分布状態を検したい旨あり．そのための汲上ポンプの方法等につき協議し，本日着手は不能となった．
○午後7時，大学側，衛生部と共に漁協冷庫に赴き庫前に回収したまま放置してある魚の処理を行う．結果は別紙〔略〕の通りである．午後8時現在埋没穴未完成のため，汚染魚は一部，冷庫の廊下（内に別口汚染魚あり）に入れ他は庫前庭にシートを被せて放置する．尚良品は一部荷主に引取らせる．〔欄外に「今朝船の位置を移動す」とある．〕

3月19日（金）
○午前10時より自転車にて所より現地に赴く．
○午後1時，ガイガーミューラー管2台を持ち静大側来り漁協冷庫に於いて前日処理未済の魚につき検査を行う．県側立会う．
検査結果は別紙〔略〕の通りである．
○午後4時，魚市場前の舶用電機KKにつき，福龍丸の無電機を取外し修理した個所等につき調査する．修理すみの機械は船に持帰った．尚これには福龍丸船員1名及び同会社の従業員2名が従事している．
  1. 修理した場所に（2階）床等……反応微弱
  2. 従業員の衣服……反応（＋），但し微弱
何れも十分清掃沈濯すれば可の程度である．
○午後4時30分，福龍丸にてアカ汲上作業開始．汲上のゴム管は船底より約5寸の位置に固定し，水面より40cmの深さにあり．
4時40分汲上開始し，最初の水をとり検するに反応は比較的弱く，予て計画した如く，ドラム罐にとり，別地に埋没する程危険なきため，そのまま附近港内に放流，50分より5分間毎に検することとし連続放水する．5時30分に及び日没近く作業続行不能のため一時中止する．この間変化を認めず．6寸位減水す．

3月20日（土）
○午前5時，魚市場水揚第1，第2号岸壁にて水揚中の船体，魚につき静大塚本，公衛課佐藤，高橋，成田，松島，所福井の諸氏と共に検査実施する．第七金比羅丸，第三笑福丸，栄吉丸の3隻にして何れも反応陰性，魚体も異状認めず．依って検印を魚体に施す．尚厚生省係官2名と同時に検査，押印する．
○午前8時，海浜魚埋没地を点検．幅2m，長さ10mにして深さは半は2.5m，他は掘上中である．全般に砂利土で粘土質見当らず，附近に埋没すべき魚放置あり（之は前夜検査後当所に運搬したものである）．G.M.管により検するに特に風下一体20m四方反応著明である．（午後埋没完了）
○午前11時，静大側来り，本日の行動につき打合せた結果，15日以降出荷不能に陥っている鮮魚，加工品（福龍丸もの以外のもの）等につき検査し証明を与えて取引を円滑にするよう努める事とし，市内冷庫と，加工，鮮魚につき班に分れることとする．
○午後1時，大学，県側を冷庫班として次の如く実施する．
　　1. Ⓨ焼津冷凍……福龍丸物入庫せず．現在在庫500トン 内17か18日入，トンボ20トン，その他少量．反応(－)
　　2. Ⓢ富士水産冷庫……在庫2万5000トン，被検物の量(－)
○午後3時30分，厚生省よりの電話にて小川冷庫に輸出用として被毒魚を格納しある旨あり．厚生省技師2名と共に小川漁協冷庫に赴き調査するに，入庫のトンボ，キワダ等は何れも15日以前に他船よりの入庫分であった．反応(－)
○午後1時，加工に向った福井技師の一班の調査の結果は左の通りであった．
　　1. 焼津511－2　鈴権一工場内（魚体ナシ）……所々に(＋) 1
　　2. 蒲工　鮫14〆……(－)
　　3. 斯波眼科患者待合室(2坪)……(－)
　　4. 焼津990－2　細谷嘉十，工場(200 [1字不明]) 人員……(－)
　　5. 堀之腰13　山田尚一，マナ板，床面，

人員……(－)
　　6. 北新田95－1　増田泰次，床面，製品(70〆)……(－)
○午後，本日より魚市場事務所宿直室を衛生部焼津連絡所として設置する．構成人員は衛生部3名（内1名所代表），当所2名（1名検査係，1名事務），研究所1名，他保健所1名とする．宿泊は船員寮とする．
○3月22日，公衛号外による放射能検査に関する指示の大要は左の通りである．
　　1. マーシャル水域（北緯21°東経152°，北緯2°東経152°，北緯2°東経175°，北緯21°東経175°）内で操業し又は航行した漁船及魚類等は国が県の協力により，行う．
　　2. 南方海域（マーシャル水域以外）については県独自で行う．
　　3. 被害魚を採取した場合は消化管を通過している間に及ぼす作用と，吸収後臓器に沈着し長期間に亘り作用する場合とあるも詳細は不明で，何れにしても放置すれば放射能による危害があるので，食法第4条違反品として地下2m以上の深所に埋没するか大洋中に投与する等適当な処置をとること．
　　4. マーシャル水域で漁撈し，又はそこを通過した漁船は厚生，農林両省連絡の上焼津，清水，三崎，東京，塩釜の5港を指定し，検査の上陰性の魚は魚体又は容器に「衛生検査」の印を押して出荷すること（その他南方海域も之に準じて検印す）．
　　5. 現地衛生班活動要綱の大要左の通り．
　　　イ）午後8時魚市場に出張しそれ迄に入港した船体，乗組員を検査．
　　　ロ）午前4時出張し前夜8時以降の未検査の船及水揚魚につき検査．
　　　ハ）マーシャル水域内航行の船は入港5日以前に連絡あり，入港の際船体及乗組員の検査実施，爾後船員の上陸，魚の水揚げを行い魚を検査す．

1—2 市衛生課通達号外

焼衛号外
　昭29年3月16日　　　　　　　焼津市長
第五福龍丸乗組員
　　　　　　殿
前略　本日県衛生部長以下係官来焼せられ種種調査の結果頭髪に痕跡があるとの事につき，乗組員全員に対し防疫の万全を期したいから左記事項につき衛生部長より連絡がありましたので至急提出せられたく御通知致します．
　　記
1. 頭髪は全部短く刈り爪も短く切り取りまとめて袋に入れて氏名を書くこと
2. 乗船当時の衣類は全部名札を付けて各人毎に頭髪．爪等と一まとめにして差出すこと
3. 明17日正午までに第五福龍丸甲板に差出すこと

1—3 静岡県焼津市「第五福龍丸被爆の状況について」

1. 第五福龍丸の大要〔略〕

2. 被爆船員の名簿

職　種	氏　　名	住　　所	本人を除く家族数	扶養家族数	年　齢
漁撈長	見崎　吉男	焼津市鰯ケ島51	3	3	28
船　長	筒井　久吉	愛知県幡豆郡佐久島村字西屋敷50	4	0	22
冷凍長	平井　　勇	志太郡吉永村高新田2215の1	8	0	21
操機長	増田　祐一	同　所　　　　2317	10	0	18
甲板員	鈴木　　隆	同　村　利右ヱ門2560の2	9	0	24
〃	半田　四郎	同　村　飯淵　155	8	0	22
無線長	久保山　愛吉	志太郡東益津村岡当目483	4	4	39
操舵手	見崎　　進	志太郡小川町小川新地2606の45	6	3	27
操機手	久保山　志郎	志太郡東益津村岡当目66	8	0	23
甲板員	増田　三次郎	志太郡小川町石津2227	9	2	27
〃	吉田　勝雄	志太郡吉永村六軒屋2410	12	0	24
〃	小塚　　博	榛原郡地頭方村落居446の1	8	0	23
冷凍士	大石　又七	榛原郡吉田町住吉2731	4	4	20
甲板員	細根　久雄	千葉県香取市府馬町長岡1509	10	0	18
〃	安藤　三郎	大分県津久見市保戸島1509	5	5	28
操機手	高木　兼重	同　所　　　71の5	5	5	30
甲板員	斎藤　　明	鹿児島県熊手郡上屋久村港242	9	0	25
機関長	山本　忠司	焼津市城之腰184	7	0	27
甲板長	川島　正義	同　市焼津824の5	5	0	25
甲板員	増田　鏡之助	同　市焼津897の25	6	0	24
〃	鈴木　鎮三	同　市焼津715の3	3	3	27
〃	服部　竹治	同　市中港町	4	4	37
操機手	池田　正穂	同　市焼津582の4	8	0	21
計	23名		155	33	

3. 被爆当時の状況（出港より入港まで）

第五福龍丸は昭和29年1月22日鮪延縄操業の為焼津港を出発し一路南洋漁場に赴き2月7日漁場に到着し直ちに漁撈作業を開始いたしました.

当漁場に於ける漁獲成績は余り香しくない上に操業に使用していた延縄の大半を流失した為, 好漁場のみ求めて点々として操業して居りました. 2月26日迄に今迄の漁獲物は全部魚艙に収容し尚好漁場を求め操業した結果2月27, 8日両日に亘り好漁場を得たので再び漁撈作業を開始いたしました.

3月1日当該地点に於て午前3時30分頃迄に延縄の投縄を終了し全員休憩中同船の位置より西南西の方向にあたって紅色の閃光を望見いたしました. 当該閃光は次第に黄白色に変じその後再び紅色に変りました. 当日は天候快晴であって海上は極めて平穏でありまして, 東北東の風が約2（5〜6米）位吹いておりました.

閃光を望見してから約7〜8分位経過したと思われる頃2回位に亘って爆音を全船員が聞きました.（非常に大きな爆音であったという人もあり又非常に鈍重な押潰されるような音であったという船員もありました.）

3時40分〜50分頃から当該方向に黒雲が起り同船の方向に飛来するのを望見いたしました. 同船は投縄後約1時間を経て揚縄作業を開始いたしました. 5時30分頃には同船の上空は黒雲に覆われ6時頃には完全に黒雲に包まれて終いました.

6時30分頃から白い粉末が降り続きその量は凡そ同船の上甲板が淡白色となる程度でありました. 同船は11時30分頃揚縄作業を終了し食糧並びに燃料, 餌料等を考慮の上帰途につき一路北上いたしました.

北上中4日位経過した頃食欲が減退したもの, 頭痛を訴える者が2, 3名ありました.

3月7日頃から殆ど全員が体の各所に斑点（暗褐色）及び水朋〔ママ〕が出来始めましたがその後は大した変化もなく, 同船は3月14日の午前5時30分頃焼津港に帰港いたしました.

4. 入港より現在迄の状況

第五福龍丸は3月14日午前5時30分頃焼津港に帰港いたしましたが当日は漁獲物の水揚を中止し翌日水揚することに予定したので全員上陸し市内協立病院に赴き診察を受けました. 此の時診察に当った医師の談話に依りますと, 第一印象として如何に南洋の強い日光のもとで作業したとはいえ陽焼けの程度が余りにもひどかった. 又全員軽い結膜炎の症状があり白血球の状態には余り変化はなかったが乗組員一同より当時の状況を聴取した結果, 強力なる爆弾に依る被害ではないかとの危惧を萌〔ママ〕いたが, 原子病であるという断定は出来なかった. しかし危険を感じたので外見の著しく悪いと思われる患者1名及び白血球が他の船員より幾分低下していた患者1名を東大病院に入院さすべく手配いたしました.

翌15日早朝より漁獲物の水揚を行い. この日前記2名（山本忠司, 増田三次郎）が東大病院にて診察を受ける為上京致しました. しかしその間未だ原子病であるということが判明しなかったので, 他県より乗船しているものは全員同船内に就寝し又その他の船員は全員家族と共に就寝いたしました. 尚鉄工所員, 大工等は修理の為同船内にて作業いたしました.

16日早朝のニュース（東大病院での診察の結果）により原子病であることが判明し同日午後1時頃県係官等が始めてガイガー計数器を携えて来焼し乗組員及び同船の検査を行った結果強力なる放射能のあることを確認したので同日夜協立病院に3名焼津北病院に2名の患者を収容し残り16名は一応帰宅いたしました.

16日午後1時頃同船を焼津魚市場の対岸に隔離し此の日全員を焼津北病院に収容し爾後県対策本部の指示を受けながら治療に努めました.

28日全患者は焼津飛行場より空路東京に向い東大病院に5名（先の2名を含め7名）国立病院に16名夫々入院し療養中であります.

最近の病状は快方の傾向なく白血球及び体重, 体力の低下を見, 体温も平熱に至らず被

爆船員及び家族の胸中察するに余りあるものがあります．

5. 全市民の要望

　第五福龍丸被爆事件に依り最大の恐威〔ママ〕と損害を蒙りました当焼津市は全市民の切なる要望に応えるべく市議会に於て別紙の通り決議し左記関係先に提出し，今後かかる事件の再び惹起することのない様政府を通じ国連に対しても要望する処置をとりました．
　　　記
一．総理大臣　　　吉　田　　　茂
一．外務大臣　　　岡　崎　勝　雄
一．農林大臣　　　保　利　　　茂
一．厚生大臣　　　草　葉　隆　円
一．運輸大臣　　　石　井　光次郎
一．保安庁長官　　木　村　篤太郎
一．内閣官房長官　福　永　健　司
一．自由党幹事長　佐　藤　栄　作
一．改進党総裁　　重　光　　　葵
一．日本自由党幹事長　河　野　一　郎

決　議

焼津市議会は3月1日の第五福龍丸原爆被災事件に因る放射能の脅威を痛感し恐怖する市民の意志を代表し，人類幸福のために左の事を要求する
　一．原子力を兵器として使用することの禁止
　一．原子力の平和的利用
　右決議する
　　昭和29年3月27日
　　　　　　　　　　　　焼津市議会

第2節　焼津市民の反響

2—1　水爆被害対策市民大会（54.9.22）

　久保山愛吉氏の病状をよそにストローズ米国原子力委員長は「米国は今後も続いて原水爆の実験を西太平洋に於て実施する」旨の発表をした．又日本政府はこれに協力するが如きの発表をしている．怒りに怒った焼津市民は9月22日午後7時より市講堂に参集し水爆被害対策市民大会となって爆発した．大会は加藤産業課長の開会のことばに続いて，宮崎災害対策本部長は「本日の市民大会は単に焼津市民の怒が爆発したものでなく私達の背後には8千万国民の総意が結集されている．政府もアメリカも深く反省すべきだ．事件発生後7ヶ月の今なお補償の解決のキザシがない，原因は第一にアメリカの人種的差別感からで，もしこれが英国民なら果して7ヶ月も放置しておくことはないだろう．さらに極論すれば，ソビエトの原爆でアメリカが被災したとすればアメリカは7ヶ月後になってソ連から3億円もらって相済みとするか疑わしい．さらに補償問題を政府が借入金の取引の具に供されはしないだろうか．われわれは重大な人命が借入金の具に供されることは断じて賛成できない．アメリカの世界政策のために痛しい犠牲者を出し漁場を失った全国漁民の憤りは頂点に達した」と爆発の口火は切られ本大会の議長に岩本市議会議長を満場一致で推し，市民各階層の代表者に依る意見発表が行われた．
　当日の市民代表の発言要旨は大略次の通りである．
▶第五福龍丸乗組員家族平井久夫氏は＝ふたたびこのような恐ろしい事件を起さないように原水爆の使用を禁止し私達家族の納得のゆく補償を早くしてもらいたい．
▶婦人会長中野しづさんは＝原子力は人類の幸福のために使用すべきである．アメリカはどれだけこの問題について誠意を示してくれたか？　あまりにもひどいアメリカの態度に憤りを感ずる．明るい平和な郷土を築いてゆきたいという私たち婦人のささやかな願いも幸福もぶちこわされ，善良な市民は原水爆の恐怖におののいている．心を一つにして一日も早い解決方を政府に当ろうではありませんか，と．
▶文化連盟会長片山七兵衛氏は＝ビキニの死の灰は世界最大の悪だ．日本人が反米思想に固まるのも当然だ．世界平和のため人類幸福のためにも原水爆実験は中止してもらいたい．
▶焼津地区労働者代表は＝政府に強く話を入れ完全な補償をさせるよう最後まで戦おうで

はないかと強き団結を叫んだ．
▶魚市場仲買人組合山本弥作氏は，水爆実験によって水産業者は大きな打撃を受けている．われわれの叫びを米大統領に直接交渉し解決するよう運動しよう．
▶議会代表藪崎順太郎氏は日本に対して道義を没却しているアメリカの道徳的年齢は非常に低い．台風の眼のように原水爆反対の世論の眼を作る義務は市民にある．市民は一丸となって今後も強力にこの運動を展開しようと力強い発言があった．
▶水爆対策委員長天野源一氏は，人類幸福のため原子力の使用禁止と早期補償の実現に邁進し全国にさきがけて総決起ののろしをあげその先頭に立ち強力にこの運動を展開しよう．
▶漁業組合近藤組合長は，陳情嘆願の時期はすぎた．焼津市民は一丸となって政府に組みついて行きアメリカが陳謝するまでこの市民大会の声を全国の同業者とともにもりあげていこう．
▶市議会議員服部毅一氏は"漁業者の立場から太平洋に於ての原水爆の実験は絶対にしてはならない．又被害を与えたアメリカは当然その補償をすべきである"と．

　以上の如き意見が発表され会場は昂奮のつぼと化し拍手が絶えなかった．続いて決議に入り，

　"我々は人類の破滅を来す原子兵器の実験ならびに使用禁止の実現を切望するとともにビキニ環礁水爆実験が第五福龍丸乗組員をはじめ地元焼津市民と全国におよぼした損害の即時全額補償をするよう，政府に責任ある処置を要求する"
と前記を満場一致で決議し終って衆参両院の各代議士及各関係団体7名の応援演説があり，同10時半原水爆被害対策市民大会は盛会裡に幕をとじた．

　　　　　　（『広報やいづ』第31号，54.10. 0）

2—2　静岡県漁民葬　（54. 10. 9）

式予定　昭和29年10月9日
一．午前10時　出棺の読経（自宅）
一．午後12時40分　出棺（自動車）
午後1時30分　焼津市公会堂ニテ開式
午後4時　　　閉式
直ちに納骨のため本山へ向う

出棺順列
1．墓標　　鈴木藤作　久保山吉十
2．銀蓮　　久保山幸一　河合鉄二郎
3．金蓮　　増井惣十　橋本文吉
4．蠟燭立て　森川博　椿原弥作
5．遺物　　中沢鋼二郎
6．香炉　　椿原源蔵
7．酒水　　小林鉦一
8．花菓子　鈴木春治　椿原喜久平
9．雪柳　　久保山音蔵　椿原松男
10．霊膳　　久保山幸太郎
11．写真　　久保山直幸
12．位牌　　久保山みや子
13．遺骨　　久保山すず
　　杖　　　松永新作
　　たい松　鈴木省吾

久保山愛吉葬儀　花輪贈呈者芳名簿（順不同）
一．運輸大臣　石井光次郎
一．全日本仏教会
一．市立焼津病院長　柘植幸雄
一．横浜水産物荷受連合会
一．六大都市水産物卸売人協会
一．清水市　伊東鉄工所
一．東京都水産物卸売人協会
一．中京発動機焼津支店
一．静岡大学自治会
一．市内新屋　巻田青果店
一．東益津村　浜当目区
一．在日朝鮮民主戦線統一静岡県委員会
一．　同　　　　静岡県本部
一．東益津漁業協同組合
一．全日本海員組合
一．東益津村　同年一同
一．市内　山川製菓店
一．東海海運局長　奥平等
一．大洋漁業株式会社
一．焼津福音ルーテル教会
一．曹洞宗
一．焼津水産商工業協同組合

第4章　焼津市の状況

- 一．静岡県水産物出荷組合連合会
- 一．静岡銀行
- 一．清水銀行
- 一．駿河銀行
- 一．焼津信用金庫
- 一．神田博
- 一．焼津石油会
- 一．高見三郎
- 一．渋谷昇次
- 一．日本社会党　河上丈太郎
- 一．間組　神部満之助
- 一．産業経済新聞社
- 一．清水ドック株式会社
- 一．参議院議員　森田豊寿
- 一．平和生命保険株式会社
- 一．新潟鉄工所
- 一．昭和鉱油株式会社
- 一．赤城鉄工所
- 一．山角水産株式会社
- 一．焼津造船所
- 一．中部日本新聞社
- 一．中部日本放送局
- 一．焼津魚市場仲介人組合
- 一．人類愛善会
- 一．大本青年婦人会
- 一．元衆議院議員　岡野繁蔵
- 一．神奈川県知事　内山岩太郎
- 一．日本放送協会
- 一．静岡県知事　斎藤寿夫
- 一．参議院議長　河合弥八
- 一．清水市議会
- 一．毎日新聞社
- 一．憲法擁護国民連合議長　片山哲
- 一．憲法擁護静岡県民連合会議長　沌野晋古
- 一．日本鰹鮪漁業協同組合連合会
- 一．日本鰹鮪漁船保険組合
- 一．静岡県鰹鮪漁業協同組合
- 一．静岡県鰹鮪漁業者協会
- 一．第五福龍丸船主　西川角市
- 一．第五福龍丸船員一同
- 一．第五福龍丸乗組員家族一同
- 一．焼津漁業協同組合
- 一．全国漁業協同組合連合会長　木下達雄
- 一．農林大臣　保利茂
- 一．外務大臣　岡崎勝男
- 一．国立東京第一病院長
- 一．全日本海員組合長　陰山孝
- 一．静岡県船員遺族会長　細川鉄之助
- 一．焼津市長　高富義一
- 一．静岡県水産物小売団体連合会
- 一．日本社会党中央執行委員長　鈴木茂三郎
- 一．焼津市議会
- 一．静岡県市長会
- 一．静岡県市議会議長会
- 一．静岡市議会議長　田中太次郎
- 一．国務大臣　安藤正純
- 一．大日本水産会
- 一．千葉県知事　柴田等
- 一．静岡県選出衆議院議員一同
- 一．同　　参議院議員一同
- 一．全国水産冷凍労働組合協議会
- 一．大洋無線株式会社
- 一．服部電機製作所
- 一．塩釜魚市場
- 一．静岡県漁業協同組合連合会
- 一．同　信用漁業協同組合連合会
- 一．静岡県魚市場連合会
- 一．志太榛原地区高等学校校長会
- 一．焼津無線局無電清和会
- 一．静岡県鮪専用船通信士会
- 一．全国無線漁業協同組合
- 一．小川漁業協同組合
- 一．日本鋼管清水造船所
- 一．金指造船所
- 一．三保造船所
- 一．小柳造船所
- 一．下田ドック株式会社
- ．静浦ドック株式会社
- 一，焼津郵便局
- 一．静岡県議会議長　大石八治
- 一．神奈川県議会議長　松岡正二
- 一．静岡県教育委員会
- 一．静岡県公安委員会
- 一．中部電力藤枝，焼津営業所
- 一．水産経済新聞社
- 一．青森県鰹鮪遠洋漁業協同組合
- 一．日本冷蔵株式会社
- 一．東海電波管理局長

一．静岡県漁船保険組合
一．内閣総理大臣臨時代理　緒方竹虎
一．労働者農民党
一．朝日新聞社
一．衆議院議長　堤康次郎
一．静岡大学塩川研究室一同
一．厚生大臣　草葉隆円
一．東益津村長　山田貞一
一．日本労働組合総評議会
一．読売新聞社
一．全国水産無線協会
一．アメリカ合衆国大使　ジョン・エム・アリソン
一．民主主義科学者協会長　末川博
一．福島県小名浜町酢屋魚問屋
一．三崎沿岸漁業協同組合連合会
一．水爆対策大阪地方連絡会
一．焼津市無線漁業協同組合
一．昭和石油東京営業所　　　　　以上

2—3　焼津の小中学生の作文から

「おじさんの死」
　　　　　　　志太郡東益津小6年　松永憲彦
　おじさんがまっ黒い顔に，白い薬をつけてぼくの家に来たのが，入港してから3日目の16日の午後でした．その日の夕方には，北病院に入院，東京から医学博士がかけつけてしんさつしてくださって，始めて水爆のおそろしさを知り，かぶった灰は死の灰であったこともしり，みんなで心配しはじめました．3月28日東京の病院に行くことになったので，27日，母や，おばさんたちと一っしょに，北病院に見舞に行きました．おじさんたちはねまき姿で白いほうたいを，首や頭にまいて，いたいたしい姿でしたが，その時は，元気でぼくに見舞に，いただいたおかしをくださった．おたがいに別れをおしんで，いつまでも話をしていたので家へ帰ったらまっ暗でした．28日には，朝ハイヤー3台に乗ってみんなで見送りに静浜に行きました．その時のおじさんのきんちょうした顔がぼくにはわすれられません．別れをおしみながら一人一人飛行機のタラップを登りました．

　思えばその時が，ぼくはおじさんとの最後の別れでした．海から来るとかならずぼくの家にも来て，ぼくと遊んでくれました．また母とも楽しそうに話しこんでいたのも思い出します．8月29日，深い昏睡状態(こんすいじょうたい)に落ち入り，母やおばさんたちは上京し，生死の間をさまよった．6日間の暗い夜はあけおじさんの昏睡からさめた報道にぼくは，天に登るようなよろこびでした．それもわずか，二たび病状悪化に一たんひきかえした母たちは二たび上京，おじさんの病状を見舞い，ぼくはなんともいえないさびしい気持でるすばんをしました．日本でも一，二，といわれるえらいお医者様に手をとられながら，23日夕方ついにかえらぬ人となってしまいました．なんのつみもない，ぜん良な人が世界中で一ばんおそれている水爆の実けん台に登せられくるしい息の下で，「がんばるぞがんばるぞ」と，いいながら死んでいった，おじさんの最後は本とうに悲そうであると思います．そして，かいぼうしたけっかは，きちょうなしりょうになってしまいました．

「さよ子ちゃん，かんにんして」
　　　　　　　焼津西小5年　天野千恵子
　久保山さんのおこつが，汽車で帰ってきたのは，雨の日でした．久保山さんが病いんにはいって死にそうな時，東京大学病いんの博士が「久保山さん，がんばりなさいよ」といったら久保山さんは「がんばりますよ」といいました．しかしその久保山さんも，もうしんでしまったのです．
　おかえりの日一番下の，さよ子ちゃんは，おばさんにだかれていました．東京大学病いんの博士は，おばさんからさよ子ちゃんをだきとって
　「さよ子ちゃん，かんにんしておくれ．おとうちゃんを天国にやってしまって」
といいました．久保山さんのおにいさん2人はせん死をしたそうです．久保山さんのおかあさんは，どんな気持がしたでしょう．ふつうの人ではとても想ぞうのつかない悲しい気持でしょう．

　　　　　　　　　　（以上，『PTA教室』54.12)

「第五福龍丸」
　　　　　　　　中学1年　中野ちゑ
　わすれもしない3月14日の事
　17日の日，私が学校に行くとあとからAさんが来て「ちゑさん，最近アメリカの人達水爆実験やったでしょ．それで焼津の福龍丸が死の灰をかぶったんだって．入港が14日でとこべへいったりしだって．それから家に帰ったけどぐあいがわるいので，きょう立病院に行ったところ原爆病でしょ」と心配そうに話しました．夕方家でもそんな会話がもれていました．私達は原爆と聞いただけではぴんとこなかった．それから焼津では25日までにはだれ知らぬものはなく，大人はもとより小さな子供まで知り，藤枝，静岡とだんだん広がった．うわさは大変はやいものだ．3月の月末になってからは日本各地へ広がった．うわさはすごい．焼津では近所の人が集って，「のう，福龍丸の人達はかわいそうに」「アメリカでもあんまりだよ」などといっている．学校でも私達はかたまって「アメリカの人達あやまるかね」「そりゃあ，あやまるさ．くいき以外だもの」「それに新聞ではアメリカで補償金ていうのくれるだって」「私らんお母さんもいってたっけ」などと色々うわさする．常におとなしい人でもこの時はのりだして話している．そんな日が2,3日続くと新聞では1面と3面記事はいつもかならず太文字で書かれてある．ラジオでもニュースのたびにいう．焼津ではだんだん魚が信用されなくなり，魚買人は清水の方へいってしまう．魚屋の人達をはじめ漁業協同組合の人達は協力してトラックでひっきりなしに「原爆マグロありません」「焼津市民のみなさま，放射能マグロございません．御安心ください」と何台かのトラックが町を静ませようとするにもかかわらず心配はもり上る一方．そういう日が幾日も続くうちに，私達は小学校をさり，新中学校へ入学した．4月1日にも校長先生が全校生徒に「焼津では福龍丸事件がおき，この反響は全国にもり上っている．私達はあの23名の人がぶじにかいふくするように心からお祈りし，みんなも協力して戦争のない平和な自由の国へと進歩していくのが，これから社会生活に出る君達の義務だ」と言った．私はその時一つ考えさせられた事がある，それはアメリカの国は自由の国だ．それなのに水爆をつくるなんてまるで戦争の用意をしているようだ．自由な国ならば戦争の用意などしないで，その代り自由な平和な国へと進歩すればいいのになぜ水爆実験をしたのかなどと考えた．

　それからまもなく23名の人達は飛行機にのって東京に向った．その中で九州の人でやはり父が福龍丸に乗っていて母が父の入港から東京に行った病状をくわしく書いた本を父が読んでくれました．私達兄妹は父のまわりで聞いた．父が読んだあと又くり返して読んでいると残された家族の悲しみがわき上ってくる……．

　たなばたの日だった．学校帰りBさんと歩いていると七夕の紙がおちていたのでひろって読んで見ると，こんなもんくが書いてあった．「天の川清き水にも放射能」私はその時少しおどろいた．ずいぶんなもんくを書くもんだ．私にはその文が良いか悪いかはっきりわからないが，福龍丸の人達がよけい暗い気分になるのではないかと思いました．

　7月の中旬ごろ，東大の人達は散歩もでき頭の毛も少しずつはえてきたという良いニュースをききました．色々の学者の人達があのおそろしい水爆ととりくんで病気を良くなる方へと一生けんめい全力を出している．

　夏休みの8月5日，焼津港改良落成式だった．私はおばあさんと見に行った．きれいにかざられた港をおしあいへしあいしてりっぱな焼津港をのぞいた．それから福龍丸を見に行った．ただ　船，港の落成式をしょんぼり見ている福龍丸，船の中は赤さびが目だってきた．なんとなくみんな福龍丸の事を忘れてきたようだ．そこをとおってもなにも考えずいってしまう．そういう人を見ているととても気がいかる．こんな時は思うぞんぶん自分の気持を作文に書いたり討論したい．早くアメリカも（アメリカばかりでなくどこの国々も）ソ連の国のように原子力を発電所に利用してもらいたい．おたがい世界の人は一しょの気持をもち平和と自由をもとめようではな

いか．

「水爆実験」（久保山さんの死）

海老名勝代

　3月16日，焼津市は大さわぎとなった．げんばくまぐろ，げんばくまぐろと，どこへいっても原爆の話をしていました．学校へ行く時，帰る時，港のそばを通ると白衣を着た人が福龍丸へ乗りこんで何か調査していたが，初めは私にはなんだかわからなかったので，家へ帰って姉にきいたら，「カイガー計数器とかいう新しい機械で放射能をしらべているだってよ」といったが，どんなものかさっぱりわからなかった．原爆まぐろのため他の魚まで売れ行きが悪くなった．魚やの店頭に大きな太い字で「げんばくまぐろ売っていません」と書いた紙がはってあったが，魚はほとんど売れなかったという話を近所のおばさんなど話しあっていた．魚のねが下ったのでとなりの家のおばさんは「さしみをたべたいけん，なんだかおっかなくて」といったら「魚ときいただけでさむけがするよ」といった．よっぽどおっかないのだ．だれだって原爆とはおそろしいものだとだれもがよく知っている．

　それから5日くらいたってはじめて見たが運送屋の自動車などに「もう安心して魚を食べて下さい」と布にかいてはってあった．

　船員の一部の人だけ東京へ行った．残りの人は静浜から飛行機で行った．小さい子供など飛行機に乗って行っていいなあと思っていた子供もあったろうが，その人たちはどんな気がしたろう．学校でも療養中の水爆被害者へ慰問文又は風景画や作文などいくども送った．返事を伝達放送の時間全校生徒に読んできかせてくれた．その手紙によると軽い散歩ぐらいなら出来るようになったといってみんなを安心させた．福龍丸の船員が療養している所などの写真など職員室の前の壁にはってあったので，見ようと思ってのぞいたけどおされて見ることができないようなしまつだった．3月から9月，もう6ヶ月もたったある日，ラジオを家中できいていた．軽快な音楽がやんでニュースの時，久保山さんの重態をくわしく知らせた．脈いくつ，呼吸などといったが，みんながさわぎ出したのではっきりきこえなかったのは残念である．姉も兄も一瞬びっくりして顔を見合わせていたが，やがておちついて姉が「やっぱりなにか余病が出るんだね．家の衆もびっくりしたらよう」といった．私もなにかいおうとしたが，口がおもうように動かないのでなにもいえなかった．学校へ行けば，男子が「こんすい状態，こんすい状態」といってさわいでいた．なんだか人を馬鹿にしているようでやっきりしたが，その時私には，おこるだけの勇気がなかったのでそのままとおり過ぎてしまった．それから少したったある日みんなを少し安心させた．久保山さんが少しずつ回復したと報告があったからだったが，表面だけしか安心していなかった．心の底ではもしやまた悪化したらと思っている人も多かったと思う．心ぞうがよわっては，ほんとうに心配だった．やっぱりみんなの考えているおそろしいことがまたおこった．二度目の重態，23日，ラジオをきいていたら，めったに臨時ニュースなどやらないのに「臨時ニュースを申し上げます」とラジオのアナウンサーがいったので「もしや久保山さんが死んだではないか」と思って耳をかたむけたら，私の直感は当っていました．姉もそう思っていたらしく，ニュースが終ったら「やっぱり駄目だったねー」と小さな声でいったが，きんちょうしていたのではっきり聞きとれました．私はとなりの家へかけこんで「おばさん，やっぱり久保山さんは死んじゃったよ」といったら，おばさんは「なにえ？　なに」となんどもききかえした．「久保山さんがね」とそこまでいったら，「あーやっぱり駄目だったんだねー」といってあとなんにもいわずにためいきをついて下をむいているばっかりなので，気がむさくさしてやっきりしてしまったので「おやすみ」といって帰ってきてしまった．家中で久保山さんの死について話をしていた．「久保山さんははあとりかえしがつかんから気の毒だけんど，ほかのしゅうがおとましくて，そんな目にあわせたくない」と一人で姉はりきんだ．兄も「ほかのしゅうがおっかなく

なって，めしものどを通らんらなあ」といったので，私は「久保山さんをかいぼうするだら」ときいたら「家族が承知しなきゃしられんけど，するらえー」と姉がいったので，なんとなくきみが悪くなってぶるっとみぶるいした．もしもっと多くのぎせい者がいたらどうなるでしょう．空気中，雨などにも多くの放射能をふくんでいるという．なぜ，なんのためにそんなおそろしい多くの人々を苦しめる原水爆をこしらえたんだろう．作ってもいいのだ．それを世界の平和を思って作ったのなら，そんなみんなを苦るしめるようなことは，しないだろう．ぎせい者がおそろしいだけでなく，みんながいつもびくびくしていたら，どんなことになるだろう．それは考えにも及ばないことだ．水爆実験をやったら多くの被害者が出る．そんなことはもう，二度と絶対にやってならないことです．もうやらないといったら国民がどんなに喜ぶだろう．又どんなに安心するだろう．

「久保山さんの死について」
　　　　　　　　　　中学1年　青島徳子
　ちょうど店をかたづけている時だった．ラジオで「久保山さんはきとくの状態におちいっている」と発表しました．その時，私は一度仕事の手をやすめようとした．父は「もうだめだ」と言った．私は，きとくということは，その時なんだかわからなかった．店のかたづけを終ってから，まもなく又ラジオで「いま入ったニュースを言います．ついに久保山さんは，6時56分になくなられました」といった時，父母そして姉たちといっせいに「ああ」といって母も仕事の手を休めて，次のニュースをきこうとしたが，次はいわなかった．私は「死んだ」ということばを聞いて本当にびっくりしました．そればかりではありません．残った船員さんたちが「おれたちも，こうして死んでいくのか」という気をもってしまうと困る，ということが思い出されました．でも，あの元気な漁師の人達が，そんななさけないことは言わないことを私は信じています．
　ご飯を食べている時父は，こんなことを言った．「久保山さんは，あの重体におちいった時から駄目だったが辛抱強いため今までやってこられたのだ」と言った．本当に私も久保山さんの辛抱強さにはびっくりしました．ラジオの話によると久保山さんは，お医者さんが「久保山君がんばるんだよ」というと，最後の力をこめて「はい，がんばります」といったそうです．それには私は感心した．同時に焼津の人達は，久保山さんのように，しんぼう強くいろいろな仕事にくじけなくがんばるようにしたいと思います．例をいえば，魚屋はなかなか売れないといっては，その商売をやめてしまった人がいたようです．そんなことでまけてはなりません．
　ラジオや新聞で，アメリカでは久保山さんは原子病で死んだではないといっている人があると書かれているが，私はそんなことはないと思います．かいぼうした結果体の中の骨がだめになっていたことがわかったが，そのわけは，骨のところにまだ残っている灰があって骨がだめになってしまったと思います．それから，これからも原水爆の実験はやめないといっているようです．私の思ったことは，ひととこだけやめろといっても，私はやめないと思います．だから，今作っているところの国だけが集まって，よく考えてもらいたいと思います．その意味は「あの国が作ったからぼく達の国でも，もっといいのを作ろう」というように，競争の様にやっているのだろうと私は思っています．だから，そんなことをしないようにすれば原水爆もなくなってその力を平和につかってもらいたいと思います．そのことを姉も言っていた．「これを平和に使えば，どんなに進歩するだかね．でも，失業者が多くなるね」と言った．私もそう思いました．
　久保山さんの兄弟のことについては，久保山さんは4男に生れ2人は戦死し1人は久保山さん，次はいま久保山さんと同じように死の灰にあい入院中だそうです．〔編集者注——事実は，久保山氏の甥が同船していた．〕本当に不幸な兄弟だと思います．そして私の思うには，この人達は，みんな戦争のため生命を失なっている人と病気の人です．このよう

な兄弟だそうです.

　学校へ行ったら久保山さんのことについてもっと話をしていると思ったら,なにもしていませんでした.前に大塚先生がいったように「焼津の子供は,もっとこのことに考えなければならない」ということをいったが,この時本当にそう思いました.ただ言った事は「久保山さんが死んだ,6時56分だ」といったり「5時56分だ」と言いっこをしているだけです.私はいくら先生が言ったけど,こんなに私達は真けんに考えていなかったとは思いませんでした.私も,死んでからいろいろ世界のこと焼津のことを考えてきたのです.そして,私は子供だけではないと思います.大人の人達も死んでからこのことをいろいろ考えたり思ったりして来たと思います.それは一部の人達はこの事に力を入れている人はいますが,私は市民一人残らず考えなければならない事件だと私は思います.このことを私はなぜ考えたかといえば,久保山さんの遺骨が焼津へ帰って来ると言ったので大通りへいったら学生が3分の2は来ていたけど,大人は3分の1です.これでわかると思います.もっと大人の人達が考えていれば学生より多くの人々が来たと思います.だから大人,そして子供も一人残らず真けんに考えなければなりません.

　　　(以上,焼津市小川中学校郷土研究クラブ『私たちの記録集 No. 1』第五福龍丸事件と焼津の中学生)

2－4　法月昭三「福龍丸事件に寄せて」

　その日は朝から篠つく雨だった.時計は既に5時を廻っているというのに,雨は間断なく降り続いていた.時間の迫るにつれて刻刻人波みも増していった.人々の差す雨傘から雫が滝の様に流れて,幾筋もの光を放っている.普段は,余り人混みのないこの広場に,今日はどこから集ったかと思われる群集が,取巻いている.よく眺めると私と同じ対策本部の関係者が,そこかしこに雨を避けつつ,ホームに目を走らせているのである.今日は久保山愛吉氏の出迎えの日である.7ヶ月病魔と闘い,原水爆を呪いつつ,淋しく息を引取った第五福龍丸の無線長久保山愛吉氏が故郷に帰る日なのである.〔中略〕

　列車は音もなくホームに滑り込んできた.6時6分定刻ぴったりである.やがて身内の人達に取巻かれ,すず未亡人の胸に抱かれた白木の小箱が静かに階段を下りてきた.とみるや今迄広場に三三五五たむろしていた群集が一斉に駅の収札所附近に我れ先きにと駈けつけ身動きの出来ない混乱状態を呈してしまった.ニュースカメラマンの焚くフラッシュが一斉に火ぶたを切った.写真班のフイルムが忙しそうに廻転し始めた.マグネシュームが煌々とあたりを眩惑している.その光景をめずらしそうに眺める別の群集もある.私はこれらの一団を避けて駅の正面近くの比較的人の疎な地域を選んでこの有様をみつめていた.やがて久保山氏は駅の正面玄関から無言の挨拶をし,すず未亡人が観衆に礼状を述べた.その声は,人々のざわめきで全く聞きとれなかった.雨は相変らずいつ止むとも知れず降り続いている.やがて駅前から対策本部心づくしの貸切バスが数台,なつかしの家路に向って走り去っていったのである.

　思えば3月15日から何ヶ月ぶりの我が家であったろうか.私は,これらのバスをやり過ごし,しばらくしてから別の車で後を追おうとしてふと隣りの集団から漏れる話声に思わず耳を傾けたのである.

　「チェッうまくやってやがら,こんな出迎えなんて焼津始まって以来だ,おい,お前も死んだらああして貰えよハハハ……」中年の一見紳士と思われる一人が相手の肩をポンとたたいて右と左に別れたのである.ふと反対側をみるとひと目で漁業者のおかみさんとわかる婦人が同じ様なことを云っている.

　「チェッあれで保証金をたんまり貰ってよ,ウチのやど六なんて灰をなめて死んじまやエエダにヨ」と云って小石をポンポン蹴飛ばしつつ去ってゆくのである.私は何か知らぬ気がしてきた.そう思うと矢も楯もたまらず自動車に乗るのを止して散ってゆく群集のあとを追いかけて,それらの話を聞こうと努力した.するとどうだろうか.あちらでも,こ

ちらでも話の殆んど全部は, やれ「新聞社の奴等派手でござるの」「こんなことに金を具れるのなら遺族にもっと増やせ」「俺も福龍丸に乗りたかった」だの「今から灰をなめて, 死んでもいいだの」という会話なのである. そうだったのか, この人達の大部分, 恐らく, 今日集まった人の大半は音に聞く久保山愛吉氏の噂の種を一目見たくてやってきたのであって, 心からの出迎えではなかったのだったかと気付いたのである. それかあらぬかこの時以来, 久保山未亡人に対する圧迫が急に表面立ったのである. 最初の頃は心よく迎えて, 応待して呉れたすず未亡人も, 一日増しに疲労の顔は沈うつの度を加えたのである. 或る時, 部厚い手紙を数通無言で差出して目顔で読めと云うのである. 目にはいっぱい涙をためている. 拡げてみて驚いた. そのいずれもが脅迫的な文面なのである. 後にこの脅迫は益益激しくなり, 故愛吉氏の葬儀終了直後に最高調に達したのであった. それは丁度600万円保証が決定した時でもあったのである. これらの抵抗は, 単に手紙文に限らず遂には投石事件に迄発展し, 一時は彼女は, 家をたたんで知らない土地に移り住むことまで考えたのであった. これと同時に対策本部内での抵抗も次第に露骨さを加えたのである. はたして久保山氏個人の問題に, これだけの人力と労力, 金力を駆使する必要があるだろうかというのがその内容であり, 揚くのはては対策本部不用論に迄発展したのである. 然しながら私は最後迄黙々と努力を傾けたのである. 少くとも, あの仕事に忠実であり熱心だったと自負している. 〔中略〕

永久平和を宣言した我が国が, 再び人類滅亡の武器原水爆の実験の材料に供されたという処に人道上の何ものにも代え難い問題があると思うのである. 然かもその場所が公海上で行われたとしたならば, これこそ日本全民族の死活上の問題であり, この点に於て日本民族の代表たる政府が責任究明に当ったと解釈出来ないだろうか. 600万円と云えば成程, 我々の日常生活否, 大多数の国民生活上から考えれば巨額のものであろう. 一生に見ることの不可能な大金であろう. 〔中略〕

私が一番嬉しかったのは当のすず未亡人が「私は如何なる迫害抵抗にも屈せず夫の遺志を受継いで人類の真の平和の為に原水爆の恐ろしさを世の人々に訴えます」と決意した時だった. この決意に到達する迄には, かなりの苦痛と勇気, 努力が必要であったろうと推察するのである. 以来彼女は, みちがえる様に生気を取戻したのである.

「600万円はいつでもお返し致しますがその代りに私の夫を, もと通りにして返して下さい」これが彼女の口ぐせなのである. この気持は同じ運命にある未亡人達ならば一様に考えることであるであろうし又, 常日頃の合言葉であろう. それだからこそ, アメリカ側としても人道上の責任を解決せんとした当然の代償が600万円だと解釈したいのである. それを事もあろうに同じ日本人同士が, ただ嫉妬の一念から迫害を試みることは, 余りにも情ないと思うのである.

対策本部は名目的存在だったかも知れない. 然しあの当時の情勢即ち国際情勢を微妙に反映した日本としての立場, その上に立った焼津市としては, やはりやむを得ない組織であったと思うのである. この本部設置期間中, 幾多の知名人, 有識者に接する機会を得た. 然しながら最後迄我々を激励し, 我々と共に在った人々は学生と文化人そして勤労者階層であった点も誠に奇異の念を抱かせた問題の一つであった. 特に大物と称される政党人, 財界人, 官僚の訪問もあったが然し, これらの人達が真に原水爆の製造と実験に反対しての行動であったかは大いに疑問とせざるを得ないのであった. 〔中略〕

最後に当然対照されるべき広島, 長崎の犠牲者の問題であるが, これこそ恒久的国家施策がなされるべきであって, それを放任することとこそ重大なる政治責任と云わざるを得ないのである.

(焼津市職組執行委員長)
(焼津市職員組合青年婦人部『創造』創刊号, 56.)

第3節 焼津ルポ・調査記録

3-1 焼津における水爆被災の状況

この実態調査は民主主義科学者協会東京支部水産部会東大班の学生によっておこなわれた。5月19日に報告会がもたれたが，その際の意見を加筆してここに発表し，皆さんのご批判を得たいと考える次第である。
(『水産事情調査月報』編集者)

スパイ調査を行う

焼津港という名をきくと，直ちに第五福龍丸を連想し，「死の灰」水爆マグロを思い出す。まるで水爆マグロの発生は焼津のみで起ったかのように思い出す。死の灰を浴びた第五福龍丸は，皮肉にもラッキー・ドラゴン(幸福な竜)と呼ばれて全世界の人々の記憶にとどめた。

記憶にとどめるような大きな影響をあたえながら，奇妙にも焼津では，三崎におけるような反響はみられなかった。町の人々は，何か原・水爆の問題にふれられるのを，おそれるかのように押しだまっていた。漁協組の幹部や市当局は，せっかく寝入った子を起さないでくれといった風情である。勿論そこには，「原・水爆実験に協力する」との岡崎外相の言明(3月24日)がこの町で具体的に進められていた事情があったのだろう。すなわち多くの地方新聞が憤りをまじえて報道したように，ＣＩＣや国警，公安調査庁による福龍丸の漁夫やその家族，友人関係の思想調査，身元調査が行われ，この方面からの圧迫もあったに相異あるまい。この思想調査，身元調査については例えばカツオ，マグロ根拠地室戸岬をひかえる高知新聞(5月1日附)は次のように報じている。

「国警，公安調査庁などの治安当局は，外務省からの依頼によって第五福龍丸事件"死の灰"をめぐるスパイ問題に関連して同船乗組員の思想，身元調査などを行いスパイ事実の有無などについても調査中であった……この調査が行われたいきさつは大体つぎのようなものであった。第五福龍丸事件が起った直後の3月16日，23日の2回にわたり米国上下院コール原子力委員長は『日本人漁夫は漁業以外の目的で危険区域に入り実験をスパイしていたかもわからない，この点を原子力委員会は調査する必要がある』という意味の言明を行った。さらにストローズ米政府原子力委員長も31日『船長の言明からみて同船は危険水域内にあったものと認められる』とそれぞれ第五福龍丸をスパイ視するよう声明を発表した。この間24日岡崎外相は衆院外務委で『原子灰がソ連に持ち去られたというウワサをきいている』と奇怪な言明を行い……この言明を機に外務省は国警・公安調査庁などに……すでに自主的に調査を開始しているＣＩＣと協力，調査することを依頼した。このかげには疑心暗鬼の米国側が強く外務省に働きかけ"死の灰"のスパイを口実に乗組員の思想，身元調査を要請したともいわれる。」

このような圧迫を陰に陽に加えられたうえに，焼津漁業を特徴づける一船一家主義が基礎となって原・水爆実験を反対する漁民・漁夫の運動は見られず，その声をきくことも困難にしたのであろうと思われる。

一船一家主義

ある船主は次のように語った。「焼津では福龍丸のほかは，繁伍丸と第二吉祥丸に放射能があっただけで，三崎のような大きな被害はなかった。あれからカツオの漁期に入ったので，ビキニ附近にでかける船はないからその後放射能の被害もないわけですネ。」

焼津の漁業は，三崎がマグロ一本でもっているのと異るため，こうした船主の言葉を聞くのだろう。ではどう違うのか。焼津漁協の調査によればサバ釣漁業38隻，カツオ釣46隻，マグロ延繩7隻，その他沿岸漁船が30隻というようにカツオ・マグロ・サバの諸漁業が中心である。そしてマグロ船のうち多くはカツオ漁期にカツオに転換する。福龍丸事件が起った頃は，そろそろカツオに切替えようとし

第4章　焼津市の状況

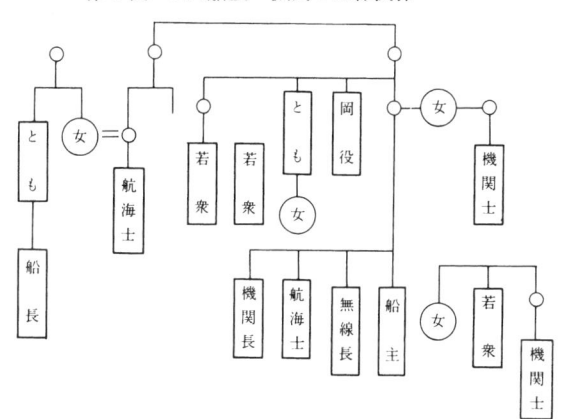

第1表　S丸船主・漁夫の血縁関係

```
                ┌─────────┬─────────┐
                │         │         │
        ┌───┬───┤         │         ├───┐
        │   │   │         │         │   │
    と  （女）＝ 若  若  と  岡  （女）
    も   │   航  衆  衆  も  役    │
        │   海                女    機
        │   士                     関
    船                                 士
    長             ┌──┬──┬──┬──┐
                   │  │  │  │  │
                   機 航 無 船 （女） 若
                   関 海 線 主       衆
                   長 士 長            │
                                      機
                                      関
                                      士
```

ていた時期で，焼津ではマグロ漁期の終り近くであった．その後，多くのマグロ船はカツオに切替えたので，放射能魚類の水揚げは見られなくなった．三崎と異るところである．
それだけでなく，船主たちは焼津は水爆には影響がない，第五福龍丸だけでその他の船は関係がないと宣伝することに急であった．と同時に原・水爆反対の平和運動をすぐ共産党と結びつけ勝ちな船主は神経質になり，さらにスパイ問題もからまり，心の底では深い関心を示しながらも，表に現わさなくなった．
とはいえ，第五福龍丸入港当時は原・水爆の恐怖はすっかり焼津をとらえた．入港船さえ少くなった．N冷蔵会社の従業員は「初め騒ぎが大きくなり，"立入禁止"の制札が立ったときは気持悪かった．その当時は外来船の入港も減り，どうなるかと思った」と語った．魚価は4割方下り，札止め処分になった仲買人も20人を超えた．3月27日は焼津市議会は「原子力の兵器として使用することの禁止」を決議した．
がその後，急速に運動は表面から消えていった．こうした直接の原因はスパイ問題にからむと想像するのであるが，こうした背景には焼津の一船一家主義のあることを念頭に置かねばならない．
焼津の漁業の特徴は，同地における漁業者は，一船一家主義という祖先代々の船主の世襲権を受けつぎ，これにしたがう船頭―船子の労働組織を船主一族または縁故関係の譜代の船員制度でつたえられている．
「漁船の乗組員は一親の同族をもって組織し，船主は親方と呼んで世襲の船主権を所有する一方，漁夫はその船主に対して上長或は親子の観念を以て仕え，清宜の厚き事は実に想像以上の美しきものがある．若し不幸にして不漁の際には，船主たるものは漁夫に対し金或は米を与え，されば，船主は漁夫の為，漁夫は船主のため相互に親子の如き愛情を以てし，漁業一心一体の間柄」であって，歩合金も「漁業を専業とする（漁夫の）家にあって，男子出生と同時に漁業利益の分配をうけ長ずるに及びて次第にその率を引揚げられることになっている」（東海遠洋漁業30年史）勿論こうした家族制度による古い形は崩壊しつつあるがそれでも船内労働組織をみると第1表の様に，漁夫と船主との血縁関係はきわめて強固である．こうした強い封建的な労働関係のもとでは，船主の意向はそのまま漁夫の心をがんじがらめにし漁夫の原・水爆に反対する気運も容易に盛りあがらないのは当然であった．

仲買人・加工業者の被害

第五福龍丸は3月14日午前9時，焼津に入港し，翌15日よりマグロの水揚が始まった．ある漁夫は下宿に帰り「おそろしい目にあった．原爆らしい」と話した．読売の記者がこ

れを聞きつけ，一方福龍丸から病人が2名で
たことを知り，水爆第1報を本社に打電した．
福龍丸の船主西川氏は「14日入港後直ちに市
の協立病院の大井医師の診断をうけ，そのう
ち重いと思われる者2名が東大病院に診察に
行った．3月16日午前7時半ごろ組合長の近
藤氏に報告した」と語った．近藤氏は，焼津
市警察署に報告すると共に，焼津に来あわせ
ていた県の水産係官と水産庁漁港課長にこれ
を報告し，漁協として今後とるべき措置につ
き，緊急役員会を招集した．かくして16日早
朝からマグロの売り止めを行い，15日に売っ
たものも回収するよう手配した．運良く近在
で売られて，六大都市には出荷してなかった
ので，8割は引上げて処分することができた．
翌16日の値下りはそれほどでもなく約1割の
安値であった．17日は定休日で，18日になる
と相場は16日の7割，普通相場の4割安と下
った．外来船の入港がとだえたに拘らず，19
日には18日より更に2割下った．焼津の前途
は暗澹たるものだった．23日頃相場は回復を
示し始めたが，第十三光栄丸が三崎に入ると，
その影響はピンとひびいて，再び下落した．
こうして4月15日までの1週間に，その損害
は5,200万円に上った．仲買人の札止めは20
人に達した．しかしこれも，最初の1週間位
いだけで，その後仲買人は得こそすれ，損は
していない．

現在（〔1954年〕5月中旬）南方マグロは5
割安，近海ものは3〜4割安で，例年マグロは
5月中旬から下るのに，今年は5月上旬から
本格的な値下りが始まっているといわれる．
こうした値下りのなかで，仲買人の金づまり
はだんだんひどくなり，損失補償の要求が強
まってくる形勢にある．ある仲買人は次のよ
うにいう．

「相手がアメリカだから，われわれの損失
補償まではすまい．そういう見通しだから，
われわれは今，政府に対して緊急融資の要
求をし，その交渉をしている．一番困っ
たのはカツオの盛漁期をむかえて，金づま
りのため思い切って買付けできないことで
ある．市の対策本部では福龍丸のことだけ
で，われわれ仲買人の損害については目も
くれない．」

また次のようにもいう．
「われわれは知らずに福龍丸のマグロを出
荷して，そのまま廃棄されたのだから，福
龍の被害については船主よりわれわれの方
がひどい．直接被害だ．それを政府は魚商
の被害は間接被害だというのはおかしい．
その上，放射能のない普通のマグロを福龍
と共に送り出したが，これも廃棄された．
13日頃送り出したマグロにでさえ，送り先
が16日の発表をみて埋めてしまった例さえ
ある．カマボコやサメが一番放射能がある
とうわさされたため，小さな加工業者など
一時どうなるかと思った．」
そして最後に，こんなに心配したり困った
のに対策本部は福龍にかかり切りで……とつ
け加えるのを忘れなかった．

何のための対策本部か

焼津市に原・水爆対策本部が生れたのは，
第五福龍入港直後である．衛生課（福龍の患
者に関係），民生課（福龍の家族の生活に関
係），産業課，市議，以上の4者によって構
成されている．見る通り，第五福龍の対策委
員会に近い．衛生課員はいう．

「設立した当初の目的は，福龍事件の騒ぎ
をとりしずめることでした．騒ぎのしずま
った現在は，ほとんど何もしておりません．
何故って福龍丸関係が主な仕事で，今まで
それぞれおさまるところにおさまり，あと
は漁協や仲買人組合が面倒をみておりま
す．」
では福龍丸の漁夫の入院費や家族の生活は
どうなっているかと質問すると，
「入院中の福龍の船員は国家が入院費を出
しております．家族の生活は漁協と船主が
みております．」
ということであった．結局，行政面は市の対
策本部が担当し，経済的な面は漁協や船主に
まかせていた．こうして現在，福龍丸をどう
するか（船体の取扱，処置）が主な仕事とな
っていた．そして最後に福龍丸漁船船員の家
族については「ここでは漁夫は何時も生活が
苦しいのであって，何も原爆の被害をうけた

からといって平常以上に苦しいことはない」と強調した．また対策本部にいる町の有力者は「新聞は誇大に報道している」といい，まるで水爆被害は新聞の創造のような口ぶりであった．こうした口ぶりのうちからうかがえるのは，水爆被害をなるべく外に現われるのを防ごうという態度である．

前途の暗い漁夫

「水爆で一番苦しいのは俺達漁夫だ．どこからも補償を貰えず，泣き寝入りしなければならない．魚が廃棄されて，その補償が船主にきてもわれわれにはこない．魚が廃棄されれば，それだけ魚がとれなかったと同様で歩合が下るだけだ．船主は補償しないし，またここ〔の〕漁業ではそれが当り前になっています．」

港で会った漁夫は以上のように語った．そこで福龍丸漁夫の家族についてきいたが大約次のことを知った．

福龍丸の漁夫が入院するときは，寝巻から洗面具一切を持っていったが，24名のうち2～3名は大分県からの出稼漁夫なので，家族にも会えず着のみ着のままで入院した．1航海2ヶ月の永い間，仕送りもなく細々とくらしていた家族達は，待ちに待った船が帰ってくれば，金が入るどころか入院騒ぎで，一文なしに使い果してしまった．

県や市では見舞金を出すと何回も新聞でみたが，手に入るのは遅かった．船主西川某からも何の手当や見舞金がこなかった．漁夫の家族はおこって西川某へ押しかけ，やっと1人2,500円程度の生活資金を借り出すことができた．「船主は船と魚をなくすだけだが，われ達は生命をまとに働いて，モルモットか何かのように捨てられる，こんな馬鹿な話はない」といっていた．

「あの人たちはこれから働くことはできなくなることは勿論，結婚することもできなくなるのではないでしょうか」と福龍の漁夫をわがことのように，心配していた．

焼津の漁夫はカツオ漁が終ればサバ漁に雇われてゆく．サバはハネ釣で朝鮮近海に出漁した．ところが，リ・ラインのため出漁不能となり，最近サバ船は42隻から25～27隻に減少した．このため，カツオ漁が終ると漁夫は行先がなくなり，失業となる．こうしたところにもってきて，焼津のカツオ，マグロ船が主に操業する漁場である旧南洋庁海域がビキニ水爆で汚れてしまい，ここへの出漁ができなくなった．カツオ，マグロ船のいくつかは休業にせまられてきた．こうして失業の危機は一層深まってきた．

現在のところ，福龍丸漁夫の家族は，組合が月2万円（平時における歩合金の平均）を家族に払っており，補償がきたら差引くことになっている．どうやら生活しているようであった．がしかし，それが何時までつづくやら，補償がくるものやらどうやら皆目分っていない．将来はやっぱり不安である．

「チョコレート1枚でごまかされちゃたまらねエよ．原爆はやめるべきだよ」と最後に漁夫は附け加えた．

検査官の話

焼津の検査官は開口一番，まずつぎのようにいった．

「ここでデーターは発表できません．生産者に必要以上の新聞報道が行われているため，ここで発表はやらないことになっております．詳細が必要なら本省（厚生省）の方にいって下さい．……とにかく，行政的にいろいろな反響を呼んでいるので，無駄な刺戟をさけるために知らせないわけです．……ええ，県の衛生部長の許可が必要なのです．」

また次のようにもいった．

「それは，学問的に問題にするだけで，新聞のように大々的に発表しないことは分りますが，行政的理由でお断りするのです．……そうです，どんな軽いことでも私一存ではできないのです，問題が問題であるだけに，あやまって報道されては困るのです．」

というわけで，検査の内容及び結果を知ることはできなかった．それでも，検査官も一介の労働者としていろいろな不満や要求をもっていた．第1に労働強化に対する不満だ．漁

船の水揚は早朝からやり，すぐに「セリ」にかかるので，その前に魚体検査を一通りやらねばならない．そのためには夜の11時頃から翌朝にかけて検査を終らしておかねばならない．夜と昼が逆になり，「ふくろう」仕事が連日続く．昼間でも水揚するときは，起きなければならず，おちおちと寝ていられない．

第2に人員の不足・予算の不足である．本年の5月1日から県へ委管されたのだが，人員・予算は依然変化なく少い．

こうした労働強化のなかで，検査の結果如何と真剣な面持の船主の顔をみたり，漁夫の顔をみたりして，彼等もまた次のようにいう．「やつらの実験をやめさすのが第一だ」と．

検査は標本抽出法で行っており，廃棄は汚染グループとして廃棄しているのである．廃棄された魚の放射能の分布をみると，最近は体表より内臓に多く検出されている．とくに，エラ，ヒレに多く，ついで体表，内臓の順である．勿論これは生肉での検査であり，最近は洗っても放射能の差はあまりみられないことが特徴である，と最後に検査官はつけ加えた．

（水産事情調査所『水産事情調査月報』第41号，54.7.10）

3—2　ルポ・死の灰にゆらぐ焼津の表情

なんという多事多難な，いやなことばかり続く1年だったろう．中でも3月14日のアメリカ水爆実験による「放射能の灰」を受けた，第五福龍丸の不幸ほど，世論をかきたて，世の憤りをよび起したものはなかった．

日本人の対米感情は，この一事で全く悪化したといっても過言でない．

しかも，乗組員の一人久保山愛吉さんは，最高の医学陣の努力も空しく，去る9月23日ついに死亡した．はるばる遠洋漁業に出かけて獲って来たまぐろは，放射能のために，その後も幾度涙をのんで廃棄処分にされたか分らない．そのために，まぐろばかりかその他の魚まで売れなくなった焼津では，苦しい生活を抱えた漁師の不幸が続出し，今後，水爆実験が禁止されない限り，その恐怖からのがれることはできないことを，市民は身をもって体験した．独立をしたと言いながら，次から次へと様々な苦しみを背負わせられる，貧しい日本の表情は，「死の灰」にいためつけられた焼津で代表されているとも言えよう．

その焼津市は，水爆実験によって，一体，直接間接にどのような痛手を被っているだろうか．私とカメラの柏原さんとは，現地の様子をたずねて，折しも，久保山さんの葬式を明日にひかえた10月9日，焼津市に向って出かけた．

焼津市は東京から約4時間，静岡からは2駅西によった漁港で，市制がしかれてまだ2年，人口約3万という小さな町である．

その日，東京を出かける時に晴れていた空は，焼津につくころ，冷い雨に変っていた．雨に濡れる焼津の町並みは，人通りも少く，家も人もすべてが無表情に沈んでいた．それは，久保山さんの死に対する町全体の無言の弔意，水爆に対する無言の憤りとも思われた．

私たちは，先ず，市役所の中に設けられた，「第五福龍丸被災対策本部」を訪れ，そして，町のあらましを聞いてみた．

この4月，第五福龍丸が帰って以来，小さな漁港から，一躍世界の焦点を浴びる国際的な町になった焼津市へは，内外人をふくめて日に，2，30人を超える人が訪れるという．

その応接にいとまない対策本部がしていることは，

「いずれ，アメリカからの補償金があるだろうと見込〔ママ〕して，家族のために月2万円ずつの生活費と，病人見舞いのために月3000円の費用を政府から融資していること，廃棄したまぐろその他の魚の損害を見積って，それに相当する補償金を，やはり融資の形で渡していることだけです」

ということであった．

しかし，一番困難なことは，被災対策の根本的な解決が，アメリカとの交渉によるもので，日本側が，間接的な損害補償（家族の生活や，病人の今後の補償，その他，水爆実験によるあらゆる損害をふくめたもの）として30数億を要求しているのに対して，アメリカ側は，直接補償として80万ドルから100万ド

ル，約3億6000万円ぐらいですませたいと考えて，そこに大きな喰い違いがあることである．アメリカに，その良心の苛責，人類への大きな愛がない限り，ことの解決ははかれないということである．

市では，おそまきながら久保山さんの死の前日，9月22日，補償金の問題もふくめた水爆実験反対の市民大会をひらいた．市議会も，水爆実験反対を決議してこれを全国市議会議長会議に提案し，又，一方，政府にもそれを強く要望するなど，この問題に対する運動は，ようやく活潑になって来ているということであった．

福龍丸の船主西川さんの話〔略〕

久保山さんの死をめぐって

水爆の初めての犠牲者である久保山さんの葬儀は，漁業組合が中心になって，全国でも珍しい漁民葬として行われた．

いよいよその日を明日にひかえた久保山さんのお宅では，悲しみのすず未亡人を初め，3人の遺児，近親者，同じ被災者の御家族の方々にまもられて，しめやかなお通夜が営まれていた．小さな祭壇には，所狭しと花輪や供物が捧げられ，その中央に，39歳の生命をついに閉じた，久保山さんの生前の静かな写真が飾られてあった．

この歴史的な悲しみによせる全国からの同情は限りなく，アメリカその他の外国からのものも混ぜて，実に電報400通，手紙は2,000通を越えていた．既に，新聞では，政府からの弔慰金として500万円，アリソン米大使から100万円の弔慰金があったと発表されていた．

しかし，それにもまして，100円，200円という細かな金額が，ありとあらゆる階級の人から寄せられていたことは，久保山さんの死に対して，どんなに国民が深い同情と関心をしめしたか，充分に推しはかられることであった．

　　おれのおやじも戦争で死んだ．
　　その涙のかわかぬうちに
　　久保山さん

　　あなたの死が私の頬を濡らした
　　おやじが死んだあとの
　　おふくろの苦しみを
　　これから幾年
　　あなたの奥さんが苦しむのかと思うと
　　私は祈らずにはいられない
　　平和を……

きたしま・まさかずという東大の生徒からよせられた，この詩は，作曲され，焼津高校生たちによって，出棺の朝歌われた．

いとけない3人の遺児たちによせられた，同じ年頃の童心も，また，ひとしお涙を誘うものが多く，中には，お父さんを亡くして淋しいみや子ちゃんへといって，自分が大切にしていた人形や，おはじき，おてだま，写真などが，慰めの手紙とともに送られて来ている．

しかし，こうした純粋な愛情に囲まれながら，久保山家の人々の表情は，何故か突然の訪問者である私たちに向って冷く，かたくなにこわばっていた．

それは，初め，悲しみの中にいきなり訪れた私たちの存在が，先方の心に痛くふれたのかと思われた．連日の多忙で疲れたところを恐縮に思ったが，すずさんたちの写真を撮らせて貰おうとすると，傍から強く反対される親族の方があった．

世界の良心に向って，いまこそこの悲しみ，この憤りを，訴えなければならぬ時にあたって，一体これはどうしたことなのか，私たちには，何もかもが理解されないことだった．

しかし，それは，次第に納得されて来た．

というのは，水爆実験の犠牲となられた久保山さんの死の意味が本当に理解できず，600万円という弔慰金や，その他の見舞金がよせられたことに対して，周囲に，物凄い反撥の目があるということであった．

「どんなに貧乏でも夫を頼りに何処へも気兼ねなしに暮せる身分はどんなにいいことでしょう．お金をいただいたといっても，3人の子を抱えて私はどう暮していいか分りません．夫は二度と帰って来ません」

というすずさんの傍で，久保山さんの実の姉さんが，

「久保山さんは沢山のお金を貰っていいことだ．あんたらも少しは貰えるでしょう．そんなことを私らに告げる人もあります．こんなひどい批難を受けて，死んだ仏がどうして成仏することができるでしょうか．せっかくたずねて来て下さった皆さんに，今さら，こんなことを申し上げるのは悪いことですが，新聞や雑誌で有名になるのは，わたしらにはかえって怖ろしいのです．どうか悪く思わないで下さい」

と，涙ながらに語られた．

何ということだろう．

私たちは唖然としてしまったが，久保山さんへの手紙の中には，愛情の溢れたものの他に，例えば，

「無事に亡くなっておめでとうございました」とか，

「海に生きる人が海で死ぬのは当り前だ．金がくるといっても辞退をすべきだった」

というような手紙が少なからず届けられていると，ある新聞記者が語っていた．

久保山さんの遺骨が帰って来た時，この町の未亡人たちだけは結束しておまいりに行かなかった．

葬式当日は，葬儀場には安藤国務大臣，アリソン大使を始め沢山の花輪が飾られ，静岡大学を中心とする学生の一団や，北朝鮮の婦人たちの動きが目立っていたが，パチンコや料亭が休業した他，町の人は殆ど無関心を装っていた．

「同じ死んでもなあ，病院で手当を受けた上に，たんと見舞金を貰い，立派な葬式もやって貰って，なんちゅういいことずら，わしらも灰をなめて死にてえもんだ」

通りすがりや近所の人たちの，羨望と嫉妬をこめたこんな言葉が，あちこちでささやかれていた．

毎年30人も40人も，海で死ぬ人がいるこの町では，人一人の死は大した関心事ではないと考えることも出来よう．しかし，すべては，あまりにも，貧しすぎる生活の結果が，こうした言葉を吐き出させてしまったのだろう．

夫を失った悲しみの上に，このような冷い眼の監視の中を，3児を抱えて生きて行く，すずさんのこれからの道は並大抵のものではない．殊に，久保山さんに一時に入った700万円近い弔慰金は，あらゆる人の異常な関心をそそっている．今は，斎藤静岡県知事が相談役になって預っているが，どうか，そのための不幸が一家の上に起らないでほしいと祈ったものは，あながち私たちばかりではないと思う．

水爆による焼津の損失

だいたい，ここはしばらく前まで，小さな鯖船で稼いでいたところであった．27年に李ラインによって済州島方面から締め出しを喰い，次に開拓した三重近海からは追い出され，これでは駄目だとまぐろ，鰹の専用船に切りかえた途端に，こんどの水爆事件であった．ただでさえ不安な漁師の生活は，全く底をついてしまったのである．

それにしても，水爆による，焼津市全体の魚の損失は一体どのくらいなのだろう．

私たちは日本一を誇る漁港，焼津港の漁業組合を訪れてみた．とにかく，水爆以来，焼津の魚類は激しく減価した．その詳細は次の通りであるが，大体以前の半値にガタ落ちしている．市民の6割までが漁業に関係する焼津市で，これはどんなにつらいことであろう．

私たちの訪れた朝，焼津では初めて鰹に1600カウント以上の放射能が現れた．早速，塩カラが返品になって来た．今まで，放射能のため廃棄した魚は右のまぐろ類の他に，ばしょうかじき，しいら，さめなど全部で9700貫．1貫あたり500円平均と安くみつもっても，全部で485万円の多額のものになる．

種　　類	事件前の値段	事件後の値段
黒まぐろ (すしなどに使うもの)	1貫目 2900円	1貫目 1900円 1200円
ばちまぐろ (家庭などにゆくもの)	700円 800円	300円 500円
きはだまぐろ (　〃　)	800円 750円	330円 400円

事件当時は，そんな安値でも買取人がないばかりか，なると，かまぼこ類の加工品も全く出荷不良になってしまった．今は，厳重な検査を経るために，かえって焼津のものは安

全になった．一時，契約が破棄されて心配されたアメリカへの輸出ものの罐詰や冷凍まぐろも，検査済のマークをつけることによって，常態に復したという．これで，アメリカからオミットされれば，年額34億円という多額のものが日本に入らないことになったのであった．

ところで，放射能のあった今朝の鰹は南硫黄島附近でとったものであった．最近は，琉球の東南や，八丈島の南方の青ケ島附近など近海ものからも放射能が出て，赤道を越えたあたりまで行かない限り，もはや，近海はどこが安全とも云えなくなった．精密検査をひき受けている静岡大学の冷蔵庫は，放射能の魚でいっぱいだという．

焼津港が最も活潑に動くのは，夜中の12時ごろから夜明けの5時ごろまでで，その間に，船から獲って来た魚を水揚げする．日に平均2万貫〜5万貫の魚を，6人のガイガー測定検査官たちが調べて歩く．時には，遠くから帰って来た漁師たちとの間に，無言の，必死な闘いがあって，その辛さは身を切られる思いだという．

放射能の魚は，初め，地上から約2米下に穴を掘って埋められたが，近ごろは，前記の青ケ島の西60粁のあたりの深海に持って行って棄てる．一睡もしないで，生命がけで獲って来た魚を，そのまま同じ船で棄てにゆく漁師の気持はどんなだろう．棄てる魚はみんなまとめて籠に入れ，紐でしばり，おもりや石を入れて棄ててくるということである．

せっかく獲って来た魚も廃棄することになれば，漁師たちは一銭の収入にもならないわけだが，一休，船子は，1航海でどの位の収入を得るものだろう．焼津の漁業形態は，いわゆる封建的な歩合制で，次のような配分によって分けられる．

```
水揚総額 − 航海経費をひく − 残 額 ┌船 主
  700万       400万       300万 │60％
                                 │180万
                                 ├船 子
                                 │40％
                                 │120万
                                 └(人数で
                                   分ける)
```

かりに，700万円の水揚総額としてみると，船主は税金，船の修繕費など出さなくてはならぬとしても180万円の収入になり，船子は，120万円を人数で分ける．20人なら6万円しか貰えないのである．

漁がなければ欠損で船子は一銭も貰えない．船主は船子の面倒をみることになっているが，船子に泣きつかれて渡したお金は，全部船子の借金として残ってゆく．

貧しいその日暮しの漁師たち

この町の高校生たちが組織する「おりづる会」が，「死の灰」の事件をきっかけに，調査した「漁師の婦人の生活」によると，一般漁師の月収入は大体5000円〜6000円であり，あるおかみさんの話では，「この2月から4月まで，たった5000円しか入らない」という例もある．

不幸にして海で死なれても，家族は僅かの弔慰金と低額の船員保険では，その日のうちから食べるのに困る．

戦争未亡人も含めて，焼津市には400人以上の未亡人だけで組織する睦会とかニコニコ会があるが，その人たちは殆ど毎朝一番列車で静岡や浜松へのかつぎやをして暮している．内職は1日，20円の米麦のゴミ取りから，水産加工の150円までいろいろあるが，その20円30円の仕事もありつくには容易でないという．魚市場に働くある未亡人に，その収入をたずねたが，その人は，「恥ずかしくて言えないンです．豚の生活です」とどうしても語ってくれなかった．

こんなに貧しいところであるから，福龍丸の被災者が月2万円の生活補償を受けた上に，3000円の上京費，50万円の見舞金を貰ったことに対して，どうしても寛容になることができないのだ．

しかし，その50万円のお金も，実は，漁業組合にあずかったことになっていて家族の手には渡っていない．福龍丸船員の家族の中には，家中で，罐詰工場その他に働きに行っている人もある．

私たちは，子供のPTA会費30円がなくて，自分の身からはいだ腰巻を質屋に持って行ったという漁師のおかみさんの話を聞いた．

そこで，市民の生活のバロメーターといわれる公益質屋に訪れてみた．

月に3分（100円なら3円）という安い利子の公益質屋は，全く，漁師たちの最大の金融機関で，ちょっとでも不漁が続けば，漁師たちは軒並誘い合ってやってくるという．特殊な町であるために，1世帯1万円まで，期限は4カ月までということになっている．

「これで100円」

と云って出されたある質草の包みには，もう，売物にならないような子供のオーバー2枚が入っていた．もう一つの包みは，女物帯，子供の夏服，腹ガケ，洗い曝しの浴衣，カッパー着など，さっきまで着ていたのではないかと思われるものが10枚近く，それで230円を借りて行ったというのだ．みんな，その日の米代である．

今年は放射能のせいか，利用者がぐっと増えたという．

質屋の話を聞きながら，私たちは，水爆のもたらした被害の大きさと，その小さなオーバーにすがる貧しい生活を思って暗然としてしまった．その上，気ままにぬいたカードには，大抵の家に7人，8人という子供たちがいるのだ．

「板子一枚下は地獄」という漁師たちの生活には，すべてに計画性が欠けている．それにもまして，船主に飼いならしになっている船子たちには，近江絹糸ほどの，目覚めた労働意識さえもない．

実際，40をすぎたら，身体がだめになってしまって，まぐろ船ではなかなか使ってくれないというような激しい労働をする漁師たちに，大漁，不漁を平均して6000円の収入ではあまりにも少なすぎる賃金ではないか．

年を聞いてみると，意外なほど見かけより若い40代，50代の人たちが，鰹や鯖の近海船でも傭ってもらえず（又，鯖船などは不漁のためにかえって借金を残してしまった）陽焼けした顔を淋しくうつむけて，家のすみで網の繕いその他の内職をしている．

激しい冬季の労働や，たまに上陸した折の遊興のはてにかかった，悪性の病気などで半身不随になった老人の姿は，ちょっとした露路裏の陽だまりに幾人でもみかけることができる．

私たちが魚市場に行った時，ちょうど金華山沖から帰ったサンマ船があった．朝，まだ明けきらないうちなのに，沢山の子供たちが，籠からこぼれるサンマを拾いにやって来ていた．それにまじって，ひどいリュウマチの老人が，冷たそうなゴム草履を紐で足にしばりつけ，びっこをひきひきやって来ていた．陽にやけた顔には，かつての逞しい漁師の面影がしのばれた．

しかし，老人は，頭がとれたり，腹がつぶれたりした魚だけを自分の袋に入れ，完全なものは籠の中にかえしていた．その魚が，どんな苦労のはてに獲って来たものであるのか分るだけに，働くこともできない今は，そうして売物にならないものだけを，せめてもの自分の食料として拾っていたのだろう．あわれを誘う光景であった．

「漁師には絶対にお嫁に行きたくない」

と，焼津の娘さんは異口同音に答える．

福龍丸の船員の一人，吉田勝雄さんの許婚者だった，杉本春枝さんのように，再度の吉田家からの解消の言葉にも，変らぬ愛情を捧げている女性もあるが，福龍丸の若い患者たちは，それで相当のショックを受けて重くなったという．

又，母親たちは，「子供には漁師をさせたくない」とみんないう．しかし，「今のままの制度では，どんなに頭がよくても上級の学校にやれないし，親の借金のために子も又，同じ船主のところに働きに行かなくてはならない」とつけ加えていう．

「こんな風に，船主だけがもうけて，船子はいつまでも苦しい生活をするような制度が改まらない限り，アメリカからの補償金が来たとしても，おそらく船主だけのものになってしまうでしょう．漁業組合はあっても，殆ど船主たちの利益機関のようなものである限り，焼津は本当に明るい表情をとり戻すわけにはいかないでしょう」

ある，教育家の言葉であったが，久保山さんの死は，水爆反対，ひいては，世界平和への尊い犠牲であると同時に，漁師自身が，封

第4章 焼津市の状況

建的な制度の貧しさから解放されるか否か,そのためにも,一つの大きなきっかけになっている.

それにしても,葬儀当時のアリソン米大使の弔詞には,約束されていた市民へのお詫びの言葉は一言もなかった.

しかも,アメリカは,水爆実験の禁止を言明していない.

まことに,久保山さんの死は,幾重にも無駄にしてはならない.

附記・10月26日の新聞では,補償金額について,アメリカ側が譲歩していることを報じている.

(北原節子記者)
(『新女苑』54.12)

第5章　被災問題に対するアメリカの態度

〔概　要〕

　第1節から第5節までは，ビキニ被災にたいするアメリカ側の態度にかんする当時の新聞報道を収録してある．

　「放射性物質の影響と利用に関する日米会議」は内外から大きく注目された．これについての日本学術会議の報告，日米共同発表の全文を第6節に収録した．

　なお1954年6月17日，米上下両院合同原子力委員会は，アリソン駐日大使を本国へ呼んで，ビキニ事件を議題とした秘密会議をひらいているが，ここでのかれの証言内容は入手できなかった．

第1節　被災と放射能汚染について

1—1　ストローズ米原子力委員長の1954年3月31日付声明（第1編第2章第1節1—1参照）

1—2　"日本は大げさだ"（米両院原子力委パストア委員が正式声明）

【ワシントン特電（AP）】日本から23日ワシントンに帰った両院合同原子力委員会のジョン・パストア委員は「ビキニ水爆実験で日本人漁夫が受けた負傷は大したことはなく，あとあとまで悪影響をのこすようなことはないだろう．最初の報告は不幸にして事実をずっと大げさに誇張したものだ」とコール原子力委員長に報告した．報告書要旨次のとおり．

　日本で原爆被害〔傷害〕調査委員会（ABCC）の活動を視察しているさい，私は第五福龍丸に乗組んでいた日本人漁夫23名の不運な事件について役に立つあらゆる事実について米政府から報告を受けた．私は日米両国政府が事件を調査中でアメリカ政府が被害者の治療について日本の医師を援助せよという命令を出して，あらゆる医学的な助言を与えまた相談にも応じていることに満足している．不幸にして最初の報告は事件を誇張し，漁夫の被害を事実よりはるかに重大なもののように思わせた．東京を出発する直前に私は合同原子力委員会の委員2名とともにABCC委員長ジョン・モートン博士と要談し次のような事実を教えられた．

一．ABCCの副所長槇博士は焼津協立病院に入院中の乗組員21名を診察し，その負傷が耳のわき，鼻，背の軽い火傷程度でごく軽いものだと報告している．

一．このほか2名の乗組員は幾分重い火傷を負っており，東大病院に入院している．モートン博士がこの患者を診察したが，同博士は2人とも首の後部に火傷をしており，また1人は上頭部に火傷していると報告している．血球数は平常で頭髪は抜けていない．

一．第五福龍丸は日本の管理下に置かれており，今日（〔1954年〕3月19日）始めてモートン博士とその科学者の一行が調査する．モートン博士と討議した結果，私のえた結論は第五福龍丸の船員がうけた被害はマーシャル群島の264名の土民がうけた被害よりも

長くはあとをひかないということである．23名の日本人漁夫の場合は火傷があるが，土着民にはこのような症状はみられない．私はこれらの火傷は危険なものではなく，長くあとに残る症状ではないとの話を聞いた．完全な報告は東京での調査の結果与えられるだろう．
(『読売新聞』54.3.24)

1—3 被爆漁民スパイとも思える（コール委員長が重大発言）

【ワシントン発 AP＝共同】 コール米上下院合同原子力委員長は，〔1954年3月〕23日，ビキニ水爆実験で被爆した第五福龍丸の補償調書につき更に次のように語った．

現在被爆当時の状況調査が行われているが，この調査は3週間ぐらいでは終らないだろう．また政府のいかなる機関といえども議会の承認なくして損害補償は行えない．米政府が補償するかどうか，あるいはいつ補償を支払うかを決定するのは議会の権限である．日本人漁船および漁夫がうけた損害についての報道は誇張されているし，これら日本人が漁業以外の目的（スパイの行為を意味する）で実験区域へきたことも考えられないことはない．
(『産経新聞』昭54.3.24, 夕刊)

1—4 実験場接近理由を調査せよ（米合同原子力委員会の両議員）

【ワシントン発＝AP特約】 米両院合同原子力委員会の委員である下院のプライス（民主党），ヴァン・ザント（共和党）両議員は〔1954年3月〕18日，去る1日の太平洋ビキニ環礁における水爆実験の際日本人漁夫を含む300名に近い部外者が放射能によって被害を受けるほど接近できた理由について議会で調査を行うよう要求して交々つぎのように述べた．
一．ソ連のスパイ行為に対する保障と保護が必要である．日本漁船が明らかに発見されることもなく実験場に接近できたとすれば，ソ連が潜水艦を用いてスパイ行為を行ってもこれを防衛する保障はないことになる．

議原子力委員会は事態を完全に解明するためあらゆる関係者を喚問すべきである．共産側が日本漁船の被災事件を世界的な反米宣伝に利用すると思われるのでこの調査結果は公表すべきだ．
(『東京新聞』54.3.19)

1—5 反米的動きを警告（ビキニ被災問題に在日米高官）

【アーネスト・ホーブライト UP副社長兼極東総支配人記＝共同】在日米高官の中には水爆テスト問題に関して日本側が行っている無責任で虚偽の言辞にもう，うんざりし始めている者がある．信頼すべき筋は〔1954年3月〕31日UPにたいし次のように語った．

「米国人は"反米主義"の問題に相当考慮を払っているが，日本人も自分たちが"反日"感情を生ぜしめていないかどうか反省すべき時期がきたようだ．」在日米要人のあるものは日本側の批判の大部分は"反米的"であり"完全に一方的"であると指摘している．米国人官辺および一般市民の態度というのは次の諸点に要約されるようだ．
一．日本人または他の誰でもが好む好まないにかかわらず米国は太平洋においてテストをつづける．
一．危険区域に立入らないよう日本人に十分な警告を与える．米国はテストの日時を予告はしないだろう．予告すればスパイや米国の敵を援助することになろう．
一．危険区域に立入る者は自分の責任で立入ることになる．
一．日本人が"原爆の灰"をかぶったのは偶然であって故意によるものではない．しかし多くの日本人はあたかも米国が故意に"原爆の灰"をかぶせたかのように話している．
一．太平洋でテストされている原爆は後日侵略者の攻撃に対して日本を防衛するために使用されるかもしれないのである．
一．今度の事件について日本は米国との友好関係を促進するように動くべきである．日本の絹輸出を半減させるかもしれない法律の改正のように他の問題について米国から

好意ある取扱いを受けたいと期待するなら，なおさら日本人は自らの言動に十分な考慮を払わなければならない．」

(『日本経済新聞』54.4.1)

1―6 米大使，初めて遺憾の意（ビキニ被災事件で）

アリソン駐日米大使は〔1954年4月〕9日午後6時半，「アイゼンバッドおよびモートン両氏が日本を去るに当り，ここに米国政府の名において，再び福龍丸の不幸な事件に対する深い遺憾の意を表し，入院中の乗組員の回復について懸念している．米国政府が被災者とその家族に対して補償し，また将来このような最も不幸な事故の再発を防止するためできうる限りの措置をとる意向であることは私がすでに発表したところである」との声明を発表した．これは，アリソン大使声明の形がとられてはいるが，当然米本国政府の意向でもあり，ここに米政府ははじめてビキニ事件について遺憾の意を現わしたわけである．ビキニ事件をめぐる日米間のわだかまりの最大原因はこのような米側の態度がこれまで一度も公式に表明されなかったため，日本側が釈然としない点にあったことを米国政府としても認めざるを得なかったものと解されている．しかし，日本政府に対して外交的措置としては通告されなかった．

なお米大使声明には「再び遺憾の意を表明する」とあるが，外務省側では，これまで一度も公式には遺憾の意が表された事実はなかったから「再び」というのは当らないとしている．

声明要旨

アリソン大使の声明要旨次のとおり．

アイゼンバッドおよびモートン両氏が東京を去るに当り，私（アリソン大使）はここに米国政府の名において再び遺憾の意を表し，両病院に収容中の被災者の回復を祈るものである．私はすでに被災者とその家族のために米国政府が補償をし，将来このような不幸な事件の再発を防止するための，でき得る限りの処置をとる旨を表明した．

モートン氏とそのスタッフは3月18日，アイゼンバッド氏は22日東京に着いた．その到着以来次のような結果が出ている．

1．日本で彼等のした試験はアメリカ本国における長く詳細な放射能の研究の結果と完全に一致していた．このことは大気および大海の水あるいは気流が長期にわたって汚されるのではないかという不安の念が根拠のないものであることを立証した．

そしてアイゼンバッド氏は彼の長い研究の結果を日本の科学者に提供した．

2．ア氏はマーシャル群島で行われた原子核の熱分裂の研究成果を日本側に知らせた．

これらの研究は3月24日に出された「放射能は実験地域のごく周辺以外に海流によって運ばれていない」との声明の根拠になっているものである．今後も放射能があったという報告は時々あるだろう．

3．ア氏は海洋生態学の重要性を認め，原爆被害調査研究委員会委員長小林博士を通じてアメリカの原子力委員会としてはこの分野の調査を続けようとする日本の科学者に，今後も喜んで経済的な援助を与えることを伝えた．

4．彼等は日本の科学者と協力の上，現在日本のマグロ漁業にはなんら商業的な障害がないことを確認した．私は日本の業者筋から業界としては問題はすでに解決され日本のマグロ漁業はしばらく前から通常の操業をしているということを聞いている．

5．患者を担当している日本側の医師と協力の結果，彼等は福龍丸に降った灰の放射能は入院中の患者の体内には問題にするほどは入っていないと推定した．ア氏は日本に着くや否や日本側の調査員との問題を詳細に討議し漁夫の尿を放射能学的，化学的に分析して問題を単なる推測の域からはずすことを促進した．このような技術や施設は日本にないのだが，それがあれば患者の体内にどのくらい放射能が残っているかが量的に判るものである．

ア氏は23人の漁夫全部に対してこのような分析を行うことを提案した．2人の患者の尿がア氏に渡され同氏はこれを米本国に航空便

で送った．その後5人のサンプルが渡されてアメリカ本国で分析した．すぐにその結果は外務省に報告する予定である．残り21人の細胞の中に入っている放射能が今後障害を及ぼすかも知れないことはある程度見極めうると思う．しかし灰から来た外部の放射能によって受けた傷は残るが，漁夫たちははじめに受けた傷から徐々に回復しつつあるものと私はきいている．

アメリカの科学者たちは23人の患者にどのような処置をとればよいか適当な提案をすることは今のところできない．というのはこれまで患者に対する必要な事前の診断をするだけの機会を与えられなかったからである．

私は最後に次のことをアメリカ政府のためにふたたび強調したい．本国政府としてはわれわれの力のおよぶ範囲で23人の患者の治療のためにどのようなこともする用意があり，この最も不幸な事件から尾を引いて出て来る諸問題の解決のためいかなる援助をも差出す用意がある．

(『朝日新聞』54.4.10)

第2節 「死の灰」と船体の処理について

2—1 灰の正体，近く米で発表（モートン博士の談）

〔前略〕ビキニの水爆遭難事件の調査に乗出したアメリカ側から〔1954年3月〕18日朝第1陣として広島ABCCの所長ジョン・J・モートン博士ら6名が空路東京に到着，ただちに活動を開始した．このうち団長のモートン博士は午後5時30分アメリカ大使館のレオン・ハート1等書記官と外務省を訪問，古内同省参事官と調査方針を打合わせたのち，さらにアメリカ大使館当局と協議を重ねたが同日夜宿舎の帝国ホテルでアメリカ側の態度について次のような一問一答を行なった．

——第五福龍丸の"死の灰"については東大の都築名誉教授も患者の適切治療のため人道上の見地からアメリカはプラスとなる資料を発表すべきだといっているが……

私はこの灰について近くアメリカが何らかの発表をすると思う．

——分析の結果，水爆かリチウム爆弾かわかるか……

何ともいえない．

——日米合同調査について主導権は日本がもち，アメリカはまず資料を提供せよとの声が日本の学者の間にあるが……

私もそうあるべきだと思う．〔後略〕

(『読売新聞』54.3.19)

2—2 米側，回答取止め（放射性物質の質や量）

既報，〔1954年3月〕19日東京都庁で開かれた「市場原爆魚類対策協議会」で極東空軍医学研究所科学研究員デーガー大尉から「灰にふくまれている放射性物質の質，量，寿命などについては19日午後日本側の期待に応えるだけの回答をする」という発言があり，日本側は回答に大きな期待をよせていたが，20日午後3時駐留軍公衆衛生部長マグニッチ大佐とデーガー大尉は与謝野都衛生局長を訪れ，この問題については政府間の交渉にまかせたい．今後とも情報交換をお願いする．との話があった．このため放射性物質についての具体的回答はうち切られたものとみられる．

東大名誉教授都築正男博士談

被害者の治療上，灰に含まれている元素がわかれば好都合だが，アメリカ側で教えないというのなら無理に頼むこともない．あと暫くすればこちらの分析結果も一段と進むから適切な治療ができるだろう．しかし，人道的立場からいえばアメリカは当然灰の元素を教え速かな治療に協力すべきではないだろうか．

(『毎日新聞』54.3.21)

2—3 横須賀回航に反対（福龍丸処分，東京大学調査団申入れ）

現在焼津港波止場の対岸につながれている第五福龍丸の処置について17日焼津に行った

東大中泉教授は焼却するなどもっての外で，このまま保存すべきだといち早く処分問題について態度を明らかにしたが，その後極東海軍から「横須賀にえい航して処分したい」との申入れがあり，更に昨22日清水海上保安部から船主の西川角市氏に米軍の要請としてこの旨の連絡があった．

これについて東大治療調査団では強く反対の態度を示し，都築博士がABCCモートン博士や米原子力委員会アイゼンバッド博士にこの旨申入れることになった．

これについて都築博士は「すでに相当浸水しはじめた福龍丸をえい航すれば途中で恐らく沈むだろう．その時になってどんないいわけをきいてもこの貴重な研究資料はかえってこない．日本政府で買上げて各国学者の調査研究の資に供すべきだ．もし第五福龍丸を沈めるようなことがあれば日本は世界の学者の笑い物になるだろう」とつぎのような反対理由をあげた．
1．今後も患者の治療に必要な資料である「灰」が船内にまだ残っている．
2．放射能の減りかたを調べて今後都市が原爆に見舞われ汚染した場合の対策を立てねばならぬ．
3．魚の汚染問題についてももっと精密な学問的結論をだすことは水産国日本にとって特に重要だ．

しかし，この第五福龍丸の処分問題は日本側調査団が調査結果を公表している現状に不満を抱き合同調査団を提案する米国側の基本的な態度に関連するもので，成行が注目されている．

都築教授談　船を処分しようという態度は了解に苦しむ．不幸なギセイを払って与えられたこの貴い資料は是非日本で管理して23名の治療に役立てたい．

(『東京新聞』54. 3. 23)

2—4　外相，微妙な回答　（福龍丸引渡し反対に）

衆議院厚生委員会委員長小島徹三氏（改進党）は24日午後，院内で岡崎外相と会見，同日午前，厚生委員会できまった「第五福龍丸を米国に引渡さないよう要求する」旨の決定に基づいてこの主旨を申入れたが，会見後小島委員長の語るところによると岡崎外相は次のように語ったという．

「米国から第五福龍丸を引渡してほしいとの申出はない．しかし第五福龍丸の船体の一部あるいは第五福龍丸の乗組員が被災当時着ていた衣服などを持ち去ろうとするある特定の人の動きがあるし，この警戒が問題だ．また第五福龍丸の放射能が，どのような変化をしていくかの研究も大切だが，この放射能を短時間に除去するにはどうすればよいかという研究も大切で，これらの点をあわせ考えると第五福龍丸を焼津においておくことは考えなければならないのではなかろうか．」

(『朝日新聞』54. 3. 25)

第3節　被災者の診断について

3—1　日本医師の抗議心外　（井口・スミス会談）

【ワシントン特電（INS）】（ゴードン記）井口駐米大使は〔1954年4月〕22日，ビキニの第五福龍丸船員被災事件についてビードル・スミス米国務次官と20分にわたって会談した．

終了後大使は次のように語った．

「アメリカは23名の日本人被災漁夫に援助を申しでていないという日本人医師団の声明を"訂正"するため何か手が打てるかどうかすぐに本国政府と交渉したいと思う．21日日本で発表された日本人医師の報告は"若干疑わしい"ところがあり，自分としても一部"訂正"するよう希望する．」

また米国務省スポークスマンは被災漁夫の治療についてしばしばアメリカの医師に要求しながらまだ何らの回答も受けていないという日本人医師たちの声明をあげて，次のように語った．

「ビードル・スミス国務次官はアメリカ側としてはすでに援助を提供するためできる限りの努力を払ってきたのに日本側がこれを受

けいれないというのは憂慮すべきことだと考えているといい，井口大使からこの米政府の懸念を日本政府に伝えて今回の事件全体について全般的な協力の精神を発揮するようできる限りの手を打ってくれることを希望するとのべた．これに対し，井口大使は直ちに本国政府と協議して米政府の希望を伝える旨を答えた．アメリカはすでに機会あるごとに公式にもまた非公式にも日本人漁夫の被災に対し遺憾の意を表明し，治療のうえでもまた賠償の点でもともに喜んで援助したいと申入れてきた．だが漁夫への賠償問題については賠償の必要額を判定する十分な基準をもっていないというところに大きな難点がある．また治療の面ではアメリカの原子力，放射能障害専門医たちはこれまでのところ極めて簡単な情報を知らされただけで被災漁夫に近づくことができなかった．日本側がアメリカ人医師の臨床診断を許すことをためらっているのは一部は外人の医者に対する患者の不安からきているが，主として日本人の医者たちがすすんで外部からの援助を認めようとしたがらないところにある．日本政府はアメリカ側専門家との連絡委員会を設けたがこの委員会を通じてもアメリカの医者たちは患者と会うことを許されなかった．EDTA洗剤について照会して来たのはこの委員会であり，われわれは直ちにこの照会に答えた．この委員会はまたある種の抗生物質を要求したが，われわれはこれにも応じた．ただしこのほかに同委員会はなにも要求していない．」

さらに同スポークスマンはアメリカがとっている態度について次の4点をふたたび強調した．
1．アメリカは患者の治療に役立つことならなんでもしたいと考えているが，そのためにはアメリカ側による患者の診察が不可欠である．
2．治療，助言ないし必要な薬品は，従前どおり日本政府，患者およびその家族に負担をかけず無料で与えられる．
3．患者に対する損害賠償は傷害について医学的な決定が下され次第支払われる．
4．アメリカは患者家族への援助または治療のために必要な費用について暫定的な賠償を日本政府に支払うことを保証した．
(『読売新聞』54.4.23)

3—2　ビキニ患者と日米医学陣　(清水健太郎)

ビキニの水爆実験被害者23名をめぐって日米間の感情疎隔がしきりに伝えられ，外交上ゆゆしい問題の如く取ざたされている．私のもとには「お前がアメリカの圧迫に抗して日本医学を守っているのはまことに感心である．よろしく権力に屈従することなく大いにがんばれ」という激励(？)の手紙だの「2人の患者がお前の方にいた間はたしかよく新聞記者にも会わせ，アメリカの医師などにも見せていたではないか．それが内科にうつってから急にだれにも会わせなくなった．一体どうしたわけなんだ」と不平をブチまけてくる人など，ありとあらゆる投書がある．

お医者の診察をめぐっての日米の関係については，それが今度の事件の補償にも，ひいては日米の貿易などにも影響するなどと大げさに考えている人もあるらしい．世の人の誤解していることがあったら，それを知っていただくのは私の義務であると考える．——一言にしていえば，それらの心配は"キュウ"(杞憂)である．

米側の診察

〔1954年〕3月19日の朝のことである(15日に2名が東大に入院した)．多数の新聞社の方々が早くからつめかけて「きょうアメリカから医師が来て患者をみるそうですが」という．こちらにはどこからも連絡がなく，全くキツネにつままれた様な気持であった．11時になってABCCのモルトン博士一行が来られた．モルトン博士をはじめジャック・ルイス博士，メソー・シーアース博士，下村誠一，藤井崇両医師，土取かつみ看護婦，榎弘医師(保安隊)，永井勇博士などである．

朝からまだ見ていなかった新聞をみると，ある高官の談として「アメリカの偉いお医者さんが来てくれるから，もう大丈夫，すぐよくなるだろう」などという記事が出ている．

この世界で初めての病気に対し，世界中の何処のだれがハッキリした事を知っているというのだろう．何も知らぬシロウト考えの哀しさ，アメリカのお医者さんがみさえすれば，すぐ何かワンダフル・ドラッグがあると考えている心根がむしろいじらしい．

この日はモルトン博士らに，まず私の方で調べた患者の様子を全部話し，標本なども見せかつ，手渡した．下村医師は自分の持ってきた病歴に患者と直接話して本人の家族歴から始めて細大もらさぬ記入を行った．ルイス博士は患者の1人1人について，頭の先から足の先まで，綿密な検査を始めた．ついて来た看護婦が手伝って血液の標本も採取した．あまり熱心で時間のたつのもかまわず，遂に2時になったので，私はルイス博士に「あなた方の腹のすくのはちっともかまわないが，患者を食事時間こんなに過ぎていじり回されては困る．どうかやめてくれ」と申し出たらルイス博士は「お前のいうことは誠にもっともだ．自分が悪かった」といって直ちに中止，どこか食堂はないかと聞くので「構内にはお気に召すようなものはない．外に行けばたくさんレストランがある．そこに行ってなるべくゆっくり食べて来てくれ．1時間以内にかえってきてはいけない」といって食事にやった．

これでも解る通り，お互にこんな冗談もいえる位に仲よくやっていたのである．やがて2時間ぐらいたって再び帰って来て，その日は5時過ぎまで熱心に診察して帰った．さすがに2人の患者も疲れたらしかった．私は了解を得たとはいえ，気の毒になったので，その旨を述べると「いいえ，まあいいですよ」などと患者の1人はかえって自分を慰めてくれたりした．

反米感情を刺激

その後も時々，ルイス博士が単独で必要な点をみて行った．たしか2度目か3度目の時である．アメリカから例の薬がとどいたのは——．鳴物入りでお出迎えまでして受取ったという薬を渡されてみると，簡単な説明書がついているだけ．それも何ら薬理的の説明はなく，これではそこらあたりの薬の効能書と少しも変らない．その時までに日本中からおキュウ，お守りの類いを入れて，何十種となく届いていた．つまり，そのアメリカ版に過ぎない．念のため，ちょうど来合わせたルイス博士にもたずねたが，ただちに首を横に振って舌打ちをし，そんなもの使わない方が良いという．あちらを出る時からのあの鳴物入りの宣伝，そのたくましい商魂には敬服の外はないのであるが，それを無批判に有難がって片棒かついだ日本側がちょろいのである．が，これがさらにつもっていた世間の反米感情を刺激したものらしい．一方，焼津に残っていた21名も次第に血液に変化を来し，楽観を許さぬ状態になり，はじめは東京へ行って，実験材料になるのはいやだと拒否していた患者も色々と奔走の結果，全部東京にきて入院治療をすることになった．三好博士が主任となって治療に当ることに決めた．私の方に入っていた2人もこれに合流して行った．（つづく）

そうしている間に，患者の状態は日々に悪化していった．受持員らの必死の努力で，皮膚の表面の放射能カウントもどんどん減少し，気味悪いまでにドス黒かった皮膚もきれいにはがれてきた．カイヨウも快方におもむいた．しかし，それと反対に，血液像は徐々に悪化，白血球は減少また減少の一途をたどる．一番悪いことは骨髄内の造血細胞数である．普通15万ぐらいあるべきものが〔1954年〕3月20日に6万ぐらい，さらに2万台になってしまった．中には1万台になっていたものもいる．その上7人が食欲減退だの，奇妙な発熱だの，いろいろの不愉快な症状があらわれてきた．血液病にくわしい三好博士はこれはただ事でないと考えた．今まで全世界のだれもが経験したことのないこの病気がこの先，どうなって行くか．しかし，少くともいい得る事は相当高度の造血組織の破壊であり，もしも広島，長崎の例をとるなら，骨髄細胞3万以下というのは非常に悪いのである．

政府の介在

もし死亡者を出すようになったらどうであろう．結局はアメリカ自身も困難な立場に陥

るではないか　どうしても救わなければならぬ．これが三好博士の胸にきめた第一の命題だったのである．それには患者の安静が必要である．外出，入浴も制限された．

そのころからである．アメリカ側は何故か患者の診察などを直接病院へ来るのとは別に外務省などを通じて上から申入れて来るようになった．それもきまって，「若しも日本で要望するならば，診察してやろう」という言い方で来るのである．それならば「どんな程度に診てやろうというのか」と問うと，いわく「まず当時の状況から患者のそのころの行動，その他の病歴を聞くのに1人少くとも3時間．次が1人1人についての詳しい診察．血液などを採取するのはアメリカ側の医師によってやること」という．

「患者の病歴は既にこっちで聞いて詳しくとってある．それを写すのではいけないのか」「それではいけない．直接聞かなくてはいけないのだ．患者のそのころの行動まで全部しらべる」「患者は血液などとられるのをいやがっている．日本側でとった上，さらにとるということはあまりに可哀想で，また日本の医師をブジョクした話だ．こちらにも立派な信頼すべき血液学者はいる．その作った標本なり，データなりではいけないのか」「それでは困る」「それではともかく患者の意向を聞いてみよう．たとえ総理大臣が命令しても，患者がいやといえば強制するわけにはいかないのだから」……というわけで，三好博士と東京第一病院の方の主任の熊取博士らが患者にはかったところ，大部分のものはいやな顔をしたがともかく即答しかね，一応確答は保留するということであった．その旨を伝え，更に次の様な申出をした．「主治医が回診する時，一緒に患者をみて，必要なことを，あまり患者の治療に差支えない程度になさっては如何」と．しかしこれはアメリカ側の満足を得られず，結局，モルトン博士は患者の気持の解けるまで待とうということで別れた．

患者への愛情

これは4月1日，東京第一病院におけるモルトン博士らと三好博士らとの会合の席であ

った．モルトン博士は患者の状態も，主治医の立場もよく了解しておられた由である．ただ医師同士だけではどうにもできない何かの力が働いているのである．

医師同士話し合えば何でも解り合っていることが，政府というものが加入すると，ことがむずかしくなる．私はあの気のいい好々爺のモルトン博士も，学問への闘志に満ち満ちたあのルイス博士もみんな好い人だと思っている．三好博士の患者を思うひたぶるな気持にはただ頭が下る．あの人はとうとう大切な血液学会にも行かなかった．自分の研究も勉強も全部犠牲にしている．「ぐっすり，眠ってみたいですよ」とは時々，一緒にコーヒーなどを飲む時に聞く言葉である．

この患者を愛する心，その心には大臣の命令などは何の力もない．

私は三好君のこのひたぶるな患者への愛情をみる時，いかに当時は症状が軽かったとはいえ，会見を許したり，また医師同士の仁義からとはいえ，かなりはげしい長時間の診療を許したりした自分が今更ながらはずかしい気がする．

新聞をみるとアメリカはあくまで補償と援助にやぶさかでないという声明をしているそうだ．さすがである．さらに，病人のことは医者に委せきってくれることが望ましい．われわれは患者の全快ということを第一命題として，くだらぬ感情に走ることなく，あくまで冷静に事態に処してゆこうではないか．これが結局は日米関係にも最良の結果をもたらすものなのである．（終り）

(東大教授，清水外科)
(『朝日新聞』54.5.6,7)

3—3　日米の誤解は解消　(日本側治療は正しかった)(都築博士談)

【ワシントン＝中村特派員発】〔1954年5月〕17日米国務省の非公式招待でジュネーヴ赤十字会議の帰途に訪米した東大名誉教授都築正男博士は17日国務省，原子力委員会当局者と前後4時間にわたって会見，ビキニ患者の病理学的現状とその処理に関して，日本側

の治療の責任者としての見解を述べたが, 終って日米記者団と会見「報告, 通信などの不備のためにビキニ患者をめぐって, 少なからざる誤解があったが, それらをいずれも解消することができたように思う. 患者の治療に関してワシントンの米政府当局者からは別段新しい方法や, あるいは, 新薬の紹介なども得られなかった. これから各地の研究所, 病院などを視察するが, いまのところ結論的には日本の医学界がとって来た方法以外にはなさそうだと, 更めて認識した」と語った, 博士は16日ワシントン到着後, 直ちに長距離電話で東大美甘博士から患者の最新の報告を受けてから米国側との会談に臨み, 次の諸点を強調したことを明かにした.

1. 原子病に対する単一の特効薬は現在のところ, 学理上にも経験上にも存在しない. アメリカのある製薬会社が宣伝のために火傷の薬を送って来たが, 日本人のなかにはそれを米政府の公の寄贈と誤解した.
2. 患者がアメリカ人医師の診断治療を望まないのは, 広島, 長崎の事例から来たものだが, 患者の意志は尊重されねばならない. 被災直後, 広島のABCC (原爆障害〔傷害〕調査委員会) モートン博士と同道して東京を訪れたアメリカ人医師のなかに熱心の余り, 患者の意志を省みず, 研究的診断をしようとしたもののあったこともその原因となっている.
3. 患者に対する第1期 (被災から2カ月間) の治療は成功のうちに終った. この期間に日本側がとった処置はあくまで正攻法の4法 (絶対安静, 栄養, 輸血, 抗生物質注射) を主とし, これが成功したのである. 現在は第2期 (その後6カ月) に入って患者を退院させる時期になっているが, 23人中少くとも6ないし7人は「慢性原子病」症状を示している. そして引続き第3期 (その後一生) が現在日本のどこにでも見られる広島, 長崎の「慢性原子病患者」と同じく細心の警戒と治療を末永く必要とする.
4. アメリカ政府に対する補償については, 医者としては領分外のことだが, 患者の第3期治療に対する補償をも含めるべきだと思う.
5. 同時に被災した米軍兵士, 技術員ならびに現住民は, 事前に承知していて難を受けたもので, 直ちに水洗, 散髪などの処置をしたため, 案外軽症ですんだ. ところが福龍丸乗組員は何らの予備知識なく被災し「灰」を洗い落すこともなくその後2週間にわたってせまい船内に同居し, 汚染された水をのみ, あまつさえマグロを食料にしている. それが日本の患者を重症にした理由で, 呼吸, 飲食あるいは皮膚からの浸透による内部疾患こそ最も恐ろしいということはわれわれ日本の医学者には広島, 長崎の経験から周知の事実である. 日本側が患者の容体を誇大に発表したなどの一部の報道は完全に誤解である. アメリカ側当局者も日本側のとってきた処置を完全に了解している.

なお, 博士は22日までワシントンに滞在, 米国政府並びに陸海軍の原子病研究機関を視察, その後はニューヨーク, ボストン, オークリッジ, バークレイなど各地の同種機関を訪問, 米国内での動物実験の結果を研究して, 月末帰国する.

(『朝日新聞』54.5.18)

第4節　久保山氏の死因について

4—1　日本側治療に手落ち？ (ビューガー米原子力委生物学医学部長)

【ヒューストン発＝UP特約】米政府原子力委員会の生物学医学部長ジョン・ビューガー博士は〔1954年9月〕23日ヒューストンで開かれた産業衛生会議で水爆問題について演説したが, そのなかで同博士は久保山さんの死亡の原因が誤った治療にあったのではないかということを暗示して次の如く述べた.

私は数カ月前に日本人にたいし, 放射能症患者に輸血すると肝臓症を起すおそれがあると警告しておいた. 約300名のマーシャル群島住民および米国人被災者には輸血をしなかったが, かれらは黄ダンその他の肝臓障害は

起らず，全部健康を回復している．

(『東京新聞』54.9.25)

4—2 米医師の診断なら助かった（米原子力委員会分科委員長談）

【パサデナ＝カリフォルニア州発＝ＡＰ】アメリカ上下両院原子力委員会研究・開発分科委員会の委員長カール・ヒンショウ下院議員（共和党）は，〔1954年9月〕23日，ビキニ水爆実験の被災者久保山氏が死亡したとの日本当局発表をきいて，次のように語った．

私はこの事件に遺憾の意を表するが，実験数ヶ月前に予告していたのだから非難される理由はない．もし，日本側が米原子力委員会の腕のよい医者による診察と治療を許していたなら，この久保山という人は死ななかったのではなかろうか．

アメリカ側科学者は第五福龍丸の船上で放射能測定をすることを許されなかったのだから，放射能による汚染があったとしても，どの程度のものであったか，わからない．

(『東京新聞』および『読売新聞』54.9.24)

4—3 幼稚な医術にたよったから（米の原子力研究の権威ベーテ教授談）

アメリカの原子力及び原子核研究についての権威といわれているベーテ教授は，1954年9月，渡米中の東北大教授，理博木村一治氏（原子核問題視察のため7月渡米，ヨーロッパをまわり，同年12月帰国）との対談で以下のように語った．

「アメリカでは何百万ドルも研究費をかけて完全輸血の方法を完成したから，黄ダンなどの副作用を生ずることなく完全に治療することができる．死んだ船員も，もしアメリカの医師にたよったならば決して死なずにすんだはずである．せっかくのアメリカの申し出にも応じないで幼稚な医術にたよったのであるから，アメリカとしてもこれ以上何とも致し方がない．」

(アメリカの「自由と良識」木村一治,『読売新聞』54.12.14)

4—4 死因は放射能ではない（米原子力委医薬部長が声明）

【ワシントン発＝ＡＰ】米原子力委員会のジョン・Ｃ・ブガー生物医薬部長〔ママ〕は〔1955年3月〕24日，議会公聴会の終ったあとで「1954年の水爆実験の犠牲となって死亡した例はない」というストローズ原子力委員長の声明について記者団から質問をうけた際，「昨年の水爆実験に遭遇した日本人漁夫久保山愛吉氏は黄だんと肝臓病で死亡したのであり，放射能が原因ではない」と次のような見解を述べた．

久保山氏の死は放射能禍と直接の関係はない．同氏が死亡した際，何らの放射能疾患も認められなかったし，身体のなかにも放射能物質を永く保持するような傾向は少しもなかった．日本の病理学者たちはこの見解を支持しており米国側に対してその所見を早急に発表したいとも語っている．久保山氏の死は水爆実験のために設けられた制限水域外にあった漁船に関心を集めていた日本にセンセーションをまきおこした．私は久保山氏と同船していた他の乗組員たちが，数百マイル離れた実験水域から予期されない風のため運ばれてきた灰によってうけた放射能の害から順調に回復しつつあるとの通告をうけている．黄だんというのは，ばい菌を帯びた蚊にかまれるとか，いろんな方法で感染する病気である．

久保山氏の死についてはこれまでのところ，人為的な原因によって死亡したのではないという報道があるが，当局からは確認されていなかった．日本側は最初，その死が放射能に基くものとの見解をとり，米国側医師の診察を拒否した．

"おかしい話"

東大病院三好和夫博士談　ブガー生物医薬部長の話はおかしい．日本側病理学者というと，私たち患者につきそったものを指すわけになるが，私たちはそんな見解を一度も公表したことはない．来月1日から開かれる京都の医学会総会では，これまでの資料を公開して，日本中の臨床医から検討してもらうつも

りだ．私と国立〔東京〕第1病院熊取敏之博士でやる「ビキニ放射能症の臨床ならびに血液学的観察」というのがそれだ．米原子力委員会のストローズ氏やブガー氏は，何か感ちがいをしているんだと思う．

(『朝日新聞』55.3.25，夕刊)

4—5 死因に米側発表 （日本側の放射能説否定）（ベリー米国防次官補）

【ワシントン特電（AP）】アメリカのフランク・ベリー国防次官補は〔1955年8月〕23日国防省の許可を得て声明を発表し，故久保山愛吉氏（第五福龍丸無線長）の死因は放射能症ではなくてむしろ輸血による黄ダンであるというアメリカ側の見解にいまでは日本の医師も同意していると次のようにのべた．

久保山氏が輸血反応から生じた普通の黄ダンで死亡したのはほぼ確実である．輸血から黄ダンの起る例は非常に多いが，それが命取りになるのは極めてまれである．久保山氏が死去した時，一部の日本人専門家はこれを放射能症のせいにしようとしたが，アメリカ人医師の立会いのもとに検視を行なった日本側専門家は黄ダンが直接の死因であったことに同意した．久保山氏は日本の病院で日本の献血者から日本人医師の監督下に数多くの輸血をうけたのち，伝染性黄ダンにかかり肝臓に障害を来したのである．

政治的の発言は困る——そもそもの原因が問題

東大三好博士の話「そういう議論は専門的にやるべきで，政治的発言では結局水かけ論になるから意味がない．議論するなら専門家と具体的にしたい．伝染性黄ダンというが，黄ダンになったそもそもの原因が問題なので，解剖したとき骨や肝臓に死亡当時まで放射能が残っていたことは専門家なら，みな認めていることだ．とにかく伝染性黄ダンであるという証拠はなにもない．政治的な発言にはこちらの政治家が応酬してくれるといいのだが，とにかくわれわれの立場としていえることはこの前の京都の学会で十分発表してある．

(『読売新聞』55.8.24，夕刊)

第5節 補償について

5—1 アリソン大使声明

ビキニ被災事件に関してアリソン駐日大使は〔1954年3月〕19日午後6時，次の通りの声明を発表した．

第五福龍丸事件の被害者に最も効果的で，出来るだけの治療を与えるために，日米両当事者によって速かな処置がとられたことを知って私はたいへん結構だと思う．この処置は被害者に対する人道的な関心と，公安に対する関心からとられたものである．私はここに再び米国の軍民の人員や施設が，この事件に対して出来るだけの援助を与える用意のあることを明らかにしたい．すでに日米の共同調査が始まっているが，これは日米双方に納得のゆく結論を出すものと信じている．私はこの結論に従って補償すべき場合には，米国としてはこのために必要な処置をとる用意のあることを明らかにする権限を与えられている．

(『朝日新聞』54.3.20)

5—2 "賠償は調査の後で" （コール米両院原子力委員長）

【ワシントン特電（AP）】コール米両院原子力委員長は米政府の責任について完全な断定が下されるまではビキニ水爆実験による被災日本人漁夫に損害賠償を支払う確約は与えないだろうと〔1954年3月〕23日語った．この言明は東京で流布されている「アメリカは日本人漁夫と船主に損害賠償を全額支払うだろう」との報道についてふれた中で行われたもので，コール委員長はさらに次のようにいった．

調査は現在進行中であるが，この2週間以内には完了しないだろう．いかなる政府機関も議会の承認なしに損害賠償を支払うことはないだろう．この事件についてアメリカが賠償を支払うべきであると決定されるような場合には，議会がその権限を与え

第5章　被災問題に対するアメリカの態度　　401

米国側　福竜丸調査結果を発表

海流汚染、脅威なし

アリソン大使援助を声明

『毎日新聞』1954.4.10

ることになろう．原子力委員会はこの事件を検討中で，おそらくあと2週間もすれば事実調査の結果について両院合同原子力委員会に報告することになろう．ビキニ環礁で日本人漁夫が受けた被害報告は誇張されている．水爆実験区域内にいた日本人が漁業以外の目的でそこに入ったということもありうると思う．

しかし国務省当局では，アメリカ政府は被害をうけた日本人漁夫の家族にそのうち救済の手をのばすかもしれないし，もし漁夫自身が困っているなら彼らにもおそらく救済の手がさしのべられるだろうとほのめかし，アメリカ政府は人道上の立場から漁夫及びその家族に十分なことをしたいと思っているが，このような援助を与えるからといって今回の事件の責任を認めることにはならないといった．

（『読売新聞』54.3.24）

5—3　補償の法的責任なし（米国務省）

【ワシントン発＝AP】米国務省と駐米日本大使館当局は〔1954年9月〕1日，久保山さんが重体に陥ったとの報道をきわめて注目しているが，「なにも新しい公式措置はとられていない」と述べた．ワシントンでは，もし久保山さんに万一のことがあれば，水爆実験犠牲者に対する米国の補償支払いについての微妙な交渉はさらに困難になるものとみられている．米国がこの交渉で特に問題にしているのは，米国は損害補償の法的責任がないとの立場を維持することである．ある金額を日本政府に支払い，それを犠牲者に分配させはするが，その支払いは"好意から出た行為"と考えられるべきであると米国は示唆している．

久保山さんの病状については31日付のワシ

『朝日新聞』1954.9.2

ントン・イヴニング・スター紙が1面で取扱ったけで，まだワシントンで社説に取上げた新聞はない．ニューヨークではヘラルド・トリビューン紙が1日，第2面で「ビキニの犠牲者危篤のおそれあり」との見出しで久保山さんの重体を短く報道した．
　福龍丸の補償を急げ
　　斎藤静岡県知事　きょう政府に申入れ
　1日上京した斎藤静岡県知事は午後7時半，国立東一病院を訪れ，熊取主治医から久保山さんの容体をくわしく聞き，徹夜で付添っている妻すずさんや家族をなぐさめた．同知事は2日，再び同病院と東大病院の患者を訪ねる予定だが，午前中は外務省に岡崎外相を，午後からは安藤国務相を訪れ，補償の促進を申入れる．同知事は同夜，次のように語った．
　半年も補償が遅れていることは全く解せない．外務省のいうように，アメリカに誠

第5章 被災問題に対するアメリカの態度

意があるとは思えない．少なくとも，この問題の交渉経過だけでもはっきり話してもらい，被災者たちや家族を早く安心させたいものだ．

米へ要求せよ——左社，補償で政府へ申入れ

左派社会党ではビキニ水爆実験被害者のうちの1人が重体に陥ったことに関連して，次の三項目を政府に申入れることを1日の同党中執委で決定，2日代表者が緒方副総理に会見する．

一．原水爆の実験製造の禁止を関係各国に要求するとともに国連に提訴すること．
一．政府は水爆実験被害者とその家族に対し十分な生活費，医療費，慰謝料を即時支給し，米国政府には陳謝を要求せよ．
一．水爆実験による直接，間接の被害について米国政府の即時賠償を強く要求せよ．

（『朝日新聞』54.9.2）

5—4 補償交換公文〔第6章第2節参照〕

5—5 中谷宇吉郎「ちえのない人々——"ビキニ被災"をアメリカでみて」

〔1954年〕3月26日のシカゴ・デイリー・ニュースに，福龍丸事件のことが，改めて大見出しのトップ記事となって現われた．それはこういう意味の記事である．福龍丸がかぶっていた灰を，日本の科学者たちが分析して，既に15の同位元素を確認した．またどの元素がないかということもたしかめられた．それを日本の科学者たちが記者会見で発表した．これだけの資料があれば，原子力の専門家には，現在米国が所有している水素爆弾の秘密は，立ちどころに分ってしまう．それで，この発表は，アメリカの水爆の秘密を，ソ連へ「合法的に」あけすけ知らせてしまったことになる．

まずだいたいこういう意味の記事である．これならばアメリカの新聞にとって，最大のトップ記事になる値打は十分あるニュースである．原爆の秘密をソ連へ売ったというので，ローゼンバーグ夫妻が死刑になった時に，あ

れだけの騒ぎをしたのであるから，水爆の秘密をソ連へ通報したとなったら，全紙面をそれだけで埋めてもよいくらいの大事件である．もっともこれはアメリカにとっては，という意味である．

アメリカ政府も大分慌てたらしく，福龍丸を「解毒」するために引き渡してくれという交渉をしたらしい．しかし日本の政府でも，こう騒ぎが大きくなっては，ちょっとそう簡単には，引き渡してしまうわけにはいかなかったものとみえて，それは断ったらしい．

以上すべて，シカゴ・デイリー・ニュースの記事から抜すいした話で，内容の真偽については全然知らない．あるいは真相はちがっているかもしれないが，アメリカ人は，日本の新聞など読むはずはないから，今度の事件を，以上のように了解していることだけは確かである．

そういう意味で，この記事をもととしての話であるが，もしこれが本当だとすると，どうも皆さん知恵が少し足りないようである．たいへん失礼ないい方であるが，きょう夕方，研究所から帰って，娘たちと，夕刊を見ながら，次のような会話をした．そしてその結論が，この随筆の題目になったわけである．

「あの最初の記事の時ね，もう1週間ばかり前だったかな，船に灰がかぶったってでていただろう．アメリカとしてはあのときに，すぐ手を打つべきだったわけだよ．もう今となっては，手おくれだな」

「だって，いくら日本の政府だって，はいそうですかって，渡すわけにもいかないでしょう」

「もちろんさ，政府へもっていっちゃダノさ．船の持主へ，すぐ1000万ドルくらい，いくらになるかな，36億円か．ちとカサばるが，ジープか何かに札束を積み上げてもって行くんだよ．そして"まことに申訳ありません．船の代金と，休漁期間中の損害賠償とに，これだけ差し上げますから"といって，船を買ってくるんだよ．36億円なら，たいてい売るだろうよ」

「ノウ，ノウ，今の日本は，とてもやかましいんですよ」

「もちろん，こう騒ぎになってしまってからではダメだがね．電報打っちゃあ，10分とかからないんだろう．船が日本へ着くまでに，もう買っておくのさ．持主が売るというのだったら，何も文句はでないわけだろう」

「そりゃあ，そうね．だけど売るでしょうかね．怪我した人たち気の毒じゃないの」

「もちろん，その方へも，思い切って金をだすんだね．重体の人は別として，入院しなくてもすむという程度の人だったら，1人に1万ドルもだしたら，たいてい文句はいわないだろう．一月くらいぶらぶらしていれば治るという仮定での話だがね．一月ぶらぶらしていたら，360万円くれるといったら，桜木町で黒焦げになったよりも，もっとたくさんもらえるんだから．パパなんかだったら志願するね．重体の人には，もっと思い切って，だすんだよ」

「まあ，自分の金じゃないから，何とでもいえるわけよ．しかし，いくらアメリカの政府だって，そう無闇とお金はだせないでしょう」

「とんでもない．船が1000万ドルと，それから何十人の被害者といったって，何十万ドルだろう．2000万ドルとはなりっこないよ．お前たち，原子力委員会が，水爆をつくるのに，いくら使ったか知ってるかい．パパだって知らないが，とにかく予算からみて，とんでもない額にちがいないよ．その秘密がもれるか，食いとめるかという場合に，2000万ドルや3000万ドルですめば，安いものだね」

「それだったら，どうしてやらなかったんでしょうね」

「皆，知恵がないからさ」

「ふん，あきれたわ．心臓には．だけど，こういう問題を，金だけの問題にして考えるのは，何だかいやだわ」

「お前たちも，アメリカの高官たちと御同様，知恵のない部類にはいるね．2000万ドルというのは，日本へそれだけのドルがはいるわけさ．福龍丸の持主の手にはいるのは，36億円といったら，たいへんな金だが，日本のお札でいいわけさ」

「そろそろ始まった．ゴマ化されないぞ」

「あんまり分り切ったことだから，かえってゴマ化されるような気がするんだよ．2000万ドルのドルで，食糧を買い込むと，いくら買えると思うんだ．もっともパパも知らないがね．不足食糧をだいたい6億ドルとしたら，30分の1だね．9000万人として，300万人の日本人の，1年間の不足食糧がこれで解決されるんだから，大したことじゃないの」

「まあ，いいわ．どうせそっちの方じゃ，大家だから，うまくいいくるめる方じゃね．だって，だれでも彼でもつかまえて知恵がないというのは，どうかと思うね」

「そうじゃないか．アメリカにとっては，水爆の秘密が保てるし，日本にとっては，3000万人分の食糧の心配を，1年しなくてもよいことになるしさ．それに船の持主も，被害者も，もっとも死なないと仮定してね，満足するしさ．百方いいことになるのを，知恵がないばかりに，皆が丸損をしたわけさ．アメリカ政府は，被害者に慰謝料を出すといっているらしいが，今となっては，意気込みだってちがっちゃうだろうよ」

「じゃあ，みんな知恵がないことにしてさ．それにしても，1週間かそこらで，灰をすぐ分析して同位元素だか何だか，10いくつもあることを見つけたっていうんだから，日本の学者だけは，知恵があったわけね．同類だもの．そういうんでしょう」

「さあ，どうだかね．ソ連にしてみたら，アメリカの水爆の秘密だったら，何千万ドルだしても，買いたいところだろうね．それだけの値打のものを，ただでくれてやったんだから，気前のよいことだけは，たしかだが，利口かどうかは別問題だね．もっとも灰の分析結果を公表したということが本当としての話だがね」

「そりゃあ，そうね．親父さんだったら，調査結果を極秘にしておいて，アメリカへ，米何百トンで買うかって，せり売をするところでしょうね」

「多分，そういうことをやるだろう．しかしそれも本当は知恵のない話だ．こういう委員会は，10人とか20人とかの人が集ってやってるんだ．だから，その秘密を保つというこ

とはできないんだ．無理にやっても，けっきょく罪人をだすことになる．だから，こうなっては，公表するよりほかに道はないだろう．まことにもったいない話だがね」

「それで知恵のない人々ということになるわけなのか．なるほど詭弁の大家だわ」

「ところが，1人だけ知恵のある男がいるんだ．それは，自分の欲しい資料は，全部無料でもらっておいて，御礼の言葉もいわないでさ．それでアメリカと日本とが，この問題でごたごたするのを，にやにやしながら見ている男だよ．少々恐れ入るね」

以上の会話は，一杯きげんの親父が，娘どもを相手に，メートルをあげている場面の描写にすぎない．冗談として，一笑に付されてちっともかまわない．もっとも，純粋な科学の問題でも，とんだウズの中に巻き込まれるおそれがある．むずかしい世界になったものだという例の一つと解釈されても，それもちっともかまわない．

（北大教授，理博，雪の研究の権威，〔昭和〕27年6月アメリカのシカゴ市北郊ウィルメット町の氷雪凍土研究所の招きで一家をあげて渡米した．）

（『毎日新聞』54.4.8）

〔編集者注〕この中谷宇吉郎氏の論稿にたいして，菅井準一氏が『産業経済新聞』（54.4.23）に反論を発表した（「水爆試験をめぐって——とくに中谷学兄によせる」）．その要点は，第1に，「彼〔中谷氏〕はヒロシマやナガサキに原爆が落ち，それがどんなに長く被災者たちを苦しめたかを忘れているのではないか」，第2に，「日本の科学者として，えんりょなく向うのまちがいを正す努力をするぐらいの"科学的精神"があってよかった」のではないか，第3に，「日本の医学者がいろいろと発表することがなにか"利敵行為"であるかのようにいっているが，これは俗うけするもののいい方のようで，はきちがいも甚だしい」などであった．

第6節　放射性物質の影響と利用に関する日米会議

6—1 「放射性物質の影響と利用に関する日米会議」について（日本学術会議，54. 11. 9）

放射性物質による災害がわが国の社会に及ぼした影響は極めて大きいものがある．しかしまた，放射性物質が広く学術の各分野において利用され，国民生活にも数々の恩恵を与えていることも事実であり，且原子力の平和的利用が将来実現された場合，放射性物質による汚染も問題になることが予想される．これ等の点に鑑み，日本学術会議は，このような放射性物質の影響と利用の問題について極めて深い関心を払って来た．

日本学術会議は，さきに，放射性物質に関する諸問題について，米国の専門家と懇談討議する機会を得たいことを希望し，その旨，外務省を通じて依頼したところ，去る6月末に米国側の快諾を得たのであったが，この会議はいよいよ，下記スケジュールによって開催される予定になった．

この会議において，すでに多くの経験と研究成果をもつ米国の専門学者と，学術的な懇談討議の機会を持ちうることは，わが国のこの方面に学術を高めるに極めて有効であるのみならず，日米学者の相互理解を深める上にも又非常に有意義である．日本学術会議は，米国側の好意に対し，重ねて深く感謝の意を表するとともに，この会議のみのり多き成果を期待するものである．

記
放射性物質の影響と利用に関する日米会議
1. 期　間　　11月15日から同月19日まで
2. 場　所　　日本学術会議会議室
3. 議　題　　(1)放射能の測定器械と測定方法の基準化
　　　　　　(2)人体に対する放射線の最大許容量
　　　　　　(3)放射性物質による汚染の除

去方法
(4)農学と生物学における放射性同位元素と放射線の利用について
4. 参加者　米国側（別紙1）
　　　　　　日本側（別紙2）

別紙1
米国側出席者
原子力委員会生物・医学部生物課長　ポール・B・ピアソン博士（農芸化学）
原子力委員会情報サービス部長　モース・ソールスベリ氏
原子力委員会生物・医学部生物物理課長　ワルター・D・クラウス博士（生物物理学）
農務省土壌・水利管理部化学主任　スターリング・B・ヘンドリックス博士（化学）
原子力委員会ニューヨーク事業管理事務所衛生安全研究所長　メリル・アイゼンバッド氏（環境衛生）
原子力委員会生物・医学部　W・R・ボス博士（生理学）
原子力委員会ニューヨーク事業管理事務所分析課長　ジョン・H・ハーレイ博士（化学）

別紙2
日本側出席者
東京大学（農）教授　檜山義夫（水産生物学）
電気試験所標準器部放射線課長　伊藤岳郎（物理学）
千葉大学（医）教授　筧　弘毅（放射線学）
東京大学（理）教授　木村健二郎（化学）
北海道大学（農）教授　前野正久（畜産化学）
東京大学（農）教授　三井進午（農芸化学）
気象研究所地球化学研究室長　三宅泰雄（化学）
東京都立大学（理）教授　森脇大五郎（遺伝学）
立教大学（理）教授　村地孝一（生物物理学）
国立衛生試験所研究部長　長沢佳熊（薬学）
東京大学（医）教授　中泉正徳（放射線学）
東京大学（農）教授　野口弥吉（農学）
京都大学（理）教授　清水　栄（物理学）
立教大学（理）教授　田島英三（物理学）
科学研究所所員　山崎文男（物理学）

6—2　議事日程

放射性物質の影響と利用に関する日米会議
　　議事日程
午前の部　　9.00 ～ 12.00
昼　食　　　12.00 ～ 13.30
午後の部　　13.30 ～ 16.00
11月15日（月）
人体に対する放射線の最大許容量
　座　長：午前の部　中泉正徳
　　　　　午後の部　ポール・B・ピアソン
〔1954年〕11月16日（火）
放射性物質による汚染の除去
　座　長：午前の部　三宅泰雄
　　　　　午後の部　ワルター・D・クラウス
11月17日（水）―11月18日（木）
放射能の測定器械と測定方法の基準化
　座　長：午前の部　山崎文男
　（17日）午後の部　スターリング・D・ヘンドリックス
　（18日）午後の部　メリル・アイゼンバッド
11月19日（金）
農学と生物学における放射性同位元素と放射線の利用について
　座　長：午前の部　野口弥吉
　　　　　午後の部　ウイリス・R・ボス

6—3　会議の日米共同発表文（第1日―第5日）

放射能物質の影響と利用に関する日米会議
第1日共同発表
　　　　　　　　　　　　1954年11月15日
　本会議の第1日は，午前9時に開会，日本側の歓迎の辞，アメリカ側の挨拶があり，その後，人体とその環境に対する放射能の最大許容量を決定する一般原則を論ぜられ，次いで，いろいろの状況の下における放射能の安全度を決定するために，これらの原則を実際に適用することが論ぜられた．
　合衆国代表側の3名から各種の資料が提出され，その問題を特別に研究している多くの

第5章 被災問題に対するアメリカの態度

日本側代表が質問し熱心にその討議が行われた．

午前中の会議は日本側代表中泉博士が議長席につき，午後は米国側代表ピアソン博士が議長となった．

放射能許容量の権威者である原子力委員会のクラウス博士が現在米国ならびに他の多くの国で使われている最大許容量の研究の歴史について概略を説明した．

クラウス博士は，更に放射能防禦に関する国際委員会及び米国委員会の機構について説明した．米国委員会は，政府及び産業界の代表からなるもので人体の放射能に対する最大許容量について国内で使用するものを決定した．又クラウス博士は，米国標準局ハンドブック第52号と第59号とを配布したが，これらのハンドブックは最大許容量の標準を勧告しており，また，科学者間に異った意見があった場合や，その他十分な資料がないために一致した解釈を下すことのできない場合について，その内容を説明した．

クラウス博士は，技術的な数字を提出しながら，人体全体の照射について米国において使用されている標準を，18歳未満の人と45歳以上の人について説明し，また，眼，皮膚，手，腕，足，くるぶし，頭，くび等人体の各部分について放射能の安全な照射量を説明した．更に，これらの標準は，当人が日常仕事の上で放射能にさらされているか，または一生涯に1回だけ事故又は緊急な事態のためにさらされるかによって異るものであることを説明した．

後者の場合，即ち一時的に受ける照射量でその後は全然受けない場合は，日常職業の上で受ける照射量の1週間分の80倍を受けても大丈夫である，ということを標準局のハンドブックが示していると述べた．

最大許容量に関する歴史と決定方法について日本側代表者からの質問は，遺伝学的影響及び後代への遺伝について十分な考慮が払われたかどうかという点であった．

クラウス博士を含む合衆国各代表は，ハンドブックに書いてある説明を読まれたいといい，遺伝学的の立場において，最大許容量を最後的に決定する材料は現在の所出来ていないこと並びにハンドブックに含まれている最大量は絶対これをこえてはいけないという線ではなく，一つの指標として認めるべきであることを指摘した．

外部照射の最大許容量を基礎として，本会議は吸入又はえん下される物質からの放射線の最大許容量の問題に移った．クラウス博士並にアイゼンバッド氏は人体にはいる物質から出る放射線に対するハンドブック中に含まれた最大許容量は，未だ最後的に決定した資料に基づくものではなく，従って，極めて内輪に見積られており，現在確定している許容量迄放射線を受けても害が生ずるということは心配がないことを指摘した．

第3の点は，一般大衆に対する空気，水及び食料中にある放射能の最大許容量に関する問題であった．これらに対する最大許容量の数値は，将来改善されるべきものであり，且つその基礎となる資料が現在では欠けているため，問題が多いことが述べられた．

更にアメリカで行われているこれらの最大許容量は充分低くしてある．従って「若しこれらの量以下の放射能の濃度があっても，何等心配することはない」ことが指摘された．若しハンドブック中の数値より空気及び水中の濃度がより大であっても，必ずしも危険に落入って〔ママ〕いるとは限らない．その決定にはそれが何の元素であるかを化学分析しなければならない．

アイゼンバッド氏は，複雑な計算方法を用いて，空中における放射能の標準がきわめて内輪にしてあることを図解して説明した．その結果現在安全とされている標準は，健康を維持するための絶対必要量より1000倍も低いかも知れないとのべた．次の討議は，魚の放射能の測定について行われた．クラウス博士は最初に，人間の食糧として使われる魚の表面及び内部について許される安全な放射能の程度を計算するのに米国ではどのような基準が使われているかについて説明した．更に彼が指摘したことは，職業的に放射能を受ける人々に許容される数週間乃至数ヶ月の全放射能許容量を一食としてたべても何ら悪影響を

受けないから，時折り廃棄すべき魚が検査もれになっても恐れる程の理由にはならない．米国における魚の水揚場の検出法のための諸過程をも説明した．彼の結論は，ある規準に従って操作される検出器によって，魚から10センチ離れたところでガンマ計数管で毎分500カウント以下の放射能がある場合は，食糧として十分安全である．

日米両国側からいろいろこれについて討議された．意見や事実を交換したなかで，今年の上半には，広く検査を米国の波止場で行われたけれども，魚の表面の汚染は発見されなかったことが発表された．

また，魚の内部について放射能を検出する方法について簡単な討議が行われた．クラウス博士は，内部の放射能の測定価を得るためには，放射性同位元素の種類を決定する必要があることを説明した．1つの実験方法は，これら同位元素を正しい割合いで溶液にして，その溶液を魚の形をしているプラスチックの袋につめて，その上からカウントを決定すればよいと説明した．

最大許容量討議中に，本会議に参加している日本代表の手による刊行又は未刊行の研究物にしばしば言及された．そこで日本側の資料について各種の刊行及不刊行の研究結果を今週末提出することがきめられたが，これらは提出あり次第新聞発表に含まれるであろうが，本日は主として米側の学者の説明が主であって，それに対して，日本側の学者から質問が出される状態であった．

本日の日米間の放射能に関する会議の新聞発表は，昨夕新聞記者諸君の希望をいれて次のように行われる．

一．発表の時間は5時頃になるだろうと思われる．
一．日本文と英文の両方の印刷物で発表されることは同じ．
一．その印刷物について，科学的に難解な事柄や字句については，本日は，
　　日本側は
　　　檜山，木村，三宅
　　米国側は
　　　ソールスベリ，ピアソン，ボス，ヘンドリックスの諸氏が直接新聞記者諸君の質問に答える．

放射能物質の影響と利用に関する日米会議
第2日共同発表
　　　　　　　　　　　　1954. 11. 16

本日の第2日目の会議においては，土壌・水及び植物における放射性核分裂生成物の移動，各種の環境における各種動物，ブランクトン及び魚類の放射性核分裂生成物の吸収について，日米両国専門学者の研究結果が報告された．

午前中の会議は，日本側の三宅泰雄博士が，午後は，米国側のウォルター・クラウス博士が，座長をつとめた．

午前の討議の始めに，米国農務省のスターリング・ヘンドリックス博士は，日本語で，日本側代表の英語の知識が豊かであり，英文の論文に対して，敏速・正確に反響を示し，会議の進行を早める結果となっていると賛辞を呈し，三宅博士がこれに対し，ヘンドリックス博士の流調な日本語の演説をほめるという一幕があった．

ヘンドリックス博士は，原子核分裂による放射性物質が，試験農場や温室の植物のなかで，どのように移動するかについて，米国で行われた20件以上の研究結果を提出した．

これらの資料を要約し，放射性ストロンチウムと放射性ヨウ素の吸収が重要であると述べた．同氏は，陽イオンを形成する核分裂生成物は，地中ではそれ程大きく動き廻るものではないこと，それは植物による吸収に関し，通常地中に存在する元素と似た行動をすると，又土壌中には，植物が好む一般共通の元素が充分に存在しているため，核分裂生成物の吸収は甚だ少いことを指摘した．

ヘンドリックス博士は，植物の葉や茎の上に落下した核分裂生成物がその植物に吸収される研究例はなく，植物の組織内には，はいらないというのが一般的研究の結果であると簡単にのべた．博士は米の如く処置された植物試料は，いかなるものでもこのような原因で汚染することはないと指摘した．これに対し，東京大学の三井進午教授は，核分裂生成

物が，植物の葉に塗布された場合の吸収に関する研究の結果をまとめた印刷物を用いてこれに答えた．同博士によればある程度の吸収があることが明にされていた．

三井及びヘンドリックス両博士とも事実をつきとめるまでには，この方面で更に多くの研究を必要とすることについて意見の一致をみた．

つぎに米国原子力委員会ピアソン博士は，スライドを用いて，牛，羊及び鶏などの家畜家禽並びに鼠及び廿日鼠の如き試験用動物による核分裂生成物の吸収に関する米国政府の幾多の研究の結果を発表した．この研究を通じて，ピアソン博士は5つの放射性元素即ち，ストロンチウム，ヨウ素，イットリウム，ルテニウム及びセシウムが，哺乳類や鳥類の器官を通じ，生産品例えば肉，牛乳及び玉子に入る経路に関して判明している点を明にした．ピ博士はこの研究は引続き進められており，従って断定的結論は未だくだせないといった．又日本側の東大中泉博士，北大前野博士等から動物に関する研究の結果が発表された．特に京大清水教授が提出した京都化学研究所の出版物に発表した最近の研究については参加者一同の注目を引いた．

午後は，午前のピアソン博士の説明について，前野博士（北大農）が自分のCa45を使った実験結果を説明し，それについて意見を求めたところ，その実験結果の相違は，経口投与と注射の差であることが判った．

ついで，ボス博士がオークリッジ原子炉廃棄液中の水棲動植物の放射能汚染について述べた．彼はホワイトオーク湖という人工湖の中の藻や魚の放射能の分布やその元素の種類について述べた．それらの水中の生物の汚染が原子炉からの廃水が注入される点と排水口とで違い地理的に変化があること，季節的の変化のあることなどの最近の研究業績について述べた．

ついで，ハンフォード原子炉によって，コロンビア河に起った同様の生物の放射能汚染について詳細に述べた．

終って三宅博士はビキニの近くの海水の汚染の分布について日本側の研究を説明した．

それについで議長は日本側の研究業績の紹介を求め檜山博士は今春以降の日本側の研究業績の大略を，長沢博士（衛生試験所）の業績，東大水産学科の業績及び他の研究所の業績について説明した．夕刻から一行は山王ホテルで行われる，米科学者の招宴に行った．

放射性物質の影響と利用に関する日米会議
第3日共同発表
　　　　　　　　　　　　　　1954. 11. 17
放射性物質の影響と利用に関する日米会議の第3日目は，各種線源からの放射線の強度を測定する日本や米国に於ける方法について討議した．

米国側の代表は色々な目的に使われる種々の放射線検出器を示して操作して見せた．

又日米両側の代表は夫々の研究室内や野外における放射能の測定方法やその結果について報告書を提出した．

午前中の会議の座長は日本側の山崎文男博士であり，午後は米国側のスターリング・ヘンドリックス博士であった．

初めの議題は実験室の測定のために空気の試料や大気中の放射能性微粒子の試料を採取する設備についてであった．従業員の健康を守るために原子工場で使う空気試料の採取器や屋外の大気中のほこりを集める採取器について米国側が提示し，その規格を示して，操作を説明した．日本側がこれについて特に興味を示した点は，空気中の粒子を採取するために使われる濾過紙其他の材料や，大気中から雨雪により落下したり又自由に落下する粒子の試料を採集するために米国内の100ヶ所以上の地点で使われている1呎四方の粘着紙であった．

次いで，植物や屋外から集められた試料内にある種々の放射線又は放射能を検出し，且つ測定する場合に使用される器具について討議が行われた．特に器械の較正方法について注意が喚起された．この問題を取扱った米側代表ジョン・ハーレイ博士は，同一実験室内における2個の器械，又は2つの異った実験室内における器械，或は異った国によって生ずる違った数字は，較正が一定していないこ

とが原因であることを指摘した．

日米両代表側よりその各々が行っている較正法について報告が行われた．この討議は較正だけでなく，ベータ・ガンマ測定器，フィルム・バッジ，電離函，及びシンチレーション・カウンター並に中性子測定に使用される6種類の器械の使用並に解説にまで及んだ．中性子について京都大学清水博士から特に興味深い討議が行われた．そして同博士は目下サイクロトロンを製作中であって，この器械で調査を行うときに使用するために最良の中性子測定器を設置したいとの希望を述べた．
米側を代表して器械について説明を行ったハーレイ博士とアイゼンバッド氏は，器械と各部分を取扱って見せ，更に又本会議場に輸送できなかった米国実験所内に取付けられて使用されている大型器械の天然色スライドを使って説明し，且つ現在使用されている器械に関する映画を見せた．

午後は，ヘンドリックス博士が議長になって1時半に開始された．最初に16mmのフィルムとカラースライドによって，米大陸の原爆の実験が行われたとき，如何にして，放射能の灰が大陸に分布されたかを調査した大仕掛けの方法や，機械器具が詳細に説明された．なおその器具の一部は実物の見本が供覧された．

これは各地に分散している測候所が，放射能塵を集塵紙にとって，これを原子力委員会に郵送し，ここで，機械的に能率よく処理し，灰にし，放射能測定を自記的にして，多くの標本を処理する方法である．

その後，ハーレイ博士が試料に含まれる放射能物質の微量分析の方法についてテキストとスライドを使って説明した．

これらに対し，日本側から三宅博士，木村博士その他の学者から熱心な質問があった．

これに次いで，ヘンドリックス博士は，いろいろの放射性元素を使って行う実験について，従事者や実験室を，いろいろの放射能汚染を防禦する方法について，テキストを使って詳細に述べた．それは例えば，実験室の構造や，実験机の表面や器具の汚染を防止する方法などであった．

これについて，日本側からも2，3の質問があった．例えば実験に使った放射性廃液を下水に流すときは，どうすればよいかということだった．

また，ハーレイ氏に対し放射能塵のサンプルの後始末はどうしたら安全かと質問があったが，同氏はこれに答えて，サンプルはみな記録として保存されていると述べた．

午後4時，今日の会議を閉じた．

放射性物質の影響と利用に関する日米会議
第4日共同発表

1954. 11. 18

第4日目会議午前の部においては，放射性物質によって汚染した食料・水・実験者及び実験器具の汚染除去の方法について討議が行われた．然して午後の部では，日本側が行った広範な放射能生物学に関する研究の報告が行われた．

午前部会の議長は，日本側の山崎文男博士であり，午後は米国側のメリル・アイゼンバッド氏が議長を勤めた．

午前の部会では，先ず第一にアイゼンバッド氏が人間の飲用する水の汚染除去方法に関して行った研究から得た報告をした．それに先だち同氏は，ハーバード大学がマサチューセッツ州ボストンと，ケンブリッジ及びニューヨーク州ロチェスターの貯水池の水並にレンセレアー工業大学がニューヨーク州トロイの水について行った研究の結果を述べた．

これらの場合は，貯水地に降下する放射性物質量と水に含まれる同物質を研究した結果，自然の力，すなわち時と生物が急速に貯水池の水の汚染除去を行うから水道の放射性物質は人体に悪影響を与える標準よりは，はるかに以下であることが判明した．

更に人工的に急速に汚染除去を行うものを発見するため，米国原子力委員会は，各種の研究を行った．ニュー・メキシコ州ロス・アラモスにおいて，1つの処理法によって実験した処，水に入った放射性物質の95パーセントを除去し得た，又ボストンでは別の方法で50パーセントが除去された．

次いで日本側の実験について説明があり，

若し家庭における飲料水の汚染除去を必要とする場合には，濾過器として木炭と砂を使用すればかなりできると述べた．この方法によって，田島博士も実験室では水中に這入った放射性物質の90パーセントを除去できたことを述べた．

又放射能のある物を用いる研究室で器具や設備の表面が放射能汚染しないようにすることについて日米両者の興味のある方法が話された．標本が正しく測定されることを確保するためには絶対に清潔にしていることが必要であり，ハーレー博士は米国の研究所で用いられる手段を各順序毎に説明し，洗じょう液に使う（除染）材料の名称を伝えた．毎日研究室と器具から，前回の実験中に附着させた一切の放射能を除去しない限り正確な測定は出来ないことなどが話題になった．

三宅博士は，米国の研究所で用いる面倒な清掃法の代りに器具にプラスチックの膜はって使い，汚染された時はその膜を捨るように出来ないかと質問したが，それに対して，米国側のスターリング，ヘンドリックス博士は，珪素樹脂は試みたが満足に出来なかったことを語った．

ハーレー博士はポリエチレンの器具例えばビーカー，フラスコなどは，熱を使わない場合にはよいと答えた．

飲料水や研究室の問題に続いて，放射性物質を外部からあびたり，そのほこりをつけたりした時の人体からの汚染除去について討議が移った．

米国側のウォルター・クラウス博士は人間の皮ふ，例えば，実験者の手などの汚染除去法について概略を述べた．方法は簡単であって，石鹸と水で充分洗い，固着している汚染をとるためには，やわらかい粉を使うということであった．米国でこの目的で使っているものはコーン・ミールであるが，これが何物であるかについては日本側代表がよく分らなかったため，どんな物であるかを伝えるために後でコーン・ミールの見本を示した．討議の時に出た1つの質問は，野菜の汚染除去も人間の皮ふと同じ方法でよいかと云うことであったが，クラウス博士は同じ原則，即ち豊富に水で洗うこと，を用いると答えた．又野菜は多くの場合皮をむいたり，外側の葉を取り除くことによって汚染を除くことになることを付け加えた．

又動物や人体の内部に食料や水によって放射能を取り入れた時の除去の問題については，ＥＤＴＡのカルシウム塩とナトリウム塩が動物の骨からストロンチウムやプルトニウムを除去した例が活発に検討された．米国側のアイゼンバッド博士と日本側の中泉正徳博士との間の対話から得られた結論は，プルトニウムやストロンチウムを体内から排泄によって取除くのにＥＤＴＡが有効であるためには，プルトニウムやストロンチウムをのみ込んだら，極めて短時間以内にＥＤＴＡを投与しないと，骨に吸着して取除くことは出来ないとのことであった．

午後1時からアイゼンバッド氏が議長となって開始された．最初に俊鶻丸の調査の結果の概略について，檜山博士から説明があり，同研究室の実験結果，米側の調査，陸揚されたマグロの検査の結果等を綜合し，海とその生物の汚染についての自己の学説を紹介した．それに対し，ボス博士より意見と補足的な説明があった．

これに次いで，長沢博士が廃棄処分になったマグロへの放射能測定の結果について図表と印刷物で説明があった〔ママ〕．

これに次いで，三宅博士は今春以来の日本各地に降った放射能雨の測定結果について，図表を使って綜括的な説明があった〔ママ〕．

その後，雨について多くの人々，清水，アイゼンバッド，中泉，木村氏などにより各種の質問や討論が行われた．

午後4時閉会，一同はアメリカ大使館に夕食を招待された．

尚本日，北大，前野氏は所用のため北海道に帰ったが，昨日に続き，藤岡由夫博士（学術会議原子力問題委員会委員長）は熱心に傍聴した．

放射性物質の影響と利用に関する日米会議
第5日共同発表
1954. 11. 19

会議の最終日は，過去4日間に討議されたもので，既に新聞発表文に報告された題目の内容を補足することが主であった．

午前の座長は日本側の野口弥吉博士，午後は米国側のウイリス・ボス博士であった．

米国農務省員であるヘンドリックス博士は，農業研究における放射性同位元素の使用に関する新しい資料を提出した．アメリカで使用されている研究方法の2，3が『原子と農業』並に『原子温室』と題する2つのフィルムによって示された．

ヘンドリックス博士は農業研究に放射性同位元素を利用する概要を述べるに当り，次の5つの一般的な研究の種類を説明した．

1. 光合成の研究

    植物が土と空気からとる物質と太陽のエネルギーを利用して，人間の食糧や動物の飼料を作る過程．

2. 植物や動物の遺伝学的研究．

3. 農産物に対して加熱殺菌せずにベーター線やガンマー線により殺菌を行い，包装食料や貯蔵食糧の細菌による腐敗を防ぐ技術的な研究．ヘンドリックス博士はこの「冷却殺菌」のために放射線を利用する方法は，まだ商業的な規模にまでに発展するには到っていないといった．これは困難な問題であるが，実用面に広く興味があるため，ますます盛んに研究されるであろう．

4. 植物の栄養素，例えばカリウム，カルシウム，亜鉛，モリブデン等が土に入れられて植物が吸収する場合の研究．このような物質が土から植物に摂取される過程について新らしい知識が得られ，それによって，肥料の最も経済的な使用法によって最もよい生長結果を得るための施肥時間，施肥量，施肥の位置等について実用的な成果が上っている．

5. 土壌を攪乱しないで含有水分を決定する方法の研究．

    これは米国内で植物の最適生長に水が不充分である地方のために実用される見込がある．

ヘンドリックス博士は又，食用のじゃがいもが発芽することを放射線で防ぎ，それによって更に長期間貯蔵する実験についても報告した．

昼食は精養軒で供され，サンドウィッチのほかにマグロのスシなどがあり，一行は偉大な食欲を発揮した．食後，東京芸術大学の人達によって長唄と踊りが演ぜられ，一行はこれを愉快に観賞した．

次に1時20分より午後の会議に入り，座長はボス氏であった．最初にボス氏は，水産生物の汚染について述べ，それらの米国における研究結果を述べた．

会議は午後遅く，日本学術会議の木村博士と米国原子力委員会のピアソン博士の挨拶で閉じられた．挨拶の言葉は別途配布される．

第6章　日本政府の被災対策

〔概　要〕

　第1節に収録した諸資料は，とくに1—5で明らかなとおり，アメリカの水爆実験に協力するという日本政府の態度を浮彫りにしている．

　第2節2—1に収録した閣議決定による処理方針のうち，「第五福龍丸事件に関する暫定措置方針に関する件」（1954年3月30日．閣議決定）は，現在なお，国会議員の資料請求にたいしても，秘密文書扱いという理由で，提出が拒否されている．外務省によると，この閣議決定は，①焼津にいた患者を東大附属病院と国立東京第1病院へ入院させ，できるだけ十分に治療させる，②第五福龍丸は政府で買い上げる，③補償は至急検討する，④厚生省がおこなっているマグロ検査と証明をしばらくつづける，などが内容である，という．

　第2節2—5と関連して，日本学術会議放射線影響調査特別委員会（1954年4月，第17回総会において設置）が選定した調査研究項目と，その所要経費についての資料がある．これによると，基礎1438万円，医学3805万円，生物3765万円，水産1060万円，農学485万円にわたって，文部省予算から支出することが要求されていた．

　日本政府の対策は，後手にまわり，補償についても同様であった．しかも，第3節3—4，3—5にみられるとおり，補償金の大部分は，船主の手に渡っている．

第1節　政府の対米姿勢と措置

1—1　福龍丸問題に関する日米連絡協議会(54.3.24)

　ビキニ被災者の治療問題につき日米双方の医療対策が一貫せず政府でもその調整に苦慮していたが，24日午前11時半から外務省419号室で日米双方の最高医学陣に外務，厚生，文部各省の関係官を混え第1回の日米合同医学協議会が開かれた．

　日本側から東大付属病院美甘院長（内科），中泉（放射線科），木村（理学部化学科）各教授，科研主任研究員山崎理博，米国側からABCC所長モートン博士，米原子力委員会保健部員アイゼンバッド博士，米極東軍マークス陸軍，マックニッツ空軍両大佐の医学界の最高スタッフ，外務省から中川アジア局長，鶴見同5課長，竹内欧米第1課長，厚生省から小林予研所長，小島同副所長，曾田医務局長，楠本公衆衛生局環境衛生部長，文部省から稲田学術局長，岡野学術課長，米大使館からレオンハート1等書記官，ハンナ情報官ら22名が大きなテーブルをはさんで着席，記者団をシャットアウトして非公開の会議に入った．

　この会議は今後の円滑な協力体制を築くた

「日米連絡協議会」1954.11.19 （共同通信社提供）

めの顔合せとみられ，さらに席上日本側医学陣から医療対策は日本側に主体をおき米国側の協力を求めるようにしたいという発言があり米側もこれを承認した．具体的な点については今後随時会議を開いて検討する．同1時25分外務省情報文化局は，会議の模様について次のとおり発表した．

本日の会議においてはまず議題を①患者の治療，②環境衛生，③食品衛生の3つに区分して第1の議題に関し一般的討論を行い，今後は原爆症調査研究協議会（委員長小林六造博士）のメンバーを中心として専門家による討議，研究を続ける．

午後の会議では第五福龍丸の処置と通産省，水産庁の係官が参加して"原爆まぐろ"など放射能を受けた魚類についても今後の対策を協議する．

（『毎日新聞』54.3.24，夕刊）

24日外務省で開かれた「福龍丸問題に関する日米連絡協議会」は午後3時から引続き日本側に水産庁大戸海上1課長，小池水産課長，水野生産部長，厚生省尾崎食品衛生課長，通産省前田輸出課長，森農水産課長，外務省古内参事官が新たに加わり，アメリカ側にメリル，カー両氏が加わるなど顔ぶれの一部を変更して再開，環境衛生，食品衛生の2議題について，第五福龍丸以外の船が積んで来た魚類に対する処置，輸出マグロの衛生検査問題などについて意見交換を行い，5時10分散会した．

（『朝日新聞』54.3.25）

1—2 日米調査予備会議にたいする外務省調整案

"ビキニの灰"をめぐり研究の自主性を主張する日本の科学者と米国側の意見が合わず注目されているが，政府は患者の治療を第一義に考え，〔1954年3月〕23日米側の申入れによって開かれる予定の日米予備会議で調整したい意向である．事件発生からこれまでとられてきた日米両当局の研究をみると必ずしも密接な協力がとられているとはいえず，このため政府は不幸な事件がさらに日米間の友好的関係にまで影響をおよぼすことをおそれている．政府の態度としては，

一．研究調査が二元的になると同一患者が2

回も同一研究の対象となり，これは余りにも"実験的"色彩が濃く面白くない，あくまで治療第一主義で行いたい．
一．しかし米国の放射能研究は日本より優れているので第五福龍丸などの物件については米国に研究の指導権を認めるのも止むをえない．

というものである．政府としてはこの方針で23日も日米間の意見の調整をしたい意向だが，いずれも学者相手の仕事だけに事態の処理に苦慮している．

中川外務省アジア局長談　今回の被災者を余り実験的に取扱うのは面白くないので厚生省とも相談して治療を第一目的として日米間の意見の調整をはかりたい，秘密保護について米国から正式の申入れはなかった．

日本側の意見

東大治療調査団では調査は「合同」でも構わないが治療に関しては日本側が主体となり米国が「協同」する体制でなければ治療の一貫性を欠き支障を来たす．このことは広島，長崎の例でも明らかであるとして治療を日米「合同」で行うことは強く反対している．23日午後，芝白金予防研究所で開かれる予定の日米合同準備会議には出席の要請があればでるという態度をとっているが，どういう結果になるか注目されている．

反対の理由としては東大側は灰の分析については東大木村研究室の分析結果により米国側から教えてもらわなくても23人の日本漁夫の治療に関する限りは差支えがなく，治療についても特に米側の援助，忠告を必要としない，また日本が現在まで行って来た調査結果の発表も恐らくさしとめられ，日本国民は徒らに不安におびえることになろうといっている．

都築博士談　治療に関しては絶対自主性が必要だ．厚生委員会で1割はあぶないかも知れないと述べたことが大分問題になっているようだが，現在世界の如何なる学者でも絶対に死なぬと断定できる者はないだろう．不幸な犠牲者が出るかも知れないから，われわれは全力をつくして不幸を未然に防ぐよう努力するつもりだ．

米側態度
米国側の態度は
一．原子力についての研究は米国の方がはるかに進んでいるので日本の科学者も協力してほしい．
一．原子力についての詳細は未だ公表されていないが，従来の日本側の態度を見ると逐一発表を行っている，これは国際情勢の微妙な折から好ましくない．

との理由により日米合同調査の必要性を力説している．このような状態にある時，米国原子力委員会から派遣されたアイゼンバッド博士が22日来日したため，日米両国間の研究調整が緊急に必要になってきたものである．

（『東京新聞』54.3.23）

1—3　第五福龍丸の被災状況に関する覚書（外務省情報文化局）

本〔1954年3月〕27日奥村次官はアリソン米国大使に対し次のとおり覚書を手交した．

第五福龍丸に関する日本政府の調査結果は以下のとおりである．

第五福龍丸の航跡，行動，被災の状況は，同船の船長，漁ろう長，その他乗組員の供述，航海日誌，漁ろう日誌及び中央気象台が調査した当時の気象状況に基いた結論である．日時はすべて日本時間である．

　1．被災船舶

第五福龍丸（99.9トン）船主西川角一，積荷まぐろなど合計2299.3貫．

　2．第五福龍丸の航跡及び行動の概要

①第五福龍丸は，1月22日午前11時30分燒津出航，南東にむけ航行し，1月27日ごろ北緯27度36分東経148度37分付近より針路を東にむけた．2月3日北緯26度17分½東経171度30分に至り操業を開始し2月12日まで数回にわたり操業した．その後マーシャル群島付近へ漁場を変更する目的で変針し，途中操業しつつ2月23日北緯11度11.3分東経173度33分付近に至った．

②2月23日以後同船は操業しつつ西方に針路を向けた．3月1日午前1時15分ごろには北緯12度03分½東経166度56分½に至り投縄

開始，同3時42分，北緯11度52分½東経166度35分において投縄終了した．その後北東に10分間（航走距離約1浬¼と推定）航走し，機関を停止して漂泊した．約20分漂泊（圧流距離西方に約½浬と推定）したころ（同4時12分ころ）原爆らしいもののせん光を認めた．その位置はおおむね北緯11度53分¼東経166度35分¼であった．

③せん光を認めた後約7, 8分後に同船は原爆らしいものの爆発音を聞き，直ちに揚縄を開始した．揚縄は10時30分に終了し，針路を北として現場から離脱を開始した．

④3月2日午前4時40分以後針路を北西とし焼津にむかい，3月14日同6時焼津に入港した．

3．被災状況

①3月1日午前4時12分ごろ，同船の西南西の方向に赤みがかった光の輝きを認め，次第に白黄色に変り，また赤みを帯びてきて消えた．

②その後，約7, 8分後に爆風は感じなかったが前後2回にわたり爆発音を聞いた．光の輝きを認めてからその方向にきのこ状の雲を認め，これが空一面に広がってどんより曇ってきた．

③せん光を認めたとき，新聞で読んだ記憶がある原爆の実験がまた行われたらしいことに気づき，危険が予想されたので午前4時30分ごろ投縄終了地点から投縄と逆方位に北東の方向に向け揚縄を開始した．揚縄はいわゆるライン・ホーラーを使用し，機力で行うもので，その間機関は，前進微速と停止をくり返しなわを船上にたぐりこんでいくのであるが，乗組員は，機関当直数名を除き，残り全員上甲板及び操舵室において作業に従事した．

④揚縄作業中，せん光を認めた後，約3時間くらい後に推定位置北緯11度56分¾東経166度42分½において灰が降りはじめ，灰は上甲板上に白く積った．揚縄は午前10時30分ごろ，推定位置北緯12度03分東経166度53分付近で終了したので針路を北に向け7浬の速力で灰の降らない方へと航走し，現場からの離脱を図った．

⑤乗組員は，揚縄終了後，上甲板で漁獲物の処理に従事したのであるが，灰は正午ごろまで，推定位置北緯12度14分東経166度53分まで降り続いた．

⑥それから2, 3日の間に乗組員全員が軽い頭痛を覚え，中には，はき気をもよおした者もいた．

⑦7, 8日後に襟，顔，耳，はちまきをしめたあたりの灰をかぶったところが多少やけどのような具合になってひりひりと痛み始めた．

4．その他

①第五福龍丸は被災前現地において，無電信号その他の方法により警告を受けた事実はない．現在までの調査によれば第五福龍丸以外の船舶もいかなる方法によっても警告を受けた事実はない．

②第五福龍丸の乗組員は，当時飛行機の爆音を聞いていない．

③通信関係事項（A）通信日誌は適正妥当に記注されている．（B）通信士は2級1名で英語をやや了解する程度である．（C）通信機の状態は良好であった．（D）無線の聴取時間は不定であった．（E）通信電波は2091kcおよび3251.5kcである．

5．損害額

第五福龍丸に関する損害額に関しては目下調査算定中である．

◇第五福龍丸乗組員名〔略〕

（『毎日新聞』54.3.27，夕刊）

1—4 ビキニ周辺の安全保障を要請する政府口上書

政府は〔1954年3月〕31日中にも在日米大使館に対し，ビキニ環礁周辺の安全保障を米国に要請する口上書を提出する予定である．さきに奥村外務次官はアリソン米大使に対し一応口頭で安全保障のため十分な措置をとることを要請したが，外務省ではその後この点について具体的に研究した結果，日本側の要請事項を明記した口上書を提出することになったものである．口上書の要旨はつぎのとおり．

一．ビキニ周辺のマグロ漁場の最盛期（11月—3月）の実験はなるべく避けてほしい．

一. 実験のための期間はなるべく短くしてほしい.
一. 右の危険期間中でも,危険がなくて通過や漁獲できる時期をなるべく指定してほしい.
一. 実験の日取りをできれば通知してほしい.
一. 現在指定されている危険区域は,南方漁場への往復上不便であるから,西方の区域を削除してほしい.

(『朝日新聞』54.3.31)

1—5 水爆実験に協力

日米協会での外相演説

さきに国会は原爆・水爆実験の被害防止などについて決議したが岡崎外相は9日,日米協会におけるあいさつで「原爆実験にたいして積極的に協力する」旨をつぎのように述べた. 外相が公開の席上で原爆実験にハッキリ賛意を表したのは初めてである.

私はこの機会にビキニ被災事件について二,三話をしたいと思う. 私は自己の過失によらずして負傷を負った船員に対して深い同情を述べるとともに政府はこの人たちに必要な救済をするため最善を尽している. 原爆実験のため漁業が特定の公海域から除外されることは日本にとって非常な損失であることはいうまでもない. わが国経済は漁業に依存すること大であるからである. しかしながらわれわれは米国に対し原爆実験を中止するよう要求するつもりはない. それはわれわれが,この実験が米国のみならず,われわれもその一員である自由諸国の安全保障にとり必要なことを知っているからである. こうした立場からわれわれはこの実験の成功を確保するため他の自由諸国と協力するであろう. しかしながら,われわれは同時にかかる実験の結果,被るかも知れないいかなる損失にもわが国漁業は正当に補償されるべきであると考えるものである.

(『朝日新聞』54.4.10)

○中川政府委員 危険区域が非常に大きな水面まで拡げられたということにつきましては,たしかにマイナスの面もあるわけでありまして,日本の漁業者がここである程度の漁業をしておって,これは水産庁の方の御意見を伺うが,この事態は漁場としてそう重大なものではないけれども,これから南の方に行く道に当るそうでありまして,かような意味から漁業にとっては,相当の損害になるということであります. しかし他方日本はアメリカに日本の防衛を委任しておるといいますか,協力してもらっておる関係にありますので,アメリカの国防力が増すということは同時に現在日本にとりましては,その意味から非常な利益があるわけでありましてその趣旨におきましては,アメリカの実験にむしろ協力すべきであって,これを邪魔するのは,やはり日本としてもとるべき措置でない,かように考えます. 従ってその両者を比較検討いたしまして,かつできるだけ日本にとりましてのマイナスの面を少くするように先方に話して,これが調節をはかるということが,われわれ外務当局の今とるべきことであろうと考えておりまして,その趣旨で目下研究いたしております.

(衆院厚生委,54.3.25)

○岡崎国務大臣 これは,私はしばしば言っておるのですが,原子力とか水爆とかいう大量殺りく兵器,こういう種類のものは国際管理に移すべきが望ましいことでありまして,これに向ってまず各国とも努力をしなければいかぬ,これは当然のことであります. しかしながら,もしそれができない場合にはどうするか. それは,今不幸ながら国際間の平和は力の均衡の上において保たれておる. 少くとも私はそう思っておる. 従って,共産陣営側で原爆なり水爆なりの実験をしておるときに,自由主義陣営の方でこれができないということであるならば,力の均衡が破れるおそれがある. しからばその場合には,むしろ力の均衡が破れる結果,戦争の危険も起らないことはない. しからば,非常な災害を世界に及ぼす心配もあり得るわけので,国際管理のできない場合で,しかも一方の陣営が

かかる実験を行っている限りにおいては，他方の陣営もこれを行うことが力の均衡を保ち，そしてこういう殺りく兵器の使用を阻止できる唯一の方法であると思いますから，私は，その意味では原子爆弾等の実験を阻止することは適当でない，こう考えております．

（衆院外務委，54.9.15）

1—6 核の機密保持に努力

岡崎外務大臣 治療については，放射能がどういうものであるかということを聞かなければできないということを言われておりますが，私は治療はぜひ必要だと思うが，しかし同時にどういう爆発物を使ったかということは，大事な機密でありますし，これはできるだけ発表はしたくない，治療にさしつかえない程度のものにとどめたいと思っております．現に各種の人々が各種の策動をして，この機密をとらえて反対側の方に提供せんとせられるような策動がなかなか盛んであります．従いまして，アイゼンバッド等の専門家はこの症状でもって治療のやり方は判断できるということで——私ども専門家ではありませんから，それがどの程度ほんとうであるかわかりませんけれども，趣旨としてはできるだけこの機密を保持しつつ治療を行って参りたいと思っております．船の処置につきましても同様でありまして，政府の考慮のやり方というものは，ただ放射能がいつまでたったらなくなるかという実験のために船をとっておくのではなくて，船の放射能を最も短時間に除去し得るような研究をしてもらいたい，その意味で使いたいと思っております．同時にその船から機密が漏れないように十分なる注意をいたしたいと考えております．

原子灰と申しますか，この灰を持ち去られたといううわさはわれわれも耳にしておりまして，警察等に調べてもらっております．またたとえば最近焼津の被害者の家へ行きまして，その当時着ておったシャツでも着物でも，何でも買取るからといって申入れをしておる一部の人もあるようであります．こういうものにつきましても十分警戒をする必要がある

と思いまして，ただいま手配を依頼いたしております．

（衆院外務委，54.3.24）

1—7 調査結果公表は慎重に

○岡崎国務大臣 これは秘密保護法には関係がありません．しかしながら日本の国として国際信義，国際友情その他から考えて，できるだけ自分の親しき自由主義諸国の機密は，国として守ることは当然であり，また従って国民としてもこれに協力すべきは常識上当然のことと思いまして，いたずらにこれをほしがっておる国にわからせるような発表の仕方をすることは，私ははなはだおもしろからざることと思いますが，罰則の適用等は遺憾ながらできません．

（衆院厚生委，54.3.25）

○小瀧政府委員 この発表はいろいろな意味で非常に大きな影響を与えます．不必要な心配を与えるような場合もあるし，またそのために，たとえば日米間の貿易，まぐろの輸出というようなことにも影響があって，大きく発表してかえって貿易に阻害を来すというような場合もありますので，お互いに慎重を期さなければならない，そういう悪い影響のないように十分注意をしなければならないということは，各省の打合会などでも言われておるところでございまして，絶対に発表してはならないというようなとりきめがあるわけではありません．相互に注意しようという申合せであるにすぎないのであります．

（衆院外務委，54.4.14）

1—8 福龍丸乗組員を思想調査 （治安当局米側へ報告?）

国警，公安調査庁などの治安当局は外務省からの依頼によって第五福龍丸事件"死の灰"をめぐるスパイ問題に関連して同船乗組員の思想，身元調査などを行いスパイ事実の有無などについても調査中であったが，このほど「乗組員全員は思想団体になんらの関係なく

"死の灰"がソ連に持去られたということも根拠のないものと認められる」と外務省に報告，同省ではこれをさらに米国大使館に情報として連絡したものとみられる．同調査には米国の在日調査機関CICも一枚加わり，相当活発な調査活動を行ったもようで，被爆患者の診療や補償問題などについて日米間に微妙な空気が伝えられている現在，これらの調査が新たな波紋を投じている．この調査が行われたいきさつは大体つぎのようなものである．

○第五福龍丸事件が起った直後の３月16日，23日の２回にわたり米国上下両院コール原子力委員長は「日本人漁夫は漁業以外の目的で危険区域に入り実験をスパイしていたかもわからない．この点を原子力委員会は調査する必要がある」という意味の言明を行った．さらにストラウス米政府原子力委員長も31日「船長の言明からみて同船は危険水域内にあったものと認められる」とそれぞれ第五福龍丸をスパイ視するような声明を発表した．

○この間24日岡崎外相は衆院外務委で「原子灰がソ連に持去られたというウワサをきいている」と奇怪な言明を行ったので，第五福龍丸には内外から疑惑の目でみられることになった．岡崎外相の国会での言明は事件直後焼津に調査におもむいた外務省古内参事官の報告によるものといわれているが，多分に政治的にふくみのある発言とみられ，この言明を機に外務省は，国警，公安調査庁などに"死の灰"をめぐるスパイ事実の有無についてすでに自主的に調査を開始しているCICと協力調査することを依頼した．この陰には疑心暗鬼の米国側が強く外務省に働きかけ"死の灰"のスパイを口実に乗組員の思想，身元調査を要請したともいわれている．

○治安当局の調査は乗組員23名の個々につき思想傾向，日ごろの言動，組合加入の有無，親類，知人関係に日共党員の有無など相当綿密に行われた．"死の灰"を持ち出した男(？)はこうしてまず乗組員内部から調べられ，事件後焼津に乗込んだ日共党員や，思想団体，組合などの調査員などがその対象となったことはもちろんだが結局なにもそれらしい事実が認められなかったわけである．

治安当局談　岡崎外相の言明から外務省の依頼で"死の灰"スパイ事件を調査したのは事実だ．十分あり得ることなので慎重に調査したが，現在のところ根拠がないものと認められる．もちろん乗組員のなかに共産党関係のものがいたり，その影響をうけているものがいるかもわからないという前提で乗組員の身元を調査した．これは独自の考えでどこからも要請されたものではない．

第五福龍丸船主西川角一氏談　事件が起ってから週に１回ぐらい，４月に入ってからもすでに３回警官が交代できて共産党関係のものはこなかったかと訪問者の名刺を調べ，そういう方面の調査を行っている．

なお第五福龍丸の身元調査について外務当局は「全く事実無根だ」と次の如く否定している．

外務省から国警に乗組員の身元調査を依頼したことはない．アメリカ側からもそのような要請をうけたこともないし調査する理由もわからない．全く事実無根だ．

(『中部日本新聞』54.5.1)

第２節　国内被災対策

2－1　閣議決定による処理方針

第五福龍丸事件に関する暫定措置方針に関する件（昭和29年３月30日，閣議決定）

〔編集者注〕閣議決定だが外務省で原案を作成したので外務省に保管されている．しかし，内容については秘密文書扱いになっており，コピーができなかった．

原爆被害対策に関する調査研究連絡要綱（昭和29年６月18日，閣議決定）

一．目的

原爆の被害は，魚類その他の食品，飲料水，船舶等に及び更に広く生活環境並びに産業の面に不断の陰影を投じつつある現状にかんがみ，その実態につき行政上直接必要な調査研究を綜合的に行い，そのすみやかな究明を図り，もって対策の基礎を確立

し，あわせて国民不安の一掃を期するものとする．
二．要領
1. 原爆被害対策に関係のある関係各省庁が相協力し原爆被害対策に関する調査研究を綜合的且つ，能率的に実施することに資するため，原爆被害対策に関する調査研究連絡協議会（以下「協議会」という．）を厚生省に設置する．
2. 協議会の任務は，概ね次のとおりとする．
   (一) 原爆被害対策に関する調査研究（委託調査研究を含む．）項目について関係各省庁相互の間の連絡を図り，且つ，その分担を定めること．
   (二) 調査研究の結果に基き，綜合的に検討を行い必要に応じこれを発表すること．
   (三) 検査術式の統一等調査方法の標準化を促進すること．
   (四) 関係各省庁が，都道府県その他の組織機関に対し，連絡指導すべき事項について審議すること．
三．その他
1. 調査研究等に要する経費については，関係各省庁において所要の予算的措置を講ずることとし，この際，関係各省庁は，相互に密接な連絡を図るものとす．
2. 協議会の組織等に関する諸規定は，すみやかにこれを整備するものとする．
3. 協議会がその任務を遂行するに当っては，日本学術会議と緊密な協力関係を保持するものとする．

原爆被害対策に関する調査研究連絡協議会規程（案）昭和29年6月25日，厚生省
（設　置）
第1条　原爆被害対策に関係のある各省庁（以下「関係各省庁」という．）が相協力し，原爆被害対策に関し行政上直接必要な調査研究（委託調査研究を含む，以下同じ）を綜合的且つ能率的に実施することに資するため閣議決定に基く機関として，臨時に，厚生省に原爆被害対策に関する調査研究連絡協議会（以下「協議会」という．）を置く．
（任　務）
第2条　協議会の主な任務は，次のとおりとする．
　一　原爆被害対策に関し，行政上直接必要な調査研究（以下「調査研究」という．）項目について関係各省庁相互の間の連絡を図り且つ，その分担を定めること．
　二　調査研究の結果に基き，綜合的に検討を行い，必要に応じこれを発表すること．
　三　検査術式の統一等調査方法の標準化を促進すること．
　四　関係各省庁が，都道府県その他組織機関に対し，連絡指導すべき事項について審議すること．
（組　織）
第3条　協議会は，会長1人，副会長2人，委員50人以内及び専門委員若干人で組織する．
（会長及び副会長）
第4条　会長及び副会長は，厚生大臣が任命し，又は委嘱する．
2. 会長は，会務を総理し，協議会を代表する．
3. 副会長は，会長を補佐し，会長に事故があるときは，その職務を代理する．
（委員及び専門委員）
第5条　委員及び専門委員は，関係各省庁の職員及び学識経験のある者のうちから，厚生大臣が任命し，又は委嘱する．
（任　期）
第6条　会長，副会長，委員及び専門委員の任期は1年とし，再任されることを妨げない．
2. 補欠の委員及び専門委員の任期は，前任者の残任期間とする．
（部　会）
第7条　協議会はその定めるところにより，部会を置くことができる．
2. 部会の委員及び専門委員は，会長が指名する．
3. 部会の委員のうち，1人を部会長とし，会長が指名する．
4. 部会長は，部会を総理し，部会を代表

する．
　5．部会長に事故があるときは，あらかじめその指名する委員が，その職務を代理する．
（幹　事）
第8条　協議会に幹事若干人を置く．
　2．幹事は，関係各省庁の職員のうちから，厚生大臣が任命し，又委嘱する．
　3．幹事は，会長の命を受けて会務を掌理する．
（庶　務）
第9条　協議会の庶務は，厚生省公衆衛生局において処理する．
（雑　則）
第10条　この規定に定めるもののほか，協議会の運営に関し必要な事項は，協議会が定める．
　　　附　　則
　1．この規定は，昭和29年　月　日から適用する．
　2．原爆症調査研究協議会規程は廃止する．

「第五福龍丸事件に関する暫定方針に関する件」に基くまぐろ類の検査中止に関する件（昭和29年12月28日，閣議決定）
　昭和29年3月30日閣議決定「第五福龍丸事件に関する暫定措置方針に関する件」の第4号に基くまぐろ類の検査は既にその必要がない時期に到達したものと認められるので12月31日限りでこれを中止する．
　ただし今後もまぐろ類に対する放射性物質の沈着状況に関する調査研究は継続するものとする．
　閣議請議に関する説明書
一．政府においては，米国のマーシャル水域における原爆実験に関連し，昭和29年3月30日の閣議決定に基き，まぐろの検査を実施してきたのであるが，他方これと併行し，まぐろ等の漁類の放射能汚染状況について鋭意研究中であったところ，極めて最近に至り次の事実が逐次明らかとなった．
　㈠　内部の放射性物質の沈着度は生肉1瓦当り毎分10カウント未満で，10カウント以上を示すものは119例中40カウント1

例にすぎなく，しかもこれら汚染状況は次第に減少の傾向にあること．
　㈡　肉中の放射性物質は，大部分亜鉛65（半減期250日）でその他の物質も含まれてはいるが，これらのうち，最大許容量に最も影響するストロンニチウム90（半減期25年）は極めて微量にしか見出されないこと．
　㈢　まぐろなどの汚染頻度は総検査数量に対して平均0.5程度であること．
二．以上のような汚染の程度であればかりにこれを多量に連日長期にわたり食用に供したとしても，現在国際的に承認を得ている許容量以下であること，しかも実際問題として，これら汚染まぐろを食用する頻度を計算に入れれば許容量を更にはるかに下廻ること．
三．よって現在指定5港において実施しているまぐろ等の検査を12月31日限り中止することとし今後はこれ等魚類の調査研究のみを進めて行くことといたしたい．

2—2　関係通牒

衛発第183号
昭和29年3月18日
　　　　　　　　　　　厚生省公衆衛生局長
各都道府県知事殿
　　原爆被害魚類の監視について
　標記については，電報によって既に連絡したところであるが詳細は次の通りであるから指導取締に遺憾のないようにされたい．
　　　　　記
1．原爆の被害を受けた魚類を摂取した場合，人体に如何なる影響を及ぼすかについては，現在のところ学問的には未だ不明である．
　然しながら放射性物質の本質より考えると，これが附着含有された魚類を摂取する場合は，消化器を通過している間に及ぼす人体への影響と共に更にこれが吸収され臓器に沈着して長期間にわたって生ずる影響が考えられる．後者の場合には更に附着含有した放射能物質の量と質，特にその減衰期の長短が多大の関係を生ずる．

また，これら放射性物質は砂その他が魚の表面に附着する場合，魚体組織が放射能を獲得する場合及び放射能を獲得した餌料等を摂取することにより危険化する場合が考えられる．
　いずれにせよこれら放射能を有する魚類を摂取した場合人体に対する危険がどの程度大であるか不明であり，またこれを放置すればその放射能により，つねに危害が考えられるので，食品衛生法第4条違反品として地下2米以上の深所に埋没するか大洋中に投棄する等適当な処理を行わせられたい．
2．放射性物質を得た魚類が一部市販されたことにより国民に多大の不安を与えたことは極めて遺憾であるが，更にマーシャル水域にて漁撈に従事し，又は航行した遠洋漁船があり，これが積載魚類を揚陸すると思われるので，一応厚生省と農林省と連絡し，焼津，三崎，塩釜，清水及び東京の5港にこれら漁船を入港させ，該港に国の衛生係官を派遣し入港の都度この積載魚類から放射性物質を検出させることとなったが，関係都道府県においては極力これらの作業に協力するよう格別の配意を願いたい．
　以上の措置によっても，なお放射能の存在の有無につき検査洩れの魚類もあるかと考えられるので，貴管下魚市場において南方海域より水揚入荷した魚類については自主的に検査をおこなうことも考慮せられたい．
3．右の5港において検査した結果放射性物質の検出されなかった魚類，特にまぐろについてはその魚体直接に又は容器に別記様式「衛生検査」の印を押すこととするから，其の旨御諒知の上周知方その他の取扱いにつき何分の御配意を煩したい．
　なお貴都道府県において魚市場等につき，自主的に検査された場合についても，別紙様式に準じ検印を押すよう指導されたい．

衛発第218号
昭和29年3月30日
　　　　　　　　　　厚生省公衆衛生局長
都道府県知事殿
　放射性物質の附着した魚類の検査及び処分について
　魚類の放射性物質の含有又は附着の有無についての検査及び処分については，当分左記により実施されたい．
記
1．検査方法
(イ) 魚類が放射性物質を含有し，又は附着しているか否かを検査するときは，なるべく対象となるロット（漁獲海域が異り，且つその漁獲物が保存されている等の場合はこれら各々1ロットとし，これ等の措置が講ぜられていない場合は一般が1ロットである）全数について，その魚体より約10センチメートルの距離において，ガイガー検知管により検査すること．
(ロ) 放射性物質により汚染された漁船内の魚類は，それ自身が放射性物質を含有し，又は附着していないにもかかわらずその周辺よりの影響により，あたかも放射性物質を含有し又は附着しているように見え，又は揚陸の際汚染せられた甲板，器具類により，新たに汚染せられる等の事実にかんがみなるべく漁船甲板等を十分洗滌する等の措置をとりその汚染を防ぎつつ，他の放射能の影響のない場所に移して検査を行うこと．
(ハ) 放射性物質より放射されるβ線をも検知するため，検知管のアルミニウムシールドを外して検査すること．この際検知管の汚染，マイカ端窓の破損を防ぐため，検知管の先端を薄いゴム袋で雇う等の考慮をはらうこと．
(ニ) ガイガー検知管による(イ)の検査において，バックグラウンドの数を遙かにこえる異常のカウント（1分間100程度以上）を得た場合は，このロットを放射性物質の含有又は附着の疑あるものとして，ガイガー検知管を魚体に近づけ又は遠ざけカウントの変化をみること．この際魚体

第6章　日本政府の被災対策

にガイガー検知管を近づけた場合カウントが著るしく増加し，遠ざけた場合減少する時はこれを放射性物質又は附着とする．右の場合，なるべく検査の正確を期するため専門学者の意見を徴する等の考慮をはらうこと．
2．放射性物質を含有し，又は附着する魚類の処分
(イ) 1の検査により放射性物質を含有し，又は附着している魚類を発見した場合は，そのロット全部を食品衛生法第4条違反の食品として処分すること．
(ロ) 右の処分は，なるべく陸地と関係のない大洋の海流中に投棄するか，飲料水等に関係のない場所で，地下2メートル以上の深所に埋没する等適当な方法をとること．

発衛第138号
昭和29年4月26日
　　　　　　　　　　　厚生事務次官
宮城県知事殿
　マーシャル水域において漁撈に従事し，またはこの水域を航行した漁船についての検査の実施について
　さきにマーシャル水域において水爆実験に遭遇した第五福龍丸の被害にかんがみ，水産庁の指定する水域において漁撈に従事しまたはこの水域を航行した漁船は，水産庁の指定した塩釜，東京，三崎，清水及び焼津の5港に入港させ，船舶乗組員及び漁獲物等について，閣議決定により，被害の有無を検査して，乗組員の健康に留意するとともに漁獲物については食品としての安全を期することとし，これが実施のため取り敢えず当省係官を右5港に派遣し，貴都県の御協力を得てこの1ヶ月余に亘り所要の措置を講じてきた次第である．
　しかるに，この措置が，今後なお長期間に亘って必要である実状にかんがみ，右の入港時における検査及び処理は，来る5月2日以降，別紙「検知及び処理要領」により，貴都県にその実施を依託いたしたいので，左記事項御留意の上よろしく御配意煩わしたい．

右，命によってお願いする．
記
一．本件実施に要する費用については別に定める基準によって国において負担するものであること．
二．検査の結果，特に，更に精密な調査を必要とする場合には，当省より放射能専門家及び係官から成る調査班を派遣する用意があること，
三．1船又は1船艙単位で処分を必要とする漁獲物を発見したとき，又は特に必要ある場合には，その処置について当省の指示を得られたいこと．その他の場合は，指示を得ることなく処置し，その旨電話をもって連絡すること．
四．毎1週間分（月曜日から日曜日まで）の検査成績を別紙第1号様式及第2号様式によって翌週の水曜日までに報告されたいこと．
五．本件の被害については補償要求との関連もあるので検査成績ならびに処理状況について資料を整備されたいこと．
　特に，漁獲物等の処分を必要としたものについては詳細な資料を整備すること．
六．本件に関して，原爆症調査研究協議会の行う調査等については従来通り御協力願いたいこと．
別　紙
検知及び処理要領
第一　放射能の検知
　水産庁の指定する水揚港を有する都県は当該港に検知班を常駐させ，指定水域において漁撈に従事し，又はこの水域を航行したすべての漁船につき，その船体，漁具，乗組員及び漁獲物について放射能の有無の検知又は精密調査を行わせるものとする．
一．検知班の編成基準
　1．人員
　　検知班は班長（食品衛生監視員である者）及び班員（食品衛生監視員である者又は次の資格を有すると認められる者）相当数をもって編成する．班員の数は，入港する船舶数，その積載量及びこの作業が深夜作業を常とする点

等を併せ考慮して，充分な人数を確保するものとする．

　サーベメーターを使用し，又は精密検査のためガイガーミューラー計数器を使用する場合は，前者にあっては2人を1組とし，後者にあっては3人を1組とする如く編成するものとする．

2. 器具類
   (1) サーベーメーター　検知を行う者1組につき1基

   　　ガイガーミューラー計数器精密検査用として1具

   　　右の両器具ともに，ガイガーミューラー検知管，蓄電池，コード等に故障が多いので，これら部品の予備を用意しておく必要がある．

   (2) ストップウォッチ，記録板，懐中電灯，ビニール製作業衣，帽子，手袋，雨合羽，検知器械の雨覆い，ゴム長靴，白衣，手かぎ，石けん，写真器，海図等．

二．検知の要領

1. 船舶及びその行動に関する全般的調査

   　検知班は，予め関係方面（水産庁の指定する機関その他）と連絡の上，漁船の行動につき，事前にその状況を把握しておき，漁船の入港後速やかに次の事項について調査する．この際，航海日誌等関係資料の提示を求めて，参考とすることが適当である．

   (1) 船名，船籍，屯数，船主氏名及びその住所又は連絡先漁撈長及び船長の各氏名，乗組員数，積載魚類の種別及びその数量．

   (2) 船の出港地，出港月日，帰港地，帰港月日，次の航海予定．

   (3) 船の航跡ならびに漁撈水域及びその期間（殊に水爆実験の行われた日及びその直後の位置を明らかにすること．）

   (4) 船員の健康状態．（火傷，水泡，色素沈着その他特に注意すべき症状の有無を聴取すること．）

   (5) その他特に注意すべき事項．（爆発に関係のあるとみとめられる閃光降灰等の発見，スコール，風等の状況につき聴取すること．）

   　なお水産庁は，昭和29年3月1日以降指定水域において漁撈に従事し，又はこの水域を航行したすべての漁船に対し，その入港予定日の少くとも5日前までに，入港予定地の次の機関に入港予定日時等を報告するように指示している．

   塩釜港　塩釜市杉の入
   　　　　　　　東北海区水産研究所
   東京港　東京都千代田区霞ケ関2の2
   　　　　　　　水産庁海洋第2課
   三崎港　神奈川県三浦郡三崎町
   　　　　　　　神奈川県水産試験場
   清水港　清水市日之出町
   　　　　　　　静岡県水産試験場
   焼津港　焼津市新尾
   　　　　　　　焼津漁港修築事務所

2. 放射能検知の方法

   　検知班は，右の全般的調査を行ったのち，船体，漁具，乗組員及び漁獲物を対象として，順次は原則として，先ずサーベーメーターを使用して，放射能の有無を正確に検知する．即ち，先ず検体より約10糎の距離において測定し，バックグラウンドのカウントをはるかに超える異常のカウントを得た場合には，検知管を検体に接近又は離反してカウントの変化をみる．この際検体に検知管を近づけた場合カウントが著しく増加し，遠ざけた場合に減少するときは，放射能物質の含有又は附着の疑いあるものと考えられる．

   　右の検知によって異常なカウントを得た検体について，更に，正確に測定するため，ガイガーミューラー計数器を使用して検査するものとする．

   　検査に際しては，放射性物質より放射されるγ線をも検知するため，ガイガーミューラー検知管のアルミニウム

シールドを外して検知することが必要であるが，検知管の汚染，マイカ端窓の破損を防ぐため，検知管の先端を厚生省で交付するビニール膜で覆う等の考慮をはらうことが適当である．

なお，比較対照するため，予めバックグラウンドのカウント（検知を行う場所の大気中のカウント）を正確に測定してから，検体についての検知を行うものとする．

(1) 船体

船体の次の個所について検知する．

なお，入港前に，予め洗滌等を行った事実の有無について調査し，もし洗滌等を行ったことのあるものについては，洗滌のしにくい個所に特に注意して検知することが必要である．

(イ) 魚類の水揚に関係のある個所

魚類を格納してある船艙のハッチの内外部及びその周囲の甲板，捲揚機，船艙から魚類を揚げるのに使用するロープ，渡板，舷の出入口等．

(ロ) 従来の検知成績から，汚染の強いことが知られている個所

羅針儀，探照灯，方向探知機等の覆，煙突（特に炊事場の煙突）及び通風筒の蔭の部分，船艙及び船橋の屋上，マスト及び繩梯子，舷の内面，油で汚染された部分．

(ハ) 乗組員の作業又は居住に関係のある個所

操舵室，船長室，無電室，機関室，乗組員居室，炊事室等．

(2) 漁具

うき用のびん玉，漁網，つりひも及びそれらの覆，天幕等について検知する．

(3) 乗組員の身体及び衣類等

乗組員全員について，その身体の次の部分及び航行中作業時に使用していた次の衣類等について検知する．

なお，同様に，入港前の入浴洗髪の有無，回数等を併せ調査する．

(イ) 身体

頭髪部の前部及び後部，頸部，両耳部，指趾の爪等．

(ロ) 衣類等

帽子，上衣，肌着，ズボン，帯革，手袋，草履，手拭，寝具特に枕等．

(4) 漁獲物

(イ) 予備検査

予め水揚前に，魚類を格納してある船艙ごとに，各1乃至2尾を取出し，その周辺の放射能の影響のない場所において魚体の両側面，えら部，ひれ，尾のつけ根の部分及び腹部を精密に検査する．

なお，腹部臓器を有するものについては，必ず検知管を腹部に接近させて丁寧に検査する．

予備検査の結果，放射能のあるもの又はその疑のあるものを発見したときは，当該船艙の水揚を最後に行うこととする．

(ロ) 水揚時の検査

なるべく船艙毎に区別して順序よく水揚させ，魚類の全数について検査する．魚体の検知部位については，(イ)に準ずる．

予備検査の結果又はこの検査の途中において放射能による汚染の疑を生じた場合には，その傾向，即ち，特に魚体の特定の部分（例えばえら部，腹部等）にカウントの多いとき，又は特定の魚種について，若しくは特定の船艙の魚類についてカウントの多いとき等の場合に，重点的に注意して検知することが必要である．水揚の際，魚類が，汚染された甲板，器具類等によって汚染されることのないように，予め甲板等を十分に洗滌させる等の措置をとり，また周辺の放射能の影響のない場所において検知する．

なお，船員は，身体の検査の結果，

カウントの著しく多い者は，水揚作業に従事しないよう，またカウントの多い衣類，手袋，履物等を使用しないよう指導する．さらに，魚類の鮮度が低下することを防ぐため，検知水揚げは手順よく行い，魚類は平常通り出荷できるよう留意する．

第二　処理要領

検知班による検知又は精密検査の結果，放射能の存在が認められた場合は，概ね次の方針に従って処理するものとする．

但し，船体，漁具又は乗組員の衣類等について近接測定（殆んど密着をいう．以下同じ）2,000カウント毎分を超え，或いは乗組員の身体について近接測定500カウント毎分を超えるものがあった場合は，専門学者（予め委嘱した医学者，物理学者等の放射能に関する学識経験者）等に意見を聴き，又はさらに精密な調査を依頼し，その意見に基いて処理するものとする．

一．船体

船側，船室等乗組員の作業又は居住に直接関係のある個所について，近接測定2,000カウント毎分以上の場合は，専門学者の意見をきいて処理する．近接測定2,000カウント毎分以内の場合は極力洗滌し又は塗装部，木製部の表面を削り取るよう指導する．

なお，その結果，或程度のカウントが残存していても爾後の使用には差支えない．

二．漁具類

放射能を有する漁具類の処理に対するカウントの限界は右に準ずるが，これが除去には，同様に洗滌が必要である．特に漁網，帆布，ズックカバー等のせん維製品であって油類に汚染されているものは，除去されにくいから，石けん等の洗剤を用いて十分に洗滌するよう指導する．数回の洗滌を経たものは，爾後の使用に差支えない．

三．衣類等

衣類等については，近接測定2,000カウント毎分を超えるものは，専門学者の意見をきいて処置する．近接測定2,000カウント毎分以下でも，石けんを用いて数回の洗滌を繰返した後でなければ使用しないよう指導する．また，特に直接皮膚に接触する肌着の類で放射能の存在を認めたものは，その影響が大であることが考えられるので，なるべく，廃棄するよう勧しょうする．

四．身体

身体については，頭髪その他の部分から，近接測定500カウント毎分を超える放射能を検知し得た場合は，専門医学者による精密検査を行い，その結果に基いて指導する．

また，近接測定500カウント毎分以下でも放射能を検知し得た場合は勿論，放射能を検知し得ない場合であっても，船体等に近接測定2,000カウント毎分以上の放射能の存在が認められるときは，相当長期間に亘って放射能にさらされたおそれがあるので，入浴等による身体の洗滌を繰返して行うよう（頭髪に放射能が認められた場合には，頭髪の剪除を行うよう）指導し，できれば更に，医療機関において血液検査その他の精密な医学的検査をうけるよう勧しょうする．

五．漁獲物

魚類については，魚体より約10糎の距離において100カウント毎分を超える放射能の存在を検知した場合，これを汚染されたものとして，処理判断の目標とする．

実際に処理の判断を下すに当っては，厚生省がこれまで行った検知の結果によればその事例ごとに魚類の汚染の状況に特色がみられるので，それぞれの特色に応じて適切な判断を下して処理することが必要である．

例えば，右の特色とそれぞれの場合における処理の方針は次の通りである．

(1) 積荷全体が汚染されている場合

魚種別船艙別に差が認められず，全般的にバックグラウンドのカウントの

第6章 日本政府の被災対策

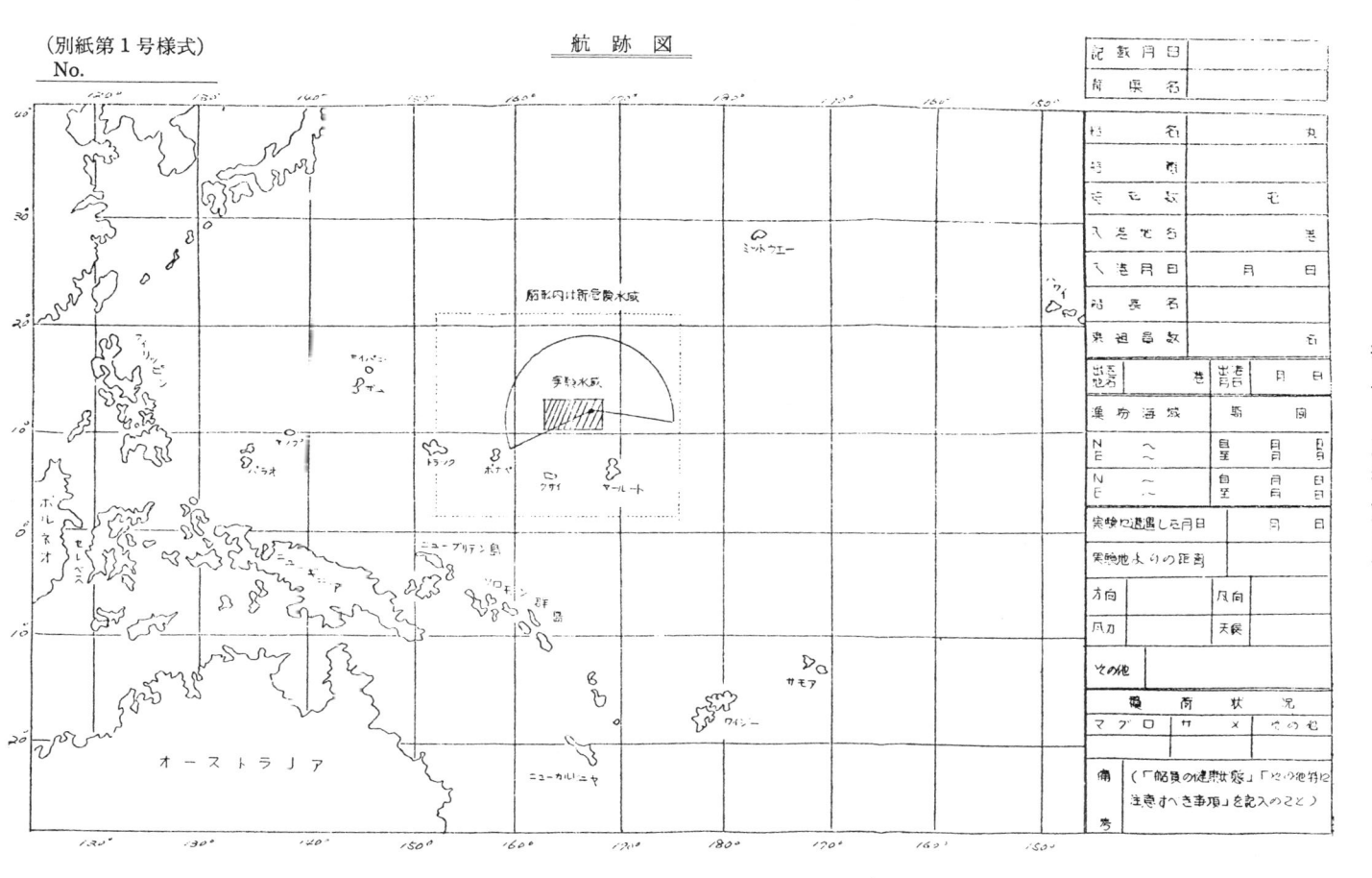

(別紙第1号様式)
No.

航 跡 図

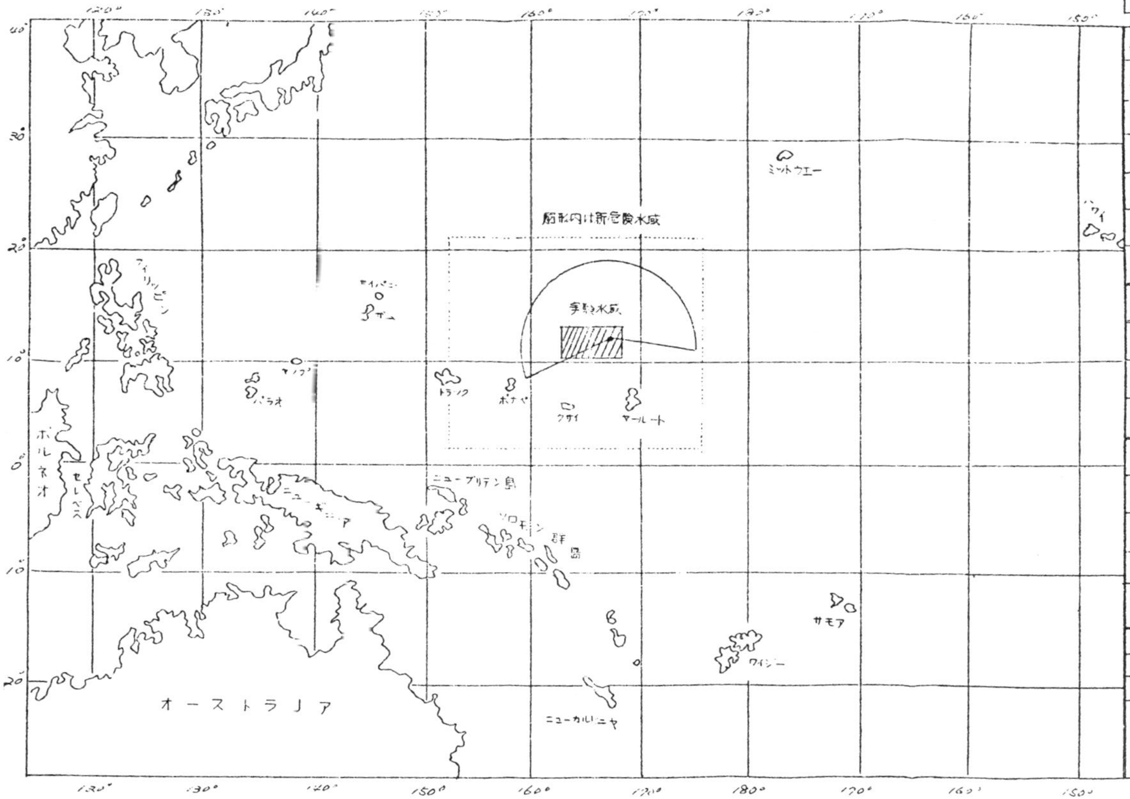

428　第2編　第五福龍丸と乗組員の被災をめぐって

検知成績表

(別紙第2号様式)

2乃至3倍のカウントを示し，かつ，相当数の100カウント毎分を超える魚類があった場合は，積荷全体が汚染されていると考え，その全部を廃棄させるよう処理する．

特定の船艙の魚類についてのみ右の傾向が認められ，他の船艙の魚類全部がバックグラウンドのカウントと殆んど差異がない場合は，その船艙を1ロットとし，そのロットの魚類のみを廃棄させるよう処理する．しかし，漁撈水域ごとに区分して船艙に格納する例は稀であるから，1船艙を1ロットと解釈することには特に慎重でなければならない．

(2) 大部分の魚類がバックグラウンドのカウントと同数またはその倍程度以下であり，若干のものが100カウント毎分以上である場合は，そのもののみが汚染され，他は，汚染されていないと解釈し，汚染されたもののみを廃棄する．

(3) 特定の魚種（例えば，海中の比較的浅い個所を游泳する種類）にのみ100カウント毎分以上の放射能が検知された場合はその魚種のみが汚染されていると考え，これを廃棄させるよう処理する．

なお，この場合，その魚種の習生特に食餌，游行性等を考慮し，他のこれに似た習性をもつ魚種について特に精密に検査することが必要である．

以上の魚類の廃棄処分は，なるべく陸地と関係のない大洋の海流中に投棄するか，飲料水等に関係のない場所で，地下2米以上の深所に埋没する等適当な方法をとるよう指導する．

衛発第380号
昭和29年5月22日
　　　　　　　　厚生省公衆衛生局長
各都道府県知事殿
　野菜果実類の放射能について
放射性物質を含有している雨に直接さらされた野菜，果実等は放射性物質により汚染されることが考えられるが，その程度は種類等によりかなりの差異がある．この直接汚染は現在のところ少数例についての試験によれば，清浄な水で洗滌することにより比較的容易に除去されるようであるから，当分の間野菜，果実等を出荷する場合は出荷者において十分洗滌を行うよう指導すると共に，必要に応じ青果物市場においても随時検査し，放射能の認められるものについては適宜の措置をとられたい．

なお，消費者に対しても調理に対し，予め十分洗滌するよう指導されたい．

一．5月19日より21日にかけて厚生省，埼玉県，東京都，神奈川県，京都府，大阪府で店頭（市場も含む）及び畠より野菜，果実約290件を採取し検査した結果は次の通りであった．
（測定距離1～5糎）

カウント／分（自然計数を含む）	件数
40以下	220
41～50	31
51～60	15
61～70	15
71～80	12
81～90	2
91～100	1
101～110	0
111～120	1
121～130	0
131～140	1
141～150	1
151～160	1

右のうちカウント100以上のもの4件（厚生省1，神奈川県3）は何れも畠より採取したもので，市販のものはカウントが比較的少ないようである．

二．洗滌によるカウントの変化を例示すれば次の通りであった．

品名	洗滌前	洗滌後
キャベツ	152	32
ユキ菜	59	27
ホウレン草	54	32
ホウレン草	73	34

か　　ぶ	138	30
馬鈴薯の葉	141	52

即ち洗滌により簡単に放射能物質を完全に除去し得るようである．

衛水第42号
昭和29年6月3日
　　　　　　　　厚生省公衆衛生局
　　　　　　　　環境衛生部水道課長
宮城県衛生部長殿

天水，流水など放射能のある水をそのまま飲用に供している地区に対する放射能対策について

天水，流水など放射能のある水を直接飲用に供している地区については，放射能の危険が恕限度を超える場合も考えられるので，検査の結果，かかる危険性のある場合には，飲料水について左記の如き濾過槽を使用し，又天水の場合は降雨当初の雨水は捨てるよう御指導願いたい．

なお，飲料水の恕限度については，目下学会にて検討中であるが，取りあえず 1×10^{-4} マイクロキューリー／立（約14〜40カウント／立）以上のものを連続使用数ヶ月以上に及ぶものは人体に害があるという米国基準を採用する．又水中に含まれる放射能は本濾過装置によって4分の3程度除去し得ることが実験によって証明されている．

（注）放射能の検査は1立の水を蒸発し，その蒸発残渣についてガイガーカウンターで測定するが求められるカウント数のみによって危険の有無を判断することは適当でない．よってカウンターの効率を的確に把握しておくことが必要である．効率はカウンターの種類，構造及び測定方法によって種種異なるものであるが，その効率については，キュリー単位にて検討の上決定しなければならない．

　　例えば，
　　14カウント／分／立＝ 6.8％（効率）
　　22.2　　　〃　　　＝10.0％（　〃　）
　　40　　　　〃　　　＝18.0％（　〃　）

（I）家庭用濾過槽の作り方
　1.　容器

ドラム罐，4斗樽等の桶状容器の蓋を打抜いたものを使用する．

2.　濾過水の流出孔
桶の底部に穴をあけ木管，竹管などをはめ込みこれにゴム管を図の如く装置する．

3.　濾材
図の如き順序に濾材を濾過槽の中に入れる．

a.　小砂利　径1糎〜2糎のものでよいが小さい方が望ましい．よく洗ったものを使用する．

b.　砂　水洗いして泥を落して使用する．

c.　木炭　吸着している物質を除去するため一度におとして赤くなくなったものに水をかけて消炭とし粉砕して大きさ1糎以下位にして1度水洗して使用する．活性炭を使用すれば一層効果がある．

d.　上層の棕梠又は小砂利は水を入れた時下の砂層が攪拌しないためのものである．

（II）濾過槽の使用法
1.　原水を槽の上部より静かに流し込んで槽に充す．

2.　濾過の速さは濾過効果に大きな関係があるから次の標準より速度が大きくならないようにゴム管の高さを調節する．

　　4斗樽（上部の直径約54糎）の場合……1斗（約18立）の水が1時間かかって濾過されるようにする（濾過約2.5米／日）

（注）桶の断面積が異る場合は左の計算式で濾過時間を出す．

$$60分 \times \frac{0.173 m^2（4斗樽の有効断面積）}{A（求める容器の有効断面積）}$$

＝その容器に対する1斗の水の濾過時間

衛環発第18号
昭和29年6月19日
　　　　　　　厚生省公衆衛生局環境衛生部長
宮城県衛生部長殿

海水浴場に於ける海水の放射能の検査について

核分裂生成物による海水の汚染について

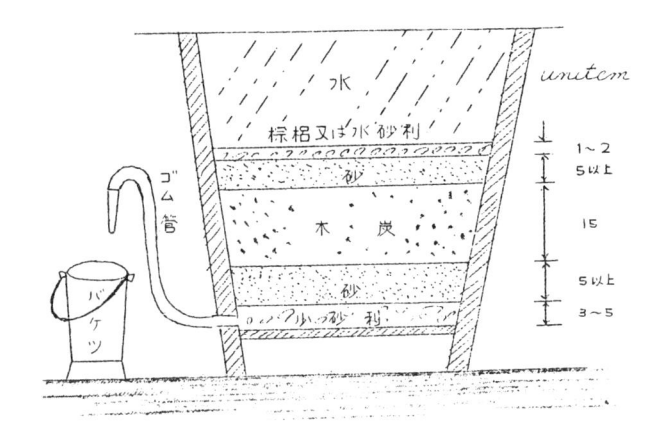

は, 水産庁の調査船俊鶻丸が先日来ビキニ海域の調査を行っているが, その報告に於ては, ビキニ島周辺の海水のみに核分裂生成物による汚染が認められ, 少し離れれば殆んど放射能がなく, 勿論日本列島岸の海水については全く放射能を認めていない.

しかし一部では盛夏をひかえ, 海水浴場における海水の汚染が心配されている向もあるので, 念のため左記に従って海水浴場における海水の検査を行い, その結果を7月10日迄に御報告されたくお願いする.

　　　　　　記
一. 各都道府県内主要海水浴場に於て実施すること.
二. 晴天時, 海岸より約20米の点で海面水及び水深1米の海水の2種類につき検査すること.
三. 1海水浴場に於て少くとも3点をおさえること.
四. 測定方法は現在原爆症調査研究協議会環境衛生部会に於て検討しているので, それが決定する迄は別紙測定法を参考とされたいこと.
五. もし著明な放射能を検出した場合には, 海水を厚手の濾紙又はシャンベランで濾過した場合の減少度をも検査すること.
六. 万一海水に放射能を検出した場合には人心に及ぼす影響も大きいので, その判定にはバックグランドとの比較について特に慎重に考慮すること.

〔海水中に含まれる放射能の測定方法　略〕

衛発第466号
昭和29年6月26日
　　　　　　　　厚生省公衆衛生局長
各都道府県知事殿
　　原爆被害対策に関する調査研究連絡要綱
　　　について

マーシャル水域において原・水爆実験に遭遇した第五福龍丸の被災事件以来, 当省においては一部都県の協力を得て, 漁船, 乗組員及び漁獲物についての対策を実施して来たのであるが, その後被害は漁獲物等のほか飲料水等広く生活環境の面に波及する傾向が見られてきたので, このたび別紙のとおり6月18日の閣議決定をもって原爆被害対策に関する調査研究連絡要綱を定め, その対策の基礎が確立することとなった.

なお, 同要綱の具体的実施に関しては, 目下関係各省庁と協議検討中であるので, 決定次第通知する予定であるが, 特に左記事項については, 格別の御配慮を煩わす見込につき何分の御協力をお願いする.

　　　　　　記
一. 都道府県において行う調査研究の実施に当っては別紙要綱の趣旨に準じ, 関係機関

と相協力し，他方衛生研究所等を中心とし，更にその綜合化，能率化を期せられたいこと．
二．都道府県に対し，調査研究を本託するに当っては，当局としては地方衛生研究所に実施を願うよう考慮していること．

別　紙
　　原爆被害対策に関する調査研究連絡要綱
　　（昭和29年6月18日閣議決定）
一．目的
　　原爆の被害は，魚類その他の食品，飲料水，船舶等に及び更に広く生活環境並びに産業の面に不断の陰影を投じつつある現状にかんがみその実態につき行政上直接必要な調査研究を綜合的に行い，そのすみやかな究明を図り，もって対策の基礎を確立し，あわせて国民不安の一掃を期するものとする．
二．要領
　1．原爆被害対策に関係のある関係各省庁が相協力し，原爆被害対策に関する調査研究を綜合的且つ，能率的に実施することに資するため，原爆被害対策に関する調査研究連絡協議会（以下「協議会」という）を厚生省に設置する．
　2．協議会の任務は概ね次のとおりとする．
　　㈠　原爆被害対策に関する調査研究（委託調査研究を含む）項目について関係各省庁相互の間の連絡を図り，且つ，その分担を定めること．
　　㈡　調査研究の結果に基き，綜合的に検討を行い必要に応じ，これを発表すること．
　　㈢　検査術式の統一等調査方法の標準化を促進すること．
　　㈣　関係各省庁が都道府県その他の組織機関に対し連絡指導すべき事項について審議すること．
三．その他
　1．調査研究等に要する経費については，関係各省庁において所要の予算的措置を講ずることとし，この際関係各省庁は，相互に密接な連絡を図るものとする．
　2．協議会の組織等に関する諸規定は，すみやかにこれを整備するものとする．
　3．協議会がその任務を遂行するに当っては，日本学術会議と緊密な協力関係を保持するものとする．

衛乳第27号
昭和29年6月26日
　　　　　　　　　厚生省公衆衛生局環境
　　　　　　　　　　衛生部乳肉衛生係長
宮城県衛生部長殿
　　7月以降における被害魚類の検査実施について
　マーシャル水域において漁撈に従事し，またはこの水域を航行した漁船についての検査については，本年4月26日発衛第138号事務次官通達に基き実施をお願いしたところであるが今後なお検査を実施する必要がある実状にあるので7月以降においても右通達に基く検知及び処理要領により引き続き検査を実施されたくお願いする．
　なお，最近の被害魚類の検知の結果からみて，今後は遠洋及び近海のまぐろ漁船を対象として指定港に入港したすべての漁船について検知を行うよう措置せられたい．
　追って予算的措置として取りあえず7月及び8月の2ヶ月間に要する経費につき関係省と折衝中であるので決定次第追って通達する予定であるので念のため申添える．

員給第210号
昭和29年7月1日
　　　　　　　　　　　　　運輸省船員局長
宮城県知事殿
　　放射能の検査について
　ビキニ環礁において行われた水爆の実験により，漁船第五福龍丸が相当の被害をうけたが最近に至っては別紙の通り大型外航船についても若干の放射能が検出され，船員並びに船主に与える影響は極めて大きいので南太平洋方面から帰航する船舶については船主より要望があった場合には各地方海運局においてできる限りの斡旋をするよう通達したところであるが，地方海運局においては検査の実施機関を有しないので貴管下機関の協力を得たく事情御諒解の上何分の御配意を煩わしたい．

〔被害船舶調査表　略〕

衛環発第22号
　　昭和29年7月6日
　　　　　　厚生省公衆衛生局環境衛生部長
宮城県衛生部長殿
　　放射能の水道水質に及ぼす影響調査について
　標記の件については，さきに衛環発第16号により貴管内の水道に調査を指示しましたが，その後各水道よりの報告を検討した結果何れも恕限度以下にて日報を徴する必要を認めないので，測定回数を左記の通り変更するからその旨御指示願いたい．
　　　　　　　記
　測定は水質に影響を及ぼす程度の降雨の都度行うものとする．
　但し原水に於て 10^{-14}マイキュロキュリー／立（約14～40カウント／分／立）を超えるおそれのある時は毎日測定するものとする．

発衛第218号
　　昭和29年7月19日
　　　　　　　　　　　　厚生事務次官
宮城県知事殿
　　放射能検知魚類の取扱について
　標記については，昭和29年4月26日発衛第138号「マーシャル水域において漁撈に従事し，またはこの水域を航行した漁船についての検査の実施について」の厚生事務次官通牒別紙「検知及び処理要領」の第二，処理要領「五．漁獲物」によりその実施をお願いしているところである．
　然るに，その後各方面に渉って鋭意調査研究を進めていたところ放射能による魚体の汚染は，それぞれの部位によって著しく差があること，即ち，えら，肝臓，胃，腎臓等に著しく，これに反し筋肉部は比較的汚染の程度が僅少であることが逐次確認されるに至った．
　よって，さしあたり魚体全体としては100カウントを超える場合であっても，内臓，えら等を除去し再検査して100カウント以下の場合はこれを食用に供することとし，「五．漁獲物」の第1項に左記の但書を加えて取り扱うこととしたので爾後この方針に従って処理せられたい．
　　　　　　　記
　但し．100カウント毎分を超えるものが検知された場合は各々その内臓，えら等を除去し，十分水洗いを行った後更めて所定の検知を行い，100カウント以下に低下した場合は，内臓，えら等のみを廃棄処分とし，その魚体のその他の部分は食用適として取り扱うこと，この場合廃棄した内臓等は，土中に埋める等の措置を講じて不衛生にわたらないよう特に留意すること．

衛発第609号
　　昭和29年8月25日
　　　　　　　　　厚生省公衆衛生局長
宮城県知事殿
　　原爆被害魚類等の検知について
　標記については，本年4月26日発衛第138号及び7月19日厚生省発第218号による厚生事務次官通牒の検知及び処理要領により実施されており，その成果は著しいものがあるが，8月中旬に至るも，なお放射能を有するものが相当数検出されており，9月以降も引続き実施する必要があるので別途指示あるまでは現行通り実施されるようお願いする．

発衛第384号
　　昭和29年12月28日
　　　　　　　　　　　　厚生事務次官
宮城県知事殿
　　マーシャル水域において漁撈に従事し，またはこの水域を航行した漁船の漁獲物等についての検査中止について
　標記の検査については，昭和29年4月26日発衛第138号「マーシャル水域において漁撈に従事し，またはこの水域を航行した漁船についての検査の実施について」の厚生事務次官通牒によりその実施をお願いしていたところである．
　然るに，その後各方面に渉って鋭意調査研究を続行していたところ，放射能汚染魚類の筋肉及び各臓器に沈着している放射性同位元素は主として危険度の極めて僅少な亜鉛65

(Zn 65) であることが確認でき，しかも現在まで水揚港において検知した魚類の汚染度をもってしては，その魚類のせっ取により人体に対し危険を及ぼすおそれが全くないことが確認されるに至った．

よって，標記厚生省事務次官通知に基く検査は昭和29年12月31日限り中止することに決定したから，貴（都）県においては，すみやかに検査中止に伴う必要な措置をとられるよう命によって通知する．

衛発第384号
昭和29年12月28日
　　　　　　　　　　厚生省公衆衛生局長
　　殿
　　マーシャル水域において漁撈に従事し，またはこの水域を航行した漁船についての検査の中止について
　南方水域において漁獲された魚類の放射能検知については，厚生事務次官通知検知及び処理要領によって実施されていた．
　然るに，その後各方面に渉って鋭意調査研究を続行していたところ，放射能汚染魚類の筋肉及び各臓器に沈着している放射能同位元素は，主として危険度の極めて僅少な亜鉛65 (Zn 65) であることが確認でき，しかも現在まで水揚港において検知した魚類の汚染度をもってしては，その魚類のせっ取により人体に対し危険を及ぼすおそれが全くないことが確認されるに至った．

　よって，本検査は昭和29年12月31日限り中止することに決定したから，貴道府県において魚類の検知を実施されている向は，右の方針によって取り扱われたい．
　おって，指定5港を担当する都県に対しては，別紙のとおり厚生事務次官から通知したので，念のため申し添える．

　　放射能汚染魚類の検査中止に至るまでの
　　経過
　指定5港及び指定5港以外の港における水揚げ魚類の検査と併行し，放射能汚染魚類の精密検査について鋭意研究中であったところ極めて最近に至り次の事実が逐次明らかとなった．

(1) 肉部の放射性物質の沈着度は精密検査の結果，生肉1瓦当り（水揚地におけるカウントでなく研究室において生肉1瓦を正確に計測したもの）毎分10カウント未満で10カウント以上を示すものは，ほとんど見出されなかった．しかもこれらの汚染状況は次第に減少の傾向にあること，(資料 p.6〔略〕)
　　一例として現在検知した最高（エラ部）9,000カウントのまぐろの白肉1瓦当り40カウントである．
(2) 肉中の放射性物質は大部分亜鉛65（物理的半減期約 250日）でその他の物質も含まれているが，これらのうち最大許容量に最も影響するSr90（物理的半減期約25年）を含む第Ⅳ属は全体の約10%以下であり，第Ⅳ属の分析結果では，Sr 90は全体の約0.2%であった．なお，実験的に飼育中のまぐろその他の魚類にSr90を与えた場合において 0.1% であり稍々これと一致する結果を見た．
(3) まぐろなどの汚染魚類が発見される頻度は総検査数量に対して平均 0.5% 程度である．
　　水揚地において10cmの距離で100カウント毎分以上を検知したもののうち比較的カウントの高い魚類を更に精密検査した結果は次表のとおりである．
　　生肉1瓦当りc/m
　　>50.　40.　30.　20.　10.　5.　0　計
　　　1　　　　　　　　　　17. 101. 119.
　　このように生肉1瓦当り10c/m以上を示すものは更に僅少である．
(4) 以上のような汚染の程度であれば，かりにこれを多量に連日長期にわたり食用に供したとしても，現在国際的に承認を得ている許容量以下である．
　　即ち，検知した汚染まぐろと許容量との関係を知るため事件当初から現在まで最高カウントのまぐろ（えら部9,000カウント，生肉1瓦当り40c/m）を例にとると，
　　　N. B. S 基準
　　（連日長期にわたり摂取する場合の1日当りの量）

Sr 90＋Y90　　392カウント
Zn 65　　29,000,000カウント

が国際的に許容量として認められている．
40c/m×300g（1日当り食用量）＝12,000カウント

Sr 90含量 $\frac{2}{1,000}$ ×12,000＝24カウント

となり，許容量の1/16程度である．
又，10c/mの場合

10c/m×300＝3,000カウント

$\frac{2}{1,000}$ ×3,000＝6カウント

5c/mの場合

5c/m×300＝1,500カウント

$\frac{2}{1,000}$ ×1,500＝3カウント

このように極めて稀れに発見し得た1瓦当り40c/mのものであっても許容量の1/16であり，10c/mのものは1/65，大部分を占めた10カウント以下のうち仮りに5c/mとすれば1/131となる．

Sr90の場合でも以上のような結果となり，Zn 65に至ってはSr 90の70万倍の許容量であるので，1瓦当り40c/mが全部Zn 65であっても300×40c/m＝12,000カウントとなり許容量の1/2,717という僅少の値である．

しかも実際問題として，これら汚染まぐろを食用する頻度を計算に入れれば許容量をはるかに下廻ること．

即ち，前記の許容量は連日長期にわたり摂取する場合に適用されるものであるが，実際に水揚港で発見される汚染魚類は0.5％ 200本に1本の割合であり，更に生肉1石当り10c/m程度の汚染魚類の出現頻度は，1/10,000以下である．従って仮りに10c/mのものを2回つづけて摂取する機会は 2.5×10⁻⁸（1億回に2.6回）しかない．3回続けての機会は 4.2×10⁻¹²（1兆回に4.2回）しかない．

以上のような諸条件を慎重に考慮した結果，まぐろ類の検査を中止する段階に至ったものである．

2—3　関係機構

原爆症調査研究協議会

　　　　　昭和29年3月24日，6委員，7専門委員を拡充強化，委員，専門委員，幹事で構成

委員長　小林六造　（国立予研所長）
委員　　小林六造　（国立予研所長）
　　　　小島三郎　（国立予研副所長）
　　　　古野秀雄　（広島県衛生部長）
　　　　松坂義正　（同県医師会長）
　　　　河石九二夫（広島大医学部長）
　　　　渡辺　漸　（同医学部教授）
　　　　一瀬忠行　（長崎県衛生部長）
　　　　調　来助　（長崎大医学部教授）
　　　　松岡　茂　（　　同　　　）
　　　　中泉正徳　（東大医学部教授）
　　　　三宅　仁　（　　同　　　）
　　　　都築正男　（　　同　　　）
　　　　菊池武彦　（京大医学部教授）
　　　　美甘義夫　（東大医学部付属病院長）
　　　　木村健二郎（東大理学部教授）
　　　　坂口康蔵　（国立東京第一病院長）
　　　　刈米達夫　（国立衛生試験所長）
　　　　山崎文男　（科研所員）
　　　　前川藤造　（静岡県衛生部長）
専門委員　池田長生　（科研所員）
　　　　田島英三　（　　同　　　）
　　　　筧　弘毅　（東大医学部）
　　　　三好和夫　（　　同　　　）
　　　　川城　巌　（国立衛生試験所）
　　　　塩川孝信　（静岡大教授）
　　　　柘植幸雄　（協立沼津病院長）

◆臨床小委員会
委員長　中泉正徳
委員　　都築正男　美甘義夫　栗山重信　清水健太郎　木村健二郎　石川浩一　筧弘毅　三好和夫　小山善之　岡本十二郎　池田長生　熊取敏之　柘植幸雄
幹事　　厚生省医務局国立病院課長
　　　　同　公衆衛生局予防研究課長

◆環境衛生小委員会〔略〕
◆食品衛生小委員会〔略〕

原爆被害対策に関する調査研究連絡協議会
昭和29年10月15日、委員、専門委員、幹事、オブザーバーで構成

会長	塩田広重	（日本医科大学学長）		岩井重久	（京都大学工学部教授）	
副会長	和達清夫	（気象庁長官）		古賀良彦	（東北大学医学部教授）	
	小林六造	（国立予防衛生研究所長）		塩川孝信	（静岡大学理学部教授）	
委員	三井武夫	（日本専売公社塩脳部長）		宮川 正	（横浜市立大学医学部教授）	
	三井進午	（東京大学農学部教授）		田島英三	（立教大学理学部教授）	
	檜山義夫	（　　同　　）		山崎文男	（科学研究所主任研究員）	
	宗宮尚行	（東京大学工学部教授）		河名九二夫	（広島大学医学部長）	
	稲田清助	（文部省大学学術局長）		渡辺 漸	（広島大学医学部教授）	
	松江吉行	（東京大学農学部教授）		松坂義正	（広島県医師会長）	
	河田 党	（農林省農業改良局研究部長）		古野秀雄	（広島県衛生部長）	
	斎藤弘義	（農林省畜産局衛生課長）		調 来助	（長崎大学医学部教授）	
	盛永俊太郎	（農業技術研究所長）		松岡 茂	（　　同　　）	
	藤永元作	（水産庁調査研究部長）		一ノ瀬忠行	（長崎県衛生部長）	
	岡田修一	（運輸省海運局長）		前川藤造	（静岡県衛生部長）	
	武田 元	（運輸省船員局長）		山口正義	（厚生省公衆衛生局長）	
	川畑幸夫	（中央気象台観測部長）		楠本正康	（厚生省公衆衛生局環境衛生部長）	
	畠山久尚	（気象研究所長）		曾田長宗	（厚生省医務局長）	
	三宅泰雄	（気象研究所地球化学研究室長）		小島三郎	（国立予防衛生研究所副所長）	
	石井千尋	（気象研究所地球電磁気研究室長）		刈米達夫	（国立衛生試験所長）	
	荒川秀俊	（気象研究所予報研究室長）		長沢佳熊	（国立衛生試験所研究部長）	
	伊東彊自	（気象研究所応用気象研究室長）		栗山重信	（国立東京第一病院副院長）	
	須田晥次	（海上保安庁水路部長）	◆総括部会　29名			
	中泉正徳	（東京大学医学部教授）	部会長	塩田広重	東京	日本医科大学学長
	三宅 仁	（　　同　　）	副	小林六造	〃	国立予防衛生研究所長
	清水健太郎	（　　同　　）	委員	和達清夫	〃	気象庁長官
	美甘義夫	（東京大学医学部付属病院長）		塚本憲甫	〃	放射線医学総合研究所長
	木村健二郎	（東京大学理学部教授）		伊藤岳郎	〃	〃　〃 第一基礎研究部長
	広瀬孝六郎	（東京大学工学部教授）		都築正男	〃	日本赤十字社中央病院長
	最上武雄	（　　同　　）		勝木新次	〃	財団法人労働科学研究所長
	都築正男	（日本赤十字社中央病院長）		山口正義	〃	国立労働衛生研究所長
	菊池武彦	（京都大学医学部教授）		朝田静夫	〃	運輸省海運局長
				緒方信一	〃	文部省大学学術局長

第6章　日本政府の被災対策　　　　　　　　　　　437

	木村健二郎	東京	原子力研究所理事		刈米達夫（国立衛試），栗山重信
	中泉正徳	〃	東京大学名誉教授		（東一）
	美甘義夫	〃	三楽病院長	専門委員	市川収（家畜衛試），筧弘毅（千
	佐々木義武	〃	科学技術庁原子力局長		葉大），石川浩一（東大），三好和夫（東大），星野文彦（東北大），
	田島英三	〃	立教大学理学部教授		柘植幸雄（焼津市病），江頭靖之（国立予研），永井勇（国立予研），
	山沢 竜	〃	厚生省医務局長		槇弘（国立予研），小山善之（東
	刈米達夫	〃	国立衛生試験所長		一），岡本十二郎（東一），熊取敏
	山崎文男	〃	科学研究所主任所員		之（東一），大橋成一（東一），山下久雄（東二）
	小平吉男	〃	気象研究所長	幹事	尾村偉久（厚生省）
	原島 進	〃	慶応義塾大学医学部教授	日本学術会議放射線影響調査特別委員会	
	筧 弘毅	〃	千葉大学医学部教授	委員長　日本学術会議会長	茅 誠司
	尾村偉久	〃	厚生省公衆衛生局長	幹事　東京教育大（理）教授	藤岡由夫
				東大（農）教授	檜山義夫
	堀 秀夫	〃	労働省労働基準局長	京大（医）教授	刈米達夫
				東大（医）教授	中泉正徳
	土井智喜	〃	運輸省船員局長	基礎班　◎主任　○副主任	
	聖成 稔	〃	厚生省公衆衛生局環境衛生部長	東大（理）教授	◎木村健二郎
				科研所員	○山崎文男
	藤永元作	〃	農林省水産庁調査研究部長	気象研究所地球化学研究室長	三宅泰雄
				京大（理）教授	石橋雅義
	長沢佳熊	〃	国立衛生試験所特殊薬品部長	静岡大（文理）教授	塩川孝信
				大阪市立大（理工）教授	山寺秀雄
	檜山義夫	〃	東京大学農学部教授	金沢大（理）教授	木羽敏泰
				名大（理）教授	菅原 健
	斎藤 潔	〃	国立公衆衛生院長	大阪市立医大助教授	西脇 安
	斎藤弘義	〃	農林省畜産局衛生課長	京大（理）教授	清水 栄
				立大（理）教授	田島英三
	栗山重信	〃	国立東京第一病院長	東大（甲）助教授	百田光雄
				科研所員	宮崎友喜雄
	木原 均	静岡	国立遺伝研究所長	電気試験所放射線課長	伊藤岳郎
幹事	河角泰助	東京	厚生省公衆衛生局企画課長	東京教育大（理）教授	藤岡由夫
				医学班	
◆医学部会　24名				予研所長	◎小林六造
部会長	都築正男（日赤）			東大（医）教授	○美甘義夫
委員	中泉正徳（東大），三宅仁（東大），清水健太郎（東大），美甘義夫（東大），木村健二郎（東大），古賀良彦（東北大），宮川正（横浜市立医大），前川藤造（静岡県），			東大名誉教授	都築正男
				京大（医）教授	菊池武彦
				東京医大教授	小宮悦造
				東大（医）教授	北村包彦
				科研所員	山崎文男

国立衛生試験所研究部長	長沢佳熊	気象研究所	石井千尋
予研	永井 勇	東大（理）教授	日高孝次
ABCC	牧 弘	東京水産大教授	宇田道隆
東京第一病院副院長	栗山重信	気象研，地球化学研究室長	
東大（医）教授	中泉正徳		三宅泰雄
京大（医）教授	刈米達夫	東大（農）教授	松江吉行
予研副所長	小島三郎	班員外委員	
		阪大（理）教授	伏見康治

生物班

科学博物館長	◎岡田 要	千葉大学長	小池敬事
立大（理）教授	○村地孝一	慶大（医）教授	阿部勝馬
都立大（理）教授	森脇大五郎	東大伝研所長	長谷川秀治
東大（理）教授	玉木英彦	厚生省医務局長	曾田長宗
東大（理）講師	田中信徳	厚生省公衆衛生局	
遺伝研，生化学遺伝部長	辻田光雄	環境衛生部長	楠本正康
遺伝研，生理遺伝部		文部省大学学術局長	稲田清助
第一研究室長	土川 清	◆環境衛生部会〔略〕	
日大（医）教授	森 信胤	◆食品衛生部会〔略〕	
立大（理）助教授	中尾善雄		
癌研所員	杉村 隆	宮城県原爆被害対策本部職務分担と機構	
東大（理）教授	和田文吾		
農研，生理遺伝部長	盛永俊太郎		

水産班

三重県立大（水産）教授	◎岡田弥一郎
東大（農）教授	○檜山義夫
〃	松江吉行
〃	森高次郎
〃	末広恭雄
東京水産大教授	佐々木忠義
東海区水産研所員	天野慶之
九大（農）教授	富山哲夫
東京水産大教授	岡田郁之助
三重県立大（水産）教授	辻井 禎
南海区水産研所長	中村広司
東京水産大教授	宇田道隆
海上保安庁水路部長	須田皖次
気象研，地球化学研究室長	
	三宅泰雄
水産庁調査研究部長	藤永元作

地球物理班

中央気象台長	◎和達清夫
海上保安庁水路部長	○須田皖次
中央気象台予報課長	伊藤 博
〃	大田正次
気象研究所	伊東彊自

班　名	分　担　事　項
1. 総務班	(1) 事業計画の綜合調整 (2) 情報並びに記録のとりまとめ (3) 支部各班の連絡 (4) 広報事務 (5) 予算要求のとりまとめ，支出関係 (6) その他他班に属せざる事項
2. 検知班	(1) 被害物件及び食品の検知 (2) 検知記録のとりまとめ
3. 食品班	(1) 情報の蒐集 (2) 不適食品の措置 (3) 資材の確保 (4) 予算の経理
4. 防疫班	(1) 被害者の検診治療収容及び健康管理 (2) 被害物件の防疫処置 (3) 予算の経理 (4) 資材の確保
5. 情報班	(1) 入漁船の情報の蒐集の把握 (2) 出漁船の状況情報蒐集把握 (3) 出漁船の指導
6. 調整班	(1) 被害船水産物及び船員に対する補償 (2) 無害水産物消費対策

第6章　日本政府の被災対策

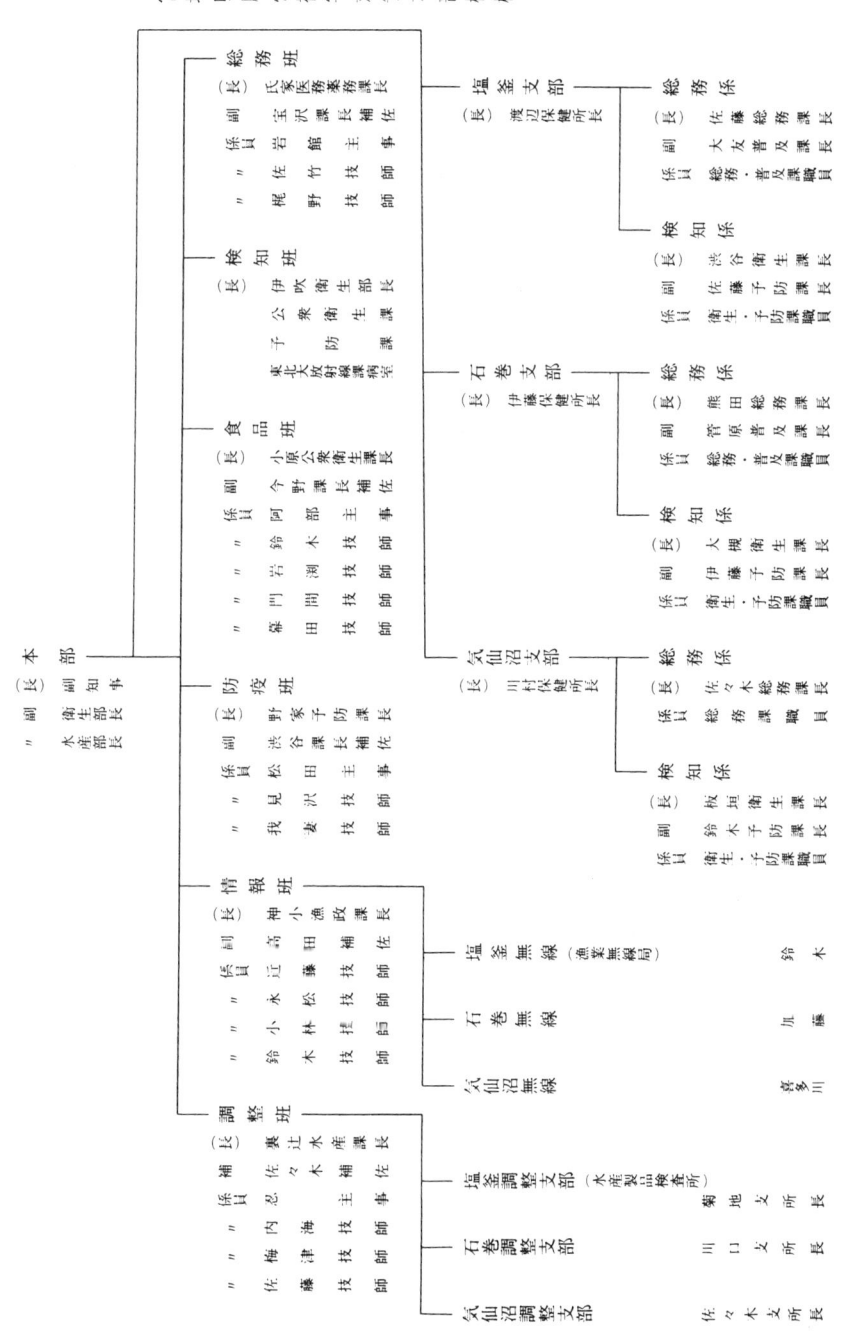

宮城県原爆被害対策本部機構

- 本部（長）副知事
  - 副 衛生部長
  - 〃 水産部長
  - 総務班（長）氏家医務薬務課長
    - 副 宝沢課長補佐
    - 係員 岩館主事
    - 〃 佐竹技師
    - 〃 梶野技師
  - 検知班（長）伊吹衛生部長
    - 公衆衛生課
    - 予防課
    - 東北大放射線教室
  - 食品班（長）小原公衆衛生課長
    - 副 今野課長補佐
    - 係員 阿部主事
    - 〃 鈴木技師
    - 〃 岩渕技師
    - 〃 桑門技師
    - 〃 田間技師
  - 防疫班（長）野家予防課長
    - 副 渋谷課長補佐
    - 係員 松田主事
    - 〃 我見技師
    - 〃 妻沢技師
  - 情報班（長）神小漁政課長
    - 副 高藤課長補佐
    - 係員 小林技師
    - 〃 鈴木技師
  - 調整班（長）奥辻水産課長
    - 補佐 佐々木補佐
    - 係員 忍主事
    - 〃 内海技師
    - 〃 梅津技師
    - 〃 佐藤技師
  - 塩釜支部（長）渡辺保健所長
    - 総務係（長）佐藤総務課長
      - 副 大友普及課長
      - 係員 総務・普及課職員
    - 検知係（長）渋谷衛生課長
      - 副 佐藤予防課長
      - 係員 衛生・予防課職員
  - 石巻支部（長）伊藤保健所長
    - 総務係（長）熊田総務課長
      - 副 菅原普及課長
      - 係員 総務・普及課職員
    - 検知係（長）大槻衛生課長
      - 副 伊藤予防課長
      - 係員 衛生・予防課職員
  - 気仙沼支部（長）川村保健所長
    - 総務係（長）佐々木総務課長
      - 係員 総務課職員
    - 検知係（長）板垣衛生課長
      - 副 鈴木予防課長
      - 係員 衛生・予防課職員
  - 塩釜無線（漁業無線局）　鈴木
  - 石巻無線　　　　　　　　加藤
  - 気仙沼無線　　　　　　　喜多川
  - 塩釜調整支部（水産製品検査所）菊地支所長
  - 石巻調整支部　川口支所長
  - 気仙沼調整支部　佐々木支所長

2—4 事件対策日誌

東京都衛生局公衆衛生部獣医衛生課「魚類の人工放射能検査報告」（昭和29年獣医衛生課事業報告別刷）

第1章 経過日誌

○ 3月16日

読売新聞朝刊に，静岡県焼津に入港の，第五福龍丸が，たまたまマーシャル水域で行われている水爆実験の被害を受け，乗組員全員が原爆症の症状を呈したまま入港したとの記事が発表された．

○ 同日午前5時中央卸売市場衛生局分室に，荷受会社東都水産より福龍丸が積載して来たらしい大物魚類 261貫が入荷したとの連絡があり，直ちに，メバチ1本，キハダマグロ2本，サメ28本をせり場の一隅に隔離して，同9時獣医衛生課長を経て公衆衛生部長に報告された．

○ 同午前11時，公衆衛生部長は下記人員の参集をもとめ対策を協議した．

東大医学部放射線科　　中泉主任教授
　　〃　　　　　　　　筧　講師
科学研究所研究室　　　山崎主任所員
厚生省乳肉衛生課　　　阿曾村課長
国立予防衛生研究所　　遠山博士
都立衛生研究所　　　　畠田課長

その内容次のようであった．

1. 早急に，焼津より入荷隔離してある魚類の放射能を検知すること．
2. もし，有害な放射能があれば，その処分方法について．
3. 同様な魚類が，市場以外のルートで東京に入っていないか．
4. 同様な被爆魚類が今後も入荷すると推定して，その検査組織を急遽編成する必要がある．

○ 午後1時，科研大塚，浜田両所員及び東大中泉，筧両氏の計測により，下記の放射能を持つことが判明した．

　　　　メバチ及びキハダマグロ　3.2 mr/h
　　　　ヨシキリサメ　　　　　　9.0 mr/h
　　　　レントゲンメーター　10cm の距離

○ 午後3時，被爆魚を市場敷地の一隅に埋没すべく，地下3mの穴を掘り始めた．

○ 午後10時，科研斎藤所員により，交流サーベイメーターをもって，入港船舶の船体，船員，積載魚類の放射能検索を行い，同時に翌朝にかけて，焼津より入荷の加工品が，福龍丸の被爆魚を原料としているとの情報があったため，搬入トラック及び到着列車の荷総てについても放射能検索を行ったが，両者共1品も放射能を検知しなかった．

○ 午後10時，係員2名が福龍丸積載魚類の販路確認のため焼津に出発した．

○ 3月17日

午前3時，被爆魚の地中埋没作業完了し，作業に従事した人夫，運搬器具等を洗滌後，計器で検査の結果，人夫の被服（上衣及前掛）2件に放射能を検知したので，直ちに処分した．

○ 午前10時，第2回対策会議を開催し，衛生局長は下記の人員を招致した．

東大医学部放射線科　　中泉主任教授
　　〃　　　　　　　　筧　講師
国立予防衛生研究所　　小林所長
科研研究室　　　　　　山崎主任所員
衛生局各部長

その結果次のような対策を決定した．

1. 入港船舶，人員被服，被爆魚類の放射能検索は公衆衛生部員が行い市場分室に対して直ちに応援人員を派遣する．
2. 人員及被服に放射能を検知した際は医務部が処置を行い，都立病院が交代で採血その他の方法で診断を行う．
3. 現在都内には被爆魚は1本も販売されていないことを確認し，都民が必要以上の心配をしないよう要望する．

○ 午後1時，前日築地に入港した第十一日光丸から通風筒，船橋，ホンデン網，炊事煙突に放射能（200～800 c/m）を検知し，そのまま荷揚を中止させていたので東大に連絡，午後2時，東大から中泉，筧教授がレントゲンメーターで計測の結果 10cm の距離で3.0mr/hを確認，更に船員の作業帽，手袋，枕カバーに若干の放射能を検知した

が，同船の積載魚類は全部無事であった．
○ 午後2時，米軍Q.M.より4名来場，被爆魚埋没箇所及第十一日光丸を視察して，放射能検査に対し応援してもよいと申し出た．
○ 午後3時30分，広尾病院から医師団が出張して来て，第十一日光丸乗員26名の採血その他診断を行った．
○ 午後10時，科研斎藤所員及公衆衛生部員を以て，サーベイメーター2台で全水揚大物魚類，トラック便及び国鉄汐留駅の魚類加工品の放射能検査を行ったが，放射能を検知しなかった．
○ 福龍丸積載の被爆魚はその後の調査によると水爆の分裂産生物を浴びたらしく体表部から高度の放射能を検知した．また同船甲板上から採取した炭酸カルシウムらしい灰を東大で計測の結果1cmの距離で約1gに4万c/mを数え，静大で船体を計測した結果16分間に10mr/hを数えた．
○ 3月18日
午前10時，都会議事堂第4会議室に於て第3回対策協議会を開催した．

  東大医学部放射線科 中泉主任教授
  科　研　研　究　所 山崎主任所員
           大　塚　所　員
  国立予防衛生研究所 小　林　所　長
  米極東空軍兵站司令部員
  米第406綜合医学研究所員
  衛　生　局　各　部　長

その結果中泉教授から，遠からず日本の科学者によっても解明されるであろうがと前置して今回の実験によって生じた，分裂産生物の正体が判明しなければ現行の対策を進展させることができないので米軍側に対して一日も早く分裂産生物の元素の種類，半減期などの発表を要望した．

第406綜合医学研究所のあっせんで同午後2時の回答を約し一旦休会として待機中，厚生省に於て，原子爆発対策協議会が漸く発足し，中泉，筧，山崎氏等をスタッフとして急遽会議を開催するため，都の会議はひとまず之にゆずり自然流会となった．

尚米軍からの回答も遂に得られなかった．
○ 午後3時，水産庁では築地，焼津，三崎，清水，塩釜を遠洋漁業陸揚港として指定し，厚生省は前記5港に対し，放射能検知班を置くこととなり，東京では中央市場衛生局分室を原爆魚対策本部とし，厚生省より技官2名を常駐させ放射能検査を行うこととなった．東京都ではこの外，同日夕刻交流サーベイ2基，直流サーベイ1基を購入し検査の万全を期した．
○ 午後4時入港の第十二高知丸の船体及船具に500～1,200c/mの放射能を検知，東大のレントゲンメーターによると10cmの距離で0.7mr/hであった．午後5時，依頼により米軍第406綜合医学研究所ではサーベイメーターを以て同船の計測を行い弱い放射能を認めるが人体には影響なしとのことであった．
○ 同夜より検査済の魚類には，とりあえず，都のマークの中にF印の印を捺すことにしたが後刻，厚生省からも検印を押すように電文での依頼があった．
○ 3月19日
事件発生以来売り不振を続けてきたまぐろ類は入荷の減少も加えてついにこの日のせりは休止された．これは市場開設後17年ぶりの変異である．

水産庁よりマーシャル水域に水爆実験危険海域の指定があった．

また約50隻のマグロ漁船が，同水域で操業或は航行していると発表があった．
○ この18日付で厚生省公衆衛生局長名で知事宛に「原爆被害魚の監視について」と下記のような通牒が到着した．
1. 放射能を有する魚類を摂取した場合人体に対する危険がどの程度大であるかは不明であるが，危険予防上食品衛生法第4条違反として廃棄する．
2. 指定5港の検査に関係都道府県の協力を求める．
3. 放射能の認められない魚に検印を捺すこと．
○ 冷凍マグロとマグロの鑵詰の輸出検査について，アメリカ側から駐日米大使館と日本輸出冷凍水産物検査協会宛緊急照会があった．

○ 午後7時入港の第8住吉丸の通風筒，炊事煙突から 0.3mr/h の放射能を検知した．
○ 3月20日
　米国はビキニ海域の危険区域を拡大，N-12°，E-164° を中心とした半径450哩の扇状形とした．
○ 3月22日
　米原子力委員会衛生安全局長アイゼンバッド氏が来日，24日外務省での日米連絡会議に出席，25日午後横浜港での米国向けマグロの検査状況視察の際，体表ばかりの検査ではなく，腹腔，口腔，えら等もしらべるようにとの指示があった．これにより市場での検査も体表，腹腔，えら部の3ヶ所を測定する方法をとった．
○ 3月26日
　マグロの売行きが頓に落ちたため，中央卸売市場においては「放射能検査が厳重に行われているから，当市場を経由したマグロは安全である」旨のポスターを掲示した．
○ 3月30日
　厚生省より放射性物質の附着した魚類の検査及び処分についての通牒あり，
1. 魚体より10cmの距離で，その同数について行う〔ママ〕．
2. 測定の際は漁船甲板等を十分洗滌し，放射能の影響のない場所で検査する．
3. アルミニュームシールドを外してソフトの β 線をも検知する．
4. 毎分100カウント以上を認めた場合は，なおよく精査し正確を期するため専門学者の意見を徴する．
5. 放射能のある魚を発見した場合はそのロット全部を第4条違反として処分すること．
6. 処分は海洋投棄もしくは地下2米以上での飲料水等に関係のない場所に埋没する．
○ 4月1日
　午後1時30分入港の第七大丸の船体，ホンデン網より 100~800c/m の放射能を検知した．
○ 4月2日
　北大の発表によると，2日札幌地方の降雪から放射能を検知，先の愛知県伊良湖岬の降灰と共に，魚類以外の野菜，飲料水の放射能汚染について騒然として来た．市場屋上の雨樋内のコケ約50g より 328c/mの放射能を検知した．
○ 4月3日
　午後6時入港の第十宝成丸の船体，特に炊事用煙突より 300~800c/m の放射能を検知した．炊事用の煙突に濃厚な汚染が見られるのは，放射性物質を含んだ雨，または海水のシブキが船体を洗う際に，温まる機会の多い炊事用煙突の錆びた組織に浸み込み，次々と蒸発乾固されるためであろう．
○ 4月7日
　午後6時入港の第五海福丸の船体，船橋に 150c/m，ホンデン網に 100c/m，炊事用煙突に 300c/m の放射能を検知，更に船長の顔面下顎に水泡を発見，厚生省，広尾病院より医師の出張があったが，翌8日，国立第一病院に於て診断の結果，水泡は余病であることが判った．
○ 4月8日
　午前1時海福丸積載魚類のサンマカジキより 100~500c/m の放射能を検知，遂に3月16日以来，船体のみに検知し魚類に検知し得なかった放射能もここで現われた．午後2時精密検査の要請に応じ，科研山崎主任及大塚所員，東大筧講師，立大田島教授等来場し，再度精密検査を行った結果，魚類の放射能を確認，同4時40分 3,725 貫の大物魚類を廃棄と決定，海福丸船艙に封印した．また人員の精密検査を行ったが，人員には異状なく，船員の手袋，ジャンパーに 100~300c/m の放射能を検知した．
○ 4月9日
　午前10時，第五海福丸は海洋投棄すべく出港，一度基地浦賀港に寄港，同日午後6時，廃棄確認のため係員2名乗船の上出港した．
○ 同日午後2時，入港の「みさき丸」船体船具に放射能を検知，更に船員の頭髪に 300c/m，同被服（バンド）に 2,000c/m の比較的高カウントの汚染が検知された．
○ 第五海福丸の魚類の放射能は，福龍丸積

載魚の外部汚染とは異り食餌性汚染の疑が判明し，水爆実験の影響が降灰による外部汚染以外に餌料生物その他にまで及び，南方漁場全般に放射能魚の分布を想定せざるを得なくなった．

○ 4月10日

第五海福丸は午後4時，野島崎東方120哩の E-142°16′-N-35°0′ に到達，投棄を開始，午後7時に3,734貫の魚類を廃棄完了した．

午前10時，国立第1病院により「みさき」丸船員の検診があった．午後5時入港の第二十勝丸の船体船橋に 2,000～3,000c/m，船員の被服帽子手袋に 200～300c/m の放射能を検知したが，積載魚類は無事であった．以下4月中菊水，徳寿，第二幸成，尾形海幸，第二明和，第十二宝幸，第十一高知，第五明賀等計16隻の各船から船体船具に放射能を検知した．

○ 4月14日，マーシャル水域を通過して帰港した南氷洋捕鯨船図南丸の船体船具に2,500c/m の放射能を検知し，外洋船に対しても影響が現われた．

○ 4月26日

厚生省事務次官通牒をもって5月以降マーシャル水域において漁撈に従事し，またはこの水域を航行した漁船についての検査の実施については次の通り検査を地方に委託することになった．
1. その経費は国庫でまかなう．
2. 精密検査についてけ専門家を派遣する．
3. 処分については厚生省の指示による．
4. 検査週報の掲出
5. 検査処理内容の説明．

　　船体漁具被服は近接　 2,000c/m以上
　　乗員身体　　は近接　　500c/m以上

と漁獲物以外の環境衛生上の指示がなされた．また，前通牒のロットの解釈について，検知したもののみの廃棄と明確になった．

○ 5月15日

厚生省はマーシャル水域の放射能汚染状況調査のため，合同科学調査団を編成，水産庁所有の俊鶻丸が出航した．

○ 5月19日

午後7時入港の第八順光丸は検査開始以来，船体における最高のカウントを示した．

コンパス	6,000～18,000c/m
上甲板及航海灯	3,000c/m
船橋附近	1,500～ 3,000c/m
炊事用煙突	20万c/m以上
通風筒	4,000～ 5,000c/m

また，同船積載の乾燥サメヒレ60貫の中20貫に5,000～8,000c/mの放射能を検知した．これは航海中サメヒレの乾燥作業を行った際，放射性物質を含んだ雨水，海水に汚染されたと推定されかつ局部的な汚染斑を示していることは乾燥の際に重ね合されていたためと考えられる．午後7時30分科研山崎主任，東大覚講師，来場し，船体の汚染を確認，更に船員を検査したが船員には異状がなかった．

翌20日早朝，水上消防署に要請し，消防艇をもって船体の洗滌を実施した．また同日より精密検査研究用として，検知魚の一部を国立衛生試験所に送付することとなった．

○ 5月26日

第4回対策協議会を銀座オリンピックに於て開催した．

科研研究所	山崎主任所員
東大医学部放射線科	中泉主任教授
〃 理学部化学科	木村教授代理 横山助手
〃 農学部水産学科	檜山教授
国立予防衛生研究所	永井博士
中央気象台	大田測候課長
気象研究所	石井博士
厚生省	阿曾村課長
都水道局	田辺課長
都衛生研究所	島田課長
〃	松井課長
大島支庁	飯島支庁長

結果として次の通りであった．
1. カツオ魚の季節であるが，南方カツオに放射能を検知（清水）したので大型魚類に限らずカツオ等の小型魚類の放射能検査が必要であるが，全数の検査は技術

上困難であるから，入荷地方別に扱取検査を行う．
2. 放射能雨の問題で，予報の点などが討議されたが，水道水の場合は放射性物質が沈澱池において殆んど沈澱し，末端ジャ口においては人体の健康には影響はない．
3. 天水を飲用する離島の場合は，降雨と同時に放射能の有無の測定発表は技術上困難であるので，木炭による簡易濾過装置を使用すると実測例から（立大田島）約90％の放射能物質を除くことができる．
4. 野菜の放射能汚染については，現在附着汚染の状態であるから，良く洗滌することによって人体に影響はない．

○ 6月に入り，食品と放射能汚染の問題は世論も重大な関心を持ち始め，いたずらに恐怖心を持つ傾向にあるので，啓蒙のため機会あるごとに放射能検査の実状について普及に腐心したが，特に銀座松屋において，通産省主催「計量展」（6月4日～9日）及び主婦連合会主催「私たちの生活展」（6月11日～17日）に出場し，実際のサンプルについて計測を実演し，来展の都民に多大の感銘を与えた．

○ 6月15日
衛生局市場分室は東京都訓令甲第29号によって東京都市場衛生検査所として独立し，放射能検査に対しても万全の態勢が備えられた．

○ 7月4日
俊鶻丸が51日の航海を終えて帰港し，ビキニ海域を根源とする濃厚な海水汚染を始め数々の貴重な資料を持ち帰った．俊鶻丸の資料を始め，各研究機関の被爆魚に対する綜合意見は，放射能の分布状態が肝臓，腎臓，幽門垂に強度が大で，皮膚，骨等には弱いことが確められた．ただ筋肉では血合肉が稍々強い放射能を示すことも判った．

○ 7月17日
入港の大正丸積載の被爆魚，キハダマグロはえら部内面は18,542c/mの強い放射能を示し，検査開始以来魚類に検知した最高のカウントであった．

○ 7月19日
厚生省より次のような通達があった．
魚全体として100c/mを超えても内臓，えら等を除去して100c/m以下の場合は廃棄処分としない．
しかし，キハダ，カジキ等の所謂マグロ類は，漁船で漁獲と同時に鮮度保持のため内臓，えら等は除去してしまうので，市場へ水揚の際は前述の通達に該当する例は，輸出用のビンナガ以外にはない．

○ 8月に入って廃棄量は激増し，連日連夜の検査を続行し，遂に8月25日の如きは僅か1日で5,372〆の被爆魚を検知，廃棄した．

○ 8月26日に宮城県気仙沼，同31日横須賀市佐島と沿岸漁撈によるカジキ，マグロ類による放射能を検知し，10月迄に10件約80〆の沿岸漁撈による放射能魚を廃棄した．このため9月3日より人員機械の不足を克服しつつ中央市場外の分場も，陸送便が直送されるので，検査の完璧を期するため，足立，大森の両分場の放射能検査を続行強化した．

○ 8月中旬，従来の交流電源を要する非能率なサーベイに代って直流サーベイS8型簡易カウンターが購入され，放射能検査に一段の機動性を加えた．

○ 10月16日
草葉厚生大臣市場を視察．

○ 11月15日
日米放射能協議が日本学術会議で開催され，最大許容量，汚染除去，測定機械，基準，同位元素利用等について論議され22日終了した．

○ 12月22日
原爆被害対策協議会食品衛生部会が開かれ次のようなことが検討された．
1. 汚染魚筋肉中の放射能が微弱であること．
2. かなり強いものでもその出現率は稀であること．
3. 筋肉から放射性元素として亜鉛65が確認されたこと．
4. 第4属元素を全部ストロンチウム90と

見做しても最大許容量に達しないこと．
厚生省は，上記の4点によって，検査廃止について食品衛生部会に同意を求め，同日夕刊に環境衛生部長談として検査廃止が掲載された．
○ 12月23日
検査廃止の新聞発表について厚生省より何ら正式の指示連絡のないまま検査を続行していたが，荷主が検査廃止をすでに予想しているため，検査後廃棄処分については第一線検査機関は窮地に立った．
○ 12月28日
この日厚生省から閣議の決定により今後検査を廃止することになった旨電話連絡があった．衛生局長は下記学者を招致し，検査廃止についての学問的根拠について対策会議を開催した．

東大医学部放射線科	中泉主任教授
〃 農学部水産学科	檜山教授
科研研究所	山崎主任所員
国立衛生試験所	長沢部長

22日開催された原爆対策協議会食品部会に討議された4項目について学問的説明あり，行政的に如何にして混乱なく，突然の検査廃止を実施するか論じられ前後5回に亘って開かれた都の対策協議会も幕を閉じた．
この結果多少の疑議もあったが，とに角31日限り検査中止の方針を決定した．
○ 12月31日
この日限り検査を廃止し，9ヶ月余りに亘って実施されて来た，放射能検査もここに終熄することになった．

2—5 原爆被害対策調査研究項目と費用 （昭和29年度）

UDC 351.77.073.52
338.978.7：623.4.083.2

原爆被害対策に関する調査研究費

原爆被害対策に関する関係各省の調査研究費については，昭和29年度の予算措置として予備費より支出されることになったことは，すでに本誌 Vol.7, No.7, 1954, 10（原爆被害対策に関する調査研究連絡協議会設置の経緯）に報告された如くであるが，このたび STAC において関係各省の前記実施案を集めていただいたので，まとめて掲載することにした．

〔1〕 文部省関係

放射線障碍に関する研究課題（科学研究費総合研究）

| 課題番号 | 研　　究　　課　　題 | 代　　表　　者 | | 査定額 |
		所属機関職	氏　　名	千円
I—1	気中の放射能の連続精密測定法	立教大学理学部教授	田島英三	1,500
I—2	落下微塵及び雨水中の放射能の物理的性質の研究	東北大学　〃	北垣敏男	930
I—3	放射能の標準化の研究	科学研究所	山崎文雄	1,500
I—4	微弱な放射能測定法の研究	京都大学工学部教授	四手井綱彦	800
I—5	水中放射能の迅速測定法の研究	科学研究所	宮崎友喜雄	700
I—6	核分裂物質の分離精製に関する基礎的研究	東京大学理学部教授	木村健二郎	960
I—7	雨水の放射能成分及びその迅速定量法	〃　　講師	三宅泰雄	800
II—1	人工放射性物質の作物体並びに土壌コロイドにおける行動に関する植物栄養並びに肥料学的基礎研究	〃　農学部教授	三井進午	1,019

Ⅱ—2	家畜における各種放射性元素の代謝及び生産物の移行に関する研究	東京大学農学部教授	佐々木 林治郎	1,020
Ⅱ—3	家畜体内における各種放射性物質に関する薬力学的並びに病理学的研究	〃　〃　〃	大久保 義夫	200
Ⅱ—4	人工放射性物質による水産物の生理代謝に関する研究	〃　〃　〃	松江 吉行	500
Ⅱ—5	水産生物に対する放射能の転移の研究	〃　〃　〃	森 高次郎	1,000
Ⅲ—1	放射線障碍の病理組織学的研究	東京大学医学部教授	三宅 仁	732
Ⅲ—2	放射線障碍患者血液像とその骨髄像の研究	〃　〃　〃	三宅 仁	405
Ⅲ—3	放射線の細菌感染に及ぼす影響とその予防並びに治療について	〃　〃　〃	秋葉 朝一郎	485
Ⅲ—4	原子核分裂生成物の動物体内代謝	東京大学医学部教授	吉川 春寿	610
Ⅲ—5	放射性物質の解毒排せつに関する基礎研究	〃　〃　〃	石館 守三	720
Ⅲ—6	日本人健康者の血液像その他の標準値の調査	東京医科大学 〃	小宮 悦造	1,000
合　　計 〔ママ〕				14,977

〔2〕 農林省関係

原爆被害対策に関する調査研究関係予算調

調査研究題目	大蔵省査定額	予算の概要	研究機関
農業改良局 原爆被害対策に関する試験研究経費 1. 土壌，灌漑水，塵埃中の放射能の調査 2. 原水爆灰中の放射性元素の土壌中における集積移動等に関する研究 3. 農作物の各部位における放射能の調査 4. 自給肥料中の放射能の調査 5. 土壌中の放射能測定法の研究 6. 各種放射性元素が作物の生育，開花等に及ぼす影響等に関する研究 7. 畜産環境衛生（飲料水中の放射能の調査）の調査 8. 畜産物中における放射能の調査 9. 畜産物の汚染の経路に関する研究 10. 飼料，家畜，生産物中の放射性物質の定量定性に関する研究	6,103 4,325	1. 調査実験用機械器具等 　　　　　3,965千円 2. 実験室一部改修 　　　　　360千円	農業技術研究所
上記 3, 4, 7, 9,	1,778	上記に準ず（2ケ所分）	農業試験場
畜産局 1. 汚染飼料及び飲水の投与による放射線学的，病理学的，化学的研究 2. 同位元素混合食による実験的研究 3. レントゲン照射による実験的研究 外に施設費	2,227 1,727 500	事業用機械器具購入費 　　　　　1,110千円 動物購入費　220千円 消耗品費　　300千円 飼料費　　　97千円	家畜衛生試験場
水産庁 放射能の水産に及ぼす影響の調査研究に必要な経費 　放射能被災水産物研究委託費	2,562 1,440	1) 俊鶻丸及びその他の船による海上及び水揚地における調査研究 2) 水産生物への放射能の影響（応用面）	東大水産学科 東海，南海，各区水研 東大，三重大 東大，三重大 東海区水研

庁費及び旅費		1,122	3) 水産物中の放射能の転移の研究 俊鶻丸によるビキニ海域調査の研究とりまとめ及び近海汚染調査のための乗船旅費	東大農学部水産学科 　檜山, 森, 末広, 　松江各研究室 三重大水産学部 　吉井研究室 九大農学部水産学科 　富山研究室 東海区水研 　天野研究室 南海区水研 　矢部研究室
合　　計	〔ママ〕	10,895		

〔3〕 運輸省関係

原爆被害対策調査に必要な経費

	研　究　調　査　項　目	研究機関	査定額 単位千円
1	船舶の人工放射能線に対する防禦及び除染方法の研究委託 (1) 船舶乗組員用の放射能防禦具の試作のための実験 (2) 船舶換気装置の吸気口につける放射能濾過装置の試作のための実験 (3) 船体, 属具, 居住区, 倉庫等の放射能除去方法の実験 (4) 海水の放射能の除去方法の実験	財団法人 労働科学研究所	1,545
2	原爆被害対策の一環として海上保安庁で実施する海水の汚染及び海水の拡散移動の調査研究	海上保安庁	3,198
3	大気放射能の緊急観測に必要な経費 大気中の放射能の常時観測を全国的に行い自然放射能の状態を把握するとともに原爆実験等による人工放射の影響を明らかにし, またこれらの研究統計調査を行い, 従来の気象基礎資料を勘案して放射能予想に関する調査を行い, もって放射能災害対策に資する.	中央気象台	14,850
	合　　　　　計		19,593

〔4〕 厚生省関係

放射能被害調査研究費配分計画

	項　　目	予算額 (千円)	配　分　先	金　額 単位十円	備　考
1	汚染空気, 雨水, 海水及び土壌の人体に対する影響とその恕限度に関する研究	1,463	東　京　大　学 国　立　公　衆　衛　生　院 〃　予防衛生研究所 厚　　生　　省	629 139 300 395	
2	汚染空気, 雨水及び海水の放射能測定基準の研究	288	東　京　大　学 国　立　公　衆　衛　生　院 科　学　研　究　所 厚　　生　　省	61 61 61 105	
3	雨水, 井戸水, 水道水等の汚染飲料水の除去法の調査	649	東　京　大　学 京　都　大　学	121 318	

	研究		厚　　生　　省	210	
4	汚染土壌における栽培野菜の調査研究	1,138	東　京　大　学	518	
			東　北　大　学	28	
			静　岡　大　学	28	
			鹿　児　島　大　学	28	
			国　立　衛　生　試　験　所	311	
			厚　　生　　省	225	
5	魚類の人体に与える影響及びその恕限度の研究	879	東　京　大　学	150	
			静　岡　大　学	70	
			千　葉　大　学	70	
			農林省東海区水産研究所	70	
			国　立　衛　生　試　験　所	150	
			〃　予防衛生研究所	70	
			国　立　公　衆　衛　生　院	50	
			厚　　生　　省	249	
6	広島，長崎被爆者の治療法確立のための調査研究委託費	3,572	広　島　市　民　病　院	320.5	
			広　島　大　学　医　学　部	125.5	
			〃　日　赤　病　院	396.5	
			〃　県　立　病　院	327.5	
			〃　県　医　師　会	906.5	
			広　島　逓　信　病　院	272.5	
			〃　大　学　医　学　部	1,173	
			厚　　生　　省	50	
7	放射能被害臨床部門調査研究	1,679	国　立　東　京　第　一　病　院	1,520	特　別　会　計
			〃　東　京　第　二　病　院	159	
8	原爆被害対策に関する調査研究連絡協議会運営費	929	厚　　生　　省	929	
	合　　　計	10,597		10,597	

備考　(1)　本計画は原爆被害対策に関する調査研究連絡協議会において審議決定されたものである．
　　　(2)　予算総額　　10,597,000円の内訳
　　　　　　　　　一般会計予備費　7,989,000（円）
　　　　　　　　　　〃　節約解除　　929,000（円）
　　　　　　　　　特　別　会　計　1,679,000（円）
　　　(3)　予算の項目　放射能被害対策費，放射能被害調査研究費

(『学術月報』55.1)

2-6 ビキニ事件関係処理費

◆厚生省所管 決算報告書 厚生本省

昭和28年度各省各庁歳出決算報告書

項 目	歳出予算額	前年度繰越額	予備費使用額	流用等増減額	歳出予算現額	支出済歳出額	翌年度繰越額	不用額	備考
放射能被害対策費	円 0	円 0	円 1,170,000.00	円 0	円 1,170,000.00	円 1,158,176.00	0	円 11,824.00	
8 職員旅費	0	0	168,000.00	0	168,000.00	167,946.00	0	54.00	
8 委員等旅費	0	0	67,000.00	0	67,000.00	66,230.00	0	770.00	
9 庁費	0	0	935,000.00	0	935,000.00	924,000.00	0	11,000.00	

昭和29年度各省各庁歳出決算報告書

◆厚生省所管 決算報告書 厚生本省

項 目	歳出予算額	前年度繰越額	予備費使用額	流用等増減額	歳出予算現額	支出済歳出額	翌年度繰越額	不用額	備考
放射能被害対策費	0	0	26,757,000.00	0	26,757,000.00	26,631,030.00	0	125,970.00	不用額を生じたのは予定よりも放射能被害対策委託費を要することが少なかった等のためである。
4 超過勤務手当	0	0	251,000.00	0	251,000.00	250,934.00	0	66.00	
8 職員旅費	0	0	1,076,000.00	0	1,076,000.00	1,075,972.00	0	28.00	
8 委員等旅費	0	0	152,000.00	0	152,000.00	151,920.00	0	80.00	
9 庁費	0	0	7,610,000.00	0	7,610,000.00	7,608,369.00	0	1,631.00	
14 放射能被害対策委託	0	0	14,085,000.00	0	14,085,000.00	13,960,835.00	0	124,165.00	
14 放射能被害調査研究委託費	0	0	3,583,000.00	0	3,583,000.00	3,583,000.00	0	0	

◆農林省所管　決算報告書　水産庁

項目	歳出予算額	前年度繰越額	予備費使用額	流用等増減額	歳出予算現額	支出済歳出額	翌年度繰越額	不用額	備考
放射能被害対策費	円 0	円 0	円 71,934,000.00	円 0	円 71,934,000.00	円 71,180,837.00	円 0	円 753,163.00	不用額を生じたのはまぐろ漁業貫数の誤算及び一部船主不明のため未交付が生じたので放射能被災漁業者特別支出金を要することが少なかった等のためである。
5 非常勤職員手当	0	0	918,000.00	0	918,000.00	918,000.00	0	0	
8 職員旅費	0	0	100,000.00	0	100,000.00	98,970.00	0	1,030.00	
8 乗船旅費	0	0	491,000.00	0	491,000.00	490,560.00	0	440.00	
8 航海日当食卓料	0	0	948,000.00	0	948,000.00	901,540.00	0	46,460.00	
9 庁費	0	0	713,000.00	0	713,000.00	713,000.00	0	0	
9 食種費	0	0	416,000.00	0	416,000.00	396,000.00	0	20,000.00	
9 船員保険料	0	0	122,000.00	0	122,000.00	91,104.00	0	30,896.00	
9 調査船費	0	0	7,302,000.00	0	7,302,000.00	7,293,663.00	0	8,337.00	
9 船舶修繕費	0	0	3,500,000.00	0	3,500,000.00	3,500,000.00	0	0	
16 放射能被災漁業者特別支出金	0	0	40,924,000.00	0	40,924,000.00	40,278,000.00	0	646,000.00	
16 放射能被災患者特別支出金	0	0	11,500,000.00	0	11,500,000.00	11,500,000.00	0	0	
16 特別放射能被災支出金	0	0	5,000,000.00	0	5,000,000.00	5,000,000.00	0	0	

◆文部省所管　決算報告書　文部本省

項目	歳出予算額	前年度繰越額	予備費使用額	流用等増減額	歳出予算現額	支出済歳出額	翌年度繰越額	不用額
放射能被害対策費								
9 第五福龍丸等買取費	0	0	21,000,000.00	0	21,000,000.00	21,000,000.00	0	0

◆文部省所管　決算報告書　国立学校

項目	歳出予算額	前年度繰越額	予備費使用額	流用等増減額	歳出予算現額	支出済歳出額	翌年度繰越額	不用額
放射能被害対策費	0	0	11,000,000.00	0	11,000,000.00	10,999,412.00	0	588.00
8 教育研究旅費	0	0	293,000.00	0	293,000.00	292,480.00	0	520.00
9 校費	0	0	5,949,000.00	0	5,949,000.00	5,948,932.00	0	68.00
9 各所修繕	0	0	700,000.00	0	700,000.00	700,000.00	0	0
15 各所新営	0	0	4,058,000.00	0	4,058,000.00	4,058,000.00	0	0

第6章　日本政府の被災対策

◆総理府所管　決算報告書　日本学術会議

項　目	歳出予算額	前年度繰越額	予備費使用額	流用等増減額	歳出予算現額	支出済歳出額	翌年度繰越額	不用額	備考
放射能被害対策費	円	円	円	円	円	円	円	円	
8 委員旅費	0	0	2,796,000.00	0	2,796,000.00	2,795,904.00	0	96.00	
9 庁費	0	0	1,600,000.00	0	1,600,000.00	1,600,000.00	0	0	
	0	0	1,196,000.00	0	1,196,000.00	1,195,904.00	0	96.00	

◆運輸省所管　決算報告書　気象官署

項　目	歳出予算額	前年度繰越額	予備費使用額	流用等増減額	歳出予算現額	支出済歳出額	翌年度繰越額	不用額	備考
気象官署	2,110,921,000.00	25,487,547.00	0	0	2,138,408,347.00	2,060,310,245.00	28,118,577.00	49,979,525.00	不用額を生じたのは恩給制度による行政整理を早期に実施したこと等による人件費を要することが少なかった等のためである。
5 非常勤職員手当	11,789,000.00	0	0	630,000.00	12,419,000.00	11,350,863.00	0	1,068,137.00	放射能観測要員手当に不足を生じたため 第9目庁費から 630,000.00流用
6 諸謝金	6,673,000.00	0	0	1,000.00	6,674,000.00	6,647,706.00	0	26,294.00	放射能観測謝金に不足を生じたため 第9目庁費から 1,000.00流用
8 職員旅費	40,277,000.00	0	0	345,000.00	40,622,000.00	40,617,045.00	0	4,955.00	放射能観測旅費及び洞爺丸事件調査旅費に不足を生じたため 第8目庁費から 258,000.00 第9目庁費から 87,000.00 計 345,000.00流用
8 航海日当食卓料	10,049,000.00	0	0	△258,000.00	9,791,000.00	9,127,507.00	0	663,493.00	
9 庁費	158,287,000.00	4,583,453.00	0	156,761.00 △3,727,000.00	159,300,194.00	149,152,234.00	10,147,960.00	0	事務用消耗品購入に不足を生じたため 第9目事業用器具費から 156,761.00流用
9 上高層観測業務庁費	107,794,000.00	0	0	0	107,794,000.00	107,793,227.00	0	773.00	
9 研究所庁費	5,900,000.00	0	0	156,000.00	6,056,000.00	6,056,079.00	0	921.00	放射能観測消耗品購入に不足を生じたため 第9目庁費から 156,000.00流用
9 地上観測庁費	8,010,000.00	0	0	0	8,010,000.00	8,009,281.00	0	719.00	
9 事業用器具費	168,783,000.00	17,642,917.00	0	1,890,000.00 △156,761.00	188,359,156.00	170,382,508.00	17,970,617.00	6,031.00	放射能観測器具購入に不足を生じたため 第9目庁費から 340,000.00 船舶燃料費から 1,550,000.00 計 1,890,000.00流用
9 航空気象事業用研究費	2,734,000.00	5,060,997.00	0	0	7,794,997.00	7,794,580.00	0	417.00	
9 事業用器具費	6,000,000.00	0	0	2,513,000.00	8,513,000.00	8,512,264.00	0	736.00	放射能観測器具購入に不足を生じたため 第9目庁費から 2,513,000.00流用

昭和28年度一般会計予備費使用総調書 （その2）
昭和29年度一般会計予備費使用総調書
　参照　各省各庁所管使用調書
　　　　　　第22回国会（特別会）提出

審議日程
　衆議院　受理　　　昭和30年6月1日
　　決算委付託　　　〃　　〃
　　　〃　承諾　　　〃　　6月17日
　　本会議承諾　　　〃　　6月21日
　参議院　受理　　　〃　　〃
　　決算委付託　　　〃　　〃
　　　〃　承諾　　　〃　　6月28日
　　本会議承諾　　　〃　　6月29日

昭和28年度厚生省所管予備費使用調書

　放射能被害対策に必要な経費　1,170,000円
　（組織）　厚　生　本　省
　（項）　放射能被害対策費　1,170,000
　　（目）　職　員　旅　費　　168,000
　　　　　　委員等旅費　　　　67,000
　　　　　　庁　　　費　　　935,000
　　説　明
　ビキニ環礁における米国の試験爆発による放射能被害について諸般の対策を講ずる必要があったので，その経費を予備費から使用することについて，昭和29年3月23日閣議の決定を経た．

昭和29年度総理府所管予備費使用調書

　放射能被害に関する対策に必要な経費
　　　　　　　　　　　　　　　2,796,000円
　（組織）　日本学術会議
　（項）　放射能被害対策費　2,796,000
　　（目）　委　員　旅　費　1,600,000
　　　　　　庁　　　費　　1,196,000
　　説　明
　ビキニ環礁における爆発実験に伴う放射線被害対策として，放射線影響調査特別委員会を設置し放射線の検出，測定方法，許容限度等につき統一的基準を緊急に設定し，また各大学研究機関において実施する研究課題を連絡調整するとともに研究成果について調査検討する必要があったので，その経費を予備費から使用することについて，昭和29年10月5日閣議の決定を経た．

昭和29年文部省所管予備費使用調書

　放射能被害漁船等の買取に必要な経費
　　　　　　　　　　　　　　21,000,000円
　（組織）　文　部　本　省
　（項）　放射能被害対策費
　　（目）　第五福龍丸等買取費　21,000,000
　　説　明
　ビキニ環礁における米国の試験爆発による放射能によって被災した漁船乗組員の医療対策研究の資料として，昭和29年3月30日の閣議決定に基き，漁船第五福龍丸およびその属具等を購入する必要があったので，その経費を予備費から使用することについて，昭和29年5月4日閣議の決定を経た．

　急性放射能症医療対策等に必要な経費
　　　　　　　　　　　　　　11,000,000円
　（組織）　国　立　学　校
　（項）　放射能被害対策費　11,000,000
　　（目）　教育研究旅費　　　293,000
　　　　　　校　　　費　　5,949,000
　　　　　　各　所　修　繕　　700,000
　　　　　　各　所　新　営　4,058,000
　　説　明
　ビキニ環礁における米国の試験爆発による放射能によって，急性放射能症にかかった漁船乗組員の病態および治療等について調査研究する必要があったので，その経費を予備費から使用することについて，昭和29年5月11日閣議の決定を経た．

昭和29年厚生省所管予備費使用調書

　放射能被害調査，検査等に必要な経費
　　　　　　　　　　　　　　11,000,000円
　（組織）　厚　生　本　省
　（項）　放射能被害対策費　9,112,000
　　（目）　超過勤務手当　　　251,000
　　　　　　職　員　旅　費　1,026,000
　　　　　　委員等旅費　　　152,000
　　　　　　庁　　　費　　3,163,000
　　　　　　放射能被害対策
　　　　　　委　託　費　　4,520,000
　（組織）　国立予防衛生研究所
　（項）　放射能被害対策費　1,888,000

第6章　日本政府の被災対策

　（目）諸　　謝　　金　　56,000
　　　　職　員　旅　費　　60,000
　　　　委 員 等 旅 費　　285,000
　　　　庁　　　　　費　1,487,000
　　　説　明
　ビキニ環礁における米国の試験爆発による漁獲物，船体，乗員等の放射能による被害の検査，調査およびこれらに関する研究を行う必要があったので，その経費を予備費から使用することについて，昭和29年5月11日閣議の決定を経た．

放射能被害調査，検査等に必要な経費
　　　　　　　　　　　　　　2,929,000円
（組織）厚　生　本　省
　（項）放射能被害対策費
　（目）放射能被害対策
　　　　委　　託　　費　2,929,000
　　　説　明
　ビキニ環礁における米国の試験爆発による漁獲物，船体，乗員等の放射能による被害の検査および調査のため，さきに支出した経費の不足額を補う必要があったので，その経費を予備費から使用することについて，昭和29年9月3日閣議の決定を経た．

放射能被害に関する調査，研究に必要な経費　　　　　　　　　　　　7,989,000円
（組織）厚　生　本　省
　（項）放射能被害対策費　7,989,000
　（目）庁　　　　　費　4,406,000
　　　　放射能被害調査
　　　　研 究 委 託 費　3,583,000
　　　説　明
　ビキニ環礁における爆発実験による放射能の被害について，その汚染度の測定基準，人体におよぼす影響およびその許容限度等の研究ならびに広島，長崎の被爆者について治療法を調査研究する必要があったので，その経費を予備費から使用することについて，昭和29年10月5日閣議の決定を経た．

放射能被害調査，検査等に必要な経費
　　　　　　　　　　　　　　6,727,000円
（組織）厚　生　本　省
　（項）放射能被害対策費　6,727,000
　（目）職　員　旅　費　　50,000
　　　　庁　　　　　費　　41,000

　　　　放射能被害
　　　　対策委託費　　　6,636,000
　　　説　明
　ビキニ環礁における米国の試験爆発による漁獲物，船体，乗員等の放射能による被害の検査および調査のための経費を更に補足追加する必要があったので，その経費を予備費から使用することについて，昭和30年1月28日閣議の決定を経た．

昭和29年農林省所管予備費使用調査

ビキニ水爆実験海域漁場調査に必要な経費
　　　　　　　　　　　　　　14,410,000円
（組織）水　　産　　庁
　（項）放射能被害対策費　14,410,000
　（目）非常勤職員手当　　918,000
　　　　乗　船　旅　費　　491,000
　　　　航海日当食卓料　　948,000
　　　　庁　　　　　費　　713,000
　　　　食　　糧　　費　　416,000
　　　　船　員　保　険　料　122,000
　　　　調　査　船　費　7,302,000
　　　　船　舶　修　繕　費　3,500,000
　　　説　明
　ビキニ環礁における米国の試験爆発による放射能が太平洋海域の魚類，飼料生物におよぼす影響を調査し将来の漁業対策の基礎とするため調査船を実験水域の周辺に派遣する必要があったので，その経費を予備費から使用することについて，昭和29年5月11日閣議の決定を経た．

米国の試験爆発に伴う被災漁業者の応急対策に必要な経費　　　　　21,200,000円
（組織）水　産　庁
　（項）放射能被害対策費　21,200,000
　（目）職　員　旅　費　　100,000
　　　　放射能被災漁業
　　　　者 特 別 支 出 金　21,100,000
　　　説　明
　ビキニ海域における米国の試験爆発により，第五福龍丸外32隻のまぐろ漁船が漁獲物の廃棄を余儀なくされる等の被害を受け，これが損失補償については，米国政府に対し要求中であるが，これを受領しうるまで応急措置として対米要求額の一部を内払の趣旨により被災漁業者に交付する必要があったので，その経費を予備費から

使用することについて，昭和29年6月8日閣議の決定を経た．

米国の試験爆発に伴う被災漁業者の応急対策に必要な経費　　　　　　7,891,000円
(組織)　水　産　庁
　(項)　放射能被害対策費
　　(目)　放射能被災漁業者特別支出金　7,891,000

説　明

ビキニ海域における米国の試験爆発により，まぐろ漁船が漁獲物の廃棄を余儀なくされた等の被害の損失補償については，米国政府に対し要求中であるがこれを受領し得るまでの応急措置として，対米要求額の一部を内払の趣旨により，さきに第五福龍丸外32隻の被災漁業者に対し交付したが，同一の趣旨によりその後116隻の被災漁業者に交付する必要があったので，その経費を予備費から使用することについて，昭和29年8月17日閣議の決定を経た．

第五福龍丸被災患者に支払う特別支出金に必要な経費　　　　　　11,500,000円
(組織)　水　産　庁
　(項)　放射能被害対策費
　　(目)　放射能被災患者特別支出金　11,500,000

説　明

ビキニ海域における米国の試験爆発により被害を受けた第五福龍丸乗組員の災害補償については，米国政府に対し要求中であるが，これを受領し得るまでの応急措置として今回対米要求額の一部を内払いとして被災者に交付する必要があったので，その経費を予備費から使用することについて，昭和29年9月21日閣議の決定を経た．

第五福龍丸被災者の死亡に伴い支払う特別支出金に必要な経費　　　　5,000,000円
(組織)　水　産　庁
　(項)　放射能被害対策費
　　(目)　放射能被災特別支出金　5,000,000

説　明

ビキニ海域における米国の試験爆発により被害を受けた第五福龍丸乗組員久保山愛吉は国立東京第一病院に入院加療中であったが9月23日に死亡したので，既に米国政府に要求している慰藉料に加えて，その損失補償を米国政府に要求することとしているが，取扱えず，これらに相当する金額と既に慰藉料として内払いした金額との差額を政府において同氏の遺族に対し特別支払金として支払う必要があったので，その経費を予備費から使用することについて，昭和29年9月25日閣議の決議を経た．

参考(1)　支出国費の内訳．類別一覧

(イ) ビキニ被災事件処理のため国が支出した経費のおもなもの
　　　　　　　　　　　　　　(千円)
　(a)　福龍丸購入費　　　　　21,000　(予備費支出)　文部省
　(b)　放射能医療対策費　　　11,000　(予備費支出)　文部省
　(c)　ビキニ海域漁場調査費　14,410　(予備費支出)　農林省
　(b)　放射能被害の調査および検査費　20,756　(予備費支出)　厚生省　20,656千円，農林省100千円
　(e)　放射能被害対策研究費　61,676　(予備費支出 10,785千円，節約解除 50,891千円)　総理府，文部省，厚生省，農林省，運輸省
　　　　合　　　計　　　　　128,842

上記のほか，既定経費を本件処理のため充当したものにはビキニ海域漁場調査費 5,600千円等がある．

(ロ) 前記のほかビキニ被災者に対し，国が内払いしたもの（予備費支出，今回配分金から一般会計歳入に受け入れるもの）
　(a)　福龍丸乗組員に対する慰謝料　20,493千円　(予備費使用決定額と同じ．)
　(b)　漁獲物廃棄による損害の補てん　36,285　(予備費使用決定額36,931千円のうち646千円は交付未了のまま不用となる．)
　　　　合　　　計　　　　56,778

(ハ) 配分金から特別会計の歳入に受け入れるもの
(千円)
(a) 船員保険特別会計分　29,186　(治療費24,424千円，傷病手当金4,762千円)
(b) 国立病院特別会計分　1,050　(国立第一病院の特別治療費)
　　　　合　　計　　30,236

(ニ) 配分金から民間に交付される金額
720,000千円－(56,778千円＋30,236千円)＝632,986千円
　　　　　　　　87,014千円

(ホ) つなぎ融資額（資金運用部資金）(30年4月から配分まで)（事件発生後30年3月31日まで）
漁業生産者に対し　　　　232,170（千円）　　　　　（　232,180千円）
産地および消費地の仲買人に対し　38,000　　　（産地 35,300千円，消費地 70,000千円，計105,300千円
　　　　合　　計　　　　270,170　　　　　　　　（　337,480千円）

(財政調査会編『国の予算　昭和30年度』)

参考(2)　第五福龍丸買上費内訳

1. 船　　　　体　　18,180,000円　内　訳　船体費（鰹鮪兼業船として）15,358,000円，鮪専用船に改造するに要する費用2,470,000円，一般付帯修繕費352,000円
2. 漁　　　　具　　 1,917,000円　(284鉢)
3. 消耗品残存分　　　 259,000円
4. 船員私物代　　　　 644,000円
　　　計　　　　　21,000,000円

（『焼津漁業史』）

第3節　補償対策と措置

3—1　慰謝料受諾の政府発表と交換公文

今回米国側が補償する200万ドルは，法律上の責任問題とは関係なく，慰謝料として支払い，その配分は全面的に日本にまかせ，これがビキニ被害に関する日米間の最終的解決として，今後に問題を残さない事にまとまったものである．

アリソン米国大使より重光外務大臣あての書簡
1955年1月4日　東京
書簡をもって啓上いたします．本大使は，マーシャル群島に於ける原子核実験から生じた日本国の請求に対する補償に関する本日付の閣下の次の書簡に言及する光栄を有します．本使は，マーシャル群島に於ける原子核実験の結果身体及び財産上の損害を蒙った日本国国民に対する補償に関する閣下との最近の会談に言及する栄光を有します．

これらの実験の際に日本国の漁夫が蒙った傷害に対し，アメリカ合衆国の政府及び国民が表明した深い関心及び心からの遺憾の意並びに，これらの傷害を受けた漁夫の幸福と福祉に対するアメリカ合衆国の深甚な願望は，閣下の御承知のところであります．

アメリカ合衆国政府は，その傷害に対する同政府の関心及び遺憾の意の付加的表現として，金銭による補償を行う用意があることを明らかにしました．本使はアメリカ合衆国政府が，マーシャル群島における1954年の原子核実験の結果生じた傷害又は損害に対する補償のため200万ドルの金額を，法律上の責任

の問題と関係なく，慰謝料として，日本国政府にここに提供することを閣下に通報します．

アメリカ合衆国政府は，前記の金額が日本国政府のみの判断により決定される衡平な方法によって配分されるものと了解するとともに前記の金額が日本国漁夫の各人の慰謝金並びにその医療及び入院の費用として，日本国政府が提出した請求に対する分をも含むものであるとみなします．

アメリカ合衆国政府は，日本国政府が前記の200万ドルの金額を受諾するときは，日本国並びにその国民及び法人が前記の原子核実験から生じた身体又は財産上のすべての傷害損失又は損害についてアメリカ合衆国又はその機関，国民若しくは法人に対して有するすべての請求に対する完全な解決として，受諾するものと了解します．

閣下が貴国政府が前記の金額を受諾されるかどうか及び前記の本国政府の了解が貴国政府の了解であるかどうかを本使に通報されれば幸であります．

前記の金額が受諾される場合には，本使はこの書簡及びその金額を受諾する閣下の回答を両国政府のこれらの相互の了解を確認するものとみなすことを提案する光栄を有します．

ジョン・M・アリソン

外務大臣
重光 葵 閣下

重光外務大臣よりアリソン米国大使あての書簡

亜5第1号

書簡をもって啓上いたします．本大臣は，マーシャル群島における原子核実験から生じた日本国の請求に対する補償に関する本日付の閣下の次の書簡に言及する光栄を有します．

本使はマーシャル群島における原子核実験の結果身体および財産上の損害を蒙った日本国国民に対する補償に関する閣下との最近の会談に言及する光栄を有します．
〔以下略〕

本大臣は，提供された前記の金額を日本国政府が受諾すること及びその受領をここに確認することを閣下に通報する光栄を有します．本大臣は，さらに，貴国政府の前記の了解が日本国政府の了解でもあること及び閣下の書簡及び前記の金額を受諾するこの回答を，両国政府のこれらの相互の了解を確認するものとみなすことを閣下に通報する光栄を有します．

本大臣は，以上を申し進めるに際し，ここに重ねて閣下に向って敬意を表します．

昭和30年1月4日

外務大臣 重光 葵 印
アメリカ合衆国特命全権大使
ジョン・エム・アリソン 閣下

3—2 ビキニ被災事件に伴う慰謝金配分 （昭和30年4月28日，閣議決定）

（単位 千円）

項　　　　目	配分額	摘　　　　要	予備費による内払済額
(1) 治　療　費	25,474		
(イ) 福龍丸乗員組関係	24,869	船員保険特別会計の支出（今後の支出見込を含む）23,819千円および国立病院特別治療費1,050千円	
(ロ) その他船舶乗組員関係	605	船員保険特別会計の支出実績(123人)	
(2) 慰謝料および傷病手当金	54,262		20,493
(イ) 福龍丸乗組員関係	52,792	久保山氏慰謝料5,500千円，22人分慰謝料44,000千円（平均1人2,000千円），船員保険特別会計の傷病手当金22人分3,292千円	
(ロ) その他船舶乗組員関係	1,470	船員保険特別会計の傷病手当金支出実績（37人）	
(3) 漁獲物廃棄による損害	79,289		35,751

(イ)	廃 棄 魚 価	41,327	廃棄数量134,179貫×308円，308円は月別廃棄数量による加重平均価格		16,891
(ロ)	廃 棄 経 費	10,703	廃棄漁船992隻の海上投棄，陸上埋没の所要経費		3,135
(ハ)	休 漁 損 害 （福龍丸乗組員分を除く.）	25,571	福龍丸船主分6ヵ月分4,278千円，その他9月末までの廃棄船に対し，3.5日ないし1.5日分21,293千円		14,920
(ニ)	そ の 他	1,688	事件発生直後の廃棄船（4隻分）の支出雑費966千円および船具等毀損分722千円		805
(4)	危険区域設定による漁船の損害	51,163	う回による操業短縮日数3日，魚価323円（3月下旬～5月上旬の平均水揚魚価），1日当り減収量66千貫とし，66千貫×3日×323円＝63,954千円，この80%		
(5)	魚価低落によるまぐろ生産者の損害	454,204			534
(イ)	魚価低落による価格差損	413,544	3月16日～5月4日の50日間の水揚数量6,640千貫，この期間の平均水揚販売魚価323円，前年同期の魚価400円に対し，差損率19%6,640千貫×400円×0.19＝504,640千円，この金額の80%403,712千円ならびに危険区域う回による損害の価格修正分11,312千円および漁獲物廃棄損害の価格修正分978千円，合計12,290千円の80%9,832千円		
(ロ)	漁獲物の廃棄を行った漁船の水揚分の特別値下り	40,660	廃棄を行わない漁船と一部廃棄を行った漁船との水揚単価の差額は平均貫当り25円，5月5日～9月末日までの廃棄船の水揚数量は，2,033千貫，この金額50,825千円の80%		534
(6)	商船の滞船料，水洗料等に対する見舞金	1,272			
(7)	流通業者等の損害	41,000			
(イ)	産 地 仲 買 業	16,000	欠損に対する見舞金（焼津，三崎，清水）		
(ロ)	6大都市市場関係	22,000	仲買業の欠損に対する見舞金22,000千円		
(ハ)	煉製品，焼竹輪業	3,000	欠損に対する見舞金		
(8)	そ の 他	13,336			
(イ)	焼 津 市	1,236	家族見舞の立替分，その他応急出費		
(ロ)	生 産 者 団 体	5,500	焼津漁協応急出費2,000千円，かつお，まぐろ漁業団体出費に対する見舞金3,500千円		
(ハ)	6大都市市場団体	6,000	関係18団体の出費に対する見舞金		
(ニ)	缶詰，冷凍団体	600	関係3団体の出費に対する見舞金		
	計	720,000			56,778

（『国の予算 昭和30年度』）

3—3 配分額細分内訳

第五福龍丸乗組員関係配分額
　久保山愛吉氏関係

慰謝料　200万円
家族補償及び弔慰金　376万円
　（別に米大使見舞金　100万円）

（『焼津市誌』下）

他の乗組員（22人）の慰謝料（4,400万円）

の配分（静岡県ビキニ補償金配分委員会第3回会議決定）

1人平均200万円のうち10万円を差引き，190万円を基礎とし，220万円は
　　役代（やくしろ）（50％）として船長外12人に110万円
　　扶養家族割（40％）として26人に88万円
　　同居家族割（10％）として127人に22万円
結果
　　最高229万1,040円，最低191万390円

（『焼津漁業史』）

カツオ，マグロ漁業者各県別配分額（800業体，漁船1,400隻）

都府道県別	慰謝料額
青　　森	2,570,300
岩　　手	14,034,100
宮　　城	44,403,900
福　　島	5,573,600
茨　　城	9,419,400
千　　葉	17,947,400
東　　京	16,187,700
神 奈 川	172,915,000
静　　岡	91,704,900
愛　　知	5,859,300
三　　重	35,471,900
和 歌 山	19,762,200
徳　　島	6,337,700
高　　知	87,733,500
長　　崎	518,200
宮　　崎	4,638,300
鹿 児 島	23,049,300
北 海 道	1,201,300
秋　　田	52,800
大　　阪	248,700
岡　　山	89,500
香　　川	274,900
福　　岡	6,400
大　　分	83,000
熊　　本	201,600
不 登 簿	1,176,700
その他保留	16,194,400
合　　計	584,656,000

（『水産年鑑』1956年版）

漁船関係各県別配分額

ビキニ慰謝料漁船関係配分額（全国分）

県別	金額	県別	金額
神奈川	円 161,640,000	愛知	円 5,413,300
静岡	87,358,900	宮崎	4,539,300
高知	78,272,500	北海道	1,201,300
宮城	41,426,900	長崎	448,200
三重	34,641,900	香川	274,800
鹿児島	22,014,300	大阪	248,700
千葉	17,884,400	熊本	141,600
和歌山	17,828,200	岡山	89,500
岩手	13,717,100	秋田	52,800
青森	9,570,300	大分	48,000
茨城	9,419,400	福岡	6,400
徳島	6,090,700	20屯未満の漁船	656,700
福島	5,573,600	保留	13,930,400

（『焼津漁業史』）

仲買・卸小売・加工業関係配分額

ビキニ補償金配分表（単位・千円）

産地仲買業
　三　崎　9,000　　焼　津　5,400
　清　水　1,600
六大都市仲買業
　東　京　9,900　　横　浜　1,090
　名古屋　1,580　　京　都　2,470
　大　阪　5,240　　神　戸　1,720
六大都市卸，小売団体
　東　京　2,540　　横　浜　240
　名古屋　　590　　京　都　540
　大　阪　1,530　　神　戸　560
煉製品，焼竹輪業
　煉製品業　2,400　　焼竹輪業　600
罐詰，冷凍団体
　日本罐詰協会　　　　　　　　250
　日本マグロ罐詰工業協同組合　150
　日本冷凍食品輸出組合　　　　200

（『水産年鑑』1956年版）

第6章　日本政府の被災対策

3—4　船主慰謝料の使途（全国鰹鮪漁業経営主に対するアンケート調査）

No.	船籍地名	昭和31年度階層	手取り 慰謝料	内訳 船主	内訳 船員	慰謝料の主な使途 仕込経費	船主経費 船主経費	水揚融資返済	漁船建造費の一部	公租公課金利	基金協会出資	その他	備考
1	岩手 大槌町	50	千円 10	千円 7	千円 3								
2	〃 宮古市	350	120	88	32	○					○		少額で何にもならぬ
3	〃 釜石市	130	4			○							
4	宮城 石巻市	75											支給なし
5	〃 女川町	175											
6	〃	125	30	20	10	○	20						
7	〃	250	1,200	890	310		100						
8	石巻市 荻浜村	500	1,300	930	370	◎		◎		90			慰謝料受領がおそく、それまでの経営が非常に困難
9	〃	75	590	446	144	◎		○		○	○		
10	〃	525	585	409	175	○				○	○		
11	宮城 鮎川町	175									○		
12	〃	525											
13	石巻市	350	700										
14	宮城 雄勝町	125											極めて少額のため、使途なし
15	〃	75	100	70	30		70						
16	〃	75	40	28	12		28						
17	唐桑村	250	70	49	21	◎	49						
18	〃	750	2,000	1,300	700		600	500		200		運動資金	
19	〃	250	128	92	36	○	92						
20	〃	—											所得税1万円納入 税金の対象となったことは納得いかぬ
21	〃	125	70	70			70						
22	〃	75	38	28	10		28			○			
23	〃	—											
24	〃	125	135	35	100		35						
25	気仙沼市	300	160			○		○					船員慰謝料として配当

460　第2編　第五福龍丸と乗組員の被災をめぐって

				千円	千円	千円	トン					
26				35	60	95	175	盤城市				
27				65	152	272	175	〃				
28				50	130	181	125	〃				
29				187	593	780	250	那珂湊市				
30			○	156		260	260	425	茨城 平磯町			◎
31					30	70	250	波崎町			○
32					100	200	75	館山市			○
33			○		1,983	4,190	6,173	800	銚子市			○
34								150	〃			○
35			○					150	山形県 加茂町			○
36					380	1,020	1,400	—	東京都			○
37					260	470	730	175	〃			○
38		◎			810	1,590	2,400	500	横浜市			○
39					1,780	3,310	5,090	1,500	〃			
40		◎			460	810	1,270	—	三浦市			○
41				90	6,070	14,760	20,830	—	〃			
42					3,560	2,300	5,860	1,250	〃			
43				500	60	90	150		〃			
44			○		900	1,500	2,400	1,950	〃			
45		○			2,300	4,350	6,650	175	〃			
46		○			1,350	2,660	4,010	4,175	〃			
47			○		5,050	9,500	14,550	1,050	〃			
48					420	180	600	250	〃			
49								75	〃			
50	494	◎			919	2,144	3,063	1,475	焼津市			
51					135	260	395	7,810	〃			
52								—	静岡県 御前崎町			
53								750	〃			
54					24	24	48	175	〃			○
55					613	840	1,452	175	〃			○

(注記類推の縦書：船員取得分は個人支給のため不明／船主課税 1,850,000円船員免税／1隻分、他はチャーター船／現在所有船なし、チャーター／積立て 100／船員給料／運動費等 150／慰安費○／手取したが書類なく内容不詳)

250　500　1,500

第6章　日本政府の被災対策

No.	市	町村名											備考
56		〃	250	1,200	286	914			◎		○	○	
57		西伊豆町	75	6									慰労○
58		〃	125	200	100	100				◎	100		
59		〃	75	6									
60		戸田村	75										
61		〃	400	400	200	200	○						
62		白田村	175	750	370	370							
63		下田町	40										
64		岩科村	500	390	190		○						15
65		安良里村	150										
66		宇久須村	40										
67		形原町	40				○	○					
68	伊勢市		475	3,400	2,000	1,400	○			◎			
69	〃		1,200	3,420	2,250	1,170			2,000				
70	三重	南輪内村	175	470	280	190							
71		引本町	125	1,610	1,120	490				◎			
72	愛知	形原町	40							○			
73		豊浜村	125							◎			
74	大阪市		55C	3,730	2,230	1,500	◎			○			
75	京都市		40	5,490	3,290	2,200				◎			
76	〃		—										
77	田辺市		40										
78	〃		75	280	140	140	○	70					
79	〃		80	49	24	25	70	○					
80	和歌山	勝浦町	80	75	75		○	◎					
81	〃	〃	75	430	240	190	○	○					
82	〃	古座町	40	440	260	180	○	○					
83	〃	〃	75	202	121	80	○	◎					
84	〃	太地町	125	940	570	370	○	◎					
85	〃	〃	75	500	300	200	◎	◎					
86	〃	〃	100	1,000	600	400	○	◎					
87	高知市		75	833	337	311	○			○	○		
88	高知	室戸町	40	150	80	70				◎	◎		
89	〃	〃	325	800	480	320	○				○		8万は船員補償に充当

		トン	千円 200	千円 100	千円 100							内訳不詳
90	〃	75		100	100							内訳不詳
91	〃	325										
92	〃	80	105	63	42			○				
93	室戸岬町	125	540	325	215			○	◎			仕込経費の1/3に満たず
94	〃	250	500	6分	4分				○			
95	〃	200	300	300	200				◎			
96	徳島町	300	1,080	650	430		○					カツオのみで影響なきため
97	宍喰町	40	5				○					
98	牟岐町	40	137				◎					
99	高知 安田町	75	730	438	292	○						
100	奈半利町	375										
101	川 津田町	150	186	110	76							
102	宇和島市	—							○			
103	日南市	40	16	15	19							
104	宮崎 南郷町	80	35									
105	南浦町	—										
106	鹿児島市	425	140	70	70	◎		◎	○			慰労○ 全額出資
107		450	132			○		○				
108	串木野市	75	800	470	470		○	◎	○	○		
109	〃	115	940					○	○			
110	〃	265	380	160	220		◎		○	◎		現在借入金にしている
111	〃	150	120	30	20					◎		
112	〃	80	50									
113	〃	115										
114	〃	115	300	180	120			○		○		
115	〃	40	250		○							
116	〃	275									20		
117	川辺市	40	230	476	476							
118	鹿児島市	125	300	110	120							
119	谷山町	180	30	180	120	◎			○			諸経費を除くと僅か残った

(近藤康男編『水爆実験と日本漁業』)

漁船トン数階層別乗組員への慰謝料配分率別経営体数

		乗 組 員 へ の 配 分 率 別					
		30%以下	30～40%	40～50%	50～60%	60%以上	計
保有トン数階層別	トン 1000 ～	1	6	1			8
	500 ～ 1000		4	1	1		6
	300 ～ 500	1	5	1	2		9
	200 ～ 300	4	4	2	2		12
	100 ～ 200	2	5	6	4	1	18
	50 ～ 100	2	5	6	4		17
	～ 50			3	2		5
	計	10	29	20	15	1	75

備考　保有トン数は31年末現在．　　　　　　　　　　　（近藤康男編『水爆実験と日本漁業』）

慰謝料取得階層別乗組員への慰謝料配分率別経営体数（%）

慰謝料 取得階層	25%以下	25～30	30～35	35～40	40～45	45～50	50～55	55～60	60%以上	計
万円 ～ 5		1	4				2	1		8
5～ 10			1	1	1					3
10～ 20		2	1		3	1	1		1	9
20～ 50	1		1		6		6	2		16
50～ 100	2		1	4	4		3			14
100～ 300	1	2	3	4	2					12
300～ 500			3		2					5
500～1000			4	1	1					6
1000～	1		1							2
計	5	5	19	10	19	1	12	3	1	75

（近藤康男編『水爆実験と日本漁業』）

第4節　政府の核政策

4—1　原水爆基地化しうる（参議院法務委員会，54.5.12）

○羽仁五郎君　現在までの条約，或いはそれに類する協定又は法律などの関係で，アメリカ軍は現在日本においていつ何時でも原子爆撃，水素爆撃の基地を作る，又その基地を用いて原子爆撃，水素爆撃を行うことができる，私はできるのじゃないかというように深く心配をするものなんでありますが，その点第一に伺っておきたいと思います．
○政府委員（下田武三君）　現在日本に駐留しておりまする米軍が原爆基地を日本に設定し得るかという御質問でございまするが，御承知のように日米安全保障条約はその第1条におきまして駐留軍がどういう場合に使用されるかという使用目的を掲げております．つまり「極東における国際の平和と安全の維持に寄与」するということと「外部からの武力攻撃に対する日本国の安全に寄与する」という2つの目的のために駐留軍を使用し得ると書いておりまして，従いましてこの目的のために必要である武器兵器でありまするならば，これは米軍が持って来得ることは当然であると考えるのであります．日本にどういう兵器，武器を持って来てはいかんという制限は安保条約にはございません．でございまするから，理論的には如何なる兵器でも持ち得るのでありますが，実際問題といたしまして現在までのところ日本に原爆を持って来るというよ

うなことは私どもも聞いておりませんし，米軍にその意向があるようなこともまだ聞いておりません．
〇羽仁五郎君　すると，今の御説明によりまして，実際問題としてはそういうことがないということを日本政府としては希望せられるのでありまして，我々もその希望に全く一致するものでありますが，併しその希望の基礎となるものは特にない．でいつ何時その希望は空に帰するかもわからない．少くとも米軍が日本に原爆乃至水爆の基地を設定し，又その基地から原爆乃至水爆をなすということを禁じられていない，やろうと思えばいつでもできるということが御説明によってわかったのだと思います．それに相違ございませんか．
〇政府委員（下田武三君）　原爆基地とおっしゃいまするが，特に原爆のための基地を設定するということはないと思います．又原爆の基地にせんがために施設を借りようという場合には，一切の施設の借用につきましては日米合同委員会の議を経まして日本側の同意がなければ，そういう施設や何かを設けられないことになっておりまするから，そういうことも若しあれば日本側にわかるわけであります．基地をわざわざ日本の国内に設けるようなことは考えられませんで，仮に万一そういうような場合がありといたしまするならば，飛行機で運んで短時間日本の基地に寄って給油するというようなことはあるかも知れません．これは原爆が飛行機に搭載してキャリーし得るような現状におきましては，何も好んで地理的に共産陣営に近い日本にそういう基地を作るということを計画するはずがないと私どもは思っております．
〇羽仁五郎君　外務省のお考えはよくわかりましたが，その第1に日本に原爆，水爆基地を作るはずがないという外務省のお考えは，外務省のお考えとして伺っておきますが，併し最近のいわゆるニュールック戦略というものでは，むしろソビエトの周辺に原爆，水爆の基地を設定するということを明瞭に言明しておられますから，只今の外務省のお考えとは違う考えでアメリカ側では新らしい戦略を立てておられるものと考えざるを得ない根拠

もあると思います．いずれにしましてもこの点なお外務省におかれましては十分，勿論御努力を願っていることとは思うのでありますが，更にこの点について一層明確に御研究下さり御努力を願いたい．これは国民にとっては非常な不安であります．御承知でもありましょうが，昨年末くらいから日本の数種類の新聞に沖縄及び小笠原にすでに原爆基地ができているんじゃないかという報道がなされております．これもまあ今のうちですと，まだそういう報道もなされるでしょうが，日米安全保障条約に伴います刑事特別法とか，それから又今議題になっております防衛秘密保護法とかいうものが法律としてできますと，これらの問題について国民がこれについて世論の方向を明らかにするということが一層困難になって参りますので，私は刻々にこういう問題について我々国民が発言する機会がなくなりつつあるのだから，この際どうか外務省としては全力を挙げて只今の第1の問題，即ちアメリカは日本に原爆，水爆基地を設定し得るか否か，勿論木村保安庁長官がおっしゃるように日本の政府としてはこれは飽くまで反対されるというお立場であろう．それから国会としては原爆水爆の兵器使用の禁止を国連に請願しているのでありますから，この国会の意思は外務省においても十分御尊重になり，すでに国連にもその国会の決議を御伝達に相成ったことだというふうに承知しております．以上の点を通じてこの第1の点についてはなお十分の御研究と御努力を願いたい．

そこで第2の点について伺いたいが，只今万一そういうことはあるまい，又そういう場合には日本に相談があるだろうというお話がございました．然るに，よく御承知でありましょうが，アメリカの法律によって原爆，水爆に関して外国政府と相談することができないようになっているのじゃないか．この点が若し私の心配しておる通りであるとすれば，アメリカが日本に原爆，水爆の基地を作り，又その基地よりして水爆，原爆を行う場合に，アメリカは日本政府に相談いたしません．従って行われたあとで日本国民は実際右往左往するわけです．でありますから，少くとも若

しそういうことをなされるとするならば，基地を設定せられるなり，いわんやまさかそういうことは万々ないと私ども思いますけれども，若し原爆などを実行されるという場合には，どうしてもこれはあらかじめ御相談がなければ，国民の不安は堪えられないです．原爆，水爆などが行われれば，これは我々国会議員ばかりじゃない，国民全体にとって非常な恐るべき事態が発生することはくだくだ申上げるまでもない．然るに私の知る限りでは，アメリカ大統領は日本国首相に向ってこの相談をすることを禁ぜられている，アメリカの国内法によって……．従ってこれは相談なしに行われるものと心配いたすのでありますが，外務省の御見解は如何でありますか，伺いたいのであります．

○政府委員（下田武三君）　原爆に関する情報を外国政府に，外国政府のみに限りませんが，米国政府の担当官以外に洩らすべからざることは，これは米国の当然の機密保護立法になって，最も高度の機密になっておりますので，米国政府の職員，少数の関係当局以外には一切漏らさないことになっておると思います．併しそれは原爆そのものに対する情報の供与の問題でありまして，戦争が起った場合に原爆を戦略的にどういう目的で使う使わないかということは，これはヨーロッパ方面でありましたら，NATO各国を総合いたしましたNATOの統合司令部の問題でありますので，参加国は当然議にあずかることでありましょう．極東方面にはNATOのような多数国の相互安全保障機構ができておりませんが，若しできましたならば，やはりそういう協議ということは統合参謀本部で議に上ることだろうと思います．従って原爆自体に対する秘密の情報と，原爆を一定の戦略目的のために使用せんとする場合の関係国間の協議という問題とは，これはおのずから全然別問題であろうと思うのであります．日本といたしましては最大の関心事は日本が二度と原爆の災禍に見舞れないということ，それから自由主義諸国に限らず共産陣営におきましても原爆を使用しないということが最大の関心事でございますが，併し命あっての物種でざいまして，原爆を使用する以外には極東の平和及び安全並びに日本の安全が保障し得ないという事態になりましたならば，これは原爆の使用をやめること自体が日本の安全に関することでありまするから，そういうような際には，これは国家の最高の利益に従って考慮すべき問題であろうと思います．問題は原爆使用禁止を早く実現するということでありまして，双方の陣営が使用禁止に同意しない現在の段階におきましては，やはり先ほど申しました日本政府の強い希望，併しこの強い希望にもかかわらず，万一原爆の戦いが行われるような場合には，我がほうの陣営だけが原爆を使用しない結果，我がほうの安全自体が危殆に瀕するというようなことは，これは又本末顛倒なことでありまして，そういう場合には最高の見地から検討すべきものであろうと思うのであります．

○羽仁五郎君　私が心配しております第2の問題は，日本に原爆，水爆基地をアメリカが設定せられる場合，それからその基地によって原爆，水爆を実行される場合に，日本政府に相談は全くないのじゃないか，あらかじめ知ることができないんじゃないかというように考えますのは，実は最近3月1日であったかと思いますが，イギリスの議会でこのことが問題になったことは私本会議で外務大臣に向ってお尋ねをしまして，そのとき外務大臣からお答えがなかったんですが，外務省においては御研究下さったこととと思いますが，ここで繰返します．アトリー労働党首がチャーチル首相に向いまして，イギリスにはノーフォークというアメリカの軍事基地がある，それは原爆基地であることはすでに明らかにされている．併しながらノーフォークの原爆基地から米軍がいずれかの国に向って原子爆撃を開始する際には，どうかそのことを大英帝国の首相であるチャーチルはアメリカからあらかじめ通知を受けられるよう努力をせられたい．そうでないと原爆戦にいつ入ったのかも知らずに英国民は滅亡に瀕する，これは全く党派を超えた重大問題であるから，チャーチル首相は全力を挙げてこの努力をされたいという声涙ともにくだる質問をされたのであ

りますが、これに対してイギリスのチャーチル老首相は、実際目に涙を浮べて、この重大な心配というものに対して自分は飽くまで努力はするが、併しながらマクマホン法によって、アメリカ合衆国大統領は自分に向ってその原爆、水爆に関しあらかじめ相談をするということを禁じられている、従って自分が如何に努力を尽しても、その相談を受けるということはできないというように思っている、これは自分も非常に悲しみ、且つ苦しんでいるところだというふうに苦衷を述べておられます。私はアメリカとイギリスとの関係というものは、我が国とアメリカとの関係に劣らない親密の関係にあるものと承知をしておりますが、合衆国大統領がイギリスの首相に対して相談することができないというようであるならば、これはやはり私は甚だ心配に堪えないことでありますが、合衆国大統領は日本国首相に対してあらかじめ相談をせられることも、やはりマクマホン法で禁止されていると解釈せざるを得ないんじゃないか。従いましてことによれば日本の場合には、原爆、水爆の基地の設定ということについても御相談がないのかも知れない。そうしてその原爆水爆の実行される場合には、イギリスの場合と同様に御相談がないのじゃないか。この点についていやそんな心配は要らない、日本では必ずそういう相談は受けることになっているというお答えが頂ければ、私の心配は消え去るので誠に有難いのでありますが、外務省の御覧になっているところを御説明願いたいと思います。

〇政府委員（下田武三君）　イギリスに原爆基地がありますかどうかは、もとより軍事上の最高機密でありまして、私ども窺知する余地はないのでございますが、ただ原爆の基地と申しましても、原爆を搭載した飛行機が離着できるような設備ということでありましたら、これは確かにイギリスにあり得るだろうと思います。これは何も原爆専用の飛行場というようなものはないのでありまして、大型の長距離爆撃機の発着をするための必要な滑走距離を有する飛行場の設備ということでございますから、これはもうそういう大きな飛行場はざらにあるだろうと思います。そうでなくて、原爆のストック・パイルを詰めておく倉庫とか、或いは補給とかいうような意味の基地でございましたならば、これは私はイギリスにも恐らくないのではないかと思います。いわんや日本のような地理的のところにそういうストック・パイルを重ねるとか、或いは補給をするというような意味の基地は、これは設定することは到底想像できないと思います。でございますから、この意味の基地ということは、借りたいというような申し出はないだろうと思いますし、仮にあったとしましても、これは先ほど申しましたように日本側の同意なしに新たな基地はできないのでございますから、十分わかると思います。

　第2に、アトリー労働党首の質問に関連してお話がございましたが、これはどういうことか私もよくわかりませんが、原爆をいよいよ使うという場合に、日本に最初に原爆を投下いたしましたときも、トルーマン大統領からチャーチル首相にやはり御相談があったという歴史的事実もございますので、原爆の製造方法その他の技術的情報或いはその保有量、その存在の場所等に関することは、これはマクマホン法その他の法制で厳秘に付せられると思いますが、これをいよいよ戦略的に使うという場合の戦略的協議と申しますものは、これは当然現在の英米関係でありましたならば、日本に原爆が投下された場合の例と同じようにあるのではないかと推察いたすのであります。ただ、日本につきましてはまだそういうような戦略的な協議というようなことが現実の問題となっておりませんので、これは只今何とも申上げかねるわけでございます。

〇羽仁五郎君　いろいろ御説明頂いて大変感謝するのですがこの第1の点に関連しまして、沖縄及び小笠原についても只今の御説明と同様に了解をしておってよろしいのでしょうか。その点をなお念のために御説明願いたいと思います。

〇政府委員（下田武三君）　小笠原には、そう大きな飛行場や基地を設定する地理的条件に欠けておりますので、将来もそういうことはないと思いますが、沖繩のほうは原爆基

4—2 自衛隊の研究

研修資料第209号
　核兵器対策に関する研究
　　　　　　　　　1959　防衛研修所

序　文

　この論文は，当研修所所員，新妻清一氏の研究になるものであって，ここに上梓の運びとなったことは，まことに慶びにたえない．
　核兵器，誘導兵器の問題は，今日，世界の関心を集めているところであるが，なかんずく，ここに取りあげられた問題は，その取扱い方において他に類例をみないばかりでなく，わが国の現在置かれている防衛上の立場からみて，まことに切実な問題としてその解明が待たれていた事柄である．
　新妻所員の研究は，この要請に充分応えるものであり，氏の今後の努力に俟つところがなお多く残されているとはいえ，その一歩を前進せしめ得たことは疑いなく，関係方面に好個の参考資料として役立つであろうと信じ，ここに頒布する次第である．
　　　昭和34年4月
　　　　　　　　　防衛研修所長　林一夫

自　序

　この研究は，近代戦の重大要素をなすところの核兵器についてその対策に関する参考資料として，提供するものである．
　第1編においては，木造建築の多い日本の都市を，日本の経済力によってまかなえる程度の努力で，如何に防衛するかという観点からこれを研究した．この論文の重点は，原爆の爆圧の物理的取扱いについてである．核兵器の爆圧は，単なる圧力ではなく，波長の長い音波の性質を合せ持つ複雑な性質のものである．この音波性と圧力性との関係を理論的に取纏めた部分が特に筆者の留意した点である．この論文の主流をなすものはレオロジー（粘弾性）の考えであって，ここに予想するようなことが実現せられれば，核兵器の圧力対策として新しい面が開拓せられることになる．然し，未だ細部については今後の基礎的実験研究に俟たなければならない部分が残っている．
　第2編においては，核兵器，誘導弾の時代における飛行場の在り方について研究した．原爆に関しては，これによって殆んどその論議は尽きておると思う．それ程，この問題に関しての詳細な論議は他に見当らない．核兵器自体については，米国は先進国であって多くの資料を有するが，飛行場を核兵器攻撃に対して防衛するという問題は，そこでは研究の花形にならない．先ず相手に如何に有利に大きな損害をあたえるかということが優先する問題であるからである．然し日本の立場からは飛行場を核兵器攻撃から防衛することはゆるがせに出来ない問題である．最後に5メガトン水爆の攻撃を受けた場合について簡単に記しておいたが，この分野における今後の進展を思うと，なお詳細に研究を進めなければならぬことを痛感する次第である．
　　　昭和34年4月
　　　　　　　　　　　　　　新妻清一

第1編　日本の都市の原水爆対策に関する研究

　　　　　　　33.7.15
　　　　　　　　　　　防衛研修所
　　　　　　　　　　　新妻　清一

目　次

一　概要
二　研究に関するヒントの説明
三　爆圧作用
　(i)　一般の解説
　(ii)　地表附近に於ける爆圧の進行方向
　(iii)　廻折の現象
　(iv)　ネバダ実験の実例について
　(v)　物理的説明
四　レオロジー

468　第2編　第五福龍丸と乗組員の被災をめぐって

　(i)　弾性変形とエネルギー
　(ii)　鉄材とゴムのエネルギーの吸収
　(iii)　変形と時間
　(iv)　どんな形の変形をするか
五　実際の計算
　(i)　エネルギーの計算
　(ii)　尖頭超過圧力曲線の形の決定
　(iii)　エネルギー吸収のための歪量の決定
　(iv)　所要経費の検討
六　結びの言葉

第2編　原爆攻撃に対して飛行場は如何にあるべきか

　　　　34.2.9
　　　　　　　　防衛研修所
　　　　　　所員　新妻清一

目　次

はじめに
第一章　現状の飛行場に対する原爆被害の程度
　第一節　どんな攻撃を受けるのか
　第二節　各種構造物に対する原爆の破壊威力半径
　　(i)　地上爆発とは
　　(ii)　土砂の飛散及び上昇の限界
　　(iii)　爆破孔の大きさ
　　(iv)　地下構造物に対する威力圏の推定
　　(v)　其の他の構造物に対する威力圏の推定
　第三節　主滑走路破壊の公算
　第四節　副滑走路の問題
　　(i)　主滑走路に対する攻撃によって副滑走路が破壊される公算
　　(ii)　両滑走路の中間を目標に攻撃することによって両方の滑走路を同時に破壊することを避けるためには，この間隔を如何程にしたらよいか
　　(iii)　土砂に覆われることによる使用妨害を妨ぐためには
　第五節　土砂の堆積による主滑走路の使用の妨害
　第六節　飛行場一般諸施設の命中率

　第七節　距離と命中率の関係
第二章　残留放射線の問題
　第一節　放射線の強さ
　　(i)　距離の関係
　　(ii)　時間の関係
　　(iii)　高さとの関係
　第二節　人体に及ぼす影響及び対策
　第三節　土工作業器材（ブルドーザー）の防護処置
　第四節　空気の汚染度の対策
　　(i)　粒子の落下状況
　　(ii)　拡散量の算定
　　(iii)　地上1mの高さの間の空中放射線量（Sr^{90}）と時間の関係
第三章　被爆飛行場への着陸の可能性
　第一節　応急着陸の出来るチャンス
　　(i)　土による妨害
　　(ii)　土の堆積の高さによる妨害
　第二節　滑走路を長さの方向に延長した場合
　第三節　爆破孔の放射線のために着陸出来なくなる場合
　　(i)　放射線の強さ
　　(ii)　飛行コースと爆破孔中心との関係
　　(iii)　放射線の強さと爆発後の時間経過
　　(iv)　飛行機の着陸が出来なくなる機会
第四章　原爆に対する対策
　第一節　位置の選定
　第二節　滑走路
　第三節　諸施設
　　(i)　コントロールタワー
　　(ii)　飛行機の野外繫留法
　第四節　修理及び復旧対策
　第五節　経費の概算
第五章　今後の問題
第六章　標準原爆でなく5メガトンの水爆の攻撃を受けた場合
　第一節　主滑走路命中率
　第二節　5メガトンの場合の各施設の命中率

研修資料第229号
　核兵器対策に関する研究　その2
　　──都市の核防護対策の研究──

1960　防衛研修所

序　文

　この論文は，当研修所所員新妻清一氏の研究になるものであって，これは同所員が昨年研修資料第209号に発表した論文「核兵器対策に関する研究」に続くものである．

　この度の研究は，日本の中都市に対して5メガトン水爆を地上爆発させた場合のその効果とそれの対策を取扱ったものである．

　今日，防衛問題を考えるに当ってその根底に横たわる問題の一つにこの問題があるのであって，その究明は，爾余の防衛構想の基礎を確定するために必須の要件たるものであろう．このことは従前，一般には観念的にのみ認識せられてはいたが，その実体の把握は久しく期待の域を出でなかったのである．

　ここに得られたこの研究の成果は，恐らくは関係方面に好個の参考資料として寄与すること多きを信じ，上梓した次第である．

　　昭和35年1月
　　　　　　　防衛研修所長　林　一夫

都市の核防護対策の研究

一　はじめに
二　各　論
第一章　爆圧
  1. 爆破孔附近について
  2. 何処に居れば安全か
  3. 絶対破壊より守る重要施設
  4. 建造物の破壊
     (1) どの位の戸数壊れるか
     (2) 家屋被害の限界
     (3) 鉄道の鉄柱，架線を破壊より守るためには
第二章　熱線
  1. あらまし
  2. 日本の都市が核攻撃を受ける場合
  3. 家屋の倒壊による出火の公算
  4. 輻射熱による場合
  5. アメリカの実験例
  6. 木材の燃焼
  7. 一般燃焼の持続の考え方
  8. 核兵器の熱輻射による燃焼継続の問題
  9. 問題点
  10. 5メガトン水爆の場合の熱効果
     (1) 輻射線の波長
     (2) 熱出力と時間の関係
     (3) 爆圧の到達時間
     (4) 火災の発生はどうなるか
     (5) 煙
     (6) 火災の発生の条件
     (7) 煙の使用
     (8) 其の他
     (9) ヤケド
第三章　放射能
  1. 初期放射線
     (1) ガンマ線
     (2) 中性子
  2. 残留放射能
     (1) あらまし
     (2) 残留放射能のために居住地に立入り出来ぬ人口
     (3) 残留放射能の安全限界
     (4) 空気の汚染
     (5) 水道水の汚染
     (6) 畑作物の問題等
     (7) 汚染した各種物品材料の問題
     (8) 食料品の問題
三　おわりに
　　中心より800メートル以内の問題について
     (1) シェルターが無意味であること
     (2) 重要施設はこの地帯に設けないこと
     (3) やむを得ずこの地帯に残る場合には
     (4) 負傷者等について
四　附録
  1. あらまし
  2. 中距離放射能効果計算要領の概要
     (1) 上昇時間
     (2) 上昇限度
     (3) エネルギーと原子雲の大きさの関係
     (4) 落下時間
     (5) 其の他
  3. 近距離放射能効果
     (1) 粒子の大きさの含有の％
     (2) 粒子の落下時間
     (3) 粒子の含有比率

- (4) 爆発後の時間と粒子の拡散との関係
- (5) 粒子の大きさと高さ1メートルの間を落下する時間
- (6) 爆発後の放射能のチリ

第7期研修課程
　共同研究記録
　　第1部　軍事技術（その2）
　　　　　（民防衛と軍事技術）
　　　　　　　　　1960　防衛研修所

　民防衛と軍事技術ということで都市に対する核の被害及び対策について研究することにした．ミサイルの発達につれて最近は5メガトン級の爆弾の地上爆発に対する対策ということが世界の趨勢である．残念ながらわが国ではこの種の基礎資料が未だない．日本の代表的中都市として横浜を選んでこの研究をやってみることにした．従ってゼミナールというよりは，研究といった態度で取組んで頂いた訳である．研究の途中でいろいろと新しい問題がでてきて思わぬことに苦労した面もでてきた．又横浜市の統計課，水道局，消防局，又海上保安庁の方々に大変御世話になり，特に船舶の待避については附録のような特別な作業を頂きここに報告をまとめることができた．今後残された問題もいろいろあるとは思うが，この種研究の一つの参考資料にはなると思う．

　　　　　昭和35年5月11日
　　　　　　　　防衛研修所　新妻所員

目　次

1. 共同研究実施要領
2. 第1班研究報告
3. 第2班研究報告
4. 第3班研究報告
5. 共同研究速記録
6. 附録
　　　核攻撃に対する船舶待避要領

共同研究実施要領

1. 目的
　日本の中都市における核兵器の被害ならびに対策を研究し，わが国の民防衛の基礎資料を求める．
2. 研究問題
　現在考えられる対策を実施した場合と然らざる場合との被害の差を求め，今後のわが国の都市の核攻撃対策の要点を究明する．
3. 日標
　3月14日（月）　　第1～第6時限
　　　　　　　　　　　　　　班討議
　3月16日（水）　　第2～第4時限
　　　　　　　　　　　　　　共同討議
4. 担当所員
　総括　　佐伯所員
　進行　　新妻所員
　班討議　新妻，古館，横田，広瀬，原，
　　　　　その他関係所員
5. 議長，班長
　議長　　新妻
　班長　　広部，佐藤，坪川
6. 細部要領　別紙
1) 状況
　国際関係は悪化して甲，乙両国間の紛争はいつ始まるかも分らない状態となった．甲国と関係深い日本も乙国よりの攻撃にたいしてその具体的対策を積極的に進めつつあった．たまたま，9月15日の未明，臨時ニュースにより午前5時（日本時間），甲国の軍事基地は，乙国のミサイルによって全面的な攻撃を受けたことを知った．午前5時55分，国内警報により乙国で発射したI.R.B.M.が，横浜地区に向いつつあることを知った．午前6時，そのI.R.B.M.は横浜市消防局附近に命中地上爆発をした．その威力は大体5,000 KTと推定された．
2) 以上の状況に基いて，次の各場合における損害を検討比較する．
① 現在考えられる防護対策をいろいろ施し得た場合
② 警報のみ発せられた場合
③ 全然何の警報もなかった場合
　横浜の状況は，既に配布した資料を参考とし，特に必要とする数値は，1959年9月15日と考えて判定する．
　以上の結果に基いて，日本の中都市の核

第6章　日本政府の被災対策

防護対策は特に如何なる点に注意すべきであるかを検討する．
(注意)
① 本研究は，各班の合同研究とし，各班の研究報告形式として呈出印刷する．
② 各班の研究発表は，各40分と予定する．
③ 核防護対策については，単に直接技術的に関係ある部面に限らず，組織その他関連する問題について広く，深く研究されることは何等支障がない．

第1班

1等陸佐	天辰干城	
1等海佐	星野清三郎	
法務事務官	石川勝二	
1等空佐	伊藤敦夫	
1等陸佐	衣笠駿雄	
2等陸佐	馬来祥介	
防衛庁部員	佐藤次郎	
2等陸佐	徳山二郎	
防衛庁技官	富田実	
2等空佐	利重祐三郎	

民防衛と軍事技術（第1班）

　　　　　　　　班長　佐藤部員
第1章　班討議の進め方
　(1)　問題及び状況
　(2)　討議の方法
第2章　被害の判定
　(1)　爆圧被害の判定の基礎　別紙
　(2)　被害額算出の単価
　(3)　住宅被害の計算
　(4)　公共建物被害の計算
　(5)　工場被害の計算
　(6)　人間の被害について
　(7)(イ)　爆圧及び熱線の綜合効果
　　(ロ)　放射線の影響
　　　(i)　初期放射線の影響
　　　(ii)　残留放射線の影響
　　　(iii)　長時間後の残留放射能の影響
　　(ハ)　人間に対する綜合的被害及び救助対策
　(8)　陸運関係被害
　　(イ)　道路
　　(ロ)　鉄道
　　(ハ)　橋梁
　　(ニ)　鉄道車輛
　　(ホ)　総括
　(9)　海運関係被害
　　(イ)　港湾施設
　　(ロ)　倉庫
　　(ハ)　船舶被害
　　(ニ)　荷役設備
　　(ホ)　総括
　(10)　その他
　　(イ)　地下配管の被害
　　(ロ)　架線関係
　(11)　被害額の総計について
第3章　核防護対策の問題点
附表
　(1)　爆圧による被害判定資料
　(2)　木造，コンクリート造被災者数
　(3)　家屋に関する概要調書（34年度）
　(4)　家屋に関する概要調書（非課税及免税点以下の家屋）
　(5)　港湾，電車，橋梁，道路，被害率図
　(6)　推定死亡率表（5,000キロトン）
　(7)　主要単価表

第2班

○1等空佐	広部泰	
1等陸佐	鎌沢致良	
1等海佐	萱嶋浩一	
防衛庁技官	小金丸武登	
総理府事務官	桑原信隆	
1等海佐	松本三郎	
1等陸佐	宮崎弘毅	
1等陸佐	沖野泰司	
防衛庁部員	斎藤隆	
警察庁警視	山下治	

　　　　　（第2班）班長　広部1佐
第1章　目的
第2章　研究の範囲
第3章　基礎的資料
　(1)　横浜市人口分布の推定（昭和34年12月末日現在）
　(2)　川崎市人口分布の推定（昭和32年12月現在から推量）
　(3)　千葉県人口

- (4) 日本の年齢別人口比
- (5) 横浜市建造物課税対称数の各区別数量（昭和34年度）
- (6) 横浜市建造物分布の推定
- (7) 水爆戦の様相（米国議会公聴会の記録）より抜萃

第4章 討議
- (1) 爆圧の関係
  - (イ) 距離と被害
  - (ロ) 建造物の被害の算定
  - (ハ) 人員に対する被害の算定
    - (i) 警報のなかった場合
    - (ii) 警報のみ発せられた場合
    - (iii) 現在考えられる防護対策を施した場合
  - (ニ) 川崎市の被害
    - (i) 人口分布と建物棟数
    - (ii) 建造物の被害
    - (iii) 人員に対する被害
  - (ホ) 交通，通信，電力，ガス，水道，その他民生施設関係
    - (i) 構造物破壊判定基準
    - (ii) 交通関係
    - (iii) 通信関係
    - (iv) 電気，ガス関係
    - (v) 上水道関係
    - (vi) 特殊施設関係
  - (ヘ) 船舶港湾施設の関係
    - (i) 算定の基礎
    - (ii) 横浜港における船舶港湾施設の被害の判定
    - (iii) 被害の算定および対策について
- (2) 熱線の関係
  - (イ) 人体におよぼす影響
    - (i) 基礎条件
    - (ii) 被害の程度
  - (ロ) 建造物におよぼす影響
- (3) 放射能の関係
  - (イ) 放射能の人体におよぼす影響
  - (ロ) 5 MT 地表爆発の場合の被害の程度
    - (i) 初期効果
    - (ii) 残留効果
  - (ハ) その他
- (4) 総合

第5章 あとがき
附表
- (1) 横浜市推定人口分布
- (2) 家屋に関する概要調書

第3班

1等空佐	平塚	清一
通産事務官	福田	敏南
1等陸佐	北森	信男
2等陸佐	近藤	清
1等空佐	黒田	信
1等海佐	三嶋	慶治
1等海佐	武田	新太郎
大蔵事務官	田中	久義
防衛庁技官	坪川	忠
1等陸佐	湯川	文雄

（第3班）班長 坪川技官

第1章 研究の綜合結果
- (1) 対象なき場合
  - (イ) 人的損害
  - (ロ) 物的損害
- (2) 施す可き対策を講じた場合
  - (イ) 人的損害
  - (ロ) 物的損害
- (3) (1)，(2)の比較
- (4) 綜合結論

第2章 細部の説明
- (1) 住宅の疎開計画
  - (イ) 人員
  - (ロ) 経費
- (2) 物的損害内訳
  - (イ) 建物
  - (ロ) 道路
  - (ハ) 交通機関
  - (ニ) 港湾
  - (ホ) 工場
  - (ヘ) 貯蔵品
  - (ト) 通信等重要施設
  - (チ) 商品等
  - (リ) 広場等収容施設
- (3) 住宅内訳
  - (イ) 爆圧による被害
  - (ロ) 火災
  - (ハ) 総計

(ニ)　結論
　(4)　対策
　　(イ)　民防的都市計画として
　　(ロ)　国土計画の一環として
　　　(i)　港湾
　　　(ii)　鉄道
　　　(iii)　送路
第3章　原水爆被害対策に関する問題点
　(1)　国民の意識喚起
　(2)　民防組織の組成訓練，並関係法規の統一的整備
　(3)　民防衛都市の実施
附表
　(1)　被害範囲図
　(2)　人の被害状況表
　(3)　鉄道の被害及対策説明図
　(4)　道路，橋梁，市電，自動車説明表
　(5)　送電系統図
　(6)　給水系統図

共同研究速記録（略）

附録　核攻撃に対する船舶待避要領
目　次
1.　はしがき
　(1)　移動命令
　(2)　緊急待避
2.　京浜港横浜区の概要
　(1)　京浜港横浜区
　(2)　船舶在泊状態
　(3)　在泊船の状態
　(4)　船席数
　(5)　在泊船隻数
3.　緊急待避上の仮定条件
　(1)　在泊状況
　(2)　即時待機
　(3)　危険区域
　(4)　待避航路
　(5)　安全区域
　(6)　船舶スピード
　(7)　準備時間
4.　緊急待避の実際
　(1)　航洋船の場合
　(2)　雑種船の場合
　　イ　通船
　　ロ　機帆船 $<\begin{smallmatrix}a\\b\end{smallmatrix}$　横浜方面／川崎方面
　　ハ　油艀
　　ニ　雑貨艀
　　ホ　その他
5.　結論

第3編　ビキニ水爆実験に対する内外の反響

第1章　国民世論

〔概　要〕

　この章には，1954年3月から翌年8月にいたる国民世論の動向と，民衆の意志表明の軌跡を記録した．

　第1節〈国民世論の動向〉には，原水爆禁止の世論を形づくる大きな力として登場した主婦の言論を，新聞への投書を中心としてまとめた．

　第2節には，国会・地方自治体の決議，意見書を収録してある．第五福龍丸被災の報がもたらされた2日後の3月18日，神奈川県三崎町議会は，原爆使用禁止の決議を行なった．〈恐怖する市民の意志を代表〉する焼津市議会決議は3月27日であった．4月1日の衆議院，5日の参議院による国会決議にひきつづいて，各地方自治体の決議，意見書が相ついで採択され，それらの内容も被災の状況があきらかになってくるにつれて具体的な要求がふくまれるようになった．決議，意見書の内容は，①原水爆の製造（使用）禁止，②実験停止，③原子力の国際管理と平和利用，の3点でほぼ共通している．5月25日の広島市議会，5月28日の広島県議会決議は，ともに〈原爆障害者治療費全額国庫負担〉の要請をもりこんでいる．なお，満場一致の決議がつづくなかで，同年8月6日，琉球立法院は，人民党提出の〈原爆禁止と原子基地反対宣言決議案〉を否決した．これは，ビキニ被災の問題が新聞でも連日のように大きく報道されていた本土と異なり，アメリカ軍基地のための土地の強制接収が紙面を埋め，一方，祖国復帰運動に激しい圧迫が加えられていた当時の沖縄の事情とも関係があり，注目される．

　第3節に示したとおり，労働団体，婦人団体をはじめ，各団体の決議，声明もつぎつぎに出されていく．4月23日に行なわれた日本学術会議総会の声明は，原子力平和利用3原則（公開・民主・自主）を基調としており，この3原則は原子力基本法に明文化されるにいたる．なお，ビキニ水爆被災直後の3月3日，政府は2億数千万円の原子炉予算を突如計上し，時期が時期だけに論議をよんだ．

　〈魚屋殺すにゃ3日はいらぬ，ビキニ灰降りゃお陀仏だ〉浅草魚商連合会はこう声明の最後を結ぶ．〈死の灰による損害は，全部米国で補償して下さい．日本政府は責任をもって交渉して下さい〉築地中央市場で4月2日に開かれた買出人水爆対策

市場大会はこう要求した．

　第3節3—1に掲載した政党の見解と方針は，平和通信社（当時，東京都港区新橋7—12）発行の『平和通信』臨時増刊号（原・水爆問題資料集Ⅱ，54.5.31）にのせられたものである．同誌編集部は〈自由党と日本自由党の解答を得るために党本部，国会担当者と4日間にわたって全力をつくしましたが，遂に充分な解答を得ることができず，収録することができなかったことは非常に残念に思います〉とのべている．本資料では新聞報道（『朝日新聞』，54.3.25）により，政府・自由党の対策を補足した．

　当然のことながら，ビキニ水爆被災をめぐる報道は，かなりの量にのぼった．第4節ではこれらのぼう大な記事のなかから，新聞，雑誌，週刊誌，グラフ雑誌，ニュース映画などがとりあげた特集の目次をかかげるにとどめなければならなかった．もちろん，これとても十全ではない．なお，当時の状況を見るために，表紙や広告面などにだされたものを凸版としてかかげたほか，各新聞の社説を抄録し，社説リストをつけ加えた．

第1節　国民世論の動向

1—1　新　聞

　広島・長崎につづく「核兵器・第三の恐怖」となったビキニの水爆実験は，市民と新聞を緊密に結びつけ，読者の積極的な新聞参加の機運を急速に促進させた．特にこれまで社会的発言の少なかった家庭の主婦を中心とする女性読者が，つぎつぎにペンをとり，活字を通じて率直に自分自身の考えを表明するようになった．このようなことは，わが国の新聞言論史に例がない．

　第五福龍丸乗組員の被災，久保山愛吉氏の放射能症による死，そして日常の生活をおびやかす汚染された魚，人工放射能を多く含む雨……これら"死の灰"による犠牲，被害，恐怖のなかから，画期的な，市民の新しい言論形態が創造されたのである．

　新聞投稿によって表現された民衆の意思や感情は，新聞社の論説委員によって代弁されてきた従来の「民衆の声」とは，まったく異質なものである．世論調査による数量化，統計化でもつかむことのできない，書く者ひとりひとりの真実であった．

　言論機関を通じて醸成されていったこのような世論形成の過程が，原水爆反対の全国的な市民運動の展開に，プラス要因となったことはいうまでもない．

　以下，読者の新聞参加をうながした背景と状況の推移を，ニュース報道の引用で補いながら，ビキニ水爆実験をめぐる民衆言論の一端，世論の動向を記録する．

　　　　　　　　　　　　　（影山三郎）

1．被災第1報と最初の3日間

　【ワシントン発＝AP】ストローズ米原子力委員会（AEC）議長は〔1954年3月〕1日，マーシャル群島にあるAEC管理下の実験用地域で"原子装置の爆発"が行われたが，この爆発は一連の原子力実験の最初のものであると発表した．右発表はどんな原子力の爆発が行われたかを明らかにしていないが，今後行われる一連の実験には水爆の爆発も含まれると思われる．

　　　　　　　（『朝日新聞』54,3,2,夕刊）

　アメリカの公式な発表は，ごく簡単な，

第1章 国民世論

これだけのものであった．
　第五福龍丸の被災第1報は『読売新聞』3月16日付の朝刊であった．

「邦人漁夫，ビキニ原水爆実験に遭遇．23名が原子病，1名は東大で重症と診断」
「水爆か」「東大で精密検査，きょう権威が集まって」

　社会面の大半を埋めて詳細をきわめた．なぜ『読売新聞』だけの特ダネになったか，その事情は映画「第五福龍丸」で推察されるが，紙面の中央に4段の大きな見出しで「焼けただれた顔．グローブのような手」と報じられた記事は，被災の状況を次のように伝えている．東大病院に最初に入院した船員・増田三次郎さん（29歳）を，3月15日夜，『読売新聞』の記者が病床に訪ねてのインタビューである．

　夜8時ごろ病室を訪れると増田さんは夜具にくるまりズボンをぬいだだけの着のみ着のままで寝ていたが，顔といったら，耳の穴と目から濃じゅうのようなものが流れ出ており，そしてかゆいのかグローブのように無格好に指がふくれ上がった手で顔中ごそごそとかきながら苦しそうに，しゃがれた声で次のように語った．
　「1日の朝4時半ごろ，ちょうどナワを入れてる時だった．遠い沖の方の水平線から真赤なタマがすごい速さで空へぐんぐん上がっていったと思うと，見たこともないような，いろんな色のまじった白い煙がもくもく立ち上がったので，みんな"何だろう"と話合った．ところが1時間半ぐらいした時に甲板にいると空からパラパラと何かが降って来たので"小雨のようだ"と言いあった．
　そのままふだん通り働いていたが，3日ぐらいたった時，顔と手とがふくれ，火傷のようになって来た．みんな南洋で陽に焼けていたし，鏡をみることもないので自分でも気づかなかったが，仲間が"おかしいぞ"というので気がついてみると顔が真黒に焼けていた．毛糸のジャケツとズボンをはいていたので体

は何ともなかったが，出ていた顔と手がだんだんひどくなり，かゆくてたまらないので船でじっと寝ていた．"原爆でやられたんだろう"とみんながいうので，船に降って来た灰も一緒にもって来て先生に渡した．」

　『読売新聞』以外の各紙は3月16日の夕刊からこの被災事件を取材，追跡した．久保山愛吉氏の談話が次のように報道された．

　ちょうど午前4時ごろ水平線上にかかった雲の向う側から太陽が昇る時のような明るい現象が3分ぐらい続いた．約10分後，爆弾が破裂したような，にぶい音も聞いたが，それから3時間すると粉のような灰が船体に一面に降りかかった．その晩は飯も食えず，酒を飲んでも酔わなかった．2日目あたりから幾分頭の痛い人も出てきた．3日目には灰のかかった皮膚がひやけしたように黒ずみ，10日くらい経ってから水ぶくれの症状になった．いまのところ自覚症状はない．
　　　　　　　　　（『朝日新聞』54.3.16,夕刊）
・3月16日（夕刊）
「強い放射能を検出．築地で福龍丸の魚押う」
・3月17日（朝刊）
「ビキニ被爆は禁止区域外．国際法上の問題に．船長に，操業当時の位置聴く」
「米大使館応答せず」
「築地で500貫埋める．各地に流れる福龍丸の魚」
「頭髪も抜け始める．東大に入院の増田，山本両君」
・3月17日（夕刊）
「ビキニの死の灰，探究へ．科学陣，焼津で診察．団長中泉博士など9人」
「マグロ半値に下る．築地市場，放射能の心配なし」
・3月18日（『朝日新聞』天声人語）
　何の因果か，春の海をはるばるとビキニの原爆灰がていねいに日本まで運ばれてきた．第五福龍丸の乗組員はその灰をかぶって原爆症状を起し，15日もたった今でも頭髪の中に放射能が含まれているという．〔中略〕広島

と長崎でさんざん痛めつけられたのに，3500キロも離れた太平洋の果てから灰をかぶってきて市民の台所にまで放射能を配給するとは，よくよく念の入った宿業である．日本人としては3度目の原爆被害だが，広島・長崎からは約10年の歳月が流れている．エニウェトクの水爆はTNT爆薬の500万トンに当るとされ〔中略〕この10年間に広島原爆の500倍にも相当する大きな破壊力に成長しているわけだ．〔後略〕

・3月18日（夕刊）

「ビキニ『水爆』実験の真相．想像絶した爆発力．測定不能，米科学陣も驚倒」

【ワシントン発＝AP】17日夜の各種情報を総合すると，3月1日に投下された水爆は，その威力において，これを造った米科学者のあらゆる推定を越えていることは事実らしい．最近の原爆実験を計画，実施した人々でさえ，この結果にはびっくりしているようである．今回の原爆被災事件を説明するにはこういうよりないようである．

　3月17日発のこのAP電によって，478ページに紹介したAP電の伝える"原子装置の爆発"が水爆の実験であったことが確認された．

2．世界中のひとびとに訴える

　ビキニの水爆実験をめぐる国民のなかの意思や感情を，新聞はどのように受けとめ，紙面を通じて表現していったか．

　第五福龍丸の被災と，それについでマグロ汚染の事実が報道された直後，『毎日新聞』の「投書」欄と『朝日新聞』の「ひととき」欄に，次のような読者の投書が登場した．

「『死の灰』の教えるもの」――夕方帰宅すると，妻が心配そうな顔で「さっき子供にお魚を食べさせたんだけど下剤をのませた方がいいかしら」という．例の放射能をもった魚の件である．妻は先刻のラジオでそれをきくまで知らなかった．〔中略〕

　原子力を発見するほどの現代人が，あの残忍極まりない原子兵器をどうして禁止しないのか．世界の人々は「ヒロシマ」「ナガサキ」を知らないのであろうか．よしや世界の人々は忘れていても，我々日本人は決して忘れてはいない．忘れかけた人があったとしても，こんどの事件で，まざまざと当時を思い起すに違いない．原子兵器熱に浮かされる世界の人々の良心を呼びさますために，あの尊い犠牲の経験をもう一度全世界に訴えようではないか．　（中野・教員・長尾勇）

（『毎日新聞』54．3．19）

　「原爆症の美しい友」――私は先月から機械編みを習いに通っているが，親しい友人が4，5人できた．中にきわだって美しいが，ちょっと気まぐれなところのある一友人がいる．どことなく，よわよわしそうな，そして朗かだが，なんとなくすてばちなところがあり，熱を入れて習っているかと思えば，すっかり投げ出して1週間近くも休んだりする．

　彼女が，たまたまマグロ漁船の水爆被害が伝えられた日に久しぶりにやって来て，「私は原爆症で，もう3年ぐらいしか命がない．いままで，もちこたえて来たのが不思議なくらいだ」と，うそぶくようにつぶやいた．……目のふちを赤くし，苦笑しながら，彼女は最後にこうつけたした．「私は，ちっとも悪いことなどしていないのに，どうしてこんなひどい目にあわなくてはならないのだろう．結婚式当日に再発，真黒い血を吐き，私の一生はメチャメチャになってしまった」

　すっかり心を痛めて帰宅した私は，ビキニの記事を読みながら，ジッとしていられなくなった．世界でただ一つ，日本のみが味わったこの苦しみを，世界の人々に，アメリカに，私はなんとかよくわかってもらいたい．もう二度とこんな悲惨なことが起らないように．そして今もなお，つぎつぎに倒れてゆく広島や長崎の人たちを，完全に救い出してあげたい．（東京都新宿区薬王寺町・米田葉子・23歳）

（『朝日新聞』54．3．19）

　『読売新聞』の「気流」欄にビキニの水爆実験に関する投書が掲載されたのは，3月27日の「『死の灰』調査団へ」（佐野市・大橋経雄・病理技師）と30日の「赤十字よ

第1章 国民世論

原爆禁止に立て」(福島県・KM生・工員)であった．

「核兵器・第三の恐怖」としてマスコミが報道するなかで，国民にとって最大の衝撃は第五福龍丸乗組員の被災と，核兵器の存在が平和時における日常の食生活までをおびやかすという現実であった．

世界中の人々に，原水爆の脅威をあらためて訴えなければならないという日本の民衆の切実な願いは，前述のように，読者の最初の反応にすでにあらわれた．それにこたえて『朝日新聞』の学芸部が，「ひととき」欄の投稿や学芸部への手紙を中心に，"読者とともに"という形で原水爆反対の紙上キャンペーンを開始した．

「水爆実験問題」というタイトルで，まず最初に家庭面で特集された記事は「日本人自身が，もっと，訴えて下さい」(54.4.19,夕刊)という在米留学生・賀川梅子さんから学芸部に届いた手紙の紹介である．

『朝日新聞』のこの最初の特集は，その1週間後，『毎日新聞』の「国民の声——"ビキニの灰"から1カ月」という記事のなかに次のように引用された．

最近，米国にいる日本人からの声……その一つは賀川梅子さん（豊彦氏二女）が朝日新聞に寄せたもので，水爆実験に関する「日本国内の対米世論は十分どころか，ほとんど米国に伝えられていない．政府間の交渉とは別に民間人の働きかけこそ緊急の仕事です」と訴えた．この時期に岡崎外相が日米協会の演説で「太平洋の水爆実験には積極的に協力する」といったため，日本国民の気持を無視するものだと各方面から攻撃されたのは，まだ記憶に新しいことであろう．

　　　　　　　　（『毎日新聞』54.4.16)

『毎日新聞』が紹介している『朝日新聞』に出た前述の賀川梅子さんの手紙は次のようなものであった．

一月遅れの新聞を読みながら，とくに最近の複雑な日米感情をとりあげるのは，われながらちょっとどうかと思うが，その重大性を考えてあえてペンをとることにした．〔中略〕先週の『ライフ』や『ニューズ・ウィーク』(54.3.29)は日本にまき起った水爆問題に対する反応をよく伝え，米国政府に道徳的責任ありときめつけている．日本の国民が多少反米的な気持になるのも無理はないし，また，ある意味においては必要なこととさえいえるのではないかと思う．しかし私がここでとりあげたい大きな問題は，日本の重大問題が一つも日本人の手によって米国に伝えられていないことである．

2月16日の『リポーター』には，"日本における反米主義"についてかなりよく書けている記事があったが，日本人が英語で米国の一流雑誌に訴えているのは，ほとんどこれだけではないかと思う．日本についてアメリカ側に発表されるのは，ほとんどアメリカ人記者の取材であって，日本人記者による良心的な責任のある記事を，ほとんど見たことがないように思える．ここに私はアメリカに対する日本人の感情についての国内側の片手落ちを見るのである．

もしも，いわゆる反米感情が，水素爆弾の実験によって，いっそうはげしくなったならば，それについて正確な焦点，つまり，本当に大多数の日本人が語り合っている中心的な問題を率直にアメリカの全国民に訴えるべきである．私どもの現在の重要な問題は2カ国にまたがる問題であり，そのためには一方的なニュースの提供だけでは，問題はかたづかない．そして現在とくに欠けているのは，日本人による米国に対する働きかけである．私どもの現在の問題は政府の高官による条約や話し合いよりもむしろ民間人による動きの方が効果があるように思える．〔中略〕

以上，問題はまことに難かしい．それにもかかわらず大いに大切なことは，英語でもって国民と国民との日常生活にとけ込んでゆく新聞，雑誌，小説，劇の手段を，もっと積極的に活用すべきである．〔後略〕

　　　1954年3月28日　賀川梅子
　　　　アメリカ合衆国コネクティカット州，
　　　　　ニューヘブン市

賀川梅子さんの手紙それとほとんど同時の3月31日には，東京からエリノア・ルーズベルト夫人あてに航空便が送り出された．第五福龍丸の被災が伝えられてから2週間の間に「ひととき」欄に寄せられた投稿を評論家・松岡洋子さんが英訳し，元大統領夫人の手もとに送られたのである．

日本人としての訴えを読んだルーズベルト夫人の返信は手記のかたちで，まもなく朝日新聞社ニューヨーク総局から東京本社学芸部に打電されてきた．夫人のこの手記はユナイテッド・フィーチャー・シンジケートを通じて全米75の新聞のコラムに掲載されるものであった．アメリカの読者に訴える夫人の原稿には，冒頭に次のようなことばが書かれてあった．

　ビキニの水爆実験によせる全世界の興奮と関心の中で，一つの問題があまり省みられずにいますが，この問題は日本の婦人たちにとって非常に重大であるように思われます．日本にいる私の友人が朝日新聞に寄せられた婦人たちの手紙の内容を書いてきてくれました．その大要はつぎのようなものです．

　夫人は，このあとにつづけて多くの投稿を紹介している．たとえば，アイゼンバッド博士の視察についての，東京都練馬区の白石洋子さん，アメリカの良識に期待する，東京都港区の吉野かをるさん，原爆魚の影響で開店休業の状態だという魚屋の娘・東京都品川区の青木薫子さん，広島の原爆体験者・東京都世田谷区の香野恵美子さんの手記などである．そして最後に，ルーズベルト夫人は彼女自身の考えを次のようにのべている．

　私たちアメリカの婦人にとって太平洋でおこるさまざまな問題は縁遠い感じがします．しかし，私たちは爆弾の威力については実に多くのことを聞いています．そして，私たちの多くはこの爆弾の真の価値は，つぎのような点にあるのだと考えます．つまり，これによって，今や私たちの文明を完全に破壊しうるのだという事実を人々が認識し，したがって，出来るならばソ連邦をも含む世界中の人人が戦争を防止しなければならないという決意を固めるようになること，これこそ真の価値だと思うのです．もしも，あの爆弾がそのような効果を生むとすれば，今度の爆発は有意義であったといえましょう．しかし，今後も実験を継続すべきかどうか，これは，アメリカ政府が真剣に考慮すべき問題であると，私は考えます．

　ルーズベルト夫人と日本の民衆，その考え方の間には，なお大きな距離がある．しかし，ともかく，きわめて忠実に，誠意をこめて，日本の声をアメリカ国内に伝え，ひろげた最初のものとして記録にとどめておく必要はあろう．この記事は「水爆問題『ひととき欄』の訴え．ル夫人が米紙に発表」「考慮要す 実験継続――エリノア・ルーズベルト」というトップ5段の見出しで報道（『朝日新聞』54．4．18，夕刊）された．

3．日米の政治的・社会的状況

「水爆実験の威力発表．ストローズ米原子力委員長．"第1回，予想の2倍．いかなる都市をも破砕"」

【ワシントン発＝ＡＰ】ストローズ米原子力委員長は〔1954年3月〕31日，アイゼンハウアー大統領の定例記者会見に出席し，太平洋で行われた最近の水爆実験に関し部分的な発表を行ったが，その席上「いまや世界のいかなる都市をも破壊しうるに足るほどの威力をもった水素爆弾をつくることが出来る」と述べ，さらに次のように言明した．

　「去る3月1日と26日の実験は成功を収め，巨大な潜在力が米国の軍事体制に付け加えられることになった．爆発の現場から遠く離れたところにいた多数の米国人，日本人，マーシャル群島の住民たちを"熱い灰"にさらした第1回の爆発は制御の域を脱したものであったという報道は誤りである．それは恐るべき爆発ではあったが，いかなる場合にも実験そのものの制御ができなかったということはない．だが，その爆発力は，科学者たちが期待

していたものの約2倍に達し，予期せざる風向きの変化によって，原子爆弾にともなう極微の物質が日本の漁船の航行していた海面にまで運ばれたのである．

　今回の実験の結果，原子力委員会としては，軍の要求をほとんど満足させるところまでこぎつけることが出来たが，同時に原子力の平和利用の発展のためにより一層の関心を払いうる時期をも早めることが出来た．

　アイゼンハウアー大統領はストローズ委員長が右の発表を読み上げている間，熱心に耳を傾けていた．」

(『朝日新聞』54．4．1)

　つづいて「ストローズ委員長声明」として「米，原子力兵器さらに増進．次年度予算4割増．新工場も続々操業」を，ワシントン4月7日発のロイター電が報ずる．この記事と並んで「6日またも水爆実験．太平洋で，米，簡単な発表」(ワシントン7日発特電)——4月8日．

　アメリカ国内では——．

　前述のルーズベルト夫人の手記がどのような政治的，社会的状況のもとで執筆されたかを知るために，いわゆる「マッカーシー旋風」——「赤狩り」によるオッペンハイマー博士追放事件にも触れておかねばならない．米原子力学界の大御所であり，「原子爆弾第1号」の製造者であるプリンストン高等学術研究所長，J・ロバート・オッペンハイマー博士が原子力に関するすべての活動分野から追放されたと伝えられたのは4月中旬であった．「水爆製造に反対であったこと」「左翼陣営との父友関係」などがその理由としてあげられていた．

　アメリカ国内の状況がこのように伝えられているとき，日本の国内では——．

　「原爆実験に協力」するという岡崎勝男外務大臣の発言を第1面の中央に大きく報道したのは，4月10日，『朝日新聞』夕刊であった．

　同紙の「声」欄 (5月2日) では「4月の投書から」として，岡崎外相のこの演説に対する読者の反応を次のように報告している．

　「4月中によせられた投書は1,421通ありました．この月の前半は『死の灰』事件に対する投書が非常に多く，ことに『水爆実験に進んで協力する』という岡崎外相の演説に反対する『声』がめだちました．」

　その「声」の一例をあげておこう．

　「水爆と外相」——岡崎外相は日米協会の演説で「太平洋の水爆実験には積極的に協力する」といっているが，およそこれほど，今の日本人の気持から，かけ離れた言葉はあるまい．外相による米側弁護の発言も今や頂点に達したようだ．外相はすぐ，自由世界の利益を説くが，この場合の自由世界とは米国のことではないか．被爆による原子病をはじめ，さまざまの無茶ともいうべき目にあわされながらも，日本人は，えたいの知れぬ「自由世界の利益」なるもののために我慢せねばならぬのであろうか．

　米国でさえ「自由世界の利益」を「自国民のそれ」に優先させてはいない．米国内でやるべき実験をわざわざ遠い太平洋でやるのは，そのためである．それならば日本としても，現に危険や損害を受けつつある以上，その中止を求める当然の権利がある．何よりも恐るべきは，死の灰によって受けた日本国民の迷惑の実情が米国民に，ほとんど知られていないことである．外相の演説は，このような米国民の無関心に拍車をかけるのみであり，一方では反米感情を激化させる効果を持っている．

　実験続行によって第2，第3の被爆者が出，魚類の供給はますます少なくなり，わるくすると，太平洋は毒水の沼と化すかもしれぬ．補償さえあれば，という問題ではない．死の灰事件以来の日本の実情を，ありのままに世界に訴え，実験中止を求めるのが，外相たるものの態度ではないか．米国や自由世界に比して，外相は日本人の立場を過小評価するなといいたい．　(東京・松島照＝会社員)

(『朝日新聞』54．4．13)

　まちの主婦たちの活動——

『まちのすみから』という題字の「〔東京〕梅ケ丘主婦会新聞」(54.6.11，第11号)のトップには，次のように記されている．

「みなさん，水爆反対の署名をありがとうございました．1926名あつまりました．どこに送るのが一番よいか朝日新聞に相談にまいりましたところ，先月の無尽の会に新聞社の方が松岡洋子さんと一緒に来てくださいました．そこで国連議長パンディット夫人（インド）宛にすることになりました．署名は，中野療養所「聖書研究会，平和の会」であつめた969名のとあわせて，松岡さんが英訳してくださった手紙と趣意書をそえて，5月27日，航空郵便で発送いたしました．

松岡さんが私たちのことを朝日新聞夕刊の記事に書かれましたので，読者の方から9通のお手紙が参りました．松岡さんの記事，私達よりパンディット夫人に出した手紙，読者のお便りをここに集録いたします．」

4. 市民の生活にひろがる不安

「放射能浴びて1ヵ月．検査員はヘトヘト．廃棄マグロ1万9000貫」

ビキニの"死の灰"を浴びた第五福龍丸が焼津に帰港してから1ヵ月たった．患者への補償問題もようやく日米間で折衝が始められたが，国民の台所を時ならぬ不安に陥れた"原爆マグロ"騒ぎはまだ残り，最近はエサ類による危険が推測されるという新問題もあって厚生省は悲鳴をあげている．

（『朝日新聞』54．4．18）

魚屋，すし屋さんなどに聞くと……北区のある魚屋さん「国策に理解あるとみえて検査済みなのでかえって安心といってくれるお客もありますが，大部分は見向いてもくれない．だからマグロは扱っていません．マグロのサシミといえば魚屋のドル箱だったので，えらい打撃ですよ．売上げが4割減っています．」豊島区の魚屋さん「扱っているがさっぱり売れない．マグロというと客はいやな顔をする」．台東区のすし屋さん「マグロをおかねェすし屋なんてねェから，おいてはいますが，さっぱり食べてくれませんよ．おかげで売上げは3割減で……」．四谷の料理屋さん「お客がいやがるので……料理屋としてマグロを使えないほどつらいことはありませんワ」．日本橋の高級料理店「お弁当にマグロどころか魚類はカマボコまで一切抜いてくれと神経質な注文まであってひと苦労」とそれぞれなげきは絶えない．

（『朝日新聞』54．5．18，夕刊）

「各地に放射能の雨．16，7の両日降る．京都，8万カウント．人体への影響など調査」
【京都発】 京大工学部応用物理学教室四手井綱彦教授らは去る16日夜の降雨を18日測定したところ，降りはじめの16日午後11時ごろの

国民生活への波紋

雨で1分間1リットル当り8万6760カウント，翌17日午前7時の降雨で8万4984カウントの放射能を測定した．同大学放射性同位元素研究委員会の化学，医学など関係学部教授と協力して含有放射性物質の分析，人体への影響などの調査に乗出したが，4月に300カウントを記録したのがこれまでの最高で，今回のは驚異的記録である．
　　　　　　　　　　　（『朝日新聞』54．5．19）

　それほど神経質になる必要はないかも知れないけれど，やっぱり私はこわい．魚屋さんの前に行って，たまには買わなければ悪いような気がしてたたずんでみるけれど，そっと帰ってきてしまう．子どもたちをも必要以上に神経質にさせているかしらと反省する．でも，やっぱり私はこわい．

　こんなことがたびたびくり返されたのでは，私たち日本人は自然滅亡という途をたどるより仕方がないではないか．私たちは貧しいなりに安心がほしい．お魚も食べられない，野菜も危険だ，うっかり水も飲めないというのでは，敗戦国とはいいながら，かわいそうすぎる．

　でも，あちらこちらで原，水爆反対を叫んで婦人団体やPTAなどが署名運動などに活躍し始めたことは，なんといっても力強いものが感じられてうれしい．私たちの小さな声でも団体の力となれば大きくモノをいうだろう．そして，かならず，こだまとなってかえってくると思う．（立川市富士見町・虎谷信子・39歳）
　　　（『朝日新聞』54．5．25，「ひととき」欄）

　魚類汚染の不安がいくぶん薄らいだのは7月下旬であった．「100カウント以下は大丈夫．厚生省，マグロ肉検査を緩和」と報道されたのが7月20日．「マグロから10センチメートル離れたところで計り，100カウント以上あったら再検査して処分する」という厚生省の基準が「内臓を取除いて再検査」ということに改められた．この時までに「約4万貫（価格約1,200万円相当）のマグロが廃棄されている」ことが明らかにされた．

　「すし屋の主人自殺」＝

　20日朝6時ごろ東京都目黒区上目黒7ノ976すし屋「富士屋」で主人の森茂さん（72）がネコいらずを飲んだうえ出刃包丁で腹を切って自殺しているのを家人が発見，目黒署に届出た．調べでは最近商売が思わしくないのと，ゼンソクに悩まされたための自殺らしい．
　　　　　　　　　　　（『朝日新聞』54．7．20，夕刊）

　「福龍丸の被災者．約100日ぶりで面会．『原水爆の禁止』叫ぶ」

　「原爆の日」を一段と感慨深く，またその恐ろしさをハダ身に感じて迎えるのは"ビキニの灰"をうけた第五福龍丸の被災乗組員23人だろう．その福龍丸被災者たちは，5日午後東大付属病院と国立東京第一病院に入院してからはじめて，面会謝絶が解かれ，記者団やニュースカメラに取囲まれた．とくに病状の重かった甲板員増田三次郎さん（29）と機関長山本忠司さん（27）は入院以来112日目，その他の人たちは90日ぶり．

　灰をかぶってからの苦闘の跡と，いくどかくり返し考えていたことをセキを切ったように訴えるのだったが，いずれも真っ先に叫んだことは「原水爆の禁止」だった．
　　　　　　　　　　　　（『朝日新聞』54．8．6）

　「築地に放射能魚．1300貫廃棄へ」（『朝日新聞』54．8．21，夕刊）

　「放射能魚．三崎で2000貫」（同54．8．30，夕刊）

　9月下旬，「放射能の雨」の不安に，さらに「ソ連の実験」が加わった．9月23日の朝刊で「今度はソ連の水爆影響．実験，ウランゲル島と推定．裏日本，強烈な放射能雨．山形は6万カウント」と報ぜられた．雨の中に人工放射能がほとんど検出されなくなったのは，洞爺丸の沈没など大きな惨禍を招いた「台風15号」（9月26日）以後である．

　だが，それよりさき，8月末——

　「第五福龍丸の患者，久保山さん重体に陥る．黄ダン悪化で急変．29日から意識混濁」「次第に悪化」「博士達，沈痛な面持．病む僚友2人も見舞に」（同，54．8．31）

「久保山さん悪化の一途．全くコン睡状態に」「打ちしおれ，無言で．かけつけた妻すずさん」（同，54. 8. 31，夕刊）

「久保山さんの容体．注視する『在京アメリカ』．"日本に衝撃"AP，UP打電．大使館は音無しの構え」「長女もマクラ元へ．報道陣は徹夜で張込み」（同，54. 9. 1）

「米世論，漸く高まる」＝〔ニューヨーク特派員1日発〕「1ヵ月もすれば治る」との原爆傷害委員会モートン博士らの言明にもかかわらず，ついに最悪の容体に陥った久保山氏に対して日本国民がこぞって異常な関心を示していることは米国の報道機関の上にも次第に反映し，米国の世論も漸く事の重大さに気がつき始めたという形である．1日ニューヨークでは夕刊紙ニューヨーク・ポストが「水爆で火傷した日本の犠牲者危篤に陥る」と2段抜きで報じ，2日付のヘラルド・トリビューン紙は第2面のトップに元気なころの久保山氏が記者団と会見している写真を大きく掲げ「同氏はすでに30時間以上コン睡状態にある」と報じた．

またAP通信の東京特派員ランドルフ記者は「天皇が日本国民に終戦を告げた時以来これほど日本人の感情を動かしたことはないであろう」というむねの長文の記事を送り，注目されている．

(同，54. 9. 2，夕刊)

それから3週間後．「久保山さん遂に死去．死因は『放射能症』」の悲報が伝えられた．新聞は休刊日の関係で9月24日付の夕刊で報道した．久保山愛吉氏の死亡時刻は9月23日午後6時56分であった．

5．地方版と地域活動そのほか

次に列挙するのは，『朝日新聞』（東京）の県版，地域版からの一部引用である．

・4月21日（埼玉版）

「水爆実験の禁止申合せ．県婦人大会，県側の意図くつがえす．全国へ，更に世界へ．高まる婦人の声の訴え」＝第6回婦人大会が4月20日，埼玉会館で開かれた．県下各地区から集った婦人は500人余りで，紺のユニホームを着た人など一般に地味な服装ではあったが，「経済生活における婦人の実力を育てましょう」などの各地区大会で取上げられた問題が熱心に訴えられた．特に汚職政治と原爆反対の声は活発で，これらの問題を政治的であるとして取上げることに反対を続けてきた主催者の県当局や一部の婦人団体幹部などの意図に反して原水爆反対申合せが無名の人人の集りであるこの大会によってなされた．

①原子力の平和利用，②水爆実験の禁止，③原爆の国際管理など原爆反対の申し合せをはじめ世界の婦人，日本全国の婦人によびかけよう．

・4月25日（千葉版）

「メーデー，『水爆禁止』を旗印．11地区，1万余が参加」＝メーデーを迎える県下各労組の動きは，造船汚職など中央政府の腐敗や一方，労働戦線の統一を目指す県労連の結成によって今年はとくに活発のようだ．千葉市の中央メーデーはすでに25団体，約5000人が参加を内定．……

・6月22日（山梨版）

「原水爆兵器の使用禁止．きのう臨時県議会で決議．関係方面へ要請．"民族が命かけての悲願"」――．

「原・水爆兵器の使用禁止」を議員提案として上程，全員一致で可決，国連，政府，米ソ両国政府に要請することになった．

「わが国は世界で最初の原爆による被害を受け，また先般は日本の漁船が水爆の実験により発生した放射能の死の灰を浴び，今また人工放射能の雨は全国を恐怖に包んでいる．このように死の灰と雨の恐怖におののく国民の不安とタン白資源の不足による国民の栄養問題あるいはわが国の水産業の現状などは，まさに日本国民の重要問題であり，文明を破壊し人類を破滅に導く原水爆兵器の使用を禁止せよということはわれわれ日本民族の命をかけての叫びであり，悲願である．……」

・7月18日（武蔵野版）

「『全市民の運動へ』，原水爆禁止協議会生る」＝婦人団体を中心に，市内の各種団体の参加する原水爆禁止武蔵野協議会の第1回評

第1章 国民世論

議会は17日午後2時から，武蔵野市役所で各団体代表30余名が出席して開かれた．まず満場一致で荒井市長を会長に推薦，ついで選考委員によって，永井千春（日赤奉仕団），服部喜一（連合青年会長），亀井勝一郎（文化人）3氏を副会長に，武蔵野市立図書館長佐藤忠恕氏を事務局長にそれぞれ選出した．
……この反対運動を全市民運動としてもり上げるため講演会，映画会，生徒の作品展その他いろいろの機会をつかんで原水爆の恐ろしさを，市民に徹底させることが必要だ，との意見も述べられた．
・7月31日（秋田版）
「秋田で水爆禁止運動，16団体で『協議会』をつくる」＝秋田市婦人会，未亡人会，大学婦人協会支部，婦人有権者同盟など秋田市内の婦人団体は，かねてから原水爆反対運動の展開を各方面に呼びかけていたが，このほど市内の16団体がこのよびかけに応じて運動を起すことになり，28日「原水爆禁止秋田市協議会」が発足，参加団体は……市議会，県労会議，演劇文化協会，市PTA連合会など各方面にわたっており，さらに青年商工会議所などにも参加を要請している．……
8月8日（栃木版）
「県下の"平和運動"を見る．8・15記念日を目指して結集．次第に，広く深く浸透．原水爆の禁止署名，ざっと5万を越す」
8月11日（山形版）
「盛りあがる原・水禁運動．"米国に県民の声を"，各団体いっせいに立つ．山形市，鶴岡市，上山町，左沢町」……

朝日の家庭面は「婦人界・この1年」の総括のなかで「水爆禁止運動に活発」だった女性層の動向に関して，次のように報告した．

「"ビキニの灰"の事件以来，世論は水爆の恐怖にわいた．なかでも放射能マグロについては"私たちの生命をおびやかすもの"と台所からの主婦の訴えは必死だった．その声は折からの婦人週間に原水爆実験反対の声を強め，これは全国的な水爆反対署名の動きへと拡がった．『原水爆禁止署名運動全国協議会』に集った署名数は2000万以上にのぼったが，この運動に対し婦人は今までになく多く，また活発に参加した．これはことし忘れてはならないことの一つだろう．」
(54.12.23)

『朝日』の論壇欄には安井郁氏（原水爆禁止署名運動全国協議会事務局長）の論稿が掲載された．

「原水爆禁止署名運動全国協議会に厳密な手続をへて正式に報告された署名の総数は12月中旬ついに2,000万を突破し，24日には2,400万8,756人に達した」
「広島・長崎の悲劇を日本国民は永い間じっと耐え忍んできたが，ビキニ事件にいたってその憤りはついに爆発し，それがこの空前の大国民運動となってあらわれたのである．その意味においてこれはまさに『国民感情の奔流』ともいうべきものであるが，運動が成功をおさめた一つの理由は，強烈な国民感情を原動力としつつも，これを理性的に深める周到な配慮がなされたところにある」
(54・12・30，朝刊)

最後に次の2編の「ひととき」を付け加えておこう．さまざまな社会的，家庭的環境における"考えるひとたち"の微妙な心奥の動きが，きめこまかく描かれている．
「限りない孤独」は4月9日付の朝日に掲載されたものである．（のちに『女の眼と心――"ひととき"秀作第2集』《昭和29年8月，朝日新聞社刊》に「孤独からの脱出」とともに収録された）

「限りない孤独」――「原爆の灰が，いつなんどき降ってくるかわからない世の中だもの，なにが起きたって仕方がないよ」と，夫は新聞をよみながらそういう．「原爆をつくることをやめれば，灰は降って来ないんです」．私がそういうと，夫はあきれ返ったように私をながめていた．そして「困った人だ」というように頭を振って笑ってみせた．その笑い顔をみているうちに，私は限りない

孤独を感じ，耐えられないほどのさびしさの中に落ちこんだ．

夫は，もうあきらめることだけしか考えないほど，生活に疲れきっているのかもしれない．たしかに夫は疲れている．けれど私は「仕方がない」という言葉が大きらいだ．「仕方がない」といいながら，私たちはいつのまにかこんな世の中をこしらえてしまっているのだ．「仕方がない」といいながら，怒ることも驚くことも忘れている夫の無力なあきらめを，私はけいべつした．疲れている人であることを知っていて済まないと思いながら，けいべつした．夫をけいべつし，他人をけいべつしていながら，私は，なにつかまってよいのか，まるでわからないような孤独を感じつづけた．

どこかの人間がこしらえた殺人の道具で，いつなんどき虫けらのように殺されてしまうかもわからないような，不安な世の中だからといって，なにが起きても仕方がないとあきらめていてよいのだろうか．私にとって，なによりも恐ろしいのは，人間が人間を殺すということが，平然と許されているということだ．文明の発達が，人間から大切なものを奪ってしまっているのだ．

人間がお互に信じることが出来ないことは恐ろしい．なにを信じ，なにを心の支えにし，目標にして生きればよいのか，私にはわからない．けれど，私はそれを探し当てる必要を感じている．（東京都北多摩郡保谷町・政田章子・43歳）

「孤独からの脱出」——「限りない孤独」を読んで深く心を打たれました．このような心の孤独は，人生の経験に乏しい私にも十分うなずけるものでした．それは真剣に人間のことを考え，世界の現状を案じる者が，周囲の無関心や無気力に遭遇して当然陥って行かねばならぬ心の悲しみだと思います．

私も1，2年前，同じような心の状態を経験したことがあります．そのとき私は偶然，自分と同様に社会や戦争のことを案じて苦しんでいる二，三の友達を知り，その人々と心をぶつけて話し合ったのです．そのときの話し合いや，むさぼり読んださまざまの書物から，私は，あの長い苦しい戦争中にも人間を信じ，良い未来の来ることを信じて，決して絶望しなかった人々がいたことを知りました．人類の歴史は，大きな目で見れば，人間の平和と福祉とに向って少しずつではあるが進みつつあるのだということを知りました．

今度，水爆問題が起って多くの被災者を出した日本人は，直接自分自身の上に死の危険を感じて，せんりつせずにはいられなくなりました．が同時に世界の世論は，この問題のためにかえって平和の方向に向って大きく前進したのではないでしょうか．私は絶望と憤怒に満ちた水爆問題の中からも，どうやら微かな光を見出せたような気がします．

「仕方がない」とあきらめようとする男性たちをけいべつしたまま放っておかず，生活に疲れて無気力になった男性を逆に辛抱づよく励まして行こうではありませんか．いっしょに世界や人類のことを純真な心で話し合えるようになるまで．

そして気の合った奥さん同士，いつわらぬ心で率直な意見を交換し合い，婦人大会などにも進んで出かけるようにしたらいかがでしょう．一人で悩まずに，愛情と信頼とをもって互に話し合うことが大切ではないでしょうか．私たちはあくまで人間を信じ，どんな時でも決して絶望せず，平和を愛する人々と固く手をにぎり合って行くべきだと思うのです．
（横浜市南区弘明寺町・岡島春枝・28歳）

1—2　ラジオおよびテレビ

NHKテレビが本放送を開始したのは1953年1月であり，民放は8月からであった．テレビ視聴者はまだ少なかった．ラジオについては『放送年鑑』（1955年版，1956年版）に，次のような記述がみえる．

「第五福龍丸事件に関連して，〔昭和〕29年3月22日に放送した都築正男博士の『ビキニ原爆被害者を調査して』は，特に内外（国内，国際の意味か？＝引用者注）の反響を生んだ」（国際放送）

「『ビキニ水爆実験について』等，この種のテーマに寄せられる『主婦の声』は，その応募数約300を超える」（婦人の時間）

「29年3月，原爆被災事件の端緒をなした第五福龍丸事件を，ニュース特集番組に取材した」(静岡放送局)

「第五福龍丸事件も，最初から忠実に追い，久保山愛吉氏の死去の際は，最も早くその発表と反響を捉えて放送した」(録音ニュース)
(影山三郎)

1—3 世論調査

第五福龍丸の被災が伝えられてから約2ヵ月たった5月10，11日の両日，『朝日新聞』が「原・水爆をどう思うか」という設問で全国3000人を抽出，世論調査をおこなった．その結果の要旨は次のようなものであった．

▷原爆，水爆の被害を心配しているのは1746人（全回答者の70％）だが，原子兵器の製造や使用はやめてもらいたいというのが492人，「実験をやめてくれ」が352人，「原水爆の国際管理を望む」151人，単に「やめてほしい」155人，「心配はない」と答えた人はわずかに134人，「今後は各国とも十分注意するだろうから」とか「当分は使わないだろうから」とか，もっぱら関係国の善意に期待した答えだった．

▷被害をうける心配があると答えた者を職業，年齢，学歴，都市居住者と郡部居住者というふうにわけて，あらゆる角度からみても，半数もしくは，それ以上の人たちが原，水爆の恐怖におののいている．高専以上の高い教育を受けた人たちは，実に9割2分までが心配している．そして「心配がある」と答えた人の7割弱が，別の質問で，原爆実験に協力するといった岡崎外相の発言には反対している．去る4月9日，岡崎勝男外相が日米協会でおこなった「水爆実験に協力」の演説は，強い世論の反発をうけていることが，こんどの調査でもはっきりと，あらわれた．

▷その理由は「この上の被害はいやだから」(17%)，「わが国の漁業を守るため」(2%)など身近かな不安を訴えるもの，「軟弱外交の不愉快な発言だ」(8%)など政治的な不満をもらすもの，あるいは「人類破滅のおそれがある」(6%)など，いろいろだが（この比率は回答者全体を100%にみたもの），ともかくも岡崎発言に反対の態度は年齢，職業，男女の別なく全般的に共通する強い傾向である．

▷これは，たとえ「自由諸国を守るため」でも，これ以上原爆の脅威にさらされては，かなわないという真剣な気持のあらわれとみてよい．岡崎発言に反対する者の約9割までが，別の質問で「これから先も原，水爆の被害をうける心配がある」と答えていることが，この間の事情をよく物語っている（『朝日新聞』54.5.20).

この調査は全国から市部139地点（1292人），郡部200地点（1708人），合計3000人を有権者名簿から無作為に選び出し，直接会って意見をきいたもので，回答率は83.3%（2498人）であった．

(影山三郎)

第2節 国会・地方自治体の決議・意見書

2—1 国 会

1. 原子力の国際管理に関する決議（衆議院，29.4.1採決，第19国会）
(佐藤栄作君外10名提出)

本院は，原子力の国際管理とその平和的利用並びに原子兵器の使用禁止の実現を促進し，さらに原子兵器の実験による被害防止を確保するため国際連合がただちに有効適切な措置をとることを要請する．

右 決議する

〔昭和29年4月1日付
官報号外衆議院会議録第32号〕

2. 原子力国際管理並びに原子兵器禁止に関する決議（参議院，29.4.5採決・第19国会）
(八木秀次君外26名発議)

本院は，原子力の有効な国際管理の確立，原子兵器の禁止並びに原子兵器の実験による被害防止を実現し，その人類福祉増進のための平和的利用を達成する如く国際連合が速や

かに適切な措置をとることを要請する．
右　決議する．
〔昭和29年4月5日付
官報号外参議院会議録第29号〕

2—2　広島県議会ほか

1. 広島県議会決議

原子兵器禁止並びに原子力の国際管理に関する決議

本議会は，原子兵器の使用禁止と原子兵器の実験による被害防止の実現並びに原子力の国際管理を確立し，その平和的利用により人類が恒久の平和と幸福を達成できるよう政府並びに国会は，ただちに積極適切な措置をとることを要請する．

　　右決議する．　　　　昭和29年5月28日

原爆障害者治療費全額国庫負担要望について——理　由

世界最初の原爆によって障害をうけた6000名の広島県民（広島市4000名，市外2000名）が今なお何等の国家的補償を与えられず放置されており，その悲惨なる実情は見るに堪えず，速かに安定した生活保護と治療を与えるため全額国庫負担による治療を実施し得るよう特別保護法を制定し原爆障害者に明朗なる生活を送らすよう，政府当局並びに国会に，その適切なる措置を要請する．

　　　　　　　　　　　　　昭和29年5月28日

2. 東京都議会の意見書

原爆被害による不安除去に関する意見書
右提出する
　　昭和29年3月30日
提出者

北島　義彦	伊東　泰治	出口林次郎
万田　勇助	小山　貞雄	斎藤　清亮
佐々木千里	島崎　七郎	川端　文夫
田中　宗正	本島百合子	橋本健太郎
吉田兼次郎	鈴木　佐内	鏡　省三
小野　慶十	小泉　武雄	森田　茂作
斎藤由五郎	加藤　好雄	中西千代次
長久保定雄	山口久太郎	内田　雄三
板橋　英雄	大沢梅次郎	安藤章一郎
原田　茂	杉山　三七	野口　孝一
吉峰　長利	神山　廉作	村田宇之吉
長瀬健太郎	窪寺　伝吉	中島喜三郎
中川喜久雄	大日向蔦次	曾根　光造
守本　又雄	鴨下　栄吉	染野　愛
山崎芳次郎	小西　幸助	高橋　清次
友成　四郎	山口　虎夫	醍醐安之助
菊池　民一	小山　省二	北田　一郎
宇野　喜重	石原　永明	大久保重直
大門　義雄	唐松平兵衛	内田　道治
山内　吉雄	村上　ヒデ	青木　保三
八木沢鶴吉	山田　孝雄	糟谷　磯平
横田　秀隆	斎藤　卯助	水戸　三郎
大島　久義	加藤　靖一	田村福太郎
秋山　定吉	岡田　助雄	五十嵐多喜蔵
鈴木　伝一	富田　直之	大村太子二
石島　参郎	清水　長雄	加藤千太郎
武中　武二	富沢　仁	中島　与吉
中沢　茂	矢田　英夫	石川右三郎
中村　正	高林勝太郎	小口　政雄
藤田　孝子	木崎　茂男	建部　順
大森　一雄	鈴木　義顕	岸　寛司
荒木由太郎	袴田　円助	金子　二久
中塚栄次郎	林　哲之輔	中田　俊一
田中　貞造	森　伝	上条　貢
山崎七次郎	四宮　久吉	浦部　武夫
古谷　栄	本多　誠	渡辺　文政
森　敬之助	石井三四郎	山崎　良一
佐々木恒司	内田定五郎	梅津　四郎
案田　八郎	春日井秀雄	
実川　博	中西　敏二	

東京都議会議長　佐々木恒司殿

原爆被害による不安除去に関する意見書

さる3月1日ビキニ環礁における原子力爆発実験による日本漁船の被爆事件は，都民に大きな衝動を与え，とくに食生活に欠くことのできない生鮮魚介を通じてその不安は一層深刻となり，まことに遺憾にたえないところである．

しかして放射能をもった漁船，漁獲物をいかに処理して国内への広がりを阻止するか，

又食生活に完全な保証が与えられるかについては，800万都民の重大な関心事である．
　政府においては将来かかる被害を再び繰り返すことのないよう絶対の保証を確保するとともに都民の不安解消について万全の措置を講ずるよう要望する．
　右地方自治法第99条第2項の規定により意見書を提出する．
　　昭和29年3月　　日
　　　　　　東京都議会議長　佐々木恒司
内閣総理大臣
外　務　大　臣　　宛
農　林　大　臣
厚　生　大　臣

2—3　焼津市議会ほか

1. 焼津市議会

　　決　議
　焼津市議会は3月1日の第五福龍丸原爆被災事件に因る放射能の脅威を痛感し，恐怖する市民の意志を代表し，人類幸福のために左の事を要求する
一．原子力を兵器として使用することの禁止
一．原子力の平和的利用
　　右決議する
　　　昭和29年3月27日

2. 世田谷区議会

　　決　議
　ビキニに於ける爆発実験の為多数の人間が被害をうけ，また死の灰をこうむった漁船並びに魚類は危険極る放射能をもつようになった．このため日本のマグロその他の輸入を禁止した国もあるので国際貿易においてもわが国は大きな打撃をうけることになる．しかも原子力の被害は，われわれの子孫の肉体にまでも直接影響を与えるものである．かつて広島，長崎に落された原子爆弾によって，多くの同胞が被害をうけたのであるが，今また三度目の被害をうけたことによって，われわれは全世界の人類に厳しゅくに訴える．近く更に強力な性能を持つ爆発実験が行なわれると聞くが，何人たりとも再び原爆，水爆の被害を受けてはならないと同時に如何なる国と云えども原子兵器を使うことは無条件に禁止されるべきである．
　われわれは原子力を厳格な国際管理に移し，これを世界の平和と人類の繁栄のために利用することを要求する．
　　右決議する．
　　　昭和29年3月30日

3. 杉並区議会

　　決　議
　人類の安寧を乱し然もこれを壊滅に導かんとする最も恐るべき原子兵器即ち水爆の製作は，その目的とその理由の如何に拘らず，直ちに断じてこれを禁止すべきであり，しかも現在行なわるるその実験の如きは海洋日本のこれによって受くる被害又まことに甚大である．すべからくかかる脅威は，人類生存のためにも或は世界平和のためにも即時これを放棄すべきである．
　　右決議する．
　　　昭和29年4月17日
　　　　　　　　　東京都杉並区議会

4. 江東区議会

原水爆の実験禁止並国際管理に関する決議案
　　昭和29年6月25日
　　　　提出者
　　　　　　江東区議会議員
　　　　　　　　　　　大原広保
　　　　　　　　　　　町田正吾
　　　　　　　　　　　福沢米吉
　　　　　　　　　　　藤岡兼吉
　　　　　　　　　　　青柳義郎
　江東区議会議長　寿賀福峯殿

　原水爆の実験禁止並国際管理に関する決議
　今回のビキニ環礁における原子力爆発実験によって生じた一連の被害事件は広島，長崎で人類最初の原爆犠牲者となった日本国民に大きな衝撃を与えた．
　殊に放射能に対する脅威は精神的，物質的に計り知れない損害を与えたが，かかる実験

が更に継続されたなら国民生活は破滅の一途を辿るばかりか全人類滅亡の危機すら身近に感じられ誠に憂慮に堪えないものがある．

吾々は原爆の惨害を被った過去の体験に鑑み且つその犠牲となった日本国民の当然の権利として原子力の平和的利用による国際管理並原水爆の実験即時禁止を要望するものである．

右決議する．

　　　昭和29年6月　　　日

　　　　　　　　　　江東区議会

提出先
　内閣総理大臣
　外　務　大　臣
　厚　生　大　臣　宛
　農　林　大　臣
　衆参両院議長

5．『平和新聞』（54．7．18）発表の地方自治体決議リスト

都道府県議会

東京，福岡，石川，茨城，大阪，岐阜，滋賀，長野，山口，三重，神奈川，宮城，静岡，愛知，兵庫，山梨，群馬，栃木，徳島，高知，岩手，島根

〔編集者注〕　法政大学大原社会問題研究所『日本労働年鑑』（第28集）によれば，けっきょく，すべての都道府県議会で決議された．

市議会

芦屋，新宮，彦根，舞鶴，広島，枕崎，横須賀，都城，熊本，岩国，常磐，伊勢崎，桐生，小山日出，宇治，館林，八王子，土浦，山口，八代，岐阜，大垣，小野田，横手，小樽，逗子，立川，旭川，福島，白河，大牟田，札幌，松坂，御坊，伊丹，京都，前橋，銚子，塩釜，三島，気仙沼，宮古，下館，甲府，延岡，渋川，川崎，横浜，山形，古川，三鷹，高崎，岡崎，府中，武蔵野，焼津，伊東，蒲郡，恵那，姫路，玉野，天理，田辺，水戸，石巻，尼崎，西宮，長崎，宿毛，横平，豊中，津久見，刈谷，戸畑，富山，大島，鹿児島，鳥取，北上，日立，龍ケ崎，浦和，所沢，飯能，川口，塩山，三戸，釜石，諏訪，浜田，益田，大田，松江，安来

〔編集者注〕　『平和新聞』のリストには入っていないが，このほか，新聞報道などによって，決議をおこなったことが知られている市議会は，つぎのとおり．

江津，萩，防府，松山，西条，新居浜，函館，夕張，美唄，水沢，喜多方，郡山，磐城，平，太田，富岡，沼田，藤岡，足利，古河，大宮，川越，行田，加須，茂原，昭島

なお，『全国市長会史』（68．10）によれば，1954年6月18日，全国市長会（369市長出席）でも決議された．

第3節　政党，諸団体の決議・声明・訴え

3—1　政党の見解と方針（『平和連絡報』No. 9, 54．5．31）

各党は原水爆問題をどう見るか

編集部設問の主要点
① 原水爆の製造
② 原水爆の使用
③ 原水爆の実験
④ 原子力の平和的利用並びに国際管理
⑤ 党として抗議声明，決議，アピールを出しているか
⑥ 署名運動及び救援カンパのよびかけをどう思うか，又，党として出しているか
⑦ 被害者の完全治療と家族の生活保障を要求する声があるか
⑧ 中小企業者（魚屋，すし屋等）などの業者の損害及びその他の損害について
⑨ 政党として以上の諸点を実現して行くためにどの様に考えているか

編集部のお詫び
　自由党と日本自由党の解答を得る為に党本部，国会担当者と4日間に亘って全力を尽しましたが，遂に充分な解答を得る事ができず，収録することができなかった事は

非常に残念に思います．今後とも努力し後からでも発表していくように考えています．

1. 改進党

衆・参両院の決議は，全会一致で決議されたものであり，わが党としてはこれを全面的に支持し，その実現に協力する．

特に原子力の平和的利用についてはどんどん研究を進めるべきだと思う．今国会では原子炉予算に8億を計上させたが（3月3日），党としても政調会では学術会議議長茅氏等を招くなど，3回にわたって（3月8日，4月19日，5月13日）意見をきき，特に平和的利用の問題を中心として，
① 如何なる方面に予算を使ったらよいか．
② 原子炉を作るという方向にむかってあらゆる研究をやる．
③ 必要ならば又獲得する．
という態度で望んでいる．

原子兵器の使用の禁止を念願しているが，原子力による産業革命は当然近い将来に起るであろうことが予想され，これを研究しないでは世界から置いてきぼりをくってしまうと考えている．

―――――――

① 禁止することが望ましい．
② 原子兵器の使用は人道上宜しくない．
③ 夢にも思っていなかった．反対（特に日本の近くでやるのは）．やるならアメリカの附近でやって貰いたい．
④ 大賛成．平和的利用はどんどん公開してやる必要がある．
⑤ 国会決議を全面的に支持．
⑥ 特別にはやってないが，必要だと思う．
⑦ アメリカが当然保障すべきだ．
⑧ 間接的損害までもということは出来ない．きりがないのではないか．

2. 右派社会党

原水爆の出現によって新しい歴史時代が始まった．従来道徳や心からの願いだけでは平和を守ることができなかった．この時代に平和を守るということは，原子力を国際管理――超国家的機関の管理機構がどう出来るかが問題である．

×　×　×　×　×

① 公平な国際管理機構を実現して国際的に戦争を解決して平和のために寄与していくことが必要．
③ 第2のケースとして原水爆の禁止．
④ 平和的利用は是非やる必要がある．
⑤ 河上委員長のアッピールで全世界に訴えている．（別紙参照）
⑥ 大賛成．
⑦ 当然である（日本政府を通じて）．
⑧ やるべきだと思う．

人類の尊厳の前に

河上丈太郎

私はある一つの政党を代表するとか，特定の政治的意見を代表するとかいうのではなく，一人の平和を愛好する，忠実な基督教徒として，人類の運命に関する大問題について，全世界の政治家，宗教家，良識ある人々に訴えたいと思うのであります．

私は原子爆弾の洗礼を先ず受けた日本国民の一人でありますが，いま私はそのことについて何ごとも申そうとは存じません．私の言いたいのは，原子爆弾による人類の悲劇を先ず経験した私達の尊い犠牲を，世界の政治が少しも教訓として受けとっていないということであります．第2次世界大戦の終りに当って，広島及び長崎に落された原子爆弾は，近代の科学的兵器による戦争がいかに惨虐なものであるかを，日本のわれわれは勿論のこと全世界の人類に教えた筈であります．若し世界の政治家が，この教訓によって，再び戦争をくり返すべきでない．戦争をこの地球から抹殺すべきであるとの決意をもつに至ったとすれば，われわれの犠牲も無意味でなかったのであります．然るに，1947年頃からの世界の動きは全く逆でありました．冷たい戦争の名によって呼ばれる東西の対立はいよいよ尖鋭となり，彼我併せて230万に及ぶ犠牲者を出した朝鮮戦争は3ヵ年の長きに亘って戦われました．現に仏印においては8年に及ぶ局地戦争が戦われて居ります．

のみならず，戦争を前提とする軍備は益々

拡張され原子兵器の発達はいよいよ恐るべきものとなって参りました．

この時に当って，去る3月1日ビキニ島に於て行われた原子爆弾の実験は，全世界にその恐るべき威力を改めて確認せしめました．而もこの実験に際して，奇しくも日本の漁船がその被害を受けたということによって，日本は原子爆弾による第3の被害者ともなったのであります．日本の漁船は原子爆弾の炸裂した地点より約180哩，禁止区域から18哩の外にあったのでありますが，全乗組員は，病気にかかり，そのうち2名は生命をきずかわれて居ります．信ずべき調査の報ずるところによれば，3月1日午前5時頃閃光のひらめくのを目撃し，それから3～5時間後灰粉が五月雨のように降下し，甲板上やその他に足跡の残る程度に積った．そして更に5日目頃から乗組員は下痢や倦怠を催し，皮膚に異状を来たし始めた．人体の放射能は相当強度である，というのであります．

この調査報告はアメリカ側の発表とも或る程度符合して居りますので信ずべきものと考えますが，180哩の遠距離の人体にこれほどの被害を与えたとすれば，実に恐るべき威力をもったものと考えざるを得ません．かかる威力ある爆弾5個を以てするならば8500万人の日本国民は一瞬にして地球上からその姿を没するに至るでありましょう．全世界の人類が，滅亡に瀕していると称しても決して過言ではありますまい．かかる恐るべき事態に当面しても，この地球上から戦争をなくすことはできないのでしょうか．これでも尚世界の各国は軍備の競争をくり返し，自ら求めて滅亡の道を辿るのでありましょうか．

私は，原子爆弾の惨禍を，一度ならず，二度，三度と経験した日本国民の一人として，また国民の運命を預る政治家の一人として，黙視することができないのであります．世界の政治家は，この際，世界が二つに分れている悲しむべき現状を打破し，恒久平和のために大きな運動を起すべきではないでしょうか．

話し合いによる国際緊張の緩和のために最善の努力をつくすのもその一つでありましょう．

更に国際連合の強化を図ることもその一つでありましょう．

然し，最も必要なことは，原子力の有効な国際管理を確立して，原子兵器を禁止することであります．原子兵器をもった国は，人類の尊厳の前に，更めてこの深刻な問題について，正面から取り組むべきであります．東西の両陣営は鉄のカーテンをはずして，率直に話し合うこととそ最も緊要なことだと存じます．

世界に救世主が出現するとすれば，今こそその時です．而かも，その救世主は政治家の中から出なければなりません．

私は，この放送において，ある特定の国を非難したり，ある特定の国を讃美したりなどいたしません．

私は，アメリカの反省を求めるとともに，更に強くソ連や中共の反省を求めるものであります．第3の世界戦争を回避するためには，東西両陣営の間にある猜疑や恐怖心を取り除かなければなりません．そして，お互，人類愛の上に立ってフランクに話し合う共通の立場に立たなければなりません．

日本は戦争の悲劇を最も多く経験した国民として，世界平和のためにできる限りの力をつくしたいと考えて居ります．私のこの悲願が，世界の政治家に訴え，新しい，力強い平和への運動となって芽生えることを願いつつ，全世界の政治家，宗教家，良識ある人々に訴える次第であります．私は心から各国の反響を期待し，特にアメリカ合衆国，ソ連，中共の責任ある政治家の回答を待望して居ります．

　　　　　　　　　　　　（国際放送全文）

要請書　　　　　　　〔1954年〕3月16日

先般，エニウェトク環礁附近において，漁撈中の邦人漁夫が，原子爆発のため，身体的被害を受けたことは，長崎，広島の経験にかんがみ，国際公法上，又人道上，まことに重大問題といわなければならぬ．

わが党は，原子力の国際管理による平和利用を主張する立場から，政府の責任において，その治療に万全を講じ，臨床的経過，あるいは，予後についても専門陣を総動員して，綜

合的検討を実施し，その結果をひろく世界の学界に報告すべきものと信ずる．

　右要請する．

　註　緒方副総理，岡崎外務，大達文部，草葉厚生各大臣に手交．

20日の国会対策委員会では，ビキニ原爆被害調査団を焼津市に派遣することを決定．

3月22日，わが党内に原子力特別委員会を設置した．

わが党は，第五福龍丸被害事件に関し，左の事項について，緊急措置せられんことを要請する．

一．被害船第五福龍丸の放射能研究については，統一ある本格的綜合調査を行うべく，左のような事項について，早急に着手すべきである．

(1) 厚生，文部，通産，農林各省に分れた研究事項の，統一ある対策本部を設け，綜合調査を行うこと．

(2) 被害船舶及び乗組員に対する綜合研究費を速かに予備費より支出すること．

(3) 各国より飛来する原子灰の研究を行うため，これが検出と，原子灰により汚染したる場合，都市・農村の待避等の原則を決定するための基本研究を確定すること．

(4) 被害船員の家族の援護については，徹底的救済を行うこと．

二．米国側は，日本船舶の航行を知っていたかどうか．原子灰の降灰試験であるため，爆発当時は，当然，米側において徹底的に漁船等の待避を命ずるの要あり，これに対し，政府は米国政府に厳重抗議すべきである．

三．第五福龍丸及び被害者は，日本側において収容し，責任を以て研究治療に当る．米側の要求あるときは，日本側の統一した研究機関の許可を得ること．

3. 左派社会党

原爆問題の党の態度ですが，同封の声明，決議で御諒承下さい．

①については，「原水爆の製造についての態度」「原子力平和利用，国際管理についての態度」（別紙・鈴木委員長アピール参照）

②については，「ビキニ被害に対する補償についての態度」（別紙参照）です．

運動としては憲法擁護国民連合を中心にして原水爆の禁止，署名運動，反対大会等を行うことになっている．

　　　　　　　　　　　　日本社会党本部

アピール　全世界人民に訴う
　　　　　中央執行委員長　鈴木茂三郎

人類がはじめて原子兵器を使用して以来，いまだわずかに9年しか経過していない．この間に，原子兵器の発達はおそるべきものがあり，いまやその破壊力は，広島原爆の2000倍にも達しようとしている．

原子兵器が戦争の手段として使用されるならば，人類と文明の破滅をもたらすであろうことは，多くの科学者によって警告されてきた．だが今回のビキニ実験は，実験それ自体がすでに恐るべき危険をおよぼすものであることを明らかに示した．

原子兵器による大量殺戮のぎせいを世界ではじめて経験し，いままた水爆実験のはかり知れない危険にさらされつつある日本民族は，原子兵器の禁止を全世界に呼びかけなければならない責任をもつ．

各国の武装放棄を最終目標とするわが党は，あらゆる国際問題は話合いによって解決できることを確信し，全世界人類の良心に信頼しつつ次の提案をおこなうものである．

(1) 一切の原子力兵器の製造及び使用を禁止すること．

(2) 一切の原子力兵器の爆発実験を禁止すること．

(3) 一切の原子力兵器の貯蔵を破棄すること．

(4) 原子力を平和的に利用するために，

　A．原子力に関する秘密を公開し，研究の国際的交流を推進し，

　B．ウラニウムその他の原子物質を国際的に管理し，

　C．世界の原子力専門家を動員し，原子力発電等の平和的利用を促進すること．

(5) 右の目的を実現するため，すみやかに国

際会議をひらき，国際的原子力憲章を制定すること．
　　　1954年3月31日

ビキニ水爆実験の被害に関する〔左派社会〕党の態度
一．政府は，ビキニ水爆実験に関する事実調査にもとづき，米国政府に対し，
　1．陳謝及び責任者の処罰
　2．損害賠償
　3．この種事件を再現せざる保証，とくに原爆実験の即時中止
　を要求すべし．
二．当面の対策として，政府は次の各項について予備費の支出により万全の処置を講ずべし．
　1．被害者の徹底的治療およびこれと併行せる徹底的研究
　2．被害者家族の生活に対する万全の保護
　3．被害船の船体，漁具，魚に対する損害補償
　4．放射能のため廃業せる魚屋，およびその他の魚貝類の値下りにより生じた損害の補償
三．第五福龍丸等の被害船体は速かに焼津市内陸上に適当な設備を設けて保管すべし．
四．治療，研究，調査およびその結果の公開等については厚生省において統一し，日本側の主体性をもって行うべし．
五．南洋まぐろ漁業権を明確に宣言し，かつアメリカ政府による危険区域の廃棄を要求すべし．
　　　1954年4月2日

4．日本共産党

原水爆問題に対するわが党の態度
　　　　　　　日本共産党中央指導部
一．原水爆製造・実験・使用について．
　わが党は，すでに以前から，原子兵器の全面的禁止をかかげて闘ってきた．とくに昭和25年（1950年）平和擁護世界委員会のストックホルム大会が全世界に向って，原子兵器禁止の署名運動を訴えたのにこたえ，諸民主団体とともに，この運動の先頭に立ち，660万票の署名を集めて，全世界6億の票に之を加えた．
　わが党は，原水爆はもちろん，一切の原子兵器の実験・使用のみでなく，製造を禁止することが，いまや，ますます緊急の課題になったと考える．なぜなら，今日水爆が到達した能力からみて，問題は単なる戦争被害ということをのりこえ，全人類が滅亡の淵にさらされているからである．また原子兵器の全面禁止をぬきにしては，戦争と再軍備に反対し，国際緊張の緩和と平和をなしとげようとする日本国民大多数の要望はみたされないからである．
　わが党は平和擁護の運動を現在の時機における党の第一義的任務としているが，それ故にまた，原水爆禁止の運動を，もっとも緊急の任務とするものである．
二．ビキニ事件に対し党の出した声明・決議・抗議
　(1)　3月17日，春日中央指導部議長の談話発表
　(2)　3月19日，中央指導部声明「原爆を禁止せよ」発表
　(3)　各地方，府県，地区委員会と夫々原水爆禁止の声明発表
三．具体的な行動の方針
　わが党は，いま大多数の日本国民が心から願っている原水爆禁止の要求で国民の意志を統一し，原子兵器の全面的禁止を国際会議で実現させるため，民族のこの切なる要望を全世界人類の世論に発展させようと期している．
　そのため労働組合はじめ，あらゆる大衆団体・個人に呼びかけ，原水爆禁止の署名運動を国民的規模で組織し，その成功のために献身的援助を行うことを決定し，各級機関，全細胞がとりくんでおり，中央機関紙「アカハタ」は毎号この運動の党内外の動きを報道して，さらにこれを発展させるよう組織者の任務を果している．
　この運動は，共産党だけで行うものでも，他党，他団体と競争するものでもない．あくまで原水爆禁止の要求で一致する国民各階層の意志を統一することが眼目であり，

運動の組織形態にとらわれるものではない．従って，わが党は，この国民運動が政党・政派を超越し，思想・信教の相異，経済的利害の対立をこえて，それぞれの地域で結集され，全国的に統一されるよう，已れをむなしくして努力するものである．

この運動の成果は，ジュネーヴ会議，世界平和大集会，国連総会等の国際会議に反映され，影響をあたえるよう，すすめられるであろう．

また，この国民的規模の大運動の中で，原水爆の元凶アメリカ政府の戦争政策はますます国際的に孤立化し，アメリカの戦争政策を日本国内で援助し国を売る吉田政府は国民から孤立化され，わが民族独立の方向も新たに飛躍的進展をみるであろう．

四．原子力の平和的利用と国際管理について

原子力は人類を破滅させる戦争のためではなく，人類を幸福にする平和のために利用さるべきものである．そのためには，国際協定によって原子兵器の全面的禁止が実行されることこそ先決問題である．国際管理はその上での問題である．原子兵器の全面的禁止を先決せずして，原子力の平和的利用ないしは国際管理を云々するのは，原子力戦争を企図する者が，己れの意図を諸国民の目からごまかすカクレミノにすぎない．

五．被害者の治療と損害に対する補償の要求について

今回のビキニ実験被害の責任はあげてアメリカ政府にあることは，国民周知の事実である．従って被害者の治療と損害に対する補償は当然アメリカ政府が負うべきものである．

(1) わが党はビキニ被害者ならびにマグロ漁業家，魚商人その他太平洋上の原水爆実験によって直接間接損害を受けた人々が，アメリカ政府に対し損害補償を要求し，日本政府が一時立替払いするよう要求しているのを全面的に支持し，これが実現のために闘う．

(2) 被害者の治療については，被害者を実験動物扱いすることに対し民族的人道的痛憤を禁じ得ないものがある．従って，被害者の治療は，非人道的扱いと干渉からこれを解放し，治療経過の秘密主義に反対し国民的に重視し，患者を守らなければならない．

(3) アメリカ政府及び日本政府の一片の誠意だにない態度に鑑み，被害者の治療費，家族を含めての生活費は当面原水爆禁止署名運動の中で資金カンパしていく．

以　上

5．労農党

原・水爆問題に対する態度

① 絶対反対
② 〃
③ 〃
④ 賛成
⑤ 黒田主席談話で発表

世界平和評議会，世界平和大集会，国際民主主義法律家協会等国際会議に黒田主席，中執を派遣，国際的に訴える．

⑥ 党機関として原子力特別委員会を設けこれらの運動を含む強力な運動を展開するよう方針を決定している．

⑦ 賛成

⑧ 政府は「間接被害」と称して保障を渋って居るが，原・水爆による直接的な被害であり，完全保障要求は当然である．

⑨ （別紙参照）

原爆問題について

——黒田主席談話発表——

黒田主席は25日，原爆問題について院内で毎日新聞記者に対し大要左のごとき談話を発表した．

一．日本の国民は三度，原・水爆の実験のいけにえに供せられた．しかしこの経験をもつ国は日本のみである．

一．こんどの事件で，原・水爆の問題が国民の中にもちこまれたと云う事実は，今日の原・水爆の地位を記すものである．

したがって今度の事件を通じて国民の間に論議がわいているうちに，その意義を国民の中に普及浸透させなければならない．

このことは原子兵器を焦点とする国民の平和闘争の第一歩である．

　原子兵器は戦争においてのみみられるものではなく，安閑とした家庭や店頭が下部にその危険にさらされているという事実の理解を深め，拡めなければならないそこから動員し，維持し，もりあげる国民運動をおしすすめる．〔ママ〕

一．原子力を兵器として使用することを禁ぜよ，原子力を国際管理にせよという声はさらに強化さるべきであるが，当面，急ぐべき要求としては
1. 原子兵器の実験は無用であり，どこでやろうと人類にとって有害である．
2. 日本に米軍の原爆基地があるならこれは速かに撤去さるべきである．
3. 日本は原・水爆の運搬その他サービスをやめるべきである．
4. こんどの事件による広範囲の被害を調査し，その損害の補償を要求する．

一．原子兵器の問題は日本の国民運動としてのみで片がつくものではない．世界における唯一の被爆国である日本の訴えを世界人類の訴えに発展させる努力をしなければならない．党はその陣頭に立って闘う．
1. 国会において原子兵器の使用はもちろん，その実験を禁止する決議案を提出する．
2. 党は米大統領に対して抗議を提起する．
3. 国際赤十字社，国連等に訴えを出す．
4. 国民運動を労働組合や農民組合のきまりきった先けい〔ママ〕的運動にとどめないであらゆる団体，あらゆる商売，あらゆる地域の中から抗議運動をまきおこす．
5. 世界平和集会，社会主義インターその他，いかなる機会をも利用して，日本における悲劇の事実を訴える．
　党はそのために，このような世界的な舞台に代表を送り，又国民各階層からの代表派遣に努める．
6. 党は世界的な舞台の開かれるのを待つだけでなく諸々の世界的平和機構に対し積極的に働きかけて，訴える機会を作り，世界的な抗議運動に発展させる．

当面の党の要求
1. アメリカによって三度犠牲を強いられた日本人の被害者及びその家族の治療と生活の完全な補償，そのために必要な放射性物質の内容の公開，全国民に対する，商業上，衛生上，生活上に与えた一切の損害の補償
2. 以後行なわれる一切の原子力兵器の実験の中止，国際公法に違反し，人類から水産資源を奪うアメリカの一方的な立入禁止区域設定の即時的全面的廃止
3. 日本国内にある一切の原子兵器の廃棄，原・水爆基地の撤去，そのためのMSA軍事協定の廃棄，関連立法の撤回
4. 一切の原子力兵器の研究，製造，実験，使用の禁止，そのための国際条約の即時締結
5. 一切の原子力の平和的利用に関する厳格な国際管理
6. 国際緊張を話し合いによって全面的に緩和し，原爆戦争を回避するための5大国会議の即時開催

◇ あらゆる日常の諸要求が，原爆実験に集中的にあらわされたアメリカの政策とぶつかり矛盾している事実を説明し，理解させ，原子爆弾に反対すること自体が自分の生活改善に結びついていることを納得させること．

◇ あらゆる市民の集まり（業者の集り，村の集り，労働者の集り，子供の集り，PTAの集りなど）の中で無数に原子兵器に反対する声を充満させ，しかもその声がアメリカの政策に反対するという方向に一致させ，無数に拡大する．

当面の党の活動
イ　ビラのはん布
ロ　あらゆる集会で決議させること（原子兵器の禁止，大衆間の話し合いを基本的なものとする）．
ハ　無数の抗議の集会を組織すること．
ニ　署名運動（前記ウィーン平和会議や国会の決議，世界平和者会議の決議などを参考にすること）．
ホ　アンケート
ヘ　村―町―市，道，府，県などのあらゆる

地方議会で国会と同じような決議を無数に行うこと．
ト　地域的にもたれるメーデー実行委員会の集りにこの運動を結付する等．

6. 小会派（純無所属）

中村英夫

純無所属と云っても各自の自主的な考え方で動いているので，個人の考え方になる．
① 大量の殺人兵器として，影響が非常に大きい．全然予期していなかった怖るべき破壊力を示した．
製造は手ばなしでなく，管理されなければならない．突込んで云えば反対．
② 反対
③ 反対
日本の人命，人身に影響のある実験はして貰い度くない．強力に申入れるべきだと思っている．
④ 賛成——大いにやる必要がある．
⑤ 一本の党ではないので特別の決議はしていないが，個人個人としては，生産管理と使用禁止をみんなが考えている．
⑥ 資金カンパが決る位政府の手がつくされていないのだと思う．全面的に支持する．
⑦ 当然アメリカが補償すべきだ．
⑧ 間接的被害と云っても直接にうけた被害であるから補償すべきかどうかもはっきりしてもらいたい．
相当広範囲な被害を実際にうけているので，水増しはいけないが，補償は当然要求すべきだ．
私の影響力の範囲で効果のある方法を言えば
① 署名運動を強力にすすめる．
② 演説，講演会を通じて平和に寄与する様取りあげていこうと思う．

7. 自由党

自由党は〔3月〕24日午後，緊急総務会を開き，岡崎外相からビキニ被災事件について説明をきいたのち，次の対策を決定した．
緊急対策
一．被害漁船は政府で買い上げる．
一．被害漁民の医療費，生活費などを政府で補償する．
一．以上に要する経費は28年度予備金から支出する．
その他
一．米国政府に対し被害漁民の直接，間接の被害，魚価の値下り，今後における危険区域付近の漁業障害に対する補償を要求する．
一．日本産カンヅメ等水産物の声価，売行きに影響を及ぼすことのないよう米国政府の協力を求める．
一．国会にこの事件の根本的対策を要求する決議案を提出する．

（『朝日新聞』54. 3. 25）

3—2　買出人水爆対策市場大会，浅草魚商連合会

1. 買出人水爆対策市場大会

決　議

買出人水爆対策市場大会
〔1954年4月2日，築地中央市場講堂〕

昔から日本人にとっては魚類は主食に次ぐ大きな栄養源であり，海と日本，魚類と日本人は切っても切りはなせない深い関係にあります．

戦前に於ては，世界3大漁業国として，その漁獲高は世界屈指のものでありましたが，戦後におきましては全く事情は一変し，年毎にその水揚高は減少し，このままでは，海にかこまれた日本人が魚も食べられぬほどの惨状に立ち至るやも計り知れぬ現状にあります．

即ち，国際間の平和的取極めは何等行われず，そのため北から南に至る世界有数の漁場は立入りすら出来ず，その上沿岸漁場の殆んどが，米軍，保安隊等の演習場として取上げられ，沿岸漁民が塗炭の苦しみをしているのも，日本人周知のことであります．

従って，魚類が他の食品に比較して甚だしく割高となり，消費者もその消費を次第に手控え，売行は自然減少して来ております．

而も昨年の米麦の凶作は，この魚類の売行を更に一層悪化させ，魚屋にして廃業のやむ

なきに立至るもの，昨年都内1地区に於ても平均2軒見当を数えるに至っております．

かような条件のなかで，われわれ魚商は全く四苦八苦の営業を続けておりますが，元来われわれ魚商は，零細資本で充分できるかわり，1日の売上げで明日の仕入れをするという実にかぼそい余裕のないものが大部分であり，少しの経済的変動にも堪えられず，転落して行く有様です．

今回の米国による水爆実験は，全くわれわれ零細業者にとっては，殆んどが死命を制せられたほど強烈な被害をこうむりました．

都内屈指の店ですら，遂に雨戸を閉めて休業せざるを得ないほどであり，2, 3日でこの被害も終るかと考えていたわれわれも，全くその考えの間違いであることを教えられ，5日，10日，15日とたつも依然として客は店に寄りつかず，甚だしきは店の前を遠ざかって通る有様です．

この状態が果していつまで続くか，全く見通しのつかぬのに，専門家の研究は益々その惨害の甚大さを刻々と知らせ，その上米国はまたまた3月26日に無警告で水爆実験を行い，わが国民はもとより，全世界の人々を大きな不安と恐怖の淵におとしいれました．さらに今後もこれを続行しようとしており，その禁止区域も6倍に拡大したため，日本屈指の漁港である三崎，塩釜，焼津は，その生命とする遠洋漁業が全く致命的打撃を受けることとなりました．

福龍丸事件は単に23名の漁民の問題ではなく，今，日本人の，いや，全世界の問題としてその惨害を益々拡大しつつありますが，なかでもわれわれ魚商は特に，而も直接にその被害を受け，ビキニの死の灰は魚商に23名の船員と同時に死に至らしむるほどの被害を与えております．すでに半月以上も経過して全く将来の見通しを失い，われわれ仲間は真剣に転業を考えざるを得ない状態にあります．

われわれは，もはや税金どころの騒ぎではなく如何にしてこの窮状を打開し家族の生活を維持できるかという，全くの喰うか喰われるかの瀬戸際にまで追詰められてしまいました．

われわれは，日本政府並びに米国政府及び関係諸官庁に次のことを強く要望します．

われわれの要求

一．われわれの損害をどうしてくれる．この要求は23名の船員だけじゃないだろう．
　1．損害額を税金の減免，滞納の棒引ですぐつぐなって下さい．
　2．この窮状を打開するため，つなぎ資金をすぐ融資して下さい．
　3．死の灰による損害は，全部米国政府で補償して下さい．日本政府は責任をもって交渉して下さい．

二．安心して魚を販売出来るように，原爆をやめて下さい．実験を中止して下さい．
　1．原爆禁止，水産業者を破滅に陥れる水爆実験をやめて下さい．このために大国間の会議をすぐ開いて下さい．
　2．放射能の検査を完全にして下さい．完全にしていることを新聞やラジオで徹底して下さい．
　3．被害船と被害魚類は米国政府と国家の補償で完全に処分して下さい．

右決議文は国会各党，アメリカ大使館，外務省，水産庁，国税庁，都庁主税局，都議会議長，へ送られた．

2．浅草魚商連合会（月日不明）

"魚屋の損害をどうしてくれる"

　　　　　　　　　　　　浅草魚商連合会

「土方殺すにゃ刃物はいらぬ，雨の3日も降ればいいと」昔は歌われたが，福龍丸がアメリカの水爆実験のとばっちりを受けて焼津に入港してから1週間，吾々魚屋もどうやら生殺しにさせられそうな有様になってきた．

1日ごってり売残ったら忽ち御手挙の魚屋商売，それが7日間も……まだこの先幾日続くか．

2月，3月の原価高にあえいできた吾々がお彼岸過ぎで一息入れないと直ぐに一番苦手な夏がくる．

ビキニでは近い内にもっと大きいのをやると言うし危険水域も6倍に拡大されると言う．

近海は駐留軍の基地演習で追い出され遠洋へでるとこの始末では大物によって幾らかで

も息をつく吾々にとっては全くのお先真暗だ．
　ビキニの死の灰は福龍丸だけじゃない，吾吾魚屋も真正面に浴びた．
　この損害をどうしてくれる，この要求は23名の船員だけじゃないだろう．
　"水産業者を破滅に陥し入れる水爆実験を止めてくれ"この願いは吾々だけじゃなく全国民の声であり"安心して魚が食べられるように"このことは日本の台所をあずかる主婦の叫びだ．
　吾々魚屋も眼を大きく見開いてこの2つのことを正視しない限り死活問題として解決しない．
　この切実な要求をアメリカ政府に申し入れよう．損害を補償して貰うために政府と国会をゆり動かそう．
　「魚屋殺すにゃ3日はいらぬ，ビキニ灰降りやお陀仏だ」

3—3　主婦連合会，地域婦人団体連合会，生活協同組合婦人部 (54.4.6)

水原爆についての要望書

　　　　　　　　　　主　婦　連　合　会
　　　　　　　　　　地域婦人団体連合会
　　　　　　　　　　生活協同組合婦人部

　私たち日本人は広島と長崎で，人類最初の原爆被害者となり，今回の水爆実験で，実に第3回目の犠牲者を出しました．一瞬にして数十万の肉体が散った9年前の惨状は，語る言葉もない程です．そればかりか，最近広島で被爆当時4歳であった一少女が，原爆が因で，歯ぐきから血を噴きつつ死んでいった，むごたらしい事実が起りました．
　"ノーモア　ヒロシマズ"の傷あとすら癒えていない日本人に今度はこの前の1000倍もの破壊力があるといわれる水爆の「死の灰」が降ったのです．
　福龍丸の漁夫たちは，あらゆる治療を受けながらも，放射能に蝕まれる体は，助かる保証は与えられていません．
　タンパク源を魚に頼っている日本人の家庭では，恐怖のために魚が喰べられず，放射能を受けた魚は，すべて地中に埋められました．魚屋は生存権を奪われようとしています．
　貧しい日本での損害は，これだけでも13億円に及びました．農産物からも，放射能が発見されました．
　魚も農作物も，安心して喰べられず，空気中に混った殺人放射能が，いつわが身に附着するかも分らないという恐れは日本中を包んでいます．
　今後も"死の灰"が降りつづけるならば，世界のすべての国の人々が同様の恐怖に曝らされることになります．
　水原爆の悲惨な被害は人類滅亡への道であることを示しました．私たち日本の婦人は，私たちの受けた犠牲が将来世界のいかなる国にも繰返されてはならない「死の灰」をそれ以上世界の空に降らせてはならない，と堅く決意しました．
　一．原子兵器の製造，実験，使用が禁止され
　一．原子力の国際管理と平和的利用
の世界的保証がなされない限り，人間生存のいかなる努力も最早無駄になりましょう．
　貴女方も私たちも再度犠牲者になってはなりません．地球上から「死の灰」を消すために，私たちの切なる叫びを，お聞きとり下さい．
　この決議文の送り先は，国連，在日大使館を通じて世界各国の政府，ローマ法王，各国婦人団体，宗教団体，生活協同組合などの外，パール・バック，バンディエット夫人，ルーズヴェルト夫人などが予定されており，国内にももっと多くの婦人にも呼びかけて，さらに世論を盛り上げようとしています．

3—4　総評第14回幹事会 (54. 3. 22)

アピール

(1) ビキニ原爆実験の被害を背負うてかえってマグロ漁船は8700万日本人を再び原爆恐怖のどん底におとしいれた．それは，広島，長崎につぐ原爆第3号の洗礼であったからである．

(2) 「ノーモアー・ヒロシマ」は，全世界の

平和をねがう人々の合言葉であった．しかし原爆，水爆兵器は相次いで公海において実験され，その威力はヒロシマ原爆の数百倍におよぶことを実証した．戦争はもはや人類の破滅をいみする．原・水爆兵器は人類の敵である．

(3) いま，ビキニでおこなった原爆実験は日本民族の運命をハカイすることを証明した．即ち放射能をもった「ビキニの灰」は成層圏を浮ゆうし，いわゆる禁止区域をこえて，全世界，いずれの国土にもおよび，海岸をわたる魚群もまた，ビキニ放射能をいだいて数千カイリをさまよう．これを漁獲し，たべた人々は原爆被害者となる．原爆科学はその子孫が突然変異によっておびやかされていることもすでに実証している．特に，日本民族は魚食をもって重要な国民栄養とする4つの孤島に住んでいる．

(4) われわれの先覚者が「テームス河の水は日本橋に通ずる」と鎖国からの開放をさけんだ言葉は，日本人の間にひろく知られている．ビキニの放射能は成層圏から「死の灰」をふらし，太平洋をわたる大魚群によって海辺にせまっている．それは，8700万日本民族の運命を原水爆の危機にさらすことをいみする．

(5) 問題はビキニ原爆の直接の被害をワシントンが補償することだけではない．原爆実験のための立入禁止区域をひろげることだけでもない．原水爆兵器の製造を禁止すること，これを国際管理することにある．このことを，各国の労働組合，平和団体，学術団体が各自の国民に訴え，政府に要求し，もってジュネーブ会議の重要議題たらしめ，人類の破滅とたたかうことにある．

原爆第3号の洗礼をうけたすべての日本人は，食卓を犯しているビキニ放射能の危険を許すことは出来ない．われわれは，原爆秘密兵器のモルモットとなることを欲しない．日本民族の苦しみを代表する労働組合は，平和をねがう全世界の労働組合，平和団体，学術団体並に良心をもっているすべての市民と相たずさえて，原爆兵器の禁止，原水爆の国際管理を要求して，たちあがらんことをこいねがう．

3—5 日本学術会議第17回総会声明
(54．4．23)

第19国会は，昭和29年度予算の中に原子力に関する経費を計上した．

原子力の利用は，将来の人類の福祉に関係ある重要問題であるが，その研究は，原子兵器との関連において，急速な進歩をとげたものであり，今なお原子兵器の暗雲は世界を蔽っている．われわれは，この現状において，原子力の研究の取扱いについて，特に慎重ならざるを得ない．

われわれはここに，本会議第4回総会における原子力に対する有効な国際管理の確立を要請した声明，並びに第19国会でなされた原子兵器の使用禁止と原子力の国際管理に関する決議を想起する．そして，わが国において原子兵器に関する研究を行わないのは勿論，外国の原子兵器と関連ある一切の研究を行ってはならないとの堅い決意をもっている．

われわれは，この精神を保障するための原則として，まず原子力の研究と利用に関する一切の情報が完全に公開され，国民に周知されることを要求する．この公開の原則は，そもそも科学技術の研究が，自由に健全に発達をとげるために欠くことのできないものである．

われわれは，またいたずらに外国の原子力研究の体制を模することなく，真に民主的な運営によって，わが国の原子力研究が行われることを要求する．特に，原子力が多くの未知の問題をはらむことを考慮し，能力あるすべての研究者の自由を尊重し，その十分な協力を求むべきである．

われわれは，さらに日本における原子力の研究と利用は，日本国民の自主性ある運営の下に行わるべきことを要求する．原子力の研究は，全く新しい技術課題を提供するものであり，その解決のひとつひとつが国の技術の進歩と，国民の福祉の増進をもたらすからである．

われわれは，これらの原則が十分に守られる条件の下にのみ，わが国の原子力研究が始

められなければならないと信じ，ここにこれを声明する．

3—6 日本医師会代議員会 (54．5．25)

原水爆の被害の経験から，われわれはその災害の回避は，原水爆の禁止以外に方法がないとの結論に達した．

よってわれわれは，人命および文明擁護の立場から，平和目的以外における原子力使用の禁止を強く要望する．

3—7 日本基督教団 (54．5．10)

ビキニ水爆実験に関しアメリカ教会に訴える書翰

主にある兄弟姉妹

本年3月1日，ビキニ環礁において行われた貴国の水爆実験が，23名の日本人漁夫に被害を与えた事件が，日本の国民に大きな衝撃を与えたことはすでにあなた方が御承知の通りです．その結果，漁夫たちが重い放射能症のために今なお苦しんでいる上に四方を海にかこまれた日本の重要な産業である水産業は，重大な打撃を受け，動物性蛋白質の大部分を魚介によっている日本人の食生活は甚だしく脅かされ，更にこのような実験が続けられるならば，どのような災害が襲いかかるか日本人は大きな不安に陥っています．またこの事件に対する貴国政府の態度についても，国民は非常な憤懣を覚えています．

しかし私共はこの事件を通じてキリスト者として，また三度まで原・水爆の被害をこうむった国民として，このような恐るべき兵器の存在自身に，大きな疑惑を持たざるを得ません．このような兵器が，貴国が戦争を賭しても守ろうとするもの自身を破壊するものであり，それが敵にとって脅威であるより先に，人間全体にとって脅威であるということを，私共は感じますが，しかしそれだけではありません．貴国政府が，場合によってはこのような兵器を用いることもやむを得ないとして，その製造を推進しつつあること自身が，キリスト教精神に対する甚しいチャレンジではないでしょうか．神の創造し給うた人類を，人類の手によって抹殺する危険をはらんだ兵器が準備され蓄えられるというようなことは，神の許し給うところではないでしょう．従って原・水爆の問題は，今日においては政治的軍事的な問題であると共に，最も痛切なキリスト教倫理の問題であります．この意味でアメリカの教会が，今日ほど深刻に神と世界の人々からその責任を問われている時はないのではないでしょうか．もしアメリカの教会がこの問題に対し明確な態度を示されないならば，貴国から送られている多数の宣教師の伝道に対して日本の民衆はもはや耳を傾けないのではないかと私共は恐れます．貴国の教会が，日本伝道に貢献し得るのは，人や資金を送ることだけではなく，むしろ毅然としたキリスト教的良心の模範を示すことであるということをよく御理解下さい．

私共は貴国の教会が不安の中にある日本のために祈って下さると共に，貴国の政府が原・水爆の実験を直ちに停止し，さらにその製造をも禁止するよう働きかけて下さることを希望します．

もとより私共は，この問題についてあなた方に訴えるばかりでなく，ソ連，英国其他原・水爆所有のすべての国々とその教会に対しても訴えなくてはならないことを知っています．そして原・水爆反対の声が，全世界における主の教会の一致した声となることを願い，近く開かれる第2回世界教会会議が，この問題の真剣に取上げられる良き機会となることを期待しています．世界の教会に対して大きな指導力と責任を持つ貴国の教会が，そのためにも尽力して下さることを希望してやみません．

1954年5月10日

日本基督教団

3—8 日本文学協会第9回大会 (54．5)

原爆水爆に対する訴え

1954年3月，太平洋でおこなわれた，水素爆弾の実験は，さきにわが広島，長崎における原子爆弾の投下とともに，人類の歴史あっ

て以来,最も非人間的な残虐な行為である.
　文学の研究をとおして,人間が人間的に生きる道を探求し,その切実な願いを実現しようと志している,われわれ日本文学協会の全会員は,このような非人間的で野蛮な原子兵器を製造すること,およびその残虐な実験が,ともにただちに禁止されることを要求する.

平和な人民の犠牲のうえに,また人類の滅亡をかけておこなわれる,このにくむべき行為に対して,われわれは,全世界の良心が手をたずさえて,協同のたたかいに立ちあがるように,うったえる.

1954年5月

日本文学協会第9回大会

3—9　その他（リスト）

声明・決議・アピール（国会,地方自治体および政党を除く）

ビキニ環礁における日本人漁夫の被災に関する声明	自由人権協会	54. 3. 19	『世界』54. 6
アピール	総評幹事会	54. 3. 22	『社会タイムス』54. 3. 23
決議	買出人水爆対策市場大会	54. 4. 2	『世界』54. 6
危険区域の拡大に反対する――公海出漁の自由を守るために――	全国漁船労働組合協議会議長,高橋熊次郎	54. 4	『漁船労協』54. 4. 25
原水爆兵器使用禁止についての国際アピール	日本私鉄労働組合総連合会	54. 4. 15	『世界』54. 6
声明	日本学術会議第17回総会	54. 4. 23	『思想』54. 8
決議	日本ユネスコ連盟第3回総会	54. 4. 25	『朝日年鑑』55. 6
声明	新日本文学会中央委員会	54. 4. 25	『新日本文学』54. 11
決議にともなう要請文	日本社会学会,民主主義科学者協会法律政治部会	54. 4. 30	『思想』54. 8
声明書	日本地質学会	54. 4. 30	『思想』54. 8
魚屋の損害をどうしてくれる	浅草魚商連合会		『世界』54. 6
水原爆についての要望書	主婦連合会,地域婦人団体連合会,生活協同組合婦人部		『世界』54. 6
「原水爆使用実験の即時禁止」に関する決議	第29回中央統一メーデー	54. 5. 1	『朝日年鑑』55・6
生物進化研究会からの水爆禁止の呼びかけについて日本の生物学者,古生物学者に協力を求める手紙	生物進化研究会	54. 5. 1	『思想』54. 8
決議	日本哲学学会第7回総会	54. 5. 3	『思想』54. 8
原子兵器の廃棄に関する決議	日本科学史学会1954年度総会	54. 5. 8	『思想』54. 8
ビキニ水爆実験に関し,アメリカ教会に訴える書翰	日本基督教団	54. 5. 10	『思想』54. 8
原子兵器の禁止に関する宣言	全農林省労働組合		『平和通信』第44号
"福龍丸事件"に関する中央郷青年大会の決議	愛媛県北宇和郡中央郷連合青年団		

第1章 国民世論

原子兵器禁止を訴える	国際民主法律家協会		
原爆を禁止せよ	原爆禁止を要望する日本の医師の会		『平和通信』第44号
原子兵器禁止を訴える	国際民主法律家協会日本支部準備会	54. 5. 12	『平和通信』第44号
原水爆兵器使用禁止に関する要望書	日本青年団協議会	54. 5. 14	『日本青年団協議会20年史』71. 3. 25
声明書	日本政治学会理事長南原繁	54. 5. 15	『思想』54. 8
原爆水爆に対する訴え	日本文学協会第9回大会	54. 5	『思想』54. 8
声明書	日本気象学会	54. 5. 20	『思想』54. 8
決議	日本医師会代議員会	54. 5. 25	『思想』54. 8
原子兵器禁止についての要望書	第7回全国図書館大会	54. 5. 28	『図書』54. 6. 5
原水爆禁止に関する声明	日本民主主義科学者協会第9回全国大会	54. 5. 30	『思想』54. 8
ビキニ環礁での水爆実験に関し，アメリカの科学者たちに抗議する	日本民主主義科学者協会第9回全国大会	54. 5. 30	『思想』54. 8
原水爆問題についての私達の態度	民主主義科学者協会生物学部会	54. 6. 1	『思想』54. 8
禁止宣言	日本弁護士会連合会定期総会	54. 5. 29	
決議	日本婦人平和集会	54. 6. 6	『産業経済新聞』54. 6. 9
声明	京大基礎物理学研究所理学部素粒子論・原子核・宇宙線三研究グループ有志，民主主義科学者協会京都支部物理学会	54. 6	『朝日新聞』54. 6. 23
日本の物理学者による「ゲッチンゲン宣言」支持声明	野上茂吉郎，中村誠太郎，大川章成，大野陽明，佐々木宗雄，坂田昌一，朝永振一郎，武谷三男，山内恭彦，豊田利彦，湯川秀樹，藤本陽一，能谷寛夫，中川重男，野中到，菊池正士，菅義夫，吉永弘，渡辺譲，有川兼孝，福田博，伏見康治，木庭二郎，小林稔，中村隆夫，宮嶋竜興	57. 5. 6	『人類の危機と原水爆禁止運動』

第4節 ジャーナリズムの動き

4—1 特集記事のリスト

1. 新聞関係

『読売新聞』54. 3. 24〜26
水爆第1号（座談会）

都築正男（東大医学部木本外科），木村健二郎（東大理学部長），中泉正徳（東大医学部放射線科），中村誠太郎（東大理学部物理学科），山崎文男（科学研究所主任研究員），桶谷繁雄（東京工大）

『朝日新聞』54. 4. 1〜6
原爆とわれわれの生活（座談会）
　小林六造（国立予防衛生研究所長），中泉正徳（東大医学部），山崎文男（科学研究所主任研究員），木村健二郎（東京大学教授），

和達清夫（中央気象台長），武谷三男（立教大学理学部教授），田中慎次郎（立教大学理学部教授），渡辺博信（新潟大学），三宅泰雄（気象研究所）
『読売新聞』54．4．30
水爆　海洋への影響（座談会）
　　檜山義夫（東大教授），宇田道隆（東京水産大学教授），三宅泰雄（気象研究所），尾崎嘉篤（厚生省食品衛生課長），阿曽村千春（厚生省乳肉衛生課長）
『時事新報』54．5．14〜17
マグロは抗議する
『時事新報』54．5．19
雨は果して危いか（座談会）
　　西脇安（大阪市立医大助教授），浅田常三郎（阪大理学部教授），大谷東平（大阪気象台長）
『朝日新聞』54．5．24，31，6．7，14
俊鶻丸シリーズ
　①魚の放射能のもとは　　5．24
　　　　松江吉行（東京大学教授）
　②放射能の雨・空気・海水　5．31
　　　　三宅泰雄（気象研究所地球化学研究室長）
　③放射能の測定器　　6．7
　　　　佐々木忠義（東京水産大学教授）
　④ビキニの灰と海流　　6．14
　　　　須田晥治（海上保安庁水路部長）
『読売新聞』54．5．27
放射能　疑問と不安に答える
　　田島英三（立教大学教授），山崎文男（科学研究所員），粟冠正利（東京医科大講師），田中信徳（東京大学教授），村地孝一（立教大学教授）
『読売新聞』54．6．7
ビキニ調査の1カ月（座談会）
　　矢部博（南海区水産研究所），上村忠夫（南海区水産研究所），戸沢晴巳（東海区水産研究所），吉井義一（三重県立大学講師），岡野真治（科学研究所），河端俊治（国立予防衛生研究所），満田成（国立第一病院）
『日本経済新聞』54．6．17
ビキニ調査の1カ月の収穫（座談会）
　　矢部博，長屋裕，杉浦吉雄，堀定清，矢崎好夫．岡野真治，河端俊治
『東京日日新聞』54．6．17
死の海調査をかえりみて（座談会）
　　矢部博，三好寿，杉浦吉雄，吉田昭三，吉井義一，矢崎好夫，岡野真治，河端俊治
『アカハタ』54．6．23，26，28
人類みなごろしの水爆（座談会）
『読売新聞』54．7．3
俊鶻丸の業績とこんごの課題（座談会）
　　藤永元作（水産庁研究部長），末広恭雄（東京大学教授），三宅泰雄（気象研究所），須田晥治（海上保安庁），佐々木忠義（東京水産大学教授），村地孝一（立教大学教授）
『毎日新聞』54．8．16
生物と放射能（座談会）
　　中村誠太郎（東京大学助教授），山下孝介（京都大学教授），吉川秀男（大阪大学教授），脇坂行一（京都大学教授）
『読売新聞』54．9．5
"死の灰"の恐怖（座談会）
　　中村誠太郎（東京大学助教授），三好和夫（東京大学医学部），村地孝一（立教大学教授），武谷三男（立教大学教授）
『読売新聞』54．11．15
放射能多の陣（座談会）
　　渡辺博信（新潟大学），三宅泰雄（気象研究所）

2．週刊誌関係

『エコノミスト』54．3．27
水爆時代の政局　佐倉潤吾（論説）
『週刊朝日』54．3．28
水爆下の日本　マグロ騒動始末記
『サンデー毎日』54．3．28
「戦慄の7日間」ビキニ版　「原子マグロ」を運んだ船
『週刊読売』54．3．28
☆"死の灰"浴びた5時間（手記）　筒井船長
☆現地ルポ・原子マグロの港「焼津」
☆原爆は水爆かリチウム爆か（科研）田島英三
☆原子マグロの人体への影響（東大）土屋武彦
☆「公海の自由」に新ケース（一橋大）大

第1章 国民世論

　　平善梧
『アサヒグラフ』54. 3. 31
第三の原爆禍
マグロ葬送曲——大阪中央市場
『毎日グラフ』54. 3. 31
白い灰の恐怖　世間を騒がせた問題の原爆マグロ
『エコノミスト』54. 4. 3
原子力利用の新段階　日本のとるべき道を語る《対談》安芸皎一，崎川範行
『週刊朝日』54. 4. 4
今週の焦点　原爆マグロに冷い米国
　　　　　　マグロ・平和論
『サンデー毎日』54. 4. 4
三発で日本人皆殺し！　原爆被災視察報告　松前重義
今週の話題　癒らぬビキニ神経放射能症
『週刊サンケイ』54. 4. 4
"死の灰の街"をゆく（ルポルタージュ）
『アサヒグラフ』54. 4. 7
原爆マグロ後日譚
『エコノミスト』54. 4. 10
原子力憲章の舞台裏
『週刊サンケイ』54. 4. 11
米国民に訴える！
『週刊読売』54. 4. 11
西から降ってくる？"死の灰"ソ連の原爆発すでに数十回　松前報告の実相
『週刊朝日』54. 4. 18
ビキニ水爆・世界の反響　島田巽
『サンデー毎日』54. 4. 18
水爆世界戦略の舞台裏
『週刊読売』54. 4. 18
原子力は文明を破壊するか——水爆をめぐる問題総まくり——
　◇被災漁夫は助かるか　◇欧米しのぐ原爆症研究　◇不可解な日米官辺の態度　◇原子スパイ戦日共の勝利　◇原子力は皆殺しの武器　武谷三男
今週の焦点　水爆戦争の悪魔　加瀬俊一
『アサヒグラフ』54. 4. 21
水爆禍を水に流す
『毎日グラフ』54. 4. 21
クローズアップ　松前重義

『週刊朝日』54. 4. 25
週刊図書館　医学の立場から見た原子爆弾の災害・きづなほか
ある不幸な原子科学者＝オッペンハイマー博士
『週刊サンケイ』54. 4. 25
廿世紀のペスト原子力〈週刊時評〉　三宅晴輝
『週刊読売』54. 4. 25
闘う日本の漁師——お魚はまだ大丈夫だが
『アサヒグラフ』54. 5. 19
死の灰かぶった日本漁船
『サンデー毎日』54. 5. 30
苦悩の科学者湯川秀樹
湯川博士は訴える〔対談〕　中野好夫
『サンデー毎日』54. 6. 6
放射能雨の正体　生命の危険はいつ？
『週刊サンケイ』54. 6. 13
グラビア　放射能の雨ぞふる
『週刊朝日』54. 6. 20
今日の焦点　水爆防空演習
『サンデー毎日』54. 6. 27
水爆戦略の破滅来る　林克也
『週刊サンケイ』54. 6. 27
米国の恐怖・携帯用原爆
『エコノミスト』54. 7. 17
原子時代の新風景2題
『サンデー毎日』54. 7. 18
特集　われらの原子力問題
　☆日本の誘導弾
　☆平和的利用・日本の場合
　☆「死の海」から帰って
『週刊サンケイ』54. 7. 18
俊鶻丸帰る　ビキニよりの使者
『週刊読売』54. 7. 18
原子力の平和図　第2産業革命来る
『アサヒグラフ』54. 7. 21
ビキニの探検船俊鶻丸帰る
『毎日グラフ』54. 7. 21
死の海に汚れて——俊鶻丸
『週刊朝日』54. 7. 25
原爆下のニューヨーク——アメリカの防空演習を見る　関根弥一郎
『週刊読売』54. 7. 25

ツバメ帰来異変！"水爆実験"の影響か
『週刊朝日』54. 8. 1
原爆の中学生　広島一中遺族会の「追憶」より
『サンデー毎日』54. 8. 1
痛ましき「追憶」　広島一中遺族会作文集より
ヒロシマその後，増えるばかりの原爆傷害
——原爆牧師の平和行脚
『アサヒグラフ』54. 8. 4
特写　水爆放射能に蝕まれる同胞
『週刊サンケイ』54. 8. 8
冷夏を呼んだ死の灰　荒川秀俊
『アサヒグラフ』54. 8. 11
特集　我々は広島に原爆を投下した
『週刊サンケイ』54. 8. 15
"原爆真珠湾"の脅威
きけ"ヒロシマ"の声
『週刊読売』54. 8. 15
ビキニ患者と乙女の純情
『エコノミスト』54. 9. 4
原子力の平和的応用　金関義則
『週刊朝日』54. 9. 12
"死の床"の久保山さんをめぐって
『サンデー毎日』54. 9. 12
今週の話題　久保山さんを看とる人々
　　　　　　死の灰神経衰弱症
『毎日グラフ』54. 9. 15
死の灰はこうして降った
『エコノミスト』54. 9. 25
米原子力法改正の意味するもの
『週刊読売』54. 9. 26
ニュースを追って　少年原水爆に抗議の死
『週刊朝日』54. 10. 3
今日の焦点　久保山さんの死に訴える
『サンデー毎日』54. 10. 3
久保山さんの死をめぐって　水爆禁止への初の人柱
『アサヒグラフ』54. 10. 6
久保山愛吉さん逝く
『毎日グラフ』54. 10. 6
広島の原爆聖堂
『サンデー毎日』54. 10. 10
ニュース・ストーリー　その後の久保山さん一家
今週の話題　水爆死にソ連だんまり
『週刊サンケイ』54. 10. 10
水爆実験犠牲者第1号
『週刊読売』54. 10. 10
ニュースを追って　久保山さん看護日誌
『アサヒグラフ』54. 10. 15
8千万人に看とられて——久保山さんの死
『週刊朝日』54. 10. 17
久保山さんの死と休刊日　美土路昌一
『サンデー毎日』54. 10. 24
在日米人の日本観　久保山さんの死をめぐる外字紙の論争から
『エコノミスト』54. 11. 13
原子力MSAの舞台うら
『週刊朝日』54. 11. 21
アメリカの水爆論争
『サンデー毎日』54. 12. 12
恐怖の警告
『サンデー毎日』54. 12. 26
水爆ゴメンナサイの旅
『アサヒグラフ』55. 1. 12
お屠蘇封じのお正月　水爆患者の一時帰郷
『毎日グラフ』55. 1. 12
ビキニ患者のお正月
『エコノミスト』55. 1. 22
これからが問題のビキニ補償　広瀬健一
『週刊朝日』55. 3. 6
今日の焦点　"純英国製水爆"の波紋
『サンデー毎日』55. 3. 6
今週の話題　原，水爆三題ばなし
『毎日グラフ』55. 3. 9
原子力の恵み
米軍の戦術用原爆実験
『エコノミスト』55. 3. 26
欧州の原子力研究拝見記　伏見康治
『サンデー毎日』55. 4. 10
日本の原子力　海外調査団の帰国を迎えて
『エコノミスト』55. 4. 23
台湾海峡に"制限原子力戦争"？
『アサヒグラフ』55. 4. 27
朗報＝カズンズ氏原爆乙女ひきとりに
長崎の平和記念像
『エコノミスト』55. 4. 30

第1章 国民世論

具体化した原子導入の正体
『サンデー毎日』55. 5. 1
原爆乙女アメリカへ行く
『週刊サンケイ』55. 5. 1
日本にも原爆はあった
『週刊読売』55. 5. 8
原子力 20年後の生活はどうなる（座談会）
茅誠司，塚本憲甫，安芸皎一ほか
『週刊サンケイ』55. 5. 8
太平洋を渡る原爆乙女 "25人の瞳"は何を訴えている？
『エコノミスト』55. 5. 14
原子力平和利用の陣痛 XYZ
『週刊朝日』55. 5. 15
濃縮ウラニウム 原子力と日本
『週刊朝日』55. 5. 22
今日の焦点 原爆乙女に贈る書
『週刊サンケイ』55. 5. 22
街の話題 或る原爆高校生の死
『週刊読売』55. 5. 22
死の灰慰謝料で札束が舞う焼津港
『アサヒグラフ』55. 5. 25
無限の瞳にみとられて
『エコノミスト』55. 5. 28
原子力における戦争と平和
『アサヒグラフ』55. 6. 1
"ヒロシマ"の米国版
『エコノミスト』55. 6. 4
濃縮ウランの論議をきく
『サンデー毎日』55. 6. 12
街に拾う 平和のヒロシマと赤い電波
『エコノミスト』55. 6. 18
ウラの多い日米原子力交渉
『サンデー毎日』55. 6. 19
今週の話題 原子力交渉・国民はツンボ桟敷
『エコノミスト』55. 6. 25
日米原子力協定と機密問題
『週刊朝日』55. 6. 26
10年後の原爆犠牲者
『週刊サンケイ』55. 6. 26
世界の話題 アメリカを席捲した"原爆乙女"
『エコノミスト』55. 7. 2, 9, 16
ヒモがついていた原子力協定（座談会） 小椋広勝，大塚益比古，服部学，森一久

『サンデー毎日』55. 7. 3
今週の話題 アメリカの原子力特売月間
『週刊サンケイ』55. 7. 17
アメリカ全土に，原水爆投下さる！——3日間の想定防空大演習——
『エコノミスト』55. 7. 30
穴ボコだらけの日米原子力協定
『エコノミスト』55. 8. 6
特集 対決する世界の原子力
　☆原子力世界帝国をめざすアメリカ
　☆ソ連・原子力研究の現状をみる
　☆原子力会議における米英の対立
　☆ジュネーヴ会議に期待するもの
『サンデー毎日』55. 8. 7
「ひろしま」あれから10年
『エコノミスト』55. 8. 13
原水爆反対世界大会をめぐって 淡徳三郎
『週刊朝日』55. 8. 14
全世界に訴えるヒロシマ日記 蜂谷道彦
今日の焦点 原子ロケットの日本持込み
『週刊サンケイ』55. 8. 14
特集・あれから10年
　〈その1〉 全米を震撼させた蜂谷博士の"原爆日記"
　〈その2〉 "日本の遺児"は訴える！（手記）
　〈その3〉 75人の原爆未亡人
　〈その4〉 原爆乙女のアメリカ通信
『エコノミスト』55. 8. 20
特集・原子力国際会議の焦点
『毎日グラフ』55. 8. 24
原爆犠牲者の霊に誓う
『エコノミスト』55. 8. 27
水爆の平和利用について 中村誠太郎
『サンデー毎日』55. 8. 28
雲がくれの"原爆大仏"
『週刊サンケイ』55. 8. 28
街の話題 原爆乙女 "転落の詩集"
『エコノミスト』55. 9. 3
原子力時代への考え方 武谷三男
原子力発電と投下資本の問題——ジュネーヴ会議の発表をきいて 大河久

3. 月刊誌関係

『文芸春秋』54. 5

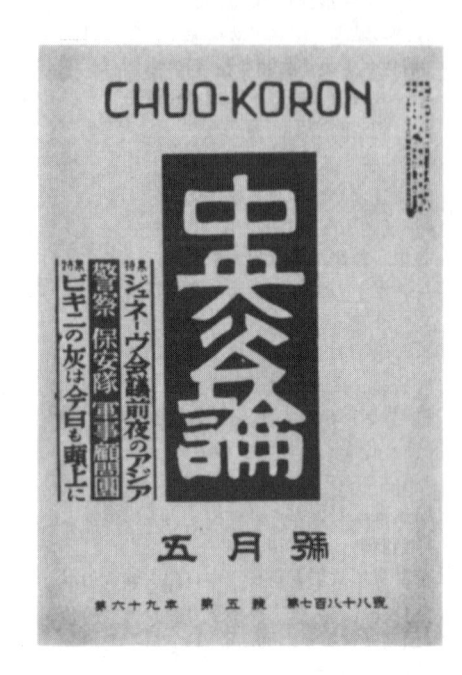

特輯　岐路に立つ水爆時代
　　活かせ原子力！（座談会）　坂田昌一，菊
　　　　　　　　池正士，湯川秀樹，佐治淑夫
　　悪臭を放つ者・ビキニ　　　　鈴木千重
　　原爆マグロの街を往く　　　　桶谷繁雄
　　原爆に狙われた関門と東京　　中堂観恵
　　未来は既に始まった　　　　　R・ユンク
『科学朝日』54．5
特集　ビキニの灰を衝く
　　この惨状！　福龍丸重傷者の天然色写真
　　死の灰の本体をこうしてつきとめた（座談
　　会）　木村健二郎，本田雅健，池田長生
　　☆ビキニの灰はどこまで拡がるか　伊藤博
　　☆原・水爆・リシウム爆弾・コバルト爆弾
　　　　　　　　　　　　　　　　浅田常三郎
　　☆放射能に効くEDTAとは何か
　　　　　　　　　　　　　　　　吉川貞雄
『中央公論』54．5
　　ビキニの灰は今日も頭上に
　　死の灰　　　　　　　　　　　吉村昌光
　　我々はモルモットではない　　清水幾太郎
　　世界への報告　　　　　　　　松前重義

『改造』54．5
「死の灰」へ抗議する
　　水爆とアメリカの責任　　　　神川彦松
　　23人を診断して　　（主治医）三好和夫
　　"死の灰"の中に立ち上るもの　武谷三男
　　ビキニの灰と平和　　　　　　松前重義
『主婦の友』54．5
　　ビキニ水爆犠牲者の妻の叫び
『婦人之友』54．5
　　対談　原子力は人類に平和をもたらすか
　　　　　　　　　　　　大島康正・藤岡由夫
『文芸春秋』別冊，54
　　水爆の詩集
　　　　灰が降る　　　　　　　　三好達治
　　　　水爆エレジイ　　　　　　草野心平
『キング』54．5，躍進号
　　特派報告　水爆犠牲者第1号も日本人
『婦人朝日』54．5
　　特集　原子爆弾をなくそう
　　　　原子力と世界平和　　　　茅誠司
　　　　ノー・モア・ビキニ　　　西脇ジェーン
　　　　ピカドンはごめんだ　　　大田洋子
『真相』臨時，54
　　惨！　ビキニ水爆禍の全貌
　　1　水爆をめぐる奇怪な出来事
　　2　危険な被灰漁夫の病状
　　3　アメリカの策謀した証拠いん滅
　　4　日本科学者陣の圧迫
　　5　スパイ事件のデッチ上げ
　　6　ウィロビー来日の裏には
『世界』54・6
　　特輯　世界に訴える――水爆実験に関する日
　　本人の発言
　　　　関口泰，前田多門，矢内原忠雄，
　　　　片山哲，務台理作，野上弥生子，
　　　　石川達三，石垣綾子，高野実，阿
　　　　部知二，阿川弘之
　　アメリカ人に訴える　　　　　谷川徹三
　　原爆から水爆へ　　　　　　　中村誠太郎
　　長崎の魔法の山　　　　　　　N・カズンス
　　怒りの魚河岸　　　　　　　　山田一郎
　　世界の科学者に望む　　　　　中島健蔵
　　「死の灰」と世界の声　　　　佐藤重雄
　　図解・原水爆の恐怖　　　　　鳳泰信

第1章 国民世論

年譜・原子力時代……原子力使用の哲学
　　　　　　　　　　　　　　　　三宅晴輝
時評・第五福龍丸の存在　　浦松佐美太郎
『婦人公論』54. 6
特集　原・水爆の災害を世界に訴える
　アンケート　原・水爆問題についての考え方　小倉金之助，高山岩男，市川房枝，奥むめお，森田たま，中島健蔵，坂西志保
　原子力と人類の意志　　　　　　湯川秀樹
　アイゼンハウエル夫人への公開状　植村環
　アメリカは真相を知らない
　　　　　　　　　　　　　ジェーン・西脇
　水爆におびえる欧洲　　　　　　北川正夫
　放射能の功罪　　　　　　　　　山崎文男
　原爆障害者の叫び　　　　　　田辺耕一郎
『平和』54. 6
水爆への抗議
　東大看護婦の訴え　　　　　　　滝川光子
　焼津の不安のなかで　　　　　　酒井均
　水爆と軍隊　　　　　　　　　　遠藤三郎
　被災漁師見舞状　　　　　　　　某社従組
水爆実験の国際的反響
　グラビア　眼で知るMSA
『中央公論』54. 6
私は水爆完成をおくらせたか
　　　　　　　　　　　　オッペン・ハイマー
『科学朝日』54. 6
死の灰区域のマグロ
　◇遠洋マグロ・近海マグロ　　　中村広司
　◇魚と水中の放射能　　　　　　富山哲夫
　◇放射線生物学から見たビキニ環礁の生物
　　　　　　　　　　　　　　　　檜山義夫
　〈原色版〉　水爆1号の原子雲
　　　　　　水爆1号の実験
『文芸春秋』54. 7
「実験戦争」は既に始まっている
「死の雨」に恐怖する人々に捧ぐ（特輯）
『サンケイカメラ』54. 7
広角対談　水爆時代の写真科学
『キング』54. 8
恐怖から繁栄へ　原子力とこれからの生活
原子力大特集
　◇原子力のABC　　　　　　朝永振一郎
　◇人体をおかす恐るべき放射能　中泉正徳

　◇持てあます原子爆弾　　　　　直海善三
　◇原子力とこれからの生活　　　吉村昌光
『自然』54. 8
放射能雨の成分と効果　　　　　中村誠太郎
ウラニウム資源　　　　　　　　渡辺万次郎
原子力管理と軍縮　　　　　　　田中慎次郎
アメリカの原子動力計画　　　H・スマイス
水爆抵抗の記録　　　　　　　　　鳳泰信
『婦人画報』54. 8
特集　放射能は私たちを囲んでいる
　　　ビキニが生んだ新しい歴史
『思想』54・8
特集　水爆　そのもたらす諸問題——
　今日の世界を支えるもの　　　　松本正夫
　原水爆外交　　　　　　　　小此木真三郎
　原子兵器の国際法　　　　　　　安井郁
　水爆と人権　　　　　　　　　戒能通孝
　ひろしま・その後　　　　　　田辺耕一郎
　原水爆と日本のこどもたち　　　長田新
　欧米における原子力と放射能障害との問題
　　　　　　　　　　　　　　　　都築正男
　原子病と人類　　　　　　　　　木田文夫

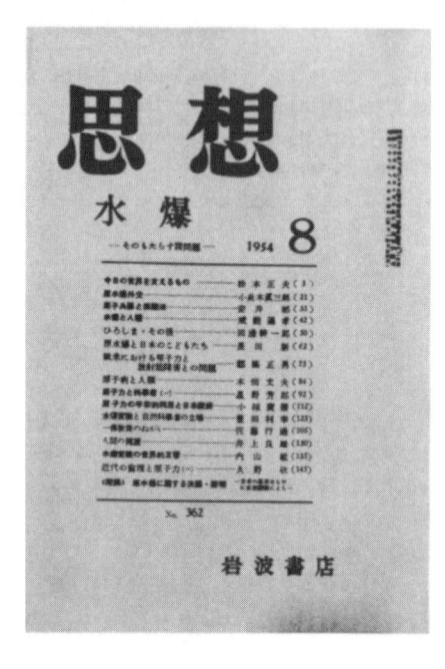

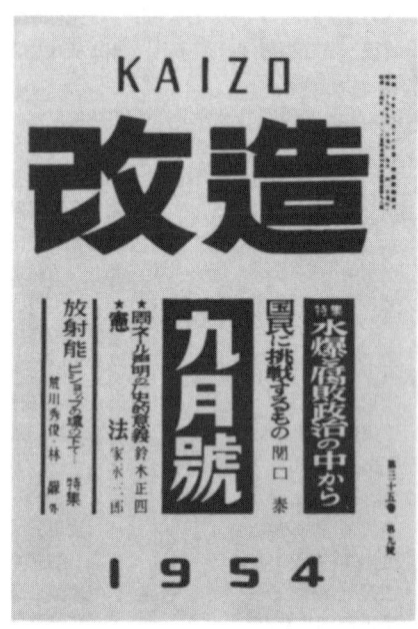

原子力と科学者㈠	星野芳郎
原子力の平和的利用と日本経済	小椋広勝
水爆実験と自然科学者の立場	豊田利幸
一仏教徒のねがい	佐藤行通
人間の擁護	井上良雄
水爆実験の世界的反響	内山敏
近代の倫理と原子力㈠	久野収

附録　原水爆に関する決議・声明――日本の学会ならびに宗教団体による――

『理論』54. 8
特集　水爆――その科学的究明

俊鶻丸の調査	戸沢晴巳・河端俊治
気象	増田善信
医学	草野信男
農作物	江川友治
国際政治	陸井三郎

『婦人朝日』54. 9
世界の良心に訴う　ビキニ水爆患者の手記	
死の放射能につつまれた私	山本忠司
ああ！悪魔の炎水爆を失くそう	見崎吉男

『改造』54. 9

特集　水爆と腐敗政治の中から
周・ネール声明の歴史的意義	鈴木正四
水爆実験と平和外交	安藤正純
転機に立つヨーロッパ	佐藤重雄

（座談会）《ビショップの環の下で》
放射能　山崎文男，長沢佳熊，三好和夫，村地孝一，三宅泰雄，（司会）林髞

『自然』54. 11
特集　俊鶻丸総合報告
(1)	気象	広瀬元孝
(2)	海洋　海流	三好寿
	化学成分	亀田和久
	プランクトン	長屋裕
(3)	海水	杉浦吉雄
(4)	環境衛生	浦久保五郎
(5)	生物	河端俊治
(6)	漁業	矢部博

『婦人朝日』54. 11
久保山さんの死をみとりて
　　　　　　国立第一病院婦長　諸岡つる

◇いきどおりの記録
　　　東大病院特別内科看護婦　吉原富喜代
◇水爆実験と闘うペン
　——日本人女性が投じた平和の波紋

『婦人公論』54. 11
久保山さんの死をみつめる世界の人々
　　　　　　　　　　　　　　清水幾太郎
夫の死をむだにしないで下さい
　　　　　　　　　　久保山すず未亡人の手記

『改造』54. 11
特集　人類の名において
　久保山さんの死　　　　　　谷川徹三
　南太平洋の子供達よ　　　　岸辺福雄
　焼津の表情　　　　　　　　高杉一郎
　原子力輸出時代　　　　　　小椋広勝
　原爆帝国主義はどこへ　　　雨宮庸蔵

『主婦と生活』54. 11
水爆犠牲者久保山氏夫人血涙の手記

『科学朝日』54. 11
特集　拡がる放射能の波紋
　南の雨・北の雪　　　　　　三宅泰雄
　捨てられるマグロ，米と野菜への影響
　　　　　　　　　　　　　　江川友治
　遺伝との関連　　　　　　　村地孝一
　内臓への沈着……久保山さんの場合に見る
　放射性鉱物資源の分布　　　佐藤源郎
　田無町の原子核研究所
　電子顕微鏡下の死の灰（グラビア）
　　　　　　　　　　　　　　滝山善一

『中央公論』54. 11
水爆傷害死問題の真相　　　　都築正男
〔絶筆〕死の床にて　　　　　久保山愛吉
遺骨焼津へ帰る　　　　　　　安部光恭
海外ジャーナリズムの反応　　工藤幸雄

4—2　新聞社説

『毎日新聞』（54. 3. 17)
ビキニの白い灰
　ビキニ環礁で行われた米国の原子力実験で，出漁中の日本のマグロ漁船が灰をあびて，船員が放射能による火傷をうけたというニュースは，我々をゾッとさせた．〔中略〕

米国の原子力実験のために，なぜ公海に出漁中の日本の漁船が，禍をこうむらなければならなかったのか，危険区域について，米国から十分な警告が発せられていなかったのか．このような問題は，直接この事故に関係して起ってくるが，本質的な問題はもっと深い．それは原子力爆発の実験さえも，破壊力が大きくなるにつれて，人類に破滅を与えはしまいかということだ．原子力国際管理の必要を痛感する．〔中略〕
　ビキニの水爆が，エニウェトックの水爆の2倍余の破壊力を示したというのは，TNTの1000万トン以上に相当する爆発力，広島，長崎型原爆の五百数十倍の爆発力をもつというわけである．この力が，予想以上に大きいものであったという報道は極めて意味深い．そのために，実験施設の破壊とか，不測の放射能とか，日本漁船の被害とかいうことも，起ったのであろうが，実験の結果が予想以上の強力さを示すということは，実験されるものが原子力であるから，どんな危険が伴うかわからない．〔中略〕
　素人考えでいうと，こういう実験がとめどもなく進められて行くと，原子力戦争による世界の終局がおこらなくても，実験だけで，放射能がめぐりめぐって，人類に不測の禍を及ぼすのではないかと思われて，恐ろしい．日本の漁船があびたような灰が，今日では考えられないような強力な実験のために，東京に，ニューヨークに，パリに，ロンドンに，モスクワに，落ちないと絶対にいえようか．〔中略〕
　日本漁船の乗組員23人の負傷は，原子力の被害としては，小さいものである．しかし原子力国際管理が行われず，無統制な実験競争が拍車をかけられて行くと，どんなことが起るかわからない．我々は全く不慮の禍を受けた23名の人たちの負傷の軽いことを祈ると同時に，世界の原子力保有国に警告したい．

『読売新聞』(54. 3. 26)
再び原子力の不安について
　右派社会党の科学者グループが24日に発表した．「第五福龍丸原子被害調査報告」は，

ふたたびわれわれに深刻な衝動を与えた．〔中略〕事実は報道以上に深刻であったのだ．しかも，報告からすれば，たんにビキニに近寄るだけでなく，日本国内にいるだけで災害をこうむる事態さえ予想されてきた．こういう兵器の非人道性にわれわれはどのように対処すべきか，ほとんど言葉を知らない．〔中略〕

こんどのビキニ事件の教えたところは，まず爆発はより強烈なものへとたえず発展してゆき，災害は果てしなく広がってゆくということであり，第2にはいかなる地球上の実験もこれを秘密に保ちえぬということである．したがってより強力な原子力をもつ一国が他国に優越を感じるのはたんに相対的な時間の問題で，両者の競争は無限につづかざるをえない．その目標は破壊である．ただ破壊だけである．しかもその破壊力の強大さと完全な防衛対策の欠如によって，実際には戦争が不可能視されつつあるのである．そうなればこの戦争がいかに愚劣かはいうを待たないであろう．〔中略〕それにしても，原子力が破壊的兵器として禁止されるためには，そのまえに平和的利用の方向についてなんらかの決定的な措置がとられることが必要であろう．それなくしては原子兵器の禁止はただ紙上の空論に終わるだろう．その生産過程において人類に少しの利益する副産物も生ぜぬ水素爆発の実験が，いかに無意味かを百万遍説くとも，一方に平和利用への道が考慮されず，他方に爆発の災害の実体が完全に認識されぬかぎり不可能である．

われわれは不幸にも災害の実体を何度も認識させられた．それゆえわれわれは原子兵器即時禁止と平和利用を提唱したい．それは日本人の権利ですらある．同時に日本国民には，自衛問題が複雑になってきた事態にふたたび自覚をうながしたい．

『時事新報』(54. 4. 12)
漁船被害と原爆実験
　　――米大使の声明と岡崎外相の演説――
　第五福龍丸事件について，最初日米両国人間に誤解があり，その為不幸を一層重大にしたのは遺憾である．我漁民の蒙った災害を以て，米国が故意に，しかも悪意にでもやったものの如く思い込んで米国に対する反感を更に深刻にしているものがある．共産主義者と共に国内の反米主義者が，これをよき利用材料として，反米感情を煽揚する形跡は多分にある．米国側に於ても責任ある当局者で日本の漁船をスパイの疑があるなど放言したものがあって，この報道が我国人間に，極めて不快の感情を抱かしめた有害の影響を軽視することを得ない．其後被災者の医療についても，種々の誤解も行違いもあったようで，其都度感情を刺戟したことのあったのは，徒らに反米主義者に活動の機会を供するものであった．〔中略〕

アリソン米国大使が9日声明書を発表して，この不幸な事件に対し，米国政府の名に於て改めて深甚な遺憾の意を表し，被災者並に其家族に対する財政上の援助について，日本政府にこれを支払うこと，「かかる最も遺憾なる事故」の再発を予防するため，一切の可能な手段を講ずることを公にし，大使は尚これに附言して，米国政府に代って23人の患者の回復を促進する為，一切の可能な手段をつくす用意あること，またこの最も不幸かつ遺憾な事故の為に生じた色々な問題を解決するに要する如何なる援助をも提供する用意のあることを，重ねて力説した（10日本紙1面記事）のは，たとえ少々適時的でなかったとはいえ，米国の真意を十分有効に伝えるものであることを疑わない．

アリソン大使の右の声明に恰も対応するものの如く，同じく9日の夕，東京会館で開かれた日米協会主催の会合に臨み，岡崎外相が日米関係の若干問題，殊に原爆実験について演説したその中に，日本政府は原爆実験の打切りを米国に要請する意向はない．それは原爆実験が米国ばかりでなく，日本を含めた自由諸国の安全保障のため必要であることを認めるからであるとの趣旨を陳べたのは，原爆実験に関して，我国内の一部に存する反米的誤解を釈くに役立つであろうと信ずる．〔中略〕いわゆる国際管理が安心して託される日の到来するまでは，米国は必要な原爆，水爆を持たねばならない．これが実験の完成に協

力することこそ，他の自由諸国が自ら衛るの最も有効な，しかも最も実際的な方法に外ならないのである．故にこれに対して日本政府の方針は，岡崎外相が10日衆議院での質問に答えて，過日の国際管理の院議と少しも矛盾するものでないといったのは，正に其答弁の通りである．

『朝日新聞』(54. 8. 6)
原子兵器の使用禁止
〔前略〕 世界中の人々が，このおそろしい兵器が禁止されることを心から待ち望んでいる．現在，原子兵器をつくっているのは，米英ソ3国である．ほかの国は，原子力の研究はしているが，原子兵器はつくっていない．それゆえ，原子兵器禁止のとりきめを結ぶためには，この3つの国，なかでもアメリカとソ連とが，ひざをつき合わせて，世界中の人人に，めいわくや心配をかけないようにするには，どうしたらよいかを，話し合えばよいのである．

原子兵器禁止には，二つのやり方がある．その一つは，原子兵器をつくっている3つの大国が，おたがいに，原子兵器を使用しないことを固く約束し合うことである．もう一つは，原子兵器の使用禁止ばかりでなく，その製造や保有をも禁止するとりきめを結ぶことである．

もちろん，使用の禁止だけでは完全とはいえない．なぜならば，この場合には，製造や保有の禁止がふくまれず，国際管理機関による，それら禁止のとりしまりも行われないからである．〔中略〕

毒ガス，細菌兵器の使用禁止が第2次大戦でまもられたのは，ジュネーヴ議定書があったからではなく，これらの兵器は，製造が比較的にたやすく，どの国も相手国の報復をおそれて使用しなかったのだという見方もある．確かに，そういう一面もあるが，これらの兵器を，互いに使用したら，文明の破滅になるという良心があったからだともいえよう．ジュネーヴ議定書は，そういう良心を宣言したものともいえるのである．

もし，このような考え方がなりたつとすれば，原子兵器についても，製造，保有の禁止をふくむ完全な禁止の一歩手前に，とりあえず，使用禁止だけでもよいから，関係大国が，これを固く約束し合うことが望ましいのである．もちろん，完全な禁止が成立するまでは，相手国が原子兵器を使用したときの，即時報復権は留保されねばならない．しかしこれによって，原子兵器は，ともかくも報復兵器として限定されることになる．現在は，そういう限定すらないのである．〔中略〕

製造，保有の禁止をふくむ完全な禁止は，原子力と軍備の国際管理なしには実現しない．国連軍縮委員会は，これらの管理案をたてるために討議をつづけているのである．しかし，完全な禁止が成立するまで，事態を放置しておいてよいという理由はない．大国の合意によって，原子兵器の使用に，とりあえず，なんらかの限定が下されることを切望するものである．

『時事新報』(54. 9. 3)
水爆被害者の病状悪化
——宣伝材料とする策謀を警戒す——
今春ビキニ水爆実験の灰をかぶった第五福龍丸乗組員の病状は，遅々とはしているけれども概ねとにかく快方に向っていると伝えられていた中に，久保山無線長だけは最近に至って容態が悪化し，全国民は固唾を呑んで危篤の症状を見守り，切にその起死回生を祈るの念において一人の例外もあるまい．

当の重態患者に対して気の毒に堪えぬと同時に，水爆禍に対する恐怖を日本人に新たならしめた点で，まことに悲しむべき事態である．殊に感情的な水爆実験反対論と米国に対する反感に，新材料を供給することにより，わが国の基礎的な国際関係に，種々の悪影響を及ぼす不利益は，軽視を許さないものがある．現に稍々鎮静に向っていた原水爆禁止運動は，久保山重態の報に活動を刺戟され，また去る3月のビキニ被害以来，逃げ腰の印象を与えた米国側の態度が，一々蒸し返されてイヤ味を云われている有様である．

米国政府は2日，在日大使館を通じて，久保山氏の重態に遺憾の意を表し，出来る限り

の援助を申し出た．重態と分ってから丸３日を出でぬこの表明は，米国側の誠意を十分に示したものと解してよかろう．〔中略〕

しかしながらそれと同時に，わが国の側でも，問題を感情だけで叫ぶような今までの態度については大いに反省を要するものがあろう．〔中略〕

水爆被害者の病状悪化に興奮しつつある日本人の感情は，ある程度まで何とも致し方はないとしても，それを宣伝材料として，反米と水爆禁止論とのソ連戦略に利用せんとする策謀に，乗せられない用心だけは忘れてはならない．

また実際問題としては，両陣営対立の現状において，当分実現の見込みがない原水爆とその実験の禁止を徒らに唱えるよりは，実験の際における万全の被害予防施設と，万一の被害に対する補償制度の確立について，原水爆保有国に要求する方に，国民運動の目標を切換える必要があるのではないか．

『産業経済新聞』（54．9．25）
水爆被害世界に訴えよ

水爆による初の犠牲者として非命にたおれた故久保山愛吉氏の霊に謹んで深甚の哀悼の意を表する．

久保山氏の死は，ただひとりの人間の生命の終えんということを意味するばかりではない．久保山氏を含めて，第五福龍丸の乗組員23名が直面しなければならなかった死の恐怖と測り知れない肉体的，精神的な苦痛とは，いまでは日本人の全体にとって，偶発的な事故や"不運"によって一部の人々がこうむった災難だったとは考えられなくなっている．第五福龍丸の被災以後に明らかになってきた色々な知識と経験から，水爆による惨禍を"他人事"のように考え，或いはまた対岸の火災視すること自体がいかに危険なことかを，われわれは思い知らされねばならなかったのだ．久保山氏の不幸な死は，それでもなおわれわれの間に残っていた一縷の希望的な楽観論に終止符を打ったのである．〔中略〕

われわれはここに，特に声を大にして原水爆の被害を誇張し，関係国との間に敵対意識を盛り上げようとするものでは決してない．むしろこの原水爆による被害に対する認識の不足または政治的な隠蔽策が，いかに無辜の人類をして破滅の深淵に立たしめる危険をはらむものであるかを率直に世界に向って訴えたいのだ．岡崎外相はしばしば原水爆反対運動が反米運動と化する危険を警告している．しかし原水爆に対する日本人の恐怖とこうむった被害とは，反米或いは反ソなどの政治的利害打算以前の動かし難い事実であり，むしろわれわれは米ソ両国民自身の原水爆惨害に対する無知や認識不足が，日本人のみならず彼らをも含めた全人類の破滅にさえつながるほどの重大な意味をもっていることを敢て直言したいのである．〔中略〕だが唯一にして最大の被害者であるわが国の政府当事者までが，世界に向ってこの惨禍を訴えることに政治的制限を加えようと考えていることは，いまやいかなる国，いかなる人民の利益ともならず，平和の保障とはならないことを痛感せずにはいられない．〔中略〕反米感情の激化をおそれてこの全人類的な使命に眼を閉じることは，みずから平和の政府たる使命を抛棄し，したがってまた米国にとっても真に良き友とはなりえないであろうことを指摘したいのである．

『時事新報』（55．1．8）
日米間の一障碍を除く
——ビキニ補償の解決を生かせ——

ビキニの水爆実験によるわが漁民漁業の被害事件ほど，日米関係を気まずくした問題はなかったのであるが，新春早々に解決したのは，二重の意味において喜ばしい．その一つは久しく吉田内閣によって継続された米国との良好緊密な関係が，政変の結果，鳩山内閣の中ソ接近説により，聊か変調を見るかの心配もあり，心配の種も少しはあったのが，これで払拭されたと解すべきことである．もう一つは昨年３月以来わが国民間に醸成されて，共産勢力とその亜流に乗せられた反米感情の一原因が，これによって解消される望みのあることである．〔中略〕

いわゆる「一辺倒」的親米の吉田内閣に代

第1章 国民世論

った新内閣の外交が，共産圏との貿易を急ぐの余り，今までの線から離れるのではないかとの疑惑は，自由諸国でなかなか濃かった．その打消しには重光外相も相当の苦労をした跡がある．しかし幸にしてビキニ補償の解決は，鳩山内閣もまた親米内閣であることの実証を示したようなものである．これによって，日本の米国に対する良好緊密な関係が，政変によって決して中絶されないことが分ったのは何よりである．〔中略〕

しかしこういう日米関係にも，しばしば問題が起り，占領以来の劣等感に基づく反米熱が高まる恐れは常にある．当局者はそういう障碍物の除去に不断の努力を要するが，昨年中発生した最大の障碍物たるビキニ問題は，ついに年を越し内閣を代えて漸く解決したのである．しかし日本人中には今度の解決にもケチをつけたがるものが絶無ではない．有力新聞の論壇にさえ，法律責任を明らかにせぬ慰籍料などという政治的解決には不満だというのや，漁業の間接損害を考えると金額が不足だと慾ばるのや，原水爆を禁止せねば承知できぬという頑強論など，いろいろあるけれども，感情と道理と利害とをゴッチャにした説でなければ，当面，見当違いの放言ばかりである．〔中略〕

両陣営武装対立の現状においては，原水爆放棄の要求が即効を示す望みは当分あるまい．米国の水爆が強力なことによって戦争の危険を防ぐ以上，その実験を阻止することは出来ぬ．その実験場が太平洋を最適とするならば，昨春の如き過失を生ぜぬ万全の準備を米国に要求するのは，固より当然のことであるが，それは昨春のビキニ補償とは別問題であることを，わきまえなければならない．

その他（リスト）
ビキニの白い灰（『毎日新聞』54. 3. 17）
原爆保有国に要請する（『朝日新聞』54. 3. 18）
原子兵器への不安（『読売新聞』54. 3. 19）
原子兵器の禁止を！（『社会タイムス』54. 3. 19）
アメリカの"人道"に抗議す（『社会タイムス』54. 3. 22）
科学者の反省を求む（『産業経済新聞』54. 3. 23）
原爆被災と左派社会党（『時事新報』54. 3. 24）
死の灰を中心にして（『東京新聞』54. 3. 25）
再び原子力の不安について（『読売新聞』54. 3. 26）
日本側調査団健在なれ！（『社会タイムス』54. 3. 26）
原子力国際管理について（『東京新聞』54. 3. 27）
原子力の国際管理（『産業経済新聞』54. 3. 29）
原子力国際管理の決議（『日本経済新聞』54. 4. 2）
原子力管理の決議を生かせ（『朝日新聞』54. 4. 3）
民族滅亡から守り抜け（『社会タイムス』54. 4. 7）
"アメリカよ冷静なれ"（『社会タイムス』54. 4. 8）
漁船被害と原爆実験（『時事新報』54. 4. 12）
「放射能雨」対策に真剣なれ（『読売新聞』54. 5. 25）
放射能雨問題に善処せよ（『東京新聞』54. 5. 26）
原子兵器の使用禁止（『朝日新聞』54. 5. 30）
俊鶻丸の帰港を迎えて（『読売新聞』54. 7. 5）
原爆禁止への努力（『日本経済新聞』54. 8. 6）
原子兵器の使用禁止（『朝日新聞』54. 8. 6）
ビキニの犠牲（『読売新聞』54. 9. 3）
水爆被害者の病状悪化（『時事新報』54. 9. 3）
ビキニ被災者を救え（『朝日新聞』54. 9. 3）
水爆被害世界に訴えよ（『産業経済新聞』54. 9. 25）
久保山さんを悼む（『朝日新聞』54. 9. 25）
久保山さんの犠牲を活かせ（『読売新聞』54. 9. 25）
水爆実験の初の犠牲者（『毎日新聞』54. 9. 25）

原子兵器禁止と日本の立場(『朝日新聞』54. 9. 26)

放射能許容量の合理性(『朝日新聞』54. 11. 22)

ビキニ補償問題の解決 (『毎日新聞』55. 1. 6)

日米間の一障碍を除く (『時事新報』55. 1. 8)

死の灰の一周年を迎えて (『読売新聞』55. 3. 13)

第2章　原水爆禁止運動のもりあがり

〔概　要〕

　原水爆禁止の署名運動が全国的にはじめられた．第1節1－1にかかげたのは，1954年8月8日に署名集約センターとして結成された「署名運動全国協議会」が集計した各団体の署名開始年月日の一らんである．1－2には署名数増加状況と全国集計一らんを収録した．

　第2節〈地域から国民運動へ〉では，進展していく運動の組織化はどうなされたか，その全国的組織をどのようにもつようになったかを，いくつかの運動推進体を例にして記録した．そこには，細心な配慮が，よびかけ，役員の構成，ビラ，ポスターにいたるまで行われていることをみることができる．

　こうして日本国民の多数の意志によってすすめられる署名運動は，全国協議会という集約センターの設立，そして久保山愛吉氏の死を経て，第1回原水爆禁止世界大会の開催へと進んでいくのである．

　〈いまわれわれの行なっている署名運動は，もちろんある意味で世論の結果であり表現でありますが，また，より多く"ゆるぎない世論"の確立のためのカンパニアであるといえましょう．……この統一行動の中でどれだけの意志の統一，意志の変革，行動の発展が得られるかどうか――このことに原水爆禁止の成否はかかっています．〉54年10月5日発行の原水爆禁止署名運動全国ニュースは，署名運動の意義についてこうのべている．

　第2節2－6には，原水爆禁止世界大会を準備する母体となった全国協議会の結成宣言，趣意書などを収録した．この世話人の名簿は代表世話人および事務局長名のみにとどめたが，総数310名（54.8.7），あらゆる階層を網らしているといっても過言ではない．

　第3節〈世界への働きかけ〉も各界ごとにおこなわれたが，ここでは，3－1に放射線影響国際学術懇談会にいたる日本準備会の経過および国際医学調査団の招へい，同調査団の簡速報告全文を掲載した．この簡速報告は，広島・長崎・ビキニの原水爆被災をとりあげ，放射能障害，遺伝障害などについても言及している．

　3－2は，第1回原水爆禁止世界大会の準備の時期の資料，大会構成表などに重

点をおいた。

　全国協議会の世界への報告は，全国協議会の提案のみ全文をかかげ，他は目次・項目のみにしたが，省略部分でのべられている運動の発展と特徴についての記述を，以下に抜すいしておく。

　〈いま原水爆の禁止を要求する運動が国のすみずみまで発展している第1の理由は，それが国民の最も切実な生活といのちの要求に根ざしているという事実である。われわれがこれを「生活と幸福を守る運動」と名づける理由もここにある。〉

　なお，原水爆禁止のうたごえ運動は，今日までひろく歌われている「原爆を許すまじ」を始め，多くの創作曲を生みだした。ここには，その代表的歌詞と楽符を収録した。

第1節　決議から署名運動へ

1—1　署名運動の全国的開始状況

原水爆禁止署名運動の全国的な開始状況
（54. 3〜7）
　（原水爆禁止署名運動全国協議会の「原水爆禁止署名数集計報告書」から，署名運動開始年月日の明記されているもののみを抜すい）

4.	1	原子兵器反対運動北海道協議会
4.	10	台東区魚商組合連合会，平和擁護埼玉委員会
4.	15	秋田県平和委員会
4.	20	全日本造船労働組合
4.	25	人類愛善会
4月中		弘前平和懇談会，秦野地方原水爆禁止運動の会（上曾屋支部）
5.	1	全日本自治団体労働組合，京都平和センター，岡山県平和連絡協議会，九州平和会議準備会，東京都平和会議
5.	13	水爆禁止署名運動杉並協議会
5.	15	国際友和会日本支部，植松義理（全国自転車行脚）
5.	20	アカハタ本局
5.	23	東京都学生原水爆対策協議会
5.	25	全日本倉庫労働組合同盟
5月中		北見市平和委員会準備会
6.	1	キリスト者平和の会，日ソ親善協会，原水爆禁止運動郡山地方連絡協議会，群馬大学医学部学友会
6.	2	全専売労働組合，原水爆禁止運動福島県協議会
6.	3	原水爆禁止運動横手市民運動本部
6.	5	滋賀県平和連盟，原水爆禁止運動富山県連絡会
6.	10	全日本百貨店労働組合連合会，常磐炭鉱労働組合
6.	14	逗子原水爆禁止促進協議会
6.	15	奄美原水爆禁止署名運動世話人会
6.	21	横須賀平和の会，浮田久子（日本婦人平和協会辻堂支部長）
6.	25	山形市原水爆反対実行委員会
6.	27	茨城県水爆禁止運動世話人会
6.	29	全国司法部職員労働組合
6月中		全日本海運労働組合連合会，在日朝鮮統一民主戦線熊本県委員会
7.	1	厚生省職員組合，三重県地方労働組合協議会，愛媛県平和連絡会議，在日朝鮮民主女性同盟熊本県本部，横浜市立港高等学校生徒会，日比谷高校生徒会，国楽院大学二部自治会
7.	3	原爆・水爆禁止広島県民運動連絡本部，千葉大学薬学部学友会
7.	5	原水爆禁止共同通信協議会
7.	6	熊本県教職員組合
7.	8	日本教職員組合
7.	10	舞鶴市原水爆反対実行委員会，化学

第2章　原水爆禁止運動のもりあがり　　521

産業労働組合，千葉大学園芸学部浩気寮委員会，同学部原水爆調査の会
7. 15　日本私鉄労働組合連合会，畑野村平和を守る会，横浜市立大学医学部碧水会原水爆問題対策委員会
7. 18　時事通信社本社有志
7. 19　新宿高校定時制生徒会
7. 27　原水爆禁止署名運動豊島区協議会
7. 29　全国印刷出版産業労組総連合会
　　　（7,069署名提出——第1回）
7月中　高知県原水爆対策協議会，明治商事従業員組合

署名数の増加状況
〔1954年〕
7. 16　原水爆禁止全国協議会第1回結成準備会
8. 8　原水爆禁止署名運動全国協議会結成

大会，署名数449万余と発表
9. 23　久保山氏死去
10. 5　全国協議会第2回代表・常任世話人会，署名集計の第1回正式発表　署名数12,132,860（5日朝現在）
10. 23　署名数14,137,779
11. 22　〃　18,200,644
12. 14　署名数20,081,232
〔1955年〕
1. 1　署名数20,562,444
1. 15　署名数22,074,228
1. 16　原水爆禁止署名運動全国会議，原水爆禁止世界大会のよびかけなど決定
8. 4　署名数31,837,876
8. 6　原水爆禁止世界大会（広島）
8. 7　署名数3,216,709（ウィーンアピールは全世界で約6億6000万と世界平和評議会公表）

1—2　原水爆禁止・原子戦争反対署名数全国集計（55.8.4 現在）

全国総数	31,837,876	原水爆禁止署名	30,404,980
		ウィーン・アピール署名	1,432,896

〔注〕この全国総数は（従来の原水爆禁止署名）＋（ウィーンアピール署名から二重署名数を差引いた数）

発行人　東京都杉並区西田町杉並区立公民館館長室気付
　　　　原水爆禁止署名運動全国協議会　事務局長安井郁　　　　　　　　（非売品）

団体名	原水爆禁止	ウィーン・アピール	総計
北　海　道	239,884	693	240,582
北海道原子兵器反対運動協議会	68,923		
小　樽　市	117,196		
北見市平和委員会準備会	3,171		
鶴別村原水爆禁止署名運動協議会	1,758		
美唄市婦人団体連絡協議会	3,259		
社会保険中央病院療友会	228		
道立教員保養所患者自治会	207		
サハラ英語研究所	56		
美　唄　市　議　会	44,238		
新得平和を守る会	572	58	
河　野　悦　子	257		
奥　野　倬　子	20		
全北海道開発局職員労働組合		640	

青　森　県	124,045	124,045
青森県平和憲法擁護の会	112,864	
弘前平和懇談会	5,793	
青森県日中日ソ国交調整促進同盟	1,220	
青森県原水爆禁止運動促進会	623	
小　館　寿　彦	75	
新城平和発起人	2,537	
石亀地区婦人会	929	
秋　田　県	286,148	286,148
原水爆禁止署名運動秋田県協議会	286,148	
岩　手　県	39,698	39,698
原水爆禁止胆沢連合	14,327	
岩手県労働組合総連合	14,930	
郡　青　協　書　記　局	6,319	
鵜住居村青年連合会	1,705	
折　壁　村　青　年　団	1,959	
久慈高校社会科学研究班	458	
山　形　県	254,269	254,269
山形市原水爆反対実行委員会	29,362	
山形平和委員会	3,874	
田川地区労働組合評議会	3,738	
左沢町原水爆禁止署名協議会	3,424	
宮宿町連合婦人会	2,876	
西五百川婦人会	1,218	
福岡病院職員組合	4,086	
新　　友　　会	30	
在日朝鮮民戦山形県委員会	2,065	
山形県婦人連盟	203,582	
山形大学鳩の会	14	
宮　城　県	250,897	250,897
宮城県平和懇談会	181,876	
石巻原水爆禁止署名運動協議会	33,462	
気仙沼原爆使用禁止運動世話人会	9,713	
気仙沼在京学生会	1,876	
南郷町婦人会大柳支部	1,674	
東北学院原水爆禁止実行委員会	1,580	
仙台第一高校出版部	795	
古川市原水爆禁止の会	18,082	
全国税労組七河原支部	181	
仙台キリスト教女子青年会	1,658	
福　島　県	144,653	144,653
原水爆禁止運動福島県協議会	8,727	
原水爆禁止運動郡山地方連絡会議	41,199	
常磐市原水爆禁止運動世話人会	22,888	

第2章 原水爆禁止運動のもりあがり

磐城市原水爆禁止運動促進会	31,704	
原水爆禁止運動喜多方地方協議会	1,203	
大森村教育委員会	3,964	
福島県西郷村川谷連合婦人会	542	
大久保村青年団	1,110	
常磐炭鉱労働組合	14,029	
相馬高校原水爆禁止署名同志会	755	
平商業高校新聞部	507	
田村郡原水爆協議会	8,222	
福 本 家 通	55	
平和祭福島地区実行委員会	6,664	
石城地方平和連絡会	2,473	
二 瓶 春 子	580	
鈴 木 喜 雄	31	
群 馬 県	134,453	134,453
群馬県民の平和運動本部	120,545	
邑楽郡婦人会連絡協議会	9,637	
妙 信 会	417	
吾妻高校社会研究部	409	
小 川 伝 三 郎	2,513	
群馬大学医学部学友会	932	
栃 木 県	64,968	64,968
原水爆禁止運動栃木県協議会	30,000	
倭 五 婦 人 部	12,210	
宇都宮大学平和を守る会有志	179	
青年婦人平和協議会	2,435	
佐野地区労働組合協議会	144	
原水爆禁止運動芳賀郡協議会	20,000	
茨 城 県	173,165	173,165
茨城県原水爆禁止運動世話人会	145,593	
古河市原水爆禁止運動世話人会	25,109	
神崎村連合青年団	335	
茨城大学農学部助手会幹事	30	
吉 川 茂	774	
加 藤 清	804	
須 藤 久 子	520	
埼 玉 県	126,511	126,511
平和擁護埼玉県委員会	7,886	
埼玉県立飯能高校生徒会	564	
全改良労組青年婦人部	259	
埼玉県地域婦人連合会	117,802	
千 葉 県	39,550	39,550
千葉大学薬学部学友会	1,902	
銚子原水爆禁止署名運動協議会	16,115	

木更津市君津懇談会	15,474		
花輪婦人会	647		
千葉市検見川町連合青年会	2,096		
千葉大学医学部自治会	1,019		
千葉大学園芸学部浩気寮委員会	1,180		
順天堂大学社会科学研究会	105		
銚子高校原水爆反対促進委員会	460		
柴田耕一	100		
県立木更津第一高校	308		
開成学園有志	144		
東京都	3,151,462	146	3,151,608
東京都平和会議	51,608		
東京都水道労働組合	38,421		
東京貨物自動車運送労働組合	8,283		
東京都学生原水爆対策協議会	136,915		
千代田区議会　区役所　各種団体	133,081		
東京都立九段高等学校生徒会	460		
原水爆禁止署名運動実行委員会	307		
日比谷高校生徒会	1,059		
明治大学学生会原水爆禁止促進協議会	418		
中央気象台職員組合	559		
法政大学全学生自治協議会	10,895		
東京YWCA家庭婦人部社会問題研究会	972		
会計検査院職員労働組合	400		
中央大学平和の会	539		
農林省山びこコーラス	64		
中央区原水爆禁止運動特別委員会	197,798		
中央法津会計事務所有志	1,160		
明治商事従業員組合	3,627		
小葉印刷労働組合	16		
原水爆禁止港区協議会準備会	37,190		
共立薬科大学学生会	231		
原水爆禁止署名運動港区協議会	137,190		
東海運株式会社東京支部〔ママ〕	83		
梅沢清	176		
東京合同法津事務所	316		
三菱造船労働組合		14	
新宿高校定時制生徒会	725		
早稲田大学平和センター	14,429		
原水爆禁止署名運動新宿区協議会	166,677		
東京女子医大原水爆対策委員会	3,392		
文京区原水爆禁止協議会北部支部	5,629		
科研従業員組合	116		
総理府統計局製表一課二課有志	273		

東京教育大学わだつみ会	11,049	
文京区文化懇談会	29	
台東区魚商組合連合会	35,000	
原水爆禁止台東協議会	145,295	
墨田区議会	50,673	
原水爆禁止署名運動江東協議会	15,657	
原水爆禁止運動品川区協議会	143,940	
五反田自由労働組合	135	
立正大学禁止署名運動実行委員会	3,350	
日本共産党大田区馬込細胞	166	
みどり婦人会	473	
原水爆禁止署名運動目黒区本部	140,044	
東京工業大学原水爆禁止運動協議会	5,270	
東大教養学部自治会	15,498	
東京学芸大学目黒寮対策委員会	1,478	
水爆禁止署名運動世田ヶ谷本部	360,344	
玉川聖学院生徒会	125	
千歳会	202	
東京教育大学付属駒場高等学校2年3組ホームルーム	441	
成城学園高等学校生徒会	1,296	
松原浦子	544	
原水爆禁止署名運動渋谷区協議会	123,893	
白樺合唱団	2,645	
小針周代，八田一枝	39	
国学院大学二部自治会	325	
青山学院大学平和の会	6,820	
都立青山高校	2,922	
新女性友の会	1,643	
女子美術大学学友会	246	
水爆禁止署名運動杉並協議会	280,719	
原水爆禁止署名運動中野協議会	152,509	
東京都立富士高等学校生徒会	655	
都立鷺宮高等学校生徒会	1,380	
臼井信	117	
中野平和の会	969	
原水爆禁止署名運動豊島区協議会	177,093	
学習院大学原水爆禁止署名運動協議会	4,405	
立教大学級委員会	2,010	
都立大泉高校原水爆禁止署名実行委員会	781	132
板橋区原水爆禁止運動協議会	25,537	
北園高校内原水爆問題談話会	928	
都立板橋高校定時制学友会	421	
横井三郎	18	
東京外語大学原水爆禁止対策協議会	2,776	

東京都立朝鮮人中高校平和委員会	1,983,874	
小峰亥太郎	487	
荒川区原水爆禁止協議会	68,376	
原水爆禁止署名運動足立区協議会	100,436	
亀有セッツルメント	959	
足立高校新聞部	565	
葛飾区役所	1,562	
亀有原水爆禁止運動協議会	6,645	
江戸川区役所総務課	65,041	
日本共産党西小松川細胞	101	
三鷹市婦人団体連絡協議会	27,600	
原水爆禁止運動武蔵野協議会	55,665	
立川平和協議会	31,402	
水爆禁止署名運動田無町協議会	9,540	
砂川町役場	7,577	
原水爆禁止清瀬町民の会	6,152	
東京経済大学第二学部自治会	446	
一橋大学中和寮「原水爆を止めさせる会」	3,160	
国分寺第一小学校 P.T.A.	3,694	
中央郵政研究所研修生自治会	241	
東京学芸大学小金井分校平和を守る会	956	
桐朋女子学園生徒会	1,034	
中宿会婦人部	1,184	
国立婦人の会	6,126	
東京女子大学学友会	191	
東京教育大学	11,049	
町田町原水爆禁止運動協議会	1,633	
亀の会	1,324	
関口恒雄	116	
日本学園生徒会原水爆禁止署名運動実行委員会	888	
大島元村原水爆禁止会	735	
大島差木地村民有志	325	
日野台共立診療所	108	
都立第二商業高等学校定時制生徒会外3校	466	
八王子市立中央高校社研部	69	
八丈島大賀郷婦人会外	4,822	
小川誠	212	
神奈川県	511,143	511,143
神奈川県平和評議会	390,837	
横須賀平和の会	28,580	
逗子市原水爆禁止促進協議会	22,347	
原水爆禁止運動茅ヶ崎地区協議会	23,363	
小田原原水爆反対同盟	15,314	
秦野地方原水爆禁止の会上曾屋支部	12,035	

第2章　原水爆禁止運動のもりあがり

川崎市藤崎町町内会	3,047	
日本婦人平和協会辻堂支部外11団体	8,354	
内外編物（株）綱島工場労働組合青年婦人部幹事会	1,620	
南林間協議会	1,972	
横浜市立大学碧水会	597	
横浜市立港高校生徒会	645	
横浜平沼高校生徒会	851	
関東学院生徒会クラブ有志	387	
湘南高等学校社会研究部	131	
田　中　宏　治	25	
横浜医大原水爆禁止対策委員会	700	
佐々木秀男	338	
静　岡　県	285,366	285,366
世界平和集会静岡県準備会	68,520	
沼津市原水爆を止めさせる会	9,232	
共生会全国代表者大会	54	
静岡県遠州地方北遠地区憲法擁護国民連合結成世話人会	1,396	
三島市原水爆反対の会	11,725	
稲生沢青年団	186	
太　田　英　雄	12	
静岡県婦人団体連絡会	179,423	
清水平和連絡会	2,324	
稲　葉　猶　吉	12,494	
愛　知　県	208,988	208,988
原水爆禁止運動愛知県協議会	133,174	
名古屋大学理学部物理学教室	312	
愛知県平和委員会	73,637	
百　瀬　昭　暢	96	
東邦理化工業労働組合	292	
名古屋工業大学職員組合	267	
全国商工新聞社愛知支局愛知県民主商工協会	343	
鈴　木　清　美	840	
愛知大学自治委員会	27	
岐　阜　県	64,210	64,210
岐阜県平和者会議発起人会	62,471	
吉　村　明　月	167	
岐阜県立加納高校	368	
碓　井　正　子	207	
県立岐阜高等学校生徒会	997	
三　重　県	285,544	285,544
三重県平和懇談会	186,833	
津市映画サークル協議会	1,851	
三重県地方労働組合協議会	94,696	
鈴　木　邦　彦	150	

田丸町婦人会	2,314	
山　梨　県	24,546	24,546
山梨県平和懇談会	8,544	
山梨詩人集団	1,602	
金　井　喜　美	20	
山梨県都留仏教会	13,835	
英　新　報　社	545	
長　野　県	798,375	798,375
長野憲法擁護連合	716,907	
上伊那郡憲法擁護国民連合	23,787	
松本平和懇談会	1,963	
上田市原水爆禁止運動協議会	31,070	
信州大学原水爆問題協議会	2,577	
信州大学医学部放射能症研究会	1,778	
日本ロマンローラン友の会長野県諏訪支部	550	
下伊那地区学生懇談会	4,458	
松本美須々ケ丘高等学校弁論部	182	
下伊那農業高等学校社会研究部	725	
八陽光学労働者	514	
長野県小県郡依田村連合青年団	1,250	
青木村青年団	2,869	
カリエス患者自治会，TB 自治会，付添婦会	112	
小諸市原水爆禁止署名運動協議会	9,471	
渋　谷　友　子	162	
新　潟　県	246,896	246,896
新潟県平和運動連絡会発起人会	233,805	
三条平和の会	6,607	
畑野村平和を守る会	2,011	
新潟県六日町	1,774	
夜明けの会	2,643	
河　内　栄　三	26	
原水爆禁止署名運動支部	30	
富　山　県	233,958	233,958
原水爆禁止運動富山県連絡会	233,958	
福　井　県	215,464	215,464
原水爆禁止署名運動福井県協議会	215,464	
石　川　県	15,195	15,195
石川県平和懇談会	12,850	
小松原水爆に反対する会	239	
山代町原水爆禁止運動実行会	2,106	
滋　賀　県	41,808	41,808
滋賀県平和連盟	9,907	
愛知高等学校新聞部	272	
憤煙詩人グループ	677	

八幡高校新聞部	437	
原水爆禁止署名運動彦根市連絡協議会	30,513	
京都府	326,221	326,221
京都平和センター	249,415	
西日本帰郷活動センター	45,320	
京都府立医科大学学生自治会	1,548	
同志社大学学友会本部	3,450	
奥村清子	147	
舞鶴市原水爆反対実行委員会	22,799	
全医労舞鶴支部	210	
京都府綴喜郡連合青年団	3,102	
京都府立洛北高校原水爆展実行委員会	230	
大阪府	1,245,173	1,245,173
水爆対策大阪地方連絡会	1,239,046	
大阪労働協会	678	
原水爆禁止東成区協議会	5,413	
安江瑛子	36	
奈良県	112,550	112,550
三本松村（仏教）各宗教会	1,635	
奈良県原水爆対策協議会	110,915	
和歌山県	8,000	8,000
和歌山県平和を守る会準備会	372	
和歌山大学平和センター	3,542	
海南市青年団連絡協議会	2,450	
国鉄東和歌山駅連区分会	563	
新宮高等学校生徒会	911	
京大臨海実験所	162	
兵庫県	185,513	185,513
世界平和集会兵庫県発起人会	169,248	
日本労働組合総評議会兵庫県地方協議会	12,000	
あゆみ会	120	
岡田義治	242	
関宮村青年団	1,911	
大屋谷青年団協議会	1,077	
竜野高校生徒会	875	
吉田省吾	40	
鳥取県	17,847	17,847
鳥取県東部平和連絡会	17,847	
島根県	360,166	360,166
長藤青年同志会	78	
島根県原水爆禁止運動世話人会	360,088	
岡山県	30,436	30,436
岡山県平和連絡協議会	29,246	
佐藤日出代（海友婦人会）	1,190	

広 島 県	1,018,371	1,018,371
原水爆禁止広島県民運動連絡本部	1,013,472	
坂革新青年連盟	184	
原水爆禁止広島学生協議会	4,715	
山 口 県	713,895	713,895
防府地区労働組合連合会	10,380	
防府原水爆反対学生連盟	2,399	
玖北青年団協議会	2,050	
山口県連合婦人会	600,000	
山口県下関市役所	93,564	
浅江地区青年団	293	
柳井市原水爆反対運動促進協議会	5,209	
愛 媛 県	215,526	215,526
愛媛県平和連絡会議	156,610	
川 口 豊	42	
森 田 恒 一	65	
愛媛県大学人会	80	
新居浜平和診療所	774	
徳 島 県	57,955	57,955
徳島県原水爆反対連絡協議会	55,000	
松 内 兼 吉	2,955	
高 知 県	195,169	195,169
高知県原水爆対策協議会	195,149	
吉 村 幹 雄	20	
香 川 県	53,664	53,664
香川県平和連絡会議	53,602	
高 石 道 子	62	
福 岡 県	296,580	296,580
九州平和会議準備会	191,328	
原水爆実験使用禁止運動直方市協議会	54,263	
原水爆禁止署名運動戸畑市協議会	25,557	
小倉市原水爆展実行委員会	7,468	
椎田町青年団	1,101	
田主丸町青年団	124	
滝 沢 三 郎	48	
大牟田歌う会	171	
小山（信子）光吉	12	
福岡県糸島郡前原町前原農協連盟	1,243	
福岡地区高校自治連盟	10,865	
東 原 澪 子	14	
長 田 正 孝	850	
久留米経理専門学校生徒一同	217	
小 倉 歌 う 会	388	
久留米市天神町　東和町　中	260	

国鉄門司地方本部小倉工場分室	2,671	
大　分　県	307,926	307,926
平和擁護大分県委員会	285,851	
植　松　義　理	16,057	
九州平和者会議準備会取扱	5,118	
熊　本　県	225,105	225,105
熊本平和の会	2,953	
熊本県平和委員会	987	
熊本県婦人連盟	198,722	
在日朝鮮統一民主戦線熊本県委員会	4,762	
在日朝鮮民主女性同盟熊本県本部	6,962	
日本看護協会保健婦会熊本県支部	289	
村　上　昭　夫	8	
木　村　光　雄	1,113	
日本看護協会看護婦会熊本県支部	2,890	
九州平和者会議準備会取扱	6,419	
佐　賀　県	122,969	122,969
佐賀県婦人連絡会	112,680	
佐賀県立鹿島高校生徒会	737	
九州平和者会議準備会取扱	9,552	
宮　崎　県	66,297	66,297
憲法擁護宮崎県民連合	60,328	
九州平和者会議準備会取扱	5,969	
鹿　児　島　県	107,903	107,903
外　園　哲	21	
加　藤　信　明	207	
鹿児島県教職員組合奄美支部原水爆禁止署名運動世話人会	92,082	
原水爆禁止運動川薩地方協議会	13,883	
金　井　昭	307	
九州平和者会議準備会取扱	1,503	
長　崎　県	158,056	158,056
九州平和者会議準備会取扱	81,490	
長崎県労働組合評議会	76,566	
全　国　団　体		
憲法擁護国民連合	6,665,646	6,665,646
全国セメント労組連合会	8,868	
全国電線工業労働組合	5,836	
全日本造船労働組合	16,724	
全国銀行従組連合会	205,000	
全石油産業労組協議会	12,270	
全日本電機機器労働組合連合会	58,200	
調達庁労働組合	3,862	

国立国会図書館労働組合	2,344	
みどりの会	844	
全日本青年婦人会議	6,393	
全日本倉庫労働組合同盟	9,901	
全日本出版印刷労働組合総連合	7,069	
全日本百貨店労働組合連合会	26,770	
キリスト教世界平和同盟	29	
全国麦酒産業労働組合連合会	34,021	
中小企業振興議員連盟	84	
横河橋染製作所労働組合	1,012	
憲法擁護神奈川県民連合鎌倉支部	7,834	
傘下地方組織	309,597	
総　　評	5,998,119	5,998,119
全国金属労働組合	100,674	
全印刷局労働組合	4,242	
全逓信従業員組合	101,686	
全日通労働組合	22,479	
全国司法部職員労働組合	12,508	
全国電気通信労働組合	67,802	
全駐留軍労働組合	34,341	
日本私鉄労働組合総連合会	127,447	
日本教職員組合	3,434,255	
全国紙パルプ産業労連絡会	17,392	
化学産業労働組合同盟	34,732	
全日本海運労働組合連合会	9,600	
全日本自動車産業労働組合	6,469	
合成化学産業労働組合連合	5,000	
全日本自治団体労働組合	177,346	
厚生省職員組合	1,500	
全建設省労働組合	7,511	
全商工労働組合	7,074	
全農林省労働組合	320,148	
全農林省労働組合傘下地方組織	1,505,913	
人類愛善会（大本教）	1,499,903	
平和擁護日本委員会	1,608,497	1,063,446
アカハタ本局	72,974	
共同通信原水爆禁止署名運動協議会	1,246	
日ソ親善協会	8,929	
日本YMCA	5,281	
国際友和会日本支部	1,461	
日本看護協会	35,233	
アジア太平洋地域日本平和連絡会	15,664	

日本炭鉱主婦協議会	218,208	
全国友の会	51,289	
時事通信本社有志	107	
キリスト者平和の会	21,643	
全国看護労働組合	2,425	
スバル社	4,156	
水産冷凍労働組合協議会	10,866	
日本国民救援会本部	79	
映画演劇労働組合総連合	4,805	
全専売労働組合	64,905	
全労働省労働組合連合会本部	5,230	
新日本医師協会	7,750	
青年法律家協会	366	
全国地域婦人団体連絡協議会	700,000	
日本青年団体協議会	72,289	
日本戦歿学生記念会	41,155	
日農総本部扱	125	

7月30日以降8月4日までに集計されたもの

大夕張炭坑労働組合		5,215
釧路平和の会春採支部		44
茂尻婦人会		438
花巻南高等学校		43
むつみ婦人会	2,480	
中野平和婦人会	456	
前島志内代	189	
東京税関職員有志会	338	
厚生省職員組合	1,500	
三条交通KK	4	
日本芸術学部自治会	615	
秦野地方原水爆禁止運動の会富士フイルム愛好会	104	
武居つや子	170	59
湖東青年団	1,666	
松本市青年団連合会	3,490	
全電通大阪市外電話局支部有志	74	
岩倉塩子		19
新潟市桑名病院恵友会		66
岡谷高校定時制高教組		20
小泉初男		98
アカハタ大胡分局		201
千代田区立公民館		650
西田順子		47
小松青年団		14,126
大関平和評議会		5,254

田中陸奥		233
コロモ平和を守る会		991
神野芳枝		157
安田成正		300
富田杏二		29
長野県憲法擁護連合		69
加藤弘，大田弘，藤村理人		171
杉の子会		851
小樽原水協		65,327
柏木正一		1,771
小林幸		52
岡田康明		58
明石原水協		7,334
都立青山高校		50
都立工業大学		1,585
川崎有市志		125
全日本赤十字従組連合会		63
中央区メダカの〔会〕	113	
平塚長吉		12
大阪医科大学		374
日本共産党置場地区委員会	3,415	223
熊本市金子		40
全日本金属大阪岡本分会		210
山藤義弘		373
佐久間亭		39
県教組田村支部事務所		23
吉田久雄		102
岡本宏		5
八戸原爆禁止の会		853
日本共産党岐阜県委員会		126
小峰亥太郎		805
岩手県立花巻南高等学校		43
気仙沼原水爆禁止世話人会		48
秋田県教職員組合		1,330
藤村理人		288
アルファ芸術陣		10
信大医学部放射能症研究会		27
岡谷市議会		30
見崎吉男		52
三条平和の会		18,069
原水爆禁止運動富山県連絡会		30
鈴江澄子		18
ニッポン展委員会		100
佐渡汽船会社		22

結核療養者		12
中央気象台職員組合		294
三菱造船労働組合		7
石山久男		83
かしのみ読書会		15
杉並こだま青年会		207
日本農業研究所職組		40
あざみ会		98
西村富美子		30
桐朋女子高等学校生徒会		459
都立北園高校生徒会		273
川上宣子		374
中西久雄		38
明治学院大学社会科学研究会		199
全印総連中央地区協議会		15
はとや菓子店		13
都立大泉高校生徒会		118
日本共産党大島細胞		67
日赤従組連合会		1,267
法政大学アジア問題研究会		48
アカハタ多治見分局		27
日本基督教団田辺教会		196
部落解放委員会		235
長崎銀屋町教会		107
関西大学ユネスコ研究部		2,484
原水爆禁止王子協議会		1,544
東洋高圧労組大牟田支部青婦部		966
長崎県立長崎東高等学校		686
日本看護協会看護婦会熊本県支部		482
緑の会幡多支部		74
新八州光学労組		125
和歌山県平和を守る会準備会		77
仲よし学習会		50
8月3日以後追加数		
国立横浜病院患者親和会		263
原水爆禁止運動郡山協議会		1,463
畔柳哲男　外個人3名		725
畑野村平和を守る会		640
全基準労働組合東京支部		61
みどり婦人会		105
中原綾子		419
加村崇雄		17
日本医科大学自治会		5
和歌山県	67,049	

全基準労働組合愛知支部		29
全統計労組栃木支部		238
全畜産労組岩手種畜牧場支部		84
日蓮宗尼僧法団		
平和擁護郡山市委員会	1,880	828
大田野村平和を守る会		160
原水爆禁止世界大会杉並準備会	76	15,562
日農北海道支部		64
沼津平和懇談会		
全国気象職員組合協議会	1,646	147
日本教職員組合		128,420
東京都世田谷区　井口省司	15,694	43
茨城県東茨城郡大洗町　吉川繁		
長野県高教組松筑支部	270	21
埼玉県行田市　岩田芳夫		
静岡県下田港　稲葉猶吉	812	
東京石神井　おたまじゃくしの会	2,850	191
平和擁護日本委員会追加		45,458
東京平凡社		100
古河市原水爆禁止運動世話人会	100	1,969
日教組（足立教組）		6,930
サカウエ平和委員会（電報）	17	816
キリスト者平和の会		5,254
日本青年団協議会		
村山病院　野口浩	16,010	38
全国通信労働組合		
三条平和の会（伊藤総司）	4,958	18,195
長野県屋代郵便局外1	4,102	47
全法務庁職組		1,006

第2節　地域から国民運動へ

2—1　水爆禁止署名運動杉並協議会

全日本国民の署名運動で水爆禁止を全世界に訴えよう

　広島長崎の悲劇についで，こんどのビキニ事件により，私達日本国民は三たびまで原水爆のひどい被害をうけました．死の灰をかぶった漁夫たちは世にもおそろしい原子病におかされ，魚類関係の多数の業者は生活を脅かされて苦しんでいます．魚類を大切な栄養のもととしている一般国民の不安も，まことに深刻なものがあります．

　水爆の実験だけでもこの様な有様ですから，原子戦争がおこった場合のおそろしさは想像にあまりあります．たった4発の水爆が落されただけでも，日本全国は焦土となると言うことです．アインシュタイン博士をはじめ世界の科学者たちは，原子戦争によって人類は滅びると警告しています．

　この重大な危機に際して，さきに国会で水爆禁止の決議が行われ，地方議会でも同じような決議がおこなわれるとともに，各地で水爆禁止の署名運動が進められています．しかしせっかくの署名運動も別々におこなわれて

いては，その力は弱いものです．ぜひこれを全国民の署名運動に統合しなければなりません．

杉並区では区民を代表する区議会が4月17日に水爆禁止を決議しました．これに続いて杉並区を中心に水爆禁止の署名運動をおこし，これをさらに全国の署名運動にまで発展させましょう．そしてこの署名にはっきりと示された全国民の決意にもとづいて，水爆そのほか一切の原子兵器の製造・使用・実験の禁止を全世界に訴えましょう．

この署名運動は特定の党派の運動ではなく，あらゆる立場の人々を結ぶ全国民の運動であります．またこの署名運動によって私たちが訴える相手は，特定の国家ではなく，全世界のすべての国家の政府および国民と，国際連合そのほかの国際機関および国際会議であります．

このような全日本国民の署名運動で水爆禁止を真剣に訴えるとき，私たちの声は全世界の人々の良心をゆりうごかし，人類の生命と幸福を守る方向へ一歩を進めることができると信じます．

　　1954年5月
　　　　　　水爆禁止署名運動杉並協議会

水禁署協第1号（5月15日）
　　　　　　水爆禁止署名運動杉並協議会
　　各実行委員殿
運動実行要領其の他の件

去る5月13日（木）午後3時より公民館において開催した第1回実行委員会は，区議長宇田川鎭太郎氏，教育委員川西文夫氏，社会福祉協議会常務理事茂又一郎氏ほか，各種婦人団体，職組，労組等各方面の実行委員並びに，報道関係各社多数の参集を得て盛会裡に行われましたが，その際緊急を要する今後の運動実行要領其の他事務上重要な決議がなされましたので，取敢ず左の通りお知らせいたします．

左記要領により，所期の目的達成のため一層の御尽力をお願申上げます．

　　記
一．第1期の署名目標　向後1ヶ月間に10万名以上を獲得すること．

二．期間の区分　5月13日より6月10日迄を第1期と定め，その間を更に5月20日，6月5日，6月10日の3期に分けて報告集計を行うこと．

三．活動要領

(一)　本運動の趣旨にかんがみ，家庭，職場，団体等広く各方面にわたり，深く運動を徹底せしめることに重点を指向し，このため新らしい実行委員及び委員（特に団体関係者）を多数獲得するよう努めること．

(二)　右の場合，新委員の委嘱は各実行委員の裁量により適宜決定して議長に報告すること．新実行委員については，現実行委員の推薦又は議長の判断により議長より委嘱すること．

(三)　寄金運動及び寄金受入は原則として奉賀帳式のものにより，各実行委員が適宜処置し，会計を経て議長に報告すること．

(四)　街頭署名運動は予め実行委員会に届け出てから行うこと．
　　（警察関係に対する届出は実行委員会において一括して行う）

(五)　署名簿を実行委員，世話人等に渡す場合は，名簿記入の番号により渡先を記録し且つ署名済の名簿にはその余白に当該名簿の取扱者（実際にその名簿の署名に責任を以って努力された世話人，委員等）の氏名をなるべく記入すること．

(六)　署名簿の配布は第1回目は公民館室で行いますが第2回目（補充分）からは取敢ず左記の連絡個所でお受取下さい．〔4ヶ所——略〕

(七)　運動地盤調整の件
　　運動地盤の競合ということが，活溌な運動の及ばない地域又は団体等と共に将来必ずや問題になると思われるので，本件に関しては，来る20日開催の第2回実行委員会において取上げ，これが調整乃至対策を講ずる積りであるが，取敢ずこの問題は余り懸念せず，各自その力の及ぶ範囲を積極的に運動すること．

(八)　ニュースの発行

(九)　ポスターの作成　2色刷2000枚

四．事務組織の決定〔略〕
五．第2回実行委員会の開催〔略〕
六．寄金額は14日現在判明分として，宇田川鐐太郎氏（区議会議長）5000円，明石亀太郎氏1000円，飯野藤雄氏1000円，今井新太郎氏500円，魚商組合杉並支部3000円，婦人会15団体3300円，計1万3800円であります．

加入者関係団体名（54. 5. 20現在）
杉並区議会，蚕糸労組，婦人団体協議会，杉教組，岩崎通信労組，都職杉並支部，荻窪土建，杉並農協，杉並生協，井草原水爆禁止期成会準備会，民商協同組合杉並支部，あざみ会，潤話会，杉の子会，中学PTA協議会，小学PTA協議会，泉会，阿佐谷平和懇談会，土曜会，気研職組，杉並社会福祉協議会，杉並文化人懇談会，杉並教育委員会，杉並区医師会
以上24団体

2—2 原水爆禁止運動広島協議会

原，水爆禁止県民運動
　　8月6日に県民大会へ
　　　署名は7月末まで
　世界最初に原爆の惨禍を受け人類最大の惨状に遭ぐうした広島にとって8月6日は忘れることの出来ない日であります．
　永遠に平和を願う母として又婦人としての，立場から，原爆，水爆禁止の声が叫ばれ，去る5月15日には広島市民大会がひらかれ，これを全国的に呼びかけるべく去る6月18日新潟において開催された全国地域婦人団体連絡協議会総会には，広島県より特にこの問題について提案したのであります．そして27県の代表参加者において決議され，世界の婦人に呼かびけ全世界の婦人はかたく手をとりあって原水爆による惨禍を再び人類の上にもたらさないために国民の世論をもりあげ平和こそ女性の愛によって実現されると信じるのです．去る6月29日は都市の代表の評議員会をひらき，この問題についていろいろと討議されました結果県民運動を行い，それぞれの地域に応じて婦人会が主体となってPTA或は各種団体との連絡をとって実施することになり大会をもたれる場合には希望によれば県婦協において講師の斡旋をすることになっています．
　8月6日は広島においてPTA連合会，県婦協，と県青連が中心になって，原子兵器禁止広島県民大会が催され，広島の願望を広く全世界に訴えるためにあの忘れ得ぬ日に行われるのです．国民の世論を結集するために100万人の署名運動が展開され，地域地域において行い，7月末日までに届けて頂き，8月6日の大会において集録発表は各郡市別に行われることになっています．私たち婦人は今こそたちあがるべきではないでしょうか．みなさまの御協力をお願いします．

署名運動依頼
　原子兵器が人類に未だかつてない脅威を与え，その製造使用の禁止を要望する声は，今や世界の世論になりつつあります．
　PTA県連並に県婦協においても，各大会において禁止決議を行い，中国5県婦人懇話会並に，5月15日の富山市における全国PTA大会，6月18日新潟における全国地域婦人団体連絡協議会に提案し，何れも全国大会の決議として世論の喚起につとめ，関係各方面に対して之が禁止の速かなる実現を要請することになったのであります．然るところ今回PTA，婦人団体，青年団体等が中心となり，県下の各機関各団体を糾合し，原子兵器禁止広島県民運動本部を設置し，相共に力を協せてその目的達成に邁進することになりました．
　運動実施の当面の目標として8月6日の原爆記念日を期し，100万人の署名運動を展開致すことになりましたので，各単位PTA並に婦人会におかれましては2者が中心となり，各関係団体に御協議の上，全町村の運動として強力に展開し，100万人署名の目的達成に御協力下さいますよう，お願い申し上げます．なお各郡市又は町村において，大会等を計画せられる場合には，PTA，婦人会共に連絡協調して共催の形において実施せられるよう，特に要望致します．
　　　　　　昭和29年6月30日
　　　　　　　広島県 PTA 連合会

会長　大西八郎
広島県地域婦人団体連絡協議会
委員長　畠しげ子
各郡市ＰＴＡ連合会長殿
各郡市婦人連合会長殿
各 PTA 会長殿
各婦人会長殿

署名運動実施要領
一．署名用紙は本部で印刷し，各郡市婦人連合会を通して各町村の婦人会長の手元に送ります．
二．各町村ではPTA，婦人会が中心となり，関係団体と協議の上全町村運動として実施して下さい．
三．署名には，住所，印を要せず氏名だけで結構です．
四．自分の姓名の書き得る人には一人残らず署名して貰って下さい．なお，代理署名でも結構です．
五．署名に当っては，この運動の趣旨をよく説明して，啓蒙に資して下さい．
六．各用紙とも余白のないように署名して下さい．
七．署名は七月末日までに必ず取りまとめ，各町村毎に広島市宝町婦人会館気付，原子兵器禁止広島県民運動本部宛御送付下さい．
八．県婦協で「原水爆禁止運動」と言っていたのを，「原子兵器禁止運動」と呼ぶことにいたしました．
〔広島県地域婦人団体連絡協議会「県婦協」第64号　54．7．1――『広島県史』原爆資料編〕

決　議
　ビキニの水爆実験以来，原爆，水爆禁止への叫びが澎湃としておこり，広島県下においても平和と人類の幸福をねがう70余の団体が政治，宗教，思想等の立場の相違を超えて大同団結し，県下に100万人の署名運動と一大啓発運動を展開してきた．
　今日，9度目の8月6日をむかえるにあたって，私たちは，ここ爆心の地平和記念広場に参集し，一瞬のうちに消えさった20余万の同胞の凄惨な運命と，今なおその病禍に呻吟する1万の不幸な人々の苦悩を想うとともに，原子兵器の発達が人類の存立に脅威を与えている現状に戦慄の思いを禁ずることができない．
　ここに全県下を始め，広く全国から参集した本大会参加者の名において，左の決議をなし，国際連合ならびに関係各国にその急速な実現を要望するものである．
一．原子兵器の製造，実験ならびに使用の禁止
一．原子兵器の禁止および原子力管理のための国際会議の即時開催
1954年8月6日
原爆，水爆禁止広島平和大会
〔『広島県史』原爆資料編〕

原爆水爆禁止署名郡市別一覧
(54. 8. 25 現在)

総数	101万3472名
広島市	12万8105名
呉　市	7万2359名
三原市	2万7652名
福山市	3万4280名
尾道市	2万9972名
松永市	2万110名
府中市	1万3503名
因島市	2万1508名
三次市	112名
賀茂郡	7万3891名
御調郡	3万1917名
沼隈郡	4万1813名
芦品郡	2万3620名
安佐郡	5万1010名
比婆郡	7750名
世羅郡	2万1296名
豊田郡	7万3277名
佐伯郡	6万1061名
高田郡	4万2248名
安芸郡	8万735名
山県郡	4万4080名
神石郡	1万3600名
甲奴郡	1万1320名
深安郡	4万4559名
双三郡	4万704名

〔「県婦協」第66号　54・9・1――『広島県史』原爆資料編〕

2—3 原爆水爆禁止署名運動豊島区協議会

署名簿

原爆水爆禁止署名運動
豊島区協議会

人類の生存と平和のために原爆水爆の使用を禁止すべきである

原爆水爆禁止署名運動に賛成いたします

住所　氏名　年令

第2章　原水爆禁止運動のもりあがり

署名運動実行役員

一、会長　須藤喜三郎
一、副会長　区長
一、区会副議長
区議会議員
同　区議員
同　顧問
助役
一、常任幹事
一、区議会議員
一、各種団体代表者
町会長並類似団体代表者、各地区各種委員、

（第一地区）
（第二地区）
（第三地区）
（第四地区）
（第五地区）
（第六地区）
（第七地区）
（第八地区）
（第九地区）

一、幹事、衛生相談員、地区協力員、

御尊名に万一誤字のありました節は御容赦願います（氏名の省略もあり）

原水爆禁止署名運動豊島
区協議会事務局
（豊島区役所総務課並区議会事務局）

2—4 横須賀市での運動

水爆被害の実情を訴える
　市民の皆さん！
　皆さんのお台所に入るマグロに危険なものは一つもないのに「原爆マグロ」などと云う馬鹿げたものがあらわれてわれわれ業界の被害は云うに及ばず皆さんの御不安は甚大だと思います．そこで真相をお伝えするために来る〔1954年〕5月8日午後1時から，横須賀魚市場を会場に水爆被害実情報告大会をやることになりました．
　市民の皆さん！
　水爆被害はただ魚屋だけのものではありません．皆さんの頭の上に死の灰がふりかかっている問題なのです．
　ではどうしたらよいか？
　どうか水爆被害実情報告大会で私たちの真剣な訴えを聞いて下さい．
　文学者や専門家の云うところを聞いてどんなに恐ろしいことが起っているのかを知って下さい．そして冷静に対策を考えて下さい．
　死の灰が頭の上を舞う日本の現状について憂える方は一人のこらず来て下さい．
　　水爆被害実情報告大会
　　　時＝5月8日午後1時より晴雨に不拘
　　　所＝大滝町　横須賀魚市場内
　　　　報告者・団体（順序不同）
　　　　　全国魚卸売市場連合会
　　　　　全国水産物小売団体連合会
　　　　　神奈川県魚市場連合
　　　　　焼津漁業協同組合
　　　　　太平洋漁業対策三崎地方本部
　　　　　三崎漁類株式会社
　　　　　三崎船員組合
　　　　　日魯漁業株式会社久里浜支社
　　　　　市立病院　林信雄博士（医学）
　　　　　横須賀学院長　武部啓博士
　　　　　衆議院水産委員長　田口長次郎氏
　　　後援（順序不同）
　　　　　横須賀鮮魚商業組合
　　　　　横須賀飲食店組合
　　　　　横須賀地区労働組合協議会
　　　　　横須賀官公庁労働組合協議会
　　　　　横須賀生活協同組合
　　　　　横須賀母の会
　　　　　横須賀商工会議所
　　　　　横須賀工業倶楽部
　　　　　横須賀新生婦人会
　　　　　横須賀赤十字会
　　　　　横須賀仏教会
　　　　　横須賀基督者平和の会
　　　　　横須賀基督教教育連盟
　　　　　横須賀日本基督教会
　　　　　三横新生活商業協同組合
　　　　主催　株式会社横須賀魚市場
　　　　　　　　　　責任者　府川増吉

　決　議
　本年3月以来，引続き南太平洋方面水域に於て行われた水爆実験が日本人の生活に重大な影響を与えているので，次の事柄を速かに実現して戴くよう，関係当局に強く要請する．
一．原水爆（原子力兵器）の製造，実験を絶対に禁止して下さい．
一．被害業者に対する税の減免並に特別金融，被害船員の徹底的治療その他一切の水爆被害を全額国家で補償して下さい．
一．国民が懐いている魚食に対する不安感を除くすべての処置を講じて下さい．
　右決議致します．
　　昭和29年5月8日
　　　　　　　　　　　　横須賀市民大会
　　　　　　　　（会場　横須賀市大滝町1ノ21
　　　　　　　　　　　株式会社横須賀魚市場内

"原水爆反対"署名の御ねがい
　市民のみなさん
　原水爆がどんなに恐ろしいものであるかは，あの広島や長崎や先日のビキニの実験の結果を知っている私達には明らかです．こんな恐ろしいものをソ連であろうとアメリカであろうとその他のどんな国であっても造ったり，実験したり，まして，万一にもこれを使うようなことは，絶対に止めて貰わねばなりません．
　しかし，ただ日本人ばかりでそれを云っていても駄目です．私たちの気持を真剣に世界

各国の人々に訴えましょう．それで，みなさんの「原水爆反対」をハッキリあらわすために，ここに署名して，それを国連に送りとどけ世界の各国——殊にソ連，アメリカ，英国，フランス，中国などに私たちの意志を伝えたいと思います．勿論このことは日本政府にも上申しますので，2枚に御署名下さい．

　　　昭和29年6月
　　　　　　　横須賀平和の会仮事務局
　（横須賀市若松町3の20　市立図書館内）
横須賀平和の会世話人（五十音順）

安藤馬吉	高橋喜八郎	畑宗一
岩田義一	高橋与四太郎	林信雄
岡本伝之助	高畑荀	広田兵吉
筧すえ子	竹折輝達	広田重道
加藤勇	竹田平	府川増吉
加藤木保次	武部啓	藤原宗夫
北見喜代司	竹本宗定	松岡春枝
小池泉	田中敏子	三輪英聰
小林宏	谷川武	村瀬春一
近藤正二	徳永あさ	本橋与志男
坂本晃	中村末太郎	山田福子
島田英之	長島秀吉	渡辺竜一
鈴木智也	波島覚文	

私達は原水爆の製造と使用と実験の禁止を要求して，ここに署名します

（署名欄：住所氏名印＝住所氏名印）

横須賀平和の会世話人名簿（54. 7. 29現在）
　　氏　　名　　所　属（五十音順）

氏名	所属
安藤　馬吉	経理協同組合
岩田　義一	魚の会
石井　要次郎	保護司会
石川　小太郎	幼稚園
石塚　仲次郎	第二町会
稲川　寅次郎	
内田　正文	県職労連
岡本　伝之助	みのり会
小倉　文司	海光製菓，横須賀キャス
岡田　正隆	本町クラブ
逢坂　敏男	短歌会
大芝　桑雄	司法保護司
筧　　すえ子	母の会
加藤　　勇	生活協同組合
加藤木　保次	赤十字会
金子　吉造	横須賀観光協会
笠原　清一郎	選挙管理委員会
北見　喜代司	北見青果市場
木村　敬男	教育委員
倉田　　栄	盲人協会
小池　　泉	高校PTA
小林　　宏	基督者平和の会
小久保　尊栄	経理協同組合
近藤　正二	青年協議会
坂巻　和一	環境浄化連盟
坂本　　晃	ヨセフ病院
近藤　正是	多治見製作所労組
佐久間　一郎	関東自動車
島田　英之	浦賀魚市場
島田　一志	中央青少年連盟
鈴木　智也	教育委員
鈴木　平馬	市教組
高畑　　荀	読書会
竹折　輝達	小学校PTA
竹田　　平	図書館
武部　　啓	横須賀学院
竹本　宗定	日本基督教会
竹本　和夫	JOC
田中　敏子	新生婦人会
谷川　　武	商工会議所
高橋与四大郎	飲食店組合
高橋　喜八郎	三横衛生協

高橋　正之	浦賀ドック労組	
高橋　孝二	前公安委員長	
武田　嘉男	県盲人協会	
千野　英秋	高教組	
徳永　あさ	文部省PTA委員	
徳間　正雄	武山労組	
鳥海　佳子	婦人民主クラブ	
中村　末太郎	青果市場	
中村　午治	関東燃料	
内藤　正一	田浦全逓労組	
長島　秀吉	地区労	
波島　覚文	仏教会	
畑　　宗一	神社庁支部	
林　　信雄	市立病院	
原田　三郎	医師会	
広田　兵吉	保育園	
広田　重道	日本子供を守る会	
平石　多喜二	歯科医	
平井　篤郎	弁護士協会	
府川　増吉	魚市場	
藤原　宗夫	社会福祉委員会	
堀　　幸男	児童福祉協会	
松岡　春枝	新生婦人会	
前田　　勇	佃煮惣菜組合	
三輪　英聰	文化協会	
宮内　喜代次	横須賀メリヤス	
村瀬　春一	工業クラブ	
本福　与志男	幼稚園	
森　　辰衞	食販協組	
山田　福子	JOC	
横山　末一	官公労	
横山　栄吉	酒類商協組	
吉田　益蔵	理容相互KK	
吉村　慶二	市職組	
渡辺　竜一	横須賀子供を守る会	
渡辺　美代	追浜主婦の会	
若狭　文蔵	ぎをん百貨店	

2―5　原爆禁止を要望する日本の医師の会

「原爆禁止を要望する日本の医師の会」
全国集会へのよびかけ
　広島，長崎についで第3回の水爆被害がビキニの実験によってわれわれの頭上にもたらされました．23名の日本漁夫の被爆の他に原爆マグロ，放射能雨，放射能野菜によって恐怖は全日本を被い，われわれの生存そのものがおびやかされています．人の生命を守るわれわれ医師としてこのような情態をだまってみているわけには行きません．水爆はその灰による急性放射症でも或程度以上のものは治療の方法がなく，予防するには水爆を禁止するより他に手がないことは周知の事実であります．更にその想像を越えた破壊力を思う時，今や人類は非常な危険に追いこまれているといわねばなりません．

　われわれはどうしても，われわれの手によって水爆を禁止させねばなりません．これこそ三度原爆の被害を受けたわれわれ日本人の権利であり，日本の医師の義務であると考えます．

　今日すでにこのような考えで行動しておられる医師は非常な多数に達しています．

　京都，大阪では大学，学生，医師会，病院のみならず各種団体が共同して大きな運動を起しており，大阪では59団体の参加をみています．

　われわれも本月16日在京発起人会を開いて意見を述べあい，この運動を日本の全医師の運動とするため日本医師会が取上げるように申入れをし，日医理事会ではこれを採択しました．更にストックホルムの世界平和大集会に日本代表として，われわれの会から大脇範雄氏を選出し，これは日本代表の選考委員会で決定され，6月中旬出発されることになりました．

　そして全日本の医師の原水爆禁止を要望する決意を結集し，世界によびかけるために全国集会を開くことを申合せ，その期日を6月6日とし，東京で開くことに決定いたしました．

　われわれは先生がわれわれの趣旨に御賛成の上，この運動の先頭に立ち，進んで6日の集会に御参加下さるようお願いたします．尚，代表派遣を含めこの運動を進めるための費用について積極的な御援助を与えて下さることを期待しています．

昭和29年5月25日
「原爆禁止を要望する日本の医師の会」発起人（イロハ順）

日 本 医 師 会	犬 飼	正
群　　　　大	稲 見 好 寿	
群　　　　大	井 関 尚 栄	
横 浜 医 大	萩 野 紀 重	
公 衆 衛 生 院	浜 口 剛 一	
聖 路 加 病 院	橋 本 寛 敏	
京　　　　大	西 尾 雅 七	
群　　　　大	西 成 甫	
日 本 医 師 会	鳥 居 恵 二	
国　　　　鉄	千 葉 保 之	
日 本 医 師 会	河 島 光	
日 本 医 師 会	加 藤 義 夫	
横 浜 医 大	吉 村 義 之	
	田 沼 宗 市	
駒 沢 病 院	田 沢 鐐 二	
公 衆 衛 生 院	月 橋 得 郎	
日 本 医 師 会	中 村 復 一 郎	
日 本 医 師 会	中 村 卓 次 郎	
芝 診 療 所	上 原 三 雄	
日 本 医 師 会	遠 藤 朝 英	
日 本 医 師 会	飯 島 庸 徳	
新 医 協	岩 崎 秀 之	
日 本 医 師 会	井 関 健 夫	
慶　　　　大	林 髞	
日 本 医 師 会	花 岡 和 夫	
東　　　　大	羽 里 彦 左 エ 門	
慶　　　　大	西 田 敬	
東　医　　大	本 島 柳 之 助	
藤 間 研 究 所	藤 間 み か ゑ	
結 核 予 防 会	渡 辺 博	
日 本 医 会	川 島 震 一	
順 天 堂 大 学	縣 田 京 躬	
日 本 医 師 会	高 島 克 己	
横 浜 医 大	高 木 逸 磨	
	塚 田 治 作	
日 本 医 師 会	成 田 至	
日 本 医 師 会	名 和 英 二	
日 本 歯 大	長 沢 米 蔵	
	浦 本 三 嗣	
横 浜 医 大	野 口 義 閎	
神 奈 川 大	大 林 新 治	
日 本 医 師 会	大 畑 仁 男	
日 本 医 師 会	大 脇 範 雄	
日 本 医 師 会	窪 田 憲 裕	
結 核 予 防 会	隈 部 英 雄	
東　　　　大	熊 谷 洋	
群　　　　大	山 添 三 郎	
慈 恵 医 大	山 岸 精 美	
産 児 調 整 連 盟	馬 島 僴	
日　　　　大	前 原 信 勝	
日 本 医 師 会	古 畑 穂 善	
	福 田 昌 子	
東　　　　大	小 池 五 郎	
	小 畑 惟 清	
労　　　　研	暉 峻 義 等	
九　　　　大	猿 田 南 海 雄	
保 険 医 会	北 川 和 男	
結 核 予 防 会	湯 沢 健 児	
日 本 医 師 会	水 越 玄 郷	
群　　　　大	菱 山 深 夫	
清 瀬 病 院	島 村 喜 久 治	
日 本 医 師 会	島 倉 孝	
日 本 医 師 会	重 松 逸 造	
新　　　　潟	平 山 順 吉 郎	
日　　　　大	久 代 登 喜 男	
東　邦　　大	森 田 久 男	
公 衆 衛 生 院	鈴 木 武 夫	
東 京 療 養 所	砂 原 茂 一	
結 核 予 防 会	大 林 容 二	
日 本 医 師 会	岡 本 寛 雄	
横 浜 医 大	大 熊 篤 二	
新 医 協	久 保 全 雄	
	黒 屋 政 彦	
日 本 医 師 会	安 田 二 郎 治	
	山 本 杉	
千　葉　　大	柳 沢 利 喜 椎	
日 本 医 師 会	丸 茂 重 貞	
日 本 医 師 会	慶 松 羊 三	
九　　　　大	藤 野 博	
結 核 予 防 会	小 池 昌 四 郎	
公衆衛生福祉協会	近 藤 宏 二	
予防衛生研究所	小 宮 義 孝	
歯 科 医 科 大	荒 谷 真 平	
順 天 堂 大	坂 本 島 雄	
日 本 医 師 会	絹 川 常 二	

結核予防会　御園生圭輔
伝　　　　研　宮崎吉夫
横浜医大　宍戸昌夫
日本医師会　志村国作
公衆衛生院　滋賀秀俊
昭　和　大　白井伊三郎
日本医師会　平山羊介
中　央　大　久松栄一郎
結核予防会　鈴木邦夫
日本医師会　鈴木佐内
栄養研究所　鈴木慎次郎
　事務所　東京都港区芝白金台町
　　　　　都立公衆衛生院
　　　　　　　　　滋賀秀俊
　　　　　　電話（49）7111

学会総会にあたって
　医学者の皆さまに
　原水爆禁止を訴えます
　医学会総会に参加されている医学者の皆様．学会の成功のためあらゆる協力をして下さっている京都市民の皆様．
　この未曾有の大学会が，かくも平和な雰囲気の中に開催されることが出来ますことを，皆様とともに喜びたいと存じます．
　御承知の様に，この総会では，久保山さんの死因について始めて科学的な所見が発表されるのをはじめ，各分科会の席上でも人工放射能の人体に及ぼす恐ろしい影響について様々な角度から明らかにされます．
　原子力戦争の危機は深まっています．
　台湾問題について戦闘が始まったならば原子兵器を使用することを，アメリカの当局者は言明しています．欧州軍の原水爆使用の権限は軍司令官の手に委ねられ，しかもモンゴメリー司令官は原子力の使用を主張しています．
　鳩山首相また日本での原水爆貯蔵を認めると言明しています〔ママ〕．
　原子力戦争の準備は着々進められています．原水爆の禁止は，今や平和を願う全世界の人人の関心の的となって来ました．
　この時にあたって，日本の医学者が敢然と原水爆の実態を公式の学会の席上で明らかに

される誠意と勇気とに対して，深い敬意と感謝を表しないわけには参りません．
　我々の知るところでは，この様な医学者の勇気と良心とは，さらに全世界の医学者たちと結んで，都築，隈部，滋賀の諸博士を中心として，人工放射能の実態を科学的に明らかにするため，世界放射能医学会議を，5月頃に実現するに至っております．
　我々は，原水爆禁止を願っている医師の集りとして，この様な医学者の医学的良心と勇気とを，全医師，全国民の声援によって守ってゆくことをお願いし，併せて原水爆の禁止のための運動をさらにさらに前進させることを訴えるものであります．
　　1955年4月
　　　　　原水爆禁止を要望する医師の会

2—6 原水爆禁止署名運動全国協議会

結成宣言
　広島・長崎およびビキニの痛切な体験にもとづき，原水爆禁止を要望する日本国民の総意を結集するため，我々はここに原水爆禁止署名運動全国協議会を結成する．本協議会は各地で各団体により行われている署名運動と連絡し，その署名の総数を全国的に集計する．我々はこの署名にあらわれた日本国民の総意を内外に訴え，原水爆禁止に関する世界の興論を確立し，もって原水爆の脅威から人類の生命と幸福を守ろうとするものである．
　　1954年8月8日
　　　　　原水爆禁止署名運動全国協議会
　　代表世話人　有田　八郎　植村　　環
　　　　　　　　大内　兵衛　奥　むめお
　　　　　　　　賀川　豊彦　片山　　哲
　　　　　　　　北村徳太郎　椎尾　弁匡
　　　　　　　　羽仁もと子　村田　省蔵
　　　　　　　　山田　三良　湯川　秀樹
　　　　　　　　　　　　　　（五十音順）

原水爆禁止署名運動全国協議会趣意書
　広島・長崎の悲劇について，今回のビキニ事件により，日本国民は三たびまで原水爆の恐るべき被害をうけた．ビキニ環礁における

第2章 原水爆禁止運動のもりあがり

水爆実験が国民生活に及ぼした影響は，当初の予想よりも遙かに広汎かつ深刻なものがある．実験のみでもかかる重大な結果を生ずるのであるから，原子戦争が開始された場合の惨禍は想像にあまりある．世界の科学者たちは原子戦争によって人類は亡びると警告している．

ここにおいて原水爆の脅威から生命と幸福を守ろうという声が期せずして各方面から叫ばれはじめた．それはあるいは国会や各地方議会の決議となってあらわれ，あるいは日本学術会議その他の学会の声明となってあらわれている．特に注目に値するのは，これについて一般国民が直接の意思表示をしはじめたことである．それは原水爆禁止署名運動という形をとっている．

原水爆禁止署名運動はいま全国各地で進められている．その先頭に立っているのは，地域団体・婦人団体・青年学生団体・宗教団体・教育団体・文化団体・社会福祉団体・労働団体・平和団体その他さまざまの団体であり，憲法擁護国民連合のごとき連合体もこの運動を推進している．それが決して特定の立場や党派に偏した運動でないことは，各地における署名運動の実態がよくこれを証明している．

しかしせっかくの原水爆禁止署名運動も，各地で各団体により個々別々に行われるだけでは，その力は弱いものである．原水爆禁止を要望する日本国民の総意を結集するためには，ぜひ各署名運動の連絡をはかる全国組織をつくらなければならない．この問題につき各界有志の間で慎重審議を重ねた結果，別紙要綱のごとき原水爆禁止署名運動全国協議会を結成することに決定した．

原水爆禁止署名運動全国協議会は自ら直接に署名運動を行うものではなく，各地で各団体によりそれぞれの性格をもって行われている署名運動と連絡し，その署名の総数を全国的に集計するものである．かかる全国協議会は全国民の信頼をうけ，各地・各団体の署名運動の参加者が安んじてこれと連絡しうるものでなければならない．これについて何よりも大切なのは，全国協議会がいかなる立場または党派にも偏しないことである．原水爆禁止署名運動は原水爆の脅威から生命と幸福を守ろうとする全国民運動であり，さまざまの立場と党派の人々がこの一点で一致するところに重要な意義がある．かかる運動のセンタ

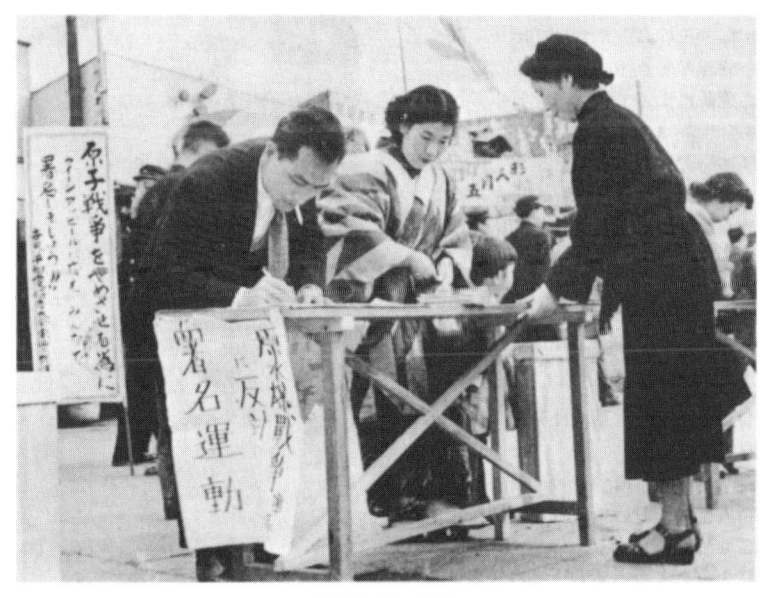

1955年5月，東京

一となる全国協議会は，一切の党派的・個人的エゴイズムによって汚されない清らかな組織でなければならない．

以上の目的と使命をもつ原水爆禁止署名運動全国協議会の結成にさいして，われわれは各方面の有力な人々が協議会に世話人として参加され，この運動に協力されることを切に希望してやまない．それによって日本全国における原水爆禁止署名運動が数千万人のスケールにまで発展すれば，それを背景とするアピールは全世界の人々の良心をゆりうごかす力をもつであろう．

　　　1954年7月21日
　　　　　原水爆禁止署名運動全国協議会
　　　　　　　　　　　発起人一同

原水爆禁止署名運動全国協議会要綱
一．名称　本会は原水爆禁止署名運動全国協議会と称する．
二．目的　本会は左の目的をもつ．
　(イ)全国各地・各団体の原水爆禁止署名運動と連絡しこの運動を推進するとともに，各地・各団体により独自に集められた署名の全国的集計を行いこれを発表すること．
　(ロ)原水爆禁止の必要について国民の間に正確な知識の普及徹底をはかること．
　(ハ)署名運動によって示された日本国民の要望を全世界（各国の政府・議会・国民ならびに国際機関・国際会議等）に訴え，原水爆禁止に向っての協力を求めること．
三．事業　本会は右の目的遂行に必要な諸活動を行う．
四．機構
　(イ)世話人
　　本会は前記目的の達成に協力する世話人をもって構成する．
　　本会設立当初の世話人は発起人代表がこれを委嘱する．
　　本会の事業遂行につき特に重要な問題は世話人総会においてこれを審議決定する．
　(ロ)代表世話人
　　世話人総会において若干名の代表世話人をえらぶ．
　　代表世話人は本会を代表する．
　(ハ)常任世話人
　　世話人総会において世話人中より若干名の常任世話人をえらぶ．
　　常任世話人会は本会の事業遂行につき審議決定する．
　　本会設立後における世話人の委嘱は常任世話人会の決定を経てこれを行う．

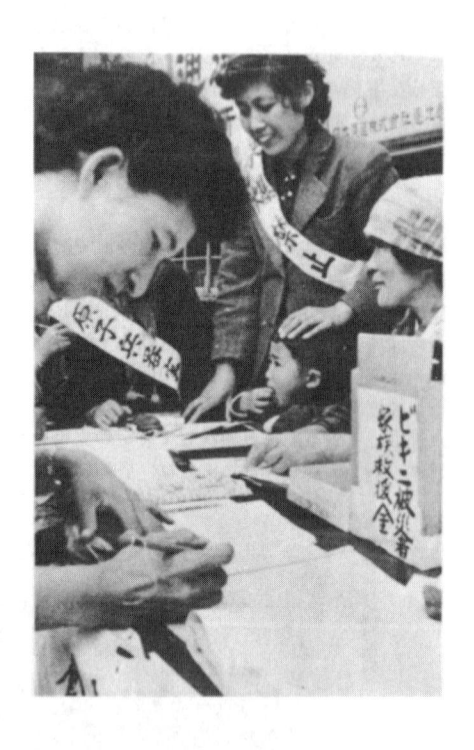

(二) 事務局
　常任世話人会は事務局を任命する.
　事務局は世話人総会および常任世話人会
　の決定を執行する.
五. 財政　本会の会計は寄附金ならびに原水
　爆禁止国民募金をもってこれをまかなう.
　連絡所 (事務所決定まで)
　　　東京都杉並区西田町1ノ770
　　　　杉並公民館長室気付
　　　　原水爆禁止署名運動全国協議会

2—7　原水爆禁止運動の歌

「うたごえは平和の力」をその合い言葉とする"うたごえ運動"は, 1953年, 東京・日比谷公会堂での第1回うたごえ大会にはじまり, 今日までおよんでいる. とくに1954年に発表された「原爆を許すまじ」は, "ふるさとの街やかれ""ふるさとの海荒れて""ふるさとの空無く"という歌詞の第1連が示すように, 日本国民の原水爆にたいする不安を重々しく表現しつつ, 静かな決意をうたうものであった.

この「原爆を許すまじ」は直接には第五福龍丸の被災と原水爆禁止署名運動のなかから生まれたということができるものであるが, その他にも1954年の「水爆犠牲者を忘れるな」は, 久保山愛吉さんの死を, 久保山すずさんの想いに託して作られたものであった. 1962年に発表された「3月1日のうた」は, 全国的な行事となっている3・1ビキニデーの集会が焼津で開かれたことを直接のきっかけとして, 焼津合唱団によって創作された. 1971年につくられた「第五福龍丸は生きていた」は, 第五福龍丸保存運動の全国的なひろがりのなかから生まれたものである. この森田ヤエ子氏の詩には, 赤嶺成輝氏, 熊谷賢一氏も作曲している.

第3節　世界への働きかけ

3—1　放射能影響国際学術懇談会
　　　　(55. 5. 30～6. 11)

世界放射能医学会議 (仮称) 日本準備会

全国実行委員 (イロハ順, 55. 4. 20現在)

大阪大学名誉教授	今村　荒男
国立精神衛生研究所	井村　恒郎
新潟大学医学部長	伊藤　辰治
新医協理事長	岩崎　秀之
聖路加国際病院長	橋本　寛敏
群馬大学学長	西　　成甫
信州大学教授	西丸　四方 (内諾)
京都大学教授	西尾　雅七
大阪大学教授	西岡　時男
大阪市立医大助教授	西脇　　安
大阪市立医大学長	細谷　雄次
京都府医師会副会長	富井　　清
藤間研究所 (東京)	藤間身加栄
浜田病院長 (東京)	小畑　惟清
京都府医師会理事	大橋　和孝
日医代議員 (千葉)	川名　正義
順天堂大学教授	懸田　克躬 (内諾)
京都女医会副会長	片岡　昌子
大阪大学医学部長	梶原　三郎
大阪市立医大助教授	神戸　誠一
駒沢病院長 (東京)	田沢　鐐二
京都女医会副会長	高谷　八重
京都医師婦人会副会長	俵　　墨江
大阪市立大学総長	恒藤　　恭
東北大学医学部長	中沢　房吉
京都府医師会理事	中野　信夫
大阪市立医大	宇佐美正暢
東京女子医大学長	久慈直太郎
東大伝研助教授	草野　信男
名倉病院長 (東京)	名倉　英二
京都府医師会理事	山田　重正
日医代議員 (群馬)	丸茂　重貞
大阪大学教授	松村　敏治
京都大学教授	福田　　正
大阪市立医大教授	藤野　守次
大阪市立医大講師	藤原　　忠
日医代議員 (東京)	遠藤　朝英
労働科学研究所顧問	暉峻　義等
金沢大学教授	秋元波留夫
大阪大学教授	天野　恒久
京都女医会長	佐々木幸枝
京都大学教授	湯川　秀樹
横浜市立医大教授	宮川　　正

原爆を許すまじ

浅田石二作詞
木下航二作曲

日本音楽著作権協会承認第502211号

一、ふるさとの街やかれ
身よりの骨うめし焼土に
今は白い花咲く
ああ許すまじ原爆を
三度許すまじ原爆をわれらの街に

二、ふるさとの海荒れて
黒き雨喜びの日はなく
今は舟に人もなし
ああ許すまじ原爆を
三度許すまじ原爆をわれらの海に

三、ふるさとの空重く
黒き雲今日も大地おおい
今は空に陽もさず
ああ許すまじ原爆を
三度許すまじ原爆をわれらの空に

四、はらからのたえまなき
労働にきずきあぐ富と幸
今はすべてついえさらん
ああ許すまじ原爆を
三度許すまじ原爆を世界の上に

水爆犠牲者を忘れるな

一九五四年日本のうたごえ関西演奏曲

関西合唱団 作詞
作曲

一、いろずく稲のゆれる畑
嵐もすぎた静かな海に
あまりにも悲しい知らせだった
世界最初の水爆犠牲者
もうだんじてゆるさない

二、たえがたい大きな悲しみ
なにゆえに三度も死の灰に
とおとい人類のいのちの火を
ぎんこくに吹き消されてゆくのか
もうだんじてゆるさない

三、三度ゆるすなと誓いあった
民族のとおとい悲願を
あのむざんにふみにじられたのだ
この犠牲者をいつまでも忘れるな
もうだんじてゆるさないぞ

四、この悲しみをもたらして
平和な世界をおびやかす
原水爆其の使用者を
もうだんじてゆるさないぞ

第2章　原水爆禁止運動のもりあがり

３月１日の歌

焼津青年合唱団作詞
泉　三吉作曲

一、俺達の仲間がひとり
　灰をかぶって死んだ
　灰をかぶったその日
　梅のさちとったその日
　三月一日

二、俺達の仲間のひとり
　灰をにくんで死んだ
　灰をにくんだその日
　きの子雲にくんだその日
　三月一日

三、俺たちの仲間をひとり
　灰はころしたけれど
　殺し得ぬそのさけび
　団結し忘るなその日
　三月一日

四、俺たちの仲間よみんな
　団結し平和きずこう
　戦争のないその日
　我らがまつ幸その日
　鋭くこう築こう

第3編 ビキニ水爆実験に対する内外の反響

福龍丸は生きていた

森田ヤエ子 作詞
三条場康則 作曲

しずかに怒りをこめて

1. なつくさの いきれのなかに ふくりゅうまるは いきていた
2. このいきた あかしをつたえ このくつじょくに いかりを
3. にほんを かくぶそうするな ひばくしゃに あらたないぶき あらたなちから あらたないのちを
4. なつくさの いきれのなかに ふくりゅうまるは いきていた すべてをきざみ すべてをかたり

夏草のいきれの中に
福竜丸は生きていた
15年もの屈辱にたえ

この生きたあかしをつたえ
この屈辱に怒りを
ああ訴える 人々の多くが

日本を核武装するな
被爆者に新たな息吹
新たな力 新たな生命を

夏草のいきれの中に
福竜丸は生きていた
すべてをきざみ すべてを語り

福龍丸は生きていた

森田ヤエ子 作詞
たかひらつぐゆき 作曲

力強く

1. なつくさの いきれのなかに ふくりゅうまるは いきていた
2. このいきた あかしをつたえ このくつじょくに いかりを

じゅうごねんもの くつじょくにたえて
あー うったえる ひとびとの おおくが

にほんを かくぶそうするな ひばくしゃに
あらたないぶき あらたなちから あらたないのちを

なつくさの いきれのなかに ふくりゅうまるは
いきていた すべてをきざみ すべてをかたり

国立清瀬病院長（東京）島村喜久治
国立公衆衛生院部長　滋賀　秀俊
東　京　医　大　学　長　清水　茂松
京　都　府　医　師　会　守屋　　正
京　都　府　医　師　会　長　鈴木仙次郎
大阪府医師会
　　　（会　　長　井関健夫）
大阪府歯科医師会
　　　（会　　長　真下英蔵）
来日医師団を北海道に迎える世話人会
（交渉中）
　　　（会　長　林　敏雄）
　　　（事務局長　橋本　満）
　　　　　　　事務局長　隈部英雄
　　　（結核予防会常務理事）

国際医学調査団招請運動の経過と調査団を迎えて開かれた放射線影響国際学術懇談会の大要（55.30～6.11）

　この報告は本文にも書かれているように1955年5月30日から6月11日まで，東京，大阪，京都，広島，長崎で行われた放射線影響国際学術懇談会の会合その他でえた事実から国際医学調査団側がまとめたものである．

　日本では終戦後，原爆を禁止しようという運動は各界各層の人々の間に大きく広がって行ったが，特に昨年のビキニ事件以来，2400万の署名にもみられるように国民的な規模にもり上って行った．

　医師の間でも終戦後いろいろの形で続けられて来た原爆反対運動はビキニ事件を機として大学教職員，病院勤務医，開業医，学生を含む全医師層の運動となり，これが東京，大阪，その他の原水爆禁止を要望する医師の会の運動となった．この運動は医師として人道的な立場から原水爆被害の真相を世界に知らせること，原水爆の実験に反対することが医師，特に原水爆の被害を三度もうけた日本の医師の権利であるとともに当然の義務であるとして進められてきたのである．

　ウィーンに事務局をおく「現今の生活条件を研究する世界医学会議」（日本ではふつう国際医師会議とよんでいる）はこのよびかけにこたえて昨年7月，日本に原水爆被害情況を視察するため国際医学調査団を送る用意があると申入れて来た．この申入れは原水爆禁止に立ち上っていた日本の医師層の歓迎をうけた．そして日本の医師の原水爆反対運動は調査団を招請しようということを一つの具体的な内容として飛躍的に発展した．東京の隈部英雄博士，滋賀秀俊博士，大阪の西岡時男博士，天野恒久博士，大阪医師会，歯科医師会の人々，京都の西尾雅七博士，その他多くの人々が精力的にこの企てを推進した．

　日本医師会，日本赤十字社，日本学術会議などにも調査団招請運動の主動をとるように申入れたがいろいろの理由からこれらの団体からは公式の支持をえられなかった．

　しかし各国から著名な医学者を招請して原水爆被害の実相を伝えるために世界放射能医学会議を開こうという企ては専門学者からも広く支持され，昨年末，都築正男東大名誉教授が会議主宰者として責任をとることを受諾され，ここに同教授の名で正式に各国に向けて招請状が発せられた．これに対し，英，仏，独をはじめソ同盟，中国，チェコなど各国から著名学者の応諾がよせられた．

　最初，この招請は原水爆禁止を要望する医師の会が主唱して進めて来たが，この企ては広く医師，医学者の支持をうけその人々によって調査団の招請を成功させようという趣旨で，世界放射能医学会議準備会が結成された．これは東京，大阪，北海道，新潟などにできたが，その後全部が統合されて日本準備会ができた．そして各地大学学長をはじめ有力教授，大病院，医師会の著名医師が実行委員として名を連ねた．

　ソ同盟，中国，チェコの医学者にもぜひ参加してもらおうという声は，医学者だけでなく政界言論界の人々の間にもおこり，当初これに同意してなかった外務当局をも遂に説得して入国査証が右参加予定学者に発給せられ，本文にあるように国際的という名にふさわしい諸学者を迎えて，5月30日東京で開会される運びになった．アメリカは本国からの参加応諾者はなかったが，極東空軍が正式に参加することになっていた．しかしこれは開会直前にアメリカ側の都合によって中止されたの

は残念であった．

　5月30日愈々会議が開かれた．30, 31日の両日は共に上野の学術会議室で開かれ，第1日は会場につめかけた各新聞社のニュースカメラのフラッシュをあびながら午前9時，腔部博士の開会の辞につづき，都築博士座長につき，同博士の一般報告からはじまった．多数のスライドをおりまぜて中泉，本多，西脇，美甘，三宅，三好博士の原爆，ビキニに関する報告が次々に行われた．一つ一つの報告が終るたびに活発に質疑応答がくりかえされた．外国学者の質問は個々の医学的事実の外に救急処置，予防法，後胎障害に集中され，又，発言の度に外国学者は日本側学者の資料がよく整えられており正確であることを賞讃した．第3日午前は，東大医学部癌研究の見学に行き，東大では原爆関係の標本資料に深い関心を示した．午後は東大で外科関係の報告が羽田野助教授，清水教授等によって行われ，夜は塩田，栗山，美甘博士等多数参加の下に歓迎晩餐会が行われた．塩田博士が挨拶をのべ，これに対しグースマン博士の日本の学者の努力とその業蹟の正確さをたたえる答辞があった．

　第4日は午前中，学士会館で一般討議を開いた．都築座長から放射線症，血液変化，肝変化の3点について討議をしてはどうかの提案に対し，すぐセヴィット，ゲイル博士らから環境に対する変化，魚などにおよぼした影響，遺伝上の問題についても討議してほしいとの意見が出，そのまま魚，環境，遺伝が大切であるとの見解が外国学者から次々とのべられた．日本側は医学者が主で環境，生物，遺伝関係の科学者が当日参加していなかったのでこの討議はあまり発展せず，都築座長からまったくその通りで原水爆の問題は医学的面だけでは不充分で広く医学以外の科学者も含めて環境や遺伝の見地からこれを研究するグループを世界的規模で作ることが今度の重要な仕事であると思うが皆さんの賛成を得たいとの意味の重要な提案がされ，外国学者もこれに賛意を表した．当日，白博士から出された被爆患者をお見舞したいとの意見も，ビキニ患者のカルテがすぐに病室からとりよせられて，三好博士から説明された他，患者を見舞うことも出来るだけ希望に沿う旨答えられた．午後は品川，水産大学内に繋留されている福龍丸見学に行き，尚放射能が検出されることに深い感銘をうけ「久保山さんのいた部屋はどこか」とたずねてなかを些細に眺めたり，セヴィット博士のように放射能がなお存在しているドラム罐上のサビを国に持って帰るのだとあつめて封筒に入れる学者もあった．

　これで東京の会議は終り，午後5時，飛行機で出発，大阪に向った．

　大阪は東京と異り飛行場到着と共に新聞社のフラッシュ，歓迎の波，花束，さらに大阪駅から宿舎まで沿道の歓迎提灯の海，歌声と拍手に外国学者はひじょうに感激した．

　翌6月3日午前は，宿舎ニュー大阪ホテル内で新聞記者会見があり，外国学者は交々，日本の学者の熱心な研究，正確な成績，会議に対する準備と努力に感激し，又歓迎に感謝すると同時に日本の国土の美しさと国民の勤勉さをたたえ，再びあの様な災禍を被らないように願うと発言した．午後は奈良へ観光に出発，奈良市長の歓迎夕食に出席，帰阪した．奈良から後ずっと，つまり大阪，京都，広島，長崎ではいずれも市長主催の歓迎宴が催され，すべての市長から広島，長崎，ビキニの災害を再びくりかえさぬ希望と決意がのべられ，外国学者からも心から支持する挨拶が述べられた．6月4日は，午前午後，ホテルニュー大阪内広間で約500の傍聴者を入れ熱烈な空気の下に会議が進められた．会場は録音の準備からスライド映写，英語イヤホーンの設備など完備し，熱心な観衆とともに，東京とちがい報告は日本語で行われた．西岡教授の開会の辞につぎ，池田，服部博士にはじまり，夕方まで報告討議が熱心につづけられ，外国学者からは報告の内容に感銘をうけたという感想の他，例えばゲイル博士の様に「私はこの様によく準備された会議は始めてだ」と賞賛の辞が提せられた．

　東京につづき大阪では原水爆被害についての体験（服部博士等）や現在までつづいている障害（重藤博士の白血病の報告など）や遺伝上の問題（神戸博士等），環境上の問題（西

脇博士等）が報告され参会者にも大きな感銘をあたえた．ゲイル博士は「水源池に毒物を投げこもうとするものがある時には医学者としてこれを止めさせる様要求する義務があると同じ様に，原水爆もやめさせるよう要求するのがわれわれの当然の義務である」と発言して満場の拍手をうけた．

6月5日朝大阪発，京都につき，午前中京大研究室を訪れて，天野重安，脇坂行一助教授から知見の紹介をうけた．

6月7日朝京都発，午後広島着，すぐに平和記念館に行き，医師会有志の開催の懇談会に出た．松阪，重藤，朝川博士らから被爆の体験を中心として当時の模様の詳細が報告され，現地で体験者からきく体験談だけに感銘深く熱心に耳をかたむけ，当時の救急処置，物資補給，衛生状況，被爆者その後の健康情態などについて熱心な質問が出た．夜は記者会見，被爆者有志会見が行われた．

翌8日は午前から市当局の案内により全市の説明をきいてから，爆心地からはじまり市内の見学，原爆資料館の見学をし，日赤病院に行って，進んで集まられた6名の被爆者の診察をし，更に白血病で重症に陥っていられた水入さんを全員でお見舞した．外国学者の多くはすでに資料写真で原爆被害の情況を理解しており，また東京以外の会議で知識を深めてはいたが現地で当時のおもかげを残す地物〔ママ〕や資料，患者さんに接して一層感銘を深め「現地に来ていろいろのものを見，又患者さんを見て百聞は一見にしかぬことを痛感した」と口を揃えて話していた．午後はABCCの参観に行き，ホルルス所長の説明を聞いて所内を参観した．

6月8日広島発，夕刻長崎着．

長崎でも駅頭で歓迎をうけ，夜は宿舎で記者会見，ここでも東京以来一貫した意見がのべられた．

翌9日は市当局の案内で市内見物，先ず当時教職員，学童が全滅し，今は当時の被爆児童を集中して収容している城山小学校の参観をし，校長先生に説明をききながら各学級に行き，元気に勉強している児童の間を熱心にみて廻り，終って担当先生方から当時の影響

が体重や疲労等の面に現われているとの報告をきき，外国学者は熱心にメモをとっていた．

資料館では当時の様子をしのぶ資料を見，長崎医大教授会の懇談会に出席した．ここでは林教授の畸型発生率の問題，松岡教授の白血病発生率の問題に討議が集中され，外国学者は白血病が多いのは放射能の影響のためだと結論できるのであれば畸型児の発生の多いのも（被爆群は19%，対照群は12%）放射能のためと考えていいのではないかと主張し，林教授は放射能以外の原因不明の要素や調査数が少ないことを考えるとまだそうは断定すべきでないとし，この見解をめぐって外国学者と日本学者との間に熱心な意見の交換が行われた．一致点に至らなかったが外国側はここに発表する報告にもあるように，数字からみて放射能と畸型との間に関係があると考えている．翌10日朝長崎出発，博多に下車，駅頭で九州大学の学生諸君の大歓迎をうけ板付から飛行機で東京帰着，宿舎のヒルトップに帰りすぐに日医主催の歓迎会に出かけた．黒沢会長の挨拶に続き，外国側から日本の医師，医学者の示してくれた厚意，その代表の日医に対する感謝のことばがのべられた．

11日午前はヒルトップホテル内で最後のしめくくりの懇談会が行われたが，ここでも長崎の懇談会でくりかえされた意見がもちこされ，資料として出された数字は全部精確であるのに結論が一方（白血病など）では放射能と関係があるとし，一方（畸型発生の方）では放射能との関係は分らないとしているのは何故かとの意見が中心的であった．

終って都築座長，隈部博士からこの会議は終ったがこの会議の精神は今後もつづけたいとの挨拶があり，外国からもセヴィット博士が外国学者が今度の来日中に得た資料及び懇談の結果到達した一応の結論をまとめたので，詳細の報告は将来にゆずるとして，この中間報告を離日に際し，日本国内に発表するとともに各代表は各国にもちかえって発表したいとのべた．次に記載されたのが即ちそれである．

会議は医学的にみても大きな成果があり，それはこれからいろいろの形で発表されるこ

とと思うが，この会議の意義はそれだけでなく，世界の原水爆禁止運動にもひじょうに大きく作用するものと考える．このことはこの後のヘルシンキ大会で日本代表が行ったこの会議についての報告が大きな反響をよんだことなどからも明らかである．

会議の記録やそれにもとづくいろいろの報告はこれから国内，国外で発表され，この会議の結果はさらに大きく発展すると思う．

日本準備会では目下記録を整理中である．

ここに発表された報告は外国側学者のまとめた一応の結論であり本文にも明らかなように最終的なものでもないが，原水爆被害についての重要問題点は提出されており，極めて重要な示唆を含むものと信じる．ここに訳して大方の御参考に供する次第である．

1955年8月6日

放射線影響国際学術懇談会日本準備会

原子爆弾，水素爆弾の爆発が人の健康に及ぼす影響についての国際医学調査団の簡速報告 (55. 6，日本)

原子爆発の医学的，生物学的影響についての国際医学調査団の派遣は原水爆禁止を要望する日本の医師の会の示唆により，このための日本委員会の主唱によったのである．この企ては日本の医師，医学者の広い支持をうけた．調査団を組織することは「現今の生活条件を研究する世界医学会議」（註）によって援助された．数多くの日本の主唱者のうちでは東京大学の外科学教授であった都築正男名誉教授，結核予防会結核研究所長隈部英雄博士，国立公衆衛生院滋賀秀俊博士の名を特にあげておかねばならない．

4つの大陸から参加した調査団員はすべて個人の資格で招待され参加した．この団員は次のとおりである．

　　（註）　日本では普通「国際医師会議」とよんでいる．

　　P・シュヴァリエ教授，パリ大学医学部血液学教授．

　　G・W・ゲイル教授，東アフリカ医科大学予防医学教授，前南阿連邦保健次官及び主席衛生技師．

　　F・ギーツェルト教授，ベルリン，シャリテ放射線研究所，腫瘍クリニック班長．

　　L・グースマン教授，サンチャゴ，チリ大学腫瘍学教授，国立放射線研究所長，前チリー公衆衛生相，前首相．

　　K・ホルベッツ博士，チェコスロバキア，トレビック病院外科部長．

　　A・V・カズロヴァ教授，モスクワ，モロトフ名称放射線研究所長．

　　白希清教授，瀋陽，中国医科大学病理学教授，中華医学会常任委員．

　　S・セヴィット博士，イギリス，バーミンガム災害病院及び火傷部顧問，病理学者．

　　J・ヴォンケン博士，外科医，ベルギー国際医師法協会長．

調査団一行は1955年5月28日東京に集った．最も著名な日本の医学者及び生物物理学者達は彼等の研究を，東京，大阪，京都，広島，長崎で開かれた会合で報告した．

調査団は不幸な運命にみまわれた漁船第五福龍丸を訪れたが，そこではまだ残っている放射能が一行に示された．広島と長崎では，一行は，今日もなお原子爆発による外科的及び内科的な病気にかかっているたくさんの生き残った人々を診療し，彼等の話をきき，また各種の施設（病院，生き残った子供達のいる学校，当時の遺物と写真をおさめている見事な博物館）を訪れ，広島では日米合同原子爆弾傷害調査委員会研究所（註）を視察した．

（註）　所謂ＡＢＣＣ (Atomic Bomb Casuality Commission Laboratory) である．

この報告はもちろん主として日本の科学者達から提供された資料にもとづいている．調査団の全員は，日本側の科学的に水準の高い臨床的及び研究的観察と，報告を行うに当っての厳格に客観的な観点に強く心を動かされた．先にのべたように，これらの日本の学者の報告に，われわれが数人の医師を含む生存者を検査し，質問して直接得た事実を補足した．

われわれの訪日は，このような原水爆のもたらした諸危害との関連において必要であるばかりでなく，原子力が建設的な目的に使わ

れる新しい時代がくると，突発しないともかぎらない．人体が多量の放射線にさらされた時に起る諸結果の洞察を得るという点でも重要である．われわれはこの報告がこのような放射能の影響に対する関心を深め，さらに深く研究しようという機運をつくるものと信じている．

われわれは今すぐに完全な報告をととのえて，発表することはできないが，いずれしかるべき手筈をふんで発表したいと思っている．しかしわれわれが日本を離れる前に結論の主なものを記録にとどめておきたいというのは，われわれ全部ののぞみであった．われわれはこの簡単な報告のうちに，まだ充分検討をしてもいないのでわれわれがえたすべての事実をあげようとは思わないが，われわれの見解と結論とは，医学上の問題に科学的方法を適用する訓練と経験をつんだ人々のものであることを強調しておきたい．われわれは医師，医学者のどんな他のグループの人々も，われわれが接したと同じ事実に接すれば，われわれと同じ結論に達するものと信じている．しかし，われわれはここに発表するどんな意見も全く個人的のものであることを明らかにしておきたい．われわれが市民権をもっていることを誇りとしている国々の，私的なものにせよ公的なものにせよ何らかのグループや団体を代表したり，その利益をはかって語る立場ではないのである．

簡速報告

1945年8月上旬の広島，長崎における原子爆弾爆発の物語りは歴史上のものとなった．その後も原子爆弾の実験的爆発が行われて来たが，それよりも著しく強力な熱核水素爆弾の発達はさらに実験的爆発．特にビキニ実験への途をたどらせた．ビキニでの最初の爆発は1954年3月に行われた．

日本におとされた"旧式"の原子爆弾は，500～600米の高さで爆発し，広島の大部分と，長崎の広い地域を破壊した．両市とも物件破壊の原因は主として，ものすごい爆風と，地表に約6000度Cの熱をもたらした高熱閃光と，それにつづく2次的火災とであった．30万人，おそらくそれ以上の人々が2回の爆発で生命を失った．多くの人々は即座に，他の人々は数日乃至数週間内に，しかも犠牲はまだすっかり終ってはいない．われわれは広島赤十字病院で，遅発放射能症で臨終の床にある1人の患者をみた．

負傷と死亡は次の原因のうち一つまたは数個のものによっている．

一．火傷　主として皮膚の露出した部分に作用した閃光によるが焔にもよる．

二．外傷　ガラスの破片の飛散と建造物の崩壊による．

三．放射線　直接に爆弾の爆発から，また核分裂物質や誘導放射能から．

新奇のものはいうまでもなく上記第3部類のものであるから，これは特に報告に値する．

急性放射能症　症状はうけた放射能の総量に大きく左右される．そして，この量は主として爆発点からの距離，防禦物の状態，放射線にさらされた時間の長さによって異る．核分裂物質による大地の汚染，建物のなかの誘導放射能によって重症の，時として死の転帰をとった放射能症が，救護に当った人々の間からも発生した．完全な経過をたどった例では，不快感，倦怠，食思不振，口渇，吐気，嘔吐，下痢，発熱などの前駆症状につづいて，しばしば一定期間の潜伏期がきた．皮膚の溢血点，吐血，喀血，血尿，などの出血症状が現われたが，これらは重症の血小板減少症と毛細管壁の破壊の結果であった．口内炎，歯齦炎，咽頭炎——しばしば壊疽性の——や腸潰瘍による血性下痢もあらわれた．これらの変化は，血液中の白血球の高度の減少と結びついていた．患者が死ななかった場合には，普通第2～3週中に著明な脱毛がはじまった．短時内に死亡したものは出血性又は潰瘍性の変化があらわれないで死亡している．中度の障碍例では症状があらわれるが数週間のびることがあった．そしてしばしば血性の下痢と嘔吐と脱毛とにかぎられていた．

放射線による死亡者の大部分は爆発後6週間以内に死んでいる．それらは肺や他の臓器への2次細菌侵入を伴う造血系の破壊によるものであった．死亡者よりも障碍の軽かった

人々の恢復は非常に緩慢であった．倦怠感は何ヵ月も，人によって何年もつづいた．

多くの人々に嘔吐，発熱，下痢，めまい，視力障碍その他の症状が一時期みられた．毛髪の発育は通常もとにかえった．陰萎と無月経は普通で，造精機構の萎縮によって男性はしばしば子供ができなくなった．妊婦はしばしば流産し，早産と死産は普通であった．生きて生れた子供達のなかには畸型があった．

遅発症　これらは被爆して急性放射能症にかかったことがある人々のなかからも，かかったことがない人々のなかからもでてきた．全身衰弱を伴うこともあり，伴わぬこともあるが血液の各種の変化がみられた．白血病，再生不能性貧血，骨髄腫，赤血球増多症は被爆後何年もたってから発病し，今日もなお発病している．原子爆弾の爆発と関係があることは，被爆した人々では，被爆しなかった人人よりも白血病が多いという事実によって明らかである．白内障はしばしばみられる．火傷からの広い広がりにわたるケロイド様瘢痕形成も放射線との間に因果関係が考えられる．また爆発時に放射線にさらされた子供達は，身体的にも精神的にも発育がおくれていることを強く示唆する事実がある．

遺伝的影響　28万人の生き残った人々についての調査により多くの男性が子供ができなくなり，多くの婦人は一時的に無月経になったことが明らかになった．このことは，放射線によって人類の生殖器に重大な変化がおこりうることを確証している．動植物についての研究から，広島，長崎で放出されたよりもずっと少量の放射線によって，有害な変異やその他の変異を起しうることが認められている．死産または出産後間もなく死んだ小児の解剖によって，被爆した両親の小児では，循環器系，神経系その他の個所の畸型発現率が対照の小児よりも明らかに高いことが証明された．遺伝学の分野での調査は，いうまでもなくただ1世代のうちに完結するものではない．

精神的健康障碍　被爆者自身について，またその人達が自分達の子孫についていだいている恐怖と不安とに，われわれは特別の注意を喚起したい．この恐怖不安は被爆した人の間に現存しているが，起りうる被爆の障碍がもっと広く知られるようになれば，疑もなくさらに増加するものと思う．遅発障碍の起るのはたとえ稀であっても，それが誰の身にふりかかってくるかは誰も予言できないのであるから誰もが心配になってくるのはもっともである．「原爆症」として日本人にしられている白血症は，被爆後何年もたってから起ってき，しかも医学はそれによる死亡を防ぐ力がないということがいまでは生き残った人々の常識になっている．ある生き残った者同士の夫婦はわれわれに，子供をうむと畸型児が生れるかもしれないから，熟慮の末，子供をうまないようにしている．同じようにしている夫婦は他にもたくさんあると語った．

水素爆弾爆発による放射能

ビキニの爆発により日本の漁船第五福龍丸は4時間にわたって大気中から降って来た放射性のほこりで汚染された．この船はさだめられた危険区域の80マイル外にあったが，このことはこのような爆発の被害範囲はあらかじめきめられないことを示している．2週間後に帰港した23人の乗組員は全部発病して放射能症の症状をあらわし，そのうち1人は死亡した．彼等の病状は長くつづき，今なお子供ができないなどの慢性放射能症にかかっている．船についていたほこりには強い放射能があることがわかった．そして放射能物質は患者の血液，排泄物，甲状腺その他に，また死亡患者の肝臓その他多くの臓器に証明された．船からとったほこりを用いて実験すると，動物には急性放射能症を，植物には遺伝的変化をおこした．

この漁船の上におこったことは，太平洋の広範囲にわたる汚染と日本及びもちろん他の国々にも降った放射能雨という一連のできごとの中の一事件にすぎない．日本政府の行った公式の調査によれば日本からニューギニア，台湾からハワイ近くに至る太平洋区域でとれた魚が放射能物質で汚染されていた．日本に水揚げされた魚のうちのかなりの部分は，爆発後8ヵ月にわたって，人の食用に不適当であるとして廃棄された．雨の放射能は，日本各地で，茶，とうもろこし，野菜などの多く

第2章　原水爆禁止運動のもりあがり

の種類の作物を測定できる程度に汚染した．

　放射能症の治療　放射症には特別の治療法がない．治療は，保存的，対症的で，輸血，抗生剤，安静，高栄養が必要である．放射能物質の排泄を促進する薬品は動物で研究されているが，まだ満足すべきものは発見されていない．

　民間防衛　日本におとされた原爆の，上からと横からの爆風は頑丈な鉄筋コンクリート（地震にそなえて日本では広くつかわれている）の建物を除くすべての建物を倒壊するほど強烈であった．それで街路がふさがれ，何日間も救援ができないか，極めて困難であった．架線の破壊によって電話連絡はできなくなり，電力の供給はたたれ，水道は分断された．外傷，火傷をうけた何万という人々が救援のとどく前に死んだにちがいない．火災は木造家屋の全部とコンクリートのビルディングの内部を焼き払ってしまった．広島ではただ一つを除いたすべての病院は完全に破壊され，全市170人医師のうち70人は死亡した．広島の3400人の火傷患者に適当な治療をするには何万人もの医師と看護婦，何十万人ではないかもしれないが，少くも何万人もの供血者からとった血液などをいれて何千トンもの医療資材の供給が必要であった．もし1都市で水素爆弾が爆発した時には物の破壊程度と障碍をうける人の数とは広島の何倍にも及ぶであろう．このような爆発の中心部では死者は幾百万にも達しその周辺では，生き残ったが外傷，火傷，放射線障碍で治療を必要とする何十万人の人々が，広がりゆく混乱のなかにおかれていることになるであろう．必要な医療人員，補助人員からなる新規大部隊を送ることは，戦時の国家需要を考えてみただけで不可能なことが分るであろう．

　結　論
　原子爆弾及び水素爆弾の爆発による莫大なエネルギーと放射能の急激な放出は，それにさらされた人々に重大な影響をもたらした．それからの人々の大部分は死亡した．生き残った人々は一般に種々の後胎症にかかったし，また今なお発病しつつある．その人達のうちから，死の転帰をとった血液病の症例がすで

に多数発生している．妊婦はしばしば流産した．被爆した子供達のあるものは精神的にも身体的にも発育がおくれている．これらいろいろな影響の研究は継続すべきであり，その結果を評価するために定期的な国際会議が招集されなければならない．

　われわれは，海，雨，大気の汚染による放射能の持続が実験的水爆爆発のもっとも重大な特徴であると考える．というのは，広大な地域において増強した放射能の影響が蓄積されると，その地域の住民に好ましくない遺伝的変化をもたらすかもしれないと考えるからである．われわれは防ぎうるいかなる脅威からも公衆の健康をまもることを義務とする職業に従事しているものである．医師として，われわれはこれ以上原子爆弾，水素爆弾の爆発がないように保証しかつ原子力の使用は地球上のすべての人々の利益のため平和的，建設的な目的だけに限るように保証することを諸国民の相互理解と人類の良識に訴えるものである．

　署　名
　シモン・セヴィット
　白　　希　　清
　カ　ズ　ロ　ヴ　ァ
　K・ホルベッツ
　G・W・ゲイル
　ギーツェルト
　グ　ー　ス　マ　ン　（「精神的の健康障碍」の項に若干の保留をする他全部承認）
　ポール・シュヴァリエ　（自身血液学者にすぎないが，血液学以外のことについては自分より遙かに有能な同僚に信頼する）
　ヴ　ォ　ン　ケ　ン　（自身物理学，気象学を語る資格がないか

ら，この研究の諸結果について自分は若干の保留をする．これは継続研究すべきものと考えられる）

1955年6月，東京

3—2 第1回原水爆禁止世界大会
(55. 8. 6～8)

全世界への訴え

原水爆禁止署名運動全国会議 (55. 1. 16)

広島・長崎の悲劇について，ビキニ水爆実験による，おそるべき原水爆の被害を三たびまで，身をもって体験した日本国民は，ここに，2200万の署名をもって，厳粛に全世界の人々に訴えます．

2発の原子爆弾は広島で20万，長崎で9万の罪なき人々のいのちを一瞬にしてうばいさりました．しかもその悲劇は10年前の8月をもって永久に幕をとじたのではありません．幸にして生き残った人々でも，今日にいたって突然原子病にかかって死んで行くという事実は，原爆の悲惨さを何よりも明らかに示すものであります．

ビキニ環礁における水爆実験が日本国民に与えた影響は，さらに広く，かつ深刻であります．それはひとり久保山氏の死と第五福龍丸の乗組員の犠牲にとどまるものではありません．放射能をおびた「死の灰」は，日本人の主要な蛋白源である魚を汚染し，雨に含まれて農作物を汚染し，8000万日本国民のいのちと生活をおびやかしました．

この恐るべき原水爆の惨禍を，世界の人々の上に絶対にくりかえしてはなりません．人類5000年の文化は再び作り直すことは出来ません．一たび原子戦争がおこるならば，それは人類そのものの滅亡をもたらすでありましょう．

日本国民は自らの体験にもとづいて，全世界の人々に心から訴えます．原水爆の使用と実験は無条件に禁止されなければなりません．原水爆の実験を中止し，それを使用しないという誓約の上に立ち，更に進んで一切の大量破壊兵器の永久的な廃止のために，関係国が誠実な話しあいをおこなって，一日も早く協定に達することを要望いたします．こうして原子力が真に人類の平和と幸福のためにの

第1回原水爆禁止世界大会，1955年8月，広島

み使用されるかがやかしい未来が一日も早く実現されるよう，心から希望いたします．

わたくしたちは，国際連合が軍縮と大量破壊兵器の禁止のために話しあいの努力を続けていることを歓迎いたします．

わたくしたちは，原子兵器の使用を公然と声明してはばからない世界の一部の勢力に対し憤りを表明します．

原子戦争への道か，かがやかしい平和への道か，世界は重大な岐れ道に立っています．いまこそ全世界の人々が力をあわせて，原水爆の脅威から人類の生命と幸福を守るときであります．この闘いを通じて，戦争そのものを永久に絶滅し，かがやかしい未来をきずきあげるときであります．

2000万の原水爆禁止署名を達成し，なお連日数万の署名を加えつつある日本国民は，その総意をもって全世界の人々に訴えます．

かがやかしい未来のために，いまこそ固く団結しようではありませんか．そしてその力を本年8月，日本において開催を予定される原水爆禁止世界大会に結集されるよう期待いたします．

原水爆禁止世界大会のよびかけ
　　原水爆禁止署名運動全国会議（55．1．16）

原水爆禁止署名運動はかつてない大国民運動となり，全国署名総数はついに2000万を突破するにいたりました．1月15日現在その数は2207万4228名に達し，しかもなお1日数万の署名がこれに加えられつつあります．

この日本国民の声はすでに各国に大きな反響をよびおこしておりますが，さらにこれを世界全人類のゆるぎない世論として確立するために，一歩を進める時であります．

時あたかも今年は人類最初の原爆悲劇の10周年にあたります．原爆10周年の広島で世界大会を開こうという声は既に国内外から大きくわきおこっております．

ここに原水爆禁止署名運動全国協議会はこのような内外の声に応じ，原爆10周年の8月を期して日本において原水爆禁止世界大会を開催することを提唱するものであります．

この大会は原子力時代に入った人類の共同の運命に対処する集会として，あらゆる思想，政治，宗教，社会体制の相違をこえて，人類の普遍的集会たる性格を根本とすべきものであります．

この大会は政府をふくめて日本および世界のあらゆる団体が共同で準備し，全国民が参加協力するような形で催されるべきであります．

この大会の準備に全国民の参加を期待すると共に各地各団体は今からこの大会の開催を支持する決議及び大会に対する希望や提案を討議する集会，ならびに大会資金のための大衆的カンパニヤを開始されるよう訴えるものであります．

ビキニ水爆実験の影響と日本における原水爆禁止運動（世界への報告）
　　原水爆禁止署名運動全国協議会（55．1）
(1)　ビキニの実験は日本国民にどのような被害を与えたか
　　㈠　第五福龍丸の乗組員たち
　　㈡　日本人は魚を最大の蛋白源としている
　　㈢　雨にも放射能
　　㈣　農作物も汚染された
　　㈤　ビキニの灰と気象異変
　　㈥　科学者の調査
(2)　日本国民は死の灰の恐怖から立ち上った
　　㈦　生命と幸福を守る運動
　　㈧　日本国民は立ち上った
　　㈨　原水爆禁止運動の特質
　　㈩　運動の若干の例
　　㈡　労働者も宗教者も医師も……
　　㈢　運動の中から生れたもの
(3)　原水爆禁止署名運動全国協議会の成立とその方向
　　㈢　署名運動全国センターの成立
　　㈣　世界の平和愛好国民に対する全国協議会の提案〔以下全文〕

原水爆禁止を実現する道は，全世界の世論を確立することにあるとわれわれは信ずる．世界世論は今日，世界政治を動かすもっとも重要な要素となりつつある．このことはさいきんの世界の動きをみるとき，ことにジュネーヴ会議を成功にみちびいた深部の力をみる

とき，うたがうことのできない事実であると思われる．

全国協議会が全世界に訴える究極の目標は，各国政府を動かして，原水爆禁止の国際協定を結んでもらうことであるが，そのためにも当面最大の重点を世界世論の確立におこうとする理由もここにある．全国協議会はこの目的実現のために，世界の良心ある人々と連絡し，資料を提供し，それぞれの国民に原水爆被害の実情を紹介し，原水爆禁止の運動において，国際的に団結しようとするものである．

この問題に関心をもつ世界各国の団体および個人は，ぜひわれわれと連絡し，日本国民のたたかいに激励をよせられるとともに，自国民に原水爆の実情を普及徹底させ，原水爆禁止の国民的世論を喚起せられるよう期待してやまない．

さいごに全国協議会は，全世界の平和愛好国民につぎの提案をおこなうものである．
　提　案
1　各国に，国内の原水爆禁止運動を統一，促進し，かつ国際的連けいをはかるための，原水爆禁止運動の統一機関を設けること．
2　各国から原水爆被害の実情調査団を派遣すること．
3　日本から各国へ派遣する原水爆被害の実情報告団の受入れ態勢をととのえること．
4　1955年8月，広島・長崎の原爆10周年を記念して，原水爆禁止世界大会を日本において開催すること．
　　1955年1月
　　　原水爆禁止署名運動全国協議会
　　　　　　　　　事務局長　安井郁
　　　東京都杉並区西田町1丁目770番地
　　　　　杉並区立公民館館長室気付
　　　　　　　　　電話（39）5754

原水爆禁止世界大会日本準備会の訴え
　原水爆禁止世界大会に結集しよう!!
　広島と長崎に落された原子爆弾は，悪魔の爪跡となって，10年後の今日にいたるまで癒されることなく残っている．

　1年前，ビキニの死の灰は海水を汚染させ，放射能の雨をふらせ，久保山さんの命をうばった．

　三たび，原水爆の洗礼をうけた日本国民は，全人類の生命と幸福のために原水爆の禁止を叫び，二千数百万の署名を集計して世界に訴えた．

　しかるに，さいきんの世界の動きは，人類の破滅にみちびく原子戦争への道を歩んでいる．われわれは，いまこそ，あらゆる党派と立場，社会体制の相違をこえて，原子兵器の貯蔵をなくし，その製造をやめさせ原子戦争の準備を食いとめるために，世界の人々と手を結びあわなければならない．

　原水爆禁止世界大会は，外国代表を迎えて，思い出の地広島においてひらかれる．この大会は，世界各地においてもたれる原水爆抗議の日の国際的焦点である．この歴史的集会を成功させることは，日本国民に課せられた光栄ある任務である．われわれは，ここに，全国民をあげて広島に結集することを要望する．

一．この大会を成功させるために，国民募金活動を一段とおしすすめよう．記念バッジの普及，徹底につとめよう．

一．各都道府県は，地方大会をひらいて広島に送る代表を決めてゆこう．

一．原水爆をなくし原子戦争をやめさせようという全国民の力をあげて広島へ結集しよう．

　1955年7月
　　全国地域婦人団体連絡協議会　日本婦人団体連合会　日本婦人平和協会　国際友和会日本支部　主婦連合会　日本キリスト教婦人矯風会平和部　日本炭鉱主婦協議会　関西主婦連合会　青年法律家協会　日本民主青年団　日本反戦学生同盟　世界民主青年同盟日本委員会　全日本青年婦人会議　日本青年団協議会　全日本学生自治会総連合　全国私学学生自治会連盟　平和擁護日本委員会　原水爆禁止署名運動全国協議会　平和美術展委員会　日中日ソ国交回復国民会議　日中友好協会　日朝協会　日ソ親善協会　人類愛善会　日

第2章　原水爆禁止運動のもりあがり

本山妙法寺　仏教者平和懇談会　キリスト者平和の会　全日本仏教会　日本美術家連盟　日本美術会　日本野鳥の会　関東セツルメント連合　日本のうたごえ実行委員会　沖縄祖国復帰協議会　国民救援会　日本子どもを守る会　日本生活協同組合連合会　教育ペンクラブ　日本労働組合総評議会　日本教職員組合　国鉄労働組合　日本炭鉱労働組合　全日本自治団体労働組合　全逓信従業員組合　全国電気通信労働組合　全駐留軍労働組合　全農林省労働組合　日本私鉄労働組合総連合　日本鉄鉱産業労働組合連合会　全日通労働組合　全国金属労働組合　合成化学産業労働組合連合会　日本都市交通労働組合連合会　全日本金属鉱山労働組合連合会　全国紙パルプ産業労働組合連合会　日本電気産業労働組合　全専売労働組合　化学産業労働組合同盟　全日本国立医療労働組合　日本新聞労働組合連合会　全日本港湾労働組合　日本財務職員労働組合連合会　全国自動車運輸労働組合連合会　日本放送労働組合　全国水道労働組合連合会　全商工労働組合　全労働省労働組合連合会　全国司法部職員労働組合　全建設労働組合　全印刷局労働組合　厚生省職員組合　全電波従業員組合　大蔵省職員組合　文部省職員組合　全日本海運労働組合連合会　国際電信電話労働組合　全国銀行従業員組合連合会　全日本損害保険労働組合　全国生命保険労働組合連合会　全日本百貨店労働組合連合会　全国金融機関労働組合協議会　全日本赤十字従業員組合連合会　全日本造船労働組合　全日本産業別労働組合会議　官公庁労働組合協議会　全国農民組合　日本農民組合総本部　全日本高等学校教職員組合　全日本電機機器労働組合連合会　全日本電線工業労働組合　東京都労働組合連合会　日本戦殁学生記念会（わだつみ会）　全国商工団体連合会　日本文化人会議　日本ペンクラブ　婦人民主クラブ
　（順不同）
　原水爆禁止世界大会日本準備会・代表準備委員
　　安藤正純　植村環　大内兵衛　奥むめを　大山郁夫　賀川豊彦　片山哲　風見章　北村徳太郎　椎尾弁匡　下中弥三郎　羽仁もと子　浜井信三　藤田藤太郎　村田省蔵　山田三良　山高しげり　湯川秀樹
　　（五十音順）

大会宣言

　原水爆禁止を要望する最初の世界大会が，1955年8月6日——世界最初の原爆投下の日——から3日間，ここ原爆の地「ヒロシマ」にひらかれ，ヨーロッパ，アメリカ，アジア諸国の代表をふくむ日本各地からの5000人をこえる代表たちが集りました．

　ここに集った人々のうしろには，原子戦争反対を署名した全世界数億人の世論の支持があります．その支持の上にたって本大会は，原水爆禁止がかならず実現し，原子戦争を企てている力をうちくだき，その原子力を人類の幸福と繁栄のためにもちいなければならないとの決意をあらたにしました．

　この広場に集ったすべての人々は，原水爆被害者の苦しみをまのあたりに見ました．10年の悲劇のあとはいまなおぬぐいさられておりません．また，この会議に参加した各専門科学者の意見をきいて，いよいよ非人道的な恐しさが私たちの心をつよくうちました．将来もしも原子戦争が起るならば，世界中が，ヒロシマ，ナガサキ，ビキニになり，私たちの子孫は絶滅するでしょう．

　原水爆被害者の不幸な実相は，ひろく世界に知られなければなりません．その救済は世界的な救済運動を通じて急がれなければなりません．それがほんとうの原水爆禁止運動の基礎であります．原水爆が禁止されてこそ，真に被害者を救うことが出来ます．

　私たちは，世界のあらゆる国の人々が，その政党，宗派，社会体制の相違をこえて，原水爆禁止の運動をさらにつよくすすめること

を世界の人々に訴えます．

この原水爆禁止大会が，世界平和の世論によって開かれたジュネーブ4巨頭会談の直後にもたれたことは，きわて意義深いことであります．私たちはこの力の発展が，国際緊張を緩和し，国際連合軍縮委員会，4カ国外相会談において，この問題についての協定を成功させる大きな力となるように全世界に訴えます．

けれども私たちの力は，まだ原水爆を現実に禁止するところまではきていません．原子ロケット砲の持込み，原子兵器の貯蔵，基地拡張は，すべて原子戦争に関連しております．日本や沖縄ばかりでなく，世界のあらゆる地点に原子戦争準備が停止されておりません．その故に，基地反対の闘争は，原水爆禁止の運動とともに相たずさえてたたかわれねばなりません．

私たちの運動は，むしろ今日が出発点であります．私たちは，まず原水爆が禁止され，その貯蔵が破棄され，さらに軍備が縮小されて，人類の上に真の平和が来る日まで，ひろく全世界の憂いを同じくする人々と手をつないでこの運動を展開してゆかねばなりません．世界平和への望みは未来に輝いております．

　　　　広島
　　　　1955年8月8日
　　　　　　　　　原水爆禁止世界大会

原水爆禁止世界大会（広島大会）参加者性別年齢別一覧（図表その I）
中央団体

団体名 性別	男	女	計	20歳以下	21歳〜30歳	31歳〜40歳	41歳〜50歳	51歳〜60歳	61歳以上	不明	計
日中友好協会	1		1							1	1
全国金属労働組合	5		5		1	3	1				5
全日本高校教組	2		2		1	1					2
全日赤従組	5		5		2	3					5
関東セツルメント連合	4		4		4						4
日本国民救援会	2	3	5				4		1		5
全倉運	1		1			1					1
日教組	9	1	10		1	8	1				10
部落解放全国委員会	5		5			1	2	2			5
青年法律家協会	1		1							1	1
全医労	2		2		2						2
沖縄奄美青年学生協議会	3		3		2					1	3
全国私学学生自治会連盟	4	1	5		5						5
全駐労	5		5							5	5
国鉄労組	3		3			3					3
私鉄	9		9							9	9
キリスト教平和運動協議会	2		2					2			2
民主主義科学者協会	2		2							2	2
全労働省労働組合連合会	1		1							1	1
日放労	2		2			2					2
全金融	5		5		4	1					5
全日本婦人団体連合会		5	5				2	3			5
全運輸省労組	2		2		1	1					2
全建設省労組	1	1	2		1	1					2
アルコール専売労組	1		1		1						1
全日本金属鉱山労組	5		5							5	5
厚生職組	1		1		1						1
全日本電機機器労組	2		2			2					2

第2章　原水爆禁止運動のもりあがり

うたごえ実行委員会	4		4		4				4
全日本海運労組	2		2					2	2
俳句グループ「地平」	1		1		1				1
祖国平和統一促進全国協議会	5		5		1	4			5
電産	7		7					7	7
東京電力労組	1		1		1	2			1
化学産業労組	3		3		2	1			3
全港湾	1		1					1	1
全国司法部職員労組	1		1		1				1
アジア民族親善協会	2		2					2	2
共同通信平和懇談会	1		1			1			1
紙パルプ労組	6		6		3	2	1		6
全日本青年婦人会	4		4		3	1			4
機関車労組	3		3			1	1	1	3
全国税関労組	3		3		2	6		1	3
わだつみ会	7	2	9	3	6				9
緑の会	2		2			1	1		2
産別会議	5		5		1	2	1	1	5
在日朝鮮人総連合	9		9			1	3	2	3	9
全農林	7		7		5	2			7
世界連邦建設同盟	5		5				2	3	5
キリスト者平和の会	4		4	2	2				4
全国地域婦人団体連絡協議会		3	3		1		2		3
日蓮宗	5		5					5	5
国際電信電話労組	2		2		2				2
新日本医師協会	2		2			2			2
新日本文学会	2	1	3				3		3
婦人民主クラブ		5	5	1	1	2	1		5
全日本百貨店従組	5		5		2	2	1		5
全国商業労組協議会	5		5		2	2	1		5
全銀連	5		5		1	3	1		5
全損保	5		5		2	2			5
全生保総連	5		5		2	2	1		5
日本子どもを守る会	4	1	5		1			4	5
世界民青連	1		1		1				1
全電通労組	11		11			1		10	11
全国土建労組総連合	1		1			1			1
日本反戦学生同盟	1		1		1				1
全電線	5		5		1	3	1		5
官公労事務局	2		2		2				2
全電波	2		2					2	2
全商工	2		2		1	1			2
全調達庁労組	3		3			1		2	3
恩給局職員組合	1	1	2		2				2
全国商工団体連合会	1		1				1		1
日本山妙法寺	9		9		1	1	5	2	9
合化労連	5		5					5	5
婦人矯風会		2	2				2		2
日本ジャーナリスト会議	1		1					1	1

団体	団体数		計								計
全 造 船	5		5							5	5
母 親 大 会 代 表		5	5							5	5
全 日 通 労 組	7		7							7	7
新 聞 労 連	6		6							6	6
全日本学生自治会総連合	1		1							1	1
日 本 青 年 団 協 議 会	6		6		2		1			3	6
日本民主青年団中央委員会	1		1		1						1
東 京 都 学 生 寮 連 合	1		1							1	1
都 市 交 通 連 合 会	3		3							3	3
日 本 炭 鉱 労 組	2		2							2	2
自 治 労	13		13							13	13
鉄 鋼 労 連	1		1				1				1
日 ソ 親 善 協 会		1	1				1				1
全 逓			15							15	15
全 専 売	5		5							5	5
人 類 愛 善 会	1		1							1	1
大 蔵 省 職 組	1		1							1	1
平 和 擁 護 日 本 委 員 会	4		4				2	2			4
日 本 婦 人 平 和 協 会		1	1					1			1
日 本 友 和 会		1	1					1			1
小 計	325	34	359	6	78	60	44	28	3	140	359
%	90.8	9.2	100	1.7	22.3	16.3	12.0	6.8	0.8	39.8	100

原水爆禁止世界大会（広島）参加団体分類（図表そのⅡ）

種別	団体数	男	女	計	種別	団体数	男	女	計
労 働 組 合	55	217	3	220	婦 人 団 体	6		21	21
農 民 団 体	0	0	0	0	青 年 団 体	8	24		24
平 和 団 体	3	10		10	学 生 団 体	5	14	3	17
国際親善団体	4	12	1	13	経 済 団 体	0	0	0	0
文 化 団 体	8	26	2	28	そ の 他	3	10	3	13
宗 教 団 体	5	12	1	13	合 計	97	325	34	359

(『8・6大会準備ニュース』 No. 4)

原水爆禁止世界大会（広島）参加者階層年齢，性別一覧（図表そのⅢ）

都道府県名	労働者	農民	地方議員又は自治体の長	宗教	文化、学術	商業	学生	不明	合計	20歳以下	21歳～30歳	31歳～40歳	41歳～50歳	51歳～60歳	61歳以上	不明	合計	男	女	合計
北海道	61	3	6	1	3		2	13	89	2	27	27	10	2		21	89	64	25	89
青森	11		2	2	1			14	31		5	1	4	1		20	31	20	11	31
秋田	16	1	2		2	1		16	38		10	13	13	1	1		38	35	3	38
山形	10	8	1		1		2	9	31		7	1	11	1		11	31	21	10	31
岩手	8		2		1			1	12		7	1	1	2		1	12	7	5	12
宮城	19	2	3		1		5	15	45		12	5	2		1	25	45	37	8	45
福島	11		7					9	27							27	27	22	5	27
茨城								23	23							23	23	23		23
栃木	15		3					18	18							18	18	15	3	18
群馬	10	1		1	1			12	25		1	2				22	25	20	5	25
埼玉	29		2				3	7	41	4	9	7	14			7	41	28	13	41
千葉	23		2				9	2	36	5	6	2	4			19	36	29	7	36
神奈川	68	1	17		4	1	5	41	137							137	137	103	34	137
東京	145		30		6		5	24	210							210	210	168	42	210
山梨	23	2	8	1		3	1	2	40	2	4	12	6	7	1	8	40	37	3	40
静岡	14	1		1	2	2	1	12	33	1	4	4	8	2	1	13	33	18	15	33
愛知	40	3	1		2	1	9	11	67							67	67	55	12	67
岐阜	15	1	3	2	1	1		4	10	37	2	13	5	10	2		5	37	23	14	37
新潟	26		1					27		15	7	1	1		3	27	20	7	27
長野	13	3		3	1	1		10	35	1	15	2	8	6	1	2	35	26	9	35
石川	21	4	2			5	4	10	46		12	7	11	8		8	46	30	16	46
富山	34		1	3	3	2	3	4	50							50	50	40	10	50
福井	4							1	5							5	5	5	0	5
滋賀	20	5	4	3		3	2	6	43	2	14	7	5	5		10	43	37	6	43
京都	53		4	2	1		3	4	67	2	15	8	10			32	67	60	7	67
三重	16		5		1	3	2		30				2	1		27	30	25	5	30
和歌山	11		3	1			1	4	20							20	20	17	3	20
奈良	14		5		4			1	24		9	5	5	2	1		24	22	2	24
大阪	76		1	3	11		2	19	112	2	12	12	3			83	112	91	21	112
兵庫	35		3	11			14	16	79							79	79	58	21	79
岡山	16		2		2	1	2	1	24	2	7	3	1	1		10	24	19	5	24
広島	35		1	5	2			216	259							259	259	167	92	259
山口	29	2		1				5	37		5	14	11	1		6	37	34	3	37
鳥取	6	1	6	1				13	27							27	27	24	3	27
島根	9		5	1	1		1		21		1	1	2			17	21	16	5	21
香川	22	1	4			2	3	9	41		7	9	3	1	1	20	41	33	8	41
高知	14			1			2	30	48	1	2	2	2			41	48	40	8	48
愛媛	9	1	4			1	2	20	37							37	37	28	9	37
徳島	17						1	2	20							20	20	19	1	20
福岡	20		8	2	2	2	2	26	62		8	7	6	4	3	34	62	41	21	62
佐賀	5	2			1	1		23	33							33	33	29	4	33
長崎	10							8	18							18	18	13	5	18

熊 本	5	2	2		2		10	21							21	21	12	9	21
大 分	16			1			18	35							35	35	32	3	35
宮 崎	11				3		11	25	1	3	4				17	25	23	2	25
鹿児島	22	2	2	1		1	3	31		18	7	2			4	31	28	3	31
計	1087	47	152	47	60	32	94	698	2217	30	247	175	155	48	10	1552	2217	1714	503	2217
%	49.0	2.1	6.8	2.1	2.7	1.4	4.2	31.4	100	1.3	11.1	7.8	6.9	2.1	0.4	70.0	100	77.3	22.7	100
総 計	(中央団体及び地方代表の合計)									36	325	232	199	76	13	1692	2576	2039	537	2576
%	(同　　上　　　〃　　　)									1.4	12.6	9.0	7.7	2.8	0.5	65.9	100	79.1	20.9	100

(『8・6 大会準備ニュース』No. 4)

〔参考〕

ストックホルム・アピール（全文）

ストックホルム・アピール

一．わたくしたちは人類に対する威嚇と大量殺りくの兵器である原子兵器の絶対禁止を要求します．

一．わたくしたちはこの禁止を保障する厳重な国際管理の確立を要求します．

一．わたくしたちはどんな国であっても，今後最初に原子兵器を使用する政府は，人類に対して犯罪行為を犯すものであり，その政府は戦争犯罪人として取扱います．

一．わたくしたちは全世界のすべての良心ある人々にたいし，このアピールに署名するよう訴えます．

　　　1950年3月19日
　　　　ストックホルムにて
　　　平和擁護世界大会・第3回常任委員会

各国署名数集約

　　　（『世界知識』1953　集約期日不明）

1950年3月よりはじめられた原爆禁止を要求する署名運動は全世界で約5億の人々が署名した．

以下は各国の署名数である．

アジア

中　国	223,755,373
日　本	6,450,000
朝　鮮	5,680,000
ビルマ	3,500,000
蒙　古	687,000
ベトナム	655,000
インド	671,089
フィリピン	100,000
セイロン	100,000
インドネシア	75,000
パキスタン	100,000
シャム	138,093
ネパール	900
イラン	400,000
イスラエル	330,000
シリア	160,000
レバノン	112,000
キプロス	70,000
マレー	20,000
イラク	7,000

ヨーロッパ

ソ連邦	115,514,703
ドイツ連邦共和国	2,000,000
ドイツ民主共和国	17,046,000
ポーランド	18,000,000
イタリア	17,000,000
フランス	15,000,000
ルーマニア	10,049,000
チェコ	9,500,000
ハンガリー	7,500,000
ブルガリア	6,172,095
イギリス	1,200,000
オーストリア	954,000
フィンランド	890,000
アルバニア	685,000
オランダ	424,000
スペイン	350,000
ベルギー	345,000
スウェーデン	270,000
アイルランド	1,200
スイス	150,000
デンマーク	100,000

第2章　原水爆禁止運動のもりあがり

トリエスト	99,000	南阿連邦	200
ギリシャ	63,000	北アメリカ	
ノルウェー	50,000	アメリカ合衆国	3,000,000
ザール	12,000	キューバ	700,000
ルクセンブルグ	7,000	メキシコ	500,000
アイスランド	6,000	カナダ	350,000
ポルトガル	5,000	プエルトリコ	8,000
アイレ	1,000	マルチニック	5,000
アフリカ		コスタリカ	4,000
ニジェリア	12,000	パナマ	700
アルゼリア	350,000	グワテマラ	300
象牙海岸	160,000	南アメリカ	
チュニス	60,000	ブラジル	4,000,000
ヒボルタ	50,000	アルゼンチン	1,500,000
カメルン	48,000	チ　リ	230,000
レコニオン	38,000	ウルグアイ	110,000
スーダン	30,000	ベネズエラ	85,000
セネガル	25,000	サルバドル	12,000
チャド	17,000	コロンビア	50,000
黄金海岸	50,000	ボリビア	20,000
モロッコ	25,250	エクアドル	20,000
ギアナ	10,000	パラグアイ	2,000
エジプト	12,000	太　洋　州	
ギニア	10,000	オーストラリア	200,000
マダカスカル	1,000	ニュージランド	3,000

第3章　文学・芸術・評論

〔概　要〕

　第3章第1～4節では，資料の収録にあたって，つぎのような方法をとった．すなわち，第1は，ビキニ水爆被災事件が，各ジャンルの作品にどう反映されたかということ，第2は，各ジャンルからの発言がどう行なわれたか，ということである．
　ここでとりあつかったもののほかに，たとえば建築・工芸・宣伝美術・写真などにおいても記録されるべきものが多くある．しかし，これらの作品は，ビキニ水爆被災，第五福龍丸を直接のテーマとするよりも，一般的な原水爆問題，あるいは広島・長崎の体験をふまえたものが多くみられるのが特徴である．
　建築においては，ビキニ水爆被災より5年前の1949年，広島市の公募に当選した丹下健三氏の設計による平和公園のモニュメントが，1955年8月から公開された．
　宣伝美術においては，亀倉雄策氏の「原子力を平和産業に」をはじめ，河野鷹志氏の「Ashes」，板橋義夫氏の「死の灰」，山城隆一氏の「原水爆実験禁止」などが発表され，粟津潔，杉浦康平，和田誠などの諸氏も意欲的な自主作品を発表した．
　写真ではビキニ水爆被災の翌年3月，川田喜久治氏が連作「焼津」を発表して注目された．
　なお海外でも，とくに美術・絵画の面では，ベン・シャーンが「第五福龍丸」の連作を発表した．ベン・シャーンはサッコ・バンゼッティ事件のキャンペーンで知られた社会派作家であり，ビキニ水爆被災の前年，ローゼンバーグ夫妻事件についても発言している．スイスの国際的デザイナーであったハンス・エルニは原水爆禁止運動で古典的な意味をもつポスターを発表した．一貫して戦争を告発したピカソは「朝鮮虐殺」を1952年に発表し，ひきつづき鳩，花などのリトグラフの製作をつづけ平和・原水爆禁止運動に貢献した．
　本章の第1節〈文学〉では，主な作家がどのようにビキニ被災の問題にとりくんだかに視点をおいた．
　第2節〈詩歌〉の2－1は，『松川詩集』とともに社会的発言をおこなった『死の灰詩集』にしぼった．2－2の短歌，2－3の俳句はそれぞれ当時発表された雑誌，アンソロジーなどから代表的なものを収録した．また，「かたえくぼ」という独特

のジャンルを例に，"ビキニ世相"をみた．

　第4節〈映画・演劇〉も代表的作品の紹介をとおして社会的発言の特徴をさぐった．

　第5節〈評論〉に収録したかったものは，ひじょうに多い．しかし，紙幅の制限があるので，ビキニ水爆被災当時，比較的ひろく一般に影響力をもっていたと思われる総合雑誌――『中央公論』，『世界』，『改造』の3誌に掲載されたもののうちから，若干を選んで収録する方法をとった．したがって，割愛せざるをえなかったものも少なくない．とくに，平常はこの種のテーマをほとんど扱ったことのない雑誌も多数の評論を掲載したことが重要であり，ぜひ巻末の文献リストを参照されるようお願いする．

第1節　文　学

　秋田雨雀は，ビキニ事件直後の日記に，数カ所次のようにふれている．
　『秋田雨雀日記』Ⅳ
　「3月17日〔略〕日本の漁夫二十数名は水爆の被害を受けたので大問題になっている．原爆の研究者，医師が活動を開始している．2人の被害漁夫が東京に送られている．被害マグロが地下2メートルのところに埋められている．各新聞が原爆記事で埋められている．政府の態度がはっきりしない．
　3月22日〔略〕（水爆"死の灰"からストロンチウム検出，人体に100年間有害，既に骨髄にも変化があると発表．――東京新聞．）
　3月31日〔略〕水爆についてのアメリカの態度はよくない．アメリカは道義的破産をしている．
　9月24日晴．昨夜の夕刊と今日の朝刊休刊．久保山さんの死が方々で噂されている．〔略〕水爆の久保山さんが死んだ！　久保山さんの死はアメリカの不合理を世に示してくれた．〔略〕」
　『世界』1954年6月号は「世界に訴える」を特集し，「アメリカ人に訴える」（谷川徹三）を筆頭に，文学者など12氏による「日本人の発言」を組んでいる．
　「水爆とパエトン」（野上弥生子）では，ア

ポロンの息子パエトンのギリシャ神話を連想におきながら，「何故，アメリカはそれほど熱心に原子兵器を持とうとするのか」と問いかけている．
　「誰が抗議すべきか」（石川達三）――「〔略〕私たちが新聞や雑誌やラジオで少々何を言っても，役には立たないのだ．〔略〕しかし私は水爆を阻止したい．阻止する力を誰かは持っているに違いない．先ず第1に文句を言うべきものは日本政府だ．ところが…〔略〕．私はどこかの山奥のふかい谷間に，コンクリートの頑丈な小舎を建てて，妻子とともにそこに逃れ，巨大な破壊戦争から少しでも身を守りたいと思う．世界も国家も宗教も，何もかも頼りにならない時になったら，自己をまもるのは自己の意志と努力とだけしか無い．全くの孤独だ．私は親として，ふかく子供に詫びる．こんな時代に産れた子供の巨大な不幸を，どうしていいかわからない．」
　「アメリカの良心と死の商人たち」（石垣綾子）――「〔略〕なお，同じ予算をつかうとするならば，水爆や原爆による空軍の方が，歩兵をやしなう陸軍よりも，アメリカの大資本家をうるおす度合がずっと大きいのだそうである．金を儲けさえすれば，人類の幸福も，生命も，地上から吹きとばしてよろしい，という資本主義の食指は，水爆へと，動いてゆくのであろう．資本主義の社会は金をもうけるためには冷酷である．〔略〕それにしても，世界の良心に，私たちが訴えているのに，同

じ日本人の，重要な地位にある人間が，錯覚のとりことなって，水爆の実験に協力するというのでは，余りにだらしがない．恥かしいことだ．〔略〕」

「これはあんまり無茶だ」（阿川弘之）は，「今度の此の事件を切実な気持ちで見守り続けて」きた中での，「心のたぎるような思い」を2点のべている．その一つは，米国原子力委員会の衛生安全局長アイゼンバッド博士に関してである．「日本人の口に入る鮪に対しては魚の表皮だけガイガー計数管をあてる検査法で充分であるとしながら，〔略〕アメリカ向輸出用冷凍鮪の検査に立会った際には，魚のえら，腹部，胴中にまでガイガー計数管を突っこませ」たことについて，広島・長崎のABCCの報道と「大へんよく似ている」ことを指摘している．その二つは，「岡崎外務大臣が公開の席上で，米国に対し原爆実験の中止を要請する意向の無いことを明かにし，今後も，この実験の成功を確保する為，他の自由諸国と協力するであろう」とのべたことについて，「一体どこの国の利益を代表し，どこの国の外交を担当しているのか分らなくなるような外相の言明を見ては，怒りよりもむしろ悲しみの気持ちに襲われる」と書き進めている．

「人間の名において」（阿部知二）――「〔略〕日本の島がこのような状態であるとすれば，太平洋の中の，マーシャル群島あたりはどうなっているのであろうか．"文明人"によって害を加えられたことこそあれ，害を加えたことのない人々は，どのような空気の中に呼吸し，どのような水におよぎ，どのような魚を食っているのであろうか．〔略〕その南洋の人も，われわれ日本人も，アメリカの科学者も，インドの農民も，ロシヤのコミュニストも，西欧の芸術家も，中国の労働者も，あらゆるへだたりを捨てて，人間の名において，原水爆の廃棄，世界の緊張の緩和と戦争の廃止を，要求すべきである．〔略〕」

『中央公論』1954年6月号が，次の2氏の文章をのせている．

「立ちどころに太陽は消えるであろう」（渡辺一夫）――「〔略〕いわゆる"死の商人"と言われる人々の愚劣さと，"死の商人"から給料をもらって楽しく部分品を作っている何万もの人々の悲しい身分とを，この地上からなくしてしまいたい．〔略〕」

「怒りに胸はふるえて」（芹沢光治良）――「〔略〕私が心をゆさぶられたのは，故郷の漁船が死の灰をかぶったからではない．水爆の恐怖に更戦慄したからではあるが，人間が人間ではなくなって，動物になる日が近いようなのに，魂もゆさぶられたのだ．〔略〕」

新日本文学会中央委員会は，1954年4月，「原・水爆実験の禁止を訴う」という声明を発表した．「〔略〕われわれ文学者の仕事の真の意味は，人類の幸福とその溌剌たる伸長のために存在するものと信じている．そのとき水爆実験のもたらした人類の生命への傲慢な挑戦は，われわれに何をせよ，とおしえたであろうか．われわれは目前のこの恐怖に対し，抗議し，その禁止を訴えねばならない．〔略〕」

『新日本文学』1954年11月号には，「久保山さんの死をかなしむ」（なかの・しげはる）がある．「〔略〕それ自身政治的である問題は政治行動を通して解決されるほかない．わたしは，形がどんな形になるかは知らず，アメリカ政府に責任を取らせ，水爆実験を禁止させるための仕事は――それが久保山さんの願いでもあった．――一つの政治行動として組織されねばならぬだろうと思う．〔略〕」

『正宗白鳥全集』第9巻に，「戦争を廃止せよ，久保山さんの死に寄す」の一文がある．これは久保山さん死去の直後，9月25日付『読売新聞』に発表されたものである．「〔略〕まるでそばづえを食って悲惨な目にあった第一の犠牲者，こんな犠牲者をこんご出さないためには水爆実験の中止どころか，戦争そのものを廃止しなければならないという憤りと悲しみをしみじみと感じたのである．アメリカの水爆実験は開戦の場合，それによって他国を撃破するときの用に供するために行われるのであろうが，他国人を撃破することも自国人を戦争の犠牲者にすることもその行為は人間心理としてどちらも憎悪すべきであるはずだ．わたくしはそういう目でこのごろ歴史書を読み，歴史小説を読んでいる．〔略〕」

『世界』特集号の「日本人の発言」に，「心のたぎる思い」をのべた阿川弘之は，『文学の友』1954年11月号に，「久保山さんの死」という短文を寄せている．その中では，「アメリカ側が何とかして此の事件の焦点をぼかし，事柄の実相を出来るだけ軽く見せようとし」ていることを指摘し，「私たちは世界で原子爆弾を浴びせられた唯一の国民として，かつ水爆実験による（私たちが知る限りで）世界最初の犠牲者を出した国民として，アメリカ並びにソビエト其他世界の全部の人々に対して，原子力兵器の悲惨さは，ほんとうは此の通りのものなのですという事を，あらゆる機会を捉えて示して，それでも尚，"場合によっては原子兵器の使用をも考慮する"という風な言葉を支持するつもりかどうか，よく考えてもらいたい．〔略〕」とのべている．なお，阿川弘之はこのほか，『心』1954年6月号に，「アイゼンバッドのまぐろ」を発表している．

『東京新聞』1954年9月25日には，「原水爆を禁止せよ」（田宮虎彦）がある．「〔略〕広島，長崎と二度の原爆を体験し，ここに久保山さんを水爆実験のために失った私たち日本人は，久保山さんと声をそろえて原水爆の禁止を，世界にむかって叫ばねばならぬ．〔略〕」

小説は短詩型文学と違い，作品に結晶させる熱い思いを，さめた頭をくぐらせて，長時間かけて発酵させねばならない．その点からも，文学者たちの熱い発言が，すぐさま作品と結びつかぬこともうなずけるが，ビキニ被災に関することを素材とし，あるいはテーマとした作品はほとんどないのではないか．わずかに次の2作が挙げられる．

『オール読物』1954年6月特集号「すしポン」（飯沢匡）——琴の名人，吟松先生が，放射能マグロのにぎりを26箇もたべてしまったという，短篇である．

『文芸』1954年8月号から4回連載「まぐろ」（井上友一郎）——作家秋山は，まぐろの廃棄処分をめぐって，くわしく知りたいと思う．そこで社会党左派の代議士S氏と，三崎港に出かける．ガイガー・カウンターによる検査の実情を見る．保健所の若い所員，森のことばとして，米原子力委員会の声明も語られている．作家の立場として，水爆問題にどうとりくんでいくか，しんけんに考えねばならない，という思いを含んだ作品である．

『中央公論』1954年8月号に，「俊鶻丸帰る」がある．これは座談会で，同丸に乗り組んだ各新聞記者，水産，科学研究所員を迎えて，中島健蔵司会によるものである．51日間，9,000マイルの水爆被害調査太平洋の旅の息吹きを伝えている．「加藤—調査を進めれば進めるほど原爆に対する根本的な怒りが，すべての乗組員に共通してあったね．戸沢—ビキニの近くに来たとき試薬のビンの空いたのを，漂流ビンみたいにして，"原爆反対"って書いた紙片を入れて流したんだよ．岡野—絶対に二度とあんなことをやってもらいたくない．僕たちがもらう手当の5パーセントを集めて福龍丸の患者へ寄付しようなんて話が出たのも，とんでもないことをやったことに対するヒューマニティの怒りなんだ．」

ルポルタージュとしては，「焼津の表情」（高杉一郎）がある．『改造』1954年11月号に発表され，その1年後ルポルタージュ集『祖国の地図』（真鍋呉夫編，三一書房刊）に収録されたものである．「日常生活のなかでささやかれている庶民の声を聞きたい」と，焼津に出むき，さまざまな人に会って話し合った記録である．焼津では意外にも「静まりかえった町」にぶつかる．突堤でつり糸をたれている「赤銅色にやけた」男はいう．「漁師というものは，昔から板子一枚下は地獄だと言われている．海で死んだものは，この町にはきりもなくある．戦争中は徴用で，いい若い衆がみんな海軍にひっぱられ，そしてほとんど例外なく南海で死んだ．だから，この町ほど寡婦のたくさんいる町はめったにない．それがみんなひどいビンボウぐらしをしている．補償もなにもなかったからだ．去年の暮には，三陸沖で服部亀吉さん所有の幸生丸が難破して，40何人という乗組員が行方不明になった．その家族はいまどうしているか．それを思えば，死んだ愛吉さんはむろんお気の毒だが，ともかく550万円——アメリカ大使

からの香奠とあわせて600万円の金をもらったではないか．日本でいちばん立派な病院にいれてもらい，いちばんいい医者に診てもらって，新聞やラジオに毎日脈膊がいくつだと，まるで天皇陛下のように報道してもらったではないか．」

このような声をさぐりあてながら，ルポルタージュの筆者は「一船一家族主義の機構のなかにしばりつけられている彼らの窮乏した生活」を実感するのだが，焼津中学で教師や生徒たちの行動，作文等に接して「あかるい思い」にやっとたどりついたのである．大場悦郎先生を始めとする数名の教師によって，70枚にのぼる福龍丸事件のスライドが製作されており，中学3年生の弁論大会では，「福龍丸事件」「死の灰をめぐって」という演題が並んでいた．セーラー服の少女が，「良心的な科学者としてのオッペンハイマーの名前をあげながら，中学生らしい素直な調子で原水爆反対の声をあげていた．」

そして，なによりも筆者をよろこばせたのは，中学生たちの作文であった．「ビキニとかけてなんととく？　ニキビととく．その心は？　死亡（脂肪）が多いから．そこでドッとみんなが笑っている．トンチ教室の時間だ．これが二度と過はくりかえしませんと誓った日本人の口からでる言葉だろうか．弟として，私は思わずコブシをたたいて泣いた．口先だけの反対や慰めの言葉はもうききたくない．」被災者のひとりの弟である池田勝明君の作文である．また，佐藤宏子さんは，次のように書いている．「この問題に対して，もっと日本の主要機関が積極的に動いてもらいたいと思う．政府は余りにもアメリカに頭を下げすぎているのではないか．こんどの問題でも，日本国民を代表して全世界の人々に原水爆禁止を訴えるべきだ．」また，筆者に「もうひとつ」あかるい思いをさせたものは，「静岡大学教育学部3年生の寺尾賢次君を指導者とする13人の高校生グループ」の，「おりづる会」の活動であった．夏休みにみんなで手わけして，焼津の漁師婦人100名についてアンケートをあつめ，封建的機構のなかにしばりつけられている婦人の生活の実態調査を行ったのだそうである．「調査なくして発言なし」というのが彼らの信条で，パンフレットのあとがきには「漁師の人たちが貧しさから解放され，漁師の婦人たちがほんとうの意味で解放される日が一日も早く来るように」という少年たちの美しい純粋な願いが記されてあった．

終りのことばを筆者は，次のように結んでいる．「しかし，久保山さんのとうとい犠牲を契機として，焼津のあたらしい歴史はこれからはじまるだろう．補償を要求する現実的な運動からはじまって，原水爆の禁止をもとめる運動の中心まで焼津の空気がたかまるのも，そんなに遠いことではあるまい．」

ルポルタージュにはこのほか，『新日本文学』1954年5月号に，「風止まず――その後の焼津――」（中本たか子）がある．病床の見崎吉男さん（第五福龍丸乗組員）や，久保山愛吉氏未亡人すずさんたちの，苦しみ，悲しみが，女流作家の筆を通して，細やかに語られている．

『文学の友』1954年11月号には，「水爆実験反対のしょめい」（小学校4年，藤村千恵）がある．「7月23日の昼ごろ，ぼうしをかぶって，あせをふきふき，水爆実験反対のしょめいをとりに」歩きまわった作文である．「いちばん初めはどこにはいろうかなあと思いながら一けんの家の戸をあけました．でもむねがどきどきしながら小さな声で，ごめんくださいというと」と書き進め，気持ちよく署名してくれたところ，ことわられたところなどが，子どものことばで語られている．「つぎに前のお家にいくと，おばさんが，放しゃ能がふってきちゃ魚もたべられないし，やさいもたべられないから大へんだよ，といってしてくれました．私は，これから，人をころす，水爆なんか，ない，平和な世の中にしたいなあと，つくづくおもいました．」

児童文学では「トビウオのぼうやはびょうきです」（いぬいとみこ）がある（『いさましいアリのポンス』所収，さえら書房刊）．ビキニ被災2ヵ月後に書かれたものである．作品のあらまし，「青い青い南の海．ある日突然おこったおそろしい音．そしてお日さま

がもう一つできたほどに空がもえる．まもなく降りはじめた白い粉．ぼうやはおもしろがってとびまわる．あの日いらい出かけていったきり，とうさんは帰ってこない．そればかりか，毎日死んだマグロやフカたちが潮にのって流れてくる．元気だったぼうやは，だれもなおし方を知らない病気でくるしむようになる．すっかりやせてしまったぼうやの上に，かあさんトビウオは，おもわずぼろっと涙をこぼしてしまう．ぼうやを助けてやれる人はいないだろうか．」小1の子どもの感想文，「ぼうや，はやくびょうきなおしておかあさんとなかよしになってね．ぼくは，いまげんきだけどきみがびょうきだから2人であそべないね．ぼくは，きみの本をみていちばんかわいそうだったのは，きみがからだにぶつぶつができて，あたまがいたいんだよといったときと，うわごとをいったりしたときが，かわいそうだったんだよ．だからぼうやがよくなっても，おとうさんはさがしにいけないんだ．トビウオのぼうやへ，1ねん，せいやより」（江戸川区西一之江小学校，山後善子先生指導）．

また，「おーい，まっしろぶね」（山口勇子，童心社刊，1973年3月）がある．被爆した第五福龍丸が，まっしろぶねからおんぼろぶねになり，十なん年も海をただよって，夢の島にたどりつき，みんなの手でまたまっしろぶねにいきかえる物語りである．「まっしろぶねくんは，またいろをぬりかえてもらってよかったね．だけどかわいそうだね．アメリカがすいばくじっけんをやめればいいのにね．くぼさはかわいそうにしんでしまったんでしょ．だいごふくりゅうまるっていいなまえだね」（焼津豊田小学校2年，成瀬実先生指導），「まっしろぶねがぼろぼろになった．アメリカの水ばくだんのために．久保さも死んだ．それもじっけんだけのために．それだけじゃない．なんびきものいきものたちが死んだのだ．ぼくは二ども，死ぬということばをつかいたくない」（大田区東調布第一小学校3年，山本典人先生指導），「〔略〕この詩を聞いてわたしは，何でかく実験なんてやったんだろうと思いました，この実けんのせいで，ビキ

ニ島にいた鳥やカメなどが死に，そのうえ人まで死にました．まっしろぶねでマグロをとりに行っただけなのに，こんな目にあうなんてひどいと思います．〔略〕ビキニ島でこんなひどいことがおきたのに，すいばくは年々ふえています〔略〕」（静岡市西豊田小学校6年，合戸政治先生指導）．

（山口勇子）

第2節　詩　歌

2—1　詩

ビキニ被災直後，多くの詩人が，原水爆禁止署名運動と相呼応するかのごとく"死の灰"を主題とした作品をもって現実の危機を訴えたが，この抗議と告発の声をひとつにすべく企図されたのが『死の灰詩集』であった．

『死の灰詩集』刊行の目的・経過

現代詩人会〔現・日本現代詩人会〕編『死の灰詩集』（宝文館）が出版されたのは，1954年10月5日である．

詩集刊行の目的，経過は，同詩集の「序」および「あとがき」で，つぎのように述べられている．

序

火の発見を端緒とする人類文化が到達した原子時代の光明を，不幸にも原爆時代の暗黒を意味するものとして体験せざるをえなかった日本国民は，ここにまた，ビキニ環礁における水爆実験の死の灰を浴び，現実的に，科学的に，立証されつつある絶大な被害によって，いよいよ人類存亡の危機を身を以て知る世界唯一の国民となりました．

私たち現代詩人会員は，他ならぬ人類の先駆者的使命を痛感し，黙しがたい国民の衷心を詩精神に傾けて死の灰に抗議し，叡智のブレーキを忘却した科学の暴挙とそれによる戦争が，やがては地球と人類の破壊滅亡をもたらす事実を，広く世界の良識に訴えることを熱望し，詩に関連ある諸方面にも同調と協力を求めましたところ，全国からそれぞれに力

作を寄せられ，およそ1,000篇に達する反響に接しまして，編集関係者一同感激いたしました．

協力作品の全部を，編集委員一同で慎重に詮衡しました結果，121篇をえらんで1巻とし，刊行の運びとなりました．私共の熱意に，熱意を以てこたえられた作品の全部を，1巻に収録できなかったことは，まことに遺憾にたえませんが，この間の事情万やむをえぬものありと切に諒承をねがい，深く感謝いたします．

人類の歴史においてかつてない不幸な体験をこうむったわが民族の衷心が，単に一篇の詩によって表明しつくされ，解決されるなどとはもとより考えるものではありません．しかも，水爆実験が行われて以来6ヶ月経過の現在，今なお雨の中には強力な放射能を含み，南方の海から帰港する漁船の魚も，しばしば放射能のため廃棄の余儀なき現実を直視し，かつはビキニ患者とその周囲の惨状を熟知する立場において，私共はますますこの憤りに深度を加え，水爆実験の禁止はもとより，人類の不幸と滅亡をまねく一切の原水爆放棄と戦争絶滅を念願する殉教者として，叡知を以て暴力に立ち向い，人類史上にせめて存在意義を確立することこそ，詩精神に生きるものの義務であると信じます．

この一巻が，世界各国に訳出され，あまねく人類の魂に呼びかけるよういのります．

　　1954年・夏　　　　　　　現代詩人会

あとがき

現代詩人会が『死の灰詩集』の刊行を決定したのは，5月上旬東京でひらいた1954年度総会の席上においてであった．会は詩を愛するもののひろい集りであるから，これまで特定の意味をもつ発言をしたことはほとんどないが，原水爆の問題は，単に直接災禍をこうむった人たちの問題であるばかりでなく，全人類的な問題である．そのため序文であきらかにした趣旨にもとづき，会員はいうまでもなく全国的に作品を募ったところ，およそ1,000篇に達する作品が送られてきた．これは原水爆問題に対する国民の関心のつよさと深さをしめすもので，応募作品が机上に山と積まれるころになると，全国各地で原水爆使用禁止の署名運動がはじめられ，そしてそれは現在もなおつづけられている．したがって『死の灰詩集』は全国民の生死の訴えを背景にして編集されたものであり，その訴えを詩の言葉に結集したものである．〔中略〕

この詩集の初版印税は死の灰によって，肉体的，精神的に，さらには生活的に，言語に絶する苦しみをうけている第五福龍丸の被害者に送ることになっている．また9月2日からベルギーでひらかれた「国際詩学隔年会議」に出席した代表安藤一郎は，同会議における講演で集中の作品を朗読し，『死の灰詩集』刊行の意図を出席各国の詩人に訴えるところがあった．〔後略〕

なお，同詩集の編集委員は，安藤一郎・伊藤信吉・植村諦・大江満雄・岡本潤・上林猷夫・北川多彦・木下常太郎・草野心平・蔵原伸二郎・壺井繁治・深尾須磨子・藤原定・村野四郎の14氏であった．

『死の灰詩集』の作品

詩集に収められた作品は121篇．詩人の世代と流派の別をこえてまとめられたこの1冊は，1954年当時のわが国の現代詩の縮図ともいえる．平和へのねがいのもとに，これだけ多くの詩人の作品が1冊の詩集としてまとめられたことは，明治以降のわが国ではその例をみることがなかった．作品の一例を挙げておく．

　　しかし　あなたがたのうち
　　　　　　　　　　　田村正也

　　まず光が見え次に煙が見えました家の戸はバタンと鳴りました
　　（ロンゲラップ島の住民が言った）

　　しかし　あなたがたのうち　たれが　最初の一撃で　最後の卑屈をうちたおすか　腐肉とならないか

うなだれてはいるけれども　死にきらぬ
大地は　ただれた歯ぐきに雨をうけながら
言った　そのおののきは生き残っている植
物たちに感染し　雑色の木々は数百万の
盲目の裸像さながら　ぬれた顔をそむけた
まま　けがされていった　窓硝子の向うが
わでも　こちらがわでも　空気はちりくず
の幕を垂れ　日々は牢獄に歩み寄り　牢獄
はまた地上から空を暗く染めあげていった
　けがされぬものがなんにもないとき　も
う夜と昼のみわけはつかなかった　少女の
ような男でさえ解放をねがった　水平線が
陸にのりこんでくると　わたしたちは弱点
を追いつめられ　バラックの壁に　陰画の
ように　はりつけされた　無垢なこどもの
目だけが大きく見開かれ　無心のうちに
その血は濁されていった
　　　　　＊
　どれい労働の海から　1そうの船があら
われ　人通りのとだえた村や街をすぎてい
った　戸口は拳のように閉じてしまった
船は恐怖とわたしたちの目でみたされてい
た　かぎられた漁区から　かぎりない貧困
まで　これ以外のどんな航路も許されてい
なかった　つづいて23人の漁師がよろめき
でて　さばくのような男たちだった　不毛
と渇きだけがあった　かれらはもどかしげ
に苦もんしていたが　やがて檻をつきぬけ
て　わたしたちの汚辱にとけこんでしまっ
た　計画されていない運命など一つもなか
った　あつくない火刑のなかで　わたし
たちはそれを知りたいとねがった　あふれで
ようとする血を　3重のうすい皮膚が耐え
ていた
　　　　　＊
　浪費することに疲れてしまったひとたち
が空気を独占しようとして　原子核をおも
ちゃにした　秩序やこどもは　とっくに
かれらのものではなくなっていた

　　光が見え　次に煙が見えました
　　煙は空へ立昇り　雲の中に入っていき
　ました

おたがいに信じられなくなったかれらは
けっきょく科学すら信じていなかった
おどしあいながら　ちいさく　黒く　ちい
さくなっていった　巨大な垂直の火坑の底
に　毒もつ点となった

　　爆風は強く　倒れる人もあったほどで
　した
　　家の戸はバタンと鳴りました

　開いた戸からは　さばくの時間しか感じ
られなかった　とつぜん髪ふりみだした海
と空がなだれこんだ　おしつぶされたベン
チや鏡　くだかれた魚やサボテンがおしよ
せた　そして　いちばんあとから　生きる
狂気のような　すはだかのひとびとが　も
えさかる胸に　気をうしなった鳩をだきし
めて　1人ずつ　もどってきた　いっさい
は　わたしたちとまじりあった　貧しさ
うれしさ　だから　ねがわねばならぬこと
も　愛し合っていることも　どこからきた
のかも　すっかり知っている　穴のあいた
兵士たちとその家族　ゲルニカの廃墟と
ヒロシマの惨苦　ロンゲラップ島のそぼく
と　唯一無二の平和が　わたしたちの履歴
だった

　わたしたちは人間の顔を　その灰とぬか
るみのおくに　ひらいた　顔は世界を　ひ
らいた　その抗議を

『死の灰詩集』の評価をめぐって

　刊行された詩集は，1954年末から55年にか
けて，まず『詩学』『現代詩』の二つの詩誌
において書評あるいは時評のかたちで紹介・
批評がおこなわれていく．
　いまそのひとつひとつについては割愛する
が，要するにそこで問題とされた共通点は，
詩集刊行の企図・目的には賛成だが，121篇
の作品のうち，ごく一部をのぞいた大半の作
品が，作品の芸術性において疑問があり，
「詩人は勿論，一般世間人の鑑賞にも堪えぬ
ものさえあるようだ」というきびしい問題提
起であった．

そういう問題提起を背景として伊藤信吉，鮎川信夫両詩人は『東京新聞』紙上で，詩集をめぐってそれぞれ自己の主張を述べあうことになる．

伊藤氏は，詩集編集委員のひとりとしてあくまでも詩集刊行の意義を肯定しつつ，詩人の「社会的自覚」と「方法論的自覚」の統一，言葉をかえていえば詩の社会性と芸術性の結合を目指す立場から発言した．これに対し鮎川氏は，詩集にみられる「詩人の社会的意識を分析してみると，それは，戦時中における愛国詩，戦争賛美詩をあつめた『辻詩集』『現代愛国詩選』などを貫通している意識と，根本的にはほとんど変らない」として，詩集刊行の意義を否定，詩人の自我と社会的連帯とを断絶させる一種の芸術至上主義的立場を表明した．

『死の灰詩集』を契機としたそれら一連の論争——〈死の灰詩集論争〉において詩における「社会性・芸術性」が論争されたことに意義があったことは事実である．しかしまた，これらの実作や論争を通じて政治的・社会的主題のもとに詩をかくことの困難さも改めて明らかとなり，"死の灰"にかわる他の社会的主題のもとに多くの詩人が1冊の詩集を刊行するということもみられなくなったばかりでなく，積極的に政治的・社会的主題をもって作品をかくという傾向もその後しばらくは退潮していった．

海外詩人の作品
　　　日本の漁夫
　　　　　　　　　N・ヒクメット
　　　　　　　　　峯　俊　夫　訳

漁夫は　若く　勇ましかった
漁夫は　海で　雲に殺された
黄色い夕　灯台に灯がともり……
かれらの仲間たちが　うたってくれた歌

おれたちは魚をとった　食べれば死ぬという
おれたちに　ふれる人たちは死ぬだろう
黒い柩　おれたちの船
船に乗るものは　死ぬだろう
おれたちは魚をとった　食べれば死ぬという
すぐには死なぬ　すこしずつ
身体の肉がくさってゆく
おれたちは魚をとった　食べれば死ぬという

おれたちに　ふれる人は死ぬだろう
海の　波の　塩に洗われた
おれたちの手にふれる人は
おれたちに　ふれる人は死ぬだろう
すぐにではない　すこしずつ
からだの肉がくさってゆく
おれたちに　ふれる人は死ぬだろう

恋人よ　おれを忘れておくれ
黒い柩　おれたちの船
船に乗るものは　死ぬだろう
雲がおれたちのうえに落ちたのだ……

恋人よ　おれを忘れておくれ
抱いてはいけない　おれには蛇がいる
その蛇は　おまえの胸に忍びこむだろう
……
恋人よ　おれを忘れておくれ

黒い柩　おれたちの船
恋人よ　おれを忘れておくれ
おれたちの子は　父親をもたぬ
くさった卵　おれたちの子ども
黒い柩　おれたちの船
死んだ草を　そよがす……
ああ人びとよ　おれたちはどこにいる
おれはよぶ！
おれはおまえたちをよぶ！
　　　　　　　　　　　　　　（1955年）

〔参考〕

1954年
『死の灰詩集』現代詩人会編（宝文館・10月）
書評・「死の灰詩集」鶴岡冬一（『詩学』12月号）
1955年

書評・「死の灰詩集」野間宏（『現代詩』1月号）
現代詩時評・「詩と真実」（同）
「ヨーロッパで会った詩人たち」安藤一郎（『詩学』2月号）
現代詩時評・「詩にとって『原子力』とは何か」（『現代詩』2月号）
「戦争と平和と詩」スペンダー（『現代詩』4月号，『詩学』4月号）
「詩における社会性と芸術性」伊藤信吉（『東京新聞』5月8，9日付）
「『死の灰詩集』の本質」鮎川信夫（『東京新聞』5月15，16日付）
「詩壇時評1955」（『詩学』7月号）
「『死の灰詩集』をいかにうけとるか」鮎川信夫（『短歌』7月号）
「詩の主題の積極性の問題」よもつか・きんじ（『現代詩』7月号）
「『死の灰詩集』の文学的評価」清岡卓行（『現代詩』8月号）
「『死の灰詩集』論争の背景」鮎川信夫（『詩学』10月号）

（浅尾忠男）

2—2 短歌

短歌はよく機会詩であるというようなことを云われる．短歌の形式は短かく，そのとりあげる素材は日常の現実生活が中心となっているため，社会的諸問題にも比較的敏感に反応し易い性格をもっている．しかし，敏感ではあっても，短歌の伝統的な現実のとらえ方は，きわめて受身的で花鳥諷詠的，傍観者的なところがある．したがって，内容的に見た場合，かならずしも健康的とばかりは云えない点があるのは否定できない．

この問題とさらにもう一つ，つぎのような問題がある．すなわち，近代短歌の中では，島木赤彦，斎藤茂吉などに唱導されてきたところの，「短歌では思想は歌えない」という観念が固定化している．もちろん，いかなる作品といえども，そこには思想があるわけだから，ここでいう「思想」とは，一般の思想，というより，現体制批判の思想，といったほうが正確であろう．

こうした二つの傾向が結合すると，どういう事になるのであろうか？　まず，何か社会的，政治的な事件がおこったとする．事件には敏感に反応していくわけであるが，思想は歌わない——政治的にはとらえない——という角度から問題をとらえようとするわけであるから，それはどうしても，目あたらしさへの関心の範囲を出ない，という問題が出てくるのである．

これらのことを，いちおうおさえて，あの「死の灰」の衝撃を，日本の短歌がどのようにとらえたかをみてみよう．

1954年3月1日の「ビキニ事件」を歌った短歌が，多くの結社雑誌にあらわれてくるのはその年の6月号あたりからである．そして，久保山愛吉さんの死の後，さらに原水爆問題についての歌が発表され，「ビキニ事件」から1年余の間，ほぼ一貫して続いたのである．雑誌『短歌』（月刊・角川書店．1953年1月創刊）は，1955年7月号で「死の灰」の小特集をしている．これは，日本歌人クラブが過去1年間に発表された「死の灰」の歌を全国から募集し，1人1首をえらんで特集したもので，437人（437首）の歌が収録されている．作品配列は，作者名のアイウエオ順となっている．これらの作品群は，いわゆる「死の灰」をさまざまの生活の場から，さまざまの感じ方，とらえ方で歌っており，短歌ジャンルからの証言ということになるであろう．

(1)食へば死ぬ魚を獲り来て土に埋む一途に労し貧し国たみ（石川・芦田高子）
(2)松の花粉散れるを死の灰降れるかと騒ぎし村ありあはれ日本（東京・井上芳雄）
(3)滅亡史しらべてけふも疲れゐるわれに原爆の救ひなきこゑ（群馬・生方たつゑ）
(4)地の上に水素爆弾ある世なり力なき者は祈る外なき（シャトル・越後桂子）
(5)放射能をおそれつつあびる灰の雨この国はいま死の蔭の谷（岡山・尾形徳郎）

これらの歌には，第五福龍丸のビキニでの被災についての怒りや嘆きが，どちらかといえば内向的で，やや諦観的な心情において歌われている．(1)の「貧し国たみ」や(2)の「あ

はれ日本」は，問題のとらえ方が概括的すぎる感じがするし，事件の本質への目のそそぎかたは，きわめて鮮明というわけではない．

したがって，どうしたらいいのか，という点については，(3)の「救ひなきこゑ」や(4)の「祈る外なき」という詠嘆になるのである．(5)についても問題のとらえ方や，現実への批判的視点は弱いといわなければならない．

(6)捨値にもならぬビキニの鮪をば埋むるとろ画幕より消ゆ（荒尾・岩本宗二郎）

(7)放射能三五〇カウントの鮪捨つる漁夫の面ざしスクリーンに見る（東京・牧村好三）

(8)音もなく死の灰ふりくる空に受精をいそぐあをき子房あり（大阪・倉地与年子）

(9)旧教徒は原爆水爆にあづからずといふ17の娘にたじろぎぬ（東京・五島美代子）

(10)人類滅亡の予感もありて造りつぐ災ひたるかな原子兵器（千葉・館山一子）

(6)，(7)は映画を見ての報告歌の形をしている．「捨値にもならぬ」あるいは「漁夫の面ざし」といったところに，作者のキラリとした目の光を感ずる．しかし，作品全体からうける感じは，少し第3者的な位置から問題を見ているような冷やかさがあるように思われる．(8)は，「死の灰」が人間の存在そのものとかかわっていることへのおそれを，植物の受精の営みに仮託して歌っている．作品の水準も一定の高さをもってはいるが，屈折して表現しているところに作者の苦渋もあるように思われる．(9)は作者の感動がどのようなものであるのかややあいまいのところがある．娘の言葉をよしとして肯定的に受けとめているのか，あるいは，そのようなことをいう娘の無関心さを驚ろいているのか，はっきりしないところがある．しかしおそらくはその両方かも知れない．(10)は，「災ひたるかな」と原子兵器への詠嘆的口調に流れたため，作品をつらぬく厳しさに乏しい．

総じて(6)から(10)までのような傾向の作品群には，「死の灰」も一つの風物として受けとめている姿勢や，あるいは，むしろ意識的に政治を考えまいとする姿勢が感じられるのである．

(11)去来せし水爆のかげ死を呼びて野分冷たし

このいきどほり（岐阜・宇留野欽二）

(12)一つのいのち消ゆ九月二十三日命あるすべてに恐怖を与へ（大阪・小牧啓治）

(13)奥羽にも放射能雨降れる日に看護の効なく久保山氏逝く

(14)暫くはもの言はずぬ久保山さんの死を報じたるラヂオ見つめて（京都・竹中直）

(15)水爆の灰五十年も放射して疲憊にいのち萎えほろぶるか（北海道・小田観螢）

(16)われわれは何もしないのにビキニの灰雲の粒子となり脅やかしくる（大阪・大村呉樓）

(17)死の灰をまじへ降るてふつゆの雨に濡るる草木もわれも悲しき（東京・屋上柴舟）

久保山さんの死の衝動をうたったものである．その死のしらせが，野分の冷たさや恐怖を感じ，自らのいのちの萎えほろぶる深い不安に落しこまれたのは当然であったろう．ただ(16)のように，「われわれは何も（悪いことは）しないのに」と，ややぐちめいた口調となり，一般的な「悲しみ」の中に回避している感じのものもある．それは，長い短歌作法の歴史のなかで，行儀よく，怒号などはたてまいとしている気配を感じさせる．

ところで，雑誌『短歌』の「死の灰」の特集号の作品が，すべて，(1)から(17)までのような調子の歌ではないことはいうまでもない．むしろ，この「ビキニ被災」や久保山さんの死をまさしく自らの問題として，主体的，積極的な形でうけとめていこうとしている作品がきわめて多いのが特徴的とさえいえる．

(18)おそるべき無間地獄に人類を落し入るるもの鬼にはあらず（東京・窪田空穂）

(19)「久保山を日本人の皆さまで助けて」といふ奥さんの声（新潟・柴野保治）

(20)朝の厨に拡げし新聞へ湧きくるは一人の妻のいかりにあらず（兵庫・川口汐子）

(21)原子核爆発のスイッチを押す時も彼等はガムを噛みゐしならむ（神戸・中井一夫）

(22)人間を大切にせざる実験の大き規模おもひこころ激ち来

(23)原水爆の世にある限りかくむごき死にざまありと君示ししか（新潟・柳川 月）

(24)水爆被害者への冷酷無礼の言吐きしアメリカ支配者は憎めど足らず（東京・渡辺順

第3章　文学・芸術・評論　　581

三）

　これらの作品群は，いずれも怒りの対象を明確にしている．その怒りは自閉的，内向的な怒りではなく，まさしく外に向けているのである．批判はするどく，そのやむにやまれぬ怒りは，一つの抵抗運動にもえ立とうとする力を内包している．のちの資料で示すように，原水爆に反対する運動とその発展をうたった作品も数多くあるのである．

　こうして，有名，無名の歌人たちのこれらの作品群を見てみると，いちおう短歌の伝統的な現実のとらえ方の上に立ちながら，そこをつき抜けているものの多いことを知ることができる．「ビキニ事件」とそれにつらなる久保山さんの死，核兵器の問題は，云うまでもなく，現代の政治に密接にかかわっている問題である．その意味では，重い思想性をもった事件であった．政治が直接すぐ目の前に，一人ひとりの現実生活とぬきさしならぬ形で立ちあらわれて来たとき，もはや歌人はいつまでも思想や政治に対して傍観者でいることはできないのである．

　「ビキニ事件」そして久保山さんの死は，国民的規模での原水爆禁止運動への直接的な契機となったが，それはまた，千数百年の伝統をもつ日本の短歌のありようについても，一つの大きな影響を与えたのである．この一事は，単に戦後短歌の問題としてだけではなく，近代短歌の歴史においても，決して忘れることのできないことであった．

　以下，雑誌『短歌』の「死の灰」特集号の作品と，故渡辺順三が主宰していた新日本歌人協会の機関誌『新日本歌人』の中から，いくつかの作品を選んでそれぞれのテーマによって大別し，つぎに掲げる．

(1)　「死の灰」の怒り

　まぐろ獲らむ海の上より水爆の灰あびてかへり再び起たず（静岡・池谷宗観）
　「死の灰」に怒るニュースがアメリカの「騒ぐな」と云ふ声も伝ふる（兵庫・磯野健太郎）
　久保山さん　久保山さんとわが祖母は縁者のやうに日々口にする（東京・石本隆一）
　水爆死いきどほりつつ風弱る庭をあてなくわが歩きまはる（滋賀・生駒あざ美）
　死の灰をかむりし人等タラップを降りゆくときの表情を見つ（横浜・遠藤節代）
　アメリカの水爆実験には今後とも協力するとぬかす外相岡崎（兵庫・初潮みちる）
　水爆禁止の声ひろく起り来ぬ日本の空にビキニの灰降り来れば（広島・深川宗俊）
　人体障害知りがたく雨の中を田植する放射能の知識いまだとぼしく
　水爆マグロは／土深く埋められた．／捨て処ない―／おれの憤りは．（愛知・田中収）
　殺す勿れといふ教へを信ずる神の子等が大量殺人の武器を誇れる（東京・大坪草二郎）
　死の谷と呼ばれ生きゆくこの街の昨日の雨に検出さる放射能二千カウント（群馬・岡田克男）
　原爆に焼けただれたるふるさとのユーカリ樹わが今日のまぼろし（宮城・扇畑忠雄）
　人形を幾重にも包みしまひいる原子爆弾を恐怖する子ら（千葉・勝山格）
　野菜にも放射能あると云うニュース吾が八百屋の生活にひびく（兵庫・桂日品志）
　放射能の被害つぎつぎ現れて日本は魚喰へなくなるか（宮城・小林いさを）
　降ればビキニの雨の灰かと聞く子等よ貧しくて傘を持たぬ子も居る（東京・小熊てる）
　ビキニ禍の春夏過ぎんとして補償額いまだ決らず岡崎植民地外交（横浜・籠村牧太郎）
　放射能の危険区域の地図見入る顔の翳りはかくすすべなし（山形・兼子牧草）
　雨だれに松の花粉の散り浮くをビキニの灰と騒ぐ児のこゑ（香川・笠居誠一）
　雨の中にも放射能が含むと云う百姓は仕方なく濡れて働く（千葉・五喜田正巳）
　原水爆廃止求むる学生のこえ教授会に届きてわれら沈黙におつ（東京・五島茂）
　日本漁夫スパイかも知れぬと真っ先にあだせし言葉我ら忘れず（神奈川・四賀光子）
　放射能ふくむといへど降る雨に濡れてびたびた畑道かへる（鹿児島・下御領義盛）
　平和のための原子弾投下といふ輩いろ変りしこの土をみつめよ（広島・新迫重義）
　水爆の実験に協力すと云ひし外相の言正気

の沙汰か（宮城・鈴木青嶺）
　ビキニにて水爆実験ありしより雨降りやま
　ず満4日間（福島・高見楢吉）
　人間の恐るる雨の中にして見る見る殖えゆ
　く蝸牛幾百（東京・土屋文明）
　死の灰に果して関はりありやなしやつばく
　らめさへ渡り来ずといふ（東京・中村正爾）
　原爆に無辜を屠りし戦に捷てる恥辱はまた
　思ふべし（長野・中村柊花）
　死の灰を降らしつづくる環礁の空の暗がり
　果てしなかりき（広島・深川宗俊）

(2) 久保山愛吉氏の死
　久保山氏遂に逝きぬとわれら聞く五十四年
　の秋なかばの日（東京・中原綾子）
　憎しみが泉のごとく湧きて来る久保山愛吉
　死去の報ききて（富山・稲垣重夫）
　思えばくやし．／アイク，ダレス，その一
　味ども，／久保山さんの命をかえせ．（藤
　沢・信夫澄子）
　原爆の犠牲と消えし久保山氏宅とバスのガ
　ールは窓に教へき（静岡・笹原てい子）
　久保山氏重態の記事／ことごとく，スクラ
　ップする／おののく手にて（東京・渡辺順
　三）
　灰降らし人を死なしめしは誰ぞ今宵はげし
　く地球儀を回す（東京・来島靖生）
　久保山さんの遺体解剖資料などアメリカに
　渡してたまるか（鹿児島・白尾昭三）
　久保山氏つひに死去すと書き出でて子の日
　記文のかくも切なる（岐阜・林重雄）
　越えむとし海原にむくろ沈めしや燕らの命
　も死の灰の中（東京・武川忠一）

(3) 原水爆禁止運動へ
　原子兵器使用禁止の訴へに声枯らすとき心
　澄みゆく（千葉・新井佐次郎）
　水爆の反対叫ぶ声かれて残照かげりゆく街
　の上に立つ（横浜・小野政夫）
　原水爆禁止を訴えるガリを切るわが指先に
　力こもりて（鹿児島・八田実夫）
　水爆実験云いてはばからぬ彼等の声だも
　ののこえと憎しみて聞く（三原・中下煕人）
　「原水爆の禁止」「汚職内閣打倒」自労の主
　婦らが立てたプラカード（山形・多田藤次
　郎）
　原爆反対のプラカードつくり今日は行く哲
　男にいっぱいミルク飲ませて（埼玉・宮崎
　章次）
　水爆の反対のビラのはられつつ土埃巻く小
　町といふ町（東京・後藤静）
　生きたき希ひした持ちつつ廻り来て原水爆
　展署名の列に立つ（兵庫・谷口仁三）
　死の灰のおほふを思ふ梅雨空よ起きあがる
　べき声なき怒り（名古屋・千種美代子）
　　　　　　　　　　　　　　（碓田のぼる）

2—3　俳　句

現代俳句の原点――「ヒロシマ」と「死の灰」

　ビキニ被災前後の数年間，俳句作家たちの論争の中心は，いわゆる「社会性俳句」問題であった．「俳句に社会性を」という主張には，反対する理由はない．しかしながら大多数の人たちは，依然として花鳥諷詠，生活諷詠派であった．戦後社会の日常生活の中から，数限りない題材が俳句にとりあげられてはいたが，その方向づけはあまりなされていなかった．社会性俳句の論陣を張ったのは当時30代の気鋭作家たちが中心だったが，政治性過剰，俳句性の欠如，表現の稚拙などさまざまな批判がよせられた．幾多の論争ののち「真に平和をねがいもとめる立場から詠み出される一切の俳句を社会性俳句と称したい」（中島斌雄「社会性俳句の諸問題」1955年）という一種のまとめが行われるのだが，それに対する新しい方法論の確立が要請されつづけた．

　たしかに戦後の俳句は変った，といえる．その変化の大きな契機となったのが社会性論争であった．当時発行された句誌を調べてみると，社会派の大きなモチーフは，やはり「原爆」「ヒロシマ」であり，それを詠まずにいられない方向に人々を駆立てた事件に「死の灰」があった．そして1955年8月，第1回原水爆禁止世界大会と期を一にして発行された句集『広島』および，つづいて出版された

句集『長崎』が，その時点での社会性俳句の集大成として特筆されるだろう．

　句集『広島』は，広島に住む俳句作家19名が編集委員になり，全国から作品を公募した．674名，11,000余句の中から，545名1,521句が句集に納められた（うち被爆体験者250名）．

　句集『長崎』は，平和教育研究集会の発行で，全国の結社グループに広く呼びかけて編集された平和句集として価値ある書となっている．赤城さかえ氏は，この両句集を評して"直接被爆者の作品の感銘の深さ"（『広島』）をあげ，句集『長崎』では，"専門の作家を含める他地方からの寄稿に佳作が多い"といっている（『俳句研究』1955年11月号）．

　原爆地をたやすくはうたう気になれないでいる　　　　　　　　　　　　　吉岡禅寺洞

　これは自由律の句だがまさにわれわれは原爆や広島，死の灰にたいして，先ず絶句する．「俳句は物が言へないところから出発する」というのは加藤楸邨氏の言葉だが，それでもわれわれはものを言わなければならない．そこに果てることのない心の内部との言葉の格闘がおこなわれ，凝縮され，あるいはあふれ出てくる声の断面が俳句という詩型になる．

　「もの」と「もの」との切断面を対比させてイメージを造型していく，という短詩型の長所をいかんなく発揮させるために，たくさんの作家が「広島」「原爆忌」に対して言葉の挑戦をいどんだ．

　戦後俳句の問題作でもあり，また三鬼の代表句の一つに

　広島や卵食ふとき口ひらく　　　西東三鬼
が有名だが，広島を詠んだ句には猛烈にイメージを湧きたたせる佳句が多い．

　ひろしまや蝌蚪には深き地の窪み　野田誠
　ヒロシマや金魚は紅き衣を保つ　曾田李鳳
　広島の土の中まで錆びて秋　　　林一男
　原爆忌肉屋の肉に毛が残り　　平賀比呂美
　蟹乾き眼ばかり光る原爆忌　　　平川海夫
　一樹また一樹芽生えて広島忌　　山縣虚空
　踏めばやはり鳴る広島の霜柱　　本多やすを
　主婦らたたら踏むメーデーやヒロシマに
　　　　　　　　　　　　　　　　沢木欣一
　銀蠅に唇盗まるる原爆忌　　　佐々木一空

　ぼろぼろに雲夕焼けて原爆忌　　重力敬三
　原爆忌海に足より呑まれし虹　　野田誠
　祈る掌は拳となりて原爆忌　　　須沢秀三
　生きてなほ身を焼く記憶原爆忌　浜本暁生
　砂浜にトロ覆へり原爆忌　　　　新見嘉水
　怒りこめて石臼ひけり原爆忌　山形健次郎
以上いずれも句集『広島』からの抄出である．面白いことにというより当然のことであるが，ここで「広島」という言葉を，単に「長崎」と変えただけでは句にならないだろう．そして，長崎という字句を詠みこんだ俳句は，一般に広島よりも遙かに少ない．

　「原爆忌」という季語が俳句の中に定着したのは，この時期であり，これらの作品によって以後，花鳥諷詠派といえども，歳時記の中に原爆忌という季語を避けて通ることはできなくなった．

　被爆体験者の立場からの俳句は，事実のもつ圧倒的な迫力が表現され，感銘を受ける．
　行けども瓦礫人ら死ぬべき身を曳きずる
　　　　　　　　　　　　　　　　小崎碇人
　みどり児は乳房を垂るる血を吸へり
　　　　　　　　　　　　　　　　西本昭人
　屍体裏返す力あり母探す少女に　柴田杜代
　死体蹴寄せれば蛆まろび落つ　新庄美佐子
　同じ高さに死都の限りを人焼く火
　　　　　　　　　　　　　　　　西田紅外
　とび出せし眼にぎらぎらと蠅あそぶ
　　　　　　　　　　　　　　　　水野淡生
　また句集『長崎』に掲載された松尾あつゆきの次のような自由律作品群は，被爆当時，占領軍より発表を禁止されていたものだった．
　ごときれし子をそばに　木も家もなく明けてくる
　すべなし地に置けば了にむらがる蠅
　炎天　子のいまわの水をさがしにゆく
　なにもかもなくした手に四枚の爆死証明
　句集『広島』，『長崎』以外でも，ビキニ，死の灰に触発されて，おびただしい俳句が作られた．（別掲，川瀬はじめ氏の編集によるアンソロジー）

　また原爆被害写真展や各地で開催された原爆図の展示をモチーフにした作品も多い．
　冬帽を鷲摑みイち原爆展　　　　石川桂郎

外套に誰も身裏む原爆図　　榎本冬一郎
毛糸編む気力なし「原爆展見た」とのみ
　　　　　　　　　　　　　　中村草田男
原爆図中口あくわれも口あく寒　加藤楸邨
「ビキニ忌」「花幻忌」（原民喜の忌・3月
13日）などという季語も出現した．
花幻忌の鉄路霜噴くあをみどり
　　　　　　　　　　　　　　関口比良男
しかし原爆忌，広島忌ほどの重さと作品量をもって定着してはいない．

とまれ，原爆を詠った幾多の名句は戦後俳句に大きな衝撃を与えた．そしてまた，抒情が「私」への回帰でなく，「私達」へ拡散し，民衆や風土への連帯感へつながっていくという戦後派作家の特徴をさらに押しすすめる方向へ発展させた．

ヒロシマ，あるいは原爆忌という言葉の前で絶句するとき——その断面に現れる深淵の暗澹たる深さ，大きさ．そのつきつめた切迫感をのりこえて，あえて物を表現するとき，ぎりぎりのかたちに凝縮された短詩が生まれる．

思うに，ヒロシマとは，われわれの民族の歴史の大きな切断面ではなかったか．その傷口を照らしだし，「原爆忌」というイメージと厳しく対決するとき，作者にとって内部は洗われ，言葉は限りなく高められていく．
　　　　　　　　　　　　　　（谷　敬）

ビキニの風紋

1954年3月，ビキニ死の灰の報は，たくさんの俳人たちの憤激をよんだ．
以下は当時発表されたおびただしい作品群の中から，選んだ，祈りや怒りの声の数々である．
貧乏桜よ東半球は千四百万トンの春の灰降る
　　　　　　　　　　　　　　橋本夢道
死の雨や濡れにぞ濡れてはだか麦
　　　　　　　　　　　　　　石原沙人
梅雨の地にひかり秤らるゝ雨の鯖
　　　　　　　　　　　　　　田原千暉
水爆以後握れば熱い同志の手　　土屋北彦
水爆禁止署名し魚のアラをぶったぎる
　　　　　　　　　　　　　　大木石子
夜の梅がひっそりビキニ環礁浮く
　　　　　　　　　　　　　　佐藤鬼房
死の灰雲春も農婦は小走りに　　西東三鬼
死の灰の天降る雨に子を寝かす
　　　　　　　　　　　　　　八木三日女
水爆圏気球ら霞みつゝ凹む　　　中島斌雄
腋へ梅雨傘水爆反対署名なす　　伊丹三樹彦
ガイガーカウンター地下教室に梅雨たまる
　　　　　　　　　　　　　　久保田月鈴子
ビキニ以後汚職以後仕事とぎれている
　　　　　　　　　　　　　　金子蛙次郎
まぐろたち死にて目つむるまぶたなし
　　　　　　　　　　　　　　佐藤雀仙人
紫陽花の淡きむらさき死の雨降る　益田清
放射能雨のなか巧拙百色の署名簿よ
　　　　　　　　　　　　　　谷　九助
蠹鳴いて死の灰が降る夜の地表　石原八束
春の海死の雨を航く鍋釜据え　　八村廣
鮎の膚さらに美しビキニ以後　　松岡白舎
放射能雨下の幼稚園麦の秋　　　足立雅泉
ひまわりの小さく咲いて原爆症かもしれず
　　　　　　　　　　　　　　東　竹を
子のしぐさ「ビキニの雨だ毛がぬけた」
　　　　　　　　　　　　　　川村志青
死の灰雲蛭捨てられて乾び出す
　　　　　　　　　　　　　　藤村多加夫
ビキニの雨六月の膝冷えて寝る　海野猛雄
水爆実験迫る雨音家内の薔薇　　原子公平
ビキニの灰に帽鷲づかみ退院す　松野進
皺で受く梅雨やら灰やらアブレ自労
　　　　　　　　　　　　　　川瀬はじめ
どくだみさえや死の雨というに白き花咲く
　　　　　　　　　　　　　　栗林一石路
ビキニ以後も界隈を守る梅雨の裸灯
　　　　　　　　　　　　　　古沢太穂

久保山さんの重体が伝えられ，そして秋，虫の音と共に去った．一漁夫の生命がこんなにも多くの俳人から祈られ，またその死がこんなにも多くの俳人の心をゆさぶったことはない．
紫蘇の青し「福龍丸」に漁夫癒えよ
　　　　　　　　　　　　　　飯島草炎
秋没日水爆死への一刻一刻　　　伊藤白史
妻肝病み子が告げる「くぼやまさん死んだ

よ」　　　　　　　　　　　　松野進
漁夫の死や潟の落暉を喚く汽車　　南成人
月下この死一爆音も許さじと　　柏原和男
久保山愛吉亡し鰯雲広がりきる
　　　　　　　　　　　　　　谷本不可志
昏き日や万の青栗押しだまり　　中井黄燕
ビキニの計主婦ら夜長の口つぐむ
　　　　　　　　　　　　　　柳原天風子
菊に埋もるる柩フラッシュ苛責なし
　　　　　　　　　　　　　　浅野知之
折れよ鞭曼珠沙華頸はねにけり　西山竜泱
水爆禁止説くやはびこる死人花　宇都宮靖
水爆死虫も人語も絶えわたる　　田原千暉
「死の灰より救え」ビラへ日本の梅雨茫と
　　　　　　　　　　　　　　古沢太穂
久保山愛吉の命いきよと世紀の恐怖横たわる
　　　　　　　　　　　　　　橋本夢道

　以上の句の作者の主力は新俳句人連盟に属する俳人だが，その連盟では第五福龍丸が発見された翌冬，夢の島への吟行を行い，以後ビキニデーを中心にほぼ毎年のように足を運んでいる．

船首へ揺れゆき出港したさの揚げひばり
　　　　　　　　　　　　　　岩間清志
被爆証しの船へ海色のバッジ売らる
　　　　　　　　　　　　　　敷地あきら
ひまわり曲げ日吸う潮風福龍丸
　　　　　　　　　　　　　　望月たけし
枯芦吹く被災船底に俺の顔　　鈴木おとじ
証刻む福龍春陽日時計として　　森博芳
被爆船の冷えしかまどに春日さす　木村喬
骨の廃船かゝげる白波久保山忌　板垣好樹
死の光りゆらぐ船底の食器棚　　高橋哲三
平和へ一歩たしかな春風証しの船
　　　　　　　　　　　　　　榎本利孝
せんせんと斜視の船抱くわが体温
　　　　　　　　　　　　　　多賀よし子
枯れても雑草被爆の船をぬくくつゝみ
　　　　　　　　　　　　　　徳冨いさを
被爆船へ東風綾なせり戦さいまも
　　　　　　　　　　　　　　石川貞夫
地枯れゆく被爆の船のしずかな母型
　　　　　　　　　　　　　　関口朔風
雪のパック海よりはがれ拒否の船　森白樹
福龍丸へ沙漠たんぽぽ首太し　　土屋文彦
茫々枯原船体白きにいたむ証　　松岡白舎
安保破棄の鼻梁にきしみ被爆の船
　　　　　　　　　　　　　　みちのくたろう
爪でとる春泥被爆の癒えぬ傷あと
　　　　　　　　　　　　　　大原照雄
子の眼雪から被爆船へ戦後二十五年
　　　　　　　　　　　　　　多田畔人
福龍に刻む高野豆腐の凍みゆく光り
　　　　　　　　　　　　　　小林道夫
生く眼凝らす雪で拭いし舷・舳　村石玉恵
東風に逆らうゴミの図太さ帆柱病む
　　　　　　　　　　　　　　菊地麗翠
冬の貯木場二度と死の灰あるなと声
　　　　　　　　　　　　　　内田梨男
冬の錆靴もてたたくビキニひびく　松野進
無言の船抱き荒らぐ海ビキニデー
　　　　　　　　　　　　　　川瀬はじめ
雲雀低舞う福竜丸に名残りの汐
　　　　　　　　　　　　　　古沢太穂

　ビキニ閃光の年，九州の俳人達は第1回長崎原爆忌俳句大会を開いた．その後京都，広島，東京と広がり，各大会とも年々盛んになっている．

シャツ蒼白の群れ原爆忌の空を行く
　　　　　　　　　　　　　　隈治人
白血のおんな体温でビラを貼る　田原千暉
原爆忌踏めばつぶれるはがねの切粉
　　　　　　　　　　　　　　佐藤雀仙人
八月六日浮浪の鳩が地を歩く　　三谷昭
寄りあいて爆忌までには散るあじさい
　　　　　　　　　　　　　　岩間清志
被爆の証言あつめる緑蔭の乳母車
　　　　　　　　　　　　　　板垣好樹
乳房催かめて はまた寝落つ原爆忌
　　　　　　　　　　　　　　望月たけし

　俳句は物を言わない文学だが，言わずにはいられない心奥の噴出から，核兵器使用者への憎悪と平和への願いをこめて，俳句の在るかぎり，人間のある限り詠いつづけられるだろう．

いくども砂照るビキニ忌後の風紋
　　　　　　　　　　　　　　古沢太穂

〔引用文献〕
三谷昭『現代の秀句』
渡辺順三・栗林農夫『短歌と俳句』
『俳句』1954年11月号「揺れる日本」
『俳句人』各号
その他の俳誌，句集
九州の俳人，隈治人氏，田原千暉氏から手書により御教示受けたもの等から抜粋した．
(川瀬はじめ)

2—4 「かたえくぼ」(『朝日新聞』)などにみる"ビキニ世相"

「原爆症」
毒消しはいらんかね！——MSA
　　　(北海道・雪太郎) 1954年3月22日
ビキニの3月は，同時にMSA協定調印 (3月8日) の時でもあった．そして7月，保安隊から自衛隊に改称．「戦力なき軍隊」という吉田首相の名文句が現われた (7月，衆院予算委での答弁)．

二分咲きは桜でないと首相言い (中村仰天)
これはその再軍備風刺の一句である (川柳松ぼっくり誌・国立清瀬病院文化部)．

3月1日，死の灰を浴びた第五福龍丸が，焼津港に帰ってきたのが14日．水あげした2,500貫の魚は，東京・大阪など各地に出荷したあと16日になって原爆マグロとわかった．東京築地では約2万貫をさばいたあとで，残った500貫を土中に埋めた (社会思想社刊『明治大正昭和世相史』)．3月18日の"かたえくぼ"では，すぐ

「マグロ埋没」
地下注意!!——日共 (東京・くちなし)
と反応する．一方，魚市場では毎日，ガイガー計数管が当てられ，マグロの値段は暴落．

「魚屋哀史」
——何のヒモノ？ それ
——ヘイ，うちのおやじで (東京・冷心子)
　　　　　　　　　　　　　　4月5日
「貧乏国日本」
ありあまっているものは，マグロと役人ぐらいなものだ　　(横浜・太平洋)
　　　　　　　　　　　　　　3月20日

無論，GNPなどという言葉はまだ民衆用語としては登場していない時代だった．1954年の流行語は，死の灰，戦力なき軍隊のほかに，人災 (正月の二重橋一般参賀で群衆が圧死)，ヘップバーンスタイル (映画「ローマの休日」で流行)，十二章もの (伊藤整『女性に関する十二章』がベストセラー，新書判時代はじまる)，人権スト (近江絹糸)，ラジオでは，「むちゃくちゃでござりまするガナ」(花菱アチャコ) がある．

三木トリローが一時雲がくれし，圧力によって冗談音楽の"ユーモア劇場"が放送から消え去ったのが6月のこと．テレビは，まだ登録台数1万台を突破したばかりで街頭テレビ時代から「近隣テレビ」への移行中．茶の間へ入ってくるのはまだ先のことだった．この年の2月，力道山とシャープ兄弟が初試合，電気器具店の店頭は黒山の人だかり．同じ2月には，「伴睦は男でござる」と造船汚職で調べられた大野伴睦はタンカを切り，4月には指揮権発動で佐藤栄作幹事長が逮捕をまぬがれた．その年の日本の外務大臣は，

「水爆実験に協力」
今度はどこへ漁船を出しましょうか？
——岡崎外相．　　　アメリカ様
　　　　　　　　　　　(東京・アキ坊)

「水爆実験に協力」
……しているじゃないか——福龍丸乗員
外相殿　　　　　　　(横浜・老婆心)
いずれも9月6日

「花だより」
"灰だより"もほしい　——日本国民
　　　　　(仙台・サム) 3月30日
「住宅難時代」
放射能検査を受けないとヒサシを貸さないといわれました　——ツバメ
　　　　　(宇都宮・なべ) 3月29日
ビキニの水爆実験はつづき，梅雨期に入ると空から放射能雨．南から飛んできた渡り鳥のツバメの嘆き．敗戦直後の食糧不足からようやく衣の時代への曲り角．団地族という言葉が登場する (1958年) までには，まだ数年かかる．

この1954年の映画ベストワンは，木下恵介

の「二十四の瞳」．黒沢明の「七人の侍」が第3位．話題作に山本薩夫の「太陽のない街」があり，海外ではカンヌ映画祭で「地獄門」がグランプリを受賞している．

当時の物価．米価，公定がキロ76.5円，内地米ヤミ値93.3円．もりそば，かけそば25円，ビール125円，酒1升2級酒で520円，銭湯が15円で，理髪が160—200円．ハガキは5円だったが公衆電話が10円．都電10円，国鉄最低料金が5円．10円で買えたものに，ショウ油一合，えんぴつ一本，と『昭和世相史』は伝えている．

当時の新聞をみると，3月後半から4月にかけて，死の灰，放射能関係の分析，解説記事が度々とりあげられて，3月27日の"かたえくぼ"では，

　　「ビキニ問答」
　　みんな科学者になったような気がする
　　——日本国民　　　　（横浜・老婆心）

などというのが見られる．川柳では，

　　公海は辞典の隅でちぢこまり（永丘文郎・松ぼっくり誌）

が作られたのがこの頃であった．

（谷　敬）

第3節　美　術

美術にあらわれた第五福龍丸事件の証言

第五福龍丸の乗組員がアメリカのビキニ水爆実験によって被災した1954年3月当時，わが国の美術家でそれに強い関心をもち，事態の危険性について明確な認識と抗議の感情をよせたものは，非常に多かったと思うが，自己の作品でこの事件を証言し，告発した作家は，必ずしも多くはなかった．そのことは，当時の主要な美術家の大半を組織していた全国規模の各公募団体展の中でこの事件を告発した作品がほとんど見られず，当時明確な民主的心情をもっていた美術家の，しかもその一部分のみが作品をもってこの事件への対応をしめしたことによって明らかである．

とは言うものの，文学や映画，演劇の世界とちがって，相対的にはるかに多くの作家をかかえている美術界の特質により，第五福龍丸事件を証言する美術分野の作品の数は，それ以外の芸術分野に比べて相対的に多数であったことは，ほとんどまちがいない．ただ，一度発表されたらそのまま作者のアトリエにしまいこまれることの多い美術作品のつねとして，この事件を証言した美術作品でその後ながく人びとの視野と記憶から消えたものが多く，それらの仕事の全貌を回顧することがむずかしい——という事情はたしかにあったし，今もある．私が以下に挙げる作品は，幾人かの仲間の援助をえて思い起したものであるが，やはり幾つかの重要な作品をもらしているに違いない．

第五福龍丸のビキニ被災を知って，ただちにこれにつよい関心をよせ，作品によって同事件をするどく告発した美術家の多くは版画家であったが，このことは，当時の版画家が，それに至る戦後約10年間を通じて，美術のどの他の分野よりも，大衆的な立場に立って歴史の証言者としての実績をつみあげてきたこととと無関係ではなかった．この事件を告発した木版画として今も記憶に鮮やかなものを列挙すると，まず，上野誠の「第五福龍丸」「出漁の船を見送る」，新居広治「父の出漁を見送る子供たち」等があり，滝平二郎「メイド・イン・アメリカ」（吉田内閣の対米追従を責める被災漁民を幻想的諷刺画として刻出したもの）がある．また，この事件の直後にクローズアップされたマグロ汚染を告発した村上芳夫の版画「売れなくなった魚屋」「1954年メーデー所見（汚染マグロのみこしをかつぐデモ隊を描いたもの）」は，その表現にナイーヴなところはあるが，時宜に適した諷刺画として注目された．そして，久保山愛吉氏の死去に接した時点では，小林喜巳子の木版画「久保山さんの死」が発表された．

また，その前後に，「怒れるマグロ」を油絵で象徴的に描いた中神潔のしごとも注目されたし，久保山さんの墓前祭がはじまってからは，著名な平和運動家で僧籍にある壬生照順が，淡彩の水墨画で「久保山さんの墓前祭」を，ナイーヴな表現ながらしみじみした情感をもって描いていた．

588　第3編　ビキニ水爆実験に対する内外の反響

(1)

(2)

第3章　文学・芸術・評論

(3)

(4)

590　第3編　ビキニ水爆実験に対する内外の反響

（5）

（6）

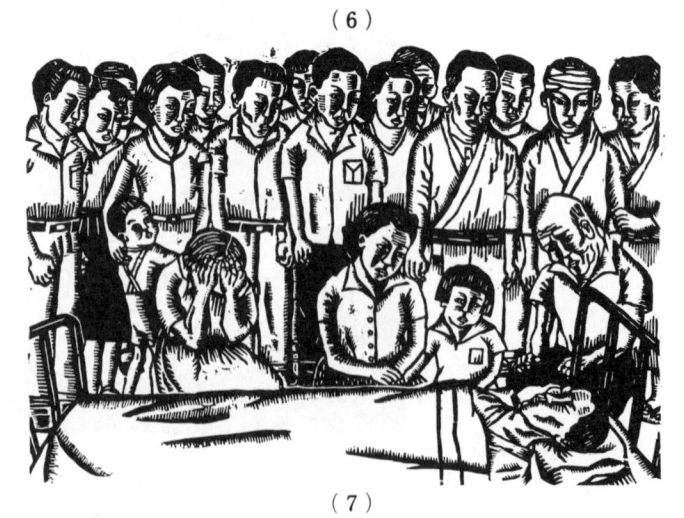

（7）

第3章　文学・芸術・評論　　591

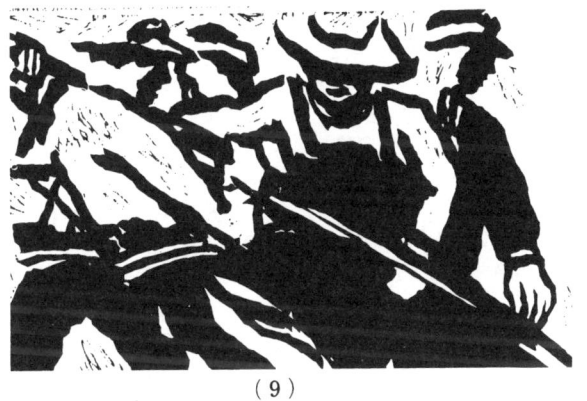

（8）

（9）

（10）

第五福龍丸が再び美術家のつよい関心をひくことになったのは, この数年来の「第五福龍丸保存運動」の中においてであった.「美術家平和会議」が組織した,「夢の島」に放置された第五福龍丸を描く運動のなかから, 油絵, 素描（そして写真）等の形式で, 見すてられた第五福龍丸が多くの画家の手で写生され, その中から, 若い女性画家—吉井邦子の油絵秀作「夢の島の第五福龍丸」(1971年)などが生まれた.

そして, ごく最近の1974年, 福龍丸事件の地元県である静岡の画家青木鉄夫が,「よみがえれ, 海の男たち」という副題のある木版画集『第五福龍丸』を, 枝村三郎の告発的解説文をそえて刊行した. 表紙絵をふくめて17点のその木版画は, 強い黒白の対照と, うねるような表現主義的な線によって, 事件の悲劇的内容を見る人に十分印象づける画集となっている.

（林　文雄）

〔図版〕
1. 上野誠「第五福龍丸」
2. 〃　「出漁の船を見送る」
3. 新居広治「父の出漁を見送る子供たち」
4. 滝平二郎「メイド・イン・アメリカ」
5. 村上芳夫「売れなくなった魚屋」
6. 〃　「1954年メーデー所見」
7. 小林喜巳子「久保山さんの死」
8. 青木鉄夫「出航」（版画集『第五福龍丸』より. 以下同じ）
9. 〃　「ビキニへ」
10. 〃　「ひとりの漁夫の死」

第4節　映画・演劇

4—1　映画

ニュース映画

1954年, ビキニ事件の起った時点では, テレビ放送はまだ日常的な報道機関として充分に発達していなかった. 新聞・ラジオについで週刊誌, そしてニュース映画がそれぞれの分野での報道の機能をはたしていた.

映画で公開される週刊ニュース映画は,「朝日ニュース」,「毎日世界ニュース」,「読売国際ニュース」などであったが, ビキニ水爆事件を忠実に追っていたのは日本映画新社の「朝日ニュース」であった. ここでは「朝日ニュース」を中心にその取材記録を採録することにする. なお, ビキニ被爆を多角的に報道した「朝日ニュース・第449号」はこの年の東京映画記者会で「ブルーリボン賞」（ニュース映画部門）を受賞した.

「朝日ニュース・第449号」

ビキニ被災事件 3月16日, 東大病院清水外科で, 放射能による火傷も生々しい, ビキニ被災の第五福龍丸の乗組員2名が急性放射能症の診断を受けた. 3月1日, ビキニ環礁で行われた原子爆発実験の際, 危険区域から16マイル東の海上で放射能を帯びた灰をかぶったのであった. ——静岡県焼津市の港の一隅に隔離された第五福龍丸にはまだ多くの放射能が残っている. ——焼津市の病院で, 久保山無線長は, インタビューに答えて, 被爆当時を語る. ——17日には東大学術調査団が第五福龍丸に乗り込んで綿密な調査を行った. ——一方大阪市立医大の西脇教授もジェーン夫人と共にガイガーカウンターで陸上げされた鮫を調べた結果, 大きな反応が現われた. ——500貫に及ぶ危険な魚はすべて地中に深く埋められた. ——「死の灰」の恐怖は, 全国の魚屋に大きな打撃を与えた. ——3月19日には広島のABCCのモートン所長が東大に姿を見せ, 治療への協力を申し出た. ——このような大きな波紋を投じた「死の灰」は東大の木村研究室で化学分析が続けられているが, アメリカ側の資料の提供がないまま治療の見通しが立たないといわれている. 都築博士の国際放送, 西脇夫人及び岡崎外相のインタビューを取材し, 最後にアインシュタイン博士の言葉が引用される.〔封切, 54.3.24〕

「朝日ニュース・第450号」

ひろがるビキニの波紋　（ビキニ事件続報）

ビキニ被災事件をめぐって3月24日, 外務省で日米合同の連絡会議が開かれ, 日本側が

主体となって治療に当ることを決定，26日にはABCCのモートン博士，アメリカ原子力委員会のアイゼンバット博士の一行が焼津を訪れ，患者を診察した．

同じ頃，宮城県塩釜港へ帰港した第五明神丸，神奈川県三崎港へ帰った第十三光栄丸等が厳重な検査をうけた．一方，国会では原子兵器の禁止をめぐり各党間で意見が一致せず紛糾した．こうした中で3月26日，第五福龍丸の船員21名は，米軍用機で東京へ移送され，東大病院，第一国立病院に入院した．〔封切，54.3.31〕

「朝日ニュース・451号」
たかまる原爆禁止のねがい

ビキニ被災の23人は東京の病院で治療を受けているが，なかには危険な症状の者もある．一方，東大農学部の水産学科では死の灰をとり込んだマグロの研究が進んでいる．

さきに神奈川県三崎港にかえって来た第十三光栄丸はビキニ東南800マイルを通ったため危険な放射能を帯びていることが明らかになり，4月1日，マグロ13,000貫の廃棄処分が決定し，野島岬沖合300マイルの地点に投げ込まれた．

衆議院本会議で原子力国際管理案が全員賛成で可決され，翌4月2日，東京で世界平和者会議が開かれた．

（なお，別に1項目として，1952年のエニウェトク環礁での水爆第1号の実験記録写真が公開された．）〔封切，54.4.7〕

『朝日ニュース・457号』
ビキニの海へ

5月15日，水産庁の俊鶻丸はビキニ水爆実験の影響調査のため東京湾出港．〔封切，54.5.10〕

「朝日ニュース・458号」
各地に放射能の雨

梅雨期に入り，各地で雨に放射能が検出された．気象台の活動．京大四手井教室では86,000カウントを測定．東京で開かれた放射能影響調査特別委員会で全国的調査測定を申し合せる．町や村の人びとの日常生活への影響が心配された．〔封切，54.5.26〕

「朝日ニュース・462号」
水爆におびえるアメリカ

ニューヨーク，ワシントンなどでの水爆を想定した防空演習の紹介．〔封切，54.6.23〕

「朝日ニュース・464号」
俊鶻丸帰る

7月4日，8,000カイリの航海を終え，ビキニ海域から51日ぶりに俊鶻丸が帰って来た．

一方，東大に入院している第五福龍丸の乗組員はまだ適切な治療法が見つからず不安な日々を送っている．〔封切，54.7.8〕

「朝日ニュース・472号」
ビキニ患者病状悪化

入院中の久保山愛吉さんの病状が急変，絶望視される．〔封切，54.9.2〕

「朝日ニュース・473号」
持ち直すか久保山さん

8月31日，国立東京第一病院で重態に陥ったビキニ患者久保山さんの病状は日ましに悪化，快復を祈る声は全国に高まり，9月3日，安藤国務相も見舞にかけつけた．焼津では町の人々が神社に全快を祈願．4日，久保山さんは意識をとり戻し，愁眉を開いたが，補償に関し，アメリカ側のはっきりした回答はまだない．〔封切，54.9.9〕

「朝日ニュース・476号」
久保山さん遂に死去

第五福龍丸無線長久保山愛吉さんは9月23日遂に死亡．かけつける家族．遺体は解剖室へ．死因は放射能症と決定．遺骨は9月25日未亡人と遺児達に守られ，焼津の自宅に帰る．最初の水爆犠牲者であった．インタビューに答える都築博士．折も折，裏日本一帯に最高12万カウントの人工放射能雨がふる．これはソ連の水爆実験による影響といわれ，日本は南と北からの死の灰の谷間になろうとしている．〔封切，54.9.30〕

「朝日ニュース・478号」
久保山さん漁民葬

焼津市民会館で10月9日，久保山さんの漁民葬が行われた．静岡県知事ほか各界よりの多数の参列者．併せて，国立東京第一病院，東大病院入院中の被爆者たちを紹介．10月12日には東京で全国漁民大会が開かれ，原水爆禁止への運動たかまる．〔封切，54.10.14〕

なお，その後，10月25日封切のニュースは

映画「第五福龍丸」スチール

ビキニ患者,焼津に帰る,を伝えた.

短篇・長篇記録映画

短篇あるいは長篇記録映画として,ビキニ被災,死の灰などを主題としたものに次の作品がある.

「死の灰」(3巻) 1954年7月,新理研映画製作

「俊鶻丸の記録」(2巻) 1955年1月,新理研映画製作　企画・水産庁　(演出・下坂利春)

「世界は恐怖する」(9巻) 日本ドキュメントフィルム社・三映社共同製作　1957年作品(演出・亀井文夫,撮影・菊地周,解説・徳川夢声)

　放射性物質と生命,死の灰と人体,体内の死の灰,子孫への影響,セシウム137,ストロンチウム90,死の灰はなお降りつづける——これらのテーマを科研,気象研その他各研究機関,大学,原爆病院などの協力によって,可能な限りの実例によって示した.

劇映画

近代映画協会・新世紀映画共同製作　ニッポンスコープ

「第五福龍丸」1958年作品
製作・絲屋寿雄／若山一夫／能登節雄／山田典吾
脚本・八木保太郎／新藤兼人
監督・新藤兼人
撮影・植松永吉／武井大
美術・丸茂孝　　照明・田畑正一
音楽・林　光　　録音・丸山国衛
出演・宇野重吉／乙羽信子／小沢栄太郎／千田是也／永田靖／三島雅夫／松本克平／稲葉義男／浜田寅彦／永井智雄／殿山泰司／滝沢修　他

物語

焼津港を出た漁船第五福龍丸は,1954年3月,魚を求めてビキニ環礁のあたりで作業していた.乗組員23人.無線長久保山愛吉は乗組員たちの信用を得ていた.3月1日の朝,乗組員たちは夜明け前の暗やみの中に白黄色の火柱を見た.それは船の現位置から160キロ離れたビキニで行なわれた水爆実験であった.やがて,白い灰が降って来た…….

映画は当時の関係者からの取材にもとづき,事実をほぼ正確に再現した.公開に当って監督はその製作意図を次のように語っている.

23人の漁夫の物語　　　　　　新藤兼人

「マグロを獲りに行って水爆を持ち帰った

第3章 文学・芸術・評論

映画「第五福龍丸」スチール

23人の漁夫の物語りはシェイクスピアのドラマのように深くて単純明快，強く固い．この事実の大きさは創作家の能力をはるかに超えて及びもつかない．原始民族が火をみて驚いたように，23人の漁夫は無制限に燃えひろがろうとする人工の太陽をみたのであるが，この火は神の怒りにふれるに違いない呪われたものであった．23人の漁夫の不幸な遭遇がなかったとしたら，世界の人びとはこれほど不安にはならなかったであろうし，まだまだ静かな眠りを愉しむことができたに違いない．

私たちは，ドラマ作りのアタマでは到底及びもつかないような，この不思議な発端にはじまる23人の顛末記を，世界の人たちに是非みてもらいたいと思って製作を思い立った.」

なお，この作品は，大映株式会社の配給で全国上映され，また海外では働くものの映画祭平和賞（チェコスロバキア），世界青年平和友好祭銀賞（ユーゴスラビア），などを受賞した．

(加納竜一)

4—2 演 劇

「漁港」（原源一作・劇団民芸上演）

1. 作品の内容

1954年の早春，静岡県焼津港には，どこの港町にもありそうな若い人たちの生活があった．しかし一隻のマグロ船——第五福龍丸——が帰ってきたことによって，青春の運命は大きく変わっていく．このドラマ（3幕）は，第五福龍丸の帰港した夕刻からはじまる．

ちょうどこの日は，一漁夫の息子孝一が，新造鉄船の宝成丸の船長として，ビキニ海域へ出航しようとする前日であった．そこへ上陸した第五福龍丸の船員，松崎，水野，川村たちが来て，危いからビキニ海域には近寄らない方がいいと忠告される．かれらは全員，火傷をしていたのだ．この火傷が，ついに原爆症と判明する．世界的な眼と耳とが，この小さな漁港に集中する．日本人は，ヒロシマ，ナガサキに次いで，三度目の被害をうけ，「死の灰」をあびたのである．

やがて東京の病院で闘病生活をおくってい

演劇「漁港」の舞台写真

た第五福龍丸の乗組員たちが，正月の里帰りで焼津に帰って来るが，久保山無線長が原爆症で死んだために，乗組員たちは不安をかくしきることができない．孝一の妹由美は，そのような状況のなかで，松崎との結婚を決意するのであった．

それから2カ年の歳月が流れた．全般的な漁業不振がつづくなかで，船主の娘まち子と結婚した孝一は，経営の近代化をはかろうと努力するのだが，いまやその持船を維持することさえ困難な状態となっている．第3幕は，孝一夫婦の「「初子（はつご）」のお宮参りの日である．この日，自分には子供は生まれないとおもっていた松崎は，由美の妊娠を知って，一時に狂喜する．――それは，わが身が健康になった「証」でもあるからだ．しかし次の瞬間，由美の口から，「もし奇型児が生れたら」と不安を打ち明けられ，絶望に打ちのめされてしまう．なんとかして生き抜こうと努力する人びとの上に，放射能をふくむ黒い雲がおおい，夕立がやってくるらしい．その暗さのなかで，ドラマは終るのだ．

2．作者の意図

ヒロシマの原爆を題材にした「島」の作者堀田清美と同じく，日立製作所亀有工場出身の作家原源一は，この作品の意図について次のように書いている．

「僕の父は清水港で小さな貨物船を廻していた．波の立つ日は飛沫が散り込む程岸近くに立っていて，右に魚市場，左に外国船もつく大桟橋を控えて，後はバーや女のいる飲食店街」があった．「その家は海からおかへの恰好な足溜りになるらしく，漁船と貨物船とを問わず，いつも」「男達の潮にさびれた声で満されていた．焼津港はうちの船で更に西へ1時間足らず行った所にある純粋な漁港で，同じ港といっても貿易港でもある清水とは自ら経済構造も違い，人々の階層の構成のされ方も異るのだが，僕がこの戯曲を書けるという気になれたのは，戦後2年余り住んだその家の彼等とのつき合いが地下にあったからである．自然と舞台の設定もその清水の家を頭において創られていった．喪った久保山さん達23人の第五福龍丸の人達のビキニ被災と云う事件を書いた戯曲には違いないが，その事件そのものというよりは，原爆に引裂かれた事によって内臓をあらわにした日本の青春

第3章 文学・芸術・評論

演劇「漁港」のポスター

の痛ましさを書こうとした」のである.

3．演出者の姿勢

「第五福龍丸の事件はだれでも知っていることだから，いまさらその記録をなぞっても始まらないだろう．それよりも象徴的な意味をもつ受難劇にしたい」と演出意図を明らかにした菅原卓は，つづけて次のようにこのドラマを普遍的な，人間の問題としてとらえているのである．かれはこういっている――「水爆実験という大きな，しかも人為的な出来事が，どういう波紋を投げたかがポイントになるが，決して，その不幸を声高く主張したりはしない．安易に"水爆反対"などという主張と結びつけたりすれば，それはもう劇ではなくなってしまう．それよりも真に生活を負った人間を登場させ，人間の真実感とその不幸とを感じ取らせるように芝居を作って行きたい.」

4．上演記録

ビキニの被災から5年後の1959年5月16日から同月31日まで，東京の新宿第一劇場において劇団民芸により初演され，ひきつづき6月2日から7月14日まで東海・関西・中国・四国巡演がおこなわれた．

そのときの主なスタッフ，キャストは，次の通りである．

（スタッフ）
作	原源一
演出	菅原卓
装置	松山崇
照明	穴沢喜美男
効果	岩淵東洋男
舞台監督	馬場武郎

（キャスト）
藤田圭重（宝成丸船主）	鶴丸睦彦
娘　まち子	吉行和子
大島孝一（宝成丸船長）	垂水悟郎
妹　由美（見習看護婦）	岩崎ちえ

父　多作	宇野重吉
松崎茂男（福龍丸船員）	山内明
水野明（同）	草薙幸二郎
川村二郎（同）	佐野浅夫
佐伯よし枝	大塚美枝子
母　しの	小夜福子
井上（医師）	斎藤竜一
山本（新聞記者）	松下達夫
山地（船主）	内藤武敏
ます（漁夫の妻）	斎藤美和
行者	日野道夫
漁夫	小野田巧
同	鈴木智
同	牧野観韻
同	安田正行
店の客	塩屋洋子

5.　上演の反響

肯定的な評価をうけた劇評の要旨を，その「見出し」とともに列挙する．

① 「胸にしみる原爆患者の感情」『報知新聞』59.5.23（中村）

「焼津港を舞台に登場人物を1人々々綿密に描いているので，押しつけがましさや絶叫でなく，大きな問題を観客の胸にしみこませる力がある．」

② 「放射能の恐怖訴える」『朝日新聞』59.5.25（輝）

「さきに上演した堀田清美作の『島』と同じく，原爆を体験し，まだその恐怖が去らない日本の一面を描いたもの．〔中略〕ドラマは，こうした現実をぶっつけて幕をおろす．放射能の恐怖がわれわれの上におおいかぶさっていることを，このドラマは静かに訴えている．」

③ 「"原爆の恐怖"と取組む」『読売新聞』59.5.19（尾崎宏次）

「原爆の恐怖はまだ去ったわけではない，民芸が堀田清美の『島』に続いて原源一作『漁港』を上演したのは，その点で積極的な意図を示したものである．」

④ 「舞台的には未整理」『東京新聞』59.5.24（中）

「第五福龍丸事件は一応形がついたようだが，放射能のあたえた波紋は時がたつにつれて大きく静かに広がっていく．作者は若い世代を中心にその中に日本の漁業問題なども織りこみ，その波紋のひろがりをじっと見つめて書いている．原爆という大きな問題をわれわれの身近かな日常生活の中にとらえている点は共感を呼び，着実な仕事ぶりは買える．しかし舞台的にはまだまだ未整理．〔中略〕出演者は山内明，垂水悟郎，草薙幸二郎，吉行和子，岩崎ちえ，大塚美枝子など中堅，新人クラスが活躍しているが，岩崎ちえが印象に残る．」

⑤ 「共感を呼ぶ素材」『産業経済新聞』59.5.23（寺川）

「原源一の『漁港』3幕はビキニで死の灰を浴びた福龍丸事件を中心に原爆実験の悲劇をつづっている．それは日本人だけが体験する生活や青春の苦しみであり，素材としては共感を呼ぶ．」

⑥ 「共感呼ぶテーマ」『東京中日新聞』59.5.22（宣）

「放射能の恐怖――これにジカにふれたことのないものにとっては実感しにくいところに，いちばん問題があるわけだが，戯曲は1幕からその問題点をついて，観客に鋭く迫っている．随所に生活の笑いをまじえていく手法も器用に成功している．〔中略〕出演者のなかでは，さすがに宇野重吉の老人が舞台に重みをそえ，ほかに垂水，岩崎がいい．」

⑦ 「福龍丸事件を扱う『漁港』」『日本経済新聞』59.5.21（川）

「静岡県焼津港を舞台にして，例の第五福龍丸事件も取入れた芝居である．ビキニの原爆実験の灰を浴びて帰港した福龍丸（劇中の）の乗組員たちや，この実験が拍車をかけた漁業不振になやむ漁港の人たちの生活と愛情の問題を入念に描いている．演出（菅原卓）も行届き，演技陣も全体にまとまっていて，近ごろの創作劇としては決しておざなりでない舞台の作り方には好感がもてる．」

（菅井幸雄）

第5節 評論

5—1 渡辺一夫「立ちどころに太陽は消えるであろう」

　真珠湾攻撃の報が，ある晴れた朝，日本全国に伝えられ，飛行機から撮影した写真が一斉に新聞紙上へ掲げられた時，ある有名な批評家は，その写真の美しさを讃えました．勿論，その批評家は，真珠湾攻撃を肯定し，絶讃していたのではないのでしょうが，真珠湾攻撃という現実から抽象された一場面に美を感じたのです．僕は，むしろ，抽象された一場面から，逆に，破壊された家々，引き裂かれた人間……などを聯想しましたので，美を感ずる前に，恐怖を感じました．しかし，この批評家の印象は判らなくもありません．だから，この批評家の印象が間違っていると申すつもりもありませんし，いけないなどと言う気持もありません．僕は，烈しい爆撃中に，なかば阿呆のような精神状態になって，劫火に赤々と照らし出されたB29の姿を，美しいと思ったこともあるのですから，いたし方ありません．人間というものは，あらゆるところに「美」を求めるだけの余裕があるものなのでしょうか？　他人を斬りながら，相手の苦悶する表情や，ぱくりとあいた傷口に，美を感ずる場合もあるかもしれません．ただ僕には，こうした余裕があまりなく，動物のような脆弱単純な反射作用がないせいか，この種のものに，あまり美は感じられません．B29を美しいと思ったのも，謂わば，恐怖の為に，精神機能が一部休止せしめられ，余裕めいたもの（ほんとうの余裕ではなく）が生じ，この結果，美しいと思ったのでしょう．ですから，戦場の美しさ，破壊の美しさ，殺戮の美しさなどを説く人々が居られるのも判らぬこともないのですが，弱虫の僕は，それが判っても，美しさ以外のものを聯想するほうが多くて，この種のいかなる美しい場面を見せられても，なかなか美しいとは思えないのです．美しいと思う前に，こわくてぶるぶるふるえてしまいます．

　先日，エルゲラブ環礁で行われた水爆実験の映画を見ましたが，同行の友人が，もくもくもりあがる原子雲を眺めながら，「こりゃ，叙事詩の一節だな」と言いましたが，僕は，叙事詩どころか，ひどくいやなもの，醜いもの，われわれ人間の責任にからまる恐怖すべきものを，真先に感じて，文字通り慄然としてしまいました．同行の友人は，決して戦争謳歌をする男ではなく，平和を愛し，軍備の赴くところについて，僕などよりも，はっきりした意見を持っている人なのですから，勿論，原爆などは，人間の不幸になる外に意味はないと痛論しているのですが，「叙事詩の一節」という文句を，ふと使っている以上，何か一種の美しさを感じたに違いないのです．或は，彼の恐怖をこうした文学的な，美しい（!?）表現で表わしたのかもしれません．僕は，全然だめでした．実験後，エルゲラブ環礁のあった海原が，恰も何事もなかったかのように，小波を浮かべて，太陽に照らされている静かな姿となって，スクリーンへ現れた時，思わず涙が出そうになりました．心のなかでは，僕をも勿論ふくめての人間全体の無責任・無関心・無反省への恐怖が石ころのように固く，つめたく，しこりのようになっていました．あの美しい（!!）静かな海原の姿は，これらの無責任・無関心・無反省を，全く闇へ葬り去ろうとしているようにも思われ，人間のみじめさ，弱さ（ほんとうの）を如実に見せつけられたように感じ，涙が出そうになったのです．

○

　エルゲラブに次いで，ビキニで水爆実験が行われ，その結果，海水や魚類が汚染して，今でも，色々な被害が伝えられていますが，もうこうなると，人間が生きても死んでもそれはどうでもよく，ただ美しければよい，などとは言って居られないことになったような気がします．いや，現在でも，ただ美しければよいと考える人々がいるでしょうけれど，今後は，そう考えないようにお願いせねばならなくなったのではないかと思っています．大袈裟に言えば，虚無と現実とのいずれかを，

人間は選ばねばならぬような岐路に置かれてしまったのではないでしょうか？　いかなる富も，いかなる美も，虚無の世界では——人間意識のない世界では，——存在することにはなりません．しかも，富のため，富を守るため，美のため，美を守るために，虚無へまっしぐらに進む道を歩くとは，人間の無反省・無責任・無関心の最たるものですし，これ以上，想像力の貧しさを証明するものもありませんし，これ以上，愚劣なこともありません．しかし，事実は，こういう道を人間という羊の群は，静々と歩いているようですし，これを批判する人々は，「赤」であり，非人間であると言われています．僕はその逆であり，人間という羊の群を，こうした危険な道へ導く人々こそ，「赤」であり，非人間であると思います．「赤」とは，乱暴を働く人間の別称と心得ますから．

　　　　　　〇

　原子力兵器は，第2次大戦中に，各国で研究されていたようですし，ナチ・ドイツが，これを用いかけたのを，アメリカが先を越してしまったとも聞いています．僕は，科学の進歩をこの上もなく尊く思います．色々な新薬品の発明などによって，人間の死亡率が減少してゆくということは，素晴らしいとも思いますが，この反面，恰も人口問題の皮肉な解決策であるかのように，巨大な殺戮方法・破壊方法が案出されてきたことは，困ったものだと思います．原子力の獲得は，人間の勝利に違いありません．人間が成功したプロメトイスになったことになるわけです．しかし，原子爆弾水素爆弾の発明の結果，こうした恐ろしい力を手にした人間が，自分自身が直接強大になったものと過信し，人間らしい談合や反省やを忘れて，己の主張のみを是が非でも通そう，己の利益だけをどうしても守ろうとして，こうした恐ろしい力を発動させようとすることは，非常に危険なことでしょう．幸い理性的な人々がまだ多い間は，実験程度で話はすみますが，制度の歯車のなかへまきこまれ，理性的な反省を持ち得ぬような人々の数が増大し，人間こそ——自分こそ，何でもやれるという驕慢な心がのさばり出た時，最大の不幸が起るに相違ありません．

　金をもうけるために，原爆や水爆を作るということ自身が，実に変なことなので，火を消すために石油をぶっかけようとするのと同じく，トンチンカンなことなのですが，それがなかなか判りません．この愚劣さは，巨大な実験所，精密な計算……などというわれわれの日常生活とは縁の遠い，しかも，堂々とした姿のために，蔽いかくされていると言ってもよいでしょう．何千何百かの家族の人々は，こうした殺戮兵器の製造・発明のために，生活の保証を与えられ，楽しく部品を作っています．こうした悲しさは，直ちに除き去られないことは判っていましても，はっきりと指示されねばなりますまい．そして，人間は，自分の作ったものの奴隷になる時，嬉々として，とんでもない非行も犯すということを，何度も何度も，言わねばなりますまい．これは，所謂「死の商人」と言われる人々の愚劣さと，「死の商人」から給料をもらって楽しく部品を作っている何万人もの人々の悲しい身分とを，この地上からなくしてしまいたいという願いから発するものです．

　イギリス映画で，『恐怖の7日間』というのがありましたが，一人の原子学の学者が，自分の作った爆弾が用いられることを恐れ，政府に向って，1週間内に原子兵器廃止を決定公表しない限り，自分は爆弾を抱いて，ロンドン市を全部破壊すると通告して，姿をくらましてしまうのです．映画は，それからの恐怖の時間を克明に描きますが，結局，約束（？）の時刻寸前に，その学者の居所が判り，爆弾は押収され，不幸は食い止められるのです，しかし，その学者は，追跡してきた兵士に射殺されます．更に大きな不幸を避けようとする善意のためやむを得ず，別な不幸を起そうとした主人公の学者の心根は，実に痛切に判るようにも思いました．この学者としては，ああして原子兵器の禁止を要求する以外に手がなかったのかもしれません．政府の役人に，文書や口頭で何を上申してもどうにもならず，歯車は静かにまわってゆく以上，やや狂的だと思われるような行為に出てしまったわけなのです．僕は，この学者の行為を，是認肯定

するのでは決してないのです．ただ，気持がよく判ると申しているのですし，これに類したことが，良心のある学者には，大なり小なり，何かの形で起り得ると思っています．僕は，最後の場面で，学者が，教会から走り出ようとした時，人騒がせをした彼に対する憎悪の表情を顔一杯に浮かべながら，一人の兵士が銃をかまえ，射撃してしまうところを忘れられません．映画の進むとともに，スリルを感じつつ，爆発の行われないようにと祈っていた僕は，この兵士の表情に半ば同感もしました．しかし，この憎悪の表情が，良心的すぎるために狂的な行為に出た例の学者に対するもののみであってはならず，原子兵器の製造や，それの使用，そのものに対するものにもなってほしいと，つくづく思ったのです．

　映画や講談などで，よく，追いつめられた悪漢が，死なば諸とも，冥途の道ずれにしてくれるぞと，爆弾をふりあげて，追跡者を脅かす場面があります．先述の学者の場合は，少々事情が違いますけれど，一体全体，爆弾などという物騒なものを持っている人間は，とかく，このような行為に出やすいものではあるまいかとも考えます．やぶれかぶれにならない間でも，自分自身の力が実際以上に強くなったと思いこんで，強引な主張をし，すらすらと，爆弾を持っていることをほのめかしますし，やぶれかぶれになったら，それこそ「死なば諸とも」という事態を招来しかねますまい．

　原子爆弾や水素爆弾や窒素爆弾などを，相対峙する強国が持っているということは，もはや，今後大規模な戦争は行われ得ないという結果になると説く人々もいますし，僕もそう希望します．しかし，人間は，自分の作ったものの奴隷になり易いものですし，想像力の貧しいものですし，その上，ノーマルな人間の数がアブノーマルな人間よりも多いという証明がない以上，非常に危険な事態が，目下われわれの周囲にあるのだと思わざるを得ません．

　あの温厚な湯川博士ですら，科学と政治について発言されましたし，学術会議では，朝永博士も藤岡博士も，原子兵器の製造に従事することを科学者として拒否する旨を公表されました．これら報知は，日本の一流の科学者たちが人間としての道をよく弁え，この非常に危険な時代への反省を十分にして居られる証拠になると思い，うれしく感じました．それに反して，オッペンハイマー教授の追放事件のごときは，詳細な報道がない以上何とも申せませんけれど，何か非人間的な，好ましくないものを感じさせます．日本としてなし得ること，いや，ぜひせねばならぬことは，湯川博士・朝永博士・藤岡博士らの態度を，あらゆる方面で実践し主張することでしょう．アメリカとの平和条約・安保条約・MSA……と，日本の軍国化は，事実として，眼前にありますけれども，原子兵器の使用禁止反対を行い，これの実践を世界の人々に要求するくらいの自由は，まだあるのではないかと思います．戦争放棄という理想を抱いた日本国は，世界で一番美しい道を歩み始めたのでした．現在，軍備を整えるように事態は変化いたしましても，歩み始めた美しい道を逆もどりする必要はありませんし，原子兵器の使用禁止というところから歩み始めた足どりは，もっと確実なものになるでしょう．なぜならば，原子兵器の禁止という要求こそ，戦争はもうかるように見えてもうかるものではなく，実に愚劣極まるものだということ，更に今後の戦争は，どたん場で原子兵器という切り札がある以上，共倒れになるのだということを世界の人々によく反省させるものだと思うからです．

○

　広島の上空で世界第1番目の原子爆弾が破裂し，日本が降服した時，J・P・サルトルは，次のようなことを書いていました．大意のみを述べてみましょう．

　　……今後，毎朝毎朝，人間は，今日も，自分の責任で生きてゆかねばならぬということを自覚せねばなるまい．自分の掌中に，自分の生命，存在を握るようになったのだ．そして，今後，人類が生き続けるとしたら，それは，今まで人類が生きてきたから，その惰性で生き続けるのではなしに，今後も

生き続けようという意志があるからこそ，生き続けることになるのだ．人間は，己自身に責任を持たねばならなくなった．アトミック・ボンブのようなものを，今後，誰が手の中に収めることになるか判らないが，仮にそれがヒットラーのような人間であるにしても，それすら，われわれの責任になるだろう……と．

広島や長崎へ落された原子爆弾よりも，はるかに性能の強い水素や窒素爆弾が作られ，その恐ろしい実験の結果が，如実に，われわれの生活にひびいてくる時，サルトルの言葉は，再び新しい意味を持って甦ってきます．

……もし，われわれに生き続ける意志があるのならば……云々と．

少し前の条に，ノーマルな人間の数がアブノーマルな人々の数よりも多いという証拠がない……，というようなことを書きましたが，しばらく前から，僕は，本物で完全な狂人のほうが，3分の1，5分の1狂人の紳士淑女よりも，はるかに好ましいとつくづく思うようになっていることとも結びつくのです．本物で完全な狂人ならば，よく眼につきますし，すぐに危険だということも判りますから，隔離できますけれど，3分の1，4分の1，5分の1狂人の人々は，その狂いがなかなか判らぬのです．僕自身のことは敢えて棚上げにして申しますが，平素つき合っている人々のなかにも，残りの3分の2，4分の3，5分の4内の問題では，全くノーマルでも，いざ狂った3分の1，4分の1，5分の1の部分に話が這入ると全然どうにもならず，弱気な僕は，あっけにとられたり，びっくりしたり，恐ろしくなったりして，もはや，つき合えなくなる例がかなりあります．こういう準狂人は，残りの，つまり比較的ノーマルな3分の2，4分の3，5分の4の世界でつき合っている限りでは，実に立派な紳士淑女であるため，決して準狂人だなどとは考えられず，見のがされてしまいます．ですから，僕は，人ごみへ這入ったり，にぎやかな大通りなどへ出たりしますと，一種不可思議な戦慄を覚えるのです．準狂人が紳士淑女面をして歩いているような気がするからです．（もう一度繰返しますが，僕自身のことは棚上げにして話をしているのです．）

世のなかで，権力を握り，自己に対する疑いや不安も持たず，白は黒であり黒は白であると平然として言いくるめる人々は，皆，準狂人中の代表的人物ではないかと思います．見たところは紳士であり淑女でしょう．一応の礼儀も作法も心得ているらしく思われますが，大事な一点，自分は何をしているのか？　自分は何によって動かされているのか？　自分の行為は結末としていかなることになるのか？　人間というものは自分の作ったものの奴隷になり易いものではないか？　──という反省は全くないのです．

ヒットラーのような人々に，アトミック・ボンブを渡すことになっても，それ自身われわれの責任だというサルトルの言葉は，実に深刻なのです．僕は，議会制度を大切に思います．そして，議会で決議されたことは，どんなことであろうと，それの修正要求は別といたしましても，一応認めねばならぬものと思います．なぜならば，いかに愚劣な議会でも，結局はわれわれが選んだ人々によって構成されて居るのであり，いかなる滑稽な議会でも，その成立はわれわれの責任であります．たとえ，ヒットラー的準狂人たちによって充された議会ができましても，それすら，われわれの責任です．原子爆弾のようなものをその掌中に托する人々を選ぶのも，われわれの責任です．これは，何度言っても言いすぎでないことでしょうし，今後も言わねばならぬことです．そして，今後，権力につく人々には，準狂人は選んではならぬということを，特に記さねばなりますまい．

○

ジョルジュ・デュアメルが，ユマニスムの新しい定義をした時，「生物学研究」をこれに加えたことは，何度も，僕は雑文に記しました．生物としての人間，自動人形になりやすい人間，細菌のために変質され易い人間，集団になると別個の人格（心理）を持つようになる人間，自分の行為の口実はいくらでも作れる人間，最大と最小との両極限間につりさげられている中途半端な人間，制度や思想

や機械などの奴隷になり易い人間，……生物としての人間の諸相を十分に考えることが，人間をして常に人間らしい道を反省探究する困難な道（ユマニスム）に新たに加えられた条件になるのでしょう．自分が機械になり易く，動物性を発揮し易い危険な生物であるということを常に反省でき，その意味で日夜心を澄ませて己の不安を見つめられる人々のみが，ノーマルになれるのではないでしょうか？　準狂人中でもはや治療できない人々は別として，われわれの平常の営みで，こうしたノーマルな人間への復元を1人でも2人でも多くの人々に要求することは必要なことですし，かくして，ノーマルな人々の数は少しずつ多くなるかも知れません．僕は，今後，不幸にして，戦乱のようなものが起ったら，全く狂人どもの妄動と考えて，逃げまわりましょう．そして，狂人どもが，原爆や水爆を破裂させたら……すべてノーマルな人間どもの数が少く，努力が足らず，こうした事態の責任があるのだと思って死ぬことでしょう．しかし，まだそこまで行っていないのです．原爆を，ヒットラーのような人々の手には渡してならないのですし，ヒットラーのような人々が沢山いる以上は，原子兵器は，作ってはならず，その使用も禁止されねばならぬ筈です．

○

美しい花，美しい絵，美しい音楽を見聞する度ごとに，近頃，何となく涙が出てきます．フランス語で La vie est belle（人生は美しい）という常用語がありますが，事実は，その逆であり，むしろ，醜さと愚かさとに充ちています　時折，醜さと愚かさとの間に，幻のような美しいものが見えたり聞えたりして，われわれを静かに慰めてくれるのです．ですからラ・ヴィ・エ・ベルという言い方は，つぶやけばつぶやくほど，悲しい言葉にもなります．しかし，われわれがわれわれ自身に責任を持ち，ノーマルたらんと努力すれば，人生は美しくもなり得ます．つまり，La vie peat être belle になるのです．そして，われわれは，更に，人生を美しくあらせねばならない以上，La vie doit être belle ある以上，落ちついてわれわれの不安を克服し，準狂人の減少と，

ノーマルな人間をふやそうとする努力を棄ててはなりますまい．

先日，ある本を開きましたら，ウィリヤム・ブレークの「もし太陽が疑ったら，すぐさま消え去るだろう」という句にぶつかりました．何もわれわれを太陽にたとえる必要はないかもしれませんが，もしわれわれが人間に対する絶望のみに充されたら，われわれは消えさる前に消しさられることになるだろうとは思います．……Si le soleil doutair il dis paraitait surle champ. (William Blake)……

○

隣家の子供のエプロンをかけた可愛らしい姿が，窓から見えます．子供の脚もとの花壇には青い花が咲いています．小鳥も鳴いています．また，ふと涙が出そうになりました．この年になって，これはセンチメンタルな気持になるのは，変なことです．僕こそ準狂人になりかけたのでしょうか？

（『中央公論』54.6）

5—2　野上弥生子「水爆とパエトン」

ビキニの死の灰の恐怖には，当の日本はもとより世界じゅうが慄えおののいている際，米原子力委員会の身分調査委員会が，ロバート・オッペンハイマーを「国家の安全保障のうえに危険な人物」として調査をはじめ，それが行われているあいだは，原子力に関するすべての活動に携わることを禁じられ，また原子力に関する一切の書類に触れえないことになったとのニュースは，折も折とて，ガイガー計数管の音がなにか突然耳もとに鳴りわたる思いである．あらためて書きしるすまでもなく，彼こそは原爆のプロメテウスであった．計算の上ではこさえあげたが，果して爆発するか，どうかには自信がなく，ニュー・メキシコでの試験の時には，共同の研究者であったフェルミと賭けをして，オッペンハイマー自身は爆発しない方に10弗賭けた云々の挿話が，うそかまことか伝わっており，日本に対する原爆第1号の投下には人道主義の見地から極力反対したものだという．昨秋，

日本でもたれた世界の物理学者たちの会合に，もっとも強く期待された彼がついに姿を見せなかったのは，自分の研究が意に反して悪魔的に逆用された土地を訪れるに堪えなかったのかも知れない．今度の原子力委員会からの締めだしの原因としては，以前左翼の人々と親しかったの，スペインの内乱に際して赤軍方に献金をしたの，ということがあげられている中でも，最大の条項は，1948年に水素爆弾の製作が議せられた時，オッペンハイマーが仲間の知名な科学者12人の先陣にたって反対したことにあるらしい．その際彼らは，アメリカの方からまずソ連に呼びかけ，原子力兵器の使用を禁じなければならない，とする声明書まで発表した．その力のあしき利用が，どれほど怖ろしい事態をひきおこすかを，自らそれを創造したものとして，誰よりもよく知っているからであり，それはまた原爆を日本に使用するに反対したと同じく，純粋に道徳的な抗議であったに違いない．

他の糾弾の一つなるスペインの赤軍への献金の件を読んだ時，私はふとあることを思いだした．それはオックスフォードの大学町の通りで見た学生たちのデモ行進であった．赤，黄，紫の赤色政府の国旗をまっ先きに，"Food for Spain!"と横に長く書いた，白いプラカードを2人の学生がアーチのように掲げてつづきながら，「スペインへ食べ物を」と口々に叫んで行進するのであった．ナチのドイツ．ファッショのイタリアを後楯とするフランコの叛乱軍に圧されて，アサニアの赤色政府は日増しに苦戦していた．それをなんらかの方法で助けるのは，ナチとファッショを否定する自由諸国民の義務と信じられ，オックスフォードの大学生にまでかかる行動をとらせたのであり，それは反枢軸側の国々に捲きおこされている義憤と同情を反映しているにほかならなかった．たんに物品の救護にはかぎらず，なお烈しく敵対心にもゆる人々は，自ら武器をとって戦線に赴いた．これらの仲間には英仏の知性を代表する文学者，詩人が多かったのはいまだに感銘のふかい語り草になっているが，アメリカからも義勇軍に投ずるものがすくなくなかったのは，ヘミングウェイの「誰がために鐘は鳴る」が立証する．まことに当時においては，ナチやファッショの暴力から自由と正義を守ろうとするものなら，その身に可能ななんらかの方法で，スペインの政府軍を助けなければならず，そのこと自体が，もっとも立派な人道主義的な行為とされたのであった．この意味において，もしオッペンハイマーが献金をしたとすれば，学者として，良識ある文化人として，果さなければならないことを果したに過ぎないというべきである．

あらためて説くまでもなく，スペインの内乱はこのあいだの第2次世界戦争の序曲であった．アメリカが英仏の連合軍に味方してけっ起し，ドイツ，イタリア，日本をも含めての枢軸軍と戦ったのは，ナチ，ファッショの暴力を憎み，彼らの血にぬれた手で圧しつぶされた自由を奪い返すためであったのだから，スペインの赤軍に馳せ参じた詩人，文学者の義勇兵，またオックスフォードの大学生のデモに示されたひろい知識層の救援運動——オッペンハイマーの献金とてもその一例に過ぎないであろう——と背馳しないのみか，完全に同じ行動というべきである．しかるに今度の締めだしにおいては，彼がはじめ水爆の製作に賛成しなかったことといっしょに，その献金が忠誠を疑われるたねになったというのは，なんと不思議な転変であろう．

何故，アメリカはそれほど熱心に原子兵器を持とうとするのか．理由はいともかんたんである．ソ連との冷たい戦争が火を吹いた場合の用意であり，またきゅうきょくの目的を声明通りに信ずれば，自由諸国の圏内にあって，平和に生きようとする民衆を，共産主義の圧迫と恐怖から解放するのを一手に引き受けようとする，高貴な人道的信念にもとづくらしい．名こそ国連軍でも，朝鮮で主としてアメリカ兵が戦ったのはそのためであり，インドシナの最近の戦線の切迫では，フランス側に金や武器の夥しい援助を与えているのみでなく，もしフランスが手をひくなら，代って戦うという意気込みさえ見せている．これは，喧嘩をはじめた当人たちはもう詰らないことはやめよう，というのに，助け太刀の男

が自分から相手を買ってでるに等しく，よそ目にはいかにも御苦労千万に見えるが，共産主義に対する戦士をもって任ずる彼らには，これとてしゅんじゅんを許さぬ神聖な義務と信じているのであろう．ただ幽霊は出喰わして見なければ，話だけでは別段おそろしくはない．また幽霊を見たものはめったにないように，社会主義の国はあっても，すっかり共産主義にできあがった国というものはまだないらしいし，それがほんとうに怖ろしいか，かえって資本主義の国の方が怖ろしいかは，やっぱり幽霊と同じで出喰わして見なければわからない，と思う人間も多いだろう．『平和の哲学』の著者サマァヴィルは，アメリカ人がイデオロギーにはひどく素朴な考え方をしがちで，なじみの薄いソ連のイデオロギーを，ナチやファシストの家系に属する血つづき従兄弟のごとく思いこみ，外交政策までその猜疑を具体化し，増大していることを指摘している．どちらにしろ，アメリカのこの幽霊に対するあまりにもヒステリックな臆病は，金持ちがいつも泥棒や強盗に脅えている有様に似かよい，すかんぴんに生まれついたものから眺めると，いっそお気の毒に堪えない．しかし同情は同情として，一方にまた私たち日本人が一人残らずもっている烈しい怒りと不信を，その真実の量においてアメリカ人がわかっているだろうか．説明するまでもなく，それは今度のビキニの水爆試験に関する彼らの態度である．毒の灰は平和に勤勉に生きている漁夫の20余名を不治の業病に陥れ，唯一の資本なる船を廃物にさせ，折角獲えた何千貫ものマグロをもう一度海に捨てたり，土中に埋めたりの不幸に突き落した．水揚げ場の漁港や，魚屋がうけた打撃はいうまでもないが，出来事はもっと根本的に地上の人類の運命に関する主題として，私たちの前におかれている．アメリカが憚りなく今後も実験をつづけるならば，汚染は海にはとどまらないだろう．またその場所をマーシャル群島から移さないならば，福龍丸が受けた惨害を，私たち日本人は地理的になおいくたびも蒙るわけである．そういえば日本の国そのものが，20倍もひろい米大陸に比較すれば，福龍丸にも近いちっ

ぽけな小船で，それにあふれるほど人間を乗せて太平洋上に浮んでいるに等しく，主食の米さえ何百万石かを輸入に頼らなければ餓死すると同様なのに，栄養の最大の補給材料たる魚を奪われ，もし空からの影響が米麦，野菜にまで及ぶとすれば，わけても，あの漁夫たちがよい標本であるように人体に作用するならば，結果はどんなことになるだろう．私たちの驚きと怒りはアメリカがそれに恬然としていることである．彼らはいう．水爆の実験は共産主義の脅威に対して，またたこの脚の各方面に於けるしゅん動の報復として，いつでもその頭部に一撃が与えられる用意のため，中止は不可能であると．――いい換えれば，継続は彼らの人道主義の遂行にほかならず，それがまた，私たちの上に加えている非人道的な行為を肯定させている．おもえばまた，これもなんと奇妙な現象であろう．

私はオッペンハイマーをプロメテウスにたとえたが，同じギリシア神話の聯想から，原子力兵器の使用はパエトンの物語を思いださせる．太陽の神アポロンとニンペ，クリメネのあいだに生まれた少年パエトンは，アポロンに対して，たしかに父親に相違ないかどうかのあかしを求めた時，アポロンはたしかに自分の子供だ，その証拠として，なんでも望み通りのことを叶えさせてやるといったので，パエトンは少年らしい好奇心から，1日だけ太陽の二輪車で天を駆けさせてほしい，とねだった．その時，父親のアポロンは約束を後悔して息子を戒める．

「私は軽率なことをいった．太陽の二輪車を駛したいということばかりは拒絶しなければならぬ．どうか，取り消しにしようではないか．それはまったく危いことで，とてもお前にできるものではない．お前は人間の身の上でいて，人間の力以上のものを望むのだ．お前はなにも知らないものだから，神々でさえできないことをしたい，などというのだが，あの太陽の火の車に乗れるものは，私よりほかには誰もないのだ．ゼウスさえ乗れないのだ．――それは名誉でなくて，お前の身の破滅を望むというものだ．――」

父親アポロンの言葉をつくしての説得にもかかわらず，約束をたてにして，終に太陽の二輪車で天駆ける暴挙をあえて行ったパエトンに，いかなる運命が待っていたかを委しくしるす暇はない．私よりほかには，ゼウスでも乗りこなせないのだ，とアポロンが語った二輪車の誤った取し方で，世界じゅうが火焰になり，そのままでは地上の万物を滅亡させる羽目になったので，パエトンはゼウスの雷電でねらい討ちにされ，流星のごとく墜落して死んだのである．

いま原爆，水爆と夢中になっている人々は，この向見ずな少年パエトンさながらではないであろうか．世界はすでに冷たい焰で燃えつつある．彼らの社会の大部分を支配するクリスト教も，それの誤った使用が制しきれないなら，いっそ邪教たるオリュンポスの主神の復活が望ましい気がする．

（『世界』54. 6）

5—3　浦松佐美太郎「第五福龍丸の存在」

第五福龍丸の乗組員23名が，アメリカの水素爆弾実験の犠牲になったのは，3月1日であって，場所はビキニの沖合であった．しかしこれが「ビキニの灰」として，「恐怖の死の灰」として問題になったのは，第五福龍丸が3月14日に焼津の港に帰ってからであった．

第五福龍丸の事件は世界に大きな恐怖の波紋を伝えたのだが，この波紋を起した石は，太平洋のただ中に投じられたのでなく，日本に投じられたのだということも出来よう．広島，長崎，そして第五福龍丸と，3回目の原爆を投じられたのだというような恐怖を日本人に抱かせたのもそのためであろう．

広島，長崎に落された原爆の恐怖については，日本人は知り過ぎるほど知っているはずである．それにも拘らず，恐怖の記憶は，過去の戦争の出来事として，その生ま生ましさを失おうとしかけている時に，第五福龍丸の遭難事件が突発したのであった．過去の恐怖がもう一度，ギラギラと光る生ま生ましさをもって，一足飛びに蘇って来たわけである．

しかも今度の事件は，広島，長崎の場合と違い，爆弾による直接の被害ではなく，爆発によって吹き飛ばされた「灰」という捉えどころのない間接の被害であっただけに，日本人が心に感じた恐怖も一層深刻であったと言い得るのである．

犠牲者が僅かに1隻の船，23名の乗組員という微小な数であるにも拘らず，この事件が拡げた波紋の強さが大きかったのもそのためなのである．どのようにして波紋が拡がっていったか．当時の新聞をもう一度振り返って読み直してみるのもムダなことではあるまい．

第五福龍丸の乗組員が焼津に帰港し，彼らが航海の途中で発病した病名が原子爆弾症であることが判明してから，新聞の報道は活動を開始した．そしてその焦点は第五福龍丸がビキニの沖合で漁獲して積んで帰って来たマグロであった．というのは，これらのマグロが放射能を持っており，しかもそれが既に東京，大阪，名古屋などに出荷されていたからである．

放射能が検出されたマグロの肉が，果して人体に有害かどうか，これは今迄に十分な研究が行われていればともかくも，そうでなければとっさの場合に判定することは出来まい．そこで一応これらのマグロを危険と見なして，警告を発するとともに，マグロの回収が行われたのであった．もしそれらのマグロの肉が有害ならば，それこそ死の恐怖である．新聞はこの警告を当然大きく取扱った．どこへどう流れて行ったか判らないマグロの肉は，全国に大きな恐怖を捲き起した．そしてこの恐怖は，第五福龍丸の積んで来たマグロだけでなく，その他のマグロにも疑惑の眼を向けさせることとなった．いやマグロだけでなく，一時は魚類全般に不信の念を抱かせることとさえなった．

このマグロへの恐怖は，すし屋の客足をとめ，マグロの値を暴落させたのであったが，それらは細大漏らさず新聞に報道されている．そのため第五福龍丸の船主が，マグロを売りさばく前に，23名の乗組員の体験を聞き，その病状を見たならば，事態を率直に公表すべきであり，そうすることによって危険なマグ

ロが全国的にばらまかれるのも防ぐことが出来たであろうという非難の声が一部にあることを報道した新聞もあった．

このようにして第五福龍丸の事件は，マグロへの恐怖という形で，日本人にもう一度原子爆弾の恐ろしさを反省させたのであった．しかもそれが水素爆弾という強力なものとなった現在，空を風によって流れる灰によっても，爆発のあった水域にいた魚によっても危害を受けるのだという事実を目の前にして，一層の恐怖を感じさせたのである．

しかし新聞の報道は，放射能を持ったマグロへの警告から始まったとは言え，あまりにもマグロにつき過ぎたという感じである．第五福龍丸の事件は，如何にも「マグロ騒動」といった感じを与え過ぎ，その角度からする記事が多過ぎた．町の人々の噂も，第五福龍丸の事件よりも，マグロの話の方が主となって行くような有様であった．そしてマグロへの恐怖が強まると共に，営業上の打撃を受けた魚屋や，漁業組合方面からは，第五福龍丸の積んで来たマグロ以外には危険はないといったような抗議やら宣伝やらが行われ，それも新聞の記事として現れるようになっている．水産学の教授が「いくら海水が放射能を持っているからといって，これは魚の体内にはジカには入らない．無機物だから魚は食べないのだ．有機物（微生物）となって魚が食べるようになるまでには大変期間がかかる．放射能は大変弱くなってしまっている．魚の皮膚に放射能がついてもこれは体の中には入らない．放射能に対する無知から，あまりに神経質になって騒いでいる現象を見て私自身驚いている始末だ．まるで気違じみている」などと言っている談話も報道されている．どのくらいこのような報道が，「マグロ騒動」を鎮めるのに役立ったかどうか．それよりも，このような報道が行われてから後に帰港して来た船のマグロにも放射能が検出され，しかも魚の内部にまでそれが認められるようになって来ているのである．そしてそれらのマグロが，当局の指示によって海へ捨てられたり，地中に埋められたりしている事実が，次ぎから次ぎへと報道されている．「放射能に対する無知」と言われても，水産学者の言をそのまま信用できない事態が起っているわけである．これを裏返してみれば，魚が放射能を持っている場合，有害なのか無害なのか結論がまだ出ていないというのが本当の所なのだろう．「マグロ騒動」という形で始まった第五福龍丸の事件は，その後も他の漁船によるマグロの問題が続いて起り，どこまでもマグロを中心として展開して行った．だから問題は，日本人の重要な食料である魚への危機，それに関連して公海の自由を制限することの可否などへと拡がって行った．日本の漁業に対する補償とか，魚類に及ぼす放射能の影響の調査とか，公海の自由を勝手に制限することが可能であるかどうかといったような問題が，学者や専門家の意見としてそれぞれの新聞に報道されている．それと同時に，原子爆弾症とか，水素爆弾とかの解説記事や座談会の記事も，各新聞に現れている．日本人はマグロへの恐怖を通して，このようにして原子爆弾の惨禍を今一度考え直してみる機会を与えられたのであった．

だがここまで過去の新聞記事を読んで来て，その経過を振り返ってみると，何か問題の扱い方に足りなかったものがあるように思われる．既に売られてしまったマグロの行方を懸念して，それに対する警告が急を要したこともよく判る．そしてそれは当然の報道でもあったろう．だがそれからあとも，マグロを中心として報道を進めていったのはどうしたことなのだろう．いわゆる社会面的な記事の面白さということに興味がかかり過ぎたためなのではあるまいか．

第五福龍丸の事件には，一つの重大な意味があったはずである．そのことは，もし第五福龍丸が，あの時あの場所にいなかったらという仮定の上に立って考えれば，直ぐ判るはずのことである．第五福龍丸が3月1日ビキニの沖合でマグロを獲っていなかったら，あの水爆の実験も，何日か後の短い外電として，アメリカは新しい原子爆弾の実験を行ったという報道が伝えられるだけですんでしまったことであろう．第五福龍丸以外の漁船によって持ち帰られるマグロや，その船体に放射能

があることが検出され，マグロが廃棄処分に付されているというような事態は恐らく起らなかったことであろう．現在地中に埋められているようなマグロも，われわれは平気で食膳にのぼせていたに違いあるまい．

それよりももっと重大なことは「灰」である．空を風によって流れる灰が，こんなにも大きな害を人間に及ぼすということも知らずに済んでいたかも知れない．それらの事実が，しかもいずれもが人類の幸福に大きなかかわりを持つ事実が，第五福龍丸があの時，あの場所にいたということによって明らかにされたのである．

そのような角度から，マグロ騒動を離れて第五福龍丸の事件を見ることが，一番大切なことであったと思われるのだが，そのような見方で報道をするより前に，マグロ騒動の波紋の方が拡がってしまったという形である．第五福龍丸があの時，あの場所にいたという角度から，あの事件を見たのは，むしろアメリカ側であった．それはコール両院原子力委員会委員長の談話として外電が報じている．「日本人漁夫が故意あるいは偶然に同海域にいたものかどうか判らないが両方ともあり得ることである．漁夫たちが実験をスパイしていたということもあり得ることで，これも原子力委員会が明白にしようとする事柄の一つである」という談話である．

日本側がその角度から事件を見たのは，被害に対する補償ということについてだけであった．もしマグロ騒動以前にこの角度から問題を見ていれば，第五福龍丸というたった1隻の小さな漁船ではあっても，日本の漁業や，日本の権益，日本人の自由や生活の安全ということを代表して，あの時あの場所にいたのだということが明白であったはずである．

アメリカ人が第五福龍丸の存在をスパイ行為だとするならば，日本人は日本の権益と日本人の自由を主張する立場から報道していいはずであった．当然にアメリカの謝罪要求という形になって来てもいいことが，政府もそのような態度をとらず，新聞もまたそのような方向へは報道を持って行かず，一番大事な問題の角度が，被害に対する補償ということに解消してしまっている．

そしてアメリカ側はこの点でも補償の責任を免れるために，大統領の記者会見の席上で，ストローズ原子力委員長をして「水爆の閃光を認めた後，6分後に爆音を聞いたという第五福龍丸船長の言明が真実とすれば，同船は確かに危険区域内にいたに違いない」と言わせている．これに対して外務省は音を聞いたのは「7，8分後」であるから危険区域外であるといったような不確実な時間の差で水掛け論をやっているような結果である．だがこの問題も田口溯三郎博士が書いたものによると，水爆のような高熱を発するものの場合，音の伝わる速度は遙かに速いものとなるから，アメリカ側のいう6分としても第五福龍丸が危険区域外にいたことは明らかであるということになっている．そうすればアメリカ側のいう「6分」と，日本側のいう「7，8分」の争いも，科学を無視した政治的な争いということになろう．もし田口博士の説が信頼すべきものだとするならば，新聞はこのような事実をこそ「6分」と「7，8分」の水掛論の際に大きく報道して貰いたかった．

マグロ騒動の他に，第五福龍丸の事件には，23名の乗組員の被害という問題があった．新聞はこの問題については，かなり熱心に報道を続けて来ている．ただ焼津にいた患者たちを東京へ送る場合，どこの病院へ収容するかについて，東大，文部省，厚生省，外務省の間に争いがあり，それが東大病院へ収容することになるまでの経緯については，一部の新聞が簡単に報道しただけで，余り重要視されていなかったようである．これが後になって，さまざまの問題を医学界に捲き起す最初の事件となっているようである．焼津に派遣されていた新聞社の人たちが，マグロ騒動の方に気をとられて，この深刻な問題の重要性を見逃したといった形である．

いずれにしてもマグロ騒動という形で報道され始めた第五福龍丸事件は，新聞紙面においては，マグロと乗組員の症状以外の報道にかなり消極的にしか扱われていなかった．そしてその消極的な報道が，却ってアメリカの態度に対して批判的になる効果を作り出した

といってもよかろう．

　例えば4月9日にアリソン大使が「アイゼンバット及びモートン両氏が東京を去るに当り，ここに米国政府の名において再び福龍丸の不幸な事件に対する深い遺憾の意を表し，病院に収容中の被害者の回復を祈るものである」という声明を発表した時，新聞は「アメリカ側初めて遺憾の意を表す」というような表題を付けている．だがアリソン大使の声明文には「再び深い遺憾の意を表す」となっているのだ．最初の遺憾の意は，いつ公式に表明されたのか，新聞には報道されていない．

　そしてこの同じ4月9日には岡崎外相が日米協会の席上で「われわれは米国に対し原爆実験を中止するよう要求するつもりはない．われわれはこの実験の成功を確保するため他の自由国と協力するであろう．しかしながら同時にかかる実験の結果被るかも知れない如何なる損失にもわが国漁業は正当に補償さるべきであると考える」と声明している．補償される確約が出来たから協力するというのではなく，協力するから出来たら補償して欲しいと考えているという態度である．この二つの声明が同じ日に行われ，同じ日の新聞に並んで出ているのは偶然なのか．これに対して新聞は別段の解釈も与えていない．

　政府当局は恐らくこの4月9日の両者の声明で，第五福龍丸の事件は一応終ったものとしているのであろう．そして新聞の報道はこのような終末に対しても消極的であった．政治的な問題はこれで終ったと政府は見なしているとしても，乗組員23名の生命の問題や，その後のマグロの問題，水産資源の問題はまだ尾を引いて残っている．そしてそれらをどう考えたらいいのか．更にもっと大きくは水爆そのものを人類の運命の上にどう考えるべきか．問題の重要性は少しも減少してはいないのだ．

　もしあの時，あの場所に，第五福龍丸がいなかったらばという仮定の上に立って，もう一度この問題を考え直すことは，今でも必要だと思われる．なぜならこの事件に関する新聞記事を振り返って読み直してみても，問題はその方向へ発展することなしに終ってしま

っているからである．

(『世界』54.6)

5—4　宮本顕治「原爆犠牲民族の知性」

1.　インテリゲンチャと「ビキニの灰」

　1954年3月という月は，すべての日本人にとって忘れることのできない月となった．広島長崎につづく第3回の原子兵器による犠牲が，水爆の「死の灰」による生命喪失の脅威としてわが同胞の上に襲いかかった．これは戦争のもたらす全人類的惨禍についてのこれまでの様々な予想を突如として眼の前の動かし得ない深刻な恐怖の現実として裏書きした．原子兵器による三度目の犠牲者である同胞の内臓に喰い入った放射能の写真は，これらの同胞が日本人の苦悩と悲劇を背負わされた人人の象徴として私たちに迫ってくる．このような今日の事態で威力の増大に限界のあり得ない水爆の実験そのものが生命への大きな脅威であるとともに，今度戦争がおこったら人類の破滅だという死の予想はますます人々の実感とならざるを得ない．

　たまたま本誌に，昨年9月から連載された「知性論争」を通読しつつあった私は，この新しくきびしい現実こそ，「知性論争」の行方を示唆する最大の条件と考えないわけにはゆかなかった．

　日本的知性の運命という設問で日本のインテリゲンチャの役割をめぐって展開された諸氏の見解は，三好氏のものを別として，過去とくに戦時中の知識人の無力への述懐と反省から「人間が死んで滅びないように」(阿部知二氏)日本のよりよき未来のために，平和のために，民衆の知性とエネルギーとの結合の方向に生き方を求めようというところにおかれている．これらはその思想的立場もニュアンスも同一ではないが，歴史の課題に知識人として積極的に答えようとする方向であり，知性論争と銘うたれながらも三好氏の考え方を別とすれば，格別の論争点も出ていない所以だろう．しかし，高桑純夫氏の「日本的知性の運命」(「思想」1953年5月)を補足的に

批判的に発展させた出氏の文章をはじめ，これらの多くは，近来の知識人の動向と決意の表明として意味深い．

戦後のインテリゲンチャの声音の中にはペシミズムと虚無のささやきが強かった．アメリカ帝国主義の日本の軍事基地化と軍国主義の復活の情勢の中で，ペシミズムの支持者の少なからぬものが現実の政治への批判的発言者としてしだいに変貌していったことは，「近代文学」同人のこの数年間の足跡が一例として物語っている．

私は，インテリゲンチャの無力を語ることからはじめられた従来のインテリゲンチャ論の常套にそわず，こうしたこの数年間の積極的な動向を確認しつつ今後について考えたい．山元一郎氏も云っているように，屈辱的講和，破防法，MSA，基地問題での知識人の闘争の意義はむしろ大きいものであった．一部の「左翼」知識分子の間に，インテリゲンチャを専らプチブルとして蔑視するひとりよがりのセクト主義が根づよかったにも拘らず，日本の進歩的インテリゲンチャの自覚と協同はこの数年間に大きく進んだ．このことは前記の本誌の登場者のほか，中野好夫，中島健蔵，清水幾太郎，末川博，桑原武夫，柳田謙十郎，杉捷夫，上原専禄，野上弥生子，広津和郎，宇野浩二の諸氏をはじめ，日本人の運命について平和と人権，祖国の独立について積極的発言者として進み出た少なからぬ人々の姿にも象徴されている．

「ビキニの灰」の恐怖と教訓は，日本人のすべてにとって，原子兵器の禁止からすすんで，平和のための具体的な努力のために一層広く強く結集することが，自他の生命を守るためのすておけない急務であることを示した．戦後の知識層の前進と共同は，この問題を中心としてさらに大きな共同の広場がつくられる必然性がある．

同時に，一つの階級ではなくて層として複雑な構成をもつ日本知識層の全体の動向をこうした人々の姿だけに象徴させることはむろん現実的でない．

日本ペンクラブの「平和擁護運動」への参加をめぐっての多くの討論の模様は，知識層の軍備問題をめぐる現状の一つの象徴として興味深かった．「文学界」4月号には「平和憲法擁護連盟に加盟すべきか？」をめぐって伊藤整，平林たい子，火野葦平，阿部知二氏の意見が発表されている．

日本文学者の中に再軍備反対，言論の自由擁護の建前から「憲法擁護運動」と積極的な統一行動をとるべきだという見解がひろがりつつあるとともに，一方再軍備肯定の立場からの不参加説もまた，平林氏等に代表されるように存在している．けれども，再軍備肯定のインテリゲンチャも，「ビキニの灰」がばくろした新しい脅威に面した今，水爆実験の禁止，原子兵器の禁止を協同の意志表示をもって要求することに賛成し得ないだろうか．アメリカの占領下，MSAの協定の下で再軍備にすすむならば，日本はアメリカ軍の原爆基地ともされることは免れがたいのみならず，復活をめざす日本軍国主義が原子兵器をもちたい要求にかられるに至ることも必然である．再軍備を主張している改進党の提案に成る原子炉予算が平和を求める原子学者に安心感を与えなかったのは何かの予兆である．

今日はすべての日本人，インテリゲンチャが，これまでの主張に拘りなく，「ビキニの灰」の示した新しい教訓のもとに問題を考え，見直すべき決断の時期である．

「ビキニの灰」をめぐる事態は，日本の全インテリゲンチャに，平和・生命を守るためにためらいと不統一はどんな意味をもつかということを決定的に新しい次元で示している．日本のインテリゲンチャが，万一のどもとすぎればのたとえのように，この問題を時日の経過とともに見過したならば，原子兵器のおそろしい犠牲を三度もうけた民族として平和への責任に対する重大な誤りを犯すことになろう．

2. エゴイズムの論理と現実

三好十郎氏の「腰抜けインテリ」については，矢内原伊作氏の熱意と善意をもってした批評「インテリは腰抜けか」に，同感の点も少なくない．けれども，うけとり方の異なる点もあり，「ビキニの灰」の教訓からも見直さ

れてよかろう．三好氏の時事問題についての発言は少なくないが，この短文で三好氏の信条の全体にわたってみることはのぞめないので，ここでは「腰抜けインテリ」をもととする．三好氏は「日本のインテリゲンチャ」が嫌っているに拘らず，自由党吉田内閣がつづくのはインテリの腰抜けのせいだとして，氏の腰抜け論議をはじめている．矢内原氏も指摘したが，事実は知識層の少なからぬ部分が，今日の支配権力に支持ないし無批判であるのが，今日の支配のつづくのをゆるす原因の一つとなっているのであり，このことは改めての論証を必要とすまい．知られているようにインテリゲンチャは一つの階級ではなく層であり，現実には労働者階級に結びついた知識層も，支配階級に奉仕している知識層も存在している．

三好氏は，「自分一身の利害を超克しもっと広い集団や社会や民族や人類の立場に立つ」立場を人道主義として，普通人にほとんどできないセンチメンタリズムにすぎないとする．そして，自分の一身の卑俗な利益のために行いながら「最大多数の幸福」のために闘っているとするのは二重のセンチメンタルなことであり，「終戦後にふえた『平和屋』もその一例である」とする．そして，社会主義思想をすてて無力感につかれたが，一般的真理と「人道主義」を無視して，エゴイズムに矛盾しないかたちでのみ社会問題や一般問題を考える習慣をもちはじめて腰抜け状態を治癒し，現在は「腰抜けではない」「或る程度まで力ある実践をなしうるという段階にある」としている．

矢内原氏はこれに対して，一般的真理を無視して純粋のエゴイズムの上に立つという三好氏の考えを諒とした上で，「人道主義」とエゴイズムを対立させるのはまずいという懇切な忠告を呈している．「ここで言われているエゴイズムとか，赤裸の自我に立つとかということは，まさか社会のことは考えずに自分だけの利害によって動くいわゆる利己主義を意味しているのではあるまい．」

矢内原氏の善意の理解にも拘らず，そうだろうか，という疑問を禁じ得ない．三好氏のエゴイズムの主張のように一般的真理に対置しての自己本位の生き方ということを第一義の基準として端的に出しているのは珍しいのではないか．世の中にエゴイズムを人道主義や一般的真理と調和させようとする思考の系列は存在する．しかし，三好氏の場合は，一般的真理を無視し，自分のいうことも「正しいかどうか知らない」，自分のエゴイズムを基準としてだけ動くというのが特徴なのであり，それは実際上利己主義とどれほど区別されるだろう．社会主義思想にそむきそれをすてた体験からの実感とその論理的表現によって支えられながら，一般的真理と自己の問題を積極的に調和させようとする人間的可能性と理想への否定と断念に立っているところに，氏の所説の特徴がある．

一般的真理を無視し，正しかろうとどうであろうと，エゴイズムに矛盾しないはんいでだけ行動しうるということが果して，三好氏が云うように「力ある実践」と云えようか．三好氏の信条によってはたまたま自己こそが行動選択の基準であり，その客観的な正否の検討さえ無意味となるのである．だから，三好氏が吉田内閣と再軍備に反対と考え，原爆への恐怖をもらしても，それを社会的に実現するための効果的な一般的真理を探究し，それと自我の調和を見出す努力は，この説によれば必要とされない．そこに，一般的真理の探求に対置するものとしてのエゴイズムを主張し，戦後の平和運動者を「平和屋」とかたづけてあやしまない基調も生じる．そこにまた，三好氏のようなエゴイズム本位の説が，吉田内閣への批判を共同によって現実化するという方向にインテリゲンチャを向けないで，事実上「腰抜け」にする一因ともなるという感想を禁じ得ない．

三好氏のこのような自我も，強力な水爆が2, 3発日本におちれば日本人が全滅すると伝えられているだけでなく，（400トンの水爆で全人類がほろびるということまで原子科学者は国会で語っている）水爆の実験さえ今後日本人の生命を脅威するという現実の被害者の例外とはなり得ないだろう．三好氏は戦争になっても武器をとらないという信念を他のと

ころで語っているが，その戦争になったら原子兵器もとび出しうるのだから，その戦争にならないように今から力を合せて努力することこそ緊急中の緊急課題ではないか．三好氏は「平和というバベルの塔」（読売新聞1月31日）の中で，平和運動の「実力ある大戦線」がまだできていないという想定の下に，自分の周囲に平和の理念を同じうする信頼できる人々を探して小グループをつくる「パルチザン方式」からはじめたいとも書いているが，「パルチザン方式」は本隊との連絡の下に闘ってこそ，勢力の分散にならず有効なので，6億の原子兵器禁止署名を結集した実践をもつ世界平和擁護運動は「実力ある大戦線」の実をもっていると私は考える．日本人もこれに結びつく方向で日本での大きな結集をすすめることができると私は思う．

各人の政治的生活的信条に拘りなく，目前の水爆実験をはじめ原子兵器の脅威をめぐる一般的真理は仮借ないきびしさで私たちすべての生活に迫らざるを得ない．このことを三好氏の自我がとり入れて原子兵器禁止のために日本と世界の数億の原子兵器禁止要求者と協同することは，三好氏のエゴイズムにとって果して矛盾することだろうか．

原子兵器の禁止の必要は今日の切実な一般的真理である．そのためにすべての日本人が協同しなければならぬことも今日の一般的真理である．このような一般的真理を「純粋なエゴイズム」からであろうと何からにせよ無視し去ることは容易でない．三好氏が一般的真理に拘束されないことを強調しながら，事実平和の問題について一再ならず書いているのは，このためではないだろうか．今回の水爆問題での日本人の訴えと抗議も，個々バラバラでは今度の事件後も日本人の誇張とか，日本人漁夫のスパイ行為の調査の必要等とうそぶいたようなアメリカの支配層にとって，蚊の鳴く程度のものにしかひびかなくても，原爆犠牲民族である日本人の圧倒的多数が声を合せ，行動を合せて要求すれば，それは決して無視できない巨大な力となることは必定である．8000万日本人の断乎とした叫びは，歴史の現実に方向を与える巨大な力である．

3. 日本の知性に民族的な誇りはないか

戦後くりかえされたインテリゲンチャ論で「日本的知性」の無力ということの反省の強調されなかったものは乏しい．文学論でも日本文学の矮小性を強調するのが西欧近代派の論客や，最近の国民文学論者のむしろ多くに共通する見方である．この無力感は最近の「転向」論議の中にも投影している．

たしかに過去の弱点から学ぶことは重要である．それにしてもそれも適切でないと，前進の意欲を生むより民族的な虚無主義と清算主義を育てるだけである．

かつての日本の言論界は，佐野，鍋山らの共産主義からの公然とした変節と裏切りを，転じ向うという何か新しい「転換」であるかのような，意味ありげな「転向」という言葉で表現した．丁度，日本軍隊の敗北とその退却を「転進」とよんだような，権力の奸智と当時のジャーナリズムの宣伝力によって「転向」という言葉が今日まで通り言葉となっている位に，これは社会主義の信条放棄にはじまる精神の荒廃の圧倒的な現象であった．

日本の事情に詳しかった魯迅は蕭軍にあてた手紙の中で日本の左翼文学者について「中国の左翼の頑強ぶりに及ばないのですから」「あなたがたはきっとびっくりされるだろうと思います」と云った．個々の変節の主体的問題のほか，階級闘争における革命的民主勢力が支配権力との力関係の上で劣勢であったということを無視するわけにはゆかない．変節の流行はその劣勢に拍車をかけ，劣勢はまた変節に拍車をかけるという悪循環がそれから生じた．今日の世界情勢の力関係には画期的な変化があり，社会主義国，人民民主主義国の比重は大きくなり，平和を求める世界の勢力は打ちたおし得ない力となった．わが日本では平和と独立，民主的自由の勢力はまだ劣勢を脱していないとは云え，それでも戦時とくらべれば，その力の規模は，比較にならない位に大きい．この世界と日本の新しい力関係での民衆の側の躍進，その歴史的可能性こそ，平和のためにさらに民族独立の針路に向って広く強く団結しうるならば，戦時

中のような「変節」の流行を余儀なくされるような情勢を二度ともたらさないだろうという重要な条件となっている．「『抵抗屋』も或る所までは多分抵抗するだろうが，それが或る限度を越えると多分よそへ逃げ出す，つまり亡命をすると言ったような事になるだろうし，又，そうすることが出来る．」(「抵抗の姿勢」三好十郎)

これは，ふたたび「転向」を余儀なくされる時期がくるだろうというような考えに対して，出氏が書いた次の言葉ときわめて対照的である．「『その時には僕だけは転向しないでみせる』という悲壮な言を吐くひとは，それよりかまず，転向を余儀なくされるような時機をこさせないように闘してもらいたい．」

過去の検討から今日の教訓をくみ出すのは必要だが，それは過去の敗退の類推からの不吉な予感に足をさらわれることであってはなるまい．今後の困難についての一切の不安の念に眼をつむるというのは現実に即さないが，目下の最大の重点は個々バラバラにおいつめられるような情勢をつくり出さないためにこそ力を合わせて闘うことにほかならない．

戦時中の日本人民の苦難と敗北，知性の頽廃の根源に，半封建的日本の社会の後進性と矛盾，その集中的表現としての天皇制権力の暴力的存在をみないで，共産主義諸運動のありかたを第1の要因におくみかたにも私は事理の錯倒を感じないわけにはゆかない．なるほど，当時の革命的諸運動の未熟さや諸欠陥は，主体的条件の問題として科学的に研究されなくてはならぬ．けれども，それによって専制主義や軍国主義に降伏した佐野，鍋山はじめ個々の変節の責任を棚木的に運動方針のせいにするのは，全く非主体的な責任転嫁論となる．なぜならば，とくに中国侵略戦争当時の革命運動がどのようなものであったにしろ，それは専制主義と侵略戦争の犯罪性とそれらに対する闘争を様々の方法で声高く強調しこそすれ，それらの犯罪的な権力と戦争政策への降伏を是とすることをさし示したことは金輪際なかったからである．

日本民族の歴史を広くながめれば，第1次大戦後，日本の労働者階級はじめ農民・インテリゲンチャが専制権力に反対し，戦争に反対し，民主革命への闘争に結集したことは，この運動が負った多くの傷痕にも拘らず，民族の最も意義ふかい足跡の一つであった．少なからぬインテリゲンチャ出身者が，苦難と迫害の中で社会変革と自己変革の道を頑強に歩んだ．私の周辺だけでも市川正一，岩田義道，野呂栄太郎，小林多喜二らはインテリゲンチャ出身ではあるが，彼等の生命を奪った牢獄と拷問に抗して革命的信念の自由を守った．弾圧下に信念を放棄しなかった人々はこうした殉難者だけにつきたわけでもない．これらの場合を全く例外的な奇蹟めいたものとすることで，これらの闘いをつくり出した解放運動の土壌の意義，およびこれらの革命的進歩的伝統の民族の歴史の中でもつ普遍的意義を無視することはできない．これらの頑強な闘いは，内外の革命的伝統および打ち消され得なかった民族の知性と良心の直接の支持をうけてきたのである．

「思想とか，観念とか，あるいは科学とかが，日本では，かつて一度も十分に民衆のために役立ったためしがなかった」という「日本的知性の非生産性」の中の日高氏の言葉は「十分に」という条件つきならたしかにその通りであり，私たちの反省が求められるところである．そのことをよくわきまえつつも，それと，過去の日本の思想や科学の歴史的役割についての全き清算主義になることは区別したい．この半世紀の日本の文化的思想的進歩の大きさとその中での革命的・進歩的インテリゲンチャの少なからぬ重要な役割を軽視することはできない．世界の進歩的科学，文化の様々の達成の紹介と日本化の努力を示す足跡，近代日本文化・芸術・思想の，日本の社会的進歩と発展に結びついた業績も乏しいものではない．たとえば，私たちは，二葉亭から透谷，漱石，啄木に至る近代日本文学の真実を探求して苦闘した足跡を批判的に摂取するとともに，日本人の民族的誇りをもってこの人々を偲ぶことができる．また，プロレタリア文学運動がどのような不幸な傷を負ったにせよ，その諸成果をもたらした苦闘を民族的誇りをもって評価する．社会主義にめざめ

た労働者階級を中核とする自覚的な民衆の運動は，これらの民族文化の遺産を正当に評価し，そこから批判的に学びうけつぐものを積極的に見出すべき歴史的使命をもっている．

戦前の日本に科学的社会主義の思想はかなり広汎に種まかれた．たとえば，マルクス・エンゲルス全集が合法的に刊行されたのは，権力の禁止を無視して前衛党・階級的労働組合が存在したという事実と照応する日本社会史・思想史上の重大な事件である．これらの社会主義思想は「十分に」という言葉ほどは開花しなかったにせよ，天皇制権力の破壊から思想と自由を守るための武器として様々のかたちで生かされ，労農人民大衆の中に労働者階級解放の科学，科学的社会主義の運動をうちたてるために長期にわたる苦闘がつづけられ，日本民族の進歩的革命的伝統を形成する根強いきっかけをつくった．日本プロレタリア文化・芸術運動が幾多の波瀾を辿り，挫折に面したにせよ，世界有数の運動として少なからぬ新しいものを日本文化にもたらし，その中のすぐれた成果は今日も生命をもって民衆の魂の糧となりつつある．

戦時中の日本浪漫派や国粋主義の井の中の蛙式の愚はいうまでもないが，日本のインテリゲンチャが戦時中の自己の無力と頽廃を銘記し反省する道づれに，この半世紀の日本民族文化の達成と，その中で進歩的インテリゲンチャが演じた歴史的進歩的な役割，労働者階級と結合したインテリゲンチャが演じた革命的苦闘を不当に低く，虚無的，清算主義的にみるべきではないと思う．

私たちは民族文化思想芸術，その中で進歩的インテリゲンチャおよびインテリゲンチャから労働者階級の働き手となった人々の果したこれまでの業績に自足することはできないにせよ，その苦闘と一定の成果は日本人として民族の誇りをもってみる．そして，このような民族的誇りは，民族文化の繁栄のために，文化の植民地化との闘争において，私たちをむしろ鼓舞する伝統と地盤である．

だからこそ，私たちは日本民族のあらゆる積極的な伝統と遺産の破滅に抗し，かつ日本のよりよい未来のために，戦争による焦土化と植民地化による奴隷化と荒廃に反対して闘うのである．

4. 共同の広場と行動

平和のための統一戦線と独立と民主主義のための統一戦線は，関連のある課題であるが同じものではない．ここでは平和のための戦線について考えよう．

平和のための運動は世界的規模からみればすでに10億前後の大衆の支持に立って進展している．

サルトルがウィーン大会で，「私はウィーンで単なる大会ではなく平和をみた」とのべた感想は，この運動の広大な規模を示している．平和擁護日本委員会の活動はんいも「平和を守る会」の出発当時からみれば随分ひろがっている．今度の世界平和者日本会議の開催とそこでの一致したビキニ被爆事件についての訴えは，内外の平和運動の発展にとって意義深い．

しかし，まだ最も大きな点として，「左派」社会党も，平和擁護の闘いでも共産党と一線を画すという線をはずしていない．

平和のための共同は信教，政治的信条，党派を越えて可能だということが説かれていながら，尚政治的信条の柵は十分にとり払われていない．

「知性論争」の筆者の多くは，いずれも知識人と民衆との結合や平和の保持について熱意をもって語った．平和運動は具体的な方策の下に圧倒的に多くの人々が結集することで歴史に作用する力となりうるのだから，この結集の広がりのために努力し，かつその広がりの障碍となっているものを発見しとりのぞいてゆく努力こそ山元氏のいう「自覚的知識人」の課題ではないだろうか．本多顕彰氏は「敗戦のどさくさに，あっという間に『平和産業』に看板をぬりかえてしまったものがいて，また，そういうものたちの中のあるものは，吉田さんかたれかが，有名な『既成事実』を作り，それを積み重ね始めると，人目に立たないように，そっと『平和産業』の看板を『軍需産業』にぬりかえ始めている」と語っている．私も「平和産業」という言葉は

好まないが，そのような戦争陣営へのくらがえ現象があれば，それについて具体的な批判が必要であろう．平和の運動者の戦争陣営への変節と投降があるならば，知性と良心のふみにじりであるだけでなく，日本民族の歴史的責任をうちすてる行為である．

同時に，平和のための共同の広場の発展のために有害なのは，セクト主義である．それは平和のための闘争のエネルギーの分散，分裂をきたすからだ．そして，このセクト主義は，残念ながら「左翼」インテリゲンチャの一部にこの2，3年来根強く見受けられるものだ．

矢内原伊作氏は著書「抵抗の精神」の中で，「中立というのは孤立することではなく，むしろあらゆる国と平和的な関係を結ぶことであります．」「敵は外国ではなく戦争そのものであり，戦争に打ち勝つには平和への意志だけで充分であります．」「中立とは無為ではなく，理想に向う建設であり，人間としての自由であり独立であります．文化はその現われにほかなりません」と書いている．本誌の論ではさらに進んで「平和を守ること，自由な社会を築くこと，日本の真の独立を回復すること，大衆の経済的福祉を増進させること」に積極的な理想をおき，それを実現する「力ある行動」を説いている．

伊藤整氏は，ペンクラブ会員としての憲法擁護運動論についてのべた中で「私は共産主義に反対であるが，原子爆弾を使って共産主義国の人々を大量に殺人し，地上の人間らしい生活をほろぼしてまで防ぐべき害悪だとは考えていない．また共産主義を好まないからとて，原子爆弾を自分が頭の上からあびてまで，それを信ずる人と戦うべきほどのものとは思わない．そんなバカげた結果を招く危険のある軍備をするよりも，共産主義が自然に浸潤して来るのなら，私は共産主義国に住んだ方がはるかにいいと思う．」「共産主義を怖れて武装するなどということはナンセンスである」（「文学界」4月号）とのべている．

これらによるとこの人々は世界の二つの体制の一方だけの支持者ではないし，その意味での中立主義者だが，戦争と平和の問題でははっきり戦争に反対し，平和の側に立って発言している．

私は一人の共産主義者として，共産主義がなぜ資本主義体制の矛盾の高い止揚者であるかについて積極的にのべることができる．共産主義の「浸潤」という不正確な観念について，革命は輸出されるものではなくその国の人民の課題であること，資本主義社会の内的矛盾は，労働者階級を中心とする共産主義への目ざめを促さずにはいないことを説明することもできる．思想体系としての「中立主義」の本来の矛盾について指摘することもできる．私たちは過去のプロレタリア解放運動の途上において，他の思想体系との対決の中で，そうしたことをしばしば主張してきたし，これからも必要の場合そうするだろう．また一個の歴史的事実としてソヴェト政府は原子兵器を所有しているが，その禁止のための国際協定の締結をアメリカ政府に提案してきたということをあげうる．3月31日のモロトフ覚え書にも破壊的目的のための原子力の使用禁止の協定を主張しているように，ソヴェト同盟は原子兵器での「浸潤」を意図してはいない．けれども，今日の平和運動の広場は，「特定の制度や特定の生活様式の長所を討論する舞台となってはならない」（キューリー）のであって，平和を保持する具体的方策の下に政治的信条，政党所属に拘りなくできるだけ多数の人々の協同をうちたて，その協同の力で現実に平和を守ることこそかなめなのである．

中立主義者と云われる人の中でも，孤立的な第三勢力論者として事実上平和のための広汎な民主的共同にもいろいろ柵をつくるセクト的な主張は，平和運動の統一的発展のためには批判されねばならぬ．けれども矢内原氏や伊藤氏のように，再軍備反対運動に具体的に共同しようとする人々もまた多数あることは，数年来の平和運動の周辺上の新しい事態である．それらは，現実に両体制の優劣についての決断には達しないが，ともかくも平和を守りたいという多くの日本人の考えと気分を代表しているという点で重要なのである．

ところが，公式主義から，中立主義は小ブ

ルジョア的な思想であるということだけをみるにとどまったり，また中立主義者を十把一からげにセクト的な第三勢力論者と一緒にし，平和のために協同しうる中立主義者の動向のもつ一定の実践的意義をみないで公式論をふり廻している傾向がまだ「左翼」のインテリゲンチャの一部に拭われていない．

　これはセクト主義の一例であるが，セクト主義の変種はまだいろいろある．この種のセクト主義かしばしば公式主義を楯として固執されているだけに，その偏よりの病根はかなり根深いが，この傾向は日本人の団結を妨げるものを悦ばすことになるので是正されねばならないものである．

　三度にわたる原子兵器の被爆をうけた日本人は，世界の平和のために発言し，行動する新しい決定的に重要な責任を負っている．その人生観，政治的信条を問わず，ともかくもその生存そのものを断念しないすべての日本人が，生命の存続のために水爆実験の禁止，原子兵器の禁止，総じて人間が死んでほろびないための要求の実現のために，大きく結集し協同しないならば，どんな思想と自我を支える肉体も守れないだろうということを「ビキニの灰」は啓示してはいないか．

　すでに心ある多くの日本人と世界の人々が恐怖と抗議の声を高くしつつあり，民主的諸政党のほか，総評，学術・文化団体の原子兵器禁止要求が一斉に発せられつつある．国会で「原子兵器の禁止」を要求する共同決議が満場一致して行われたのは事態のうち消し得ない重大性の反映であるとともに，この間自由党の中にアメリカ政府の意向の鼻息をうかがって渋った動きがみられたのは印象的であった．これは私たちにアイゼンハワー大統領が昨年12月の国連総会の演説の中でも，原子兵器禁止の必要については何も述べなかったことを連想させられる．しかしどんな場合でも私たちは水爆実験の禁止，原子兵器禁止の国際協定の締結をはじめ平和を求める人類の闘いの中で，原爆犠牲民族としての日本人の責任を放棄することはできない．この闘いで労農大衆と知識人の間に本来何らの断層もあり得ないはずだ．「死の灰」からの闘争において，日本のインテリゲンチャも労働者階級をはじめ，あらゆる苦悩しつつある大衆と同じ共同の広場にこれまでよりも一層しっかりとつく決意が歴史によって求められている．勇気をもってそこに進み出ることは原爆犠牲民族の知性の第一義の道ではないか．（筆者は評論家）

(『改造』54．5)

第4章　海外の反響

〔概　要〕

　第4章に収録した諸資料は，たんに「反響」というよりも，〈核の時代〉にたいする警世的発言となっている．

　とくに第1節〈著名人の意見・訴え〉は，その後の原水爆禁止運動に大きな影響をもった代表的な発言と声明がふくまれている．1−5のラッセル・アインシュタイン声明は，その後の核兵器反対の科学者運動の基本文書となるものであり，パグウォッシュ会議を準備したものでもあった．また，ゲッチンゲン宣言は，せまりくる西独の核武装の傾向にたいして「原子兵器研究に従事することを拒否した」科学者の宣言であった．これは日本学術会議の1954年総会決議とも関連するものである．

　ここには収録できなかったが，サルトルの世界平和評議会総会における演説がある（『世界』54.9）．それは，政治・文学などのひろい分野にわたって国際的に反響をよんだ．サルトルは広島原爆の直後にも論文を発表し〈今後，人間は毎朝毎朝，自分の責任で生きてゆかねばならぬということを自覚せねばなるまい〉と書いた．ビキニ以後の論文において渡辺一夫はサルトルの発言をひき，〈千の太陽はたちどころに消えるであろう〉を発表したことは，第3章で示したとおりである．

　第2節では，国連での決議，また国際団体の決議を収録したが，多くはリストのみにせざるを得なかった．

　第3節の海外論評は，多くの資料をそれぞれ出典を明記しつつ，全体をひとつのものとしてまとめる編集を行なった．これらの海外論調には，AP通信ランドルフ記者の打電に代表されるようなものばかりでなく，日本国民の感情に不快をあらわしたものもある．しかし，全体として，原水爆の被害がたんにひとつの国だけの問題でないということが強調されている．

　滞英中であった松浦一北海道大学教授は，〈原水爆被災のおかげで対日感情がやわらぐのが複雑な気持ちである〉とのべている．（『朝日新聞』54.8.11）

　第4節では諸国民の反響をまとめた．4−1の英『タイムス』の投書欄の紹介は，いわばこの問題に示された英国民の意識の底にあるものをさぐるために，とくに収録した．4−4であげたのはニューヨークでの原爆反対デモの記事である．折しも

アメリカは赤狩りといわれる"マッカーシー旋風"の時期であったが，その後，クエカー教徒を中心とした反戦平和の運動は核兵器反対を大きなテーマとしてとりくまれていく．

第1節　著名人の意見・訴え

1—1　ネール「水爆実験禁止協定を締結せよ」

わたくしは，あらゆる恐るべき兵器の中での最新のものである水素爆弾ならびに，その知られてもいる，そしてまた見当もつかない結果と恐怖について，インド政府および，わたくしの確信するインド国民の立場を述べる機会を得たことを喜びとする．

米国とソ連はこの兵器を所有し，そのどちらも過去2年間に人類がこれまで知っているいかなる破壊兵器をも，あらゆる点で遙かに凌駕する衝撃を発する爆発実験を行ってきたと伝えられている．

米国は3月1日の爆発よりもさらに強力な水爆実験を行ったが，それよりももっと強力な実験をさらに計画しているという．われわれは水爆とその及ぼす恐るべき惨害については，新聞紙上に現われることや常識と想像以上には多くは知らない．しかしこのわずかばかりの知識から判断しても，またこれらの爆発の結果が科学者にも，正確には知り得ないし確かめ得ないものらしいという事実からみても，ある結論が得られる．量においても質においても前例のない力をもち，時間と空間すなわち永続性と範囲において，その効果が確認されていない，否，恐らくは確認できない潜在的破壊力をもった新兵器は，その強大な力を発散しながら，戦争兵器としての実験をうけつつある．われわれは，その使用が人類および現代文明の存立を脅かすということを知っている．

水爆にたいしては有効な防禦方法は存在せず，1回の爆発で数百万の人間が生命を失い，それ以上のものが負傷をし，さらにそれ以上のものが徐々に死亡するか，疾病と死亡のかげにおびえて生きるようになるだろうと伝えられている．

水爆の将来は恐るべきものがあり，それはわれわれがあるいは戦争に参加していると否とを問わず，世界諸国に影響を及ぼす．〔中略〕

世界，とくに人民の間にこのような兵器とその恐るべき結果について心配が深く広がっていることは少くも疑えない．しかし心配しているだけでは十分でない．恐怖と心配からは建設的思想や適切な行動は生れてこない．恐怖状態は，現存していると潜在的であるとを問わず，いかなる種類の惨害の解決にも役立たない．人類は現実に目覚め，決然と事態を直視し，惨禍を避けることに決意を固めなければならない．この問題に関するインドの一般的立場はこれまで繰り返し述べられており，疑問の余地がない．求めている目的をできるだけ追求することがわれわれの双肩にかかっている．われわれは原子核（熱原子核を含む）や，化学や細菌学などに関する知識と力は，これらの大量破壊兵器の製造に使用してはならないと主張してきた．われわれは一般的な同意によって，また関係国が直ちに協定を結ぶことによって，そのような兵器を禁止するよう主張してきた．関係諸国間の協定成立だけが，その廃棄を実現するただ一つの有効な方法である．このような見解と解決方法が採用されるよう，われわれが国連で継続して行ってきた努力を下院は必ず思い起すであろう．

1953年の国連総会最終会議で，軍備縮小に関する論議に対し，インド代表が修正案を提出した結果，採択された決議にはつぎのような部分が含まれた．

㈠　国連総会は原子兵器，水素兵器，細菌兵器，化学，その他大量殺傷兵器の除去と禁止を切望し，これらの目的を適切な手段で達成することを確認する．

㈡　主な関係国からなる小委員会を設置し，

軍縮委員会の目的を達成するために受諾可能な解決案を非公式に討議する．

この第2番目の勧告は，最近のベルリン会議その他で関係大国の注意をひき，われわれが知る限りでも交渉が行われ，つづいている．しかし時期は切迫している．破壊は，恐るべきゴールに向い，われわれを追い越さないまでも，追いつこうとしている．われわれはそれを喰い止め，恐るべき終末を避けるよう努めなければならない．

国連総会で総会の最も切望するものとして確認されたこれら大量殺傷兵器を禁止し，除去することに関し，全面的乃至部分的な解決の方向に歩みを進めるために，インド政府は現在および今後にとるべき措置としてつぎの4点を考慮するであろう．

㈠　主要関係国は，原子力兵器の生産および貯蔵中止に関する協定は後廻しにしても，少くとも爆発実験に関する協定を直ちに結ぶべきである．

㈡　これら兵器の主な生産国および国連は原・水爆の程度，そのもたらすすでに判明した効果，および未知ではあるが考えられる効果を全面的に公表する．われわれの見解によれば，世界の世論はわれわれが望んでいる結果をもたらす上に最も効果的な要素となる．

㈢　国連軍縮委員会の小委員会は即時（そして継続的に）非公式会議を開き，わたしが提唱したところの「禁止」提案を取上げ，軍縮委員会が国連総会に報告するよう要請されたところの禁止と管理についての決定が出るまで討議を行う．

㈣　これら兵器の生産に直接関係していないが，それらの使用およびこんにち水爆実験とその効果を非常に憂慮している世界の国々と人々は積極的な行動をとること．さらにかれらが，すべての生物を脅かしているこの破壊兵器の発展を阻止するために，できるだけ有効な方法で，その憂いを表明し，声を挙げ，影響力を強めることを望みたい．

インド政府はこれらの目的を遂行するために最善の努力を尽すであろう．

わたしはこの演説を結ぶに当り，最近の爆発の犠牲者である日本人漁夫その他および爆発の直接的効果と食物汚染の心配から大きな脅威のとりことなった日本国民に対するインド下院およびインド国民の同情の気持を表明したい．〔中略〕

われわれは全面的破壊の脅威に向おうとしているようにみえるこの流れを阻止するために，誠意をもって努め，また一切の努力を尽されんことを望みたい．

（『中央公論』54．6）

1—2　アトリー（英労働党党首）(54.4.5，英下院)

私はつぎの決議を提案する——

本下院は，最近の諸実験が明かにしたような，広大な地域に莫大な破壊力を及ぼす水素爆弾が，文明への重大な脅威となることを認め，また戦争によって事を解決しようというあらゆる方策が，水素爆弾の使用に導くということを認め，政府がただちにイギリス首相とアメリカ合衆国ならびにソヴェト社会主義共和国同盟の政府首脳との間の会談を重視するよう呼びかけ，もって，軍備の縮小ならびに管理の問題を再び検討し，現在世界の人民の上に圧しかぶさっている怖れを取り除くとともに，国際連合機構を通じて集団的な平和体制を強化するための，積極的な政策ならびに手段を編み出すようにする事を歓迎する．

　　　×　　　×　　　×

私がこの動議を提出するのは，何らの党派心に基づくものではない．（野党側拍手）私は党の利益を求めるものでもなければ，あれこれの政府に対して批判を加えようとするものでもない．私は提議に当って，何ら恐怖の感情を懐くことなく，またそうした感情を表明するものでもない．というのは，われわれはイギリスにおいて恐慌状態におちいっているわけではないからである．むしろ逆に，私としては，今日の世界の状態を平静に，かつ現実的に理解する必要がある，と確信するからであり，問題への現実的な対処ということが緊急な行動の必要性を意味する場合がよく

あるからである．われわれは，今日，文明が重大な危険にさらされている，と信ずる．今回の討論を引き起した直接の動機は，太平洋における水素爆弾の爆発である．〔中略〕

一部の人は，この兵器はそれが存在するということそのものによって，戦争を阻止するだろう，と考えている．首相は，第2次大戦の終戦以来，原子兵器がアメリカの手中にあることによって，それが，兵力数ならびに旧来の兵器の面で非常な優位にあるソ連が大規模な侵略行動を起して，ヨーロッパを席捲するのを阻止する力になった，と指摘してこられた．私は，当時は，首相の指摘も正しかったと思う．しかし，ソ連が原子爆弾をもつようになって以来，首相がいわれた阻止力は弱まった．報復爆撃が行われることは確信となり，予防戦争の可能性も生ずるに至った．われわれは，水素爆弾の生産についても，同様な事態が生じたことを見ているのである．

一部の人は，水素爆弾の所有を平和維持の道具とすることもできる，と抗弁する．この武器を使って即時報復を行う，との脅かしをあらゆる場所で武装行動に訴えようとすることを阻止するために利用できるはずだ，というのである．この考えは，アメリカにおける一部の政府指導者の言葉の中に現われている．これは深刻な幻想である，と私は考える．行動が絶対的なものとなればなるほど，その発動は軽々しくできなくなる．

かりに，世界のどこかで，たとえばビルマ国境で，中国が侵略行動を起したものとしよう．その場合，人は即時中国の首都に対して水素爆弾を使用する，などということを考えうるだろうか？　それは口先だけの脅かしに等しいものとなろう．そして，そうした脅かしの危険は，"やれるものならやってみろ"といわれるかもしれないことである．われわれは懲罰の具をもつかもしれないが，それがそれ自体として戦争を阻止することになるとは考えられない．実際，それが使われることはない，と確信して戦争を始める，という危険さえもあるのである．

水爆使用の脅かしは，予防戦争を挑発する可能性がある，という意味で，すこぶる危険である．私は民主主義的な為政者が，こうした戦争を始めるなどとは考えない．しかし，民主国家と独裁国家とは別物である，ということは常に銘記しておかなければならない．予期しない即座の行動で，利益をえるものは常に独裁国家なのである．

だが，さらに，水爆戦争の結果は余りにも破滅的であるから，いずれの側も決してそれを使おうとはしないだろう，という意見がある．私もそう信じたい．しかし，現代では一たび本格的な戦争が勃発し，国が存亡の危機にのぞんだとなれば，最後の手段としてどのような武器でも使われることになるものである．最初に水爆攻撃を加える側は，非常な有利な立場となる．いかなる指導者としても，この武器を発動するに当っては，恐るべき決意を必要としよう．〔中略〕

したがって，われわれは，首相，アイゼンハワー大統領，およびマレンコフ氏の間で行われる巨頭会談では，水素爆弾ならびに軍縮の問題を討議するだけにとどまらず，水素爆弾の存在という事態の中で世界が直面しているすべての問題をも討議するよう要請する．われわれは，なぜこのことを要請するか？　そこから，何かが生れてくるというどんな見透しがあるのか？　私は，全世界の人々が，この水素爆弾の爆発で胸を痛めている，と確信している．アメリカでもそうであり，わが国でもそうであり，モロトフ氏の最近の覚書（全欧洲安全保障体制ならびにNATOに関する3月31日のソ連覚書——訳註）から，ソ連でも同様な思いであることが感じられる．それはまさに全世界を包む怖れなのである．それはますます深まるであろうし，また深まらせるべきである，と私は考える．私は世界の男子女子の一人一人が，自分たちのおかれている危険な状態と，文明それ自体が当面している危険とについて，痛切に実感するようになることを望んでいる．〔中略〕

各国が戦争という野放しの破壊にかえて，平和な諸手段を確立しようとの決意で統一し，そうした雰囲気の中であらゆる人々があのサンフランシスコの会議で懐いた高らかな希望へと戻ることができるような，国際連合の機

構をつくらなければならない時が到来した．労働党は3国巨頭の会談を要請するに当って，その他の国が無関心であるなどと示唆しているわけでは決してない．会談の規模をこれ以上少しでも拡げようとすると，様々の対案がでてきて，無限の論争にもなりかねない，と思っただけのことである．労働党はこれを第一歩として要請する．労働党は，偉大な経験を積んだこの3人が，――その中でもわが首相にまさる経験者はいないが――率直に論を交わすことを要望する．歴史の理解でわが首相に優るものは一人もいない．そして首相はわれわれが，歴史上，生死にかかわる瞬間に立っていることを認められるだろう．「ただちに」という言葉を使ったことについては，労働党は，会談が2，3日のうちに取極められるはずだなどといっているわけではなく，むしろ緊急の必要性を強調しているのである．時が文明の生存に有利に働いているとは考えていない．一月おくれればそれだけ危険は増大する．偉大な文明は，人々が「最悪の事態は起らないだろう．まだ十分に時間がある」といっていた間に，没落していった．労働党は，いまこそ行動の時機である，と確信している．（野党側拍手）そのような会談は恐怖から解き放されたいと考えているすべての人人の希望に支持されて，世界史に一転機を画するものとなろう．まだ手遅れにはなっていない．労働党は，その決議案に，下院の支持を求める．イギリスの勇気とイニシアチーヴは，一再ならヂヨーロッパを救ってきた．こんどは，イギリスのイニシアチーヴは，世界の文明を救えるかもしれないのである．（野党側の拍手喝采）

（『中央公論』54．6）

1—3 ピオ12世 （54．4．18，キリスト復活祭）

私はすでに1943年の2月に大量殺人兵器の危険について警告した．正当防衛の原則に従う場合を除き，国際協定によって原子兵器，細菌兵器，化学兵器などは効果的に禁止し廃止することができるだろう．しかし協定だけでは世界の脅威は消えさらない．憎しみと死の計画をやめキリストの愛と希望の教えに従うべきである．原子力戦争は全世界を破滅の危機に導く．実際の原子爆発から遠く離れた地域ですら大気も大地も海岸も放射能のため汚染されてしまう．放射能は人類の遺伝因子にまで影響をおよぼすのである．

（『朝日新聞』54．4．19）

1—4 イレーヌ・キュリー博士

ビキニ実験について女流評論家のD・デッサンチはイレーヌ夫人を訪ね，水爆への証言を聞いた．以下はファム・フランセーズ誌が載せた特別会見記の要旨である．（K）

――ビキニの水爆実験は，禁止水域を遠くはなれていた日本人漁夫と魚に対して放射能の影響を浴びせました．これはまさしく人類に対する大きな罪悪だといえましょう．この実験は実にはかり知れないほど重大な影響をもたらしています．これまでにない新種の病気が地球全体を襲うことも考えられます．また今後"死の灰"がフランスにもアメリカにも，世界のどこであろうとも降って来ないとは断言できません――．

きちんと整頓され，物音ひとつせぬ静けさに包まれた研究所の中で，夫人は落着いた物腰でひとことひとことゆっくりとかみしめるように語り出した．

夫と共に人工放射能という現代の偉大な発見をなしとげたこのすぐれた学者の表情のなかに，私は深い憤りと苦悩とをみてとった．それは人間の幸福が人類の破滅のために犯罪的に使われていることに向けられた怒りと苦悩である．

キュリー夫人はソルボンヌ大学教授で，夫のフレデリック・ジョリオ博士はコレージュ・ド・フランス教授．夫妻そろって35年度ノーベル化学賞を受賞した．人民戦線内閣当時には彼女は科学研究局長となり，解放後は原子力委員もつとめた．これらは女性としては最高の栄職である．

しかしこうした学者としての名声をもった夫人はまたよき女性でもある．母マリー・キ

ュリー夫人生き写しの広いひたいと聡明なひとみ．すばらしく清純な気持の持主．彼女はつづけた．

　——私も夫もアメリカの実験が"意外な結果"を生んだことに驚いてはいません．アメリカの科学者たちも知らなかったとか驚いたとかいって言い逃れることはできません．私たちの知っていることは彼らもやはり知っているのです．

　一つの例を話しましょう．ずっと以前のことですが，クラカトア火山が爆発したとき灰は何年も地球全体に降りそそぎました．予想もしなかった場所に灰の影響があらわれたのです．（注＝1883年8月，スンダ海峡にある同火山は大爆発を起し，50フィートのつなみが生じて，そのつなみの影響は遠く南米のケープホルンにまで及ぼした．死者3万5000人）

　ですから原・水爆の爆発の場合放射能雨はアメリカもふくめて何処に降るか分らないのです．このことをアメリカ国民に知らさなければなりません．太平洋をまるで自国の内海ででもあるように禁止区域を設けたという事実だけでも恥知らずなことですし，彼らが他の国民を無視している証拠です．実際，安全境界線はないに等しいといえます．なぜなら放射能を浴びた魚や動物は"死の灰"を圏外に持ち運ぶからです．日本人の漁夫の場合でも"危険区域"外で漁をしていたのに惨害を受けたではありませんか．危険は想像をはるかに越えていることが立証されました．というのは爆発の影響で気候は変化し後々にまで生物学的作用は動物人間，一切の生物に悪影響を及ぼします．放射能の作用は全く人類をほろぼすかも知れないのです．

　私はくりかえして申します．今度の実験でひき起された危険を正確に測定することは不可能です．全世界の人がこの恐ろしい事実を直視しなければなりません．一般の人は実験がなお続けられた場合のおそろしさを理解できるでしょうか．ずっと後になってからフランスがこの実験の影響をうけないとは保障できないのです．すべての国が原・水爆禁止を厳粛に誓わない限り解決の方法はありません——．

　私は思いきってつぎのような質問を発した．「博士は人工放射能と核分裂を発見されたとき，これが戦争に使われることをはっきり予想なさいましたか」

　——予想しておりました．1945年ヒロシマの被爆はブルターニュで聞きました．そのころから多く人々はアメリカの原爆実験を口にしていましたし，私たちには別段予期しないことではありませんでした．しかし，大きなショックを受けました．この事件については私の父ピエール・キュリーがラジウムについて述べた言葉を借りて申します．

　"もし犯罪者の手に握られるならばラジウムは非常な危険をもたらす可能性がある．いったい人類は自然の秘密を知る特権を持っているのか，またその恩恵を蒙るほどに成長しているのか，さらにこれを知ることは有害ではないだろうかと自問してみなければならない．ノーベルの発見（ダイナマイト）が好い例である……しかし私はノーベルのように人類は新しい発見から悪よりも多くの善を引き出すだろうとの意見に組する"と．

　これが私の父母が1903年ノーベル賞を授与された時の言葉です．これは人類に対する誠実なのです．フレデリックと私も同じように人類に誠実でありたいと思います．未来は人間の手中にあります——．

　キュリー夫人は研究所中庭の亡き両親ピエール・キュリー夫妻の胸像を指しながら語った．

　——彼らは平和のために，未来のために，子供たちのために，そして世界の子孫のためにつくしてきました．私たちも未来の幸福のために働くでしょう．

（『図書新聞』54．6．19）

1—5　バートランド・ラッセル他10名の学者の署名をもって発表された声明（いわゆるラッセル・アインシュタイン声明）

　人類の直面する悲劇的な現状に於て，われわれは大量破壊の兵器の発達の結果として生

じた危険を正しく評価し，また下記の草案の趣旨のような決議を討議する為に，科学者が会議をひらくべきだと考えます．

　われわれは今，ある一国の国民としてではなく，又ある一地域に住むものとしてでもなく，更に一つの信条をもつものとしてでもなく，その存続がおびやかされている人類，人という種族の一人として，発言しているのです．

　世界はいろいろの紛争に充ち満ちています．そしてすべての小さい紛争の上にのしかかっているのは共産主義と反共産主義の巨大な紛争です．政治的な意識をもつ人は，殆んど総てこれらの問題のいくつかに強い感情をいだいています．しかしわれわれが皆さんに望むのは，可能ならば，そのような感情をしばらく措いて，ただ人間という生物学的種族の一人として考えて下さることです．この生物はすばらしい歴史をもっています．そしてこの生物が地上から消えて無くなることは，われわれの誰一人として望まないことであります．

　われわれは，ここで，一つの集団に対し，他の集団に対するよりも強く訴えるような言葉は一言も使わないようにしましょう．われわれは総て，一様に危険にさらされています．そしてその危険が理解されれば，皆が一緒になって，それを避けられる見込があるのです．われわれは新しいやり方で考えるようにならなければなりません．われわれは，どちらにもせよ，われわれの好む集団が軍事的勝利を得るような手段を求めないようにしなければなりません．なぜならば，今ではもうそうした手段は無いのですから．われわれの考えるべき問題は，われわれの総ての側にいたましい害を与えるにちがいない軍事的な争いを防ぐには如何なる手段をとったらよいのかということであります．

　一般の大衆，権威ある地位に在る多くの人びとでさえ，原爆戦争によって起こる事態を自覚していません．一般の大衆は，今でもいくつかの都市が消滅するのだくらいに考えています．新しい爆弾が以前のものに比べて遙かに強力であり，1発の原子爆弾が広島市を抹殺したが，1発の水素爆弾は，世界で最も大きな都市，ロンドンやニューヨークや或はモスコーを地上から消滅させてしまうということは理解されています．

　1発の水素爆弾が巨大なる都市を抹殺し去ることは疑いありません．しかしそれは，われわれの直面する小さな災害のほんの一部でしかありません．もしロンドン，ニューヨーク或はモスコーの住民達がすべて死んでしまったとしても，数世紀かかれば，その打撃から世界が回復するでしょう．しかし今やわれわれは，とくにビキニ実験の行なわれた後，水素爆弾は想像されていたより遙かに広い地域に亘って徐々に破壊を齎すことを知りました．

　信頼できる権威ある筋から，今では広島を破壊した爆弾よりも，2500倍も強力な爆弾を作ることができるということが述べられています．そのような爆弾が地上近く，又は水中で爆発させられたなら，放射能を帯びた粒子を空中高く吹き上げ，その粒子は，徐々に恐ろしい灰又は雨の形となって，地表に降下して来ます．この灰が日本の漁夫とその捕獲した魚を汚染したのです．

　そのような放射能を帯びた死の粒子が，どのくらい広くひろがるものか，誰も知るものはありません．しかし最も権威ある人びとは，水爆による戦争は，人類を絶滅させる可能性が十分にあることを一致して指摘しています．もし多数の水爆が使われたとしたら，その結果はすべてのものが死滅することでしょう．瞬間的に死ぬものはほんの僅かだが，多数のものがじりじりと病気の苦しみをなめて肉体は崩壊してゆくでしょう．

　すぐれた科学者と軍事的戦略の権威者達によって多くの警告が発せられました．これらの人びとは誰も最悪の結果が確実に起こるといおうとしてはいません．彼等のいっているのは，そうした結果が起こる可能性があるということです．又そういう事態が起こらぬとは誰も明言し得ないのです．この問題についての専門家の見解が，政略や偏見に基づいたという事例にあったことはありません．われわれの調査で明らかになった限り，これらの見解は，それぞれの専門の知識の範囲に基づ

いて出てきているのです．そして一番よく知っている人が，一番暗い見透しをもっていることがわかりました．

さてわれわれが，ここであなた方に提出するのは次のような問題です．それは厳しく，恐ろしく，回避できぬ問題です．人類を絶滅させるか，そうでなければ人類が戦争を放棄するか，というのがそれです．

人びとはこのような二者択一という問題を面と向って取り上げようとしないでしょう．というのは戦争を禁止することがあまりにも難しいからであります．戦争を禁止するということは，国家の主権に好ましからぬ制限を要求することになるでありましょう．*

しかし何よりも実情の理解を妨げるものは，「人間」という言葉がばくぜんとしており，抽象的だと感じられる点にあるのでしょう．危険が，ばく然と考えられる人類に対して存在するだけでなく，実際に彼等自身に，彼等の子供等，そして彼等の孫たちに危険が迫っていることを想像し理解するのは容易ではありません．彼等にとって，彼等みずからが，又彼等の愛するものが，さし迫った苦悶の死の危険にさらされているということをはっきりと摑むことはほとんどできないのです．そこで彼等は近代的な武器が禁止されさえしたら，戦争はやめなくてもよいだろうと考えています．

この希望は単なる幻想です．平和な時代に水爆を使用しないというどんな協定を結んでも，戦争となった場合は，もはやそれを守ろうとはしないでしょう．戦争が始まれば両方の側ですぐに水爆の製造を開始するでしょう．なぜなら，一方が水爆を作り始めたのに他方が手をこまねいていたとしたら，水爆を作った側が勝つ事は必然だからです．

一般的軍縮の一部として，核兵器を放棄する**協定のできることは，それだけでは最終的な解決にならぬとしても，若干の重要な諸目的を実現するのに役立つことは確かでありましょう．

第1に，どんな東西間の協定でも，それが緊張を緩和する傾向をもつ限り，それは有益であります．

第2に，熱核兵器の禁止は，それぞれの側が，他の側でそれを誠実に実行したと信じたなら，パール・ハーバー式の不意打の恐怖を減ずるでしょう．この恐怖のために両方の側が神経質になっているのです．それ故にわれわれは，解決の第一歩としてではあるが，そのような協定を歓迎せねばなりません．

われわれの大部分は，感情的には中立ではありません．しかし人類として，次の事を銘記せねばなりません．もし東西間の問題が誰にでも，共産主義者であろうと，反共産主義者であろうと，アジア人であろうとヨーロッパ人であろうと，又はアメリカ人であろうと，或は白人であろうと黒人であろうと，誰にでも満足を与えるやり方で決定されねばならないとすれば，その問題は戦争によってきめられてはならないのです．われわれはこのことが，東に於ても，西に於ても共に理解さるべきことを望むべきであります．

もしわれわれがそうしようと思えば，われらの前途には，幸福の知識と叡智の絶えざる進歩があります．われわれの争いを忘れることができぬと言う理由で，そのかわりに死を選んでよいでしょうか？　われわれは人類として人間に訴えます．あなた方の人間性を心のなかにとどめ，そして他のことは忘れて下さい．もしあなた方にそれができるならば，新しい楽園への道が開かれます．もしそれができないならば，あなた方の前には一般的な死の危険が横たわっているのです．

〈決議〉　われわれはこの会議を召請し，そこを通じて世界の科学者及び一般公衆が下記の決議に賛意を表されることを要請します．

「将来の戦争に於ては，核兵器が必ず用いらるべきこと，しかもかかる兵器が人類の存続を脅かすものであることに鑑み，われわれは世界各国政府に対し，彼等の目的は世界戦争によっては遂げられないということを，彼等が自覚し，かつ公に確認することを強く勧告する．そして結論としてわれわれは，各国間に紛争のある総ての事項の解決に当っては，平和的手段を見出すべきであるということを彼等に対し強く勧告する．」

*　ジョリオ・キュリー教授は，各国政府

は「国際間の意見の相違を調整する方法」として戦争を用いるべきでない．そして，「各国の主権は，総てのものの一致した意見によって，又すべてのものの利益のために，制限されるべきである」という保留をつけられた．
** ミューラー教授はこの文章は，「すべての兵器の随伴する，釣合の取れた縮小」の意味に解釈するという保留をつけられた．
　　1955年7月9日
　　　　署名者　　マックス・ボルン，P・W・ブリッジマン，A・アインシュタイン，L・インフェルト，F・ジョリオ・キュリー，H・J・マラー，L・ポーリング，C・F・パウエル，J・ロートヴラット，バートランド・ラッセル，湯川秀樹

1—6　ゲッチンゲン宣言

以下に署名した原子科学者は，連邦軍の原子武装計画に深い憂慮を感じている．署名者の中の数名はすでに数ヵ月前，連邦首相にその考えを伝達した．またこの問題に関する討論は今日広く行きわたってきた．それゆえに署名者は次の二，三の事実を指摘する義務があると考えている．この事実は専門家には知られているが一般の人びとにはまだ十分知られているとは思われない．
第1に戦術的原子兵器は通常の原子爆弾の作用をもっている．「戦術的」というのは，それが一般住民にたいしてのみならず，地上戦の軍隊に対しても使用されるということを示すものである．1個の原子爆弾乃至砲弾は広島を破壊した最初の原爆と同様な作用をもっている．
戦術的原子兵器は今日多数存在しているから，その破壊作用は全体としてますます大きなものになっている．
これらの戦術的爆弾を「小型」と表現しているのは，とくに水爆のような現在ますます発達している戦略的爆弾の破壊作用に比しての話に過ぎない．

第2に，戦略的原子兵器の人命破壊作用の増大の可能性についての自然の限界はまだ明らかではない．今日戦術的原子爆弾1個は一つの小さい都市を破壊することができるが，水素爆弾1個はルール地方くらいの広さの地域を一時的に居住不可能にする．放射能をまきちらすことによって，今日でも，ドイツ連邦共和国の住民は絶滅され得るであろう．われわれは，多数の住民をこの危険から確実に守る何らの技術的可能性も知っていないのである．
われわれは，これらの事実から政治的結論を引き出すことがいかにむずかしいかを知っている．政治家でないわれわれはその権利を与えられないであろう．しかし純粋科学およびその応用活動を目的とし，多くの青年をその領域に導いているわれわれの職業は，この仕事の可能な結果にたいする責任をわれわれに負わせている．そのためわれわれはすべての政治的な問題にたいして黙っていることは出来ない．
今日，西の世界が共産主義に対抗して代表している自由を信奉することをわれわれは明言する．今日，水素爆弾にたいする相互の恐怖が，全世界の平和と世界の一部の自由の維持に本質的な寄与をしていることをわれわれは否定しない．けれどもわれわれは，平和と自由を確保するためのその手段が永続するとは信じ難いと考える．そしてそれが駄目になった場合の危険は致命的だと考える．
われわれは大国の政治に対して具体的に提案する権限をもっていないドイツ連邦共和国のような小国については，小国自身が原子兵器の所有を明確に自発的に放棄してこそ自分自身が一番よく守られ，世界平和が一番速かに推し進められるものと信ずる．下の署名者はいかなる形においても原子兵器の製造，実験，使用に絶対に参加することはしない．
同時にわれわれは，原子エネルギーの平和利用を推進することがきわめて重要であり，われわれは以前と同じくこの課題に協力するつもりであることを強調する．
　　1957年4月13日
　　　　F・ポップ　　　　H・M・ライプニツ

M・ボルン
R・フライシュマン
W・ゲルラッハ
O・ハーン
O・ハクセル
W・ハイゼンベルグ
H・コッペルマン
M・V・ラウエ
J・マッタウヒ
F・A・パネート
W・パウル
W・リーツレル
F・シュトラスマン
W・ワルヘル
K・F・ワイツゼッカー
K・ウィルツ

第2節　国際連合，国際団体の決議・声明

2—1　国際連合第9回総会 (54. 9. 12)

米英仏ソ加5カ国共同決議案　決議808(Ⅸ)
(1954年11月4日の総会可決)

総会は，軍縮問題の解決を求めるための国連の責任を再確認し，軍拡が引き続き行われていることは，この問題解決の緊急性を増大させるものであることを認め，1954年7月29日付軍縮委員会〔注(1)〕の第4回報告及び附属文書，ならびに軍備縮小および原子，水素，その他の大量破壊兵器の禁止に関する国際条約の締結に関するソ連決議案を審議して，
1. 綜合的かつ調整された提案について協定に達し，次のことを規定する国際軍縮条約案を作成するためさらに努力がなされるべきであると結論する．
  (a) あらゆる兵力及びあらゆる通常軍備の規正，制限，及び大幅縮小
  (b) 核兵器及びあらゆる型式の大量破壊兵器の使用，製造の全面的禁止ならびに核兵器の現存ストックの平和的目的への転換
  (c) あらゆる軍備および兵力の協定された縮小ならびに核兵器および他の大量破壊兵器の禁止に関し，効果的な監視を確保し，原子力の使用を平和目的にのみ確保するため，適当な権利，権限および機能を持つ効果的な国際機関の設置
  すべての計画はいかなる国の安全をも脅かす如きものではない．
2. 軍縮委員会が本決議の前文に述べられた各種提案及び委員会の付託条項の範囲内で他のいずれの提案をも考慮に入れ，軍縮問題に関し受諾可能な解決を求めるよう要請する．
3. 軍縮委員会が総会決議715 (Ⅷ)の第6, 7項に従い設置された小委員会〔注(2)〕を再開するよう示唆する．
4. 軍縮委員会が満足な進捗がみられたら速やかに安保理事会及び総会に報告するよう要請する．
〔外務省国際協力局『国連第九総会の事業』〕
　注(1)　軍縮委員会
　軍縮委員会は1952年1月の第6総会の決議に基き設置され，安保理事会の補助機関であって，原子力，通常軍備両委員会の任務を引きついでいる．構成国は安保理事会理事国及びカナダの12カ国であったが，第12総会に提出した日本，カナダ，インド，スウェーデン，ユーゴスラビア，パラグァイ6カ国の軍縮委員会を25カ国に拡大する共同提案が，1957年11月19日，国連総会で可決された(採決直前ユーゴスラビアは提案国を辞退)．
　注(2)　軍縮小委員会
　軍縮小委員会は，1953年11月28日の第8総会の決議に基き，翌55年4月19日，軍縮委員会における英国提出の決議により設置されたもので，米，英，仏，ソ，カナダの5カ国で構成された．

2—2　世界平和評議会

ビキニ事件宣言

ビキニにおける水爆の爆発，人類に対する水爆のおそろしい作用，その作用の範囲を制御できないこと，水爆使用の脅威は，全世界に憤激をまきおこした．
数億の人々から支持されたストックホルム・アピールのなかで要求されている原子兵器の禁止は，いまではすべての国民の要求となっている．

無限の力が科学によって獲得されたのは，人間を絶滅するためではなく，数千年にわたる人間の労働の結実を一瞬にして破壊しさるためではなく，人間の現在の苦悩をやわらげ，より安定した生活ができるよう援助する手段を発見するためである．

原子戦争の禁止を宣言することは，必要であるばかりでなく可能でもある．この宣言は，すべての種類の放射能兵器および放射能害を禁止する国際協定によって達成することができる．国際的監視および管理の制度は，樹立しなければならないし，樹立することができる．

諸国民は，自国政府にたいして，すべての種類の大量絶滅兵器を禁止する協定をむすぶよう，ただちに要求しなければならない．

(執行局会議，54. 3. 30，ウィーン)

原子兵器にかんする決議

全体的破壊の盲目的手段がすべての国民をおびやかしている．世界の良心は目ざめつつある．議会，政治家，宗教界や精神界の最高の権威が抗議の声をあげている．

諸国民の名において，われわれは，もはや原子爆弾および水素爆弾の実験をおこなわず，またこれらの兵器を使用しないという約束をともなう国際協定を緊急に締結することを要求する．このような協定は，原水爆の完全な破壊へむかっての有効な方策を準備し，容易にするであろう．それはまた，直接的には，国際緊張緩和に貢献するであろう．それは，軍備の全般的縮小を可能にするであろう．それは，原子エネルギーの平和的利用のための協力に道をひらくであろう．

われわれは，平和を愛好するすべての団体および個人にうったえる．われわれは，いろいろな政治団体，社会団体，労働組合，宗教団体，文化団体，すべての国の男女にたいし，完全に実行可能な厳重な国際管理のもとで，あらゆる大量破壊兵器の製造，貯蔵および使用を禁止する協定を諸国政府間に結ばせるにはどうしたらいいかについて，国内的にも国際的にも共同で探究することをおねがいする．

(臨時総会，54. 5. 24～28，ベルリン)

軍縮と大量殺人兵器禁止をめざす
平和勢力の行動についての決議

いまから4年前，原子兵器の完全な禁止をよびかけたうったえがストックホルムで発表された．

すべての国民がこのうったえにこたえておこなったカンパニアのおかげで，朝鮮とインドシナにおいて原子爆弾の使用がくいとめられた．また，諸国民の決然たる行動におされて，諸国の政府は，朝鮮とインドシナの戦闘をやめざるをえなくなった．

それにもかかわらず，軍拡競争はますます激化し，なおいっそう破壊的なみなごろし兵器は不断の発展をとげ，その結果として，こんにち，われわれは，またしても，戦争の危険に直面するにいたった．

諸国民の意志で，この危険をもう一度くいとめることができるし，またくいとめなければならない．

世界平和評議会は，国連機構内で，軍縮および原子兵器禁止についての討議が進展をみていることをよろこぶものである．世界平和評議会は，この成果が話し合いによって達成されたものであること，かくして，妥協の基礎のうえに協定を結ぶことの可能性が証明されたことを指摘したい．国連総会が，これらの問題解決のための道をひらく決議を満場一致で採択できたのは，まさしくこのやりかたのおかげである．しかし，西欧列強が，ロンドン・パリ協定のわくの中で西ドイツを再軍備させ，これを軍事ブロックに編入しようという希望を表明したことは，げんざい軍縮を達成するためにすすめられている努力をくつがえし，いままでに達成された成果をあやうくするものである．

世界平和評議会は，げんざい進行中の，原子エネルギーの平和的利用にかんする討議を歓迎する．だが同時に，世界平和評議会は，核エネルギーが軍事目的に利用されることが禁止されるまでは，人類は核エネルギーを完全に平和的，産業的に利用することはできないであろうと声明するものである．世界平和評議会は，この分野で協定をむすぶことはま

ったく可能であるばかりでなく，監視と厳重な管理の完全な制度をうちたてることもまったく可能であると確信している．

世界平和評議会は，諸大国が，いま討議されている諸提案を土台として，この重大問題にかんする協定をすみやかにむすぶためにその努力を倍加するようよびかける．世界平和評議会は，諸大国が，さしあたり，原子爆弾，水素爆弾のすべての爆発実験を禁止する協定をただちにむすぶようよびかける．このような措置は，げんざいの科学知識の水準のもとでも，容易にかつただちに実行されうるものである．世界平和評議会はまた，すべての政府が例外なく，どんな口実のもとでも，核兵器をけっして使用しないという約束をすることを，緊急に要求する．

とはいえ，これらの措置は，さしせまった臨時措置にすぎない．これらの措置がとられたからといっていっさいの大量破壊兵器，すなわち原子兵器，細菌兵器，化学兵器の排除と全面的な軍縮という根本問題に着手することをおこたってはならない．反対に，これらの措置は，全面的軍備縮小，大量破壊兵器の禁止，すべての国々への監視団の派遣をふくむ国際管理機構の設立などについての，いっそう広はんな，またいっそう重要な協定にたっするための大きな一歩にすぎないのである．

世界平和評議会は，いまは軍事目的につかわれているが，全面的軍縮がおこなわれるあかつきには浮いてくるはずの資金を，諸国民，とくに経済的に発達のおくれた国々の国民の生活水準をたかめるためにふりむけるべきであるとつよく要請するものである．

世界平和評議会は，世界のすべての国民にたいして，大量破壊兵器の禁止と全面的軍縮を，たえず，いたるところで要求するよう，よびかける．なぜならば，この二つのことが実現されなくては，平和政策は不可能だからである．

もし諸国民がこの神聖なたたかいに団結するならば，もしすべての民族が努力を結集して，平和，相互理解，人類としての連帯にたいする熱烈な願望を表明し，諸国政府と国連とにつよくせまるならば，諸国民の意志はこれらの目標を達成することができるし，またかならず達成するにちがいない．

(総会，54．11．18〜23，ストックホルム)

原子戦争準備に反対する訴え 〈ウィーン・アピール〉

げんざい，いくつかの政府が原子戦争をはじめる準備をしています．そして諸国民にそれがさけられないものだと思わせようとしています．

原子兵器をつかったらみなごろし戦争になるでしょう．

わたしたちは宣言します．

どんな政府でも原子戦争をはじめる政府はきっと自国民の信用をなくし，世界のすべての国民から罪の宣言をうけることでしょう．

げんざいから将来にかけてわたしたちは原子戦争を準備するものたちに反対するでしょう．

わたしたちは，いまある原子兵器はどこにあろうとすべてとりこわし，その生産をすぐやめることを要求します．

(執行局会議，55．1．19，ウィーン)

2—3　世界平和者会議 (54．4．2〜22)

〈広島宣言〉

広島に投下された最初の原爆の悪い影響はすでに9年もたった今日まで残っていて，不治の疾病とそれによる死をひきおこしつづけていて，それは核エネルギーの取扱いは，余ほど慎重な注意を払わないと，人類はみな殺しになると脅かしているので．

現在，原子力研究は，罪もない人びとの生命を極度に危険にしていることが最近の原水爆の爆発実験で明らかに示され，人類は原子力の利用によって全面的な絶滅か曾てない繁栄か何れかを選ばねばならないことが示されているために，原子力研究は人類の究極的な破壊を阻止する方向で行われつつあるので．

そこで，世界平和者日本会議は，その一つの会議を広島において開いて，次のことを決議した．

① 核兵器のいかなる使用も、たとえ報復を目的とするものでも、すべて絶対に禁止されねばならない。そして、現に存在する一切の核兵器は、効果的に破壊されねばならない。
② 核兵器の製造およびその実験、原子力を軍事目的に利用するためのいかなる計画も、永久に禁止されねばならない。
③ 原子力資源は平和的使用のみに役立たされるために、厳重な国際統制のもとに置かれるべきであり、平和利用の目的のためには原子力製造にかんする一切の情報がすべての国に公開されるべきである。
④ この厳しゅくな決意を固めるために、広島市はこれからは平和都市と呼ばれ、すべての人びとに戦争放棄のために努力することをよびかける記念碑となるべきである。
　　1954年4月12日　本川小学校にて
　　　　　　　世界平和者日本会議広島集会

2—4　国際緊張緩和のための集り (54. 6. 19〜23, ストックホルム)

軍縮および大量破壊兵器にかんして政治分科会の採択した勧告

　国際緊張緩和のための集りの参加者は、国際紛争解決の手段としての戦争の放棄を宣言した国連憲章の原則を強く支持するものであることを声明する。参加者はまたすべての人びとにとって重荷となっている極端な軍備の蓄積、とくに原子爆弾および水素爆弾の急速な発展と貯蔵、すでに多くのぎせい者を出し、いたるところに恐怖をふりまいているその爆発実験が国際緊張を強め、戦争の危機をひきおこしつつあると考える。
　したがって参加者は、原子爆弾および水素爆弾を製造する能力をもつ諸国政府に、そのような兵器の実験の遂行を中止し、戦時にそれを使用しないという声明を各国同時に発表するようううったえる。
　参加者は、諸国政府が国連総会軍縮委員会においておこなわれている交渉を進捗させ、妨害されることなく、継続的に監視をおこなうために必要な保障のもとに、すべてのこれらの兵器を永久に廃止するための協定をすみやかに締結するよう、要求する。
　参加者はまた、諸国政府がすべての兵力および各種の兵器の実質的で公正な縮小についての協定を締結することをよびかける。
　若干の国家だけが原子兵器を製造しているにもかかわらず、世界のあらゆる国々がそのために危害を受けるおそれがある。それゆえに集りの参加者はネール・インド首相のつぎのうったえを支持する。ネール首相は、世界のすべての国民が、「かれらの不安を表明し、その声をあげ、すべての人びとにとっての脅威であるこの破壊力の発展を抑止するため、できるだけ効果的にその影響力を行使する」よう要請した。
　世界の諸国民が原子戦争の危険ならびにこれを除去するために必要な諸措置を自覚すればするほど、世論の活動は効果的となるであろう。それで集りの参加者は、諸国政府および各種団体、とくに学術団体にたいし、この問題について世論を十分に啓発するため、できるかぎりのことをなすことをおねがいする。
　参加者は、原子力の建設的利用のすべての提案を歓迎する。しかしこれらの提案は、もしこれに先立って軍事的目的へのそれの利用の禁止にかんする協定がなされたときに、いっそう採用が容易となり、いっそう効果あるものとなるであろう。この目的がたっせられたときにのみ、人類の緊急の必要を満足させるため、科学と技術の成果を十分に利用することが可能となるであろう。

2—5　その他 (リスト)

世界労連のアピール (世界労連, ルイーサイヤン書記長　54.4.29)

原子兵器にかんする決議 (世界平和評議会特別総会　54.5.24〜28)

軍縮および大量破壊兵器にかんして政治分科会の採択した勧告 (国際緊張緩和のための集り　54.6.19〜23)

原子兵器禁止決議 (世界キリスト教会議第2回大会　54.8.30)

声明（世界科学者連盟第13回執行委員会 54. 9）

決議「原水爆実験反対」（第1回国際造型芸術会議 54. 10. 1,『毎日新聞』（東京）54. 11. 18）

軍縮と大量殺人兵器禁止をめざす平和勢力の行動についての決議（世界平和評議会総会 54. 11. 18～23）

原子兵器禁止決議（国際自由労連執行委員会 54. 11. 27）

バートランド・ラッセルほか10名の学者の署名をもって発表された声明〔いわゆるラッセル・アインシュタイン声明〕（マックス・ボルン，P・W・ブリッジマン，A・アインシュタイン，L・インフェルト，F・ジョリオ・キュリー，H・J・マラー，L・ポーリング，C・F・パウエル，J・ロートブラット，バートランド・ラッセル，湯川秀樹 55. 7. 9）

第1回パグウォッシュ会議声明（55. 8. 3～5）

決議（世界科学者連盟第4回総会 55. 9）

声明（世界科学者連盟会長ジョリオ・キュリー，執行委員会委員長C・F・パウウェル 56. 1. 5）

「原水爆実験禁止のつどい」（ビキニ被災2周年）へのメッセージ（世界平和評議会議長ジョリオ・キュリー，ソヴェト平和委員会，イギリス平和委員会代表ウェンライト，カナダ平和委員会議長エンディコット，ドイツ平和委員会会長ワルター・フリードリッヒ，世界民主青年連盟，国際民主婦人連盟．『アカハタ』56. 3. 1）

声明（世界科学者連盟第16回執行委員会 56. 4）

ゲッチンゲン宣言（F・ポップ，H・M・ライプニツ，M・ボルン，J・マッタウヒ，R・フライシュマン，F・A・パネート，W・ゲルラッハ，W・パウル，O・ハーン，W・リーツレル，O・ハクセル，F・シュトラスマン，W・ハイゼンベルグ，W・ワルヘル，H・コッペルマン，K・F・ワイツゼッカー，M・V・ラウエ，K・ウィルツ 57. 4. 13）

軍縮と原子戦争の脅威除去にかんする決議核兵器反対の共同行動にかんする勧告，核兵器実験禁止についてのアメリカ・ソ連・イギリス3国政府へのアッピール，科学者へのアッピール（アジア・アフリカ諸国民会議 57. 12. 16～58. 1. 1）

世界の科学者による核実験停止協定締結の要請〔いわゆるポーリング声明〕（44カ国9,235名，国連ハマーショルド事務総長へ提出 58. 1）

ウィーン宣言（第3回パグウォッシュ会議 58. 9. 14～21）

原子力にかんする決議（国連非加盟国会議 54. 5. 4）

原子力，化学，細菌各兵器の使用禁止を世界各国に勧告する決議（赤十字連盟第23回理事会 54. 5. 28）

原・水爆の実験から生ずる危険について研究を続けることを国連に勧告する決議（ユネスコ執行委員会 54. 11. 10）

第3節　海外論調

3—1　水爆実験をめぐって

　アメリカの新聞は，日本人漁夫の被災が伝えられるまでビキニ水爆実験にかんするニュースを数行で片づけていた．しかも，日本人漁夫被災のニュースは，大々的に取り上げたものの，世論は比較的冷淡であった．だが，ヨーロッパ等の世論が騒然となるにつれて関心が大きくなり，とりわけ，第2回水爆実験の前後には，一せいにこれを新聞，雑誌がとりあげはじめた．それにしても，『ニューヨーク・ヘラルド・トリビューン』紙が「日本人の抗議を一時的なもの或いは重要でないものとして片づけてはならない．日本人漁夫に被災を起したという過失に対しては責任をとるべきだ」と述べ，『ニューズ・ウィーク』誌が「モートン博士は犠牲者は1カ月もしたら完全に回復するだろう，と言ったが，日本人の感情がそんなに早く元通りになるかどうかは別問題だ」と指摘したように，実験による被災が日米関係に影響を及ぼしていることに，読者の注意をひく程度であった．

　しかし，3月26日以後には，多かれ少なか

第4章 海外の反響

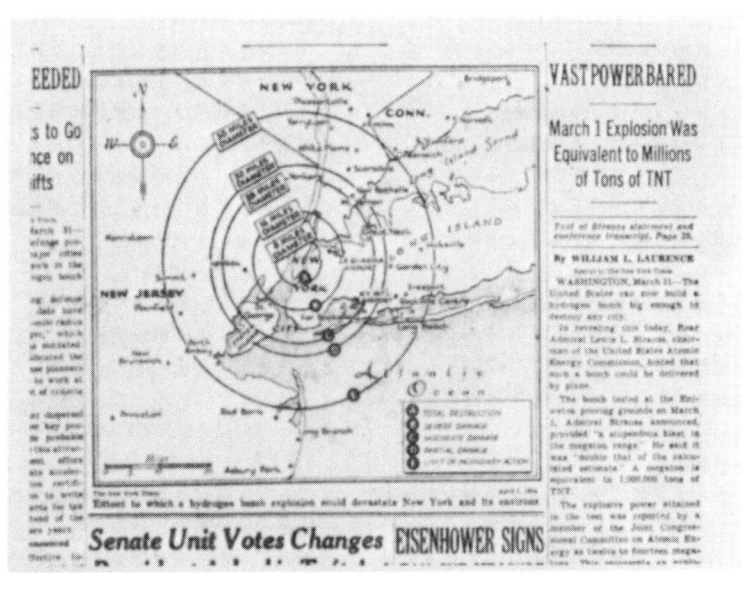

『ニューヨーク・タイムズ』1954.4.1

れ実験について，政府のとっている方針に疑念を表明しはじめたことが特徴的である．『ワシントン・ポスト』紙の26日の社説は，「われわれは戦争によって世界を破滅させる前に，実験という名で世界を破滅させようとしている．現在，日本は主たる食糧源を魚類にたよっているので，放射能によって魚類が汚染されるということは，きわめて重大な問題である．アメリカは広島・長崎に原爆を投下しておいて，さらに皮肉なおまけをこんどつけてやったようなものだ」と，いっている．

そして，『ワールド・テレグラム・アンド・サン』紙は，「果して今よりもっと強力な爆弾を実験する必要があろうか」と，疑問をなげかけている．

イギリスでは，3月21日，カンタベリー寺院ヒューレット・ジョンソン師が説教で，大量破壊兵器の禁止にかんする話し合いを再開するように訴えた．これがイギリスでのビキニにかんする最初の言葉であった．このころからイギリスの各紙も，ビキニについての論陣をはるにいたった．

『マンチェスター・ガーディアン』紙の3月24日の社説は，「科学者たちは，4月にマーシャル群島でやろうとしている爆発によって，どんなことが起るかを本当に承知しているのだろうか？ ワシントンではこんどの水爆装置が3月1日に爆発したものの4倍の力をもつものであると発表している．いったい，それにより太平洋のどの位の海面が汚染されるのだろうか？ その水や魚はどこまで移動していくのだろうか？ 科学者たちは，いまや未知の世界に歩み入りつつある．かれらの実験の結果は，この上なく重大なものとなるかもしれない．こうした実験をすすめることは，本当に賢明なことだろうか」と書いている．

また，労働党機関紙『デイリー・ヘラルト』は，1面の半分以上をうめる社説で，「ビキニについで来月もっと強力な水爆の実験が計画されているが，それは中止しなければならない．太平洋はアメリカの湖ではない．水爆の実験が太平洋の魚，鳥，食糧資源をいかに破壊するか，科学はまだ知らない．人類の幸福のために，実験は正当だという理由はまったくない．とにかく実験はやめよ」と主張している．

これらの論調のように，イギリスでは実験

中止が叫ばれ，アメリカとは対照的に，日本をおそった恐怖，動揺について，当然のこととして受けとられた．

当初，イギリスほど水爆実験に反応を示さなかったフランスは，水爆の破壊力が予想以上に強大であったことが判明するにつれ，各紙ともこれを取り上げるようになった．そして，水爆実験のために立入禁止区域をかってに設けたことが公海の自由を脅かしていること，強力な原水爆兵器は共産主義者のみならず非共産主義者をも巻きぞえにすること，原子力は平和目的にのみ使用すべきであることなどが強調され，アメリカの原水爆政策に対する風当りは極めて強くなった．

そのほか，オランダ，オーストリア，ハンガリー，東ドイツ等々で，アメリカの水爆実験禁止の論調が，各紙に掲載された．

西ドイツのジャーナリズムは，ビキニ被災事件をあまり大きく扱わず，日本漁船にまで被害を及ぼした3月1日の実験効果についての論評が加えられていないことが注目される．

アジア諸国がビキニの水爆実験でうけたショックは，世界で最初に原子爆弾の洗礼をうけたのがアジア民族の日本人であり，いままた日本人漁夫が水爆実験の「モルモット」にされたという事実があるが故，特に大きかった．それはフィリピンのような親米的政権の国でさえ，中立主義の空気が急激に強まり，アメリカの「力の政策」に対する反感は，国民的な規模でまきおこった．

インドでは，ネール首相が世界に先がけて水爆実験の禁止を要求した．『タイム・オブ・インディア』紙も，3月24日の社説で「3月1日の実験は"生々しい真実"を物語っている．そして，この"生々しい真実"の意味するものが，あらゆる文明の国民をかりたてて，為政者たちに，いっそう健全で，人道的会議をひらかせる力となっている」とのべ，文明国民と政府が，原子兵器の国際管理と廃棄を促進するのに失敗は許されない，と結んでいる．

インドネシアのサストロアミジョジョ首相が，4月3日，原水爆問題を東南アジア5カ国首相会議の議題にせよ，というネール首相の提唱に支持を表明し，「水爆の実験地はインドネシアから遠くないところにあるために，わが国民はこれに不安を感じている．原水爆実験停止の要請は，太平洋に横たわっているインドネシアのためばかりでなく，人類の利益と世界平和のためでもある」とのべている．

中国は，4月1日になって沈黙を破り，新華社北京電が大々的に報道した．同電は，「アメリカの水爆実験は，ジェネーヴ会議への虚勢だ」との論陣をはった．

一方，ビキニの水爆実験が，西欧を初めとする世界中の各紙の間で，どうどうたる反響をよびおこしている中で，ソ連の言論機関は，沈黙しつづけた．『プラウダ』『イズヴェスチア』『トルード』などソ連の全国紙をみてもビキニの記事は3月末まで報道されず，ビキニ問題の海外論調すら紹介されなかった．ソ連国民がビキニの水爆実験にはじめて接したのは，4月2日に発表されたウィーンの世界平和評議会執行局会議の決議を通じてであった．

3—2 久保山さんの死をめぐって

ビキニの水爆実験で被災した日本人漁夫の一人，久保山さんの容体悪化にともない，アメリカの通信社は，緊迫感をもって長文の記事を本国に送った．たとえばＡＰ電を見ると，「天皇が国民に武器を捨てよと呼びかけた日以来，こんどのことほど日本人に衝撃を与えたものはない．久保山さんのベッドのまわりには，"見えざる監視人"もいる，——それは広島・長崎の原爆で殺された152,034人の人びとだ．この9年間，日本人が抑えてきた，原爆攻撃にたいするうらみ，悲しみ，嘆きは一挙にふき上がろうとしている」と報じた．また，「アメリカは，このさい，どんな手をうつことができるのか，これはむずかしい．まず補償金支払いはこの緊張をやわらげるのに根本的に必要なもの，次はアメリカの偽りのない悲しみを日本人にわからせること．そうして最後に，一番むずかしいことだが日米両国を守るため，水爆実験は必要だということを日本人に納得させることであろう」とも

のべている．

　9月23日の久保山氏の死は，世界中に衝撃を与えた．

　アメリカの新聞の23日夕刊は，ほとんどが1面ないし2面に久保山氏の死を掲載した．

　『ニューヨーク・ポスト』は，初め2段で報道したが，最終版では，4段トップにふくれあがり，大見出しに「一漁民の死は日本における感情を昂ぶらせた」と書いた．また，『デイリー・ミラー』，『デイリー・ニューズ』両紙は，写真付で報道するなど，この事件が大きな波紋を繰展げている．しかし．国連各国代表は，問題が国際的微妙さをはらむものだけに，だれも口を閉じて語らなかった．そんななかで，ルイス・フィッシャー（ソ連問題専門家），ラインホールド・ニーバ師（牧師），モーリン・コー女史（ルーズヴェルト夫人の秘書）らの，人道的解決を望む声が強められた．

　24日には，各紙が社説を掲げたが，代表的な2大新聞『ニューヨーク・タイムズ』，『ニューヨーク・ヘラルド・トリビューン』の社説をみると，論点は，次のようにまとめられる．

　㈠　久保山氏の死をいたむ気持は，ただちに日米関係の悪化をめぐる懸念へとつながっている．むしろそれへすりかえられている．

　㈡　アメリカが補償，災害予防を含めたあらゆる点で，この事件に関しては，十分な措置をとったことを主張し，あやまる必要を認めていない．

　㈢　再発防止に関連して，今後の水爆実験実施が当然のことのように，さりげなくいわれている．

　これら2大紙に代表される論調は，「共産主義者は，不幸な一漁夫の死を利用して，数千の日本人捕虜をソ連がいまだに抑留していること，またヨーロッパとアジアで数百万の無実の民衆が共産主義者の手で殺されたことを覆いかくそうとしている」，「アメリカ側の医師は，久保山氏に一，二度の面接を許されただけである．日本人は面子を失わないたくなかったのだ．死因はおそらく永遠にわかるまいという推測に私は同意する」といった米国官辺の言葉を反映したものといえる．

　しかし，言論界は，久保山氏の死を転機として激化するであろう日本の反米空気を懸念し，政府当局に補償問題の早期解決を迫った．その後，日本が700万ドルの補償を要求していることにたいし，「日本の要求額は法外なものだ」と，にわかに攻撃の火の手をあげた．そして，アメリカの示す100万ドルで手を打つことが日米関係のために絶対に必要なものだと断じている．

　一方，ヨーロッパはどうであったか．

　イギリスの各紙を見ると，24日はいずれも報道だけで論評も加えなかった．『ロンドン・タイムズ』は1段扱いで，「水爆の最初の犠牲，日本人漁夫死す」と，簡単なロイター東京電を掲載，「かれの死は，日本の各種団体がこれまで展開してきた原爆実験反対運動をいっそう大きな規模のうえで更新させるものとみられている……日本人の反米感情は3月の被爆当時よりさらに激しさを加えて高まっている」と書いた．

　翌25日には，『デイリー・ヘラルド』，『デイリー・テレグラフ』の2紙が次のような社説をかかげた．

　「最も不幸にも，久保山氏の死は米国に対する憎しみに焦点を転じたが，この死を水爆の戦争目的使用禁止の決意とすれば，なおいっそう有効であろう．科学者たちの一つのまちがいが久保山氏を殺したが，世界はこんど将軍たちによるまちがいを防ぐことに当らねばならない．」

　「久保山氏は放射能の灰にさらされて死亡し，世界は恐怖につつまれた．原爆管理に関する米ソ間の話し合いは重視されるべきであり，アイゼンハワー米大統領の最近の提案は国連のワク内で実行できないはずはない．」

　フランスでは，『ユマニテ』が病床写真入りで3段ぬき「アメリカの水爆，殺人を犯す」という見出しで報道したのが目立った．

　久保山氏の死は，ビキニ実験で沈黙を守ったドイツのジャーナリズムにも大きな影響を及ぼした．24日の西ドイツの各新聞はいずれも1面に，「水爆による最初の犠牲者」，「原子灰で日本人死亡」という見出しで東京電を

報道している．従来，日本関係のニュースにはあまり関心をを示さない西ドイツの各紙が，一斉に報道したことは珍しいといわれる．とくに，『デアー・ミットターダ』は，「クボヤマ」と題する社説を掲げ「水爆実験がいかに日本に大きな被害を与えたか」をのべたのち，「もし水爆の実験時代が過ぎ去り，だれかがこれを実地に使用することを試みたら，一体われわれの地球はどうなるか，日本の一漁夫の死亡は人類の将来をはっきり予言するものだ」と警告している．

イタリアでも各紙の報道の中で，『ウニタ』は4段をさき，アリソン大使の声明を偽善的と批判し，『アヴァンティ』も「在京西欧筋は，終戦以来もっとも激越な反米感情を日本人の間に引きおこすことを憂慮している」などと報道しているのが目につく．

オーストリア各紙も，24日水爆最初の犠牲者久保山氏の死を1面で報じている．

アイルランドの首都ダブリンでも，『アイリッシュ・プレス』，『アイク・シュ・タイムズ』の2紙が，24日の1面に「久保山氏の死」を報じ，『アイク・シュ・インディペンデント』は3面に4段抜きで報じた．

そのほか，スイス，デンマーク，フィンランド等，ヨーロッパの各国の新聞が，短いながらも報道していることは注目に値いする．久保山氏の死が，いかにヨーロッパ各国に影響を及ぼしているかが知られると同時に，アジアの一国日本の事件に止まっていないことを示したものと言える．

アジアに目を移してみよう．

ビキニの水爆に対し，強い反対の態度を示したインドでは，『インディアン・エクスプレス』が，「この日本の無名の一漁夫の死ほど世界中から見守られた死はなかった．第五福龍丸は妙な因縁で日米国の不和をもたらし，征服者（アメリカ）の日本人に対する高価なきげんとりも，取り返しがつかぬほど損われた．この問題を論ずる際，ソ連も水爆実験を行っていることを無視するのは片手落ちというものだ．モスクワは，いつどこで実験をするかさえ秘密にしている．しかし，相互不信から生ずる対立も，いかにしてこの自殺的な脅威を終らせるかという問題に優先させてはならない．久保山氏を熱原子核の最後の犠牲者としなければならない」と，原水爆兵器の禁止の声を強くしている．

また，フィリピンの『マニラ・タイムズ』は「日本人は久保山氏の不幸な死について，アメリカにたいし身ぶるいを感じている」とのべ，それが共産主義者によって動かされたもので，ソ連にたいしてももってよい感情が，アメリカだけにむけられているといっている．そして，久保山氏の死そのものも，偶発的なものとして，アメリカの弁護をした．そして，アメリカの新聞と同じように，アメリカ人医師に面接を許さなかったことを指摘している．

シンガポールの『サンデー・タイムズ』は，「全人類の最大の願いは，水爆による死亡者は永遠に久保山氏一人にしてもらいたいということだ．我々は全世界の政治家に，原水爆の製造を禁止し，すでに我々の生活に脅威を与えているカゲを除くような協定を結ばせるまでは安心しないであろう」と，原水爆禁止協定を望む論説を掲げた．

しかし，同じアジアの中国では，新華社が死亡の報道を流しただけで何のコメントも加えなかった．

世界中を恐怖と悲しみにぬりつぶした久保山氏の死に対し，ソ連もまた沈黙していた．タス通信，モスクワ放送は久保山氏の死去さえ伝えなかった．

モスクワ放送は24日，訪ソ中のイギリス物理学者ジョン・バーナル教授の演説としてつぎのように放送したが，この演説は23日，久保山さんの死とほとんど同時に行われたもので，これによってモスクワの論評を代弁させているのかもしれない．

「日本国民はふたたび，しかも今度はたんなる実験による犠牲者となった．日本国民はこれにたいし，国会の決議と2,000万以上の反対署名によって答えている．現在生産されている水爆を使用するだけでも，大気は放射能のチリによって，どの国の人間も安全でなくなるほど汚染されるだろう．」

第4節　諸国民の反響

4—1　英『タイムズ』紙上論争（内山敏「水爆実験の世界的反響」抜粋）

〔前略〕『タイムズ』の投書欄で水爆論議がにぎやかになったのは，3月26日の「いまわしい現実」という社説が出たのが一つのきっかけになっているから，順序としてまずこの社説を一通り紹介しておきたい．これは部分的には新聞雑誌に引用されているが，水爆問題についてイギリスの代表的見解と思われるし，かつ全世界の大多数の人々の気持をも反映したものとさえみられるからである．

「アイゼンハウアー大統領のいわゆる『原爆のおそるべき算術』が情容赦もなくつづいて行く．事実，太平洋からの報道は，それが予測を許さぬ領域に入ったのを示している」というのが，この社説の書きだしである．ついで「われわれは……おそるべき兵器を未来の悪夢ではなく，今日のいまわしい現実としてうけとらなければならぬ」というソーリスベリー枢相の前々日の上院演説を引用して，新しい水爆時代のいまわしい現実にふれ，さらに「原爆はそもそもの最初から，人類の良心をなやましてきた」と広島以来の原爆に関連する出来事を回顧したのち，つぎのように書いている．

「今月1日のビキニの爆発は道義問題には新しい係争点を加えるものではなかった．それは最初から苦痛なほど明白であった．破壊の機関が無限にのび得ると思われはじめているのに，このおそるべき破壊の機関を今後どしどし生産しつづけるのを科学に許してよいであろうか．相敵対する2分した世界のそれぞれの半分は，どんなに邪悪で狂気じみたようとも，最も近代的な兵器がなくてはやって行けないのだろうか．世界は約10年の間，原爆の保持が戦争の勃発を制止するということに，希望をつないできた．最初のうちは，原爆が自由世界の独占であるという事実が，判断力ある識者によって，侵略に対する最良の安全保障と確信されていた．……この希望は現在では次のようになっている．つまり，世界のどちらの半分も，彼らが解き放ち得るおそるべき力で非常に強く印象づけられているに違いないから，どんな邪悪な人間でも，報復をおそれて，この使用をさしひかえるであろうと．……冷静に考えれば，このことはそれだけでは，人類を破滅から救う防塞として，大して確固たるものではない．

現在では二つの質問が発せられるべきである．もし水爆の可能性が無限にのびるとすれば，実験をどんどんすすめることが国家の安全上必要であろうか．明らかに，これ以上の実証が不必要になるだけの知識が得られる点に，到達するはずである．さらに，一方が世界の半分を吹きとばせる爆弾をもっている以上，他の半分としては，世界の4分の3を吹きとばせる爆弾をもつことが，制止力として必要であろうか．第2に，双方がそれぞれもっているおそるべき力を物理的に実証し，しかもその衝撃がまだ強い現在において，国際的理解に達する努力がさらになさるべきではあるまいか……．」

すなわち，この社説ではじめて，原子兵器が戦争の勃発を制止する力とはならず，人類が一歩誤まれば破滅の運命におちいるという実に危険な瞬間にあることが，影響力ある新聞で公然とみとめられたのである．それまでも水爆実験を扱ったイギリスの新聞の社説はあったが，いずれもアメリカの態度を批判し，水爆の脅威を説いたものの，これほどはっきりと人類的に現在迫っている危険を指摘したものはなかったのである．

この社説に刺激されて，土室ガン研究所長のノレッヅゾンダ・ハドウ教授は3月30日付の『タイムズ』に長文の投書を寄せた．

「原子兵器の発展の生物学的影響についてますます頭を悩ましていた多くの科学者としては，世界がおそかれ早かれ，最後の結果を阻止するために，原子核爆発の国際的禁止に至る一切を含めた根本的決定の必要に直面するだろうことは，かねて予期していたことであった．……太平洋における最近の出来事は，水爆の無制限な破壊力を

実証して，危険区域についての従来の考えを一挙に粉砕し，民間防衛の構想を御破算にした．……一般の人々の想像力は物理的破壊の第1次作用で最も深い印象をうけたが，これは巨大であるにせよ，まだ制限されている．もっとおそるべき脅威は，放射能物質が飛散し，直接間接の事後作用を及ぼすところから生ずる．」
こういって福龍丸の「死の灰」による被災の例をあげ，さらに遺伝や種の問題へのおそるべき副次作用を指摘したのち，この重大な脅威についての解決はもはや政治家だけには任せておけないとして，つぎのような注目すべき提案を行っている．

「解決は政治に属するもので，科学そのものでは解決できぬが，しかし問題はきわめてユニヴァーサルであり，世界各国の政府はそれに対する態度の点で，はなはだあやふやだから，実際これを解決するメカニズムや意志があるかどうか，絶望せざるを得ない．……もし解決が現在の手段では見出せぬとするならば，人類への責任感をもった世界科学の代表者自身が，判断を下す助けになりはしまいかという問題が起ってくる．……今日ではどんな個人の努力によっても危機は如何ともしがたいが，問題が国連の後援の下に，世界科学の共同評議会に移されれば，必ずしもそうとばかりはいえない．このコンシリウムは特に物理学・化学・生物学・医学を代表し，かつそれぞれの国を代表しつつも，世界観においては超国家的で，政治家を超越する機関の代表となり，人類全体への忠誠を第一義のものにするのである．文明世界の一切を支配する圧倒的な重みをもつ問題について，事実に即した評価と政策の提唱を期待できるのは，このような機関，おそらくただこのような機関のみに対してであろう．」
科学者につづいて宗教家も発言する．ノリッチ，聖アルバ教区の牧師 N・R・M・ホーソーンとう人は，水爆の脅威を除去するため科学者の団結を提唱したハドウ教授に刺激されて，キリスト者が「今や平和と戦争の問題についての態度を再考すべきだ」と提案し，自分はいわゆる平和運動家ではないがと断ったうえで，つぎのような投書を寄せている．(4.2)

「キリスト者として力の行使を是認する原則は二つである．(1)それは二つの避けがたい悪のうち，より軽い悪であらねばならぬ．(2)行使される力は，望ましい目的を達するに必要な最小限たらねばならぬ．……水爆の使用がこの2原則に合致するとは思われない．今やわが国のキリスト者，あらゆる正気な市民が協力して，この兵器の使用を永久に放棄するよう政府によびかけるべき時ではなかろうか．われわれは国民全体の声として，次のように言おうではないか．(1)われわれは原水爆をつくらない．(2)この爆弾を使用しない．(3)わが国の基地から原水爆が使用されるのを許さない．(4)この爆弾を使う国とは，戦時平時を間わず，一切の同盟関係や政治的提携を断絶する．……

このような決定は無神論の共産主義がキリストの教えをも自由をもともに滅して，世界を席捲する道を開くものとして反対されるかもしれぬ．だが，果してそうだろうか．キリストの教えが神のものであるなら，それは滅ぼされ得ないと信じるだけの信仰が，われわれにはないだろうか．……現代は人類にとって生きるか死ぬかの決定の時である．わが国，ことにそのキリスト者は，率先して道を示すべきではなかろうか．」
この牧師のように従来は平和運動に積極的に参加しなかったものまでが，その「態度を考え直し」，原水爆の使用禁止や原爆基地反対を叫ぶようになったことは，ビキニ実験の反響としてもっとも注目すべきものであろう．そして，これらの人々は現在が人類にとって生死の別れ目と感じ，共産主義によってキリスト教が滅ぼされないと信じているのだから，いわば二つの体制の共存を無意識のうちに肯定しているのである．シカゴ大学の歴史学助教授アラン・シンプソンは『ニューヨーク・タイムズ』への投書（海外版，4.11）で，「水爆実験は公衆教育がこれまで達成できなかったことをなしとげた．……その教訓はま

第4章　海外の反響

ず戦争が今では考えられぬという確信である．……共存の必要をうけいれずしては，明らかにわれわれにとって希望はない」と書いたが，アメリカも含めて世界中で，こういう気持が強まってきたことは，今日の国際情勢において軽視できぬ要素と思われる．

　科学者や宗教家ばかりでなく，既成政治家の間でも同様な気持があることは，4月5日のイギリス下院の討論が如実に示しているが，元駐日大使だった保守的な外交官ロバート・タレーギーも次のような投書を寄せている．(4.1)

　「多くの筋では，原子力生産管理のための国際査察問題について，ソヴェトと諒解に達するチャンスがまだごく少いと思っている．私はこの悲観論が今では正当な理由がないといいたい．それは次の理由にもとづいている．(1)最近の発展にかんがみ，実際に地球上の人間生活のひきつづきの存在を脅かす事柄について，ソヴェト指導者が無関心だとは考えられない．(2)この特定の問題について，最高首脳間の腹を割った会談はまだ試みられていない……．本当に腹を割った討論（最初は瀬ぶみ的なものだろうし，また英米ソ3国首脳だけに限られるが）は，従来とは別な結果をもたらすかもしれない．」

　これは4月5日にアトリー労働党首が提出した動議とおなじ精神であり，保守党の政治家でも良識あるものはこれに賛成することを示している．

*

　しかし，これと反対の見解もあることはいうまでもない．たとえば，4月2日付の『タイムズ』では，ジョン・バーという歴史家が英仏海峡のジャージー島のホテルから寄せた投書で水爆実験に対するイギリスの抗議を非難して次のように言っている．

　「事実は何か？　(1)アメリカは，世界の敵ソヴェト・ロシヤがわれわれ全部を奴隷にするのを阻止するため，でき得るかぎり最も有力な兵器を発展させつつある．(2)かりにアメリカがこの発展をつづけるのをやめても，ロシヤは同じ兵器の発展をつづけ，ついにはわれわれと同等になり，さらに追い越すであろう……．

　アメリカがやめたからといって，ロシヤがこの兵器の発展をやめるとまともに信ずるものは，共産主義者以外には一人もいないはずだ．とすれば，なぜアメリカがやめなければならぬのか．われわれの敵にもわざと優越した戦力をつくらせるためか……．

　ヒステリカルなジャーナリストはみんなロシヤへ行って，その実験をやめるよう説得するがよろしかろう．」

　もう一つの例（4月3日付，サレイのマースタムのC・M・ペインの投書）——

　「われわれの一部のものには，政府の是認と保護があっても，お互いに殺しあうのがキリストの教えに合致せぬと思われているらしい．また，ある種の人殺し方法が許容されるのに，別種の，もっと有効な人殺し方法が使われると，眉をひそめるというのは理解しがたい．」

　4月5日付の投書欄には，もっと極端なのが二つある．

　「私自身の考えをいえば，共産主義の下で寿命を全くするよりも，水爆の結果として明日にでも死んだ方がましだ．」（サウスポートのバークデールに住むJ・H・パーカー）

　「水爆は原爆・毒ガス弾・機関銃・小銃・あるいは弓矢以上に，悪いものでもよいものでもない．弓で1人の人間を殺すも，水爆で2万人を一掃するも，悪いのは同程度である．これまで以上に明らかなことだが，教会が全力をあげて努力せねばならぬのは，水爆・ナパーム弾・毒ガス弾といった特殊兵器の禁止ではなく，戦争そのものの禁止である．」（ペンザンスのトルヴァーブレースに住むデレク・パーカー）

　このように水爆を弁護したり，アメリカの水爆実験を支持する議論は，水爆反対論と比べて文章も短かく，説得力も欠けているように思われるが，ロンドン南西区に住むフレデリック・ホルジンガーという人の投書（4.6）は割合に長文で，これらの好戦的見解を代表しているようだからやや詳しく引用しよ

う．

「文明にとっての脅威は水爆の存在ではなくて，ソ連が全世界に共産主義を樹立するためこれを使うかもしれぬ可能性である．だから，必要なのは水爆の禁止ではなくて，それが文明に対して使われる可能性を除去することである．そこで，文明が絶滅されぬようにするつもりなら，原子兵器の有効な国際管理をソ連が拒んだ場合……戦争によってソ連を打倒することが必要になってくる．

西方世界のどこに行っても，文明がソ連によって滅されるのを救うため，水爆によって戦争をしかけたいと思うものは明らかにいない．いいかえると，西方世界の人々は，文明の安全を守るに必要なおそるべき犠牲を払う用意がないのだ．従って，もしソ連が人類に原子戦を余儀なくさせたとき，文明の破滅の責任は，天上においては，水爆を発明した科学者にではなく，ソ連による水爆使用から文明を守る最後の努力という点で，勇気と決断力を欠いた西方世界の人々に帰せられるであろう．

……水爆を発明するにあたり科学者たちは，全く無意識ながらも，資本主義と共産主義の今後の共存が文明の破滅をもたらす運命にあることを，西方世界の人々にいやおうなく認識させたのかもしれない．明らかに文明は，もしも人間がこれを守るために死ぬ覚悟がなければ，いま旅路の終りに近づいているのだ．」

このように，原水爆と従来の兵器との差をただ量の問題であるとみて，戦争そのものが禁止されぬかぎり原子兵器の禁止を要求するのは不合理だという見解や，またアメリカに水爆実験の中止を求めるのは「人類の敵」ソヴエトを利するだけだとか，水爆の脅威をなくすためソヴエトに対する予防戦争をやれという議論は，アメリカの新聞論調や投書に圧倒的に多いが，イギリスでも『タイムズ』への投書に関するかぎり，水爆反対論とほぼ同じ分量だけ掲載されている．これは賛否両論を公平に扱うという建前によるものと思われ，必ずしもこういう見解のものが半分を占めているということにはならぬが，最近の英ソ接近の傾向にもかかわらず，イギリスの好戦的な反ソ勢力が決して鳴りをひそめているわけでないことがうかがわれよう（ついでながら，アメリカにも文明批評家ルイス・マンフォードが『ニューヨーク・タイムズ』への投書でいうように，水爆で文明が破壊されるよりは，共産主義に屈伏した方がまだ賢明だという見解もあり，水爆禁止を望む声が次第に大きくなっている．だが，このマンフォードの見解に対しては，すぐに「共産主義に屈伏するよりは，世界を吹きとばして新規まき直しにはじめた方がまし」という暴論が出る有様である．）

これらの好戦的な暴論に対しては，すぐに反駁の投書が寄せられ，どちらが理性的であるかは明白である．たとえば，4月7日付の投書欄には，オックスフォードのアーチボルト・ロバートソンという人が次のようにいっている．

「弓矢の時代に人間が殺した相手は，彼を殺そうとしたものであったろう．今日，航空士が水爆で殺そうとする2万，いや2000万の男女子供は，彼に何の危害を加えるものではない．これは大量殺人にすぎぬ．

J・H・パーカー氏は共産主義の下に生きるよりは，水爆でさっさと死んだ方がましだといわれる．それは問題点ではない．従来デモクラシーを知らなかったアジアのどこかの国が，氏の反対する政体に移ろうとするとき，これを阻止するため氏は水爆で罪なき幾百万の人々を虐殺する気なのだろうか．」

またホルジンガー氏の予防戦争論に対しては，作家でありジャーナリストであるヴァノンー・バートレットは7日の投書欄で，「これほどショッキングな投書は読んだことがない」と次のように論じている．

「彼によると，われわれは『文明の安全を守るため』ソ連に対して予防戦争をしかけねばならぬという．原爆または水爆を使わずに，『戦争によってソ連を打倒』することはできそうもないが，そういうことをやって彼は，どのような文明を救う気なの

か.
　戦争のあるたびに，悲惨や不満の増大をともない，そのあげく戦争でつぶされる以上に共産主義が伸長することを，彼は知らぬだろうか．……水爆の教訓は明らかに，われわれがソ連から攻められぬようにするため，こちらから攻めなければならぬということではなくて，今後の戦争は全人類に対する戦争になるだろうから，これを阻止するため絶大な努力をせねばならぬということであるまいか．……彼の提案は，彼のいわゆる文明と称する奇妙な反キリスト教的概念を守るためには，幾百万の他の人々が死んでもよいということなのである.」
　　　　　　　＊
　5日の下院におけるアトリー労働党首の論説は，原水爆の禁止を直接によびかけていない点で不十分だという批判はあるにせよ，平和を求める世界の人々の気持を反映しており，水爆弁護論を徹底的に反駁したもので，ぜひ一読すべきものだが，『中央公論』6月号に紹介されているから，ここではくり返さない．この日の下院で，水爆に関する3国首脳会談の決議案が採択されたことは，一部の保守勢力にはよくよく癪にさわったとみえて，保守党のピーター・ロバーツ議員は『タイムズ』に次の投書を寄せた（4.8）
　「5日の下院討議がはっきり示すように，労働党左派議員の中には，単に西方民主主義にとってばかりでなく，世界の文明にとっての共産主義の危険を，まだ十分に評価していないものが少なくない．……水爆の脅威は，共産主義の侵略に対抗するため出現した最初の真の制止力である．水素爆弾の脅威は，文明に平和の保証としてあたえられたものである.」
　これに対しては，翌々日の紙上で，サフォークのアルデバラに住むアーサー・ジャイルズという人が反駁している．
　「ロバーツ少佐は，水爆が『共産主義の侵略に対抗する最初の真の制止力』であると書いている．西方世界が永久に科学上優越しているという想定だけにもとづいた安全とは，いったいどんな安全だろうか．われわれの富のますます大きな部分が，こういう計画の推進に支出されるならば，どんな将来がわれわれの前途にあるだろうか．
　私は共産主義のごきげんをとれとか，われわれの国防を危くしてもよいと言っているのではない．ただ自由世界の指導者たちが，あぶなっかしい軍事的解決という見地からではなく，恆久的な政治的解決という見地でものを考えてほしいと言うだけである……．
　将来の世代にとっては，権力の地位にある政治家のうち，国威とか民族的偏見といった旧式な政治概念のワクに入らぬ皆殺し戦争を阻止する問題で，これの解決策を提起するだけの勇気と視野あるものが一人もなかったとは，とても信じがたいことに思われるであろう.」
　原水爆が戦争の勃発を制止する力にならぬことは，アトリー演説が納得のゆくように説明しているが，保守系の『デイリー・エクスプレス』でさえ，「米ソ両国とも原爆をもっていたが，朝鮮やインドシナの戦争を阻止できなかった」と言って，水爆の所持がかえって戦争を挑発する危険を指摘し，「国際間の完全な和解」のうちにこそ真の安全保障を求むべきことを力説している．水爆の破壊力が従来の兵器とは質的にちがうおそるべきものであることは，多くの投書でくりかえし指摘され，3国首脳会談の必要は下院で決議されているほどだから，イギリスの平和評議会がレジナルド・ソレンセン議長，リッチー・コールダー副議長（いずれも科学者）以下の連名で寄せた投書（4.12）も，それほど目新しいものではない．これは新兵器の破壊力を指摘したのち次のようにいっている．
　「文明そのものが生死の境目にあり，予測しがたい副次的な事後作用をもつ新兵器の人類に対する挑戦は，全く前例のないものである．以上の理由から，米ソの水爆実験をすべて即時停止し，この目的のための英米ソ3国首脳会談が速かに行われることは，緊急の重要性をもつことである.」
　水爆実験の一波紋として，第2次大戦中ドイツ空軍のため徹底的に破壊されたコヴェン

トリーで，どうせ水爆戦争になれば役に立たぬと，市参事会が民間防空をやめる決議をしたことは周知の事実だが，これについても4月9日の紙上に賛否両論の投書が掲載されている．賛成の方はハートフォードシャーのダーウェンという人で，反対はハロウのフランク・レイン・アレンという人である．

賛成論——「コヴェントリー市参事会の決定は，水爆の意義を直視する上で，われわれに現実主義的なリードをあたえるものである．旧式戦争の戦略が身についている軍人諸君は，彼らの専門家的知識が役に立たぬことをみとめ得ないらしい……．

直視せねばならぬのは次の事実である．水爆に対する唯一の適切な防禦は，それが使用されぬことを確実にすることである．このことは戦争というものが……参戦国に利益をもたらしたり，何かを守ってくれたりするものだという考えを，一切放棄することによってのみ達成できる．今こそわれわれは，平和への道を準備しなければ，……イギリス的生活様式の確実な破壊に直面せねばならぬことを認識すべき時だ．ソ連にとっても事態は同様で，彼らの方もわれわれにおとらず，滅亡を望んでいないとみてよいだろう．だから，双方に平和への意志があると思うのが至当で，平和への道を見出すのがわれわれの仕事である．」

反対論——「コヴェントリーの258,000の市民諸君は……民間防空が『時間つぶし』だという市参事会の発表に，深く心を悩ましたに違いあるまい．

市参事会の言分では，この決定は外国の政治家に水爆禁止の努力を強めさせる意図だとされているが，このような見当ちがいな措置が，潜在的侵略者の力を強めることは明らかであろう……．

水爆の実に広範囲にわたる荒廃作用は，たしかにゾッとさせるものがあるにせよ，別に新奇なものではない……．発明された水爆を，発明されぬ以前にもどすことはできない．今日必要なことは，われわれの防空を現在の必要に適応さすことであり，われわれの努力を放棄することでは絶対にない．」

コヴェントリーにならってサフォークでも民間防空をやめてしまったが，この問題に関するかぎりでは，新聞論調や投書はこれを否とする方が多いようである．水爆実験のもう一つの見逃し得ぬ影響は，明日のために生きる希望が失われつつあることだ．学校に来るバスの中で，教え子に「大きくなったら何になるつもりか」と質問したら，「そんな心配はしなくていい．それまでには住んでいる場所がなくなっているだろうから」と答えたという一教師の投書(4.5)はすでに紹介されているが，ブリアン・フォザージルとよぶ一青年の投書(4.12)も胸を打つものがある．

「水爆や原爆が国防上どんなに価値があるものにせよ，それが他の何ものよりも，われわれの精神的頽廃に大きな責任のあることは疑いない．私は第2次大戦が勃発した年には18歳だったが，同じ世代のものから，ほとんどあらゆる問題について，『くよくよしたって仕方ないや，どうせみんないつか吹っとばされるんじゃないか』という言葉を耳にする．これが一般的な精神態度になりつつある．」

*

以上は3月末から4月上旬にかけての『タイムズ』投書欄にあらわれた議論のうち典型的なものを選んだのだが，これ以外にも，またそれ以後にも，さまざまな反響のあったことはいうまでもない．しかし，水爆実験がイギリスにまき起した反響としては，不完全ながら以上で大体骨子は明らかになるように思う．また，世界におよぼした反響も，大ざっぱにいえば以上の反響の中に代表されている．少数の（アメリカではかなりの）水爆弁護論はあるにしても，大多数はアトリー演説で強調されたように水爆が文明にとって脅威であるとし，この脅威を除くため国際的諒解を要望し，さらにまた原水爆の製造や使用の禁止を要求しているのである．〔後略〕

(『思想』54.8)

4—2 内山敏「久保山さんの死をめぐって――ニッポン・タイムズ紙上の論争風景」(『図書新聞』54. 10. 16)

ビキニ水爆実験の犠牲者久保山氏の死が日本国民に大きなショックをあたえたことは周知の事実だが，アメリカ人はこれをどうみているか．アメリカ本国内の反響の詳細はまだわからぬが，9月30日付のニッポン・タイムズに掲載された「一米人の見解」という投書は，平均アメリカ人の考え方を示しているように思われる．これはヴォーレン・G・ウェイスという滞日1年半の米人の投書で，約1週間にわたるニッポン・タイムズ紙上の論争のきっかけとなったもので，久保山氏の死についてのアメリカ側の見方，さらにアメリカの日本人観の一端をはっきり示すものとして，われわれが知っておいてよいことと思う．

愚昧による悲劇　ウェイス氏毒舌を吐く

ウェイス氏はまず，水爆実験で犠牲者ができたことを気の毒に思ったが，この同情の念はその後の出来事に示された「日本人の特徴である愚昧さ，忘恩，無能力，不正直，不徳義，無責任，未成熟」によって薄らいできたといい，つぎのようにのべている．

「日本人の中で知的に客観的にものを考えられるものが一人でもあったとすれば漁夫の大きな不幸が水爆の爆発だけのせいではないという声を私はどこかで聞いたであろう　他のどこの国の23名でもよいが，あのような異常な出来事に出会って，無電で情報や援助を求めるだけの創意あるものが，たった一人もないということがあり得ようか．また，原子力研究で日本よりは明らかにすすんでいる国からの医療扶助の寛大な申し出は，鼻であしらわれけとばされた……たまたま同様な『降下物』で被災した土民とアメリカ人が，全部急速に回復したことも注目すべきだし，久保山氏が事件とは直接関係ないが，『世界的に有名な』日本の『医師』の手で医療中にかかった病気で死んだらしいという事実も，注目すべきであろう．」

つまり，23名の被災は日本人の愚昧のために悲劇となり，無能力，不徳義な医師のために久保山氏は死んだというわけである．

さらに彼は毎日交通事故で多数の人間が死亡しているのに，23人中のたった1人が死んだことをさわぎたてる日本の新聞の無責任未成熟を攻撃し，つぎのように日本人の恩知らずを責めている．

「日本に知性をもった『インテリ』がいるならば，その一人はこう言わねばならぬところだったろう．非常に金がかかり全部アメリカ人の負担である水爆研究こそは，これまで日本を鉄の（あるいは竹の）カーテンのこちら側の自由陣営にとどめてきた唯一のものであろうと…」

つぎに久保山氏の家族への見舞金にふれて，他の事例に比して多すぎると云ったのち，朝日新聞の社説が「久保山氏の死を利用して反米感情を鼓吹するほど日本人は狭量ではない」と論じたのに食ってかかり，特に大文字で「これはとんでもない鉄面皮なウソだ」と日本人の不正直を攻撃し「日米の友好関係という見地からアメリカ政府は日本の補償要求を受諾すべきだ」という日本経済新聞の論調について，ドルをもらうとき以外には友好関係を無視しているくせに何という図々しい心臓だと毒舌を浴びせた．

そして，自分はアメリカの「新しい文明」の欠陥を知っており，日本にきてその「古い文明」と比較するのをたのしみにしていたが，「古い文明が単に古いばかりでなく，死んで，葬られ，腐りはて，化石になったのを見出した」と言い，日本人が世界平和を口にするなら，「世界平和は文明が進歩してのみ可能である」ことを少し考えたらどうだと忠告し，結論として「諸君日本人はほとんど理性がなく良心が全然ない国民である」と口をきわめて罵倒したのである．

反論第1号

ウェイス氏の議論はいささかきつすぎるが，多かれ少なかれアメリカ人が水爆被災事件に

ついて感じているところではなかろうか．この投書は果然タイムズ紙上で反論のあらしをまき起した．1日おいて10月2日紙上にはウォルト・シェルドンという米人が，反論第1号を寄せた．

彼はアメリカの力についてともすれば威張りたがる態度を戒め，アメリカ人ほど幸運でないものが「ときどき理性的というよりは感情的なふるまいをしても」これに対して「愚昧，忘恩，無能力……」といった非難をあびせるべきでないとたしなめる．そして，ウェイス氏のような議論が日米関係を悪化させるばかりで，8000万国民をノロマよばわりすることこそ，自己の未成熟を示すものだと言い，彼のような人間の方が世界にとってずっと危険だときめつけている．シェルドン氏もウェイス氏式の乱暴な議論はたしなめているものの，福龍丸事件についての日本人の反響を「理性的」とはみていないようである．

翌3日の紙上には外人と日本人からのそれぞれ2通の投書が掲載されている．第1はフォスコ・マライニというヨーロッパ人（たぶんイタリア人）の投書で，「私が日本人だったとすれば，ウェイス氏の投書をよんで大いに助かったと思うだろう．この紳士は口に文明を説きながら，同時に野蛮人のようにふるまっているのだ」とウェイス氏に対する反感をぶちまけ，アメリカを愛するものとして，彼を教養あり寛大な心のアメリカ市民と同一視する気はないが，アメリカを敵視するものが，これをもって世界の指導国としてのアメリカの未成熟の証拠とみるのもやむを得まいと言う．

つまり，これは「いかにして友人を失い，人からうとんじられるか」の見本みたいなものだというわけである．

米国民のうぬぼれ
　カナダ人アンジェル氏の反論

第2はラウール・アンジェルというカナダ人の投書で，彼はウェイス氏を典型的なアメリカ人とみて，がんめいにして偏狭，反知性的で狂信的な反共，わけても「人間的感情を欠く機械主義」を誇りとするアメリカそのものを批判し「アメリカの若い人々が成長する経済的社会的食人主義の環境に，国民的うぬぼれをバカげた度はずれなほど鼓吹して，そのあげくが長崎や広島の事件になった」ことを指摘したのち，久保山氏の死にふれて，つぎのように言う．

「これはさらに新しい虐殺のおそるべき序曲ではないだろうか．彼の死は科学的な誤算とはいえない……．それはヒステリーと恐怖に支配された感情による支配の時代の端初を示している．人間はもはや理性的人間として考え，話し合うことを要求されず，高度に好戦的で愛国的な人造人間として行動することを要求される．」

さらに彼は補償金としてどんなにドルを積むよりも，原子兵器を使いだした背後にある考え方を一掃することの必要をのべ，日本人とその文明を罵倒したウェイス氏の誤りを指摘し，また新聞がセンセーショナルに書きたてるのはアメリカの方がうわ手ではないかと反駁し，23名の漁夫が無電連絡しなかったことを日本人の愚昧の証拠としているのを，ネブラスカの農夫が同様な場合どうするかと反問し，最後に朝鮮における「警察行動」はじめアメリカのアジア政策全般を非難している．

第3はN・オクダという日本人の投書で，ウェイス氏が日本人になぜあんなに悪感情を抱いているか理解できぬと言い久保山氏の死についてのアメリカ人の感情に気がついた「知性ある」日本人は少なくないと弁解しもっぱら彼の誤解をとこうという消極的な言い方である．第4のT・シノハラ氏の投書は，ウェイス氏の見解が「アメリカ人が日本でやることは何でも正しく，けしからぬジャップがやることは何でも悪い」という考え方を暴露したものとして興味ぶかいとのべ，水爆実験の犠牲者に対するアメリカの政策を批判し，「今こそアメリカは日本人がはっきりとアメリカの善意と美点をのみこめるように，納得のゆくやり方でその政策を明らかにすべきだ」と論じている．外人2名に比べて日本人の投書は，アメリカに対して遠慮がちであることがみとめられる．

翌日から7日まで連日，この問題をめぐって紙上論争がつづけられたが，すでに与えられた紙数を越えているので省略せざるを得ない．そして，ウェイス氏を支持する見解は一，二にとどまり，他は圧倒的に彼の暴論を非としており，ことに米人の投書は，これが平均アメリカ人の見解ではないと強調しているのが多い．

しかし，ニッポン・タイムズに投書するほど英語を解し，おそらく親米的であろうと思われる日本人までを怒らせ，日本の反米感情を一段と高めたウェイス氏は，マッカーシーにいわせると『赤』の手先でもあろうか．タイムズ紙は7日，大きなスペースをさいて9名の投書を掲げこの問題についての論争の打切りを宣言した．

4—3 京都大学エスペラント会編「はるかなる友の訴え——水爆問題について海外からの反響」

はじめに

1 昨年日本のエスペランチストが共同してエス訳した『原爆の子』に対し，海外から寄せられた数多くの手紙を読んで私たちの知ったことは原爆反対の声はさまざまな立場の相違を超えて必ず強い支持を受けるということ，また原爆の実情は残念ながら僅かしか外国に知られていない——つまり我々日本人がもっともっと努力せねばならないということでした．

このような経験から私たちは，ビキニの水爆事件が起るや，直ちに事件の実情や日本人の心からの希いを手紙に綴って十数ケ国のエスペランチストに訴えました．死の灰のこと，病気になった漁夫のこと，水爆マグロと魚屋さん，放射能雨のことなどと共に，日本の世論や，岡崎外相や米国原子力委員長のことばと違ってニュースにならない私たちのなまの声や願いを，今まで文通によって連絡のあった人には勿論，見ず知らずの人にもどんどん書いていきました．そして相手がどのような考えや立場にある人であっても，必ず真剣に考えてくれて，更には返事を書いてくれるようにと，書き方にも出来るだけ注意し，実情を具体的に説明すると共に，出来るだけ気持をこめて，一通一通丁寧にペンで書きました．随分時間のかかる仕事であり，当時仕事の出来る会員は少数でしたが，毎日報道されるニュースにじっとしておれず，少しずつ努力を続けました．こうして12ケ国の人々に手紙を送りましたが，今までに11ケ国の人々からそれぞれ真面目な返事が返って来ました．これらの人々の職業・年齢や立場は様々ですが，事件に対する率直な驚きや憤り，日本人への同情，更に原水爆に対する反対の気持を綴っている点では共通であり，私たちに大きな励ましを与えてくれました．

私たちは更に広く訴えなければならないと考え大阪外大エス会，婦人エス協会の協力を得て，「世界」6月号より魚商・主婦連・自由人権協会及び私鉄労連の水爆実験反対声明書をエス訳し，パンフレットを作って，これを京大水爆問題協議会の援助で，世界50ケ国のエスペラント関係団体始め，国連・ユネスコ・国際学連・米国全学連・世界労連等々に送りました．（大阪外大ではこれを機会に各語科の学生が集って国際文化交流会を作り英独仏語のパンフも作って運動を始めています．）これらのパンフに対しては，今までに国連やチェコの団体から反響が寄せられました．

6月に京大で行われた水爆展に，私たちはこれらの手紙を以って参加しましたが，予想外の好評と激励を受け，また夏休みの学生帰郷活動では各地から資料を求められ，如何に強くこのような運動が求められているかを知らされました．それにつけても私たちの力はまだまだ微力たるものです．このような運動はもっともっと拡げなければなりません．久保山さんの死によって一層強く「日本人の声を世界中に」と叫ばれています．

以下に私たちに寄せられた海外からの手紙をかかげ，海外の友だちの声や気持を広く皆さんにお伝えしたいと思います．これらの手紙が，日本人の気持や声を世界に訴える仕事を拡げることに少しでも役立ち，原水爆禁止

を希う広い運動に多少とも役立つならば，本　　　　1954年10月20日
当に嬉しく思います．
　　　　　　　　　　　　　　　　　　　　　　　　　　　　　　　京大エスペラント会

もくじ

1	神と人類に対する犯罪です	イタリア	弁護士
2	みんなで平和を守りましょう	チェッコ	機械技手
3	人類は滅亡してしまいます	イラク	教員
4	フィンランドでも署名運動	フィンランド	平和評議会
5	人類の自殺行為の前兆	西ドイツ	警官
6	戦争では誰もが苦しみます	イギリス	女医
7	人間の生命を護らねば	西ドイツ	女事務員
8	お手紙を多くの人に見せています	メキシコ	女化学者
9	こんなことをやったアメリカ人を憎む	イタリア	紡績女工
10	人類の幸福のためにとそ	チェッコ	オペラ歌手
11	平和の力は強い	ポーランド	学生
12	戦争を始めたのは君達ではないか	デンマーク	会社員
13	世界政府が必要です	ノルウェー	写真屋
14	『基地の子』は僕の眼を開いてくれた	イギリス	学生
15	みんなで討議して手紙を書きます	フランス	学生
16	クボヤマ氏の死は大きくのった	イギリス	学生
17	各国代表に回覧	国連	軍縮委員会
18	全文をコピーして各地に配布	チェッコ	青年エスペラント連合
19	子供たちに幸福な未来を	チェッコ	オパヴァ婦人委員会
20	ファシズムこそ人類の敵	チェッコ	反ファッショ協会地方委員会

お手紙を多くの人に見せています
　　──メキシコ　化学者　女（29歳）

　メキシコ市　7月31日　　お手紙を頂いてとても嬉しく思います．というのは第一に，私は京都という大変美しい町にお友達が出来たのですし，それにあなたが自分の国の現状に深い関心を持ち，またそのことを通じて更には人類の将来についても関心を寄せられていることがお手紙から読みとれたからです．
　原子兵器の問題について私の言えることは多くはありません．私たちの国メキシコでは200万平方粁の土地に2800万人が住んでいて，明らかに人口密度は小さいのです．ということはつまり私たちが140年もの間比較的のんびりと暮すことが出来たということなのです．メキシコには二つの人種即ち土着民とスペイン人が混住しています．そして140年間に私たちは，私たちの生活物資を略奪する爆撃をアメリカから数回，フランスから1回蒙りました．そんな訳で私たちは自分たちの国の生活のみを考えるという国民性を身につけるようになっています．だから当然私たちは他の如何なる国からも破壊や抑圧を受けることを望んでおりません．私たちは自分たちの国が自由であり，平和を愛し，出来るだけ憎しみ合うことなく全世界の国々と完全に友好的な関係を保ちたいと望んでおります．
　広島と長崎の事件について──当時私は学校におりましたが，あの知らせがまき起したいいようのない驚きと騒ぎは今でも目にうかびます．授業は中止され，校庭にあふれた男女の学生たちがこの知らせについていろいろと取り沙汰していました．誰にも共通だったのは，二つの都市をこんなに残虐に破壊してしまった国に対する軽蔑と憤りでした．日本が負けたのは不思議なことではなかったのです．しかし残念なことに多くの新聞はアメリ

第4章 海外の反響

カからの規制を受け，その宣伝は大変な力を持っているのでした．広島や長崎のことについては余り語られず，日本を打ち負かしたことだけが強調されたため，原爆のことを忘れずにいるのはただ知識階級の人たちだけという有様だったのです．実際この前の戦争で私たちがあまりにも戦火から遠く離れていたこと，そしてそんな事情のために，たった1発の爆弾で都市がこわされてしまったという事実をはっきり思いうかべることは困難だったということを考えて頂かねばなりません．もしも今後戦争が起れば私たちももっと身近に戦禍を蒙ると思われる現在でさえも，私達が今までに見たこともない原爆の実情を想像することはとても難かしいことなのです．

水爆実験の報道は各新聞の第1面を埋めました．水爆の威力が報道され，水爆を使えばニューヨークなどの都会を破壊することさえどんなにたやすいことであるかが述べられていました．また日本の漁夫たちが病気にかかったこと，しかしその病気は大したものでないことや，魚類は完全に検査され，それは何らの危険性もないことなどが書いてあったのです．だからこそ私はあなたからの手紙を出来るだけ多くの人に見せ，この実験のもたらした実際の影響がどんなものであるかを知らせようと努めています．

イザベル・アギラール

こんなことをやったアメリカ人を憎む
　　──イタリア　紡績女工（24歳）

ヴァレセ　7月31日　この恐るべき原水爆の発明を心から憎んでいらっしゃるあなたのような人に対して私の持っている尊敬の気持を，ここに書くことが出来るのは私にとてとも嬉しいことです．水爆実験の結果がどんなに恐しいことになったか，そしてそのために，罪もない日本の人がどんなに苦しまねばならなくなったかを新聞で読んで，私はとても驚いたのです．全く，よその国に被害を及ぼしてまで，こんなに危険な人殺しの実験を敢てやったアメリカ人たちを，心から憎まないではおれません．アジアの正直で善良な人々がみんな，人類を墓場へ追いやろうと

企らんでいるようなこの恐しい西洋文明を憎んでいるのではないかと，私は心配です．原子力戦争に向って突進している，この気狂いじみた行進を何とかしてくいとめたいものだと思います．

マウリチァ・キエリコ

戦争を始めたのは君たちではないか
　　──デンマーク　会社員（47歳）

コペンハーゲン　8月2日　水爆や死の灰のことをとても詳しく書いて下さいましたね．全く何と恐ろしいことでしょう．

戦争が起ればいつも必ず誰かがその代償を払わねばなりません．それも殆どきまって貧しい者がです．私たちはこちらの新聞で日本の漁夫のことを読みましたし，また広島や長崎で原爆の犠牲となった人々のことも読みました．日本におけると同様，確かにこちらでも誰もが口を開けば戦争はこわいといい，戦争を避けるためには何でもやりたいといいます．ところが普通はそう言っているだけで何もやっていないように思えます．誰がこの「何か」をやるんでしょう．私の考えでは，先ず経済問題を解決しなければいけない．そうすれば自然に戦争は無くなるでしょう．どこの国においても，すべての人が国内の権力者（金持連であろうと労働組合であろうと）を恐れることなく生きる権利を保障されねばなりません．

ここで少しばかり私の思っていることを書きますが，誤解したり気を悪くしたりしないで下さい．あなたは日本の漁夫たちの苦しみについていろいろと書かれました．ドイツ人もまた自分たちの町が爆撃された時の苦しみや，現在の苦しみをよく書いて来ます．ここで一寸っておかねばならないことは，そんな言葉を他の国民（デンマーク人も含めて）が聞けばこう思うでしょう．「そういう君たち自身が1939年の戦争を始めたんじゃないか．日本の軍隊も多くの人を強制収容所で苦しめたではないか．例えばジャワではデンマークの船員をも」と．だから現在或いは将来他の国民があなた方に向ってしかけてくることを語る時にはこのようなことも考えに入れて，

もう少し控え目な言い方をして頂きたいのです．といっても勿論私は，みんな一緒に平和を長続きさせるために協力しようという意見に異議はありません．しかし，それにはまず国内から始めねばならないと思います．

　　　　　　　エイナール・ハンセン

『基地の子』は僕の眼を開いてくれた
　　　——イギリス　学生

　ハダスフィルド　8月12日　君の送ってくれたエスペラント訳「基地の子」その他の本は，まさに僕の眼を現在の日本に向って開いてくれた．アメリカ兵の行動がこれほどまでに日本の国民の自由や生活手段さえも脅かしているとは全然知らなかった．多分君も知っているだろうが，アメリカの同盟国のイギリスにおいてさえアメリカの軍事基地があるのだ．幸い僕の町の近くにはないが，新聞の伝えるところによると，こちらでも結果は日本と同じことだ．僕はいつも君から政治や社会問題など真面目な問題について知らせてほしいと思っているので，今後も遠慮なく書いてほしい．

　いささか不思議なことに，水爆について書いた君の手紙を受取って23日後に，数ヶ月まえ日本に注文しておいた写真集『ヒロシマ』がとどけられた．それでこれらの写真が原爆や水爆の恐ろしさを一層強く印象づけ，あたかも君の手紙をいろどるかのようにまざまざとその恐ろしさを描き出してくれた．原水爆に対しては全く防禦の方法はない．原子力戦争は疑いもなく人類の自殺だ，という君の言葉には完全にうなずかされた．友人にも君の手紙を見せて廻ったが，みんな同じ気持を示した．軍事基地の問題についても，ある友人の言うところでは（彼のエスペラント文通によると）どこの国でもアメリカの基地のあるところではアメリカ兵たちは嫌われているそうだ．

　原子病にかかった日本の漁夫のことについては，イギリスの新聞は余り大きな記事をのせていない．これらの記事の出ている新聞を探し出して君に送ることにしよう．

　　　　　　　フィリップ・グラブトリー

クボヤマ氏の死は大きくのった
　　　——イギリス　学生

　ハダスフィルド　10月5日　こちらの新聞は最近，水爆問題について，前より一層注意を払っているようにみえる．労働党の機関新聞デイリー・ヘラルドも何度か大きな記事をのせた．9月25日には次のように書いている．「最初の犠牲者——7ケ月の苦闘の後，日本の漁夫クボヤマ・アイキチ氏は病院で亡くなった．クボヤマ氏の病状は日本人の大きな関心事であった．だれもが平癒を祈った．だが残念ながら，いま彼は亡くなり，彼の死は日本人の反米感情のみなもとになった．クボヤマ氏の死が，憎しみをこえて，いかなる戦争目的にも決して水爆を使わせないという全世界の固い決意のシンボルになれば，もっと有益だろう．科学者たちの一つのあやまりがクボヤマ氏を殺した．世界はいまや，将軍たちのあやまりを警戒しなければならない．なぜなら現在では，彼らの一つのあやまりが，最後の救いがたいあやまりになりうるからだ．

　10月1日号には，ミカエル・フート議員の論説がのっている．これは次のようなものだ．「いったい助かるのか，どうなのか？　我々に真実を語ってくれ！　アメリカ人はさらに進歩した"すばらしい"水爆について議論している．そいつは6000マイル四方の中にあるすべての物を吹きとばしてしまうだろう，アメリカの主要都市を消滅させるには，そいつが100個あれば十分だ，とか．彼らのいまひとつの話題は，この爆弾がシベリヤや太平洋のような遠隔の地に落ちたときでも，原子爆発がもたらす放射能がアメリカ人の生活を危機におとしいれるのではないかということだ．いったい真実はどうなんだ？　アメリカの原子力委員長ルイス・ストローズ氏は，「いまは危険ではない」という．だが英国の科学者エドガァ・アドリアン氏はストローズ氏に反ばくする．アメリカの著名な科学者ストゥルテヴァン氏も，「この爆弾の爆発が恐ろしい結果をひき起こすという結論に目をつぶることはできない」と断言しているのだ．必要なのは真実を知ることではないだろうか？

しかし知ることよりすることの方がさらに必要であるのは疑いないことだ．それなのに，いま緊急を要するのは西独の再軍備だ．アデナウアー博士がせっついている，とみんなはいうのだ．

僕が訳したこの二つの意見を理解してほしい．2，3週間まえ，『ヒロシマ』（エスペラントの説明入りの写真集）『黙ってはいられない』（原爆症の論文のエスペラント訳）を日本のエスペラント出版者から受取った．この2冊は，原子戦が人類の文明を崩壊させることをはっきり知らせてくれるので，あらゆる国で再版されることを希望するのだが．

フィリップ・グラブトリー

4—4　ニューヨークのど真中でささやかな原爆反対デモ

【ニューヨーク＝関根特派員発】広島原爆記念日の〔1954年8月〕6日，ニューヨークの街角で二つの"原爆反対"デモがもの静かに行われた．——カトリック労働者運動，平和建設者，戦争反対者同盟の3団体代表ドロシー・デー女史，ジーン・シャープ氏らは午後4時半エンパイア・ステート・ビル71階の日本総領事館を訪れ，土屋総領事不在のため宮川領事に別項の広島，長崎両市民に対するメッセージを手渡し伝達方を依頼したが，同時に3団体のメンバー30数人は同ビル前の通りに列を作り，

「ソ連と米国が持つ総ての原爆に反対する」「1945年広島，1954年日本人漁夫火傷」などのプラカードを掲げ，折柄オフィスの退けどきでごった返す歩道を行ったり来たり．

デモの顔振れは服装からみてほとんど働く人々で職場から駆けつけて来たというペンキだらけの若い男もいたが約10人の女性のなかにはファッション・ブックから抜け出たような人もあった．日本へのメッセージと同じ主旨のものや「日本人に米国への移民を認めよ」などというビラを通行人に手渡していたが，中には慌てて手をひっこめてそっぽを向く人もみられた．長崎市の活水高校で昨年7月まで約2年間英語の教師をしていたというゲー・ヘンデリックソン嬢（25）は『原爆の街長崎に住んでいるうちにこの運動に参加せずにはいられない気持になりました』といいながらせっせとビラをくばっていた．5人の警官に監視されつつ無言のデモは約1時間，抱えていたビラも渡し終って解散した．

一方，この朝マンハッタンの南端に近い税関の前で一人の老人が「私は広島の原爆をざんげするため9日間の断食をする」というプラカードをかつぎ「クリストか混トンか？」と題したビラをくばりながら行ったり来たり．

アモン・ヘナシーさん（61）．昭和21年〔1946年〕から原爆反対の断食を始めアリゾナ州のフェニックスで7回，ニューメキシコ州のアーバカクで1回，今年初めてニューヨークへ進出して来たという．1年目は1日，それから1年毎に1日ずつ断食の日を増し，今年は9日というわけ．

朝9時からプラカードをかつぎ，夜は一度宿舎に引きあげてぐっすり眠るそうだが，9日間水だけのんで，いま150ポンドある体重が約25ポンド減る見込みだそうだ．ヘナシーさんが反戦運動に入った歴史は古く，すでに第1次大戦のとき徴兵忌避で2年間投獄され，所得税の納付を拒否すること11年間に及ぶという．なるほどプラカードの反対側は「諸君の所得税の75％は戦争と原爆のために使われる」とあった．ワン・マン・プロテストと自ら称するこのささやかなデモが米国のどこかの街角で夏を迎えるたびごとに1日を加えつつあと幾年続くのであろうか．

（『朝日新聞』54.8.8）

付　　録

第五福龍丸保存運動

はじめに

蠅が大量に発生し，江東区一帯で大さわぎになり，それで有名になった東京都のごみ捨場—夢の島（第14号埋立地）に，木造船の墓場—廃船処理場があった．その一郭に《はやぶさ丸》というボロ船が放置されていた．これが昔の第五福龍丸の成れの果てと分って，東京都の職員や江東区の人びとの善意で，同船を保存しようという声がおこった．

ビキニ事件から13年もたった1967年秋のことだった．

これで明らかなように，第五福龍丸保存運動は，市民運動として，名もない人びとの善意によって口火が切られ，発展した運動である．それは，3・1ビキニ被災事件をひとつの契機として燃えあがった原水爆禁止運動の在り方とよく似ている．

第五福龍丸保存運動が，3・1ビキニ事件の直後におこらずに，13年もたってにわかに燃えあがったことは，特徴的である．その原因は，いろいろ考えられるが，少くともビキニ環礁で実験された水爆が，当時のアメリカにとっては最高の軍事機密であり，それに関する一切がタブー視された結果とみることができる．アメリカの秘匿政策が，日本政府の協力もあって，一応，成功したと考えるべきであろう．

ところで，広島にも，長崎にも，原爆ドームをはじめ被爆の象徴がいくつも残されているのに，ビキニ被災については焼津はおろか，どこにも記念碑も記念物すら残されていないのが実情だった．

そうしたなかで，江東区の一郭から燃えあがった保存運動は，1969年4月の著名人による《よびかけ》をきっかけに，同年7月の《第五福龍丸保存委員会》の結成，70年2月の《刻名式》による船名・第五福龍丸の復活，71年7月の事務所の開設，72年4月の船体の地上固定，周辺の整備などを経て，73年11月に財団法人・第五福龍丸保存平和協会が設立された．それを契機に74年10月に船体が東京都に寄付され，東京都の手で都立夢の島公園内に永久に保存されることがきまるまで，決して平坦でない道をたどりながら，前進してきている．

この保存運動を貫き，支えてきたものは，恐るべき非人道的な核兵器をどうしても禁止させたいという日本国民の願望であり，また，この運動が国際的にも支持されてきたのも，原水爆禁止の国際世論の力である．

第1章　第五福龍丸の歴史

第1節　生い立ちから被災まで

日本の敗戦から間もない1947年4月に，有名な潮の岬に近い和歌山県南端の古座町にあった古座造船所で，かつお漁船《第七事代丸》が進水した．これが第五福龍丸の前身である．

注文主は神奈川県三浦市海外町1～1の寺本正市という漁業家であった．寺本氏は1951年に事代漁業株式会社（現在，三浦市三崎町3～10，寺本正社長）を創設し，神奈川県かつお・まぐろ漁業協同組合の理事長となり，三浦市議会議員としても活躍した地元の有力者であったが，1965年に病没した．

《第七事代丸》が建造された当時は，戦後のきびしい物資統制令のもとにあったので，船体の材料も上質のものではなく，全体とし

て出来のよい船ではなかった．総屯数も実際は140トンをこえていたが，木造船の許可制限が100トン未満となっていたので，表向きは99トンとなっていた．

1951年に寺本氏は，《第七事代丸》を静岡県清水市の金指造船所（現在，清水市美保491～1，安達孫六社長）で，この船をかつお漁船からまぐろ漁船に改造した．

1953年に寺本氏は，改造された《第七事代丸》を静岡県焼津市の西川角市氏に売却した．西川氏は3航海ののちに代金全額を支払ったが，船名を《第五福龍丸》と改めた．第五福龍丸は4回目の航海（1954年1月22日出航）で，運命的な3・1ビキニ事件に遭遇した．

第2節　被災から買上げ・回航まで

1954年3月14日に，ビキニから焼津の母港へ帰ってきた第五福龍丸は，にわかに世論の注目をあびることとなった．その後，船体が政府に買上げられ，さらに東京に回航されるまでの経緯は，《第五福龍丸の買上げについて》という当時の文部省学術課長岡野澄氏の報告に詳しいので，次にその大要を引用しておく．

〔前略〕3月25日，政府は，この事件の善後措置に関する事項を協議し統一的に処理するため，臨時に内閣に第五福龍丸事件善後措置に関する打合会（議長安藤国務大臣，委員関係各省事務次官，幹事関係各省局長）を設けたが，第五福龍丸は学者の要望によって学術研究のため政府が買上げることとし，これに要する経費は予備金より文部省予算に計上し，その価格については，水産庁と大蔵省と協議の上決定した．価格は21,000千円（内訳第五福龍丸の代船購入に要する経費18,180千円，その他の毀損物件の購入に要する経費2,820千円）である．しかし，同船をどこに置くかについては，何分問題の船であるだけに，文部省も苦慮し，結局当分の間焼津港にけい留することにつき地元側の了解を得るよう静岡県知事に依頼した．しかし当時，ビキニ事件の補償要求，魚価の暴落等について対米要求の経過も一般に発表されぬ状況であったため，地元側の感情は騒然たるものがあり，静岡県当局よりは政府において至急引取れとの要望等もあったが，数次の折衝により，5月17日より3ヵ月ほど引続き焼津にけい留することになった．

元来同船を研究資料として買上げた目的は，患者の治療上動物実験を続けるため灰の入手，ロープ，船材等の放射能の減衰状況の調査を行うためであるので，研究者の便益を考え，6月5日，研究上必要な同船内の汚染物品をトラック3台につんで東大に移送し，また同船の位置が焼津港の水揚市場に近く市民にも不満があるので，6月7日海上保安庁の協力を得て同港内の適当な地点に転錨した．その後，静岡県との約束の期限が8月16日に切れるので，それまでに他の場所に回航すべく研究を進め，東京港品川にある米軍施設の使用解除を得た東京水産大学の構内に移す方針を定めたが，8月15日回航の予定は，台風のため果さず，8月22日～23日，海上保安庁の式根によって東京港に回航，また上記品川の地点は運河が浅く，同船を引入れることができない事情が分ったので，とりあえず越中島の隅田川にけい留し，品川運河の浚せつをまって，10月31日ようやく所期の地点に転錨した．〔後略〕（『学術月報』第7巻10号，55.1）

第3節　練習船から廃船まで

東京水産大学の所属船となった第五福龍丸は，同大学の熊凝武晴教授が責任者となり，東大の木村健二郎教授，水産大の佐々木忠義教授らが船上で金魚を飼い，朝顔を栽培するなど，残存放射能の測定を行った．その折に熊凝教授が放射能のある船具を焼きすてるのに立会い，放射能をあび，一時は白血球が1,800まで減って，3年間も苦しんだという事故もおきた．（『朝日新聞』61・9・19）

1956年5月17日，第五福龍丸は勝関造船所（現在，閉鎖）で東大の木村教授らの立会いのもとに，精密検査をうけ，その安全性が確認された．そして，5月30日に東京水産大

第五福龍丸保存運動　　　　　　653

学の練習船に曳船されて東京を出発，翌 5 月 31 日に三重県伊勢市大湊町の強力造船所に到着，ここで文部省が 800 万円をかけて改装させるに至った．

改装は上部の船室，ブリッジなどを鉄製にしたほか，甲板の張りかえ，塗装も行われ，同年 7 月末に完成し，当時の文部大臣清瀬一郎の筆になる《はやぶさ丸》という船名となった．

それ以来，《はやぶさ丸》は，東京水産大学の練習船として使われたが，老朽化のため 1967 年 3 月に廃船処分となり，業者に払下げられた．業者はエンジンその他売れる部分ははずして売りさばき，残骸となった船体を夢の島の廃船処理場近くに放置した．それがきっかけで真剣な保存運動が起ったことは，全く皮肉な運命と言わざるを得ない．

　　　　　　はやぶさ丸の大要
船名及び所属　はやぶさ丸　東京水産大学練
　　　　　　　習船
船　　　型　重構造木造漁船
総　屯　数　140.86^T
純　屯　数　75.0^T
寸　　　法　$L_{pp} \times B_{mid} \times D = 28.56^M$
　　　　　　$\times 5.91^M \times 3.00^M$
　　　　　　$d_f = 2.00^M$
　　　　　　$d_a = 3.00^M$　払下げ条
　　　　　　$L_{oa} = 約 33.06^M$　と記録さ
排　水　量　約　230^T
主　　　機　ニイガタ 6 シリンダディーゼ
　　　　　　ル機関　250 馬力　1 台
補助機関　1 シリンダディーゼル機関 55
　　　　　　馬力（発電機用）1 台
軸　　　系　クラッチ軸径　120mm
　　　　　　中間軸径　115mm
　　　　　　プロペラ軸径　128mm
速　　　力　約 7 kt
船　　　歴　建造：昭和 22 年 4 月　和歌山
　　　　　　県古座造船所
　　　　　　改装：昭和 31 年　三重県大湊
　　　　　　強力造船所
　　　　　　昭和 29 年まではかつおまぐろ
　　　　　　漁船として遠洋漁業に従事，

改装後は練習船として水産大学に所属する．
〔水産大学における東大船舶部による船体のたわみと軸系の曲げ応力の計測調査　報告書より抜粋〕

ここで注目すべきことは，《はやぶさ丸》が東京水産大学に繋留されていたころに，この船が《第五福龍丸》の成れの果てと見抜いて，関心を払っていた人びとがあったことである．それは東京都職員労働組合港湾分会の人びとで，1967 年 2 月 28 日付の同分会ニュース第 238 号（日刊）に次のような記事がのっている．

明日は 3 月 1 日．今から 13 年前，ビキニ環礁でアメリカの水爆実験によって日本のマグロ漁船第五福龍丸が被爆した日を記念する，3・1 ビキニデーです．

久保山愛吉さんが殺され，原水爆の被害を 3 度も受けたのは日本人だけです．平和を守る活動が特に今，ひじょうに大切です．工事一課の近くに水産大学がありますが，ここに今第五福龍丸がつながれています．考えていたより小さな船ですが，この船をじっと見ていると，二度とこんな事があってはならないと強く感じます．（『港湾分会ニュース』67.2.28）

このような都職労港湾分会の人びとの監視のなかで，1967 年 3 月 10 日，《はやぶさ丸》は廃船処分となり，江東区深川古石場の高山興業株式会社に払下げられた．その払下げ条件に「屑化することを義務づける」と記録されていた．

超えて 4 月中旬に船体は，江東区深川牡丹町 1～1, 中尾己一に転売されたが，中尾はその資金を同町 1～2, 山田商店 KK（山田辰雄社長）から借りた．その中尾は同年 11 月末に死亡したので，船の所有権は山田商店に移った．

中尾は 9 月 29 日に東京都港湾局に不法繋留を指摘されたが，海上保安部の口ききもあって，第 14 号埋立地先に改めて繋留を許されるに至った．そして，山田商店がその後を継いだ．

これまで第五福龍丸を追跡調査してきたNHKが現地で取材し,『赤旗』など新聞による調査も行われ,夢の島における第五福龍丸の存在は,次第に都民の関心をひきはじめた.

第2章 保存運動の歩み

第1節 保存要求の世論

第五福龍丸の保存が全国的な問題として,組織的に問題となったのは,1968年3月2～3日に静岡市でひらかれた《アジアの平和のための日本大会》（主催,日本平和委員会）の分科会における討議であった.

3月2日付の『赤旗』には以下のような記事がのせられたが,恐らく新聞紙上にあらわれた記事としては最初のものであろう.

"夢の島（東京）" ゴミ捨場に
　　船名もかわり転売の果て

14年前の3月1日,アメリカのビキニ水爆実験で被爆した静岡県焼津のマグロ漁船第五福龍丸（当時99トン,木船）が,現在,東京湾の「夢の島」に廃船としてつながれており,引きとり手もないまま,ことし夏ごろまでには,夢の島に隣接した15号埋立地（ゴミ捨場）に埋められようとしています.3・1ビキニデーを迎えたいま「日本と世界の原水爆禁止運動にとって絶対に忘れることのできないこの船を,ゴミ捨場に沈めてしまうなんてひどすぎる.広島の原爆ドームのようになんとか保存する方法はないものか」との声が関係者の間からもおこっています.

世界でただ1隻しかない水爆被爆船,第五福龍丸は,つい最近までゴミ捨場だった東京都の夢の島に打ちすてられるようにけい留されています.周辺はゴミの山の悪臭がただよい,同船の周囲には,これまた廃船となったダルマ船が十数隻捨てられて沈んでいます.

同船の被爆後の歴史は,被爆者救援に冷淡な自民党政府のやり口をそのまま反映しています.

被爆後,第五福龍丸は船体についた水爆放射能で当分使用不能となって国に買いあげられましたが,政府は保存しようとはしないで,改装して東京水産大学の練習船にしてしまいました.このため第五福龍丸は現在,白一色に塗られ船名も「はやぶさ丸」に変えられ,そのうえ船体がつぎたされて排水量も140トンになりました.

第五福龍丸が練習船として使われたのは約10年前.すでに使用不能の老朽船になって,昨年2月ごろ東京・江東区深川古石場1ノ9,高山興業所に払いさげられました.高山興業所はすぐ同区深川牡丹町1ノ1,中尾船舶に転売.しかし中尾船舶は昨年末,社長の病死で債務をかかえて倒産したため,債権者の同町,クズ鉄商,山田商店社長,山田辰雄氏（52）が第五福龍丸の所有者になりました.すでに同船はエンジンその他の機械部分は取りはずされて売り払われていますが「船体そのものはまだしっかりしたもの」（山田社長）です.

東京都港湾局港営部管理課水面係長は「このままではどうにもならず,ことしの夏ごろまでに引き取り手がなければ,夢の島の先の15号埋立地に曳航し,船底に穴をあけて沈める以外にありません」といっています.15号埋立地というのは東京湾内の新しいゴミ捨場のことで,ここは年間120～150隻の沈廃船を処理する船の墓場です.沈められた船の上にはさらにゴミが積まれ,埋めたてられるわけです.

山田辰雄氏は「いまさら私に処分しろといわれてもむりです.ブリッジなどの鉄部分をバラして売ればまだ20～30万円にはなりますが,手間がかかって赤字になります.だから都から処分しろといわれれば所有権を放棄する以外にありません.なにかほかに平和のためにあの船を役立ててくれる人がいればほんとにその方がよいのですが……」といっています.また東京水産大学船舶係や,高山興業所,前記の都港湾局水面係長なども「このままではゴミ山に沈めるのもやむをえないとしても,これを保存し,平和のために役立ててくれるという人がいるならば,ほんとうにそうしてほしい」と語っています.

元第五福龍丸漁労長見崎吉男さん（43）

廃船になったあとどうするかはあの福龍丸事件をどうみるかにかかってきます．私としては木造船の保存は困難なものですが，たとえマスト1本でも残しておいていただきたい気持です．平和のため，原水爆をなくすため，思想信条をこえた大きな力でそれが実現できたらと思っています．

日本原水協全国担当常任理事，焼津原水協理事　利波多美さん（61）

福龍丸が人知れずくちはてさせられようとしていることに心を痛めています．昨年は広島の原爆ドームの保存運動が全国的におこなわれました．福龍丸はあのドームと同じ性質のものです．平和のシンボルとして私たち日本人が原水爆禁止を実現させるという誓いをあらたにするためにも，なんらかの形で保存しておかなければならないものと思います．

つづいて第五福龍丸保存世論を高めるのに，大きなきっかけを作ったのは，3月10日付の『朝日新聞』の"声"欄にのった「沈めてよいか第五福龍丸」という記事であった．

それは新聞投書として出色の名文であり，当時の民主・平和陣営を大きくゆり動かしたが，とくに"平和を願う私たちの心を，一つにするきっかけとして"というくだりは，不幸にして分裂している原水爆禁止運動の統一をのぞむ声として，読者の共感をまき起した．

沈めてよいか第五福龍丸

第五福龍丸．それは私達日本人にとって忘れる事のできない船．決して忘れてはいけないあかし．知らない人には，心からつげよう．忘れかけている人には，そっと思い起させよう．いまから13年前の3月1日．太平洋のビキニ環礁．そこで何が起きたのかを，そして沈痛な気持で告げよう．いま，このあかしがどこにあるかを．

東京湾にあるゴミ捨場．人呼んで「夢の島」に，このあかしはある．それは白一色に塗りつぶされ，船名も変えられ，廃船としての運命にたえている．しかも，それは夢の島に隣接した15号埋立地にやがて沈められようとしている．だれもがこのあかしを忘れかけている間に．

第五福龍丸．もう一度，私達はこの船の名を告げ合おう．そして忘れかけている私達のあかしを取りもどそう．

原爆ドームを守った私達の力でこの船を守ろう．

いま，すぐに私達は語り合おう．このあかしを保存する方法について．平和を願う私達の心を一つにするきっかけとして．　武藤宏一　会社員（26歳）

1968年春いらい，急速に立ちあがった保存運動の一里塚として，同年9月23日，東京都江東区夢の島でひらかれた《故久保山愛吉氏没後14周年追悼・第五福龍丸保存運動推進の集い》がある．

その集会は歴史的なものであったので，プログラムと，採択された文書を次に掲げておく．

　　　故久保山愛吉氏没後14周年追悼
　　　第五福龍丸保存運動推進の集い
　議事次第
13.00　司会（開会あいさつ含む）
　　　　石井あや子（新婦人代表委員）
　　　主催者代表あいさつ
　　　　畑中政春（日本原水協代表理事）
　　　キリスト教聖歌合唱
　　　　山手教会聖歌隊
　　　祈りのことば（キリスト教）
　　　　平山牧師（山手教会）
　　　読経（仏教）
　　　　導師　壬生照順（善光寺東京別院）
　　　来賓あいさつ
　　　　美濃部都知事　ほか
　　　各界あいさつ
　　　　日本宗教者平和協議会，東友会，日本科学者会議，江東原水協，焼津原水協　ほか
　　　よびかけ発表——採択
15.00　閉会あいさつ
　　　　（集会終了後の募金・署名行動の説明を含む）

よびかけ

「第五福龍丸」は，日本国民の原水爆禁止に対する願いを，歴史上かつてない規模の大衆行動へ発展させたシンボルです．そして，この「第五福龍丸」の名は，平和と完全な独立をのぞむ日本国民の胸のなかに，世界最初の被爆地である広島・長崎の許しがたい記憶，いまなお苦しんでいる被爆者の怒りと結びついて，脈々と生きつづけてきました．

14年前，「第五福龍丸」が被災した水爆実験は，アメリカが朝鮮で窮地に追いこまれ，ベトナムではフランスが追い出されようとしていた時，いっそう兇悪な核兵器で，アジアと世界の人民を脅迫し，核戦争準備を強化する目的でおこなわれたものです．このような水爆実験の証人である「第五福龍丸」を永久に保存する事は，今日の国際的な平和運動のなかで，「ベトナムに広島・長崎・ビキニをくりかえさせるな」という広範な人びとの連帯を強化し，戦争勢力を孤立させ，核戦争を阻止するための力となるにちがいありません．

沖縄をはじめ日本に核兵器が公然ともちこまれ，放射能による汚染で日本国民の生命がいっそうおびやかされている今日，廃船として捨てられようとした「第五福龍丸」を守り，大衆的な平和運動の中で新しい生命をあたえることは，日本の核武装に反対し，核兵器の完全禁止を求める広範な日本国民の切実な願いです．〔中略〕

あらゆる団体と個人は，「第五福龍丸」の保存の意志をあらわし，被爆者とともに広範な保存募金運動をすすめましょう．

朽ちてようとする「第五福龍丸」に緊急の防護措置を行うため，当面300万円の募金をただちに集めましょう．

私達は，広範な国民階層が，すべての力をだしあい，「第五福龍丸」を日本国民の平和の財産として永久に保存する運動に参加されることを心からよびかけます．

こえて1969年3月1日のビキニデー記念のため，雪をついて夢の島から出発した日本原水協主催による国民平和行進のなかでも，第五福龍丸の保存が訴えられ，大衆的に討議され，民主・平和団体の間から，統一した形で保存運動を進めようという声が次第に高まってきた．それは不幸にも分裂している原水爆禁止運動を，いわばその原点において統一しようという大衆の願望とも結びついていて，広がり始めた．

第五福龍丸保存運動重要日誌（1967年3月～1968年9月）

1956年
5月31日　練習船"はやぶさ丸"として，東京水産大学に配属される．140.86トンと登録．

1967年
3月10日　廃船処分．江東区深川古石場，株式会社高山興業所に払下げとなる．
4月20日　江東区深川牡丹町1～1，中尾己一に転売される．
9月29日　中尾己一が東京都から水域占有許可をとり，第14号埋立地に繋留．
12月1日　中尾己一が死亡（11月）のため債権者，江東区深川牡丹町1～2，株式会社山田商店（山田辰雄社長）が所有者となり，引きつづき水域占有を許可される．

1968年
2月2日　NHKなど現地で取材．
3月1日　日本原水協主催ビキニデー中央集会にて保存問題が話題となる．（焼津市）
3月2～3日　アジアの平和のための日本大会分科会で問題提起される．（静岡市）
3月10日　『朝日新聞』"声"欄に"沈めてよいか第五福龍丸"（投書）がのる．
3月12日　都議会予算特別委員会で美濃部都知事が保存運動への協力を言明する．
3月13日　最初の保存募金が数寄屋橋公園で行われる．1時間で約7,000円集まる．
3月16日　第2回保存募金が数寄屋橋公園で行われる．1時間で約18,000円集まる．
3月19日　山田辰雄（山田商店）から第五福龍丸（はやぶさ丸）の譲受交渉，30万円で成立．

3月21日	夢の島現地調査，元乗組員の代表が参加．東京港関係労働組合協議会に問題提起．
3月23日	第3回保存募金が数寄屋橋公園で行われる．NHK, 朝日テレビなど取材．
3月27日	『朝日新聞』第五福龍丸元漁労長見崎吉男氏の現地ルポをのせる．
3月31日	はやぶさ丸の所有権が山田商店から大沢三郎都議名義に移転．
4月6日	第4回保存募金が数寄屋橋公園で行われる．第五福龍丸をみる都民の集い，夢の島でひらかれ，約100名参加．
4月23日	大沢都議名義によって都港湾局に水面使用許可申請提出され，許可となる．
5月28日	竹鼻三雄東大助教授（船舶工学），森山茂雄日本造船技術センター設計室長ら専門家グループ調査．
8月5日	第14回原水爆禁止世界大会特別集会"第五福龍丸をみる会"開催，参加者は内外代表約1,000名．同大会日本代表団"第五福龍丸保存運動を推進するための決議"を採択．
8月29日〜30日	台風監視団体制，夜を徹してとられる．（江東地元民）
9月8日	第五福龍丸緊急補修工事のための共同行動，約100名参加，応急修理，清掃．
9月9日	美濃部都知事に緊急防護対策について，地元を中心に申入れを行う．
9月19日	美濃部都知事，夢の島現地にて第五福龍丸調査．
9月23日	《久保山愛吉氏没後14周年追悼，第五福龍丸保存運動推進の集い》が夢の島において開催される．

第2節 保存委員会の発足

1969年のビキニデーを記念する諸集会を契機として，民主・平和団体の間から第五福龍丸保存運動を統一した形で進めようという声が次第に高まってきた．そして，こうした世論の動きを敏感に捕えた中野好夫，畑中政春氏らの文化人が，美濃部東京都知事を動かし，国民的な保存運動を大衆的によびかけるにいたった．

そのよびかけ人には，美濃部都知事のほか中野好夫，畑中政春（73年死去），壬生照順，三宅泰雄，檜山義夫，森滝市郎，鈴木正久（69年7月死去）の合計8名が名を連ねていた．何れも所属の団体や組織の肩書を名乗らず，個人という資格である点に特色があったが，それは既成の団体や役職に捉われずに，広範な人びとに運動への参加をよびかけるという配慮の結果であった．

同4月10日に，次のような《訴え》が発表さた．

被爆の証人「第五福龍丸」保存の訴え
1. 人類史においてはじめて水爆の威力と悲惨とを体験した「第五福龍丸」がいま廃船となって，東京湾の埋立地"夢の島"の一隅に放置されています．

昨年3月，この第五福龍丸の痛ましい姿が広く国民に伝えられて以来，すでに1年を過ぎました．この間，保存を訴える多くの声が起こり，保存のためのさまざまな努力が続けられてきました．だが，いま第五福龍丸の船体は日一日と傾むき，朽ちようとしています．保存の為の措置をいそがねばなりません．

こうした現状を前にして，私達は，いま第五福龍丸保存の国民的意義を明らかにし，平和への希いと理性への信頼を同じくする国民と共に，保存への具体的な責任を果そうと志すものです．そしてこのことによって，人類の核兵器廃絶と日本の非核武装への意志をいっそうたしかなものにしようとするものです．

2. 静岡県焼津の漁船「第五福龍丸」がアメリカの水爆実験によって被災したのは，1954年3月1日です．23名の乗組員全員が死の灰を浴び，6カ月の後，無線長の久保山愛吉さんが亡くなりました．このことは，15年前の私達にとって，測り知れない衝撃と

悲しみを与えるものでした．なぜなら，広島と長崎における悲惨の記憶からまだ日も浅く，原爆被災者の援護すら放置されているような中で，私達日本国民は，三たび核兵器の悲惨を，しかもより巨大な威力をもって体験させられたからです．日本国民の原水爆禁止の誓いと希いにもかかわらず，現実には，果てしなく続けられる核軍拡競争の恐怖の姿をまざまざと見せつけられたからです．

　この第五福龍丸の悲劇が，日本国民の中に憤りをもえあがらせると同時に，原水爆禁止のための大きな国民運動をよび起したのは当然であり，そのことによって，日本と世界の平和を守る運動は，大きな前進への転機を与えられたのです．

3.　しかし，15年前の私達の恐怖は，今日もなお，消えるものではありません．核戦争の危機は，今日ますます強まっているというべきであり，核兵器のもたらす破壊力は，私達の想像をはるかに越えたものになっているというべきではないか，私達はそう考えます．

　その恐怖の一端は，いまも戦火の絶えることのないベトナムを焦点とするアジアの情勢において明らかであり，核基地沖縄における日常的恐怖において現実的であります．また，佐世保，横須賀，那覇港などにおける放射能汚染は，国民のつよい不安をかもしています．

　従って，いま，第五福龍丸を永久に保存しようと主張する声があるのは必然であり，この為の国民運動を築こうとするのは，私達の義務であるというべきです．核兵器による災害をくり返し経験し，また戦争放棄を明記した憲法を有するわが国は，世界の平和の為に特別な貢献をなしうるはずであります．そして自からその義務を果たすことによって，日本国民の未来を切り拓くことができる——私達は，そう信じて，"被爆の証人"第五福龍丸の保存を訴えるものです．

　各階各層の人びとが広く保存運動に参加し，協力される事を心からよびかけます．

1969年4月10日
　　鈴木正久　美濃部亮吉　中野好夫
　　壬生照順　畑中政春　三宅泰雄
　　檜山義夫　森滝市郎

『保存ニュース』No. 1　1969. 7. 25
第五福龍丸保存委員会発足
　すでに100名の方々が参加

　都議会議員選挙戦のはげしく行われていた去る7月10日午後1時から，東京・日比谷公園内の松本楼において，第五福龍丸保存委員会の発会式が行われました．檜山義夫，畑中政春，三宅泰雄，中野好夫，壬生照順，美濃部亮吉（代理）氏らの各よびかけ人のほかにこの日までに8氏のよびかけに賛同した84名〔名簿は別掲〕の方がたのうちから，草野信男，本多喜美，川崎昭一郎，難波英夫，広田重道，神崎清，佐々木千代松，鈴木正達，近江辛正，赤松宏一，斎藤鶴子，藤井日達（代理），吉村金之助（代理），岩垂寿喜男，吉田嘉清氏などの各界の21名が参加しました．

　最初に，中野好夫氏がよびかけ人を代表して挨拶を行ない，これまでの経過をのべるとともに，保存委員会の性格，目的について，「保存の訴え」にもられた趣旨を説明しました．同氏は，今日（7月10日）現在までによせられた84名の賛同者を保存委員としてさらに今後も賛同者の増加を期待するものとして，ここに正式に保存委員会を成立させたいと提議しました．

　出席者は，これに満場一致，賛意を表し，ここに正式に保存委員会が発足し，次の諸事項が決定されました．

　第1回保存委員会での協議，決定事項
①　保存委員会は，よびかけの趣旨によって第五福龍丸の保存を目的とし，個人による組織とすること．
②　保存の方式などについては，今後十分に専門家などの意見を聴取して研究の上決定する事とし，保存の場所については東京都などにも要請していくこと．
③　当面は見積としての船体の修理費1,000万円と，これを固定保存する為の施設費1,000万円との合計2,000万円を募金目標と

すること．ただしすでに発足した福岡県の保存委員会など保存の趣旨に賛同する各団体の独自の募金目標の設定，募金活動については，これを拘束するものではないこと．
④ 募金運動の為の宣伝物資としては，当面，ポスター1種，募金帳を用意したが，これを統一して運用されることと同時に各団体が独自で作成する事は妨げないこと．
⑤ 保存委員会は，とりあえず，東京都港区新橋6丁目19—23，東友会（東京原爆被災者団体連合会）気付におく．一般の募金宛先については東京中央郵便局私書函882番を引きつづき使用すること．東友会については，承諾の内意をえているが，正式にお願いすること．
⑥ 従来のよびかけ人を代表委員とし，岩垂寿喜男，吉田嘉清の両氏を世話人に任命し，監査委員には阿部弁護士日弁連会長，本多喜美，伊東壮の3氏を内定し，日常的な業務の執行責任者としては，若干名の常任委員を世話人で意見をまとめ，代表委員（中野好夫氏）と相談して決定すること．

これらの協議は，きわめて友好的なふん囲気のうちに行われ，午後2時すぎ散会し，記者会見を行いました．

なお，三宅泰雄教授から船体の保存と同時に当時の被災記録，資料も日本学術会議などと協力してあわせて蒐集していきたいとの発言がなされました．

2,000万円の募金目標を早急に達成しましょう！

第五福龍丸保存委員会名簿
(順不同，敬称略)
昭和44年7月25日現在
代表委員 鈴木正久(亡) 中野好夫 畑中政春 檜山義夫 美濃部亮吉 壬生照順 三宅泰雄 森滝市郎
委員 太田薫 岡村恵 中川新一 栗山益夫 田辺準之助 堀井利勝 宮之原貞光 岩井章 有沢広巳 貝塚茂樹 坂田昌一 末川博 隅谷三喜男 玉虫文一 平塚らいてう 石井あや子 植村環 丸岡秀子 山高しげり 磯村みどり 今井正 宇野重吉 尾崎陞 渡辺卓郎 中村翫右エ門 八田元夫 桜井栄章 近江幸正 野宮初枝 半田孝海 藤井日達 細井友晋 佐々木千代松 川崎昭一郎 神崎清 木村健二郎 黒田秀俊 佐久間澄 篠原正英 上代たの 高桑純夫 高橋甫 西順蔵 広田重道 本郷新 本多喜美 牧二郎 水口宏三 吉井忠 天達忠雄 石田雄 芝田進午 木田靖 畑敏雄 吉野源三郎 吉利和 松浦一 難波英夫 内山尚三 大島孝一 小川岩雄 高倉徹 鈴木正次 斎藤鶴子 神立誠 赤松宏一 関忠亮 中地勇栄 深尾須磨子 新村猛 上原淳道 飯坂良明 三島雅夫 絲屋寿雄 鈴木安蔵 熊取敏之 滋賀秀俊 丸山真男 吉村金之助 山崎不二夫 重藤文夫 浅野順一 鶴見俊輔 武藤宏一 宗像誠也 田畑茂二郎 青山道夫 田中慎次郎 日高六郎 いづみたく 高田なほ子 草野信男

(註) この名簿のうち，熊取敏之氏のみは，電話ならびに書面をもって，委員に就任できないと厳重に申し入れてきた．他の人たちは全員承諾した．

第3節　保存運動の停滞

第五福龍丸保存運動は，保存委員会の成立によって体制がつくられ，大きな発展が期待されるにいたった．しかし，その前途はけっして平坦ではなく，幾多の困難が待ち構えていた．

第1に，船体の永久保存場所とされていた夢の島（第14号埋立地）は，東京都清掃局の手で護岸工事が施行され，同港湾局との共同で埋立工事が進められたが，その工事の進行は，かならずしも迅速ではなく，遅延がちであった．

第2に，それに伴って，委員会の募金活動

も芳しくなく，当初予想していた額の10分の1にも達しない有様であった．

第3に，保存運動の在り方，その進め方について，委員の間における意志統一が，かならずしも十分ではなく，その中心的な役割を負う体制が人的に確立し得なかった．

そして，1970年末ごろに，運動は行きづまりをみせ，翌71年春まで開店休業状態となった．

その原因の主なものとして，保存運動に熱心な人びとの間に，運動の主要な目的について，分裂している原水爆禁止運動の再統一を第一義的に考える傾向も強かったこと，しかし反面に，現実は再統一を容易に考えられないようなきびしいものがあり，そんな問題に頭をつっ込むより，船体の保存そのものを第一義的に考えるべきだとする意見があり，そこから足なみの不揃いがおこったとみることができる．

もちろん，そうした意見のちがいを調整し，何とか運動の前進をはかろうとする努力も行われた．たとえば，同年9月18日に出された《広島・長崎被爆25周年に当り，第五福龍丸保存につき国民のみなさまに訴えます》というアピールもそうした努力のひとつであったとみることができる．

そのアピールは，文章自体がさまざまな意見をふまえた一種の妥協の産物だったので，迫力に欠けたものであり，新たな論議を引きおこす結果となった．たとえば，《福龍丸保存という超党派的国民課題を媒体にして…》という文章の《媒体》が問題になり，原水爆禁止運動の活動家が積極的に保存運動にとりくむことを躊躇する風潮も現れてきた．

その結果，同年9月23日の故久保山愛吉氏追悼会などの諸行事が終るとともに，保存運動は一種の無風状態に入るにいたった．

第4節　保存運動の新たな前進

前節に述べたような沈滞した空気を一変させたのは，1971年4月11日に美濃部亮吉氏が二度目の都知事選に投票数の70％近くを獲得して圧勝したことであった．第五福龍丸保存委員会のメンバーは，保存運動の立場からも美濃部氏を支持したが，それは美濃部知事が保存運動の推進を公約していたからである．ところが，美濃部氏は再選されても，保存運動がそのまま放置されたのでは，知事の公約に反するだけでなく，江東区などの選挙民に申しわけないのではないかという指摘がおこり，保存運動の再開を求める声がつよくなった．

そこで，保存委員会の中心的な活動家の間でいろいろと論議がおこり，同年5月に《第五福龍丸保存運動推進のための要綱》を作成し，これを6月11日の第5回常任委員会で討議して，いちおうの方針とした．その結果，《運動の推進について，昨年秋いらい運動に停滞のあったことを反省し，あくまで当初のよびかけの趣旨に立脚して，当面の運動を推進することを確認し》，とくに委員会の日常執行体制の強化をはかるために，神崎清，広田重道の両氏を専務理事に選出した．そして，従来の世話人制度（吉田嘉清，岩垂寿喜男両世話人）は廃止した．なお，代表委員であった日本キリスト教団の鈴木正久氏の死去に伴い，同教団の浅野順一氏を後任とすることも決定した．

保存運動の建て直しを迫られたもうひとつの事態は，6月の梅雨期における集中豪雨のために，夢の島岸壁に繋留されていた第五福龍丸が水没し，沈没寸前の状態となり，『朝日新聞』その他が福龍丸の危機を報道し，運動内部の不結束にその責任があるかに印象づけられたことであった．これは，かえって関係者を刺戟し，運動の再編強化によって危機を突破する決意を固めさせた．

保存委員会は，新たに選任された専務理事を中心に，7月22～23日に船体の応急排水工事を行うとともに，対都交渉を行い，都労連（東京都労働組合連合会）の諒承を得て，7月28日から事務所をその労組内におくことになり，広田専務理事を常駐責任者とし，再発足の基盤を整えることとなった．

それからの1年間に，事務体制を整え，まず『保存ニュース』の2カ月に1回の定期発行など情宣活動を軌道にのせるとともに，船

体の修理，最終固定場所への移動と陸揚げ，固定工事を行い，船体の周辺の土地を東京都より借入れて金網のフェンスをつくり，見張小屋を設置し，見張人をおくなど，着々と永久保存への措置がとられた．

このころ，すでに第五福龍丸は東京都の海上公園建設計画のなかにもり込まれ，新聞，テレビなどでもしばしばとりあげられ，その存在が一般に知られるようになった．また，これとともに，有志による《福龍丸を美しくする集い》が1971年11月と1972年6月の2回にわたって開かれ，世論に訴えるなどの努力もはらわれた．

その後も，夢の島現場における《第五福龍丸を美しくする集い》《新春凧あげ大会》《カメラ・スケッチ・俳句の会》などのほか国鉄労組会館における《第五福龍丸記念作品展》などの行事が行われたほか，フランス核実験反対の世論の高まりのなかで，江東の人びとによる《仏ムルロア環礁核実験反対坐りこみ抗議行動》が夢の島で行われるとともに，保存委員会の駐日フランス大使館への抗議と抗議声明の発表などの行動もとられた．

核兵器開発競争の悪循環を断ちきろう！
——一連の核実験の強行に抗議する声明書
　去る6月24日，イギリス政府がアメリカのネバダ州において，9年ぶりに核兵器実験を行ったとの報道は，私達を驚かせるとともに，烈しい怒りを誘うものであります．

フランス，インド，中国の核兵器実験につづくこのたびのイギリスの核実験は，私達の恐れていた核兵器開発——核軍拡競争が，止めどもない泥沼に落ちこんだ事を示すもので，まことに憂慮に耐えません．

とくに，世界にさきがけて核兵器を開発し，核開発の先頭に立っているアメリカが，自らの領土，施設を他国に提供したという事実は，その意図がどこにあろうとも，人類の英知をふみにじる暴挙として強く糾弾されねばなりません．

すでに数次にわたって披瀝したとおり，1954年のビキニ水爆実験の被災の証人，第五福龍丸を保存し，日本国民の大多数の抱いている核兵器完全禁止にむかって微力を傾むけている私達は，いかなる理由，いかなる立場，いかなる方法によるにせよ，核兵器実験は私達の住む地球や大気を汚染するものであり，絶対に許す事はできません．

いまこそ私達は，世界の良識ある人びととともに，すべての核保有国はもとより，日本など核兵器保有の可能性をもつ国ぐにをも含めた，真に核兵器開発，拡散を直ちに阻止するための，国際協定の締結を要求する運動を起すべきだと信じます．
　1974年6月25日
　　　　　　　　　第五福龍丸保存委員会

1972年いらいの保存運動の前進のなかで全国からの国民的な募金をいっそう推進することの必要性が強く感じられるとともに，そうした国民的募金によって保存される第五福龍丸を，単なる任意の民間団体の手にまかせておくべきではなく，財団法人のような公けに認可された団体を作るべきではないかという意見がおこってきた．

そこで，73年に入ると，財団法人設立が本格的に考えられ，それを目ざして準備活動がはじめられるにいたった．そして，同年11月28日に《財団法人・第五福龍丸保存平和協会》設立が認可された．

その役員は次の通りである．

会　長	三宅泰雄	日本学術会議会員，理学博士，第五福龍丸保存委員会代表委員
副会長	檜山義夫	東京大学名誉教授，農学博士，第五福龍丸保存委員会代表委員
専務理事	広田重道	日本平和委員会常任理事，第五福龍丸保存委員会専務理事
理　事	神崎　清	評論家，第五福龍丸保存委員会専務理事
理　事	田沼　肇	法政大学教授，第五福龍丸保存委員会常任委員
監　事	松井康治	弁護士
〃	田中健介	計理士

この財団法人は，1974年10月，第五福龍丸の東京都への寄付手続きとともに，名称を《第五福龍丸平和協会》と改めることをふくめて，寄付行為を改正した．協会の設立趣意書および寄付行為の主な点を次に掲げる．

財団法人・第五福龍丸保存平和協会設立趣意書

昭和29年3月1日，アメリカ政府は，太平洋上のビキニ環礁において水爆実験を行い，太平洋海域が広い範囲にわたって放射能におかされたのみか，魚介類，動植物までが汚染されました．

事実，日本漁船の汚染されたものは683隻の多きに達し，危険と認定されて廃棄された魚類はあわせて4,571トンにおよびました．それは魚類の需要を激減させ，その価格を長期にわたって暴落させ，水産業，魚屋，飲食業に大打撃を与えたばかりでなく魚を常食とする都民の台所にまで深刻な影響をもたらしました．

この3・1ビキニの水爆実験は，日本漁船・第五福龍丸に多量の"死の灰"（放射性降下物）を浴びせ，乗組員23名の全員が急性放射能症に冒かされ，3月14日に母港の静岡県焼津港に帰港するとともに，東京の東大附属病院および国立第一病院に収容されました．不幸にも乗組員のひとり無電長の久保山愛吉さんは同年9月23日に病院で死亡しました．

この恐るべき歴史的な事件は，いわゆる3・1ビキニ事件として，国民に忘れ得ない記憶をのこしています．

それが国民にどんな強いショックを与えたかは，この事件を契機として，原水爆禁止の世論が全国的にまきおこり，原水爆禁止署名が自然発生的に津々浦々にひろがり，たちまち3000万をこえるに至り，今日の原水爆禁止運動の基礎を作ったことをみても分ります．

3・1ビキニ水爆実験の被害船第五福龍丸は，昭和42年10月に東京都江東区夢の島（第14号埋立地）において発見され，その保存が都民の善意によって提唱され，昭和44年7月に第五福龍丸保存委員会が結成され永久保存の第一歩がふみ出されるに至りました．

私たちは，第五福龍丸保存に示された国民の要望を正しく受けとめ，各方面からの貴い募金をもとに第五福龍丸ならびに原水爆被害の資料を永久に保存，保管，展示する施設を作り，公共の利用に供し，都民とくに青少年の原水爆禁止，平和思想の涵養に貢献したいと意図するに至り，そのために，財団法人を設立した次第であります．

財団法人・第五福龍丸平和協会
寄付行為

第三条　この法人は，昭和29年3月1日ビキニ水爆実験の被災船第五福龍丸を記念し原水爆被害の諸資料を蒐集・保管・展示することにより，都民の核兵器禁止・平和思想の涵養に貢献することを目的とする．

第四条　この法人は前条の目的を達成するために，次の事業を行う．

(1) 第五福龍丸を中心とした原水爆の被害にかんする資料の蒐集・保管・展示
(2) 第五福龍丸にかんする出版物の刊行・配布その他の広報活動
(3) その他，前各号の目的達成に必要と認められる事業

保存運動日誌（1969年4月〜1975年5月）

1969年
4月10日　"被爆の証人・第五福龍丸保存の訴え"が発表される．
5月12日　福岡県第五福龍丸保存委員会結成．
7月10日　第五福龍丸保存委員会正式に発会．募金目標2,000万円など運動の大要決定．連絡場所は港区新橋6〜19〜23，東友会内ときまる．
　25日　『保存ニュース』第1号発行．
7〜8月　第五福龍丸保存都立高校生実行委員会が結成され，夏休みに街頭で署名・募金行動を行う．
10月18日　第1回常任委員会ひらかれる．
11月5日　東京都港湾局長と委員会代表会見，保存場所を海上公園予定地ときめる．
12月22日　都清掃局が船体の応急処置を行う．
　26日　船体の繋留位置を若干変更する．

1970年

- 2月21日　第五福龍丸刻名式挙行される.
- 3月1日　静岡県保存委員会のよびかけ発表.
- 5月22日　委員会代表が美濃部都知事と会見, 協力を要請.
- 27日　世話人らが都港湾局長と会見, 協力要請.
- 29日　『朝日新聞』に"水爆の証人・第五福龍丸に崩壊の危機"がのり, 保存問題が再燃.
- 6月9日　船体の調査はじまる.
- 11日　NETモーニングショーで第五福龍丸から中継, 三乗組員（見崎, 大石, 斎藤氏）と秋山ちえ子のインタビュー放映.
- 7月2日　緊急排水作業.
- 9月18日　広島・長崎被爆25周年にあたり,《第五福龍丸保存につき国民のみなさまに訴えます》発表.
- 23日　久保山愛吉氏17回忌追悼会, 記念講演と映画のつどい（焼津）.
- 10月14日　船体補修工事（約60万円）実施.

1971年

- 7月11日　第五福龍丸が沈没に近い最悪の状態となる.
- 23日　第五福龍丸の排水・浮上工事にかかる.
- 24日　第五福龍丸はいちおう浮上する.
- 27日　海上公園関係団体懇談会（都庁）.
- 28日　都庁内都労連に事務所を開設.
- 8月14日　国電亀戸駅前にて街頭行動.
- 9月1日　保存委員会代表, 美濃部都知事および東京都港湾局長と会談.
- 23日　焼津市弘徳院にて久保山愛吉氏墓前祭（午前）, 焼津市公会堂で記念集会, 臨時常任委員会（午後）.
- 24日　第五福龍丸の潜水・浮上工事着手.
- 10月27日　第五福龍丸, 浮上工事完成, 船体移動.
- 11月1日　数寄屋橋公園にて街頭行動.
- 18日　船体のペンキ塗装開始.
- 21日　「第五福龍丸を美しくする集い」ひらかれる.
- 12月1日　数寄屋橋公園にて街頭行動.『保存ニュース』第7号発行.
- 2日　第1回保存技術研究懇談会.
- 15日　深川不動境内で街頭行動（テレビ放映）.
- 18日　船体清掃, 辰巳団地にて懇談会.

1972年

- 1月25日　船体附近の鉄杭打ちはじまる.
- 2月25日　3・1ビキニデー記念「講演と映画の夕べ」.
- 3月1日　3・1ビキニデー.
- 25日　第五福龍丸保存のための「映画と講演の夕べ」.
- 4月15日　潮来町民会館にて「映画と講演の集い」.
- 25日　資料蒐集のための懇談会.
- 30日　潮来町にて保存運動懇談会.
- 5月8日　仮柵, 見張小屋建設工事はじまる.
- 12日　第2回保存技術研究懇談会.
- 20日　第五福龍丸の周辺の土地1,692平方メートル借入許可.
- 5月31日　第3回保存技術研究懇談会.
- 6月16日　保存工事建築設計打合せ会.
- 20日　植樹, ペンキ塗装工事行われる.
- 24日　都知事執筆色紙100枚できる.
- 25日　「第五福龍丸を美しくする集い」ひらかれ, 都知事記念植樹（建設局長代行）.
- 7月5日　港区観光協会が第五福龍丸見学.
- 8月2日　宗教者世界集会の海外代表ら第五福龍丸を見学.
- 9月4日　東大附属病院より第五福龍丸の資料（トラック1台分）を受けとる.
- 17日　資料初公開（夢の島にて）.
- 23日　焼津市弘徳院にて久保山愛吉氏墓前祭. 焼津市民会館で記念集会ならびに第1回保存委員会総会.
- 10月14日　カナダ, トロントおよびヨーク大学教授団から支援署名とどく.

1973年

- 1月14日　新春凧あげ大会（夢の島にて）.
- 2月25日　3・1ビキニデー記念集会（夢の島にて）.
- 3月1日　3・1ビキニデー.
- 25日　スケッチ・カメラ・俳句大会（夢

4月8日	山口勇子『おーい，まっしろぶね』（絵本）童心社より発行．	25日	イギリス核実験反対声明．
		9月21日	都関係各部課長会議に協会代表出席．実際上の手続きなどにつき合意．
5月15〜17日	第五福龍丸記念作品展（国労会館にて）．		
6月15日	フランスの核実験抗議声明発表，大使館へ抗議．	23日	久保山愛吉氏追悼式および記念集会（焼津）．
7月19日	フランス核実験に反対し，核兵器完全禁止を要求する第五福龍丸前坐り込み抗議（22日まで）．	10月4日	「基本財産処分承認申請」「寄付行為変更認可申請」が認可となる．第五福龍丸の都への正式寄付の手続きをとる．財団法人は第五福龍丸平和協会と名称変更．
9月23日	久保山愛吉氏追悼会（焼津・弘徳院）．統一記念集会（焼津産業会館）．		
		1975年	
		1月19日	新春凧上げ大会（夢の島），約200名参加．
10月13日	財団法人設立準備委員会発足．		
17日	保存委員会緊急臨時総会（財団法人設立の件）．	2月2日	第五福龍丸の都への寄付が受領され，それに伴う契約完了．
11月28日	財団法人・第五福龍丸保存平和協会の設立認可．	19日	第五福龍丸展示館建設のための移転工事に着手．
12月1日	パンフレット『第五福龍丸は人類の未来を啓示する』（三宅泰雄著）発行．	3月8日	NHKカメラリポートにて移転工事中の第五福龍丸が紹介された．
		20日	核実験抗議船フリー号のムーディ船長ら，第五福龍丸を見学．
12日	財団法人・第五福龍丸保存平和協会第1回理事会．保存委員会総会．保存平和協会披露式．	4月18日	都建設局の係官，第五福龍丸関係資料を調査，資料展示のプランにつき，協会の意見聴取．
1974年			
1月8日	第五福龍丸保存平和協会理事全員と美濃部都知事との懇談会．	4月22日	都広報課の東京リポート「第五福龍丸・焼津—東京」作成に協力．
14日	第1回資料編さん委員会．		
20日	新春凧上げ大会．	5月11日	東京リポート「第五福龍丸」午前9時45分より12チャンネルから放映．
2月20日	《ビキニ被災20周年記念事業》への協力アピール．		
3月1日	『平和協会ニュース』創刊号発行．	18日	"第五福龍丸を美しくする集い"．
4日	NHKスタジオ102，檜山義夫氏が出席．	30日	報告・懇親会，美濃部都知事挨拶私学会館）．
4月11日	都関係各部長との懇談会（第1回）．	8月22日	入札の結果，第五福龍丸展示館建設工事が15,000万円にて，大都建設株式会社にきまる（電気工事その他を含め 約18,000万円）．
5月20日	インド核実験に抗議する声明．		
23日	都関係各部長との懇談会（第2回）．		
6月2日	平和教育シンポジウム参加．	9月12日	夢の島にて第五福龍丸展示館の起工記念式．
13日	フランス核実験抗議，第五福龍丸前坐り込み抗議．		
		9月23日	焼津にて久保山愛吉氏追悼式．
15日	フランス核実験抗議声明．		（広田重道）
18日	中国核実験反対声明．		

第五福龍丸関係保存物品目録

第1　第五福龍丸附属物品
①漁具類
　漁業用縄，ガラス浮き，手桶，清掃用ブラシ，カンテラ型電灯具，合羽，長靴，軍手類
②衣服類
　作業衣，シャツ，衣類，毛布，フトン，ゴザ類
③大漁旗
　大小3本
④日誌類
　航海日誌
　　　第1次（28年6月11日～7月24日）
　　　第2次（28年8月2日～9月12日）
　　　第3次（28年9月28日～12月25日）
　天測用教本（清水昭二）6冊
　メモ——機関部用品及油購入使用量
　　　　航海日誌，仕入品メモ
　雑記帳——久保山氏署名入り，2冊
⑤公式文書類
　市長通達——乗組員への指示書（29年3月16日付）
　日めくり暦——暦年3月14日（入港日）を示す
⑥書籍類
　専門書——天測略暦，簡易天測表，天測計数表，潮汐表，灯台表，船長読本上下，船用内燃機関取扱問答，羅針儀と測程，測深具の説明及用法，船用ジーゼル機関，乙種試験問題解答集，無電送受信機，ジーゼル機関説明書，辞典3冊，文学全集2冊その他
⑦私信，私物類
　手紙1括，手帳，雑誌その他
⑧器具類
　無電機1個
⑨船室プレート2個

第2　久保山愛吉氏関係物品
①証明書類
　船員手帳2冊，無電従事者免許書，無電——乙種免許状
②衣類
　作業用下着上下4組
③手紙類
　綴込簿2冊，手紙類（ダンボール1箱分）
④写真類
　学校卒業記念写真その他多数

第3　放射能調査関係物品
　ガイガー検知器（東芝製品）　　2ケ
　ガイガー検知器（アメリカ製）　1ケ
　"死の灰"びん入り　　　　　　　10ケ

年　表

一　般　事　項

1954年
1月1日　バートランド・ラッセルの特別寄稿「原子力と世界の平和」，朝日新聞にでる．
1. 4　米，原子力会談で対ソ申入れ．
1. 5　原子力問題で，米・ソ代表討議．
1. 8　米・英原子力会談開始．
　　　原爆の被害を国連に提訴・求償同盟発起人総会開く．
1. 10　原爆賠償に米当局言明さく．
1. 12　米・ダレス国務長官「報復戦略」確認．
1. 20　保安庁，MSA兵器機密保護法大綱決定．
1. 21　米，最初の原子力潜水艦ノーティラス号進水．
1. 30　第1回原子力ダレス・モロトフ会談．

2月1日　四国外相会議でソ連外相がドイツ中立化案．
2. 2　米大統領，52年11月の水爆実験を正式確認．
2. 8　米，マーシャル群島で，飛行機から水爆投下実験．
　　　ダレス・モロトフ原子力会談．
2. 12　英政府，議会に原子力公社法案を提出．
2. 14　都築正男氏，原爆後障害で発表．
2. 17　米大統領，原子力法修正特別教書提出．
2. 18　米原子力委員長，さらに強い水爆をほのめかす．
2. 26　西独連邦議会下院，憲法改正案を可決．

3月1日　米，ビキニ水域で3F水爆実験．
3. 2　改進党提案の原子力予算，科学技術振興追加予算23,500万円決定．
3. 8　日・米相互防衛援助（MSA）協定など，4協定調印（5・1発効）．
3. 9　日本学術会議，原子・核「特別委」原子力予算検討．
3. 11　最強水爆の実験，米原子力委員長も参加のニュース．米・ソ代表原子力会談．
3. 13　ホー・チ・ミン軍，ディエンビエンフー包囲（5・7占領）．

第五福龍丸事件事項

1954年
1月22日　第五福龍丸焼津出港，南へ．
1. 24　第五福龍丸，強風と波浪になやまさる．
1. 27　進路を東へ，追風にのって東へ東へ．

2月3日　節分，赤飯でる．
2. 5　第五福龍丸，国際日付変更線に近づく．
2. 6　第1回投縄開始．
2. 9　第2回投縄，揚縄中に幹縄の切断しているのを発見．
2. 12　流れた縄の一部回収ののち捜索中止，進路を南にとりマーシャル群島へ．
2. 19　マーシャル漁場第1回投縄．
2. 20　マーシャル群島の真東に到達，操業しつつウートロック，ロンギリック，ロンゴラップ方向へ．
2. 27　第五福龍丸，ビカールとウートロックの中間を通過，11回目投縄．

3月1日　第五福龍丸，12回目の投縄開始，位置E—166—151，N—11—53，揚縄終了位置E—166—145，N—12—05（漁撈日誌）．その間に，西南西方向の水平線に閃光，揚縄作業中に"死の灰"ふりだす．
　　　夕方，大部分の乗組員の食欲なし．
3. 2　乗組員つぎつぎに吐き気，頭痛，眼痛，下痢，火傷の症状を呈しはじめる．
3. 10　乗組員の髪の毛がぬけはじめる．
3. 14　第五福龍丸焼津に早朝帰港．水揚作業を翌日にして船長以外の22人が焼津病院

一般事項	第五福龍丸事件事項
3. 14　米政府高官，エニウェトクで，強力水爆実験をほのめかす．	で診療うく．
3. 17　米首脳，ビキニ水爆実験をみとめる報道．	3. 15　焼津病院の大井医師の紹介状をもって，重症の増田三次郎，山本忠司の両乗組員上京．東大清水外科で診断．増田氏は入院．山本氏はいったん焼津にかえる．原爆症と判明．他の者はマグロの水揚作業．
3. 18　「日本学術会議原子・核特別委」兵器研究はせぬと基本的立場を決定．神奈川県三崎町議会，太平洋水域での高性能爆弾の使用禁止決議．	3. 16　読売新聞，第五福龍丸被災を大報道．衆議院外務委，ビキニ被災事件とりあぐ．静岡県衛生部，静大塩川教授ら第五福龍丸の船体の放射能検査．
3. 19　米，マーシャル群島の核実験水域拡大を日本に通告．	東京築地で第五福龍丸のマグロ廃棄処分．水産庁，ビキニ環礁海域が禁止海域であることを知り，沿岸各都道府県知事，漁協などに禁止区域を通知．
3. 22　アメリカ原水爆実験46回に達す．	
3. 23　「総評幹事会」全世界の平和な国民にたいするアピール採択．	焼津市長より第五福龍丸乗組員全員にたいし防疫のための頭髪，爪，乗船当時の衣類などを17日正午までに提出せよとの命令書発信．
3. 25　原子灰の拡散で，米防空態勢を再検討．	
3. 26　ビキニで水爆実験．	
3. 27　焼津市議会で，原子力兵器の禁止・原子力平和利用を決議．「日本弁護士連合会人権擁護委」全国大会で原子兵器の廃止決議．米，水爆実験映画を初公開．	3. 17　衆・参両院予算委，衆院水産委，ビキニ事件とりあぐ．東大の第五福龍丸被害状況調査団，午後焼津到着，焼津病院の患者の病状診断，第五福龍丸の調査を行う．国立予研，厚生省，水産大，大阪市大の各調査団も到着．
3. 28　「世界平和評議会」，ビキニ事件で宣言発表，核兵器完全禁止協定の締結をうったえる．	厚生省，省内に第五福龍丸被爆事件対策本部を設置．山口海上保安庁長官「被災地点は危険区域外」と発表．
3. 29　ネール・インド首相，水爆実験禁止を提唱．	東京築地でマグロ半値に下る．
3. 31　米原子力委員長「米国は，いまやニューヨーク全市を破かいしさるほどの強大な水爆をつくることが可能になった」と初めて"水爆"ということを明言．	3. 18　ビキニ被災事件対策の関係閣僚こんだん会．米側と共同調査で一致．また関係各省連絡会議もひらかれる．モートン広島 ABCC 所長ら6名，空路東京に到着．京大化学研究所，保安庁の各調査団焼津入り，米極東軍原子力科学班デージャー人佐，同米406医学研究所メーソン人佐ら，東京築地の魚市場視察．
	3. 19　アリソン駐日米大使，水爆被害について賠償の用意があることを表明．外務省の古内参事官，資料あつめに焼津へ急行，名大調査団も到着．参院予算委で，外務・厚生・運輸の関係各大臣がそれぞれ，ビキニ事件の政府統一見解発表．水産庁，要報告指定水域を通知，この水域を通る漁船は指定港に入港，放射能検査を受けるよう指示．
	3. 20　都築正男東大名誉教授，第五福龍丸乗組員「急性放射能症」と発表．

一般事項	第五福龍丸事件事項
	ビキニ灰の分析から数種の核分裂生成物を確認（東大木村研究室）．
	マグニッチ米軍公衆衛生部長，19日に約束した"死の灰"の性能，寿命については，日・米政府間交渉にまかせたいと都衛生局へ回答．
	アメリカ業界からの申入れで，輸出マグロおよび罐詰の放射能の有無を検査，証明書をだすことを厚生省などきめる．
	ABCC所長モートン博士ら米調査団一行が焼津病院の福龍丸患者を診察．
	ビキニ実験場視察後，東京を訪問してサンフランシスコに帰ったパストール米上院議員，漁夫たちの火傷は，実際より重く報道されていると語る．
3. 22	米原子力委衛生安全局長アイゼンバッド博士空路羽田に到着．
	清水海上保安部を通じ第五福龍丸船主西川氏に，同船を横須賀にえい航して処分したいとの米軍の要請申入れらる．
	砂本海上保安庁警備救難部長，参院水産委で3月14日以降，南方から帰港した漁船11隻が水爆実験の影響をうけていると発表．
	東大木村研究室，ストロンチウムなど，ビキニの灰の検出結果の一部を発表．
	都築博士，衆院厚生委で被災漁夫の1割が死亡するかもしれぬと証言．
3. 23	NHK 海外放送を通じ，都築氏ビキニ被害を英語で全世界に放送．
	ビキニ被害をめぐる日・米科学者の連絡会議は中止となる．
	パストール米両院合同原子力委員，日本の報道は「事実をずっと大げさに誇張したもの」と報告．
	コール米両院合同原子力委員長「漁夫の被害は誇張されているし，これら日本人が漁業以外の目的で実験区域へきたと考えられないこともない」と語る．
3. 24	外務省で「第五福龍丸問題に関する日・米連絡協議会」ひらかる．
	都築博士ら治療対策打合わせと患者診療のため焼津入り．
	焼津北病院に入院中の21名の第五福龍丸乗組員，全員東大病院入院を承諾．
	米原子力委，実験水域外は無害と言明．
3. 25	岡崎外相，衆院厚生委で秘密保持実験に協力と答弁．
	次官会議，ビキニ被災問題に対する善後措置を統一的に処理するため，内閣に

一 般 事 項	第五福龍丸事件事項
	「第五福龍丸事件善後措置に関する打合せ会」を設置することをきめる.
	アリソン米大使,被害に対する補償につき米政府から権限を与えられたと声明.
	原爆症調査研究協議会第1回会合,前日の日・米連絡協により患者の治療,環境衛生などの問題を統一して同協議会中心におこなうことになったためひらかる.
	3. 26 「第五福龍丸事件の善後措置に関する打合会」の第1回会合,被災患者の東京移送,船体買上げ,マグロ輸出検査,損害補償交渉の資料作成などきまる.
	「第十三光栄丸」三崎港に入港,船体,船員,魚9,000貫大量汚染判明,船員は精密検査へ.
	「第五明神丸」塩釜港に入港,放射能汚染がひどいため,乗組員全員の上陸禁止,マグロ12,000貫の水揚禁止.
	アイゼンバッド博士ら米調査団,第五福龍丸を検査,静大塩川,東大笕,科研田島の諸氏も同行.
	3. 27 外務省「第五福龍丸の被災状況に関する覚書」を米大使に手交.
	3. 28 被災乗組員21名,静浜飛行場より米軍C-54輸送機で東京へ,5名が東大付属病院,16名が国立東京第一病院に入院.
	3. 29 「第五福龍丸事件の善後措置に関する打合会」第2回会合.
	厚生省,新基準によるマグロ検査を指示.
	3. 30 衆院の文部・厚生・外務・水産合同委,朝永振一郎,武谷三男,中泉正徳の3参考人の意見を聴く.
	第五福龍丸事件に関する暫定措置について閣議決定.
	3. 31 外務省中川アジア局長,米大使館へビキニ環礁周辺へ安全保障を要請する覚書を提出.
	都築教授,広島,長崎,第五福龍丸の資料をたずさえ,赤十字国際会議へ出発.
	在日米高官,ビキニ被災問題をめぐる反米的動きに警告.
	ストローズ米原子力委員長,実験によるマグロの放射能汚染の事実はない,第五福龍丸は危険区域内にいたにちがいないと発表.
4月1日 米「水爆映画」内外記者に公開. 米原子力委員長,水爆実験の威力公表. 第十三光栄丸(三崎),マグロ廃棄.	4月1日 第五福龍丸事件の善後措置に関する打合せ会(第3回). 参院外務委で岡崎外相,米国の実験が

一般事項	第五福龍丸事件事項
衆院，MSA 協定承認，原子力国際管理案可決． 　　　　世界平和者日本会議「東京大会」ひらく． 4. 2　ニューヨーク全めつの水爆，N・Y タイムス特別号で強調． 　　　　「水爆被害者対策魚屋大会」築地でひらかれ原水爆の実験中止決議． 4. 3　インドネシア首相，水爆実験の中止要請． 　　　　米・英・仏の要請で原・水爆管理で国連軍縮委． 　　　　米副大統領「水爆に平和維持力」と演説． 4. 4　英下院，水爆で米・英・ソ巨頭会談提唱． 　　　　参院，原子兵器禁止案を可決． 4. 6　太平洋上で水爆実験，米公表． 　　　　憲法擁護連合特別委「原水爆利用禁止の国民運動」決議． 　　　　原子兵器の禁止などで地婦連，主婦連，日本婦人有権者同盟，生協婦人部，矯風会，日本婦人平和協会などで打合せ決議． 　　　　米原子力委員長，統合参謀本部議長，太平洋上での水爆実験変更せずと発表． 　　　　太平洋上で水爆実験，米公表． 4. 7　インドシナ戦争で，原子兵器の使用とダレス長官言明． 　　　　米原子力委員長，原子力兵器さらに増産，次年度予算4割増，新工場も操業と言明． 4. 8　米，東南アジア防衛機構計画を9ヵ国に申入れ． 　　　　インド，国連軍縮委へ水爆休戦提案． 4. 9　濠首相，水爆実験支持声明． 　　　　沢田日本大使，国連軍縮委で原子兵器被害防止保障要求． 　　　　国連軍縮委，原子兵器の脅威に対処，保有国で小委員会． 4. 10　世界平和者日本会議広島大会「広島宣言」発表． 　　　　東京・台東区魚商組合連合会原水爆禁止署名開始（目標35,000名，期間4/10～4/30）． 4. 12　米・ソとも水爆実験成功，主原料は重水素化リチウム6と発表． 4. 13　国際赤十字会議コミュニケ「民衆を守る第一条件は原子兵器に制限を加えること」と表明． 4. 15　カルカッタのイギリス旅客機から放射	悪いものとの印象を与えたり，実験を阻止するような態度はとりたくないと言明． 　　　　第十三光栄丸，マグロ廃棄へ三崎港出港，犬吠崎沖へ． 　　　　海上保安庁，ストローズ米原子力委員長の第五福龍丸は危険水域内にいたとの発表に反論． 4. 5　第五福龍丸事件の善後措置に関する打合会（第4回）． 4. 6　第五福龍丸患者の米側医師の診察拒否をめぐり，外務省は三好，熊取，モートン博士らを外務省に招きあっせんにのりだしたが，患者の承諾をえてもちだされた条件を米側が受入れず，診察は当分みあわせられることとなる． 4. 8　第五福龍丸事件の善後措置に関する打合会（第5回）． 　　　　モートン ABCC 所長，第五福龍丸患者を訪問． 　　　　清水入港の昭鵬丸，築地入港の第五海福丸の魚に放射能． 　　　　北海道の雪に放射能と北大理学部で発表． 4. 9　岡崎外相，日米協会で水爆実験に協力すると演説． 　　　　アリソン駐日米大使，アイゼンバッドおよびモートンの両氏の離日に際して，はじめて公式に遺憾の意を示す声明発表． 　　　　東京築地入港の漁船みさき丸の船体や船員の頭，衣服から放射能検出． 4. 10　米大使館パーソンズ参事官，政府覚書に対する米側回答を手交． 　　　　岡崎外相，衆院外務委で，日米協会でおこなった米水爆実験に協力するとの演説は，院議に反しない．衆院の決議は実験禁止になっていないからだと答弁． 　　　　築地入港の菊水丸，第二十勝丸の船体から放射能． 4. 11　日本海員組合，第五福龍丸家族へ30万円贈る． 4. 12　第五福龍丸事件の善後措置に関する打合会（第6回）．ビキニ海域の総合調査に科学船派遣，第五福龍丸の船体解体，陸揚げきめる． 　　　　参院本会議で保利農相，第五福龍丸以外の被災船についても同様の補償を必要とすると答弁． 　　　　ストローズ米原子力委員長，4月12日付『タイム』誌の中で，日本人漁夫は，サンゴが熱のために生石灰に変化したもので

一般事項	第五福龍丸事件事項
能チリ検出.	火傷したのだと思うとのべる.
4. 16　広島原爆被害者対策協議会, 原爆症患者の治療費全額国庫負担を要求.	日本水産図南丸船団にも放射能検出（大阪港）.
4. 17　米軍, オネストジョン, コーポラル原子兵器発表.	4. 13　ビキニ被災事件に関する発表は, 原爆症調査研究協議会のみが行うことができる, 東大発表は中止となる.
4. 18　ビキニ廃棄マグロ19,000貫.	第五福龍丸の船体補償について, 静岡県当局は, 10日提示の水産庁案どおり1,818万円で政府に引渡すことをきめる.
4. 19　長崎県民集会で, 水爆禁止決議.	
4. 21　第6回婦人会議広島大会, 原水爆禁止運動推進きめる.	
	三崎入港の瑞洋丸の魚類に放射能.
4. 23　日本学術会議, 水爆実験中止の対外声明, 原子兵器に関する研究せずの国内声明決議.	4. 14　原爆症協議会臨床小委, 23名の病状について第1回正式発表.
	厚生省, 国が行なってきたマグロ検査を今後は都県で実施することをきめる（関係都県衛生部長会議）.
4. 25　日本ユネスコ連盟総会, 原子兵器の実験中止と廃棄決議.	
4. 26　楠本厚生省環境衛生部長「原爆障害者にたいする国家補償は早急に確立すべきだ」と語る. ジュネーブ外相会議ひらく.	横浜入港の図南丸船団第六京丸の船体に放射能検出さる.
	新潟に放射能雨.
4. 28　日本赤十字社理事会, 原水爆禁止決議.	4. 15　築地入港の第二幸成丸, 船体, 魚類に放射能.
4. 30　日本法社会学会, 民主主義科学者協会法律・政治部会, 日本地質学会が, それぞれビキニ水爆問題で声明.	4. 16　原爆症協議会環境衛生委, 焼津で第五福龍丸を再検査.
	衆院外務委において, 参考人の安井郁, 大平善悟両教授は危険区域設定は, 国際法違反であり, ビキニ被爆は米国の責任であると言明.
海員組合, 濠州航路の就航拒否, 阪神船主会に申入れ.	
	4. 17　三崎港に水揚げされた放射能魚, 三崎町内の土中に埋め廃棄処分.
	日本血液学会, 米側の軽症説の非常識さに対し, 重症者は治療法なしと世界に訴えることをきめた.
	4. 19　海上保安庁, ビキニ環礁付近の海洋調査を米国に依頼.
	築地入港の第十一高知丸, マグロ廃棄.
	4. 20　原爆症協議会, 各小委が統一発表.
	4. 21　科学船派遣準備委員会, 下関水産講習所練習船の俊鶻丸を5月8日にビキニ海域派遣をきめる.
	三崎入港の第七明神丸, マグロ2,000貫廃棄.
	4. 22　第五福龍丸事件の善後措置に関する打合会（第7回）, 補償については, 米, 未回答（外務省報告）. スミス米国務次官代理, 日本のビキニ事件の報告は事実とちがうと井口大使に申入れ.
	4. 23　外務省, 米声明は誤解と井口大使に訓電. 焼津市対策本部, 第五福龍丸監視のため1坪半の小屋をたて臨時雇7人をおいて監視を続行, それまでは焼津署員2人が交代で見張っていたもの.

一般事項	第五福龍丸事件事項
	4. 24　焼津市の被害対策本部，4月23日までの船の管理費，職員の超過勤務手当，その他の諸経費約102万円の概算書を県に提出し，政府に補償を要求．
	4. 25　築地入港の第五明神丸，マグロ1,200貫廃棄．
	4. 26　原爆症協議会臨床小委，第五福龍丸患者の病状を米国へ通知．
	4. 27　原爆症協議会臨床小委，第3回発表．水産庁，ビキニ海域調査団の陣容決定．築地に25日入港した第五明賀丸のサワラ，ビンチョウなど1,276貫，検査の結果廃棄．
	4. 28　第五福龍丸事件の善後措置に関する打合会（第9回），補償要求額の一部を日本政府が立替え払いする方針で大蔵省で研究することをきめる．
5月1日　水爆実験と凶作，荒川秀俊氏の論評である． 　　　第25回メーデー，原水爆の使用および実験の即時禁止決議． 　　　MSA協定発効． 　　　生物進化研究会，原水爆禁止のよびかけ．	5月10日　厚生省，輸出用冷凍マグロ及び罐詰の放射能検査中止，二重検査の必要ないため． 　　　「学術会議放射線影響調査特別委員会」第1回会合，5班にわかれ研究すすめる．
5. 2　日本学生平和会議，原水爆実験禁止・再軍備反対が全学生の総意であるとの決議（5/2～5/5）．	5. 13　水産業者ら，赤十字連盟理事会に原子兵器廃止を提案する日赤代表に，原子兵器禁止を陳情．
5. 3　英新型水爆，製造安価で簡単とのニュース． 　　　日本哲学会第7回総会で原水爆禁止を決議．	5. 14　俊鶻丸の調査団結団式（水産庁主催）． 　　　水産庁，米政府のビキニ環礁周辺の航行の自由発表にもかかわらず「要報告指定水域」は当分残すと発表．
5. 4　国連非加盟国会議（日本・ドイツなど18ヵ国），原子兵器の実験禁止決議．	5. 15　俊鶻丸，東京竹芝桟橋より放射能調査に出発，清井水産庁長官，保利農相，安藤国務相，田口衆院水産委員長，横山日本カツオ・マグロ漁業者協会会長らが見送る．
5. 7　北ベトナム，ディエンビエンフー解放さる．	
5. 8　インドシナ問題で，ジュネーブ会議ひらく． 　　　日本科学史学会総会で「原子兵器の廃棄に関する決議」．	5. 16　京都に8万カウントの放射能雨ふる，広島は2,300カウント，その他各地に放射能雨．
5. 9　原水爆禁止で，日本YWCA会長・植村女史，米・アイク大統領夫人に公開質問状だす． 　　　平和のための日本青年婦人大集会（5/9～5/10）． 　　　水爆禁止署名運動杉並協議会結成．	5. 17　宮古島東南約100キロの空気中に，放射能を検出したと，多度津高校に打電した，香川県水産実習船"香川丸"は，出漁途中で帰路についた． 　　　小笠原周辺海域で操業して，東京港入港の漁船から，また放射能検出さる． 　　　関東一帯に放射能，野菜，瓦にも，科学研究所の山崎研究室が発表． 　　　都築博士，米原子力委と会見後，日・米間の誤解は解消，日本側治療は正しかったと語る．
5. 10　日本キリスト教団「アメリカ教会に訴える」アピールだす．	
5. 11　日本学術会議に放射線影響調査特別委できる．	第五福龍丸船体，漁具2,100万円で買上

年　表

一　般　事　項

5. 13	日本青年団協議会第4回大会，原水爆兵器の禁止，各国元首に申入れ(5/11〜5/15).
5. 13	水爆禁止署名運動杉並協議会，5月中に10万署名決定.
	日本赤十字本社に，六大都市水産物卸売人協会，同仲買人組合連合会，大日本水産会，日本カツオ・マグロ漁業協同組合連合会，東京都水産物仲買人協会の代表，原子兵器禁止決議案についての陳情書わたす.
	米政府，本年度の水爆実験はすべて完了，禁止区域内の航行は元通りに回復されると発表.
5. 14	水爆実験の中止をマーシャル群島民が，国連に要請と発表.
5. 15	日本政治学会"原爆禁止に協力"を各国学界にだす.
	原水爆禁止広島大会ひらく.
	人類愛善会，大本教愛善青年会広島支部が原水爆実験反対署名運動を開始.
	米本土各地でビキニの放射能検出.
5. 16	日本本土でビキニ放射能雨.
5. 17	水産実習船，宮古沖で放射能検出.
	都築正男博士，米原子力委とあう.
	関東一帯に放射能雨，野菜，屋根ガワラにあらわる.
5. 18	原水爆禁止広島市民大会，宣言決議文を各国元首へ600通発送.
5. 20	中央気象台，雨，チリを常時測定，関東一帯で実施.
	日本気象学会，水爆禁止要求の声明をだす.
5. 21	米政府，マーシャル群島実験周辺水域への海空からの立入解除（米原子力委発表）.
5. 22	厚生省，全国都道府県知事にたいし，放射能雨の対策指示.
5. 23	神通丸乗組員，白血球異常うったえる.
	世界平和評議会特別総会，原子兵器禁止の決議（大日本水産会長・平塚常次郎氏ら出席，ベルリン）.
	東京都学生原水爆対策協議会，原水爆禁止署名運動開始.
5. 24	日本医師会代議員会，原水爆禁止決議.
5. 25	広島市議会，原爆障害者治療国庫負担と原水爆禁止を決議.
5. 26	第7回全国図書館大会，原子兵器禁止決議.
	広大，広島女子短大，女学院大学各学

第五福龍丸事件事項

5. 18	げで，授受証取りかわさる.
5. 18	原爆症協議会各小委，カツオにも放射能がみとめられ，第五福龍丸患者2〜3人は憂慮の状況など，調査結果を発表.
	米原子力委より大使館を通じ，第五福龍丸患者の治療薬として，EDTAカルシウム塩60アンプルをおくってきたと原爆症協議会が発表.
	香港沖のシイラなどから強い放射能検出（大阪入港の第三和歌丸）.
5. 19	東京築地入港の第八順光丸の船体から28,000カウントの放射能検出.
5. 22	厚生省，各都道府県知事に水道，野菜の調査，とくに野菜はよく洗えと指示.
	国立衛生試験所の調査の結果，伊豆大島の雨水に強いカウントが検出さる，国際的安全度の約10倍に達す.
	横浜，宮城，山形にも放射能雨.
5. 23	インド洋でとれたサメに放射能検出（三崎入港の第十一信宝丸）.
5. 24	第五福龍丸船体買上げ費2,100万円水産庁より静岡県庁にとどき，焼津漁協組合長を通じ船主に支払われる.
5. 25	原爆症協議会環境衛生，食品衛生小委，放射能雨で厚生省に勧告.
5. 26	台湾東方海域でとれた魚に放射能（大阪入港の明幸丸）.
	インド洋にまた放射能魚（三崎入港の第八住吉丸）.
5. 28	東京地方の雨に1万カウントの放射能.
5. 30	日本分析学会第2日目に，ビキニの灰の分析結果について，東大，大阪市立医大，静岡大，金沢大から報告.

一　般　事　項	第五福龍丸事件事項
生自治会が原水爆禁止広島学生協議会をひらく． 5. 28　長崎市傷夷軍人会，水爆使用反対運動へ． 　　　　　広島県議会，原爆障害者治療費国庫負担と原水爆禁止を決議． 　　　　　国際赤十字連盟理事会，原子兵器禁止に関する決議案を満場一致で可決． 　　　　　日本弁護士連合会，原水爆製造禁止を決議．東京に1万カウントの放射能雨． 5. 29　AP記者"死の灰"あびたマーシャル群島島民の被害を初報道． 5. 30　民主主義科学者協会第9回全国大会，声明だす． 　　　　　民主主義科学者協会第9回全国大会，抗議だす． 6月1日　米原子力特別委，オッペンハイマー博士追放勧告． 　　　　　民主主義科学者協会生物部会「原水爆問題についての私たちの態度」を決議． 6. 2　防衛庁設置法，自衛隊法成立（9日公布）． 6. 4　沖縄で米陸海軍，海兵隊約15,000，2週間にわたる上陸作戦演習を開始． 　　　　　広島市内で原水爆禁止署名運動始まる． 6. 5　原対協（原爆対策協議会），原爆障害者の調査開始． 　　　　　全国の原水爆禁止署名584,591名． 6. 6　日本婦人平和集会，水爆実験禁止決議． 　　　　　「原水爆禁止を要望する日本の医師の会」医師の立場から運動を行うことを可決． 6. 7　ソ連，国連信託統治理事会に太平洋上での信託統治領域内の原水爆実験の中止要請． 　　　　　日本平和大会（6/7～6/9），原水爆禁止決議． 6. 9　ソ連赤軍機関紙「赤い星」は「原子兵器の出現は，新しい観点から，軍事科学に問題をなげかけた」と述べる． 6. 13　全米で原子兵器攻撃の想定のもとに，民間防衛組織を総動員しての防空演習実施． 6. 14　ふえる放射能雨，日をおって強まる． 　　　　　東京23区婦人議員団，原水爆禁止を米在日大使に要望． 6. 15　防衛道路建設閣議で決定，近く日・米正式折衝へ． 6. 17　「第16回全国市長会」，原水爆実験禁止を決議（369市長）．	6月1日　原爆症協議会臨床部会，ビキニ患者の容体が慢性型に移行と発表． 　　　　　米原子力委生物・医学部ボス博士，ワシントン大学水産教授・応用水産実験所長ドナルドソン博士の米両博士，日本の科学者と会談． 6. 3　東大中泉教授ら調査団一行，焼津港内の第五福龍丸より漁具，衣類など放射能汚染物を箱詰，4日も同作業をつづけ，5日トラックで東大へ輸送する． 6. 4　放射能あびた神通川丸乗組員を，精密検査の結果，うち5名が入院，放射能による船員の集団治療は第五福龍丸いらい． 6. 7　焼津港の魚市場岸壁の対岸，日冷工場岩壁にけい留中の第五福龍丸を焼津港内の別地点に転錨． 6. 9　放射能禍対策をたてるための調査研究機関の統一化について，厚生省，各省関係者を招いて協議． 6. 12　放射能汚染のマグロ・カツオ・シイラ類を調査していた国立衛生試験所は，東大薬学会で汚染の範囲が魚の内臓から肉や骨にもひろがってきたと発表． 　　　　　海鷹丸，放射能汚染調査に出港． 6. 13　雨の放射能測定をつづけている気象研究所は，5月16日～17日に強い放射能雨のあと，しばらくみられなかったが，5月末から6月に入って放射能がだんだん強まってきていると発表． 6. 15　高知県足摺岬南方約15マイルで操業していた，室戸岬水産高校練習船"南鵬丸"から水揚げされたシイラから放射能検出さる．

一 般 事 項	第五福龍丸事件事項

6. 19	ストックホルム平和大集会 (6/19～6/23), 世界平和評議会主催. 全国の原水爆禁止署名827,142名.
6. 20	東京・杉並区内の署名253,000名. 第1回原対協シンポジウム. 「世界労連欧州労組会議」, 原子兵器使用禁止決議.
6. 21	B47ジェット爆撃機3機, 太平洋を無着陸横断飛行ののち横田基地に到着. 同機の極東地区飛来ははじめて. 米極東空軍司令部はB47およびB50 (B-29改造型) をもって第509爆撃連隊がグアム島に駐留と発表.
6. 22	京都基礎物理学研究所, 民主主義科学者協会京都支部物理学会, 原子兵器反対声明.
6. 23	広島市小学校PTA連合会, 原水爆禁止署名運動開始.
6. 24	防衛道路整備計画で保安庁長官, 国連ハル司令官とあって助成方打合せ, 全長9,000キロ, 総工費3,200億円.
6. 25	周・ネール両首相会談. 米・英首脳会談 (6/25～6/29). 原水爆禁止アジアの集い (新橋駅前).
6. 26	全国の原水爆禁止署名1,427,105名.
6. 29	広島・長崎の原爆被害者の数で日・米学者間で意見対立. 周・ネール共同声明"平和五原則"公表. 米, 極東戦略に3段階の防衛線, ピアソン氏米・英首悩会談に提案か. 原水爆禁止杉並署名運動協議会署名268,707名 (杉並区人口39万余).
6. 30	ソ連で原子力発電所完成. 広島県PTA連合会, 広島地域婦人団体連絡協議会が, 原水爆禁止100万署名よびかけ.
7月1日	防衛庁設置法, 自衛隊法, MSA秘密保護法施行. ソ連原子力発電開始.
7. 2	原水爆禁止広島県民運動本部発足.
7. 3	広島県青連総会, 原水爆禁止決議. 全国の原水爆禁止署名1,560,494名.
7. 6	太平洋地域の水爆実験中止, ソ連, 国連へ決議案「米は信託協定違反」.
7. 7	安藤国務相"ビキニ実験は必要"と語る. 米国連信託委代表, 水爆実験引続き太平洋上でと発言.

6. 17	アリソン米大使, 第五福龍丸被災問題に関し特別にひらかれた米両院合同原子力秘密会議で証言. 小笠原諸島近海で操業していた氷治丸が室戸港に水揚げしたマグロから放射能検出さる.
6. 18	放射能禍の調査研究を統一するため, 閣議で「調査研究連絡会議」新設を決定. 焼津入港の第二明神丸が水揚げした台湾沖でとったマグロから放射能検出.
6. 29	原爆症研究協議会臨床部会, 第五福龍丸患者の病状は思ったより回復がおそいと発表.
7月4日	俊鶻丸帰る.
7. 6	俊鶻丸ビキニ調査団の解団式が参議院会館でひらかる.
7. 7	安藤国務相はじめて実験中止, 損害賠償など対米交渉の概要を公表. 参院水産委, 俊鶻丸調査団の報告をきく. シアーズ米国連信託理代表, 米国は今後も太平洋で水爆実験をおこなうとの声明発表.
7. 8	実験通告や損害賠償の対米折衝で外務省, 水産庁内の連絡不十分を露呈 (参院

一般事項	第五福龍丸事件事項
マーシャル群島島民，まず実験中止，不可能なれば安全と財産保障を国連に請願中のニュース． ネール首相，広島被爆者吉川清氏に激励の手紙，原水爆禁止は偉大と語る． 7. 8　日本教職員組合中央委，原水爆反対運動展開決議． 7. 9　在日米陸軍，本年中に北海道撤退公表． 国連信託委，米水爆の被害は遺憾と，英・仏・ベルギーも共同提案． 国連信託委，インド代表，国際司法裁判所の結論でるまで水爆実験の禁止求む． ハル米極東軍司令官，在日米陸軍が54年中に北海道地区から撤退，正式声明． 一方，木村防衛庁長官は，自衛隊の北海道移駐を公表． 7. 10　全国の原水爆禁止署名1,843,965名． 7. 13　米大統領，議会に欧州防衛の新原子力計画を提出準備． 7. 14　原爆障害者吉川清氏，広島ABCCに抗議．太陽にビショップの輪，水爆実験影響か，凶作型の天候にも関係の報道． 7. 15　国連信託統治委，インド・ソ連案を否決，米太平洋上の核実験継続を暗黙に認む． 米民間防衛局，警報の各戸装置を計画． 7. 16　原水爆禁止署名運動全国協議会第1回結成準備会． 国立原子核研究所，田無設置決定． 7. 17　全国の原水爆禁止署名1,918,469名． 7. 19　在東京米軍高官筋，米空軍は日本を原水爆積載機基地としないと語る．原爆輸送機は沖縄，グアムに移動日本本土にはないと． 7. 20　岡崎外相，原爆施設は日本におかずと言明． インドシナ休戦成立，協定調印． 7. 20　鹿児島奄美教組支部，原水爆禁止署名92,082名． 7. 21　SEATO結成へ，米工作開始． 原水爆禁止署名運動全国協議会準備会"趣意書"でる． 7. 24　世界平和評議会が，原水爆禁止決議． 全国の原水爆禁止署名2,136,518名． 7. 25　国連軍縮委，水爆実験の禁止，インド討議を要求． 7. 26　国立原子核研究所の設置に田無市議会反対決議． 7. 28　国連軍縮委の米パターソン代表，米軍の原子力編成は続行と発言．	水産委）． 全米科学アカデミーは，ロバート・ホームズ博士が在日原爆被害調査委員会の委員長に任命されたと発表． 7. 17　築地入港の漁船のマグロ魚肉に続々放射能検出される．17日入港の大正丸のキハダマグロのエラに18,540余カウントの放射能検出さる． 7. 19　厚生省，海水浴は大丈夫と発表． 7. 21　中川外務省アジア局長，参院水産委で，損害賠償要求の対米交渉経過と見通しについて報告し，米国は直接損害以外のビキニ補償を考慮せずと答弁． 7. 27　岡崎外相は記者会見で，アメリカ側は補償額80万ドルを支払うとの意志表示をしているが，それは直接損害に限られており，そのまま了承してはいないと言明． 7. 29　閣僚懇談会，廃棄マグロの応急補償費として予備費からの支出を了承． 7. 30　米原子力委，半期報告を議会に提出．その中で「食用にできる部分の放射能は十分安心できる範囲内にあり，今後も食用にできることが判明した」とのべられている．

年　表　　　　　　　　　　　　　　677

一　般　事　項	第五福龍丸事件事項

7. 30　日本弁護士連合会「原爆損害賠償の請求，手続に難点」と結論．
7. 31　5都道府県をのぞく，全国の県議会で原水爆禁止決議．
　　　　平和を祈る仏教青年大会（長崎）．
　　　　米国防次官補「極東も強力に配備，正規軍は304万．米国民皆兵推進．ソ連に備う」と発言．

8月1日　全日本婦人団体連合会，原水爆実験反対決議．
8. 6　原爆投下9周年，広島平和式典．
　　　原水爆禁止広島平和大会．
　　　原水爆禁止署名運動全国協議会準備会委員会ひらく．
　　　米原子力委員長「原子兵器優位保持」と演説．
　　　日本代表，列国議員同盟大会に出席，原水爆禁止を提案決定．
　　　琉球立法院，人民党提案の原水爆禁止と原子兵器基地化反対決議案不成立．
8. 8　原水爆禁止署名運動全国協議会結成．原水爆禁止署名449万余と発表，趣意書，結成宣言でる．
8. 13　ソ連，第2回目の水爆実験か，米記者報道．
8. 15　原水爆禁止運動秋田市協議会，原水爆禁止署名76,949名．
8. 21　広島県民の原水爆禁止署名100万名突破．
　　　国際緊張緩和のための日本準備会主催による平和使節歓迎国民大会ひらかる．
8. 23　水爆禁止署名運動世田谷協議会，署名360,344名．
8. 26　米第5空軍，「韓」国から小牧移駐．
8. 27　北海道原子兵器反対協議会，署名68,923名．
　　　原水爆禁止広島県民運動連絡会，署名1,013,472名．
8. 27　広島県民の原水爆禁止署名，国連本部へ発送．
8. 28　総評幹事会，政治活動方針のなかで「吉田内閣打倒と原爆禁止署名運動」きめる．
　　　九州平和者会議準備会（福岡），原水爆禁止署名147,585名．
8. 31　列国議員同盟総会で，日本代表，原水爆の国際管理訴う（賛成234，反対232，棄権20）．
　　　原水爆禁止運動豊島区協議会（東京），署名177,093名．

8月5日　安藤国務，保利農林，岡崎外務の各大臣協議の結果，ビキニ間接損害の救済策として融資追加決定．
　　　第五福龍丸被災乗組員ら，入院以来約100日ぶりで面会，原水爆禁止を叫ぶ．
8. 10　衆院水産委，ビキニ損害すべて補償せよとの米大統領への申入れを決議．
8. 17　廃棄マグロに対する第2次応急補償，内閣できまる．
8. 20　廃棄マグロ補償116隻に7,891,000円きまる．
8. 21　ビキニ海域調査中間報告会，参院でひらかれる．
8. 22　第五福龍丸，焼津より海上保安庁の「しきね」で東京港に回航．
8. 24　第三良栄丸マグロ2,364貫に放射能検出廃棄処分．
8. 26　海上保安庁，放射能汚染を理由にロンゴラップ島などに近寄るなの航海警報．
8. 30　原爆症協議会臨床部会，久保山さんの重体を発表．
8. 31　久保山さん深いこんすい状態へ．

一般事項

9月1日　山口県下関市役所受付の原水爆禁止署名93,564名.
9. 2　列国議員同盟総会, ベルギー提案, 原水爆実験の全面禁止案を否決.
　　　　全日本電機機器労働組合の原水爆禁止署名558,200名.
9. 3　岡崎外相「水爆実験になお協力」と語る.
　　　　中国解放軍, 金門・馬祖へ砲撃開始.
9. 4　原水爆禁止運動郡山地方連絡会(福島), 署名35,249名.
9. 5　全国の原水爆禁止署名7,863,949名.
9. 7　原水爆禁止運動広島県協議会発足.
9. 8　SEATO 条約成立.
9. 9　山形市原水爆反対実行委員会, 署名23,362名.
9. 10　米原子力委員長「太平洋上の原爆実験は中止しない」と言明.
　　　　ダレス・吉田会談.
　　　　京都平和センターの原水爆禁止署名249,415名.
　　　　水爆対策大阪地方連絡会の原水爆禁止署名417,778名.
9. 13　原水爆禁止署名, 広島県1,013,472名, 東京都641,111名.
9. 15　原水爆禁止運動栃木県協議会の原水爆禁止署名30,000名.
　　　　岡崎外相「ビキニ実験, 阻止せぬ」と言明.
9. 16　安藤国務相「水爆実験禁止すべきである」とのべる.
9. 20　岩手県労働組合総連合会の原水爆禁止署名14,930名.
　　　　東京・千代田区役所受付の原水爆禁止署名132,937名.
　　　　長野県憲法擁護連合の原水爆禁止署名715,559名.
　　　　全国金属労働組合の原水爆禁止署名60,237名.
　　　　全国建設省労働組合の原水爆禁止署名1,505,913名.
9. 23　愛知県平和委員会の原水爆禁止署名69,054名.
　　　　世界平和評議会から, 原水爆禁止署名運動全国協議会に書簡.
9. 25　焼津市民大会代表, 米大使と日本政府へ決議文伝達.
　　　　三崎・焼津漁民代表, 外務省へ,「ビキニ対策」で善処を要求.
　　　　全国銀行従組連合会の原水爆禁止署名

第五福龍丸事件事項

9月1日　米国務省, ビキニ被害の補償の法的責任なしと示唆.
　　　　静岡県知事補償促進を政府に申入れ.
　　　　久保山さん黄疸悪化す.
9. 3　岡崎外相, 水爆実験になお協力と記者会見.
9. 4　久保山さん意識をとりもどす.
9. 11　ビキニ被災救済第2次融資, 130,400万円決定, 融資に政府資金の貸付きまる.
9. 15　岡崎外相, 衆院外務委で実験阻止には賛成できぬ, 日本人の生命, 漁業に対する保障があれば阻止しないと答弁.
9. 20　放射能マグロ8月より激増と楠本厚生省環境衛生部長が参院水産委で説明.
9. 21　第五福龍丸家族に慰謝料内払いとして1世帯50万円支払を閣議決定.
　　　　久保山さんの容体また悪化.
9. 22　焼津市で市民大会.
9. 23　久保山氏, 午後6時56分永眠さる, 政府対米折衝強化などビキニ対策を急ぐ.
9. 24　総評, 犠牲者の完全補償を政府に申入れ.
9. 25　久保山さんの遺骨焼津へ到着.
　　　　稲にも放射能検出, 放射能被害調査関係科学者の会で報告さる.
　　　　焼津市代表, 政府へ決議文手交, 三崎漁業会と焼津市民, 原水爆禁止と全額補償要求のプラカードをたて, 外務省, 米大使館前を自動車デモ.
9. 28　原爆症協議会臨床部会, 第五福龍丸患者の容体発表.
9. 29　久保山さんの容態悪化のニュースに接し, 全国の小・中学生からお見舞の手紙(9/1～9/29の間, 日附印あきらかなもの) 337通.

一般事項	第五福龍丸事件事項
205,000名. 原水爆禁止署名，全逓信従業員組合101,686名，全日通労働組合22,479名，全国電気通信労働組合67,802名. 9.27　参院水産委で，「水爆実験中止は不可能」と岡崎外相が発言.	
10月1日　原水爆禁止署名，全憲法擁護宮崎県民連60,328名，長崎県評76,566名．世界平和集会兵庫県発起人会169,248名，横須賀平和の会28,580名，三重地方労働組合協議会94,696名，小樽市市役所受付117,195名．	10月2日　草葉厚相，衆院厚生委で久保山さんの解剖結果を世界に発表したいと言明.
10.2　米極東軍，在韓第8軍司令部を日本へ移駐と公表. 全関東平和愛好者会議(10/2〜10/3)，原水爆禁止運動を発展させるための申し合せ，安全保障に関する決議. 衆院厚生委で「水爆実験補償申入れ」安藤国務相が発言. 故久保山愛吉氏の解剖結果，世界に発表したいと厚相が言明.	10.7　原爆被害対策に関する調査研究連絡協議会，内閣に設置. 10.9　故久保山愛吉さんの葬儀，静岡県漁民葬でおこなわれる．出漁中の漁船からも弔電，総評加盟各労組は同時刻に，一斉黙とう，また，サイレン，汽笛を鳴らし，職場では原水爆禁止の職場大会ひらく.
10.3　西独の主権回復と再軍備9ヵ国協定に調印．	10.12　故久保山愛吉さんの追悼全国漁民大会，原水爆禁止，損害補償など決議．
10.4　原水爆禁止署名，私鉄総連120,298名．全国駐留軍労働組合34,341名，全国で11,119,134名．	10.15　原爆被害対策に関する調査研究連絡協議会の初総会ひらかる，原爆症調査研究協議会は発展的に解消．
10.5　水爆禁止署名，東京・中央区原水爆禁止運動特別委員会197,798名，奈良県原水爆対策協議会106,046名．	10.31　第五福龍丸，水産大わきの海上にけい留，残留放射能の測定はじめる．
10.7　全司法労働組合の原水爆禁止署名12,508名．	
10.8　国連本部，広島県民の署名簿受理と発表．	
10.9　故久保山愛吉氏県漁民葬，焼津市でおこなわれる．「総評」加盟労働組合，一斉に黙とう捧ぐ．	
10.10　原水爆禁止署名，岐阜県平和者会議準備会50,143名，化学産業労働組合同盟34,732名．	
10.12　原水爆禁止，故久保山愛吉氏追悼全国漁民大会， 原水爆禁止署名，全百貨労働組合26,770名，キリスト者平和の会21,643名．	
10.15　原水爆禁止署名，宮城県平和懇談会159,443名，茨城県原水爆禁止運動世話人会145,593名，原水爆禁止運動富山県連絡会233,958名，佐賀県婦人連絡会112,680名．	
10.19　木更津・きみつ懇談会の原水爆禁止署	

一般事項	第五福龍丸事件事項
名15,474名.	
10. 20　原水爆禁止運動中野協議会（東京）原水爆禁止署名，152,500名，原水爆禁止運動渋谷区協議会（東京）123,893名，愛媛県平和連絡会156,610名.	
10. 21　モントゴメリー元帥「原子兵器の基本は将来航空戦力が決定する」と発言.	
10. 22　原水爆禁止署名，東京朝鮮人中・高校生平和委員会198,374名，日本炭礦主婦の会218,208名，平和擁護日本委員会1,581,641名.	
10. 23　原水爆禁止署名，全国で14,137,779名，水爆禁止運動杉並協議会278,757名.	
10. 24　故久保山愛吉氏追悼原水爆禁止の集い（東京）.	
10. 26　青森県平和憲法擁護の会の原水爆禁止署名112,864名.	
10. 30　全国麦酒産業労働組合の原水爆禁止署名34,021名.	
10. 31　原水爆禁止署名，群馬県民の平和運動本部114,388名，原水爆禁止品川区協議会143,249名.	
11月5日　原対協，原爆被害者の実態調査まとめる.	11月2日　原爆対策連絡協議会医学部会，第五福龍丸患者のうち何人かは近く退院可能と発表.
11. 6　原水爆禁止署名，熊本県婦人連盟198,722名，全日本自由労働組合177,346名.	11. 4　金沢市で連日放射能雨.
11. 10　ユネスコ執行委「原水爆実験にともなっておこる危険について研究することを国連に要請する」決議.	日本カツオ・マグロ漁連，水爆補償を各省へ陳情.
山口県連合婦人会の原水爆禁止署名60万名.	11. 5　新米（昭和29年度産米）に放射能，高知大曾我部教授測定.
「武装なき平和社会の建設へ」世界連邦アジア長崎大会.	11. 9　谷川岳の雪に放射能，群馬大放射線科で測定.
11. 11　高知県原水爆対策協議会の原水爆禁止署名188,058名.	11. 10　衆院水産委で大平善梧，入江啓四郎，加藤一郎，小田滋の4参考人ともに水爆実験は違法との見解表明.
11. 12　世界連邦アジア会議「ヒロシマ宣言」だす.	11. 12　ビキニ被災による所得減額申請要領を水産庁通達.
11. 13　静岡県婦人団体連合会の原水爆禁止署名168,982名.	11. 14　琉黄島附近でとったサワラに放射能1,000カウント，焼津港で廃棄.
11. 15　日本教職員組合の原水爆禁止署名2,628,869名.	11. 15　放射能に関する日米会議，東京上野の学術会議会議室でひらく（15日～19日）.
原水爆禁止署名運動全国協議会から世界平和評議会に書簡.	11. 16　六大都市市場仲買人に対する救済融資決定.
11. 18　ストックホルム世界平和評議会会議（11/18～11/23）.	11. 19　日米放射能会議終る.
11. 22　原水爆禁止署名全国で18,200,644名，憲法擁護国民連合5,518,051名.	
11. 23　長崎・広島原爆青年交流会「原水爆禁止決議」.	

一般事項	第五福龍丸事件事項
11.24　ブライアント夫人，米国民の1万名の原水爆禁止署名を，日本友和会に寄託．	
11.25　日本赤十字本社で，広島・長崎原爆資料展．	
11.26　世界自由労連「原子爆発にともなう危険・安全措置」決議．	
12月2日　米華相互防衛条約調印（55年3月3日発効）．	12月1日　吉田首相，東隆（右社）の参院本会議での質問に「水爆による漁業者その他の被害については，米国政府の注意を促し米国政府も最も同情的に問題を研究しているので，いずれ満足な回答があると思う」と答弁．
12.5　全国の原水爆禁止署名19,024,242名．	
12.6　文部省学術情報室から「欧州原子戦研究所の協約」発表さる．	
12.13　全国の原水爆禁止署名20,068,953名．	
12.14　全国の原水爆禁止署名20,081,232名．	12.22　原爆対策連絡協議会食品衛生部会，マグロはもう大丈夫と発表，近く検査中止へ．
12.16　原水爆禁止署名運動全国協議会世話人代表者会議．	
12.17　NATO理事会，核攻撃を検討，使用決定権は各国政府にあることを確認． 米原子力委員長「放射能灰が危険だからといって，実験を中止したり，マーシャル実験場を移転したりはしない」と言明．	12.23　次官会議，第五福龍丸乗組員の補償金，マグロ廃棄漁業者への補償金の支払いを決定． 正月を焼津で迎えるため入院中の乗組員の帰郷第1陣，東京を出発．
	12.24　第3次ビキニ被災救済補償閣議決定．
12.21　原水爆実験で，鳩山首相「米・ソに禁止要求を考慮」と言明．	12.25　厚生省マグロ検査中止きめる．東京都は検査打切りに反対し抗議．
12.22　「原水爆禁止全国署名運動協議会」代表，鳩山首相に原水爆禁止を申入れ，首相「協力約す」．	12.28　マグロ検査の廃止を閣議決定，東京都も中止決定．
12.23　ビキニ被災，第五福龍丸乗組員，焼津に帰郷．	
12.24　第3次ビキニ補償，閣議決定． 全国の原水爆禁止署名20,081,232名．	
12.28　マグロ放射能検査中止，閣議決定．	
1955年	**1955年**
1月1日　米，仏を介さず南ベトナム援助開始．	1月4日　ビキニ被災補償，見舞金として100万200万ドル支払う日米交換公文署名さる．
1.3　米・ラドフォード参謀議長来日．	
1.6　米「年頭教書」で「核兵器を改良し，これをますます多くの陸・海・空三軍に装備する」と発言．	1.5　法大安井教授「ビキニ補償」は，国際法上問題として①信託統治地域でおこなったこと，②その周辺の公海上に危害をおよぼしたこと，③放射能雨によって他国の領土（日本）内に危害をおよぼしたことと発言． 大蔵省ビキニ慰謝料支払いで協議． 帰郷中の第五福龍丸患者補償額に不満，見崎漁労長「漁民，国民は納得しない．退院後の一切の責任は政府にとってもらいたい」と語る．
1.11　米，濃縮ウラン供与などの対日原子力援助の意志表示．	
1.13　「原水爆禁止署名運動全国協議会」原爆被災10周年の30年8月6日「広島」で世界大会をひらくことを内定．	
1.16　「原水爆禁止署名運動全国協議会」会議，世界大会のよびかけ採択，全国署名数22,074,228名．	
1.17　ソ連外相，中国・東欧諸国に原子力平和利用技術援助を表明． 沖縄米軍基地の無期限使用を米アイゼ	1.6　ビキニ被災事件損害の補償に関する打合会設置きまる．

一 般 事 項	第五福龍丸事件事項
ンハワー大統領表明. 全国水産物小売商連合会ビキニ補償に16,500万円を要求. 世界平和評議会「原子戦争の準備に反対する訴え」(1/17～1/19) 19日にウィーン・アピール採択. 1. 18　江戸川区（東京）在住の主婦富沢千鶴子氏らのグループが, 米国, カナダ, インド, オーストラリア, ニュージランド5ヵ国の有力新聞社に「原水爆禁止の訴え」をおくったところ, 3,000通の返書とどく. 米大統領「沖縄は無期限に占領をけいぞく」と言明. 1. 22　アラブ連合5ヵ国会議, バグダット条約への不参加決定. 1. 25　アジア法律会議開催（インド・カルカッタ）. イギリス議事堂前で平和大集会. 1. 27　米・英・濠・ニュージランドで, アジアに新機動部隊計画. 1. 29　西独・フランクフルトで再軍備反対大会. 1. 30　原水爆禁止, その他の一切の大量破かい兵器の禁止に関する決議（カルカッタ）. 「原水爆禁止」全世界の署名運動へ, ウィーン・アピール採択. 2月6日　米第7艦隊, 国府の大陳島撤退と台湾防衛のため, 台湾海峡に集結. 2. 15　米原子力委, ビキニ水爆報告, 7,000平方マイルに降灰と発表. 2. 17　英, 国防白書発表, 水爆製造開始を表明. 2. 19　SEATO 条約発効. 2. 24　トルコ・イラク相互防衛条約調印. 3月1日　英首相「水爆製造計画」公式発表. 3. 2　第1回原水爆禁止世界大会準備会懇談会全国協議会の組織をあらため, 団体加盟とし, 各地に準備委をもうける」ことをきめた. 3. 7　米兵員600名参加, ネバダで原爆実験実施. ビキニ被災1周年「原子戦争反対の集い」, ビキニ被爆患者出席あいさつ. 3. 8　世界大会準備小委員会. 3. 10　世界労連提唱パリー協定反対国際デー. 3. 14　鳩山首相「日本に原爆貯蔵してもよい」と言明. 3. 15　ダレス, 中国の全面攻撃に原子兵器使	帰郷していた第五福龍丸乗組員ら上京再入院. 六大都市市場関係者, 補償金配分で要望書提出. 1. 12　ビキニ被災問題妥結などは, 政府の反米感情一掃のための具体策と, ダレス国務長官に鳩山首相が書簡おくる. 1. 13　ビキニ被災事件損害の補償措置に関する打合会の初会合. 1. 14　日本カツオ・マグロ漁協連, 損害完全補償要求を協議. 1. 17　全国水産物小売商連合会ビキニ補償に16,500万円要求. 1. 22　日本カツオ・マグロ漁協連, 完全補償で公開質問状を政府に手交. 1. 23　衆院水産委, 政府にビキニ被災補償の要望書を提出. 2月10日　日本カツオ・マグロ漁協連, 前日の政府回答に反ばく声明. 3月19日　日本カツオ・マグロ漁協連, 水産庁に陳情. 3. 24　ストローズ米原子力委員長, 昨春の水爆実験で死んだ人は1人もいないと, 両院合同原子力委で発表, ビューガー米原子力委生物医学部長は, 久保山氏の死因は放射能ではないと記者団に語る. 3. 31　日本カツオ・マグロ漁協連, 補償緊急融資を陳情.

年　表　　683

一　般　事　項	第五福龍丸事件事項

　　　　用と公言．
3. 17　原子戦争準備に反対するつどい．
　　　　「1953年以来，原子戦化が促進され，現在では陸軍砲兵部隊と戦術空軍の原子兵器装備は完成し，これら部隊は，一般兵器で効果的な戦闘はおこなわない」アジアと太平洋の三軍部隊に関するニクソン副大統領声明．
3. 20　ロンドンで，水爆反対，西独再軍備反対の市民集会．
3. 28　「アメリカ政府当局の言によれば，現在，すでに完全装備の原子兵器が海外に貯蔵されている．したがって，大統領は，当該地アメリカ軍司令官に対し，一定の条件下においてはホワイトハウスの承認をまつことなく，これら原子兵器を使用する権限を委任している」（『ニューズ・ウィーク・アンド・リポート』誌）．

4月3日　フランスで全国平和集会．
4. 4　　英，バグダット条約調印．
4. 6　　アジア諸国民会議「8・6原水爆抗議の日」と決議．平和5原則確認（4/6〜4/10）．
4. 7　　米，原子力発電所4建設計画発表．
4. 10　米大統領，台湾海峡問題で，原子兵器も使用と公言．
4. 13　米大統領，NATO加盟14ヵ国間における原子兵器情報交換協定案を承認，NATO理事会は，米国から原子力に関する秘密情報をうける協定を承認．
4. 18　アインシュタイン博士死去．
　　　　アジア・アフリカ会議（バンドン会議），29ヵ国参加，バンドン10原則発表．
4. 19　第1回原水爆禁止世界大会準備懇談会「外国の平和活動家など約100名をまねく」ことをきめる．
4. 22　西独再軍備反対欧州労働者会議（ライピチヒ），ドイツ平和会議（ドレスデン）．
4. 23　バンドン会議，原水爆禁止決議．
4. 25　「原爆裁判」はじまる．
4. 29　米，台湾に米基地建設を公表．
　　　　ソ連，原子炉を中国，ポーランド，チェコ，ルーマニア，東ドイツに供与する協定に調印．
　　　　仏政府，核物質の生産増強，発電原子炉など3ヵ年原子力計画を承認．

5月2日　「原水爆禁止世界大会の準備をすすめるにあたって」第1回大会準備会のよび

4月1日　日本医学総会で，三好，熊取両医学博士などビキニのスライド，写真を初公開報告．
4. 7　　六大都市市場仲買人ビキニ再融資を要望．
4. 28　ビキニ被災補償の配分，閣議決定，事件善後措置行政費は除外．
　　　　日本カツオ・マグロ漁協連，なお国家補償を要求と声明．

5月20日　ビキニ被災第五福龍丸乗組員退院帰郷．

一般事項	第五福龍丸事件事項
かけでる.	
5. 6　西ドイツ NATO に加盟.	
5. 8　東京砂川町で立川基地拡張反対決起集会.	
5. 9　富士演習場返還住民総決起集会.	
5. 10　原水爆禁止世界大会準備委員総会「大会の目的, 性格, 基本構想, 運動のすすめ方, 財政, 日程」などを決定.「日本準備会」を結成.	
5. 11　ソ連・東欧 8 ヵ国会議 (5/11〜5/14), ワルシャワ条約, 統一司令部設置議定書に調印.	
5. 12　東京砂川町議会, 立川飛行場拡張絶対反対決議.	
5. 17　米対潜防衛の原爆水中実験をおこなう.	
5. 24　新潟県議会, 米軍新潟飛行場拡張反対を満場一致で決議.	
5. 31　第 1 回原水爆禁止世界大会日本準備会総会.	
6月4日　日本平和愛好者大会, 原子戦争準備反対, 基地・沖縄闘争強化など決議 (6/4〜6/5).	6月26日　日本カツオ・マグロ漁協連, 臨時総会でビキニ補償配分規準を決定.
6. 7　日本母親大会, 軍事基地をなくす運動, 原子戦争準備反対などの運動決議, 久保山すずさん「水爆に夫を奪われて」の報告 (6/7〜6/9).	6. 30　第五福龍丸乗組員の慰謝料の配分, 最終決定, 最高 2,291,000 円, 最低 191 万円.
6. 11　米大統領, 西側同盟諸国に実験用原子炉提供を発表. 第 1 回世界大会準備会, 代表準備委員の合同会議が大会の企画, 外国代表, 東京準備会などをきめる.	
6. 13　ソ連首相, インド首相と平和 5 原則確認.	
6. 15　米・英・加・ベルギーと包括的な原子力協定調印.	
アメリカで, 初の水爆待避訓練.	
6. 20　自衛隊北部方面隊 CBR 大隊長教育実施.	
6. 21　NATO 軍の合同原子力演習 (6/21〜6/28)「カルト・ブランシュ (白紙)」作戦実施.	
6. 22　ヘルシンキ世界平和集会, 68 ヵ国参加, 日本代表の「8・6 原子兵器反対闘争デー」決定, 4 大国首脳会議開催要求のアピールをだす.	
第 1 回世界大会準備会が「地方準備活動をすすめるにあたってのおねがい」を発表.	
6. 23　全国軍事基地反対連絡会議結成.	
6. 28　「原水爆禁止世界大会常任委員会」が	

一 般 事 項	第五福龍丸事件事項
「大会のもち方, 分科会, 東京大会のもち方, 外国代表の招請, および日程」などをきめる. 6. 29　米・西ドイツ軍事援助協定調印. 6. 30　東京の国連軍司令部,「韓」国へ移動, 府中に第5空軍司令部移動, 府中の極東軍司令部ハワイへ移動と発表. 重点基地は, 立川, 横田, ジョンソン, 木更津, 三沢, 小牧, 芦屋, 板付, 岩国となる. 戦術米空軍の50%日本本土に展開. 7月1日　モスクワで原子力平和利用会議. 7. 7　世界母親大会, 戦争に反対し, 子どもを守り軍縮および各国間の友好を決議. 　　　「原子力研究所」設置方針きまる. 　　　第1回原水爆禁止世界大会準備会代表準備委員会議. 7. 9　バートランド・ラッセル, 原子戦争の危険を各国首相に警告（ラッセル・アインシュタイン宣言）. 7. 15　湯川秀樹ら18科学者, 原子戦争の危険を警告した共同声明（リンダウ宣言）. 7. 18　米英仏ソ4国巨頭会談 (7/18～7/23). 7. 21　英外相, 東西間の非核武装地帯設置案. 米大統領, 米・ソ相互空中査察案提案. 7. 24　砂川町民大会, 基地拡張反対決議. 7. 28　米陸軍省, 日本にオネストジョン1個中隊を沖縄に配備になると発表. 7. 29　沖縄米極東軍基地に原子砲到着. 7. 30　周首相, 全アジア太平洋集団安保条約提唱. 8月1日　第1回米・中大使級会談開催. 8. 2　防衛閣僚懇談会の設置を閣議決定. 　　　世界青年平和友好祭の国際音楽コンクール作曲部門で木下航二作曲「原爆を許すまじ」が入賞. 8. 5　原子力平和利用国際会議 (8/5～8/20). 　　　第1回原水爆禁止世界大会 (8/6～8/8), 東大生産研究所糸川教授ら, 秋田海岸で, ペンシル型・ベビー型ロケットの飛行実験開始. 　　　広島宗教者平和会議ひらく. 　　　広島 ABCC ホームズ所長, 10年間の調査結果と ABCC の使命についての声明書発表. 8月10日　ニューヨーク, カーネギーホールで広島原爆投下10周年追悼大会. 8. 15　第1回原水爆禁止世界大会東京大会. 　　　全国署名数32,382,104名, 世界で67,000万名と発表.	8月6日　久保山すずさん（34歳）, 実母しゆさん（71歳）とともに第1回原水爆禁止世界大会に参加（広島）. 8. 13　故久保山愛吉さんの新盆.

文 献 目 録

1 自然科学

伊藤登他「所謂"原爆マグロ"の研究報告」(奈良医学雑誌5-1, 1954.3)

気駕正巳「死の灰の事など」(診療の実際 5-4, 1954.4)

木村健二郎, 本田雅健, 池田長生「死の灰の本体をこうしてつきとめた(座談会)」(科学朝日, 1954.5)

伊藤博「気象からビキニの降灰を推定する」(科学朝日, 1954.5)

浅田常三郎「原爆・水爆・リチウム爆弾」(科学朝日, 1954.5)

斎藤国夫「日本学術会議第17回総会における原子力問題についての報告, 審議——概要」(学術月報, 1954.5)

山崎文男, 筧弘毅「第五福龍丸の残留放射能」(科学, 1954.5)

木村健二郎「第五福龍丸に降った放射性の灰」(科学, 1954.6)

中村誠太郎「ビキニ灰の基礎的事実」(自然, 1954.6)

「アメリカ国内の放射能検索組織」(科学朝日, 1954.7)

大塚龍蔵・島田健司「ビキニ水爆実験に対する気象学的調査(英文)」(気象雑誌, 1954.7)

有住直介「ビキニの灰はどこまで拡がるか」(自然, 1954.7)

宮城雄太郎「ビキニ実験と南方漁業の危険」(自然, 1954.7)

小林寛「原爆マグロの調査の概要」(獣医畜産新報3-6, 1954.7)

三宅泰雄, 有住直介, 磯野謙治「日本に降った放射能雨」(科学, 1954.8)

中村広司「遠洋マグロ, 近海マグロ」(科学朝日, 1954.8)

富山哲夫「魚と水中の放射能」(科学朝日, 1954.8)

檜山義夫「放射線生物学からみたビキニ環礁の生物」(科学朝日, 1954.8)

大塚龍蔵, 島田健司「ビキニ水爆実験に対する気象学的調査(英文)」(気象雑誌, 1954.8)

中村誠太郎「放射能雨の成分と効果」(自然, 1954.8)

杉浦吉雄「ビキニ環礁附近海域の調査について」(天気, 1954.8)

増田善信, 藤田敏夫「今夏の異常気候と水爆の影響」(天気, 1954.8)

「放射能と茶」(茶業界, 1954.8)

木羽敏泰「いわゆる"原爆マグロ"に附着せる放射性物質について」(分析化学3-4, 1954.8)

木村健二郎他「第五福龍丸に降った放射性物質について」(分析化学3-4, 1954.8)

山寺秀雄「第五福龍丸より採取せる放射性塵埃について」(分析化学3-4, 1954.8)

木村健二郎他「"ビキニの灰"の分析をめぐって」(分析化学3-4, 1954.8)

森信胤「放射性物質による汚染について」(分析化学, 1954.8)

塩川孝信「ビキニの灰を分析して」(化学, 1954.9)

江川友治「放射能雨による農作物の汚染」(自然, 1954.9)

河端俊治「食品衛生より見た汚染状況」(食品衛生, 1954.9)

長沢佳熊「放射能とその汚染」(日本薬剤師協会雑誌, 1954.9)

品川睦明「雨の放射能」(広島医学, 1954.9)

塩田善行「原水爆と気象」(理論, 1954.9)

江川友治「原水爆と農作物」(理論, 1954.9)

大久保不二夫「鹿児島地方における放射能雨ならびに放射能魚に関する調査研究」(医学と生物学33-1, 1954.10)

檜山義夫「水爆実験による魚類の放射能汚染」(天文と気象, 1954.10)

河端俊治「食品衛生面から見た魚の放射能汚染」(天文と気象, 1954.10)

松江吉行「"ビキニの灰"」(天文と気象, 1954.10)

谷田沢道彦「作物の人工放射能汚染」(天文と気象, 1954.10)

飯村康二「人工放射性雨と農作物」(天文と気象, 1954.10)

天正清「作物根からの放射性物質の吸収」(天文と気象, 1954.10)

三宅泰雄「日本に降った人工放射性雨」(天文と気象, 1954.10)

藤田敏夫「水爆実験と今夏の異常天候」(天文と気象, 1954.10)

島田健司「放射能灰の拡散(ビキニ付近の気団分析)」(天文と気象, 1954.10)

荒川秀俊「水爆実験と冷夏暖冬」(天文と気象, 1954.10)

多賀信夫「放射能汚染水の浄化」(天文と気象, 1954.10)

松江吉行「"ビキニの灰"」(天文と気象, 1954.10)

農業技術研究所員有志「農業と水爆」(平和, 1954.10)

江川友治「続・放射能雨による農作物の汚染」(自然, 1954.11)

木村健二郎「ビキニの灰分析」(日本薬剤師協会雑誌, 1954.11)

谷田沢道彦「放射能の農作物への影響」(農業技術研究, 1954.11)

江川友治「放射能で汚染される農作物」(農業朝日, 1954.11)

民科西ガ原農研班「放射能調査と国民のための科学」(理論, 1954.11)

大井正「反国民的科学者のイデオロギー」(理論, 1954.11)

三宅泰雄, 杉浦吉雄, 亀田和久「ビキニ海域における人工放射能の分布とその海洋学的考察」(科学, 1954.12)

宇田道隆「ビキニ近海の海況と漁場の汚染」(科学, 1954.12)

三好寿「ビキニ環礁の海洋物理学」(科学, 1954.12)

河端俊治「放射能による魚類の汚染」(科学, 1954.12)

末広恭雄「魚類におよぼす放射性物質の影響」(科学, 1954.12)

江川友治「米と野菜への影響」(科学朝日, 1954.12)

「拡がる放射能の波紋」(科学朝日, 1954.12)

三宅泰雄「南の雨・北の雪」(科学朝日, 1954.12)

河端俊治「魚類の放射能汚染」(公衆衛生16-6, 1954.12)

荒川秀俊「水爆の実験と気象の変化」(公衆衛生 16-6, 1954.12)

田島英三「漁船はどうして放射能に汚染されたか」(自然, 1954.12)

気象研究所原水爆調査グループ「ウランゲル島水爆実験説——世にも不思議な物語——」(自然, 1954.12)

中村誠太郎他「ビキニ問題をめぐって(討論)」(自然, 1954.12)

西村耕一他「伊良湖岬および名古屋市内の土壌中の放射性物質」(名古屋工業技術試験所報告, 1954.12)

岡野真治「ビキニ海域の汚染状況」(日本物理教育学会誌2-3, 1954.12)

水渡英二他「第五福龍丸に降った"ビキニの灰"の電子顕微鏡廻折による研究」(科学, 1955.1)

三宅泰雄「放射線物質の土壌・水・生物への移行とその汚染除去」(学術月報7-10, 1955.1)

檜山義夫「ビキニ事件から日米放射能会議まで」(学術月報, 1955.1)

村上悠紀雄「ビキニ灰分析」(学術月報, 1955.1)

木村健二郎「ビキニ事件の調査をめぐって」

（学術月報，1955.1）
菊池武彦「ビキニの原爆灰について」（内科宝函，1955.1）
谷田沢道彦「農作物の放射能汚染に関する基礎的問題I」（農業及園芸，1955.1）
長沢佳熊「食品の放射能による汚染」（厚生，1955.2）
谷田沢道彦「農作物の放射能汚染にかんする基礎的問題II」（農業及園芸，1955.2）
野崎博他「ビキニの灰による畜産物の汚染—1—」（農業技術研究所報告G10，1955.2）
野崎博「牛乳の放射能について」（農業技術研究所報告G10，1955.2）
大久保不二夫「魚の放射能について—2—」（医学と生物学，1955.3）
天野慶之「魚類の放射能検査」（自然，1955.3）
杉浦吉雄「海水の人工放射能について」（測候時報，1955.3）
谷田沢道彦「1954年春ビキニ環礁で爆発した水爆に由来する原子核分裂生成物の植物による吸収」（日本農芸化学会誌，1955.3）
水野守三「呉市広地区における雨の放射能測定」（広島医学8-3，1955.3）
大久保不二夫「魚の放射能について—3—」（医学と生物学35-2，1955.4）
三宅泰雄「放射能汚染」（化学工業，1955.4）
三宅泰雄「大気および雨の放射能汚染」（原子力工業1-1，1955.4）
大板良介「放射能雨について」（水文気象2-4，1955.4）
三宅泰雄「日本に降った人工放射性雨・雪（II）9月～12月，1954」（天文と気象，1955.4）
村地孝一「放射能と生物」（生物科学7-2，1955.5）
寺崎恒信「降雨中の人工放射能について—1—」（天気，1955.5）
「放射能汚染カツオ筋肉中に含まれる放射性元素のイオン交換樹脂による分離及び放射性亜鉛の確認」（公衆衛生院研究報告4-3，1955.6）
高瀬明他「放射能汚染魚体における放射能分布とその放射定性分析による分属」（公衆衛生院研究報告4-3，1955.6）
布目順郎「放射能雨と養蚕」（蚕糸界報，1955.6）
青山三郎「原水爆実験と日本の漁業」（自然，1955.6）
戸沢晴巳「マグロ検査をやめてよいか？」（自然，1955.6）
今井正二「農作物の放射能汚染をめぐって」（自然，1955.6）
気象研究所原水爆調査グループ「北からの放射能雨の実体」（自然，1955.6）
三宅泰雄「放射能雨の性格」（測候時報，1955.7）
根本順吉「大気中の人工放射能と気象」（天気，1955.7）
杉浦吉雄「『北からの放射能雨の実体』を批判する」（自然，1955.8）
寺崎恒信他「降雨中の人工放射能について—2—」（天気，1955.8）
大久保不二夫他「人工放射能雨による食品の汚染について」（医学と生物学36-6，1955.9）
長沢佳熊他「昭和29年度新潟県産米の放射能汚染に関する研究」（衛生試験所報告73，1955.9）
石川浩一「核分裂生成物質の動物体内における吸収沈着排泄とその除去法」（原子力工業1-7，1955.10）
妹尾弘之「松江市における雨水中の放射能について—1—」（島根医学9，1955.10）
市川収「原子灰による家畜の放射能障害実験」（日本獣医師会雑誌，1955.10）
小坂隆雄他「新潟市における放射能雨及び汚染空気—1」（新潟医学会雑誌69-11，1955.11）
市川親文「放射性物質と作物—1」（農業867，1955.11）
河合武「放射性物質は作物に対してどんな影響を及ぼすか」（農業技術研究，1955.11）
野崎博他「ビキニ灰による畜産物の汚染—2

一」(農業技術研究所報告 G 11, 1955.
  11)
市川収他「ビキニ灰による中雛の放射能障害
  の実験的研究」(農林省家畜衛生試験場
  研究報告 30, 1955. 11)
堀江絹子「ビキニの灰の放射能の減衰」(科
  学, 1955. 12)
盛田友弌他「赤道海域及びコラル海における
  放射能の検索について」(鹿児島大学水
  産学部紀要 4, 1956. 1)
斎藤要「放射能汚染魚に関する研究」(鹿児
  島大学水産学部紀要 4, 1956. 1)
黒木敏郎他「鹿児島附近の魚類・プランクト
  ン・海水について」(鹿児島大学水産学
  部紀要 4, 1956. 1)
立花昭「特集・原子力平和利用国際会議ジュ
  ネーヴの収穫」(自然, 1956. 1)
水野守三「呉市広地区における放射能測定」
  (広島医学 9-1, 1956. 1)
佐藤一男他「徳島地方の降雨の放射能につい
  て」(徳島大学学芸紀要(自然科学 6,
  1956. 2)
田島英三他「大気中の放射能」(科学, 1956.
  3)
山田薫「徳島県における放射能雨の測定」
  (四国医学雑誌 8-3, 1956. 3)
「大気放射能観測成績, 昭和30年4～6月」
  (大気放射能観測成績 1, 1956. 3)
渡辺正雄「仙台における放射能雨について」
  (中央気象台研究時報, 1956. 3)
守田康太郎他「ひと雨中の放射能の変化につ
  いて」(天気, 1956. 3)
川畑幸夫「米ソ原水爆実験による諸現象——
  地球物理学的立場より——」(自然, 19
  56. 4)
矢野直「放射能減衰から爆発日を求める方
  法」(天気, 1956. 4)
天野慶之他「放射能汚染魚に関する研究—4」
  (日本水産学会誌 21-12, 1956. 4)
石丸秀敏「放射線障害胚種の再生能に関する
  実験的研究」(医学研究 26-3, 1956. 5)
長沢佳熊他「原水爆実験による放射能汚染の
  研究 2～6」(衛生試験所報告 74, 1956. 6)
江藤秀雄「空気汚染について」(公衆衛生
  19-6, 1956. 6)
檜山義夫「食品汚染について」(公衆衛生
  19-6, 1956. 6)
三井進午「農作物の放射能汚染」(自然,
  1956. 6)
妹尾弘之「松江市に於ける雨中の放射能につ
  いて—2・3」(島根医学 10, 1956. 6)
村上悠紀雄「原水爆と放射能雨」(日本薬剤
  師協会雑誌, 1956. 6)
川城巌「食品と放射能」(日本薬剤師協会雑
  誌, 1956. 6)
「昭和31年1～3月, 大気放射能観測成績」
  (大気放射能観測成績 4, 1956. 7)
三宅泰雄他「1955年4月旭川地方に降った放
  射性の落下塵」(気象集誌 34-4, 1956.
  8)
池田長生「死の灰の分析」(自然, 1956. 8)
伊東彊自「放射能と気象(II)」(自然, 1956.
  8)
「昭和29年7月～11月の東京における雨水放
  射能」(測候時報, 1956. 8)
「P^{32}, S^{35}, Ca^{45}, Sr^{89}の魚体内への移転に
  関する研究」(日本水産学会誌 22-4, 19
  56. 8)
石井千尋他「空と海の放射能汚染(座談会)」
  (自然, 1956. 9)
岡林弘之「松江市に於ける雨水中の放射能量
  について」(島根医学 2-1, 1956. 10)
小池亮治「雨の放射能について」(天気, 19
  56. 10)
伊藤彊自「放射能と気象(I)」(自然, 1956.
  11)
杉浦吉雄「放射性の落下塵について—1」
  (測候時報, 1956. 11)
川畑幸夫「日本を蔽う空中放射能」(科学朝
  日, 1956. 12)
伊藤彊自「放射能チリ」(原子力工業 2-12,
  1956. 12)
石田典夫「放射能による汚染とその除去につ
  いて—1—」(労働科学, 1956. 12)
三好寿「海洋学上より見た障害」(アトム,
  1957. 3)
檜山義夫「蓄積するストロンチウム90」(科
  学朝日, 1957. 4)

道家忠義「蓄積する放射能汚染——特にストロンチウム 90 を中心として——」（自然, 1957.4)
末広恭雄「放射能の魚類への影響」（自然, 1957.6)
畠山久尚「原水爆実験と気象」（自然, 1957.6)
道家忠義「過小評価は許されない——リビーらの見解によせて」（自然, 1957.7)
都築正男「核爆発と放射能」（人類の危機と原水爆禁止運動 1, 1957.7)
小川岩雄「放射能汚染の現状と将来」（人類の危機と原水爆禁止運動 1, 1957.7)
菊地寅「原水爆実験による漁業の被害」（人類の危機と原水爆禁止運動 1, 1957.7)
武谷三男「誤れる水爆主義者たち」（中央公論, 1957.7)
武谷三男, 小川道雄, 道家忠義「リビー博士への反論」（科学朝日, 1957.8)
猿橋勝子, 三宅泰雄「放射科学と海洋」（科学, 1958.10)
檜山義夫「原子力時代の人類の環境の放射能汚染」（科学読売, 1965.1)
三宅泰雄「中国の核実験とフォールアウト」（科学読売, 1965.1)

医 学

小沼十才穂「原爆後遺症に関する神経学的研究」（内科の領域 2-5, 1954.5)
操担道, 服部絢一「原爆症耐過者に起る白血病の成因とその治療」（日本医事新報 1570, 1954.5)
操担道他「原子爆弾被爆者について」（日本医事新報, 1954.5)
筧弘毅「ビキニ灰と放射能障害」（日本医師会雑誌, 1954.5)
中泉正徳「ビキニ環礁の放射能症について」（科学, 1954.6)
高木彬光「原子病患者」（キング, 1954.6)
「誤報されたビキニ患者の症状」（自然, 1954.6)
都築正男「外科臨床の立場から考察した原子爆弾症特にその後遺症について」（広島医学 7-6, 1954.6)

田中克巳「原爆症は遺伝するか」（遺伝 8-7, 1954.7)
田中信徳「放射線は生物にどうはたらくか」（遺伝 8-7, 1954.7)
塩田広重他「放射能障害を語る（座談会）」（日本医事新報 1579, 1954.7)
井上武一郎「電離作用を有する放射線による傷害とその予防ー1ー」（安全衛生 113, 1954.8)
西脇安「人体に対する放射線の最大許容量」（科学, 1954.8)
宮川正, 江藤秀雄, 吉沢康雄「放射線障害の基礎概念と許容量」（科学, 1954.8)
「放射能対策」（科学, 1954.8)
都築正男他「放射能症の権威にきく（座談会）」（外科 16-8, 1954.8)
「日本医学放射線学会第 13 回総会演説抄録」（日本医学放射線学会雑誌 14-5, 1954.8)
原爆症調査研究協議会「原子爆弾後障害症治療方針」（日本医師会雑誌 32-4, 1954.8)
赤塚謙一「放射性同位元素とその障害——死の灰をめぐって」（薬局 5-9, 1954.9)
渡辺正樹「水爆の特効薬について」（輸出と品質, 1954.9)
草野信男「原水爆と医学」（理論, 1954.9)
西村米八「原爆稲とその遺伝」（遺伝 8-10, 1954.10)
藤原忠他「放射能を廻って（座談会）」（綜合医学, 1954.10)
都築正男「慢性原子爆弾症の診断と治療について」（日本医師会雑誌 32-8, 1954.10)
中泉正徳「放射線病一般について」（日本医師会雑誌 32-8, 1954.10)
真山周栄「神通川丸の被爆検査」（日本医事新報 1588, 1954.10)
川城巌「ビキニの灰と保健衛生」（薬局, 1954.10)
「ビキニ被災患者の実相」（医学通信, 1954.11)
「放射能対策」（科学, 1954.11)
「久保山氏遺体解剖報告『死の灰のツメあと』」（科学朝日, 1954.11)

徐慶一郎「ウィルス肝炎をめぐって」(科学朝日, 1954.11)
生田信保「原爆症と歯科医学」(歯界展望, 1954.11)
都築正男「放射能障害について」(日本医師会雑誌, 1954.11)
浦城二郎「原爆による貧血の治療について」(日本医師会雑誌, 1954.11)
操担道「原爆障害症の治療について」(日本医師会雑誌, 1954.11)
秋元寿恵夫「医学における民族的観点——久保山さんの死について」(理論, 1954.11)
村地孝一「遺伝との関連」(科学朝日, 1954.12)
三好和夫「久保山氏の解剖」(学術月報, 1954.12)
佐藤徳郎「核分裂産物の生体内代謝について」(公衆衛生, 1954.12)
大橋成一, 中村誠太郎「久保山さんを解剖して(対談)」(自然, 1954.12)
守屋昭二「原子爆弾被爆者の皮膚科学的観察」(皮膚と泌尿, 1954.12)
都築正男「放射能障害の予後について」(保険医学雑誌, 1954.12)
小山善之他「ビキニ被災患者の臨床及び病理所見」(医療, 1955.1)
小山善之他「ビキニ灰により被災した放射能症患者の臨床経過報告(中間報告)」(医療, 1955.1)
大橋成一他「ビキニ被災患者故久保山氏の病理学的所見(中間報告)」(医療, 1955.1)
小山善之他「ビキニの放射能症をめぐって(座談会)」(医療, 1955.1)
三好和夫「第五福龍丸乗組員の治療に当って」(学術月報, 1955.1)
中泉正徳「人体に対する放射能の最大許容量」(学術月報, 1955.1)
「特集・日米放射能会議を中心にして」(学術月報, 1955.1)
西尾一男「原水爆実験の我が国に及ぼした影響Ⅰ」(鹿児島医学雑誌, 1955.1)
中西新他「被爆者に於ける貧血の一例」(矯正医学会誌, 1955.1)

「放射物質の影響と利用に関する日米会議報告」(水道協会雑誌, 1955.1)
寺崎太郎他「原爆放射能の人類歯牙におよぼす影響」(日本歯科医師会雑誌, 1955.1)
村島二郎「原爆後遺性聴力障害」(日本耳鼻咽喉科, 1955.1)
西脇安「放射能と遺伝」(科学, 1955.2)
玉木英彦「体外からくる放射線の許容量について」(科学朝日, 1955.2)
西尾一男「原水爆実験の我が国に及ぼした影響Ⅱ」(鹿児島医学雑誌, 1955.2)
西脇安「放射能の遺伝的影響」(原子力, 1955.2)
津川洋三他「『放射能症の疑い』とした二つのケース」(十全医学会雑誌, 1955.2)
和田直「原爆二次的放射能によって惹起された慢性骨髄性白血病」(診断と治療, 1955.2)
清水健太郎, 中泉正徳, 石川浩一, 三好和夫, 筧弘毅, 檜山義夫, 都築正男「ビキニ患者の経過について」(東京医学雑誌, 1955.2)
中泉正徳「公衆衛生の立場から見た放射能障碍」(日本公衆衛生雑誌, 1955.2)
田島英三「日米放射能会議」(自然, 1955.3)
石川浩一他「ビキニ被災患者における精子生成障害」(日本外科学会雑誌 55-12, 1955.3)
「久保山さんのお献立」(臨床栄養, 1955.3)
宮川哲子「放射能症患者の献立」(臨床栄養, 1955.3)
小山善之他「ビキニ放射能症患者の食餌を語る(座談会)」(臨床栄養, 1955.3)
河端俊治「Zn^{65}の体内最大許容濃度についての問題」(科学, 1955.4)
筧弘毅「放射線の最大許容量について」(科学, 1955.4)
西脇安他「厚生省への質問状」(自然, 1955.4)
都築正男「原子力兵器による災害の医学的観察」(診断と治療 43-4, 1955.4)
都築正男「原子力兵器による障害について」(日本医事新報 1618, 1955.4)
筧弘毅「放射線の最大許容量について」(科

学, 1955.5)
西脇安「放射線障害の基礎Ⅰ」(自然, 1955.5)
伊藤登「放射能雨の生体に及ぼす影響」(医学通信, 1955.6)
市原正又「慢性原子爆弾症(都築氏に依る)の患者に現われた原子爆弾白内障の症例について」(眼科臨床医報, 1955.6)
西脇安「放射線障害の基礎Ⅱ」(自然, 1955.6)
「放射能症について」(昭和医学会雑誌, 1955.6)
山下久雄他「放射線被曝の最大許容量」(原子力工業, 1955.7)
富崎利親「原爆放射能の人類口腔領域に及ぼす影響」(歯界展望, 1955.7)
上野陽吉「第14回日本医学会総会を顧みて——放射能症を中心に——」(自然, 1955.7)
関根俊郎「放射線影響国際学術懇談会の成果」(科学朝日, 1955.8)
岡本彰祐「一科学者の英独紀行」(自然, 1955.8)
西脇安「放射線障害の基礎Ⅲ」(自然, 1955.8)
「特集・放射線影響国際学術懇談会の成果」(自然, 1955.9)
三輪史朗「原爆症について」(日本薬剤師協会雑誌, 1955.9)
松村精二「アメリカにおける放射線遺伝学」(遺伝 9-10, 1955.10)
吉沢康雄他「原子核分裂生成物の代謝に関する研究(予報)」(生化学 27-7, 1955.10)
三好和夫他「ビキニ放射能症の臨床並に血液学的観察」(日本血液学会雑誌 18-5, 1955.10)
大倉興司「人の遺伝と放射能」(科学, 1955.11)
小林貞作「細胞遺伝への効果」(原子力工業 1-8, 1955.11)
平木潔他「我々の取扱ったビキニ水爆症の血液並に骨髄所見について」(綜合臨床, 1955.11)
津川洋三他「放射線の骨髄芽球に及ぼす影響」(金沢医学叢書, 1956.1)

松沢秀夫「放射線の作用機構に関する基礎研究」(日本医学放射線学会雑誌, 1956.1)
江藤秀雄「人体と放射能」(日本物理学会誌, 1956.1)
青木猛「放射線の腹腔内細胞に及ぼす影響に関する研究」(金沢医理学叢書, 1956.3)
都築正男「肝臓と放射能」(東京女子医科大学雑誌, 1956.3)
鶴藤丞「放射能障害の危険と解毒」(アイソトープ, 1956.4)
春名英之他「放射能障害(特に造血臓器障害の治療)」(治療, 1956.4)
石津澄子「指紋が消える話」(労働の科学, 1956.4)
西脇安「health physics の問題」(科学, 1956.5)
「日本医学放射線学会第15回総会演説要旨」(日本医学放射線学会雑誌, 1956.6)
小島良平「原水爆症患者の眼所見」(臨床の日本 2-6, 1956.6)
塚本重彦「原水爆実験による放射能の影響に就いて」(医学通信, 1956.7)
福田正「人体と放射線」(化学, 1956.7)
永井春三他「放射能と肝障害」(最新医学, 1956.7)
玉木英彦「放射能の危害——英米の学術報告を読んで」(科学朝日, 1956.8)
都築正男「原子放射線影響調査に関する国連科学委員会に出席して」(学術月報, 1956.8)
村地孝一「放射線の遺伝影響について」(学術月報, 1956.8)
「被爆者の生命緊張力について」(広島医学, 1956.8)
西脇安「原水爆と放射能問題」(自然, 1956.9)
都築正男「人体に対する放射能の影響を調べる」(綜合医学, 1956.9)
中泉正徳「ビキニ灰の動物体内分布について」(日本医学放射線学会雑誌, 1956.9)
松村清二「放射線と遺伝——最大許容量の問題」(科学, 1956.10)
「特集・国際遺伝学会議」(学術月報, 1956.10)

「特集・国際遺伝学会議から」(自然, 1956.
  12)
大倉興司「人類の遺伝に及ぼす放射線の影
  響」(学術月報, 1957.1)
西脇安「電離放射線の遺伝学的研究」(学術
  月報, 1957.1)
都築正男「原子放射線影響調査に関する国連
  科学委員会第2回会議に出席して」(学術
  月報, 1957.1)
林髞「放射線研究班会議に出席して」(学術
  月報, 1957.1)
宮山平八郎「放射線総合研究班長会議」(学
  術月報, 1957.1)
「文部省放射線総合研究についての討論」(学
  術月報, 1957.1)
「被爆者の生命緊張力について」(広島医学,
  1957.1)
後藤五郎「放射線障害について」(アトム,
  1957.3)
西脇安「遺伝学上より見た放射線障害」(アト
  ム, 1957.3)
日本遺伝学会, 日本遺伝人類学会「人類にお
  よぼす放射能の遺伝的影響についての見
  解(1957.4.1)」(自然, 1957.6)
天野重安「消えやらぬ白血病」(自然, 1957.
  6)
都築正男「原子放射線影響調査に関する国連
  科学委員会第3回会議に出席して」(学
  術月報, 1957.6)
Yoshio Hiyama "A measure of future Sr.
  90 level from earth to human bone"
  (学術月報, 1957.6)
草野信男「放射能被害と人体」(人類の危機
  と原水爆禁止運動1, 1975.7)
渡辺漸「原爆と白血病」(科学朝日, 1957.8)
斎藤信房「国連放射線影響調査科学委員会に
  出席して」(科学朝日, 1957.8)
河野義夫「原爆被爆者のその後」(科学朝日,
  1957.8)
宮川正, 江藤秀雄, 吉沢康雄「放射線障害の
  基礎概念と許容線量」(科学, 1957.8)
「放射線の影響に関するパネル・ディスカッ
  ションの記録」(原子力国内事情, 1957.
  9)

「放射線の影響に関するパネル・ディスカッ
  ションの記録」(原子力国内事情, 1957.
  10)

俊鶻丸調査報告類
「放射能の海をゆく――水爆調査船俊鶻丸の
  航跡」(漁村 20-8, 1954.8)
「"死の海"ビキニ調査のすべて」(水産界837,
  1954.8)
福居浩一「俊鶻丸に乗る」(自然, 1954.9)
亘理信一「俊鶻丸によるビキニ海域調査の概
  要」(農林時報 13-9, 1954.9)
戸沢晴巳「ビキニ海域の50日」(理論, 1954.
  9)
河端俊治「汚された北赤道海流」(理論, 19
  54.9)
浦久保五郎「ビキニ海域調査船・俊鶻丸の調
  査結果について」(日本薬剤師協会雑誌,
  1954.10)
堀真清「海流と放射能――俊鶻丸の調査か
  ら」(天文と気象, 1954.10)
広瀬元孝「気象」(自然, 1954.11)
三好寿「海洋 i 海流」(自然, 1954.11)
亀田和久「海洋 ii 化学成分」(自然, 19
  54.11)
長屋裕「海洋 iii プランクトン」(自然,
  1954.11)
杉浦吉雄「海水」(自然, 1954.11)
浦久保五郎「環境衛生」(自然, 1954.11)
河端俊治「生物」(自然, 1954.11)
矢部博「漁業」(自然, 1954.11)
中村誠太郎他「ビキニ問題をめぐって(討論
  会)」(自然, 1954.12)
戸沢晴巳「生物・漁業の問題点」(自然, 19
  54.12)
矢部博「俊鶻丸第二次ビキニ調査日記」(学
  術月報, 1956.8)
岡野真治「俊鶻丸2航海の調査から」(科学
  朝日, 1956.10)
浦久保五郎「原水爆影響調査船俊鶻丸の調査
  結果について」(公衆衛生 20-5, 1956.12)

邦訳された外国人の論文
Robert A. Charple「原子力平和利用国際会

議A部会——原子炉・物理学」(自然, 1956.1)

I.M. Fletcher, F. Hudswell「原子力平和利用国際会議B部会——化学・冶金・技術」(自然, 1956.1)

C.A. Mawson「原子力平和利用国際会議C部会——生物学・医学・放射性同位元素」(自然, 1956.1)

B. Wallace「メンデル集団の遺伝的構造と放射線問題との関係」(綜合医学, 1956.3)

T.C. Carter「被曝射人間集団の遺伝学的問題」(綜合医学, 1956.3)

E.R. Carling「医学的に見た放射線障害の様相」(綜合医学, 1956.3)

L.H. Gray「放射線による生物学的傷害」(綜合医学, 1956.3)

A.M. Brues「放射線障害の様相に関する論評」(綜合医学, 1956.3)

A.K. Guskoua他「急性放射能症の2例」(綜合医学, 1956.3)

Eugene Rabinowitch「マラー博士の場合——ジュネーヴ原子力会議と遺伝学——」(自然, 1956.6)

H.J. Muller「放射能は遺伝性を変える—1」(自然, 1956.6)

H.J. Muller「放射能は遺伝性を変える—2」(自然, 1956.7)

ヴィンセン・プゲシャ「健康に及ぼす放射能の危険性」(でんす, 1956.7)

リビー「調査報告」(世界週報, 1957.6)

シュヴァイツァー「核実験は人類を破滅に導く」(自然, 1957.7)

リビー「シュヴァイツァー博士に答える」(自然, 1957.7)

アメリカ上下両院合同原子力委員会特別委員会「"死の灰"公聴会の記録」(科学朝日, 1957.8)

マチタ「温帯に集まる放射性降下物」(科学朝日, 1957.8)

国連科学委員会「放射能の影響」(科学朝日, 1958.9)

2 人文・社会科学

末松満「原子力と平和」(刑政 65-2, 1954.2)

都留重人「世界と日本・1954年」(世界, 1954.4)

佐藤重雄「ビキニ実験以後——注目されるソ連の出方」(世界週報 35 巻 11 号, 1954.4)

入江啓四郎「危険区域・水爆実験・老子」(世界週報 35 巻 12 号, 1954.4)

行広房子「原爆少女母親の記録」(文芸春秋, 1954.4)

横田喜三郎「水爆実験と公海の自由」(時の法令, 1954.4)

林三郎「水爆で戦争がなくなるか」(東洋経済新報 2620 号, 1954.4)

皆川洸「第五福龍丸事件と国際法」(法律時報, 1954.4)

大西雅雄「水爆時代を救う者」(世界国家, 1954.4)

武谷三男「死の灰の中に立ち上るもの」(改造, 1954.5)

神川彦松「水爆とアメリカの責任」(改造, 1954.5)

松前重義「ビキニの灰と平和」(改造, 1954.5)

三好和夫「23 名を診断して」(改造, 1954.5)

松前重義「世界の人々への報告」(中央公論, 1954.5)

清水幾太郎「われわれはモルモットではない」(中央公論, 1954.5)

吉村昌光「『死の灰』と『原子力予算』」(中央公論, 1954.5)

村松梢風「マグロ」(小説新潮, 1954.5)

西脇ジェーン「ノー・モア・ビキニ」(婦人朝日, 1954.5)

茅誠司「原子力と世界平和」(婦人朝日, 1954.5)

宮本顕治「原爆犠牲民族の知性」(改造, 1954.5)

大田洋子「ピカドンはごめんだ」(婦人朝日, 1954.5)
関口泰「ビキニの教訓」(婦人朝日, 1954.5)
荒垣秀雄他「水爆実験は地球の外でやれ」(婦人朝日, 1954.5)
岩佐氏寿「三度目の原爆」(新女性, 1954.5)
安藤たけ子「死の灰にまみれて——ビキニの水爆犠牲者の妻の手記」(主婦の友, 1954.5)
山本忠司「ビキニの死の灰にまみれて」(主婦と生活, 1954.5)
鈴木静枝「私の夫を生かして下さい」(婦人倶楽部, 1954.5)
座談会 伏見康治他「日本の原子力研究をどう進めるか」(科学, 1954.5)
「汚職と水爆——世界各紙の日本観」(中央公論, 1954.5)
中野好夫「平和は空論でない——水爆禍によせて」(平和, 1954.5)
鈴木千重「『悪臭を放つ者』：ビキニ島」(文芸春秋, 1954.5)
中堂観恵「原爆に狙われた関門と東京」(文芸春秋, 1954.5)
桶谷繁雄「『原爆マグロ』の街を行く」(文芸春秋, 1954.5)
長谷川才次「『ビキニ』の連鎖反応」(世界週報35巻13号, 1954.5)
金谷良一「原爆下の戦争と平和」(東邦経済, 1954.5)
崎川範行「水素爆弾の恐怖」(教育技術, 1954.5)
佐倉潤吾「水爆と外交」(政治経済, 1954.5)
八木秀次「水爆も今後の研究で平和利用は可能だ」(国民, 1954.5)
松前重義「第五福龍丸原子被害調査報告」(政策, 1954.5)
「ビキニ水爆に世界はおののく」(社会主義, 1954.5)
田村幸策「理性と知性に訴える」(政治経済, 1954.5)
ネール「水爆実験禁止協定を締結せよ」(中央公論, 1954.6)
アトリー「水爆実験を禁止せよ」(中央公論, 1954.6)

渡辺一夫「立ちどころに太陽は消えるであろう」(中央公論, 1954.6)
安部公房「人間の心をおそう死の灰」(文学の友, 1954.6)
比留雅夫「死んだ港・三崎」(文学の友, 1954.6)
戸石泰一他「人類は原・水爆製造・実験に抗議する(座談会)」(文学の友, 1954.6)
林克也「アメリカとソヴェトの水爆」(文学の友, 1954.6)
中本たか子「最初の港——焼津訪問」(小説新潮, 1954.6)
滝川光子「東大看護婦の訴え」(平和, 1954.6)
酒井均「焼津の不安の中で」(平和, 1954.6)
佐藤重雄「『死の灰』と世界の声」(世界, 1954.6)
「水爆実験の国際的反響」(平和, 1954.6)
関口泰「日本国憲法こそ世界平和への道」(世界, 1954.6)
前田多門「非人道兵器を廃棄せよ」(世界, 1954.6)
矢内原忠雄「理性をとりもどせ」(世界, 1954.6)
野上弥生子「水爆とパエトン」(世界, 1954.6)
片山哲「死の灰の不幸をみつめよ」(世界, 1954.6)
務台理作「人類に挑戦するもの」(世界, 1954.6)
石川達三「誰が抗議すべきか」(世界, 1954.6)
石垣綾子「アメリカの良心と死の商人たち」(世界, 1954.6)
高野実「ジュネーヴ会議に期待する」(世界, 1954.6)
阿部知二「人間の名において」(世界, 1954.6)
阿川弘之「これはあんまり無茶だ」(世界, 1954.6)
谷川徹三「アメリカ人に訴える」(世界, 1954.6)
中島健蔵「世界の科学者に望む」(世界, 1954.6)

鳳泰信「水爆の怖しさ」(世界, 1954.6)
山田一郎「怒りの魚河岸」(世界, 1954.6)
中村誠太郎「原爆から水爆へ」(世界, 1954.6)
アンドリュー・ロス「戦略か生存か」(世界, 1954.6)
浦松佐美太郎「第五福龍丸の存在」(世界, 1954.6)
ノーマン・カズンス「長崎の魔法の山」(世界, 1954.6)
三宅晴輝「原子力使用の哲学」(世界, 1954.6)
「年譜・原子力時代」(世界, 1954.6)
植村環「アイゼンハウェル夫人への公開状」(婦人公論, 1954.6)
ジェーン・西脇「アメリカは真相を知らない」(婦人公論, 1954.6)
小倉金之助, 森田たま, 高山岩男, 市川房枝, 中島健蔵, 奥むめお, 坂西志保「原水爆問題についての考え方(アンケート)」(婦人公論, 1954.6)
山崎文男「放射能の功罪」(婦人公論, 1954.6)
湯川秀樹「原子力と人類の意志」(婦人公論, 1954.6)
田辺耕一郎「原爆障害者の叫び」(婦人公論, 1954.6)
中野好夫「池の蛙と子供たち——『死の灰』問題の一側面——」(文芸, 1954.6)
阿川弘之「アイゼンバッドのまぐろ」(心, 1954.6)
中谷宇吉郎「水爆と人間」(文芸春秋, 1954.6)
村尾清一「死の灰スクープまで」(文芸春秋, 1954.6)
「イギリス国会下院における水爆に関する討論(上)」(ジュリスト60, 1954.6)
木村健二郎「死の灰のことなど」(ニューエイジ, 1954.6)
渡辺充「水爆と国民の統一行動」(前衛, 1954.6)
羽仁五郎「原子力の問題」(思想, 1954・6)
井上清「水爆をめぐる諸問題と日本における原子力研究問題」(歴史学研究, 1954.6)

「兵器としての原子爆弾」(世界政治経済資料, 1954.6)
遠藤三郎「水爆と軍隊」(平和, 1954.6)
立花昭「オッペンハイマー事件と科学者」(学園評論, 1954.6)
吉村昌光「原子炉予算の使い方」(中央公論, 1954.6)
吉田健一「恐ろしい時代」(文学界, 1954.7)
壺井栄「不安の芽」(文学界, 1954.7)
三好十郎「徒労」(文学界, 1954.7)
亀井勝一郎「実験国家」(文学界, 1954.7)
武田泰淳「未来は既に始まった」(文学界, 1954.7)
J.ネール「人類と文明の壊滅実験を即時禁止せよ」(大世界, 1954.7)
「コヴェントリ余話」(世界, 1954.7)
レオポルド・ビニロン「水素爆弾と人類の将来」(世界, 1954.7)
宮城雄太郎「焼津港——ルポルタージュ」(中央公論, 1954.7)
「『実験戦争』は既に始まっている」(文芸春秋, 1954.7)
池田正穂「水爆患者第1号の手記」(文芸春秋, 1954.7)
加藤義郎「重要産業, 原・水爆に対策」(世界週報35巻21号, 1954.7)
鈴木安蔵「水爆と憲法」(世界と日本, 1954.7)
「水爆と日本経済」(産業月報, 1954.7)
武田清子他「日本・水爆・アメリカ(座談会)」(福音と世界, 1954.7)
「イギリス国会下院における水爆に関する討論(下)」(ジュリスト61, 1954.7)
加藤一郎「ビキニ水爆実験と損害賠償」(ジュリスト62, 1954.7)
直海善三「原水爆は禁止できるか」(主婦の友, 1954.7)
柳田謙十郎「原水爆時代きたる」(学習の友, 1954.7)
桜井康信「世界の労働者は原水爆反対運動を進めている」(学習の友, 1954.7)
東大医学部原爆症研究会「原水爆症」(学園評論, 1954.8)

松尾幸子「私はＡＢＣＣのモルモットです」（学園評論，1954.8)

伊藤孝子「焼津にて」（新女性，1954.8)

中谷宇吉郎「続・水爆と人間」（文芸春秋，1954.8)

木田文夫「原子病と人類」（思想，1954.8)

安井郁「原子兵器と国際法」（思想，1954.8)

長田新「原水爆と日本のこどもたち」（思想，1954.8)

「原爆・水爆に関する決議・声明」（思想，1954.8)

豊田利幸「水爆実験と自然科学者の立場」（思想，1954.8)

戒能通孝「水爆と人権」（思想，1954.8)

井上良雄「人間の擁護——水爆とキリスト教」（思想，1954.8)

田辺耕一郎「ひろしま・その後」（思想，1954.8)

久野収「近代の倫理と原子力―1」（思想，1954.8)

星野芳郎，武谷三男「原子力と科学者―1，2」（思想，1954.8)

Ｗ・Ｇ・バーチェット「忘れられぬ無言の抗議」（世界，1954.8)

安井郁「静かなる署名運動」（改造，1954.8)

加藤地三「俊鶻丸報告」（改造，1954.8)

「秘史水爆実験（コンテンポラリィ・イッシュウ誌)」（改造，1954.8)

中村誠太郎「科学者の良心」（改造，1954.8)

都築正男「キューリー夫妻を訪ねて」（改造，1954.8)

武谷三男「『死の灰』の編集を終って」（図書，1954.8)

中島健蔵他「俊鶻丸帰る（座談会)」（中央公論，1954.8)

カロル・エム・トムプソン「新兵器についてどこまで判るか？——特集・アメリカの軍事政策」（国際文化協会会報，1954.8)

ルイブ・マンフォード「水素爆弾に代るべきもの」（国際文化協会会報，1954.8)

「日本の出版物に見る水爆批判の声」（声，1954.8)

小沢寿一郎「私達は何故起上ったか」（声，1954.8)

小田滋「ビキニ水爆実験と国際法の立場」（ジュリスト64，1954.8)

書評委員会「『われら水爆の海へ』を読んで」（出版ニュース，1954.8)

田中慎次郎「原子力管理と軍縮との関連」（自然，1954.8)

都築正男「欧米における原子力と放射能障害との問題」（思想，1954.8)

内山敏「水爆実験の世界的反響」（思想，1954.8)

イレーヌ・ジョリオ・キュリー「ビキニから始まった歴史の中で」（婦人画報，1954.8)

石井ふき「原爆禁止運動の日記」（新女性，1954.8)

堀江忠男「アメリカ原水爆外交の破綻」（改造，1954.8)

小椋広勝「原子力の平和的利用と日本経済」（思想，1954.8)

望月衛「精神も健全ではありえない」（婦人画報，1954.8)

草野信男「残された生きる道」（婦人画報，1954.8)

平福一郎「放射能は人間をどう蝕むか」（婦人画報，1954.8)

木田文夫「放射能は子孫も亡ぼす」（婦人画報，1954.8)

林髞他「放射能（座談会)」（改造，1954.9)

野間宏「水爆と人間」（文学の友，1954.9)

「平時戦時における原子力のいろいろな政治的意味」（世界政治経済資料67号，1954.9)

陸井三郎「原子力と独占資本」（理論，1954.9)

草野信男「原・水爆と医学」（理論，1954.9)

山本忠司，見崎吉男「世界の良心に訴う——ビキニ水爆患者の手記」（婦人朝日，1954.9)

服部学「日本は原子力をもつべきか」（実業之日本，1954.9)

伏見康治「原子力時代と日本」（中央公論，1954.9)

中野好夫「被災民族のねがい」（平和，1954.9)

J・P・サルトル「歴史に反逆する武器・水素爆弾」(世界, 1954.9)
安藤正純「水爆に関して世界に訴う」(中央公論, 1954.9)
中島健蔵「地球のしかめ面」(中央公論, 1954.9)
三枝康高「ビキニの灰のもたらしたもの」(日本文学, 1954.9)
桶谷繁雄「無知と恐怖」(文芸, 1954.9)
浅田常三郎「原子灰恐怖症をたしなめる」(経済人, 1954.9)
「原水爆禁止運動の経験と教訓」(前衛, 1954.9)
「アメリカの悲劇」(世界, 1954.9)
大類純「もう二度とあやまちは繰り返しません」(大世界, 1954.9)
木村健二郎「死の灰」(開拓者, 1954.9)
西脇ジェーン「黙ってはいられない」(開拓者, 1954.9)
荒川秀俊「水爆実験と凶作」(改造, 1954.9)
安井郁「8000万の署名へ」(改造, 1954.9)
見崎吉男, 山本忠司「病床に綴る水爆患者の手記」(婦人公論, 1954.9)
亘理信一「俊鶻丸によるビキニ海域調査の概要」(農林時報, 1954.9)
「水爆下の遠洋マグロ漁業――高知県室戸地区における実態」(産業月報, 1954.9)
三雲昂「原子力の功罪」(声, 1954.9)
小林勝「放射能」(文学の友, 1954.10)
A・C・クールソン「キリスト者と水素爆弾」(福音と世界, 1954.10)
「水爆実験をめぐる外国人の声」(中央公論, 1954.10)
山本閣「原爆被害対策に関する調査研究連絡協議会設置の経緯」(学術月報, 1954.10)
「水爆の危険にどう対処すべきか」(東洋経済新報2649号, 1954.10)
石橋渡「ソ連軍縮案と原子兵器問題」(保険時報, 1954.10)
大平善梧「ビキニの灰はどうなる」(政界往来, 1954.10)
「農業と水爆」(平和, 1954.10)
伊藤茂「原子エネルギーの意味するもの――人間尊重に関連して」(北海教育評論, 1954.10)
武谷三男, 星野芳郎「原子力と科学者―完」(思想, 1954.10)
三好十郎「危機は日本だけが知っている――原水爆は禁止か管理か」(自衛1巻2号, 1954.10)
土居明夫「禁止はソ連の謀略だ――原水爆は禁止か管理か」(自衛1巻2号, 1954.10)
薩摩雄次「原水爆禁止署名運動を斬る！」(自衛1巻2号, 1954.10)
武谷三男「米水爆機のモスコー攻撃は近づいた」(自衛1巻2号, 1954.10)
原水爆署名運動全国協議会事務局「8000万署名のために」(平和, 1954.10)
江川友治「"死の灰"とたべもの」(改造, 1954.10)
岡本十二郎「放射能について」(海上労働, 1954.10)
「建設と破壊の岐路に立つ米・ソの原子力競争」(東邦経済, 1954.11)
勝沼晴雄「放射線障害予防対策の実際」(労災, 1954.12)
草野信男他「放射能症(座談会)」(改造, 1954.12)
佐久間澄「原爆と広島」(広島教育, 1954.11)
熊取敏之「水爆患者の死」(文芸春秋, 1954.11)
安部光恭「遺骨, 焼津へ帰る――ルポルタージュ」(中央公論, 1954.11)
工藤幸雄「久保山さんの死にたいする海外ジャーナリズムの反応」(中央公論, 1954.11)
都築正男「水爆傷害死問題の真相」(中央公論, 1954.11)
谷川徹三「久保山さんの死」(改造, 1954.11)
雨宮庸蔵「"水爆帝国主義"はどこへ行く」(改造, 1954.11)
高杉一郎「ルポルタージュ・焼津の表情」(改造, 1954.11)
小椋広勝「原子力輸出時代」(改造, 1954.11)
小田切秀雄「原子力問題と文学」(改造, 1954.11)

なかの・しげはる「久保山さんの死をかなしむ」(新日本文学, 1954.11)
清水幾太郎「久保山さんの死をみつめる世界の人々」(婦人公論, 1954.11)
田辺耕一郎「原爆の文学」(文学, 1954.11)
室住熊三「水爆の恐怖と信心」(大世界, 1954.11)
菅原克己他「特集・水爆をゆるすな」(文学の友, 1954.11)
安井郁「ヒューマニズムと平和」(平和, 1954.11)
J・シェブリィ, C・ブレアー「アメリカ水爆敗れたり」(文芸春秋, 1954.12)
加藤一郎「『直接損害』と『間接損害』」(ジュリスト72, 1954.12)
小田滋「再びビキニの水爆実験をめぐって」(ジュリスト72, 1954.12)
田辺振一郎「広島被爆の昨今――人道のために訴える」(平和, 1954.12)
「容易でない原水爆国際管理」(東洋経済新報2654号, 1954.12)
宇田道隆「放射能と海洋資源」(政界往来, 1954.12)
北原節子「ルポ"死の灰"にゆらぐ焼津の表情」(新女苑, 1954.12)
「米国原水爆製造の内幕」(世界とわれら33-7, 1954.12)
シャルル・ノエル・マルタン「水爆下の人類」(世界週報36巻3号, 1955.1)
武谷三男「非科学の科学」(改造, 1955.1)
島恭彦「原子科学者への苦言」(改造, 1955.1)
中島健蔵「不安は政治に向けられている」(改造, 1955.1)
都築正男「医学的に見た原水爆の災害」(自警, 1955.1)
広瀬健一「これからが問題のビキニ被災補償」(エコノミスト, 1955.1)
「ビキニ被災事件に慰謝料200万ドル」(時の法令, 1955.2)
「原子兵器が軍備の主体となった」(大陸問題, 1955.2)
津田幸雄「ビキニ水爆実験と国際法」(社会科学論集〔高知短大〕, 1955.2)

大平善梧「ビキニ事件の解決と残された法律問題」(ジュリスト77, 1955.3)
ルイス・ストラウス「水爆実験死の灰報告」(世界週報36巻8号, 1955.3)
武部啓「学生たちの考えている原水爆問題」(ニューエイジ, 1955.3)
九州大学文学部歴史学研究会「死の灰の歴史」(歴史評論, 1955.3)
「原水爆実験と鮪漁業」(漁業経済研究, 1955.3)
「原水爆実験の焼津漁業への影響」(漁業経済研究, 1955.3)
「四国の片隅から」(国民の科学, 1955.3)
エフ・イザエフ「資料『小原子兵器』の神話」(世界情勢旬報249号, 1955.3)
高橋甫「原子兵器と戦争」(世界国家, 1955.3)
「米ソ両陣営の原子力競争」(大陸問題, 1955.3)
「水爆生産とイギリス」(世界情勢旬報, 1955.3)
O・ハーン「世紀の物質コバルト60」(中央公論, 1955.4)
北大原子力問題研究会「自分の研究心を満足さえすればよいのか」(国民の科学, 1955.4)
加瀬俊一「原爆スパイの一群」(知性, 1955.4)
小林健三「原・水爆と『時』」(歴史教育, 1955.4)
畑敏雄「日本から全世界の運動へ――原水爆禁止署名運動全国会議」(平和, 1955.4)
「原子力戦争準備反対の訴えについて」(平和, 1955.4)
都築正男「原子力医学のために」(平和, 1955.4)
安井郁「原水爆悲劇と国際法」(世界, 1955.4)
大友健児「第五福龍丸事件における米国の国際責任」(商船大学研究報告5号, 1955.5)
M・アムリン「裁きの庭に立つアメリカ」(新文明, 1955.5)
大島太郎「原水爆禁止署名運動の教えるも

の」(国民の科学, 1955.5)
民科東京支部婦人問題部会「原水爆禁止運動と婦人の役割」(国民の科学, 1955.5)
大田洋子「私と『原爆症』とについて」(新日本文学, 1955.5)
小林雄一「切迫した原爆の問題」(平和, 1955.5)
前芝確三「原子兵器と国際政治」(立命館法学, 1955.5)
「原子戦争準備に反対する訴え――ウィーン・アピールをめぐる情勢とカンパニアの意義」(全銀連調査時報, 1955.5)
「原子力における戦争と平和」(エコノミスト 33巻22号, 1955.5)
「原子力の社会的意義に関する国際科学者会議日本準備会結成の訴え」(国民の科学, 1955.5)
栗田一雄「原子力をめぐる国際スパイ戦」(人物往来, 1966.6)
崎川範行「原爆を生み出した男」(人物往来, 1955.6)
田畑正美「『核兵器』の恐怖」(人物往来, 1955.6)
前田寿「原・水爆は禁止されるか」(人物往来, 1955.6)
フレデリック・ジョリオ・キウリー「原子力と私――レプブリカ記者とかわしたインタヴュー」(平和, 1955.6)
エミリオ・セレニ「原子戦争準備反対運動の政治的組織的問題」(前衛, 1955.6)
「天候異変は原水爆実験の所為か?」(経済人, 1955.6)
北岡寿逸「学術会議における原子力論議」(経済時代, 1955.6)
永積安明「真理はだれのために」(日本文学, 1955.6)
伏見康治「原子力時代のモラル」(知性, 1955.6)
「原子力平和攻勢にどう対処するか」(中央公論, 1955.6)
高橋富士夫「水爆実験にたいする漁夫の意識」(漁業経済研究, 1955.7)
田辺耕一郎「原爆の広島から――私の10年」(平和, 1955.8)

飛鳥清子他「原水爆被害者は訴える(座談会)」(婦人公論, 1955.8)
バートランド・ラッセル「水爆と人類との決闘」(世界, 1955.8)
「原水爆禁止世界大会(8・6平和行動デー)をめざして」(労働調査時報, 1955.8)
「原水爆反対世界大会をめぐらして」(エコノミスト 33巻33号, 1955.8)
「原爆10周年の広島――現地報告」(開拓者, 1955.8)
前芝確三「原子兵器と軍縮」(立命館法学, 1955.8)
重藤文夫「生きているヒロシマの悲劇」(文芸春秋, 1955.8)
菊地正士他「アインシュタインの遺書について」(世界, 1955.8)
今堀誠二「ヒロシマ・原水爆禁止世界大会について」(歴史学研究, 1955.9)
高橋昭博「結婚しない方が――ケロイドのうめき」(平和, 1955.9)
高原よし子「原爆に片腕となりて――ケロイドのうめき」(平和, 1955.9)
中野友礼「原水爆は平和の女神」(ダイヤモンド43巻35号, 1955.9)
尾崎一雄「気がかりなこと」(文芸, 1955.10)
高橋清輔「原爆ドームの下で」(歴史地理教育, 1955.10)
中野重治「内輪の話――広島大会から」(新日本文学, 1955.10)
中野好夫「一人の市民として――広島大会から」(新日本文学, 1955.10)
安井郁「原水爆その他の大量破壊兵器の禁止(英文)」(法学志林, 1955.10)
武谷三男他「『死の灰』の英訳をめぐって」(図書, 1955.10)
「日米のキリスト者学生は原水爆についてこう考える」(開拓者, 1955.11)
乾孝「青年と原子力問題」(青年心理, 1955.12)
田中慎次郎「水爆時代と二つの体制」(世界, 1956.1)
檜山義夫「マグロ騒動」(学士会月報, 195.61)

平野義太郎「原水爆禁止に関する国際法」(法律時報, 1956.3)

「新段階にきた軍縮と原水爆禁止問題」(世界情勢旬報282号, 1956.3)

雨宮庸蔵「原水爆実験でどんな被害をうけるか」(実業之日本, 1956.4)

一又正雄「水爆実験と国際法理――国際連合の役割について」(世界とわれら, 1956.4)

入江啓四郎「信託統治地域と水爆実験」(法律時報, 1956.4)

平野義太郎「公海自由の原則に関するブランドワイナー教授の所説」(法律時報, 1956.4)

E・マーゴリス「水爆実験と国際法」(法律時報, 1956.4)

小田滋「水爆実験の法理」(ジュリスト103, 1956.4)

崎山耕作「水爆実験の勝浦マグロ漁業にあたえた影響」(研究と資料1, 1956.4)

都築正男「原水爆と放射能禍」(世界, 1956.4)

矢内原忠雄他「ふたたび世界に訴える」(世界, 1956.4)

渡辺誠毅「ビキニからビキニまで」(世界, 1956.4)

田村幸策「原水爆実験と国際法」(政治経済, 1956.4)

「原水爆実験の禁止と日本の国会」(世界, 1956.5)

中本たか子「風止まず――その後の焼津」(新日本文学, 1956.5)

田辺耕一郎「ヒロシマ」(世界, 1956.6)

山本杉「海を渡った『原爆乙女』」(文芸春秋, 1956.6)

中本たか子「春陽――その後の焼津」(新日本文学, 1956.6)

千谷利三「原水爆実験について」(経済時代, 1956.6)

安井郁「原水爆禁止署名運動はむなしかったか」(婦人公論, 1956.6)

行宗一他「原水爆被災者のほんとうの声(座談会)」(中央公論, 1956.6)

近藤康男「マグロ漁業と水爆実験評論」(経済評論, 1956.7)

「原水爆実験禁止とソ連」(エコノミスト34巻30号, 1956.7)

日詰忍「欧州に招ねかれて」(開拓者, 1956.8)

久保辰雄「原爆から起ちあがる人々」(世界, 1956.8)

N・バウアー「原水爆実験とアメリカ人」(世界, 1956.8)

久保辰雄「原爆に立つ男――『灰燼の我が家へ』」(新日本文学, 1956.8)

水野多津子「私も原爆娘です」(文芸春秋, (1956.8)

「原水爆禁止運動の現情」(世界情勢旬報296号, 1956.8)

「原爆被災者の手記」(中央公論, 1956.8)

橘爪健「死の灰は天を覆う」(小説新潮, 1956.9)

「低迷を続ける原子兵器禁止問題」(教育, 1956.9)

今堀誠二「第2回原水爆禁止世界大会(ナガサキ)について」(歴史学研究, 1956.10)

王芸生「日本訪問」(世界週報37巻30号, 1956.10)

佐多稲子「第2回原水爆禁止世界大会に出席して」(新日本文学, 1956.10)

鈴田マサエ「ケロイドと結婚」(婦人公論, 1956.10)

3 単行本

東京大学農学部水産学科, 森, 松江, 末広, 檜山各研究室『放射能影響の水産学的研究中間報告(Ⅰ)』(1954)

東京大学農学部水産学科, 森, 松江, 末広, 檜山各研究室『放射能影響の水産学的研究(要旨)中間報告(Ⅱ)』(1954)

東京大学農学部水産学科, 森, 松江, 末広, 檜山各研究室『放射能影響の水産学的研究中間報告(Ⅲ)』(1954)

東京大学農学部水産学科, 森, 松江, 末広, 檜山各研究室『放射能影響の水産学的研

究中間報告(Ⅳ)』(1954)
武谷三男編『死の灰』(岩波書店,1954)
駒野鎌吉,谷口利雄『われら水爆の海へ《俊鶻丸ビキニ報告》』(日本織物出版社,1954)
民主主義科学者協会自然科学部会共同デスク編『死の灰のゆくえ』(蒼樹社,1954)
民主主義科学者協会共同デスク編『死の灰から原子力発電へ』(蒼樹社,1954)
福田信之『原爆・水爆とビキニ死の灰まで図解原子物理学』(ラジオ科学社,1954)
厚生省原爆症調査研究協議会『環境衛生小委員会報告』(1954)
東京大学農学部水産学科『池水,池中生物及び池底堆積物(organic detritus)の放射能調査結果(図表)』(1955)
中村誠太郎『放射能』(東京大学出版会,1955)
水産庁調査研究部『ビキニ海域における放射能影響調査報告(第1輯)』(1955)
水産庁調査研究部『昭和29年におけるビキニ海域の放射能影響調査報告(第2集)』(1955)
草野信男,西岡時雄監修,松田一,林柏『原水爆と人間』(岩波書店,1956)
新名丈夫『政治』(光文社,1956)
世界科学者連盟委員会編『測り知れない危険——原水爆実験の怖るべき影響』(法政大学出版局,1956)
前芝確三『原子力と国際政治』(東洋経済新報社,1956)
武谷三男『原水爆実験』(岩波書店,1957)
山崎文男,西脇安,三好和夫『放射能の利用と障害』(朝日新聞社,1957)
戸沢晴巳他『第二次俊鶻丸 ビキニ水爆調査の記録』(新日本出版社,1957)
武谷三男他『原子戦争』(朝日新聞社,1957)
井田保,新名丈夫,岡倉古志郎,高橋甫,木村禧八郎,服部学,草野信男,早川康弌,黒田秀俊,林克也,小山良治,森田実編『人類の危機と原水爆禁止運動Ⅰ,Ⅱ』(原水爆禁止日本協議会,1957)
ラルフ・E・ラップ;八木勇訳『福龍丸』(みすず書房,1958)
近藤康男編『水爆実験と日本漁業』(東京大学出版会,1958)
J・シュバート,R・E・ラップ;中村誠太郎,三好和夫訳『放射線のおそろしさ』(岩波書店,1958)
新妻清一『誘導弾と核兵器』(中外出版社,1958)
原子力委員会編『放射能調査の展望』(1959)
ポーリング;丹羽小弥太訳『ノーモア・ウォー』(講談社,1959)
日本原水協科学委員会編『放射能——原子戦争の脅威』(三一書房,1960)
ラルフ・E・ラップ;八木勇訳『核戦争になれば』(岩波書店,1963)
東京12チャンネル報道部編『ビキニの閃光(『証言・私の昭和史——6』)』(学芸書林,1969)
第五福龍丸保存委員会『ビキニ水爆被災の証人——第五福龍丸保存のために』(1970)
三宅泰雄『死の灰と闘う科学者』(岩波書店,1972)

4 英語文献

I RESEARCH IN THE EFFECTS AND INFLUENCES OF THE NUCLEAR BOMB TEST EXPLOSIONS

Compiled by
Committee for Compilation of Report
on Research in the Effects of Radioactivity

Published by
Japan Society for the Promotion of Science
UENO, TOKYO
1956

CONTENTS

Preface ... Seiji KAYA
General Backgrounds of these Reports ... Yoshio HIYAMA

PART I
METEOROLOGY

Effects of Atomic Explosions on the Atmosphere and the Sea. By Y. MIYAKE
On the Upper Currents in Low Latitudes of the Northwestern Pacific Ocean at the Beginning of March, 1954. By R. OTSUKA, K. SHIMADA
On the Vertical Structure of Upper Winds in Low Latitudes during the Period from March to May 1954. By R. OTSUKA, K. SHIMADA
On the Upper Currents in the Far East and Siberia During September to November 1954. By R. OTSUKA, K. SHIMADA
On the Distribution of Ash-fall. By N. ARIZUMI
The Microbarographic Oscillations Produced by the Explosions of Hydrogen-Bombs. By R. YAMAMOTO
Preliminary Report on the Atmospheric Pressure Oscillation due to the H Bomb Explosion. By Observation Div
Observation of Radioactive Contamination in the Upper Atomosphere. By C. ISHII, K. MAEDA, Y. ARAI
Effect of Artificial Radioactive Dusts on the Atmospheric Activity. By T. SIDEI, T. HIGASHIMURA, H. KAMI
The Airborne Radioactivity. By E. TAJIMA, T. DÔKE
Artificial Radioactive Dust—Referring Radioactive Contamination in November, 1954. By N. YANO, H. NARUSE
Studies on the Radioactivity in the Atmosphere. By Y. MIYAZAKI, I. KONDO

付　録

Sudden Increase and Exponential Decrease of Background Measured in Kagoshima (1) with a G. M. Tube. By R. NAGASAWA

The Artificial Radioactivity in Rain Water Observed in Japan, 1954–1955. By Y. MIYAKE

The Occurrence of an Unusually High-level Artificial Radioactive Rainfall in the Area of Kagoshima, Japan, Since May 14, 1954. By M. KAMADA, T. ŌNISHI

Artificial Radioactive Contamination of Rain Waters and City Waters in Kagoshima, Japan. By T. YAMAMOTO

The Artificial Radioactivity in Rain Water and Dust as observed at Kagoshima City, Kyushu, Japan from May 1954 to March 1955. By K. KITAHARA, K. NISHIO, S. HAYASHI, M. ARAKI, Y. MURAOKA

Radioactivity of Rain Water in Kochi City. By K. SOGABE

The Radioactivity in the Rain Water at Matsue City. By H. SENOH

Artificial Radioactivity in the Rain in Osaka, Japan during the Period from April 1954 to April 1955. By Y. NISHIWAKI, H. KAWAI, M. KONDO, G. TANAKA, N. GOSHI, S. MURATA, T. FURUKUBO

On the Artificial Radioactivity in Rain Water. By T. SIDEI, T. HIGASHIMURA, H. KAMI, T. MATUNAMI

Radioactivity of Fission Products in the Rain Water collected on the Higashiyama Campus of Nagoya University, Nagoya, Japan. By S. OANA, N. NAKAI

Radiochemical Studies on Rain Water and Radioactive-Contaminated Dust that Fell in Shizuoka District. By T. SHIOKAWA, M. YAGI, Y. MATSUOKA

On the Artificial Radioactivity in Rain Water Observed in Tokyo from April to December 1954. By F. YAMASAKI, H. KANEKO

On the Artificial Radioactivity of Rainfall in Japan. By K. KIMURA, Y. YOKOYAMA, H. SANO, H. MABUCHI, K. KOMATSU

The Artificial Radioactivity in Rain and Snow Water Observed at Kanazawa from May 1954 to April 1955. By T. KIBA, S. OHASHI, M. WAKAMATSU, T. MINABE, I. KISHI

The Artificial Radioactivity in Snow as Observed in Kanazawa, January, 1955. By T. KIBA, S. OHASHI, I. KISHI

Radioactive Rain and Contaminated Atomosphere Observed in Niigata City, Japan. By H. WATANABE, T. KOSAKA, T. ITO

On the Contamination with Radioactive Rain in Niigata City due to Nuclear Detonations of Northwestern Origin. By T. SOTOBAYASHI, S. KOYAMA

Radioactive Components in the Rain Water as Observed in Niigata, Japan in September and November 1954. By S. KOYAMA, T. SOTOBAYASHI

The Radioactivity in Rain Water in Sendai District. By T. KITAGAKI

On the Artificial Radioactivity of Rainfall in Yamagata (1). By T. TERASAKI, Y. YAMANOBE, H. NIIZEKI, T. KATŌ

On the Artificial Radioactivity of Rainfall in Yamagata (II.) By T. TERASAKI, Y. YAMANOBE, H. NIIZEKI, T. KATŌ

The Artificial Radioactivity in Rain Water Precipitated in Hirosaki During the Period from May, 1954 to April, 1955. By S. SUZUKI

On the Artificial Radioactivity of Snow and Rain in Sapporo. By NAKAYA Laboratory

On the Radioactivity in Rain and Snow in the District of Sapporo. By S. OKADA

Atomic Energy and the Oscillation of Sea Level. By M. NAKANO

The Radiochemical Analysis of Radio-Nuclides in Sea Water Collected Near Bikini Atoll. By Y. MIYAKE, Y. SUGIURA

On the Artificial Radioactivity in the Sea Near Japan. By Y. MIYAKE, Y. SUGIURA, K. KAMEDA

PART II
PHYSICS

A Summary of the Investigation of the Fallout from Nuclear Detonations. By E. TAJIMA

Radiation Levels Observed on the Fukuryu Maru No. 5. By F. YAMASAKI, H. KAKEHI

Investigations of the Radioactive Contamination of the No. 5 Fukuryu Maru. T. SHIOKAWA, T. OZAKI, M. YAGI, Y. MATSUOKA

Survey on the Radioactive Contamination of the No. 5 Fukuryu Maru. By S. SHIMIZU, H. AKAGI, H. GOTO, S. OKAMOTO, T. ISHIDA, Y. KAWAI

Colloid Morphological and Crystalline Studies of "Bikini Dust" which fell on the No. 5 Fukuryu Maru by Electron Microscopy and Diffraction Methods. By E. SUITO, K. TAKIYAMA, N. UYEDA

Statistical Investigation of Contaminated Fishing Boats. By E. TAJIMA

Studies on the Radioactivity of Bikini Ash. By Y. NISHIWAKI, H. KAWAI, A. HYONO, M. KONDO, N. GOSHI, J. NISHIWAKI, H. YAMATERA, I. KUDO, M. MORI, T. AZUMA, K. TSUMORI, O. NAGAYAMA

Rate of Decay of the Bikini Ashes. By S. SHIMIZU, T. HYODO

On the Alpha Contamination of Bikini Ashes. By Y. HIRATA

Some Physical Properties of Radioactivity Fallen on Japan. By T. KITAGAKI, Y. ONUKI

PART III
CHEMISTRY

Radiochemical Studies on the Radioactive Dust due to the Nuclear Detonation at the Bikini Atoll on 1st March, 1954. By K. KIMURA

Radiochemical Analysis of Falling Dust on the Fishing Boat "Fukuryu Maru" on 1st March, 1954. By K. KIMURA

Radiochemical Analysis of the Body of the late Mr. Kuboyama. By K. KIMURA

Radiochemical Interpretation of the Radioactive Fallout at Nagasaki. By K. KIMURA, E. MINAMI, N. SAITO, Y. SASAKI, N. KOKUBO

Radioactive Substances Found on the Contaminated Fish. By T. KIBA, S. OHASHI, M. SHIBATA, T. MINABE

Radiochemical Studies on "Bikini Ashes" March 1, 1954. Part 1. By T. SHIOKAWA, T. OZAKI, T. KAMBARA, M. YAGI, Y. MATSUOKA

Radiochemical Research of Fishes Contaminated with Radioactivity. By T. SHIOKAWA, T. KAMBARA, S. KOKUDAI, F. YOMO, K. KOJIMA

Radiochemical Studies on "Bikini Ashes" March 1, 1954, Part II. A Consideration on their Formation. By T. SHIOKAWA, T. OZAKI, T. KAMBARA, M. YAGI, Y. MATSUOKA

Radiochemical Analysis of the Dust Due to the Thermonuclear Test on March 1, 1954. By H. YAMATERA, I. KUDO, T. MIWA, M. MORI, S. KANDA, Y. NISHIWAKI, H. KAWAI, A.

Hyono, G. Tanaka
A Study on Analysis of Carrier Free Radioisotopes by Paper Chromatography. By M. Ishibashi, T. Shigematsu, T. Ishida
Radiochemical Analysis of the Bikini Ashes. By M. Ishibashi, T. Shigematsu, T. Ishida, S. Okada, T. Nishi, H. Takahashi, C. Matsumoto, S. Shimizu, T. Hyodo, F. Hirayama, S. Okamoto

PART IV
GENETICS

Genetic Effects Induced on Plants. By K. Murati, D. Morikawa
Cytogenetical Studies on the Sterile Wild Senna (*Cassia Tora L.*) produced by the Atomic Bomb Explosion in Nagasaki. By T. Nagamatsu, T. Katayama
Effects of the Atomic Bomb Explosion on Some Crop Plants, with Special Reference to the Genetics and Cytology of a Mutant Rice (*Oryza sativa L.*) in Nagasaki. By T. Nagamatsu
Veronica persica in Hiroshima. By K. Yamashita, S. Nakao
Genetic and Cytological Studies on the Progenies of Rice Plants irradiated by an Atomic Bomb at Nagasaki. By Y. Nishimura
On a Mutant Appearing in the Descendants of *Tradescantia canaliculata*, Bombed at Hiroshima, with Special Reference to the Deficiency of the Sexual Organs. I. By K. Yasui
Cytological Effect of Radioactive Hair of a Bikini Patient upon the Mitotic Cells of *Tradescantia paludosa*. By N. Tanaka, A. Sugimura, H. Kakehi

PART V
AGRICULTURE

The Influence of the Hydrogen Bomb Explosion on Agriculture in Japan. By R. Sasaki
Radioactive Contamination of Crop Plant as a Result of H-Bomb Tests. By T. Egawa, K. Iimura, T. Shirai, T. Yoshida, Y. Kawarazaki, M. Kono, S. Tsukahara
Studies on the Casualities in Animal caused by Radioactive Substances. By O. Itikawa, T. Yonemura, R. Ishitani, K. Tanaka, N. Miyao, M. Takanami, T. Horiuchi, K. Shiga, S. Iizuka, H. Yamamoto
Survey on the Radioactive Contamination of Fruits and Leave of Various Fruit Trees. By T. Itakura
Survey on the Radioactive Contamination of Various Vegetable Crops. By K. Kanazawa, T. Kondō
Studies on the Stagnation of Radioactive Isotopes in the Body of Farm Animal. By M. Kandatsu, I. Yoshihara
The Radioactivity of Tea, By S. Kawai, K. Ishigaki
Studies on the Radioactivity of Cow's milk and Milk Products. By M. Maeno, Z. Saito
Investigations on the Radioactive Contamination of Crop Plants as a Result of H-Bomb Detonation. By S. Mitsui, S. Aso, K. Tensho, K. Kumazawa, K. Miyawaki
Radiochemical Analysis of Fission Products Contained in the Soil, Collected in Tokyo, May, 1954. By Y. Miyake, K. Kigoshi, K. Saruhashi
Radioactive Contamination of the Mulberry Field Soil in Suburbs in Tokyo. By N. Mori
Influence of the Experiments of Hydrogen Bomb at Bikini Atoll, March, 1954 upon the Vege-

tables, Rice, Tea, and Milk in Japan. By K. NAGASAWA, I. KAWASHIRO

Investigations on the Effects of the Atomic Bombing on the Crop Plants at Hiroshima in Japan. By G. NISHIKAWA

Bikini Ashes Appearing in Hen's eggs. By K. NOZAKI, M. MAKINO, M. FURUKAWA, I. FURUTA

Contamination of Milk with Ashes from Bikini Explosions.

    Part I. On Radioactivity of Dairy Milk. By H. NOZAKI

    Part II. Contamination of Milk. By H. NOZAKI, T. NAKAJIMA, S. OMORI, J. OTSUKA, K. MAKINO, M. FURUKAWA

Influence of Radioactive Rain Covered Area of Kyoto Prefecture in May 1954 upon Sericulture. By J. NUNOME

Investigation of Radioactive Contamination in River Water for Irrigation. By Section of Agricultural National Institute of Agricultural Science

A Study on the Radioactivity of Milk Powder in Japan. By R. SASAKI, T. KAWAKAMI

Mulberry Field Contamination with the Radioactivity caused by the Explosion of the Hydrogen Bomb. By T. USHIODA, T. KROSE

Analytical Methods for Trace Quantities of Radioisotopes in Contaminated Crops (1). By Y. YAMADA, M. HASEGAWA

Absorption of Fission Products by Plants 1 and 2. By M. YATAZAWA, T. ISHIHARA

Radioactive Contamination of Plants and Agricultural Products in Japan covered with Rainout from H-Bomb detonated in March—May 1954 at Bikini-Atoll, Marshall Isls. By M. YATAZAWA, T. ISHIHARA

The Absorption by Plants of Unseparated Fission Products derived from H-Bomb detonated in Spring 1954, at Bikini-Atoll. By M. YATAZAWA, T. ISHIHARA

PART VI
FISHERIES SCIENCE
Fisheries Science I

Studies on the Radioactivity of Fishes caught from the Pacific Ocean in 1954, By M. SAIKI, S. YOSHINO, R. ICHIKAWA, Y. HIYAMA, T. MORI

Studies on the Radioactivity in Certain Pelagic Fishes. I. Distribution of Radioactivity in Various Tissues of Fishes. By K. AMANO, K. YAMADA, M. BITO, A. TAKASE, S. TANAKA

Studies on the Radioactivity in Certain Pelagic Fish. II. Group Separation of Radioactive Element in Fish Tissues. By K. YAMADA, H. TOZAWA, K. AMANO, A. TAKASE

Studies on the Radioactivity in Certain Pelagic Fish. III. Separation and Confirmation of ^{65}Zn in the Muscle Tissue of a Skipjack. By K. YAMADA, H. TOZAWA, K. AMANO, A. TAKASE.

Radiochemical Studies of Contaminated Fish. By T. KAWABATA

Studies on the Radiologically Contaminated Fish Caught at Kagoshima Sea Region. By K. SAITO, M. SAMESHIMA

Some Notes on the Radioassay of the Contaminated Fishes. By R. ICHIKAWA, Y. HIYAMA

Studies on the Radioactive Material in the Radiologically Contaminated Fishes. By T. MORI, M. SAIKI

Results of Investigations and Examinations on the Influences upon the Food Sanitation in Japan caused by the Hydrogen Bomb Experiment at Bikini Atoll, March, 1954. By K.

Nagasawa, I. Kawashiro

Studies on the Radioactive Samples (especially "*Katsuwonus Vagans*" collected by the "Shunkotsumaru" in the Pacific Ocean in 1954. By G. Yoshii

Fisheries Science II.

Hydrographycal Problems. By Y. Hiyama

Summary of Investigation by the Shunkotsu Maru into the Effects of Radioactivity in the Bikini Water. By S. Watari

State of Radiological Contamination in Fishes and its Possible Routes of the Basis of the Findings of "Bikini Expedition". By T. Kawabata

On the Distribution of the Radioactivity in the Sea around Bikini Atoll in June, 1954. By Y. Miyake, Y. Sugiura, K. Kameda

The Atoll and Radiologically Contaminated Water. By H. Miyoshi

Hydrographic Researches in the Equatorial Pacific Waters adjacent to Bikini Atoll in Relation to the Radioactive Pollution of the Fishing Grounds. By M. Uda, S. Hori, S. Yoshida

On the Amount of the Radioactive Ash Fallen on Board the Fukuryu Maru No. 5 on March 1, 1954. By. Y. Matsue

Survey by the Daifuji-maru traversing the Pacific especially on th Radioactivity of Sea Water contaminated by H-Bomb Tests at Bikini, 1954. By H. Nakamura

On the Radioactivity of Fishes, Plankton and Sea-Water in the Sea off Kagoshima. By T. Kuroki, T. Tanoue

Hydrographical Distribution of Radioactivity in the Coral Sea and the Equatorial Sea Fronts of the Pacific Ocean. By T. Morita, K. Saitō

State and Behavior of Fission Products in Fresh-water, Brackish-water and Marine Coastal Systems in Japan, 1954–'55. By Y. Hiyama, R. Ichikawa, T. Isogai, Y. Oshima, H. Koyama, S. Arasaki, K. Nozawa

The Occurrence of the Fishes Contaminated with Radioactivity According to the Species of Fishes. By H. Nakamura, H. Yabe, T. Kamimura, Y. Yabuta, A. Suda, S. Uyeyanagi, H. Yamanaka

Movement of Fishing Grounds Where Contaminated Tuna were caught. By Y. Hiyama, R. Ichikawa

Radiological Survey of Fishes at the Landing Ports in Japan. By T. Kawabata

Fisheries Science III.

Transmission and Metabolism of Fission Products in Aquatic Organisms (Summary) By Y. Matsue

Accumulation of Radioactivity in Plankton Cultured or Kept in Water Infusions of the "Bikini Ash". By Y. Matsue, R. Hirano

Absorption and Metabolism of Fission Products in Goldfish. By A. Saeki, K. Sano

Studies on the Processes of Contamination of Fish by the Fission Products. By Y. Hiyama, R. Ichikawa, F. Yasuda

Transmission and Metabolism of Strontium 90 in Aquatic Animals. By Y. Suyehiro, S. Yoshino, Y. Tsukamoto, M. Akamatsu, K. Takahashi, T. Mori

Deposition of Radiostrontium to the Various Tissues of Jack mackerel, Mackerel and Tuna. By R. Ichikawa, Y. Hiyama

Absorption of Dissolved ^{45}Ca by *Carassius auratus*. By T. TOMIYAMA, S. ISHIO, K. KOBAYASHI
Absorption by *Carassius auratus* of ^{45}Ca contained in *Rhizodrilus limasus*. By T. TOMIYAMA, S. ISHIO, K. KOBAYASHI
Absorption of Dissolved ^{45}Ca by Marine Fishes. By T. TOMIYAMA, S. ISHIO, K. KOBAYASHI
Excretion of Absorbed ^{45}Ca by Gold Fish. By T. TOMIYAMA, K. KOBAYASHI, S. ISHIO
Absorption of Dissolved ^{45}Ca by *Rhizodrilus limasus*. By T. TOMIYAMA, K. KOBAYASHI, S. ISHIO
Excretion of Absorbed ^{45}Ca by *Rhizodrilus limasus*. By T. TOMIYAMA, K. KOBAYASHI, S. ISHIO
Absorption of ^{90}Sr (^{90}Y) by Carp. By T. TOMIYAMA, K. KOBAYASHI, S. ISHIO
Distribution and Excretion of Intramuscularly Administered ^{90}Sr (^{90}Y) in Carp. By T. TOMIYAMA, K. KOBAYASHI, S. ISHIO
Absorption of ^{32}PO$_4$ Ion by Carp. By T. TOMIYAMA, K. KOBAYASHI, S. ISHIO
Distribution and Excretion of Intramuscularly Administered ^{32}PO$_4$ by Carp. By TOMIYAMA, K. KOBAYASHI, S. ISHIO
Studies on the Distribution of Administered Radioactive Zinc in the Tissues of Fishes. By T. MORI, M. SAIKI

Fisheries Science IV.

Embriological and Physiological Problems. By Y, HIYAMA
On the Influence of γ-Ray Radiation on the Aquatic Animals—On the influence in the early development of gold-fish (*Carassius auratus L.*) By I. OKADA, I. OSAKABE, T. KIKUCHI, K. KONNO
Effects of Fission Materials Upon Development of Aquatic Animals. By T. HIBIYA, T. YAGI
The Influence of Radioactive Rain-water on the Growth and Differentiation of a Tropical Fish "Zebra Danio". By Y. MIKAMI, H. WATANABE, K. TAKANO
Effects of Radioactive Materials upon Blood-pictures of Fish. By Y. SUYEHIRO, T. HIBIYA

Fisheries Science V.

Decontamination of Radioactivity from Fish, Water and Gear. By Y. MATSUE
Comparison of the Method of Decontamination of Fission Products from the Materials of Fishing Gears of the Fukuryu-maru No. 5. By T. KUSAKA
Preliminary Studies on Removal of Radioactive Substances from Polluted Waters by the Biological Method—On the Capacity of Water Bacteria for Adsorption of Fission Products. By N. TAGA

PART VII
ECONOMICS

Economic Aspects of Effects of Bikini H-Bomb Experiments on Japanese Fisheries. By Y. KONDO, K. FUJITA, H. OGURA
  1. H-Bomb Experiment and Bonito-tuna Fisheries.
  2. Contamination of Fishing Grounds
  3. Impact on the Fish Dealers and the Tuna Vessel Operator
  4. Impact on the Fishery Workers

PART VIII
MEDICAL SCIENCE

Atomic Bomb Injuries Investigation and Research Committee. By R. KOBAYASHI, I. NAGAI

Medical Consideration on Radiation Injury due to Bikini Fall-out (A General Review). By M. Tsuzuki

Radiological Studies of the Bikini Patients. By M. Nakaidzumi, H. Eto, K. Kakei

Early Symtoms of the Cases Affected by the Hydrogen Bomb Explosion at Bikini. By Y. Tsuge, T. Ohi

Clinical and Haematological Studies on Bikini Patients. By Y. Mikamo, K. Miyoshi, K. Shimizu, K. Ishikawa, S. Kuriyama, Y. Koyama, T. Kumatori

Some Observations on the Victims of the Bikini H-Bomb Test. By K. Shimizu, K. Ishikawa, Y. Saito, K. Nakamura, T. Sato, S. Torada, T. Sugiyama, S. Takayama, H. Huruta, M. Ono, H. Inagaki

Radiological Observation on the Patients of Radiation Sickness Caused by Bikini Ashes. By S. Okamoto, M. Hamada, Y. Hayashi

Pathology of the Bikini Patients. By M. Miyake, S. Ohashi

    Pathological Findings on Mr. A. Kuboyama

        I. Anatomical Findings

        II. Histopathological Findings

        III. Autoradiographic Findings of Various Organs (M. Miyake, H. Sugano)

        IV. Bacteriological and Mycological Findings (M. Miyake, M. Okudaira)

Studies on the Radioactive Ashes produced by the Hydrogen Bomb Test at Bikini Atoll, especially on their Physical and Biological Properties. By T. Kikuchi, G. Wakisaka, T. Kono, H. Goto, H. Akagi, S. Fujioka, T. Yamamasu, I. Sugawa, T. Matsuki, M. Suenaga, M. Watanabe, M. Fujio, T. Sano

Clinical Notes on Persons Using Radioactive Rainwater (Cases from Sata Cape in Kyushu). By T. Masuya, I. Oketani, T. Kiyatake, S. Sameshima

Cooperation by the United States in the Radiochemical Analysis. R. Kobayashi, I. Nagai

The Atomic Bomb Effect Research Commission (ABERC). By Y. Igarashi

Program of ABCC and US-Japan Relationship. By H. Maki

Late Effects of Atomic Bomb Injury in Hiroshima and Nagasaki (A General View). By M. Tsuzuki

Keloid Problem as a Late Effect of the Atomic Bomb Injury. By M. Tsuzuki

The Problem of the Keloids Developed from the Scars caused by the Atomic Bomb. By S. Hatano

The Theoretical Studies on the Burns of the Atomic Bombs. By S. Hatano

Delayed Effects of A-Bomb Irradiation in a Group exposed to the Hiroshima A-Bomb under Identical Circumstances. By K. Kawaishi

Studies on the Sequelae and After Effects of the Atomic Bomb in Hiroshima. By Z. Uraki

Blood Diseases among the A-Bomb Survivors. By F. Shigeto, T. Hosokawa, S. Inoue

Medical Survey of Atomic Bomb Casualities. By R. Shirabe

Studies on A-Bomb Survivors of Nagasaki City in the First, Second and Third Years after Exposure. By N. Kageura, M. Tomonaga, T. Ichimura, F. Murakami, H. Nagasawa, M. Takamori, M. Matsuda, I. Nonaka, H. Hirose, Y. Harada, S. Kusunoki, S. Ajisaka

Hematological Studies on the Atomic Bomb Survivors in Nagasaki. The 1st Report. By N. Kageura, M. Tomonaga, M. Takamori, Y. Sunabe, M. Ichimaru, M. Mogami, G.

KUSANO, M. SODA, T. KUWASAKI

Hematological Studies on the Atomic Bomb Survivors in Nagasaki. The 2nd Report. By M. TOMONAGA, K. AMAMOTO, B. WATANABE

Hematological Studies on the Atomic Bomb Survivors in Nagasaki. The 3rd Report. By M. TOMONAGA

Eosiphile Response to Adrenalin in the Patient with Scar or Keloid developed following Exposure to the Atomic Bomb in Nagasaki. By K. NAKAMURA

Change in the Peripheral Blood of People in the Nishiyama District caused by the Atomic Bomb Explosion at Nagasaki. By H. IRIE, I. IDE, A. KAMOI, K. UOZUMI, K. MATSUURA, T. WATANUKI, K. MURAKAMI

Studies on the Late Effects of Atomic Bomb Injuries in Hiroshima and Nagasaki. By T. KIKUCHI

Sequelae in Atomic Bomb Survivors at Hiroshima and Nagasaki, Their Hematological Aspects in Particular. By T. MISAO, Y. HARADA, K. HATTORI, T. OYAMA, N. HAYASHI, T. INO

The Late Effects of Atomic Bomb Injuries in Hiroshima and Nagasaki. Report I. The Clinical and Hematological Considerations of the Exposed in Terms of their Distance from Hypocenter. By S. HIBINO, Y. KUROKAWA, S. TORII

The Late Effects of Atomic Bomb Injuries in Hiroshima and Nagasaki. Report II. The Clinical and Hematological Considerations of the Exposed in Relation to their Location after the Bombing. By S. HIBINO, Y. KUROKAWA, S. TORII

The Late Effects of Atomic Bomb Injuries in Hiroshima and Nagasaki. Report III. On the Behaviors of Serum Iron, Serum Proteins and Others. By S. HIBINO, Y. KUROKAWA, S. TORII

On the Hematological Findings of the Survivors of the Atomic Explosion in Nagasaki, Japan. By Y. KAWAKITA, T. MATUBARA, S. YAMAMOTO, M. TOI, N. MATUDA, S. OGATA, T. SAITO, T. MORIYA, Y. MUTO, T. SABURI, T. NOZUHARA, E. NISIMURA, M. TORII, T. FUKUDA, K. MIYATU, T. MATUMOTO, H.KIYOTA, T. SATO, Y. ARIMA, M. SAWADA, H. YAMASE, Y. MATUTANI, K. FUZIKAWA, K. ODO, Y. KUBOTA

Hematological Findings of the 12 Survivors of the Atomic Explosion who visited Our Clinic between August, 1953 and March, 1955. By Y. KAWAKITA, S. YAMAMOTO, T. MORIYA, T. NOZUHARA

Myeloid Leukemia Occuring in Survivors of the Atomic Bombing. By Y. KAWAKITA, T. SABURI, T. NOZUHARA, T. FUKUDA

Teleagictasia in a Survivors of Atomic Bombing in Hiroshima, Japan. By Y. KAWAKITA, S. HASIMOTO

Observations on Two Cases of Leukemia in Atomic Bomb Survivors. By K. NAKAO, Y. YANO, M. KOMIYA

Acute Leukemia Observed in a Person Who worked in Hiroshima Right after the Atomic-Bomb Explosion. By K. MIYOSHI, Y. IMAMURA

A Case of Anemia Observed among Atomic-Bomb Survivors. (A Transitional Type from Aplastic Anemia to Leukemia?) In Reference to the Radiation Sickness. By K. MIYOSHI, T. SASAKI, K. KINUGASA, S. MIWA

After Effects of the Atomic Bomb Injuries in Hiroshima and Nagasaki. By H. MIYATA

The Late Effects of the Atomic Bomb Survivors in Southern Kyushu. By T. MASUYA, T. FUKUMOTO, M. NABEKURA

付　録

Ocular Lesions Developed After Exposure to Atomic Bomb in Nagasaki City. By K. HIROSE
A Recent Study on Radiation Cataracts in Hiroshima. By F. SHIGETO, Y. MASUDA
The Morphological and Functional Changes of the Blood Capillaries of the Persons Exposed to the Atomic Bombing (Preliminary Report). By M. NAKAIDZUMI, A. TSUYA
Investigation of Menarche of School Girls in Nagasaki. Specially on the Effects of Atomic Bomb. By Y. MITANI
The Influence of the Atomic Bomb on the Menstruation of Japanese School Girls at Hiroshima. By T. SHOJI, Y. KARIYA
Studies on the Atomic Bomb and Diseases of the Skin and Urinary Organs. By F. SHIGETO, Y. ITO
On the Physical Development of the A-Bombed Children. By M. YASUNAKA, T. NISHIKAWA
Effect of the Atomic Bomb on School Children in Urakami District, Nagasaki. By N. IZUMI
Personality Tests on the Atomic Bomb Exposed Children. By S. TSUIKI, A. IKEGAMI
Neuropsychiatric Case-Studies on the Atomic Bomb Causalities at Hiroshima. By The members from the Depart. of Neuropsychiatry, Hiroshima Univ. Medical School (Director:M. KONUMA)
The Residues of the Atomic Bomb Injury in the Otolaryngologeal Regions. By J. MURASHIMA, T. GOTO
Studies on the Pathological Changes caused by the Atomic Bomb Exposure in Hiroshima. By S. AMANO
Pathology of Late Effects of Atomic Bomb Casualties in Hiroshima and Nagasaki. By M. MIYAKE, H. SUGANO
Patho-histological Findings of the Chronic Radiation Injuries due to the Exposure to the Atomic Bomb in Hiroshima. By S. WATANABE
Pathological Research on Influences of Atomic Bomb Exposure upon Fetal Development. By I. HAYASHI
Pathological Studies on the After Effects of Atomic Bomb upon the Endocrine Glands. By I. HAYASHI

II THE RADIOACTIVE DUST FROM THE NUCLEAR DETONATION

BULLETIN OF THE INSTITUTE FOR CHEMICAL RESEARCH KYOTO UNIVERSITY (SUPPLEMENTARY ISSUE)

CONTENTS

S. SHIMIZU, H. AKAGI, H. GOTO, S. OKAMOTO, T. ISHIDA, and Y. KAWAI: Paper I, Survey on the Radioactive Contamination of the No. 5 Fukuryu Maru.

T. KIKUCHI, G. WAKISAKA, H. AKAGI, and H. GOTO: Paper II, Studies on the Properties and Size of the Radioactive Ashes Obtained from the No. 5 Fukuryu Maru.

T. KIKUCHI, H. AKAGI, H. GOTO, and G. WAKISAKA: Paper III, Radioautographic Studies of the Radioactive Ashes Obtained from the No. 5 Fukuryu Maru.

E. SUITO, K. TAKIYAMA, and N. UYEDA: Paper IV, Colloid Morphological and Crystalline Studies of "Bikini Dust" fallen on the No. 5 Fukuryu Maru by Electron Microscopy and Diffraction Methods.

T. KIKUCHI, H. AKAGI, H. GOTO, and G. WAKISAKA: Paper V, Radioautographic Studies of the Materials Obtained from the No. 5 Fukuryu Maru Contaminated by Radioactive Ashes.

T. KIKUCHI, H. GOTO, T. KONO, S. FUJIOKA, T. SANO, T. MATSUKI, M. WATANABE, M. FUJIO, H. AKAGI, G. WAKISAKA, S. OKAMOTO and F. HIRAYAMA: Paper VI, Studies on the Contamination of the Fishes Caught by the No. 5 Fukuryu Maru and the Foods Manufactured from These Fishes.

M. ISHIBASHI, T. SHIGEMATSU, T. ISHIDA, S. OKADA, T. NISHI, H. TAKAHASHI, C. MATSUMOTO, S. SHIMIZU, T. HYODO, F. HIRAYAMA, and S. OKAMOTO: Paper VII, Radiochemical Analysis of the Bikini Ashes.

M. ISHIBASHI, T. SHIGEMATSU, and T. ISHIDA: Paper VIII, A Study on Analysis of Carrier Free Radioisotopes by Paper Chromatography.

T. KIKUCHI, G. WAKISAKA, T. KONO, H. GOTO H. AKAGI, T. YAMAMASU, and I. SUGAWA: Paper IX, Studies on the Metabolism of Fission Products I. Studies on the Metabolism of the Radioactive Ashes Obtained from the No. 5 Fukuryu Maru.

T. KIKUCHI, G. WAKISAKA, T. KONO, H. GOTO, H. AKAGI, T. YAMAMASU, and I. SUGAWA: Paper X, Studies on the Metabolism of Fission Products II. Studies on the Metabolism of the Radioisotopes Contained in the Radioactive Ashes Obtained from the No. 5 Fukuryu Maru.

T. KIKUCHI, G. WAKISAKA, M. SUENAGA, T. KONO, H. AKAGI, H. GOTO, T. MATSUKI, and Y. YOSHIMINE: Paper XI, Studies on the Metabolism of Fission Products III. Radioautographic Studies on the Localization of Radiostrontium and Radiocalcium in the Bones.

T. KIKUCHI, G. WAKISAKA, T. KONO, H. AKAGI, T. YAMAMASU, and I. SUGAWA: Paper XII, Studies on the Metabolism of Fission Products IV. The Effects of EDTA-Na upon the Metabolism of Radiostrontium and Radioyttrium in Mice.

T. KIKUCHI, G. WAKISAKA, and T. MATSUKI: Paper XIII, Studies on the Influence of Radiostrontium upon the Blood and Bone Marrow Picture of Rabbits.

R. YAMAMOTO: Paper XIV, The Microbarographic Oscillations Produced by the Explosions of Hydrogen-Bombs.

付　録

III HEARINGS
BEFORE THE
SPECIAL SUBCOMMITTEE ON RADIATION
OF THE
JOINT COMMITTEE ON ATOMIC ENERGY
CONGRESS OF THE UNITED STATES
ON
THE NATURE OF RADIOACTIVE FAII-
OUT AND ITS EFFECTS ON MAN

(85th CONGRESS 1957)

Printed for the use of the Joint Committee on Atomic Energy

CONTENTS

PART 1

Hearing dates:
  Monday, May 27, 1957
  Tuesday, May 28, 1957
  Wednesday, May 29, 1957
  Monday, June 3, 1957

Statement of:
  Alexander, Dr. Lyle, United States Department of Agriculture
  Brues, Dr. Austin, Director, Biological and Medical Research Division, Argonne National Laboratory
  Cronkite, Dr. Eugene P., Brookhaven National Laboratory
  Dunham, Dr. Charles L., Director, Division of Biology and Medicine, Atomic Energy Commission
  Dunning, Dr. Gordon M., Division of Biology and Medicine, Atomic Energy Commission
  Eisenbud, Merril, New York Operations Office, Atomic Energy Commission
  Friedell. Dr. H. L., School of Medicine, Western Reserve University
  Furth, Dr. Jacob, president of the American Association for Cancer Research (presented by Dr. Shields Warren)
  Graves, Dr. Alvin C., Los Alamos Scientific Laboratory
  Hartgering, Lt. Col. James B., accompanied by Lt. Ariel G. Schrodt, of the Walter Reed Army Medical Center
  Kellogg, Dr. W. W., of the RAND Corp
  Kulp, Dr. J. L., Columbia University and Lamont Geological Laboratory
  Langham, Dr. Wright, Los Alamos Scientific Laboratory
  Lewis, Dr. Edward, California Institute of Technology
  Machta, Dr. Lester, United States Weather Bureau
  Mills, Dr. Mark, University of California Radiation Laboratory
  Neuman, Dr. William F., School of Medicine and Dentistry. University of Rochester

Pollard, Dr. Ernest, Biophysics Department, Yale University
Revelle, Dr. Roger, Scripps Institute of Oceanography, University of California
Shafer, Dr. Charles, Meteorologist, United States Weather Bureau (on assignment to FCDA)
Shelton, Dr. Frank, Armed Forces special weapons project
Starbird, Gen. Alfred D., Division of Military Application, Atomic Energy Commission
Taylor, Lauriston S., chief, Atomic and Radiation Physics Division, National Bureau of Standards
Warren, Dr. Shields, New England Deaconess Hospital
Western, Dr. Forrest, Division of Biology and Medicine, Atomic Energy Commission

PART 2

Hearing dates:
  Tuesday, June 4, 1957
  Wednesday, June 5, 1957
  Thursday, June 6, 1957
  Friday, June 7, 1957

Statement of:
  Brues, Dr. Austin, Argonne National Laboratory
  Burney, Dr. Leroy E., Surgeon General, Public Health Service, Department of Health, Education, and Welfare
  Crow, Dr. James F., professor of genetics and zoology, University of Wisconsin
  Dunham, Dr. Charles L., Director, Division of Biology and Medicine, Atomic Energy Commission
  Glass, Dr. Bentley, professor of biology, the Johns Hopkins University
  Lapp, Dr. Ralph E
  Libby, Dr. Willard F., Commissioner, Atomic Energy Commission
  Looney, Dr. William B., Massachusetts General Hospital
  Jones, Dr. Hardin, University of California Radiation Laboratory
  Muller, Dr. Hermann, J., University of Indiana
  Russell, Dr. W. L., Oak Ridge National Laboratory
  Schulert, Dr. Arthur R., Lamont Geological Observatory, Columbia University
  Selove, Dr. Walter, department of physics, University of Pennsylvania
  Shannon, Dr. James A., Director, National Institutes of Health, Public Health Service
  Sturtevant, Dr. A. H., member, National Academy of Sciences Committee on Genetic Effects of Atomic Radiation
  Warren, Dr. Shields, New England Deaconess Hospital
  Waterman, Dr. Alan T., National Science Foundation

Discussion periods:
  Tuesday, June 4, 1957:
    Drs. James F. Crow, Bentley Glass, A. H, Sturtevant. Hermann J. Muller, W. L. Russell, Austin Brues and Hardin B. Jones
  Thursday, June 6, 1957:
    Drs. Willard F. Libby, Walter Selone, William P. Neuman, Lester Machta, James F.

付　録

　　　　　Crow, Austin Brues, Merrill Eisenbud, Shields Warren, Charles L. Dunham,
　　　　　　Bentley Glass, and Wright Langham
Statements and papers submitted for the record:
　　Blair, Dr. Henry, atomic energy project, University of Rochester, submitted statement
　　Burney, Dr. Leroy E., Surgeon General, Public Health Service, Department of Health,
　　　　Education and Welfare, supplementary statement
　　Campbell, Charles I., Radiostrontium Fallout From Continuing Nuclear Tests
　　Dudley, Robert A., and Robley A. Evans, Massachusetts Institute of Technology, Ra-
　　　　diation Dose to Man From Natural Sources
　　Jones, Hardin B. Dr., University of California Radiation Laboratory, A Summary and
　　　　Evaluation of the Problem With Reference to Humans of Radioactive Fallout From
　　　　Nuclear Detonations
　　Jones, Hardin B. Dr., University of California Radiation Laboratory, Interpretation of
　　　　the Atomic Bomb Casualty Commission Report of Physical Growth of Hiroshima
　　　　Children, Exposed to the Atomic Bomb
　　Jones, Dr. Hardin, University of California Radiation Laboratory
　　Lapp, Dr. Ralph E., submitted statement on radioactive fallout
　　Langham, Dr. Wright H., and Dr. Ernest C. Anderson, Potential Hazard of Worldwide
　　　　Sr^{90} Fallout from Weapons Testing
　　Libby, W. F., Commissioner, AEC, Natural Occurrence of Radioactivities and Radiation
　　Looney, W. B., C. J. Maletskos, M. J. Helmick, J. Reardon, J. Cohen, W. Guild, and F. I.
　　　　Visalli, A Study of the Dynamics of Strontium and Calcium Metabolism and Ra-
　　　　dioelement Removal
　　Looney, William B., Dr., Massachusetts General Hospital, The Basis for the Present Maxi-
　　　　mum Permissible Concentration for Radium and its Relation to the Maximum Per-
　　　　missible Concentration for Strontium 90
　　Muller, Hermann J., Dr., University of Indiana, How Radiation Changes the Genetic
　　　　Constitution
　　Muller, Hermann J., Dr., University of Indiana, Potential Hazards of Radiation
　　Neher, H. V., California Institute of Technology, Gamma Rays From Local Radioactive
　　　　Sources
　　Radiation Hazards Committee of the Federation of American Scientists, Worldwide
　　　　Fallout From H-Bomb Testing-Alarming or Negligible
　　Russell, Dr. W. L., Oak Ridge National Laboratory, Shortening of Life in the Offspring
　　　　of Male Mice Exposed to Neutron Radiation From an Atomic Bomb
　　Schulert, Dr. Arthur R., Lamont Geological Observatory, Columbia University, prepared
　　　　statement
　　Selove, Dr. Walter, University of Pennsylvania, submitted statements
　　Wexler, Dr. Harry, Director of Meteorological Research, United States Weather Bureau
Additional information furnished for the record:
　　Correspondence from several scientists relative to discussion on June 6, forecast strontium
　　　　90 levels
　　Dunham, Dr. C. L., Director, Division of Biology and Medicine, AEC, letter to Hon.
　　　　Chet Holifield regarding shelter program at Operation Plumbob

Eisenbud, Merril, letter setting forth full record of qualifications
Holifield, Hon. Chet, letters to Chairman Strauss, AEC, regarding plan and outline of hearings
Operation Plumbob, civil-effects test group summary, May 1957
Procedures by which estimates of genetic damage were made
Rongelap, history of animals on

Appendixes:

Appendix 1. Principal technical speeches and papers on fallout by Commissioner Willard F. Libby:
 1. Desages From Natural Radioactivity and Cosmic Rays
 2. Radioactive Fallout and Radioactive Strontium
 3. Radioactive Strontium Fallout
 4. Current Research Findings on Radioactive Fallout
 5. Isotopes in Meteorology
 6. Radioactive Fallout From Nuclear Tests
 7. Radioactive Fallout

Appendix 2. British statements, reports, and articles on fallout and radiation effects:
 1. The Hazards to Man of Nuclear and Allied Radiations, a report of the British Medical Council
 2. Atomic Scientists Association statement on strontium hazards
 3. Radioactivity in Man and His Environment, by F. W. Spiers
 4. Biological Effects of Radiation, a report of a meeting
 5. Strontium 90 in Man, an editorial from the British Medical Journal
 6. Leukemia and Natural Background Radiation, a letter to the editor of the British Medical Journal
 7. Strontium 90 in Man, a letter to the editor of the British Medical Journal
 8. The Radiological Dose to Persons in the United Kingdom Due to Debris From Nuclear Test Explosions Prior to January 1956, by N. G. Stewart et al
 9. Radiostrontium Fallout in Biological Materials in Britain, by R. J. Bryant et al
 10. Radiostrontium and Radiocesium Measurements in Biological Materials to December 1956, by D. V. Booker et al

Appendix 3. Information submitted by the World Health Organization to the United Nations Scientific Committee on the effects of atomic radiation: 1. The Genetic Effects of Radiation

Appendix 4. The biological effects of atomic radiation and excerpts from pathological effects of atomic radiation studies by the National Academy of Sciences and National Research Council

Appendix 5. A letter from St. Paul's University, Tokyo, Japan

Appendix 6. A selection of correspondence and statements to and by the United States Atomic Energy Commission concerning the scientific and technical aspects of fallout:
 1. Statement by Lewis L. Strauss, Chairman, United States Atomic Energy Commission, February 17, 1955
 2. A report by the United States Atomic Energy Commission on the effects of high-yield nuclear explosions, February 17, 1955

3. A letter from the United States Atomic Energy Commission to Senator Clinton P. Anderson enclosing a critique of the National Academy and British Medical Council reports
　　　4. Correspondence between Senator Prescott Bush and the United States Atomic Energy Commission on the biological effects of radiation
　　　5. Dr. Willard F. Libby's letter to Dr. Albert Schweitzer
　　　6. Correspondence between Senator Clinton P. Anderson and the United States Atomic Energy Commission concerning questions raised by Mr. Pare Lorentz
　　　7. Letter from the United States Atomic Energy Commission to Congressman Carl T. Durham transmitting copies of The Effects of Nuclear Weapons
Appendix 7:
　　　1. Information furnished to the Joint Committee by Stanley H. Clark, Baltimore, Md
　　　2. Information furnished to the Joint Committee by Alden A. Potter, Bethesda, Md
Appendix 8. Radioactive Fallout, a short selected list of references
Appendix 9. Radioactive Fallout, a bibliography
Appendix 10. A delayed statement concerning outline topic VIII-D, Fallout and Water Decontamination, by Mr. William J. Lacy, on loan to Health Physics Division, ORNL
Appendix 11. A letter from the United States Atomic Energy Commission transmitting a summary report of a meeting held July 29, 1957, concerning predicted skeletal concentrations of strontium-90
Appendix 12. Information on past nuclear weapons explosions

資料収集にあたって

　『ビキニ水爆被災資料集』のための本格的な資料収集作業は、以前からビキニ事件の関係書誌や新聞切抜き（コピー）などを、コツコツと集めていたグループの全面的協力をえてはじまった。最初に直面した問題は、そもそもビキニ事件の関係資料にはどういうものがあるのか、どの範囲までが関係資料といいうるのかという、いわば資料収集以前の問題であった。それをつかむためには、どうしても事件を再体験する以外に方法はない。そのため、当時の事件関係者および当時公刊された関係書誌にあたる一方で、あらためて縮刷版をつかい、事件後の推移を、丹念に、1年有余にわたって追跡しなおす作業にとりかからねばならなかった。朝日新聞社の調査室、国会図書館にも長いこと通った。

　こうして関係資料の全容がほぼわかったところで、第五福龍丸関係、ミクロネシア関係、アメリカ政府関係、日本政府関係、調査にあたった日本の科学者関係、原水爆禁止運動関係などの資料を中心に、ようやく収集作業にとりかかった。可能なかぎり、収集の重点は公式記録においた。

　たまたまこのことが新聞に報道されたため、関係当局から"国のしたことをあばきたてるようなことには協力できない"と拒否され、まず政府関係の資料収集が"厚い壁"にぶつかった。焼津市の倉庫深くうずもれ、市の関係者すら、長いあいだ所在不明と信じていた焼津市関係の資料も、われわれの調査がきっかけで再発見されたが、その後、市として独自に公表するとのことで、閲覧も許されなかった。

　資料の調査、収集の過程は、半面、驚きの連続でもあった。事件を総合的見地からまとめたものは、ラップの『第五福龍丸』だけで、日本の手になるものはひとつもない。被爆手記集には、ビキニ被災者の手記は収録されていない。水産庁資料館にあるのは、水産庁関係の、それもわずかなものだけ。国立公文書館では、第2次大戦後関係のものは未整理で、都の公文書館にはほとんどなかった。

　ミクロネシアの被災住民は、医療施設のない状態のもとで、各島を巡回する軍関係病院の手で定期的に検診されており、広島、長崎の被爆者がそうであった以上に、いわば理想的なかたちで「モルモット扱い」されていた。

　第五福龍丸以外の漁船員で、当時、精密検査をするほど重い被災状況であった人

たちが放置されたままであり，また汚染漁獲物の廃棄処分で収入の道をとざされ，船主，業者以上に，生活苦を強いられた多くの漁民には，ほとんど補償金が渡されていなかった．

調査の最終段階で，事件の処理方針大綱をきめた閣議決定が，内閣官房の書庫の奥深く保存されていることをつきとめ，担当者から外務省とも相談してその返事もえた．だが，国会議員を通じての資料請求にたいする外務省の回答は，いまもって"マル秘"扱いなので見せられないというものだった。われわれは驚きもし，あきれもした．

この閣議決定はもとより，当時の官報には，事件関係の閣議決定の項目すらのっていない．掲載されだしたのは，54年末のマグロ検査中止の項目からである．

にもかかわらず，本資料集に多くの未公開資料や公式記録を収録しえたのは，各自それぞれの関係資料を大切に保存されていた，心ある多くの人びとの協力のおかげである．

資料収集作業は，時間と予算の制約や，われわれの力不足もあって，日米両政府の圧力があったであろうことを随所で感じさせられながら，それを裏づける決定的な公式資料は入手できずにおわった．ここではいちいちあげないが，ビキニ事件には，いまなお"ナゾ"につつまれている部分が数多く残されている．

戦後政治の"恥部"ともいえる"事件処理"をめぐる未知の資料もふくめて，関係資料の収集が今後も根強くつづけられることの必要性をあらためて感ずる次第である．

（林　茂　夫）

編 集 後 記

　第五福龍丸平和協会は，第五福龍丸の船体の保存とならんで，ビキニ水爆被災をめぐる資料の収集を，重要な事業としてきた．

　1972年には，東大病院関係の保管資料の寄贈を受けたのをはじめ，しだいに各方面の有志から資料の提供を受けるようになり，とくに74年には，久保山愛吉氏の未亡人すずさんから手紙など貴重な資料をいただいた．これがひとつのきっかけとなって，それまで東京・江東区で第五福龍丸保存運動を地道にすすめていた三井周二，深井平八郎，若島幸作，古泉佳子などの諸氏から，資料集刊行の提案がおこなわれた．

　以上のような経過で，『ビキニ水爆被災資料集』の編集が緒についたことは，まことに意義ふかいものがある．本協会理事会は，副会長檜山義夫，専務理事広田重道，理事田沼肇に，前記の三井，深井，若島，古泉の4氏を加え，さらに対馬学，山村茂雄，林茂夫，小沢謙吉，森下一徹，桂川秀嗣，香取良平，川上とし子などの諸氏の協力も得て，編集委員会を発足させた．

　本書のために，翻訳を担当してくださったり，解説などを寄せられた人びとの氏名は，それぞれの労作の末尾に掲げさせていただいた．また，久保山すずさんから寄贈された手紙（第2編第3章に収録）の整理は，加納竜一，近藤弘，長岡弘芳の各氏によっておこなわれた．なお，本書の各章に付した「概要」と，資料中の「編集者注」は，監修者，編集委員の討議をへて，田沼が文責を負っている．

　この事業のために，東京大学出版会，とりわけ成田良輔氏から多大のお力添えをいただいたことを，深く感謝する．また刊行は，昭和50年度文部省科学研究費補助金（研究成果刊行費）によっておこなわれた．

　本書が，日本国民の悲願である核兵器廃絶のために，たとえささやかでも寄与することを，心から願うものである．

　　1976年3月

　　　　　　　　　　　　　　　　　　　　　　　　　　第五福龍丸平和協会

主要文献リスト（新装版にあたり増補）

＊このリストはビキニ水爆被災及び第五福竜丸に関連する主要な文献（邦文のみ）について掲載した（展示館資料室で閲覧可能）．当時の文献・論文リストなどは本書収録の文献目録（p686〜703）を参照．

第五福竜丸平和協会編 『ビキニ水爆被災資料集』（東京大学出版会，1976年）

第五福竜丸平和協会編 『船をみつめた瞳——第五福竜丸・親と子の感想禄』（同時代社，1981年）

第五福竜丸平和協会編 『母と子でみる第五福竜丸』（草土文化，1985年）

第五福竜丸平和協会編 『第五福竜丸ものがたり——この船の名を告げ合おう』（第五福竜丸平和協会，2000年）

第五福竜丸平和協会編 『写真でたどる第五福竜丸——ビキニ水爆実験被災50周年記念図録』（第五福竜丸平和協会，2004年）

第五福竜丸平和協会編 『わたしとビキニ事件——ビキニ水爆実験被災50周年記念手記集』（第五福竜丸平和協会・2005年）

第五福竜丸平和協会編 『第五福竜丸展示館30年のあゆみ——開館30周年記念誌1976・6－2006・6』（第五福竜丸平和協会，2006年）

第五福竜丸平和協会編 『フィールドワーク第五福竜丸展示館——学び・調べ・考えよう』（平和文化，2007年）

＊　　　＊

アイリーン・ウェルサム／渡辺正訳『プルトニウム・ファイル（上・下）』（翔泳社，2000年）

赤坂三好文絵 『わすれないで——第五福竜丸ものがたり』（金の星社，1989年）

安斎育郎・竹峰誠一郎 『ヒバクの島マーシャルの証言——いま，ビキニ水爆被災から学ぶ』（かもがわ出版，2004年）

安斎育郎監修・ビキニ水爆被災事件静岡県調査研究会編 『ビキニ水爆被災事件の真相——第五福竜丸ものがたり』（かもがわ出版，2014年）

飯塚利弘・静岡県歴史教育者協議会編 『私たちの平和教育——「第五福竜丸」・「3・1ビキニ」を教える』（民衆社，1977年）

飯塚利弘 『死の灰を超えて——久保山すずさんの道』（かもがわ出版，1993年）

飯塚利弘 『久保山愛吉物語』（かもがわ出版，2001年）

E・P・トンプソンほか／山下史訳 『核攻撃に生き残れるか——PROTECT AND SURVIVE VS PROTEST AND SURVIVE』（連合出版，1981年）

いぬいとみこ作・津田櫓冬絵 『トビウオのぼうやはびょうきです』（金の星社，1982年）

岩垂弘 『「核」に立ち向かった人びと』（日本図書センター，2005年）

岩垂弘 『核なき世界へ』（同時代社，2010年）

S・G・ファンティ／宮城音弥訳 『現代人は狂っている』（毎日新聞社，1957年）

S・ファース／河合伸訳『核の海』（岩波書店，1990年）

枝村三郎 『平和をもたらした龍——ドキュメント第五福竜丸事件』（私家版，2004年）

枝村三郎 『水爆実験と第五福竜丸事件』（私家版，2012）

NHK取材班 『NHKスペシャル 旧ソ連戦慄の核実験』（NHK出版，1994年）

マイケル・ハリス／三宅真理訳 『ぼくたち

は水爆実験に使われた』（文春文庫，2006年）

大石又七　『死の灰を背負って──私の人生を変えた第五福竜丸』（新潮社，1991年）

大石又七　『ビキニ事件の真実──いのちの岐路で』（みすず書房，2003年）

大石又七　『これだけは伝えておきたいビキニ事件の表と裏──第五福竜丸・乗組員が語る』（かもがわ出版，2007年）

大石又七　『矛盾──ビキニ事件，平和運動の原点』（武蔵野書房，2011年）

Oishi Matashichi, Translator: Minear, Richard H, *The Day the Sun Rose in the West: Bikini, the Lucky Dragon, and I*（University of Hawaii Press, 2011）

岡村幸宣　『非核芸術案内──核はどう描かれてきたか』（岩波書店，2013年）

葛城幸雄　『死の灰のゆくえ──死の灰を追って30年』（新草出版，1986年）

加藤一夫　『やいづ平和学入門──ビキニ事件と第五福竜丸』（論創社，2012年）

河合智康　『漁船「第五福竜丸」──それは世界史を動かした』（同時代社，1997年）

河合智康　『核実験は何をもたらすか──核大国アメリカの良心を問う』（新日本出版社，1998年）

川井龍介・斗ヶ沢秀俊　『水爆実験との遭遇──ビキニ事件と第五福竜丸』（三一書房，1985年）

川﨑昭一郎監修・大石又七お話　『第五福竜丸とともに──被爆者から21世紀の君たちへ』（新科学出版社，2001年）

川﨑昭一郎　『第五福竜丸──ビキニ事件を現代に問う』（岩波書店，2004年）

キャサリン・コーフィールド／友清裕昭訳　『被曝の世紀──放射線の時代に起こったこと』（朝日新聞社，1990年）

グリーンピース・インターナショナル編／渕脇耕一訳　『モルロアの証言──仏領ポリネシアの被曝者たち』（連合出版，1991年）

原水爆禁止日本協議会編　『ドキュメント1945→1985──核兵器のない世界を』（原水爆禁止日本協議会，1987年）

高知県太平洋核実験被災支援センター編　『資料──米公文書「キャッスル作戦」放射性降下物記録抜粋／第五海福丸元操機長の「日記」』（高知県太平洋核実験被災支援センター，2011年）

高知県ビキニ水爆実験被災調査団編　『ビキニ水爆実験被災シンポジウム'87 高知報告集──今も生きているビキニ問題　全国調査の前進のために』（高知県ビキニ水爆実験被災調査団，1987年）

高知県ビキニ水爆実験被災調査団編　『ビキニの実相──あなたの町にも水爆被災船　全国放射のマグロ廃棄船一覧』（高知県ビキニ水爆実験被災調査団，1991年）

高知県ビキニ水爆実験被災調査団　『もうひとつのビキニ事件──1000隻をこえる被災船を追う』（平和文化，2004年）

小沢節子　『第五福竜丸から「3.11」後へ──被爆者大石又七の旅路』（岩波書店，2011年）

小塚博さんを支援する会編　『ビキニ水爆被ばく者──小塚博さん闘いの記録』（小塚博さんを支援する会，2002年）

小林徹編　『原水爆禁止運動資料集』第1巻（緑蔭書房，1995年）

近藤康男編　『水爆実験と日本漁業』（東京大学出版会，1958年）

斉藤達雄　『ミクロネシア』（すずさわ書店，1975年）

佐々木英基　『核の難民──ビキニ水爆実験「除染」後の現実』（NHK出版，2013年）

3・1ビキニデー静岡県実行委員会・ビキニ水爆被災事件静岡県調査研究会編　『ビキニ被災の全容解明を目指す研究交流集会報告集（1997〜2013）』（ビキニ水爆被災事件静岡県調査研究会，2009年

島田興生　『ビキニ──マーシャル人被曝者の証言』（JPU出版，1977年）

島田興生　『還らざる楽園──ビキニ被曝40年核に蝕まれて』（小学館，1994年）

島田興生・津田櫓冬絵　『水爆の島マーシャ

ルの子どもたち』（月刊『たくさんのふしぎ』1996年10月号）（福音館書店，1996年）

島田興生写真・渡辺幸重文　『ふるさとはポイズンの島——ビキニ被ばくとロンゲラップの人びと』（旬報社，2012年）

島田興生写真・羽生田有紀文　『ふるさとにかえりたい——リミヨおばあちゃんとヒバクの島』（子どもの未来社，2014年）

白井千尋　『第五福竜丸を最も愛したジャーナリスト——白井千尋の遺した仕事』（光陽出版社，2004年）

高橋博子　『封印されたヒロシマ・ナガサキ——米核実験と民間防衛計画』新版（凱風社，2012年）

武谷三男　『死の灰』（岩波書店，1954年）

武谷三男　『原水爆実験』（岩波書店，1957年）

竹峰誠一郎　『見えない核被害——マーシャル諸島核実験被害の探求』（新泉社，2014年）

多田智恵子　『きょうもえんまん！——ビキニ環礁を追われた人々と暮らして』（健友館2004年）

谷口利雄・駒野鎌吉　『われら水爆の海へ——俊鶻丸ビキニ報告』（日本繊維出版，1954年）

中国新聞「ヒバクシャ」取材班編　『世界のヒバクシャ』（講談社，1991年）

デーヴィド・ホロウェイ／松本幸重他訳　『スターリンと原爆』（上・下）（大月書店，1997年）

土井全二郎　『きのこ雲の証言——ビキニの叫び』（新国民出版，1975年）

土井全二郎　『ビキニ核実験はいかに行なわれたか——帰れぬ島民の叫び』（光人社NF文庫，2010年）

戸沢晴巳ほか　『第二次俊鶻丸ビキニ水爆調査の記録』（新日本出版社，1957年）

徳田純宏　『熊野からの手紙——熊野で造られた第五福竜丸の記録』（編集工房ノア，1984年）

豊﨑博光　『核よ驕るなかれ』（講談社，1982年）

豊﨑博光　『グッドバイロンゲラップ——放射能におおわれた島』（築地書館，1986年）

豊﨑博光・平和博物館を創る会編　『蝕まれる星・地球——広がりゆく核汚染』（平和のアトリエ，1995年）

豊﨑博光 写真・文　『アトミック・エイジ——地球被曝はじまりの半世紀』（築地書館，1995年）

豊﨑博光　『核の影を追って——ビキニからチェルノブイリへ』（NTT出版，1996年）

豊﨑博光・安田和也　『水爆ブラボー——3月1日ビキニ環礁・第五福竜丸』（草の根出版会，2004年）

豊﨑博光　『マーシャル諸島核の世紀——1914–2004』（上・下）（日本図書センター，2005年）

中嶋篤之助編　『地球核汚染』（リベルタ出版，1995年）

中原聖乃　『放射能難民から生活圏再生へ——マーシャルからフクシマへの伝言』（法律文化社，2012年）

中原聖乃・竹峰誠一郎　『核時代のマーシャル諸島——社会・文化・歴史、そしてヒバクシャ』（凱風社，2013年）

日本原水協科学者委員会編　『放射能——原子戦争の脅威』（三一書房，1960年）

日本被爆者団体協議会編著　『ふたたび被爆者をつくるな——日本被団協50年史』（あけび書房，2009年）

ハーヴィ・ワッサーマン／茂木正子訳　『被曝国アメリカ——放射線被害の恐るべき実態』（早川書房，1983年）

ハワード・ローゼンバーグ／中尾ハジメほか訳　『アトミック・ソルジャー』（社会思想社，1982年）

バーナード・オキーフ／原礼之助訳　『核の人質たち』（サイマル出版会，1986年）

長谷川潮　『死の海をゆく——第五福竜丸物語』（文研出版，1984年）

幡多高校生ゼミナール・高知県ビキニ水爆実験被災調査団編　『ビキニの海は忘れない——焼津流平和の作り方Ⅱ』（平和文

化，1988 年）
服部学　『核兵器と核戦争』（大月書店，1982 年）
春名幹男　『ヒバクシャ・イン・USA』（岩波書店，1985 年）
ビキニ市民ネット焼津　『焼津流平和の作り方――「ビキニ事件 50 年」をこえて』（社会評論社，2007 年）
ビキニ市民ネット焼津・かまぼこ屋根の会　『ヒロシマ・ナガサキ・ビキニをつなぐ――焼津流平和の作り方II』（社会評論社，2012 年）
広田重道　『第五福竜丸』（白石書店，1977 年）
広田重道　『第五福竜丸保存運動史』（白石書店，1981 年）
ブラッドリー・デビッド／佐藤亮一訳　『隠るべきところなし』（講談社，1959 年）
文化財建造物保存技術協会　『第五福竜丸保存工事報告書』（文化財建造物保存技術協会，1989 年）
平和博物館を創る会・日本原水爆被害者団体協議会編　『核の 20 世紀――訴える』（平和のアトリエ，1997 年）
前田哲男　『隠された被ばく――マーシャル群島住民の二十三年』（原水爆禁止日本国民会議，1978 年）
前田哲男　『棄民の群島――ミクロネシア被爆民の記録』（時事通信社，1979 年）
前田哲男　『非核太平洋　被爆太平洋――新編棄民の群島』（筑摩書房，1991 年）
前田哲男監修・グローバルヒバクシャ研究会編　『隠されたヒバクシャ――検証＝裁きなきビキニ水爆被災』（凱風社，2005）
丸浜江里子　『原水禁署名運動の誕生――東京・杉並の住民パワーと水脈』（凱風社，2011 年）
三浦市編　『ビキニ事件三浦の記録』（三浦市，1996 年）
見崎吉男　『千の波万の波――元第五福竜丸漁労長見崎吉男のことば』（私家版，2006 年）
三宅泰雄　『死の灰と闘う科学者』（岩波書店，1972 年）
三宅泰雄　『かえれビキニへ――原水爆禁止運動の原点を考える』（水曜社，1984 年）
武藤宏一氏追悼文集編集委員会編　『沈めてよいか第五福竜丸――武藤宏一氏遺稿・追悼集』（武藤宏一氏追悼文集編集委員会，1983 年）
森住卓　『楽園に降った死の灰《マーシャル諸島共和国》』（シリーズ核汚染の地球①）（新日本出版社，2009 年）
森哲郎え・文　『第五福竜丸』（記録出版工房，1984 年）
焼津市編　『第五福竜丸事件』（焼津市，1976 年）
山口勇子文・金沢佑光画　『おーい、まっしろぶね』（童心社，1973 年）
山下正寿　『核の海の証言――ビキニ事件は終わらない』（新日本出版社，2012 年）
山本昭宏　『核エネルギー言説の戦後史 1945-1960――「被爆の記憶」と「原子力の夢」』（人文書院，2012 年）
湯浅一郎　『海の放射能汚染』（緑風出版，2012 年）
湯川秀樹ほか　『平和時代を想像するために――科学者は訴える』（岩波書店，1963 年）
湯川秀樹ほか　『核時代を超える――平和の創造をめざして』（岩波書店，1968 年）
読売新聞社編　『ついに太陽をとらえた――原子力は人を幸福にするか』（読売新聞社，1954 年）
ラルフ・E・ラップ／八木勇訳　『福竜丸』（みすず書房，1958 年）
ラルフ・E・ラップ／八木勇訳　『核戦争になれば』（岩波書店，1963 年）
ロバート・ジェイコブス／高橋博子ほか訳　『ドラゴン・テール――核の安全神話とアメリカの大衆文化』（凱風社，2013 年）

監修者略歴

三宅泰雄 (1908-1990)

1931年	東京大学理学部化学科卒業
1931年	北海道大学理学部助手
1935年	中央気象台技師（気象・海洋化学研究）
1946年	気象研究所地球化学研究所長
1957年	東京教育大学教授（理学部化学科）カリフォルニア州立大学客員教授
1968年	日本地球化学会会長
1972年	地球化学研究協会理事長 理学博士

主要著書

地球化学, 1954, 朝倉書店.
Elements of Geochemistry, 1965, Maruzen Co. Tokyo.
ОСНОВЫ ГЕОХИМИИ, 1969, НЕДРА. Leningrad USSR.

檜山義夫 (1909-1988)

1934年	東京大学農学部水産学科卒業
1949年	同大学教授（農学部）
1969年	同大学名誉教授
1972年	日本水産学会会長 農学博士

主要著書

放射線影響の研究, 1971, 東京大学出版会.
水産生物と環境（清水誠共著）, 1974, 大日本図書.

草野信男 (1910-2002)

1933年	東京大学医学部医学科卒業
1940年	東京大学伝染病研究所助手
1952年	同助教授
1962年	東京大学伝染病研究所教授
1970年	停年退職 医学博士

主要著書

Atomic Bomb Injuries, 1953, 築地書館

新装版　ビキニ水爆被災資料集

1976年3月31日　初　版　第1刷
2014年7月15日　新装版　第1刷

［検印廃止］

監　修　三宅泰雄・檜山義夫・草野信男
編　集　第五福竜丸平和協会
発行所　一般財団法人　東京大学出版会
　　　　代表者　渡辺　浩
　　　　153-0041　東京都目黒区駒場 4-5-29
　　　　http://www.utp.or.jp/
　　　　電話 03-6407-1069　Fax 03-6407-1991
　　　　振替 00160-6-59964
印刷所　株式会社平文社
製本所　誠製本株式会社

© 2014 Daigo Fukuryu Maru Foundation, Inc.
ISBN978-4-13-050183-5　Printed in Japan

〈(社)出版者著作権管理機構　委託出版物〉

本書の無断複写は著作権法上での例外を除き禁じられています．複写される場合は，そのつど事前に，(社)出版者著作権管理機構（電話 03-3513-6969, FAX 03-3513-6979, e-mail: info@jcopy.or.jp）の許諾を得てください．